◆2019 年 1 月 1 日，最高人民法院知识产权法庭正式揭牌办公，周强院长（右四）视察法庭。

◆2019 年 4 月 25 日，最高人民检察院召开“检察机关充分履行各项职能 提升知识产权司法保护品质”新闻发布会。

◆ 2019 年 10 月 24 日，国家知识产权局局长申长雨（右三）和世界知识产权组织总干事弗朗西斯·高锐（左三）在北京共同签署升级版《中国国家知识产权局和世界知识产权组织合作框架协议》。

◆ 2019 年 12 月 2 日至 4 日，“一带一路”版权国际论坛在成都举行。

◆ 2019 年 1 月 7 日，全国知识产权局局长会议在北京召开。

◆ 2019 年 4 月 28 日，国务院新闻办公室举行 2018 年中国知识产权发展状况新闻发布会。

◆ 2019 年 4 月 24 日，国务委员王勇出席 2019 年全国知识产权宣传周主场活动。

◆ 2019 年 5 月 14 日，知识产权强国战略纲要制定专家咨询委员会第一次全体会议召开。

要着眼于统筹推进知识产权保护，从审查授权、行政执法、司法保护、仲裁调解、行业自律等环节，改革完善保护工作体系，综合运用法律、行政、经济、技术、社会治理手段强化保护，促进保护能力和水平整体提升。

——2019 年 7 月 24 日，习近平总书记主持召开中央全面深化改革委员会第九次会议并发表重要讲话。会议审议通过了《关于强化知识产权保护的意见》。

◆ 2019 年 7 月 6 日，第十一届中国国际商标品牌节在宁夏银川举行。

◆ 2019 年 3 月 12 日，申长雨局长在全国两会“部长通道”接受采访。

◆ 2019 年 7 月 25 日，全国公安机关集中打击食药环犯罪“昆仑”行动部署会在北京召开，时任公安部党委委员、反恐专员刘跃进（左三）出席会议并讲话。

◆ 2019 年 4 月 23 日，中国加入国际植物新品种保护公约 20 周年座谈会在北京召开，农业农村部张桃林副部长作主旨报告。

ZHONGGUO ZHISHI CHANQUAN NIANJIAN

2020

中国知识产权年鉴

主办●国家知识产权局

知识产权出版社
全国百佳图书出版单位
—北京—

图书在版编目(CIP)数据

中国知识产权年鉴. 2020/国家知识产权局主办. —北京：知识产权出版社，2020. 12
ISBN 978-7-5130-7368-4

Ⅰ. ①中… Ⅱ. ①国… Ⅲ. ①知识产权—中国—2020—年鉴 Ⅳ. ①D923. 4-54

中国版本图书馆 CIP 数据核字(2020)第 263232 号

责任编辑：黄清明　武　晋　李芸杰　　**责任校对：**谷　洋
封面设计：智兴工作室　　**责任印制：**刘译文

中国知识产权年鉴 2020

国家知识产权局　主办

出版发行：知识产权出版社有限责任公司　　**网　　址：**http://www.ipph.cn
社　　址：北京市海淀区气象路 50 号院　　**邮　　编：**100081
责编电话：010-82000860 转 8117　　**责编邮箱：**hqm@cnipr.com
发行电话：010-82000860 转 8101/8102　　**发行传真：**010-82000893/82005070/82000270
印　　刷：三河市国英印务有限公司　　**经　　销：**各大网上书店、新华书店及相关专业书店
开　　本：787mm×1092mm　1/16　　**印　　张：**40.5
版　　次：2020 年 12 月第 1 版　　**插　　页：**8
印　　次：2020 年 12 月第 1 次印刷　　**字　　数：**1020 千字
定　　价：240.00 元

ISBN 978-7-5130-7368-4

《中国知识产权年鉴(2020)》编辑委员会名单

黄建华　海关总署综合业务司
龚玉梅　国家林业和草原局科技发展中心
崔江浩　农业农村部科技教育司
崔守东　国家知识产权局商标局
葛　树　国家知识产权局战略规划司
韩秀成　国家知识产权局知识产权发展研究中心
谢小勇　中国知识产权研究会
雷筱云　国家知识产权局知识产权运用促进司

年鉴编辑部名单

编辑说明

一、《中国知识产权年鉴》是反映我国知识产权工作基本情况的大型资料性工具书，2001 年 11 月创刊，每年出版一版，2020 版反映的是 2019 年度我国知识产权工作的基本情况。

二、2020 版内容由“重大战略部署”“领导讲话”“特约文章”“概况”“大事记”“新闻百条”“统计资料”“评选和认定”“法律、法规、规章、司法解释及其他规范性文件”“典型案例”“学术成果”“附录”12 部分组成。

三、“重大战略部署”栏目，记录了 2019 年度党中央、国务院作出的有关知识产权的重大战略部署。

四、“领导讲话”栏目，记录了 2019 年度有关部门、单位负责同志涉及知识产权工作的重要讲话。

五、“特约文章”栏目，记录了 2019 年度有关领导及专家学者对知识产权领域热点问题的观点和论述。

六、“概况”栏目，全面记录了 2019 年度我国专利、商标、地理标志、反垄断与反不正当竞争、版权、农林植物新品种、海关等方面的知识产权工作情况，司法机关保护知识产权工作情况，知识产权领域全国性社团活动情况，各地方知识产权工作情况等。

七、“大事记”栏目，记录了 2019 年度我国知识产权领域专利、商标、地理标志、版权、打击盗版、农林植物新品种、海关以及司法保护方面的重大事件。

八、“新闻百条”栏目，摘录了知识产权领域相关媒体 2019 年度报道的有代表性的新闻事件。

九、“统计资料”栏目，收集了 2019 年度我国知识产权领域专利、商标、地理标志、版权、农林植物新品种、海关、司法保护方面的重要统计数据。

十、“评选和认定”栏目，收录了第二十一届中国专利金奖及外观设计金奖项目简介，2019 年新增地理标志商标名录，2019 年中国版权十件大事以及 2019 年新增农产品地理标志名录。

十一、“法律、法规、规章、司法解释及其他规范性文件”栏目，收录了 2019 年度制修订的与知识产权有关的法律、法规、规章、司法解释及其他规范性文件。

十二、“典型案例”栏目，收录了 2019 年度人民法院、检察机关、公安机关、海关涉及知识产权领域典型案例，专利复审无效、商标异议评审、反不正当竞争等相关案例。

十三、“学术成果”栏目，收录了国家知识产权局于2019年度组织开展的主要学术研究成果介绍。

十四、“附录”栏目，收录了与知识产权相关的主要政府网站简介。

目　录

重大战略部署

领导讲话

特约文章

概　况

大 事 记

新闻百条

统计资料

评选和认定

法律、法规、规章、司法解释及其他规范性文件

典型案例

学术成果

附　录

Contents

Important Strategic Deployment

Leader Speeches

Contributing Articles

Surveys

Major Events and Activities

Typical Cases

Academic Research Achievement

Appendix

中共中央办公厅　国务院办公厅
印发《关于强化知识产权保护的意见》

近日，中共中央办公厅、国务院办公厅印发了《关于强化知识产权保护的意见》，并发出通知，要求各地区各部门结合实际认真贯彻落实。

《关于强化知识产权保护的意见》全文如下。

加强知识产权保护，是完善产权保护制度最重要的内容，也是提高我国经济竞争力的最大激励。为贯彻落实党中央、国务院关于强化知识产权保护的决策部署，进一步完善制度、优化机制，现提出如下意见。

一、总体要求

以习近平新时代中国特色社会主义思想为指导，全面贯彻党的十九大和十九届二中、三中、四中全会精神，紧紧围绕统筹推进“五位一体”总体布局和协调推进“四个全面”战略布局，牢固树立保护知识产权就是保护创新的理念，坚持严格保护、统筹协调、重点突破、同等保护，不断改革完善知识产权保护体系，综合运用法律、行政、经济、技术、社会治理手段强化保护，促进保护能力和水平整体提升。力争到2022年，侵权易发多发现象得到有效遏制，权利人维权“举证难、周期长、成本高、赔偿低”的局面明显改观。到2025年，知识产权保护社会满意度达到并保持较高水平，保护能力有效提升，保护体系更加完善，尊重知识价值的营商环境更加优化，知识产权制度激励创新的基本保障作用得到更加有效发挥。

二、强化制度约束，确立知识产权严保护政策导向

（一）加大侵权假冒行为惩戒力度。研究制定知识产权基础性法律的必要性和可行性，加快专利法、商标法、著作权法等修改完善。完善地理标志保护相关立法。加快在专利、著作权等领域引入侵权惩罚性赔偿制度。大幅提高侵权法定赔偿额上限，加大损害赔偿力度。强化民事司法保护，有效执行惩罚性赔偿制度。研究采取没收违法所得、销毁侵权假冒商品等措施，加大行政处罚力度，开展关键领域、重点环节、重点群体行政执法专项行动。规制商标恶意注册、非正常专利申请以及恶意诉讼等行为。探索加强对商业秘密、保密商务信息及其源代码等的有效保护。加强刑事司法保护，推进刑事法律和司法解释的修订完善。加大刑事打击力度，研究降低侵犯知识产权犯罪入罪标准，提高量刑处罚力度，修改罪状表述，推动解决涉案侵权物品处置等问题。强化打击侵权假冒犯罪制度建设，探索完善数据化打假情报导侦工作机制，开展常态化专项打击行动，持续保持高压严打态势。

（二）严格规范证据标准。深入推进知识产权民事、刑事、行政案件“三合一”审判机制改革，完善知识产权案件上诉机制，统一审判标准。制定完善行政执法过程中的商标、专利侵权判断标准。规范司法、行政执法、仲裁、调解等不同渠道的证据标准。

推进行政执法和刑事司法立案标准协调衔接，完善案件移送要求和证据标准，制定证据指引，顺畅行政执法和刑事司法衔接。制定知识产权民事诉讼证据规则司法解释，着力解决权利人举证难问题。探索建立侵权行为公证悬赏取证制度，减轻权利人举证责任负担。

（三）强化案件执行措施。建立健全知识产权纠纷调解协议司法确认机制。建立完善市场主体诚信档案“黑名单”制度，实施市场主体信用分类监管，建立重复侵权、故意侵权企业名录社会公布制度，健全失信联合惩戒机制。逐步建立全领域知识产权保护案例指导机制和重大案件公开审理机制。加强对案件异地执行的督促检查，推动形成统一公平的法治环境。

（四）完善新业态新领域保护制度。针对新业态新领域发展现状，研究加强专利、商标、著作权、植物新品种和集成电路布图设计等的保护。探索建立药品专利链接制度、药品专利期限补偿制度。研究加强体育赛事转播知识产权保护。加强公证电子存证技术推广应用。研究建立跨境电商知识产权保护规则，制定电商平台保护管理标准。编制发布企业知识产权保护指南，制定合同范本、维权流程等操作指引，鼓励企业加强风险防范机制建设，持续优化大众创业万众创新保护环境。研究制定传统文化、传统知识等领域保护办法，加强中医药知识产权保护。

三、加强社会监督共治，构建知识产权大保护工作格局

（五）加大执法监督力度。加强人大监督，开展知识产权执法检查。发挥政协民主监督作用，定期开展知识产权保护工作调研。建立健全奖优惩劣制度，提高执法监管效能。加强监督问责，推动落实行政执法信息公开相关规定，更大范围更大力度公开执法办案信息，接受社会和舆论监督。

（六）建立健全社会共治模式。完善知识产权仲裁、调解、公证工作机制，培育和发展仲裁机构、调解组织和公证机构。鼓励行业协会、商会建立知识产权保护自律和信息沟通机制。引导代理行业加强自律自治，全面提升代理机构监管水平。加强诚信体系建设，将知识产权出质登记、行政处罚、抽查检查结果等涉企信息，通过国家企业信用信息公示系统统一归集并依法公示。建立健全志愿者制度，调动社会力量积极参与知识产权保护治理。

（七）加强专业技术支撑。加强科技研发，通过源头追溯、实时监测、在线识别等技术手段强化知识产权保护。建设侵权假冒线索智能检测系统，提升打击侵权假冒行为效率及精准度。在知识产权行政执法案件处理和司法活动中引入技术调查官制度，协助行政执法部门、司法部门准确高效认定技术事实。探索加强知识产权侵权鉴定能力建设，研究建立侵权损害评估制度，进一步加强司法鉴定机构专业化、程序规范化建设。

四、优化协作衔接机制，突破知识产权快保护关键环节

（八）优化授权确权维权衔接程序。加强专利、商标、植物新品种等审查能力建设，进一步压缩审查周期。重点提高实用新型和外观设计专利审查质量，强化源头保护。进一步发挥专利商标行政确权远程审理、异地审理制度在重大侵权行政执法案件处理中的作用。健全行政确权、公证存证、仲裁、调解、行政执法、司法保护之间的衔接机制，加强信息沟通和共享，形成各渠道有机衔接、优势互补的运行机制，切实提高维权效率。

（九）加强跨部门跨区域办案协作。制定跨部门案件处理规程，健全部门间重大案件联合查办和移交机制。健全行政执法部门与公安部门对涉嫌犯罪的知识产权案件查办工作衔接机制。在案件多发地区探索建立仲裁、调解优先推荐机制。建立健全知识产权案件分流制度，推进案件繁简分流机制改革。推动建立省级行政区内知识产权案件跨区域审理机制，充分发挥法院案件指定管辖机制作用，有效打破地方保护。

（十）推动简易案件和纠纷快速处理。建立重点关注市场名录，针对电商平台、展会、专业市场、进出口等关键领域和环节构建行政执法、仲裁、调解等快速处理渠道。推动电商平台建立有效运用专利权评价报告快速处置实用新型和外观设计专利侵权投诉制度。指导各类网站规范管理，删除侵权内容，屏蔽或断开盗版网站链接，停止侵权信息传播，打击利用版权诉讼进行投机性牟利等行为。

（十一）加强知识产权快保护机构建设。在优势产业集聚区布局建设一批知识产权保护中心，建立案件快速受理和科学分流机制，提供快速审查、快速确权、快速维权“一站式”纠纷解决方案。加快重点技术领域专利、商标、植物新品种审查授权、确权和维权程序。推广利用调解方式快速解决纠纷，高效对接行政执法、司法保护、仲裁等保护渠道和环节。

五、健全涉外沟通机制，塑造知识产权同保护优越环境

（十二）更大力度加强国际合作。积极开展海外巡讲活动，举办圆桌会，与相关国家和组织加强知识产权保护合作交流。探索在重要国际展会设立专题展区，开展中国知识产权保护成就海外巡展。充分发挥知识产权制度对促进共建“一带一路”的重要作用，支持共建国家加强能力建设，推动其共享专利、植物新品种审查结果。充分利用各类多双边对话合作机制，加强知识产权保护交流合作与磋商谈判。综合利用各类国际交流合作平台，积极宣传我国知识产权保护发展成就。

（十三）健全与国内外权利人沟通渠道。通过召开驻华使领馆信息沟通会、企业座谈会等方式，加强与国内外行业协会、商会、社会团体等信息交流。组织召开知识产权保护要情通报会，及时向新闻媒体和社会公众通报重大事项和进展，增信释疑，积极回应国内外权利人关切。

（十四）加强海外维权援助服务。完善海外知识产权纠纷预警防范机制，加强重大案件跟踪研究，建立国外知识产权法律修改变化动态跟踪机制，及时发布风险预警报告。加强海外信息服务平台建设，开展海外知识产权纠纷应对指导，构建海外纠纷协调解决机制。支持各类社会组织开展知识产权涉外风险防控体系建设。鼓励保险机构开展知识产权海外侵权责任险、专利执行险、专利被侵权损失险等保险业务。建立海外维权专家顾问机制，有效推动我国权利人合法权益在海外依法得到同等保护。

（十五）健全协调和信息获取机制。完善涉外执法协作机制，加大工作协调力度，进一步加强我国驻外使领馆知识产权对外工作。选设海外知识产权观察企业和社会组织，建立信息沟通机制。健全重大涉外知识产权纠纷信息通报和应急机制。组织开展我国企业海外知识产权保护状况调查，研究建立国别保护状况评估机制，推动改善我国企业海外知识产权保护环境。

六、加强基础条件建设，有力支撑知识产权保护工作

（十六）加强基础平台建设。建立健全全国知识产权大数据中心和保护监测信息网络，加强对注册登记、审批公告、纠纷处理、大案要案等信息的统计监测。建立知识产权执法信息报送统筹协调和信息共享机制，加大信息集成力度，提高综合研判和宏观决策水平。强化维权援助、举报投诉等公共服务平台软硬件建设，丰富平台功能，提升便民利民服务水平。

（十七）加强专业人才队伍建设。鼓励引导地方、部门、教育机构、行业协会、学会加大对知识产权保护专业人才培训力度。加强知识产权行政执法和司法队伍人员配备和职业化专业化建设，建立有效激励行政执法和司法人员积极性的机制，确保队伍稳定和有序交流。推动知识产权刑事案件办理专业化建设，提高侦查、审查逮捕、审查起诉、审判工作效率和办案质量。在有关管理部门和企事业单位，全面推行公职律师、公司律师、法律顾问制度，促进知识产权管理和保护工作法治化。充分发挥律师等法律服务队伍作用，做好知识产权纠纷调解、案件代理、普法宣传等工作。建立健全知识产权仲裁、调解、公证、社会监督等人才的选聘、管理、激励制度。加强知识产权保护专业人才岗位锻炼，充分发挥各类人才在维权实践中的作用。

（十八）加大资源投入和支持力度。各地区各部门要加大对知识产权保护资金投入力度。鼓励条件成熟的地区先行先试，率先建设知识产权保护试点示范区，形成若干保护高地。推动知识产权行政执法和司法装备现代化、智能化建设。鼓励企业加大资金投入，并通过市场化方式设立知识产权保护维权互助基金，提升自我维权能力和水平。

七、加大组织实施力度，确保工作任务落实

（十九）加强组织领导。全面加强党对知识产权保护工作的领导。各有关方面要按照职能分工，研究具体政策措施，协同推动知识产权保护体系建设。国家知识产权局要会同有关部门不断完善工作机制，加强协调指导和督促检查，确保各项工作要求有效落实，重大问题要及时按程序向党中央、国务院请示报告。

（二十）狠抓贯彻落实。地方各级党委和政府要全面贯彻党中央、国务院决策部署，落实知识产权保护属地责任，定期召开党委或政府专题会议，研究知识产权保护工作，加强体制机制建设，制定配套措施，落实人员经费。要将知识产权保护工作纳入地方党委和政府重要议事日程，定期开展评估，确保各项措施落实到位。

（二十一）强化考核评价。建立健全考核评价制度，将知识产权保护绩效纳入地方党委和政府绩效考核和营商环境评价体系。建立年度知识产权保护社会满意度调查制度和保护水平评估制度。完善通报约谈机制，督促各级党委和政府加大知识产权保护工作力度。

（二十二）加强奖励激励。按照国家有关规定，对在知识产权保护工作中作出突出贡献的集体和个人给予表彰。鼓励各级政府充分利用现有奖励制度，对知识产权保护先进工作者和优秀社会参与者加强表彰。完善侵权假冒举报奖励机制，加大对举报人员奖励力度，激发社会公众参与知识产权保护工作的积极性和主动性。

（二十三）加强宣传引导。各地区各部门要加强舆论引导，定期公开发布有社会影响力的典型案件，让强化知识产权保护的观念深入人心。加强公益宣传，开展知识产权保护进企业、进单位、进社区、进学校、进网络等活动，不断提高全社会特别是创新创业主体知识产权保护意识，推动形成新时代知识产权保护工作新局面。

2019年深入实施国家知识产权战略加快建设知识产权强国推进计划

国务院知识产权战略实施工作部际联席会议办公室

一、深化知识产权领域改革

(一)推进知识产权管理体制机制改革

1. 推进全面创新改革试验区知识产权保护体制机制改革成果复制推广。(发展改革委、科技部、公安部、知识产权局负责)

2. 探索建立地理标志统一认定制度,优化地理标志登记注册和行政裁决程序。(知识产权局负责)

3. 整合专利、商标和地理标志政策、项目和平台,推动重大政策互联互通,统一服务窗口和办事流程,推动实现知识产权业务申请“一网通办”。(知识产权局负责)

4. 推进知识产权军民融合试点工作,在部分省市设置国防专利受理代办点,遴选一批机构从事国防专利代理业务,开展军民知识产权转化运用特色服务,建立国防知识产权军地协调保护中心。(中央军委装备发展部、知识产权局、国防科工局负责)

(二)改革完善知识产权重大政策

5. 出台知识产权强企建设工作方案,全面落实知识产权服务民营企业创新发展的若干措施。(知识产权局负责)

6. 研究出台中央企业知识产权工作指导意见。(国资委、知识产权局负责)

7. 推动制定知识产权(专利)密集型产业统计分类国家标准。(统计局、知识产权局负责)

8. 制定促进知识产权服务业发展的政策措施,培育一批品牌服务机构。继续扶持一批知识产权创业创新基地。(知识产权局负责)

9. 编制《创新过程知识产权管理》国家标准草案。(知识产权局负责)

10. 加强国家科技计划全流程的知识产权管理,研究推动科技创新知识产权工作发展新举措。(科技部负责)

11. 修订出台卫生健康领域科技计划知识产权管理办法。(卫生健康委负责)

12. 推动出台《关于加强新形势下国防知识产权工作的意见》。(中央军委装备发展部、财政部、国防科工局负责)

13. 按程序报批《国防专利定密解密工作规程》《军用计算机软件著作权登记工作暂行规则》,完成《国防专利行政执法办法》《国防专利代理管理办法》起草工作。(中央军委装备发展部、知识产权局、中央宣传部、国防科工局负责)

(三)深化知识产权“放管服”改革

14. 研究制定进一步深化知识产权领域“放管服”改革的指导意见。(知识产权局负责)

15. 落实研发费用税前加计扣除政策。(财政部、税务总局、科技部负责)

16. 推动知识产权认证体系建设。(市场监管总局、知识产权局负责)

17. 对专利商标代理机构实施“双随机、一公开”监管。(知识产权局、市场监管总局负责)

18. 依法对有关著作权集体管理组织和涉外著作权认证机构代表处加强监管。(中央宣传部负责)

19. 开展地理标志产品专用标志审核批准改革试点。开通地理标志电子申请系统。推进地理标志产品保护示范区建设。(知识产权局负责)

二、加大知识产权保护力度

(一)完善法律法规规章

20. 配合做好《专利法修正案(草案)》审议工作,推进《专利法实施细则》修改,修订《专利审查指南》《专利代理管理办法》,制定《专利代理师资格考试办法》。(市场监管总局、知识产权局负责)

21. 推进《商标法》第四次修改,出台《关于规范商标申请注册行为的若干规定》《商标代理监管暂行办法》《商标电子申请和电子送达规定》,推进制定《官方标志备案保护办法》。(市场监管总局、知识产权局负责)

22. 配合做好《著作权法》修订工作。(中央宣传部、广电总局负责)

23. 推进有关不正当竞争行为配套规章的制修订工作。发布《关于知识产权领域的反垄断指南》。(市场监管总局负责)

24. 推进《人类遗传资源管理条例》立法进程,组织编制配套实施细则。(科技部、司法部按职责分别负责)

25. 修改完善《生物遗传资源获取与惠益分享管理条例(草案)》,推动立法进程。(生态环境部负责)

26. 推进《植物新品种保护条例》及其实施细则的修订。(农业农村部、林草局、知识产权局负责)

27. 推动《国防专利条例》修订工作。(中央军委装备发展部、国防科工局、知识产权局负责)

28. 推进《最高人民法院关于审理专利授权确权行政案件若干问题的规定(一)》《最高人民法院关于知识产权民事诉讼证据规则的若干规定》《最高人民法院关于技术调查官参与诉讼活动的若干规定》等司法解释的起草制定工作。(高法院负责)

(二)加强保护长效机制建设

29. 制定出台新时代强化知识产权保护政策文件。加强知识产权基础性法律制度和新领域新业态创新成果知识产权保护研究。(知识产权局牵头负责)

30. 推动知识产权保护体系建设,探索建立相应运行机制和工作平台,健全严保护、大保护、快保护、同保护工作体系。继续推进知识产权保护中心建设布局,开展建立国家知识产权保护中心的可行性研究。(知识产权局负责)

31. 深入推进"互联网+"知识产权保护。鼓励电商平台为执法办案提供数据信息,发挥权利人企业在侵权调查和商品鉴别、鉴定中的作用。(知识产权局、市场监管总局、中央宣传部按职责分别负责)

32. 推动知识产权纠纷仲裁、调解工作开展,完善知识产权仲裁、调解工作规程。支持行业协会和业内专家开展知识产权纠纷化解工作,指导行业组织制定行业规范。支持律师事务所发展知识产权业务,加强知识产权领域律师调解工作。加强知识产权公证服务,遴选第二批知识产权公证服务示范机构。(知识产权局、司法部、市场监管总局、贸促会负责)

33. 加快推进知识产权诚信体系建设,严格实施《关于对知识产权(专利)领域严重失信主体开展联合惩戒的合作备忘录》,针对知识产权(专利)领域严重失信主体开展联合惩戒工作。规范互联网市场竞争秩序,建立健全企业主体信息库和企业违法不良记录数据库为核心的基础数据库。进一步优化国家企业信用信息公示系统。(发展改革委、人民银行、知识产权局、工业和信息化部、市场监管总局负责)

34. 推动有条件的版权园区、基地设立版权维权工作站,建立创新创业人才版权维权绿色通道。(中央宣传部负责)

35. 持续推进全国知识产权保护社会满意度调查,探索开展中国企业海外知识产权保护满意度调查。(知识产权局、中央政法委负责)

36. 提高非物质文化遗产传承人的知识产权保护意识和能力,加强传统工艺相关资源的挖掘整理,支持各地开展非物质

文化遗产知识产权保护研究。(文化和旅游部负责)

37. 进一步健全在新药创制等科技重大专项管理工作中的知识产权保护长效工作机制。(卫生健康委、科技部负责)

38. 完善软件正版化工作机制,推进党政机关督查全覆盖,加强企事业单位督查。完善国家版权监管平台,加强主动监管,加快"互联网+"与版权监管的深度融合。扩大软件协议供货招标范围和软件联合采购范围,构建全国统一的正版软件采购网,推动软件正版化工作开展。(中央宣传部、国管局按职责分别负责)

39. 加快建设中医药传统知识保护数据库,发布保护名录,建立保护档案。推进中医药传统知识保护条例立法进程。开展古代经典名方产品知识产权保护研究。(中医药局负责)

40. 编制印发年度中国知识产权保护状况白皮书,发布专利、商标、版权等行政执法典型案例和专利复审、打击侵权盗版年度十大案件,加大知识产权保护成效宣传力度。(知识产权局、市场监管总局、中央宣传部按职责分别负责)

(三)强化知识产权行政保护

41. 组织开展针对商标、专利、地理标志等领域侵权假冒问题的专项执法行动,加强对重点区域、重点产品的整治。开展网络市场监管专项行动,继续开展反不正当竞争专项执法行动。加强重大案件的督查督办和跨部门跨区域的执法协作。推进打击侵权假冒行政执法与刑事司法衔接。指导推进电子商务、大型展会等领域专项整治。(市场监管总局、知识产权局负责)

42. 研究制定完善商标权、专利权侵权判断标准。制定出台《集成电路布图设计审查与执法指南》。实施《专利标识标注不规范案件办理指南(试行)》。开展商标专利执法检验、鉴定等相关标准及纠纷证据认定方法和标准研究工作。探索开展商标专利执法检验、鉴定地方试点工作。(知识产权局负责)

43. 开展打击网络侵权盗版"剑网2019"专项行动。(中央宣传部、中央网信办、工业和信息化部、公安部负责)

44. 严厉打击侵犯知识产权犯罪,将涉外、民生和公共安全案件作为主攻方向,围绕重大恶性案件组织专案打击行动。(公安部负责)

45. 组织开展打击侵犯林业植物新品种权专项行动。(林草局负责)

46. 继续开展出口知识产权优势企业知识产权保护"龙腾"行动,继续加强外商投资企业知识产权保护工作。(海关总署负责)

47. 依法打击寄递企业违规收寄侵犯知识产权物品的行为。(邮政局负责)

(四)加强知识产权司法保护

48. 完善案件管辖、证据规则、审理方式、法律适用等知识产权诉讼制度,加强知识产权法院建设。(高法院负责)

49. 加强对重大敏感、涉民族品牌、涉外侵犯知识产权案件批捕、起诉工作指导,对严重侵犯科技创新和知识产权的犯罪案件予以挂牌督办。加强对知识产权领域新类型案件的研究和办案指导,发布2018年检察机关保护知识产权十大典型案例。针对知识产权犯罪案件中发现的薄弱环节、管理漏洞等,及时发出检察建议,开展个案预防和行业预防。在全国检察机关推行建立专门的知识产权犯罪案件办案组,培养一批专家型知识产权检察人才。(高检院负责)

三、促进知识产权创造运用

(一)提高知识产权审查质量和效率

50. 健全专利审查质量保障体系和业务指导体系,完善"双监督、双评价"质量管理,协同运用优先审查、集中审查、专利审

查高速路等多种审查模式。(知识产权局负责)

51. 开展"商标审查质量提升年"行动,完善商标审查质量管理,优化审查质量评价指标体系。全面深化商标注册便利化改革,上线图形商标智能检索系统,推进业务电子化,提高商标信息化基础支撑能力和信息安全水平。(知识产权局负责)

52. 修订《农业植物品种权申请审查指南》。初步建立我国植物新品种保护质量管理制度,重点开展测试机构考核评估和飞行检查。探索建立新技术辅助品种权审查机制。(农业农村部负责)

(二)强化知识产权创造质量导向

53. 严厉打击非正常专利申请和商标囤积、恶意注册行为,实施非正常申请筛查监管前置,依法依规予以处理。开展闲置商标摸排工作,探索制定规制措施。(知识产权局负责)

54. 研究制定推动知识产权高质量发展的年度工作指引,设置区域差异化的评价指标,分类引导地方知识产权事业发展。(知识产权局负责)

55. 分类制定以科技创新质量和贡献为导向的国家科学技术奖评审标准和评价指标体系,加大对重大科技创新成果的奖励力度。(科技部负责)

56. 完善中央企业专利评价体系,逐步引导企业专利工作重点由数量向质量转变。(国资委负责)

(三)加强知识产权综合运用

57. 统筹推进专利导航、知识产权区域布局和分析评议工作,大力推进国家知识产权试点示范园区建设。(知识产权局负责)

58. 做好各类知识产权运营平台建设布局,加快重点城市知识产权运营服务体系建设。研究制定促进知识产权质押融资业务良性发展的政策,完善知识产权质押融资风险补偿及分担机制,推动专利商标混合质押,建立知识产权质押融资统计制度。鼓励保险机构开发设计满足企业需求的专利保险产品。(知识产权局、财政部、人民银行、银保监会按职责分别负责)

59. 鼓励海南自由贸易试验区探索知识产权证券化,鼓励雄安新区开展知识产权证券化融资。(证监会、知识产权局负责)

60. 做好中国国际进口博览会知识产权相关工作,举办第十五届中国(无锡)国际设计博览会。(商务部、科技部、知识产权局、贸促会负责)

61. 鼓励信托公司综合运用股权、债权、投贷联动、产业基金、知识产权信托等方式开展知识产权投融资业务。鼓励融资担保公司开发适合知识产权的信用担保产品,加大对小微企业知识产权融资的支持力度。(银保监会、知识产权局负责)

62. 开展全国版权创新发展基地创建工作。开展中国版权产业经济贡献专题研究。(中央宣传部负责)

63. 实施地理标志运用促进工程,大力开展地理标志精准扶贫、商标品牌富农工作。(知识产权局负责)

64. 推进林业知识产权试点示范建设,组织实施林业知识产权转化运用项目。(林草局负责)

65. 加强制造业重点领域知识产权分析评估,编制发布2018年国防科技工业专利统计分析报告。(工业和信息化部、国防科工局按职责分别负责)

66. 推进实施中小企业知识产权战略推进工程。(知识产权局、工业和信息化部负责)

(四)促进知识产权转移转化

67. 做好企业、高校、科研组织、专利代理机构贯标工作。(知识产权局负责)

68. 继续实施国家科技成果转化引导基金,设立一批创业投资子基金。启动"科

技成果转化贷款风险补偿试点”。(科技部、财政部负责)

69. 支持工业和信息化部部属高校、科研院所等加强技术转移专业机构建设，支持地方工业和信息化主管部门开展知识产权成果应用推广。(工业和信息化部负责)

70. 编制“军转民”“民参军”目录，组织第四届中国军民两用技术创新应用大赛。(工业和信息化部、财政部、国防科工局、中央军委装备发展部负责)

71. 研究国防科技成果转化政策措施，实施军工技术推广专项奖励性后补助，编制印发《国防科技工业知识产权转化目录(第五批)》。(国防科工局、知识产权局负责)

72. 开展农产品地理标志品牌价值评价工作。筹备第十七届中国国际农产品交易会农产品地理标志专展和推介会。(知识产权局、农业农村部负责)

73. 推进中科院所属单位贯标工作，培育一批示范单位。探索适合中科院的知识产权全过程管理模式。加强中科院知识产权运营管理中心建设。(中科院、知识产权局负责)

(五)完善知识产权信息服务

74. 整合基础数据，推动知识产权数据免费或低成本开放。推进开放共享的国家知识产权大数据中心和知识产权信息公共服务平台立项，研究制定全国知识产权信息公共服务体系建设方案。制定知识产权信息公共服务年度报告。(知识产权局负责)

75. 推进高校国家知识产权信息服务中心建设，完善知识产权信息公共服务网络，提升高校创新能力。(知识产权局、教育部负责)

76. 建立全国著作权登记信息查询公示系统，完善著作权登记数据统计、报送和公示制度，适时发布2018年全国著作权登记情况的通报。(中央宣传部负责)

77. 推进林业植物新品种网站平台升级，简化申请和受理程序，提高林业植物新品种申请效率。(林草局负责)

78. 完善国防知识产权信息平台及资源，完成国防专利网上查询、国防专利电子申请等应用系统开发和部署，实时向公众发布国防专利解密信息，运行完善国防科技工业领域知识产权信息系统，支撑国防科技工业知识产权信息报送、信息服务等工作。(中央军委装备发展部、国防科工局负责)

79. 加强中科院知识产权信息化服务平台建设，继续推行知识产权专员制度，逐步建立知识产权专员服务网络。(中科院负责)

80. 建设国外专利信息在线共享平台，提供科技公共服务产品。(中国科协负责)

四、深化知识产权国际交流合作

(一)提升知识产权国际合作水平

81. 积极参与世界知识产权组织、世界贸易组织等多边框架下的全球治理和规则制定，继续大力推广马德里商标国际注册体系和专利合作条约的运用，继续推动《外观设计法条约》外交大会尽早召开，做好加入外观设计国际注册海牙协定相关准备工作。推动《视听表演北京条约》早日生效，启动批准《马拉喀什条约》程序。积极参与并推动保护广播组织条约制定磋商进程。(知识产权局、商务部、外交部、中央宣传部、广电总局负责)

82. 积极推动二十国集团、金砖国家、亚太经合组织、共建“一带一路”国家知识产权合作。(商务部、知识产权局、外交部、中央宣传部按职责分别负责)

83. 在中欧知识产权合作项目项下加强与欧方合作，积极推进中欧地理标志协定谈判。积极推进区域全面经济伙伴关系协定、中日韩、中挪(威)、中摩(尔多瓦)等自贸区知识产权章节的谈判。(商务部、知识产权局、中央宣传部按职责分别负责)

84. 与世界知识产权组织签署技术创新支持中心合作文件，扩大技术创新支持中心建设试点。（知识产权局负责）

85. 落实“一带一路”知识产权高级别会议成果，推动沿线国家对我国专利审查结果认可和登记生效。（知识产权局负责）

86. 继续开展“中国政府知识产权奖学金”项目，支持“一带一路”沿线国家能力建设。（知识产权局、教育部负责）

87. 积极履行《生物多样性公约》《名古屋遗传资源议定书》，推进生物遗传资源获取与惠益分享信息交换平台建设，加强生物遗传资源跨境转移和利用的追踪监测。（生态环境部、农业农村部、林草局、知识产权局负责）

88. 继续参与海牙国际私法会议《承认和执行外国民商事判决公约》涉及的知识产权谈判。（外交部、中央宣传部、高法院、知识产权局负责）

89. 深入推进多双边国际执法合作，积极参与世界海关组织、国际刑警组织、世界知识产权组织等有关国际组织的知识产权国际事务。（公安部、海关总署、知识产权局按职责分别负责）

（二）加强海外风险防控

90. 探索在重要国际展会上设立中国企业知识产权服务站。研究建立海外知识产权维权援助机制，推动建设国家层面的海外知识产权纠纷应对指导中心。建立海外知识产权问题及案件信息提交平台，推动形成海外知识产权维权援助服务网。推动成立中国企业知识产权海外维权联盟，设立维权互助基金。继续开展面向贸促机构和外向型企业的知识产权培训。（商务部、知识产权局、贸促会按职责分别负责）

91. 做好经贸领域的知识产权工作。充分利用现有多双边知识产权对话合作机制，加强知识产权合作交流，推动化解贸易摩擦。继续做好中美经贸磋商工作，推进知识产权相关议题的解决。加强对知识产权国际领域最新动态和重大知识产权案件的跟踪研判，完善知识产权风险预警反馈机制，发布重点产业知识产权信息和竞争动态，及时发布风险提示。（商务部、知识产权局、贸促会按职责分别负责）

92. 开展海外林业知识产权动态分析研究，针对容易遭到国外专利壁垒的重点林产品领域进行动态跟踪调查，提升知识产权预警能力。鼓励林业知识产权保护联盟加大海外关键生产技术、发展态势及维权援助机制研究。（林草局负责）

五、加强组织实施和保障

（一）加强知识产权战略谋划和实施

93. 做好知识产权强国战略纲要制定工作。推动地方完善知识产权战略实施统筹协调机制。（联席会议办公室、联席会议成员单位负责）

94. 深入推进《“十三五”国家知识产权保护和运用规划》实施。启动“十四五”知识产权规划编制工作前期研究。（知识产权局负责）

95. 巩固局省市联动、点线面结合的工作格局，加快推进知识产权强省、强市、强企建设。（知识产权局负责）

96. 制定实施工业和信息化领域知识产权年度推进计划。（工业和信息化部负责）

97. 组织实施加快建设知识产权强国林业年度推进计划。（林草局负责）

98. 编制中国知识产权发展状况评价报告。编制工业和通信业知识产权发展情况报告。（联席会议办公室、工业和信息化部按职责分别负责）

（二）夯实知识产权事业发展基础

99. 深入实施专业技术人才知识更新工程，加大对知识产权领域专业技术人才培养培训工作的支持力度。研究完善知识产权专业技术人员职称评价工作。（人力资源社会保障部、知识产权局负责）

100. 支持高水平高校设置知识产权

相关专业，完善知识产权相关专业职业教育国家教学标准。推动高校修订知识产权专业人才培养方案。推出一批一流知识产权专业建设点和一批一流知识产权金课。（教育部负责）

101. 加大知识产权类人才引进培养支持力度。加大留学回国人员的知识产权保护力度，促进留学回国人员知识产权运用转化，支持和服务留学回国人员创新创业。（中央组织部、人力资源社会保障部、知识产权局按职责分别负责）

102. 在党政领导干部和中管企业领导班子考核中，注重知识产权相关工作成效。把知识产权作为干部教育培训重要内容，继续指导有关部门加强干部知识产权培训工作。（中央组织部负责）

103. 协调推动中国特色知识产权新型国家智库建设。发挥好知识产权培训基地作用，引导社会开展更多知识产权培训工作。（知识产权局负责）

（三）大力倡导知识产权文化

104. 加强知识产权对外宣传，利用多双边场合积极宣传展示我国知识产权保护工作成效。继续组织好全国知识产权宣传周等大型活动，支持办好中国知识产权年会和中国国际商标品牌节。举办第十一届全国大学生版权征文活动暨大学生版权论坛。（知识产权局、中央宣传部负责）

105. 开展知识产权教育普及和普法，深化中小学知识产权教育试点示范工作，培育一批优秀师资，编写一批优秀教材，打造若干精品课程。（教育部、司法部、知识产权局负责）

106. 依托全国科技活动周、全国科普日等重点科普活动，推进知识产权科普工作。在各类知识竞赛中纳入知识产权相关内容。（科技部、中国科协负责）

上述各项任务分工中，由多个部门负责的，列第一位的部门为牵头部门，其他为参与部门。

以习近平新时代中国特色社会主义思想为指导 奋力开创知识产权强国建设新局面

——在2019年全国知识产权局局长会议上的报告

（2019年1月7日）

国家知识产权局局长 申长雨

同志们：

这次会议的主要任务是：深入学习贯彻习近平新时代中国特色社会主义思想，全面贯彻党的十九大、十九届二中、三中全会精神和中央经济工作会议精神，落实党中央、国务院决策部署，落实全国市场监管工作会议要求，总结2018年工作，分析知识产权事业发展新形势新任务新要求，部署2019年重点工作，以改革开放精神开创知识产权强国建设新局面。

下面，我向大会作报告。

一、2018年主要工作进展

2018年是我国改革开放40周年，国家知识产权战略纲要实施10周年，也是知识产权机构改革之年。全国知识产权系统以习近平新时代中国特色社会主义思想为指导，牢固树立“四个意识”，不断增强“四个自信”，坚决做到“两个维护”，全面贯彻习近平总书记关于知识产权工作的重要指示和党中央、国务院决策部署，加强党对知识产权事业的领导，在市场监管总局党组的带领下，圆满完成全年各项主要目标任务。

——知识产权管理体制和运行机制实现历史性重构。按照党和国家机构改革部署，顺利完成国家和省级知识产权机构改革任务，实现商标、专利、地理标志、集成电路布图设计的集中统一管理，有效地提高了管理效能。

——知识产权综合实力再上新台阶。国内（不含港澳台）发明专利拥有量达到160.2万件，同比增长18.1%；每万人口发明专利拥有量达到11.5件。PCT国际专利申请受理量5.5万件，同比增长9.0%。国内有效商标注册量（不含国外在华注册和马德里注册）达到1804.9万件，同比增长32.8%；每万户市场主体商标拥有量达到1724件。马德里商标国际注册申请量超过6000件。累计批准地理标志产品2380个，另注册地理标志商标4867件。

——知识产权保护得到全面加强。国务院常务会议通过专利法修正案（草案），全国人大常委会完成草案首次审议，积极建立侵权惩罚性赔偿制度，大幅提高侵权违法成本。对知识产权（专利）领域严重失信行为实施联合惩戒。依托“互联网+”技术，破解网上侵权执法难题。知识产权快速协同保护机制进一步完善。知识产权保护社会满意度再创新高。

——知识产权审查质量效率稳步提升。商标注册平均审查周期缩短至6个月以内，提前52天完成国务院“放管服”改革年度目标任务；商标驳回复审案件审理时间压缩到7个月以内。高价值专利审查周期压减10%。专利审查有责投诉同期下降52%，PCT国际专利申请审查意见问题率下降到不到1%，审查质量社会满意度持续提升。

——知识产权运用效益快速增长。知识产权使用费进出口总额超过350亿美元；知识产权使用费出口额提前实现“十三五”专项规划“五年累计100亿美元”的目标。专利、商标质押融资总额达到1224亿元，同比增长12.3%，解决了一批中小企业融资难问题。核准地理标志保护产品专用标志使用企业8179家，相关产值逾1万亿元。

——知识产权在国家对外开放中的地位进一步凸显。中央将加强知识产权保护作为新时代扩大开放的四大举措之一，高度肯定知识产权在共建“一带一路”中的重要作用，审议出台《知识产权对外转让有关工作办法（试行）》，并制定相关细则，知识产权在国家对外开放中的地位更加重要。

2018年，我们主要开展了以下工作。

一是统筹推进知识产权强国建设。国务院知识产权战略实施工作部际联席会议完成调整并召开第三次全体会议，审议印发《2018年深入实施知识产权战略 加快建设知识产权强国推进计划》。完成国家知识产权战略纲要实施十年评估和《“十三五”国家知识产权保护和运用规划》中期评估，评选战略实施先进集体和个人。启动国家知识产权强国战略纲要制定工作。制定实施《2018年全国专利事业发展战略推进计划》。深入实施商标品牌战略。与江苏、广东、陕西等省开展合作会商，新增知识产权强市创建市及示范城市7个，知识产权优势示范企业达1380家，知识产权强国建设工作体系更加完善。

二是大力推进知识产权审查能力建设。全年共审结发明专利申请80.8万件，实用新型专利申请187.4万件，外观设计专利申请66.7万件，商标注册申请804.3万件，集成电路布图设计申请3815件，专利复审无效案件3.3万件，商标评审案件26.5万件，商标异议案件6.9万件。不断完善审查质量管理和业务指导体系。优化管理流程，创新工作模式，综合运用集中审查、巡回审查、优先审查、独任审查等方式，提高审查效率。推进远程审理、当庭宣布审查结果的专利确权审理模式，实现商标评审案件远程应诉。积极推进智能审查系统建设，建成实用新型智能辅助审查系统和中国专利质量系统。商标图形智能检索系统测试运行。有关地方积极支持专利商标审查协作中心建设，专利审查协作福建分中心投入运行，济南、郑州商标审查协作中心挂牌成立。

三是加大知识产权保护力度。《奥林匹克标志保护条例》完成修订。印发《“互联网+”知识产权保护工作方案》。38个部委联合印发《关于对知识产权（专利）领域严重失信主体开展联合惩戒的合作备忘录》。开展“雷霆”“护航”“溯源”“净化”等专项行动，专利行政执法办案7.7万件，同比增长15.9%，查处商标违法案件3.1万件，案值5.5亿元，罚没金额5.1亿元。查办首起集成电路布图设计侵权纠纷案件。开展电子商务平台侵权假冒问题专项整治。知识产权维权援助服务网络覆盖全国，知识产权保护中心和快速维权中心总数达43家，知识产权保护规范化市场达到78家，确定知识产权仲裁调解能力建设机构29家，建设国家地理标志产品保护示范区24个。扎实做好全国知识产权保护社会满意度调查，发布知识产权保护白皮书。《吉林省专利条例》正式实施，辽宁颁布知识产权保护办法，四川印发严格知识产权保护的意见，广东推进粤港澳大湾区知识产权保护合作，上海做好首届中国国际进口博览会知识产权保护工作，实现“零投诉”，新疆生产建设兵团知识产权局承接自治区专利行政执法授权，湖北设立首个大学生创新创业知识产权维权援助中心，河北扎实推进冬奥会知识产权保护工作，湖南建立原产地名称和地理标志统一保护体系，江苏探索建立涉外知识产权纠纷应对机制。

四是促进知识产权转化运用。新增深圳等8个城市开展知识产权运营服务体系建设试点，完善国家知识产权运营公共服务平台。出台知识产权服务民营企业创新发展的若干措施。开展知识产权区域布局试点，深化专利导航、分析评议和预警等工作。与财政部共同发布《知识产权相关会计信息披露规定》。与认监委联合印发《知识产权认证管理办法》，知识产权贯标认证企业达1.8万家。评选中国专利金奖和外观设计金奖40项，金奖获奖项目实现新增销售额835亿元。各地深入开展农产品商标和地理标志精准扶贫工作，举办地理标志精准扶贫西部宣讲活动，召开产业集群区域品牌建设现场经验交流会，贵州实施地理标志产业化促进工程，浙江实施地理标志富农三年行动计划。内蒙古、安徽、重庆等印发知识产权对外转让审查办法，山东、广东积极实施商标品牌国际化战略，中央赋予海南探索知识产权证券化等改革任务，天津、甘肃推进知识产权金融服务创新，陕西加快培育发展知识产权密集型产业，山西出台专利技术研发转化税收优惠政策，江西建设20家知识产权孵化中心，宁夏开展绿色专利推广应用。

五是深化知识产权领域“放管服”改革。《专利代理条例》完成修订，将于今年3月1日起实施。进一步放宽专利代理行业准入门槛。推进专利、商标代理机构“双随机、一公开”监管。全年累计减免专利费用58.6亿元，减少提交专利、商标申请材料335.7万份。在湖南、四川等13个省市开展知识产权军民融合试点，下放国防专利申请受理、许可备案和转让审批等事项。全面停止著名商标行政认定。设立地方商标受理窗口166个，32个试点窗口扩展至24项商标受理业务。设立78个地方商标质押登记受理点。商标网上服务系统全面上线，商标注册实现全程电子化，商标电子发文累计达986万件，商标数据库向全社会免费开放。上线马德里商标国际注册网上申请系统。启动首批高校国家知识产权信息服务中心遴选。开展专利申请相关政策专项督查，严厉打击非正常专利申请和商标抢注、囤积行为。河南、广东等地积极开展非正常专利申请整治，广西、四川等地积极协助开展打击商标恶意注册。湖南实现商标受理窗口各市州全覆盖，北京进一步缩短专利质押登记办理时限，黑龙江、青海、新疆加快建设知识产权公共服务平台，西藏开展专利信息利用帮扶工作。

六是深化知识产权国际合作交流。成功举办“一带一路”知识产权高级别会议，发布进一步推进“一带一路”知识产权务实合作的联合声明，习近平主席向大会致贺信，李克强总理会见世界知识产权组织总干事高锐和与会代表，王勇国务委员出席会议并讲话。积极参与知识产权全球治理和国际规则制定，与世界知识产权组织合作建设技术创新支持中心。配合有关部门妥善应对中美经贸摩擦中的知识产权问题。积极参加中欧地理标志合作与保护协定、区域全面经济伙伴关系协定以及中国与有关国家自贸区协定知识产权议题谈判。成功主办金砖国家、中日韩、中蒙俄知识产权局局长会议和中非知识产权高级研讨会。深入参与中美欧日韩五局合作，积极推动中国—东盟知识产权合作。继续加强与欧洲专利局和欧盟知识产权局及有关国家的双边合作。加大对发展中国家技术援助，支持知识产权能力建设。专利审查高速路(PPH)合作伙伴增加到28个。我国有效发明专利正式在柬埔寨登记生效，与老挝签署认可中国专利审查结果的合作协议。在首届中国国际进口博览会期间成功举办第15届上海知识产权国际论坛暨全球知识产权保护和创新发展大会。

七是夯实知识产权事业发展基础。大力倡导创新文化，成功举办“4·26世界知识产权日”、全国知识产权宣传周和中国专利周活动，支持举办中国专利年会、中国国际商标品牌节等大型活动。参与组织“中国品牌日”宣传活动和首届“自主品牌博览会”。加大知识产权对外宣传力度，会同有关方面编制《关于中美经贸摩擦的事实与中方立场》白皮书。在江苏等地开展“知识产权走基层 服务经济万里行”活动。在北京、江苏、浙江、山东开展商标注册便利化改革集中宣讲。河南开展知识产权助力精准扶贫主题巡讲。积极推动知识产权学科专业建设和专业学位设立。全国中小学知识产权教育试点学校达到112家。大力促进知识产权服务业发展，商标代理机构达到3.73万家，专利代理机构达到2195家，执业专利代理人达到18 668名。专利文献资源达到1.2亿件，专利信息传播利用基地和文献服务网点达到132个。云南制定知识产权人才认定和培养方案。

2018年，全国知识产权系统认真落实党中央关于全面从严治党的重大部署，扎实推进党建和党风廉政建设，推进“两学一做”学习教育常态化制度化，坚定不移纠正“四风”，以“零容忍”的态度惩治腐败，为事业发展提供了坚强政治保证。

2018年各项成绩的取得，是党中央、国务院正确领导的结果，是各部门各地方大力支持的结果，是全系统干部职工团结奋斗和全社会积极参与的结果，也是改革开放40年知识产权事业发展的延续。在此，我谨代表国家知识产权局，向有关部门和社会各界，向全系统干部职工表示衷心的感谢！

同志们，我国的知识产权制度是伴随着改革开放进程逐步建立和完善的。回顾改革开放40年知识产权事业发展走过的非凡历程，我们不禁心潮澎湃、感慨万千。40年来，在党中央、国务院的坚强领导下，我国的知识产权事业发展经历了法律制度初创、战略纲要实施和强国建设启动等重要阶段，实现了从无到有、从小到大的历史性跨越，成为了一个名副其实的知识产权大国，在国家经济社会发展全局中的地位日益凸显。特别是党的十八大以来，在以习近平同志为核心的党中央坚强领导下，国家作出了一系列知识产权方面的重大部署，引领知识产权事业实现了大发展、大提升，开启了知识产权强国建设的新征程。发展成就举世瞩目，发展历程充满艰辛，发展经验弥足珍贵！

一是始终坚持中国特色与国际经验相结合。既立足中国国情，根植中国实际，紧跟发展需要，又积极学习借鉴国际先进经验，坚持海纳百川、兼收并蓄，构建具有中国特色的知识产权制度体系，努力成为国际知识产权规则的坚定维护者、重要参与者和积极建设者。

二是始终坚持政府引导与市场驱动相结合。正确处理政府与市场的关系，针对不同发展阶段的客观实际，充分发挥政府引导与市场驱动的双轮效应，以有为的政府维护市场的秩序、激发市场的活力，以高效的市场促进政府职能的转变、管理效能的提升。

三是始终坚持遵循规律与改革创新相结合。不断深化对知识产权功能定位的认识，遵循知识产权制度运行的客观规律，聚焦事业发展的主要矛盾，解放思想，实事求是，敢闯“无人区”，敢于走新路，以新发展理念引领发展，以改革的方法破解难题，以进取的精神增添动力。

四是始终坚持顶层设计与基层探索相结合。既着眼党和国家事业发展全局需要，加强知识产权顶层设计和宏观统筹，努力使知识产权事业发展与国家战略部署相协调、相一致，又鼓励地方层面因地制宜、大胆探索、先行先试，努力形成顶层设计与基层探索有机衔接、良性互动的发展局面。

五是始终坚持整体推进与重点突破相结合。既坚持从整体上谋划知识产权事业发展，探索形成点线面结合、局省市联动、国内外统筹的发展思路，又围绕知识产权关键领域，谋划实施一批重大政策、重大工程、重大项目，努力在重点领域和关键环节实现突破，以重点突破带动全局提升。

六是始终坚持内促发展与外促开放相结合。既充分发挥知识产权技术供给和制度供给的双重作用，主动与经济科技等工作有效衔接，支撑经济高质量发展，又坚定维护知识产权多边体制的有效性和稳定性，营造良好的营商环境，发展更高层次的开放型经济，加强内外联动，促进开放共赢。

在肯定成绩和经验的同时，我们也清醒地认识到，面对新形势新任务新要求，我国知识产权事业发展仍面临一系列深层次的矛盾和问题，法律制度仍不够完善，数量质量矛盾比较突出，提高审查质量效率任务繁重，保护体系建设亟待加强，运用能力和公共服务水平有待提升，国际合作面临诸多挑战。这需要我们以更大的决心、更实的举措加以解决。

二、准确把握新时代知识产权事业发展新形势新任务新要求

伴随着改革开放的伟大历史进程，我国的知识产权事业走出了一条具有中国特色的发展道路，在这一过程中，我们对知识产权的认识不断深化。党的十八大以来，以习近平同志为核心的党中央站在全局和战略的高度，对知识产权工作作出了一系列重要论述和重大部署，引领我们对知识产权功能定位再思考、工作理念再提升、工作重心再聚焦、工作力度再加大，推动知识产权事业在新的历史起点上改革创新再出发。

（一）深化认识，准确把握知识产权在国家经济社会发展中的功能定位

理论指导实践，认识指引方向。改革开放之初，邓小平同志着眼时代发展需要，面对国内关于建立知识产权制度的各种争议，果断作出“专利法以早通过为好”的战略决断。商标法和专利法的相继颁布实施，为中国的知识产权事业铺平了道路，也为中国的对外开放扫清了障碍。进入新世纪，党中央、国务院又作出了制定实施国家知识产权战略的决策部署，将知识产权上升为国家战略。党的十八大以来，党中央、国务院高度重视知识产权工作，习近平总书记多次对知识产权工作作出重要指示批示，特别是提出了加强知识产权保护是完善产权保护制度最重要的内容，也是提高中国经济竞争力最大的激励。这“两个最”的重要论述，将知识产权工作提升到了前所未有的高度，赋予了新的时代内涵，明确了新的功能定位，为我们的工作提供了根本遵循和行动指南。

“产权保护是社会主义市场经济的基石。”“加强知识产权保护是完善产权保护制度最重要的内容。”我们要充分认识二者之间的内在逻辑关系，通过有效的知识产权保护，让人们有信心、有恒心，更有动力去创新，持续投入创新、创业、创富的时代洪流。“创新是引领发展的第一动力。”“知识产权制度是激励创新的基本保障。”我们要充分认识二者之间的内在逻辑关系，牢固树立保护知识产权就是保护创新的理念，发挥好知识产权作为新型的产权安排机制、有效的创新激励机制和国际通行的市场机制等重要作用，最大限度地激发全社会的创新活力，最大限度地促进创新成果向现实生产力转化，推动经济创新发展。“产权保护特别是知识产权保护是营造良好营商环境的重要方面。”“保护在华外资企业合法知识产权。同时，也希望外国政府加强对中国知识产权的保护。”我们要充分认识二者之间的内在逻辑关系，通过平

等有效的知识产权保护，促进物畅其流、货通天下，科技文化深入交流，推动构建开放型世界经济，实现共同繁荣发展。

（二）深化改革，努力实现知识产权治理体系和治理能力现代化

改革是最大的红利，改革是最大的动力。改革开放40年来，中国的知识产权事业始终在改革中前进、在创新中发展，我们围绕知识产权制度的建立、发展和完善，敢于破除思想观念上的束缚，立足发展实际需要，实现了从制度引进到适应国情、植根本土的重要转变。党的十八大以来，以习近平同志为核心的党中央作出了全面深化改革的战略部署，将知识产权领域改革作为重要内容，深入推进知识产权权益分配改革、管理体制机制改革，有效破解了发展的深层次矛盾和问题。十九届三中全会作出了重新组建国家知识产权局的重要部署，实现了商标、专利、地理标志等知识产权的集中统一管理，有力地推动了知识产权管理效能的提升。

我们要深刻领会习近平总书记关于打通知识产权创造、运用、保护、管理、服务全链条的重要指示，通过机构改革，真正建立高效的知识产权综合管理体制，构建便民利民的知识产权公共服务体系，探索支撑创新发展的知识产权运行机制，特别是要准确把握市场监管与知识产权的内在联系，推动知识产权工作与市场监管有效衔接，进一步凸显知识产权的市场属性，丰富市场监管的内涵。我们要强化知识产权创造，完善支持政策，突出质量导向，淡化数量情结；提高知识产权审查质量和效率，严把审查授权关；深入实施专利质量提升工程和商标品牌战略，大力培育高价值核心专利和知名品牌。我们要强化知识产权保护，推动建设知识产权保护体系，建立侵权惩罚性赔偿制度，大幅提升侵权违法成本；完善侵权判定标准，指导好行政执法工作；对严重失信行为实行联合惩戒，让失信者处处受限。我们要强化知识产权运用，深化知识产权权益分配改革，破解知识产权转化难题；完善知识产权运营平台体系，为知识产权综合运用提供有力支撑；大力发展知识产权密集型产业，推动产业转型升级。我们要深入推进“放管服”改革，深化部门转职能、转方式、转作风，把该放的坚决放掉，把该管的切实管好，强化知识产权公共服务，更好支撑创业创新。

（三）深化合作，更好支撑国家高水平对外开放

“开放带来进步，封闭必然落后。”40年来，中国以改革开放的精神积极吸收借鉴人类一切文明成果，在引进、消化、吸收、再创新的基础上，建立了自己的知识产权制度体系，加入了绝大多数知识产权国际公约和条约，成为世界知识产权大家庭中的重要一员。党的十八大以来，习近平总书记多次阐明中国知识产权重大原则立场，多次见证中国与有关国家知识产权合作协议的签署，倡议各方加强“一带一路”知识产权合作，共同建设创新之路。李克强总理多次会见世界知识产权组织总干事高锐，表明中国政府始终依法严格保护知识产权的鲜明态度。王勇国务委员多次出席重要知识产权外事活动。所有这些都充分表明，中国始终以开放的姿态参与知识产权国际合作，始终以负责任的大国形象履行知识产权保护的国际义务，为国内外企业提供一视同仁、公平对待的知识产权政策环境。

我们要深刻认识知识产权对于扩大开放的重要意义，以更加务实的态度，更加宽广的胸怀，推进知识产权国际合作，推动构建开放包容、平衡有效的知识产权国际规则。我们要坚定维护多边主义，完善知识产权全球治理，支持世界知识产权组织发挥国际规则制定的主平台作用，积极表达中国诉求，贡献中国智慧，提出中国方案。我们坚决反对知识产权规则的滥用，反对以保护知识产权之名行贸易保护之实。我们要高举合作的大旗，深入推进“一带一路”知识产权合作，中美欧日韩五局合作、金砖国家、中国—东盟等一系列小多边合作，以及与各个国家的双边合作，构建多边、周边、小多边、双边“四边联动、协调推进”的知识产权国际合作新格局。我们要继续积极吸收借鉴世界各国知识产权发展的有益经验，推动自身知识产权制度的完善，努力实现与世界先进同行、与创新发展同步。我们要积极引导企业做好知识产权海外布局，促请外国政府加强对中国知识产权的保护，为中国企业“走出去”创造公平竞争的营商环境。我们要完善知识产权对外转让审查工作机制，切实维护国家的科技安全、经济安全和总体安全。

三、2019 年主要工作

2019 年是新中国成立 70 周年，也是完成知识产权机构改革之后的开局之年，做好今年的工作意义重大。2019 年的工作总体思路是：深入学习贯彻习近平新时代中国特色社会主义思想和党的十九大、十九届二中、三中全会精神，落实中央经济工作会议精神，深刻领会党中央、国务院对知识产权工作的新部署新要求，牢牢把握稳中求进工作总基调和高质量发展要求，贯彻落实新发展理念，落实全国市场监管工作会议精神和市场监管总局党组部署要求，按照新的管理体制和运行机制，推进工作思路创新和模式创新，深化知识产权领域“放管服”改革，全面提升知识产权创造质量、保护效果、运用效益、管理水平、服务能力和国际影响力，推动知识产权事业在新的历史起点上创新发展。

一是进一步加强知识产权战略谋划和宏观统筹。做好面向 2035 年的知识产权强国战略纲要制定工作，加强与国家总体目标和重大战略的协同，积极推动将知识产权纳入“一带一路”建设、京津冀协同发展、长江经济带发展、雄安新区、粤港澳大湾区、海南自贸试验区建设等国家重大战略部署。制定实施知识产权战略年度推进计划，统筹推进商标品牌战略、专利事业发展战略和中小企业知识产权战略，创新推进知识产权强省、强市、强企建设。深入推进知识产权保护和运用“十三五”规划实施。鼓励地方制定面向 2035 年的知识产权强省（市、区）战略，完善统筹协调机制。研究制定推动知识产权高质量发展的年度工作指引，设置区域差异化的评价指标，分类引导地方知识产权事业发展。梳理整合专利、商标和地理标志政策、项目和平台，推动重大政策互联互通，统一服务窗口和办事流程，加速工作深度融合。推动各级知识产权管理机构加强经费投入和综合保障。

二是进一步提高知识产权审查质量和审查效率。围绕建设世界一流审查机构，加强专利商标审查员队伍建设，持续提升审查业务能力。健全审查质量保障体系和业务指导体系，完善“双监督、双评价”质量管理。研究改进实用新型和外观设计政策措施。探索通过改进审查工作机制提高审查效率。在审查中协同运用集中审查、绿色通道、专利审查高速路（PPH）等多种审查模式。全年消减发明专利审查积压 10 万件以上，将高价值专利审查周期在 2018 年已压缩 10％的基础上再压缩 15％以上。探索开展延迟审查，满足市场多样化需求。开展“商标审查质量提升年”行动，完善商标审查质量管理，优化审查质量评价指标体系，推进各环节联防联控。加大人工智能技术在审查中的运用。全面深化商标注册便利化改革，上线图形商标智能检索系统，推进商标评审、异议、撤销等业务的电子化，确保商标注册平均审查周期年内压缩至 5 个月以内，其他业务周期同步缩短。探索建立地理标志统一认定制度，优化地理标志登记注册和行政裁决程序。

三是进一步加大知识产权保护力度。配合做好专利法修正案（草案）审议，推进专利法实施细则修改，修订《专利审查指南》和《专利代理管理办法》，完善专利代理师资格考试制度。推进商标法第四次修改，修订《商标评审规则》，出台《关于规范商标申请行为的若干规定》《商标代理监管暂行办法》《商标电子申请和电子送达规定》。修订《地理标志产品保护规定》，制定《官方标志备案保护办法》。加强知识产权基础性法律制度和新领域新业态创新成果知识产权保护研究。制定出台知识产权保护体系建设方案，推动建立相应运行机制和工作平台，健全严保护、大保护、快保护、同保护工作体系。制定新时代强化知识产权保护政策文件。继续推进知识产权保护中心建设布局，开展建立国家知识产权保护中心的可行性研究。完善知识产权仲裁调解工作规程。研究建立海外知识产权维权援助机制，建设国家层面的海外知识产权纠纷应对指导中心。支持行业协会和业内专家开展知识产权纠纷化解工作。做好商标、专利执法指导工作，制定并指导实施商标权、专利权确权和侵权判断标准，制定商标专利执法的检验、鉴定及其他相关标准，做好政策标准衔接和信息通报工作。指导好地方知识产权争议处理、维权援助和纠纷调处。做好知识产权复审无效和专利侵权行政裁决。深入推进“互联网+”知识产权保护。

四是进一步促进知识产权综合运用。完善知识产权运营服务体系，扎实做好各类知识产权运营平台建设布局，健全业务规则和运行机制，加快重点城市知识产权运营服务体系建设，加强绩效考核评价。促进知识产权金融服务创新，扩大知识产权金融服务范围，发挥重点产业知识产权运营基金和风投基金的作用，完善知识产权质押融资风险补偿及分担机制，推动专利商标混合质押，鼓励开发知识产权综合险种。加快推进知识产权证券化试点。深入推进知识产权领域军民融合改革试点，拓展专利代办处运用服务职能。出台知识产权强企建设工作方案，全面落实知识产权服务民营企业创新发展的若干措施。积极引导企业做好知识产权会计信息披露工作。扎实做好企业、高校、科研组织、专利代理机构贯标工作。针对中小企业和个体工商户开展专利转化帮扶。编制《创新过程知识产权管理》国家标准草案。推动制定知识产权（专利）密集型产业统计分类国家标准，推动知识产权密集型产业纳入国家统计体系。研究制定知识产权促进产业高质量发展的政策措施。实施地理标志运用促进工程，推进地理标志产品保护示范区建设。大力开展地理标志精准扶贫、商标品牌富农工作。统筹推进专利导航、知识产权区域布局和分析评议工作。制定促进知识产权服务业发展的政策措施，培育一批品牌服务机构。继续扶持一批知识产权创业创新基地。

五是进一步提高知识产权公共服务能力。加快建立开放共享的国家知识产权大数据中心，构建互联互通的知识产权信息公共服务平台，形成一体化的知识产权信息公共服务体系。研究制定知识产权基础信息采集加工标准和管理规则，整合商标、专利、地理标志、集成电路布图设计等基础数据，统筹管理知识产权信息资源，打通“信息孤岛”“数据烟囱”，推动知识产权数据免费或低成本开放。统筹设置全国知识产权信息公共服务中心及网点，实现各级知识产权信息公共服务资源的协作共享，服务区域经济发展。继续推进高校国家知识产权信息服务中心建设，不断拓展知识产权信息传播渠道，开展知识产权申请、授权、注册、登记等相关信息研究分析，发布知识产权信息公共服务年度报告。研究制定进一步深化知识产权领域“放管服”改革的指导意见。加快建设“一站式”服务大厅，推动实现知识产权业务申请“一网通办”。

六是进一步强化知识产权领域综合监管。严厉打击非正常专利申请和商标囤积、恶意注册行为，实施非正常申请筛查监管前置，出重拳抓一批典型案例，依法依规予以处理，并将相关人员和单位纳入失信名单。开展闲置商标摸排工作，探索制定规制措施。各地方要主动调整专利申请资助和奖励政策，突出质量导向。开展知识产权代理专项整治，依法打击违反规定开展专利代理业务、提交大量非正常专利申请、代理师资格证书挂靠、扰乱商标代理市场秩序等行为。对专利商标代理机构实施“双随机、一公开”监管。充分发挥行业自律作用，促进知识产权服务业健康发展。会同有关部门建立知识产权认证咨询行业监管体系。落实知识产权（专利）领域严重失信联合惩戒合作备忘录，完善联合惩戒机制。

七是进一步深化知识产权国际合作。落实好“一带一路”知识产权高级别会议成果，继续开展“一带一路”知识产权学位教育培训，推进法律制度和政策交流，推动沿线国家对我国专利审查结果认可和登记生效。积极参与世界知识产权组织等多边框架下的全球治理和规则制定，继续大力推广马德里商标国际注册体系和国际专利合作条约，继续推动《视听表演北京条约》生效和《外观设计法条约》外交大会尽早召开，做好加入外观设计国际注册海牙协定相关准备工作。与世界知识产权组织签署技术创新支持中心合作文件，扩大技术创新支持中心建设试点。深化与重点合作伙伴的双边关系，支持周边国家和发展中国家知识产权能力提升。大力加强商标、地理标志领域国际合作。配合做好有关知识产权谈判和纠纷应对工作。加强对知识产权国际领域最新动态的跟踪研判，及时有效提出对策建议。支持开展民间知识产权国际合作交流。支持上海等地举办高水平知识产权国际活动。

八是进一步夯实知识产权事业发展基础。全面构建知识产权大宣传工作格局，大力倡导创新文化，加强宣传策划，推动各类知识产权媒体融合发展，做好知识产权学术期刊、图书出版等工作，出版一批优秀的知识产权作品。加强知识产权对外宣传，讲好中国知识产权故事，传播中国知识产权好声音。广泛开展知识产权教育普及和普法，会同教育部门深化中小学知识产权教育试点示范工作，培育一批优秀师资，编写一批优秀教材，打造若干精品课程。继续组织好全国知识产权宣传周等大型活动，支持办好中国知识产权年会和中国国际商标品牌节。加强各类知识产权人才培养，推动完善知识产权职称制度。支持高校加强知识产权学科专业建设，推动专业学位知识产权人才培养，发挥好知识产权培训基地作用，引导社会开展更多知识产权培训工作。进一步强化网络安全保障能力。充分发挥专利商标审查协作中心作用，服务地方知识产权战略实施。继续加大知识产权专员派驻力度。加强知识产权智库建设，发挥好专家咨询委员会作用。

同志们！做好知识产权工作，我们要始终坚持党对知识产权事业的领导，认真落实中央关于全面从严治党的战略部署，扎实推进党建和党风廉政建设，坚决贯彻落实中央八项规定精神，持之以恒纠“四风”、树新风，加强廉政风险防控，切实营造风清气正的政治生态，为知识产权事业发展提供强有力的思想、组织和作风保障。

同志们！号角声声催人进，砥砺奋进谱新篇。让我们更加紧密地团结在以习近平同志为核心的党中央周围，认真落实党中央、国务院决策部署，以跋山涉水的闯劲儿，脚踏实地的干劲儿，滚石上山的韧劲儿，推动知识产权事业在新的历史起点上改革创新、加快发展，以优异成绩迎接新中国成立 70 周年！

加强知识产权司法保护 营造一流创新法治环境

——在“知识产权司法保护国际研讨会”上的致辞

（2019 年 8 月 19 日）

最高人民法院副院长 陶凯元

尊敬的陈省长，龚院长，各位来宾，女士们、先生们、朋友们：

大家上午好！

春华秋实，岁物丰成。很高兴应邀来到有着两千多年悠久历史的历史文化名城广州，回到这方我永远眷恋的土地。与各位新老朋友欢聚在越秀山下，流花湖畔，共同就知识产权司法保护的有关问题进行交流研讨。首先，我代表最高人民法院，对研讨会的召开表示热烈的祝贺！

在我 32 年的职业生涯中，有长达 26 年是在广东度过的。我有幸参与并见证了广东全面深化改革，扩大对外开放，实施创新驱动发展战略，加强知识产权保护所取得的历史性成就。今天，广州已经成为“一带一路”建设和粤港澳大湾区建设的重要枢纽，国家重要的科技（创新）和教育文化中心，深度融入经济全球化的国际大都市。近年来，广东省各级人民法院在改革开放中得风气之先，锐意进取，敢为人先，在知识产权司法保护方面成绩斐然，是国际社会深入观察和客观认识中国知识产权司法保护实情与实际的重要“窗口”和“样本”。此时此地，中外专家汇聚一堂，粤港澳三地群贤毕至，共同就知识产权司法保护的前沿问题进行深入研讨，可谓天时地利人和，意义重大，影响深远。

下面，我就中国坚定不移加强知识产权司法保护，深入务实开展知识产权司法保护国际合作的有关情况，谈几点意见，供各位参考。

一是充分发挥司法保护主导作用，营造一流创新法治环境。作为对创新的产权制度安排和激励机制，知识产权是创新原动力的基本保障。2016 年 7 月，最高人民法院将“司法主导、严格保护、分类施策、比例协调”确立为知识产权司法保护的基本政策。加强知识产权司法保护，不仅是中国遵守国际规则，履行国际承诺的需要，更是中国实施创新驱动发展战略，打造良好营商环境，构建开放型经济新体制的内在需求。

二是高度重视并不断加强知识产权审判领域的“顶层设计”，这是中国知识产权司法保护事业在较短时间内取得历史性成就的主要经验之一。2008 年 6 月《国家知识产权战略纲要》发布，将“发挥司法保护知识产权的主导作用”作为战略重点之一。十八届三中全会明确提出“探索建立知识产权法院”。党的十九大提出“强化知识产权创造、保护和运用”。2017 年 4 月，最高人民法院首次发布《中国知识产权司法保护纲要（2016—2020）》，明确提出知识产权司法保护协同发展的目标措施。2018 年 2 月，中办、国办发布《关于加强知识产权审判领域改革创新若干问题的意见》，这是中国首个针对特定审判领域改革创新的纲领性文件，是国家知识产权保护事业发展的重要里程碑。习近平总书记也对加强知识产权保护作出一系列重要指示。目前，我国已经启动面向 2035 年的国家知识产权强国战略纲要的制定工作。最高人民法院将举全国法院系统之力，科学谋划、深度参与，广泛听取各方意见，共同把这幅事关中国知识产权事业前途命运的蓝图描绘好。

三是始终坚持公正司法、平等保护，不断提高中国知识产权司法保护的权威性和国际影响。目前，中国已成为世界上审理知识产权案件尤其是专利案件最多的国家，审理涉外知识产权案件的周期是全世界最短的国家之一。2018 年，中国法院共新收各类知识产权案件 33.5 万件，结案 31.97 万件，分别比上年增长 41%和 42%，结案率达 95.43%。今年上半年，全国法院新收知识产权民事一审案件较去年同期上升 77.88%。人民法院始终坚持平等保护各方当事人的合法权益。近年来，中国法院审理的一系列案件对相关领域的法律规则演进做出了积极贡献，在国际上产生了重大影响，如最高人民法院审理的“乔丹”商标争议行政纠纷系列案件、“迪奥”立体商标申请驳回复审行政纠纷案、腾讯公司与奇虎公司不正当竞争与垄断纠纷案，广东高院审理的华为公司与交互数字技术公司等滥用市场支配地位纠纷案，上海高院审理的锐邦公司诉强生公司纵向垄断协议纠纷案等，在商标、互联网竞争、标准必要专利、反垄断等领域均做出了有益探索。今年 5 月，广东高院通过调解，促成华为公司与三星公司在标准必要专利侵权案中达成全球和解，取得了良好的社会效果和法律效果。

四是深化知识产权审判领域改革创新，专业化审判体系建设取得明显成效。2014 年，北京、广州、上海知识产权法院相继设立，开创了中国知识产权审判专业化改革的新局面。2016 年，知识产权民事、行政和刑事审判“三合一”在全国法院推行，提高了知识产权司法保护的整体效能。2017 年以来，南京、深圳等 21 家知识产权法庭先后成立，案件管辖布局更加优化。2019 年 1 月，最高人民法院知识产权法庭挂牌成立，创新了技术类案件管理与审理机制。这些举措对进一步发挥司法保护主导作用，均具有积极而深远的影响。

五是不断完善知识产权诉讼制度，打造国际知识产权争端解决的“优选地”。2013 年以来，最高人民法院先后发布了有关专利侵权、商标授权确权、行为保全、技术事实查明等多件司法解释，先后发布知识产权指导性案例 21 件。此外，我们还积极参与了民法典、各知识产权部门法的相关立法活动，积极推动制定知识产权诉讼特别程序法，从制度上解决知识产权诉讼中的体制机制障碍。

六是深入开展知识产权司法保护国际交流合作，共同应对新的机遇和挑战。中国法院高度重视与各国司法机构和相关国际组织在知识产权领域的交流与合作。尤其是，2017 年 4 月，最高人民法院与世界知识产权组织（WIPO）签订了战略合作备忘录。两年来，双方根据备忘录，开展了一系列广泛务实的交流与合作。我们还先后参与了十余项多边、双边协定中有关知识产权部分的谈判与磋商活动。

各位来宾，朋友们，经过四十多年的改革开放，中国的知识产权保护事业取得了长足进步。2019 年 7 月 24 日，世界知识产权组织发布“2019 年全球创新指数（GII）”，中国连续第四年保持上升势头，排在第 14 位，较去年再次上升 3 个位次。当今世界，正面临百年未有之大变局，经济、技术迅猛发展，给知识产权保护带来前所未有的挑战。云计算、大数据、人工智能等新技术催生新的知识产权法律问题，贸易保护主义正在侵蚀知识产权保护的国际交流合作。在互联网、标准必要专利、商业秘密等领域出现的新情况、新问题，尤其是日益增长的跨境争议，给各国司法机构带来了共同的挑战。

面向未来，我们将按照国家创新驱动发展战略和国家创新体系建设的要求，严格知识产权保护，营造一流营商环境，坚定不移地为创新创造护航！

我们将大力保护关键领域的技术创新成果，助推经济发展“新引擎”，矢志不渝地为世界科技强国建设助力！

我们将在更高水平上全面加强知识产

权司法保护，用一个个鲜活的案例昭告天下，产权受保护、侵权有代价、犯罪必惩罚。

我们将深入开展国际交流互鉴，用知识产权司法保护的“中国经验”，为全球知识产权规则的制定贡献“中国智慧”。

我们将以人才为第一资源，继续推进知识产权审判队伍建设，努力打造一支政治坚定、顾全大局、精通法律、熟悉技术并且具有国际视野的知识产权审判队伍！

今天的会议，是中国知识产权司法保护国际交流与合作的又一重要成果，我期待通过今天的深入交流，能够共商良策，增进共识，共享一场思想的盛宴。

最后，预祝会议取得圆满成功！谢谢！

在“中国加入UPOV二十周年座谈会”上的讲话

（2019年4月23日）

国家林业和草原局副局长　彭有冬

尊敬的彼得·巴顿先生，尊敬的张部长、甘局长，各位领导、各位来宾、同志们：

大家上午好！

在第19个世界知识产权日到来之际，中国迎来了加入国际植物新品种保护联盟（UPOV）二十周年纪念日。1999年4月23日，中国正式成为国际植物新品种保护联盟（UPOV）的第39个成员国。经过20年的扎实工作，持续发力，中国在植物新品种培育、新品种保护制度、新品种保护机构队伍、新品种DUS测试能力建设以及新品种授权、转化运用和执法等方面，都取得了显著成绩，植物新品种保护事业进入了快速发展的新阶段。今天，国家林业和草原局与农业农村部、国家知识产权局共同举办纪念中国加入UPOV二十周年座谈会，回顾中国植物新品种保护20年走过的历程，总结交流植物新品种保护工作的新进展新成效，研究分析新形势下植物新品种保护工作的新任务新要求，同时，进一步密切与UPOV及其他成员国的合作，共同促进植物新品种的创造、运用、保护和管理，为建设生态文明和美丽中国提供有力支撑。

首先，我代表国家林业和草原局，向出席今天活动的领导、专家和各位来宾表示热烈欢迎和衷心感谢！向长期关心支持林业植物新品种保护工作的各界朋友和广大林业科技工作者致以诚挚的问候和崇高的敬意！

女士们、先生们：

国家林业和草原局高度重视植物新品种保护工作，把依法保护育种者的知识产权、激励林业和草原自主创新，作为建设现代林业的重要内容，纳入议事日程。1997年成立了林业植物新品种保护领导小组及植物新品种保护办公室，1999年4月开始受理国内外林业植物新品种权申请。近年来，国家林业和草原局以贯彻实施《国家知识产权战略纲要》和建设知识产权强国为契机，认真履行植物新品种权审批机关的职责，积极创新政策机制、夯实发展基础、严格品种授权、依法保护权益、加快转化运用，有效激励了育种创新，林业植物新品种保护事业稳步推进，不断取得新成效，林业植物新品种对现代林业发展的支撑作用日益凸显，推动了林业和草原事业高质量发展。

1. 林业植物新品种保护法规体系不断完善

为了保护植物新品种权，鼓励培育和

使用植物新品种，促进农业、林业的发展，1997年，国务院颁布了《中华人民共和国植物新品种保护条例》，国家林业局作为植物新品种权审批机关之一，于1999年颁布了《中华人民共和国植物新品种保护条例实施细则（林业部分）》，按照分工负责的原则，明确了国家林业局负责受理植物新品种保护的范围。先后发布了6批、共206个植物种属的保护名录，最大限度满足育种者申请新品种保护的需求。国家林业局先后印发了《林业植物新品种保护行政执法办法》《林业植物新品种测试管理规定》等规章制度，并不断修订完善。2015年《种子法》的修订，增加了“植物新品种保护”专门章节，并在法律责任一章中规定了侵犯植物新品种权的法律责任，提高了对违法行为的处罚标准和额度，加大了处罚力度，提高了新品种权保护的法律层级和保护水平，极大推动了中国植物新品种保护事业的发展。

2. 林业植物新品种申请量和授权量大幅增加

加强林业植物新品种培育，鼓励单位和个人积极培育和开发植物新品种。建立了“中国林业植物新品种保护”网站和信息共享平台，强化了植物新品种保护的宣传，为育种者申请新品种保护创造了便利条件。加快了品种权受理和审查速度，林业植物新品种的申请量和授权量大幅增加。截至2018年年底，国家林业和草原局植物新品种保护办公室共受理国内外植物新品种申请3717件，授予植物新品种权1763件。近5年（2014—2018年）林业植物新品种申请量和授权量分别占申请总量和授权总量的66.07%和62.68%。2018年，林业植物新品种的申请量首次突破900件，授权量达到405件，均创历史新高。截至2018年，国外申请林业植物新品种累计672件，特别是最近几年申请量显著增加，2018年申请量达到186件，比2017年增长73.8%，增幅显著，说明我国新品种保护工作越来越得到国外育种公司和育种者的认可，中国的种子苗木市场越来越得到国际育种公司的高度重视。

3. 林业植物新品种DUS测试体系不断完善

开展申请品种特异性、一致性和稳定性的DUS测试，是审批授权机关对申请品种进行实质审查的重要内容，通过建立健全植物新品种保护的技术支撑体系，有效提高了林业植物新品种审查测试能力。完善了林业植物新品种的测试机构及配套设施，重点加强了1个植物新品种测试中心、3个分中心、2个分子测定实验室和6个专业测试站的条件能力建设，开展了月季、一品红、牡丹、杏、山茶、杜鹃、绣球以及竹藤等新品种的DUS测试工作。积极推进植物新品种测试指南编制工作。截至2018年年底，共开展了147项林业测试指南的编制，已完成了蔷薇属、桉属、枸杞属、榆属等52项测试指南标准的制定，分别以国家标准或行业标准发布，其中国家标准12项，林业行业标准40项，保障了林业植物新品种审查授权质量。针对高大、生长周期长的乔木新品种，我们采取组建专家库、组织同行权威专家现场审查的方式完成实质审查，显著提高了林业植物新品种保护的审查效率。

4. 林业植物新品种行政执法力度不断加大

加强新品种保护执法，依法保护育种者的合法权益，是新品种保护制度能否顺利实施的关键。国家林业和草原局高度重视新品种保护行政执法工作，出台了相应的执法管理办法，及时查处林业植物新品种侵权和假冒案件，指导品种权人积极维权，有效打击了侵犯植物新品种权行为，维护了植物新品种市场交易秩序。特别是2010年以来，每年组织开展打击侵犯林业植物新品种权专项行动，重点对各种林木、花卉博览会、交易会等进行检查，严格查处植物新品种违法行为，加大处罚力度，净化了植物新品种交易市场，在林业行业形成了打击侵犯植物新品种权和假冒授权品种的高压态势。同时构建了月季、牡丹品种DNA图谱数据库，为执法取证提供技术支撑。为探索建立行政执法长效机制，促进行政执法与刑事司法的衔接，在陕西、河北、山东等省开展了林业植物新品种权行政执法试点。各地林业主管部门根据国家林业和草原局的要求，健全了林业植物新品种权行政执法体系，加强对执法人员的培训，提高执法人员的业务水平和责任意识。积极引导全社会尊重知识产权，合法使用植物新品种，形成了良好的新品种保护氛围。

5. 林业植物新品种的转化运用能力明显提高

国家林业和草原局不断加大新品种转化应用力度，建立了林业植物新品种权转化运用的政策导向和激励机制，多次召开林业植物新品种保护与应用交流研讨会、植物新品种发布推介会、植物新品种转化运用现场会、植物新品种新技术拍卖会等，每年编辑出版《中国林业植物授权新品种》，及时发布和推介新的授权植物新品种，方便生产单位和广大林农获取新品种信息，为品种权人和生产单位之间架起了沟通的桥梁，有效促进了林业植物新品种的推广应用。国家林业和草原局每年支持建立一批林业植物新品种转化运用示范样板，同时筛选优良植物新品种，纳入各级林业科技推广计划进行转化运用，一批林木、经济林和花卉优良新品种得到了转化运用，为林木种苗产业的发展提供了强大动力，有力推动了生态林业民生林业发展，促进了林农增收致富。

6. 林业植物新品种的国际合作不断扩大

认真履行《国际植物新品种保护公约》(UPOV)，派员参加UPOV系列会议，包括UPOV年度理事会、技术工作组会议，积极参与东亚植物新品种保护论坛活动，完成了山茶属、丁香属和牡丹3项UPOV国际测试指南的编制以及核桃属国际测试指南修订工作，为国际植物新品种保护事业的发展做出了贡献，树立了负责任大国形象，提升了我国植物品种权保护的国际影响力。广泛参与了多边和双边保护知识产权对话及谈判，包括中瑞、中日韩自由贸易协定的知识产权谈判、中欧知识产权工作组会议。与韩国林木植物新品种保护部门签署了植物新品种保护谅解备忘录，与欧盟植物新品种保护办公室签署了合作协议，与德国、荷兰、美国、日本等国家持续开展了新品种保护和测试技术交流及人员培训，有力提升了我国林业植物新品种保护水平。

女士们、先生们：

目前，中国发展仍处于重要战略机遇期，拥有足够的韧性、巨大的潜力和不断迸发的创新活力，人民群众追求美好生活的愿望十分强烈。党中央国务院提出要统筹推进“五位一体”总体布局，协调推进“四个全面”战略布局，坚持新发展理念，推动高质量发展。新时代推进林业和草原事业发展，要立足于“五位一体”总体布局高度，把生态文明融入经济建设，实现绿色发展和高质量发展。加强林业植物新品种的创造、运用、保护和管理，对于加强生态系统保护修复、实现林业精准扶贫、推动林业转型升级、提升林业科技支撑能力具有重要作用，对于推动林业和草原事业绿色、高质量发展，切实承担起建设生态文明和美丽中国的重大使命，具有十分重要的现实意义和深远的战略意义。

1. 加强植物新品种保护是加快生态文明建设、维护国家生态安全的战略选择

“绿水青山就是金山银山”。加强生态系统保护修复，推进山水林田湖草生态保护修复工程，加快国土绿化、防沙治沙、水土流失治理和生物多样性保护，需要丰富多样的优良林业植物新品种。加快构建以

国家公园为主体的自然保护地体系，实施重点林业生态工程，推进乡村振兴和森林质量精准提升，建设全国木材战略储备生产基地，加快解决困难立地造林技术难题，增加森林资源总量，提高森林资源质量，加强森林保护，需要以植物新品种的创造和运用为支撑。加强林业植物新品种保护，是加强生态系统保护和修复，探索以生态优先、绿色发展为导向的林草业高质量发展新路子的必然需求。

2. 加强植物新品种保护是实现林业精准扶贫的重要途径

党的十九大把精准脱贫列为全面建成小康社会三大攻坚战之一。国家林业和草原局出台系列林业精准扶贫政策，深入推进生态补偿脱贫、国土绿化脱贫、生态产业脱贫三大重点任务，推进油茶、核桃等经济林果提质增效行动，积极发展森林旅游、森林康养、木本粮油、林下经济、花卉、特色鲜果、木本药材、木本调料、竹藤等特色富民产业，让绿水青山更好地转化为金山银山，实现林农增收、精准扶贫和乡村绿化，需要以植物新品种的创造和转化运用为支撑。目前，桉树、杨树等新品种已成为速生丰产用材林基地建设的主要树种。板栗、核桃、枣等经济林新品种为维护国家粮油安全，调整农村产业结构，促进农民增收发挥了重要作用。月季、茶花、牡丹、海棠等花卉新品种带动了花卉产业快速发展，为兴林富民做出了重要贡献。

3. 加强植物新品种保护是促进林业转型升级的重要手段

党的十九大对我国社会主义现代化建设作出了全面部署，对加快林业现代化提出了更高要求，我国现代林业发展正处于重要战略机遇期，需要充分发挥科技在转变经济发展方式和调整经济结构中的支撑和引领作用，促进林业产业转型升级。充分发挥知识产权在推进林业产业升级换代和增强核心竞争力中的重要作用，运用知识产权等要素投入，合理配置各类资源，促进林业发明专利技术和植物新品种转化运用，依靠科技创新形成的知识产权引领和带动产业升级，提高林业核心竞争力，使我国林业走上创新驱动、绿色发展之路。

4. 加强植物新品种保护是推进林业科技创新的强大动力

创新是引领发展的第一动力，是建设现代化经济体系的战略支撑。实行知识产权保护制度，维护知识成果创造者合法权益，建立有利于激励创新意愿和行动的长效机制，已成为提高林业自主创新能力，实现科技兴林、科技强林、科技富民的关键环节。进一步加强林业知识产权和植物新品种保护工作，有利于保护和激发广大林业科技工作者的创新激情，创造和掌握更多拥有自主知识产权的核心技术和授权新品种，不断优化创新环境，加快知识产权成果转化运用，为林业自主创新注入不竭的动力。

女士们、先生们：

现代林业和草原事业科学发展的新形势、新任务对林业植物新品种保护工作提出了新的更高要求。国家林业和草原局将全面推进林业植物新品种保护工作，激励品种创新、推动转化应用、加强国际合作，进一步提高我国林业植物新品种的保护水平。

一是，完善植物新品种保护制度，将会同相关部门积极推进《中华人民共和国植物新品种保护条例》的修改，并进一步修订《中华人民共和国植物新品种保护条例实施细则（林业部分）》等规章制度，要加大保护力度，保护水平要逐步向《国际植物新品种保护公约（1991 年文本）》靠拢。

二是，提高林业植物新品种审批授权效率，积极推进林业植物新品种的电子申请，提高审查测试的信息化水平。要按照“放管服”改革的要求，进一步创新审查机制，优化审查流程，提高植物新品种权的审查效率，提升林业植物新品种保护管理水平。

三是，健全林业植物新品种保护的技术支撑体系，加强测试机构的合理布局和条件能力建设，开展植物新品种测试新技术研究，加快测试指南编制，完善已知品种数据库，不断提高植物新品种的测试能力和水平。

四是，建立林业授权植物新品种信息共享和交易服务平台，实现供需对接、项目评估和信息共享，提高林业植物新品种的转化运用能力和水平，推动林业产业转型升级。

五是，健全林业植物新品种权行政执法体系，加强执法能力建设，及时查处侵犯植物新品种权和假冒授权品种的案件。完善执法协作机制，加强行政执法与刑事司法的衔接，集中打击侵犯植物新品种权行为，维护品种权人的合法权益。

六是，加强植物新品种保护领域的国际合作，开展国际履约和测试技术研究，积极承担 UPOV 测试指南编制工作，参与东亚植物新品种保护论坛活动。密切与 UPOV 办公室以及其他成员国的合作，积极推进 DUS 测试报告的互认合作，降低品种权跨国申请负担，提高审查授权效率，共同致力于国际植物新品种保护事业发展。

同志们，植物新品种保护工作任重道远。让我们共同努力，扎实工作，为全面提升中国植物新品种的创造、运用、保护和管理能力，共同推进中国林业和草原事业的高质量发展，为建设生态文明和美丽中国，为国际植物新品种保护事业发展做出新的更大贡献。

最后，预祝本次座谈会，以及后续的国际研讨会、东亚论坛等系列会议取得圆满成功！

谢谢大家！

新中国七十年商标工作回顾与展望

国家知识产权局商标局局长　崔守东

随着我国社会主义市场经济体制的建立和完善，作为我国工商行政管理职能重要内容之一的商标注册和管理工作，在保护商标专用权、保证商品质量、保护消费者权益、促进社会主义市场经济发展等方面发挥着重要作用。2018年4月10日，国家主席习近平在博鳌亚洲论坛2018年年会开幕式上的主旨演讲中指出，加强知识产权保护是我国扩大开放的重要举措，是完善产权保护制度最重要的内容，也是提高中国经济竞争力最大的激励。原国家工商行政管理总局的商标管理职能划转至重新组建的国家知识产权局，商标工作被纳入大知识产权工作范畴统筹推进，商标局职能也因此而调整。本文尝试通过回顾七十年来新中国商标工作的发展历程，梳理总结不同历史阶段商标工作的发展概况和历史经验，以资未来借鉴。

一、商标工作初步建立及曲折发展阶段

从1949年新中国成立到1978年改革开放前，商标工作经历了国民经济恢复、社会主义改造、社会主义建设等时期，这一时期是商标工作初步建立与曲折发展的阶段。

(一)在独立自主的基础上，新中国商标工作初步建立(1949—1956)

1. 机构设置及职能

新中国成立不久即在贸易部设立商标局，1950年年底，划归中央私营企业局，设商标处[1]。1954年至1956年，在中央工商行政管理局下设商标注册处(1954.11—1955)、商标专利处(1955—1955.12)、商标处(1956)。[2] 1950年9月，中央私营企业局商标处开始受理商标注册申请，办理全国商标统一注册工作。商标部门的主要任务是受理全国商标注册申请，办理全国商标统一注册工作，加强商标管理，制止商标侵权。

2. 商标法律法规

1950年7月，政务院批准并公布了新中国成立后的第一部商标法规《商标注册暂行条例》(共34条)；同年9月，中财委制定公布了《商标注册暂行条例施行细则》(共23条并附商品分类表)。由于当时处于国民经济恢复时期，全国统一商标注册制度采用自愿注册的原则，即注册商标予以保护，未注册商标不予以保护。“《商标注册暂行条例》规定，对伪造、仿造已注册商标的行为，要依法惩处，以保护注册商标的专用权。”[3]1953年，为进一步制止商标侵权，中央工商行政管理局发出《关于商标管理的几点意见》，逐步加强对商标的行政

---

[1] 国家工商行政管理总局编:《新中国工商行政管理史志》(上卷)，中国工商出版社2009年版，第6页。

[2] 国家工商行政管理总局编:《新中国工商行政管理史志》(上卷)，中国工商出版社2009年版，第247页。

[3] 国家工商行政管理总局编:《新中国工商行政管理史志》(上卷)，中国工商出版社2009年版，第555页。

管理，满足保护商标专用权的需要。同时还明确“进口商品的商标，无论属何国籍及已否核准注册，均禁止仿冒使用”[1]。

3. 商标注册与管理情况

1950 年，在稳定物价、统一财政工作和调整工商业政策的实施下，市场出现了一片繁荣，1951 年商标注册量为 11 000 件，1952 年和 1953 年共注册 7000 件。1954 年，随着我国社会主义改造逐步深化，统购统销政策逐步切断了工业与市场的直接联系，商品流通形式发生变化，商标注册量开始逐年下降。1954 年为 828 件，1955 年为 666 件，1956 年为 575 件。

为适应保护商标专用权的需要，商标行政管理工作也逐步加强，要求卷烟商标必须注册，实行商标印制管理，制止滥用缝纫机商标，废除在面粉上使用商标等，同时加强对未注册商标的管理，防止滥用和仿冒商标。

这一时期，商标工作规定了保护商标专用权的原则，实行全国商标统一注册制度，各项程序、手续也比较规范，商标档案、商标注册簿、检索卡片等从无到有，保证了新中国成立初期商标注册与管理工作的顺利开展，为全面恢复和发展生产提供了支持，也为改革开放后全面恢复商标注册与管理工作奠定了基础。

(二)在市场弱化商标的环境中，新中国商标工作曲折发展(1956—1978)

1. 机构设置及职能

1956 年至 1970 年，中央工商行政管理局下设商标管理处，主要负责商标的全面注册和监督产品的质量。1969 年 6 月，中央工商行政管理局发出通知，将出口商品商标和外商商标的注册工作移交到对外贸易部办理，对外贸易部又把商标注册工作交中国国际贸易促进委员会办理。“文化大革命”期间，中央工商行政管理局和地方各级工商行政管理机关或合并或撤销，全国无统一的商标注册和管理部门，新中国成立以来的商标档案和有关资料大量流失或被销毁，商标使用陷入严重混乱。

2. 商标法律法规

1956 年，社会主义改造基本完成以后，原来的商品流通方式被统购包销、计划调拨改变，商品经济完全被计划经济所取代，市场缺乏竞争，企业不再直接和市场发生关系，商标作用无法发挥。1957 年 1 月 17 日，国务院转发《中央工商行政管理局关于实行商标全面注册的意见》，要求全面清理商标，实行商标全面强制注册，即凡是在商品上使用商标的都必须申请注册，要求申请注册商标要填报商品质量规格表等，便于消费者监督等，随后一段时期，通过商标管理监督商品质量的作用被过分强调。

为简化手续，提高效率，1958 年 4 月，中央工商行政管理局发出了《关于废止商标审定程序的决定》，决定自 1958 年 5 月 1 日起废止商标的审定程序，申请注册的商标一经核准，即予公告注册，并发给商标注册证。

1963 年 3 月经全国人大常委会批准，新中国第二部商标法规《商标管理条例》(共 14 条)于同年 4 月 10 日公布施行。《商标管理条例》没有涉及保护商标专用权的问题，明确：立法宗旨是加强商标的管理，促使企业保证和提高产品的质量，并且把“商标是代表商品一定质量的标志”写进条文之中；经核准注册的商标即予公告，并发注册证；注册商标的使用期限自核准之日起到企业申请撤销时止；等等。1963 年 4 月 25 日，中央工商行政管理局公布了《商标管理条例施行细则》(共 21 条并附商品分类表)，并在其中明确国内企业申请注册商标实行两级核转，即企业申请注册商标、变更注册事项等，都应当报所在市、县工商

---

[1] 国家工商行政管理总局编：《新中国工商行政管理史志》(上卷)，中国工商出版社 2009 年版，第 556 页。

行政管理部门核转中央工商行政管理局。[1]“文化大革命”开始以后，商标注册作为工商行政管理工作中的内容受到影响，被迫停止。

3. 商标注册与管理情况

为实现全面注册，照顾一般小型企业、手工业合作社的负担能力，商标注册费从每件50元减为20元。1957年1月开始实行商标全面注册，当年共注册商标11 000余件，大体相当于1951年的注册量，之后又逐年减少。到1966年止，实行商标全面注册的10年中共注册商标29 100余件，平均每年不到3000件，相当于1951年至1953年平均注册商标6000件的半数。[2]

1957年以后，商标工作陆续采取了一些行政措施，加强商标管理。①对出口商品商标进行管理，要求出口的商品必须使用商标，无论在国内或国外注册时，统一由外贸公司掌握办理，这样，在商标注册中出现了一个商标两个注册人的现象，商标注册“两本账”同时并存。②为了制止滥用商标现象，组织整顿食品罐头商标、卷烟商标、任意改换和撤销注册商标，换发商标注册证。③下放商标注册权，试图把集中注册变为分散注册，有利于缩短注册时间，面向基层，服务生产和消费，监督商品质量。1965年在天津、哈尔滨和南京进行试点，后因“文化大革命”的到来没有完全实行。

这一时期，商标不仅是区别商品来源的标志，还代表着商品质量、国家技术水平和国家信誉。商标工作的任务从保障一般工商业商标的专用权转到了监督产品质量上。虽然商标工作经历了曲折发展阶段，但对商标及商标工作的探索，充分证明了商标注册的首要目的是保护商标专用权，商标管理工作的起点是保护商标专用权，不保护商标专用权就无法制止侵权行为，市场秩序就会混乱。

二、商标工作全面恢复与发展阶段

从1978年9月商标局恢复建制到2012年，商标工作经历了改革开放初期和经济体制改革全面展开、社会主义市场经济体制建立和完善时期，这一时期是商标工作全面恢复与发展阶段。

(一)商品经济逐渐活跃，商标工作开始恢复(1978—1983)

1. 机构设置及职能

1978年9月25日，国务院发出《关于成立工商行政管理总局的通知》，确定商标注册与管理是工商行政管理部门的主要工作之一，工商行政管理总局成立后，即设商标局。商标工作在清理整顿的基础上，沿用1963年《商标管理条例》和《商标管理条例施行细则》，迅速恢复统一注册制度，恢复并加强注册商标专用权保护。

2. 商标法律法规

“1979年4月9日，国务院批转全国工商行政管理局长会议的报告中明确指出：‘在商标管理方面，要在清理整顿的基础上，迅速恢复统一注册制度。’”[3]在清除混同商标的同时，1979年11月1日，工商行政管理总局商标局开始办理全国商标的注册工作，继续沿用1963年颁布的《商标管理条例》及其实施细则，保留了全面注册和监督商品质量的办法，实行简化的注册程序，同时对外国企业向我国申请注册的商标根据互惠原则办理注册。

3. 商标注册与管理情况

1978年11月20日，工商行政管理总局发出《关于清理商标的通知》，对清理工作的内容、程序和处理混同商标的原则进行了规定。1979年5月，全国商标清理工作基本完成，商标局共清理登记32 589件

[1] 国家工商行政管理总局编：《新中国工商行政管理史志》(上卷)，中国工商出版社2009年版，第559－560页。

[2] 国家工商行政管理总局编：《新中国工商行政管理史志》(上卷)，中国工商出版社2009年版，第558页。

[3] 国家工商行政管理总局编：《商标注册与管理》，中国工商出版社2012年版，第6页。

商标，其中国内商标 27 459 件，国外商标 5130 件。1981 年 4 月，中央工商行政管理总局召开混同商标处理工作会议，对 10 697 件混同商标中的 4140 件商标确定保留，6247 件商标不予保留，130 件复杂商标暂缓处理。1983 年 4 月 7 日，商标局发出《关于收缴不保留的混同商标注册证的通知》，收回并注销不保留商标的注册证。至此，混同商标处理完毕，“基本解决了长期以来我国商标工作的混乱局面，为新时期商标注册和管理工作奠定了良好的基础”❶。

由于《商标管理条例》未对保护商标专用权作出规定，为解决处理假冒注册商标无法可依的问题，工商行政管理总局多次发出通知，要求地方采取行政措施，加强监督管理，保护社会主义经济秩序。1979 年以后，广东、福建、广西等地发现大量走私假冒中国名牌手表，在海关、商业及其他部门的共同配合下，各地工商行政和管理机关严肃查处了冒牌走私手表案件，为我国运用行政管理手段和司法保护手段对注册商标专用权进行共同保护积累了宝贵经验。

这一时期，商标工作解放思想，总结了正反两个方面的经验，摒弃了否定商标专用权、把商标作为标记质量的做法，通过行政等保护手段严肃查处了假冒商标案件，为商标工作全面发展奠定了良好的理论和实践基础。

(二)适应改革开放形势，商标工作迈上新台阶(1983—1993)

1. 机构设置及职能

国家工商行政管理局下设商标局，主要负责商标注册和管理工作。1983 年 8 月 11 日，商标评审委员会成立，人员隶属于商标局，实行委员制，主要负责处理商标争议事宜。商标局工作人员从 1982 年的 47 人发展到 1992 年的 110 人。从中央到地方省、地、县工商行政管理局内建立健全了商标管理处、科、股，商标管理工作人员近 6000 人。

2. 商标法律法规

随着改革开放以后中国经济体制改革及对外开放的需要，我国第一部知识产权专门法律《商标法》及其实施细则应运而生，这是一部既适应中国国情，又符合国际惯例的现代法律，对规定商标注册秩序，保护注册商标专用权，促进公平竞争，促进我国商品经济发展发挥了重要作用。

1982 年 8 月 23 日，第五届全国人大常委会第二十四次会议审议通过了《商标法》，并决定从 1983 年 3 月 1 日开始施行。基本原则为：①保护商标专用权的原则；②自愿注册的原则；③判定商标专用权归属的申请在先原则；④实行统一注册、分级管理的原则；⑤对商标侵权行为采用行政处理和司法审判的双轨制原则；⑥商标确权纠纷的评审终审制原则；⑦根据《保护工业产权巴黎公约》(以下简称《巴黎公约》)规定，我国对外国商标注册申请实行国民待遇原则和优先权原则❷。

为配合《商标法》贯彻实施，1983 年 3 月 10 日，国务院批准《商标法实施细则》(共 34 条)颁布实施。在具体实施过程中，针对出现的商标使用许可混乱现象，商标侵权行为处罚力度不够以及商标注册禁用条款规定不够严密等问题，1988 年 1 月 13 日，国务院批准修订的《商标法实施细则》(共 49 条)发布并实施。

3. 商标注册工作情况

在新的经济形势下，随着商品经济的发展，我国商标注册制度逐步与国际接轨，商标申请与注册量逐年增长。

我国商标审查制度逐步建立和发展，商标评审规则和工作程序也逐步建立，商标注册制度逐步向国际化、科学化发展。

---

❶ 国家工商行政管理总局编：《新中国工商行政管理史志》(上卷)，中国工商出版社 2009 年版，第 565 页。

❷ 国家工商行政管理总局编：《新中国工商行政管理史志》(上卷)，中国工商出版社 2009 年版，第 567 页。

1985 年我国加入《巴黎公约》后，对与驰名商标相近似的商标进行严格审查，扩大驰名商标的保护范围；1988 年，商标注册用商品分类实现了由国内向国际转换，同时采用了商标图形要素国际分类检索系统。1989 年 1 月，新的商标检索系统正式建立，同年 11 月外文文字计算机检索系统建立。1989 年 10 月，我国正式成为《商标国际注册马德里协定》成员国，并依照协定，部分调整了国内申请程序；1989 年 10 月 30 日，我国接受了首批国内马德里商标国际注册申请。

1983 年《商标法》颁布实施后，国家工商行政管理局与国家经济委员会、司法部等部门分别发出学习贯彻通知，重点向企业普及商标法律和商标知识，企业申请注册商标的意识逐渐增强。1982 年到 1992 年，我国国内申请人商标注册申请量从 17 000 件增长到 79 837 件，国内有效注册商标量从 27 459 件增长到 312 972 件。同时，随着我国改革开放的深入和投资环境的改善，国外企业在中国申请注册商标的数量迅猛增长，从 1982 年的 1565 件增长到 1992 年的 10 958 件，有效注册商标从 5130 件增长到 53 230 件。

4. 商标管理工作情况

保护商标专用权是我国《商标法》的中心环节，1983 年《商标法》对侵犯商标专用权实行行政和司法“双轨制”有了明确的规定。各级工商行政管理机关一直把保护商标专用权、查处商标侵权行为作为一项重要工作来抓，加强对查处商标侵权和假冒商标案件的部署和指导，进一步完善商标法规，加重对商标侵权行为的处罚，处理了大批商标违法案件，我国商标专用权保护机制在实践中逐步建立完善。

5. 逐步推行商标代理制

1963 年《商标管理条例施行细则》规定，申请人办理注册、变更、转让等多项业务时，申请书件由所在地县(市)工商行政管理局逐级上报至中央工商行政管理局核转。为进一步与国际惯例接轨，1990 年国家工商行政管理局决定在 13 个省、市试点建立商标事务所，推行商标代理制度。1991 年 5 月 20 日，国家工商行政管理局批准湖北省、上海市、沈阳市、成都市、南京市、常州市的 6 家商标事务所为首批国内商标代理机构，开展国内商标代理业务[1]。商标核转制逐步退出历史舞台。

这一时期，随着《商标法》及其实施细则的颁布实施和普法宣传的深入，企业商标意识逐步树立。实践证明，《商标法》的实施有力促进了有计划的商品经济健康发展，改善了我国投资环境，为商标工作服务社会主义市场经济打下了坚实的基础。商标工作在保护注册商标专用权、维护市场秩序、保护消费者合法权益、促进我国商品经济发展等方面发挥了重要作用。

(三)适应建立社会主义市场经济体制要求，商标工作得到全面发展(1993—2012)

1. 机构设置及职能

1993 年，国务院进行机构改革，国家工商行政管理局主要职责包括：“依法对国内外商标申请实行统一注册和管理，认定驰名商标，查处侵犯商标侵权行为，保护注册商标专用权，认可商标代理机构并指导工作。依法对商标评审案件作出终局决定或裁定。”[2]“1994 年，国家工商行政管理局在工商人字〔1994〕第 128 号文件中第一次明确了商标评审委员会的人员、机构和职能”[3]，人员编制仍使用商标局编制。1998 年，国家工商行政管理局进行机构改革，规定原国家工商行政管理局商标局与商标注

---

[1] 国家工商行政管理总局编：《新中国工商行政管理史志》(上卷)，中国工商出版社 2009 年版，第 578 页。

[2] 国家工商行政管理总局编：《新中国工商行政管理史志》(上卷)，中国工商出版社 2009 年版，第 232 页。

[3] 国家工商行政管理总局编：《新中国工商行政管理史志》(上卷)，中国工商出版社 2009 年版，第 604 页。

册中心[1]合并，仍承担商标注册与管理监督等行政职能，设立国家工商行政管理局商标评审委员会，负责处理商标争议事宜。

2. 商标法律法规

随着我国社会主义市场经济体制的建立和逐步完善，我国加入世界贸易组织后面临新挑战，需要解决新问题，改革开放初期制定的《商标法》已经不能适应发展的需要。1993 年、2001 年，我国对《商标法》进行了两次大的修改。

为适应中国市场经济的发展和保护商标专用权的需要，1993 年 2 月 22 日，第七届全国人大常委会第三十次会议审议并通过了国务院关于《中华人民共和国商标法修正案（草案）》的议案，对《商标法》作了 9 条修改，扩大了商标保护的范围，增加了对服务商标的注册和保护；加大了对商标侵权行为的打击力度；增加地名不得作为商标注册的规定；增加商标使用许可的规定；增加对注册不当商标的撤销规定等内容。1993 年 7 月 28 日，国务院批准修改后的《商标法实施细则》发布实施。

为适应加入世界贸易组织的需要，2001 年 10 月 27 日，第九届全国人民代表大会常务委员会第二十四次会议审议并通过了《关于修改〈中华人民共和国商标法〉的决定》，对我国《商标法》进行了第二次修改，实现了与 TRIPs 协定的完全接轨，对保护国内外商标权人的合法权益，维护公平竞争市场经济秩序，促进中国经济的健康发展具有重大深远的意义。主要内容包括：扩大了商标保护客体，将立体商标和颜色组合商标纳入商标保护范围，同时增加有关地理标志保护的规定；增加对驰名商标保护的内容；取消行政机关的决定、裁定为终局决定、裁定的规定，确立了商标确权司法终审的原则；等等。2002 年 8 月 3 日，根据《立法法》和《行政法规制定程序条例》的有关规定，与《商标法》配套修改的《商标法实施细则》改名为《商标法实施条例》，2002 年 8 月 3 日由国务院公布，于 9 月 15 日开始实施。

经过两次大的修改，国家工商行政管理总局出台了一系列配套的行政规章，我国形成了以《商标法》为基础、内容比较完善的商标法律制度，商标法律体系正日趋完备。

3. 商标注册工作情况

随着改革开放带来的经济复苏与发展，我国的商标注册量在 2010 年突破百万件大关，商标审查审理制度得到进一步完善，商标审查工作自动化程度显著提高，为解决商标审查周期延长问题奠定了基础。

商标注册申请量持续增长。企业商标意识逐渐增强，1993 年，我国国内商标注册申请量为 10.8 万件，首次突破 10 万件。2001 年加入世贸组织后，我国商标注册申请量连年大幅增长，国内商标注册申请量从 2002 年的 32.1 万件增长到 2012 年的 150.3 万件。外国在华商标注册申请量（含马德里商标注册申请）从 1993 年的 2.5 万件增长到 2012 年的 34 万件。

商标审查审理制度进一步完善。修订完善《类似商品和服务区分表》，新增服务商标采用国际分类，商品和服务国际分类增加到 45 类。发布《商标审查及审理标准》，借鉴国外商标审查标准，总结商标局和商标评审委员会的审查、审理实践，进一步规范商标审查和审理工作。受理服务商标、集体商标、证明商标的注册申请，对特殊标志进行核准登记，对奥林匹克标志进行备案和管理等。

商标注册与管理自动化程度显著提高。1994 年 11 月，商标注册与管理自动化系统一期上线，商标检索和查询实现了自动化，结束了我国商标注册人工翻阅卡片采集数据的历史。2001 年 12 月，商标注册

---

[1] 1995 年 12 月，中央机构编制委员会办公室批复设立商标注册中心，为国家工商行政管理局直属事业单位，核定事业编制 195 人，辅助商标局办理商标注册事宜。1996 年 11 月，原人事部批复，商标注册中心参照国家公务员制度管理。

与管理自动化系统二期上线，我国商标注册流程进入无纸化审查新阶段。2003年11月，中国商标网正式上线，发布政务信息，提供在线服务，接受群众监督与咨询。2009年1月，发布《商标网上申请试用办法》，向代理组织全面开通商标注册网上申请，实现了网上查询、网上公告和商标代理组织网上申请，大大提高了注册与管理工作的质量和效率。

商标注册审查周期延长问题得到解决。逐年大幅跃升的商标注册申请量远远超出了当时的审查能力，2007年年底，商标注册申请积压已经达到180余万件，审查周期超过3年。2008年年底，国家工商行政管理总局将加快商标审查列为八项工作之首，提出“三年解决积压、五年达到国际水平”的“三五目标”，采取增设处室、增加辅助人员、实行绩效管理、签订《目标责任书》等一系列重大措施，2010年10月底彻底解决商标审查积压的问题。商标审查周期和驳回复审案件审理周期缩短至12个月，复杂案件审理周期缩短至18个月。

4. 商标管理工作情况

商标管理工作在改革开放和经济发展中的作用日益凸显，尤其是实施商标战略、加强商标行政执法等工作成绩突出。

大力推进商标战略。2008年6月，国务院发布《国家知识产权战略纲要》后，2009年国家工商行政管理总局印发《关于贯彻落实〈国家知识产权战略纲要〉大力推进商标战略实施的意见》，自此商标战略作为一项全局性、长期性、根本性和标志性的系统工程得到了全面开展。2009年7月，全国工商行政管理系统贯彻落实《国家知识产权战略纲要》、大力推进商标战略工作会议在长春召开，会议明确了推进商标战略实施的具体要求。商标战略实施以示范工作为着力点，出台相关扶持政策，宣传推广典型经验，全面提升企业核心竞争力，加快经济转型升级，促进发展方式转变。

商标专用权保护“双轨制”模式稳定。保护范围逐步扩大，包括对注册商标和未注册商标的监督管理、地理标志的注册与保护、驰名商标的认定和保护、奥林匹克标志专有权保护、商标印制行为及商标代理行为的监督和管理。商标监管体制进一步完善，建立商标执法联系点制度，建立商标授权经营管理制度，建立商标行政执法区域协作机制，查处大量商标侵权案件。

依法认定和保护驰名商标。1996年8月，国家工商行政管理局发布《驰名商标认定和管理暂行规定》，2003年4月17日，国家工商行政管理总局发布《驰名商标认定和保护规定》，我国驰名商标认定工作逐步进入法制化、规范化轨道。对驰名商标依法保护是保护注册商标专用权的一项重要内容，各级工商行政管理机关加强与有关部门协作，严厉打击侵犯驰名商标专用权的违法行为，对涉及驰名商标的犯罪案件依法移送司法机关惩处。

商标代理体制的确定和改革。1993年7月1日起，地方工商行政管理机关的商标核转工作停止，商标代理组织代理业务不受行政区划的限制。1994年6月29日，国家工商行政管理局发布《商标代理组织管理暂行办法》，我国商标代理组织及其业务实现规范化管理，我国商标代理制正式确立。2002年1月22日，国家工商行政管理总局发出了《关于商标代理机构脱钩改制工作的通知》，要求各级工商行政管理机关制定方案，按照时间要求保证脱钩改制完成。2003年，国务院推进行政审批改革，取消了商标代理组织审批和商标代理人资格核准的行政审批，商标代理管理体制发生重大变化。

注册商标专用权质押融资起步发展。1997年5月6日，商标局制定了《商标专用权质押登记程序》，对商标权质押登记程序作出了具体规定。1997年商标权质押融资业务实现了零的突破。2009年9月10日，国家工商行政管理总局颁布了《注册商标专用权质权登记程序规定》，同时废止原《商标专用权质押登记程序》。

这一时期，商标工作得到了全面发展，基本建立了既符合国际规则又具有中国特色的社会主义的商标法律制度，基本建立了适应社会主义市场经济监管的商标注册和管理体制机制，基本建立了适应社会以及市场经济监管的商标注册与管理人才队伍，商标战略意识深入人心，我国已成为世界第一商标大国，但大而不强的事实客观存在，商标注册程序烦琐，商标确权时间过长，商标侵权行为尚未得到有效遏制，商标恶意注册、恶意异议等不正当竞争行为仍然存在。

三、商标工作从快速发展步入高质量发展阶段

党的十八大以来，我国改革开放和社会主义现代化建设取得历史性成就，我国发展站到了新的历史起点上，中国特色社会主义进入了新的发展阶段。中华民族迎来了从站起来、富起来到强起来的伟大飞跃，迎来了实现中华民族伟大复兴的光明前景。这一时期商标工作从快速发展步入高质量发展阶段。

（一）商标工作进入快速发展阶段(2013—2017)

1. 机构设置及职能

国家工商行政管理总局下设商标局和商标评审委员会，负责商标注册和管理工作，依法保护商标专用权和查处商标侵权行为，处理商标争议事宜，加强驰名商标的认定和保护工作，负责特殊标志、官方标志的登记、备案和保护。

2. 商标法律法规

为解决商标注册程序比较烦琐、商标确权时间过长、恶意注册商标现象及商标侵权行为等问题，更好发挥商标制度服务国家知识产权战略的作用，2013 年 8 月 30 日，第十二届全国人民代表大会常务委员会第四次会议审议并通过《关于修改〈中华人民共和国商标法〉的决定》，修改后的《商标法》于 2014 年 5 月 1 日起施行。国务院批准依据《商标法》修订的《商标法实施条例》同日实施。此次修法围绕方便申请人注册商标、维护公平竞争秩序、加大商标专用权保护力度等方面进行了修订，明确声音可以作为商标注册申请，新增“一标多类”申请方式，明确审查、审理工作时限，规定审查意见程序，完善异议制度，规范驰名商标的保护，禁止抢注因业务往来等关系明知他人已经在先使用的商标，加大商标监管力度，加大对商标侵权行为的处罚力度，增加赔偿性规定等内容。

3. 商标注册工作情况

党的十八大以来，我国经济发展进入新常态，为贯彻落实国务院“放管服”改革部署，激发市场主体活力，促进大众创业、万众创新，针对商标申请渠道单一、审查效率不高等社会反映强烈的问题，先后出台《工商总局关于大力推进商标注册便利化改革的意见》《工商总局关于深化商标注册便利化改革　切实提高商标注册效率的意见》，从完善审查机制、拓展申请渠道、简化注册手续、优化注册流程等方面着手改革。

商标注册申请量快速增长。我国商标申请量从 2013 年的 188.2 万件增长到 2017 年的 574.8 万件。截至 2017 年年底，我国商标累计申请量 2784.2 万件，累计注册量 1730.1 万件，有效注册商标量 1492.0 万件，已连续 16 年位居世界第一。自 2001 年起我国开始超越美国，成为商标申请量最多的国家。

逐步改革商标审查体制。首次调整商标审查方式，实行商标审查工作部分委托、服务性工作全部外包，新建广州、上海、重庆 3 个京外商标审查协作中心，扩充审查力量。改革审查流程，将“一审一核”调整为独任审查；建立完善对商标审查协作中

心的质量管理机制，修订商标审查审理标准，提高商标审查效率，2017 年 11 月，商标审查周期压缩到 8 个月内，比 2012 年缩短了 4 个月。

拓宽商标申请渠道。2016 年 7 月 5 日、6 日，四川雅安和浙江台州商标受理服务处正式启动，改变了申请人只能到商标局商标注册大厅及中关村办事处提交商标注册申请的现状。2017 年年底，已在全国设立 105 个商标受理窗口、49 个商标专用权质权登记申请受理点，方便申请人就近办理商标业务，并有效解决小微企业融资难问题。

推进商标注册电子化。2017 年 3 月 10 日，商标网上申请系统受理范围扩大至除商标代理机构外的普通申请人，6 月 19 日，网上申请业务范围由仅接受商标注册申请拓展至变更、续展等 23 项后续业务。2017 年 11 月起，新版商标电子公告系统正式上线，实现 1980 年商标公告复刊后数据全覆盖。

推进商标评审工作便利化和公开化。商标驳回复审案件平均审理时间缩短至 8 个月以内，实现商标评审裁定文书全部即时网上公开，开展评审案件口头审理。

4. 商标管理工作情况

适应百姓消费升级和供给质量提升的要求，提出商标品牌战略，制定实施《工商总局关于深入实施商标品牌战略　推进中国品牌建设的意见》，进一步厘清政府、市场和企业的关系，继续加大商标专用权保护力度，鼓励企业加强对商标品牌的运用与管理，推动地方品牌经济发展。

推动取消政府行政认定著名商标制度。进一步转变政府工作职能，正确处理政府与市场的关系，转变商标工作思路，推动取消地方政府行政认定著名、知名商标制度；扭转对驰名商标的认识误区，使驰名商标的内涵回归法律保护的本意。

平等保护合法商标权益。制止商标恶意抢注行为，注重平等保护各类市场主体合法商标权益，维护商标注册秩序。以驰名商标、地理标志、涉外商标为重点，深入开展打击侵权假冒工作。推进跨区域、跨部门商标执法协作，完善与刑事司法衔接机制。2013—2017 年，全国工商行政管理系统共立案查处侵权假冒案件 25.1 万件，涉案金额 34.2 亿元，依法向司法机关移送涉嫌犯罪案件 1363 件，涉案金额 10.4 亿元。

大力推动商标品牌运用效益提升。鼓励地方建设商标品牌创新创业基地，发挥商标品牌引领作用。利用集体商标、证明商标带动培育产业区域品牌，运用地理标志商标实施精准扶贫。截至 2017 年 12 月底，共核准注册 3906 件地理标志商标，是 2007 年年底（301 件）的 13 倍。

积极推动商标品牌国际化。引导企业加快商标海外布局，积极推广马德里商标国际注册，推动中国品牌国际化。主动参与商标国际规则制定，积极构建企业商标海外维权协调机制，协调解决一大批海外抢注商标问题。根据世界知识产权组织统计，2017 年，我国申请人提交马德里商标国际注册申请 4810 件，在马德里联盟中排名第三。这是我国年度申请量首次超过 4000 件，排名首次进入前三。截至 2017 年年底，我国申请人马德里商标国际注册累计有效量为 25 006 件。

党的十八大以来的五年，我国商标工作快速发展，商标品牌建设不断加强，品牌创新环境不断优化，我国成为推动全球商标知识产权增长的重要力量。商标注册便利化改革在便利申请人、服务经济发展等方面取得了成效并积累了经验。通过扩充审查力量、改革审查体制的尝试，解决了压缩商标审查周期的难题。这一时期商标工作为打造中国品牌、推动质量变革奠定了基础。但是，我国还不是商标强国，商标工作需要将工作重点转到规范商标注册秩序、严格知识产权保护、营造良好营商环境、助力品牌经济发展上。

(二)商标工作进入高质量发展阶段(2018年至今)

1. 机构设置及职能

2018年3月,中共中央印发《深化党和国家机构改革方案》,将原国家工商行政管理总局的商标管理职能划转至重新组建的国家知识产权局。2018年11月15日,《中央编办关于国家知识产权局所属事业单位机构编制的批复》规定,将原商标局、商标评审委员会、商标审查协作中心整合为国家知识产权局商标局,商标局是国家知识产权局所属事业单位,主要职责为:承担商标审查注册、行政裁决等具体工作;参与商标法及其实施条例、规章、规范性文件的研究制定;参与规范商标注册行为;参与商标领域政策研究;参与商标信息化建设、商标信息研究分析和传播利用工作;承担对商标审查协作单位的业务指导工作;组织商标审查队伍的教育和培训;完成国家知识产权局交办的其他事项。

2. 商标法律法规

为加强知识产权保护,进一步优化营商环境,解决实践中出现的突出问题,更有效地遏制商标恶意注册,加大商标专用权保护力度,2019年4月23日,全国人大常委会第十次会议决定对《商标法》进行修改,此次修改后的《商标法》自2019年11月1日起施行。此次修改一是从源头上制止恶意申请注册行为,使商标申请注册回归以使用为目的的制度本源,将规制恶意注册行为贯穿整个商标申请注册和保护程序,涉及增强商标使用义务、规范商标代理行为、规定处罚措施三个方面;二是加大对侵犯商标专用权行为惩罚力度,加重侵权成本,惩罚恶意侵权人,给予权利人更加充分的补偿。《关于规范商标申请注册行为的若干规定》是此次商标法修改的配套措施,对法律修改内容进行了操作层面的细化,对恶意申请和囤积注册的具体行为类型及其他处理措施进行了明确。[1]

3. 商标注册工作情况

为适应我国经济由高速度增长向高质量发展转变的趋势,2018年3月,原国家工商行政管理总局办公厅印发《商标注册便利化改革三年攻坚计划(2018—2020)》,为实现政府工作报告提出的“大幅缩短商标注册周期”的目标确立了制度保障,为基本建成优质、便捷、高效的商标注册体系明确了时间表和任务书,商标注册便利化改革红利持续释放。

我国商标注册申请量仍处于高位。2018年以来,我国商标注册申请量为1235.9万件,其中2018年为737.1万件。截至2019年8月,我国商标累计申请量4020.1万件,累计注册量2687.3万件,有效注册商标量2369.9万件,平均每5个市场主体拥有1件有效商标。

推进商标审查体制进一步改革。2018年下半年,济南、郑州商标审查协作中心陆续投入使用,商标审查力量合理扩充,商标审查周期大幅缩短,截至2019年8月底,商标注册平均审查周期已缩短至5个月。开展“商标审查质量提升年”行动,严把申请入口关,建立落实重大不良影响商标快速处理工作机制。建设商标注册审查禁用词库,严格审查质量管理。探索推进商标注册改革,进一步改革商标审查方式,促进商标审查提质增效。

商标注册电子化高质量发展。①2018年6月,马德里商标国际注册网上申请系统上线运行,实现了商标国际注册网上申请、电子通知、网上补正、在线支付、网上受理的全程电子化,这是我国加入马德里体系以来的一项历史性跨越。②2018年11月27日,商标网上服务系统全面上线,集网上查询、申请、发文、公告、缴费、注册证明

---

[1] 参见《商标法修改相关问题解读》,载 http://www.gov.cn/zhengce/2019－05/09/content_5390029.htm,最后访问日期:2019年5月9日。

公示六大功能为一体，为社会公众提供全方位全流程服务。③2018年12月26日，商标数据库实现开放共享，向社会免费公开全部约3500万件存量商标的基本信息。④2019年1月，商标图形智能检索投入运用，实现了“以图搜图”的智能检索，提升审查效率近20%。

打击非正常商标申请初见成效。在商标注册审查和审理阶段，梳理典型案件，明确严厉打击包括大量摹仿、抢注他人驰名商标或其他较高知名度商标等在内的四种恶意注册行为[1]。采取提前审查、并案集中审查和从严适用法律等措施，坚决遏制恶意商标抢注行为。2018年以来，在审查、异议和评审环节累计驳回非正常商标申请约13万件。

4. 商标管理工作情况

深入推进国家知识产权战略实施，商标管理工作从保护商标专用权为重点向规范商标注册秩序转变。

持续实施商标品牌战略。起草《关于建设商标品牌创业创新基地的指导意见》，指导广州推进国家商标品牌创新创业（广州）基地建设。制定《含县级以上行政区划地名的普通集体商标和证明商标的审查标准》，在浙江丽水召开全国工商和市场监管部门产业集群区域品牌建设现场经验交流会，总结推广典型经验，指导地方区域品牌建设工作。

全面停止著名商标行政认定。进一步转变工作思路，处理好政府和市场的关系，更好发挥政府作用，推动清理废止涉及著名商标的地方性法规、政府规章、规范性文件。

持续保护商标专用权。部署开展2018年打击商标侵权“溯源”专项行动和打击使用未注册商标违反《商标法》禁用条款行为“净化”专项行动，加强对地方商标行政执法的指导和培训力度。加强商标侵权案件转办、督办，向地方执法机关转办涉嫌商标违法案件线索。加强商标代理机构监管，起草《商标代理监管暂行办法》。

继续做好商标品牌运用。运用地理标志精准扶贫，推广马德里商标国际注册，积极服务地方运用商标品牌促进经济转型发展。牵头深化商标品牌富农工作，积极指导各地深入开展运用地理标志精准扶贫工作。组织“地理标志精准扶贫”西部宣讲活动并成功完成广西、新疆和四川站宣讲，累计近万人参与活动。加强对地方地理标志和普通集体证明商标注册、运用和管理工作的培训指导，举办贫困地区地理标志运用水平提升培训班。

党的十九大以来，商标工作开始进入高质量发展时期。商标注册效率稳步提升，商标注册全程电子化取得突破性进展，助力营商环境持续优化。成绩的取得离不开一代代商标人锐意进取、夯基垒台、立梁架柱的伟大实践。2019年，原商标局、商标评审委员会、商标审查协作中心顺利完成机构改革，新的商标局正式成立，聚焦主业主责，部门之间如何发生“化学反应”，如何执行好新修订的《商标法》关于打击恶意注册的规定，如何促进各项业务的融合与优化，更好地服务申请人，等等，是需要面对并解决的问题。

四、商标工作未来展望

新中国成立七十年商标工作的发展历程，向我们展示了商标工作在监管市场秩序、保护商标专用权、促进品牌经济发展方面所作的探索和取得的成绩。党的十九大以来，为加强知识产权保护，完善产权制度，原国家工商行政管理总局的商标管理

---

[1] 商标恶意注册四种行为：大量摹仿、抢注他人驰名商标或其他较高知名度商标，扰乱商标注册秩序的恶意注册行为；大量抢注公共资源，扰乱商标注册秩序的恶意注册行为；大量申请知名人物姓名、企业字号、电商名称等明显侵犯他人在先权利，扰乱商标注册秩序的恶意注册行为；针对同一企业驰名商标或其他较高知名度商标反复恶意抢注的行为。

职能划转至重新组建的国家知识产权局，充分体现了商标确权授权在保护知识产权中的重要地位，充分体现了在我国加快转变经济发展方式、实现高质量发展的攻关期，保护知识产权对优化营商环境、支撑创新发展的重要作用。

“高质量发展，集中体现了坚持以提高发展质量和效益为中心，是为了更好满足人民日益增长的美好生活需要的发展，是体现新发展理念的发展。”❶展望新时代商标工作，要坚持以提高商标审查质量和效益为中心，更好满足申请人对商标注册便捷高效公平公开的多样化需求，以服务建设现代化经济体系为中心，努力建成申请便捷、服务优质、保护高效的商标注册体系。

（一）以习近平新时代中国特色社会主义思想为指引，增强“四个意识”，提高对新时代商标注册工作的思想认识

“习近平总书记强调，改革开放只有进行时，没有完成时，改革是由问题倒逼而产生，又在不断解决问题中得以深化。改革进程中的矛盾只能用改革的办法来解决。”❷2016 年以来的商标注册便利化改革，改变了改革开放近 40 年商标注册申请不便利的现状，实现了让数据多跑路、群众少跑腿的商标网上服务；京外商标审查协作中心和地方商标受理窗口充分发挥服务和宣传功能，在提高社会公众知识产权保护意识、促进经济发展等方面做出巨大贡献。随着商标改革深入推进，社会公众对商标确权高效公平的需求更加突出，对规范商标注册秩序、打击商标恶意注册的要求更加明确，现有商标注册体系与满足社会公众多样化需求矛盾日益突出。

党的十九届三中全会以来，以习近平同志为核心的党中央从知识产权事业发展全局的高度，对知识产权管理体制作出了新的顶层设计，重新组建了国家知识产权局，将商标工作纳入大知识产权工作范畴。商标局的职能也发生了变化，由原来主管全国商标注册与管理转变为主要承担商标注册工作，充分体现了商标确权在保护知识产权、服务创新发展、服务营商环境、服务经济发展的重要作用。商标工作要深刻理解申长雨同志提出的“注册审查是国家知识产权局的一项核心业务，是立局之本，事业之基，必须始终放在突出位置，毫不动摇地持续抓紧抓好”，增强“四个意识”，坚定不移地把商标注册改革推向深入。

（二）以服务建设现代经济体系为目标，全面深化商标注册改革

“现代化经济体系，是由社会经济活动的各个环节、各个层面、各个领域的相互关系和内在联系构成的有机整体。”❸商标确权是商标注册的核心，确权是否高效公平，直接影响市场主体保护知识产权的成本，直接影响市场主体创新创业活力，全面深化商标注册改革，要聚焦创新业态和传统产业新经济增长点，扩大商标保护客体，服务实体经济发展。

1. 全面深化商标注册便利化改革，降低实体经济成本

①以智能化、信息化手段为支撑，进一步简化商标注册流程，优化商标网上服务系统，提示申请人在先注册商标权利，提高商标注册申请质量，从源头提升审查质量和效率。②对不以使用为目的的恶意注册商标，依法宣告无效；推动商标法修改，研究商标权人三年提交使用证据“义务”的可行性，研究清理连续三年不使用注册商标

❶ 中共中央宣传部组织编写:《习近平新时代中国特色社会主义思想三十讲》，学习出版社 2018 年版，第 135 页。

❷ 中共中央宣传部组织编写:《习近平新时代中国特色社会主义思想三十讲》，学习出版社 2018 年版，第 95 页。

❸ 中共中央宣传部组织编写:《习近平新时代中国特色社会主义思想三十讲》，学习出版社 2018 年版，第 142 - 143 页。

的必要性和可行性，降低注册商标饱和度。③提升商标评审便利化改革水平，完善商标评审规程，规范评审裁文内容，推广商标评审口头审理和巡回审理，充分发挥公正公平及时授权确权优势，降低维权成本。④研究商标后续流程增加行政诉讼途径的可行性，完善申请人商标确权方式；研究公开商标审查文书可行性，增加商标审查透明度，主动接受社会监督。

2. 准确划分商标注册便利化改革目标和任务，服务重大国家战略

①区分京津冀协同发展、长江经济带发展、粤港澳大湾区建设、长三角一体化、黄河流域生态保护和高质量发展等重大国家战略，重新定位商标审查协作中心、地方商标受理窗口功能地位，适时创新和拓展商标业务范围。②结合区域经济发展特点，调查农业、制造业、服务业、商贸流通业等产业商标注册和品牌发展状况，有针对性地做好相关产业商标注册便利化改革提质增效方案。③提升集体商标、证明商标促进区域经济和产业集群发展效益。④加强对科技创新、绿色产业等新业态新模式的研究力度，紧跟传统业态新经济增长点发展趋势，扩大可接受商品和服务内容，调整商标注册用商品和服务分类，调整类似商标和类似服务项目，调整相关商品和服务类别商标审查标准。

3. 加快建立"一带一路"沿线商标注册保护体系，服务"一带一路"倡议

①探索建立"一带一路"沿线国家和地区商标保护合作机制，加强知识产权保护国际合作，保护中外投资者合法权益。②调查对外贸易重点业态商标海外布局情况，推广马德里商标国际注册，提高企业海外知识产权保护能力。③严厉打击各类商标恶意抢注行为，平等保护中外申请人权益，服务营商环境。④加大对外宣传力度，积极向国外产业界宣传我国商标注册体系高效便捷的优势，讲好中国商标改革故事。

（三）以深化贯彻新发展理念为始终，建成专业、高效、优质的商标注册管理体制

思想是行动的先导，一定的发展实践都是由一定的发展理念指导的。商标改革贯彻新发展理念的主要经验有：①注重以新发展理念为引领，不断完善和推进商标注册便利化改革目标和任务，保持改革和商标业务的连续性、稳定性和开拓性；②注重对照党中央、国务院要求，对照群众和企业需求，对标国内外知识产权审查先进水平，制定改革清单，明确时间节点，商标注册和管理改革任务一一完成；③强调落实是关键，从拓展申请渠道、简化手续、缩短商标审查周期等关键性问题入手，在整体推进商标改革中实现重点突破；④始终抓住党建、改革和落实的关键环节，以党建促改革、以改革促发展，推进五大发展理念在商标改革中的全面落实。

深化贯彻新发展理念，要加快研究形成以新发展理念为指导，以建设专业化、高效化、优质化的商标注册管理体制为目标，促进商标注册工作朝着高质量、高效率、公平公开、可持续的方向发展。

1. 突出创新性

①创新管理模式，促进原商标局、商标评审委员会、商标审查协作中心深度融合，打破融合壁垒，建立完善全业务提质增效措施和制度。②加强商标注册申请前瞻性研究，科学预测商标申请量，合理布局商标审查力量。③瞄准产业界创新领域研究，强化商品、服务和相关领域商标审查标准的研究与制定。

2. 突出协调性

①建立以分类别专业审查为主和全类审查为辅的审查方式，确保商标审查标准突出专业性，兼顾普遍性。②加快建立商标审查、异议和评审环节打击恶意注册协调机制，明确标准，联合打击。

3. 突出可持续性

①破解商标人才队伍专业化建设瓶颈难题，强调各岗位人才商标审查能力基础，合

理规划岗位配置和素质要求，制定长期、中期、短期干部培训计划，为可持续发展储备专业人才力量。②强化商标信息化建设，争取经费支持，持续推进现有商标审查系统优化和商标审查四期系统建设。③继续推进商标档案改革，优化档案存储空间和方式，完善商标电子档案建设，清理商标数据库。

4. 突出开放性

①积极宣传商标法律法规和审查标准，畅通信息沟通渠道，定期收集社会各界的意见和建议。②加大对外开放力度，与国际接轨，破除商标注册改革顽瘴痼疾。

5. 突出包容性

①遵循社会规律的包容性发展，建立更加公平公正的商标确权授权制度，创新工作方法，让人民群众感受到公平正义。②处理好政府和市场的关系，商标注册环节依法保护驰名商标权益，促进企业提升知识产权保护意识和能力。③坚持法律面前人人平等，坚决捍卫法律尊严，平等保护不同市场主体商标合法权益。

建立国家层面知识产权案件上诉审理机制 开辟新时代知识产权司法保护工作新境界

——最高人民法院知识产权法庭的职责使命与实践创新

最高人民法院副院长、知识产权法庭庭长　罗东川

党的十八大以来，以习近平同志为核心的党中央把创新摆在国家发展全局的核心位置，提出创新是引领发展的第一动力，让创新在全社会蔚然成风，用创新领航中国行稳致远。知识产权保护的重要性凸显，它是激励创新的基本手段，是创新原动力的基本保障，是国际竞争力的核心要素。知识产权司法保护工作，事关创新驱动发展战略实施，事关经济社会文化发展繁荣，事关国内国际两个大局，对于建设知识产权强国和世界科技强国具有重要意义。2019年1月1日，最高人民法院知识产权法庭揭牌成立，根据全国人大常委会的决定，集中审理全国范围内专利、计算机软件、技术秘密、集成电路布图设计、植物新品种、垄断等技术类知识产权上诉案件，"建立国家层面知识产权案件上诉审理机制"的改革部署在最高人民法院得以实现。[1] 迄今为止，世界上设立知识产权专门法院的国家大多采取"国家层面、高等法院、主审专利"的设立模式。中国最高人民法院知识产权法庭是世界首家在最高司法机关层面设立的统一审理全国范围内技术类知识产权二审案件的专门机构。这一改革既符合建立知识产权法院的国际潮流，又体现中国创新和中国智慧，在回应科技创新现实司法需求的同时，发展和丰富了中国特色知识产权诉讼法律制度。最高人民法院知识产权法庭的设立是我国知识产权司法保护事业发展史上的重要里程碑，标志着人民法院知识产权司法保护迈上了新的台阶，开启了新的篇章。

一、时代动因：改革开放和经济社会发展的内在需要

（一）历史背景

回顾历史，我国知识产权司法保护在改革开放大潮中起步和发展，伴随着加入

[1] "建立国家层面知识产权案件上诉审理机制"是十九届中央全面深化改革领导小组第一次会议作出的重大部署。

世界贸易组织不断完善，逐步建立起了适应发展需要、履行国际义务、体系比较完整的具有中国特色的知识产权司法保护体制。随着改革开放的深入和实践的发展，知识产权作为国家发展战略性资源和国际竞争力的核心要素地位逐渐凸显，严格保护知识产权成为我国经济社会发展的内在需求。在严格保护知识产权的方式中，司法保护是最有效、最根本、最权威的手段，但我国制约知识产权司法保护的一些制度性问题却长期未能根本解决。

一是知识产权二审案件司法终审权分散，影响裁判标准统一。在原有审理体制下，知识产权授权确权行政案件的二审法院是北京市高级人民法院，知识产权民事侵权案件的二审法院是全国各省区市高级人民法院、中级人民法院或知识产权法院，尤其是专利等案件的二审由各高级法院管辖，审理该类案件首先需要通过权利要求解释确定其保护范围，但各高级法院对同一专利权利要求的解释可能不一致，容易导致同一专利的保护范围在不同的法院出现差异，造成裁判结果冲突或者矛盾的现象。

二是民事侵权程序与行政无效程序二元分立，严重影响诉讼效率。知识产权侵权纠纷由民事诉讼程序解决，而知识产权有效性问题由行政无效程序解决，在民事侵权案件审理过程中，法院不能审查知识产权的效力，被告如质疑权利的有效性，需单独启动行政无效程序。为保证民事侵权案件的公正性，法院经常不得不等待行政无效程序的结果。行政机关就权利效力作出决定后，当事人还可以启动行政诉讼程序，进而引发循环诉讼、程序空转，导致一些民事侵权案件的审理被迫拖延数年。

当前世界面临百年未有之大变局，国际政治经济斗争错综复杂，知识产权司法保护改革创新的需求十分迫切。随着经济科技全球化的不断深化，知识产权的政治化、贸易壁垒化趋势明显，因为知识产权引发的国际贸易摩擦频发，知识产权日益成为国家利益核心要素和大国博弈的重要工具，在国家总体战略中的地位和作用更加突出。世界各国知识产权司法保护体系在不断调整和完善。

（二）改革破局

为探索知识产权专业化审判，我国知识产权理论和实务界在 20 世纪 80 年代特别是 90 年代开始了艰辛探索。1993 年，北京高、中级法院在全国率先建立知识产权审判庭，这是我国最早的知识产权专门审判机构。2000 年，最高人民法院成立专门负责知识产权案件审判工作的民三庭。2008 年，国务院颁布《国家知识产权战略纲要》，提出“探索建立知识产权上诉法院”，知识产权法院改革上升为国家战略。2014 年 6 月 6 日，习近平总书记主持召开的十八届中央全面深化改革领导小组第三次会议审议通过《关于设立知识产权法院的方案》，方案提出“在北京、上海、广州三地设立知识产权法院。将来条件成熟时，再考虑在其他地区设立知识产权法院及知识产权高级法院”，规划了我国知识产权法院体系的发展方向和实现路径，知识产权法院创新改革迈出历史性步伐。

2017 年 11 月 20 日，习近平总书记主持召开的十九届中央全面深化改革领导小组第一次会议审议通过《关于加强知识产权审判领域改革创新若干问题的意见》，要求加强知识产权法院体系建设，研究建立国家层面知识产权案件上诉审理机制。2018 年 10 月 19 日，中央全面深化改革领导小组批准《关于最高人民法院设立知识产权法庭的试点方案》。10 月 26 日，十三届全国人大常委会第六次会议审议通过《全国人民代表大会常务委员会关于专利等知识产权案件诉讼程序若干问题的决定》，规定了最高人民法院知识产权法庭的受案范围包括专利、植物新品种、集成电路布图设计、技术秘密、计算机软件、垄断等专业技术性较强的第二审知识产权民事和行政案件。12 月 3 日，最高人民法院审判委员会审议通过《最高人民法院关于知识产权法庭若干问题的规定》，进一步细化和明确了相关案件类型、程序衔接、审判权运行机制等问题，为法庭的建立奠定了充分的制度基础。12 月 29 日，全国人大常委会任命知识产权法庭庭长、副庭长和首批法官。

（三）筹建成立

最高人民法院党组高度重视知识产权法庭组建工作，周强院长主持会议进行专题研究，提出“高起点、高标准、高水平、国际化”的建设要求，成立由三位院领导分任组长的业务组、人事组、保障组，明确任务分工，强化协同推进。在中央有关部门和北京市有关单位的大力支持和帮助下，法庭在短短 60 天的时间内，顺利完成了司法解释制定颁布、办公场所选址装修、人员选调录用、办公办案系统升级、后勤保障措施到位等一系列组建工作。选配年富力强的资深法官担任庭领导，经过层层筛选、优中选优，从最高法院、地方法院、国家知识产权局遴选了 24 名法官，全部具有硕士研究生以上学历，其中一半是博士，1/3 有理工科背景，1/4 有海外留学背景，组建了一支高素质的法官队伍，并于 2019 年 1 月 1 日起正式对外办公，工作速度和质量堪称奇迹。从书斋构想，到国家战略，再到部署落地，最高人民法院知识产权法庭的孕育和诞生，伴随着我国改革开放的脚步，继承了四十年改革开放的成果，凝结了党中央的政治智慧，汇聚了社会各界的普遍共识，回应了科技创新一线的紧迫呼声，饱含着几代知产人的不懈努力和深情期盼。

二、战略意义：全面加强知识产权保护的重大决策部署

最高人民法院知识产权法庭的设立，内应创新驱动发展战略实施、提高中国经济竞争力的改革之需，外应平等保护知识产权、营造良好营商环境的开放之要，是以习近平同志为核心的党中央从建设知识产权强国和世界科技强国的战略高度作出的重大决策部署，在我国法治建设和人民司法事业发展史上具有非常重要的意义。

（一）规范统一裁判标准的重大举措

规范和统一裁判标准是建立国家层面知识产权案件上诉审理机制的预期目标，对加强知识产权司法保护、确保司法公正、提升司法公信、维护司法权威具有重要意义。专利等技术类知识产权案件具有特殊的专业性、高度的复杂性，新型疑难复杂案件众多。在现行审理体制下，知识产权有效性问题由行政无效程序解决，知识产权侵权纠纷由民事诉讼程序解决，专利侵权二审案件分别由各高级人民法院审理，存在裁判标准和尺度不够统一的问题。设立最高人民法院知识产权法庭，将分散在各省、自治区、直辖市高级人民法院的专利等技术类知识产权上诉案件集中到最高人民法院知识产权法庭审理，从根本上解决了因二审法院分散导致终审裁判标准不统一的问题。由最高人民法院知识产权法庭统一审理相关民事侵权案件和授权确权行政案件，实现知识产权效力判断与侵权判断两大诉讼程序和裁判标准的对接，有利于从制度上缩短审理周期，提高知识产权审判质量效率，为进一步加大知识产权司法保护力度提供了有力的制度支撑。

（二）持续深化改革开放的重大成果

习近平总书记在庆祝改革开放四十周年大会上的重要讲话，深刻总结了改革开放的伟大成就和宝贵经验，鲜明表达了新时代改革开放再出发的信心和决心。习近平总书记在中央经济工作会议上进一步指出，我国发展仍处于并将长期处于重要战略机遇期，变局中危和机同生并存，给中华民族伟大复兴带来重大机遇。为此，习近

平总书记多次强调，要共建创新包容的开放型世界经济，中国推动更高水平开放的脚步不会停滞，推动建设开放型世界经济的脚步不会停滞，推动构建人类命运共同体的脚步不会停滞。加大改革开放力度，强化产权保护特别是知识产权保护，平等保护各类企业合法权益，坚决依法惩处侵犯知识产权行为，鼓励竞争、制止垄断，建立公平开放透明的市场规则，营造法治化、国际化、便利化的国际一流营商环境，是进一步深化改革开放的重要举措。成立最高人民法院知识产权法庭，是党中央根据国际形势变化和国内发展需求作出的重大战略决策，彰显了我国全面深化改革开放、大力激发全社会创造力和发展活力的坚强决心，是新时代改革开放再出发、向社会主义现代化强国不断迈进的重要标志。

（三）激励保护科技创新的重要引擎

站在新时代的历史方位上，我们党正带领全国各族人民进行具有许多新的历史特点的伟大斗争，2020 年全面建成小康社会的决战在即，我国经济由高速增长阶段转入高质量发展阶段，正在加快建设创新型国家和知识产权强国。习近平总书记在庆祝改革开放四十周年大会上的讲话中特别强调，实施创新驱动发展战略，完善国家创新体系，加快关键核心技术自主创新，为经济社会发展打造新引擎。加强知识产权保护和运用，形成有效的创新激励机制，是提升我国科技创新能力、加快推动经济高质量发展、加速推进创新驱动发展战略实施的必然选择。科技创新对于知识产权保护和知识产权审判专门化的司法需求空前高涨。知识产权法庭审理的专利等案件专业技术性最强、审理要求最高、与科技创新的关系最为紧密。知识产权法庭的案件审判质量和水平，直接决定创新激励机制的有效性，直接影响创新驱动发展战略的实施和推进。成立最高人民法院知识产权法庭，建立国家层面知识产权案件上诉审理机制，彰显保护知识产权的坚定决心，以强有力的司法手段激发全社会创造热情，释放创新创业活力，将为创新驱动发展战略实施和世界科技强国建设提供强大动力，为实现“两个一百年”奋斗目标和建设知识产权强国、世界科技强国做出积极贡献。

（四）营造优质营商环境的有力保障

“法治是最好的营商环境”，习近平总书记在主持召开中央全面依法治国委员会第二次会议时发表重要讲话，深刻阐明了法治和营商环境的关系。进入 21 世纪以来，新一轮科技革命和产业变革正在加速重构全球创新版图，重塑全球经济结构。我国科技创新能力正在从量的积累向质的飞跃、从点的突破向系统能力提升转变。严格保护知识产权，创造更加有利于创新的法治环境，已是举国共识和万众期待。习近平总书记深刻指出，产权保护特别是知识产权保护是塑造良好营商环境的重要方面，突出强调加强知识产权保护是完善产权保护制度最重要的内容，也是提高中国经济竞争力最大的激励。加强知识产权保护，不仅是维护内外资企业合法权益的需要，更是推进创新型国家建设、推动高质量发展的内在要求。设立最高人民法院知识产权法庭，是以法治思维和法治方式优化营商环境的生动实践，有利于系统加强对中外企业等各类市场主体知识产权的依法平等保护，促进形成法治化、国际化、便利化的营商环境，推动形成全面开放新格局。

（五）深度参与国际治理的重要平台

在经济全球化背景下，知识产权日益成为全球最重要的无形资产、国家利益的核心要素和大国博弈的重要工具，在国家总体战略中的作用更为关键，在国际经贸斗争中的核心地位更加突出。当前世界正处于大发展大变革大调整时期，我国日益走近世界舞台中央，但保护主义和单边主义为世界发展蒙上阴影，知识产权的政治化、贸易壁垒化趋势明显，以知识产权为主要内容的国际经贸规则主导权的争夺更加激烈，国际知识产权治理体系面临发展和变革。最高人民法院知识产权法庭的成立，不仅是我国知识产权司法保护的重大制度创新，也是国际知识产权治理领域的一件大事，备受瞩目，正如世界知识产权组织总干事高锐在贺信中所说："最高人民法院知识产权法庭的成立意义重大，是彰显中国加强知识产权司法保护的重大举措，体现了中国对知识产权保护的庄严承诺，表达了中国为知识产权提供更加公正高效司法保护的坚定决心，必将提高知识产权案件的司法统一，推动知识产权法律的发展。"最高人民法院知识产权法庭是我国专利等技术类知识产权司法保护新高地，是我国对外展示国家形象的新窗口，必将进一步提升我国在国际知识产权领域的话语权和公信力，成为我国以法治方式树立知识产权保护负责任大国形象、深度参与和引领国际知识产权治理进程的重要平台。

三、职责使命：开辟新时代知识产权司法保护的新境界

（一）最高人民法院知识产权法庭的职能定位

最高人民法院知识产权法庭是最高人民法院派出的常设审判机构，代表最高人民法院行使专利、垄断等技术类上诉案件审判和对下监督、指导职能。[1] 在案件审判方面，知识产权法庭统一行使专利、垄断等技术类上诉案件的终审裁判权，是这类案件的审理中枢。知识产权法庭针对专利、垄断等技术类上诉案件作出的裁判是最高人民法院的裁判，代表最高人民法院的司法态度，具有终局性和权威性。知识产权法庭裁判效力的终局性和权威性，既是最高人民法院作为国家最高审判机关的必然结果，又是提升我国法院知识产权司法保护国际影响力和公信力的必然要求。在监督指导方面，知识产权法庭在专利等技术类知识产权和垄断案件领域具有充分的司法监督和司法指导职能。根据司法实践需要，知识产权法庭可以总结技术类知识产权和垄断案件裁判标准和审理规则，指导下级法院审判工作，起草专利、垄断等技术类知识产权案件司法解释、指导意见等规范性司法文件，确保裁判标准统一。

（二）最高人民法院知识产权法庭的制度创新

最高人民法院知识产权法庭的成立是我国知识产权诉讼制度的重大突破和创新。其主要特点如下。

第一，审判机构层级高。中华人民共和国最高人民法院知识产权法庭是世界范围内首个在最高法院层面设立的专门化知识产权司法机构。从国际上看，承担统一裁判标准职能的专门化知识产权司法机构通常都是高级法院层级。例如，美国联邦巡回上诉法院、德国专利法院、日本东京高等法院知识产权分部、韩国专利法院等，均相当于高级法院级别，承担所在国家地域范围内专利等知识产权二审案件的审理和统一裁判尺度的职能。知识产权法庭设立在最高人民法院，凸显了裁判的终局性和权威性，影响更大。

第二，案件管辖范围广。根据《全国人民代表大会常务委员会关于专利等知识产权案件诉讼程序若干问题的决定》和《最高人民法院关于知识产权法庭若干问题的规定》，最高人民法院知识产权法庭管辖的案件种类非常广泛。[2] 一是案件类型几乎涵盖除商标外的全部知识产权类型。最高人民法院知识产权法庭依法管辖专业技术性

---

[1] 参见《最高人民法院关于知识产权法庭若干问题的规定》第1条、第2条、第10条。

[2] 参见《全国人民代表大会常务委员会关于专利等知识产权案件诉讼程序若干问题的决定》第1条、第2条、第3条；《最高人民法院关于知识产权法庭若干问题的规定》第2条。

较强的知识产权上诉案件，其种类包括专利、植物新品种、集成电路布图设计、反不正当竞争案件中的技术秘密案件、著作权案件中的计算机软件案件以及垄断案件等。特别值得关注的是，全国人大常委会的特别立法将垄断案件纳入知识产权案件范畴，由最高人民法院知识产权法庭管辖。无论垄断案件本身是否涉及知识产权，均属最高人民法院知识产权法庭的上诉管辖范围。将垄断案件与技术类知识产权案件一并归由统一的专门化审判机构管辖，在国际上也不多见。这一管辖模式能够使得法院在注重加强对知识产权保护的同时，也注意和警惕滥用知识产权破坏竞争，从而更好地实现创新和竞争的协调与平衡。二是案件性质包括民事和行政两大类别。最高人民法院知识产权法庭统一管辖技术类知识产权行政案件和民事案件，这种"二合一"管辖模式为实现技术类知识产权民事案件和行政案件裁判结果的协调统一奠定了坚实的制度基础。

第三，审判机制创新多。最高人民法院知识产权法庭的设立，带来了技术类知识产权案件诉讼制度的一系列重大突破和创新。其一，上诉机制创新。最高人民法院知识产权法庭集中管辖全国范围内不服第一审技术类知识产权案件裁判而提起上诉的案件。根据规定，无论第一审技术类知识产权案件裁判由地方中级人民法院、知识产权法院还是高级人民法院作出，对其提起的上诉均由最高人民法院受理。因此，最高人民法院在技术类知识产权上诉案件的管辖上跨越了地方高级法院，形成具有中国特色的"飞跃上诉制度"。当事人可以不经高级法院，直接将案件上诉至最高人民法院，有助于缩短纠纷解决周期和统一司法标准。其二，送达方式创新。根据上述司法解释的规定，经当事人同意，知识产权法庭可以通过电子诉讼平台、中国审判流程信息公开网以及传真、电子邮件等电子方式送达诉讼文件、证据材料及裁判文书等。这是我国目前除互联网法院以外第一个可以采取电子方式送达裁判文书的法庭。其三，审理方式创新。根据上述司法解释的规定，最高人民法院知识产权法庭可以通过在线方式开展部分诉讼程序，例如通过电子诉讼平台或者在线视频等方式组织证据交换、召集庭前会议等。同时，鉴于案件管辖范围涵盖全国，为便利当事人诉讼，最高人民法院知识产权法庭还专门设立了巡回审判制度，可以根据案件情况到实地或者原审人民法院所在地巡回审理案件。

（三）最高人民法院知识产权法庭的历史使命

在世界面临百年未有之大变局，中华民族以改革开放的姿态迎来伟大复兴的关键时期，历史赋予了最高人民法院知识产权法庭神圣的使命。

一是做司法改革的探索者。最高人民法院知识产权法庭既是司法体制改革和知识产权诉讼制度改革的重大成果，又承担着全面深化司法改革、大力推进知识产权审判体系和审判能力现代化的重要使命。要强化改革创新意识，勇当改革先行者和探索者，以改革的思维推进改革，以创新的方式保护创新，以问题的导向解决问题，坚决破除一切不合时宜的思想观念和体制机制弊端，完善中国特色知识产权司法保护制度，推动形成知识产权司法保护新格局。要全面落实司法责任制，推进司法体制综合配套改革，积极探索科学的审判权运行机制，为探索符合中国实际、符合司法规律的人民法院管理和运行模式做出积极贡献。

二是做司法保护的主导者。最高人民法院知识产权法庭要在充分发挥司法保护主导作用方面率先垂范，做技术类知识产权司法保护的主导者和终审裁判的示范者。要充分发挥审判机构专门化、审判人员专职化和审判工作专业化的优势，统一知识产权司法裁判标准和尺度，确保知识产权审判质量和效率，进一步提升司法公信力。要充分行使对于知识产权授权确权行政案件的终审裁决权，在专利确权行政案件中探索行使司法变更权，回应知识产权授权确权行政案件中枢属性的内在需求，实现知识产权效力判断与侵权认定两大诉讼程序和裁判标准的无缝对接，彻底解决制约科技创新的司法体制性难题。

三是做科技创新的助推者。最高人民法院知识产权法庭要聚焦创新驱动发展战略需要，通过审判工作切实体现对知识产权的严格保护，积极探索和完善知识产权侵权损害赔偿制度，依法适用惩罚性赔偿原则，加大对侵犯知识产权行为的惩治力度，进一步营造激发全社会创新热情、保障创新者脱颖而出的法治环境，激励各类主体通过创新提升核心竞争力。要深入研究新经济下创新和竞争新特点带来的知识产权司法保护新需求，有针对性地加大新兴产业和重点领域知识产权保护力度，推动增强我国经济创新力和竞争力。

四是做公平竞争的维护者。最高人民法院知识产权法庭实现了垄断民事和行政上诉案件的集中统一审理，承担着制止垄断行为、维护市场自由公平竞争的使命。要切实加强垄断案件审判，充分发挥反垄断司法职能，及时有效制止垄断行为，推动确立竞争政策的基础性地位，维护统一开放、竞争有序的健康市场机制。要加大对反垄断行政执法行为审查力度，有效推进行政执法行为的合法性和正当性，规范行政执法标准，保障各类市场主体的竞争权益。

五是做国际规则的引领者。作为我国参与和引领国际知识产权治理进程的重要平台，知识产权法庭要始终坚持“高起点、高标准、高水平、国际化”标准，以国际一流的人才、制度、设施保证司法裁判质效，实现高水平的知识产权保护，努力将知识产权法庭建设成为具有世界性影响的知识产权司法机构，提升中国法院知识产权司法保护国际影响力，打造国际知识产权司法保护新高地和国际知识产权诉讼优选地。

四、实践路径：为实施国家创新驱动发展战略保驾护航

结合最高人民法院知识产权法庭的历史使命和当前知识产权司法保护面临的实际问题，知识产权法庭要在以下五个方面重点着力、加强实践。

（一）强化司法主导

深刻认识新时代充分发挥知识产权司法保护主导作用的丰富内涵，以实际行动发挥主导作用，全面提升知识产权司法权威。知识产权法庭首次实现了技术类知识产权授权确权行政上诉案件、行政查处上诉案件和民事侵权上诉案件的集中统一审理，同时技术调查官制度运行日益成熟，司法审判专业化和职业化日益增强，信息化和智慧审判助力，司法保护主导作用的发挥具有了更好的平台和更坚实的基础。

一是充分发挥对知识产权授权确权行政行为的司法复审职能。强化对新颖性、创造性、实用性等专利授权实质标准合法性的全面审查和深度审查，及时明确和统一标准，促进专利授权确权行为的规范化、科学化，不断提高专利授权质量。积极探索改进专利授权确权行政案件裁判方式，防止循环诉讼和程序往复，有效缓解专利审判“周期长”问题。对于专利无效请求人主张的全部无效理由均经审理，专利复审委员会（2019 年更名为国家知识产权局专利局专利复审与无效审理部）宣告专利无效的依据均不能成立，诉争专利应予维持的，在判决撤销被诉决定时，可尝试不判令专利复审委员会重新作出行政决定。被诉专利授权确权行政行为处理结果部分错误，且该错误部分可以分割处理的，可以尝试部分改判，责令专利复审委员会仅就错误部分重新作出裁决。

二是充分发挥对知识产权行政查处行为的司法监督职能。强化对知识产权行政执法行为的实体合法性和程序正当性的审查，积极引导行政执法机关的调查取证、证据审查、侵权判定、责任承担等处理标准与司法标准相一致，提升行政执法质量和水平。

三是妥善处理专利无效行政与民事侵权程序交叉问题。实现专利无效案件与民事侵权案件审理的无缝衔接和结果协调是知识产权法庭的重要职责。要采取有效措施提高专利无效行政案件审理效率，尽快稳定专利权效力状态，为民事侵权案件的审理提供良好的权利状态基础。明确和细化专利权利要求解释规则，努力实现专利无效行政程序和民事侵权程序权利要求解释的一致性和协调性，确保专利权的保护范围与其技术贡献相一致。合理强化特定情形下民事程序的优先和决定地位，促进民行交织知识产权民事纠纷的实质性解决，对后续行政纠纷的正确解决形成引导，切实缩短审理周期。对于权利要求保护范围明显不清楚、虚构说明书中的实验数据等与授权有关的重要信息、专利申请日前技术方案已经公开且不符合新颖性宽限期条件等具有明显无效理由的专利权，专利权人指控他人侵权的，尝试根据具体案情直接裁决不予支持，无需等待行政程序的结果。在先的专利民事侵权案件对特定专利权利要求有明确解释的，后续的专利无效行政程序在解释同一专利权利要求时应予参考。

（二）强化严格保护

习近平总书记深刻指出，加强知识产权保护是完善产权保护制度最重要的内容，也是提高中国经济竞争力最大的激励。知识产权法庭要在严格保护方面重点着力，加大司法保护力度，把知识产权违法成本显著提上去，把法律威慑作用充分发挥出来。

一是加大技术类知识产权侵权损害赔偿力度。知识产权侵权损害赔偿应与该知识产权市场价值成比例。被诉侵权产品涉及多部件、多专利的，确定损害赔偿数额时应该考虑涉案专利对特定部件或者整个产品市场价值的贡献度，以专利对被诉侵权产品的增量价值作为赔偿计算依据。积极运用现行法律及其司法解释规定的文书提供命令、证明妨碍等制度，对于侵权成立但无正当理由拒不执行文书提供命令或者存在故意妨碍证明行为的，可以参考专利权人的主张和提供的证据从高确定赔偿数额。合理把握相关知识产权法律规定的损害赔偿计算方法适用顺序，减轻权利人证明负担，权利人在具体案件中选择了具体赔偿计算方法的，可以推定前序方法计算的损害赔偿数额难以确定，但有相反证据的除外。深入研究和探索技术类知识产权惩罚性赔偿问题，对符合条件的，依法支持权利人的惩罚性赔偿请求，提高侵权代价，充分发挥惩罚性赔偿对侵权行为的法律威慑力。例如，具有故意侵权、重复侵权、多次侵权等严重侵犯植物新品种权情节的，依照《种子法》的规定适用惩罚性赔偿。《民法总则》已经将普通诉讼时效期间修改为三年，自该法生效之日起，计算持续性知识产权侵权行为的损害赔偿数额时，如果被诉侵权行为自发生之日超过三年，且在权利人起诉时仍在继续的，在该项知识产权有效期内，侵权损害赔偿数额应当自权利人起诉之日起向前推算三年。

二是积极运用行为保全制度保障司法救济及时性和稳妥性。行为保全制度对于提高司法救济的及时性和有效性、降低权利人维权成本具有重要作用。《最高人民法院关于审查知识产权纠纷行为保全案件适用法律若干问题的规定》已经颁布实施，为知识产权行为保全案件的审查提供了具体法律依据。要认真领会该司法解释所蕴含的兼顾及时保护和稳妥保护的精神，正确审查当事人的行为保全申请，合理平衡申请人与被申请人的利益，切实实现及时保护和稳妥保护的效果。正确把握“情况紧急”的行为保全条件，申请人的商业秘密即将被非法披露、诉争的知识产权即将被非法处分、申请人的知识产权在展销会等时效性较强的场合正在或者即将受到侵害等情形，均属“情况紧急”，应及时作出行为保全裁定。正确把握“难以弥补的损害”的行为保全条件，综合考虑涉嫌侵权行为的难以控制性、损害的难以挽回性等因素，避免将保全审查混同为案件实体审理，贻误保全时机。

（三）强化激励创新

对科技创新成果给予知识产权保护的最终目的是激励创新。保护和激励创新是知识产权制度的首要目标和价值，司法对技术类知识产权的保护必须以保障和激励创新为导向和追求，营造有利于创新的法治环境。

一是以有利于激励创新为导向，提高专利授权确权标准的合理性。强化专利授权形式标准合法性和正当性的司法审查，促进专利授权形式标准更加灵活合理。合理考虑专利申请文件撰写的客观局限，以本领域技术人员的知识水平和认知能力为核心，灵活把握修改超范围、充分公开、权利要求书应该得到说明书支持等专利授权形式标准，尽可能保证确有创造性的发明创造能够获得专利权保护，激发创新热情。

二是营造有利于创新的法律环境，激发和保护创新创业精神。专利等技术类知识产权与研发、生产和投资关系密切，模糊的权利范围和不确定的保护会对科技创新和商业经营造成妨害。清晰确定法律责任边界，提高技术类知识产权保护范围的清晰性，明确公众可以自由合法利用的范围，给各类创新主体和商业主体以明确的法律预期，保障商业生产和投资行为的积极性，增强创新创业信心。妥善运用知识产权法律制度中的保护限制和例外，依法维护善意使用者的市场交易安全，降低创新者的法律风险，鼓励更多社会主体投身创新创业。慎重对待新技术、新产品、新商业模式，以有利于促进创新、有利于公平竞争、有利于消费者的长远利益为导向指引法律适用，不轻率否定其合法性。

（四）强化保护竞争

公平有序、充满活力的竞争机制是释放各类创新主体创新活力的重要保障。保护竞争、维护公平有序、统一开放的市场竞争秩序是知识产权法庭的重要职责。要切实重视和加强反垄断审判工作，及时制止垄断行为，增强市场透明度和竞争活力。

一是切实加强垄断民事纠纷案件审理，充分发挥反垄断民事司法填补行政执法缺口、保障受害人获得赔偿、威慑和制止垄断行为的司法职能。正确把握垄断民事纠纷案件审理的独立性，积极受理和审理垄断纠纷。妥当处理反垄断行政执法机关行政执法与民事诉讼的关系，执法机关的行政处理决定认定的事实仅仅是法院认定事实的证据之一，如有相反证据足以推翻的，人民法院可重新认定事实。对于行政机关未作认定的事实，法院可以结合案件具体证据和事实独立作出认定。正确适用事实推定规则，妥善转移举证责任，切实减轻垄断民事纠纷原告的举证负担。原告已尽合理努力穷尽其举证能力仍无法取得证明垄断行为成立的全部证据，在已有证据的基础上，结合经济学基本经验和常识，可以推断出某一行为具有排除、限制竞争的效果的可能性很大的，可以推定该行为具有排除、限制竞争的效果，不再苛求原告提供进一步的证据，而由被告提供反证。

二是切实加强垄断行政案件的审理，充分发挥规范行政执法行为、保障市场主体竞争权益的司法职能。依法受理反垄断行政查处行为引发的行政案件，加大司法审查力度，聚焦执法行为的实体执法标准和程序正当性，给出明确法律指引，促进行政执法行为规范化和法治化。

三是妥善处理涉及知识产权的垄断纠纷，防止垄断的目的在于促进竞争，保护知识产权的目的在于激励创新，而创新可以创造出新的需求和新的市场，造就更高层次的竞争。在审理涉及知识产权垄断行为时，既要遵循反垄断法的一般适用原则和分析方法，更要充分考虑知识产权自身的特点，将创新作为重要考量因素，重点关注经营者行使知识产权的行为对竞争的影响以及对促进创新和提高效率产生的影响。经营者拥有标准必要专利等知识产权并不当然具有市场支配地位，仍需根据案件具体情况进行综合判断。

（五）强化国际视野

习近平总书记在中央全面依法治国委员会第一次会议上的讲话中指出，“中国走向世界，以负责任大国参与国际事务，必须善于运用法治”。作为我国知识产权司法保护的重大制度创新，最高人民法院知识产权法庭是以法治方式树立我国知识产权保护负责任大国形象、营造国际一流营商环境、积极参与和引领国际知识产权治理进程的重要平台。

一是树立战略眼光。深刻把握国际形势变化和国内改革发展需求，强化国家利益意识，加大对重大案件的协调和指导力度，通过重大案件的公正高效审理，形成一批标杆性判决乃至在国内外具有重大影响的伟大判决，推动知识产权司法保护再上新台阶，努力将知识产权法庭建设成为具有世界性影响的知识产权司法机构。

二是强化全球视野。通过裁判规则确定和诉讼制度创新，积极参与和推动国际知识产权规则形成和治理体系变革，不断增强我国在国际治理规则中的平衡力和引领力。加强平等保护，坚持依法平等保护中外当事人合法权益，严格依照法定程序审理涉外案件，充分保障中外各方当事人和诉讼参加人的诉讼权利，一视同仁、平等对待。深入研究探索“一带一路”建设、自由贸易试验区和自由贸易港建设发展中的知识产权问题，既要依法促进高水平的贸易和投资自由化便利化，又要努力实现高水平的知识产权保护。

三是加强知识产权国际交流合作。加强与世界知识产权组织等国际组织，“一带一路”沿线国家，欧盟、美国、日本等发达地区和国家以及主要发展中国家的司法交流合作，充分展示我国知识产权法治建设成就，以国际社会容易理解的方式讲好“中国法治故事”，积极推动司法文明交流互鉴，为世界知识产权治理变革贡献中国智慧。

五、前景展望：推进知识产权审判体系与审判能力现代化

最高人民法院知识产权法庭的成立，是我国知识产权司法改革新的起点而不是终点，在我国不断完善中国特色知识产权司法保护制度、大力推进知识产权审判体系和审判能力现代化的历史进程中，知识产权法庭未来前景可期、大有可为。

（一）不断健全统一法律适用保障体系

要充分发挥知识产权法庭技术类案件集中、人才集聚和制度创新优势，及时总结裁判规则，加强指导和监督，进一步统一裁判标准。一是建立统一的裁判规则指导系统，通过制作“裁判要点”等创新形式加强提炼总结裁判标准和审判经验，全面推进知识产权案例指导制度，分类编纂技术类案件裁判规则，加快裁判规则库和典型案例数据库建设，为法官审理案件提供充分依据。二是完善统一的案件审理配套机制，大力推进统一裁判标准工作的科学化制度化规范化，切实加强统一裁判标准意识，严格落实主体责任，加快建设知识产权法庭电子诉讼平台裁判规则库和裁判文书库，充分运用智能分案、类案检索、法官咨询、法官会议、案例指导、案件评查等机制，

形成“闭环式”制度规范，为法官审理案件提供有效保障。三是构建统一的技术事实查明体系，着力构建由技术调查官、技术咨询、专家陪审、技术鉴定等组成的相互独立、协同配合的技术事实查明体系。明确不同技术查明方式的适用条件、适用程序，区分不同人员参与技术事实查明的角色定位和职责权限。充分发挥技术调查官在技术事实查明体系中的作用，探索完善技术调查官参与案件审理的方式和程序，规范技术调查意见形成和采信机制，促进法官形成心证的公开公信。四是形成统一的知识产权诉讼证据规则，构建以激励当事人举证为主，以证据保全、律师调查令、证据出具令、人民法院依职权调查为辅，以举证妨碍、诉讼妨碍等制度为保障的证据收集和举证体系。调研和出台知识产权诉讼证据规则指引，切实减轻知识产权权利人的维权取证困难，化解知识产权案件证明难问题。五是加强统一的知识产权审判监督管理，适时开展案件审理工作专项评查，加强对下级法院的审判业务监督指导，形成协调联动的长效机制，促进全国法院技术类知识产权案件审判质量整体提升。

（二）推进知识产权专门化审判机构体系建设

目前，具有中国特色的知识产权专门化审判机构体系初步成型，具体包括最高人民法院知识产权法庭、3 家知识产权法院和 21 家地方知识产权法庭。[1] 最高人民法院知识产权法庭在加强各知识产权专门化审判机构之间的协同化和一体化建设中应当发挥更为重要的作用。一是促进全国技术类知识产权办案平台的互联互通，逐步建立并完善专门化审判机构之间的双向数据交互机制，实现与有关下级法院办案系统互联互通、业务协同；二是实现全国技术类案件审判数据的集中管理，逐步建立并完善专门化的知识产权审判大数据平台，实现案件数据和重点信息实时传输、审判态势智能分析和审判管理的高效运行；三是强化技术类案件裁判结果的智能监管，充分运用类案推送、裁判结果偏离度预警、文书要素智能纠错等功能，促进案件审理质效提升，确保裁判标准统一可控；四是加强专门化审判辅助人员的统筹管理，实现技术调查官、技术专家按需调度，远程庭审质证稳定运转；五是深度应用电子卷宗等数据，探索电子数据传输代替实体卷宗流转的无纸化工作模式，全面推进电子卷宗随案同步生成和深度应用，实现电子卷宗自动识别、自动分类、自动标注，全面实现案件网上办理、网上运行和网上查询。

（三）深化知识产权诉讼制度改革

积极探索符合技术类案件规律、有利于提高技术类案件审理质效的诉讼制度改革。一是推动专利无效诉讼程序改革，科学界定专利无效诉讼程序的性质，明确诉讼当事人的法律地位。探索在专利确权行政案件中行使司法变更权，改进专利确权行政案件裁判方式。在民事侵权案件中尝试引入专利无效抗辩制度，在个案中审查判断专利权的效力，促进知识产权民事行政交叉案件的实质性解决。二是完善符合技术类案件特点的繁简分流机制，改进庭审程序和文书样式，对于事关核心科技、事关行业发展的重要案件，探索建立“案件绿色通道”，对于案情复杂、审理周期长的侵权案件，探索就侵权认定和停止侵权先行判决，提倡就赔偿数额达成和解，鼓励就后续许可达成协议，促进案件繁简分流、轻重

[1] 3 家知识产权法院分别设在北京、上海、广州，21 家地方知识产权法庭是南京知识产权法庭、苏州知识产权法庭、武汉知识产权审判庭、成都知识产权审判庭、杭州知识产权法庭、宁波知识产权法庭、合肥知识产权法庭、福州知识产权法庭、济南知识产权法庭、青岛知识产权法庭、深圳知识产权法庭、天津知识产权法庭、郑州知识产权法庭、长沙知识产权法庭、西安知识产权法庭、南昌知识产权法庭、兰州知识产权法庭、长春知识产权法庭、乌鲁木齐知识产权法庭、海口知识产权法庭、厦门知识产权法庭。

分离、快慢分道，使不同性质、不同复杂程度的案件各适其宜、各得其所。三是提升案件审理的开放性和便利性，完善巡回审判制度，合理布局巡回点，积极开展巡回审判，方便当事人诉讼。根据案件具体情况，为审判程序中的外国人提供必要的语言便利，根据当事人的意愿提供翻译。四是加强知识产权领域的诉讼诚信体系建设，在依法保障当事人诉讼权利的同时，加大对伪造证据、虚假陈述、恶意诉讼等不诚信诉讼行为的惩处力度，规范并细化制裁方法，探索通过与市场监督管理部门协作录入企业诚信档案等方式，塑造诚信诉讼环境。五是健全知识产权多元化纠纷解决机制，充分发挥行业协会、调解组织、仲裁机构等组织在纠纷化解中的作用，形成优势互补、相互协调、有机衔接的知识产权多元化纠纷解决机制。积极引导当事人在案件审理各阶段选择委托调解、专家调解、行业调解等方式解决各类知识产权纠纷，加强司法审判与人民调解、行政调解、仲裁等纠纷解决方式的衔接。探索知识产权案件异地委托调解机制，促进纠纷就地、就近解决。推动多元化纠纷解决机制从单一现场调解，向远程视频、在线调解等信息化、智能化调解模式转变。

（四）推进知识产权审判智能化建设

在互联网时代，必须大力加强智能法院建设，充分利用现代技术成果使法院分配正义的方式更加高效，实现正义的途径更加便捷。一是加强顶层设计，加快系统建设，强化保障体系，提升应用成效，在更高站位、更深层次、更宽领域、以更大力度全面推进知识产权法庭智能化建设，打造全面覆盖、互联互通、跨界融合、深度应用、透明便民、安全可控的知识产权法庭智能化系统。二是加强科技法庭建设，根据技术类案件审判的特点和要求，强化虚拟现实技术（VR）、增强现实技术（AR）等先进技术手段在证据展示环节的运用，实现对电子文档、图片、实物、多媒体等多种形式证据的同步高清展示和质证。开发庭审智能交互系统，通过将审判人员与书记员、诉讼参与人之间计算机界面的互联互通，实现各类诉讼材料、笔录及证据同步展示，庭审笔录标记批注、电子卷宗同步调阅核对、法律条文及类似案件同步推送。三是加强便民服务建设，推进诉讼服务中心转型升级，建成“互联网＋云服务”诉讼平台，集成网上立案、网上缴费、网上证据交换、网上开庭、网上送达等诉讼标准模块，为当事人及诉讼代理人提供预约立案、案件查询、卷宗查询、诉讼指南、联系法官等全方位、一体化诉讼服务。积极开展远程视频审判，探索远程视频、电子签名、人脸识别等技术手段的深度运用，实现证据展示、证人出庭、开庭审理、笔录签署等庭审活动的网络化，充分利用信息化建设提高异地当事人参与诉讼的便利性。四是建立法庭内外部数据交互机制，在汇集全国技术类知识产权审判数据的基础上，与农业农村部、国家知识产权局等外部单位建立数据交互机制，实现诉讼文书电子送达、审查档案远程调取、大数据分析成果共享等数据交互功能，促进我国知识产权保护大数据的汇聚融合。五是探索完善大数据智能辅助决策系统，依托人民法院大数据管理和服务平台，开展知识产权案件定制化数据分析，实现常规数据分析智能生成，定制数据分析辅助生成，实时展示技术类知识产权保护数据信息，为审判工作和科学决策提供参考。

（五）打造世界一流知识产权审判队伍

队伍建设是知识产权审判事业行稳致远的基础和保障，最高人民法院知识产权法庭能否建设成为国际一流的知识产权审判机构，其关键在于人才。要按照革命化、正规化、专业化、职业化、国际化要求，一是坚持把政治建设放在首位，坚持以习近平新时代中国特色社会主义思想为指导，牢固树立“四个意识”，坚定“四个自信”，坚决做到“两个维护”，始终在政治立场、政治方向、政治原则、政治道路上同以习近平同志为核心的党中央保持高度一致，牢牢坚持党对人民法院工作的绝对领导，确保党中央决策部署在知识产权法庭得到不折不扣的贯彻落实。全面落实新时代党的建设总要求，全面提升队伍素质能力，树立正确选人用人导向，弘扬正气，创先争优，充分调动各位干警的积极性、主动性和创造性，激励法庭干警在新时代新环境有新担当新作为。二是持续加强党风廉政建设，一以贯之、坚定不移推进全面从严治党、从严治庭，切实抓好党风廉政建设和反腐败斗争，不断增强知识产权审判队伍政治定力、纪律定力、道德定力以及抵腐定力，完善任职回避、司法巡查、审务督察等廉政风险防控机制，运用制度建设和信息化手段加强权力监督。三是形成特色业务培训机制，适应知识产权领域思维活跃、知识更新快、国际化程度高的特点，积极创造条件，有针对性地加强知识产权业务培训和外语能力培训，借助新知大讲堂、知识产权法庭讲坛等平台开展各类培训，邀请国际知名专家授课，积极参加国际交流，开阔眼界和视野，切实提升干警的专业知识、审判技能和综合素质。四是树立全国一盘棋的理念，建立知识产权法庭与地方法院的人员交流机制，技术类案件审判能力较强的法院可以继续根据具体情况选送人员到知识产权法庭交流办案，知识产权法庭也可以选派综合素质高的人员到案件压力较大的下级法院挂职协助办案，通过双向互动交流提升审判能力，形成知识产权司法保护的合力。充分发挥全国审判业务专家的榜样作用，抓好专家型优秀人才培养，将知识产权法庭打造成培养技术类案件审判人才的摇篮。五是加大对外交流合作力度，建立健全与行政机关、高等院校、科研院所等单位形式多样的合作交流机制，在案例研讨、人才培训等方面强化资源共享与合作共建，共同提升人才队伍能力水平。加强与国际知识产权组织的合作，积极宣传中国知识产权司法保护取得的成就。

时代赋予使命，使命呼唤担当，最高人民法院知识产权法庭承载着为创新驱动发展战略实施和世界科技强国建设提供有力司法保障的重任，也承载着党和人民对知识产权司法保护继往开来、再谱新篇的殷切期望，相信在我们的共同努力下，最高人民法院知识产权法庭必将在新时代的历史征程中，承载新使命，踏上新征程，展现新作为，以一流业绩向新中国成立七十周年献礼，为实现“两个一百年”奋斗目标，实现中华民族伟大复兴的中国梦做出新的更大贡献！

试论知识产权制度建设的法治观和发展观

中南财经政法大学文澜资深教授　吴汉东

导　言

知识产权制度是知识产权规范存在形式和基本构成的总和。一般认为，制度的基本含义，是作为社会成员共同遵守的办事规程和行为准则。从其类别来说，包括可辨识的正式制度，如法律规范、政策规章；也包括难以辨识的非正式制度，如道德、习俗、观念文化。由此可以认为，与知识产权相关的法律和政策是知识产权制度的主要构成。制度具有调整社会关系与服务社会需要的功能。舒尔茨在述及制度所具有的服务功能时说到，人的经济价值的提高产生对制度新的需求，一些政治和法律就是用来满足这些需求的。[1] 对于发展中国家而言，知识产权制度是一种“舶来品”，这一制度能否实现预期的法律效益和政策目标，不仅要考量制度选择所涉及的规范理念、规范内容以及规范形式的先进性、合理性和科学性，更要顾及制度存在的经济技术状况、社会环境、文化条件等与相关规范的一致性、协调性以及相适应性。

从近代到现代，中国知识产权制度的百年史，是一个从“逼我所用”到“为我所用”的法律变迁史，也是一个从“被动调整”到“主动创制”的政策发展史。其制度生成表现了从“知识产权弱国”到“知识产权大国”的演化和转型过程。新中国的知识产权制度建设，是以法律本土化为基础、现代化发展为目标。从新中国成立到“文化大革命”时期，我国知识产权制度建设处于探索阶段，虽然宪法和一些规范性文件含有知识产权保护的规定，但并无专门的知识产权法律。由于计划经济体制的主导和“法律虚无主义”的影响，知识产权制度在社会生活中的作用甚微。改革开放以后的四十年，中国知识产权制度建设开启新的历史进程，先后颁布《中华人民共和国商标法》(1982 年)、《中华人民共和国专利法》(1984 年)、《中华人民共和国著作权法》(1990 年)、《中华人民共和国反不正当竞争法》(1993 年)等法律法规，由此建立了知识产权法律的基本框架。特别是进入 21 世纪以来，制定并实施《国家知识产权战略纲要》(2008 年)，并在这一战略的“总政策目标”指引之下，形成了以知识产权为导向的公共政策体系。通过法律实施和政策推进，中国知识产权事业取得了长足的进步。关于法制建设成就，时任世界知识产权组织总干事鲍格胥博士曾经高度评价：“在知识产权历史上，中国完成所有这一切的速度是独一无二的。”[2]关于政策发展经验，现任世界知识产权组织总干事高锐博士给予充分肯定：“中国将知识产权上升为国家战略，其经验值得其他国家特别是发展中国家学习。”[3]

当下我国正处于全面建设社会主义现代化强国的新时代。党的十九大作出了中国特色社会主义进入新时代的重大判断，为我国发展明确了新的历史方位。站在新的历史起点，我们要准确把握党和国家事业发展的新目标，认真谋划好知识产权事业的未来发展。[4] 从知识产权大国走向知识产权强国，新时代中国知识产权制度建设要从自身发展需要出发，加强知识产权的规范建构、环境治理和文化养成；围绕完善产权制度、支撑创新发展、促进对外开放、保障国家安全等工作重点，制定和实施知识产权强国战略。从现在起到 2035 年，是在全面建成小康社会的基础上，基本实现社会主义现代化的重要阶段。中国知识产权制度建设应以社会主义法治观和发展观为思想基础，在吸收世界制度文明成果和借鉴外国先进法治观念的同时，注重本土知识产权的思想自立、制度创新和实践导向，走出一条知识产权制度建设的“中国道路”。本文以新时代为背景，试从法治思想基本命题、发展观念的核心要义、制度构成的法律体系和政策体系等方面开展研究，以探讨中国知识产权制度建设法治观

---

[1] 参见[美]舒尔茨:《制度与人口经济价值的不断提高》，载[美]科斯等著:《财产权利与制度变迁》，上海三联书店 2014 年版，第 175 页。

[2] 参见国家知识产权局发布的知识产权白皮书《1994 年知识产权保护状况》，第 5 页。

[3] 参见《世界知识产权组织总干事:中国国家知识产权战略值得推广》，载 http://news.cntv.cn/20111110/108125.shtml，最后访问日期:2019 年 1 月 23 日。

[4] 参见申长雨:《一项兴国利民的国家战略》，载国务院知识产权战略实施工作部际联席会议办公室组织编写:《一项兴国利民的国家战略——〈国家知识产权战略纲要〉颁布实施十周年纪念文集》，知识产权出版社 2018 年版，第 6 页。

和发展观的精神实质和规范表现。

一、知识产权制度建设的中国问题导向与思想引领

在法律制度的历史上，知识产权制度是罗马法以来“财产非物质化革命”[1]的制度创新产物，也是欧美国家近四百年来不断发展成长的“制度文明典范”。[2] 不同历史时期和不同发展类型的国家对知识产权制度的创制和接纳，有着不同的国际环境、时代情景和社会场景，但总体说来，发展中国家包括中国立法活动的主要经验是制度引进，这即是所谓的法律移植。对外国法制或国际规则的制度引进，需要立法者作出理性选择，但更需要进行本土改造，惟此才能使外来制度为整个社会“吸收”和“内化”。[3]

中国知识产权制度建设，存在着中国问题的特殊性，即在法律移植本土化基础上解决制度现代化和国际化的问题：一是本土化与现代化的关系，即在现代化目标指引下的知识产权制度本土化问题。“现代化”是一个世界文明发展的历史进程，通常被用来描述现代国家发生的社会和文化变迁的现象。这一过程以知识化、工业化为社会发展动力，以法治化、市场化为社会环境构成，从而形成既定特征作为目标实现的标志，表明社会完成从传统走向现代的转型。[4] 知识产权制度是现代国家的法律制度，这一法律的基本功能是为创新活动进行产权界定并提供激励机制，为创意产业进行产权配置并提供交易机制，为创造性成果进行产权保护并提供市场规范机制。在制度文明转型中，诸如工业化发展水平、市场要素构成以及创新主体发育程度等是现代知识产权制度生成并有效运转的基本条件。而中国作为一个后发国家，存在经济与社会发展的不充分、不平衡、不协调的诸多问题，其城乡差距、中西部差距、行业差距、贫富差距等，容易导致知识产权制度与现行社会的背离与脱节，因而可能在知识产权治理现代化的进程和路径方面出现“非均衡性”现象并产生矛盾。二是本土化与国际化的关系，即是全球化趋势下的知识产权制度本土化问题。“经济全球化”，意味着世界市场的开放与连接、国际经济的分工与合作，这是对第二次世界大战前殖民体系下经济体制的根本改变，其目标是消除贸易壁垒、规范国际市场规则、推动世界贸易自由化的进程。经济全球化的制度机制，主要来自“关贸总协定”及其后续的世界贸易组织。[5] 知识产权保护是现今国际经济贸易体制的重要组成部分，在世界贸易组织的框架下成为缔约方必须遵守的“贸易规则”。这就是说，任一缔约方在国际贸易体制内享有无差别的最惠国待遇，但同时需要承诺对知识产权提供充分、有效的保护。我国是一个有世界影响力的发展中大国，超大型的人口规模、经济规模以及相应的知识产权事业规模[6]所形成的中国崛起是史无前例的。超大型国家本身蕴藏着巨大的发展力量以及相应的国际影响，同时，超大型国家也会产生现代化治理的诸多困难，这即是“超大型

---

[1] 参见[美]肯尼斯·万德威尔德：《十九世纪的新财产：现代财产概念的发展》，载《经济社会体制比较》1995 年第 1 期，第 37 页。

[2] 刘春田主编：《知识产权法》，高等教育出版社 2000 年版，第 19 页。

[3] 参见刘星：《重新理解法律移植——从“历史”到“当下”》，载《中国社会科学》2004 年第 5 期，第 30 页。

[4] 关于现代化问题，参见罗荣渠著：《现代化新论——世界与中国的现代化进程》，商务印书馆 2004 年版，第一章，第 1.2 节。

[5] 张汉林、刘光溪著：《经济全球化世界贸易组织与中国》，北京大学出版社 1999 年版，第 5、6 章。

[6] 据统计，2017 年中国发明专利申请已占全球申请总量的 44%，连续 7 年居世界首位，来源于世界知识产权组织发布的《世界知识产权指标》(WIPI)年度报告；注册商标申请量，有效注册商标量，累计注册商标量连续 16 年稳居世界第一，来源于原国家工商行政管理总局商标局商标评审委员会编著：《中国商标品牌战略年度发展报告(2017)》，中国工商出版社 2018 年版，第 6 页；版权产业对经济发展的贡献率达到 7.35%，超过世界平均水平，来源于中国新闻出版研究院发布的“2017 年中国版权产业的经济贡献”调研结果。

治理”的中国问题。对此，我们无法简单依赖西方国家的思想工具作出诠释，也不可能对以往的大国崛起经历进行复制。应该看到，知识产权全球版图正在重构，新兴经济体成为国际知识产权制度发展的重要力量。我国作为发展中国家的国际地位没有改变，但改革开放以来，我国从国际规则的遵循者、追随者逐步转变为参与者、建设者。如何参与知识产权全球治理，维护知识产权国际法律秩序，推动知识产权国际保护制度朝着更加公正、合理的方向发展，这是“超大型崛起”的发展中大国面临的国际问题。

在本土语境和国际话语中探讨中国知识产权制度建设，不仅涉及本土问题导向，而且需要找到解决问题的中国思想方案。知识产权制度是国家现代化发展的一种制度标志。正如学者所言，“所有知识产权法律都是其所处社会和经济政治环境的产物。”[1]知识产权制度问世以来，欧美国家是这一制度最早的推行者，也是最大的受益者。知识产权制度本是西方地缘环境中产生的法制文明，在“欧洲中心主义”的解读下，被喻为现代化过程的必需品，使其成为社会历史进步的一个“标准样板”。[2] 毋庸置疑，在经济全球化时代，世界贸易组织塑造了多边贸易体制的法律秩序，《与贸易有关的知识产权协议》为各缔约方提供了知识产权保护的统一规则。但是，不同发展阶段、不同发展程度的国家都有着自己对知识产权制度安排的思想认识和目标指引。换言之，在遵从国际公约“最低保护标准”原则指引下，各国可以在知识产权制度建设方面自主进行思想表达，即在现代化、国际化的大趋势下，呈现出多元性的不同发展样态。中国知识产权制度建设，一方面要消解制度经验积累不足、法治精神构造不力的历史背负，才能实现现代法治的时代性跨越；另一方面又要在一体化的基础上构建适合本土国情的法律体系和政策体系，以此达至知识产权强国的战略性目标。改革开放以来，我国对知识产权的接受并未停步于制度引进，而是注重制度学习和吸收，逐步将其融入国家创新体系之中。概言之，知识产权已然成为知识创新活动、知识产业发展和知识市场秩序的基本法律制度。中国知识产权制度建设的理论与实践，对于发展中国家在国际社会构建多元现代化模式是有着示范意义的。立足当下并面向未来，我们应从国家治理和社会发展的战略高度审视知识产权的法律价值和规范功能，这些议题涉及制度目标设计及其实现路径、制度规范体系及其实施措施。可以说，新时代社会主义法治观和发展观为中国知识产权制度建设提供了重要的理论基石和思想引领。

法治观是知识产权制度建设理论的核心范畴。知识产权制度在本质上是一项法律制度，是现代国家制度文明的法律构成。以法律的名义确认知识财产的私人产权，促进无形商品的产权交易，并提供相应的法律秩序保障，即知识产权的产生、利用、限制和保护首先是作为法律规范而进行制度设计的。关于知识产权的本质属性和基本功能，不同学科对其蕴意有不同解读，诸如“知识财产”（法学）、“无形资产”（管理学）、“信息产权”（经济学）、“政策工具”（政策科学）、“贸易规则”（国际贸易学）等，反映了对知识产权认知的多维性。但是，知识产权不能改变其“独立的规范性价值”。[3] 质言之，知识产权作为私法领域的法律制度，这是其基本属性的要义和主旨，承认知

[1] Alison Firth, *The Prehistory and Development of Intellectual Property System*, Sweet & Maxwell, 1997, p. 3.

[2] 刘星教授认为，某些权力框架模式，在现代性观念的掩护下，视作“前进性”的发展目标，成为了一种具有特定利益驱动的制度推广，从而忽视了他者在不同历史条件下的权利配置要求。参见刘星：《现代性观念与现代法治—— 一个诊断分析》，载《法制与社会发展》2002 年第 3 期，第 13 页。

[3] 参见董涛：《“中国特色知识产权理论体系”研究论纲》，载《知识产权》2013 年第 5 期，第 16 页。

识产权法治观所具有的思想基础地位具有重要意义。法治是知识产权制度建设的首要任务，法治是知识产权事业发展的重要保障，法治是知识产权治理活动的基本方式。法治力量的彰显，在于实现知识产权的法律正义价值，防止知识产权成为行政权力意志和利益集团的工具。[1] 法治观是习近平知识产权论述的核心范畴。习近平新时代社会主义法治思想，涵盖了"科学立法、严格执法、公正司法、全民守法"的法治要求，蕴含着"尊重和保障人权""公平正义""诚实信用""和谐善治"的法治观念，对中国知识产权法律发展和法律治理具有思想纲领和行动指南的作用。习近平强调"加强知识产权保护""塑造营商环境""建立综合管理体制""推进司法管理体制改革""加快知识产权保护制度建设""提升知识产权意识"等，都是社会主义法治观在知识产权方面的重要论述，为知识产权创造、运用、管理、保护、服务的事业发展奠定了重要的法治思想基石。[2]

发展观是知识产权制度建设理论的目标范畴。知识产权是"创新之法"和"产业之法"，在一国的法律体系中独具保护智力创造成果、促进创意产业发展、规制知识经济市场秩序的制度功能。现代经济发展的实质在于创新，熊彼特认为经济发展的基本观念是创新，因而将创新作为"经济发展理论的核心"。[3] 知识产品的商品化、产业化并由此形成的知识经济市场，是知识产权制度建立和运作的原动力。这是因为，知识生产活动立足于科技、文化、经济一体化的目标，是一种新知识的创造和利用的市场化活动，它离不开相应制度的法律规范和约束。概言之，基于知识经济发展的内生动力，必然会产生知识产权的制度需求。制度创新是知识产权法律得以生存和发展的本质属性所在，而知识创新亦成为知识产权法律的立法宗旨和价值目标。在人类社会的创新活动中，知识产权表现了其制度创新本质和知识创新使命。当下中国的"新发展理念"，有着"创新、协调、绿色、开放、共享"等丰富内涵，涉及经济、科技、文化和环境等社会发展多个方面，是对我国改革开放以来发展思想和实践以及国际先进经验和理论的重大突破。为破解发展难题，增强发展动力，厚植发展优势，习近平提出"坚持以人民为中心的发展思想"，强调"贯彻新发展理念，建设现代化经济体系"，[4]中国知识产权制度的时代构建，必须坚持新发展的核心理念，强调人本主义的"创新发展"和公平正义的"协调发展"、人与自然和谐的"绿色发展"、面向世界的"开放发展"、利益平衡的"共享发展"，以此保持知识产权制度发展的正确方向。创新是引领发展的第一动力。习近平准确把握创新发展与知识产权的关系，诸如"加强新领域、新业态知识产权保护制度建设""探索知识产权归属和利益分享机制""依法惩治侵犯知识产权和科技成果的违法犯罪行为""释放各类创新主体创新活力"等论述，强调了新时代社会主义发展观的基本要求，指明了知识产权制度的创新价值目标。[5]

在中国知识产权制度建设中，新时代社会主义法治观和发展观具有自洽的逻辑关系。就现代经济发展体系而言，经济增长、知识创新与法治建设应是一个相互作

---

❶ 博登海默认为，在文明社会里，法律旨在防止压制性的权力（无论是私人权力还是政府权力）的扩张。参见[美]E. 博登海默著：《法理学——法律哲学与法律方法》，邓正来译，中国政法大学出版社 1999 年版，第 363 页。

❷ 参见吴汉东：《新时代中国知识产权制度建设的思想纲领和行动指南——试论习近平关于知识产权的重要论述》，载《法律科学》2019 年第 4 期，网络首发中国知网，2019 年 6 月 11 日。

❸ [美]约瑟夫·阿洛伊斯·熊彼特著：《经济发展理论：对利润、资本、信贷、利息和经济周期的探究》，叶华译，中国政法大学出版社 1999 年版，第 363 页。

❹ 参见《决胜全面建成小康社会 夺取新时代中国特色社会主义伟大胜利——习近平同志代表第十八届中央委员会向大会作的报告摘登》，载《人民日报》2017 年 10 月 19 日第 2 版。

❺ 同注释❷。

用、相互促进的协调机制。经济增长对社会变革起着决定性作用，它带来社会物质财富的快速增长，也引起社会生活方式的巨大变化。因此，现代各国特别是发展中国家，必须重视生产力发展，将经济增长作为现代文明的推进器。在科技、经济和法律的协调机制中，经济处于中轴地位，而科技与法律为之进行曲线偏向摆动。其中，科技创新是经济发展的动力机制，知识经济是以知识创新为动力，以知识为基础的经济；而法治建设是经济增长的保障机制。知识产权法以制度创新促进知识创新，是一种“利用市场机制的巧妙体系”。[1] 习近平从法治建设和创新发展两个方面强调了知识产权制度的重要作用，可以认为，新时代社会主义法治观和发展观为中国知识产权制度建设奠定了重要的思想基础。

二、中国知识产权法治思想的基本命题

知识产权法治思想是一整套包括法治指导方针、法治本质特征、法治价值构成、法治基本原则以及法治推进方式等内容在内的法治理论体系。它以法律规范为对象，回答和解决知识产权立法、行政执法、司法和守法等基本问题，表达了知识产权法律构建的科学性、正当性和合理性，以及法律实施的有效性、协调性和妥当性等基本认识。

知识产权法治思想的构建，已在发达国家知识产权法律的建立、变革与发展过程中得以完成。西方国家知识产权法治文明的经验在于：以私法精神作为私法制度形成的思想基础，并在私法制度运作中贯彻私权神圣的精神主张，从而达到私法精神、私法制度、私法保护的契合。在知识产权法律发祥地的近代英国，正是由于政治上的开明专制主义、经济上的重商主义、思想上的私有财产神圣的权利观念等各种思潮和社会变革的相继兴起，英国才得以在《自由大宪章》的基础上颁布了《英国垄断法规》（专利法）和《英国安娜法令》（著作权法）。知识产权制度和企业法人制度的出现，得以成为“现代产权制度建立的标志”和现代制度文明建设的典范。[2] 我们可以认为，将知识资源私权化，是西方知识产权法治思想的要义和主旨。中国知识产权法律变迁，经历了从法律移植到法律生成的历史过程。新中国成立以来，特别是改革开放四十年间，中国从基本国情和发展需要出发，塑造法律价值目标，建构法律运行机制，能动地进行法律制度转化和法律精神再造。在这一发展进程中，属于“本土资源”并彰显“中国特色”的知识产权法治观，在思想引领和实践导向两个方面发挥了重要作用。如何加强知识产权法治，新时代中国特色社会主义法治思想提出以下基本命题。

（一）知识产权法治的指导思想

习近平总书记明确指出：“我们必须坚持把依法治国作为党领导人民治理国家的基本方略、把法治作为治国理政的基本方式，不断把法治中国建设推向前进。”[3]可以认为，全面依法治国是新时代坚持和发展中国特色社会主义的基本方略，理所当然是知识产权强国建设、知识产权法治建设的战略指导思想。

全面依法治国是社会主义事业总体布局的重要构成。习近平在党的十九大报告中提出中国特色社会主义事业发展“五位一体”的总体布局。其中，“法治建设属于政治建设的重要组成部分，并渗透于、贯穿在经济建设、政治建设、文化建设、社会建

---

[1] ［日］中山信弘著：《多媒体与著作权》，张玉瑞译，专利文献出版社 1997 年版，第 3 页。

[2] 参见刘凤朝：《论技术创新与制度创新的互动——以知识产权制度的创立和发展为例》，载《科学技术与辩证法》2000 年第 2 期，第 59 页。

[3] 参见习近平：《习近平：在庆祝全国人民代表大会成立 60 周年大会上的讲话》，载 http://cpc.people.com.cn/n/2014/0906/c64093 - 25615123.html，最后访问日期：2019 年 2 月 15 日。

设、生态文明建设之中”。[1] 知识产权法治建设是一种制度文明建设。诸如物质文明、精神文明、生态文明的现代化建设,促进和推动着制度文明建设的发展,从而形成知识产权法治建设的强大动力;同时,法治建设又为现代化文明建设提供法律服务和保障,作为制度文明的知识产权法律为创新发展、协调发展、绿色发展、开放发展、共享发展营造了“于法有据”的法治环境。面向中国特色社会主义现代化建设的新时代,知识产权是摆脱资源耗费型与技术依赖型发展方式的战略布局,是实现创新驱动发展的战略安排,是保障我国经济安全、文化主权和科技发展主动权的战略举措。

全面依法治国是社会主义法治一体建设的战略引领。习近平在主持十八届中共中央政治局第四次集体学习时指出,“坚持法治国家、法治政府、法治社会一体建设”。在全面落实依法治国基本方略,建设社会主义法治国家的过程中,既要坚持全面推进法治国家建设,又要同步推进法治政府和法治社会建设。中国特色社会主义法治一体建设,体现了法治国家从总体目标到法治政府,再从法治政府到法治社会的层层递进落实关系。[2] 在全面依法治国战略的指引下,法治国家、法治政府、法治社会一体建设的命题,对新时代知识产权法治提出以下要求:一是制度体系层面。知识产权制度体系是包含一整套制度安排、组织形态和治理体制、机制的制度体系,其制度形式主要是法律,但也包括政策和社会自治规则。二是制度能力层面。知识产权制度能力是制度供给、制度管理、制度践行等方面能力的整体表现,涉及国家机关、工作人员以及社会群体或成员的法治信念认同和行为方式。三是制度秩序层面。知识产权制度秩序,是一种以法律为基础、公共治理和社会自治共生的秩序形态,包括法治环境、政策环境、市场环境、文化环境等。总体而言,新时代知识产权法治就是要实现上述社会主义法治一体建设的基本要求。

(二)知识产权法治的基本目标

建设中国特色社会主义法治体系,建设社会主义法治国家,是全面推进依法治国的总体目标。根据党的十九大提出的战略安排,我国法治化进程与全面建设现代化国家的总体进程是一致的。从 2020 年到 21 世纪中叶,我国的法治建设可以分为两个阶段:第一个阶段,从 2020 年到 2035 年,在基本实现社会主义现代化的同时,基本完成法治国家建设;第二个阶段,从 2035 年到 21 世纪中叶,把我国全面建设成为一个现代化法治国家。[3]

新时代中国知识产权法治,应以全面推进依法治国和全面建设现代化强国为战略指引,围绕本土发展战略大局,根据战略布局中的自身方位,在知识产权强国建设过程中发挥法治的基础性、支撑性和保障性的制度功用。这是知识产权法治目标的基本命题。我们可以从以下两个方面解读。

一是法治功能目标。全面依法治国和现代化强国建设的总体目标,在中国知识产权的语境下具象为知识产权强国。知识产权强国是以知识产权制度支撑并保障创新发展,具有强大的知识产权治理能力和知识产权发展实力的先进国家。从现代化和法治化的意义来说,知识产权强国应该具有两个方面的基本品质:它既是创新型国家,也是法治化国家。从知识产权强国建设需要出发,知识产权法治功能的目标任务,包括构建“系统完备、规范科学”的知识产权法律体系,形成“严格执法、公正司法”的知识产权法律运行机制,塑造“健康

[1] 参见张文显:《新思想引领法治新征程——习近平新时代中国特色社会主义思想对依法治国和法制建设的指导意义》,载《法学研究》2017 年第 6 期,第 7 页。

[2] 中国法学会编写:《法治中国建设问答》,法律出版社 2015 年版,第 24 页。

[3] 参见胡明:《用中国特色社会主义法治理论引领法治体系建设》,载《中国法学》2018 年第 3 期,第 7 页。

有序、公平开放”的知识产权市场环境，造就“尊重知识、崇尚创新”的知识产权文化氛围。可以认为，知识产权法治功能目标的实现，即是知识产权强国建设目标的实现，并以此作为法治中国和现代化强国建成的基本表征。

二是法律价值目标。法律价值目标与法治功能目标有相似之处，这是因为法律价值的实现，离不开法律的社会实践活动，包括基于国家立法、执法、司法以及社会公众的守法等而形成的治理体系。但是，“法的价值体系，可以蕴含在法律制度之中”。[1]这意味着人们可以在一种法律价值观指导下进行立法活动，或是对法律规定性文件进行价值的概括和总结，既包括对法律体系的现实认知和评价，也包括对法律体系的未来愿望和选择。明确法律价值取向，对于知识产权法治建设具有重要意义，它以法律理想的目标追求，为知识产权法律体系奠定了科学的发展方向。一般认为，知识产权法律价值主要是正义、效率和创新，概为立法者理性主义的法律目标追求。其中，正义是伦理理性，法律正义体现了知识产权法律的正当性基础；效率是经济理性，知识产权法律承载配置知识产权资源、促进知识财富增长的效率价值使命；而创新是科学理性，知识产权法律具有制度创新本质和促进知识创新功能。[2] 法律价值目标，表现于法律规范文件之中，又通过法律实践活动使“文本中的法律”变为“行动中的法律”，这些都是法律价值目标的实现。

（三）知识产权法治的运行方式

法治运行是指法律按照一定的意图和特有方式的运动状态，即从创制到实施再到实现的运动过程。[3] 具言之，知识产权法治运行，即以法律制定为起点，以法律实施为主要节点，以法律目标实现为终点。其运行机制是一系列过程、环节和方面的总和，涉及知识产权法律建构的科学性、正当性和合理性，以及知识产权法律实施的有效性、协调性和妥当性。有据于此，知识产权法治运行方式及其效果形成以下命题。

一是“良法善治”。在国家治理语境中，“善治”是为科学之治，是国家治理科学化的衡量标准和目标取向。“善治”需以“良法”为基础，政治学强调“善治需要优良的制度保障”，[4]法学则主张“法治是良法之治”[5]。无论是“优良的制度”还是“良法”，都是公共理性的产物，具有科学规范的内涵和属性。制定“良法”是贯彻依法治国方略的首要的基础性环节，在法治体系建设中表现为“科学立法”。知识产权法律是国家现代化发展的一种制度标志，必须保持法律本身的时代先进性和促进社会发展的进步性。从科学立法的要求出发，知识产权法律是为反映社会规律、适应创新需要、符合人民愿望的法律。为达至“善治”，需要先立“良法”，惟此才能实现现代法治的理想状态。

二是“和谐法治”。在现代国家治理活动中，和谐是为“文明之治”，是法治文明的一种实现状态。和谐、文明、法治及其一体化，不仅体现国家治理体系的制度特征，更是新时代知识产权法律的运行方式和发展向度。所谓“和谐法治”，表现了人的和谐、社会的和谐、自然的和谐，以及人与社会、自然的和平共存与进步的法治文明。知识产权法治文明的“和谐”状态是：在主体利益关系方面，注重权利保护，协调当事人之间、个人与社会之间的利益关系；在治理体系方面，既关注知识产权法律的自身制度功能，同时也发挥传统知识保护、知识共

---

[1] 卓泽渊著：《法的价值论》，法律出版社2006年版，第125页。

[2] 参见吴汉东：《知识产权法价值的中国语境解读》，载《中国法学》2013年第4期，第16页。

[3] 张文显著：《法理学》（第2版），高等教育出版社2003年版，第213页。

[4] 参见燕继荣：《现代国家治理与制度建设》，载《中国行政管理》2014年第5期，第20页。

[5] 亚里士多德说：“法治不仅指人们对法律的普遍遵守，而且要求被普遍遵守的法律应是良法。”

享、科技奖励等制度补充作用；在运行机制方面，妥善处理社会经济发展与环境生态和谐共存的关系，将和谐作为知识产权法律运行全过程的基本理念。

三是“多元共治”。知识产权的全球治理和国际治理，应是政治多极化和经济全球化基础上的“多元共治”。从构建“人类命运共同体”的基本理念出发，中国致力于“建立平等相待、互商互谅的伙伴关系”“营造公道正义、共建共享的安全格局”“谋求开放创新、包容互惠的发展前景”“促进和而不同、兼收并蓄的文明交流”。[1] 具言之，在知识产权国际事务方面，反对单方面的制度强加、规则主导。中国遵循全球合作、避免对抗的原则，与欧美国家“求同存异”，与新兴共同体“合作共赢”，对欠发达国家“普惠包容”，发挥“国际体系参与者、建设者、贡献者”的重要作用。

三、中国知识产权发展理念的核心要义

知识产权发展理念，是关于知识产权事业发展的战略指引、政策方针、规划布局、实现路径和效益评价的一整套智识经验体系。它以发展和运行模式的规律性、协调性、有效性为思想工具，表达了有关知识产权创造、运用、管理、保护、服务等全部过程、环节和方面的基本认知。

知识产权发展理念的形成，与一国经济和社会发展状况有着密切的关联。欧美发达国家是知识产权制度最早的推行者，也是最大的受益者，在知识产权制度实施和事业推进中积累了丰富的经验知识：他们根据不同发展阶段的不同发展要求，对知识产权作出选择性的制度安排（实用主义态度）；从国内、国际两个方面推进知识产权政策，既是其本国产业发展的创新政策，也是世界贸易的竞争政策（公共政策立场）；确定以知识产权服务国家利益的战略目标，为本国现代化发展提供制度产品（发展战略选择）。[2] 对于发展中国家而言，知识产权制度引进的同时也是知识产权保护标准一体化的开始。质言之，发展中国家不具备欧美国家知识产权制度成长的必要过渡期和准备期，因而缺乏知识产权运作的制度理性沉淀和政策经验积累。新中国知识产权事业的发展，经历了“政策调整—法律引进—制度吸收”的曲折过程。正是由于四十年改革开放，知识产权得以置于国家创新体系之中，成为创新活动和创意产业发展的制度保障。上述情形，使得中国知识产权制度建设具有自己的思想智识和实践经验。进入新时代以来，“创新、协调、绿色、开放、共享”的新发展理念，成为我国经济社会发展必须长期坚持的重要遵循，对知识产权事业建设具有战略性、纲领性和引领性的作用，其核心要义表现为以下几个方面。

（一）知识产权事业发展的总体思路

习近平指出，“发展是党执政兴国的第一要务，是解决中国所有问题的关键”。[3] 新发展理念是改革开放以来中国发展观的重大飞跃，对解决中国发展问题提出了新的总体思路。“创新、协调、绿色、开放、共享”五大发展理念，概以发展为基本要义，但表现了各自的内涵要求：“创新”“开放”本质上是以促进经济社会发展为目标，提供新的发展动力，开辟发展的国际环境；而“绿色”“协调”则是面对发展带来的负面影响而提出的矫正手段；“共享”则体现了发展的最终价值依归。[4]

在以往国际主流思想体系中，发展是

---

[1] 参见习近平：《携手构建合作共赢新伙伴 同心打造人类命运共同体——在第七十届联合国大会一般性辩论时的讲话》，载《人民日报》2015 年 9 月 29 日第 2 版。

[2] 参见吴汉东：《知识产权制度运作：他国经验分析与中国路径探索》，载《中国版权》2007 年第 2 期，第 7 页。

[3] 参见习近平：《在庆祝中国共产党成立 95 周年大会上的讲话》，载《人民日报》2016 年 7 月 2 日第 2 版。

[4] 参见周佑勇：《逻辑与进路：新发展理念如何引领法治中国建设》，载《法制与社会发展》2018 年第 3 期，第 37 页。

以经济效益为主要目标的发展，知识产权被认为是促进经济增长的制度工具，其贡献率的评价标准表现为促进贸易、投资自由和提高技术转让效益。[1] 新发展理念告诉我们，发展是以经济为龙头、联动社会各方面因素协调发展的过程，它包括经济发展、社会发展与制度发展等多个层面。[2] 因此，知识产权的制度功用，在解决知识财富增长的“经济问题”同时，还应当考虑“人的问题”、资源环境的“社会问题”。从新发展理念出发，我们应厘清和明确知识产权事业发展的基本思路：一是“以人民为中心”的发展思想。坚持“以人民为中心”的发展思想就是把增强人民福祉、促进人的全面发展作为发展的出发点和落脚点。[3] 这一政治命题在法价值意义上即是“人本主义”。“人本主义”的要义，是以人为本位，维护人的主体地位，实现每一个人和一切人的全面发展。知识产权制度的人本主义，旨在在保护创造者权利的基础上，让全社会分享知识产权事业带来的经济和社会效益，是为“个人的发展、社会的发展、国家的发展以及全球人类社会的共同发展”。[4] 二是以“创新度”“协调度”“和谐度”“开放度”为发展评价标准。发展动力的“创新”水平、发展方式的“协调”尺度、发展质量的“绿色”标准、发展环境的“开放”程度，应作为知识产权事业发展状态及其成效评价的标准。

新发展理念与中国知识产权制度建设有着逻辑联络，其实现进路或是转换为法律价值内容，将正义、效率、创新、平等、和谐等法的价值，在法律构建和实施中进行精神转化；或是转换为政策构想和政策原则，在知识产权战略规划以及创造、运用、保护和管理的政策文件中进行规范构成。

（二）知识产权政策的科学维度和法治基础

习近平指出，“必须适应国家现代化总进程”“在国家治理体系和治理能力现代化上形成总体效应，取得总体效果”。[5] 在政治学理论中，国家治理能力被理解为国家治理活动中所具有的制度供给和创新、制度管理和实施等方面的制度执行能力。政府制定知识产权公共政策的能力，是一种国家治理能力，属于新发展理念中制度发展的范畴。制度发展是协调发展过程的基础，对经济发展和社会发展起着促进和保障作用。建立以知识产权为导向的公共政策体系，以制度创新推动知识创新，是发达国家和新兴经济体的普遍做法。我国注意借鉴创新型国家的政策发展经验，同时强调发挥自身制度优势和政策力量，为知识产权事业提供必要的政策环境。从提高国家治理能力和推进制度发展的要求出发，新时代知识产权政策应把握以下两个基本问题。

一是知识产权政策的科学维度。即政策体系的规则配置及其运作必须科学合理、协调高效。知识产权政策可以划分为总政策、基本政策和具体政策，它们之间存在着衍生与被衍生、统摄与被统摄的关系，不同效力的各种公共政策构成一个统一的政策体系。[6] 在我国，国家知识产权战略规划作为总政策或元政策，是一定历史时期关于知识产权问题的整体性谋划和全局性安排，对其他各项政策起着指导和规范作用。总政策下的各项政策，应遵循协同效应理论的基本原则，保持相互之间的协调与配合。“政策体系的完善不仅单纯依靠

---

[1] Daniel J. Gervais, *Intellectual Property, Trade & Development: the State of Play*, 74 Fordham L. Rev. 505 (2005), pp. 528 - 534.

[2] 参见杨生平：《五大发展理念：中国特色社会主义的新发展观》，载《中国特色社会主义研究》2017 年第 2 期，第 22 页。

[3] 中共中央宣传部编：《习近平总书记系列重要讲话读本（2016 年版）》，学习出版社、人民出版社 2016 年版，第 127 页。

[4] 参见吴峰：《知识产权 · 人权 · 发展》，载《上海理工大学学报（社会科学版）》2005 年第 3 期，第 31 页。

[5] 习近平著：《习近平谈治国理政》，外文出版社 2014 年版，第 104 - 105 页。

[6] 参见彭茂祥：《我国知识产权公共政策体系的构建》，载《知识产权》2006 年第 5 期，第 36 页。

数量的增长、规范内容的细化,更应注重建立合理的运作机制”,❶使各种政策功能耦合达成配合和联动的关系,提高实施计划、践行方案的有效性,适时评估、调整政策措施,以期实现预期的政策目标。

二是知识产权政策的法治基础。法治是政策规范化的基本形态和基石范畴。公共政策的制定和推行,要求制度与规范,强调程序与秩序,是国家治理能力包括政策能力法治化的基本面向。知识产权在本质上是一项法律制度,是知识财产之上所设定的私人产权,是国家法律体系的有机组成部分。知识产权在本质上是作为法律规范而进行制度设计的,其立法宗旨在于维护知识财产的正义秩序,实施知识传播的效益目标。承认法治在知识产权制度建设中的基础地位,强调法治对于知识产权政策的规制作用,在于维护法律的权威,防止行政权力的任意性。

(三)知识产权运行要素的绩效要求

习近平从中国创新发展的战略需要出发,准确把握知识产权“创新之法”和“产业之法”的制度功能,精辟分析知识产权与科技革命、经济发展乃至国家安全的关系,彰显了知识产权制度建设的新发展理念。

知识产权运行既是一个立法、执法、司法、守法的法治动态过程,同时也是一个创造、运用、管理、保护和服务的政策运行过程,后者在经济社会发展机制中表现为各运行要素、运行环节的作用和影响,进而产生运行绩效的动态化活性系统。新发展理念对我国经济的发展动力、发展方式和发展质量作出新的战略考量,由此形成关于知识产权运行的新的战略要求,包括每一环节、要素的合理有效运行状态;各个环节、要素的协调、整合系统;诸环节、要素的外部运行资源和环境条件的配备;整个环节、要素良好运行所达至的经济和社会绩效等。

知识产权运行要素是影响创新发展目标的关键节点。习近平在党的十九大报告中指出:“强化知识产权创造、保护、运用”。从新发展理念出发,“强化”知识产权运行要素必须做到以下几点:一是高质量知识产权创造。知识产权的高质量创造是创新发展的基本内涵。创造是一切知识产权活动的初始源头,创造力是体现知识产权实力的首要因素。2011 年,世界知识产权组织发布《2011 年世界知识产权报告——不断变化的创新面貌》,强调“拥有知识产权已成为创新企业的战略核心”❷。可以认为,知识产权本身就是一种产权化的创新,构成经济发展的原动力。在某种意义上讲,创新驱动就是知识产权驱动。中国“建设现代化经济体系”和实现“高质量发展”❸,需要相应的高质量知识产权产品,包括核心技术专利、版权精品、知名品牌,“实现知识产权创造由多向优、由大到强的转变”❹。二是高水平知识产权保护。知识产权的高水平保护是创新发展的制度保障。知识产权保护规则是国际经贸领域的法律秩序,也是本土创新发展的制度基础。中国企业和产业“走出去”“走上去”,都离不开知识产权。可以说,保护知识产权就是保护创新发展,就是保护改革开放。高水平知识产权保护,是履行世界贸易组织《与贸易有关的知识产权协议》关于“加强救济、强化威慑”的国际规则,完善知识产权保护制度,增强知识产权司法效能,提高知

---

❶ 参见周莹、刘华:《知识产权公共政策的协同运行模式研究》,载《科学学研究》2010 年第 3 期,第 352 页。

❷ WIPO, *World Intellectual Property Report 2011 - The Changing Face of Innovation*, at http://www.wipo.int/pressroom/en/articles/2011/article_0027.html, last visited: 2018 - 07 - 28.

❸ 参见《决胜全面建成小康社会 夺取新时代中国特色社会主义伟大胜利——习近平同志代表第十八届中央委员会向大会作的报告摘登》,载《人民日报》2017 年 10 月 19 日第 2 版。

❹ 参见申长雨:《一项兴国利民的国家战略》,载国务院知识产权战略实施工作部际联席会议办公室组织编写:《一项兴国利民的国家战略——〈国家知识产权战略纲要〉颁布实施十周年纪念文集》,知识产权出版社 2018 年版,第 6 页。

识产权行政执法能力，建立遏制侵权的长效机制，营造有利于创新发展的法治环境，“实现知识产权保护从不断加强到全面从严的转变”。[1] 三是高效益知识产权运用。知识产权的高效益运用是创新发展的重要路径。知识产权本身只是一种独占性的法律授权，只有与市场经济相结合并进行转化和运用，才能产生经济和社会发展的效益，知识产权运用的基本方式有应用于生产经营活动的“产业化”、进行产权交易活动的“商品化”、作为投资运营活动的“资本化”。无论如何，应着眼提升创新型国家所具备的科学技术竞争力、文化产品软实力和品牌经济影响力，“实现知识产权运用从单一效益向综合效益的转变”。[2]

四、知识产权法治观和发展观的制度实现

社会主义法治观和发展观，是关于中国法治发展问题的理性思维和实践经验总结，对新时代知识产权制度建设具有思想引领作用。在方法论上，思想引领的实现路径，或是通过立法程序表现为法律，或是通过政府创制活动制定为政策，从而完成从思想理念到制度构成的转换。下面分述之。

法律是知识产权制度中最为重要和主要的表现形式。知识产权法律文本对法治观、发展观的接受，可以表现为纲领性条款（立法指导思想）和规范性条款（具体制度构成）的方式。中国知识产权法律规范的体系构建，应注意以下几个问题。

（一）知识产权立法宗旨表达

法律宗旨，一般表现为相关法律文本的总则条款。知识产权法律的宗旨，在于保护创造者的合法权益，促进知识产品的广泛传播。这种二元价值目标，是以权利保护的激励机制为基础，以利益平衡的调节机制为手段来实现的。知识产权法以基于创新所产生的社会关系为主要调整对象，通过独占权利的授予，体现了保护私权、激励个人创新的主旨；同时注意利益关系的协调，明确知识传播、促进社会创新的目标。知识产权相关法律文本，在立法宗旨中都有法治观和发展观的思想表达。例如，著作权法规定，保护著作权以及与著作权有关的权益，鼓励作品的创作和传播，促进社会主义文化和科学事业的发展和繁荣。专利法规定，保护专利权人的合法权益，鼓励发明创造，推动发明创造的应用，提高创新能力，促进科学技术进步和经济社会发展。总体而言，立法活动是在一定法价值观指导下的国家创制行为。知识产权立法宗旨，表现了对文化、科技创新以及经济社会发展的价值选择、价值评价和价值活动目的。

（二）知识产权法典化安排

法典编纂是实现法律现代化的重要途径。这是因为，“法典历来是固化和记录一定的统治秩序、社会秩序和社会改革成果的更有效形式”。[3] 对于当下中国而言，知识产权法典化是回应知识经济发展、完成民事权利体系、承接《民法通则》立法传统的制度需求。在知识产权领域，法典化运动大抵有两个含义：一是实现知识产权法与民法典的连接，即在民法典框架中对知识产权进行制度安排，是一个知识产权法“入典”问题；二是实现知识产权法律体系化，即在民法典之外再设专门法典，是一个知识产权法“成典”问题。无论是“入典”还是“成典”，都是知识产权法律创新与制度建设的重要构成。2017 年《民法总则》采

---

[1] 参见《决胜全面建成小康社会 夺取新时代中国特色社会主义伟大胜利——习近平同志代表第十八届中央委员会向大会作的报告摘登》，载《人民日报》2017 年 10 月 19 日第 2 版。

[2] 同注释[1]。

[3] 参见周旺生：《法典在制度文明中的位置》，载封丽霞主编：《法律编纂论》，清华大学出版社 2002 年版，第 13 页。

取客体列举式的方式规制知识产权，诸多优点已为学者专家所肯定。但《民法总则》“知识产权条款”也留下相当缺憾，即这些规定仅是宣示性的，难以达到统领各单行法的目的，在司法裁判活动中也不敷使用。知识产权法典化不能就此止步，未来立法有两种选择：一是在民法典中独立设置“知识产权编”。即是将知识产权与物权、合同、继承等民事权利置于同等的位阶，实现民法典及知识产权法的现代化、时代化的制度转型。二是专门制定“知识产权法典”。与各单行法相比较而言，体系化的知识产权法典具有更高的价值体现和更多的功能优势，可以更好地发挥知识产权法的整体效应。❶

（三）知识产权法律现代化改造

法律现代化，是指制度本身的时代先进性和促进社会发展的进步性。知识产权法律现代化改造，表现了其制度创新的本质和促进知识创新的功能。信息技术和基因技术作为21世纪最具影响力的时代技术，使得知识产权法律在规范内容上有许多变革和创新。当下中国知识产权立法和修法，有以下重点和难点任务。一是注重产权保护制度建设。习近平强调：“加快新兴领域和业态知识产权保护制度建设。”❷对于大数据、互联网、电子商务、基因物质发现、商业方法及人工智能生成物等有必要探索法律保护的新路径、新规则，或是改造传统法律对新的技术方案给予保护，或是创设特别保护制度，以容纳新的信息产品。二是完善产权交易制度。习近平要求“尽快完成促进科技成果转化法的修订”。❸科技成果转化的法律形式，即是法律运行机制中的知识产权运用。修订专门法律，规范交易秩序，完善以知识产权为核心的创新成果转化运用机制，是创新发展的法律要求。三是制定专门条例，保证法律实施效果。习近平特别提出“研究制定商业秘密保护法、职务发明条例等”。❹ 现行反不正当竞争法、专利法对商业秘密保护、职务发明权益分配有原则规定，但条款粗疏，有必要制定专门条例，以保证相关法律的有效实施。

（四）知识产权替代性制度选择

现代法制建设和社会发展，需要一个科学、完备的知识产权制度系统，它主要是知识产权法律，但也包括其他一些替代性制度。后者或是弥补知识产权法律的制度缺陷，或是在知识产权法律之外发挥制度补充功能。替代性制度主要有：一是传统知识和遗传资源保护制度。传统知识是特定人群为应对特定社会生态环境而发展起来的知识类型，表现出鲜明的文化多样性特征。遗传资源则是传统部族独有的具有稀缺性的物质资源，记载有生物多样性“遗传密码信息”。现行知识产权法律的保护对象，限于新的知识形态而不能涵盖知识创造的源泉。因此，应在知识产权法律之外，创造出一种保护“本源性”“传统型”知识财产的专门制度，即与知识产权有关的文化多样性、生物多样性保护问题。❺ 二是公共领域制度。公共领域是典型的“知识共有物”，即知识产品的非专有领域，或者说知识产权客体的排除领域。国内法框架下的公共领域，包括保护期届满的知识产品，不具备保护条件的知识产品，人类社会

---

❶ 参见吴汉东：《论知识产权一体化的国家治理体系——关于立法模式、管理体制与司法体系的研究》，载《知识产权》2017年第6期，第7页。

❷ 参见《习近平主持召开中央财经领导小组第十六次会议强调 营造稳定公平透明的营商环境 加快建设开放型经济新体制》，载《人民日报》2017年7月18日第1版。

❸ 参见《习近平主持召开中央财经领导小组第七次会议强调 加快实施创新驱动发展战略 加快推进经济发展方式转变》，载《人民日报》2014年8月19日第1版。

❹ 同注释❶。

❺ 参见吴汉东：《文化多样性的主权、人权与私权问题分析》，载《法学研究》2007年第6期，第13页；吴汉东：《关于遗传资源客体属性与权利形态的民法学思考》，载我国台湾地区《月旦民商法杂志》2006年6月期。

共有的知识产品；国际公约体系下的公共领域，则涉及可以自由复制的表达形式，自由使用的科学技术，自由使用的标志符号，自由应用的设计以及思想等。❶ 三是知识创新奖励制度。对于知识创新的激励和保护，专利法是主要但并非唯一的专门制度。相关替代性制度，还可采取“专利奖赏制度”，即国家向专利权人支付金钱补偿，其发明专利归社会享有。❷ 也可适用“发明奖励制度”，即由国家给发明人以精神和物质上的奖励，其成果进入公有领域，是为非市场机制的奖励制度。

公共政策是现代知识产权制度的基本构成，包括政策规划、政策执行、政策评价等制度规章。在一国知识产权制度体系中，公共政策与法律相互联系、相互作用，共同服务于经济和社会发展的总目标。公共政策基于其类型的不同，或是对法律建构和实施提出目标要求（总政策），或是作为法律规范的制度补充（基本政策），或是在法律之外发挥协调支撑作用（关联政策、支持政策）。中国知识产权政策表现了自己的思想主张和实践经验，具有服务创新发展目标和配置法治规范的重要功能。未来知识产权政策发展应做好以下几项工作。

1. 谋划国家知识产权发展战略

知识产权战略是公共政策体系中的“总政策”，或者说是政策战略化的载体。它是主体通过规划、执行和评估等战略举措，谋求战略目标实现而采取的全局性、整体性的谋略和行动安排。由此可见，知识产权战略是一个具有活性的动态系统，包括战略规划、战略执行、战略评估；同时它也是一个服务特定战略目标，发挥知识产权制度正效应的公共政策体系。这种战略应是一国处理知识产权事务的基本出发点，是关于知识产权问题的整体性谋略和全局性安排。知识产权战略实施具有明确的价值目标取向，换言之，在知识产权法律推行、知识产权政策运用过程中，知识产权战略处于一种统率和引领地位，并以一定的价值理念和功能目标为引领。在制度规范体系中，发展战略对一个国家的社会运用起着根本性和决定性的指导作用，在特定的历史时期，始终具有较强的总括性和稳定性。❸

到目前为止，我国已基本实现《国家知识产权战略纲要》（2008 年）的预期目标，成为有世界影响力的知识产权大国。当下我国知识产权事业已处于新的历史方位，正由“知识产权大国”向“知识产权强国”迈进。按照国家“两步走”战略部署，为加强知识产权与国家总体目标的战略协同，我国将制定面向 2035 年的知识产权强国战略纲要。知识产权强国建设是为贯彻新时代社会主义法治观和发展观而作出的战略部署和顶层制度设计，是国家深入实施知识产权战略的阶段转折和目标提升。❹ 面对新时代、新形势、新要求，国家知识产权战略发展方向及其战略重点将要作出相应变革和调整，即在知识产权发展实力和治理能力方面，达至“制度建设完善”“创造能力领先”“产业发展先进”“环境治理优良”，❺成为创造型和法治化的现代化国家。

2. 制定知识产权事业发展规划和年度推进计划

制定国民经济和社会发展“五年规划”，是我国通过中期规划安排和政策资源

---

❶ 参见张艳梅：《国际知识产权条约体系下的国际公共领域研究》，载《当代法学》2011 年第 4 期，第 144 页。

❷ 参见刘友华：《专利制度的未来模式：替代、革新抑或全球化》，载《华南师范大学学报（社会科学版）》2011 年第 4 期，第 111 页。

❸ 吴鸣著：《公共政策的经济学分析》，湖南人民出版社 2004 年版，第 5 页。

❹ 关于知识产权强国的阶段划分，参见韩秀成：《知识产权强国战略制定工作思路研究》，载申长雨主编：《迈向知识产权强国之路——知识产权强国建设实施问题研究》（第二辑），知识产权出版社 2017 年版，第 6－7 页。

❺ 参见张志成、吴汉东：《知识产权局谈新形势下加快知识产权强国建设》，载 http://www.gov.cn/wenzheng/talking01/20151231ft190/，最后访问日期：2019 年 2 月 16 日。

配置，以实现经济和社会发展目标的实践经验和制度优势。改革开放以来，"五年规划"的基本定位，是为宏观经济活动提供框架性指导，为政府履行公共服务职责提供依据。可以认为，"五年规划"既是国家现代化治理的基本手段，也是评价国家治理成效的重要依据。自 2016 年以来，我国首次将知识产权发展规划纳入国家"五年发展规划"之中，即成为国家的重点专项规划。今后知识产权事业发展规划，应以国民经济和社会发展"五年规划"和面向 2035 年的《知识产权强国战略纲要》为依据，明确阶段性的中期规划目标、重点任务和主要措施。年度推进计划则根据当年发展形势和发展需要而制定，往往列举重点事项作为计划内容，是落实和分解五年规划目标的具体政策文件，也是调整和细化近期工作的行动方案。我国及日本、韩国等都有制定知识产权年度推进计划的成功经验。

3. 完善以知识产权为导向的公共政策体系

建立以知识产权为导向、多种政策协调的制度体系，是许多国家特别是发达国家提升自主创新能力、增强国家竞争优势的普遍做法。在我国，与知识产权相关的公共政策包括：通过知识产权运用，促进产业结构调整与优化，发展战略性新兴产业的"产业政策"；通过知识产权扶持，培育地方特色经济，促进区域经济协调发展的"区域政策"；激励文化创新活动，推动文化事业繁荣和版权产业发展的"文化政策"；提升自主创新能力，发展科学技术，形成知识产权核心竞争力的"科技政策"；转变贸易发展方式，完善对外贸易领域知识产权管理体制、预警应急机制、海外维权机制的"贸易政策"；推进知识产权素质教育，培养知识产权专门人才的"教育政策"。此外，诸如财政、金融、投资、政府采购、能源及环境保护等政策，也会涉及知识产权问题。总而言之，我们应注意借鉴创新型国家的政策发展经验，有效发挥自身制度的优势和政策力量，为知识产权战略目标实现提供必要的政策环境。

全国知识产权工作概况

专利工作

第一章　法律事务

1. 法制建设

持续推进专利法律法规修改工作。全力配合全国人大常委会法制工作委员会对《中华人民共和国专利法修正案(草案)》公开征求意见后的相关审议工作。持续推进《专利法实施细则》修改研究准备工作,汇总形成较为全面的修改建议稿,就部分专题定向征求意见,在多地调研座谈,充分了解公众需求和实践情况,不断完善修改方案。

规章修改稳步推进。及时启动《专利代理管理办法》《专利代理师资格考试办法》修改工作,修改后的两部规章已于2019年施行。

2. 审查标准与政策

制定并印发《提升发明专利审查质量和审查效率专项实施方案(2019—2022年)》及《专利申请集中审查管理办法(试行)》,不断强化审查任务计划管理,提升审查资源匹配能力,加强专利审查业务系统信息化建设;充分响应社会需求,及时解决审查实践问题,完成《专利审查指南》常态化修改并针对《专利审查指南》涉及人工智能等相关领域的审查标准进行修改;制定并发布《2019年专利质量提升工程实施方案推进计划》,并按照推进计划安排持续推进落实。

第二章　申请及审查

1. 专利的申请、审查及授权

(1)专利申请。

2019年,我国发明专利申请量为140.1万件,同比下降9.2%。其中,国内发明专利申请124.4万件,占总量的88.8%,同比下降10.8%;国外在华发明专利申请15.7万件,占总量的11.2%,同比增长6.0%。

国内发明专利申请中,职务申请113.6万件,占91.4%,同比下降5.5%。国内发明专利申请中企业申请所占比重达到65.0%,较2018年提升0.7个百分点。

2019年,我国实用新型专利申请量为226.8万件,同比增长9.5%;我国外观设计专利申请量为71.2万件,同比增长0.4%。

(2)专利审查。

2019年,共审结专利申请375万件,同比增长12%。其中,发明专利结案102.3万件,实用新型专利结案198.1万件,外观设计专利结案74.4万件。受理专利申请优先审查案件4.1万件。其中,发明专利申请优先审查案件3.5万件,同比增长

32.5%;实用新型专利申请优先审查案件6278件;外观设计专利申请优先审查案件76件。

扎实落实《提升发明专利审查质量和审查效率专项实施方案(2019—2022年)》工作部署,严格依法审查,把好授权确权关,持续提高审查质量和审查效率。持续实施专利质量提升工程。在提升专利审查质量方面形成了一批可推广应用的成果,例如智能制造客体审查典型案例集等。不断完善审查质量管理机制。严格依法审查,强化专利审查质量局内外双监督、双评价质量管理工作机制,加大与专利代理师和创新主体交流力度。审查质量保障体系和业务指导体系更加健全,建立局级质量评价工作组,构建发明专利申请实质审查质量评价体系。强化PCT国际阶段审查质量管理和知识产权保护中心案件审查质量管理。持续加强审查能力建设,举办专利审查检索大赛,促进审查员检索水平的持续提升,提高第一次审查意见通知书的全面性和有效性。2019年度专利审查质量用户满意度指数为84.8,连续10年保持在满意区间。加强专利申请质量排查处理工作。成立非正常申请排查处理工作组,优化工作流程,完善听证程序,完成信息化系统改造,提升排查工作的准确性及效率,为专利领域信用体系建设提供基础支撑,向社会传递规范专利申请行为的强烈信号。

坚持以审查质量为导向的审查周期管理,充分利用信息化手段,多措并举压减审查周期。高价值专利审查周期压减到17.3个月,削减发明专利审查积压12.6万件,发明专利平均审查周期呈下降趋势。发明专利申请从开始优先审查到结案的平均周期低于6个月。

(3)专利授权。

2019年,授权发明专利45.3万件,同比增长4.8%。其中,国内发明专利授权36.1万件,占总量的79.7%。国内发明专利授权中,职务发明专利授权34.4万件,占95.4%,同比增长6.7%;非职务发明专利授权1.7万件,占4.6%,同比下降28.6%。

2019年,授权实用新型专利158.2万件,同比增长7.0%;授权外观设计专利55.7万件,同比增长3.8%。

2019年,我国发明专利授权率为44.3%,实用新型专利授权率为79.9%,外观设计专利授权率为74.8%。

(4)有效发明专利拥有量。

截至2019年年底,已授权并维持有效的发明专利拥有量为267.1万件,同比增长12.9%。其中,国内发明专利拥有量192.6万件,占总量的72.1%,同比增长15.9%;国外在华发明专利拥有量74.5万件,占总量的27.9%,同比增长5.8%。截至2019年年底,我国每万人口发明专利拥有量(不含港澳台)达到13.3件。

2. PCT国际专利申请

2019年,共受理PCT国际专利申请6.1万件,同比增长10.4%。其中,5.7万件申请来自国内,同比增长9.4%。2019年,共完成PCT国际检索报告5.6万件,同比增长6.2%。自1994年起至2019年年底,累计受理PCT国际专利申请37.4万件,累计完成PCT国际检索报告33.7万件。

3. 专利复审及无效宣告

2019年,共受理专利复审请求5.5万件,同比增长46.1%;结案3.7万件,同比增长31.0%。审结的发明专利复审案件中,撤销驳回结案占44.5%,维持驳回或以其他方式结案占55.5%。

2019年,共受理无效宣告请求6015件,同比增长14.9%;结案5327件,同比增长26.3%。审结的发明专利无效案件中,全部无效的占31.7%,部分无效的占14.5%,专利权维持的占53.8%;审结的实用新型专利无效案件中,全部无效的占45.6%,部分无效的占13.6%,专利权维持的占40.9%;审结的外观设计专利无效案件中,全部无效的占47.9%,部分无效占

1.2%，专利权维持的占 51.0%。

自 1985 年起至 2019 年年底，累计受理复审请求 27.1 万件，受理无效宣告请求 6.1 万件；复审请求累计结案 21.8 万件，无效宣告请求累计结案 5.5 万件。复审请求的结案周期平均为 11.8 个月，无效宣告请求的结案周期平均为 5 个月。

当事人通过复审和无效宣告电子请求系统提交复审无效请求的比率保持平稳。据统计，截至 2019 年年底，全国复审电子请求率达到 86.0%，无效电子请求率达到 65.0%。该系统方便了当事人，有效缩短了立案周期。

截至 2019 年年底，已在广东、江苏、四川、山东、辽宁等 10 个省市建设 11 个巡回审理庭，并且已在广东第一巡回审理庭、中国（长沙）知识产权保护中心审理庭、中国（深圳）知识产权保护中心审理庭、中国（南昌）知识产权保护中心审理庭开通远程审理。

第三章　战略推进和保护运用

1. 知识产权战略

（1）高效推进制定知识产权强国战略纲要。

按照国务院知识产权战略实施工作第三次全体会议部署，国务院知识产权战略实施工作部际联席会议办公室（以下简称联席会议办公室）高效推进《知识产权强国战略纲要（2021—2035 年）》（以下简称《强国战略纲要》）制定工作，形成纲要文本初稿。

印发《〈强国战略纲要〉制定工作方案》。2019 年 4 月 24 日，经王勇国务委员同意，工作方案正式印发。工作方案包括知识产权强国战略纲要制定背景、工作目标及制定原则，明确了部门研究、专题研究、专家咨询、座谈调研、社会调查、国际咨询、文本编制七个方面的工作内容，提出建立《强国战略纲要》制定决策机制、咨询机制和工作机制，并明确了工作进度安排。

建立知识产权强国战略纲要制定工作机制。成立由十二届全国人大常委会副委员长严隽琪同志担任主任、31 位高层战略专家担任委员的专家咨询委员会。2019 年组织召开两次专家咨询委员会全体会议，分别围绕知识产权强国战略纲要框架、专题设置和文本内容进行研讨交流，为《强国战略纲要》制定提供高水平的智力支撑，使制定工作更加科学高效。成立国家知识产权局知识产权强国战略纲要制定工作领导小组，申长雨局长担任组长，负责研究议定《强国战略纲要》制定过程中的重大事项。成立知识产权强国战略纲要制定工作组，负责《强国战略纲要》制定的具体组织实施和文本编制工作。

扎实推进《强国战略纲要》专题研究。围绕《强国战略纲要》框架和专项研究设置，先后组织召开 4 次专家研讨会进行讨论，并提交专家咨询委员会全体会议研究确定。专题研究过程中，先后有 96 个部门、高校、科研院所和地方知识产权行政管理单位共 300 余人参与，加强了研究的深入性和广泛性。经统计，在提交各专题研究总报告基础上，共提交 92 份子课题研究报告。

高效推进部门研究。组织联席会议各成员单位依据其知识产权相关管理职责开展本领域的相关研究，研判形势，发现问题，提出战略目标、战略重点和任务举措，提出本领域与《强国战略纲要》制定工作相关的重大需求及建议。联席会议 29 家成员单位均提交了研究成果。经统计，各成员单位共提供政策建议 310 余条，为《强国战略纲要》制定和实施奠定了良好的基础。

深入开展调研座谈和社会调查。制定座谈调研工作方案，广泛开展调研、座谈和走访工作。联合中宣部、海关总署、工信部、教育部等部门赴广东、上海、江苏、重庆、贵州等省市开展实地调研，召开座谈会 15 场，了解地方知识产权工作开展情况。

在北京召开企业、服务机构、高校、科研院所等5场专题座谈会，52家单位参与了座谈。走访阿里巴巴、腾讯等相关企业，了解知识产权运行实践。广泛开展社会调查，采用问卷调查、实地调研、深度访谈等方式共调查700余家企业、120多家高校和83家知识产权服务机构，充分听取社会各界的意见建议。此外，还邀请30余位知识产权领域国际知名专家开展国际咨询，学习借鉴国际先进经验，形成国际咨询报告。

起草形成《知识产权强国战略纲要》初稿。联席会议办公室充分吸纳各方面成果，采取研究、起草同步进行的方式，分阶段集中力量对纲要内容进行起草，形成纲要初稿。2019年10月28日，联席会议办公室就文本内容征求了联席会议各成员单位意见。

(2)加大知识产权战略实施统筹协调力度。

组织联席会议成员单位和相关单位制定印发《2019年深入实施国家知识产权战略 加快建设知识产权强国推进计划》(以下简称《推进计划》)，从深化知识产权领域改革、加大知识产权保护力度、促进知识产权创造运用、深化知识产权国际交流合作、加强组织实施和保障五个方面明确了2019年推进国家知识产权战略实施的106项具体措施。制定印发《2019年地方知识产权战略实施暨强国建设工作要点》(以下简称《地方战略实施要点》)，明确各省、自治区、直辖市年度战略实施重点工作和分工。2019年《推进计划》和《地方战略实施要点》首次抄送各省、自治区、直辖市人民政府和新疆生产建设兵团，实现对全国知识产权战略一盘棋部署。认真做好2018年战略实施工作总结，向国务院上报《2018年深入实施国家知识产权战略 加快建设知识产权强国工作总结报告》。发布《国家知识产权战略纲要》实施十年评估报告。举办2019年国家知识产权战略实施工作研讨培训班。

(3)进一步提升知识产权战略研究和信息工作水平。

加强国家知识产权战略研究基地建设，按照《国家知识产权战略研究基地管理办法》加强对基地的管理、考核及评估，组织基地开展12项专题研究和多项应急性研究。共刊发国家知识产权战略实施研究基地《信息速递》63期。会同联席会议成员单位开展知识产权发展状况统计调查，编制发布《2018年中国知识产权发展状况评价报告》。编发《工作动态》15期。打造战略信息新媒体平台，指导建设知识产权战略网和知识产权战略微信平台。评选表彰2019年战略信息工作先进个人和优秀战略信息，举办2019年国家知识产权战略信息工作培训班。

2. 政策研究

(1)宏观管理类课题统筹。

修订印发《国家知识产权局软科学研究工作管理办法》《国家知识产权局软科学研究工作规程》，进一步明确国家知识产权局软科学研究工作制度、标准、程序等。统一发布软科学研究项目、专利专项项目申报指南，加强国家知识产权局内课题研究的统筹管理。围绕加快知识产权强国建设、知识产权“十四五”规划的编制等重点问题，新设立软科学研究项目32项。组织开展2018年立项课题的结题评审，共结题38项。利用国家知识产权局学术委员会平台、《中国知识产权年鉴》《知识产权工作动态》等共享课题研究成果。

(2)政务信息工作。

围绕党中央、国务院有关知识产权工作重大决策部署的贯彻落实、深入实施知识产权战略、深化知识产权领域改革、强化知识产权创造保护运用以及国内外知识产权热点问题等，及时组织编写报送政务信息，为党中央、国务院及有关部门单位和地方了解掌握相关情况、制定决策部署，提供了重要信息支持。2019年，共编发《知识产权局简报》37期、《知识产权局信息》45期、《知识产权工作动态》24期，被中共中央办公厅、国务院办公厅采用信息29篇次，多篇信息得到中央和地方领导同志的批示。

3. 知识产权保护

(1)推动制定出台《关于强化知识产权保护的意见》。

2019年7月，中央全面深化改革委员会第九次会议通过了《关于强化知识产权保护的意见》(以下简称《意见》)。会议强调，要着眼于统筹推进知识产权保护，从审查授权、行政执法、司法保护、仲裁调解、行业自律等环节，改革完善保护工作体系，综合运用法律、行政、经济、技术、社会治理手段强化保护，促进保护能力和水平整体提升。

2019年11月，中共中央办公厅、国务院办公厅联合印发《意见》。《意见》以习近平新时代中国特色社会主义思想为指导，全面贯彻党的十九大和十九届二中、三中、四中全会精神，聚焦知识产权保护现实问题，明确当前和今后一个时期做好知识产权保护工作的基本原则和总体目标，从知识产权保护"严、大、快、同"四个方面提出99条措施，对新时代强化知识产权保护作出系统谋划和整体部署。12月，国家知识产权局组织召开首次全国知识产权保护工作会议，全面部署《意见》贯彻落实工作。

《意见》是第一个以中共中央办公厅、国务院办公厅名义出台的知识产权保护工作纲领性文件，具有里程碑式的重要意义。《意见》是学习贯彻习近平总书记关于加强知识产权保护一系列重要指示的重大制度成果，是向国际社会宣示中国政府严格保护知识产权态度的行动方案，为我国新时代全面加强知识产权保护工作提供了根本遵循和行动指南。《意见》印发后引起国内外社会各界广泛关注。

(2)持续开展全国知识产权保护社会满意度调查。

为了解社会各界对知识产权保护的感知和诉求，整理分析2018年度调查数据，形成《2018年度知识产权保护社会满意度调查报告》，加强对满意度调查结果的宣传和利用。调查结果显示，2018年我国知识产权保护社会满意度总体评价得分为76.88分，较2017年提升0.19分，满意度稳中有升，总体保持良好发展态势。

(3)持续推进知识产权涉外纠纷应对机制建设。

联合贸促会共同推动成立国家海外知识产权纠纷应对指导中心，开展业务试运行。推动成立海外知识产权纠纷应对指导理事会，遴选100余位指导专家。启动地方分中心和海外分中心建设。持续完善海外知识产权信息服务平台，推出"智南针问答"和"智南针宝库"两款微信小程序。组织发布有关美国、德国、加拿大等地知识产权保护相关实务指引。开展境外展会知识产权维权援助工作，依托中国知识产权年会举办国际贸易与知识产权海外维权论坛。

(4)扎实推进知识产权保护体系建设工作。

推进快速协同保护机制建设。制定知识产权保护中心建设工作总体思路并印发工作方案，调整完善保护中心和快速维权中心的绩效考核指标，组织开展专利预审业务竞赛和快速维权案例模拟演示活动，加强管理制度规范、业务培训大纲、预审质量保障体系等相关研究，升级保护中心相关系统，实现预审检索报告的采集和上传，强化对地方的业务指导，促进业务能力提升。截至2019年年底，全国共建设26家知识产权保护中心和20家知识产权快速维权中心，涉及新一代信息技术、高端装备制造、生物医药等17个产业和灯饰、家纺、家居、创意产业等若干领域。

进一步夯实知识产权领域诚信体系建设基础。制定印发《专利领域严重失信联合惩戒对象名单管理办法(试行)》，开展知识产权信用体系建设培训，初步建成知识产权领域信用信息共享平台，完成预验收并上线试运行。严厉打击非正常专利申请,2019 年通报非正常专利申请 3.8 万件。

加强仲裁调解等多元纠纷解决机制建设。召开全国知识产权仲裁调解工作交流会,完成首批知识产权纠纷仲裁调解试点工作验收。稳步开展知识产权仲裁调解机构培育。截至 2019 年年底,共培育 85 家知识产权纠纷调解组织,成功调解 1.4 万余件案件;培育 11 家知识产权仲裁机构,受理仲裁案件 1500 余件。

完善知识产权维权援助工作体系。召开全国知识产权维权援助工作座谈会,启动知识产权维权援助热线和维权援助网升级改造。做好知识产权举报投诉、维权援助工作过渡安排。研究制定加强维权援助工作的政策文件。截至 2019 年年底,共批复建设 76 家知识产权维权援助中心。

持续推进商贸流通领域知识产权保护。推动规范化市场知识产权保护管理标准研究,加强规范化市场调研和暗访,开展第四批知识产权保护规范化市场认定和第一批知识产权保护规范化市场续延审查。先后在全国 23 个省(区、市)遴选 213 家市场进行培育,认定知识产权保护规范化市场 93 家,市场知识产权保护意识和能力得到有效提升。

细化知识产权对外转让审查规则。印发《外国投资者并购境内企业安全审查中知识产权对外转让审查细则(试行)》。研究建立知识产权对外转让清单制度和知识产权对外转让安全审查操作指南。

(5)多措并举,持续加大行政保护业务指导力度。

完善办案规范。制定《专利标识标注不规范案件办理指南(试行)》和《专利侵权纠纷行政裁决办案指南》。

加强案例指导。设立知识产权行政执法案例指导工作委员会。发布 2018 年度专利行政保护和商标行政保护各十大典型案例,出版《知识产权行政保护典型案例(2014—2018)》,及时做好行政答复。

加大保护力度。组织全国知识产权系统开展执法保护专项行动,与市场监管总局联合印发《2019 年知识产权执法"铁拳"行动方案》,严厉查处侵权假冒违法行为。与市场监管总局、公安部等部门联合印发《加强网购和进出口领域知识产权执法实施办法》,针对当前网购和进出口领域特点提出工作措施。2019 年,全国办理专利侵权纠纷行政裁决案件 3.86 万件,同比增长 13.7%;办结 2 件集成电路布图设计侵权纠纷案件。

健全工作机制。组织开展专利侵权纠纷行政裁决示范建设认定工作。主办 4 期全国知识产权保护能力提升培训班,培训地方执法人员近 500 人次;支持地方开展各类能力提升培训;确定 22 家试点单位,探索建立知识产权侵权纠纷检验鉴定工作体系。

4. 知识产权运用

(1)积极开展知识产权强省强市建设和省部合作会商。

制定印发《推动知识产权高质量发展年度工作指引(2019)》。完成国家知识产权局与上海市、广东省人民政府年度知识产权合作会商,印发第一批 30 项知识产权强省建设试点经验和典型案例。继续壮大试点示范城市、试点示范县队伍,新增示范城市 7 个、试点城市 11 个,新批复强县工程示范县(区)70 个、试点县(区)18 个。

(2)积极推进企业知识产权工作。

通过工程推进、标准实施、示范引领等方式,形成知识产权贯标企业、知识产权优势企业、知识产权示范企业进阶式培育路径。共培育国家知识产权示范企业 963 家,优势企业 4766 家,优势示范企业有效发明专利拥有量占全国企业的 50%以上,全国超过 30 000 家企业通过知识产权管理体系认证。

(3)积极推进园区知识产权工作。

积极开展宣传培训、统计分析和案例汇编等工作。2019 年新确定 19 个示范园区和 16 个试点园区。截至 2019 年年底,国家知识产权试点示范园区达到 141 个,其中试点园区74个，示范园区67个。试点示范园区每年发明专利申请数占国内发明专利申请总数的近1/4，有效发明专利拥有量占国内发明专利拥有量1/3，每年PCT专利申请数占我国PCT专利申请总数的40%左右。

（4）稳步推进标准认证工作。

组织开展《创新管理-知识产权管理指南》国际标准制定工作，通过国际标准化组织创新管理技术委员会成员国投票。开展创新过程知识产权管理国家标准制定工作。印发《国家知识产权局关于规范知识产权管理体系贯标认证工作的通知》。

（5）不断健全知识产权运营平台体系。

新增10个重点城市开展知识产权运营服务体系建设。会同财政部完成第一批重点城市的绩效评价。扎实推进国家知识产权运营公共服务平台建设，完成上海知识产权国际运营试点平台的验收挂牌。2019年，全国26个重点城市专利转让、许可、质押等运营次数达到11.1万次，同比增长29.8%，对全国专利运营数量增长贡献率达到47.1%。

（6）强化知识产权金融工作。

与银保监会、国家版权局联合印发《关于进一步加强知识产权质押融资工作的通知》，召开知识产权质押融资经验交流电视电话会。引导地方探索专利商标混合质押模式，开展高质量银企对接活动。指导支持广州开发区推出首单纯专利资产的知识产权证券化产品，探索知识产权证券化新模式。完善知识产权资产评估体系，引导服务机构开发不同应用场景下的知识产权价值评估工具。与人保财险续签知识产权保险战略合作协议，深入推进知识产权保险工作。2019年专利质押融资金额突破1100亿元，提前一年完成“十三五”规划分项目标。

（7）持续推进展会和军民融合试点工作。

参与筹备第二届中国国际进口博览会，牵头主办第十五届中国（无锡）国际设计博览会，参与主办深交会等6个全国性展会。持续做好知识产权军民融合试点工作，新增北京市和青岛市2个试点，指导广东省等14个地方印发试点工作实施方案。

（8）统筹推进专利导航、区域布局及分析评议工作。

研究形成专利导航系列标准整体框架。组织开展专利导航系列指南相关研究，形成“1个总则＋6个专项导航标准＋1个服务要求”的专利导航系列标准初稿。开展5G、芯片产业等领域的专利分析，参与制造强国建设、网络强国建设、车联网、北斗卫星导航系统重大专项等重点产业部际协调，发挥知识产权为重点产业导航、护航的作用。

（9）组织开展专利代理行业“蓝天”专项整治行动。

建立集地方举报投诉电话、全国性网上举报投诉平台、行业自律举报投诉方式为一体的全方位、立体化举报投诉网络，基本形成严厉打击专利代理违法行为的高压态势。截至2019年年底，各地共组织2869家机构及分支机构完成自查并提交报告，2775家机构和16 477名执业代理师签署信用承诺书。建立“蓝天”专项行动协同治理机制，向地方转送涉嫌无资质专利代理行为线索836条，转送涉嫌“挂证”线索超7000条，转送涉嫌代理非正常专利申请机构13家及涉嫌网络上“使用国家机关工作人员名义”等不正当手段招揽业务线索104条。

（10）加大行业监管力度。

对专利代理行业违法违规行为作出18个行政处罚决定。推进将集中整治与日常监管有机结合，完善专利代理机构和专利代理师“双随机、一公开”检查清单，指导各地随机检查对象机构932家。

（11）不断完善专利代理行业体系。

贯彻《专利代理条例》和《专利代理管理办法》，印发《在自由贸易试验区开展专利代理机构执业许可审批告知承诺改革试点实施方案》，指导地方知识产权局完成专利代理师执业备案。顺利完成2019年专利代理师资格考试。

(12)推动知识产权服务业集聚区建设。

联合市场监管总局等八部门发布《生产性服务业标准化三年行动计划》，联合商务部等四部门发布《鼓励进口服务目录》。指导集聚区加强服务载体建设，在广东、四川、黑龙江、湖北四地举办“知识产权服务万里行”活动。开展全国知识产权服务业统计调查工作。

第四章　公共服务

1. 信息服务

(1)圆满完成全国知识产权信息公共服务体系顶层设计。

印发《关于新形势下加快建设知识产权信息公共服务体系的若干意见》。举办知识产权信息公共服务体系建设培训班，建立联络机制，凝聚共识。推进在华技术与创新支持中心(TISC)建设，完成前两批17家TISC承办机构授牌，遴选确定第三批35家TISC筹建机构。举办首届高校国家知识产权信息服务中心研讨交流活动，联合教育部认定首批高校国家知识产权信息服务中心23家。

(2)着力夯实知识产权信息公共服务基础。

加强与发改委、市场监管总局等部门沟通协调，努力推动知识产权大数据中心与公共服务平台立项。推进“新一代地方专利检索及分析系统”的升级改造工作，已在26个省市进行部署，将逐步实现信息公共服务全国覆盖。深入推进知识产权公共服务网的建设，实现全国知识产权信息公共服务机构可视化、便捷化展示。开展“知识产权信息传播利用效能提升项目”研究，编制《知识产权信息公共服务工作指引》。在《中国知识产权报》开设“公共服务”专栏，发布18期20多个国家的知识产权制度概览。举办全国知识产权信息传播利用工作培训班，提高全系统信息传播利用能力。

(3)推动知识产权基础信息和资源平台统筹整合。

梳理基础信息254种，对外服务资源平台、系统49个，完成知识产权基础信息目录并开发管理系统。印发《知识产权基础信息数据管理办法》，形成《知识产权基础信息和资源平台统筹整合建议方案(初稿)》。进一步加大知识产权基础数据开放力度，持续完善专利数据服务试验系统，推动实现增加中国法律状态、复审无效等5种数据资源，可为公众提供下载的数据种类增至34种，下载带宽增加一倍，使用电子协议代替纸件协议。2019年，专利数据服务试验系统注册用户达到1.5万个，同比增长10%；用户累计下载数据总量超过478TB，同比增长59%。积极推进国际数据交换和部委共享数据交换相关工作。

(4)深入推进全国专利信息传播利用。

组织举办2019年专利信息传播利用会议，编制《全国专利信息传播利用2018》和《全国知识产权系统文献资源联合目录2019》。面向全国120家专利文献服务网点举办2期业务培训班，举办2期全国专利信息人才培训班，实施6项专利信息人才项目。开展专利信息传播利用基地能力建设、专利信息传播利用能力培育项目共计18项；实施企业专利信息利用能力建设、专利信息助力创新创业、专利信息服务科技创新、西部省区专利信息特色应用4大类20个信息利用项目，创新服务模式和服务产品，形成服务平台、产品或服务公众号3个，建立专题数据库23个；支持TISC机构深入开展专利信息分析利用；服务技术创新，上述项目辐射全国23个省、自治区、直辖市。

2. 便利化改革

(1)大力提升知识产权审查系统智能化水平。

加快智能审查系统建设，大力推动互

联网、大数据、人工智能等新技术与专利审查业务的深度融合。2019 年已全面开展专利审查及检索系统智能化升级改造工作，全力保障专利审查核心业务系统稳定高效运行。同时根据审查工作需求，积极评估引进适用的专利审查检索资源，推广稳定高效的应用软件。

（2）落实专利降费政策，有效降低制度性成本。

自 2019 年 7 月 1 日起实施新一轮专利降费政策，进一步放宽专利收费减缴条件。将可以申请减缴专利收费的专利申请人和专利权人条件，由上年度月均收入低于 3500 元（年 4.2 万元）的个人，调整为上年度月均收入低于 5000 元（年 6 万元）的个人；由上年度企业应纳税所得额低于 30 万元的企业，调整为上年度企业应纳税所得额低于 100 万元的企业。

（3）推广专利电子化申请，优化专利审查流程，减少证明文件。

开展专利电子申请推广及培训，举办“专利电子申请及审查流程公共服务”专项培训班共 4 场，参加培训人数超过 500 人。截至 2019 年年底，全国专利电子申请率已提升至 97.9%，PCT 国际阶段电子申请率提升至 99.5%。简化专利资费减免业务办理程序，能够通过信息化手段联网核查的个人信息，不再要求申请人提交身份证明，2019 年减少提交专利资费减缴证明文件 331.0 万份。进一步完善网上事务办理业务，推动专利质押登记和合同许可备案业务电子化办理，简化申请人提交纸件程序，提高办事效率。进一步整合优化实体办事大厅“一站式”功能，知识产权业务受理大厅整合专利、商标业务，开通微信、支付宝扫码支付，公布进驻办事大厅的审批服务事项、办事指南及办事流程。

3. 文献出版

（1）专利文献资源。

2019 年，共配置各类文献资源 149 种，其中专利文献资源 6 种，非专利文献资源 143 种，为专利审查、专利信息公共服务、宏观管理及相关研究等工作提供了基础保障；保持与 31 个国家（地区）或组织开展专利文献交换，向 6 个 PCT 国际检索与初审单位赠予中国专利文献。

截至 2019 年年底，累计拥有 540 种专利文献资源，包括著录项目 191 种、全文图像 167 种、全文文本 83 种、专题数据 18 种、辅助检索 72 种、其他类 20 种。著录项目覆盖 104 个国家（地区）或组织，全文图像覆盖 103 个国家（地区）或组织，全文文本覆盖 36 个国家（地区）或组织。截至 2019 年年底，国家知识产权局专利文献总量近 1.3 亿件。

（2）专利文献分类。

继续针对全部领域发明专利新申请同时开展 IPC 和 CPC 分类，2019 年文献分类量共计 425 万件。其中，发明专利申请分类量 137.2 万件，实用新型专利申请分类量 225.9 万件，IPC 再分类量 56 万件，CPC 再分类量 5.9 万件。首次开展中国专利分类数据第三方数据检测，全年完成 33 批次的分类数据检测，有效实施了对国家知识产权局专利分类项目的质量监督。组织开展分类表和分类定义的翻译及更新工作，确保分类结果的有效性。举办“专利分类在专利检索和分析中的应用”专题公益讲座 2 期，共吸引社会各界 1280 人次参加。

（3）专利文献出版物。

2019 年，出版发明、实用新型和外观设计专利公报文献共 412.4 万件，其中发明公布 153.3 万件，发明授权 45.3 万件，实用新型 158.2 万件，外观设计 55.7 万件。

利用刊物平台推广文献研究成果，编辑刊发公开出版物《专利文献研究 2019》（包括《专利文献研究 2019——先进电子材料》《专利文献研究 2019——宽带移动通信网和轨道交通》《专利文献研究 2019——工业传感器》三册，字数分别为 20 万字、16.6 万字和 19.82 万字）；编辑刊发内部刊物《专利文献研究》6 期、《专利文献研究》增刊1期；编译刊发《国外知识产权资讯》20期、《国外知识产权资讯专刊》6期。

(4)文献服务。

围绕专利审查提质增效，编撰《文献资源快览手册》；确保工作日全天一小时内反馈文献全文提交单处理进度，优先保障"高价值专利"相关文献全文提取，2019年为审查员提供专利文献2685篇，非专利文献2.36万篇；开展多层次的非专利文献资源使用培训，提升文献资源使用效能，全年组织各类非专利数据库培训14次，累计培训2800余人次；持续开展面向审查的技术动态跟踪与信息推送服务；组建"提质增效青年先锋队"。

围绕深入实施创新驱动发展战略、贯彻《国务院关于新形势下加快知识产权强国建设的若干意见》，以及落实加强知识产权创造运用、优化知识产权服务的整体要求，不断创新服务内容，丰富线上线下服务手段，通过向社会公众提供在线公益讲座、知识产权展馆，以及现场、电话和在线咨询、委托检索等信息服务，全面提升窗口服务质量和效率。大力宣传知识产权文化及我国知识产权事业发展成绩，知识产权陈列馆全年接待国内外团体参观39批次790余人次。全年围绕专利质量提升、知识产权保护、知识产权运用等主题举办公益讲座20个专题68期，高层讲堂1期，中小学知识产权教育课堂1期，为社会公众解读政策法规的最新变化，举办"2019年《专利审查指南》修改"等专题公益讲座。社会公众观看讲座直播4.9万人次，较2018年同期增长43.3%；讲座视频点播3.8万人次，较2018年同期增长36.1%。来自14个国家和地区共352人次国(境)外用户参与讲座直播。公益讲座社会公众满意度达95.2。

第五章　宣传、人才培养和学术活动

1. 宣传

2019年，在习近平总书记关于宣传思想工作重要论述的指引下，知识产权宣传工作按照《2019年全国知识产权宣传工作要点》的要求，紧密围绕中心大局，统筹推进内宣外宣，因势而谋、应势而动、顺势而为，在多个方面取得新的突破。

(1)品牌活动影响力不断增强。

2019年4月，联合中央宣传部等19个部门成功举办2019年全国知识产权宣传周活动。王勇国务委员连续第3年出席宣传周有关活动，世界知识产权组织(WIPO)总干事弗朗西斯·高锐首次亲临现场，见证技术与创新支持中心(TISC)建设签约授牌仪式。宣传周活动首次实现与具体支撑项目的结合。活动期间，各地媒体相关报道总量同比增长65%，新浪微博话题"世界知识产权日"的讨论量同比增长258%，宣传周活动品牌积淀更加深厚。

(2)重点工作宣传力度不断加大。

积极参与新中国成立70周年大型成就展，全面展现70年来我国知识产权事业发展成就，向祖国70华诞献礼。围绕《关于强化知识产权保护的意见》印发，及时举办新闻发布会，发布权威解读。组织中央主流媒体围绕该意见出台开展持续深入的政策解读与采访报道，得到国内外社会各界的持续关注，各类媒体相关新闻报道数量近万篇，形成集中强大的宣传态势。组织中央主流媒体赴青岛、广州、厦门、福州开展"知识产权 竞争未来"主题采访活动，报道各地探索知识产权质押融资的典型案例与先进经验。及时做好"蓝天"行动等政策的解读阐释工作，充分利用传统主流媒体、新媒体等多渠道发声，营造良好的舆论氛围。

(3)知识产权大宣传工作格局不断完善。

贯彻落实"4·2·1+N"例行新闻发布制度，2019年共举办或参与举办新闻发布活动12场。围绕《关于强化知识产权保护的意见》出台、知识产权主要工作统计数据等社会公众关心的问题及时发布权威消息，每场发布会均邀请40家以上中外媒体参加，提前超额完成国新办新闻发布工作相关要求。进一步加强“一报一网两微四刊”统筹工作，通过宣传工作例会等多种形式完善宣传联动机制，形成强大宣传合力。国家知识产权局政务微信公众号全年共推送消息253期993条，关注人数超过20万人，同比增长62%；官方微博上线4个月关注人数达到22.9万人。与人民网、中国日报、中国科技网、中国科学报等中央主流媒体合作不断巩固，知识产权专版、专刊、专题频道的合作共建有力开展，知识产权宣传平台不断拓展。

(4)对外宣传能力持续提升。

高度重视知识产权外宣工作，利用部长通道、新闻发布会、外事出访等契机介绍我国知识产权事业最新进展，促进国际社会了解我国客观、真实的知识产权有关情况。有关部门负责同志积极参与外宣活动，主动发声回应国际社会关切的知识产权议题，知识产权外宣队伍进一步壮大。

(5)外宣活动组织策划持续加强。

9月，组织策划“中外媒体走进国家知识产权局”活动，邀请6国12家境外媒体、5家中央外宣媒体参观交流，取得良好宣传效果。协助中国国际电视台拍摄首部知识产权英文专题纪录片《中国专利》，面向全球170个国家(地区)同步首播，国际影响积极广泛。

(6)中小学知识产权教育取得新进展。

进一步推进中小学知识产权教育试点示范工作，与教育部联合评定25所首批全国知识产权教育示范学校，53所第四批试点学校，试点学校总数达到165所。积极推动中小学知识产权教育国际交流合作，与WIPO联合举办“一带一路”国家知识产权意识提升国际研讨会，将中小学知识产权教育作为重要议题之一，展示工作成果，交流工作经验，得到参会各国代表广泛关注。进一步加强中小学知识产权师资队伍建设，全年共举办中小学知识产权教育培训班4期，培训知识产权教师近800人次，并支持天津、吉林、内蒙古、安徽等省(区、市)组织开展省级中小学知识产权师资培训。支持有关单位出版《青少年知识产权普及教育丛书》《全国中小学知识产权教育示范读本(试用本)》等一系列优秀知识产权出版物，为青少年学习知识产权知识提供丰富选择。参与主办第34届全国青少年科技创新大赛，通过发布公开信形式，为大赛获奖作品申请专利提供相关支持，促进参赛师生运用知识产权保护创新成果。

2. 人才培养

(1)全国知识产权人才工作。

深刻把握“不忘初心、牢记使命”主题教育目标要求，举办全国知识产权局局长高级研修班，结合学习教育进一步深化调查研究、检视问题和整改落实。印发《关于组织开展“新时代聚焦新职责 新培训促进新融合”地方知识产权行政管理人员轮训工作的通知》，针对机构改革后地方行政管理人员开展全员轮训，形成轮训指导大纲。2019年，共开展知识产权人才工作调研活动10余期，举办10期地方行政管理人员轮训班，培训近900人次，录制上线10门知识产权远程精品课程，全面提升地方行政管理人员能力素质。

加强知识产权人才顶层设计，统筹全局知识产权人才工作。制定《落实〈知识产权人才“十三五”规划〉2019年度工作计划》。制定《知识产权人才“十四五”规划》编制工作方案，成立知识产权人才“十四五”规划编制工作组，开展知识产权人才规划研究。举办全国知识产权人才工作会议，全面研究机构改革后全国知识产权人才工作。

加强培训计划统筹和培训评估。制定印发《2019年全国知识产权人才专业能力提升培训计划》，举办培训班194期，培训1.5万余人次，涵盖知识产权强国建设领导干部能力建设培训项目、知识产权提质增效工程系列培训项目、知识产权保护培训项目、急需紧缺人才培训项目等，坚持急需先培，重点培训运营人才、信息分析人才和国际化人才等。根据《全国知识产权培训效果评估办法》，组织各单位对培训师资、教学、服务管理和培训效果等进行全面评估。

加强国家知识产权培训基地建设工作。发挥26家国家知识产权培训基地作用，举办国家知识产权培训基地研讨班，针对运营人才、信息人才等强国建设急需紧缺人才举办系列培训，通过递进式培训探索知识产权运营人才培养新模式。各培训基地坚持创建精品教学课程、打造高素质师资队伍，不断推进知识产权人才队伍建设。

2019年，中国知识产权培训中心共培训17.2万人次。其中，举办面授培训班52期，培训人员3000余人次；知识产权远程教育培训16.73万人，远程教育分站总数达到181个，累计上线课程287门；举办国际培训班及研讨会21期，参会人员1400余人次，接待来自30多个国家、地区及国际组织的外宾近200人次，邀请外教来华授课20人次。WIPO远程教育中文平台上线9门课程，其中2门初级课程、7门高级课程。为拓宽课程受众面，将“知识产权综合”和“知识产权入门”移植到中国知识产权远程教育总平台并长期开放。WIPO远程教育中文平台全年选课27 887人次，同比增长37.3%。

中国知识产权研究会积极开展有针对性的实务培训。一是针对会员单位，全年自主举办10期培训，培训人员达1500余人次。培训内容涵盖知识产权侵权诉讼与审判实务、高质量专利申请文件撰写与申请策略全流程解析、专利预警与分析实务等实务内容。二是在大力推进国家海外知识产权纠纷应对指导建设工作中，积极开展海外知识产权风险防范应对相关培训4期，培训人员达500余人次。

(2)干部教育培训和挂职实践锻炼工作。

2019年，共统筹安排局领导干部10人次、司级领导干部51人次参加中央组织部干部调训和专题研修。组织司级领导干部126人次完成“新时代必须坚持新发展理念”“脱贫攻坚”等8期中国干部网络学院专题班学习，并按照中组部要求，将培训人员范围扩大至处级领导干部。举办2期以“深入学习习近平新时代中国特色社会主义思想”为主题的司级领导干部能力建设培训班，全局130余名干部参训。

2019年，共选派挂职和实践锻炼干部146名，其中选派8名干部参加脱贫攻坚，选派5名干部参加中央组织部组织的博士服务团、西部老工业基地和革命老区、海南自贸区等挂职项目，向知识产权保护中心、专利导航实验区、国家实验室等重点创新主体派出知识产权专员23人。

(3)局内人才培养工作。

组织召开全局人才工作会议，廖涛副局长出席会议并发表重要讲话，全局45个部门单位分管人才工作的负责人参会。会议总结梳理了“十三五”开局至今全局人才工作取得的成效，明确了新时期全局人才工作的总体思路和工作部署，为“十四五”人才规划的制定以及下一阶段人才工作的高质量推进奠定了基础。

注重加强全局人才工作统筹，以《国家知识产权局贯彻落实〈知识产权人才“十三五”规划〉行动计划》(以下简称《行动计划》)为抓手，年初制定《行动计划2019年度主要工作实施计划》和《全局人才教育培训工作计划》，年中有效督办，年终报送计划完成情况，有效推进全局各部门单位对《行动计划》的高效落实。组织开展中高端人才选拔评审工作，共选拔国家知识产权局中高端人才1301名，包括第三批领军人才70名、第七批高层次人才120名、第六批骨干人才1111名。拍摄完成《砥砺人才志力践强国行》人才工作纪实专题宣传片和

《审查员实践基地》宣传片，分别对“十三五”开局至今国家知识产权局人才工作和专业技术实践工作进行总结回顾，进一步彰显人才风采和实践工作成效。

先后与国家知识产权培训重庆基地、广东基地等合作开展9期中高端人才专题培训班，共计700余人次参训，累计培训逾9000学时。继续开展“云课堂”在线培训，2019年累计开展云课堂在线培训班20余期，培训人员覆盖中高端人才、领导干部、下属单位人员等，参训人数近1000人次，累计培训近2万学时。立足事业发展的实际，紧密围绕全局重点工作和部门单位重点工作，组织开展15项中高端人才发展研究平台课题研究工作，43名局中高端人才参与了研究工作，锻炼了分析研究能力，其中有5项课题被评为优秀课题。

着力加强审查业务培训统筹，推进新审查员入职培训标准统一，以“统一培训课程、统一授课师资、统一考试模式、统一颁发证书”为抓手，全面规范全局新审查员入职培训。发布《专利局新审查员入职培训调整方案(2019)》，适当压缩入职培训教学时长。统筹完成全局3055名新审查员培训，其中专利局84人，各专利审查协作中心2971人。

组织专家修订15门教研课程课件，及时共享教研成果，编写《审查员培训系列教材:计算机检索高级教程》。积极扩充国家知识产权局培训综合管理系统(SIPOLeMS)在线课程资源，依托SIPOLeMS组织测试/考试188场共计1万余人次。依据《新审查员在岗培训标准》，分阶段完成2017年、2018年入职新审查员后续提高阶段局级培训，培训学员159人次。各审查部共举办各类培训1195期。

继续开展审查业务培训师资库建设工作，举办教育培训人才能力提升培训班，提升教师的能力素质和业务水平。完善《国家知识产权局专利局审查业务培训局级师资认证管理办法(试行)》等相关文件及工作流程，2019年组织开展局级师资认证2次，新认证局级师资32名、局级后备教师6名。

优化外语培训布局，推进规范化、层级化、体系化、网络化的外语培训体系建设。举办专利局各部门外语能力提升班，涵盖英、日、德、法4个语种12个班，培训人数190人次；举办高级外语人才脱产培训班，共计30人参训；举办以高层次人才为主的高级在线英语培训班，共计172人参训；首次开设针对骨干人才的在线中级英语培训班，共计250人参训；首次开设针对领军人才的高级在线英语培训提升班，共计61人参训；举办小语种人才高级研修班，涵盖法语、德语培训，共计44人参训，切实提高了专利审查员外文文献阅读能力及国际专利申请审查能力。

进一步加强审查员实践基地管理，新设立大连高新区等5家审查员实践基地，使基地数量达到18家，进一步拓宽了实践基地的技术覆盖面，优化了与企业需求对接流程，引导实践基地为审查员专业技术实践工作提供更好的平台和更优质的服务。全年派出80个团组共计378人参加专业技术实践培训，派出45个团组133人参加专业技术调研培训，派出12个团组38人参加专业技术实习培训。组建由26人构成的企业专利实务教师队伍，完成对“专利授权条件”等10门现有企业专利实务课程的修订。开展专业学术会议、讲座审批，全年共审批94个学术讲座，派出60个团组参加学术会议。

(4)涉外培训工作。

2019年，共执行中长期和短期出国(境)培训10个项目，其中中长期项目7项、短期项目3项，包括赴美国卡多佐法学院、里士满大学及英国伦敦玛丽女王大学等中长期出国培训项目，赴德国、日本等短期出国培训项目。制定印发《国家知识产权局出国(境)培训项目管理办法(暂行)》。举办2019年度智力引进政策及管理培训班。组织邀请外国专家来国家知识产权局培训项目 2 期，共计 130 余人参训。选派 19 人参加国家留学基金委 2019 年访问学者项目。

制定印发《国家知识产权局涉外教师管理办法》。增补涉外教师 18 人。组织涉外教师 30 余人次参与涉外培训班授课。选派涉外教师 17 人次承担赴厄瓜多尔、津巴布韦、非洲地区知识产权组织（ARIPO）等知识产权机构的授课任务。举办涉外教师培训班，参训人员共计 70 余人次。

3. *学术活动*

组织实施国际知识产权热点问题研究、知识产权运营服务体系建设评估、知识产权信用体系建设等方面共 26 个项目 46 个课题的研究工作。研究内容涉及规划前瞻性设计研究和现有政策实施效果考核评价，为政府部门宏观决策、市场主体研发创新、产业部门制定政策提供重要参考。

开展知识产权一体化保护培训、地方知识产权行政管理部门教育培训、生物医药行业技术转移转化培训以及建筑作品知识产权保护培训等专题研究。组织完成专利代理师资格考试培训教材《专利代理实务分册（第 4 版）》的修订出版。与韩国国际知识产权研修学院联合编辑完成中韩知识产权词典，与日本工业产权情报研修馆联合开发教学资料，与美国卡多佐法学院联合开展 4 期“美国知识产权法”全英语教学课程，与美国里士满大学联合举办美国知识产权法讲座，与美国相关协会和律师事务所联合举办第九届中美知识产权模拟法庭系列比较活动。

组织召开电子商务知识产权发展研讨会。邀请专家就严格电子商务知识产权保护政策、推进电子商务知识产权多元共治及优化电子商务知识产权保护协作衔接等方面进行深入探讨，提出建设性建议。

发布《2018 年中国知识产权发展状况评价报告》，编制知识产权发展状况国内评价指标体系和国际比较指标体系。根据指标数据，2018 年我国知识产权综合发展指数达到 257.4（2010 年为 100），较 2017 年提升 17.9%，提升效果显著。

召开发布会，并以双语形式发布《中国电子商务知识产权发展研究报告（2019）》，积极宣传电子商务知识产权保护成绩，促进电子商务健康发展，同时为世界电子商务知识产权保护工作提供中国方案、中国智慧和中国力量。

中国知识产权研究会与中华商标协会、中国版权协会首次共同举办高水平中国知识产权三十人论坛（鸟巢峰会）。与日本知财学会、韩国知识产权学会在武汉共同高质量举办中日韩知识产权国际学术研讨会。

加强学术资源整合，在原有网络知识产权委员会、国防知识产权委员会基础上，新设立高校知识产权专业委员会和知识产权鉴定专业委员会，充分发挥分支机构在各自专业领域的优势，开展丰富多彩的学术活动，推进知识产权学术交流向纵深发展。

第六章　港澳台交流

2019 年，国家知识产权局按照国家涉港澳政策和对台方针政策，稳妥开展港澳台知识产权交流合作。

1. *与香港特区、澳门特区交流*

在“一国两制”方针指导下，充分发挥香港、澳门特区在知识产权强国建设中的作用，积极支持粤港澳大湾区建设，推动特区知识产权工作开展，通过人员往来、会议研讨、业务交流等方式，进一步深化与港澳特区的知识产权交流。

5 月，申长雨局长和甘绍宁副局长分别会见香港特区政府知识产权署新任署长黄福来，就未来内地与香港特区的知识产权交流交换了意见。

9 月，由国家知识产权局港澳台办公室、香港特区政府知识产权署、澳门特区政府经济局联合主办的2019年内地与香港特区、澳门特区知识产权研讨会在澳门特区召开，专利局徐治江副局长率团参会。会议围绕“内地与香港特区、澳门特区知识产权的最新发展”“知识产权：粤港澳大湾区经济增长新动能”和“新时代下的知识产权与创新创业”三个主题进行深入交流与探讨。

11月，何志敏副局长出席在广州举办的为期3天的2019粤港澳大湾区知识产权交易博览会开幕式并致辞。

国家知识产权局支持香港特区实施新专利制度，在专利审查、人员培训等方面提供支持。6月，派遣工作层代表团赴香港特区就协助审查等议题开展业务交流；8月，接待香港特区政府知识产权署4名审查员来北京参加专利审查业务培训。

继续为澳门特区政府经济局提供专利检索和审查方面的协助，进一步深化和拓展内地与澳门特区的知识产权交流。

2. 与台湾地区交流

继续以知识产权交流促进两岸经济融合发展，有效维护两岸同胞的知识产权权益。10月，中华全国专利代理人协会和“台湾工业总会”在北京举办第十二届两岸专利论坛，中华全国专利代理人协会顾问徐治江出席会议并致辞。

第七章　国际合作

2019年，国家知识产权局继续深入参与全球知识产权治理体系变革，积极推动知识产权国际规则制定和参与国际事务，统筹推进各项多双边合作，显著提升知识产权国际话语权和影响力，努力构建多边、周边、小多边、双边“四边联动，协调推进”的国际合作新格局。

1.“一带一路”知识产权国际合作及面向发展中国家培训援助

2019年，国家知识产权局稳步推进落实2018年“一带一路”知识产权高级别会议上确定的8个务实合作项目。

在能力提升方面，5月，在四川成都举办“一带一路”知识产权培训班。7月，在北京举办拉美地区知识产权保护和审查研讨班、海湾阿拉伯国家合作委员会(GCC)专利局审查员培训班。“一带一路”硕士学位教育第二批共26名学员完成在华学习，完成第三批共42名学员的招生工作。派出知识产权专家赴老挝、越南、厄瓜多尔、埃塞俄比亚、柬埔寨、沙特阿拉伯等国知识产权部门，以及ARIPO、GCC等地区组织，开展知识产权审查、法律、政策等方面的培训，进一步扩大知识产权援外培训的受众面，更好地支持相关国家和地区提升知识产权能力。

在意识提升方面，11月，与WIPO联合在广东珠海举办“一带一路”国家知识产权意识提升国际研讨会。柬埔寨、塞尔维亚、波黑等国知识产权部门负责人出席会议，来自40多个国家的140余名代表就知识产权意识提升进行深入交流。

在合作研究方面，“一带一路”国家发明专利、外观设计和商标审批流程对比研究项目及数据合作项目稳步推进。

与柬埔寨签署的“中国专利在柬登记生效协议”得到推动落实，建立双边工作机制，定期交流信息。与老挝就专利申请授权合作开展交流，便利中国企业在老挝获得专利授权。

2. 推动和参与WIPO事务及国际规则调整

持续推动知识产权国际规则制定和变革，全面参与WIPO各委员会会议，继续深化与WIPO合作。

(1)积极参与知识产权国际规则制定。

在WIPO成员国大会第59届系列会议上，贺化副局长在一般性发言中对WIPO的工作提出中国主张。深度参与WIPO和UPOV平台上各委员会会议和磋商。

在WTO平台积极参与TRIPs理事会关于知识产权议题的各项讨论。派员参加海牙国际私法会议涉及知识产权议题的专题会议和外交大会的磋商，为外交大会成功缔结《承认与执行外国民商事判决公约》做出积极贡献。

（2）继续深化与WIPO合作。

WIPO总干事弗朗西斯·高锐两次正式访华，出席第二届"一带一路"国际合作高峰论坛和全国知识产权宣传周有关活动，以及第十六届上海知识产权国际论坛，参加宣传周活动期间受到王勇国务委员礼节性会见。与WIPO签署《关于在华建设并推广技术与创新支持中心的合作谅解备忘录》，2019年内共为17家TISC承办单位授牌。申长雨局长和弗朗西斯·高锐总干事在北京两次会晤，围绕合作中的重大及战略性事项交流了意见。7月，何志敏副局长访问WIPO，就知识产权运用与价值实现、公共服务等议题进行磋商；12月，甘绍宁副局长访问WIPO，就相关事务进行交流。

2019年，继续在华大力推广WIPO知识产权全球服务体系。3月，与WIPO合作共同在深圳和杭州举行PCT高级巡回研讨会；10月，首次与WIPO共同在上海举办以商标和外观设计的国际保护为主题的国际论坛。

依托WIPO中国信托基金，资助非洲地理标志圆桌会、"一带一路"国家知识产权意识提升国际研讨会等国际会议，印刷出版中、英、法、俄和阿拉伯文版《青少年知识产权问答》读本，资助国家知识产权局讲师前往厄瓜多尔、津巴布韦和埃塞俄比亚为相关国家知识产权局和ARIPO提供业务培训。

3. 参加政府间机制性对话和磋商谈判

2019年，国家知识产权局继续积极参与各类知识产权议题磋商对话和自贸区谈判。参与多轮中美经贸磋商，参与《区域全面经济伙伴关系协定》（RCEP）知识产权章节部分谈判，有力推动知识产权部分达成共识。参加中英和中法经济财金对话、中欧知识产权对话、中加经济财金战略对话等机制性磋商。参加中以、中挪、中秘（鲁）、中巴（拿马）、中日韩自贸区谈判中知识产权章节谈判。

4. 小多边合作

（1）中美欧日韩五局合作。

6月，申长雨局长率团赴韩国出席第十二次知识产权五局（IP5）合作局长系列会议。会上共同签署了2019年IP5联合声明，并强调了未来合作的三个重点领域——加强新兴技术领域合作、提供高质高效专利审查服务以及优化合作机制。12月，在日本东京召开中美欧日韩外观设计五局（ID5）合作年度会议。

（2）金砖国家知识产权合作。

4月，申长雨局长率团赴南非出席第十一届金砖国家知识产权局局长会议。会议审议了六大合作领域各项活动的实施情况及下一步工作计划。五局同意将金砖合作扩展到外观设计和商标领域。

（3）中国—东盟知识产权合作。

9月，首次在中国知识产权年会期间举办第十届中国—东盟知识产权局局长会议。会议听取了《2018—2019年度中国—东盟知识产权合作工作计划》执行情况报告，审议通过了《2019—2020年度中国—东盟知识产权合作工作计划》。会议期间还召开了中国—东盟知识产权运用圆桌会和举办了2019年中国—东盟专利审查培训班。

（4）中日韩知识产权合作。

12月，申长雨局长率团赴日本参加第19次中日韩知识产权局局长会议，签署会谈纪要，就未来工作进行谋划。

（5）中蒙俄知识产权合作。

8月，甘绍宁副局长率团参加在蒙古国首都乌兰巴托举办的第七届中蒙俄知识产权三边局长会议。会上，三方回顾总结了已有合作及成果，共同展望并讨论了未来合作。会议期间，甘绍宁副局长还出席了第七届中蒙俄知识产权局长会暨研讨会并致辞。

5. 双边合作

(1)与欧洲专利局(EPO)、欧盟知识产权局(EUIPO)和欧亚专利局(EAPO)的合作。

继续深化与EPO和EUIPO两大战略合作伙伴的关系，全面推进与两局在审查业务、数据交换、人员培养等方面的务实合作项目。

11月，EPO局长安东尼奥·坎普诺斯在苏州与申长雨局长召开两局第十三次局长会，就未来合作进行了深入探讨，签署了《中国国家知识产权局与欧洲专利局第十三次局长会议纪要》《关于中国国家知识产权局与欧洲专利组织之间的数据交换谅解备忘录的补充协议》《中国国家知识产权局与欧洲专利局双边合作2020年度工作计划》，进一步推动了两局全面战略伙伴关系深入发展，为中欧知识产权合作注入了更多动力。9月，甘绍宁副局长访问EPO，与欧方就中欧双边合作以及IP5相关议题进行会谈。成立联合专家工作组，开展计算机实施发明(CII)领域的专利审查联合对比研究，并联合发布研究报告。继续召开中欧双边质量专家组会议。

9月，贺化副局长与EUIPO局长克里斯蒂安·阿尔尚博在出席WIPO成员国大会期间举行双边会谈，就2020年双边合作进行了交流。

10月，首次派员赴欧亚专利局进行PCT国际检索单位及国际初步审查单位评估，有力深化了两局务实合作。

(2)与欧洲国家的交流合作。

1月，国家知识产权局与芬兰专利注册局代表在两国领导人见证下共同签署《中国国家知识产权局(CNIPA)与芬兰专利与注册局(PRH)谅解备忘录补充协议》。同月，申长雨局长会见丹麦专利商标局局长苏恩·斯泰普·索伦森一行和企业律师代表团，共同出席中国—丹麦知识产权圆桌会。

3月，贺化副局长率团出席中德实用新型研讨会暨中德合作40周年庆祝活动，并访问奥地利、丹麦知识产权机构。

4月，申长雨局长会见来访的波兰专利局局长爱莉简·爱当扎克女士一行。

7月，何志敏副局长率团访问法国工业产权局、英国知识产权局及相关知识产权机构。

9月，申长雨局长会见来访的法国工业产权局局长帕斯卡·法尔一行，并共同出席中法知识产权混委会第三十一次会议。甘绍宁副局长会见来访的瑞士联邦知识产权局代理副局长马塞尔斯·沙利一行，并举行中瑞(士)第八次两局正式会谈。甘绍宁副局长率团访问德国专利商标局、欧洲专利局、捷克工业产权局及希腊工业产权组织。WIPO成员国大会期间，贺化副局长与德国专利商标局、挪威专利局等局代表举行会谈。同月，在北京举办中瑞(士)产业界圆桌会。

10月，廖涛副局长率团访问波兰专利局、摩尔多瓦知识产权局。

11月，申长雨局长率团访问塞尔维亚知识产权局、葡萄牙工业产权局及相关知识产权机构。同月，申长雨局长会见来访的英国知识产权局局长蒂姆·摩斯一行，共同出席2019年中英知识产权研讨会，并签署了两局2020年工作计划。申长雨局长在北京会见了来访的塞浦路斯驻华大使安东尼斯·图马齐斯。

(3)与周边及亚洲国家的交流合作。

继续加强与日韩务实合作，拓展合作领域。2019年，与日韩两局在专利审查、外观设计、自动化、复审等领域的传统双边合作项目进展良好。11月，申长雨局长在北京会见首次来访的日本特许厅新任长官松永明一行。12月，申长雨局长率团参加第26次中日、第25次中韩知识产权局局长系列会议，分别签署会谈纪要。

2月，申长雨局长在北京会见来访的沙特阿拉伯知识产权局首席执行官阿卜杜勒-阿齐兹·斯瓦勒姆一行。韩正副总理见证中国国家知识产权局与沙特阿拉伯知识产权局签署《知识产权领域双边合作谅解备忘录》。4月，申长雨局长率团访问沙特阿拉伯，与沙特阿拉伯知识产权局签署两局2019—2020年度行动计划，并与GCC专利局局长阿卜杜拉·莫辛举行会谈。

2月，申长雨局长在北京会见来访的新加坡知识产权局局长邓鸿森一行，双方围绕中新广州知识城建设、两局合作等议题深入交换意见。

与越南、印度尼西亚等国知识产权主管部门签署升级版合作谅解备忘录，将合作范围扩展到商标和地理标志领域。

(4)与非洲国家的交流合作。

4月，申长雨局长率团访问ARIPO，与ARIPO总干事费尔南多·多斯·桑托斯举行会谈，并与南非公司与知识产权局局长举行会谈。同月，非洲地区两大知识产权组织总干事、阿尔及利亚工矿部知识产权高级官员受邀来华参加2019年中国知识产权高层论坛，并与申长雨局长举行会谈。派代表团参加ARIPO年度行政理事会会议。

12月，赵刚副局长率团赴乍得首都恩贾梅纳参加非洲知识产权组织(OAPI)行政理事会第59次会议，并访问埃及、摩洛哥和乍得知识产权机构。访问期间，与OAPI签署了《中国国家知识产权局与非洲知识产权组织2020—2021年行动计划》。

(5)与美洲国家的交流合作。

稳妥推进与美国专利商标局合作。6月，申长雨局长与美国专利商标局局长举行双边会谈。接待美国专利商标局官员来访，举办中美知识产权务实研讨会。派员赴美参加商标管理业务培训。参加中加(拿大)知识产权工作组会议，推进中加两局合作协议的落实。

古巴科技环境部副部长来访，甘绍宁副局长与古方就进一步加深中古知识产权交流与合作进行了深入探讨。与巴西、墨西哥、智利、秘鲁、阿根廷、厄瓜多尔、哥斯达黎加、古巴、牙买加的知识产权主管部门保持密切沟通，并进一步加强合作。9月，在WIPO成员国大会期间与智利、墨西哥、巴西、玻利维亚代表团举行双边会谈。

(6)与大洋洲国家的交流合作。

11月，申长雨局长在北京会见首次来访的澳大利亚知识产权局局长迈克尔·施瓦格一行。双方签署了知识产权合作谅解备忘录补充协议，将合作范围扩大至商标和地理标志领域。同月，新西兰知识产权局局长罗斯·范德席夫一行来访并与申长雨局长举行会谈，探讨两局进一步拓展合作领域和合作项目。

6. 知识产权业务合作

(1)PPH合作网络不断拓展。

与中国国家知识产权局签署PPH合作协议的合作方增至29个，已启动的PPH试点项目增至27项。其中，启动与阿根廷的新试点项目，签署与挪威的新试点项目合作协议，计划签署与沙特阿拉伯的新试点项目合作协议。与冰岛、埃及的试点项目顺利延长，签署与新加坡、捷克的试点项目延长协议，IP5的PPH也将延长三年，并签署与巴西的试点项目延长协议。此外，与非洲地区知识产权组织的项目磋商推进顺利。

(2)工作共享类项目平稳推进。

中韩联合检索试点(CSP)于2019年1月1日正式启动，试点项目运行平稳。PCT协作式检索和审查试点(PCT CS&E)继续平稳推进，中国国家知识产权局牵头的向非英语语言扩展相关工作也顺利启动，已经接收到中、日、韩、法、德5种英语以外的语言的申请。根据用户对于海外申请获得授权相关内容的需求，利用多种渠道，继续开展审查业务国际合作项目及成果的推广和培训活动。

(3)信息化合作持续拓展。

继续与26个国家、地区和组织开展数据交换合作。云专利审查系统新增非洲地区工业产权组织、吉尔吉斯斯坦2家用户，总数达51家。

(4)专利分类合作取得新突破。

推动5项分类修订提案获得WIPO审议通过，获准数量继续居于全球领先地位。在IP5合作平台下，提出6项新兴技术领域分类修订提案，并成功举办IP5第一工作组虚拟会议。不断深化中欧分类合作，选派30位分类员、审查员赴欧洲专利局参加为期三周的联合专利分类(CPC)实习；首次举办2次为期一周的中欧CPC分类培训研讨活动，参训人员超过130位。

7. 与知识产权业界和相关机构的交流

以开放的态度继续与全球知识产权业界和产业界开展沟通交流。2019年，接待国际知识产权保护协会、国际商标协会、国际知识产权律师联合会、日本知财学会、韩国知识产权学会、美国药品研究和制造商协会、香奈儿、ABB、拜耳、耐克、美光科技、阿迪达斯集团等行业协会和企业来访。

（国家知识产权局办公室）

商标工作

第一章　法律事务

1. 法制建设

积极配合立法部门完成商标法的修改。修改后的商标法自2019年11月1日起实施。为落实修改后的商标法，出台《规范商标申请注册行为若干规定》，自2019年12月1日起施行。继续推进商标法律制度完善调研论证，并召开座谈会广泛听取各方意见。制定并发布《关于商标电子申请的规定》，规范商标电子申请行为，自2019年9月1日起施行。

2. 审查标准与政策

持续落实《商标注册便利化改革三年攻坚计划(2018—2020年)》，不断拓展商标申请渠道，简化商标注册手续，优化商标注册流程，完善商标审查机制；开展"商标审查质量提升年"行动，优化审查质量管理体系，加强审查力量建设和管理，推动商标审查质量提升。

完善商标审查工作规程。制定《关于不以使用为目的的恶意商标注册申请审查审理规程》。起草制定关于商标注册申请暂缓审查的《商标注册申请实质审查指导意见》，加强审限管理。

第二章　申请及审查

1. 商标的申请、审查及授权

(1)商标申请。

2019年，我国商标申请量为783.7万件，同比增长6.3%。其中，国内商标申请758.2万件，占总量的96.7%，同比增长6.4%；国外在华商标申请25.5万件(含外国申请人指定我国的马德里商标国际注册申请6.7万件)，占总量的3.3%，同比增长4.7%。

(2)商标审查。

2019年，完成商标注册审查825.3万件，同比增长2.6%，其中国际注册马德里领土延伸实质审查9.1万件；商标注册申请驳回率(包含部分驳回)为42.3%。核准登记"世园会"等特殊标志35个，公告奥林匹克标志19个，参与备案"中国审计"等官方标志71个。

商标审查审理周期进一步缩短。商标注册平均审查周期从法定审限9个月缩短至4.5个月，提前半年完成政府工作报告任务，接近相同制度下国际最快水平。商标国际注册领土延伸审查周期同步压缩至4.5个月，商标转让审查周期压缩至3个月，商标续展审查周期及商标注册受理通知书发放时间稳定在1个月。加快含县级以上行政区划地名集体证明商标审查，核准“济宁礼飨”“瓯海眼镜”“柘荣剪刀”等集体商标，推动区域品牌培育。

商标审查质量有效提升。大力开展“商标审查质量提升年”行动，制定实施商标审查质量提升年工作方案，建立专项抽检、交叉抽检、合法性审查、记错申诉、纪要审核监督、投诉信访办理等制度，研究起草关于深化商标注册改革、促进商标审查提质增效的意见。上线商标图形智能检索功能和图形要素自动划分功能，促进审查效率和质量双提升。外国申请人马德里国际注册后续业务电子发文系统上线运行，全面实现与WIPO国际局的国际后续业务电子通信。2019年，商标注册实质审查抽检合格率为96.08%，高于2018年的95.77%；不记错退回率比2018年降低0.49个百分点。

打击商标恶意注册行为成效显著。审查部门采取按季度统计非正常申请等措施，从严从快打击商标囤积和恶意注册行为，4月至12月在审查阶段驳回非正常申请3.9万件。异议部门、评审部门采取提前审查、集中并案审查等措施，加大对恶意抢注或囤积商标的打击力度，积极营造公平守信的市场竞争环境。在北京举办打击商标恶意注册审查实务宣讲会，200多家企业及商标代理机构受邀参加活动；在上海举办针对外资企业和涉外代理机构的交流座谈会，宣讲打击商标恶意注册和商标便利化改革成果。

(3)商标注册。

2019年，我国商标注册量为640.6万件，同比增长27.9%。其中，国内商标注册617.8万件，占总量的96.4%，同比增长28.8%；国外在华商标注册22.8万件，占总量的3.6%，同比增长8.3%。2019年，我国商标初步审定率为73.3%。

(4)有效注册商标量。

截至2019年年底，我国有效注册商标2521.9万件，同比增长28.9%。其中，国内有效注册商标2354.4万件，占总量的93.4%，同比增长30.4%；国外在华有效注册商标167.5万件，占总量的6.6%，同比增长10.6%。

2. 马德里商标国际注册申请

2019年，国家知识产权局共收到中国申请人提交的马德里商标国际注册申请6491件，在马德里联盟中排名第三。截至2019年年底，中国申请人马德里商标国际注册有效量为3.8万件，同比增长21.7%。

2019年，我国马德里商标国际注册申请量前十的省份为：广东1413件、江苏891件、山东836件、浙江712件、湖南606件、上海340件、北京323件、福建306件、安徽230件、河北221件。

2019年，我国马德里商标国际注册申请量前十的商品和服务类别为：第9类(科学仪器、计算机、数字存储媒介等)、第7类(机器、机床、马达等)、第35类(广告、商业经营、商业管理、办公事务等)、第30类(咖啡、茶、谷类制品、糕点、糖、鲜酵母、食盐、香辛料等)、第25类(服装、鞋、帽)、第11类(照明设备、微波炉、冰箱等)、第42类(科学技术服务、工业分析与研究等)、第12类(汽车、火车、运载工具零部件等)、第29类(肉，鱼，家禽和野味等)和第5类(药品、婴儿食品、卫生用品等)。

2019年，马德里商标国际注册中国申请人指定次数前十的缔约方为俄罗斯、美国、越南、日本、印度、韩国、澳大利亚、新加坡、泰国和英国。

2019年，中国申请人马德里商标国际注册网上申请系统使用范围进一步扩大，网上申请比例升至86.2%。京外商标审查协作中心开展的马德里商标受理和审查工作运行平稳。

3. 商标异议

2019年，受理商标异议案件14.4万件，完成异议案件审查9.0万件。审结的商标异议案件中，异议成立占38.3%、部分成立占8.0%、不成立占53.7%。

4. 商标评审

2019年，受理各类商标评审案件申请36.1万件，同比增长12.1%。其中，受理驳回复审申请30.2万件，同比增长7.7%；受理涉及双方当事人的复杂案件申请5.9万件，同比增长41.4%。

审理裁定各类评审案件33.7万件，同比增长27.1%。其中，裁定驳回复审案件29.1万件，同比增长23.8%；裁定复杂案件4.6万件，同比增长52.8%。审结的商标驳回复审案件中，商标注册申请全部驳回占69.4%、部分驳回占7.9%、初步审定占22.7%；审结的商标无效宣告案件中，全部无效占58.0%、部分无效占13.0%、维持有效占29.0%；审结的商标撤销复审案件中，全部撤销占50.8%、部分撤销占31.7%、维持有效占17.5%；审结的商标不予注册复审案件中，不予注册占71.0%、部分不予注册占14.9%、核准注册占14.1%。

进一步压缩评审案件审限，驳回复审案件审理周期稳定在7个月，复杂案件由法定审限12个月压缩至10个月。大力开展商标评审口头审理和巡回审理，在上海、义乌、南京三地开展巡回评审，进一步提高商标授权确权透明度。

第三章 保护与运用

起草《商标侵权判断标准（征求意见稿）》并公开征求意见。发布2018年度商标行政保护十大典型案例。组织开展驰名商标认定工作。严厉打击商标恶意注册、囤积行为，驳回非正常商标申请3.9万件。加强官方标志、特殊标志和奥林匹克标志保护。完成审计署“中国审计”标志、民政部“中国慈善日”标志以及“中华人民共和国地理标志专用标志”的备案保护，完成国务院新闻办公室提交的“中华人民共和国成立70周年”活动特殊标志登记申请予以保护，指导开展北京世园会特殊标志保护，对北京2022年冬奥会和冬残奥会组委会会徽等奥林匹克标志实施保护。

加强商标品牌培育和推广。在企业贯标、优势示范培育的过程中引导企业加强商标运用，提升品牌价值，培育知名品牌。组织参加中国品牌日等商标品牌工作，指导举办第十一届中国国际商标品牌节等活动，积极营造商标品牌的良好氛围。

强化商标代理行业监管，开展《商标代理管理办法》修订工作，启动首例“永久停止商标代理业务”相关案件调查。

第四章 知识产权公共服务

1. 信息服务

商标注册信息化水平不断提高。集体商标、证明商标网上申请系统上线运行，商标驳回复审网上申请系统试运行，驳回复审案件集中应诉全面展开，案件应诉远程审判系统上线运行。上线“取消商标缴费过渡户”项目，统一商标业务缴费方式，实现商标票据电子化，申请人收到财政票据的周期由2个月缩减至1周内。

商标数据公开力度进一步加大。2018年12月26日起，已累计向社会公开全部商标存量4000多万件，主动接受社会监督。及时公开商标评审裁定文书，2019年共公开裁决文书30.2万件，累计公开裁决文书53.1万件。在中国商标网定期发布商标工作情况分析、全国省市县商标主要统计数据、地方商标窗口和质押受理点工作情况、马德里商标国际注册申请量、《类似商品和服务区分表》以外可接受商品和服务项目名称。2019年，中国商标网总访问量达73.74亿次，其中商标查询量达73.72亿次。

2. 便利化改革

商标业务办理更加便利。商标注册申请实现“一网通办”，通过商标网上服务系统可办理25项商标业务，商标网上申请率达94.5%，已接受网上服务系统用户协议的用户量达11.8万个。全国设立212个地方商标受理窗口，103个窗口开展商标质权登记申请受理工作。截至2019年年底，地方商标受理窗口累计受理各类商标申请近45.7万件，办理注册商标专用权质权登记2243件，融资金额约297.7亿元，取得了良好的社会效益。

商标业务规费继续降减。2019年7月起，将受理续展注册费由1000元降为500元，变更费收费标准由250元降为150元；对提交网上并接受电子发文的商标业务免收变更费，其他收费项目按现行标准的90%收费。第三、第四季度实现减轻企业负担5.16亿元，占同期商标收入的28.96%，有效减轻企业负担。

改革宣传解读力度加大。在河南省举办商标注册便利化改革集中宣讲活动，近千人参加宣讲，近24.5万人观看现场直播视频。开展“商标注册便利化改革提质增效记者体验行”系列宣传活动，刊发报道约80篇，发布视频新闻约24个，社会反响强烈。组织“地理标志精准扶贫”西部宣讲团贵州站活动，派员参与内蒙古站活动，社会反映良好。

第五章　港澳台交流

在《海峡两岸知识产权保护合作协议》框架下，继续处理台湾权利人协处案件和台湾申请人优先权通报的工作。

第六章　国际合作

加强多边合作，参与构建更加公平合理的国际规则。进一步加强与WIPO合作，积极推动中文纳入马德里官方语言，派员参加WIPO成员国大会第59届系列会议、马德里体系法律发展工作组会议，以及商标、工业品外观设计与地理标志法律常设委员会会议等。7月，与WIPO合作在北京、重庆举办马德里商标国际注册体系巡回研讨会。10月，首次与WIPO共同在上海举办以商标和外观设计的国际保护为主题的国际论坛。加强“一带一路”、商标五局等多边框架下的商标领域国际交流与合作。启动“一带一路”商标审查流程对比研究项目。组织召开商标五局质量专家会议、年度会议以及用户会议。

做好与主要国家和地区商标领域的双边合作。就中美、中日、中非等双边知识产权工作计划和合作备忘录研提意见。主办首次中日韩商标专家会议，派员参加中韩、中日、中日韩商标研讨会和2019年拉美地区知识产权审查业务研讨班等涉外研讨交流活动并发言授课。继续加强与欧盟、日本等国家和地区商标主管机关、驻华使馆或知识产权机构的联系。与EUIPO就商标数据交换项目（TMview）进行持续磋商，并在商标审查、复审与无效、人员培训等领域进行沟通。

加强商标领域涉外研究分析及宣传力度。起草马德里体系、日本、韩国商标有关情况分析报告。专门面向外资企业举办商标改革及打击商标恶意注册成果座谈会，100多家知名外企及涉外代理机构受邀参加座谈。

（国家知识产权局办公室）

反垄断与反不正当竞争工作

2019年，国家市场监督管理总局价格监督检查和反不正当竞争局以习近平新时代中国特色社会主义思想为指引，增强“四个意识”，坚定“四个自信”，做到“两个维护”，落实中央经济工作部署，统一思想，凝聚力量，强化政治责任和担当精神，扎实做好反不正当竞争工作，为维护公平竞争的市场环境做出积极贡献。

一、以优化营商环境为主线，积极开展反不正当竞争执法

优化营商环境是当前及今后一段时期开展工作的重要指引，围绕这个目标和要求，2019年，全国各级市场监管部门共查处各类不正当竞争案件10 256件，案值31.55亿元，罚没金额4.01亿元。此外，主要开展三项专项行动。一是牵头组织开展13部门联合整治“保健”市场乱象百日行动以及“回头看”工作，这项工作贯穿全年，集中执法阶段为1月8日至4月18日。转段后，依然保持执法监管高压态势，并指导地方开展保健食品虚假宣传专项整治，联合12部门组成工作组赴14个省区开展“回头看”工作。二是结合“不忘初心、牢记使命”主题教育开展重点领域反不正当竞争执法专项行动，自8月至12月，在全国范围内开展重点领域反不正当竞争执法行动，重点打击互联网、医药等领域的仿冒混淆、商业贿赂、虚假宣传、商业诋毁等不正当竞争行为。全国各级市场监管部门共立案3151件，结案3241件，案值2.05亿元，罚没金额1.99亿元。三是开展重大仿冒混淆等不正当竞争案件执法的统一部署和全国范围的协调推进。召开专门会议就湖南中烟、江小白等知名企业遭遇的全国跨区域不正当竞争维权问题进行统一部署。通过跨区域案件部署，分析研究涉案违法行为及法律适用，集中解决企业遇到的跨区域不正当竞争系列问题，在全国范围内集中打击仿冒混淆等不正当竞争行为，为民营企业、外资企业、国有企业等各类企业的发展营造公平的竞争环境。

二、以加强知识产权保护为目标，积极开展反不正当竞争立法工作

(1)推进《反不正当竞争法》有关商业秘密等知识产权保护条款的修订工作。完成《反不正当竞争法》有关商业秘密保护条款的修订工作。负责起草法律文本、汇报审议等工作。2019年4月23日，第十三届全国人民代表大会常务委员会第十次会议通过《反不正当竞争法(修订案)》。2019年1月16日，中美第一阶段经贸协议正式签署，商业秘密保护是该协议的重要内容，在该协议签署前，积极派员参与协议文本核对等工作，并配合商务部做好后续工作。

(2)稳步推进规章制修订工作。从规则融合的角度出发，对《关于禁止不正当有奖销售行为的若干规定》以及《明码标价和禁止价格欺诈行为的规定》中的相关内容进行整合。

三、加强国际合作，不断拓宽工作领域

借鉴其他国家先进经验，宣传我国反不正当竞争执法工作成果，促进我国相关政策实施。2019年，通过参加研讨会、安排出访、接待来访等形式，与欧盟、美国、日本、韩国等国家和地区的执法机构、研究机构，以及世界知识产权组织等国际组织，加深信息共享、经验交流；与欧盟、非盟及相关国家的竞争执法机构建立联系机制，在竞争领域开展深入交流合作。积极参与中国—挪威、中国—韩国、中国—日本、中国—秘鲁、中国—以色列等自贸区协定

有关知识产权及竞争章节谈判，全程参与中美经贸谈判中有关知识产权的谈判，维护我国法律体系权威性和完整性，维护我国竞争执法权独立性和完整性，增强我国在国际竞争执法领域话语权，营造有利于我国企业发展的国际经贸环境和政策体系。举办反不正当竞争国际研讨会，邀请日本、德国有关政府官员、专家学者等介绍本国反不正当竞争法律制度，并邀请一线执法人员参加，起到相互了解借鉴、开阔视野、分享经验的作用。

（国家市场监督管理总局价格监督检查和反不正当竞争局）

版权工作

2019年，国家版权局以习近平新时代中国特色社会主义思想和党的十九大精神为指引，全面贯彻全国宣传思想工作会议精神和全国宣传部长会议部署，深入实施《版权工作“十三五”规划》，积极做好各项版权管理工作，为建设版权强国、构建创新型国家、促进文化发展繁荣做出积极贡献。

一、持续加大打击侵权盗版力度

（1）建立联控机制，打击院线盗版。会同相关部门开展加强院线电影版权保护专项工作，部署相关地区迅速开展案件查办，相继查办江苏、宁夏、贵州、广东、山西等地院线电影盗版重点案件30余件，抓获犯罪嫌疑人200余人；打掉盗版影视网站360余个、盗版手机软件57个；查缴用于制作高清盗版影片的放映服务器7台、设备1.4万件，涉案金额2.3亿元。加大院线电影版权预警工作力度，将版权预警覆盖面扩展至引进影片和日常档期，发布5批33部院线电影版权保护重点作品预警名单，要求相关网络服务商采取有效措施及时处理侵权盗版行为，督促微信、微博、网盘、应用商店等网络服务商迅速核查删除侵权盗版信息3万余条。推动成立院线电影版权保护联盟，引导制片方、发行方与商业网站开展版权合作，充分发挥集体维权作用。

（2）开展“剑网”行动，强化专项整治。5月至11月，国家版权局会同中央网信办、工业和信息化部、公安部开展“剑网2019”专项行动。各级版权执法监管部门实施分类管理，着力推进媒体融合发展、院线电影网络版权专项保护，重点整治流媒体、图片领域网络侵权盗版行为，持续加强短视频、有声读物、知识分享、网络直播等平台版权治理。专项行动期间，共删除侵权盗版链接110万条，收缴侵权盗版制品1075万件，查处网络侵权盗版案件450件，其中查办刑事案件160件、涉案金额5.24亿元，专项行动取得显著成效。

（3）狠抓案件查办，加强督查指导。以案件查办为执法监管工作重中之重，要求各地积极查办各类侵权盗版案件。2019年，全国各级版权执法部门共立案查办侵权盗版案件2539件，移送司法机关案件186件，捣毁窝点152个。会同最高人民检察院、公安部等联合挂牌督办北京覃某某等涉嫌侵犯著作权案等90件侵权盗版大案要案。多次会商最高人民检察院、公安部等相关部门，积极协调、指导相关地区办案工作。会同中央网信办、工业和信息化部、最高人民检察院、公安部组成8个督查组，赴江苏、河南、山西等14个省份，对专项行动和重点案件查办情况进行专项督查，解决地方查办案件中的瓶颈问题，强化工作合力与协同效应。

（4）强化版权监管，推动社会共治。继续对网络视频、音乐、文学及网盘等领域主要网络服务商进行版权重点监管，推动其全面履行企业主体责任。公布 7 批 67 部重点作品版权保护预警名单。聚焦媒体融合发展版权工作，推动中国新闻媒体版权保护联盟和中国财经媒体版权保护联盟充分发挥行业组织作用，打造媒体版权保护新格局。进一步规范网络音乐版权秩序，保持对网络音乐侵权盗版的高压态势，继续规范音乐作品转授权模式，推动各方共建良性商业生态。指导京版十五社反盗版联盟、少儿出版反盗版联盟、在华国际出版商协会与阿里巴巴、微信、拼多多等网络平台强化版权保护合作，共同保护权利人的合法权益。

(5)提升执法效能，完善激励机制。完成国家版权监管平台全部建设任务，提升版权执法监管效能。举办 3 期全国版权执法监管工作培训班，对 31 个省(区、市)版权执法监管工作人员进行培训，实现全国所有地市级版权执法监管部门培训全覆盖。举办“2019 中国网络版权保护与发展大会”，发布《2018 年中国网络版权保护年度报告》、2018 年度全国打击侵权盗版十大案件，树立执法办案优秀典型。加大执法办案奖励力度，对 2018 年度查处侵权盗版案件 182 家有功单位、240 名有功个人进行奖励。

二、深入推进软件正版化工作

(1)加强工作部署，强化工作机制。组织召开推进使用正版软件工作部际联席会议第八次全体会议，系统总结软件正版化工作阶段性成效，研究部署工作任务，加强对各地区各部门软件正版化工作指导。联席会议各成员单位制定工作计划，进一步细化要求，形成各部门各司其职、相互配合、齐抓共管的工作格局。各地区各部门不断完善工作机制，加强制度建设，推动责任落实。北京等 26 个省(区、市)调整为由省(区、市)党委常委、宣传部部长担任领导小组组长或联席会议总召集人，加强对此项工作的组织领导。

(2)加强督促检查，巩固工作成果。组织 13 个联合检查组，利用国家版权监管平台智能检查工具，对 20 家中央和国家机关、9 个省(区、市)软件正版化工作进行检查，共检查单位 278 家、计算机 4.5 万台。其中，对北京、天津、湖南、广东、广西 5 省(区、市)的省级政府机关进行了全覆盖检查。软件正版化工作成果得到有效巩固，促进了软件产业健康快速发展。2019 年，软件业务收入 7.18 万亿元，同比增长 15.4%。

(3)加强服务指导，扩大宣传培训。加强对各地区各部门软件正版化工作政策指导，推动各地区各部门进一步落实《政府机关使用正版软件管理办法》和《正版软件管理工作指南》，进一步完善软件正版化工作机制，规范正版软件采购、使用管理、考核评议、年度报告等工作。会同工信部、国资委、国管局、银保监会等举办 4 期软件正版化工作培训班，对北京、天津、河北、上海、江西、河南 6 省(市)省级机关及北京等 16 个省(区、市)省属国有企业的软件正版化工作责任人进行培训。组织编辑出版《2018 年软件正版化工作汇编》，集中宣传软件正版化工作成果，营造软件正版化工作良好氛围。

三、不断完善版权社会服务工作

(1)加强著作权登记相关工作。2019 年年初，发布 2018 年全国著作权登记的基本情况。在苏州举办著作权登记培训班，对机构改革后省级版权登记机构进行全面培训。根据国务院常务会议决定，配合中国银保监会和国家知识产权局出台《关于进一步加强知识产权质押融资工作的通知》。根据中央全面深化改革委员会决定，配合国家发展和改革委员会等部门出台《关于推动先进制造业和现代服务业深度融合发展的实施意见》。

(2)加强著作权集体管理监管工作。对 4 家著作权集体管理组织进行调研。召开著作权集体管理组织工作会议，总结

2018年工作，部署2019年工作。赴最高人民法院交流著作权集体管理相关工作，强化司法与行政协调解决突出问题。邀请相关部门（司法、集体管理组织、娱乐业协会等）举行集体管理座谈会，联合文化和旅游部共同召开卡拉OK领域版权工作座谈会，研究推进著作权集体管理工作。协助相关部门积极处理集体管理组织脱钩过程中的资产属性认定问题，处理集体管理组织涉及投诉纠纷事宜，确保稳定局面，收到较好效果。

(3)加强对境外著作权认证工作的管理。举行境外著作权认证机构驻华代表机构年度通气会，参加公安部境外非政府组织管理相关座谈会。配合公安部完成《境外非政府组织在中国境内活动领域和项目目录、业务主管单位名录(2019)》。配合北京市公安局完成6家境外著作权认证机构驻华代表处的年度检查工作。根据境外非政府组织的管理体制变化，结合我国境外著作权认证机构的管理历史和现状，出台《关于依法加强对境外著作权认证机构常驻中国代表机构管理的意见》，进一步强化对境外著作权认证工作的管理。

(4)加强版权宣传教育工作。组织评选发布“2018年中国版权十件大事”，编辑出版《中国版权年鉴2018》。利用国家版权局官方网站、微博、微信，围绕“4·26世界知识产权日”宣传主题，开展版权宣传周、中国网络版权保护与发展大会等相关宣传活动。配合新中国成立70周年庆祝活动，发布新中国成立70周年版权事业发展成就回顾庆祝文章，协助有关部门妥善处理国庆70周年宣传重点推荐使用相关作品版权事宜。组织中央媒体对青岛国际版权交易会、江苏(南京)版权贸易博览会、中国·北京国际版权授权大会、成都国际数字版权交易博览会等进行集中宣传报道。举办第十一届全国大学生版权征文活动，举行颁奖仪式和大学生版权论坛。推进版权历史资料库建设。

四、大力推动版权产业健康有序发展

(1)开展版权产业经济贡献率调研工作。开展中国版权产业经济贡献率调查，发布2018年版权产业经济贡献率报告和2018年度网络版权产业发展报告，2018年版权产业对国民经济的贡献率达7.37%。

(2)深化版权示范工作。加强对全国版权示范城市联盟工作的指导和协调。赴山东、湖北、广东、江苏、江西等地，实地核查部分版权示范城市、示范单位、示范园区（基地）。顺利完成对版权示范城市(10家)、示范园区（基地）(29家)和示范单位(109家)的核查工作，撤销5家示范单位，调整3家示范单位，调整2家示范园区（基地）。完成对创建期届满(2017年批复)的河北省廊坊市和四川省绵阳市的检查验收批复工作。开展2019年版权示范创建工作申报审核工作，批复江西省景德镇市和广东省佛山市创建全国版权示范城市。

(3)开展国家版权创新发展基地试点工作。根据融合国家发展战略、发挥版权创新属性、提升版权工作能级的需要，于2019年9月批复深圳前海深港现代服务业合作区设立国家版权创新发展基地，助力粤港澳大湾区和深圳市中国特色社会主义先行示范区建设。落实党中央国务院提出的自贸区战略和长三角一体化发展战略，批复上海市建设上海自贸试验区版权服务中心，推进自贸区版权创新工作。

(4)打造全国版权展会授权交易体系。以中国国际版权博览会为龙头，指导和支持国家版权交易中心联盟（北京）、山东青岛、江苏南京、广东东莞、四川成都开展版权交易会、博览会等活动，在资源、人员、结构和媒体等方面增加投入，打造全国版权展会授权交易体系，运用社会力量，促进版权转化运用，推进版权产业发展。

五、着力强化版权涉外应对

(1)继续加强国际版权多边话语体系建设。一是继续巩固和加强与世界知识产权组织（WIPO）等国际组织的良好合作关系，积极参加相关委员会会议，参与重要国际版权条约磋商，包括与WIPO合作举办“‘一带一路’版权国际论坛”，配合外交部磋商并签署《承认与执行外国民商事判决公约》等。二是采用多种方式推动《视听表演北京条约》早日生效，2019年年底批准或加入的国家已达29个，2020年4月28日正式生效。三是参加世界贸易组织（WTO）对华贸易政策审议和我国对其他成员贸易政策审议工作，参加亚太经合组织（APEC）知识产权专题会议，积极应对版权有关事务。

（2）进一步提高版权双边、区域交流合作与应对水平。大力推进国际传播能力建设，深化双边版权交流对话机制，本着合作共赢原则，进一步完善、巩固中欧、中英、中日、中韩版权交流合作关系，与欧盟、英国、日本、韩国进行政府间版权工作会谈以及举办国际版权研讨会。积极参与中美经贸摩擦磋商应对工作和《区域全面经济伙伴关系协定》谈判，推进中日韩、中挪自由贸易协定等自贸区谈判进程，开展中欧、中日等工作组谈判。落实“一带一路”倡议，派出版权代表团赴南非、越南、哈萨克斯坦等开展“一带一路”沿线国家版权交流。推动《海峡两岸知识产权保护合作协议》的具体落实，参加内地与港澳知识产权研讨会，推动两岸、内地与港澳在版权领域的沟通合作。

（3）加大对外宣传力度，不断提升版权国际影响力。利用国家版权局英文网站，针对国外不同对象，通过线上、线下、文字、视频等不同方式有针对性地开展宣传。利用接待来访，组团出访，举办、参加国际多双边版权会议等机会，主动做好版权对外宣传，发出权威声音，讲好中国版权制度建设与版权保护的故事，争取国际舆论支持，营造我国版权涉外工作良好局面。

（4）做好相关国际版权课题研究及人才培养工作。有针对性地开展版权国际应对宏观策略研究、版权国际应对具体问题研究等，进一步提升我国国际版权应对能力和理论积累。在青岛、南京开展2期国际版权人才培训班。其中，南京培训班首次与世界知识产权组织合作，邀请其专家来华授课，并为学员颁发世界知识产权组织培训证书，提升了国内相关管理人员版权治理工作能力，为对外版权贸易保驾护航。

（中央宣传部版权管理局）

农产品地理标志工作

根据2019年《政府工作报告》要求部署，农业农村部联合财政部首次启动“实施地理标志农产品保护工程”。计划利用5年时间，聚焦粮油、果茶、蔬菜、中药材、畜牧、水产六大品类，在全国范围内支持1000个地域特色鲜明、具有发展潜力、市场认可度高的地理标志农产品保护发展。

一、实施成效

2019年，共落实专项资金6.02亿元，支持32个省（自治区、直辖市、计划单列市）210个地理标志农产品的培育，超额完成产品指标任务，保护工作取得积极进展。一是绿色优质农产品供给能力提升。建成地理标志农产品生产基地210个，涵盖种植面积约5500万亩、养殖动物约1800万头，地理标志农产品生产技术规范得到推广应用，推动了绿色化、优质化生产。二是乡村特色产业发展效益初显。各地共授权地理标志农产品生产主体3093个，产品平均用标率90%以上，实现销售额2800多亿元。累计培训1万人次以上，带动780万个农户增收150多亿元，共支持80个国家级贫困县特色产业发展，在促进乡村产业发展和脱贫攻坚中发挥了积极作用。三是培育保护体系初步建立。以政府为引导、市场为主导的地理标志农产品培育保护技术体系、人才体系、工作体系初步形成，为地理标志农产品持续健康发展提供有力支撑。

二、主要做法

(一)加强工程部署

印发《农业农村部 财政部关于做好2019年农业生产发展等项目实施工作的通知》和《农业农村部办公厅关于做好地理标志农产品保护工程实施工作的通知》，明确建设目标、建设内容、任务指标、遴选条件及实施方式。6月，召开地理标志农产品保护工程启动会，全面部署工程实施，并组织相关专题培训。

(二)做好宣传推介

组织拍摄地理标志农产品保护工程宣传片，推出以地理标志农产品为主题的大型纪录片《源味中国》；组织参加中国农交会、中国绿博会等活动期间的地理标志农产品展览推介，各地也依托保护工程组织相关推介活动1500多场次；组织87个地理标志农产品参加由中国品牌建设促进会主办的品牌价值评价活动，蒙阴蜜桃、东宁黑木耳、中宁枸杞等29个地理标志农产品位列区域品牌前100排行榜。

(三)抓好证后监管

对辽宁、黑龙江、江西、山东、湖北、湖南、广西、四川、贵州、陕西、甘肃11个省份32个获证产品124个样品进行跟踪监测。监测结果显示，质量安全指标合格率达100%。

(四)加强队伍建设

2019年，举办全国性地理标志农产品培训班3期。其中，全国农产品地理标志核查员培训班2期，全国农产品地理标志知识产权暨品牌建设培训班1期，参训人员共计300人次。此外，派员对黑龙江、浙江、广东、西藏、青海、宁夏等省份举办的地理标志核查员及品牌建设培训班进行现场授课和答疑，参训人员近600人。

(五)推动国际合作

全程参加中欧地理标志协定谈判视频会及筹备会12次。2019年11月6日，中欧双方宣布谈判结束。中欧双方各自选定100个地理标志产品作为首批互认清单，其中农业农村部推荐产品35个。

(农业农村部科技教育司)

林草植物新品种保护工作

一、林草植物新品种保护法规与政策

参加《植物新品种保护条例》修订会，与有关部门制定修订工作方案，研讨《植物新品种保护条例》及《植物新品种保护条例实施细则(林业部分)》等法规制度的修订内容。

二、林草植物新品种审查和授权

2019年共受理国内外植物新品种权申请802件，授权植物新品种439件。全年共完成5批1021件申请品种的初步审查并公告，330件申请品种的DUS(特异性、一致性、稳定性)专家现场审查，申请人变更、品种更名和实审补正材料 164 份，购买DUS测试报告 21 份，转田间测试 378 件。截至 2019 年年底，共受理国内外植物新品种申请 4519 件，授予植物新品种权 2202 件。

三、林草植物新品种权行政执法

按照全国打击侵权假冒工作领导小组办公室的要求，参加全国打击侵权假冒工作现场考核，分别对湖南、湖北进行检查，现场打分。组织开展全国林草系统植物新品种行政执法工作评分活动，根据各省（区、市）报送的 2018 年度林草植物新品种行政执法材料进行部门考核打分。落实《国务院关于新形势下加强打击侵犯知识产权和制售假冒伪劣商品工作的意见》，印发《国家林业和草原局科技发展中心关于组织开展 2019 年度全国林业植物新品种执法保护专项行动的通知》。参加国家知识产权局组织的世园会知识产权保护检查。

四、林草植物新品种测试体系建设

2019 年，委托植物新品种月季测试站、山茶油茶测试站及一品红测试站分别对 314 个月季品种、47 个杜鹃品种、11 个山茶品种、5 个绣球品种开展田间种植测试工作。组织国内相关科研院所开展杜仲属、枸子属、侧柏属、滇丁香、黄檗属、栎属、落叶松属等 12 项测试指南的编制工作。2019 年，刚竹属、女贞属、樟属等 6 项林业植物新品种测试指南以林业行业标准发布。在杭州举办林业植物新品种测试机构工作座谈会。截至 2019 年年底，共开展 159 项林业植物新品种测试指南的编制工作，已完成槐属、蔷薇属、桉属、枸杞属、榆属和崖柏属等 58 项测试指南标准的制定，分别以国家标准或行业标准发布，其中国家标准 12 项、林业行业标准 46 项，有效提高了植物新品种的授权质量和审查测试能力。

五、林草植物新品种宣传培训

组织开展 2019 年全国林业和草原知识产权宣传周系列活动，于“4·26 世界知识产权日”，在《中国绿色时报》发表专栏文章“我国林业知识产权保护工作释放新活力”，全面介绍了 2018 年林草知识产权的工作进展和主要成就，扩大了林草知识产权的影响力。围绕“林草知识产权保护与管理”“林草植物新品种保护”“林草植物新品种行政执法”等主题举办培训班，邀请国内权威专家进行授课，讲解国家知识产权保护战略实施进展情况、林草知识产权保护与管理主要措施及现状、林草植物新品种应用与实施、林草植物新品种权行政执法有关法规和办法等。在《中国绿色时报》和《中国知识产权报》上发表林草知识产权重点报道 41 篇，出版《2018 中国林业知识产权年度报告》，编印 2019 年《林业知识产权动态》6 期。

六、国际履约和合作交流

积极履行《国际植物新品种保护公约》，召开中国加入国际植物新品种保护公约 20 周年座谈会暨植物新品种保护国际研讨会，宣传展示我国植物新品种保护工作取得的成就，提升我国植物新品种在国际上的显示度和影响力。参加 UPOV 履约会议和相关技术工作组会议，争取承担了枸杞属、木兰属 2 项国际植物新品种测试指南编制工作。履行中欧植物新品种合作协议，举办中欧植物新品种保护研讨会，与欧盟植物新品种保护办公室（CPVO）开展植物新品种管理与测试技术交流。

（国家林业和草原局科技发展中心）

海关知识产权工作

一、2019年中国海关查获侵权货物情况

2019年，全国海关共采取知识产权保护措施5.56万次，实际扣留进出口侵权嫌疑货物5.16万批次，同比增长9.32%；涉案货物数量4678.94万件，同比增长86.41%，保护了涉及38个国家和地区权利人的12 281项知识产权，同比增长96.40%。全年共受理知识产权海关保护备案申请15 298件，审结14 663件，审核通过备案申请13 087件，同比增长14%。其中，国内权利人备案数量为7732件，同比增长17%。

主要呈现以下特点：

(1)以出口环节查获侵犯商标权货物为主，专利权执法成效显著。全国海关共在进口环节查获侵权嫌疑货物497批次，在出口环节查获5.11万批次，进出口环节查获批次之比约为1∶102；查获的侵权嫌疑货物涉及商标专用权、专利权、著作权、奥林匹克标志和世界博览会标志等多种类型的知识产权，其中扣留涉嫌侵犯商标权的货物5.08万批次、涉及商品4649.25万件，分别占全部查获货物的98.40%和99.36%；扣留涉嫌侵犯专利权货物118批次，同比增长78.78%。

(2)货运渠道执法模式仍以海关依职权主动查扣为主。全国海关共在货运渠道扣留侵权嫌疑货物1905批次，同比增长8.36%。其中，采取依职权保护措施扣留1874批次，约占货运渠道扣留总批次数的98.37%，涉及侵权嫌疑货物3912.13万件，约占货运渠道扣留侵权嫌疑货物总数的84.80%；依申请扣留侵权嫌疑货物31批次，约占货运渠道扣留总批次数的1.63%，涉及侵权嫌疑货物701.42万件，约占货运渠道扣留侵权嫌疑货物总量的15.20%。

(3)行邮渠道查获侵权货物批次持续增加。全国海关共在行邮渠道查扣侵权嫌疑货物4.97万批次，同比增长9.31%，涉案侵权嫌疑货物数量65.37万件，同比增长119.73%。每批次查获侵权货物件数由2018年的6.53件/批次，上升为2019年的13.13件/批次。

(4)进口环节查获侵权嫌疑货物增长明显。全国海关在货运渠道查获进口侵权嫌疑货物46批次，同比增长91.30%，在货运渠道全部查获批次中的占比由2018年的1.43%提高至2019年的2.40%，查获侵权嫌疑货物500.83万件，同比增幅近40倍；行邮渠道查获进口侵权嫌疑货物451批次，同比增长142.47%，行邮渠道查获侵权货物的进出口批次比为1∶109，较2018年的1∶243有较大提升。

(5)东部沿海地区海关仍是海关执法主战场。查获侵权嫌疑货物数量最多的十个海关是深圳、宁波、江门、厦门、上海、广州、杭州、黄埔、天津和青岛海关，均位于东部沿海地区，查获侵权嫌疑货物共计2.61万批次、4553.06万件，分别占全国海关查获总数的50.69%和97.31%。但综合多项指标来看，全国海关的知识产权保护执法日渐均衡，中西部及内陆地区海关的执法成效显著提升，武汉、郑州、沈阳海关查获的侵权嫌疑货物均超过2000批次。

(6)扣留的侵权嫌疑货物主要涉及烟草、轻工产品、食品饮料等商品类别。全国海关查获的侵权嫌疑货物以烟草、轻工产品、食品饮料、化妆护理用品等为主，其中，烟草、食品饮料货物类商品的占比分别同比提高24.24%和9.19%。但相对传统的箱包、鞋、帽类商品查获数量均有所下降，同比降幅分别为7.68%、32.58%和17.51%。

二、完善执法机制，进一步提升知识产权海关保护能力

中国海关经过多年执法实践，已经形成较为完善的知识产权海关保护制度体系，知识产权海关保护执法水平不断提高，知识产权海关保护在国家知识产权保护体系中的作用进一步凸显，获得企业和政府的广泛赞誉。2019 年，全国海关有 3 个集体、4 个个人（专案组）分别荣获国家版权局查处侵权盗版案件有功单位和有功个人。

（1）综合治理效能显著提升。全国海关创新执法，连续三年开展“龙腾”专项行动，坚持打击侵权与培塑企业两手抓，不断提升知识产权海关保护治理体系和治理能力现代化水平，打击侵权成效显著。2019 年，全国海关扣留侵权嫌疑货物批次和货物数量同比大幅增长；跨关区作战体系进一步完善，全国海关共开展各层级关际合作 200 余次，侵权商品口岸漂移态势得到有效控制；企业培塑持续深入，与中国外商投资企业协会优质品牌保护委员会和中国亚洲经济发展协会出口知识产权优势企业工作委员会等行业协会开展广泛合作，知识产权综合治理效能显著提升。

（2）组织机构持续优化。全国海关以机构改革为契机，健全知识产权海关保护机构，共有 15 个直属海关增设知识产权保护职能管理部门，全国 80%以上的直属海关成立了专职知识产权保护机构；天津、上海、厦门等海关在关区实施知识产权办案模式改革，优化两级海关执法资源配置，壮大知识产权保护队伍，形成海关总署、直属海关、隶属海关上下贯通、打击有力的知识产权保护执行体系。

（3）执法水平全面提高。机构改革后，海关总署建立知识产权海关保护巡讲制度，抽调 12 名业务专家组成讲师团，在 3 个月内完成对 34 个直属海关的巡讲培训，受训关员近 4000 人；各直属海关共计开展执法培训超过 220 场次，受训关员逾 9500 人次。2019 年，共计 40 个直属海关查获侵权商品，口岸覆盖率达 95.24%；石家庄、太原、南昌、长沙、湛江、重庆、贵阳、兰州 8 个海关实现查获侵权案件“零”的突破。东部沿海海关打击侵权力度不减的同时，中西部及内陆地区海关执法效能大幅提升，2019 年共查获侵权嫌疑货物 11 710 批次，为 2018 年的 2.21 倍，在全国海关查获批次中的占比也由 2018 年的 11.18%提高到 22.68%。

三、突出打击效能，全面推动经济高质量发展

全国海关坚持严格保护、统筹协调、重点保护、同等保护，综合运用风险分析技术手段强化保护，积极推进“两法衔接”，推动知识产权综合治理，不断提升知识产权海关保护工作在营造良好营商环境、推动经济高质量发展等方面的作用。

（1）持续开展知识产权海关保护专项行动。全国海关于 2019 年 7 月 1 日至 12 月 31 日开展知识产权海关保护专项行动（代号“龙腾行动 2019”），取得积极成效。行动期间，共扣留侵权嫌疑货物 4.5 万批次，涉及货物 1745 万件，价值人民币 1.07 亿元。其中，侵犯国内企业自主知识产权货物 356 批次、627.1 万件，价值人民币 3019.78 万元；保护外资企业知识产权 8617 批次，查获侵权货物 4.23 万批次、1032.57 万件，价值人民币 6239.38 万元。

（2）以风险布控手段提升查验精准度。全国海关依托海关总署、直属海关、业务现场三级知识产权风险防控体系，充分运用技术手段，拓宽风险信息来源，构建风险布控模型，提升布控精准度，按照“日监控—周评估—月总结”的布控效能评估模式，动态优化布控指令。“龙腾行动 2019”期间，海关总署组织 2 次全国范围的风险联合研判，形成一级布控指令 600 余条；各地海关共下达二级布控指令 2780 条。各地海关结合业务特点，针对市场采购、跨境电商、

边民互市等侵权行为的不同特征进行重点管控，取得较好的效果。

（3）深入推进“两法衔接”工作机制。全国海关深入推进“两法衔接”工作，与公安机关联合开展“打源头、摧网络、断链条”式执法合作，完善双向情报互通的合作机制，优化衔接程序，在暂停通关、货物扣留、案件调查等环节邀请公安机关提前介入，为公安机关启动刑事侦查争取时间。“龙腾行动2019”期间，全国共19个海关向公安机关通报涉嫌犯罪案件线索98条，公安部门立案侦办24起。杭州海关查办的侵权案件获评中国外商投资企业协会优质品牌保护委员会2018—2019年度知识产权保护“两法衔接典型案例”。

（4）以科技应用提升办案效能。海关总署充分意识到“科技＋”在知识产权执法中的重要作用，以作业信息化和管理大数据化为手段，开发上线知识产权海关保护执法系统（二期），实现案件从查验到办案的全流程网上办理，提高执法透明度和案件办理效率。南宁海关强化业务职能管控，在该关自行开发的全景业务平台、智慧监督等系统中，设置知识产权考核指标20余项，用“智慧”系统辅助职能部门强化职能监督。

四、服务企业创新，持续优化跨境贸易营商环境

全国海关认真贯彻落实党中央、国务院关于优化营商环境系列重要部署，把为企业提供优质知识产权海关保护服务作为推进创新型国家建设、推动高质量发展的重要抓手，对不同性质、不同规模、不同成分的企业开展针对性保护，为企业营造更加公平、透明、可预期的营商环境，全面提升企业获得感。

（1）强化外商投资企业知识产权海关保护。将外商投资企业知识产权纳入“龙腾”行动一体化保护范围，通过持续开展知识产权保护专项整治，不断增强和巩固外商投资企业在华投资信心。2019年，全国海关共查获涉及境外权利人知识产权侵权货物5.07万批次、查扣侵权货物3206.13万件，分别占全部查获批次及查扣货物数量的98.27%、68.52%，涉及的境外权利人涵盖了38个国家和地区的573项知识产权。上海海关以第二届中国国际进口博览会为契机开展专项保护工作，查处侵犯进口博览会参展商的知识产权案件17起，查获侵权汽配、机械零配件等6.7万件。宁波海关保护外商投资企业合法权益，查获假冒比克公司“BIC”商标圆珠笔80万支、侵犯特斯拉发动机有限公司“TESLA”商标权汽油发动机3286台。厦门海关持续加大对侵犯外资品牌特别是涉及人身健康安全的侵权行为的打击力度，查获侵犯宝洁公司（美国）“always”商标权的卫生巾137.5万片。杭州、广州海关对外资知名品牌实施重点保护，通过风险分析连续截获高风险邮包，查获侵犯“Marlboro及图形”商标权香烟51万支。拱北海关持续加强对外商品牌关注，重拳打击利用港珠澳大桥开通便利出口侵权货物行为，查获涉及侵犯“PRADA”“Dior”“adidas”等26个国际知名品牌货物4456件。

（2）优化对国有企业及大中型重点企业服务。在2018年工作的基础上，中国海关继续擦亮“中国品牌”，秉持“泛在式”服务理念，进一步优化对重点龙头企业的服务，让企业对海关的培塑政策“可知可感、快知快感”。青岛海关对中国重型汽车集团有限公司等重点企业关切问题实行“清单式管理”，对企业提出的问题进行及时“清零”反馈，对需要转办或者与其他部门协调的事项进行立项跟踪、分步核销，通过联合天津海关等重点查缉，2019年以来该企业重卡出口数量同比增长9%，销售收入85.64亿人民币，同比增长7.67%。南京海关与深圳海关针对中兴通讯公司的业务特点，在全国范围内首次探索开展跨关区联合培塑。由南京海关对接该公司位于南京的全球知识产权中心，对遇到的具体知识产权问题进行跟踪解决；由深圳海关对接该公司位于深圳的总部，负责企业的宏观指导培塑。厦门海关搭建“1＋4”培塑队伍，由职能部门、隶属海关结对子组成培塑工作组，从区域分布、业务特点、培塑技能等方面进行科学分组，对安踏（中国）有限公司等重点企业实施“片区化”培塑。黄埔海关借助专利审查协作广东中心的专业技术支撑，为重点企业提供专利规划、审核、维权咨询和帮助。北京、大连、杭州、南宁、昆明等海关围绕政策预警、海外知识产权布局、异地维权等内容为重点企业提供“一对一”帮扶，帮助企业巩固市场地位，开拓海外市场。

（3）加大对民营企业及中小微企业扶持。2019年，民营企业进出口占我国外贸总值的42.7％，首次超过外商投资企业，成为我国第一大外贸主体。全国海关引导民营企业及中小微企业转变经营方式，鼓励企业创新发展，支持企业开展自主创新和转型升级，增强企业“智造”能力。珠海市金品创业共享平台科技有限公司是家电行业基础零部件集成供应民营企业，经过拱北海关的重点培塑，海外市场增幅明显，市场占有率显著提高。广州市浩洋电子股份有限公司在广州海关的扶持下，2019年以来共申请国内外专利122项，超过90％的专利产业化形成产品，新产品销售额占公司总销售额的50％，有效提升了企业竞争力。中微半导体设备（上海）有限公司作为一家获得“中国专利金奖”和“上海市发明创造奖”等荣誉、具有自主研发功能的科研企业，在上海海关的重点帮扶下，制定了一套集创新研发和知识产权保护于一体的发展规划，企业创新能力也获得多方肯定，2019年被上海市政府与世界知识产权组织联合授予“上海市知识产权创新奖（保护）”。

五、强化执法合作，构筑知识产权海关保护大格局

（1）协同推进关际联防联控合作。各地海关坚持全国一盘棋的理念，立足关区定位，谋划合作领域，积极主动作为，形成优化、协同、高效的知识产权海关保护执法合力。京津冀、长三角、粤港澳海关进一步拓展信息收集、趋势分析、经验交流区域合作范围，形成了区域联动、关际互助、关内协同的联动保护网络，进一步强化区域知识产权海关保护力度。重庆与昆明、成都海关，兰州与乌鲁木齐、西宁海关分别签订知识产权执法合作备忘录，建立区域联防联控机制。针对出口知识产权优势企业被侵权情事，拱北、天津、南京、宁波海关开展联合研判、区域联动执法，在宁波口岸分别查获侵权节能灯12.7万只、侵权砂轮片7.8万件、侵权汽油动力液体泵49台。太原、青岛、贵阳、兰州等海关建立健全申报地海关与查验地海关、权利人所在地海关与货物进出境地海关的联系配合机制，累计查获跨关区申报侵权案件21起。

（2）深入推动全链条式打击侵权。海关总署与市场监管总局等8部门联合部署开展针对互联网领域侵权行为的“网剑”行动，在跨境电商等渠道积极开展打击侵权行动。海关总署广东分署积极参与广东省知识产权战略实施工作联席会议、打击侵犯知识产权和制售假冒伪劣商品工作领导小组等工作，定期向上述部门报送海关知识产权工作数据，开展研讨和联合行动。沈阳、大连、黄埔、昆明、西安等海关与地方市场监管局签署加强知识产权保护合作协议，建立执法协作、重大复杂疑难问题研究、信息沟通共享、案件线索通报移送等机制。哈尔滨、长春、呼和浩特、拉萨等海关积极参与地方知识产权战略制定、知识产权协同保护平台建设等相关工作，深度融入地方知识产权工作体系。北京、上海、武汉海关为2022北京冬奥会、世界园艺博览会、2019篮球世界杯、中国国际进口博览会、世界军人运动会订制知识产权海关保护方案。黄埔海关与广州市市场监管局开展联合执法，查扣侵权香皂1.44万件。海口海关与海口市烟草专卖局开展打击假冒香烟专项协作，查扣侵权香烟49万支。

(3)关企合作为打击侵权提供有力支撑。全国海关充分发挥权利人企业、行业协会、维权联盟的作用，与其在执法培训、情报共享、便利维权等多领域开展合作，为精准打击侵权、维护企业合法权益提供有力支撑。中国亚洲经济发展协会出口知识产权优势企业工作委员会全年共走访哈尔滨、满洲里、乌鲁木齐等40个海关，从企业角度为一线执法关员讲解侵权典型案例。中国外商投资企业协会优质品牌保护委员会、日本汽车轮胎协会等行业协会，主动走访合肥、南昌、济南、郑州、南宁、银川等海关，就商品鉴别知识、市场侵权趋势分析等进行培训和交流，有效提升海关打击侵权的能力。杭州海关牵头与阿里巴巴集团建立海关与电子商务平台知识产权保护长效合作机制，运用平台大数据追溯侵权源头，在服务于海关执法的同时为电子商务平台治理和公安机关刑事打击提供有力支持。深圳、宁波海关不断完善知识产权关企联络人制度，与华为技术有限公司多次开展联合风险研判，查获侵犯该公司知识产权的手机、平板电脑及其配件5000余件。

六、拓展国际合作，营造知识产权协同保护氛围

(1)开展跨境执法协作。中国海关积极参与亚欧海关"健康女神"知识产权联合执法行动，重点打击对消费者安全存在潜在威胁的假冒快速消费品，涵盖口腔清洁剂、牙线、洗涤剂、表面活性剂等商品。按照海关总署的统一部署和要求，广东分署优化粤港澳三地海关跨境知识产权保护执法合作机制，组织广东省内相关海关与港澳海关开展知识产权联合执法行动3次，共查获涉嫌侵权货物15.3万件，互相通报案件信息24次，涉及近500宗侵权案件。

(2)加强双边国际交流。海关总署组织召开中欧海关知识产权专家组会议、中俄海关知识产权保护工作组会议，深化与欧盟海关、俄罗斯海关的机制性合作，联合开展风险分析，制定下阶段双方合作规划。举办"中德海关知识产权研讨班"，专题介绍中国海关知识产权保护法律法规与执法实践，开展两国知识产权海关保护理论与实践的交流研讨，共同探究国际贸易领域的知识产权海关保护最佳实践方案。

(3)推进区域国家海关间的合作。加强与"一带一路"沿线国家海关合作，2019年9月中哈元首会晤期间，中哈海关签署了《中哈海关关于加强知识产权边境执法合作的备忘录》，充分发挥知识产权海关保护对促进共建"一带一路"的重要作用。参与《区域全面经济伙伴关系协定》(RCEP)知识产权谈判，持续完善区域内知识产权海关保护国际合作网络。

七、积极开展宣传，全方位展示知识产权海关保护成果

中国海关以"严格知识产权保护，营造一流营商环境"为主题，立足传统媒体，拓展新兴渠道，依托专门平台，通过集中发布海关执法数据、典型案例等一系列宣传活动，全方位展示中国海关在打击侵权、促进创新等方面采取的措施和取得的成效，持续营造知识产权海关保护的良好社会氛围。

(1)新闻宣传"老"阵地发新声。广东分署、天津、南京、宁波、福州、济南、深圳、黄埔、拉萨等海关通过人民日报、中央电视台、新华社、CHINA DAILY、中国国门时报、法制日报、国际商报等媒体，以崭新形式全面宣传各地海关在"4·26知识产权宣传周"期间开展的活动。北京、广州海关召开新闻发布会，展示"龙腾行动2019"期间海关查获的各类侵权货物，取得良好的社会宣传效果。"厦门海关多措并举加强知识产权保护”新闻稿件被国务院知识产权战略实施工作部际联席会议办公室评为2019年优秀战略信息一等奖。

(2)拓展网络媒体宣传“新”渠道。为配合“龙腾行动2019”的开展，海关总署首次制作快闪视频宣传片并在官方微信平台播放，宣传“进出口环节侵权高发态势得到有效遏制，从中国出口侵权假冒货物数量大幅减少”的“龙腾”行动总目标。南京海关制作的查获侵犯“皇马”球服微视频长时间占据微博热搜，阅读量达1598.9万次。广州海关借助“真假比一比”互动游戏、播放法治动漫视频等方式，开展“知识产权海关保护进校园、进企业、进社区”的“三进”活动，获得社会广泛认可。宁波、深圳、拱北等海关通过在“海关发布”“中国国门时报”“央视新闻”等微信公众号密集发布查获的典型案例，宣传时效良好。同时，全国各海关均开通官方微信，实时发布展示各关知识产权保护执法状况。

(3)依托专门平台展示保护成果。海关总署分别在杭州、厦门、青岛建设三个中国海关知识产权保护展示中心，统筹开展主题鲜明、内容丰富的宣传教育活动。杭州海关开辟“‘一带一路’与知识产权”“创新的力量”等专题展区，面向市场经营户、外籍采购商、外贸从业者等重点群体开展互联网领域、中欧班列渠道知识产权海关保护专题宣传活动7场，与大中小学合作举办“小小创新秀”主题课外实践活动10次，全年共接待各类参观人员5800余人次。青岛海关举办社会公众开放日、自主知识产权海关保护展等主题活动，共接待包括发展中国家海关管理研修班、东非国家部长级知识产权培训班等社会各界600余人次。厦门海关累计接待荷兰、南非、波兰、乌兹别克斯坦等国家海关代表7批80人次，展示了中国海关知识产权保护成效。

(海关总署综合业务司)

科技创新知识产权工作

2019年，科技部深入实施创新驱动发展战略，科研管理改革不断向纵深推进，创新活力不断释放，科技创新实力稳步提升，科技创新领域知识产权创造、管理、运用工作取得显著进展，有力推动了经济高质量发展。

(1)加强国家科技计划项目全周期的知识产权管理与服务工作。完善国家科技重大专项、重点研发计划、科技创新2030-重大项目等中央财政科技计划形成的知识产权管理、保护和转化运用政策。探索开展科技计划专利预警和导航服务，引导创新主体在关键前沿领域加强核心专利布局。建立重大科技成果申请发明专利等知识产权“绿色通道”。建设国家科技成果库，实现中央与地方财政性资金支持形成的科技成果开放共享。

(2)继续推动知识产权转化运用工作。贯彻落实《中共中央国务院关于构建更加完善的要素市场化配置体制机制的意见》，加快发展技术要素市场，创新科技成果转化机制。深化科技成果使用权、处置权和收益权改革，开展赋予科研人员职务科技成果所有权或长期使用权试点工作。会同教育部开展高校专业化国家技术转移中心建设试点，推动社会化技术转移机构发展，培育技术经理人队伍。2019年，共签订技术合同484 077项，成交额为22 398.4亿元，同比分别增长17.5%和26.6%，技术合同成交额首次突破2万亿元，创历史新高。按知识产权类型统计，涉及知识产权的技术合同167 463项，成交额为9286.9亿元，同比增长137.7%，占全国技术合同成交总额的41.5%。

(3)在“面向2035年国家中长期科技发展规划战略研究”中，专门设立“面向2035的知识产权和技术标准研究”课题(第31项)，围绕促进科技创新知识产权高质量创造、促进科技成果知识产权高效运用等方面开展研究，对“十四五”和未来15年我国科技领域知识产权创造、转化和保护进行顶层设计。

(4)推进《人类遗传资源管理条例》立法进程，组织编制配套政策实施细则。《人类遗传资源管理条例》(中华人民共和国国务院令第717号)已经2019年3月20日国务院第41次常务会议通过，自2019年7月1日起施行。2019年6月，国务院新闻办举行国务院政策例行吹风会，介绍《人类遗传资源管理条例》相关情况。

(5)分类制定以科技创新质量和贡献为导向的国家科学技术奖评审标准和评价指标体系，加大对重大科技创新成果的奖励力度。2019年，国家科技奖励工作认真贯彻落实《关于深化科技奖励制度改革的方案》精神，进一步完善自然科学奖、技术发明奖、科技进步奖三大奖的提名要求、评审标准和评价指标体系。在评审标准和评价指标方面，自然科学奖更加突出原创性和科学价值，技术发明奖更加突出先进性和技术价值，科技进步奖更加突出应用效益和经济社会价值。继续强化激励创新的政策导向，更加关注关键核心技术和重大原始创新技术，更加关注产学研深度融合创新成果，更加关注青年拔尖人才创新成就。

(6)加强科技创新领域国际合作。深入开展包括知识产权合作在内的国际科技合作，截至2019年年底，与我国建立科技合作关系的国家达160个，我国参加的国际组织和多边机制超过200个。国际大科学计划和大科学工程稳步推进，国际热核聚变实验堆(ITER)、国际地球观测组织(GEO)、平方公里阵列射电望远镜(SKA)等一批大科学计划深入推进。

(科学技术部成果转化与区域创新司)

公安机关保护知识产权工作

2019年，公安部坚持以习近平新时代中国特色社会主义思想为指导，坚决贯彻执行党中央、国务院关于强化知识产权保护的决策部署，组织全国公安机关坚定履行刑事打击职能，坚持以理念创新、机制创新和手段创新提升对各类侵犯知识产权犯罪的主动防范打击能力，取得明显成效。

一是建立专业警种。为进一步加强专业化队伍建设，公安部按照党中央关于机构改革的决策部署，于2019年6月成立食品药品犯罪侦查局，将原来分散在不同部门的打击侵犯著作权、商标权、专利权、商业秘密等知识产权犯罪以及打击食品、药品、伪劣商品、农资犯罪等职责整合起来并加以强化，同时指导各地公安机关进一步加强专业机构、专业力量建设，实现资源整合、高效打击。同时，开展全警实战大练兵活动，着力加强队伍能力建设，并充分利用国际刑警组织、中欧知识产权合作项目平台资源，联合举办2期面向基层一线公安机关的业务培训班，累计培训业务骨干260余名。

二是持续高压严打。组织全国公安机关开展打击食药环犯罪“昆仑”行动，将打击侵犯知识产权犯罪作为行动重点，打击矛头对准直接坑害群众利益、危害生产生活安全、妨碍企业创新发展的各类侵权假冒犯罪，坚持“全环节、全要素、全链条”打击，先后破获“10·17”制售假冒品牌车用机油案、吉林长春张某特大制售假冒品牌汽车配件案、“7·02”假冒品牌净水器滤芯案、天津红桥“8·02”制售假药案等一批重大案件，对侵权假冒不法分子形成有力震慑。据统计，2019 年全国公安机关共立各类侵犯知识产权和制售伪劣商品犯罪案件 2.4 万起，破案 1.6 万起，抓获犯罪嫌疑人 2.9 万名，涉案价值 86.7 亿元。

三是强化协作联动。指导各地公安机关主动加强与本地市场监管、海关、版权等部门的沟通联系，不断完善协作机制，着力完善线索通报、案件移送、信息共享、联合执法等合作制度，着力提升综合执法效能。同时，充分发挥刑事司法职能优势，积极会同市场监管、海关、科技、教育等部门开展互联网领域侵权假冒治理、农村和城乡结合部市场治理、进出口领域知识产权执法、外商企业知识产权保护、科研诚信建设等专项工作和综合整治，形成部门联动工作合力。此外，持续深化与电商平台企业合作，打通电商数据共享应用通道，实施对网上涉假线索的全天候排查。其中，仅阿里巴巴公司就向公安机关通报涉嫌侵权假冒犯罪线索 3000 余条，公安机关根据线索侦破案件 2063 起，打掉犯罪窝点 1968 处。

四是加强国际合作。按照“以合作促共识、以合作谋共赢”的工作思路，会同各国执法部门，围绕重点案件务实开展多层面执法合作。同时，应国际刑警组织邀请，连续参与打击互联网假药犯罪“盘古”行动、打击食品犯罪“奥普森”行动、打击非法物品贩运“链条”行动、打击互联网侵权假冒犯罪“网鹰”行动，取得积极成效。其中，于 2019 年 7 月会同阿联酋警方同步收网“5·09”跨国制售假冒服装箱包案，打掉一个境外人员在我国广东设立公司组织生产假冒服装箱包，并走私出口至迪拜再向全球分销的特大跨国犯罪团伙，在阿联酋境内查扣侵权商品 2.1 万余件，摧毁售假犯罪窝点 10 处，拘捕犯罪嫌疑人 20 名，案值 2.5 亿美元。此外，积极开展国际执法交流，派员赴南非参加国际刑警组织知识产权执法大会、赴希腊参加国际刑警打击食品犯罪“奥普森”行动专题会议，均在会上作主题发言；在中欧知识产权合作 IP Key 项目框架下派出工作组赴荷兰、比利时，与欧洲刑警组织、欧盟知识产权局、欧盟反欺诈办公室及两国警方、海关、检察院代表交流执法经验，探讨加强执法合作措施。

五是开展宣传教育。将宣传工作作为打击侵犯知识产权犯罪的重要阵地，努力营造全民关心、参与知识产权保护的社会氛围，提升我国保护知识产权国际形象。结合“3·15”“4·26”等重要时间节点，围绕重特大案、事件筹划集中宣传报道，营造舆论声势，提升社会关注度和支持度。2019 年 12 月 3 日，组织全国公安机关以“警民携手同心、共建共治共享”为主题，在全国 141 个城市同步开展“昆仑”行动成果宣传展示活动，对收缴的部分涉案侵权假冒商品、食品、药品及制假设备工具进行展示和依法销毁，并组织办案民警接受现场咨询，向群众宣传普及识假辨假的常识和方法。

（公安部食品药品犯罪侦查局）

知识产权司法保护工作

2019 年是中华人民共和国成立的 70 周年，也是实施人民法院第五个五年改革纲要的开局之年。人民法院以习近平新时代中国特色社会主义思想为指导，深入贯彻落实党的十九大和十九届二中、三中、四中全会精神，不断增强“四个意识”，坚定“四个自信”，做到“两个维护”，不忘初心、牢记使命，严格履行宪法和法律赋予的审判职责，持续深化审判体制机制改革，不断提升审判质效，着力打造过硬队伍，开创知识产权司法保护工作新局面，知识产权司法公信力和国际影响力进一步提升，知识产权审判体系和审判能力现代化进程不断推进，为推动创新驱动发展、创造良好营商环境提供有力司法服务和保障。

一、发挥审判职能作用，加强知识产权司法保护

人民法院紧紧围绕“努力让人民群众在每一个司法案件中感受到公平正义”目标，坚持司法为民、公正司法主线，积极发挥知识产权审判工作在激励和保护创新中的重要作用。

2019 年，人民法院共新收一审、二审、申请再审等各类知识产权案件 481 793 件，审结 475 853 件(含旧存，下同)，比 2018 年分别上升 44.16%和 48.87%。

(一)提升民事司法保护水平

人民法院充分发挥知识产权审判保护创新和维护公平竞争的职能作用，注重通过裁判激励科技创新，促进文化传播，维护竞争秩序，为创新主体提供明确、稳定、可预期的规则指引，让创新创业者坚定信心，提升社会创新活力。2019 年，最高人民法院新收知识产权民事案件 2504 件，审结 1976 件，同比分别上升 174.26%和 260.07%。地方各级人民法院共新收知识产权民事一审案件 399 031 件，审结 394 521 件，同比分别上升 40.79% 和 44.02%。其中，新收专利案件 22 272 件，同比上升 2.64%；商标案件 65 209 件，同比上升 25.41%；著作权案件 293 066 件，同比上升 49.98%；技术合同案件 3135 件，同比上升 16.98%；竞争类案件 4128 件，同比下降 1.25%；其他知识产权民事纠纷案件 11 221 件，同比上升 49.95%。地方各级人民法院共新收知识产权民事二审案件 49 704 件，审结 48 710 件，同比分别上升 79.95% 和 85.29%。

2019 年，人民法院审结的具有较大社会影响的知识产权民事案件有：厦门卢卡斯汽车配件公司等与法国瓦莱奥清洗系统公司侵害发明专利权案；本田技研工业株式会社与重庆恒胜鑫泰公司等侵害商标权案；和睦家医疗管理咨询(北京)公司与福州和睦佳妇产医院等侵害商标权及不正当竞争案；蔡新某与广州市润平商业公司侵害植物新品种权案；河北山人雕塑公司与河北中鼎园林雕塑公司等侵害著作权案；等等。

(二)强化对行政行为的司法审查

各级人民法院着力强化对知识产权授权确权行政行为和行政执法行为合法性的审查。2019 年，最高人民法院新收和审结知识产权行政案件 1066 件和 884 件，同比分别上升 70.83%和 52.15%。地方各级人民法院共新收知识产权行政一审案件 16 134 件，同比上升 19.11%。其中，专利权案件 1661 件，同比上升 8.14%；商标权案件 14 457 件，同比上升 20.56%；著作权案件 16 件，与 2018 年持平。审结一审案件 17 938 件，同比上升 89.74%。地方各级人民法院新收知识产权行政二审案件 7304 件，审结 5942 件，同比分别上升 104.88% 和 84.71%。其中，维持原判 4791 件，改判 1026 件，发回重审 4 件，撤诉 613 件，驳回起诉 132 件。

2019 年，人民法院审结的具有较大社会影响的知识产权行政案件有：三星电子株式会社、华为技术公司与国家知识产权局发明专利权无效宣告请求案；北京康智乐思公司与国家知识产权局、厦门美柚公司商标权无效宣告请求案；等等。

(三)加大对知识产权犯罪行为惩罚力度

人民法院依法审理知识产权刑事案件，加大刑事保护力度，净化市场环境。2019 年，地方各级人民法院共新收侵犯知识产权刑事一审案件 5242 件，同比上升 21.37%。其中，侵犯注册商标类刑事案件 4982 件，同比上升 21.01%；侵犯著作权类刑事案件210件，同比上升34.62%。

地方各级人民法院共审结侵犯知识产权刑事一审案件5075件，同比上升24.88%。在审结的侵犯知识产权刑事一审案件中，假冒注册商标类刑事案件2134件，同比上升15.23%；销售假冒注册商标的商品刑事案件2279件，同比上升32.19%；非法制造、销售非法制造的注册商标标识刑事案件423件，同比上升38.69%；假冒专利刑事案件1件；侵犯著作权类刑事案件191件，同比上升40.44%；销售侵权复制品刑事案件8件，同比上升33.33%；侵犯商业秘密刑事案件39件，与2018年持平。

地方各级人民法院共新收涉知识产权的刑事二审案件808件，同比上升18.30%；审结807件，同比上升20.81%。

2019年，人民法院审结的具有较大社会影响的知识产权刑事案件有：杨明某、杨茂某等假冒注册商标罪、销售假冒注册商标的商品罪案；林义某等侵犯商业秘密罪案；许振某等假冒注册商标罪案；陈某等侵犯著作权罪案；等等。

2019年，知识产权审判工作稳中有进，审判质效持续向好，呈现出以下特点。

案件数量再创新高。2019年，人民法院新收和审结各类知识产权案件数量急剧增加，收、结案数量均创历史新高，增幅双双突破40%。从案件分布区域看，北京收案80 165件、上海收案23 580件、江苏收案20 249件、浙江收案27 706件、广东收案157 363件，共计309 063件，占全国法院知识产权收案数量64.15%，依然是知识产权诉讼纠纷较多的地区；从增长速度看，河北、安徽、福建、广西、重庆分别同比上升53.53%、60.30%、64.88%、98.49%、173.66%，涨幅均突破50%，其他地区亦呈现出明显的攀升趋势；从结案情况看，各级法院努力克服案多人少矛盾，结案数量大幅提升。以前述收案较多的地区为例，其结案率分别达到90%以上，圆满完成了审判任务。

新型案件不断增多。随着新一轮科技革命和产业变革的蓬勃兴起，新技术、新产品、新业态不断拓展法律边界，涉及互联网、大数据、人工智能、标准必要专利、生物医药等科技前沿领域的知识产权新问题不断涌现，既要对复杂的技术方案进行分析，又需要结合具体案情灵活适用法律。最高人民法院审理了涉及机械、材料、电学、通信、生物医药等领域的专利案件，进一步提炼有关裁判规则；北京知识产权法院审结“首例云服务器被诉侵权案”“冻干形式的稳定药用组合物专利侵权诉前行为保全案”等疑难复杂案件；上海市高级人民法院审结诺基亚公司与华勤通讯技术公司侵害发明专利权案，为通信领域的标准必要专利案件的妥善审理提供了借鉴；广东法院审理的专利案件诉讼标的额超过1000万元的案件有63件，标的总额约为81.8亿元。

保护力度持续加大。人民法院认真贯彻《关于完善产权保护制度　依法保护产权的意见》，提高知识产权司法救济的及时性和便利性，努力实现侵权损害赔偿与知识产权市场价值的协调性和相称性。北京市海淀区人民法院在UC浏览器诉搜狗输入法流量劫持案中适用裁量性赔偿计算方式确定2000余万元的赔偿金额；内蒙古自治区高级人民法院在广东蓝带集团北京蓝宝酒业公司与河南红火公司等侵害商标权案中将赔偿数额由5万元提高到100万元，加大了对侵权源头的惩治力度；浙江省高级人民法院在杭州莫丽斯公司、奥普家居公司诉浙江风尚建材公司、浙江现代新能源公司侵害商标权及不正当竞争案中判令被告赔偿800万元，维护了“奥普”商标的品牌价值；福建法院在“九牧王”商标纠纷案和“博力谋”商标及不正当竞争案中积极采用惩罚性赔偿机制，将侵权损害赔偿金额分别提高1倍和2倍。

司法效果日益彰显。人民法院在确保完成审判任务的同时，还审结了一批疑难、复杂、新类型及社会广泛关注的案件，发挥了典型案例的示范和指引作用。最高人民法院知识产权法庭敲响“第一槌”并当庭宣判，判决书深入阐释功能性特征的认定标准，数十家媒体进行全媒体直播和广泛报道，庭审网络直播第一时间观看量达1800余万次，该案从立案、开庭到结案送达仅用50天，凸显公正、透明、高效。甘肃省高级人民法院审结的涉外植物新品种案件，保护了品种权人的合法权益。上海知识产权法院审理的深圳市朗科科技公司与创歆贸易(上海)公司等侵害发明专利权系列案，总标的额达2470万元，涉案专利系移动存储领域的开创性技术，案件审理受到社会广泛关注和肯定。湖南法院审理了一批涉餐饮、创意摄影、百货销售等服务行业的商标侵权和不正当竞争案，引导餐饮行业、百货业、文创产业规范、正当使用商业标识，推动第三产业良性健康发展。

多元解纷成效突出。人民法院坚持把非诉讼纠纷解决机制挺在前面，坚持和推广新时代“枫桥经验”，推进多元解纷体系建设，鼓励当事人通过非诉讼方式化解纠纷，促使各类纠纷解决方式各得其所、各尽其能、多元共治、形成合力，进一步提升知识产权纠纷解决效率。最高人民法院成功调解陕西白水杜康公司与洛阳杜康公司侵害商标权案，一揽子解决了涉“杜康”的所有案件，为地方稳定、企业发展提供司法保障；最高人民法院建立全国法院统筹联动整体机制，探索“知产法庭＋巡回法庭”巡回审理模式及“勘验＋庭审”案件审理机制，推动全国48个关联案件一揽子化解，庭前跨区域高效化解80个专利侵权案件，方便群众诉讼，丰富了知识产权领域的“枫桥经验”；北京法院持续推进立案阶段“多元调解＋速裁”机制改革，努力推动首都社会治理体系和治理能力现代化；吉林法院注重发挥调解作用，各类知识产权纠纷调解率达75%；安徽省高级人民法院成功调解标的额逾1亿元的中广影视卫星公司与中国电信安徽分公司侵害广播组织权案；山东法院认真落实《山东省多元化解纠纷促进条例》，积极构建化解知识产权纠纷诉调对接平台；湖北法院搭建行政机关、侵权场地租赁方、行业协会、律师调解组织等第三方参与的调解平台，通过协调各方资源，促使达成调解；四川法院与中国(四川)知识产权保护中心签订关于建立知识产权协同保护机制的合作协议，委托其进行涉专利知识产权案件的调解工作；云南法院积极建立知识产权诉前调解制度，为实现部分知识产权案件及时化解创造条件；辽宁法院进一步完善多元化纠纷解决机制，针对事实清楚、争议不大的著作权、商标权、不正当竞争等纠纷案件采取诉前调解，实行诉调对接；新疆法院注重采用多种调解方式化解矛盾，调撤率始终保持相对较高水平。

二、深化改革综合配套，优化知识产权司法体系

2019年，人民法院以贯彻落实《关于加强知识产权审判领域改革创新若干问题的意见》为重要抓手，加强知识产权审判领域理论创新、制度创新和实践创新，推进知识产权审判领域各项改革举措，不断完善知识产权司法体制机制。

(一)最高人民法院知识产权法庭开局良好

最高人民法院知识产权法庭的成立，是以习近平同志为核心的党中央从建设知识产权强国和世界科技强国的战略高度作出的重大战略决策部署，是我国知识产权诉讼制度的重大突破和创新，具有里程碑意义。2019年是最高人民法院知识产权法庭运行的开局之年，作为统一审理全国范围内技术类知识产权上诉案件的专门机构，最高人民法院知识产权法庭克服了初创时期的各种困难，奋力推进各方面工作，相继推出多项改革举措，实现良好开局。

一是实施“统一裁判标准系统工程”。

统一裁判标准是中央设立知识产权法庭的首要目标，制定《最高人民法院知识产权法庭统一裁判标准实施细则》等制度，做好前端梳理、加强中间把控、完善末端审核、严管重点案件；完善法官会议制度，同步编发《法官会议纪要摘编》和《办案提示》，及时统一重要裁判标准和类案办理方式。

二是探索行政和民事案件同步审理模式。将涉及同一专利侵权民事和确权行政纠纷交同一合议庭审理，实现二元程序和裁判标准的对接。

三是优化技术类知识产权案件审判机制。坚持以人民为中心，优化审判管理，充分发挥集中管辖的机制优势和全国法院“1+76”整体效能，推动全国关联纠纷化解。

四是推进多元化技术事实查明机制发展。统筹全国法院技术调查资源，包括 360 余名技术调查官，覆盖 30 多个技术领域，努力缓解欠发达地区法院技术调查力量不足、发达地区法院技术领域覆盖不全的矛盾。

五是加强信息化和智能化建设。建设裁判规则库和案例库、“大数据知识产权分析平台”等智能平台，探索“知产法庭云”，满足当事人通过互联网提交证据、网上阅卷等需求，为案件智能审判提供技术支持。

(二)知识产权法院建设扎实推进

为贯彻落实全国人大常委会关于知识产权法院成立以来工作情况的审议意见，最高人民法院继续加强对北京、上海、广州知识产权法院的指导，知识产权法院各项工作扎实推进，进展顺利，成效显著。

自 2014 年年底设立以来，知识产权法院受理案件逾 10 万件，审理了一批具有规则意义和社会影响的重大知识产权案件，在提升审判质效、统一裁判尺度、促进创新驱动发展等方面发挥了积极作用。知识产权法院立足自身职能定位，大胆探索创新，推动司法改革，开创了知识产权审判新局面，推动了我国知识产权审判专门化体系建设。

(三)跨区域管辖机制不断优化

2017 年以来，南京等 21 个城市中级人民法院内设专门审判机构，跨区域集中管辖部分知识产权一审案件，推动知识产权专业审判机构在全国范围内合理布局。各地知识产权法庭加大探索创新力度，着力提升审判专业化水平，对于推进京津冀协同发展、长江经济带发展、粤港澳大湾区建设等决策部署具有重要意义。

南京知识产权法庭大力开展巡回审判，推行专业化、集约化审判模式，积极回应高新技术园区的知识产权保护诉求，为辖区内企业开展自主创新保驾护航；杭州知识产权法庭积极运用互联网技术，建立跨区域协作机制，在为群众提供在线诉讼司法便利的同时，有效促进了法律适用标准统一；郑州知识产权法庭以信息化建设为抓手，采取网上立案、电子送达、微信调解等措施，打破时空限制，不断提高知识产权审判便民化、信息化水平；深圳知识产权法庭立足区位优势，以强化知识产权司法保护为切入点，深度参与广深科技创新走廊、珠三角国家自主创新示范区建设；海口知识产权法庭在全省设置巡回办案点和司法服务联系点，主动提供知识产权司法保护服务。

(四)知识产权审判“三合一”改革持续深化

2019 年，人民法院贯彻落实《最高人民法院关于在全国法院推进知识产权民事、行政和刑事案件审判“三合一”工作的意见》，进一步巩固“三合一”改革工作成效。

最高人民法院加大对全国推进“三合一”改革的指导力度，深入开展知识产权刑事案件阅卷调研，掌握第一手刑事案件办理资料，为研究知识产权刑事司法保护规范、修订完善相关司法解释奠定了基础；江苏省高级人民法院开展知识产权犯罪量刑调研，为规范审理知识产权刑事案件的刑罚裁量权与量刑尺度提供参考；浙江法院自2019年11月1日起全面实施知识产权民事、行政、刑事"三合一"审判，审理知识产权刑事案件260件、行政案件41件；海南省高级人民法院开展知识产权刑事、行政案件指定管辖调研，建立知识产权案件"三合一"管辖机制。

(五)知识产权诉讼制度不断完善

人民法院着力完善符合知识产权案件特点的诉讼规则，积极优化知识产权案件审理模式，着力破解制约知识产权司法保护的体制性难题。

各级法院积极创新工作机制，强化当事人举证义务，加大依职权调查取证力度，有效减轻权利人维权成本压力。上海市高级人民法院探索证据出示令制度，依法制裁妨碍举证的行为；湖南省高级人民法院规范律师调查令的工作规程；海南省高级人民法院鼓励当事人充分利用公证、电子数据平台等第三方证据保全方式收集、固定证据。

各级法院进一步明确各类人员参与技术事实调查的方式，充分运用技术调查的各种力量资源，构建有机协调的技术事实查明机制。最高人民法院组建全国法院技术调查官、技术咨询专家库，建立全国法院技术调查资源共享机制，发布《技术调查官手册(2019)》，为全国法院查明技术事实提供工作指引和范式；北京知识产权法院构建由专业化人民陪审员、技术调查官、专家辅助人、司法鉴定机构共同参与的"四位一体"技术事实查明机制；江苏省高级人民法院与江苏省生物医药功能材料协同创新中心签订关于知识产权技术事实调查协作的框架协议，发挥技术专家的积极作用；新疆生产建设兵团法院在证据保全过程中，聘请专业人士参与侵权种子种植地域和面积的测量、侵权植物的扦样；湖北、湖南、四川、陕西等地高级人民法院组建专家库，充分发挥专家的专业支持作用，提升了法官查明技术事实的准确性。

各级法院立足群众多元司法需求，积极优化知识产权案件审理模式，促进案件繁简分流，统一法律适用标准。北京知识产权法院实行快审机制，在商标驳回复审案件中试行"要素式"裁判文书，平均结案时间减少30%；西安知识产权法庭组建速裁组，用20%的审判力量完成70%的案件；成都知识产权法庭探索建立知识产权案件快速审判机制，合理配置审判资源，取得良好效果；海口知识产权法庭实行"立案、审判、执行"一体化运行模式，提高知识产权审判质效；长春知识产权法庭对涉著作权、商标权等类案进行简案速审、快审，5个月审结全年84.8%的案件，大大缩短了审理周期。

三、主动延伸司法职能，提升调研指导工作质效

人民法院密切关注知识产权司法保护热点问题，依托最高人民法院知识产权司法保护研究中心、司法保护理论研究基地等，加强知识产权保护创新理论和司法政策研究，积极参与知识产权法律修订工作，监督指导职能得以有效发挥。

(一)积极参与有关立法

积极参与民法典、专利法、商标法、反不正当竞争法、著作权法、商标法实施条例、植物新品种保护条例等法律法规的制定、修订工作；参加专利法第四次修改座谈会、全国政协关于著作权法草案民间文学艺术作品相关会议；开展知识产权诉讼特别程序法调研，确定总体思路、基本框架、重点内容。

(二)强化司法解释工作

最高人民法院发布《关于技术调查官参与知识产权案件诉讼活动的若干规定》，明确技术调查官参与知识产权案件诉讼活动的程序、职责、效力、法律责任等；围绕知识产权诉讼举证责任分配、证据调查收集、证据交换和电子证据的审查判断等，开展专题调研；召开多次研讨会，研究知识产权惩罚性赔偿、商标法和反不正当竞争法适用、商业秘密保护、国防专利纠纷等司法解释起草工作。

（三）注重司法政策研究

参与起草《关于强化知识产权保护的意见》，强化广州知识产权法院、深圳知识产权法庭等知识产权专业审判机构职能，全面加强粤港澳大湾区在知识产权保护、专业人才培养等领域的合作，深入推进中新广州知识城国家知识产权运用和保护综合改革试验；开展涉自贸区知识产权保护专项调研，围绕自贸区、自贸港建设中的知识产权司法保护问题，提出针对性强的工作举措38条。

（四）发挥案例指导作用

最高人民法院发布《知识产权案件年度报告（2018）》摘要以及2018年中国法院十大知识产权案件和50件知识产权典型案例，归纳具有普遍指导意义的司法裁判标准，开展“集中宣判周”活动，对有标杆意义的案件集中公开宣判，进一步发挥新型、疑难、复杂案件规则的引领作用；深圳知识产权法庭在总结外观设计专利快审机制改革经验的基础上，有针对性地选择了19个典型案件进行分析；内蒙古自治区高级人民法院召开知识产权审判情况暨典型案例发布会，公布自治区法院知识产权典型案例，规范和指导市场主体诚信经营，维护公平竞争的市场经济秩序；河南省高级人民法院发布涉及商标品牌保护的典型案件；四川省高级人民法院首次发布四川省民营企业知识产权司法保护状况白皮书及典型案例，研究民营企业在知识产权司法保护中存在的问题、原因及建议。

（五）深化司法调研工作

最高人民法院整理近五年商标注册及使用情况的大数据，研究提出当前法律规制恶意抢注商标行为的措施建议，就图片著作权前沿问题进行研讨，明晰了裁判标准，回应了社会关切；辽宁法院开展涉“一带一路”、自由贸易试验区等知识产权案件的调研，了解相关企业发展的司法保护需求；浙江省高级人民法院深入20多家企业调研，切实回应创新主体司法保护需求；黑龙江法院深入民营企业调研，制作普法宣传手册，进一步提升民营企业知识产权保护力度，助力民营经济发展；湖南法院主动对接企业和高新园区的司法需求，增强企业创新发展意识。

最高人民法院围绕专利法修改、药品专利链接、商业模式创新等重点问题进行专项调研，形成《关于改革和完善专利无效程序立法的建议》《关于药品专利链接制度的立法建议》《商业模式创新成果的司法保护问题研究》等调研成果；北京市高级人民法院总结梳理商标授权确权行政案件审理的裁判规则，为权利人寻求司法保护提供行为指引；浙江省高级人民法院针对涉电商平台知识产权案件审理进行调研，总结促进电子商务产业健康发展的司法经验；福建省高级人民法院就如何强化知识产权司法保护，更好服务保障创新、创业、创造提出意见；江苏省高级人民法院以江苏创新经济发展与司法保护为视角，提出实施严格知识产权司法保护、为创新经济发展提供高质量司法保障的意见。

四、提升司法公开水平，树立知识产权司法公信

（一）深化审判公开

人民法院深入推进审判流程信息公开工作，严格落实“以公开为原则，以不公开为例外”工作要求，创新庭审公开形式，拓展庭审公开范围。广东省高级人民法院公开开庭审理衔电公司与来电公司侵害实用新型

专利权案并全程网络直播，近万人次收看，近百人现场旁听了庭审；四川省高级人民法院公开审理并当庭宣判一起侵害商标权纠纷案件，邀请人大代表、政协委员旁听庭审；内蒙古自治区高级人民法院开展“庭审进校园”活动，公开开庭审理一起侵害著作权纠纷案，师生代表300余人观摩了庭审。

（二）加强以案说法

最高人民法院组织完成中央电视台《法治中国说》第三季“大法官说——司法保护知识产权”节目的策划、组稿、录制、播放等一系列工作。该节目是最高人民法院与中央电视台社会与法频道（CCTV-12）共同推出的中华人民共和国成立70周年献礼重点宣传片。该期节目聚焦党的十九大以来中国法治建设新成就和中华人民共和国成立70周年以来中国法治进程，由最高人民法院副院长陶凯元大法官发表主题演说。据统计，近5000万观众第一时间收看直播，相关的网络新闻共计1357篇，报刊新闻78篇，微博151条，论坛博客99篇，微信文章2238篇，App报道294篇，知识产权司法保护工作获得社会积极评价。

在日内瓦总部举办的第二届世界知识产权法官论坛期间，举行《世界知识产权组织知识产权典型案例集·中华人民共和国卷（2011—2018）》新书发布活动，世界知识产权组织总法律顾问庞德科出席活动并致辞。本案例集由世界知识产权组织总干事弗朗西斯·高锐与中国最高人民法院副院长陶凯元大法官分别作序，是世界知识产权组织计划出版的集中各国知识产权典型案例的第一部，对于充分展示中国知识产权司法保护成就、进一步发挥典型案例的示范作用、扩大我国知识产权司法保护国际影响力具有重要意义。

最高人民法院组织开展“集中宣判周”“法官进校园”等活动，加强以案说法，增强全社会尊重知识、保护知识产权的意识。重大案件审判活动注重邀请全国人大代表、政协委员、最高人民法院特约监督员和咨询员、中国科学院院士、律师代表、行业协会代表参加旁听和座谈交流；雄安新区中级人民法院举办保护知识产权大型广场宣传咨询活动，向百度、腾讯、京东、华为等新区入驻企业宣传知识产权法律法规；浙江省高级人民法院开设“浙江天平”公众号、“知之汇”网站、“浙知析法”栏目，实现常态化宣传，全年发布文章85篇，直播庭审26次，网站点击量达90万次；江苏省高级人民法院开展“代表委员看法院”暨知识产权司法保护媒体集中采访活动，收到良好效果。

（三）注重宣传知识产权法治

最高人民法院启动“知识产权司法保护安徽行”，邀请部分全国人大代表、最高人民法院特约监督员及安徽省有关部门代表等，与中央媒体一起走访安徽部分法院和重点高科技企业，就安徽省知识产权保护情况进行调研，关注企业科技创新成果，聚焦司法需求，服务创新主体发展；组织开展“知产法庭公众开放周”“知识产权保护集中开庭周”活动，公开审理涉及医疗器械、网络数据抓取、光学技术等多个高新科技领域的大案要案，受到社会广泛关注；举行“法信知识产权版”上线活动，打造以既有的知识产权案例指导平台为基础，融合、升级、研发而成的知识产权一体化大数据服务平台，为全国知识产权法官提供免费检索查阅服务。河北省高级人民法院将“4·26”宣传活动与《奥林匹克标志保护条例》宣传相结合，广泛宣传有关法律法规，效果良好；山西省高级人民法院深入山西省转型综合改革示范区走访调研，充分了解企业需求，就人民法院如何更好地为企业创新服务、营造一流创新环境提出明确要求；西藏自治区高级人民法院结合民俗习惯和宗教信仰，以喜闻乐见的形式开展汉藏双语法治宣传；宁夏回族自治区高级人民法院开展知识产权法律宣传和法律咨询活动，现场接受群众法律咨询。

五、拓展合作交流空间，扩大知识产权司法影响

（一）积极服务对外工作大局

最高人民法院加强中外经贸磋商中知识产权问题研究，依法加强对下审判指导监督；派员参加多边、双边知识产权对话交流活动，参加海牙国际私法会议《承认与执行外国民商事判决的公约》的谈判工作，为海牙判决项目公约的最终达成和知识产权问题的妥善解决贡献智慧。

（二）扩大司法保护国际影响

2019 年 6 月，最高人民法院与世界知识产权组织在北京共同举办“WIPO 调解在知识产权诉讼中的应用研讨会”。来自世界知识产权组织、新加坡以及中国最高人民法院和地方法院的嘉宾对知识产权组织的替代性纠纷解决机制进行深入研讨，世界知识产权组织仲裁和调解中心主任艾瑞克·韦伯斯高度赞扬中国法院和世界知识产权组织的合作。派员参加打击侵权假冒国际合作论坛，强调依法适用惩罚性赔偿，坚决遏制和威慑重复侵权、恶意侵权等行为，努力营造产权受保护、侵权有代价、犯罪必惩罚的法治环境。

最高人民法院副院长罗东川大法官主持了与世界知识产权组织、国际保护知识产权协会、美国知识产权法律协会、国际法院、古巴最高法院、英国高等法院等的 20 余次交流活动。世界知识产权组织总干事弗朗西斯·高锐表示：“最高人民法院知识产权法庭的成立意义重大，体现了中国对知识产权保护的庄严承诺，表达了中国为知识产权提供更加公正高效司法保护的坚定决心。”国际法院院长阿布杜勒卡维·艾哈迈德·优素福表示：“中国的法律成就不仅体现在整个法治的推动方面，在具体的知识产权领域上的成就也让人非常钦佩。”

（三）拓宽对外合作交流渠道

通过各种对话平台，积极回应国际社会对中国知识产权司法保护的关注，增进世界各国对中国知识产权司法保护状况的了解，进一步提升知识产权审判的国际影响力。派员参加“世界知识产权组织对华合作与中国知识产权发展趋势”座谈会，积极支持并参与世界知识产权组织的相关合作项目；派员参加世界知识产权组织“知识产权审判大师对话”活动，组建中国专利法官代表团访问欧盟，积极宣介我国知识产权司法保护的最新发展和成就；派员参加世界知识产权组织的第二届知识产权法官论坛、第九届亚洲太平洋地区法官竞争法研讨会、国际知识产权保护协会（AIPPI）年会、2019 年国际商标协会年会、欧洲商标协会年会、中日韩三国知识产权保护研讨会等活动。

六、夯实队伍建设基础，增强知识产权司法能力

人民法院坚持以政治建设为统领，不断提高政治站位，大力推进审判队伍革命化、正规化、专业化、职业化建设，着力锻造一支政治坚定、顾全大局、精通法律、熟悉技术并具有国际视野的知识产权司法审判队伍，为做好新时代知识产权审判工作提供坚实组织保障和人才保障。

（一）扎实开展思想政治教育活动

人民法院将政治建设摆在首位，深入开展“不忘初心、牢记使命”主题教育活动，充分运用好党内政治生活各项制度，唤醒守初心意识、增强担使命本领；创设“新知大讲堂”“知识产权法庭讲坛”等线上线下党建教育管理平台，探索形成“线上线下全覆盖、教育管理全天候”的党建工作法，最高人民法院知识产权法庭党支部获得中央和国家机关工委旗帜杂志社举办的第二届党建创新成果评选活动“百优案例”奖项，系全国法院系统唯一获奖单位。

（二）筑牢干警廉洁自律思想防线

人民法院坚持全面从严治党、从严治

院，贯彻落实中央八项规定及其实施细则精神，整治“四风”，反对形式主义、官僚主义，人民法院党风廉政建设和反腐败斗争不断向纵深推进。

(三)着力加强队伍司法能力建设

人民法院牢牢把握“五个过硬”总要求，在新的起点上全面加强队伍建设，努力推进新时代人民法院队伍建设实现新发展，着力打造一支忠诚、干净、担当的高素质法院队伍。最高人民法院加大统筹协调和对下指导力度，推动各地法院制定知识产权审判专门人才培养和储备规划，建立形式多样的人员交流机制。各地法院以提升司法能力为重点，充分运用专题培训、专题研讨、在职培养、交流挂职、庭审观摩等方法，打造学习型审判队伍，适应知识产权审判工作新形势、新要求，队伍专业化、职业化水平不断提升。

(最高人民法院知识产权审判庭)

检察机关保护知识产权工作

2019 年，全国检察机关以习近平新时代中国特色社会主义思想为指导，按照《深入实施国家知识产权战略行动计划(2014—2020 年)》的目标要求，认真履行检察职能，不断创新工作机制，积极参与知识产权领域社会综合治理，为推进知识产权严格保护提供良好法治环境。

一、加大打击力度，始终保持对侵犯知识产权犯罪严惩态势

(一)依法从严批捕、起诉侵犯知识产权犯罪案件

2019 年，全国检察机关共批捕涉及侵犯知识产权犯罪案件 4346 件 7430 人，同比分别上涨 31.5%、24.3%；起诉 5433 件 11 003 人，同比分别上涨 21.9%、32.2%。其中，批捕假冒注册商标罪、销售假冒注册商标的商品罪和非法制造、销售非法制造的注册商标标识罪等侵犯商标权类犯罪 3925 件 6648 人，起诉 4919 件 9979 人；批捕侵犯著作权罪、销售侵权复制品罪等侵犯著作权类犯罪 266 件 480 人，起诉 226 件 503 人；批捕侵犯商业秘密罪 44 件 63 人，起诉 41 件 90 人；批捕数罪或他罪中含侵犯知识产权犯罪 111 件 239 人，起诉 247 件 431 人。

(二)充分发挥法律监督职能，确保做到不枉不纵

检察机关充分履行法律监督职能，及时纠正有案不移、有案不立、立案不当、以罚代刑、裁判不公等问题，确保定罪准确、量刑适当。2019 年，经检察机关建议，行政执法机关移送涉嫌侵犯知识产权犯罪案件 154 件 175 人；经检察机关监督，公安机关立案侦查侵犯知识产权犯罪 111 件 139 人，公安机关撤销案件 105 件 145 人；经检察机关决定，就侵犯知识产权刑事案件向法院提起抗诉 58 件，改判 52 人。

(三)充分发挥检察一体化优势，提升知识产权案件办理质效

2019 年，最高人民检察院单独或联合中宣部、全国“扫黄打非”办公室、公安部等部门共同挂牌督办春节档电影侵权盗版“2·15”系列专案等 80 余起案件，指定专人加强办案指导，先后派员赴江苏、浙江、贵州等地现场督办，积极解决办案中遇到的难题，保障办案质效。对全国检察机关办理侵犯商业秘密犯罪案件情况进行综合研究，对损失金额的计算、商业秘密的认定等突出问题进行梳理分析，强化对下指导的针对性和实效性。

二、侵犯知识产权刑事案件权利人诉讼权利义务告知试点工作扎实有序推进

自2019年12月，最高人民检察院在北京、上海、江苏、浙江、福建、广东三级检察机关部署开展为期一年的侵犯知识产权刑事案件权利人诉讼权利义务告知试点工作，要求检察机关对侵犯知识产权犯罪案件以及涉知识产权的生产、销售伪劣商品犯罪案件，在受理审查起诉之日起10日内，主动向权利人告知其诉讼权利和义务。

试点省份检察机关均成立了以部门负责人为组长、检察官为成员的领导小组，安排专人负责，为这项工作的顺利开展提供了组织保障。各地做到了外资企业与内资企业、大企业与小企业、本地企业与外来企业同等告知。

（一）对权利人的程序性权利保障更加充分，有效节约维权成本

通过告知工作，权利人得以参与认罪认罚、审查逮捕和审查起诉公开听证等刑事诉讼活动，能够更充分主张自身合法权益。

（二）助力查明案件事实，切实提高案件办理质量

通过告知工作，权利人可及时补充权利证明、经济损失等证据，对涉案专门性问题发表意见，有利于查明案件事实。

此外，试点地区不少检察机关还自我加压，创造性地开展工作，不断提高告知工作的效率和质量。例如浙江、上海部分市县检察机关将告知工作前移至审查逮捕阶段；北京检察机关在“云端告权”时邀请网络技术鉴定专家、网络管理专业人才共同参与，在告知权利的同时指导权利人进行证据收集、提供法律咨询，实现实时互动，取得良好效果。

三、多措并举，服务保障国家知识产权保护工作大局

（一）充分发挥检察职能，预防减少知识产权犯罪

检察机关在办案中综合运用提出禁止令、从业禁止，加大罚金刑、没收财产刑适用力度等量刑建议，提高违法犯罪成本，提升刑罚威慑力。根据办案中反映的问题向行政执法机关制发检察建议，力争实现办理一起典型案件、促进一个行业规范治理的目标。对办案中发现的企业制度不健全、管理不到位问题，通过制发检察建议，帮助企业查漏补缺，完善内部风险防控机制，提升知识产权权利人维权意识和维权能力。

（二）适度开展典型案例宣传，推动形成知识产权保护良好氛围

各地检察机关结合“3·15国际消费者权益日”“4·26世界知识产权日”等关键节点，发挥以案释法优势，多次组织开展集中宣传活动，促进企业和公民提升法治意识，积极预防和减少侵权假冒犯罪发生。2019年，最高人民检察院发布14件检察机关保护知识产权典型案例，起到“办理一案，教育一片”的效果，推动形成良好舆论氛围。

（三）积极参与知识产权国际合作交流和谈判

最高人民检察院与俄罗斯联邦总检察院共同举办环境保护与知识产权保护法律问题研讨会，围绕知识产权问题展开深入交流。先后派员赴欧洲开展“知识产权刑事执法”“打击侵权假冒”等专题交流活动，积极宣介我国在知识产权司法保护方面的立场和举措，有力维护中国知识产权保护国际形象。积极参与中美经贸磋商会议、中日韩自贸区谈判、区域全面经济伙伴关系协定谈判工作，坚决维护国家根本利益。

四、创新工作机制，全面提升知识产权司法保护水平

（一）强化专业化队伍建设

2019年，全国检察机关开展重塑性内设机构改革，最高人民检察院和省级检察院设立专门办理侵犯知识产权犯罪案件的办案组，有条件的地市级检察院和基层检察院也设立专业化办案组或探索其他专业化办案模式，不断提升专业化水平。各地检察机关通过邀请知识产权法学专家、技术专家授课、召开研讨会等形式，加强业务培训，提升专业素质。高度重视外部交流，与国家市场监管总局、国家知识产权局等建立人员交流学习制度，互派人员挂职锻炼，提升检察人员知识产权专业化水平。

（二）依法适用认罪认罚从宽制度，防范化解社会矛盾

各地检察机关贯彻落实"以审判为中心"的诉讼制度改革要求，发挥检察官审前主导作用，积极适用认罪认罚从宽制度，加强与犯罪嫌疑人、辩护律师、值班律师的沟通交流，鼓励犯罪嫌疑人自愿认罪，弥补权利人经济损失，积极促成侵权人与权利人达成刑事和解，依法给予侵权人从宽处理，争取达到案结事了，防范化解社会矛盾，减少社会戾气。2019年，全国检察机关适用认罪认罚从宽制度办理知识产权案件2752件5285人，其中因犯罪情节轻微作出不起诉决定328人。

（三）各地检察机关积极探索知识产权司法保护新模式

各地检察机关转变思维模式，不断开拓创新，积极探索知识产权司法保护新方式。北京检察机关建立不起诉案件移送行政处罚制度，对公安机关移送审查起诉的案件依法作出不起诉处理后，认为有必要给予被不起诉人行政处罚的，以检察意见书的形式将案件移送相关行政执法机关。上海检察机关探索权利人实质性参与刑事诉讼制度，权利人可以参与审查逮捕公开听证、庭前会议、庭审等诉讼环节，充分主张合法权益；深入探索检察机关参与促成侵权人向权利人合理赔偿机制，目前已合计赔偿1.2亿余元。福建泉州检察机关构建知识产权快速维权六方协作机制，将品牌权利人、执法主体和电子商务平台联合起来，打造"企业、平台、行政、司法"四位一体的品牌保护新格局，将知识产权侵权投诉处理时间缩短到24小时，在侵权投诉人升级为可信投诉人后，还可以进一步缩短为3小时。广东检察机关借力智慧检务建设，研发"知识产权保护智慧检务平台"，通过共享行政执法数据、法院数据、举报线索数据等，提供入罪研判、量刑指导、知识检索、法律咨询、风险预警等辅助办案功能，为知识产权保护工作插上智慧之翼。

（最高人民检察院第四检察厅）

全国知识产权社团工作

中国知识产权研究会

一、重要工作进展情况

一是深度参与知识产权系列专题研究任务。根据国家知识产权局工作安排，6月至8月，成立6个专题研究组，对生物医药等六大关键技术领域展开系列研究。深度参与生物医药、人工智能、智能制造和人类遗传资源保护4个专题研究，研究成果得到国务院领导的高度肯定。

二是支撑开展知识产权"十四五"规划系列研究。2019年，先后承担国家知识产权局委托的"十四五"规划类研究项目5项，为制定切合我国发展实际的知识产

权专项规划提供强有力的理论支撑。

三是完成首批8个城市知识产权运营服务体系绩效评估工作。承接财政部和国家知识产权局联合推进的知识产权运营服务体系建设绩效评估重点项目,受到财政部、国家知识产权局及8个城市地方政府和知识产权管理部门的一致好评,不但为各级政府扎实推进工作提供智力服务,也为今后做好全国知识产权运营服务体系建设绩效评估工作奠定坚实基础。

四是建立国家知识产权专业职称考试评审办事机构。承担经济专业技术资格考试知识产权专业科目相关工作,从研究会专家库中推选专家候选人,经国家知识产权局严格遴选审核,成立以吴汉东、陈燕为核心专家(组长)共有13名成员的知识产权专业科目考试专家组;举办职称考试专家研讨班,有序推进考试大纲细化工作。

五是推进国家海外知识产权纠纷应对指导中心挂牌。中国知识产权研究会作为指导中心的日常运行管理机构,牵头组织成立海外知识产权纠纷应对指导理事会,并作为理事会理事长单位。同时,面向全球征集海外纠纷应对指导专家候选人305名,组织成立指导专家遴选委员会,推选出专家候选人,经国家知识产权局审核,最终确定102名专家入选,并进行公示。

二、年度工作目标完成情况

一是学术研究工作取得新突破。2019年共承担国家知识产权局委托的“国际知识产权热点问题研究”等26个项目46个课题研究工作。此外,还承担中国科协、河北省知识产权局等单位委托课题10余项。

二是举办高端论坛,影响力迈上新台阶。6月,与中华商标协会、中国版权协会共同主办中国知识产权三十人论坛(鸟巢峰会)。本次论坛不但形成了丰硕的研讨成果,还确立了中国知识产权研究会、中华商标协会、中国版权协会三方轮值举办鸟巢峰会的年度合作机制。

三是知识产权杂志学术地位不断提升,编委会机构更加健全。2019年年初,组建该杂志新一届编委会,申长雨局长任编委会主任。全年出刊《知识产权》杂志12期,106篇文章,共180余万字,出版质量不断提高。

四是服务能力和水平持续提高。2019年,开展各类培训共10期,培训人数超过2000人次。8月,新领导班子上任后,开展多场会员需求调研座谈会,积极谋划加强会员服务工作的新举措,会员数量和会员满意度持续上升。

五是司法鉴定工作实现新拓展。2019年,累计接收全国司法鉴定以及咨询案件126件,同比增长89%;鉴定业务涉及全国24个省市地区,鉴定范围包括商标、专利、商业秘密等类型,业务贯穿知识产权创造、运用、保护、管理、服务全链条。

六是国际学术交流取得新进展。在武汉成功举办中日韩知识产权国际学术研讨会;接待美国知识产权法律协会(AIPLA)代表团来访,进一步加深合作关系。

三、经验和体会

一是要不断推进各项工作。二是要紧密围绕知识产权热点、难点问题,积极开展学术理论研究,努力发挥智库作用。三是要努力提升服务能力和水平,不断打造社团品牌。四是要努力加强自身能力建设,不断提升社会影响力和公信力。

(中国知识产权研究会)

中国专利保护协会

一、综合事务工作

1. 加强内部管理,建立健全各项规章制度

按照建立现代社会组织的要求,完善内部管理制度,修订《中国专利保护协会员

工考勤管理制度》《中国专利保护协会印章管理制度》《中国专利保护协会差旅管理办法》等一系列工作制度，进一步完善人、财、物及业务工作管理，强化合同、项目、预算等制度的实施，实现工作流程的规范化，加强以绩效考核为核心的激励约束机制，调动职工积极性。

2. 坚持开拓创新，不断满足会员服务需求

重新梳理会员服务流程，创新服务内容和方式，面向政府和企业开展各类培训研讨工作、维权服务、咨询服务、项目研究、专利运营服务等。搭建官方沟通平台、专业服务平台、国际合作平台、行业交流平台，形成各方畅通的交流渠道。简化会员管理流程和入会手续，优化协会官网，提供更便捷的入会窗口；印制会员服务手册，使会员服务更加清晰、更加灵活、更加具有针对性。

二、维权事务工作

1. 调解相关工作

根据 2019 年年初计划，实现提升人民调解委员会的管理水平，组织开展优秀兼职人民调解员的遴选和换届工作；制定调解相关管理制度，招募新一批的调解员。为调动调解员的积极性以及提升和解率，对调解案件进行合理分配、跟踪和整理，配合案件委托法院与调解业务指导部门工作。

2. 联络政府、企业相关工作

联系会员，挖掘专利分析需求点，同时开展专利查新检索服务。配合开展国家知识产权局委托项目，联系并组织企业积极参与，不断丰富知识产权保护、维权的手段和渠道，为会员提供可靠的维权、分析等专业支撑服务。

三、专利运营工作

1. 承担多项国家级课题研究

开展关于中国专利奖政策体系和获奖项目的梳理及跟踪工作；完成关于知识产权管理体系政策和获证企业的梳理及跟踪工作。

2. 开展专业委员会工作

应广大会员单位要求，起草制定《中国专利保护协会专业委员会管理办法》，组织相关领域的创新主体、高校、科研机构、服务机构和专业人士按照知识产权不同细分领域开展技术交流、发展战略研究、制定专业技术标准、举办专业培训等相关活动，为我国知识产权事业快速发展提供有力支撑。

四、培训工作

培训工作主要涉及贯标、复审无效以及专利分析等相关培训。贯标培训共计 13 次，培训地点涉及华北、东北、华东、华南、西南等多个地市，培训人数 800 余人，均为参加考试的参训人员颁发相应的培训合格证书。与多个社会组织和服务机构联合举办贯标培训 15 次，中国专利保护协会作为指导单位或者合办单位颁发证书近 2000 张。

五、国际合作工作

1. 组织会员企业出访及参加国际会议

组织会员参加 2019 年 1 月在海牙举办的全球案卷任务组会议及产业界咨询组会议，6 月在韩国仁川召开的发明领域五局局长与产业界系列会议及五国(地区)产业界会议、韩国知识产权局主办的第九届知识产权大会，11 月在日本千叶县举办的商标五局合作用户会议及外观设计五局合作用户会议。

2. 组织中外企业交流及涉外培训活动

举办中日企业、中美企业合作交流会议，知识产权创造及高质量发展论坛。组织企业参加专利审查高速路(PPH)项目推广培训班、海合会宣讲培训班、人工智能与知识产权国际研讨会、中英知识产权研讨会等。

（中国专利保护协会）

中华全国专利代理师协会

一、重要工作进展情况

1. 坚决贯彻中央及局党组工作部署，加强党的建设

一是深入学习贯彻中央精神。坚持以习近平新时代中国特色社会主义思想为指导，深入学习贯彻党的十九大、十九届二中、三中、四中全会精神，准确把握新时代知识产权事业发展新目标。二是坚决贯彻局党组各项工作部署。以实际行动确保各项工作部署落到实处，确保把重点工作任务落实到位。三是以“不忘初心，牢记使命”主题教育活动为契机，扎实开展党建和党风廉政建设工作，不断推动党建及党风廉政建设工作向纵深发展。2019 年，中华全国专利代理师协会党支部共组织召开支部大会 22 次，支部委员会会议 12 次；开展讲党课活动 6 次；举办学习活动 27 次。

2. 加强自律监督，维护有序竞争的行业秩序

进一步发挥自律监督职能，维护行业有序竞争的秩序，促进行业诚信体系建设。一是开展专利代理提质增效倡议活动，呼吁全行业共同提升代理服务质效。二是发布行业纪律处分案例汇编，引导专利代理机构和专利代理师恪守职业道德与执业纪律。三是健全会员诚信档案和公示制度，在协会网站开设“专利代理诚信信息”专栏，加大对违规行为的曝光力度。四是发布实施《专利代理行业行业自律工作方案》，多措并举维护行业诚信守法、公平竞争的市场秩序。五是建立行业自律工作联动机制，集中调查处理一批专利代理机构违法违规案件，为助力专利审查工作发挥积极作用。六是做好投诉查处工作。进一步加强行业监督职能，维护有序竞争的执业环境。2019 年共收到投诉 34 起，办理完结 26 起。

3. 加大人才培养力度，提升专利代理质量

一是建立常态化专利审查与代理研讨机制。提高专利代理行业对专利申请质量相关问题的整体认识，进一步提高代理质量。二是聚焦行业热点，围绕《专利代理条例》《专利代理管理办法》《专利审查指南》的修订，解读宏观政策形势，提升专利代理师的政策把握及运用能力。三是拓宽培训思路，持续开展专题培训。通过开展 PCT 国际专利申请及专利审查高速路（PPH）、专利诉讼技巧、诉讼立案程序主题培训，组织专利代理师参与公益讲座、开放日活动等方式，多措并举满足专利代理师的多样化培训需求。四是完善远程教育培训系统，提升用户体验。开通移动网络音频功能，使学习更加高效、便捷。丰富课程内容，在线课程达到 63 个，课时 184 个，与 2018 年相比增长 33.3%。五是扩增涉外培训，通过与日本贸易振兴厅合作扩大中日外观设计制度培训班规模；通过邀请世界知识产权组织 PCT 运营司专家授课等方式，增加与国外行业组织合作。2019 年，共举办各类线上线下培训 31 期，培训学员 1.52 万人次。

4. 配合开展“蓝天”专项行动，全面深化协同治理

围绕“蓝天”专项行动要求和目标，认真组织落实，扎实做好各项配合工作。一是公开征集违法违规行为线索。发布《关于配合“蓝天”行动联合开展专利代理行业自律监督整治行动的通告》，联合 9 家省级专利代理行业组织，共同开展行业自律监督整治行动。二是筛查并曝光 4 批共 192 家无资质专利代理机构名单。三是集中立案调查一批典型案件。针对社会广泛关注的、群众反映强烈的 10 起违规案件主动立案并处理。四是发起举行 2019 年专利代理师执业宣誓仪式的倡议，北京、江苏、山东、湖南、广东、重庆、四川、浙江等地分别举行了类似活动。五是规范专利代理

机构内部管理。举办2期专利代理机构管理经验交流会，引导专利代理机构加强内部规范化建设。六是严格诉讼代理人推荐工作。对本协会推荐的专利代理师及其所在专利代理机构是否被列入严重违法专利代理机构名单、是否受到行业纪律处分或受到行政处罚等情况进行重点审查。

二、年度工作目标完成情况

1. 做好行业各项工作，服务专利事业发展大局

做好行业服务，加强行业宣传与文化建设。一是加大对诉讼代理人的监督管理力度，进一步提高诉讼代理人的推荐质量。修订《中华全国专利代理人协会诉讼代理管理办法》，完善诉讼代理人个案推荐制度。完成每季度诉讼代理人集中推荐工作。二是继续实施专利代理职业责任保险方案，做好保险续保工作，全国共822家代理机构的10 324名代理师办理了投保手续。三是做好中小专利代理机构EAC升级改版、推广工作，全年共完成3期新用户推广培训、3期业务提高培训，累计培训182家专利代理机构，共有239人次参加培训，EAC系统用户达800家。四是在协会网站开通微信在线支付功能，为会员提供更优质的服务。五是对协会的门户网站和公众号进行升级优化，公众号关注人数达17 167人。六是规范基本服务项目，公开协会诚信承诺书，明确会员权利，依法依规开展工作。七是做好《专利代理》发行工作，全年共发行期刊32 800册。结合2019年全国知识产权宣传工作要点策划专刊专题，增强期刊宣传力度。重视多媒体平台的传播途径，及时更新电子期刊，扩大期刊影响力。八是引导会员积极参与公益活动，积极协调4家会员单位出资援建桑植县的3个扶贫项目；鼓励会员单位为第三十四届全国青少年科技创新大赛一项获奖成果提供专利代理援助服务。

深化对外交流，提升国际影响力。一是参加WIPO成员国大会第59届系列会议、AIPPI非政府组织协调会议、FICPI执行委会议、全球知识产权从业者协会第11次网络峰会等国际知识产权非政府组织的活动和会议，发出中国专利代理行业的声音。二是加强对外交流，2019年共接待来自美国知识产权法律协会、日本弁理士会、WIPO、FICPI等代表团来访5次，接待外宾共计约80人。三是作为共同发起单位之一，参与“国际商事争端预防与解决组织”筹备工作，充分发挥专利代理行业在国际知识产权保护中的作用，促进我国企业“走出去”。四是参加海外知识产权纠纷应对指导理事会，发挥自身优势，为企业海外知识产权纠纷应对提供信息和指导支持。

支撑标准贯彻和实现机制运行管理。一是加强贯标认证工作，审核业务覆盖全国29个省市。二是加强外联工作，更好地服务于各地企业、院校、科研机构，提高工作效率。三是加强人才建设，建立周边审核员协同培训机制，注重对审核员的能力提升建设。四是加强廉政建设，健全问责制度，发布《认证审核人员监察管理办法》，强化员工的服务意识、市场意识、红线意识和风险意识。五是加强信息化建设，进一步优化线上任务传达、审核案卷下载、排期、组员选择、审核方案制定、审核进度查询等日常审核工作流程，提升工作效率，降低管理成本。

2. 加强秘书处内部建设，提高综合能力

一是加强人事管理，完善内部人才培养机制，积极开展中高端人才选拔推荐、职称评审相关工作，持续加强干部队伍建设。二是做好记账、结账、报税、预算编报等财务管理工作，配合审计、统计等部门完成统计核查工作。三是做好文件上报、存档、政府采购、公务车辆使用和管理等日常综合管理实务。四是做好制度建设相关工作，完善各项规章制度。五是做好安全保密工作，认真贯彻落实保密工作各项要求，加强

安全保卫和保密工作。六是开展工会活动，通过组织健步走、观看爱国影片、植树等一系列活动，营造良好工作氛围。

（中华全国专利代理师协会）

中华商标协会

2019年，中华商标协会按照《国务院关于新形势下加快知识产权强国建设的若干意见》《“十三五”国家知识产权保护和运用规划》等文件任务分工要求，在国家知识产权局的指导下，积极适应脱钩后形势变化，开拓工作思路，创新工作方式，充分发挥社会组织桥梁纽带作用，各项工作迈上新台阶。

一、商标品牌建设稳步推进

“服务商标战略，助推自主品牌”是中华商标协会成立的初心和使命。2019年，协会商标品牌建设工作稳步推进。一是为完善商标法律法规建言献策。国家知识产权局启动商标法全面修订工作后，受国家知识产权局委托，对原商标法实施情况开展问卷调查，组织企业、商标代理机构、律师事务所、研究机构及高等院校专业人员开展商标法修法课题研究，举办商标法修改研讨会、《关于规范商标申请注册行为的若干规定（征求意见稿）》意见征求座谈会。举办《国外地理标志产品保护办法（修订征求意见稿）》专家研讨会，积极参与修法工作，为相关部门制定地理标志法规提供意见和建议。二是深入推进商标品牌理论研究工作。承接国家市场监管总局、国家知识产权局相关项目11个，围绕商标注册、使用、保护和管理等各方面开展理论研究；依托中国商标品牌研究院，发布《2019中国沪深上市公司商标品牌价值排行榜》，为企业完善发展路径、提升商标品牌价值提供富有实践意义的数据建议；研究构建我国区域品牌发展指数框架模型，发布“2018—2019中国地理标志商标品牌网络满意度百强”报告，发布潜江龙虾、东方美谷、银川地理标志产品等区域品牌价值评价报告，为区域商标品牌发展提供理论支持。三是及时回应商标品牌热点问题。举办“中国商标50人论坛”“CTA沙龙”，就市场经济与商标、商标品牌海外交流与维权问题等主题组织研讨；协办《北京市高级人民法院关于商标授权确权行政案件的审理指南（2019年征求意见稿）》征求意见研讨会，为进一步规范审理标准提供参考；在第二届中国国际进口博览会期间主办第二届“贸易与商标品牌保护”论坛，就数字时代的进口贸易和知识产权保护进行深入探讨，促进进口贸易中商标保护意识的提升；举办商标海外维权主题沙龙，就商标海外布局、海外商标管理和维护等企业关心的问题进行探讨和交流。四是积极助力区域品牌经济发展。邀请抚远、同江、崇礼、皋兰和桑植等贫困地区代表免费参加商标品牌节，并免费提供中华品牌商标博览会展位，宣传推广当地特色产品；以“迈向全面小康的区域品牌发展”为主题，在第十一届中国国际商标品牌节期间举办区域品牌发展市县长论坛，为市县区域品牌发展出谋划策；举办“发现地标之美”专题论坛，促进地方商标品牌意识提升；发布《浙江省出口品牌2019商标海外抢注预警报告》，助力区域性商标品牌建设。

二、商标品牌节成功举办

商标品牌节是列入国务院《“十三五”国家知识产权保护和运用规划》《2018年深入实施国家知识产权战略 加快建设知识产权强国推进计划》的知识产权重大宣传活动。7月，与银川市人民政府、宁夏回族自治区商务厅、宁夏回族自治区市场监督管理厅、宁夏回族自治区博览局共同主办的第十一届中国国际商标品牌节在银川市成功举办，以“加强商标品牌保护 共建创新发展之路”为主题，围绕国家知识产权战略及商标品牌战略实施，全方位宣传展示我国自主品牌形象，交流商标品牌国际化经验，传播商标品牌领域最具权威性、前瞻性、实用性的政务、商务信息，为商标品牌领域的交流与合作搭建良好的平台。一是影响力进一步提升。共有3600余名代表参会参展，外宾涵盖33个国家和地区。据沃民高新科技(北京)股份有限公司提供的数据统计，本届商标品牌节媒体传播覆盖人群达1.4亿人次，满意率达98.2%。二是议题紧扣当下热点。本届商标品牌节设置23个论坛，紧紧围绕我国经济发展新形势和商标品牌领域热点问题，就商标恶意注册规制、商标品牌价值评价、地理标志商标保护、老字号品牌发展等议题展开讨论，集思广益寻求解决之道，助力商标品牌战略深入实施。三是展览荟萃各地品牌。本届商标品牌节提高参展门槛，严把参展标准，1.5万平方米展厅分为品牌商标展、地理标志展和服务商标展三大展区，汇集来自全国各地的748家品牌企业，四川、重庆、广西、河北等省市纷纷组团参展，全方位展示自主品牌形象，产品覆盖范围广泛，宣传推广效果突出。四是主题活动引发热议。在商标品牌节期间，举办首届全国高校商标热点问题辩论赛，来自北京大学、清华大学等16所著名高校法学院(知识产权学院)代表队参赛；举办第三届中华商标创意设计大赛，全国三大赛区共有2000余人参赛，收到作品9800余幅，为我国商标品牌设计走独创化和专业化道路、推动我国商标品牌设计水平提升贡献力量。

三、丰富会员服务内容

一是提前发布培训活动计划，全年分别在北京、成都、宁波等地举办9期免费培训班，从商标注册申请、审查审理、维权及诉讼多角度进行专题授课，来自全国市场监管部门的执法干部、商标代理人、律师及企业法务人员2000余人次参加培训。二是走访京东集团、中细软集团等30余家会员单位，听取会员意见和建议，了解会员需求，并及时向相关部门反映会员心声。三是与京东集团、国美酒业等大型企业签订战略合作协议，为其商标品牌发展提供个性化服务，指导会员企业加强商标品牌建设。四是在商标品牌节期间举办会员单位品牌文化展，展示会员风采，促进会员单位之间的交流，提高会员单位的影响力和知名度。五是举办海外维权研讨班和主题座谈会，发布3期《中华商标协会会员企业商标国际抢注预警报告》，畅通品牌商标权利人维权渠道，维护会员单位合法权益。

四、增加行业自律举措

一是举办商标代理人业务培训考试，2019年年初，对已通过考试的420名代理人员继续开展业务培训，10月在北京和南京同时举行商标代理人培训考试，700余名从业人员参加，促进商标代理从业人员业务素质提高。二是向全国商标代理机构发出《商标代理行业自律公约》，号召提倡诚信代理，合规经营，切实维护商标所有人的合法权益。三是开展“商标服务金牌示范单位”“优秀商标代理机构”表彰活动，发布2018—2019年优秀商标代理案例，发挥典型示范引领作用，推动行业服务水平和自律意识提升。四是商标代理分会纪律和规则委员会积极、妥善处理会员投诉，通过重点约谈、通报等形式，规范商标代理市场行为。五是开展商标代理监管课题研究，协助主管部门起草商标监管办法，促进商标代理行业健康有序发展。

五、充分发挥桥梁纽带作用

一是举办第四届知识产权行政执法与司法保护联动论坛，加强商标行政执法与司法保护的衔接，营造良好的知识产权保护环境；二是组织召开商标法律与审查实践交流座谈会，加强商标代理机构会员单位与主管部门的沟通和联系；三是组织召开全国商标协会联席会，加强全国各省市商标协会交流，促进地方商标品牌建设发展；四是积极探索与其他行业协会商会合作模式，与中国知识产权研究会、中国版权协会共同主办中国知识产权三十人论坛（鸟巢峰会），搭建高端、高效、高水平的知识产权交流平台和智库平台；与中国知识产权法学研究会签署合作协议，在知识产权特别是商标领域开展深入交流与合作；与中国服装设计师协会联合举办中国时尚产业知识产权大会，成立中国时尚知识产权保护中心，助力我国时尚产业品牌化发展；“5·10 中国品牌日”期间，与中国家用电器服务维修协会、中国安全品牌协会等联合发起举办中国品牌口碑年会，为以商标为支撑的品牌经济高质量发展提供专业支持和数据支撑。

六、拓宽对外交流渠道

一是成立中华商标协会国际交流发展委员会，加强与国际和区域性组织、各国政府机构、各国司法机构和立法机构的沟通交流，为拓展商标领域的国际合作搭桥铺路。二是积极参与商标品牌国际活动，派员参加世界知识产权组织商标工业品外观设计和地理标志法律常设委员会（SCT）年度会议、商标五局合作会议及外观设计五局合作会议、国际商标协会（INTA）年会、欧洲商标权人协会（MARQUES）年会、巴西知识产权协会（ABPI）年会，在 INTA 年会上举办 CTA 论坛及“中国之夜”招待会，在 MARQUES 年会上举办 CTA 论坛。三是与各国知识产权组织加强联系，派团赴日本、秘鲁、智利、爱尔兰、冰岛及丹麦等国，访问当地知识产权机构，考察调研商标注册、管理等情况，与当地商标组织加强联系。四是与国际相关组织合作在境内外联合开展活动，与 WIPO 中国办事处合作举办圆桌会议和商标马德里注册研修班；与 INTA 共同举办恶意注册问题圆桌讨论会、非传统商标研讨会；与日本贸易振兴机构北京代表处共同举办第一次中日商标制度研讨会；与日本弁理士会（JPAA）在日本联合举办商标实务培训班。五是发挥商标品牌节平台作用，在商标年会上举办国际商标法律动态论坛、国际商标律师论坛，为国内企业普及国外商标法律知识；与 WIPO、INTA、MARQUES、JPAA 等国际组织继续在商标年会上举办论坛，介绍各国知识产权发展最新动态，促进商标品牌从业者国际交流。

七、创新宣传工作形式

宣传商标法律法规，提升全社会商标品牌意识是中华商标协会的重要职责。2019 年，中华商标协会进一步创新宣传形式。一是加强网站、微信等新媒体建设，及时报道商标品牌热点事件，全面宣传商标法律法规。截至 2019 年年底，中华商标协会网站浏览量 14.5 万人次、微信公众号订阅人数达 3.2 万人，杂志社微信公众号订阅人数达 6 万人。二是充分发挥《中华商标》杂志、《中国商标年鉴》专业期刊的宣传作用，开设“一带一路”商标品牌战略实施、商标密集型产业专栏和高端访谈专栏，与中国知网合作建立数据库、专家库、案例库，从全局高度记录商标权利保护和工作全貌；开设“中华好商标”、区域品牌影响力专栏，讲好中国故事，促进中国品牌文化的对外宣传。三是与中国市场监管报社合作，在商标品牌节期间编辑出版《每日看点》，通过会议报道、会议花絮、精彩访谈等形式对商标品牌节当天的主要活动进行多角度的综合报道，受到一致好评。

八、党建工作凝心聚力

2019 年，以党的十九大部署、习近平新时代中国特色社会主义思想为指引，以“不忘初心、牢记使命”主题教育为主线，按照中央和国家机关工委要求，结合工作实际，全面加强党建工作。一是认真开展“不忘初心、牢记使命”主题教育。严肃党内政治生活，强化党内监督，持续推进“两学一做”学习教育常态化、制度化，加强全体党员干部政治思想教育，牢固树立“四个意识”，在思想上、政治上、行动上同以习近平同志为核心的党中央保持一致。二是严格落实“三会一课”制度。切实落实“不忘初心、牢记使命”主题教育部署，支部书记以“不忘初心、矢志不渝”为主题，结合协会使命，为全体人员上党课。截至2019年12月初，共召开党支部支委会11次、全体党员大会12次，3个党小组分别组织学习12次。三是重视加强党员干部爱国主义和革命传统教育。组织党员群众赴六盘山红军长征纪念馆，重温红色记忆；赴冉庄地道战纪念馆，实地体验中国抗日战争的艰辛历程，接受革命传统教育；赴雄安新区参观规划展览馆，深刻体悟习近平总书记十九大治国理政新理念、新思想、新战略。四是重视青年员工教育与培养。利用“学习强国”“支部工作”等线上平台，结合线下集中研讨，学习习近平总书记关于社会组织工作和知识产权保护工作的重要论述；组织入党积极分子参加中央和国家机关工委行业协会商会党委培训班，扩大党员基础；成立“续半亩方塘”青年读书会，组织“80后”“90后”职工开展读书讨论，全面提升人员政治素质和业务能力。

（中华商标协会）

中国音乐著作权协会

1. 继续为中宣部“学习强国”学习平台提供著作权支持

1月，中共中央宣传部“学习强国”学习平台正式在全国上线。“学习强国”学习平台聚合了大量可免费使用的期刊、书籍、公开课、歌曲、戏曲、电影、图书等资料，包括中国音乐著作权协会在内的5家著作权集体管理组织以著作权许可、转付使用费等方式提供著作权支持。

2. 为中宣部新中国成立70周年各类宣传活动中使用的音乐作品提供著作权许可服务

3月，中宣部申请使用11首爱国歌曲在新中国成立70周年全国范围内各类宣传活动中的使用。中国音乐著作权协会高度重视此项工作，反复与所涉17位词曲著作权人沟通联络，做好协调服务，最终完成全部授权工作，确保新中国成立70周年各类宣传活动中相关音乐作品的合法使用。

3. 使用“时间戳”进行诉讼取证

为消除传统公证取证费用高、周期长、无法即时取证的弊端，开始在表演权等维权业务的前期取证上尝试推行借助技术手段的“时间戳”的应用。取证工作人员使用“时间戳”技术，在遇到侵权行为时可以即时打开手机进行取证，大大提高取证效率。

4. DIVA版权信息数据系统加入新成员

MCT（泰国）和MACA（中国澳门）两家协会加入到DIVA大数据系统的使用中。加上此前已加入DIVA的CASH（中国香港）、MÜST（中国台湾）、MACP（马来西亚）、WAM（印尼）、MCSC（中国）5家协会，该系统为7家音乐著作权集体管理协会共有。作为世界上最大的华语音乐版权信息数据系统，DIVA的不断丰富和完善无疑将在更大程度上提升华语音乐的版权管理水平，使词曲作者的权益得到更好的保障。

5. 为第二届中国国际进口博览会提供著作权驻场服务

11月，第二届中国国际进口博览会在国家会展中心（上海）举行。延续上海世博会、首届进博会等国际性展会的音乐版权保护模式，派员全程进驻知识产权保护与商事纠纷处理服务中心，为参展商提供一站式音乐著作权许可服务。博览会期间，驻场工作人员不仅接受现场咨询，而且为参展商现场办理音乐著作权许可证。

（中国音乐著作权协会）

中国音像与数字出版协会

2019年是新中国成立70周年，是决胜全面建成小康社会的关键之年，这一年中国音像与数字出版协会在上级主管部门、地方各级行业管理部门以及全体会员单位的支持下，以提升服务为宗旨，以行业需求为导向，深入调研，不断探索新闻出版行业创新发展途径，扎实推进各项工作，圆满地完成年度工作任务。

一、坚持正确政治方向

党的十九大报告提出新时代文化建设的基本方略，明确了文化建设在中国特色社会主义建设总体布局中的定位，提出了新时代文化建设的总目标，指出了新时代文化建设的着力点和新要求。中国音像与数字出版协会日常工作以此为据来设定工作目标，落实各项措施，为推进音像与数字出版事业的健康发展提供有力的政治保证。

二、全面服务会员单位

中国音像与数字出版协会是代表广大会员合法权益的行业组织，是政府主管部门联系音像与数字出版产业的桥梁纽带，在日常工作中始终深入贯彻落实中央精神，努力推动行业转型升级，推动行业加快先进文化内容建设步伐，促进优秀原创作品创作，鼓励推出精品力作，为满足人民过上美好生活的新期待提供丰富的精神食粮。

（一）举办行业活动，搭建交流平台，促进产业发展

为促进产业发展，各工作委员会/专业委员会结合各领域需求与特色，组织和举办一系列在行业内有重大影响力的论坛、展会和重大活动。其中，数字出版领域有中国数字阅读大会（2019年特设新中国成立70周年主题展）、中国“网络文学＋”大会、有声阅读生态大会等；数字音乐和音像出版领域有2019中国数字音乐产业发展峰会、2019上海国家音乐产业基地暨上海音乐谷发展大会、唱工委音乐盛典（CMA）、首届中国音乐产业行业年会——你好，2020！等；网络游戏领域有中国国际数码互动娱乐展览会（CHINA JOY）、中国游戏产业年会、国际游戏商务大会等。另外，发布2019中国音乐产业发展报告——数字音乐产业发展专题报告、2019中国音乐产业发展报告——音乐科技与装备专题报告、2020年中国音乐产业发展十大趋势预测、中国音乐产业发展报告、中国游戏产业报告、中国数字阅读白皮书、中国网络文学产业发展报告等研究成果等，为行业及管理部门提供具有参考性、科学性、引导性和权威性的信息。

为进一步加快新闻出版业数字化转型升级步伐，促进产业整体发展，加强行业交流，秘书处及各工作委员会/专业委员会举办内容丰富多样的交流活动，如ISLI标准应用研讨会、ISLI系列标准研制工作讨论会、音视频技术交流会、“当游戏遇到音乐”主题沙龙等活动，为行业解答困惑，为会员搭建交流学习平台，推动会员合作。

根据行业发展需求，经主管部门批准，组织大量培训，为提高行业人才队伍整体素质，提升从业人员的理论水平和职业技能，加强数字出版编辑人才队伍的建设发挥积极作用。

（二）打击侵权盗版，推进行业维权，营造良好环境

为应对数字出版产业在新形势下的反盗版工作所面临的新挑战和新机遇，中国音像与数字出版协会突破原有传统音像领域反盗版业务格局和服务模式，组建面向数字出版领域的专业团队，逐步开展相关领域的法律援助服务，并接受会员单位的委托，提供更为专业的反盗版维权支持。8月，“净化行业风气 打击网游盗版——新

形势下开展游戏反盗维权工作发布会”在上海召开，反盗版工作委员会开始开展游戏企业反盗版维权服务工作，并将在相关流程方面编制团体标准，陆续开展网络文学、音乐等领域反盗维权工作。

（三）组织标准研制，规范行业秩序，保障有序发展

2019年，有声读物专业工作委员会在主管部门领导下，完成《有声读物行业技术标准》的制定和出版工作。

为推进新闻出版行业国家标准、行业标准、地方标准和团体标准、企业标准相互补充、互为融通的多层次发展格局，在国家标准委和主管部门指导下，于2019年5月成立团体标准化技术委员会，组织开展新闻出版行业团体标准编制工作。完成标准立项项目27项，其中6项标准已经编制完成，并有3项标准已经转化成为行业标准，其余21项标准将于2020年陆续完成编制工作。

三、承办政府部门委托项目

（一）中国ISLI注册中心建设工作

继续承担中国ISLI注册中心和新闻出版元数据注册与应用平台的建设工作。2019年，完成ISLI注册系统的优化升级工作，元数据平台的技术需求调研，平台的开发设计，与出版发行信息公共服务平台、网络文学作品标识信息管理系统的技术对接等工作。此外，以元数据注册与应用平台为抓手，依托ISLI中心，启动新闻出版元数据中心的筹备工作，为行业管理和市场应用提供有效支撑。

为进一步提高行业对ISLI标准的认知程度，提升行业内容资源管理和整合能力，促进产品形态和服务模式的创新，中国音像与数字出版协会以论坛、培训、交流、组建联盟等方式开展多次ISLI标准的宣贯活动。

（二）继续推进科技部“知识服务领域关联标识符注册解析系统与应用示范”项目

继续推进科技部“知识服务领域关联标识符注册解析系统与应用示范”项目中的“研制ISLI标准在知识服务领域的系列应用标准”和“知识服务领域关联标识符注册解析应用系统研发和部署管理”有关工作。

四、加强课题国际交流

3月，组织内地艺人参加由国际唱片业协会主办的香港亚洲流行音乐节，并在音乐节上演出展示。中国音像与数字出版协会一直致力于推动本土音乐市场，为亚洲各地音乐业界人士及媒体构建一个跨市场的平台，以推广音乐文化。

6月，连续十一次组织中国音像代表团参加世界音乐博览会。中国音像代表团联合国内唱片公司、音像出版制作单位和优秀的音乐品牌、原创型乐队，凝聚政府、企业、社会组织和独立音乐人等多方力量，借助网络和移动终端等新媒体的传播宣传方式，通过新闻发布会、产品推介会、签约会、现场演绎等方式，向世界发布我国音乐产业相关信息，宣传我国最具有代表性的音乐产品和作品，推介国内优秀的音乐企业和原创音乐人（乐队）走出国门、面向世界。

五、完成换届工作

中国音像与数字出版协会第四届理事会于2013年10月17日由第四次会员代表大会选举产生。经主管部门同意，第五次会员代表大会于2019年12月26日在北京召开，大会选举产生了由219名理事组成的新一届理事会。全国政协委员、原国家新闻出版广电总局副局长孙寿山当选第五届理事会理事长，原国家新闻出版广电总局数字出版司司长张毅君当选第一副理事长，童趣出版有限公司总经理敖然当选常务副理事长兼秘书长，中宣部出版局副局长冯士新等 21 人当选副理事长。

（中国音像与数字出版协会）

中国发明协会

一、认真学习政治理论，扎实推进协会各项工作

2019 年，中国发明协会党建始终坚持“以党立会、以党促会、以党兴会”的指导原则，按照中央和国家机关工委、中国科学技术协会关于加强协会党建工作的总体部署要求，以落实协会党建“两个全覆盖”和开展“不忘初心、牢记使命”主题教育为重要抓手，着力加强党组织建设，发挥党组织政治核心、思想引领和组织保障作用。党委书记在参加中央和国家机关工委主题教育动员部署会后，第一时间召开领导班子和党支部会议，传达中央精神和中央和国家机关工委要求，研究主题教育工作计划；召开全体人员主题教育动员部署会议，充分调动和发挥广大党员的作用，加大力度激励广大发明人的积极性、主动性、创造性，以党建统领各项工作不断向前发展。

（一）理论学习有收获

中国发明协会党委严格按照中央和国家机关工委要求以及主题教育工作方案，组织全体党员和员工“读原著，学原文，悟原理”，系统、深入学习习近平总书记在“不忘初心、牢记使命”主题教育工作会议上的讲话，以及《习近平关于“不忘初心、牢记使命”论述摘编》《习近平新时代中国特色社会主义思想学习纲要》等重要文献，进一步提升理论水平。

（二）思想政治受洗礼

围绕中国共产党人的初心与使命、新时代协会的使命任务、加强协会党建工作、破解协会发展难题 4 个专题，深入调研并开展专题研讨；对照党章党纪党规，查找检视协会工作存在的问题；通过民主生活会、组织生活会，开展批评与自我批评，落实整改方案措施，真正做到“守初心、担使命、找差距、抓落实”。开展的主题教育活动，对党委、党支部及每位党员都是一次很好的政治洗礼，是很好的党性教育和思想净化途径，为协会工作和发明创新事业发展奠定思想基础。

一是组织全体员工到航天科技集团 502 所参观学习。本次活动是中国发明协会党委、党支部开展“不忘初心，牢记使命”主题教育活动和主题党日活动的重要内容。按照思想建党、理论强党的要求，将学习教育贯穿主题教育全过程，认真学习理论，强化实践运用。

二是组织全体党员和员工到航天一院参观座谈。学习人民科学家钱学森、新时代大国工匠高凤林等航天人勇于创新和艰苦奋斗的航天精神。全体同志对中国航天事业和“航天精神”有了更直观、更深刻的认识，对发明创新在航天事业以及具体工作中的意义有了新的体会和感悟。协会同志一致表示，实地调研学习入脑入心，润物无声，“航天精神”融入心田，进一步激发大家做好发明创新事业，更好为发明人服务的动力与热情。

（三）为民服务解难题

通过认真调研、深入座谈，切实了解广大发明人意见建议以及实际存在的难题，把坚守党的初心和担当与协会使命任务高度统一，进一步推进发明创新事业和协会工作深入开展。

一是组织相关同志与国防知识产权局有关负责人共同参观调研解放军装甲兵学院，实地感受军地发明创新和成果转化最新进展，促进人才交流与合作。

二是赴湖北省发明协会、武汉九生堂生物科技、健康中国研究中心、新奥特科技集团、开封高新技术开发区等单位调研，深入了解地方发明协会工作情况和行业、企业的服务需求，及时吸纳好的意见建议，丰

富工作内容和拓展新的渠道。例如，湖北发明协会制定的服务会员“黄金九条”，在全国发明协会分支机构借鉴推广；武汉九生堂董事长、中国发明协会副理事长邹远东提出的充分利用协会平台，把发明人的好产品、好成果建立线上线下推广、转化、销售服务平台的建议，形成普遍共识。

二、巩固老品牌，拓展新领域

（一）成功举办第十三届中国发明家论坛暨发明创业奖颁奖典礼

4月，第十三届中国发明家论坛暨发明创业奖颁奖典礼在北京举办。论坛以“新中国成立70周年、科技发展与发明创新”为主题，切实反映时代主旋律。本次论坛由中国发明协会、科技日报社、国家科学技术奖励工作办公室、中国知识产权报社共同主办，同时得到科技部、国家知识产权局、中华全国总工会、中国科学技术协会的大力支持。科技部党组成员、科技日报社社长李平，全国政协常委、国家知识产权局副局长何志敏等领导出席论坛，为86位发明创业奖获奖代表颁奖；中国共产党十八届中央候补委员、中国工程院院士、中国电力科学研究院院长郭剑波作“新能源发展现状、趋势与挑战”主旨报告；北京大学国家发展研究院教授周其仁作题为“发明的认知”主题演讲；国家知识产权公共运营平台副总经理马天旗博士作“高价值专利挖掘”专题报告。全国各省、自治区、直辖市和港澳台地区发明人，解放军有关单位和来自企事业单位200多位代表参会。

论坛上举行了中国发明协会首届第二批会士证书颁发受聘仪式，李登海、王永民、包起帆、昝林森、江碧涛、高凤林、李嘉强、王大铁、贾利民、李校堃、席北斗11位发明家、科学家当选；论坛上还举行了协会新成立的“院士专家工作咨询委员会”首任专家聘任仪式，该委员会成员包括协会会士、院士、知名学者、行业领军人才等，旨在搭建高端发明智库，更好服务国家和社会、服务会员。

论坛同期召开中国发明协会七届六次常务理事、七届四次理事（会员）大会。会议由协会理事长潘云鹤院士主持，审议并通过《中国发明协会2018年度工作报告》。

（二）成功召开2019年全国发明协会秘书长工作会议并进行多场考察调研活动

7月，全国发明协会秘书长工作会议在江西九江召开。会上部署了下半年和今后重点工作。一是在全国发明协会系统动员部署开展“不忘初心，牢记使命”主题教育活动，守初心、担使命、找差距、抓落实，要求把各项工作抓细抓实，落到实处；二是做好全国发明展览会举办、发明创业奖组织评选、组织国际展、培训等重点工作；三是加强与有关部门和各地方发明协会的交流沟通，加强协作，争取多方支持，促进发明创新事业和协会工作新发展。

会议期间，和与会代表实地考察江西仙客来生物科技有限公司、九江如洋精密科技有限公司、九江学院等单位。

（三）成功举办第二十三届全国发明展览会·“一带一路”暨金砖国家技能发展与技术创新大赛

11月，在广东佛山举办第二十三届全国发明展览会·“一带一路”暨金砖国家技能发展与技术创新大赛，来自11个城市的全国各地超过1900多个发明创新项目参展。展会以“发明、创新、合作、共赢”为主题，设置发明展历程、VR体验、国防知识产权、高端智能制造、环保节能、智能家居、新一代信息技术、粤港澳大湾区、青少年发明创新等展区，吸引了粤港澳大湾区以及全国各地的企业、发明人、高校和科研院所参展。

（四）助力民族品牌走向全球市场，联合主办第24届中国五金博览会

由中国发明协会等五家“中”字头协

会和浙江永康市人民政府共同举办的第24届中国五金博览会于9月在“中国五金之都”——浙江永康举行，吸引了来自中国、瑞典、意大利、韩国等国家和地区的1686家企业参展，外地参展客商比例增至58%，首次开设了机械装备联合展区，还有网货节、五金名品精品展示、高新技术成果项目展、第7届中国五金工业设计展等一系列丰富新颖的活动，来自永康市的20家工艺美术协会成员也以团体名义共同参展本届博览会，并以永康金属雕的招牌亮相，进一步丰富了展会的艺术性和特色性。

(五)奖励、举荐工作稳步推进，取得新突破

奖励工作是中国发明协会工作的重要抓手，2019年的奖励工作主要有以下四个方面。一是组织首届发明创业奖·成果奖颁奖大会，颁发获奖证书；完成发明创业奖·人物奖组织评选。二是推荐国家科技奖8个项目。三是推荐中国专利奖6项。四是向科技部推荐3名中青年领军人才，向中国科学技术协会推荐2项“光华奖”。

(六)圆满完成培训任务

8月，举办新产品研发高级专业人才能力提升高级研修班，旨在培养企业高级管理人才和高级专业科技创新人才，促进理论与实践紧密结合，全面提升管理水平和创新研发能力。培训班邀请中国科学院电子学研究所所长吴一戎院士，国家知识产权局条法司审查政策处孟海燕处长，中国发明协会常务理事、协会发明方法研究分会会长、萃智(TRIZ)培训专家赵敏博士等资深专家授课，来自全国各行各业70多位学员参加学习。学员们通过与院士专家交流互动、教学相长，学有所思，学有所得，对协会培训工作给予高度好评。

(七)国际交流合作工作扎实推进，取得新硕果

1. 成功出访巴西等南美国家，签订双边、多边合作协议

11月，首次出席在巴西举行的金砖国家领导人峰会系列活动，包括金砖国家工商论坛、金砖国家数据经济论坛、技能发展与技术创新论坛、智能制造/工业4.0论坛等专题活动。其间，还访问了巴西、秘鲁、阿根廷等南美国家的发明协会、政府部门、研究机构、大学和企业，与有关专家、企业家、发明家座谈交流，深入探讨双边或多边发明创新和合作发展意向，签署双边、多边合作协议。

2. 首次签订美国硅谷国际发明展独家代理协议

美国硅谷国际发明展览活动具有国际化、专业化、开放化的特点，企业参展意愿强烈，市场潜力巨大。为抢占国际市场，整顿规范国内市场，中国发明协会首次与美国硅谷国际发明展组委会签订中国区独家代理协议，为未来组展业务的发展壮大打下良好基础，起到示范和推广作用。

3. 积极与有关企业签订战略合作协议

为扩大媒体宣传力度，提升招展能力，增强营销实力，实现强强联合、资源共享、资源互补，与日内瓦展中国区总代理北京中知国际会展有限公司签订战略合作协议，双方本着平等互利、共同发展的原则，共同开展国际组展工作。2019年经过双方共同努力，圆满完成日内瓦国际发明展和纽伦堡国际发明展。

4. 组团参加国际发明展有新突破

2019年，参加12个国家和地区的国际发明展览会，包括第3届美国硅谷国际发明节、第71届德国纽伦堡国际发明展、法国巴黎国际发明展(列宾竞赛)、第47届瑞士日内瓦国际发明展、韩国第12届国际女子发明展、泰国“发明者日”暨曼谷国际知识产权发明创新与技术展览会、第4届土耳其伊斯坦布尔国际发明展览会、第3届

北马其顿国际专利发明创新和新技术展览会、塞尔维亚特斯拉发明节暨第33届国际创新知识与创造力展览会和克罗地亚2019“发明之舟”第17届国际发明展览会等，出席香港发明创新总会组织的发明创造大赛、澳门第7届国际创新发明展等活动。在众多的国际舞台上发出中国声音，展现中国发明人的风采。

5. 加强与地方组团单位交流与合作

为深入了解参展方的实际需求，全面了解参展项目创新点，提高参展项目获奖率，加强与组团单位交流，调动地方协会组展积极性，中国发明协会分别赴泉州职工技术协会、航天一院等单位交流调研，听取参展项目介绍，与组团单位负责同志进行座谈，撰写调研工作报告。

加强与地方协会的合作，积极调动地方协会力量，山东、湖北、湖南省发明协会2019年都积极参与、组织会员及企业参加国际展。同时积极联络会员，扩大对外交流的宣传面，已初见成效。

(八)积极探索军地两用技术发展新模式

2019年是中国发明协会与国防知识产权局共同组织开展“发展创新大赛”的第二年，该项目经上级批准正式立项，是中国发明协会2019年的重点工作。两年来共征集有关项目约40 000多项，初步遴选出项目737项，通过国防知识产权专家评审最终确定纳入民间原创发明创造技术65项，其中金奖项目31项，银奖项目34项。“发展创新大赛”评选出的项目具有技术水平高、运用前景广阔的特点，受到有关方面重视与推广。

建立有关项目数据库，完成有关课题研究。通过搜集、遴选、评选、表彰，促进更多的民间优秀发明创新创造为国防建设服务。

(九)积极和社会各界进行广泛交流与合作，扩大影响力

(1)倾听新会员的心声和建议。7月，举行新会员座谈会，国家能源集团、清华大学、中铁建工集团、中坤石油、石墨烯创新企业、大学生等各领域会员代表与会，交流发明创新体会，对协会工作建言献策。

(2)在坚持做好发明创新领域老品牌同时，不断探索开拓新领域、新机遇。

赴腾讯公司访问交流，与腾讯公司董事会主席兼首席执行官马化腾座谈，探讨协会与腾讯公司合作发展。到中兴公司参观交流，与中兴公司主要领导和高管座谈。

5月，应邀参加首届“李登海少年儿童发明奖”暨第十届山东省少年儿童发明奖颁奖典礼活动，并与登海种业创始人、“玉米杂交之父”、农业大专家李登海等共同为获奖师生颁奖，为山东省青少年科技发明教育基地揭牌。

6月，参加第十三届北京发明创新大赛颁奖会，与北京市科委领导共同为特等奖获奖者颁奖，对北京发明协会持之以恒办好大赛，以大赛为平台，服务广大发明人，服务北京发明创新事业，表示支持与祝贺。

6月，应邀出席“与创新同行”论坛暨科学中国人2018年度人物盛典，并与张宝文副委员长、航天大专家戚发轫院士等进行交流，共同向年度人物特别奖杰出青年科学家代表颁奖。

7月，联合山东发明协会在威海市主办中国新兴产业院士高端恳谈会。协会领导代表主办方致辞，10余位各领域院士与会。这是协会结合地方新兴产业战略布局和具体发展需求，“集众智，汇众力”，服务国家发展战略、服务地方经济发展的一个举措，也将成为中国发明协会、山东发明协会和地方政府共同打造的新的高端科创智库品牌活动，将持续为地方经济的新兴产业抚育、孵化、加速提供人才、技术、项目支持。

出席“5G智能化时代的企业科创知识产权变现与发展高峰论坛”活动。会议期间，与汇桔网董事长兼CEO谢旭辉等公司高管进行交流会谈，最终中国发明协会与汇桔网签署战略合作协议。协会领导还与德国史太白商业创新中心总裁 Gerold Muhr 先生、美国知名创投机构 OpenExO 导师兼亚太地区大使、奇点大学前亚太地区大使、马来西亚籍华人 Clarence Tan 博士等嘉宾进行深入交流。

8 月，参加“豫酒振兴 红酒民权 红动河南——新品品鉴会”活动，为打造中国红酒品牌助力。

9 月，出席在兰州举办的第四届兰州科技成果博览会国际知识产权（兰州）论坛并做主旨演讲。该论坛由甘肃省科技厅、兰州市政府、汇桔网、丝绸之路知识产权港共同打造。其间，协会领导与甘肃省委常委、副省长周学文，副省长张世珍以及参会的胡润百富榜创始人胡润、美国专利商标局前审查员丹尼尔·H. 谢尔，意大利注册建筑师、瑞士洛桑联邦理工大学博士后（清华大学访问学者）阿尔贝托·博洛尼亚，以色列-欧盟“威廉”项目首席执行官达芙娜·卡里夫、马来西亚 BETA 基金 CEO 兼联合创始人莉莉安娜·阿卜杜尔·拉蒂夫等国际专家进行交流。

10 月，出席在上海举办的第二届世界顶尖科学家论坛活动。协会领导与世界顶尖科学家协会主席、诺贝尔化学奖得主罗杰·科恩伯格，世界顶级科学家协会副主席、美国前能源部长、前总统顾问、诺贝尔物理学奖得主朱棣文，世界顶级科学家协会秘书长王侯，中国科协党组副书记、副主席、书记处书记徐延豪等领导和嘉宾进行友好交流。

12 月，出席在郑州举行的第五届中国创客大会。

为了感谢比尔·盖茨先生和盖茨基金会多年来对发明创新事业和发明人的大力支持，12 月，协会领导和商建忠理事一起到盖茨基金会北京办事处拜访，与李一诺主任进行友好会谈，就下一步合作事宜进行商议。

（十）加强宣传引导，提高国内外影响力

2019 年，中国发明协会圆满完成各项宣传工作任务。年度累计撰写 66 篇协会新闻动态稿件，近 10 万字，同时发布于协会官网和官方微信，累计阅读浏览量近 10 万人次。发布 30 多篇有关国际展会组展、全国发明展招展、国家科技奖励、发明创业奖、专利金奖等协会工作公告通知。和各大中央媒体、各地方媒体紧密合作，建立互动流畅的新闻传播平台，有力支持了发明家论坛、国际发明展、国际发明创新论坛等协会重大活动和品牌活动的新闻报道工作。

（十一）会员发展呈良好态势，为协会持续发展储备人才

进一步加强会员管理工作，主要是通过加强宣传，争取有社会影响力的单位、会员加入协会，督促会员履行职责，按时缴纳会费。

2019 年，新入会会员 370 人，单位会员 36 个，新入会会员中博士、硕士研究生共 112 人，占比 30%，高于历年。这些都将为今后协会发展储备人才和后备力量。

三、加大力度推进青少年发明创新活动开展，为国家培养优秀人才

（一）成功举办第三届全国中小学生创·造大赛

6 月，第三届全国中小学生创·造大赛颁奖仪式在宋庆龄青少年科技文化中心举办。该项比赛已成为全国科技活动周重点示范活动，也是教育部批准的 2019 年度面向中小学生开展的全国竞赛活动。

本次大赛主题是“科技冬奥与智能生活”，以培养有时代精神、创新能力和家国情怀的全球化时代终生学习者为目标，注重培养学生对知识的综合运用能力、基本工程实践能力、创新意识与创造能力，激发学生从事科学研究与积极探索的兴趣和潜能，引导学生注重团队协作、动手实践，全面提高学

生科学素养。“星火队”“地表最强队”“撼动清北”等8支队伍获得金奖，12支队伍获银奖，10支队伍获铜奖，10支队伍获优胜奖。“星火队”同时荣获院士特别奖。此外，现场还颁发了最佳技术奖、最佳创意奖。

（二）成功举办第十五届宋庆龄少年儿童发明奖

第十五届宋庆龄少年儿童发明奖颁奖仪式在中国宋庆龄青少年科技文化中心未来剧院举行。本届活动共有来自全国38支代表队的上万名中小学生参加，参赛作品近4000件。最终评选出发明奖金奖30项、银奖60项、铜奖170余项、创意奖30项等。评出人工智能（编程）作品金奖10项、银奖30项、铜奖50余项。

（三）成功举办第十四届全国高等职业院校“发明杯”大学生创新创业大赛

10月，在山东理工职业学院举办第十四届全国高等职业院校“发明杯”大学生创新创业大赛总决赛。本届大赛共吸引来自全国20个省132所高等职业院校代表队参加，共收到专利类、发明制作类、创业类、创意类比赛作品8264件，创历史新高。经过初评晋级，790件作品团队汇聚于山东理工职业学院，进行最终的角逐。经过校赛、网评和现场终评阶段的比拼，311项作品获得一等奖，273项作品获得二等奖，362项作品获得三等奖。赛事期间，协会领导认真观看参赛项目展览，并与广大参赛学生亲切交流。

“发明杯”大学生创新创业大赛自2006年成功创办以来，其规模和质量不断提高，产生很多原始创新成果和可以转化的成果，助力大批优秀项目落地转化，也发现和培养了大国工匠人选。

（四）成功举办中国发明协会学前创新教育分会首届年会暨儿童创新教育论坛

8月，由中国发明协会主办，中国下一代教育基金会、创新方法研究会、中国家庭教育学会、中国陶行知研究会支持，中国发明协会学前创新教育分会、中幼联（北京）国际教育科技研究院承办的中国发明协会学前创新分会首届年会暨儿童创新教育论坛在中国宋庆龄青少年科技文化交流中心举办。来自北京、江苏、浙江、河南、河北、山东、山西、湖南、江西、安徽、广东、新疆等地方的会员代表、幼儿园园长、特级教师代表、幼儿和家长代表等近1000人莅临现场。本次活动还进行了网络直播，吸引了近30 000人观看。

该论坛举行的建国百年“2049”30年倒计时仪式是一大亮点。这项活动自启动以来，通过建设全国性示范基地、参与政府公共服务，将婴幼儿潜能发展系列教科研成果进行推广和转化，惠及0—6岁婴幼儿家庭超过50万。

顾秀莲副委员长、发明协会领导为在学前创新教育领域做出突出贡献的10位代表授予“建国70周年卓越教育创新人物”证书，与会领导为建国70周年学前创新教育优秀论文、案例和课例征集活动获奖者颁奖，并举行了学前创新教育分会“战略合作伙伴授牌仪式”。

（五）中小学创造教育分会“燎原计划”系列活动广受好评

分会以“燎原计划”为抓手，积极开展各项创新教育活动，大力推进中小学校各类创新教育基地建设，努力打造具有特色和典型示范性的科创研学基地，积极吸收和支持地方教育机构合作共建，进一步推动全国中小学创新创造教育深入发展。2019年新增“燎原计划”试点校32所，基地校24所，特色校6所，科创研学基地2个，名师工作室3个。

“燎原计划”2019人工智能与创新教育思享汇及第2届中小学教师创新教育说课大会邀请到中国工程院院士何继善、人工智能科学家蔡自兴教授以及来自北京大学、中国人民解放军国防科技大学、中南大学的教授专家现场与科创老师和中小学生互动。现场和网上参加活动的人数近百万。该项活动得到湖南省各有关部门大力支持。

此外，分会发动、组织60多所“基地”校学生的148个创新项目，参加2019年第二十三届全国发明展览会·“一带一路”暨金砖国家技能发展与技术创新大赛，取得26金、35银、41铜与7个专项奖的好成绩。

（中国发明协会）

国际保护知识产权协会（AIPPI）中国分会

一、AIPPI会长一行在北京拜访知识产权相关部门

5月，AIPPI会长蕾娜塔·莱赫提（Renata Righetti）等一行5人来到北京，在AIPPI中国分会相关人员陪同下，拜访了最高人民法院知识产权法庭、北京互联网法院、国家知识产权局和中国国际贸易促进委员会。AIPPI中国分会副会长龙传红、林晓红及秘书长李毅陪同访问，双方就2020年杭州世界知识产权大会的筹备交换了意见。

二、举办AIPPI中日韩三国分会交流会

5月31日至6月2日，2019年AIPPI中日韩三国分会交流会在珠海市成功举办。参会人员包括来自中国、日本和韩国的知识产权代理师、律师、法官、政府官员及专家学者等，参会人数达140人。田力普会长和中国贸促会卢鹏起副会长参加开幕式并致辞，AIPPI会长蕾娜塔·莱赫提、总报告人约翰·欧夏（Jonathan P. Osha）、秘书长奥尔加·斯拉柯娃（Olga Sirakova）参加交流会并分别致辞。

AIPPI韩国分会会长Jehyun Kim在闭幕式上宣布2020年三国分会交流会将于2020年5月29日至31日在韩国庆州举办。

三、举办AIPPI中国分会与美国知识产权法律协会（AIPLA）联合座谈会

6月，AIPPI中国分会与美国AIPLA在北京共同举办联合座谈会，两协会代表分别致辞并介绍了各自的近况。会议演讲部分由AIPPI中国分会和AIPLA分别派相关人员就中美两国知识产权最新发展发表演讲。

四、受邀参加第十一届中国国际商标品牌节并设展位

第十一届中国国际商标品牌节于2019年7月在银川市成功举办，AIPPI受邀派代表参会。AIPPI中国分会负责布置展位，向与会者介绍AIPPI，宣传推介2019年AIPPI伦敦及2020年AIPPI杭州世界知识产权大会。

五、举办AIPPI中国分会青年知识产权研讨会

2019年AIPPI中国分会青年知识产权研讨会于7月在北京举办。此次会议有近100位AIPPI中国分会会员及非会员参加，参会人员主要来自全国各地的知识产权代理机构和律师事务所。

2019年AIPPI中国分会青年知识产权研讨会形式仍然与往届保持一致，使用英语作为会议语言，同时也举办日语分论坛。会议内容主要分为13个时段，涉及多个方面的知识产权热点和前沿问题。

六、参与协办2019年中国知识产权年会

应主办方的邀请，AIPPI在杭州举办的2019中国知识产权年会上举办“人工智能：知识产权法面临的新挑战”论坛。同时还在本次年会上设展，协助总会进行展位设计和具体布展工作，宣传推介2020年AIPPI杭州世界知识产权大会。

七、举办山东烟台养马岛知识产权论坛

AIPPI 中国分会、山东重点产业知识产权联盟(SKIIPA)和知识产权出版社三方于8月在烟台市养马岛首次共同举办“2019 山东烟台养马岛知识产权论坛”。

八、参加 AIPPI 伦敦世界知识产权大会

9 月,2019 年 AIPPI 世界知识产权大会在英国伦敦顺利召开,来自世界 85 个国家和地区的 2400 余人参加了本次大会。其中,来自 AIPPI 英国分会的参会人数最多,达 216 人;AIPPI 中国分会参会人数199 人,位列第二。

大会期间共举办了 2 次执委会和多场专题讨论会,AIPPI 中国分会副会长龙传红作为代理会长出席了会长理事会;李毅作为分会秘书长和司库参加了各国分会秘书长/司库会议;另外,AIPPI 中国分会指定 12 位会员作为 AIPPI 中国分会的代表参加了 2 次执委会。执委会通过 4 个专题报告和常设委员会报告的决议。

在大会上,还专门就 2020 年 AIPPI 杭州世界知识产权大会展台进行宣传。

九、举办 AIPPI 中国分会 AI 研讨会

10 月,AIPPI 中国分会在北京举办 AI 研讨会,特邀会员代表、国内外知识产权界专家、学者、律师及企业代表共 40 余人参会。本次研讨会从欧洲专利实践和中国专利实践的角度重点讨论人工智能发明的可专利性这一议题。

十、举办中国分会版权热点论坛(2019 年度)

12 月,AIPPI 中国分会版权热点论坛(2019 年度)在北京举行。司法机关代表、京内外高校学者、专家、互联网及影视传媒企业代表、律师、AIPPI 会员及高校在校学生等 200 余人参加会议。

会议发布 AIPPI 中国分会 2019 年度中国版权十大热点案件,并邀请嘉宾针对版权保护的客体研究,特殊类型作品保护研究,与影视、互联网相关的保护问题三个主题进行深入研讨。

十一、举办 AIPPI 中国分会理事会及会员代表大会

12 月,AIPPI 中国分会在北京召开2019 年理事会及会员代表大会。理事会由龙传红副会长主持,会议改选、增选部分理事;通过 2019 年协会工作报告;就2020 年 AIPPI 杭州世界知识产权大会等工作进行动员及安排。为了感谢和鼓励参与国家知识产权局委托研究项目的会员单位及代表,大会还特别安排了颁奖环节。

(国际保护知识产权协会中国分会)

地方知识产权工作概况

北 京 市

2019 年，经北京市政府批复，北京市知识产权办公会议成员单位由 42 家调整为 33 家。全年共召开 3 次北京市知识产权办公会议工作会，修订《北京市知识产权办公会议制度》，完善《关于加快知识产权首善之区建设的实施意见》任务分工方案，审议通过《关于推进北京市知识产权公共服务体系建设的意见》《北京市促进知识产权服务贸易工作方案》等系列重要文件。

在 2019 年国家营商环境评价中，北京市“知识产权创造、保护和运用”指标名列全国第一。

制定印发《北京市知识产权资助金管理办法(试行)》，加大对通过 PCT 途径申请海外专利的资助力度，增设海外注册商标资助，引导支持北京市企业积极开展海外知识产权布局。

北京市政府与世界知识产权组织签订《关于加强知识产权合作的谅解备忘录的补充协议》，开展新一轮合作，并推动世界知识产权组织的技术与创新支持中心(TISC)项目在北京市建设实施。

北京(中关村)国际知识产权服务大厅正式启动运行，2019 年共有 53 家国内外知识产权服务机构进驻，为社会公众提供国际知识产权服务咨询、国际知识产权服务资源展示、国际知识产权资料查询、知识产权国际人才培育以及知识产权服务国际交流服务，该项工作是积极落实《北京市促进知识产权服务业发展行动计划(2018 年—2020 年)》的重要举措。

完成 2019 年中国北京世界园艺博览会、“一带一路”国际合作高峰论坛、亚洲文明对话大会和庆祝中华人民共和国成立 70 周年等重大活动知识产权保护的服务保障工作。

专利工作

2019 年，北京市专利申请量 226 113 件，同比增长 7.1%，其中发明专利申请量 129 930 件，同比增长 10.4%；专利授权量 131 716 件，同比增长 6.7%，其中发明专利授权量 53 127 件，同比增长 13.1%。PCT 申请受理量 7165 件。截至 2019 年年底，北京市每万人发明专利拥有量达到 132 件，居全国首位，是全国平均水平的近 10 倍。

发布《北京市中小微企业外观设计专利侵权纠纷快速处理办法(试行)》，压缩专利侵权纠纷案件审理时限，加大对中小微企业知识产权保护力度；发布《北京市电子商务领域专利侵权纠纷快速处理规程(试行)》，缩短电商专利侵权纠纷的处理期限。

共受理专利侵权案件 310 件，其中专利侵权纠纷调处案件 84 件，展会专利侵权案件 24 件，电商专利侵权案件 202 件。

高质量完成中国(北京)知识产权保护中心建设，当年审核通过 975 家企事业单位专利预审备案，受理专利申请预审案件 416 件，预审合格进入国家知识产权局快速审查通道的专利申请 144 件。

根据《北京市发明专利奖励办法》(京政办发〔2007〕33 号)，经过规定程序评审并报请北京市政府批准，北京市知识产权局、北京市人力资源和社会保障局决定授予电信科学技术研究院有限公司的“一种时分双工系统的数据传输方法和系统”发明专利特等奖；授予北京交通大学的“一种分瓣式磁性液体密封装置”等5项发明专利一等奖；授予北京四环制药有限公司、北京澳合药物研究院有限公司、通化济达医药有限公司的“盐酸罗沙替丁醋酸酯冻干粉针剂及其制备方法和其应用”等10项发明专利二等奖；授予北京集创北方科技股份有限公司的“一种电容触摸屏触摸检测电路”等20项发明专利三等奖。

（北京市知识产权局）

商标工作

2019年，北京市商标申请量546 590件，商标注册量474 645件；截至2019年年底，商标有效注册量达1 921 978件。

在顺义、平谷、延庆新增三个商标受理窗口，开展商标注册等24项商标申请受理业务。自2017年以来，北京市已先后设立11个商标受理窗口。

完成“北京市商标保护与管理研究”课题研究工作，对商标的保护与管理进行深入研究，针对商标工作进行深度分析，对已有工作成果及案例进行总结，提出问题并分析原因，对北京市商标的保护与管理工作提出政策建议。

（北京市知识产权局）

地理标志工作

截至2019年年底，北京市共有平谷大桃、大兴西瓜等地理标志产品13件，核准使用地理标志保护产品专用标志的企业53家。

联系北京顺鑫集团牛栏山酒厂，就“牛栏山二锅头系列白酒”地理标志保护产品标志使用和生产经营情况进行实地调研。和西城区什刹海街道办事处联合主办“爱北京，爱家乡，与地理标志共成长”主题讲座，地理标志领域专家为现场的小观众们介绍了地理标志相关知识。

完成“地理标志产品保护与管理研究”研究工作。为加强地理标志产品保护力度，提升地理标志产品保护水平，对地理标志产品的保护与管理进行研究并提出建议。

（北京市知识产权局）

版权工作

一、版权普法宣传活动和《视听表演北京条约》宣传工作

1. 举办“4·26世界知识产权日”系列活动

围绕《视听表演北京条约》和版权创新举办两场宣传活动。与世界知识产权组织中国办事处、北京国际电影节组委会联合主办“电影和版权：机遇与挑战并存”论坛。世界知识产权组织副总干事王彬颖、中宣部版权管理局局长于慈珂、北京市委宣传部副部长王野霏出席并致辞。影视版权专家学者、表演者代表、影视制作和传播企业代表，以及哈萨克斯坦、津巴布韦、吉尔吉斯斯坦等16国知识产权及文化官员出席论坛。在国家版权创新基地主办以“创新引领发展，版权筑造核心”为主题的版权创新发展论坛。论坛设置了版权保护与运用创新、版权平台运营创新、网络版权保护创新、版权金融保障创新、版权生态建设创新、版权司法保护创新等重点话题。

2. 启动《视听表演北京条约》宣传工作

（1）举办高级研修班。9月，与世界知识产权组织联合主办《视听表演北京条约》高级研修班。世界知识产权组织特别邀请的西班牙籍版权法专家Marta Garcia Leon围绕“视听表演者权利与《视听表演北京条约》”作精彩演讲。

（2）启动条约解读工作。条约解读工作主要内容是组织编写、出版、发行三本解读读物，分别为《条约释义》《条约与产业发展》《条约的历史进程》。9月中旬，举行解读工作启动仪式暨第一次编务工作会议，由教育部高等学校法学类专业教学指导委员会副主任委员吴汉东教授牵头，共计30余人参加。

（3）筹划条约生效庆祝活动。筹划条约生效后的主题庆祝活动，以“见证”为主题，以“庆祝条约生效 展现首都形象”为宗旨，通过丰富的节目形式，向全世界充分展示《视听表演北京条约》的里程碑意义以及北京市版权保护的良好形象，推进北京市科技创新中心和国际交往中心建设。

3. 开展版权公益广告宣传和优秀版权项目推介展示活动

（1）通过公益广告大力宣扬版权保护理念。在“4·26世界知识产权日”宣传期间，围绕版权与创新进行为期一个月的公益广告宣传，在北京市不同区域投放1700个《人民日报》数字屏，200多个地铁、公交候车厅和楼宇电梯媒体。央视市场研究公司开展的传播效果评估报告显示，当期公益广告触达率68.6%，社会认可度90.7%，社会信任度92.2%，版权问题居民重视度88.2%。

（2）举办优秀版权项目推介会。11月，在通州宋庄文化聚集区举办“2019北京优秀版权项目推介会”，北大方正、河图创意等11家优秀文化企业参展，分享艺术品版权开发成果和版权成果孵化经验。推介会期间，朝阳区人民法院法官为艺术家专门讲解了艺术品版权保护问题，版权调解中心全程提供免费版权咨询服务，“京版版权认证”“共建可信数字版权生态”等版权服务平台亮相版权大讲堂。

二、软件正版化工作

（1）强化组织领导。4月，召开北京市软件正版化工作动员部署会，要求各有关单位做好2019年度软件正版化工作；9月，召开北京市使用正版软件工作联席会议，各成员单位认真梳理前期工作情况。

（2）优化宣传培训。着眼于提高宣传培训的针对性和实效性，各有关单位自2019年5月起开展软件正版化工作的分级、分层、分类培训，共举办66场培训班，近3000人参训。针对机构改革后各单位软件正版化工作人员变动较大的情况，对规范性文件进行搜集和梳理，编印《软件正版化工作重要文件汇编》并发放各单位。

（3）细化服务管理。建立北京市软件正版化工作责任人员数据库，运用软件正版化信息管理系统统一管理北京市软件正版化工作相关信息。积极开展咨询服务，对存在实际困难的单位，通过日常走访、实地督导等模式予以有效解决；积极推广先进经验和有效做法，帮助各单位提升管理水平。各单位认真开展自查自纠，发现并弥补存在的一些死角；7月，在前期自查自纠基础上，对存在突出问题的9家单位又实施第二轮乃至第三轮督促检查。

（4）深化督查考核。国家版权局牵头推进使用正版软件工作部际联席会议，对北京市市级政府部门软件正版化工作进行全覆盖检查。此次检查共涉及48家市级政府机关的8489台计算机软件安装使用情况。其中，操作系统软件正版率达到99.98%，办公软件正版率达到99.99%，使用预装操作系统计算机比例达到93.27%。在已经完成的21个省、市检查结果中，北京市三个项目的检查统计数值均位居第一。联席会议办公室对北京市97家党政机关单位、1200余家市属国有企业及89家卫生健康系统单位进行考核评议。

三、行业整顿、版权监测和版权保护工作

（1）全面部署“剑网2019”专项行动。以北京市版权局名义召开北京市“剑网2019”专项行动动员会。各区融媒体中心

和互联网企业的代表120多人参加了动员会，北京市版权局领导出席会议，并就开展专项行动提出具体要求。会议宣布专项行动工作方案，明确五项工作重点，规定北京市“剑网2019”专项行动领导小组的组成，明确各部门职责分工。

（2）大力整顿图片版权经营秩序。“黑洞图片”事件之后，北京市版权局召开部署会议，印发《关于规范图片版权经营秩序的通知》；首都版权产业联盟向图片行业发出《规范图片版权运营秩序倡议书》。全景视觉、视觉中国、东方IC等主要图片企业对本企业图片库中无授权、权属不清或者权属存疑的图片采取下线措施，合计审核过滤库中图片超过2亿张，对权属有待进一步明晰的3000多万张图片作预防性下线处理，基本达到“无授权必须下线，权属不清晰必须下线，内容有歧义必须下线”的要求。

（3）积极监测著作权侵权行为。委托北京网络版权监测中心主动开展网络版权监测。截至2019年10月底，累计监测发现网络侵权链接56.8万条，综合下线率约97%。首都版权产业联盟将30个小网站侵权传播影视作品线索移送注册地管理部门。版权管理处对前期移送公安机关的网络侵权传播案中的3个案件补充证据，2名犯罪嫌疑人被批捕。北京市文化市场行政执法总队关闭侵权盗版网站2个，删除侵权链接1.4万条，收缴侵权制品2万余件；查办行政处罚案件49件，罚没款78.2万元；查办国家版权局移转案件13件，向公安机关移送案件2件。

（4）持续督促网络企业守法经营。通过会议和走访，反复督促企业矫正经营中存在的缺失。北京市文化执法部门加强与京版十五社反盗版联盟等行业协会的联系，召开版权预警会3次，完善和提升了版权预警机制和版权保护绿色通道。

（5）努力推动版权纠纷调解。2019年，北京版权调解中心共受理各类申请人直接提出申请的行业调解案件及行政调解案件460件，其中已结案381起。调解成功，当事人达成和解的案件121件。接受朝阳法院委托案件1972件，其中信息网络传播权纠纷907件、合同纠纷170件、侵害商标权纠纷79件、侵害作品放映权纠纷302件、著作权权属纠纷511件、不正当竞争纠纷3件，累计涉案金额超4500万元人民币。接受北京互联网法院委托侵犯信息网络传播权案件、网络购物合同纠纷、著作权权属纠纷4644件，累计涉案金额近2.5亿元人民币，完结处理案件2764件。派调解员入驻北京知识产权法院，协助进行一审案件诉前调解及诉中调解。

（6）认真开展版权保护规则制定工作。通过网站公布《北京市版权局关于信息网络传播权保护的指导意见（征求意见稿）》。参加北京市知识产权局开展的立法调研工作，就北京市知识产权综合立法工作和北京奥林匹克知识产权保护规定修订工作分别提出意见和建议。

（赵晓鹏）

司法工作

一、充分发挥知识产权司法保护主导作用，高质高效完成审判任务

1. 克服案多人少矛盾，收结案再创新高

除知识产权刑事案件外，2019年，北京三级法院共受理各类知识产权案件80 165件，同比增长35.7%。其中，知识产权民事案件共57 124件，占比71.3%；知识产权行政案件共23 041件，占比28.7%。共审结各类知识产权案件79 769件，同比增长42.6%，其中审结知识产权民事案件55 803件、知识产权行政案件23 966件。

北京法院在圆满完成审判任务的同时，始终将办案质量与效果作为首要任务，出色审结了一批疑难、复杂、新类型及社会广泛关注的案件。例如，北京市高级人民

法院审结“红牛”商标权属纠纷案、“高通诉苹果”标准必要专利侵权纠纷案等一批疑难、复杂且社会广泛关注的案件；北京知识产权法院审结首例云服务器被诉侵权案、首例生物基因技术药物发明专利授权案、冻干形式的稳定药用组合物专利侵权诉前行为保全案等事关国家创新驱动发展战略的重大疑难、复杂案件；北京市东城区人民法院审结国内首例电商平台状告“知产流氓”不正当竞争案；北京市西城区人民法院审结全国首例涉中国传统杂技项目“抖空竹”的杂技作品著作权纠纷案；北京市朝阳区人民法院审结英国捷豹路虎汽车不正当竞争纠纷案；北京市海淀区人民法院审结《五环之歌》广告词改编权纠纷案；北京市丰台区人民法院审结涉及千页豆腐团体标准的商标侵权案；等等。

2. 彰显知识产权市场价值，加大侵权行为制裁力度

一是加强程序性措施保护力度。2019 年，北京知识产权法院共在 13 件案件中采取诉中临时措施，其中财产保全类 7 件、证据保全类 6 件；共在 54 件案件中采取诉前临时措施，其中财产保全类 52 件、行为保全类 1 件，证据保全类 1 件，诉前临时措施的裁定支持率达到 100%。2019 年，北京市海淀区人民法院共受理行为保全申请案件 23 件，通过审慎审查、充分听证、快速处理，充分发挥行为保全程序及时制止侵权行为、维护当事人合法权益的重要作用。二是加大侵权行为赔偿力度。北京知识产权法院审结的涉外民事案件中，平均赔偿额度自 2015 年的约 77 万元逐年上升至 2019 年上半年的约 286 万元。北京市海淀区人民法院在 UC 浏览器诉搜狗输入法流量劫持案中，适用裁量性赔偿计算方式确定 2000 余万元的赔偿金额，这一案件是该院判赔金额最高的知识产权案件。

3. 营造诚信有序司法环境，及时有效化解纠纷

一是积极适用举证妨碍规则。北京市海淀区人民法院在全国首例分时出租视频 VIP 账号使用时长不正当竞争纠纷案、“BBC”商标侵权纠纷案、《淘气包马小跳》漫画作品侵权案等案件中，在被告经释明提交其账簿或图书印数等证据材料仍拒绝提交的情况下，积极适用举证妨碍规则，全额或高额支持权利人的索赔请求。二是减轻权利人举证负担。针对知识产权无形性、侵权行为隐蔽性等客观实际，适当降低举证难度，避免机械适用“谁主张、谁举证”原则，减轻权利人的举证负担。积极引导并鼓励当事人、代理人就权利人的损失和侵权人的获利情况举证，努力查明损失和获利情况，提高损害赔偿计算的科学性和合理性。在权利人有初步证据证明其索赔主张，且侵权人拒不提交其掌握的相关证据时，足额支持权利人的赔偿请求。三是加大失信行为制裁力度。北京知识产权法院在“海南卫视”等案件中对作伪证、拒不履行保全裁定等违法行为按照法定上限 100 万元进行处罚，在多起案件中对提交伪证的当事人采取民事制裁措施。

4. 积极探索创设新举措，提升北京知识产权司法保护水平

一是北京知识产权司法保护研究会自成立以来，通过主办研讨会、发布典型案例、深入企业调研等多种形式，服务北京知识产权司法审判，助力首都职能目标建设。二是为北京市制定规范性文件提供决策依据。北京市高级人民法院起草《关于加强知识产权审判领域改革创新的实施意见》，并经北京市委研究后由北京市委全面依法治市委员会颁布实施。该意见从完善知识产权诉讼制度、加强北京法院知识产权审判体系建设、加强知识产权审判队伍建设和加强知识产权审判信息化建设四个方面，对深化北京知识产权审判领域的改革创新、完善知识产权审判体系建设作出有力指引。

二、统一知识产权裁判标准，提升法律适用水平

1. 制定案件审理指南，强化司法裁判的公信力和影响力

一是发布《商标授权确权行政案件审理指南》，统一商标授权确权行政案件司法审查标准。二是依托最高人民法院知识产权案例指导研究（北京）基地，初步建成国内第一个专门服务知识产权审判的数据平台——“出释入典”知识产权案例指导服务平台。三是北京法院着力强化对知识产权行政行为合法性的全面审查和深度审查，针对相关行政机关需要重视或者解决的普遍性问题适时发出司法建议。

2. 全面落实司法责任，细化管理方式和监管范围

一是建立专业法官会议制度。除重大敏感特殊案件外，院长、庭长原则上不再听取个案汇报，由法官联席会议、专业调研小组等为合议庭提供意见参考。二是细化院长、庭长权责清单，强调院长、庭长的宏观审判管理监督职责以及事中监督权，确保司法责任制改革去行政化后监督不缺位。各院明确院长、庭长的结案指标，贯彻“院长开庭周”“庭长开庭日”制度，实现院长、庭长办案常态化。

3. 立足实际调研培训，持续提升司法能力

北京知识产权法院完成《加大专利案件司法判赔力度调研报告（2015—2018）》，对专利侵权案件赔偿问题进行了实证研究。高度重视知识产权法官的培训工作，在2019年围绕涉商标、著作权、不正当竞争等案件举办多项审判实务专题培训，并与清华大学联合举办“知识产权审判高级人才培训班”，对知识产权审判中存在的疑难问题进行了深入、富有针对性的培训。为加强对全市著作权案件审判工作的指导，举办两次“北京法院版权沙龙”，针对“视觉中国”事件和集体管理组织提出的相关具体问题，研究形成KTV著作权案件赔偿问题和涉图片类案件审理工作两个座谈会会议纪要，既统一了著作权案件裁判标准，又及时回应了社会热点问题。

三、顺应审判发展新趋势，多措并举减轻审判压力

1. 建设新型审判团队，实现案件繁简分流

根据案件情况实施繁简分流、轻重分离、快慢分道，设立速裁组、快审组等新型审判团队，切实防止案件积压，实现“简案快审、繁案精审”的工作目标。在案件繁简分流的基础上，配套实施裁判文书样式改革，对事实相对清楚、权利义务关系相对明确的案件采取简易文书样式，有效节约了裁判文书撰写时间，缓解了案多人少矛盾。

2. 依托信息化技术手段，探索智能化审判应用

探索知识产权案件审理与现代化科技的深度融合，依托互联网技术积极建设“智慧法院”，为当事人提供便捷、友好、低成本、高品质的在线诉讼服务。

3. 坚持司法引领作用，发挥多元调解优势

充分发挥多元调解优势，指导规范调解机构健康发展。在北京市高级人民法院的统筹协调下，各级法院均重视加强与北京市保护知识产权举报投诉服务中心（北京12330）、中国互联网协会调解中心、北京多元调解发展促进会等相关单位的对接，充分调动行政调解、行业调解、人民调解组织的力量，推进诉讼纠纷的和解。

4. 加强司法宣传，延伸审判职能

注重加强与政府机关、行业组织、科研院所的交流沟通，研讨知识产权司法保护方面的热点难点和突出问题，做好知识产权纠纷的预判引导和治理防范。依托各类媒体平台大力宣传知识产权法律法规和司法政策，增强社会各界知识产权司法保护意识。

（北京市高级人民法院知识产权审判庭）

检察工作

一、加强专业化建设，依法全面履行检察职能

北京市检察机关加强专业化建设，形成全市三级院知识产权案件均由专门部门、专业人才办理的格局。北京市人民检察院第四分院建立全国检察机关首个知识产权行政检察研究和实践基地，大大提升了知识产权保护工作质效。

（1）实行重点案件挂牌督办，提高办案效率，保证案件质量。成功办理“全国扫黄打非办”挂牌督办的北京“12·06”侵权盗版出版物案等一批重大案件。

（2）建立不起诉案件移送行政处罚制度，提高侵权违法成本。对公安机关移送审查起诉的案件进行审查并作出不起诉处理后，认为有必要给予被不起诉人行政处罚的，以检察意见书的形式，将案件移送相关行政主管机关。

（3）针对重点疑难问题发布办案参考和典型案例，促进全市统一执法标准。发布年度刑事保护工作报告和典型案例，落实《北京市检察机关侵权假冒犯罪办案参考》等工作办法，对犯罪嫌疑人常见辩解如并非真实交易、涉案物品真假混杂、已销售物品均被使用无法查获等问题，提出具体参考意见，遵循科学的证据规则，依法全面认定犯罪数额，提高违法犯罪成本，防止放纵犯罪。

（4）充分保障权利人合法权益。根据最高人民检察院要求开展侵犯知识产权刑事案件权利人诉讼权利义务告知试点工作，实现《权利义务告知书》百分百送达。与北京市知识产权维权援助中心、互联网行业协会等合作，开展普法宣传活动，提高权利人维权意识和维权能力，防范风险于未然。

二、牢固树立服务大局意识，积极服务保障社会发展

（1）突出重点领域，联合相关单位形成保护合力。针对中关村地区在线视频著作权被侵犯情况突出等问题，先后与相关单位座谈，形成共同保护平台。海淀区人民检察院举办“在线视频著作权保护”主题活动，联合海淀区人民法院、北京市公安局海淀区分局、中国互联网协会、海淀区高科技企业等相关单位成立“反在线视频盗版联盟”。倡导建立版权信息共享机制，创建版权保护数字化平台，提高尊重知识产权的公民意识，并建议权利人向社会大众公示在线视频作品的著作权归属，在发现被侵权时及时固定证据并配合有权机关调查取证。

（2）合理制发检察建议，强化社会综合治理。海淀区人民检察院、门头沟区人民检察院通过办理案件发现企业管理制度漏洞，制发检察建议，帮助企业查疏堵漏、建章立制。大兴区人民检察院、房山区人民检察院针对地区制售假酒问题制发综合检察建议，保障酒业市场的健康发展。

（3）扎实推进普法活动，解管企业维权疑惑。与中国版权保护中心、中国互联网协会调解中心、阳光诚信联盟等重点行业协会，与华为、腾讯、京东、百度等重点科技企业等建立沟通平台，对 32 家企业开展普法活动，帮助提升企业的维权意识和维权能力。

（最高人民检察院第四检察厅）

天津市

专利工作

一、加快推进知识产权战略实施

重新确定24家市知识产权战略领导小组成员单位，领导小组办公室设在天津市知识产权局，部门合作、区级联动的知识产权工作局面进一步加强。完善知识产权政策法规。9月，天津市十七届人大常委会第十三次会议审议通过了《天津市知识产权保护条例》，并于11月1日起施行，该条例成为全国首部省级知识产权保护的综合性地方性法规。提早谋划知识产权"十四五"规划思路。《天津市知识产权"十四五"规划》再次被列为市级专项规划。积极推进知识产权强区建设。全市国家知识产权试点示范城区达到7个，其中滨海新区成为第二个国家知识产权示范城区，北辰区成为国家知识产权示范培育城区。

二、专利数量和质量稳健提升

2019年，天津市有效专利达到198 946件，同比增长17.8%。其中，有效发明专利34 726件，同比增长8.3%；有效实用新型专利149 930件，同比增长20.9%；有效外观设计专利14 290件，同比增长11.3%。全市专利授权量达到57 799件，同比增长5.7%。天津市每万人发明专利拥有量达到22.3件，净增1.7件，居全国第六，提前完成"十三五"规划目标。组织完成2019年天津市专利奖评奖工作，评选金奖12项、优秀奖31项、创业奖4项；组织推荐21项专利参评第二十一届中国专利奖，共获得18项奖励，其中金奖1项、优秀奖14项、外观设计优秀奖3项，首次实现连续两年获得中国专利金奖。

三、专利运用能力不断增强

东丽区获批"国家知识产权运营服务体系建设城市"并启动建设，获得中央财政专项资金支持1.5亿元，首批1亿元资金已拨付到位。东丽区成立了天津市首个区级知识产权综合服务平台，面向全市提供专利检索、专利运营、专利导航等十余项专利服务，聚集了中知厚德、中科专利、德国博默特律所等20余家中介、转化、金融机构，为知识产权运用提供全流程、一站式服务。新版华北知识产权运营网上线，特色分中心专利运营业务加快发展，开展知识产权运营业务1925笔，运营收入合同金额1824万元。升级完善AUTOPAT汽车行业专业性专利数据库平台，平台囊括全球超过2000万条专利数据，对国内100多万条专利数据进行了标引加工，成功签约服务汽车企业、行业协会6家。成立天津市首只知识产权运营基金——天津中知创富创业投资合伙企业（有限合伙）。深化知识产权金融创新服务，组织各种知识产权融资宣讲对接会14场，走访服务企业近百家，全年专利质押登记57笔，贷款金额9.6亿元。提升企业专利保险意识，调研200余家企业，了解掌握企业基本需求，开展专利保险系列专题培训2场，参加企业百余家，参保执行险企业55家。实施重点产业专利导航，完成人工智能产业专利导航产业规划报告，编制完成《2018年天津市专利密集型产业目录》。运用磁敏产业专利导航产业规划项目研究成果，指导建设"磁敏产业知识产权示范园"，构建专利数量为124件的专利池，孵化引进企业9家。支持天津中新药业集团股份有限公司"用于治疗胃肠道疾病的中药组合物"等9个专利奖项目实施转化，形成高价值专利组合，新增产值超过 4.5 亿元人民币。

四、企业知识产权能力得到进一步提升

中冶天工集团有限公司被国家知识产权局评为 2019 年度国家知识产权示范企业，天津金耀集团有限公司等 11 家企业被评为 2019 年度国家知识产权优势企业。以培育高价值专利为主线，不断提升企业知识产权创新能力，确定天津中环领先材料技术有限公司等 10 家企业为 2019 年天津市高价值专利培育项目（企业）。启动实施天津市创新型企业领军计划，进一步探索新时代科技企业发展的新思路、新路径，天津市科技型企业发展迈入 3.0 版新阶段。全市国家高新技术企业、国家科技型中小企业总数突破"双六千"。建立雏鹰—瞪羚—领军（培育）企业梯度支持机制，各梯度企业总数分别达到 1500 家、245 家和 170 家。

五、专利保护更加严格

公安机关全力推进"昆仑"专项行动，全年共侦破侵犯知识产权案件 56 起，抓获犯罪嫌疑人 68 名，涉案金额 3202 万元。持续强化行政执法与刑事司法"两法衔接"机制，健全完善法治监督体系，联合开展专项监督行动。大力推动"天津市打击侵犯知识产权和制售假冒伪劣商品行政执法与刑事司法衔接信息共享平台"的完善和使用，实现检察机关、公安机关、行政执法机关共同进行案件网上移送、网上受理、网上监督的工作体系。支持企业加强知识产权保护，高标准完成专利导航（保护类）项目验收，指导 20 家企事业单位开展专利保护预警分析。培育流通领域专业市场单位重视知识产权保护工作，2019 年荔隆广场和友谊新天地被国家知识产权局评为"国家级知识产权保护规范化市场"称号。推进京津冀知识产权保护一体化，京津冀三地知识产权保护部门共同签署《知识产权保护合作框架协议》，明确跨区域执法协作规则和操作办法，共同营造京津冀三地严格知识产权保护的生态环境。中国（滨海新区）知识产权保护中心建成投入使用，形成了专利"快速审查、快速授权、快速维权"一站式服务。天津市委编办正式批复同意设立天津市知识产权保护中心，在此基础上，积极筹备中国（天津）知识产权保护中心建设。

六、专利服务水平得到进一步提升

落实专利费用减缴和资助政策，专利费用减缴备案审核时间由 25 个工作日压缩至 5 个工作日。2019 年，通过专利费用减缴工作，惠及企业 8700 余家，减缴专利费用 1.5 亿元。调整专利资助政策，继续对企业获得国内外发明专利给予资助。2019 年，对 2196 家企业专利授权、发明专利维持补贴 1000 万元，对 22 家单位 63 件国外授权发明专利资助资金 270.3 万元，对 172 家企业补贴知识产权管理规范贯标费用 708 万元。优化专利受理业务流程，纸件专利申请受理由 3 个工作日压缩到 1 个工作日，97％的专利申请业务通过网上办理，专利代办 32 项业务全部实现"最多跑一次"，30 项业务做到"一次不用跑"。落实"双万双服促发展"部署要求，由市知识产权局领导带队组成 4 支服务队，加大对 102 家重点企业的知识产权服务力度，组织开展调研服务 130 余次，现场解答企业问题 100 余个。加快专利代理机构的引进和培育，新增专利代理机构 13 家，全市专利代理机构达到 66 家。

（天津市知识产权局）

商标工作

2019 年，天津市各类市场主体共向国家知识产权局商标局提出商标注册申请 73 310 件，同比增长 14.1％；核准注册商标 56 538 件，同比增长 36.2％；有效注册商标

245 828 件，同比增长 25.2%。

一、积极推进商标受理便利化服务

在国家知识产权局商标局的支持下，设立天津市知识产权局和滨海新区、天津自贸区、和平区、南开区、北辰区、宝坻区、静海区共 8 个商标受理窗口，开展向国家知识产权局进行商标申请、转让、使用许可备案和马德里商标国际注册等 24 项业务，填补了天津市历史上无权受理商标申请登记的空白。

二、严厉查处商标侵权行为

充分发挥市场监管综合行政执法优势，加大商标执法力度，印发《2019 年打击侵犯商标专用权执法“铁拳”行动方案》，办结商标侵权案件 400 件，涉案经营额 477 万元，罚没款总额 666 万元，没收物品货值总额 203 万元，挽回权利人经济损失 107 万元。

三、加强外贸品牌保护

加强政策支持，有效降低企业品牌培育和建设的成本，2019 年共拨付支持资金 134.8 万元，支持国际自主品牌企业开展品牌宣传推广、境内外维权、境外商标注册和境外专利申请。开展第四批“天津市重点培育的国际自主品牌”评选工作，壮大品牌主体队伍。截至 2019 年年底，天津市共有 53 家企业的 62 个品牌获得认定。

四、助力老字号焕发活力

印制《天津市促进老字号创新发展政策汇编》，召开天津老字号政策宣讲会。制定专项政策，对老字号企业开设店铺、参加老字号主题展会等给予资金支持。与新浪天津联合主办“老字号潮起来”新媒体宣传活动，通过新浪微博社交媒体为桂发祥、老美华等老字号品牌营销赋能。搭建展会平台，成功举办 2019 中国(天津)中华老字号精品博览会，推动与全国各地老字号开展交流合作。搭建“走出去”平台，组织海鸥手表、鸵鸟墨水等企业先后参加山东老字号博览会、上海老字号博览会、中国兰州投资贸易洽谈会等专题展会，加强省际交流。

五、持续开展品牌价值评价工作

天地伟业技术有限公司、天津长荣科技集团股份有限公司、天津军星管业集团有限公司、天津中新药业股份有限公司第六中药厂、天津同仁堂集团股份有限公司、天津桂发祥十八街麻花食品股份有限公司、天津金牛电源材料有限责任公司 7 家企业分别荣登电子信息、轻工、建筑材料、医药健康、中华老字号 2019 中国品牌价值评价分类发布榜单。

（天津市知识产权局）

地理标志工作

一、加强地理标志整治和保护

印发《关于开展 2019 年春节期间地理标志使用专项整治工作的通知》。重点对静海区“独流老醋”“台头西瓜”，宁河区“七里海河蟹”和“芦台春酒”，滨海新区“茶淀玫瑰香葡萄”，蓟州区“盘山磨盘柿”和“天津板栗”等地理标志产品开展专项检查。以粮油、水产、瓜果、蔬菜、畜禽、茶叶、中药材等地理标志类别为重点开展地理标志保护秋季行动，加强对地理标志保护产品和作为集体商标、证明商标注册的地理标志的保护监管与执法指导。

二、植物新品种工作取得新成效

2019 年，天津市种业企业共向农业农村部申请植物保护品种 33 个，获得授权的植物新品种包括水稻、玉米、大白菜、黄瓜四类粮食和蔬菜作物，进一步巩固了在育种方面的技术优势。天津科润农业科技股份有限公司 2019 年新获得 4 个植物新品种权，该公司在大白菜、菜花、不结球白菜等蔬菜领域累计获得 27 个植物新品种权。

天津天隆科技股份有限公司 2019 年在水稻领域获得 6 个植物新品种权，在杂交粳稻优质广适育种和制种产量提升方面取得了重大突破。

（天津市知识产权局）

版权工作

一、版权保护工作

（1）开展打击网络侵权盗版“剑网 2019”专项行动。天津市“剑网 2019”专项行动期间，天津市版权局对全市网站进行调查摸底，截至 2019 年 11 月，天津市共有备案网站 48 076 家，其中拥有网络文化企业 423 家，拥有数字出版许可的企业 18 家。专项行动期间，天津市版权局联合相关部门印发《关于开展打击网络侵权盗版“剑网 2019”专项行动的通知》；举办网络版权保护培训会；对市重点网站进行联合检查；各区履行主体责任，主动开展检查，在全市范围形成打击网络侵权盗版的强大态势。

2019 年，天津市共查办侵权盗版案件 6 件，行政罚款 4.5 万余元。持续做好国家版权局等四部门对天津市 3 件版权刑事案件的督办，案件办理均有较大进展。

（2）开展版权认定和版权纠纷调解工作。2019 年，天津市版权局共完成 30 种涉嫌侵权图书的认定工作，向天津市出版物质检中心移交 5 种涉嫌非法出版的图书。完成 1 件版权纠纷调解工作，受到双方当事人的好评。

（3）组织开展查处侵权盗版案件有功个人申报。按照《国家版权局关于开展 2018 年度举报、查处侵权盗版案件奖励工作的通知》要求，天津市版权局组织市级和各区版权单位及通信、公安、海关、市场监管、网信、法院、检察院等单位开展申报工作。天津市文化市场行政执法总队执法二队获得有功单位一等奖；天津市滨海新区文化市场行政执法大队、天津市南开区文化市场行政执法大队分别获得有功单位三等奖；天津百练教育公司销售盗版培训教材案专案组成员获得有功个人一等奖；天津爱迪公司侵犯软件著作权案专案组成员及天津市版权局、天津海关的两名同志均获得有功个人三等奖。

二、版权公共服务

（1）实施版权登记免费政策。为鼓励天津市创新创造能力，提升公共服务质量，自 2019 年 8 月起，天津市实行作品登记免费政策。该项政策实施后，版权登记数量呈几何级倍数增长，2019 年天津版权登记数量 58 135 件。

（2）开展版权示范评选。开展“天津市 2019 年优秀版权单位”推荐工作，共评选出 10 家版权示范单位，在天津市主要媒体进行宣传报道。同时，天津市积极推动版权贸易的开展，2019 年引进版权 431 种。

（3）组织企业参加版权展会。组织天津市版权单位参加 2019 青岛国际版权交易会。其中，杨柳青画社荣获“最佳 IP 赋能企业金奖”“最佳版权产品金奖”和“最佳版权单位银奖”。

三、软件正版化工作

（1）强化组织领导，完善相关制度。天津市版权局及时调整天津市推进使用正版软件工作联席会议的总召集人，增补联席会议成员单位。组织召开天津市推进使用正版软件工作扩大会议，对进一步推进天津市软件正版化工作提出明确要求。

（2）组织开展培训检查。组织 2019 年市、区两级政府机关使用正版软件工作培训；与南开区委宣传部、天津市卫生健康系统和国资系统共同开展软件正版化工作培训，天津市版权局同志现场辅导授课。

（3）加强督导检查。下发《关于更新正版软件检查工具的通知》，在天津市市级政府机关大力推广安装“正版软件检查工具”，推进软件正版化工作规范化、标准化。

2019年共分三次组织开展政府机关推进使用正版软件督促检查工作，督查市、区两级机关90余家次。

(4)迎接国家检查考核。10月21日至31日，由国家版权局牵头组成的软件正版化工作检查组对天津市38家市级政府机关进行了实地检查。检查38家单位的6099台计算机，操作系统软件的正版率达到99.23%，办公软件的正版率达到97.75%。

四、版权宣传工作

(1)积极筹备，精心组织。结合天津市实际，制定年度宣传工作方案，市、区联动，在“4·26知识产权宣传周”“剑网2019”专项行动期间，多形式、多渠道开展宣传活动。

(2)拓展渠道，营造氛围。邀请版权专家学者进机关、进企业、进学校、进社区开展专题讲座；分别与天津市软件协会、天津市版权协会联合开展版权保护座谈会；印制2万张公益海报，张贴在高校、书店、商场、医院、社区、街道及机关企业内；利用地铁、楼宇LED显示屏，播放推送版权宣传视频；充分发挥津云、各区有线电视、官网、微博、微信公众号等新媒体矩阵作用，精准推送版权宣传信息。

（李文卫）

司法工作

一、狠抓执法办案，全面提升审判质量效率

2019年，天津法院新收知识产权各类民事、行政和刑事案件6910件，比2018年多收1958件，同比增长39.54%；审结6397件，比2018年多审结1987件，同比增长45.06%。其中，新收各类知识产权一审案件6498件，同比增长62.25%；审结各类知识产权一审案件5993件，同比增长71.1%。

天津市高级人民法院成功调解洛阳杜康公司与陕西白水杜康酒业及乐天公司天津北辰店侵害商标权纠纷、天磁净水机械公司与天磁万国物资公司侵犯商标权及不正当竞争纠纷案，化多年纠纷为合作，实现企业间共建共享共赢；天津市第二中级人民法院积极发挥天津市娱乐协会行业组织作用，高质量调撤300余件涉KTV的音乐著作权侵权案件，取得良好社会效果。

二、主动延伸司法职能，服务创新驱动发展

认真执行《关于加强知识产权审判领域改革创新若干问题的意见》《关于强化知识产权保护的意见》及《天津市知识产权保护条例》，制定《天津市高级人民法院关于为创新驱动发展提供知识产权司法保障的若干意见》，全力保障天津知识产权强市与创新型城市建设。

组织天津市优势创新企业与国家知识产权局专利局专利审查协作天津中心、天津市知识产权局等进行“加强知识产权保护促进天津高质量发展”专题座谈；天津市高级人民法院知识产权审判庭派员到深之蓝水下机器人公司等创新型企业开展服务；天津市第一中级人民法院联合天津市委宣传部版权处，服务文化传媒领军企业；天津市第二中级人民法院康建茂院长前往河西区华德福众创空间，与20多家企业负责人开展沟通交流；天津市第三中级人民法院组织百度、好未来教育、京东、未来电视、人人车等30余家科技型企业进行知识产权创新与保护座谈，主动对接企业司法新需求，共同推进天津市高质量发展。

三、全面深化改革，加强司法保护体制机制保障

首先，深入推进知识产权审判业务指导体系建设。成立专门课题组深入调研商业标识权利冲突纠纷案件特点，出台《天津市高级人民法院关于商业标识权利冲突纠纷案件审判指引(试行)》，与之前发布的

《天津法院关于侵害信息网络传播权纠纷案件审理标准(试行)》《关于侵害外观设计专利权纠纷案件的审判指南》《关于查明知识产权案件技术事实相关问题的解答》《侵犯商标权纠纷案件的审理指南》《关于侵害发明、实用新型专利权纠纷案件的审判指南》构成覆盖知识产权全系统的业务指导文件体系,有效解决了相关案件审判中存在的突出问题,统一了裁量标准。

其次,积极推进视频传输技术在庭审中的运用。秉持"让数据多跑腿,让群众少跑路"的理念,有效打通诉讼服务的"最后一公里",积极依托互联网庭审平台,极大便利了当事人诉讼,节约了当事人的诉讼成本,深受当事人好评。

最后,天津市第三中级人民法院与国家知识产权局专利局专利审查协作天津中心签订《知识产权工作合作框架协议》,在全市法院知识产权审判领域引入技术调查官制度,制定技术调查官参与案件审理规则,为查明技术事实,提高审判质量和效率奠定坚实基础;与国家知识产权局专利局专利审查协作天津中心、滨海新区知识产权局、滨海新区知识产权保护中心、滨海新区人民法院等建立协作机制,强化知识产权协同保护,形成保护合力。

四、突出价值引领,营造创新发展的良好法治环境

首先,积极开展"知识产权保护宣传月"系列活动。召开全市法院知识产权审判新闻发布会,发布年度知识产权司法保护状况白皮书和典型案例,向社会展示天津市法院在加大知识产权司法保护力度方面的成果,充分发挥知识产权典型案例的示范引导作用,正确引导知识产权领域的价值判断和司法导向,有力指导知识产权权利人的维权活动。

其次,主动接受大众监督。精选典型案件进行公开庭审,以更直接的方式展现知识产权司法保护全过程。重大案件庭审采用全媒体直播,邀请人大代表、政协委员、知识产权审判技术咨询专家和法学院师生观摩,放大司法裁判的社会效应,赢得社会的高度评价。扎实推进知识产权裁判文书上网、庭审网络直播、审判流程公开等工作,司法公开更加规范和具有实效性。

最后,司法宣传方式、内容更加丰富。参加天津广播电视台广播新闻中心《法制纵横》节目直播,向全市听众介绍天津法院知识产权案件审理的基本情况和特点,并针对知识产权热点问题与听众进行互动交流。

(天津市高级人民法院知识产权审判庭)

检察工作

一、确保案件质量,不断完善办理侵犯知识产权犯罪案件的各项机制

(1)加强案件办理。2019 年天津检察机关共批捕侵犯知识产权犯罪案件 49 件 87 人,起诉 48 件 118 人,有效打击了该类犯罪。

(2)不断完善案件指导与重大案件督办工作。通过侵权假冒类案件统计月报制度,掌握天津各级检察机关办案情况,分析案件规律,总结办案经验,加强对全市办理侵权假冒类案件的指导工作。同时,加强对重大敏感、涉民族品牌、涉外等侵犯知识产权案件的批捕、起诉工作指导,对重大侵犯知识产权案件挂牌督办,及时跟踪了解案件最新进展情况,对案件办理中的问题予以协调和指导,保证办案效果。

(3)提前介入引导侦查活动。在重大侵犯知识产权犯罪案件中指派检察官提前介入,就案件定性、侦查取证方向、证据证明内容等向侦查机关提出有针对性、可行性的指导意见。

(4)建立健全办理知识产权案件专业化队伍。探索建立知识产权案件检察官办案组,形成专业化办案优势,组织专人对涉及知识产权犯罪进行专门研究,实行类案专办,不断提升办案队伍的办案能力和水平。

二、加强办案效果，深入推进行政执法与刑事司法衔接工作

（1）不断深化市、区两级的“两法衔接”工作机制。进一步加强行政执法与刑事司法衔接工作，健全完善法治监督体系，落实天津市检察院与天津市政府法制办公室2017年会签的《关于进一步推进行政执法与刑事司法衔接工作的实施意见》，建立健全工作联席会议、联络员、案件咨询会商、工作考核等制度，开展联合专项监督。积极参与《天津市知识产权保护条例》立法工作。贯彻落实《关于强化知识产权保护的意见》《2019—2020年市检察院贯彻落实国发〔2017〕14号文件工作任务细化表》及《2019年深入实施国家知识产权战略加快建设知识产权强国推进计划》等。

（2）积极推动“天津市打击侵犯知识产权和制售假冒伪劣商品行政执法与刑事司法衔接信息共享平台”的使用。天津市各级检察机关主动加强与本辖区公安、行政执法等部门的联系，积极推动平台规范化使用，检察机关、公安机关、行政执法机关按照各自权限统一在该平台进行网上移送、网上受理、网上监督，使该信息平台形成统一建设、统一维护、统一使用的大格局。

三、加强监督效果，积极开展侵犯知识产权犯罪案件的立案监督、侦查活动监督工作

（1）全面推进“打击侵犯知识产权和制售假冒伪劣商品”专项工作，加强立案监督和侦查活动监督。2019年，针对侵犯知识产权案件，建议行政执法机关移送2人，监督公安机关立案5件5人。

（2）立足办案，多层次、全方位延伸法律服务。针对知识产权犯罪案件中发现的薄弱环节、管理漏洞等，及时发出检察建议，开展个案预防和行业预防，服务经济发展。

（3）利用派驻检察室等形式进行监督。河北、静海、北辰等区检察院探索开展公安执法管理中心派驻检察工作，拓展“两项监督”工作新方式。

四、积极总结办理的典型侵犯知识产权犯罪案件

举办“检察护航民企发展”主题检察开放日暨新闻发布会活动，集中发布典型案例，在办案中更好贯彻“法治是最好的营商环境”的司法理念，依法保护民营企业和民营企业家的合法权益。

（最高人民检察院第四检察厅）

河北省

专利工作

2019年，河北省新增专利申请10.1万件，专利授权5.78万件，分别较上年增长20.87%、11.4%；万人发明专利拥有量达到3.82件，增长0.5件。专利质量明显提升，2件专利被授予第二十一届中国专利金奖，1件专利被授予银奖，8件专利被授予优秀奖。其中金奖和银奖实现自2016年以来零的突破，奖项总数比2018年增长22%。

一、知识产权助力雄安新区建设和京津冀协同发展

出台《关于支持雄安新区加强知识产权保护的若干措施》，多次交流对接京津冀三地知识产权工作，签订《京津冀知识产权保护工作部门合作框架协议（2019—2022）》《京津冀知识产权品牌服务机构合作协议》，开展北京世园会联合执法。

二、严格知识产权保护，优化营商环境

一是大力开展专项整治。2019年，办

理专利纠纷案件 991 件，同比增长 21%。二是加强重点领域和行业知识产权保护。三是制定《关于加强知识产权保护服务民营企业发展的若干措施》，破解民营企业知识产权保护“瓶颈”。四是中国（河北）知识产权保护中心正式获批。9 月，国家知识产权局批准在河北设立知识产权保护中心。五是推进知识产权保护平台建设。圆满通过国家知识产权局知识产权纠纷仲裁调解试点验收，石家庄市知识产权局被国家知识产权局确定为首批知识产权侵权纠纷检验鉴定技术试点单位，河北省国家级知识产权保护规范化市场数量达到 9 家。

三、细化知识产权管理，有效提升综合管理水平

省、市、县知识产权管理机构全部完成改革，知识产权机构和政策体系逐步完善，统一市场监管下的知识产权工作格局基本建立。制定《河北省知识产权试点示范县（市、区）培育评定办法（试行）》，国家级知识产权试点示范城市、园区、县达到 17 个。

四、强化知识产权运用，服务创新驱动发展

一是高标准打造知识产权运营平台。6 月，石家庄市获批国家知识产权运营服务体系建设重点城市。二是大力推进知识产权金融创新，经省政府常务会审议通过，出台《河北省专利保险补助经费管理暂行办法》和《河北省专利权质押贷款贴息补助管理暂行办法》。2019 年完成专利保险保额 1.2 亿元，专利权质押融资 31.6 亿元。三是着力培育高水平知识产权优势企业，年内新增贯标企业 106 家，新增国家知识产权优势企业、示范企业 37 家。

五、强化知识产权公共服务，营造知识产权文化氛围

一是引导服务机构规范化、专业化发展。开展专利代理行业“蓝天”专项整治行动，立案查处 4 起。河北省新增专利代理机构（含分支机构）26 家，累计达到 82 家。石家庄专利代办处受理专利申请 2.1 万件，同比增长 30.9%，办理优先审查 208 件。二是深化知识产权对外交流与合作。世界知识产权组织技术与创新支持中心项目正式机构和筹建机构各 1 家落户河北。三是大力开展“4·26 知识产权宣传周”活动。召开推进知识产权强省建设新闻发布会，举办知识产权专题讲座、广场咨询等活动，广泛普及知识产权知识。四是强化知识产权教育实践活动。圆满完成第五届少年儿童发明奖评选活动和第十届大学生工业设计创新大赛。

六、布局知识产权维权援助体系，聚焦重点区域和行业

积极将知识产权维权援助纳入自贸区建设、冬奥会筹办等国家重大战略部署，设立中国（河北）自由贸易试验区正定片区知识产权服务工作站、河北省（张家口冬奥）知识产权维权援助工作站崇礼分站。截至 2019 年年底，全省已设立知识产权维权援助分支机构 32 家。

（河北省知识产权局）

商标工作

2019 年，河北省商标注册量再创新高，共新增注册商标 19.7 万件，同比增长 40.7%；注册商标总量达到 67.97 万件，同比增长 35.9%。商标品牌影响力不断增强，新增驰名商标 15 件，累计达到 352 件。新增地理标志商标 44 件，总量达到 163 件。1 人获得“2019 年度品牌商标领军人物”荣誉，10 家企业荣获“2019 中华品牌商标博览会金奖”。石家庄商标受理窗口被国家知识产权局商标局评为先进窗口。2019 年，河北省大力开展商标专项整治行动，共查处商标侵权假冒案件 962 件，罚款

1723.18万元，移送公安机关案件15件。出台《河北省奥林匹克标志保护规定》，全面开展冬奥会知识产权专项保护行动，2019年规范使用奥林匹克标志行为97起，查处相关案件8起，罚没款23.8万元。

（河北省知识产权局）

地理标志工作

2019年，河北省新申报康保莜麦、康保马铃薯等9个地理标志产品，原产地地理标志保护产品达70个，涞水县容核核桃农民专业合作社获批使用涞水麻核桃（野三坡麻核桃）专用标志。紧抓农产品产销时间节点，开展地理标志产品“春茶”和秋季保护两个专项行动，净化了地理标志产品市场。大力开展地理标志培育和运用，张北马铃薯、肃宁裘皮、涉县柴胡、泊头鸭梨四类地理标志产品纳入中欧地理标志保护与合作协定第二批保护名录。河北省获批成为第一批地理标志产品专用标志使用核准改革试点省份。

（河北省知识产权局）

版权工作

一、软件正版化工作

经河北省委批准，在省使用正版软件工作领导小组基础上，成立河北省推进使用正版软件工作联席会议制度。在全面完成党政机关和国有企业软件正版化的基础上，着力推进事业单位和民营企业软件正版化。河北省版权局与各地、省直各单位主要负责人签订使用正版软件承诺书，进一步压实责任；重新修订《河北省推进使用正版软件工作考核办法（试行）》，加大对设区市推动本级和所辖县级政府软件正版化工作的监督力度；对全部省直机关和部分市县软件正版化工作开展督导检查。顺利完成全国打击侵犯知识产权和制售假冒伪劣商品工作领导小组办公室考核组对河北省打击侵权假冒工作年度考核，获得满分5分的好成绩。

二、版权执法工作

一是按照国家版权局工作部署，联合公安、网信、通信管理部门认真组织开展打击网络侵权盗版“剑网2019”专项行动。全省共出动执法人员3000余人次，检查各类经营场所5000余家次，网上主动巡查万余家网站或自媒体，屏蔽、过滤、删除违法有害信息6万多条，约谈自媒体10余家，查办各类违法违规案件近500件（其中，涉嫌侵犯著作权案件16件），处理违法违规人员400余名。二是突出查办大案、要案。查办国家四部委挂牌督办案件，如孙某侵犯著作权案、保定市铭泰达公司侵犯著作权案、定州市王某某侵犯著作权案、石家庄“快听小说”App侵犯著作权案。三是有关单位和个人受到国家版权局通报表彰。河北省保定市文化市场行政执法大队荣获有功单位一等奖；河北省委宣传部版权管理处、河北省石家庄市张某某侵犯著作权专案组荣获有功单位二等奖；河北省石家庄市正定县文化市场行政执法队、河北省保定市满城区文化综合行政执法队、河北省衡水市文化市场综合行政执法局荣获有功单位三等奖；河北省委宣传部版权管理处尹志军、河北保定霍某某销售侵权复制品案专案组（王维山等）荣获有功个人一等奖；石家庄市委宣传部任晓英荣获有功个人二等奖；河北保定乐喵影咖侵犯著作权案专案组（李满义等）、河北保定贾某某侵犯著作权案专案组（王涛等）荣获有功个人三等奖。

三、版权示范创建工作

8月，国家版权局正式发函授予廊坊市“全国版权示范城市”称号。河北省成为全国第7个拥有“全国版权示范城市”的省份，廊坊市成为全国第11个“全国版权示范城市”。10月，河北省版权局在廊坊市组织召开"全国版权示范城市"授牌仪式暨河北省版权示范创建工作座谈会。

深入基层调研版权示范创建工作，赴邢台沙河、平乡和保定曲阳等地开展调研座谈，探讨版权保护和示范创建工作。赴福建德化学习调研，考察全国版权示范创建工作。细化省级版权示范单位和示范园区(基地)申请材料和模板，积极与国家版权局沟通，明确版权示范单位创建工作方向。新华网、人民网、光明网、今日头条、长城网等媒体对河北省版权示范创建工作取得的成绩进行了广泛深入的宣传报道，产生了积极的社会影响。

四、版权宣传工作

多种形式宣传版权管理工作的意义、措施、进展和成效，使广大群众认识和了解侵权的危害、知识产权保护的途径等，不断增强社会公众的法律意识和维权意识，营造良好社会氛围。河北省新闻出版局、河北省版权局、河北省"扫黄打非"办公室联合举办河北省全民阅读活动暨河北省侵权盗版及非法出版物集中销毁活动启动仪式，公布河北省 2018 年侵权盗版典型案件，并与河北日报、河北广播电视台、长城新媒体集团、河北出版传媒集团等 10 家单位签订版权保护承诺书。融媒体新闻中心记者就河北省版权平台上线一年后的数据分析和企业版权价值转化及企业版权保护意识提升等问题进行专题采访。《河北日报》在"4·26 世界知识产权日"刊发《版权保护，让创新者无后顾之忧》的深度报道文章。河北广播电视台《河北新闻》播发录音报道"今天是世界知识产权日，记者举案说法：典型案例带给我们什么启发?"河北新闻联播栏目播出《打造版权服务平台，助力文化企业高质量发展》新闻片。

五、版权社会服务工作

继续完善"河北省版权信息数据库"平台项目，实现河北省著作权人无纸化在线作品登记。2019 年，河北省作品自愿登记总量 19 004 件，同比增长 60.09%，连续三年增幅超过 50%。在廊坊市创建全国版权示范城市工作中，设立版权服务站，并协助在各区县设立 23 个市级服务站，廊坊市登记版权作品由 2017 年的 100 余件增加到 2019 年的近 6000 件，在全省排第一位。协助廊坊市组织 6 场近千人次的版权专题培训，主动走入版权园区和重点企业进行现场版权指导，协助推动、培育如乐聪科技、大厂影视、茗卡通、1206 印刷文创等廊坊市一批版权优秀园区和版权企业。

六、冬奥会版权保护工作

对张家口辖区大型集贸市场、娱乐场所、图书批发市场、电子商务平台等进行重点监管。2019 年，张家口市出动执法人员 635 人次，检查出版物经营单位 51 家次、印刷企业 18 家次、娱乐场所 286 家次、大型集贸市场 50 家次，制止了各类侵权行为。做好"冬奥版权保护"宣传普及工作，广泛宣讲法律法规，使广大市民群众对冬奥版权和知识产权保护工作有了全新的认识与了解。

(杜中伟)

司法工作

一、狠抓执法办案第一要务，努力实现结案均衡化

2019 年，河北法院受理知识产权民事一审案件 4572 件，结案 3948 件，调撤 2671 件，收案、结案分别比 2018 年上升 60.3% 和 51.1%，调撤率达到 67.7%。从新收案件的案由来看，2019 年新收专利权纠纷案件 693 件，较 2018 年的 500 件增长 39%；著作权纠纷案件 1695 件，较 2018 年的 1228 件增长 38%；商标权纠纷案件 1239 件，较 2018 年的 613 件增长 102%。2019 年全省法院新收侵犯知识产权犯罪一审案件 171 件，审结 129 件。其中，新收侵犯知识

产权犯罪案件数较2018年增加41.32%，上涨幅度较大，主要集中在假冒注册商标罪和销售假冒注册商标的商品罪两个罪名上，收案数分别为75件和61件。

二、认真贯彻中央决策部署，确保改革举措落地生根

起草《关于加强知识产权审判领域改革创新若干问题的实施意见》，并由省两办行文下发全省。根据该实施意见精神，河北省高级人民法院制定重点任务分工方案，细化分工，压实责任，确保中央和省委各项决策部署在全省法院得到不折不扣的贯彻落实。

三、充分发挥主导作用，着力破解审判难题

一是为解决技术“查明难”问题，河北省高级人民法院起草《关于引入技术调查官参与知识产权诉讼活动的实施意见》，并与省科技厅等部门合作建立技术调查官人才库，依法减轻技术类案件权利人举证责任。落实知识产权法庭在技术类案件上诉机制的各项重大改革措施，指导石家庄市中级人民法院等提高技术类案件的审判质效，完善各种信息化手段，逐步实现知识产权上诉案件网上报送和远程开庭。二是在审判中依法减轻当事人举证负担，加强对证据的主动调取和依法认定，破解“举证难”问题。在审理允畅五金提起上诉的知识产权侵权案件中，充分发挥二审纠错功能，根据现有证据认定侵权事实成立，依法维护其合法权益。三是努力破解“赔偿低”问题，依法提高侵权赔偿数额。河北省高级人民法院民三庭2019年审理的德国西门子公司以及德国克诺尔公司案，均依法认定仿冒者构成侵权，并改判侵权者承担50万元的民事赔偿责任。成功调解版之光信息网络传播权维权、永和豆浆商标专用权等系列案。四是为提高案件的审判效率，破解知识产权案件审理“周期长”问题，大力倡导庭前调解、当庭宣判和即时履行，如河北省高级人民法院民三庭审理的一起特许经营纠纷案件，庭审后当庭宣判，收到良好效果。

四、不断延伸审判职能作用，主动服务经济社会发展大局

一是全省法院认真贯彻省打击侵犯知识产权和制售假冒伪劣商品工作领导小组的各项部署要求，持续对危害食品、药品安全犯罪，侵犯建筑材料、汽车配件等商标权和知名商品特有名称、包装、装潢，假冒伪劣农资、坑农害农，危害民生领域和社会公共安全的侵权假冒犯罪，出版发行政治性非法出版物和淫秽色情出版物犯罪等保持高压态势，加大互联网领域打击侵权假冒力度，净化网络市场环境。在“3·15国际消费者权益日”期间，河北省高级人民法院组织对廊坊李永某销售假冒注册商标的商品罪等侵犯知识产权和制售假冒伪劣商品违法犯罪4件典型案件进行了集中公开宣判。二是在“4·26世界知识产权日”宣传期间，向社会展示近年来河北省知识产权司法保护进展情况。举办知识产权司法保护新闻发布会，发布《河北法院知识产权司法保护状况(2018)》白皮书，公布2018年度河北省知识产权司法保护典型案件；举办“奥标保护暨4·26知识产权宣传”活动，将“4·26”宣传活动与《奥林匹克标志保护条例》宣传相结合；举办知识产权保护大型宣传咨询活动；以“严格知识产权保护，营造一流营商环境”为主题举办主题日宣传活动。

五、加强各部门联系协作，构建知识产权大保护工作格局

一是积极回应辖区企业需求，做好企业延伸服务，为企业知识产权保护提供法律支持。积极配合相关部门编制发布企业知识产权保护指南，参与制定合同范本、维权流程等操作指引。积极回应辖区内知识产权纠纷较多企业和其他单位的需求，对某一时期多发的类型化案件，与相关部门联合采取企业座谈会、新闻发布会等多种形式提示知识产权风险、指导企业维权。例如，河北省高级人民法院应邀派员到华北制药公司进行知识产权司法保护知识培训，秦皇岛市中级人民法院知识产权全体员额法官到河北天粮餐饮管理集团有限公司进行走访调研。二是加强知识产权保护部门之间的协调协作，积极推进知识产权多元化纠纷解决机制，健全完善诉调对接工作机制，进一步提升知识产权纠纷解决效率。河北省高级人民法院民三庭依托“两个一站式服务中心”，将知识产权纠纷纳入大调解格局；石家庄市中级人民法院与河北省知识产权局、河北省知识产权维权援助中心、石家庄市知识产权局、石家庄仲裁委员会共同签署《关于建立知识产权纠纷多元化解机制合作备忘录》；唐山市中级人民法院与唐山市市场监督管理局联合召开“知识产权专业法官服务民营企业优化营商环境暨全市重点民营企业和专业市场知识产权风险预警座谈会”，通报近年来全市知识产权案件的基本情况，分析知识产权领域纠纷的成因，就知识产权案件审判原则、在审理过程中应把握的标准进行详细解释。

六、提升政治担当，加强业务培训，培养造就一支有作为敢担当的知识产权司法保护队伍

一是以“不忘初心，牢记使命”主题教育活动为抓手，积极促进党支部各项活动的开展。河北省高级人民法院民三庭党支部开展“戴党徽亮身份树形象做表率”“参观爱国主义教育示范基地——唐县白求恩柯棣华纪念馆”“重温入党誓词”等丰富多样的党建活动。二是认真学习《中国共产党章程》《关于新形势下党内政治生活的若干准则》《中国共产党纪律处分条例》。三是积极选派全省法院知识产权人员参加各种专业培训，利用多种形式就知识产权司法保护理论和实务问题进行深度探讨。

（河北省高级人民法院知识产权审判庭）

检察工作

一、提高政治站位，强化组织领导和责任落实

河北省人民检察院成立了“打击侵犯知识产权和制售假冒伪劣商品工作领导小组”，进一步加大组织领导、协调指挥、调度督办力度。各设区、市检察院均建立了相应的领导机构，制定具体实施方案，坚持全省统一部署与区域整体推进、部门分工负责与强化协作、专项整治与日常执法相结合，严格落实领导责任制，明确职责任务，确保各项工作落到实处。

二、充分履行检察职能，严惩侵权犯罪

一是坚持依法提前介入，积极引导侦查。对于行政部门邀请会商、公安机关商请提前介入的案件，及时指派业务骨干参与案件讨论、介入侦查、引导取证，按照起诉、判决的证据审查标准，对侦查取证方向和要求提出引导性意见，把好事实关、证据关、程序关，确保案件质量。二是充分发挥检察监督职能，加强对行政机关犯罪线索移送、公安机关依法立案的监督，防止有案不立、有案不移、以罚代刑等问题，做到事前防范，精准打击。三是建立知识产权案件快审制度，依法从重从快打击侵权假冒犯罪，在确保办案质量的前提下，加快办案进度。四是坚持大案要案挂牌督办制度，确保案件优质高效办结。对“快听小说”等四起侵犯著作权案进行督导，对办案中存在的证据采信、事实认定、法律适用等难点问题进行分析研究，提升办案质效。

三、深化“两法衔接”，规范依法行政

充分利用“两法衔接”信息平台，完善行政执法与刑事司法衔接信息共享，重点加强对侵犯知识产权犯罪行为活动信息的分析研判，同步审查市场监管局等部门行政处罚信息，主动寻找涉嫌犯罪的案件线索。有效发挥“两法衔接”职能作用，切实加大主动移送、监督移送、监督立案的力度，规范案件移送行为，在细化刑事案件移送标准上下功夫。进一步完善网上移送、网上受理、网上监督机制，督促行政执法机关及时将涉嫌犯罪案件移交公安机关。

四、加强调研宣传，完善机制建设

建立“双打”工作重大事项报告制度。通过对类案和典型个案的剖析，掌握侵权假冒犯罪的特点和规律，积极向当地党委、政府和相关企业提出强化管理、消除隐患、预防犯罪和建章立制的检察建议，促进企业管理和打击侵权假冒工作长效机制建设。严格落实《京津冀晋蒙五省（区、市）打击侵权假冒区域协作共同指引》，健全域内检察机关案件协查、司法协作等机制，与公安、行政执法部门通力协作，不断完善信息交流、情况通报、检测鉴定、案件移送等长效机制建设。进一步加强新闻宣传工作，及时总结、公布典型案例，形成对相关违法犯罪活动的强大震慑，切实保障打击侵犯知识产权和制售假冒伪劣商品行为工作扎实有效推进。加强横向合作，与公安、法院、海关、农业、文化、新闻出版、知识产权等部门密切配合，不断推动“两法衔接”，促进依法行政。

（最高人民检察院第四检察厅）

山西省

专利工作

2019年，山西省三种专利申请量31 705件，同比增长16.97%，其中发明专利8424件，下降10.34%。三种专利授权量16 598件，同比增长10.21%。全省新增6家专利代理机构，2家省外专利代理分支机构。截至2019年年底，山西省共有20家专利代理机构，5家省外专利代理分支机构，注册专利代理师共计93名。

深入实施创新驱动发展战略，全面提升知识产权工作能力，制定印发《省级专利权质押贷款资助实施细则（试行）》，组织开展全省专利权质押贷款补助申报评定工作。2019年，山西省专利权质押登记23笔，质押金额27 548万元，同比增长57.8%。

全面推进“知识产权强省战略”，促进产学研一体化发展，提高专利推广实施专项资金使用效益，制定印发《省级专利推广实施资助专项资金管理办法》，开展省级专利推广实施资助计划项目的申报、评审工作，进一步规范山西省专利推广实施资助专项资金的使用和管理，强化知识产权质量导向，鼓励发明创造，促进经济社会发展。

按照“双随机、一公开”及“蓝天”专项行动要求，对10家专利代理机构进行抽查，营造了规范有序的商标、专利代理市场营商环境，实现了专利代理师职业备案审核网上办公，理顺了专利代理师考试收费许可审批程序。

围绕知识产权发展工作需求，实施多手段、精准化、高质量的教育培训。依托国家知识产权局（山西）培训基地，以企业、高校、科研院所、专利代理机构为重点，组织开展了100人的专利法修改与实施培训，举办了100余人参加的专利代理师资格考试考前培训。

2019年全国专利代理师资格考试太原考点报考人员267人，较上年增加40人，平均参考率达60%以上，考试通过28人，高质量完成了山西省2019年度全国专利代理师资格考试的考务工作。

（山西省知识产权局）

商标工作

2019 年，山西省商标申请量 65 833 件，同比增长 25.04%；商标注册量 47 756 件，同比增长 40.99%。截至 2019 年年底，全省有效商标注册量 181 625 件，同比增长 29.75%；全省从事商标代理业务的律师事务所 60 余家，商标代理机构 200 余家。

为进一步激发市场活力，优化营商环境，根据国家知识产权局统一安排部署，太原、长治两个商标受理窗口按要求开通“互联网＋商标注册服务”，申请人可在窗口和网上直接办理 23 项业务，极大地方便了申请人高效便捷地办理商标业务，窗口服务水平进一步提升。

太原商标受理窗口共受理商标注册申请 969 件，较上年增长 25.6%，其中太原市 707 件、省内（不含太原）233 件、省外 29 件；受理后续业务 1054 件，其中太原市 567 件、省内（不含太原）477 件、省外 10 件；代收各项规费 1 051 758 元。全年累计接待商标咨询 3000 余次。长治商标受理窗口共办理商标业务 112 件，接受咨询 144 人次，收文 18 个。

为推进落实国家知识产权局“鼓励有条件的专利代办处开设商标受理业务”工作要求，深化知识产权“放管服”改革和服务提质增效，山西省市场监管局筹备向国家知识产权局商标局申请设立山西省知识产权局商标受理窗口，拟由太原专利代办处作为国家知识产权局设在地方的业务派出机构，具体承接商标受理窗口职能。

（山西省知识产权局）

地理标志工作

2019 年，山西省共有地理标志商标 68 件，地理标志保护产品 26 个。全省获准使用地理标志产品专用标志的企业 114 家。

开展地理标志助推产业发展精准扶贫行动，在临汾市隰县召开交流推进会，以发展地理标志品牌为纽带，将地方的土特产品生产、加工、销售联系起来，将资源优势转化为经济优势，对推进贫困地区提升自我发展能力，做大做强县域经济，帮助贫困人口就近就业、长期就业，促进脱贫攻坚，保持脱贫成果具有很强的现实意义。

在临汾市隰县举办全省地理标志助力精准扶贫专题培训，100 余人参加，使知识产权工作人员进一步提高对地理标志知识产权重要性的认识，助力特色产业发展，助力脱贫攻坚。

进一步创新宣传方式和手段，加强地理标志的宣传和推广。组织新闻媒体推广介绍地理标志产品“隰县玉露香梨”扶助果农致富的先进经验和做法，并在《中国知识产权报》和《山西日报》进行报道宣传。开展全省地理标志普查工作，组织全省部分企业参加 2019 中国国际商标品牌节、第二十六届中国杨凌农业高新科技成果博览会和第二届金芒果地理标志产品国际博览会活动。

（山西省知识产权局）

版权工作

一、版权行政执法监管工作

2019 年 6 月至 10 月，山西省版权局联合山西省通信管理局、山西省公安厅、山西省互联网信息办公室牵头开展第 15 次打击网络侵权盗版专项治理“剑网”行动。山西省全年共查办侵犯著作权案件 48 起。版权领域打击侵权假冒工作圆满通过国家考核，并为全省加分 0.4 分。建设省级版权执法骨干库的做法被江苏等地区学习采用。山西省委宣传部和山西省公安厅联合办理的“圣城家园”网侵犯著作权案，入选全国“剑网 2019”专项行动十大案件，被《检察日报》列入 2019 年全国十大典型刑事案件。山西省版权局版权管理处已连续九年被评为全国查处侵权盗版案件有功集体。

二、版权宣传教育工作

紧紧围绕"加强知识产权保护，推动转型跨越发展"的宣传主题，组织全省各市宣传部版权管理部门广泛开展版权宣传活动。

（1）版权宣传进校园。山西省版权局重点选择山西传媒学院、太原理工大学等创意密集型高校进行版权宣传活动，开设版权宣传专题讲座。太原市、晋城市向各小学发放《小学生漫画版权读本》3000册、宣传资料4000余份，组织学生制作课件板报、诵读版权读本，开设主题课堂、互动交流演讲等多种主题活动。

（2）版权宣传进企业。晋中市平遥县文化中心组织平遥推光漆器企业和部分文创企业，开办版权知识讲座，发放宣传资料，解答企业版权咨询，现场受理文创版权登记100余件。吕梁市向全市书店及印刷企业发放宣传资料及海报，开展现场版权咨询。

（3）版权宣传进媒体。各市充分运用报纸、广播电视、门户网站、公交移动电视、户外LED屏、微信微博等媒介，通过刊登公益广告、设置专栏专题、播放公益视频、开展版权问答等方式进行广泛宣传。

（4）版权宣传进街区。山西省版权局在平遥古城广场开展版权宣传活动。太原市组织出版物经营者和文化艺术学校学生在南宫广场开展版权宣传。大同市邀请专家开展"数字经济时代的版权产业发展与保护"专题讲座。

（5）版权宣传进影院。在山西省部分影院大力开展以"保护电影版权，打击盗录盗播"为主题的版权宣传活动，通过在显著位置张贴版权宣传海报、在影片播放前插播版权公益广告等方式，倡导广大观众主动抵制盗录盗播影片，树立全民保护正版意识。

（6）版权宣传进社区。太原、忻州、运城等市采取发放版权宣传资料、张贴条幅和海报、开展现场咨询等形式，进街道、进社区、进居委会、进机场讲解识别盗版图书常识，设立侵权盗版举报点。

三、政府机关软件正版化工作

（1）认真安排部署。下发《山西省2019年推进使用正版软件工作计划》，确立坚持统一领导、属地（行业）管理、科学有序、逐步推进的工作原则，以及规范正版软件使用管理、加强软件使用情况全覆盖检查等年度重点任务。

（2）全面落实责任。为充分落实工作责任，山西省版权局牵头对山西省推进使用正版软件工作领导小组组成情况进行调整。同时对省直各单位软件正版化工作责任人信息数据库进行核实清理，对因机构改革等原因造成的软件正版化工作责任人变动进行及时调整。

（3）加强监督检查。按照推进使用正版软件工作部际联席会议的要求，分9个组对全省94个省级党政机关、人大、政协、法检两院、民主党派、人民团体正版化工作责任落实情况、软件正版化工作实施情况、软件安装使用情况、软件资产管理和长效机制建设情况等方面进行全覆盖检查。

四、版权执法工作机制建设

一是加强行政执法与刑事司法衔接配合，联合山西省公安厅加强大案、要案办理。在"圣城家园"网侵犯著作权案查办过程中，山西省版权局以及长治市文化综合执法队对案件全程跟踪、全程配合、全程参与，配合公安部门开展案件侦查、证据认定、案件办理等具体工作，开创网络侵权盗版刑事案件的办案新模式。二是加强版权执法能力建设。吸收各市版权管理部门、文化市场行政综合执法部门版权执法精干力量，建设省级版权执法骨干库，破解网络版权执法难题，提高新形势下打击侵权盗版违法行为的能力。三是与山西省高级人民法院开展版权执法与司法审判工作座谈交流会。四是组织开展全省版权执法人员培训、版权执法骨干培训、政府机关软件正版化工作培训等各类业务培训，积极参加全国版权培训班，全省共计500余人次参训。

五、版权公共服务

(1)强化版权登记工作。授权山西省版权保护中心开展作品登记工作，积极扩大工作的覆盖面和社会影响，全年完成作品版权登记500余件。

(2)开展版权示范创建。2019年成功创建全国版权示范单位1个，省级示范单位11个，省级示范园区2个。

（郝子谋）

司法工作

一、案件审理情况

2019年，山西法院共受理知识产权一审案件1659件。其中，著作权案件717件，商标权案件573件，专利权案件137件，其他案件232件。

2019年，山西法院共受理知识产权二审案件200件。其中，著作权案件38件，商标权案件120件，专利权案件15件，其他案件27件。共审结二审案件200件，审结率为100%。其中，调撤案件49件，调撤率为24.5%。

二、审判调研、指导工作开展情况

1. 知识产权“三合一”工作机制改革有序推进

在太原市中级人民法院实行知识产权民事、行政和刑事案件“三合一”的工作机制改革的基础上，要求其他各中级人民法院因地制宜积极推进。其他中级人民法院和省高级人民法院已实现民事、行政“二合一”审判。

2. 对太原市中级人民法院知识产权审判工作进行专门指导

2018年年底，太原市中级人民法院进行内部职能调整，将知识产权案件的审判工作由民四庭调整由知识产权审判庭承担，知识产权审判法官未作任何调整。但知识产权审判工作专业性强，且2019年最高人民法院知识产权法庭成立，专利、垄断等专业技术性较强的民事二审案件由该法庭统一审理，而此类案件一审由省会城市中级人民法院承担。为确保审判工作质效，知识产权审判庭及时向院领导作了专门汇报，并要求太原市中级人民法院立即对审判队伍进行调整。3月，知识产权审判庭知识产权审判调研团队深入太原市中级人民法院进行工作座谈和调研指导，要求太原市中级人民法院充分认识知识产权审判工作的重要性，做好专利、垄断等专业技术性较强的一审民事案件飞跃式上诉至最高人民法院知识产权法庭的诉讼程序衔接工作。

3. 加强与行政机关的协调配合与工作衔接

知识产权审判庭主动和省市场监督管理局、省版权局进行沟通联系，调研座谈，建立了有效、完善且具有可操作性的知识产权行政司法保护标准统一、信息共享、会商协作、多元化纠纷解决机制。

4. 举办全省法院知识产权审判业务培训

为深入贯彻实施国家知识产权战略和创新驱动发展战略，推进山西省法院知识产权审判工作，9月，知识产权审判庭在太原举办全省法院知识产权审判业务培训。全省各中级人民法院从事知识产权审判的法官及法官助理参加了此次培训。

5. 省法院组织开展内容丰富的知识产权宣传活动

山西省高级人民法院作为山西省知识产权战略实施工作领导小组成员单位，结合山西省“改革创新，奋发有为”大讨论活动，对标一流，积极推进以“尊重知识、崇尚创新、诚信守法”为核心的知识产权文化建设，开展学习、交流、探讨、调研活动，切实了解企业创新、知识产权运用情况及对知识产权司法保护的新期待、新需求，并向企业宣传党和国家关于知识产权工作的重大决策部署及人民法院关于知识产权的司法保护制度。全省各中级人民法院也因地制宜开展了形式多样的知识产权宣传活动。

（山西省高级人民法院知识产权审判庭）

检察工作

一、工作部署情况

（1）明确目标任务，主动服务大局。山西省检察院深入学习贯彻习近平总书记在民营企业座谈会上的重要讲话精神以及在山西考察工作时的重要讲话精神，按照《山西省产权保护 2019 年重点任务》要求，先后下发《山西省检察机关支持和服务企业家创新创业营造良好法治环境专项工作 2019 年上半年工作情况通报》《山西省检察机关开展保护民营企业财产权、知识产权专项行动工作方案》等文件；研究制发“晋检十六项举措”，从司法理念、政策把握、打击重点、监督举措、办案方式等方面制定了实实在在的举措。

（2）优化内设办案机构，强化职能配置。山西省检察院结合内设机构改革，及时调整产权保护专项工作责任部门，确保各项工作平稳有序、落地落实。通过设立经济犯罪检察部等专业化办案部门或者团队，进一步提升办案专业化水平。山西省三级检察机关内设机构改革已经基本完成，生产、销售伪劣商品罪及侵犯知识产权罪案件均由各级检察院的经济犯罪检察部门或者团队专职办理。

二、主要工作做法

（1）狠抓执法办案，依法严厉打击侵犯知识产权犯罪。山西检察机关充分发挥检察职能，始终对侵犯知识产权犯罪保持高压态势。对于犯罪数额巨大、社会影响大、危害严重的侵犯知识产权犯罪，坚持依法快捕、快诉，有效保护企业知识产权合法权益。

（2）构建监督体系，严密各类权益保护工作“网络”。建立健全行政执法与刑事司法衔接机制。通过“两法衔接”信息共享平台、“两微一端”新媒体等多种形式，积极梳理和排查监督线索。9 月，山西省人民检察院与当地公安厅、市场监督管理局、药监局联合下发《联动机制暂行规定》，进一步加强对侵犯知识产权犯罪的惩治力度，强化打击合力。太原市人民检察院规范完善移送涉罪案件的工作程序，明确行政执法机关在查处刑事犯罪案件过程中，对依照法律规定已涉嫌犯罪、需要追究刑事责任的案件，应及时向公安机关移送，并通知检察机关对移送案件进行立案监督，检察机关要对案件进行跟踪监督，协助行政执法机关完善证据，督促公安机关立案侦查。

（3）完善工作机制，强化协作配合。逐步建立健全与公安机关、行政执法部门的信息沟通机制和协作配合机制，研究预防打击对策，形成执法合力。积极配合行政执法部门依法查处侵犯知识产权的违法行为，加强同人民法院、公安机关的联系配合，加大沟通力度，努力做到不枉不纵，确保案件办理的质量。山西省检察院定期联合行政执法机关、人民法院召开联席会议，统一组织协调知识产权保护工作，并建立“联席会议、案件移送、预防建议、联合检查、一体办案”五项知识产权保护工作机制，构建密切联系、协同配合、无缝对接的知识产权“大保护”工作格局，形成强大的工作合力。

（4）加强法制宣传，凝聚全社会打击合力。在依法办案的同时，充分发挥官方网站、12309 检察服务中心、“两微一端”等平台及媒体的作用，结合检察机关的职责和工作实际，组织干警积极广泛宣传相关法律法规，提高人民群众重视知识产权的意识，努力营造全社会参与打击侵犯知识产权和制售假冒伪劣商品犯罪的浓厚氛围。

（最高人民检察院第四检察厅）

内蒙古自治区

专利工作

2019 年，自治区专利授权量 11 059 件，同比增长 14.90%。其中，发明专利授权 911 件，同比增长 5.44%；实用新型专利授权 8768 件，同比增长 16.44%；外观设计专利授权 1380 件，同比增长 12.10%。截至 2019 年年底，自治区有效发明专利量 5895 件，每万人发明专利拥有量 2.33 件。

加强与内蒙古自治区人大、司法厅的沟通，起草报送《关于建议将〈内蒙古自治区专利条例(建议稿)〉列入 2020 年自治区人大审议项目的报告》。内蒙古自治区市场监督管理局、知识产权局印发《关于鼓励支持成立和引进专利代理机构的通知》(内市监知保字〔2019〕143 号)，对自治区新成立和引进的专利代理机构予以资金和项目支持。已引进 4 家专利代理机构。11 月，召开呼和浩特地区专利代理机构座谈会，为新引进的呼和浩特市盛联专利事务所举行揭牌仪式。探索在全系统推行行政执法公示制度、执法全过程记录制度、重大执法决定法制审核制度，印发《内蒙古知识产权系统全面推行"三项制度"实施方案》。内蒙古自治区首例口审专利侵权案件在包头市知识产权局开庭审理，建成内蒙古自治区知识产权局口审庭。转发国家知识产权局《关于知识产权行政执法案例指导工作的规定(试行)》，全面推行行政执法案例指导制度在全区实施。

开展知识产权执法保护专项行动，共查处假冒专利案件 28 件，办理专利侵权纠纷案件 48 件，其中专利侵权电商案件 29 件，有效保护了消费者和权利人的合法权益。开展专利代理行业"蓝天"专项整治行动，面向社会发布整治公告，实地检查专利代理机构 7 家，共查处无资质专利代理行为 25 件，专利代理行业秩序明显好转。

加强与国家知识产权局的联系沟通，印发《2019 年全国专利代理师资格考试呼和浩特考点报名工作的通知》，完成呼和浩特考点报名审查、考前培训和考试工作，全区 164 人参加全国专利代理师资格考试。

（内蒙古自治区知识产权局）

商标工作

2019 年，自治区新增注册商标 54 247 件，同比增长 34.43%；有效商标注册总量 202 198 件，同比增长 31.75%，平均每 10.4 个市场主体拥有 1 件注册商标；新增地理标志商标 33 件，地理标志商标总量达 157 件；提前完成内蒙古自治区"十三五"规划纲要确定的有效商标注册总量、地理标志商标总量两项指标目标任务；现有中国驰名商标 84 件，地理标志保护产品 28 个，知识产权质量效益稳步提升。

开展知识产权执法保护专项行动，全区共查处商标侵权案件 273 件、案值 354.81 万元、罚没金额 213.47 万元，其中移送司法机关 7 件、案值 209.60 万元。不断深化知识产权领域"放管服"改革，各商标受理窗口、专利代办处通过完善工作规范、扩大业务范围、缩短受理时限、提供蒙汉双语服务等措施，更加便利了企业商标注册、专利申请和质押登记。积极参与商标法、商标侵权判定标准的修改，提出意见建议23条。先后对侵犯“鄂尔多斯”“河套王”“鸿茅”商标专用权及“植物品种审定名称被当事人商标注册是否侵犯注册商标专用权”等有关问题进行答复或提出指导建议。

4月，内蒙古自治区政府新闻办召开全区市场监管（知识产权）部门2018年知识产权保护十大典型案例新闻发布会，新华网、人民网、中新网、内蒙古日报社、内蒙古广播电视台等33家新闻媒体派出记者参加发布会并进行了采访报道。

（内蒙古自治区知识产权局）

地理标志工作

2019年，内蒙古加强地理标志保护工作，印发《自治区市场监督管理局、知识产权局关于进一步加强地理标志保护工作的通知》《自治区市场监督管理局转发国家知识产权局办公室关于开展2019年春节期间地理标志使用专项整治工作的通知》，就深入开展地理标志保护指导、强化重点市场和展会地理标志产品联动监管、推进“互联网+地理标志保护”等工作提出明确要求，为有效打击地理标志侵权违法行为提供政策保障。查处侵犯地理标志案件2件。

开展地理标志保护资源普查工作。印发《转发国家知识产权局关于开展地理标志保护资源普查的通知》，向国家知识产权局报送《关于报送地理标志保护资源普查工作情况的报告》，指导各地对全区地理标志数量、结构、分布状况等数据进行填报与核查，圆满完成了地理标志保护资源普查工作。

开展地理标志保护宣传和培训工作。充分利用广播、电视、报刊、网络等媒体，广泛宣传地理标志法律法规、政策措施和工作成效，曝光典型案件，震慑违法行为，不断提高市场主体和社会公众的维权保护意识。先后在《中国知识产权报》、内蒙古市场监管局内外网等新闻媒体上刊发宣传稿件，集中宣传报道内蒙古地理标志保护工作，营造了保护知识产权、抵制侵权假冒的良好社会氛围。部分盟市市场监管局开展知识产权培训，将地理标志纳入其中，取得了良好的培训效果。

（内蒙古自治区知识产权局）

版权工作

一、版权宣传教育工作

（1）利用“4·26世界知识产权日”等节点集中开展版权宣传活动。4月，内蒙古自治区版权局与多部门联合举办“书香内蒙古 颂扬70年——内蒙古自治区2019年草原阅读季、版权宣传、‘绿书签’活动鄂尔多斯行暨全市第十届全民阅读、版权、‘扫黄打非’集中宣传启动仪式”。活动以设立咨询台、推出展架、张贴标语、悬挂宣传海报、大屏幕滚动播放课件、发放宣传册等形式大力宣传《著作权法》，并对版权登记、版权保护等相关内容进行答疑解惑。

（2）广泛开展“六进”活动，推动宣传工作常态化。内蒙古自治区版权局组织全区各盟市开展版权“六进”等内容丰富、形式多样的宣传活动。联动全民阅读和“大众创业、万众创新”等活动，扩大宣传影响，提高全社会的版权保护意识。开展非法盗版物集中销毁活动，共销毁各类侵权盗版和非法出版物151 536件，其中盗版书刊99 210册，盗版音像电子出版物52 326件。

（3）举办各种类型版权培训，提高版权队伍整体素质。从全国各地邀请版权法规政策、正版化管理、作品登记等方面的专家学者授课，覆盖各盟市版权管理部门和执法部门、自治区直属单位、高等院校、医疗机构、国有企业在内的版权相关人员300多人。指导盟市组织版权培训9批次，包括旗县版权工作者在内的参训人员共计900多人次。

二、版权执法监管工作

（1）开展“剑网 2019”打击网络侵权盗版专项行动。6 月，内蒙古自治区版权局、网信办、通信管理局、公安厅联合召开“剑网 2019”专项行动工作部署电视电话会议。会议聚焦加强媒体融合发展版权专题保护、开展院线电影网络版权专项整治、加强流媒体软硬件版权重点监管、规范图片市场版权保护运营秩序、巩固网络重点领域版权治理成果 5 项重点工作任务。

（2）进一步加大版权执法监管力度。内蒙古自治区版权局先后七次赴盟市开展案件督办，指导满洲里市查办《假日传奇》网络游戏侵权案件，指导呼和浩特市查办“EHSHIG”蒙古音乐网侵权案件，对内蒙古自治区查办此类案件具有重要指导意义。在查处案件的同时，要求各级版权执法部门对按照一般程序查办的版权行政处罚案件，在作出行政处罚决定以及行政处罚决定变更或者撤销之日起 20 个工作日内，将案件信息在网上依法进行公开。

（3）营造浓厚打击侵权盗版宣传舆论氛围。要求全区各级媒体紧密围绕“剑网 2019”专项行动，主动曝光违法案例，提升全社会版权认知度，营造打击侵权盗版的浓厚氛围。“剑网 2019”专项行动期间，内蒙古日报、腾格里新闻网等主流新闻媒体共刊发相关新闻报道 16 篇（条）。向全社会公布内蒙古自治区打击网络侵权盗版案件举报受理电话、邮箱，产生了强大的舆论聚焦效力。

三、版权社会服务工作

（1）打造版权服务示范标杆。内蒙古自治区版权局指导内蒙古自治区版权服务工作站建成区内首个网上版权工作站和微信服务号，打通了线上、线下版权宣传、咨询、登记、扶助、运营、交易、展示全流程服务，完成了以作品登记为重点的版权工作任务。

（2）完善作品登记机制。探索建立“以上带下、层级负责、属地管理、方便快捷、免费服务、规范标准”的版权社会服务机制。机构改革后，督导全区 12 个盟市的版权服务工作站全部重新挂牌并恢复登记。2019 年，自治区共登记著作权作品 1427 件，较 2018 年增长 131%。

（3）创新版权服务方式。内蒙古自治区版权局先后深入 6 个盟市 20 个旗县区，进行版权资源调研考察工作。开展王府刺绣等 6 个专项版权服务活动，为草原豆思动漫公司完成 2 例著作权转让合同备案，达成以知识产权（IP）为核心的大额融资意向。

四、软件正版化工作

（1）加强软件正版化工作组织领导。机构改革后，内蒙古自治区版权局及时调整联席会议成员单位和相关工作职能，由自治区党委常委、宣传部部长白玉刚担任“自治区推进使用正版软件工作联席会议”总召集人。

（2）推动软件正版化工作督查常态化。11 月，根据内蒙古自治区《2019 年度盟市、自治区直属单位考核指标及评价办法》，修订软件正版化考核指标，按照平时考核占 50%、年终考核占 50%分值比例操作，形成符合工作实际的考核体系。首次采取购买社会服务的方式，发挥第三方专业机构优势，补齐人员和技术短板。由内蒙古自治区版权局牵头，共组成 18 个督查组对列入考核的全部区直机关单位进行软件正版化督查，自治区各级版权部门全年共督查省（区）级机关 74 家次、市级机关 750 家次、县级机关 5452 家次，实地上机检查计算机 7800 余台。

（3）扩大软件正版化企事业单位覆盖范围。针对内蒙古自治区教育、医疗卫生行业单位在全区企事业单位中所占比例较大的现实情况，分别制定教育、医疗卫生行业软件正版化工作规划，发挥重点行业示范引领作用。同时以医疗卫生、教育系统为重点领域，开展企事业单位软件正版化检查工作。共督导检查14家国有企业、6所高校、5个区直医疗机构，检查计算机1200余台。

（马　达）

司法工作

一、知识产权审判工作基本情况

2019年，内蒙古自治区高级人民法院知识产权审判庭指导全区法院共审理各类知识产权民事案件2693件，审结2426件，结案率90.1%。其中，受理商标权纠纷案件1063件，著作权纠纷案件1095件，专利权纠纷案件417件，技术合同纠纷案件59件，特许经营纠纷案件20件，不正当竞争纠纷案件15件，商业秘密纠纷案件1件，其他知识产权民事纠纷案件23件。受理知识产权刑事案件21件，案件类型涉及销售假冒注册商标的商品罪、假冒注册商标罪、侵犯著作权罪。受理知识产权行政案件2件。

二、主要工作成效

1. 发挥审判职能，公正高效审理知识产权案件

针对不同类型知识产权案件的属性和特点，依法公正高效地进行了审理。对于专利、植物新品种等科技成果类知识产权，根据其权利类型法定性、权利范围限定性的特点，维护权利范围的公示和划界作用，增强保护范围的确定性。对于商标、企业名称及商品名称、包装、装潢等商业标识类知识产权，根据维护商业标识声誉和显著性的目的，结合保护范围弹力性的特点，尽可能保护商业标识的区别性，尽最大努力使商业标识之间保持足够的距离，限制不正当模仿“搭车”的空间。对于著作权、邻接权等文化创意类知识产权，根据保护精神权利与经济权利的双重需求，考虑作品著作权的有限开放性以及邻接权的相对封闭性特点，合理界定保护范围。

2. 发挥司法主导作用，严格保护知识产权

指导全区法院，显著提高知识产权损害赔偿数额，让侵权者付出沉重代价，有效遏制和威慑侵犯知识产权的行为，努力营造不敢侵权、不愿侵权的法律氛围。在上诉人广东蓝带北京蓝宝公司与被上诉人河南红火公司、百家润连锁超市公司、百家润超市金隅店、腾飞路百家润超市、百家润超市福地店侵害商标权纠纷一案中，对于侵权源头及侵权商品的生产者，即河南红火公司，将原判决5万元的赔偿数额提高为100万元；对于侵权商品的销售者，即百家润连锁超市公司，考虑其为规模较大的连锁超市，应具有更高的注意义务，认定“合法来源”不成立，判决其承担5万元损害赔偿责任。

3. 继续开展“三合一”审判工作，严厉打击侵犯知识产权犯罪行为

2019年，自治区两级法院审结知识产权刑事案件21件，保障了正常的市场秩序，有效遏制了本地区知识产权刑事犯罪行为。其中，内蒙古自治区高级人民法院审结一起销售假冒注册商标商品的侵犯知识产权犯罪重大案件。该案共有9名被告人，且涉及销售假冒“中国农资”注册商标的农业肥料化肥产品，出售给当地60名农民1300余袋，销售金额达15万余元，非法经营数额达20余万元。

4. 着力提高全区法院知识产权审判质效，营造良好的营商环境

（1）加强培训指导。举办全区法院知识产权、商事仲裁及涉外商事审判业务培训班，各级法院知识产权、涉外商事审判庭负责人及业务骨干60余人参加培训。

（2）加强巡回审判指导。内蒙古自治区高级人民法院民三庭结合自身审判业务，前往赤峰、鄂尔多斯、乌海三地开展“巡回审判＋对下指导＋助力民企”系列活动。在三地巡回审判知识产权、涉外商事案件

45 件，成功调解 31 件，且均已履行完毕。同时，赴赤峰东荣羊绒发展集团有限公司、鄂尔多斯羊绒集团开展地区品牌知识产权司法保护问题调研，助力民营企业健康发展，切实为自治区创新驱动发展、营造一流营商环境提供优质法律服务与保障。

(3)辖区部分法院为进一步提高知识产权案件审判质效，出台多个有关文件，起到较好的示范、引领作用。包头市中级人民法院印发《包头市中级人民法院关于试行知识产权案件繁简分流的决定》，建立知识产权案件繁简分流制度，实行繁案精审，简案快审；印发《知识产权类型化案件快审机制流程》，切实增强知识产权司法救济的便民性和时效性，进一步破解知识产权案件审理"周期长"的问题。

5. 立足审判，加强理论研究和调研成果转化能力

《保护知识产权，努力营造法治化营商环境》《内蒙古高院召开知识产权审判情况暨典型案例发布会》刊登于《内蒙古审判》；向自治区人大常委会报送《关于全区法院民商事审判工作情况的报告》；向最高人民法院报送《内蒙古高院关于辖区法院审理反不正当竞争案件基本情况的报告》《内蒙古高院关于辖区法院知识产权司法保护工作基本情况的报告》《涉台司法工作的调研情况》，配合其他部门完成相关材料撰写工作；参与《办案程序指引》的涉外民事程序及知识产权部分的撰写；完成全区法院重点调研课题"知识产权损害赔偿相关问题研究"的报告撰写，该报告被评为全区法院优秀调研报告。乌海市中级人民法院发布知识产权司法保护状况白皮书。

6. 坚持服务大局，提升审判影响力

在 2019 年的"4·26 世界知识产权日"来临之际，内蒙古自治区高级人民法院部署全区各中级人民法院知识产权审判庭围绕宣传主题，开展丰富多彩的活动。其中，内蒙古自治区高级人民法院召开知识产权审判情况暨典型案例发布会，通报 2018 年全区法院知识产权审判工作情况以及公布全区法院知识产权典型案例 6 件。开展"知识产权进企业"活动，走进包头东宝生物技术股份有限公司，召开企业知识产权司法保护座谈会，听取企业在知识产权司法保护方面的建议和意见。在内蒙古财经大学开展"庭审进校园"活动，公开开庭审理侵害著作权纠纷案。

（内蒙古自治区高级人民法院
知识产权审判庭）

检察工作

一、严厉打击侵犯知识产权犯罪，保护民营企业，着力营造法治化营商环境

突出服务民营经济发展，制定实施"15 条措施"，平等保护民营企业和企业家合法权益。在内蒙古自治区打击侵权假冒专项工作协调办公室的牵头下，与当地知识产权局、高级人民法院等机关一起深入落实《国务院关于积极有效利用外资推动经济高质量发展若干措施的通知》，着力解决侵犯商业秘密、商标恶意抢注和商业标识混淆不正当竞争、专利侵权假冒、网络盗版侵权等问题，加大对侵犯知识产权犯罪行为的惩治力度。

二、各部门分工负责，形成打击合力

充分利用"两法衔接"信息平台，加强对制售伪劣商品犯罪及侵犯知识产权犯罪案件的打击力度，对于发现的问题，及时同当地市场监督管理局联系，及时发现立案监督线索。主动同当地公安局等部门联系、沟通，注重通过推进会定期商讨新形势下开展打击制售伪劣商品及侵犯知识产权犯罪工作中存在的问题和具体的应对措施，强化配合，提高效率。不断完善工作联席会议制度、办案情况通报制度等一系列协调配合、监督制约机制，坚决防止和有效杜绝有案不移、有案不立、以罚代刑等问题发生。

三、深入开展法治宣传教育，主动参与社会综合治理

对于办案过程中发现的行政主管部门监督、管理等工作中存在的问题，通过制发检察建议书，向相关单位、部门提出切实有效并具有可操作性的建议。在传统法治宣传方式的基础上，利用“两微一端”进行网络普法宣传，使群众在浏览手机的同时学习法律知识，有效预防侵犯知识产权犯罪。

（最高人民检察院第四检察厅）

辽宁省

专利工作

2019 年，辽宁省三种专利申请量 69 732 件，同比增长 6.2%，其中，发明专利申请量 22 592 件，同比下降 11.3%；三种专利授权量 40 037 件，同比增长 13.9%，其中，发明专利授权量 7501 件，同比增长 4.5%；有效发明专利量 42 282 件，同比增长 12.7%；每万人发明专利拥有量 9.70 件；PCT 国际专利申请量 515 件，同比增长 33.4%。三种专利申请中，职务发明创造申请量 55 099 件，非职务发明创造申请量 14 633 件，同比分别增长 4.1%和 14.7%。三种专利授权中，职务发明创造申请授权量 33 085 件，同比增长 17.6%；非职务发明创造申请授权量 6952 件，同比下降 0.9%。

2019 年，辽宁省知识产权办公会议办公室制定印发知识产权办公会议工作制度，进一步规范议事协调机构运行。9 月，辽宁省市场监管局、辽宁省知识产权局与沈阳海关、大连海关共同签署《加强进出口环节知识产权保护工作合作备忘录》。

10 月，中国（沈阳）知识产权保护中心获得国家知识产权局挂牌授章通网后正式开展业务。2019 年，中国（沈阳）知识产权保护中心对进入快速审查通道的企业（或企业法定代表人）、高校、科研院所等进行备案管理，备案申请主体 226 家，接受专利申请快速预审 131 件。

辽宁省知识产权局向获得第二十届中国专利奖的单位和个人颁发奖金 150 万元。推送转化优秀专利项目 460 项。专利转让 3393 件，专利受让 3853 件。知识产权质押融资额达到 64.45 亿元，为 2018 年的 3 倍，质押知识产权 992 件。

2019 年，辽宁省共有 9 家企业获得“国家知识产权示范企业”称号、49 家企业获得“国家知识产权优势企业”称号、81 家企业获得“省级知识产权优势企业”称号，3 家企业通过“国家知识产权示范企业”复核，23 家企业“通过国家知识产权优势企业”复核。

利用国家知识产权局和辽宁省知识产权局门户网站、微信公众号和客户端等新媒体，加大宣传工作力度。成功举办“4·26 世界知识产权日”“4·26 知识产权宣传周”等大型活动；协调辽宁省知识产权宣传周活动组委会 19 家成员单位、组织各市（县）知识产权局重点推进宣传周各项工作；举行 2020 年辽宁省暨沈阳市知识产权宣传周启动仪式。

（辽宁省知识产权局）

商标工作

2019 年，辽宁省新增商标注册申请 11.7 万件，有效注册商标 9.6 万件，有效注册商标总量 39.8 万件，同比增长 25.9%。新增地理标志证明商标 7 件，总量 128 件。

（辽宁省知识产权局）

地理标志工作

2019年,辽宁省地理标志保护产品总量89个,使用地理标志保护产品专用标志的单位共计360家。辽宁省新增农产品地理标志产品5个,累计有95个产品获得农业农村部农产品地理标志登记,分布在13个市、45个县(区),产品种类涵盖种植业产品、畜产品、水产品。

(辽宁省知识产权局)

版权工作

一、打击侵权盗版工作

(1)开展"剑网2019"专项行动,强化网络版权治理。"剑网2019"专项行动期间,辽宁省共查处案件26件,其中刑事案件4件,行政罚款22万元、删除侵权链接38个、关闭侵权网站12个。其中,沈阳芦某等网络影视侵权案于2019年10月底被列入国家版权局等五部委督办案件。

(2)加强版权保护预警工作。根据国家版权局统一部署,及时部署和督导各市及省内主要网站,落实对包括中央电视台2019年春节联欢晚会在内的7批次重点作品的版权保护预警工作。对《我和我的祖国》《中国机长》《攀登者》《复仇者联盟4:终局之战》等影视作品及时予以预警保护。

(3)组织开展版权执法培训。在"剑网2019"专项行动办案攻坚阶段,辽宁省版权局及时举办全省网络环境下版权管理和版权执法工作培训。特别邀请华东政法大学知识产权学院丛立先教授作"网络版权领域热点问题及其版权执法"专题讲座,各市版权局、市文化市场综合执法队版权工作负责人和部分省版权工作站负责人参加培训。

(4)开展部委联合挂牌督办案件督导工作。辽宁省版权局、辽宁省"扫黄打非"办先后指导和督办沈阳陈某擘等图书侵权案、沈阳芦某等网络影视侵权案、沈阳任某某图书侵权案3起重大侵权盗版案件,并及时将案件向国家版权局申请予以挂牌督办。

11月初,国家版权局公布2018年度查处重大侵权盗版案件有功单位和有功个人名单。辽宁省共有1家单位获有功单位二等奖,2家单位获有功单位三等奖;4人获有功个人二等奖,4人获有功个人三等奖。

二、党政机关和企业软件正版化工作

(1)召开省使用正版软件工作领导小组成员单位联络员会议,专门会商重点工作。来自省直19家单位的正版化工作联络员参加会议,全面总结2018年推进政府机关和企业软件正版化工作情况,讨论通过《辽宁省2019年推进使用正版软件工作安排》,并与辽宁省国资委负责同志就全面推进国有企业软件正版化工作进行专门会商。

(2)组织召开省市政府机关软件正版化业务培训,强调国产软件优先。召开辽宁省2019年度推进使用正版软件工作暨培训会议,各市版权局、省直各单位、部分省属国有企业、民营企业软件正版化工作的部门负责人共110余人参会。重点强调优先使用国产办公软件和操作系统的工作要求。

(3)开展省直机关软件正版化考核评议,巩固工作成果。按照《辽宁省政府机关使用正版软件工作考核办法(试行)》,对78家省直机关单位软件正版化工作进行年度考核。考核结果:30家单位为优秀单位,48家单位为合格单位。

(4)突出市县级党政机关"回头看"督查,强调责任落实。对2018年市县级督查中发现问题较多的地区和单位开展"回头看";督查内容以推动党政机关落实软件正版化工作主体责任,建立健全长效机制、正版化百分比、国产软件优先为重点。

辽宁省版权局不定期对14个市的市县级政府机关和20个省直机关软件正版

化工作情况进行了检查，上机抽查了20个省直机关、42个市直机关、23个县区机关共310余台计算机安装使用软件情况。

(5)持续推进全省国有企业软件正版化工作。辽宁省版权局、辽宁省国资委通过实地指导企业如何选择、测试相关产品的兼容性、适用性，尤其强调了国有企业集中采购、优先使用国产办公软件的两项要求。2019年，省属国有企业采购约3000套金山WPS2019办公软件，各集团企业年内新购预装正版操作系统计算机的百分比达80%。本溪钢铁集团有限公司于2019年年初以场地授权模式完成集团及二三级单位软件正版化全覆盖；华晨汽车集团在完成集团本部软件正版化任务的基础上，着力推进二级单位工作，并确定采购计划，签订采购正版软件意向书。

(6)以宣传培训为抓手，促重点行业企业软件正版化工作。辽宁省版权局联合辽宁银保监局、省工商联等成员单位先后举办3期企业软件正版化培训班，省内交通、机械制造、商业服务、金融保险等重点行业的72家企业100余名主管领导和信息化部门负责人参加培训。

三、版权社会服务工作

一是加强宣传力度，培养版权意识。以知识产权宣传周为重要平台，以制作著作权法律法规海报、展报和作品自愿登记指南等为主要内容开展版权集中和日常宣传，注重营造尊重版权的社会环境，让创作者了解版权价值，知晓版权登记作用。二是针对艺术作品、非遗文博、美术、设计等核心授权领域，积极设立版权工作站，拓展服务空间，为沈阳故宫博物院、沈阳庠序文化有限公司等单位提供版权登记和版权业务咨询的绿色通道。三是组织本土优秀文创企业代表参加全国和国际性版权(交易)博览会等活动，提供和搭建平台拓展省内业界视野，展示辽宁文创精品，助力辽宁文创“走出去”。2019年，全省共办理作品自愿登记10 512件；审核出版境外图书著作权合同登记227件。

四、版权保护宣传周系列活动

在第八届全民读书节开幕式主会场开展版权集中宣传咨询活动；通过“学习强国”平台播放公益宣传片、上传版权法律常识；联合东北大学出版社、辽宁大学出版社、沈阳庠序文化有限公司等在沈出版单位，共同举办系列座谈会和讲座；为抚顺雷锋团、抚顺作家和文创人员实地开展著作权法宣传；通过新闻发布会发布2018年度辽宁省版权工作情况，并就热点问题回答记者提问。

按照国家版权局和辽宁省版权局的统一要求，各市以主题宣传活动启动仪式现场为集中宣传主阵地，市县(区)两级党委政府、知识产权、市场监管、检法两院、文联、书协等多部门联动，采用网络媒体、平面媒体和电视媒体、官网、公众号等全方位结合的方式，多角度、多渠道做好宣传工作，扩大宣传影响。

五、组织辽宁展团参加第26届北京国际图书博览会

辽宁省版权局组织和指导辽宁展团参加第26届北京国际图书博览会。辽宁展团16家出版单位共携1800余种精品图书参展。展会期间，共举办《春归库布齐》阿拉伯语版签约仪式、《寻找张展》海外版权开发签约仪式等9场高品质、国际化推广活动。据不完全统计，本次书展中共洽谈近200项版权贸易项目。其中版权引进意向62项，签署协议27项；版权输出意向51项，签署协议26项；合作意向28项，签署协议6项。

(田大鹏)

司法工作

一、积极履行知识产权审判职能，不断提高案件审判质量效益

2019 年，辽宁法院受理各类知识产权案件 5945 件，审结 5647 件。受理知识产权刑事案件 103 件，结案率为 88.17%。受理知识产权民事案件 5842 件，含收存 333 件。知识产权民事案件中著作权纠纷比重较大，全年受理此类案件 3921 件，占全部民事案件的 67%；受理商标权纠纷案件 1414 件，占比 24%；受理专利权纠纷案件 457 件，占比近 8%。

受理各类知识产权民事一审案件 5437 件，审结 5181 件，结案率为 95.29%，调撤率为 77.19%；受理各类知识产权民事二审案件 405 件，审结 374 件，结案率为 92.35%，调撤率为 49.47%。

（1）把握案件特点，审理好知识产权案件。2019 年的知识产权案件延续了案件量增幅明显、案多人少矛盾突出、批量性商业集中维权案件多发突发、涉互联网的信息传播权纠纷数量呈上升趋势和案件审理难度增加等原有特点，也出现了赔偿数额有所增加、加大了对权利人的维护力度等新的特点。另外值得注意的是，辽宁省出现了第一例由知识产权审判庭法官审理的涉及专利侵权不服行政处理决定的行政案件。大连高新技术开发区人民法院 2019 年新收知识产权案件 357 件，均为大连瀛信信息科技有限公司诉他人侵害作品信息网络传播权纠纷案件，最终判决 40 件，调解 100 件，撤诉 117 件，按撤诉处理 100 件，全部审结。

（2）聚焦审判效益，完善知识产权纠纷多元化解机制。指导辖区法院，特别是基层法院进一步完善多元化纠纷解决机制，针对事实清楚、争议不大的著作权、商标权、不正当竞争等纠纷案件采取诉前调解，实行诉调对接；充分发挥社会组织、行业协会在多元化解纠纷中的作用，建立完善知识产权民事纠纷诉调对接机制；加大调解力度，实行诉讼全程调解，充分调动参与调解各方的积极性，有序引导通过调解方式结案。在沈阳高新区人民法院设立辽宁省首家著作权调解中心，先后制定《诉前调解操作规程（试行）》《知识产权特邀调解工作规则（试行）》。

（3）注重审判效率，构建知识产权案件繁简分流体系。根据《国务院办公厅关于推广第二批支持创新相关改革举措的通知》要求，在知识产权案件的审判工作中实施繁简分流，建立知识产权案件快速审判机制。受理知识产权案件的大连经济技术开发区人民法院和沈阳高新区人民法院结合其管辖的知识产权案件特点，制定《关于对部分知识产权案件适用简易程序的办法（试行）》，选取侵害商标权案件、侵害作品放映权案件及侵害信息网络传播权案件适用快速审判机制，在案件审理中制作《诉讼要素表》《有效抗辩释明表》。

二、加强知识产权审判机制建设，不断提高知识产权保护效能

（1）试点先行，深入推进“三合一”审判模式。辽宁省高级人民法院提出在全省法院采取“试点先行，分步实施，调整管辖，全面推开”的思路，由条件相对成熟的大连地区先行试点，然后总结经验，全省推开。

（2）结合实际，常态运行知识产权案件集中管辖。为贯彻落实《最高人民法院关于为自由贸易试验区建设提供司法保障的意见》，2018 年对辽宁知识产权案件管辖进行了调整，除自由贸易试验区所在城市即沈阳、大连、营口外，辽宁其余城市分为东部和西部两个片区，同时调整和增加两个基层法院，而且对受理标的额适当进行上调。2019 年，辽宁法院认真落实知识产权案件管辖的规定，集中管辖已经进入常态化运行。

（3）探索经验，落实技术调查官制度。辽宁省高级人民法院结合实际，提出在条

件相对较好的中院落实技术调查官制度的思路。沈阳市中级人民法院制定实施《沈阳市中级人民法院技术调查官选任和管理办法》《沈阳市中级人民法院技术调查官参与知识产权案件诉讼活动的办法》,选定技术调查官选聘专业范围,并确定技术调查官名单。2019 年,沈阳、大连、丹东中级人民法院都建立了技术专家库。

三、深化知识产权审判服务作用,不断助力保障经济社会发展

(1)加强调研,为企业发展提供司法建议。丹东市中级人民法院与丹东市知识产权局、辽东学院及市内十家知名科技企业联合成立知识产权司法保护基地,在调研和多方征求意见基础上,出台完善科技创新 9 条意见。加强与大连理工大学知识产权司法保护研究基地的合作,开展题为“知识产权案件审判思路及若干典型问题”的讲座,有效解决知识产权审判中的专业技术难题,为知识产权审判工作提供可靠的智力支持。大连市中级人民法院与阿里巴巴集团就处理商标恶意投诉、保护网络商家合法权益、合理确定电子商务平台经营者责任等问题举办座谈会,还应邀为大连商品交易所讲授著作权法律风险防范。

(2)主动作为,深入企业延伸服务。辽宁法院认真开展“万人进万企”活动,深入沈鼓集团、中德产业园、五爱市场等企业,召开“共话民营企业发展中的知识产权保护——加大知识产权保护力度,促进民营经济发展”等座谈会,帮助企业解决生产经营中的疑难法律问题。

(3)加强知识产权司法保护宣传教育。在“4·26 世界知识产权日”宣传期间开展系列活动,召开辽宁知识产权司法保护座谈会、新闻发布会等。2019 年累计召开新闻发布会 10 余场,与知识产权相关的座谈会 7 场。大连市中级人民法院召开知名商标“金龙鱼”和“河套平原雪花粉”竞争纠纷的观摩庭,邀请人大代表、政协委员观摩。锦州市中级人民法院在知识产权宣传周期间受邀参加当地《以案说法》和《海波访谈》等电视节目,就本地区知识产权司法保护情况结合侵权案例进行普法宣传。

四、强化知识产权审判队伍建设,不断提高审判队伍能力水平

(1)整合审判资源,提高专业化水平。倡导“两倾斜”,辽宁法院向具有知识产权案件审判职能的法院倾斜力量,法院内部向本院具有知识产权案件审判职能的庭室倾斜力量。上级法院选派业务好、能力强、素养高的知识产权审判法官以挂职锻炼或业务指导的方式加强下级法院的力量,主要负责审理疑难、复杂、新类型案件。

(2)开展培训,提高业务能力。辽宁省高级人民法院先后组织了 3 次不同规模的业务培训。6 月,邀请上海交通大学彭诚信教授为全院民事部类干部讲授民商事法律知识与实务;7 月,在国家法官学院组织全省法院知识产权审判业务培训,邀请大学教授和最高人民法院民三庭法官授课。

(辽宁省高级人民法院知识产权审判庭)

检察工作

一、全面履行检察职能,依法严厉打击侵犯知识产权犯罪活动

2019 年,辽宁省各级检察机关共批准逮捕侵犯知识产权案件 50 件 78 人,起诉 65 件 137 人,监督公安机关立案 2 件 2 人。

二、加强检察队伍建设,提升专业素质能力

辽宁省各级检察机关以集中和自学的模式安排相关业务部门的干警学习知识产权保护方面的法律法规及相关司法解释,围绕案件管辖、证据体系、定罪量刑标准等学习重点,夯实业务理论基础,有针对性地提升办案能力。营口等地检察机关开展业务培训活动,市、县两级检察院共同学习检察机关保护知识产权十大典型案例和侵犯知识产权立案标准等法律法规，切实提高干警办理侵犯知识产权案件的水平。

三、完善对外协调衔接机制，积极延伸检察工作触角

各级检察机关积极推动行政执法与刑事司法信息共享平台的建设和深度应用，做到凡录必审、认真核查、同步反馈，切实强化案件及时审查和有效办理。有条件的地区积极探索进一步完善"两法衔接"信息平台的方法，扩大案件信息共享范围，实现行政处罚案件全覆盖。大连市人民检察院与当地法院、公安局会签《关于知识产权刑事案件集中管辖问题的补充通知》。大连市西岗区人民检察院与当地公安分局会签《侦诉联动工作办法》，设立驻派出所检察官，由知识产权员额检察官专案组负责办理此类案件。大连市高新园区人民检察院与辖区 12 家行政执法单位建立联席会议制度，就知识产权保护过程中信息沟通、线索移送等具体问题达成共识。

四、优化企业知识产权服务，大力推进营商环境建设

大连市人民检察院与高新区管委会密切配合，建立"检企平台"，积极开展知识产权保护工作。检察机关组建知识产权"专家咨询委员会""知识产权律师服务委员会"，带领专家团队、律师团队深入企业，问需于企业，积极引导企业充分认识保护知识产权的必要性、紧迫性，帮助企业完善管理机制，全力服务保障民营企业发展，真诚主动接受企业监督，让人民群众和民营企业在检察机关司法办案中有更多、更实在的获得感。

（最高人民检察院第四检察厅）

吉林省

专利工作

一、专利保护

2019 年，吉林省知识产权局积极开展专利维权援助工作。针对机构改革后各地市场监管部门普遍缺少从事过专利工作的人员情况，组织征集以专利法律服务为主的 14 家维权援助合作单位和 40 名法律专家，建立专家库并与各地进行对接。制发《吉林省知识产权维权援助指导意见》，推动各地维权援助服务机构建设，这项工作得到国家知识产权局的肯定。开展汽博会和东北亚博览会等大型展会知识产权保护与维权活动。加强专利管理与执法队伍能力建设。针对市（州）特别是县区专利行政执法人员没有资质和经验的困境，积极争取国家知识产权局政策支持，于 9 月举办全省专利行政执法培训班，共 113 名学员参加培训并获得国家知识产权局颁发的专利行政执法证。建立知识产权保护合作机制。主动与省法院、检察院、公安厅、版权局等主要知识产权工作部门沟通协调，签署部门合作协议。

二、专利运用与促进

2019 年，吉林省知识产权局深化开展知识产权质押融资工作，研究制定《吉林省知识产权质押贷款申报及补助系统建设方案》，每月组织相关单位召开知识产权质押贷款工作协调会，签署四方风险补偿合作协议。全年累计为 35 家企业贷款 4.074 亿元，深入推进专利保险工作，丰富投保险种，对 106 家专利保险企业予以补贴。指导长春净月高新技术产业开发区组建吉林省知识产权产业促进中心，积极推进长春高新区知识产权运营公共服务平台建设。

优选10家企业实施专利导航试点工程，15家企业被评为国家知识产权优势企业，吉林市船营区被评为国家知识产权示范县(区)。推荐长春师范大学软课题研究项目“促进高校和科研院所知识产权转移转化的政策研究”获得立项。制定《2019年知识产权培训计划》，强化吉林大学“国家知识产权培训(吉林)基地”建设。加大对各类人才的知识产权培训力度，全年共举办10次培训，共计1500余人次参加。组织省内企业报名参加第十五届中国(无锡)国际设计博览会。

三、专利公共服务

2019年，吉林省获第二十一届中国专利优秀奖7项，外观设计优秀奖1项；评选出第三届吉林省专利奖60项，其中金奖20项，优秀奖40项；新增国家级知识产权教育试点学校2所，示范学校1所；东北师范大学入选首批高校国家知识产权信息服务中心名单；吉林省图书馆进入世界知识产权组织和国家知识产权局确定的第三批技术与创新支持中心(TISC)创建名单；评选出省级知识产权教育示范学校35所；举办吉林省2019年青少年发明创造大赛，222所学校的592件作品进入决赛，119所学校的185件作品获奖；2019年全国专利代理师资格考试报名人数同比增长15%；对专利代理行业实施“包容审慎监管”，开展“知识产权服务经济走基层”系列活动。

(吉林省知识产权局)

商标工作

一、商标保护监管

制定下发《吉林省2019年春节期间地理标志使用专项整治工作方案》《2019年吉林省知识产权执法保护专项行动方案》，转发《国家知识产权局办公室关于加强2019年秋季地理标志保护工作的通知》和涉嫌侵犯“三环”注册商标专用权案件线索；指导查处侵犯绿色食品证明商标等10余件商标侵权案件；向国家知识产权局报送4件商标典型案例，其中“瓦房店五岛粉洗盐厂侵犯绿色食品注册商标专用权案”被评为全国2019年度商标行政保护典例案例；组织开展商标代理机构和商标印制企业“双随机、一公开”抽查监管；参与东北亚博览会知识产权保护维权援助工作。2019年，查处商标案件287件，案值159.37万元，罚没款186.9万元。

二、商标运用创造

2019年，吉林省注册商标申请量64 441件，新增注册商标量57 058件，全省有效注册商标总数216 256件，同比增长30.19%；新增注册“长春大米”“延边黑木耳”“伊通榛子”“洮南万宝敖牛山黄牛”“安图蓝莓”等6件地理标志商标，全省地理标志商标78件，同比增长8.3%；完成8项地理标志标准制(修)订和“长白石”“东辽柞蚕”等6个产品地理标志保护材料上报；全年实现商标权质押融资167 830万元。

三、商标服务发展

参与筹备纪念“4·26世界知识产权日”宣传周活动；参加“中国品牌日”系列活动，介绍“十三五”以来商标品牌建设情况，30余家地理标志企业参加吉林省消费品品牌体验展；组织企业参加中国国际商标品牌节、东北亚博览会、中国杨凌农业高新科技成果博览会等大型展会，一汽集团、松粮集团及吉林省参业协会等7家企业、组织荣获“2019年度中华品牌商标博览会金奖”，长春市市场监督管理局获得“2019年中国国际商标品牌节贡献奖”；举办吉林省商标业务培训班，邀请长春知识产权法庭法官和商标代理点一线人员授课；与吉林省高级人民法院民三庭和长春知识产权法庭联合召开关于商标纠纷行政处罚与司法保护衔接问题座谈会，强化司法行政合作交流，推进纠纷诉源治理。

（吉林省知识产权局）

版权工作

一、版权执法监管工作

（1）组织各类专项执法活动，开展重点领域的集中治理。在2019年元旦和春节期间，以打击侵权盗版和净化网络市场环境为主要任务，吉林省版权局印发文件通知，组织全省各级版权管理部门及文化综合执法部门开展集中治理，维护版权市场秩序。5月至10月，吉林省版权局联合吉林省网信办、吉林省通信管理局、吉林省公安厅共同组织开展打击网络侵权盗版“剑网2019”专项行动。2019年度全省共立案涉网侵权案件9件，作出行政处罚6件，行政调解2件，关闭计算机服务器2台，约谈网站负责人30余次，行政罚款金额总计5万元。协调“扫黄打非”工作部门开展“秋风2019”专项行动，有力打击复制发行盗版出版物的违法行为。继续组织开展对省内印刷复制企业进行集中执法检查，规范印刷复制行为和市场秩序。

（2）强化对全省版权执法监管工作的统一领导，加大案件查处力度。吉林省版权局严格落实版权执法工作月报制度，及时调度各市县版权执法工作进展情况，组织全省各级版权执法机关开展案件查办工作，强化对各市县级版权执法机关的指导，及时处理上级部门移转的案件，通过督办、转办等方式对各地查办案件工作进行督促检查。进一步完善落实版权执法案件信息公开制度，组织各级版权执法机关利用各类途径对2019年度的行政处罚案件进行及时公开，加强社会监督，提高版权执法监管工作质量，共查处各类版权侵权案件30件，罚款总额超过26万元。

二、软件正版化工作

（1）制定工作方案，安排部署全省软件正版化工作。建立吉林省推进使用正版软件工作联席会议制度，由吉林省委常委、吉林省委宣传部部长担任联席会议总召集人。吉林省版权局充分发挥联席会议办公室职能，协调各成员单位，完善工作机制及各项制度，充分发挥领导小组的统一领导作用，形成整体工作合力。召开2019年度软件正版化专题工作会议，共同研究新形势下做好软件正版化工作的具体工作举措，确定2019年度重点工作任务，并对吉林省版权局拟定的软件正版化年度工作计划征求意见。制定印发《吉林省2019年推进使用正版软件工作计划》，部署2019年度全省软件正版化工作。

（2）加强督促检查，完善软件正版化长效工作机制。在2019年上半年开展省级政府机关软件正版化检查“回头看”，了解各有关部门对本单位存在问题的整改落实情况，提出指导意见和整改要求，定期调度进展完成情况，持续推动相关问题的整改。于2019年下半年组织检查组分别对延边州、四平市、吉林市进行软件正版化工作现场检查。及时了解各市县级政府软件正版化牵头业务部门的工作开展情况，督促有关业务部门落实软件正版化工作主体责任。

（3）落实整改采购要求，确保机关单位正版软件全覆盖。督促、指导各省级党政机关单位及各市县级政府软件正版化工作牵头业务部门，按照上级有关部门督查反馈意见，结合本单位开展的自查，统计正版软件实际需求，做好新增正版软件采购和软件升级工作。吉林省教育厅、吉林省畜牧局等省级机关单位根据本单位新增软件需要和系统升级要求，采购了正版操作系统和通用办公软件。2019年，吉林省各级党政机关单位共采购正版操作系统7422套，采购金额997万元；采购通用办公软件8188套，采购金额484万元，其中国产办公软件5931套，采购软件的国产率达72%。

（4）加强检查指导，加速推进企业软件

正版化。召开省国资委监管企业软件正版化工作专题会议，对参会企业开展软件正版化工作进行业务指导，并提出工作要求，统一安排下一步整改工作。对省内11家省国资委监管企业的软件正版化整改落实情况进行现场工作检查，并向企业负责人反馈检查中发现的问题，就现场检查结果向各有关企业印发正式通报，提出明确整改要求和完成时限，有效地推进省属国有企业软件正版化整改工作。协调组织有关国有企业与软件供应商召开软件采购洽谈会，为企业搭建软件采购谈判平台。

三、版权宣传培训工作

在动漫集团和吉林动画学院开展作品集中登记和版权知识宣讲活动；通过各类媒体公布2018年度打击侵权盗版十大案件；协调电台、电视台、网络电视台就第19个世界知识产权日采写专题新闻报道，宣传吉林省版权保护工作及版权创意产业发展成就；宣传周期间，吉林省各级版权管理部门组织参与的各类街头、社区宣传活动超过50次，发放各类宣传品超过30 000份。

除在重要时间节点开展集中宣传外，加强在日常工作中的宣传普法和专题培训工作，提高社会公众的版权意识。2019年，吉林省版权局分别在吉林市、四平市、延边州举办3期政府机关软件正版化工作培训，与吉林省国资委共同举办企业软件正版化工作培训1期，配合国家版权局举办全国第三期版权执法骨干培训班，全面提升基层版权执法人员的综合业务素质。全省各级版权管理部门充分利用“4·26世界知识产权日”“3·15国际消费者权益日”等重要节点对著作权法及相关知识进行重点宣传。

四、版权社会服务工作

制定印发《关于加强新闻出版广播影视企事业版权资产管理工作的实施意见》，指导新闻出版广播影视行业内的相关企事业单位建立版权管理制度，形成良性的版权创造、保护和运用机制。启动开展版权示范单位、版权示范园区（基地）的申报评选活动。指导长春市版权局在长春市版权保护协会、长春市图书馆等四家单位设立版权服务工作站，完善版权公共服务体系。继续完善改进版权作品自愿登记工作，为相关版权企业及著作权人提供多层次的法律服务，2019年登记数量超过5600件，同比增长超过100%。

（杜宇震）

司法工作

一、知识产权审判工作基本情况

严格司法保护，切实维护合法权益。2019年，吉林省法院共受理各类知识产权民事案件1662件，审结1596件，结案率达96.03%。长春知识产权法庭共受理涉专利、植物新品种、集成电路布图设计、技术秘密、计算机软件等技术性较强的案件273件，同比涨幅达185%。在审理“自拍杆”“手持KTV麦克”等案件中，准确认定涉案专利权的保护范围，使裁判结果既符合专利权产生时所公示的边界，又依法保护了专利权人的合法权益。

坚持多元化解，促进知识产权诉源治理。吉林中级人民法院审理的各类知识产权民事案件以调解为主，调解率为75%，其中长春知识产权法庭调撤率达89.3%。通化市中级人民法院在审结9件全景视觉图片著作权纠纷案件后，以典型案例的方式，通过诉前调解途径将可能发生诉讼的3711件案件一并解决。充分发挥社会组织、行业协会在多元化解纠纷中的作用，不断推进和深化知识产权诉前、诉中委托调解工作。在部分专利案件审理中，长春知识产权法庭在促进调解的同时，在多个案件中促成双方当事人建立合作关系，有效提升了企业生产技术含量，促进了专利技术成果的应用转化。

注重裁判指引，不断强化精品意识。立足审理、总结、宣传各环节，培育打造一批精品案例、优秀文书和示范庭审，并注重从案件中归纳出具有普遍指导意义的司法裁判标准。通过对侵犯农用机械实用新型专利权、“李维斯”商标权、网络图片著作权等一系列案件的公正裁判，强化对核心技术和前沿领域技术成果的有效保护；通过对假冒商标、恶意抢注商标等侵权行为的有力制裁，加强对品牌战略实施的强力支持。

2019 年吉林省法院受理知识产权刑事案件 62 件，审结 56 件，结案率为 90.3%。其中，假冒注册商标罪和销售假冒注册商标的商品罪占比较大，有 59 件，占 95.2%，包括对“RedDog”等注册商标进行假冒、销售假冒该假冒注册商标的商品犯罪；侵犯著作权罪 3 件，如对“金蝶软件”进行破解复制犯罪。

二、不断深化知识产权审判领域改革

2019 年，经吉林省高级人民法院党组研究，并报吉林省编办同意，将民事审判第三庭确定为知识产权审判庭，主要负责依法审理应由吉林省高级人民法院管辖的第一、二审和申请再审审查、再审侵犯知识产权罪，知识产权与竞争纠纷，知识产权行政案件。在省级法院层面，真正实现知识产权审判“三合一”。

吉林省高级人民法院制定并发布《关于推进知识产权审判领域改革创新的实施意见》，深度梳理近年来吉林省知识产权司法审判过程中形成的司法理念、审判经验，针对吉林省知识产权司法保护中存在的主要问题，提出了明确具体的指导意见和解决方案。在实施意见公布后，吉林省高级人民法院还通过召开新闻发布会的形式向社会进行了意见解读。

制定并发布《关于知识产权纠纷案件证据保全的指导意见》，为法院知识产权纠纷案件证据保全提供制度保障。

长春知识产权法庭根据《最高人民法院关于技术调查官参与知识产权案件诉讼活动的若干规定》精神，积极协调吉林省市场监督管理厅，由其在专家库中选择专业化人才，经长春知识产权法庭审查后择优聘用为技术调查官。同时，为了规范技术调查官的诉讼活动，长春知识产权法庭拟定了《长春知识产权法庭关于技术调查官参与诉讼活动的暂行规定》，为技术调查官制度的顺利推行提供有力保障。

长春知识产权法庭先后公布《知识产权类案速审诉讼要素表》《关于适用速裁方式审理知识产权民事案件规程》，对涉著作权、商标权等类案从立案材料、庭审笔录到裁判文书制作都进行了相应的一系列改革，做到简案速审、快审。自 2019 年 9 月试行以来，长春知识产权法庭已快速审结 387 件案件，占同期结案总量的 84.8%。同时，抽调资深知识产权法官，组成技术类案件审判团队，对社会影响广、涉及前沿核心技术的疑难复杂案件进行精细化审理。

三、充分发挥知识产权司法审判的社会职能

在“4·26 世界知识产权日”，吉林省高级人民法院以“加强知识产权保护，营造一流营商环境”为主题召开新闻发布会，发布 2018 年度吉林省知识产权司法保护状况，公布 2018 年度吉林省知识产权司法保护十大典型案例。

高度重视知识产权宣传和保护，在世界知识产权日前后策划开展了如走进企业、走进校园、培训讲座、录制《百姓与法》等形式丰富多样的普法宣传活动。长春知识产权法庭专设微信官方公众号，持续更新法律及法庭最新资讯，通过系列宣传让社会大众能够对知识产权保护界限有一个清晰的了解，在从事商业活动中可以更加有效地提前做好保护措施，防范知识产权风险。

针对吉林省为医药大省的现状，积极探索医药知识产权司法保护的新路径。10 月，吉林省高级人民法院与长春知识产权

法庭共同到通化市中级人民法院召开“通化地区医药企业知识产权座谈会”，进一步了解医药知识产权的现状，研讨吉林省医药知识产权司法保护的方向与重点。

四、加大知识产权司法保护力度

在裁判侵权赔偿数额过程中，吉林省法院坚持合理运用证据规则、经济分析方法等手段，努力实现侵权损害赔偿数额与知识产权市场价值的协调性和相称性。同时，正确把握“恶意”和“情节严重”要件，积极支持知识产权权利人的惩罚性赔偿请求，提高侵权代价，充分发挥惩罚性赔偿对侵权行为的法律威慑力。在永和豆浆餐饮公司商标权维权的案件中，法院就涉案十余起案件作出总额200余万元的侵权赔偿判决。指导全省法院根据各地经济发展实际，统一裁判尺度，整体上提升了全省知识产权司法保护力度。在审理“修正”商标等案件中，判决商标侵权人承担80万元的赔偿数额，加大对侵权行为人的惩罚力度，重点保护知识产权权利人的合法权利。

（吉林省高级人民法院知识产权审判庭）

检察工作

一、依法批捕、起诉涉嫌知识产权犯罪案件

2019年，吉林省各级检察机关批捕侵犯知识产权犯罪案件22件54人，起诉39件108人。吉林省检察院起草知识产权案件移送审查逮捕、审查起诉材料清单和相关罪名证据指引，进一步规范知识产权案件办理。

二、积极开展立案监督，制发检察建议

吉林省人民检察院与当地市场监管部门、药品监管部门联合印发《关于联合开展落实食品药品安全“四个最严”要求专项行动的通知》。突破就案办案的局限性，注重发现普遍性、倾向性问题，积极延伸执法效果。例如，松原市人民检察院充分运用检察机关微信公众号、12309检察服务中心，开展法制宣传，拓展法律监督线索来源。

三、聚焦重点，同防同治，形成合力

突出工作重点，围绕工作目标，结合地域特色，加强刑事司法与行政执法衔接工作，形成社会治理合力。例如，白山市人民检察院开展“长白粉条品牌保护”“水源地保护”等专项活动；辽源市人民检察院与市场监督管理局等行政执法部门定期召开联席会议，查阅行政执法卷宗，依法监督有案不立、有案不移等违纪违法行为，吉林市人民检察院结合打击侵权假冒行政执法与刑事司法工作联席会议，充分利用工作信息共享平台，建立案件移送、重大案件协调督办制度等。

（最高人民检察院第四检察厅）

黑龙江省

专利工作

2019年，黑龙江省专利申请量37 313件，专利授权量19 989件，同比分别增长7.90%和2.85%。其中，发明专利申请量13 125件，同比增长9.22%；发明专利授权量4144件，同比下降3.83%。截至2019年年底，黑龙江省有效发明专利拥有量24 526件，每万人发明专利拥有量达到6.50件。

大力实施知识产权战略，全面推进知识产权强省建设。牵头贯彻落实《关于强化知识产权保护的意见》，制定实施《2019年黑龙江省深入实施知识产权战略 加快建设知识产权强省推进计划》。积极推进知识产权试点示范城市和试点园区工作，大庆、牡丹江、伊春3个城市完成2018年度国家知识产权试点城市评价，省级知识产权试点园区安达经开区、齐齐哈尔高新区挂牌并正式运行。深入开展专利优势企业创建工作，59家企业成为专利优势企业培育单位，38家企业通过企业知识产权管理规范贯标认证，累计拥有国家知识产权优势(示范)企业72家，省级专利优势企业412家，贯标认证企业70家。高校院所专利“提质促量”工作纵深展开。东北林业大学获批成为第三批世界知识产权组织技术与创新支持中心筹建机构，东北林业大学、哈尔滨工业大学获批成为首批高校国家知识产权信息服务中心。完成专利实施许可合同备案53件，金额4177.54万元；完成专利权质押登记22件，金额7.7亿元。

加大知识产权保护力度，构建知识产权快速协同保护体系。中国(黑龙江)知识产权保护中心获批筹建，落户黑龙江自贸试验区哈尔滨片区，面向黑龙江省装备制造和生物产业开展知识产权快速协同保护工作。与黑龙江省市场监管局建立知识产权执法联合工作机制，联合开展知识产权执法“铁拳”行动；与法院、公安、海关等部门建立知识产权保护协作机制。共办理专利侵权纠纷行政裁决案件64件。

国家知识产权局专利局哈尔滨代办处全面完成审查配套工作，窗口电子申请率达到98.04%，综合业务继续保持“零差错”。黑龙江省专利代理机构和分支机构达到31家，执业专利代理师117人。全国专利代理师资格考试哈尔滨考点通过率达到12.7%。

（黑龙江省知识产权局）

商标工作

2019年，黑龙江省商标申请量85 783件；商标注册量70 128件；国内有效商标注册量272 831件，同比增长28%。建立重点商标保护名录和专利保护重点联系企业名录。完成商标专用权质权登记14件，金额4.6亿元。全省商标受理窗口7个，哈尔滨和绥化商标受理窗口受到国家知识产权局商标局表扬。

（黑龙江省知识产权局）

地理标志工作

2019年，黑龙江省新注册地理标志商标4件，累计达到90件；国家地理标志保护产品累计达到73个。

加强区域公共品牌培育和保护工作。地理标志保护产品专用标志使用核准改革试点获批开展，黑龙江省是全国12个试点之一，东北地区唯一一家。制定地理标志产品保护初审工作规范，已有71家企业获准使用“五常大米”“延寿大米”“克东天然苏打水”“海伦大豆”“海伦大米”等地理标志专用标志。“佳木斯大米”“饶河黑蜂蜜”“太保胡萝卜”等地理标志商标和地理标志产品纳入中欧地理标志保护与合作协定第二批保护名录。将79个特色产品及区域品牌纳入区域公共品牌培育名录进行重点培育。组织开展地理标志使用专项整治工作，抽查地理标志使用企业36户，检查走访各类经营主体290余户，对3户在地理标志使用过程中的标识不规范行为予以纠正，指导各类经营主体正确使用地理标志65户次。

开展运用地理标志精准扶贫工作。深入挖掘“延寿大米”“北大仓酒”等地理标志助力精准扶贫典型案例，指导乡镇农产品商标和地理标志注册保护，围绕当地特色农产品开展精准扶贫。

（黑龙江省知识产权局）

版权工作

一、软件正版化工作

为进一步明确职责，充分发挥联席会议制度优势，机构改革完成后，结合黑龙江省实际情况，对全省软件正版化工作进行总体部署，及时调整黑龙江省推进使用正版软件工作联席会议制度，由黑龙江省委常委贾玉梅担任总召集人，新增省委办公厅、省委网信办、省教育厅、省卫健委4家单位，现有成员单位18家。召开省推进使用正版软件工作联席会议，审议通过《黑龙江省推进使用正版软件工作联席会议制度》。为进一步推进黑龙江省软件正版化工作，在对省市县三级党政机关开展软件正版化自查自纠的基础上，指派有关同志协同各成员单位分组，赴13个市（地）和省直各有关部门进行实地指导。共召开9场座谈会，200余个单位参加座谈交流，现场指导150多家单位的软件正版化工作。严格规范计算机软件采购流程，审核15批次省财政统筹支付单位办公软件采购计划，对不符合采购规定的，要求其按照规定采购正版办公软件。

二、版权执法工作

组织全省开展打击网络侵权盗版“剑网2019”专项行动，对省内有影响力的互联网媒体进行监控，形成8期互联网视听节目监测月报。对各地市执法部门办理著作权案件进行多方面指导，并受理社会各界投诉举报案件线索9件，均及时按属地管辖原则转交各地核实处理。指导大庆市依法查办国家四部委联合督办的大庆市华兴书店销售侵权复制品案。推动执法长效机制建设，与黑龙江省法院就多元化解决知识产权纠纷、完善技术事实查明机制、加强刑事行政案件指导监督等方面进行深度交流。

全省各级版权行政管理部门加强对出版物市场的监管执法，严厉打击各类侵权盗版行为。节假日期间，组织有关部门对黑龙江省大部分城市的出版物及计算机软件市场开展检查，加强日常监管，对6件图书、软件等侵权盗版案件予以行政处罚，3件侵权盗版案件进行刑事侦查司法审判。

三、宣传培训工作

以“4·26知识产权宣传周”为契机，联合省政府新闻办公室、省知识产权局、省市场监督管理局、省高级人民法院召开黑龙江省知识产权保护状况新闻发布会，发布会互联网图文直播的观看人数超过46 000人。深入黑龙江大学、东北林业大学、哈尔滨理工大学发放宣传材料1000余份。分别举办全省版权执法业务培训班和黑龙江省推进使用正版软件联席会议成员单位联络员、各市（地）工作人员软件正版化工作培训班，参训人员140人。组织黑龙江省版权工作人员参加两期国家基层版权执法培训和软件正版化培训。

四、版权示范工作

开展全国版权示范单位核查工作，对国家版权局批准授牌的黑龙江出版集团、黑龙江同源文化发展有限公司等5家全国版权单位进行实地核查，提出整改意见，确保黑龙江省版权示范创建工作可持续发展。组织推荐黑龙江省有关单位申报2019年度全国版权示范单位工作，共推荐黑龙江教育出版社有限公司、哈尔滨中央书店等8家单位。

五、社会公共服务

开展作品登记和合同备案工作。共受理审核作品著作权登记520件，其中音乐作品107件、文字作品290件、美术作品118件、电影及类似电影作品4件、摄影作品1件；涉外合同备案273件。

六、组织北京国际图书博览会参展工作

组织吉林省出版集团和省内13家图书出版单位参加第26届北京国际图书博览会，参展出版物达1000多种，充分展示

黑龙江省新闻出版业的风采，为省内出版单位搭建一个与国际交流合作的平台。

（闫　石）

司法工作

一、妥善审理各类案件，充分发挥司法审判主导作用

2019 年，黑龙江法院共受理各类知识产权案件 1951 件，审结 1865 件，同比分别上升 41.6％和 99％，知识产权民事一审案件调撤率达 64.7％。在受理的各类案件中，知识产权民事案件 1873 件，审结 1793 件；知识产权刑事案件 75 件，审结 69 件；知识产权行政案件 3 件，审结 3 件。在所受理知识产权民事案件中，商标权纠纷 694 件，占 37.1％；著作权纠纷 576 件，占 30.8％；专利权纠纷 383 件，占 20.4％；技术合同、反不正当竞争等其他知识产权民事纠纷 220 件，占 11.7％。

二、积极探索知识产权审判领域改革，出台相关实施意见

以《关于推广第二批支持创新相关改革举措的通知》《关于强化知识产权保护的意见》为依据，认真贯彻创新发展理念，深入落实省委、省政府知识产权强省战略部署，在学习借鉴改革先行法院经验、走访民营企业、广泛开展社会调研、征求省内各相关部门意见的基础上，总结行之有效的做法，分析存在的短板和不足，起草《黑龙江省关于加强知识产权审判领域改革创新实施方案》，并经省委全面深化改革领导小组第七次会议讨论通过。

三、加大司法宣传力度，充分展示知识产权司法保护新成果

1. 拓展宣传平台，扩大宣传效果

（1）4 月，召开新闻发布会，发布《黑龙江法院知识产权司法保护状况（2018 年）》白皮书，通报 2018 年黑龙江省法院知识产权司法保护状况，发布 2018 年度全省法院知识产权司法保护十大典型案例。

（2）选取百姓身边发生的 5 件知识产权典型案例，在都市频道的《庭审内外》栏目连续 5 天播出。通过庭审直播、观众讨论、专家点评，宣传知法守法、鼓励知识产权创新的法律意识和营造良好的营商环境。

（3）在黑龙江省知识产权保护新闻发布会上介绍黑龙江省 2018 年知识产权司法保护突出特点、重点工作举措。

2. 努力践行“打官司不求人”的庄严承诺

（1）在黑龙江省高级人民法院第 118 次公众开放日举办了“打官司不求人”阳光庭审体验专场活动，邀请省工商联企业家代表和黑龙江大学法学院师生近百人旁听一起商标侵权案件，感受庭审活动的公开、公正与透明。

（2）借助抖音小视频平台，开展灵活多样、生动形象的司法宣传，采用一问一答的形式，让广大公众对知识产权案件审判有直观的了解。

3. 深入民营企业调研普法

（1）制作普法宣传手册，为民营企业提供法律服务。“三八”妇女节向女企业家们解读“打官司不求人”承诺及宣传知识产权司法保护知识，与企业家代表就如何保护企业创新驱动发展、营造良好营商环境展开座谈。制作“知识产权法官教您打官司如何不求人”普法宣传册，发放到相关企业。通过宣传“打官司不求人”的庄严承诺，增强企业家对司法公信力的认可。

（2）与工商联联合走访民营企业。与省工商联组成调研组，先后走访十几家知名企业；通过与企业家座谈，倾听企业在知识产权维权中的诉求，解答企业维权困惑。绥化市中级人民法院开展“送法进企业”活动，给民营企业家举办知识产权司法知识讲座，并深入黑龙江中桂制药有限公司和庆安县博林米业有限公司进行走访、座谈。

四、加强调研，全面提升审判服务质效

1. 研究创新驱动发展，助力民营经济发展

在充分深入民营企业调研的基础上，形成《从知识产权司法保护看创新驱动发展》调研报告；针对民营企业在创新驱动发展中存在的司法保护问题，形成《发挥知识产权司法保护在民营经济创新驱动发展中的作用》报告，为省委决策提供意见参考。

2. 围绕全省工作重心，探索司法服务保障新模式

开展为自贸区知识产权建设提供司法服务和保障工作的调研，探索建立符合黑龙江省实际的司法服务和保障新模式。起草《黑龙江省高级人民法院党组关于为黑龙江省自贸区建设提供司法服务和保障工作建议》，报送省委供省委决策部署参考。齐齐哈尔市中级人民法院制定《知识产权保护实施方案》，建立《齐齐哈尔市知识产权保护名录》。

3. 举办司法保护论坛，多视角开展司法研讨

与黑龙江省高校开展合作，借助学术理论研讨，助力审判质量提高。牡丹江市中级人民法院两次到牡丹江师范学院公开审理侵犯中国驰名商标的侵权案件，并针对知识产权保护的相关问题为学生做了两次专题讲座。黑龙江省高级人民法院与黑龙江省法学会知识产权法学研究会共同举办“黑龙江省法学会知识产权法学研究会2019年会暨第八届黑龙江省知识产权司法保护论坛”，针对“优化黑龙江营商环境，强化民营企业知识产权保护”及“推动建立知识产权惩罚性赔偿制度”等议题展开研讨。

（黑龙江省高级人民法院知识产权审判庭）

检察工作

一、工作部署

黑龙江省人民检察院要求全省各级检察机关从维护经济社会健康发展的战略高度，充分认识开展打击侵犯知识产权犯罪的重大意义，进一步树立政治意识、大局意识，切实增强责任感，将开展打击侵犯知识产权犯罪工作作为各级检察机关的重要任务摆上突出位置，在各级党委、政府的组织下充分发挥法律监督职能，确保工作取得实效。

4月，黑龙江省人民检察院进行内设机构改革，成立第四检察部，负责《中华人民共和国刑法》第三章中“破坏社会主义市场经济秩序罪”案件的办理，其中包括打击侵犯知识产权犯罪工作。黑龙江省人民检察院积极与“双打办”对接工作，将最高人民检察院和黑龙江省“双打”工作要求纳入内设机构考核目标和对市级检察院的考核目标当中，常抓不懈。

二、主要措施及成效

1. 加大对侵犯知识产权和制售假冒伪劣商品犯罪的打击力度

依法及时批捕、起诉严重侵犯知识产权犯罪主体，保持对侵犯知识产权行为的高压态势。受理审查逮捕涉嫌知识产权犯罪48件117人，批准逮捕38件95人，受理移送审查起诉此类犯罪59件153人，提起公诉49件119人。

2. 充分发挥监督职能，强化知识产权案件法律监督

提前介入案件侦查，强化对公安机关应立案而未立案、不应立案而立案情况的监督，为市场主体营造良好的法治发展环境。将打击侵犯知识产权犯罪与最高人民检察院等部署开展的落实食品药品安全“四个最严”要求专项行动结合起来，下发《黑龙江省检察机关落实食品药品安全“四个最严”要求专项行动工作方案》，严厉打击食品药品安全违法犯罪行为。

3. 加强调查研究，完善打击知识产权犯罪长效机制

结合执法办案，发现打击侵犯知识产权犯罪的新规律、新特点，深入分析研判，

找准工作的切入点和着力点，积极完善打击侵犯知识产权犯罪的长效机制。

4. 完善“两法衔接”机制，推进信息共享平台建设

黑龙江省检察院持续推进“两法衔接”信息共享平台建设，通过信息共享实现行政执法机关、公安机关和检察机关的执法、司法信息互通互联，逐步建立行政机关、公安机关及检察机关行政执法与刑事司法衔接长效机制。

（最高人民检察院第四检察厅）

上 海 市

2019 年，上海市完成市、区两级知识产权机构改革，调整重组上海市知识产权联席会议。上海市人民政府与国家知识产权局举行 2019—2020 年知识产权合作会商会议。上海市知识产权局推进知识产权地方综合立法；牵头制定《上海市知识产权对外转让审查细则（试行）》。上海市知识产权联席会议办公室组织开展第二届进博会知识产权保护百日行动；启动面向 2035 年的上海知识产权强市战略纲要编制。推进长三角知识产权一体化发展，签署优化知识产权营商环境合作意向书及知识产权执法协作协议书。浦东新区入选国家知识产权示范城市（城区）；松江区入选国家知识产权试点城市（城区）。上海市知识产权局与北京等省市知识产权局共同召开十二省市知识产权行政保护协作会议。上海市统计局首次将知识产权数据纳入上海经济社会发展综合数据平台。国家知识产权运营公共服务平台国际运营（上海）试点平台启动运营，全年达成知识产权交易及服务额 5.5 亿元。上海市知识产权局指导成立上海市知识产权金融服务联盟。

上海市人民政府与世界知识产权组织（WIPO）共同举办第十六届上海知识产权国际论坛；首次联合颁发上海市知识产权创新奖。上海国际知识产权学院与 WIPO 及国际著名高校院所开展人才培养国际合作，持续推进 WIPO-同济大学联合培养知识产权硕士项目、“一带一路”知识产权硕士项目。WIPO 2019 年中国暑期学校在华东政法大学举办。上海交通大学、上海专利商标事务所有限公司入选 WIPO 在华首批技术与创新支持中心，中国科学院上海生命科学研究院和上海图书馆入选第三批 WIPO 技术与创新支持中心筹建机构。

专利工作

2019 年，上海市专利申请量 17.36 万件，专利授权量 10.06 万件，同比分别增长 15.54%和 8.79%。其中，发明专利申请量 7.14 万件，发明专利授权量 2.27 万件，同比分别增长 13.77%和 6.58%。截至 2019 年年底，上海市有效发明专利拥有量 12.98 万件，同比增长 12.88%；每万人发明专利拥有量 53.54 件，同比增长 12.7%。PCT 专利申请量 3200 件，同比增长 28%。

在第二十一届中国专利奖评选活动中，上海有 36 个项目获奖，其中专利金奖 2 项。中国（浦东）知识产权保护中心专利预审总量突破 1000 件，获得授权 300 多件。上海市市场监督管理局会同上海市知识产权局开展知识产权执法“铁拳”行动，办结知识产权执法案件 2021 件，涉案金额 3772 万元，罚没款 1542 万元。上海市知识产权局共立案受理专利侵权纠纷案件 292 件，结案 280 件；派员 349 人次入驻 55 个大型国际展会，现场受理专利纠纷投诉 185 件。国家知识产权局专利局上海代办处共办理专利权质押合同登记 89 件，质押金额 13.58 亿元；共有 157 家企业购买专利保

险，保额6916.4万元。截至2019年年底，共有专利代理机构175家，执业专利代理师1325人。56人通过评审获得专利管理工程师资格。全国专利代理师资格考试上海考点合格人数437人。

（上海市知识产权局）

商标工作

2019年，上海商标申请量43.88万件，同比增长7.31%；新增商标注册量36.10万件，同比增长23.76%。截至2019年年底，上海有效商标注册量147.26万件，同比增长28.13%。

上海市知识产权局行政服务中心大厅增设商标受理窗口。上海市知识产权局在全市新建商标品牌指导站13个，指导站总数达37个；发布第四批、第五批上海市重点商标保护名录。截至2019年年底，全市共有备案商标代理机构2432家。上海市知识产权局通过“蓝天”行动完成对260家商标代理机构的执业检查。上海市市场监管系统共查处商标违法案件1779件，处罚款1402万元，没收各类侵权商标标识和商品共计21万余件（只），移送涉嫌商标犯罪案件52件。

上海市经信委、上海市知识产权局共同举办以“中国品牌，全球站位”为主题的第五届中国品牌经济（上海）论坛。上海市商务委、上海市市场监管局会同百度公司推出“老字号·百度品牌焕新计划”。上海市国资委、上海市商务委联合出台《关于推进本市国有企业振兴老字号品牌的若干措施》，制定“一品一策一方案”。

（上海市知识产权局）

地理标志工作

2019年，上海共拥有地理标志商标16件，地理标志保护产品8个。上海市知识产权局制定下发《关于开展2019年地理标志保护工作的通知》，组织开展地理标志保护专项行动，立案调查冒用“龙井茶”地理标志商标案1件和冒用“阳澄湖大闸蟹”地理标志产品案1件；指导各区知识产权局普查梳理100家地理标志商标许可使用企业、42家核准使用地理标志产品专用标志企业的情况。

（上海市知识产权局）

版权工作

一、提升公共服务能级

积极探索“放管服”先行先试政策，启动运行首个自贸区国家级功能平台中国（上海）自贸区版权服务中心。协助建成上海影视版权服务中心，为上海乃至长三角影视企业提供专业精细化服务。推进作品版权登记保护应用平台升级改造。推进版权服务工作向各区延伸，实现版权工作站在上海各区全覆盖。联合中国版权保护中心、中国音乐著作权协会、浦东知识产权局等单位，助力第二届中国国际进口博览会版权保护。

二、加强版权行政监管

加强网络主动监管，全网监测一批重点作品，盗版链接下线率超90%，“剑网”专项行动查处案件50余起，连续六年荣获国家版权局查处侵权盗版案件有功单位一等奖。邀请沪上公、检、法、海关、文化执法部门的相关负责人以及版权领域知名学者及律师，本着“公开、公正、透明”的原则，评选出2019年度上海版权十大典型案件。调整重组上海市使用正版软件工作联席会议，强化组织领导，持续深入推进软件正版化工作规范化、常态化和制度化。

三、加强政策引导和品牌塑造

开展长三角版权合作，签署《长三角地区共同营造版权产业高质量发展市场环境合作协议》，建立联合执法办案、区域内版权纠纷调解等联动工作机制，建立版权贸易基地联盟。推进版权示范创建培育工作，修订《上海版权示范园区（基地）和示范单位认定办法》，认定11家上海版权示范单位和1家版权示范园区（基地）。形成《上海版权产业统计报告（2017）》《上海版权产业分析报告（2017）》。2019年，上海市办理作品自愿登记291 803件，完成各类行政审批工作1241件。实施上海翻译出版促进计划，推动文化“走出去”。组织上海市30余家出版单位参加第26届北京国际图书博览会，与外方达成版权贸易意向209项；组团参加第二届江苏（南京）版权贸易博览会，展出原创展品近千件，充分展示上海版权产业发展水平，促进上海版权企业国际交流与合作。

四、开展版权宣传培训

开展“4·26世界知识产权日”宣传活动，数十家中央和地方媒体进行深入报道，引发社会热烈反响。针对不同人群开展培训，提升全社会的版权认知度。

（王　骞）

司法工作

一、认真抓好执法办案，审判质效稳步推进

2019年，上海法院受理知识产权案件23 580件、审结23 510件，同比分别增长3.97%、6.28%。受理一审知识产权案件22 996件，审结22 931件，同比分别增长7.64%、10.23%。其中，受理一审知识产权民事案件22 487件、审结22 496件，同比分别增长6.55%、9.53%；受2018年知识产权刑事案件管辖调整的影响，受理一审知识产权刑事案件507件、审结433件，同比分别增长115.74%、103.29%。全市法院知识产权审判庭在审判质效上总体保持稳步向好态势，同期结案率99.70%，其中一审知识产权民事案件同期结案率达100.04%；民商事案件调撤率75.83%，同比上升11.18%。

二、充分发挥司法职能，服务保障大局积极作为

（1）保障上海三项重大任务推进。一是推进长三角地区知识产权司法保护协作机制构建。上海市高级人民法院会同浙江、江苏、安徽三省高级人民法院，并邀请相关专家学者，就长三角地区知识产权司法保护协作开展研究会商，完成《长三角地区知识产权司法保护协作机制调研报告》。在此基础上，四地高级人民法院知识产权审判庭联合会签《长江三角洲地区人民法院知识产权司法保护交流合作协议》。二是优化自贸区新片区法治营商环境。积极回应上海自贸区临港新片区司法保障需求，浦东新区人民法院揭牌成立自贸区知识产权法庭临港新片区审判站。召开第四届自贸区知识产权司法保护研讨会。三是积极参与“三项任务”推进重点工作。按照统一部署，认真参与上海市高级人民法院《关于服务保障设立科创板并试点注册制的若干意见》以及《关于上海法院服务保障中国（上海）自由贸易试验区临港新片区建设的实施意见》的制定，针对知识产权保护提出相应针对性意见和举措。

（2）加大知识产权司法保护力度。一是足额支持判赔诉请，充分体现权利价值。上海市高级人民法院一审审结的亨斯迈公司与龙盛公司等侵害发明专利权纠纷，引导权利人申请司法会计鉴定，查明侵权产品销售额，并结合侵权人无视生效判决继续侵权的事实，酌情确定判赔金额1400万元。二是探索多种程序机制，有效维护合法权益。上海知识产权法院审结的点点乐公司与犀牛互动网络公司等侵害商标权及不正当竞争纠纷案中，首次运用证据出示令制度，责令被告提交有关被控侵权游戏营收的证据，并因两被告拒不配合提交证据，参考原告的主张和提供的证据将一审

判赔金额从 20 万元改判至 300 万元。三是加大刑事打击力度，不断净化市场环境。上海市高级人民法院审结的被告人许振某等九人假冒注册商标罪、被告人王某销售假冒注册商标的商品罪案，系行为人侵犯世界知名化妆品公司法国欧莱雅公司注册商标案，该案严格、平等保护了国外商标权利人的合法权益，对于办理此类案件均具有示范和借鉴意义。

(3)服务区域经济社会创新发展。上海三级法院赴上海商标审查协作中心、中国(浦东)知识产权保护中心以及相关企业对商标行政案件管辖、专利受理和初审情况以及电商平台知识产权保护需求等进行调研。上海知识产权法院依托在中国(浦东)知识产权保护中心设立的“凌崧法官工作室”为平台，积极走访一线科创企业，并举办职务发明讲座、巡回庭审等多次活动。

三、不断提升自身影响，拓宽强化对外交流途径

(1)有序深化院校合作交流机制。一是进一步扩大常态化交流合作机制。6月，上海市高级人民法院知识产权审判庭与华东政法大学知识产权学院签署《关于加强知识产权教育和司法实践的专项合作纪要》，探索建立知识产权司法与高校长效合作机制。二是进一步拓展交流面，组织合作高校优秀学生深度参与法院学习工作。定期遴选同济大学和华东政法大学部分优秀研究生担任上海市高级人民法院和上海知识产权法院法律助理实习生，参与庭审准备、案例检索等审判辅助和调研工作，并形成常态化合作机制。三是进一步打造“高精尖”项目，组织优秀知识产权法官参与高校精品课程授课。整合全市法院知识产权审判力量，鼓励并选派业务素质高、综合能力强的法官，深度参与同济大学和华东政法大学研究生授课项目。

(2)有效发挥国际交流基地作用。依托最高人民法院在上海设立的国际交流基地，11 月，召开“新时代知识产权司法保护国际研讨会”，来自欧盟、德国、日本等国家和地区相关组织的专家，大专院校的知名学者，以及最高人民法院、相关省市高级人民法院的领导和法官，围绕知识产权司法保护的现代化与国际化、新时代知识产权惩罚性赔偿制度等研究专题展开深入广泛的研讨。

(3)有力展示上海知识产权审判形象。一是广泛促进国际交流。2019 年，先后接待美国 Adobe 系统软件有限公司全球法务副总裁 James Oh 一行、芬兰驻上海总领事馆副总领事一行、美国国家专利商标局政策及国际事务处中国知识产权政策高级法律顾问孟旺贤一行等。二是继续发布审判白皮书和典型案例。上海市高级人民法院和上海知识产权法院联合召开知识产权司法保护新闻发布会，发布《2018 年上海法院知识产权审判白皮书》《上海知识产权法院知识产权司法保护状况(2018)》，以及 2018 年上海法院知识产权司法保护十大案件、2018 年上海法院加强知识产权保护力度典型案件。三是集中开展宣传活动。在“4·26 世界知识产权日”宣传期间，上海法院通过电视、网络、微信、微博等媒体手段共直播庭审案件 23 件，集中宣判 32 件。

四、积极开展调研指导，完善审判机制有“深”的作为

(1)针对审判要点，制定规则指引。邀请市检察院、市公安局经侦总队等及相关专家学者专门召开“知识产权犯罪量刑”研讨会，在充分调研会商基础上发布《关于常见知识产权犯罪的量刑指引》。

(2)聚焦专门问题，组织专题研讨。会同上海交通大学凯原法学院，邀请苏浙皖三地高级人民法院知识产权审判庭、市知识产权局及相关高校专家学者和企业代表召开“《电子商务法》与知识产权保护”研讨会，对《电子商务法》与知识产权的协调与衔接、电商平台的责任边界、错误投诉的法律责任等问题进行深入研讨。

(3)对接实务一线,开展深入调研。上海市高级人民法院组织各基层法院分别赴上海市律协和上海专利商标事务所就长三角区域知识产权司法保护协作机制问题开展专题调研,听取相关单位的意见建议。

(4)深化课题调研,搭建指导载体。上海市高级人民法院知识产权审判庭认真开展"知识产权惩罚性赔偿的司法适用"课题研究并顺利结项,为下一步指导具体实践打牢基础。上海知识产权法院完成"证据出示令制度在知识产权诉讼中的适用问题研究"等报批课题。

五、切实打牢发展根基,加强队伍高层次建设

上海各级法院知识产权审判部门按照"不忘初心、牢记使命"主题教育活动的要求,结合中华人民共和国成立 70 周年,深入开展主题教育活动,切实增强"四个意识",坚定"四个自信",做到"两个维护"。探索与同济大学合作举办知识产权保护发展形势培训班新模式,首次通过高校承办方式面向全市法官开展高级别、高水准、高质量菜单式培训活动。邀请 WIPO 中国区高级顾问、最高人民法院民三庭和知识产权法庭资深法官、国家知识产权局商标局上海商标审查协作中心的专家,向全市法院知识产权法官及其他条线的干警介绍知识产权保护的最新发展情况。

(上海市高级人民法院知识产权审判庭)

检察工作

一、组建专业化团队,明确司法尺度标准,不断提升办案质量

组建上海市跨区知识产权检察专业化办案团队,组织团队成员提前介入本市疑难、复杂、新类型知识产权犯罪案件,参与案件办理。建立上海市知识产权专业检察官联席会议,规范知识产权专业检察官联席会议的议题申请、审核、参会、讨论、纪要等流程,依托专业检察官联席会议,对各级检察院提交的疑难案件进行实务研讨,为一线办案提供智力支持。制定全国首个知识产权刑事案件量刑规范,制定"深度链接"类型侵犯著作权罪办案指引。设立上海检察机关知识产权保护研究中心,针对知识产权犯罪特点以及一线办案人员需求,举办多期专题实训班,邀请相关领域理论、实务专家授课,形成一套科学、系统、完备并适应办案实际的培训机制。

二、探索权利人实质性参与刑事诉讼方法,保障权利人合法权益

在知识产权刑事案件被害人(单位)诉讼权利义务告知制度基础上,上海检察机关进一步推进权利人实质性参与刑事诉讼工作,一方面通过权利人参与审查逮捕公开听证、庭前会议、庭审等方式,给予权利人充分主张自身合法权益的空间;另一方面深入探索审查起诉阶段被告人向权利人合理赔偿机制,已有多起案件成功促成合理赔偿,累计赔偿 1.26 亿元人民币。浦东新区人民检察院积极拓展知识产权领域"两法衔接"工作,与当地知识产权局签署《关于侵犯知识产权犯罪案件诉前调解合作协议》,积极促进侵犯知识产权犯罪案件试点诉前调解机制的形成。

三、加强法制宣传教育,推进检察机关知识产权保护工作发展

上海市人民检察院在"4·26 世界知识产权日"宣传期间发布《2018 年上海知识产权检察白皮书》。2019 年,召开新闻发布会发布《保护"老品牌"知识产权检察白皮书》,邀请全国人大代表、政协委员、专家学者视察检察机关保护"老品牌"工作。上海市人民检察院第三分院、浦东新区人民检察院举行著作权保护等主题知识产权专项检察开放日活动。奉贤区人民检察院制作知识产权司法保护工作专题片，黄浦、长宁、普陀、金山等区人民检察院通过本院微信公众号介绍本区各类知识产权典型案例、开展知识产权问答活动等。

四、因地制宜积极服务企业发展，提供优质检察产品

结合经济社会发展大局，立足检察职能，对接企业保护需求，有针对性、有重点地提供检察产品。例如，浦东新区人民检察院携手当地工商联、知识产权局，先后在自贸区、高科技园区内设立“民营企业家法律服务工作站”、知识产权检察官办公室，持续为企业提供专业法律服务；奉贤区人民检察院与当地市场监管局会签《东方美谷知识产权法网平台工作协议》，通过网络平台为当地160余家企业提供知识产权检察服务；嘉定区人民检察院围绕本区汽车等先进制造业发布《优化营商环境“嘉检在行动”十项措施》；杨浦区人民检察院设在长阳创谷园区的创新创业司法服务基地在日常服务的过程中挖掘侵犯知名品牌服饰商标线索，破获多起制假售假团伙案件，有力维护了区域企业品牌商誉；静安区人民检察院与当地工商联会签《关于建立健全沟通联系机制促进民营经济健康发展的工作备忘录》，设立静安区民营企业家法律工作站；松江区人民检察院与G60科创走廊联席会议办公室会签合作协议，开展G60科创走廊知识产权保护、人才保护、法制宣传及检企对接等工作，与当地工商联共同设立松江区企业家法律服务工作站和服务点。

（最高人民检察院第四检察厅）

江苏省

知识产权工作

一、知识产权管理体制改革

江苏省在第一时间调整成立省知识产权和商标战略实施工作领导小组，成员单位数量由28家增加至33家，明确定期会议和协商协作的工作制度，并于3月召开领导小组第一次会议。省、市、县三级知识产权机构改革全部到位，机构设置和职能配置与国家基本保持对应、上下贯通。全省13个设区市、96个县（市、区）市场监督管理局均加挂知识产权局牌子。市、县两级共有知识产权行政管理人员730名，较机构改革前的435名增加67.82%。加快推进专利、商标、地理标志等知识产权管理要素有机融合，把专利、商标、地理标志的管理职能融入知识产权规划、创造、运用、保护、服务等各个环节，重构业务体系。完成商标品牌数据系统迁移、市场主体信息资源共享；增设商标受理窗口，提供专利、商标受理一站式服务。

二、知识产权强省建设

江苏省知识产权和商标战略实施工作领导小组办公室印发《2019年江苏省知识产权强省建设工作计划》。江苏省知识产权局积极探索新体制机制运行经验，侵权纠纷检验鉴定、地理标志使用核准等一批改革试点工作先行先试，高价值专利培育等三项典型经验在全国推广。国家知识产权保护规范化市场、知识产权优势示范企业、知识产权试点示范园区、知识产权质押融资项目数等多项工作居全国第一；全省万人发明专利拥有量30.16件，居全国省际第一。江苏省教育厅推动南京大学等7所高校开展知识产权贯标工作，支持苏州大学成立江苏省知识产权（苏州大学）研究院，支持常州大学筹建江苏省技术转移（常州大学）研究院。江苏省科技厅在省科技成果转化专项评审中实行专利前置审查，在省重点研发计划(产业前瞻与关键核心技术)项目申报和绩效考核中设置自主知识产权评价指标。江苏省公安厅组织开展知识产权保护“护航行动”,推进“云端2019”专项行动。江苏省司法厅组织开展“千所帮万企”专项法律服务活动、民营企业“法治体检”等专项活动,为企业知识产权保护需求提供法律意见,普及知识产权保护法律常识。江苏省农业农村厅组织开展全省地域特色农产品资源普查,构建以产业发展和品牌建设为导向的梯次培育机制,打造农产品地理标志登记保护后备力量。南京海关顺利完成知识产权海关保护机构、职责调整,严厉打击进出境侵权违法行为,在全关区开展“龙腾行动2019”全国海关知识产权保护专项行动。各设区市高度重视知识产权工作,各地知识产权系统因地制宜、开拓创新,创造了具有地方特色的经验做法。南京探索建设知识产权金融创新中心,“一核两翼多平台”知识产权运营服务体系建设获国家知识产权局高度评价。无锡出台《关于加强基层知识产权工作体系建设的意见》,获批国家知识产权运营服务体系建设重点城市。徐州出台《知识产权“1+3+5+N”工作方案》,推动工作提档升级。常州专利行政执法工作在全国158个副省级城市和地级市中排名第五,位列地级市第一。苏州在全国地级市中率先设立知识产权运营引导基金,已成功孵化企业在科创板上市。南通成立“知联侨”知识产权海外服务平台,支持企业“走出去”。连云港市知识产权局与海关签署《加强进出口环节知识产权保护工作备忘录》,推进自贸区知识产权联动保护。淮安拥有126件地理标志商标。扬州建立全市知识产权保护重大事项月度报告制度,加强企业涉外知识产权纠纷预警应对服务。镇江在全国率先成立知识产权优势企业“沙龙”,搭建企业技术创新和知识产权服务交流平台。泰州在全国率先开展专利标准化试点,促进专利和标准有机融合。宿迁实现国家知识产权示范企业零的突破。

三、知识产权创造

2019年,江苏省专利申请量594 249件,同比降低1.01%;专利授权量314 395件,同比增长2.41%。其中,发明专利申请量172 409件,授权量39 681件;企业专利申请量471 496件,授权量249 460件;PCT专利申请量6635件;万人发明专利拥有量30.16件。全省商标申请量495 166件,商标注册量407 715件,同比分别增长2.09%和25.67%。累计有效注册商标总量1 582 236件,同比增长30.67%。马德里商标国际注册申请量838件,同比增长3.71%。全省拥有有效注册商标的企业291 846家,占全省企业总数的8.37%。全省新增地理标志商标26件,全省地理标志商标总量324件,有效地理标志产品总量91个,登记保护农产品地理标志总量79件。

四、知识产权保护

(1)知识产权保护体系建设。《江苏省知识产权促进条例》完成调研论证、初稿起草,并列入省人大2020年立法调研项目。认真贯彻落实《关于强化知识产权保护的意见》,起草《江苏省关于强化知识产权保护的实施意见》,形成报送省委省政府审议的送审稿。建立省、市、县三级专利、商标、地理标志行政执法体系,组织编制《江苏省专利商标行政执法规程》《专利商标行政执法实务》,开展知识产权执法人员培训,全省新增376人取得专利行政执法证。

(2)知识产权行政执法。组织省、市、县三级联动开展“双打”“铁拳”及地理标志保护等专项行动,全年共查处商标违法案件2558件,罚没款4807.97万元;查处假冒专利案件4352件,处理专利侵权纠纷3511件,3件案件入选全国专利商标十大典型案例。开展专利真实性“双随机、一公开”检查,检查专利产品28 256件,查处案件101件,责令整改企业153家。

（3）知识产权保护协作。组织签署《长三角区域知识产权执法协作协议书》，会同京、津、冀、沪、浙等12省市签署《知识产权行政保护协议书》。省知识产权局与省法院、省公安厅、南京知识产权法庭建立常态化办案协作、研讨交流机制。

（4）知识产权保护载体建设。中国（常州·机器人及智能硬件）知识产权保护中心升格为副处级，中国（南京）知识产权保护中心新增生物医药审查领域，中国（苏州）知识产权保护中心投入运行，中国（徐州）知识产权保护中心、中国（南通）知识产权保护中心申报进展顺利。全省2个国家级快速维权中心、8个国家级维权援助中心及其55个分支机构基本完成转隶。2019年各类知识产权保护机构向社会提供咨询服务6164次，受理维权援助申请177件，调解纠纷128件，移送举报投诉案件321件。

（5）涉外知识产权维权援助。江苏省知识产权和商标战略实施工作领导小组办公室编制《江苏省涉外知识产权纠纷典型案例集（2008—2017）》。省知识产权局修订《江苏省外资企业知识产权申请注册和维权指引（2019版）》，编制《“一带一路”背景下江苏企业对外投资合作知识产权风险防范指引》，组织3期外向型企业涉外知识产权业务培训班，跟踪服务涉及江苏省的6起“337调查”案件，助力企业应对涉外纠纷。

（6）市场规范与行业自律。江苏省新增“正版正货”承诺企业288家、示范街区12家、示范行业协会3家，南京花园城等5家专业市场被认定为第三批国家知识产权保护规范化市场。截至2019年年底，20家专业市场入选国家知识产权保护规范化市场。举办全省专利代理机构贯标及执业规范培训，制定代理机构违规行为约谈、投诉举报受理、行政处罚等工作指引，落实“证照分离”改革，对江苏自贸区内设立专利代理机构实行“告知承诺制”。2019年全省新增专利代理机构及分支机构130家，总数达459家。组织专利代理行业统计调查，开展“蓝天”专项整治行动，启用“互联网＋监管”系统。组织专利代理机构开展全面自查和信用承诺，316家机构、1336名专利代理师签署信用承诺书。2019年核查专利代理业违规线索843条，约谈专利代理机构111家，责令整改114家，实地检查10家，列入经营异常名单2家；全省立案8件，结案4件，作出处罚决定4件，罚款50.24万元。

五、知识产权运用

（1）知识产权运营。2019年，全省专业从事知识产权运营服务机构69家。江苏国际知识产权运营交易中心“一站式全产业链服务云”、中高知识产权运营交易平台高校专利标引加工系统上线运行。承办国家知识产权局重点城市知识产权运营服务体系建设工作现场会。无锡市获批国家知识产权运营服务体系建设重点城市。“疌泉元禾知识产权科创基金”正式成立，规模达4.5亿元。

（2）知识产权交易。2019年，江苏省签订知识产权技术合同49 622项，成交额达1675.59亿元，同比增长45.37%。完成专利转让30 062件，其中高校院所专利转让2673件。

（3）知识产权金融。江苏省知识产权局联合金融机构创新“知贷通”“专利贷”“知保通”等知识产权专属融资产品，全省56家银行、12家融资担保机构、27家金融投资机构开展知识产权金融服务。在全国率先推出“互联网＋知识产权”质押融资模式，“我的麦田”服务平台快速发展。该平台联合江苏银行、南京数字金融产业研究院成立长三角知识产权金融数字化创新实验室，成功完成670家企业知识产权质押贷款授信审批，授信金额达20多亿元。全国首单商标被侵权保险在江苏省常州市落地。2019年，全省1118家企业通过专利权、商标权质押融资88.6亿元。

(4)专利分析导航。聚焦13个先进制造业集群开展专利态势分析，围绕芯片设计等6个关键核心技术开展专利预警分析。制定《2019年江苏省知识产权区域布局项目实施方案》，依托国家专利导航试点工程(江苏)研究基地及江苏科技大学，组织实施2019年省知识产权区域布局项目，选择2个园区和2个重点产业开展知识产权区域布局分析与研究。

六、知识产权服务

2019年，商标、专利、地理标志、企业登记等信息资源有效整合，江苏省商标受理窗口由4家增至7家。2个世界知识产权组织技术与创新支持中心、1个国家高校知识产权信息服务中心、11个高校图书馆专利信息传播与利用基地加快发展。专利审查协作江苏中心完成实审结案19.3万件。南京专利代办处及苏州分理处全年受理专利申请13.1万件，98.67%的专利申请业务通过网上办理，纸件专利申请受理由4个工作日压缩到2个工作日，专利费减备案审核时间由25个自然日压缩到5个工作日，各项业务“零差错”，窗口服务“零投诉”。

七、知识产权宣传

2019年，江苏省知识产权局围绕“庆祝中华人民共和国成立70周年”“4·26世界知识产权日”，以及《商标法》《关于强化知识产权保护的意见》颁布实施等重要节点，开展知识产权主题宣传，集中发布《2018年江苏省知识产权发展与保护状况白皮书》和2018年江苏省知识产权十大典型案例，举办知识产权审判“三合一”改革十周年的新闻发布会，通报江苏省“三合一”改革十年来的主要措施与成效。开展“我最喜爱的江苏商标品牌”公益调查，承办全国首站知识产权保护交流推广活动，推动国家地理标志专用标志在南京首发。

八、知识产权区域试点示范

2019年，盐城市获批国家知识产权示范城市，泰州市高港区等3县(市、区)获批国家知识产权强县工程示范县(区)，连云港市赣榆区等4个县(市、区)获批国家知识产权强县工程试点县(区)。全省累计获批国家知识产权强市创建市3个，国家知识产权示范城市15个、试点城市6个，国家知识产权强县工程示范县28个、试点县21个。推荐申报国家知识产权试点园区10家、示范园区9家，组织全省县(市、区)开展知识产权强省建设区域示范工作。南京市六合区和高淳区、南通市通州区、连云港市连云区、仪征市5个县(市、区)获批成为2019年度江苏知识产权强省建设区域示范工作创建单位。截至2019年年底，全省累计获批江苏知识产权强省建设区域示范县(市、区)45个。制定下发年度高新区知识产权试点示范工作通知，在省级以上园区开展试点示范单位申报工作，全年新培育省级知识产权示范园区15家。截至2019年年底，全省累计获批国家知识产权试点园区31家、示范园区17家，省级知识产权试点园区80家、示范园区56家。

九、企业知识产权

2019年，针对产业集群骨干企业、高新技术企业、民营科技企业，开展专利、商标、地理标志综合培训、指导和服务，全省新增知识产权管理贯标企业2026家，省级知识产权战略推进计划企业71家，国家知识产权示范企业57家、优势企业174家。累计建成48家省级和141家市县级高价值专利培育示范中心，基本形成覆盖全省的高价值专利培育体系。其中，已建成的省级高价值专利培育示范中心总计产出PCT专利600余件，参与或制定国家和行业标准近200个，专利产品销售收入达820多亿元。

十、高校知识产权

截至2019年年底，全省共有15个省级知识产权培训基地、1个国家级知识产权研究中心、10个省级知识产权研究院和研究中心、3个知识产权学院、7个远程教育平台分站。省知识产权局联合省教育厅评选了10所江苏省第三批中小学知识产权教育试点学校。开展第三届江苏省大学生知识产权知识竞赛，举办大学生创新创业与知识产权培训、全国中小学师资知识产权培训、专利信息分析人才培训、江苏省知识产权工程师培训、国际知识产权运营与海外维权培训班等共86期。省知识产权局联合省职称办，组织全省知识产权专业高级、中级专业技术资格评审，36人获得知识产权高级工程师资格，138人获得知识产权中级工程师资格。截至2019年年底，全省累计276人获得知识产权高级工程师资格，1102人获得知识产权中级工程师资格。

十一、知识产权国际交流合作

组织全省知识产权系统分4批次赴美国、巴西、智利、德国、捷克、俄罗斯和白俄罗斯等国，开展学习交流和业务培训。先后迎接日本贸易振兴机构、美国专利商标局、欧洲专利局来访，就深化合作达成一致意见。高质量举办中欧第十三次局长会议。积极承办第六届中英版权研讨会。高水平举办第十五届中国(无锡)国际设计博览会、第四届紫金知识产权国际峰会、中国(苏州)国际品牌博览会等重大活动，邀请欧洲专利局局长、意大利工业设计协会主席、林毅夫等国内外知名专家来苏考察交流，促成国家知识产权局、世界知识产权组织联合评选的中国专利外观设计奖颁奖典礼落户无锡，推动长三角新结构经济学知识产权研究院落户南京。

（江苏省知识产权局）

版权工作

一、版权产业服务工作

(1)举办第二届江苏(南京)版权贸易博览会。展出面积达21 000平方米，设置15个区域展区和10个专业展区，参展单位200多家，展示展销拥有自主版权的图书音像、影视音乐、动漫游戏、计算机软件、工艺美术等优秀作品超万种。展会期间，国家版权局、世界知识产权组织中国办事处和江苏省版权局共同启动“世界知识产权组织版权保护优秀案例示范点调研项目(吴江丝绸产业)”；上海、江苏、浙江和安徽共同签署《长三角地区共同营造版权产业高质量发展市场环境合作协议》；国家版权局授予苏州大学“国际版权人才培训基地”称号；举办长三角版权产业高质量发展论坛、第五届江苏省大学生版权论坛、网络文学版权开发创新论坛、艺术授权论坛、视觉图片版权市场开发论坛、企业版权论坛、江苏广电总台七个频道节目版权推广等30余项主题活动。据不完全统计，签订版权贸易合同3.9亿元，达成意向性合同金额2051.5万元，现场销售金额109.8万元。

(2)推动苏州吴江丝绸产业创建世界知识产权组织版权保护优秀案例示范点。设立省、市、区、镇四级创建机构，落实配套人员和资金保障，各项工作正式开展。完善市、区两级对丝绸等相关版权企业的产业扶持政策。开通吴江区丝绸企业申报省版权示范单位绿色通道，争取创建成功2家至3家省版权示范单位。吴江丝绸创意产业园通过苏州市版权计划项目立项。开展首次丝绸企业版权经理人培训。通过调研学习南通、德化创建经验，对吴江丝绸产业基础数据、吴江版权工作现状进行全面分析，完成《世界知识产权组织版权保护优秀案例示范点调研项目(吴江丝绸产业)工作方案》。

(3)加大江苏省国家版权贸易基地建设力度。一是贸易基地成员单位扩充到11

家，其中企业9家，经营版权交易类目涵盖影视、文学、摄影、动漫、游戏、画稿、科教、非遗、文创，已累计实现版权交易45.26亿元；另有服务机构2家，包括江苏省版权研究中心（南京理工大学知识产权学院）和江苏省版权培训基地（苏州大学苏州知识产权研究院），持续开展版权理论、实务研究和教育培训工作。二是贸易基地秘书处市场化运作取得初步成效，贸易基地秘书处目前拥有530平方米办公场地，专职工作人员8人，开发上线"江苏版权服务网"，引入区块链、时间戳等新技术，服务业务包括版权确权、监测取证、投诉维权和技术外包等，确权作品已超过8万件，监测移送侵权线索8600多条，处理投诉维权148件，技术输出8项。三是围绕版权贸易主业的战略规划基本形成。已完成对贸易基地联盟成员单位和其他图书出版、影视动漫、图片艺术、视频和文创等行业前期调研，基本形成未来全面开展版权贸易业务的总体思路；针对图书版权交易市场需求开发Coplat版权资产管理和交易平台1.0版，组织省内外8家出版单位内测，于2019年年底前正式全面上线运营。四是推动版权资源集聚成效明显，通过提供优质版权服务，吸引全国各地头部内容运营企业来南京投资，包括视觉中国、功夫动漫、站酷、锐景创意、UI中国、古田路9号、D9X创新社区和123RF图库等。五是版权专业服务能力得到提升。组建紫金山版权律师联盟，已有11个律师团队入驻；与权威企业合作成立"江苏省可信时间戳服务中心"，已完成时间戳认证项目1.64万件。六是统筹组织贸易基地11家成员单位集体亮相第七届中国国际版权贸易博览会；组织全国新型版权保护技术企业参展第二届江苏（南京）版权贸易博览会，并成功承办"视觉图片版权市场开发论坛"。七是制定区域性版权交易中心建设实施方案。

（4）推进江苏省版权示范创建。按照国家版权局有关部署，开展全国版权示范城市、示范单位、示范园区（基地）及国家版权交易中心（版权贸易基地）的核查工作。对照《江苏省版权示范城市、示范单位和示范园区（基地）创建和管理办法》，细化验收考核标准；组织4个考核组对8个地市的18家单位和1家园区申报江苏省版权示范单位和园区（基地）进行验收，于2019年年底前新认定一批江苏省版权示范单位。

二、版权执法监管工作

（1）加强版权执法监管工作。2019年，共立案侵权盗版案件213件（网络案件109件）。其中，行政处罚案件120件，罚没金额合计170余万元；刑事案件35件；调解案件58件；国家四部门挂牌督办案件12件；国家三部门挂牌督办"2·15"系列案件7件；江苏省版权局挂牌督办案件10件。国家版权局向各地办案单位拨付案件经费补贴188万元，江苏省版权局向各地办案单位拨付案件经费补贴18万元。无锡"紫薯影院"微信公众号传播盗版影视作品案、淮安"BT天堂"网传播盗版影视作品案被评为2018年度全国打击侵权盗版十大案件。江苏省委宣传部版权管理处等19个单位被评为2018年度全国查处侵权盗版案件有功单位，宋晓春等28名个人被评为2018年度全国查处侵权盗版案件有功个人。

（2）加大重点领域整治，深入开展专项行动。一是在南通举办"2019江苏省打击网络侵权盗版集中办案周活动"。行动期间共办结行政处罚案件33件，合计没收97 531.49元，罚款1 382 368元。二是深入开展"剑网2019"专项行动，制定《江苏省开展打击网络侵权盗版"剑网2019"专项行动实施方案》，严厉打击侵权盗版行为。

（3）加强联合执法协作，推动案件成功办理。加大对春节档电影侵权盗版违法犯罪活动打击力度，协助侦办"2·15"系列专案，并成立督查工作领导小组，加大对江苏省7件案件的督查指导力度。加强与美国电影协会北京代表处、韩国著作权委员会北京代表处，以及腾讯、优酷、爱奇艺、支付宝、百度等公司协作配合，建立常态化协查机制。

(4)完善多元化调解机制建设，设立江苏版权调解中心。依托江苏省版权协会、江苏国家版权贸易基地，建立江苏版权调解中心，为广大市场主体提供版权纠纷调解服务，已成功调解版权侵权案件48件。

三、软件正版化工作

(1)完善工作机制，组织领导进一步加强。2019年5月，江苏省将原省版权工作领导小组调整为省推进使用正版软件工作领导小组。召开省推进使用正版软件工作领导小组(扩大)会议，对2019年软件正版化工作作出全面部署。6月11日，中宣部《每日要情》刊登《江苏精心组织推进使用正版软件工作》，充分肯定了江苏推进使用正版软件工作的工作机制、经验做法和工作成效。

(2)严格落实制度，巩固党政机关推进成果。一是推进责任落实到人。确定省、市、县三级机关单位软件正版化工作责任部门和责任人，将软件正版化工作成效与具体责任人挂钩。二是完善软件资产管理制度。在省级机关国有资产管理绩效评价工作中将软件正版化工作纳入考评范围，并派员参加考评组进行现场核验。三是做好查漏补缺。省、市、县三级机构改革后，全面系统梳理党政机关、企事业单位软件正版化工作完成情况，分类汇总各级各类单位软件正版化工作基础信息，全面核清底数，对在自查工作中发现的问题，对照《政府机关使用正版软件管理办法的通知》，认真分析原因，并做好补缺工作。

(3)适度扩大范围，国企、事业单位软件正版化稳步推进。一是省属国有企业软件正版化工作稳步推进。一方面与国产办公软件企业加强磋商，完善"场地授权、购买服务"模式，降低了软件采购成本；另一方面对进展缓慢的企业进行督查督办，上门了解情况，帮助解决实际困难，加大软件正版化推进力度。二是省属事业单位软件正版化工作扎实推进。省财政厅、水利厅、农业农村厅、商务厅、广电局、省委党校、省贸促会等23家省级机关已率先完成所属事业单位软件正版化整改工作。三是结合版权示范创建，推动创建园区企业完成软件正版化。在制定《江苏省版权示范城市、示范单位和示范园区(基地)创建和管理办法》时，将软件正版化列为重要评定指标，要求申报省级版权示范的单位和园区必须完成软件正版化工作。

(4)严格执法，广泛宣传，营造良好社会氛围。一是重点打击侵犯软件著作权行为。将打击侵犯软件著作权作为打击侵权假冒"双打"行动和打击网络侵权盗版"剑网2019"专项行动重点内容，徐州、常州、苏州等地版权执法部门在专项行动中查办的7件侵犯软件著作权案件被国家三部门挂牌督办。二是深入开展软件正版化宣传。制作设计软件正版化宣传海报，在江苏省各地电视台、影院、户外大屏、单位宣传栏等平台投放；曝光侵犯软件著作权的企业和违反规定使用盗版软件的典型案例，提高软件正版化工作影响力和社会认知度。三是扎实开展推进使用正版软件培训。组织全省党政机关、国有企业软件正版化培训班；各地版权部门也分类型组织相应的正版化培训班。

四、版权公共服务体系建设

(1)加强人才队伍建设。对全省新进作品登记工作人员进行岗前培训；督促各地结合本地实际开展作品登记培训，解决突出问题；举办全省作品登记培训班。

(2)稳步提升作品登记质量。2019年，江苏省完成作品登记24.6万件，软件合同备案706件。开展"作品登记质量年"活动，严控低质量作品登记，着力提升文字作品登记质量。首次通过江苏版权服务网的优秀版权作品申报系统开展优秀版权作品申报认定工作，共申报作品777件，比2018年增长80%以上，97件作品被认定为优秀版权作品。境外图书出版合同登记工作实现线上全流程操作，共为企业登记境外图书出版合同641件，登记境外游戏出版合同22件。

(3)改进作品登记平台。启用作品登记电子证书功能，开发上线关键字提醒功能。进一步完善作品登记功能，通过技术手段协助作品登记审核人员筛查过滤涉及违法违规内容的作品。

五、版权宣传教育活动

(1)面向公众，组织形式多样的版权宣传活动。在江苏省各地电视台、影院、网络、户外大屏等平台投播版权保护公益视频宣传片；在收听率较高的电台播放音频公益广告；在公交和地铁站、公共阅报栏、学校、社区等公共场所投放版权保护公益海报。新华日报、扬子晚报、现代快报、南京晨报、江苏电视台、江苏新闻广播、中江网等省内主要媒体对全省"4·26世界知识产权日"版权宣传活动进行集中报道，"江苏版权""书香江苏"及"江苏版权保护中心"等公众号对全省各地的宣传活动内容进行实时推送。

(2)贴近产业，积极开展版权进园区活动。江苏省版权局在苏州吴江丝绸文化创意产业园举行2019年江苏省暨苏州市版权宣传周活动启动仪式。全省各地版权部门以"严格版权保护 推进创新发展"为主题，积极开展版权宣传进园区活动，深入家纺、影视、动漫、紫砂、丝绸、刺绣、水晶、壁纸、玩具等版权密集型产业基地、专业市场集中开展版权宣传活动，举办版权知识讲座，组织版权知识竞赛，普及版权保护知识。

（袁学术）

司法工作

一、牢固树立最严格司法保护理念，充分发挥审判职能

(1)依法审理知识产权案件，发挥知识产权司法保护的主导作用。2019年，江苏法院共受理各类知识产权案件20 249件，同比上升1.56%，其中民事案件19 503件，刑事案件717件，行政案件29件；审结17 706件，同比上升4.6%，其中民事案件17 123件，刑事案件557件，行政案件26件。2019年，江苏法院新收一审知识产权案件17 289件，其中民事案件16 688件，同比下降5.8%；刑事案件583件，同比上升34.6%；行政案件18件，同比上升80%。新收二审知识产权案件1474件，其中民事案件1429件，刑事案件40件，行政案件5件。新收申请再审复查案件34件，新收再审案件1件。以上共计新收知识产权案件18 798件。

(2)继续探索精细化裁判，强化裁判的规范与引导功能，引领行业健康发展。江苏法院通过案件裁判，不断强化司法裁判规则对类案裁判的借鉴，对公众行为的引导，以及对企业经营行为的规范作用。注重通过裁判激励科技创新，促进文化传播，维护竞争秩序，提升社会创新活力。

(3)继续以推进知识产权审判精品战略为重点，取得了良好的法律效果和社会效果。审结的"新百伦"诉中禁令最高限额司法惩罚案入选2018年中国法院十大知识产权案件。审结的浙江生活家巴洛克公司与巴洛克（中山）有限公司等侵害商标权纠纷案、北京字节跳动公司与现代快报公司等侵害著作权纠纷案2个案件入选2018年中国法院50件知识产权典型案例。天津天隆种业公司与江苏徐农种业公司侵害植物新品种权纠纷案、郭明某等假冒注册商标罪案入选2019年出版的《世界知识产权组织知识产权典型案例集·中华人民共和国卷(2011—2018)》。

二、积极落实最严格司法保护要求，回应江苏经济发展与科技创新内生需求

2019年，江苏法院制定《关于实行最严格知识产权司法保护为高质量发展提供司法保障的指导意见》，就实行最严格知识产权司法保护理念的总体要求，提出服务高质量发展的36项具体措施。

（1）注重创新与惩罚导向，依创新程度确定知识产权保护范围与强度，案件判赔数额不断提升。2019年，江苏法院一审知识产权民事案件判赔数额50万—300万元147件，300万—500万元13件，500万—1000万元5件，1000万元以上4件。审结涉“小米”商标侵权纠纷案，对侵权人明确适用惩罚性赔偿，判决其承担5000万元的高额赔偿金，全额支持权利人诉请。

（2）注重效率导向，优化工作机制，使权利止损“更快”。江苏法院通过进一步精简诉讼环节、加快审理节奏、创新审判方式等措施有效提高审判效率，使权利救济更加便捷高效。

（3）注重权利导向，有效利用诉讼保全措施，最大限度阻却侵权行为继续进行。江苏法院依法及时有效采取保全措施，防范证据灭失，对易于作出侵权可能性判断且符合行为保全条件的行为，根据当事人申请及时采取行为保全措施，并对妨害行为保全的行为依法予以严厉制裁。

（4）注重诚信导向，加大对知识产权恶意诉讼等不诚信行为的打击力度，强化诉讼诚信机制建设。牢固树立“法治是最好的营商环境”理念，依法打击各类不诚信诉讼行为，保护企业合法权益。妥善处理涉及企业创新发展的案件，对涉嫌以阻止拟上市公司上市为目的而提起诉讼的情形，及时处理当事人之间的纷争，避免影响企业正常上市融资。

三、有效提升最严格司法保护效果，继续深化知识产权审判“三合一”改革

一是继续保持刑事惩罚的威慑作用，依法打击各类知识产权严重违法犯罪行为。二是有序推进知识产权量刑规范化建设，统一知识产权刑事案件裁判尺度。三是有效发挥司法审查作用，促进知识产权行政执法标准与司法裁判标准的统一。四是不断完善工作衔接机制，推进建立科学高效的知识产权综合保护体系。

四、积极完善最严格司法保护机制，创新制度机制建设

（1）进一步健全完善技术事实查明机制，积极探索技术调查官“南京模式”与“苏州路径”。南京市中级人民法院采用技术调查官模式，自2017年11月至2019年12月，技术调查官共计参与知识产权技术类案件333件，参与庭审辅助400余次，参与调查、勘验200余次，撰写技术调查建议、意见172份。技术调查官制度有效运行并不断完善，技术类案件审理效率和质量都得到了显著提升。2019年，南京市中级人民法院联合江苏省知识产权局、南京市知识产权局等公开征集科技、产业和知识产权等领域的专家，初步建立涉及机械、通信、化工、植物育种等11个领域的5个小组、64人的知识产权技术专家咨询库，并制定《南京知识产权法庭技术专家咨询库运行章程（试行）》，对技术专家咨询库的组织机构、专家资格和聘任、专家权利义务、基本工作制度作出详细规定。

（2）优化基层法院案件管辖权布局。2019年，江苏省高级人民法院向最高人民法院申请指定南京江北新区人民法院、南京江宁经济技术开发区人民法院、宿迁宿城区人民法院以及徐州铜山区人民法院管辖非技术类一审知识产权案件，进一步合理配置知识产权管辖法院资源。

（3）进一步推动多元化纠纷解决机制建设。江苏法院加强与知识产权行政管理部门、人民调解组织、仲裁机构、行业协会的有机衔接与协调配合，注重发挥法院在调解、仲裁等多元化纠纷解决机制中的引领作用，促进纠纷的诉前化解，推动从源头上减少诉讼增量，形成覆盖面广、专业水平高、体系健全的知识产权立体保护格局。镇江市中级人民法院建立知识产权案件诉前调解机制。泰州市中级人民法院与市知识产权局主动对接，共同制定《关于建立知识产权纠纷诉调对接机制的工作意见》。

(4)加强长三角地区知识产权区域协作。江苏省高级人民法院知识产权审判庭与上海、浙江、安徽三家高级人民法院知识产权审判庭共同签署《长江三角洲地区人民法院知识产权司法保护交流合作协议》，探索共同建立知识产权司法保护发展会商机制、促进法律适用统一的互动交流机制、法院信息数据交流共享机制、法院远程办案机制等。

五、不断优化最严格司法保护环境，积极提升江苏知识产权审判的社会影响力

(1)召开“最严格保护知识产权促进创新发展”研讨会，制定并发布指导意见和典型案例。发布《关于实行最严格知识产权司法保护为高质量发展提供司法保障的指导意见》，同时发布政策解读及江苏法院实行最严格知识产权司法保护加大损害赔偿力度十大典型案例。

(2)开展专题调研，充分发挥调研的针对性、实效性和指导性。江苏各级法院除对新类型、疑难、复杂案件审理中遇到的问题及时、常态性开展调研外，还紧密结合审判工作和新法出台，有针对性地、有重点地开展一些知识产权专题调查研究。江苏省高级人民法院完成题为《实施最严格知识产权司法保护，为创新经济发展提供高质量司法保障——以江苏创新经济发展与司法保护为视角》的调研报告。协助最高人民法院知识产权法庭做好医药知识产权保护的专题调研。

(3)开展多渠道司法宣传，不断拓展司法公开的广度和深度。江苏省高级人民法院连续 11 年向社会发布江苏法院知识产权司法保护状况蓝皮书，连续 8 年发布江苏法院知识产权案件年度报告。江苏省高级人民法院还在苏州开展“代表委员看法院”暨知识产权司法保护媒体集中采访活动，实地走访当地企业，邀请十余名全国、省人大代表和政协委员，以及多家主流媒体记者、律师代表等社会各界人士参加知识产权主题宣传活动。江苏省高级人民法院联合省检察院、公安厅、知识产权局共同举办新闻发布会，通报十年来江苏法院知识产权审判“三合一”改革的主要措施与成效，并发布典型案例。

(4)顺应新媒体发展趋势，不断增强业内外影响力。继续维护并运营好官方微信公众号“江苏知产视野”，并在江苏省高级人民法院官方新浪微博账号、微信公众号，以及“知产力”等知识产权领域专业媒体账号开设专栏，定期公布全省法院审结的疑难复杂案件，及时传递知识产权司法保护的最新资讯。“江苏知产视野”公众号自设立以来，共刊登 202 期 190 余个典型案例，近 10 篇文章资讯。

(5)及时提出司法建议，推动社会多元化综合治理。苏州市中级人民法院针对案件审理中发现的淘宝平台 3C 认证审查漏洞问题专门发出司法建议，推动阿里巴巴集团旗下三大平台 40 多万商户 2000 万件 3C 认证商品的规范销售。无锡市中级人民法院在审理音乐作品“小权利人”提起的涉 MTV 音乐作品著作权侵权诉讼案件时，向中国音像著作权集体管理协会发出司法建议，督促其发挥社会管理职能，实现卡拉 OK 行业知识产权纠纷的多元化解决。

(6)适度延伸审判职能，服务创新经济发展。苏州市中级人民法院根据市委决策部署，把服务创新经济作为依法服务地方发展的重要结合点，紧盯“一带一路”、长江经济带、长三角一体化和自贸区建设等国家战略在苏州落地所涉知识产权法律保障问题，深入调研，主动向党委、政府建言献策。镇江市中级人民法院、扬州市中级人民法院、连云港市中级人民法院以及无锡市新吴区人民法院分别开展“惠民暖企”“法企同行”“法进千企”专项活动，建立与企业的长效沟通机制，对重点行业、重点领域的企业开展深入走访，了解企业在知识产权开发、使用、保护方面的困难与需求，帮助企业增强知识产权保护意识，提升知识产权保护能力。

（江苏省高级人民法院知识产权审判庭）

检察工作

一、全面部署推进，加强对知识产权的司法保护

一是结合实际，细化对知识产权的司法保护措施。江苏省人民检察院制定《江苏省检察机关加强知识产权司法保护服务科技创新工作的实施意见》，在强化专业化建设、加强办案协作沟通、构建多元化监督体系、强化保护服务工作、大力开展服务和宣传等方面进行规范，推动检察机关依法、平等、全面保护知识产权。南京市人民检察院把支持企业创新发展，保护企业知识产权作为重点工作之一，制定《南京市检察机关服务保障具有全球影响力创新名城建设的意见》。二是加强专业人才培养。江苏检察机关以内设机构改革为契机，着力整合办案力量，根据案件实际，指定办案经验和业务知识丰富的专人办理或组建专业办案团队；积极依靠“外脑”，通过检校共建，邀请专家授课、聘请专家智囊团、组织知识产权研讨会等方式，培养了一批办案经验丰富的知识产权专业人才。

二、依法履行检察职能，加大打击侵犯知识产权犯罪案件办理力度

一是突出打击侵犯商标、著作权等知识产权犯罪，加强对重大案件的指导和督办。二是依法平等保护涉外知识产权，提升知识产权司法保护的公信力和国际影响力。三是强化部门沟通协作，将打击犯罪和民事公益诉讼相结合，对存在侵犯公共利益情形的案件，提起附带民事公益诉讼，维护社会公共利益。

三、加强协作配合，形成知识产权保护合力

一是加强与行政执法机关的联动。江苏检察机关依托“两法衔接”机制，加强与知识产权行政主管部门的沟通协作，监督行政机关加强案件移送，促进依法行政，同步落实反向移送机制。泰州市高新区人民检察院在办理刑事案件中发现部分不构罪的涉案人员未被处理，依托“两法衔接”机制，通过检察意见书的形式，监督行政执法机关对涉案人员给予行政处罚。二是加强与公安、法院的沟通协作。通过积极提前介入公安机关侦查活动和主动加强与审判机关沟通，及时统一执法尺度和证据标准。例如，淮安市人民检察院专门就打击知识产权犯罪，与法院、公安、相关行政部门会签《关于在打击侵犯知识产权违法犯罪案件中加强协作配合的意见》，规范案件办理。三是加强检企联动。各地检察机关积极树立主动服务理念，通过成立知识产权维权援助分中心、派驻检察工作站等形式，开展知识产权维权法律咨询，帮助企业完善知识产权保护制度。例如，徐州市人民检察院在知识产权案件比较密集的地区，设置由检察机关牵头的知识产权司法保护中心，在泉山区人民检察院建立知识产权运用和保护云平台，线上接受企业咨询；与知识产权专家对接，帮助企业答疑解惑。

四、延伸检察职能，拓展司法保护效能

一是开展形式多样的宣传活动。例如，江苏省人民检察院和当地法院、公安厅等联合举办知识产权审判“三合一”改革十周年新闻发布会，向社会各界通报“三合一”改革实施以来检察机关知识产权司法保护工作情况及所取得的实效。江苏各地检察机关组织召开“4·26世界知识产权日”主题新闻发布会，通报打击侵犯知识产权犯罪的相关情况，发布典型案例。二是用检察建议为企业堵漏建制。注重结合办案分析发案动向和特点，推动发案单位及有关部门建章立制。三是深化检企合作，提供定制化服务。针对办案中发现的企业知识产权保护漏洞和薄弱环节，向企业提供专家维权指南、新法速递、案例指导等服务，增强企业风险防控能力。

（最高人民检察院第四检察厅）

浙江省

专利工作

2019年，浙江省顶层设计工作持续推进。浙江省经济体制改革工作领导小组将“健全知识产权保护机制”列为浙江省2019年重点改革任务之一。浙江省委全面深化改革委员会第七次会议审议通过并由省委办公厅、省政府办公厅印发实施《关于全面强化知识产权工作的意见》。知识产权强省建设工作联席会议成员单位调整至25家，省、市、县、所四级联动机制日益完善。截至2019年年底，全省11个地市全部进入国家知识产权试点示范城市序列，是全国唯一一个实现设区市全覆盖的省份；知识产权示范城市达到6家，超过半数以上的县（市、区）进入国家知识产权强县培育序列；共有执法编制干部5900多人，知识产权管理干部350多人。

专利创造水平不断提升。2019年，浙江省有效发明专利16.06万件，同比增长20.21%；每万人发明专利拥有量达到28件，同比增长18.6%，居全国第四位；数字经济领域有效发明专利数4.91万件，同比增长12.18%；PCT国际专利申请量2525件，同比增长63.3%，居全国第五位。

专利保护机制日益完善。加强司法保护，全面实施“三级联动、三审合一、三位一体”的知识产权审判模式。加强行政保护，制定出台《关于加强专利行政执法工作的指导意见》，专利行政执法权由设区市下放至县（市、区）；开展“亮剑2019”保护知识产权综合执法暨“铁拳”行动，共立案查处各类知识产权违法案件3366件，涉案金额6964.5万元，罚没金额5820万元。完善知识产权纠纷多元化解决机制，全省共有10个诉调、仲调中心和知识产权巡回审理庭，累计调解各类知识产权纠纷案件8000余件。加强电商保护，率先探索电商领域知识产权侵权纠纷检验鉴定技术支撑体系建设，制定《电子商务领域知识产权侵权纠纷咨询服务规范》地方标准。

专利运用能力不断加强。台州市成为继宁波市、杭州市后，浙江省第三个国家知识产权运营服务体系建设重点城市。新增国家知识产权示范企业26家、优势企业167家。实施省级产业规划类和企业运行类专利导航项目14个，7个省级企业运行类专利导航项目通过验收并在企业发展规划中得到推广运用。全省专利权质押登记金额达到172亿元，同比增长68%。浙江知识产权交易中心累计集聚可交易专利数量5万多件，成交科技成果2492项，成交金额6.67亿元。浙江省获第二十一届中国专利金奖2项、银奖8项、优秀奖48项；评选出2018—2019年度浙江专利奖44项，其中专利金奖14项、优秀奖30项。

专利服务能力显著提升。知识产权服务事项“一网通办”“一站式服务”和“知识产权一件事”等改革深入推进。区域示范创强、专利质押登记等8个知识产权管理事项实现网办。发明专利优先审查初审全程网上、掌上办理，初审时效缩短50%，数量增加120%。浙江省知识产权(专利)公共服务平台完成二期建设,为各类用户提供专利检索数据42 734万条,分析专利数据共计108万条,知识产权评议服务114次,推送专利侵权预警信息30余万条。杭州高新区(滨江)、杭州未来科技城建成全省首批“全门类、一站式、全链条”知识产权综合服务中心,实现了“一地一次”甚至“网上零跑”即能完成知识产权申请、运营、维权、培训等服务。

(浙江省知识产权局)

商标工作

2019年,浙江省商标申请量为733 528件,商标注册量为610 478件,分别比2018年增长6.97%和25.34%。截至2019年年底,累计有效商标注册量达到2 503 624件,位居全国第二,比2018年增长26.17%。申请马德里商标国际注册712件,累计有效商标注册量5795件。

进一步深化商标注册便利化改革实践,实现了11个地级市受理点和各受理点业务受理“两个全覆盖”。国家知识产权局副局长何志敏一行和国家知识产权局商标局局长崔守东一行分别到浙江省开展知识产权便利化改革等专题调研;由人民网、法制日报、中国市场监管报、中国知识产权报、中国科技网等中央媒体记者组成的媒体采访团一行专程到浙江省开展“商标注册便利化改革提质增效记者体验行”活动,深度调研浙江省商标注册便利化改革落实情况并予以广泛报道。

开展全省品牌指导站工作调研,提升品牌指导服务站建设工作。品牌指导服务站是2009年以来浙江省开展的服务基层商标品牌建设的创新载体。为有效搭建市场监管系统链接基层品牌建设的桥梁,延伸市场监管知识产权服务,浙江省市场监管局于8月召开全省品牌指导站建设工作现场会,分析研判工作形势,制定《浙江省品牌指导服务站建设工作指导意见》,制定工作标准,明确工作内容,以打通市场监管服务市场主体品牌建设和知识产权保护“最后一公里”。

深入开展商标“三服务”(服务企业、服务群众、服务基层)活动,支持各地商标工作,推动国家知识产权局商标局将“南湖”“红船”等字样列入禁注词库,指导舟山自贸区设立商标注册受理窗口,指导浙江能源集团、浙江粮油集团、农夫山泉股份有限公司、巨化集团开展商标注册保护工作。

积极探索深化商标质押融资工作,全省商标质押金额90.8亿元,同比增长9%,涉及企业单位583家;开展商标质押登记585件,质押登记件数占全国1/3,授信金额与质押登记件数连续多年稳居全国首位。其中,商标质押融资金额在1000万元以下的项目446个,占比达76%,进一步扩大了中小微企业惠及面。

继续加强商标品牌运用保护。开展商标品牌示范评价活动,全年新评示范乡镇2家、示范街道19个、示范企业118家。商标行政执法行动有序开展,参与假冒伪劣食品专项整治暗访检查;配合开展“亮剑2019”保护知识产权综合执法暨“铁拳”行动;会同杭州市、萧山区三级市场监督管理部门联合进入茶博会现场,对参展单位开展知识产权等事项的执法检查和指导工作。全年查处各类商标违法案件4425件,案值7209.44万元,罚没款10 188.51万元。

(浙江省知识产权局)

地理标志工作

2019年,浙江省市场监管局、省农业农村厅联合部署实施农产品品牌品质提升行动,制定实施健全品牌培育体系、提升农产品质量、保障食品安全、加强商标监管保护、提升社会多方协作和推进品牌“走出去”六大方面 22 条举措，全年培育申报地理标志商标 30 件。地理标志保护资源普查结果显示，截至 2019 年年底，浙江省累计审核批准注册地理标志保护产品 114 个、地理标志商标 264 件、农产品地理标志 89 件、区域品牌 41 件，超额完成“农产品品牌品质提升行动”各项任务。

浙江省市场监管局进一步深入实施地理标志助力强企富农三年（2018—2020）行动。向国家知识产权局申请在 43 件产品上使用地理标志保护产品专用标志，已核准使用 7 件，涉及龙井茶和金华火腿产品。向国家知识产权局推荐 10 个地理标志产品列入中欧地理标志互认互保“100＋100”项目；向国家知识产权局推荐报送杭甬台地理标志运用促进工程项目实施计划和全省地理标志助力精准扶贫典型案例 9 个；组织各市知识产权局和全省相关单位参加第二十六届中国杨凌农业高新科技成果博览会暨全国地理标志展、第二届金芒果地理标志产品国际博览会。此外，在加强地理标志产品监管、开展行业自律和示范引领、建立地理标志产品资源库、实施信用监管等方面做好相关工作。

根据国家知识产权局统一部署，相继开展春节期间地理标志保护、春茶地理标志保护、秋季地理标志保护专项行动，出动执法人员近 16 500 人次，检查市场主体近 20 000 户，立案 74 件，案值 6.2 万元，罚没款逾 60 万元。

（浙江省知识产权局）

版权工作

一、组织部署打击侵权盗版

（1）做好售卖盗版春节档《流浪地球》等电影处置工作。浙江省版权局与杭州市文化市场执法总队驻阿里工作站会同阿里巴巴紧急联动，及时删除 437 条盗版链接。由公安部、中宣部、最高检挂牌督办的杭州“麻花影视”App 涉嫌侵犯春节档电影著作权案中，抓获犯罪嫌疑人 5 名，为加快案件取证、鉴定进程，国家版权局专门给予 20 万元案件补贴。

（2）及时做好有关微信公众号售卖侵权出版物鉴定工作。浙江省版权局针对杭州等 5 地市公安部门提供的相关微信公众号售卖盗版电子书等材料，为涉及 30 多家出版单位、4000 多种图书及时做好侵权鉴定工作。

（3）做好版权行政培训工作。版权执法培训仍采用和江苏合办的模式，来自两省的版权执法人员 120 余人在江苏南京参加培训。浙江省版权局组织全省 120 余名版权执法一线人员，在杭州举办版权执法监管培训班；组织 30 余名骨干参加国家版权局组织的版权执法监管提升班培训。

（4）部署打击网络侵权盗版“剑网 2019”专项行动。印发《浙江省打击网络侵权盗版“剑网 2019”专项行动实施方案》。截至 2019 年年底，全省共立案查处各类侵权盗版案件 36 件，移送司法机关 6 件，行政处罚共 23.69 万元；删除淘宝网盗版链接 41 200 个，关闭淘宝网各类违规店铺 80 余家；共巡查网站 108 700 家次；清理无证擅自从事网络出版活动微信公众号 32 个、文学网站 21 个、音乐网站 17 个，责令关闭音乐和文学网站 6 个；协调指导挂牌督办案件 7 件。嘉兴段某某等制售盗版图书案被国家版权局评为 2018 年度打击侵权盗版十大案件。

二、持续推进使用正版软件

（1）印发《浙江省版权局关于做好省级预算单位办公软件集中申领有关事项的通知》，及时解决由于机构改革、人员调整造成的部分省级单位正版办公软件缺口问题。

（2）组织原浙江省使用软件正版化工作领导小组成员单位部门负责人参加全国软件正版化工作培训，印发《2019 年浙江省推进使用正版软件工作计划》；会同浙江省国资委指导省属国有企业开展使用正版软件自查工作。对省属国有企业推进使用正版软件工作提出明确的时间表和路线图。

(3)建立浙江省使用正版软件工作联席会议制度。建立浙江省使用正版软件工作联席会议制度,召集各成员单位召开第一次全体会议。

(4)召开省市县三级软件正版化工作培训会。6 月,省市县三级软件正版化工作培训会在杭州召开,73 家省级单位、11 个市、90 个县区的政府机关相关负责人及 15 家省属国有企业共 260 人参加培训。

三、宣传展示版权保护成果

(1)组织版权主题宣传活动。印发《关于在 4·26 期间做好版权主题宣传活动的通知》,通知要求各市在世界知识产权宣传周期间开展以"严格版权保护推进创新发展"为主题的版权宣传系列活动。成功举办浙江省第七届"知识产权杯"创意设计大赛,营造全社会关注、尊重和保护知识产权的良好氛围。

(2)组织参加长三角地区 2018 年知识产权发展与保护状况新闻发布会、中国网络版权大会及浙江省知识产权强省建设工作联席会议等,助推经济社会发展的成果。

(3)举办中国纺织面料花样版权保护论坛。9 月,以"尊重原创、创新发展"为主题的中国纺织面料花样版权保护论坛在绍兴柯桥举行,国内外著名专家和学者共同交流与探讨当前中国纺织面料花样版权保护和产业发展的新动向、新趋势。

四、强化版权社会服务功能

(1)做好浙江省 2019 年经典中国国际出版工程和丝路书香工程及涉外出版项目推荐申报工作。推荐报送浙江省 9 家出版单位,重点选题 212 个,其中经典中国国际出版工程项目 56 个、丝路书香工程项目 156 个;推荐报送浙江省 7 家出版单位、涉外出版项目选题 55 个。

(2)成功举办浙江版权贸易图书展。10 月至 11 月,浙江版权贸易图书展代表团对摩洛哥、荷兰两国出版界进行访问交流。访问期间,浙江出版界与摩洛哥、荷兰政府及出版界同仁进行广泛的交流和版权贸易业务洽谈,并在当地孔子学院设立"百柜工程一悦读浙江"图书专柜,有力地推动了浙江出版在摩洛哥、荷兰的"走出去"工作。

(3)强化跨区域合作协作,共同营造版权产业高质量发展市场环境。建立浙江、江苏、山东、广东纺织品花样版权保护联盟协作机制,实现不同区域的行政执法部门在案件移送、取证、送达和执行等方面的互助协作。签订《长三角地区共同营造版权产业高质量发展市场环境合作协议》,优化长三角地区版权市场环境,提升版权制度对经济社会发展的促进作用。

(4)组团参加北京国际图书博览会、江苏(南京)版权贸易博览会。浙江省 14 家图书出版单位参加第 26 届北京国际图书博览会,参展出版物达 1000 多种,共达成一百多项版权输出协议和意向。8 月,组织浙江省部分企业参加江苏第二届(南京)版权贸易博览会,展示浙江省企业版权创造、版权运用、版权保护成果。

(5)做好作品自愿登记等工作。截至 2019 年年底,浙江省已登记一般作品 24 851 件,核准登记出版境外图书合同 391 件,办理涉外图书、音像制品、电子出版物制作合同登记 1102 件,计算机软件著作权合同备案 240 件。

(严庆荣)

司法工作

一、以"质量建设年"为重要抓手,审判业务工作有新进展

2019 年,浙江法院共新收知识产权民事一审案件 27 706 件,审结 29 538 件,分别同比下降 2.02%和上升 15.61%;新收知识产权民事二审案件3666件，审结3703件。在新收的知识产权民事一审案件中，著作权案件16 838件，同比下降0.98%；专利权案件4271件，同比下降13.8%；商标权案件5256件，同比上升1.35%；不正当竞争案件423件，同比上升36.01%；其他知识产权案件918件，同比上升11.95%。新收知识产权刑事一审案件303件，审结311件，同比分别上升11.81%和19.62%，对449人作出有罪判决。新收知识产权行政一审案件17件，审结19件；同时审查执结一批涉知识产权的非诉行政执行案件。全省知识产权案件自动履行率72.01%，同比上升近12个百分点。

针对知识产权司法保护中的疑难和前沿问题进行积极探索，打造了一批具有代表性和引领性的案件。例如，浙江省高级人民法院审结的MK商标侵权案，明确反向混淆与普通的商标侵权应秉持相同的侵权判断标准，严格限缩显著性、知名度较弱的权利商标的保护范围，从而作出不侵权的判决；杭州莫里斯公司、奥普家居公司诉浙江风尚公司、浙江新能源公司侵害商标权及不正当竞争案，当事人围绕"奥普"标识产生的民事及行政纠纷长达10年，法院在本案中判令被告赔偿800万元，维护了"奥普"商标的巨大品牌价值。在依法履职的同时，浙江法院注重延伸审判职能，共向行政机关、企事业单位发送司法建议10余条。例如，杭州市中级人民法院向阿里巴巴集团发送司法建议书，督促其加强平台准入和经营管理，健全制度、堵塞漏洞、消除隐患。

审判业务能力进一步提升。浙江省高级人民法院继续与"知产力""知产宝"合作，成功举办第四届"三知论坛"，最高人民法院及多家高级人民法院、中级人民法院的资深法官代表以及中国知识产权法学研究会、知名高校的专家学者代表应邀参加论坛，深入探讨电商平台知识产权法律责任问题。举办"浙知沙龙"，邀请法官、律师等实务专家和高校学者围绕"《电子商务法》'通知-删除'规则的理解和使用""区块链与知识产权保护"等热点难点问题展开研讨。

二、深化改革创新，进一步完善知识产权审判体制机制

（1）知识产权审判"三合一"全面推进。11月1日起，浙江省全面实施知识产权民事、行政、刑事"三合一"审判。2019年，全省知识产权审判庭采用"三合一"方式顺利审理知识产权刑事案件260件、行政案件41件。浙江省高级人民法院积极推动建立由公、检、法等部门共同参与的知识产权刑事司法保护联席会议制度，于9月在义乌召开知识产权审判"三合一"工作推进会暨联席会议第一次会议。

（2）知识产权专门化审判体系建设有新进展。浙江省高级人民法院积极向最高人民法院申请设立知识产权法院。指导杭州知识产权法庭先后在中国（浙江）知识产权保护中心、湖州长兴和安吉、嘉兴南湖等地设立巡回审判庭。进一步优化管辖布局，在宁波、嘉兴地区对一般知识产权民事一审案件实行跨地区划片集中管辖。加强对长兴、新昌、镇海知识产权司法保护服务中心的指导，探索在无知识产权案件管辖权的基层法院开展知识产权纠纷调解协议的司法确认工作。

（3）技术事实查明机制逐步完善。经浙江省市场监督管理局和省科学技术协会推荐，浙江省高级人民法院聘请第二批全省知识产权审判技术专家共计57名，为解决审判中的技术难题提供智力保障。指导杭州、宁波知识产权法庭建立技术调查官制度，杭州知识产权法庭的两名技术调查官已经开始参与案件技术事实的查明工作。

（4）智能化建设进一步推进。大力推进移动微法院的应用，浙江省高级人民法院民三庭自7月起已有30起案件在移动

微法院上调解成功并由系统确认。法律文书电子送达案件数237件,送达电子文书1418次,送达率87.13%。

三、加强调研指导和宣传,顺利推进各项重点工作

(1)深入开展“服务企业、服务群众、服务基层”活动。浙江省高级人民法院先后到全省11家中级人民法院和30多家基层人民法院,以及中国网络作家村和宁波均胜集团等20多家企业深入调研,针对企业及人大代表、政协委员反映强烈的知识产权维权难问题形成专题调研报告,并在此基础上出台相关指导意见,切实回应创新主体的司法保护需求。

(2)积极推进诉源治理。浙江省高级人民法院对全省知识产权案件数量上升情况及原因进行梳理分析,研究控制系列商业维权案件尤其是涉KTV案件大幅上升的对策,陆续下发《关于统一涉KTV著作权侵权纠纷案件裁判标准的通知》《关于明确知识产权服务机构代理资格的通知》《关于民诉法解释第25条理解适用问题的通知》等指导意见。完善多元化纠纷解决机制,与省市场监督管理局共同推动建立中国(浙江)知识产权保护中心、浙江(杭州)知识产权诉调中心。

(3)高质量完成重点调研课题。完成全省法院重点课题“电商平台知识产权法律责任”,并制定《涉电商平台知识产权案件审理指南》。浙江省高级人民法院与省公安厅、省检察院、省律师协会共同完成“商业秘密保护问题”调研,并联合举办浙江省首届商业秘密保护论坛。

(4)强化对下指导。浙江省高级人民法院制定《2019年全省知识产权审判重点工作项目表》,确定12个年度重点项目,督促各中级人民法院填报工作进展(含创新成果及举措)并自我评分。先后举办2期业务培训班,共有200余名知识产权审判人员参加培训。

(5)加强知识产权法治宣传。浙江省高级人民法院在温州成功举行“4·26知识产权宣传周”活动启动仪式。通过浙江省高级人民法院“浙江天平”公众号、“知之汇”网站、“浙知析法”栏目,实现常态化宣传。2019年共在“浙江天平”公众号发布知识产权审判文章14篇,在“知之汇”网站发文49篇,直播庭审26次、点击量达90万次,在“浙知析法”栏目发文22篇。

四、加强队伍建设,提高知识产权司法能力

浙江省高级人民法院通过深入开展“不忘初心、牢记使命”主题教育活动,推进党支部标准化、规范化建设。实行严格的廉政教育和管理制度,提高知识产权审判队伍的防腐拒变和抵御风险能力。9月派第二批法官和法官助理赴最高人民法院知识产权法庭挂职锻炼。

(浙江省高级人民法院知识产权审判庭)

检察工作

一、突出重点,切实加强对相关工作的组织领导

浙江检察机关根据当地民营经济发达、互联网经济活跃等经济社会实际,以深入贯彻落实中央《关于强化知识产权保护的意见》为工作重点,将开展知识产权刑事司法保护作为一项重要工作和长期任务抓紧抓实,加强组织领导。全省各级检察院检察委员会将知识产权刑事司法保护列入重要议事日程,定期听取汇报,研究部署工作。上级检察院进一步加强对知识产权相关工作的领导和指导,及时总结、推广好的经验做法。

二、依法履职,严厉打击侵犯知识产权犯罪

扎实履行对侵犯知识产权犯罪案件的批捕、起诉工作。2019年共受理审查逮捕侵犯知识产权案件 303 件 494 人，批准逮捕 214 件 320 人。受理审查起诉侵犯知识产权案件 441 件 963 人，提起公诉 347 件 704 人。

三、积极探索，切实推动工作创新发展

11 月，浙江省人民检察院根据最高人民检察院部署，开展侵犯知识产权刑事案件权利人诉讼权利义务告知试点工作。针对企业异地维权耗时、多方打假奔波的现实困难，海盐县人民检察院变“企业跑”为检察机关主动“为你跑”。浙江省高级人民检察院与浙江省高级人民法院、省公安厅在义乌联合举办浙江省知识产权刑事司法保护研讨会，研讨、解决了部分长期困扰司法实践的问题，推动形成知识产权保护工作合力。

四、固本强基，切实提升队伍素能

针对知识产权技术专业性强、更新快的特点，与浙江大学、西北政法大学等高校进一步加强检校合作，及时了解掌握相关技术动态，为办案工作提供技术支撑。根据检察机关内设机构改革等新变化，尽可能地选派政治素质高、业务能力强、法律功底扎实的员额检察官专门办理知识产权犯罪案件。通过加强岗位业务培训，把知识产权法律知识纳入检察干警培训的主要内容等，初步培养了一批具有专业能力水平的办理知识产权案件的业务专家，较好地提高了检察机关依法保护知识产权的执法能力和水平。

五、注重宣传，切实营造产权保护的良好社会氛围

浙江检察机关进一步加强对知识产权刑事司法保护工作的宣传力度，通过采取多种形式，开展“以案为鉴”的针对性宣传，切实提高社会公众尊重和保护知识产权的自觉性和主动性，在全社会营造良好的知识产权刑事司法保护氛围。

（最高人民检察院第四检察厅）

安徽省

专利工作

2019 年，安徽省专利申请量 167 039 件，同比下降 19.5%；专利授权量 82 524 件，同比增长 3.5%。其中，发明专利申请量 62 905 件，同比下降 42.2%；发明专利授权量 14 958 件，同比增长 0.8%。截至 2019 年年底，安徽省拥有有效发明专利 74 812件，平均每万人拥有 11.8 件；全省 9270 家企业拥有有效发明专利 58 673 件，平均每家企业拥有 6.3 件。全省 PCT 专利申请 424 件。

激励专利创造。深化知识产权注册便利化改革，安徽省 11 个商标受理窗口全面推行电子化申请，合肥代办处专利电子申请率达 98.45%，位列全国第四。完成 2019 年全国专利代理师资格考试合肥考点各项考务工作，报名人数首次突破 2000 人，达到 2026 人。

促进专利运用。建立健全知识产权价值评估机制，组织开展《专利转移转化价值评估技术规范》标准制定工作。指导合肥市申报知识产权运营服务体系建设重点城市。在第二十一届中国专利奖评选中，安徽省获奖项目 24 项，其中专利银奖 1 项、外观设计银奖 1 项。

加强专利管理。2019 年，安徽省共有专利代理机构 146 家，法人专利代理机构 67 家，省外专利代理分支机构 79 家，执业专利代理师 341 名，商标代理机构（含律师事务所）828 家。组织开展第三批省知识产权示范培育园区验收和第四批省知识产权示范园区创建工作。组建安徽省知识产权专家库，175 人申报进入专家库。重新组建安徽省专利工程专业高级评委会评委库。开展“壮丽 70 年，奋进新时代”安徽知识产权专题采访活动，全面反映安徽省知识产权工作新成就。

（安徽省知识产权局）

商标工作

2019 年，安徽省新申请商标 234 339 件，新注册商标 186 040 件，有效注册商标总量 608 523 件；新增驰名商标 22 件，驰名商标总量 318 件；新增马德里国际商标申请 230 件；共建设 116 个专业商标品牌基地。

全面提升商标品牌运用效益。2019 年，办理商标权质押贷款 276 笔，质押金额 30.79 亿元。其中，安庆鸿润集团商标权质押融资额 10 亿元，创安徽省商标权质押单笔最大金额。

强化知识产权保护。深入贯彻落实《关于强化知识产权保护的意见》，多部门协调联动，加强区域合作，促进知识产权保护跨地域跨部门执法协作。全年共查处知识产权案件 6437 件，其中专利案件 2208 件，商标案件 4227 件，案件总数同比增长 32.3%。2019 年知识产权行政执法工作绩效考核跃居全国第四。

（安徽省知识产权局）

地理标志工作

2019 年，安徽省新增地理标志商标 23 件，地理标志商标注册总量达 167 件；地理标志产品累计 78 个，地理标志专用标志用标企业获批 453 家，六安市 4 个地理标志产品跻身“2019 中国地理标志产品区域品牌价值百强榜”。安徽省地理标志品牌整体实力和影响力明显提升，成功获批地理标志产品专用标志使用核准改革全国试点。

突出标准引领。安徽省 78 个地理标志产品标准制定率达 100%。其中，制定国家标准 8 个、地方标准 60 个、企业标准 10 个。

推广标志使用。2019 年，安徽省地理标志产品专用标志使用企业新增 8 家，累计 49 个地理标志产品被 453 家企业申请使用专用标志，地理标志产品专用标志使用率达 62.8%。安徽省地理标志产品销售总额达 414.63 亿元。

助力精准扶贫。2019 年，安徽省 19 个国家级贫困县中，获批地理标志产品 20 件，涉及扶贫项目地理标志产品 47 个，涉及贫困人口数 260 836 人，人均年增收 2559 元。共申报地理标志精准扶贫典型案例 4 个。

强化监管保护。开展春节期间地理标志使用专项整治、春茶地理标志保护行动、秋季地理标志保护和地理标志保护资源普查等工作。首次建立安徽省春茶地理标志保护目录，20 个茶叶品种、443 家企业被纳入保护范围；首次建立秋季地理标志保护目录，75 个地理标志产品、143 个地理标志商标、1067 家企业被纳入保护范围。查处假冒地理标志专用标志及商标的案件 2 起。

（安徽省知识产权局）

版权工作

一、版权执法监管工作

2019 年，安徽省共查办侵权盗版案件 94 件，行政案件结案数量较 2018 年翻一番，收缴各类侵权盗版出版物 80 000 多件，依法关闭侵权盗版网站 13 个，罚款 62.25 万元。33 个单位和个人荣获国家版权局 2018 年度查处侵权盗版案件有功单位和有功个人，其中 10 个单位和个人获一等奖。

（1）细化深化专项行动。印发《安徽省

开展打击网络侵权盗版"剑网2019"专项行动实施方案》，从2019年5月至10月开展安徽省打击网络侵权盗版"剑网2019"专项行动。创新开展打击利用移动存储介质从事侵权盗版违法行为及电影侵权盗版行为专项行动。共检查各种经营场所359家，依法收缴各类侵权复制品7000多张(盘)，重点督办合肥许某某等侵犯著作权案、滁州"懒人听书"网涉嫌侵犯著作权案等10件涉嫌网络侵犯著作权案件。

(2)严查严办侵权盗版案件。2019年，共办结侵权盗版案件68件，其中行政案件64件，移送司法机关追究刑事责任案件4件。共办理4件国家版权局等部门挂牌督办案件。安徽肥西谢某等侵犯著作权案入选2019年度全国打击侵权盗版十大案件。

(3)深入开展打击侵权假冒工作。安徽省版权局按照国家版权局和安徽省"双打"办工作要求，指导市县做好打击侵权假冒行为，按时向国家版权局和安徽省"双打"办报送案件信息。

(4)加强版权执法队伍建设。安徽省版权局通过组织部分一线执法人员参加国家版权局执法监管培训班、举办全省版权执法人员培训班、召开全省版权执法工作会议、在全省文化市场综合执法人员资格认证培训班上授课等方式，着力提升版权执法队伍的能力水平。2019年，共培训基层一线执法人员200多人次。

(5)完善区域联防协作机制。安徽省版权局认真贯彻落实《长三角地区共同营造版权产业高质量发展市场环境合作协议》，建立案件协办协查、联合执法办案、案件执行协助等工作机制。

二、软件正版化工作

安徽省软件正版化工作扎实推进，政府机关和行业企业采购各类正版软件共11万套，采购资金4431万元。

(1)开展培训宣传，广泛凝聚共识。安徽省版权局召开16场次培训会议，共有680家政府机关和行业企业参加。利用各类媒体广泛宣传软件正版化工作，引导全社会理解、重视、支持软件正版化工作。

(2)强化督促检查，巩固工作成果。积极推进360多家各级政府机关单位进行有效整改，其中安徽省财政厅、安徽省税务局等单位严把采购关，建立健全长效机制。采用中央政府采购网26种办公软件产品；将27种通用办公软件产品列入"安徽省徽采商城正版软件定点库"；对"徽采商城"软件产品进行清理，严防盗版软件流入政府机关。对蚌埠、马鞍山、宣城、铜陵、池州、黄山6市开展全覆盖检查，共检查151个单位3432台计算机，其中铜陵市和宣城市利用场地授权方式购买正版软件，实现办公软件正版化率100%、国产化率100%。

(3)服务督促并行，扩大正版覆盖。在全国率先开展医疗卫生行业软件正版化工作，随后推动教育、住建、文旅、交通、能源、邮政、烟草、中小金融机构等10个行业软件正版化工作。召开行业企业软件正版化工作落地会议进行培训辅导，搭建省属企业正版软件采购服务平台，助力推进28家省属企业软件正版化工作。安徽省共有310家企业进行了整改，采购各类正版软件76 000多套，采购资金3400万元。

三、版权社会服务工作

(1)加强作品著作权登记工作。安徽省版权局作品版权登记项目进驻安徽省政务服务窗口，网上作品著作权登记系统纳入安徽省政务服务网，实现"一网一门一次"办理。将作品著作权登记工作纳入安徽省政府文化产业发展目标管理绩效考核，督促各市加强作品著作权登记工作。2019年，安徽省作品著作权登记42 378件，增长近110%，登记量超过前3年的总和。

(2)开展版权示范创建。安徽省版权

局向国家版权局申报7家全国版权示范单位和1家软件正版化示范单位。已创建全国版权示范单位(基地)10家,全国版权示范单位(软件正版化)2家,省级版权示范单位6家,省级软件正版化示范单位8家。

(3)推进版权产业发展。组织省内有代表性的版权企业参加第二届江苏(南京)版权贸易博览会。在此次博览会上,安徽省版权局获优秀组织奖,4家参展单位分获优秀参展单位奖和优秀版权贸易奖;与上海、江苏、浙江版权部门签署《长三角地区共同营造版权产业高质量发展市场环境合作协议》。2019年,安徽省共实现版权输出500项。

四、版权宣传工作

(1)开展知识产权周版权宣传活动。举办安徽省知识产权发展与保护白皮书报告会,并在现场对中国科学技术大学知识产权博士论坛进行版权登记。开展"版权进企业"活动,到民营企业合肥育才文化传播有限公司徽州书局开展版权宣传,召开版权工作座谈会,组织执法人员现场向读者介绍如何识别盗版图书,并举行"保护版权 从我做起"签名活动,发放"绿书签"。摆放版权公益宣传海报展架近200个,全省各级广播电视台播放版权公益宣传片超过2800分钟,全省各影院在电影放映前播放版权公益宣传片。

(2)组织参加版权征文活动。组织安徽省高校学生参加国家版权局第十一届全国大学生版权征文活动,全省共报送征文203篇,共有6人获奖,其中一等奖1人。安徽省3个单位获优秀组织奖,安徽省版权局作为优秀组织奖代表在颁奖大会上发言。

(3)加大媒体宣传力度。中国新闻出版广电报、安徽日报及国家版权局网站等媒体介绍宣传安徽版权工作20余次,其中《中国新闻出版广电报》管理专版和《安徽日报》要闻版报道9篇。安徽省版权局发布平台在中安在线网站上线试运行。

(胡　子)

司法工作

一、强化执法办案,彰显服务大局新成效

2019年,安徽法院受理知识产权民事案件10 089件,其中新收9955件,同比上升53.53%;新类型纠纷、新权利要求频现,如"网红经济"商业标识保护、进入公有领域作品寻求竞争法保护等新情况新问题进入审判视野,案件审理难度进一步加大;餐饮、日用品商标维权增多,"大脸鸡排""巴比馒头""恒安"等加入维权行列,商业维权向民生领域渗透。2019年结案9920件,较2018年同期增幅达44.82%,结案率达98.32%;调撤案件6879件,较2018年同期增幅达60.35%,调撤率达69.34 %,同比上升7.48个百分点,芜湖经济开发区人民法院调撤率达95.25%。

二、落实目标任务,展现司法改革新作为

1. 全面推行知识产权审判"三合一"改革

在合肥高新技术产业开发区人民法院等试点基础上,安徽省高级人民法院机关在高院层面实现知识产权审判"三合一",相关审判职能、工作人员均已调整落实到位。安徽省高级人民法院还结合实际形成合肥、芜湖、蚌埠法院"三级两审"与其他地区法院知识产权刑事、行政案件提级至中级人民法院"两级两审"相结合的"三合一"方案。完成与省检察院和省公安厅文件会签。合肥市中级人民法院指导合肥高新技术产业开发区人民法院制定《关于侵害商标权犯罪的量刑参考意见》。

2. 推进案件繁简分流机制建设

安徽省高级人民法院结合全省实际,充分调研论证,形成以"两表指导、审助分

流、集中审理、判决简化”为特点的知识产权类型化案件快审机制，出台《知识产权类型化案件快审机制运行规范》，制作诉讼要素表、有效抗辩释明表、庭前会议总结表、裁判文书模板。该机制已在全省法院单一销售者侵害商标权纠纷、中国音像著作权集体管理协会提起的KTV经营者侵害作品放映权纠纷、单一网站经营者侵害网络图片和文字作品的信息网络传播权纠纷三类案件审理工作中推广。实施过程中，池州市中级人民法院在“两表”基础上加强释法宣传；合肥高新技术产业开发区人民法院参考统一模板制作特许经营合同案件要素表，因地制宜丰富机制内容；亳州市中级人民法院将知识产权案件纳入速裁程序。合肥高新技术产业开发区人民法院运用速裁团队审理适用简易程序的知识产权案件，将结案周期控制在45日内；依托自主研发的“互联网＋庭审模式”技术，基本实现被告人3人以下刑事案件互联网远程庭审。

3. 牵头建立全省企业送达监管信息共享机制

安徽省高级人民法院与省市场监督管理局联合出台《关于在全省建立企业送达监管信息共享机制推进联动监管的意见》，通过对接事中事后监管和司法送达机制，提高法律文书送达效率，强化市场监管，构建社会诚信体系。

三、强化宣传交流，开拓知识产权大保护新局面

1. 深入推进司法公开

(1)全力配合最高人民法院开展“中央媒体知识产权司法保护安徽行”活动。最高人民法院副院长陶凯元、安徽省副省长李建中高度肯定了安徽知识产权司法保护工作。

(2)成功开展知识产权宣传周活动。安徽省高级人民法院常态化发布知识产权司法保护状况及年度报告，全面总结知识产权司法保护成绩；主办“润思·祁红杯——商标法律问题”征文比赛，促进学术交流；以漫画形式编制《小商户商标侵权问题知识解答手册》，下沉社区开展知识产权普法宣传。合肥市中级人民法院举办“安徽省知识产权保护江淮行”启动仪式，联合11家市直部门共同签署《知识产权保护合肥宣言》。

2. 加快融入长三角知识产权保护一体化发展进程

安徽省高级人民法院与沪、苏、浙高级人民法院知识产权审判庭联合签署《长江三角洲地区人民法院知识产权司法保护交流合作协议》，确立联席会议机制，在促进法律统一适用、法院信息数据、审判体制机制改革、服务保障大局经验方面实现信息共享，在远程办案、案件保全、人才培养方面形成工作合力。

3. 司法服务创新主体

安徽省高级人民法院作为安徽省台商权益保障工作联席会议成员单位，参加“贴心服务助台企”活动，走访电子科技、基建设备等领域中小台企，了解企业知识产权保护需求，提供法律服务。芜湖经济技术开发区人民法院建立企业知识产权保护档案制度，一企一档，并联手芜湖传媒集团签订知识产权保护备忘录，邀请专家一同剖析企业面临的知识产权法律问题，为企业提供个性化、可持续司法服务。

四、强化管理督导，推动审判质效新提升

(1)统一尺度，规范自由裁量。安徽省高级人民法院坚持典型案例季报制度，继续发布《安徽法院知识产权案件年度报告》，在全省法院审结的7000余件案件中选取11个典型案件，归纳出12个具有参考价值的法律适用问题，为审判实务提供具体、明确的参照和借鉴。

(2)完善审判监督管理机制，加强“四类案件”监管。安徽省高级人民法院出台

《安徽省法院院庭长案件监督管理办法》，明确界定监管主体、监管范围、监管职责，逐条细化“四类案件”29种情形，逐一列举监管方式、监管层级，并在案件信息管理系统中上线“四类案件”监督管理功能，实现“四类案件”甄别标注、实体处理、程序适用监管全面上网、全程留痕，将司法责任制落到实处。

五、强化党建引领，焕发团结奋进新气象

认真贯彻落实“三会一课”制度，找准党建与审判结合点，以知识产权街头宣传作为党日活动内容，开展支部共建，发挥党建引领作用。安徽省高级人民法院知识产权审判庭被评为院机关“先进集体”，所在党支部被评为“先进党支部”，2名干警荣获“全国法院办案标兵”“省直机关十大杰出青年”称号，推报的1个案例入选2018年中国法院50件知识产权典型案例，撰写的2篇文书及案例入选首届全国法院“百篇优秀裁判文书”“全省法院服务和保障民营经济发展典型案例”，所著12篇文章在《人民法院报》《人民司法》《民主与法治时报》等发表。

（安徽省高级人民法院知识产权审判庭）

检察工作

一、持续加大知识产权犯罪打击力度

充分发挥“捕诉一体”优势，综合运用审查逮捕、审查起诉、诉讼监督等职能，始终保持对侵犯知识产权犯罪的高压打击态势。一是从严从快批捕起诉。2019年共批捕侵犯知识产权犯罪130件241人，起诉179件429人，妥善办理合肥赵春某等16人特大制售盗版图书案等社会广泛关注的重大案件。二是强化刑事诉讼监督。综合运用立案监督、侦查活动监督等措施，及时监督纠正有案不立、有罪不究等现象。共监督公安机关立案6件，纠正漏捕29人，纠正漏诉9人。三是加强办案督导。对重大、复杂、疑难的侵权假冒案件，加大督导力度，确保办案质量和效率。

二、深化“两法衔接”工作

认真落实《关于加强行政执法与刑事司法衔接工作的意见》（中办发〔2011〕8号）和安徽省系列知识产权文件要求，积极推动行政执法与刑事司法衔接，促进增强打击侵犯知识产权犯罪合力。安徽省检察机关积极通过走访行政执法机关、查阅卷宗、平台搜索等方式，摸排侵犯知识产权案件线索，共建议行政执法机关向公安机关移送涉嫌侵犯知识产权犯罪案件17件，行政执法机关已移送15件，公安机关已立案11件。

三、积极参与综合治理

注重立足检察职能延伸工作触角，加强与有关部门的协作配合，助力从源头上减少侵犯知识产权犯罪行为发生。一是积极建言献策。针对办案中发现的知识产权保护领域存在的问题，主动向有关单位发出检察建议，促进其增强知识产权保护意识，完善知识产权保护制度，预防和减少侵犯知识产权行为发生。针对办理侵犯商业秘密案件中存在的难点问题，开展专题调研。二是加强知识产权保护宣传。将知识产权保护作为法治宣传重点，利用“4·26世界知识产权日”等时间节点，开展形式多样的知识产权宣传活动，促进形成“保护知识产权，抵制假冒伪劣”的浓厚社会氛围。

（最高人民检察院第四检察厅）

福 建 省

专利工作

2019年，福建省专利申请受理153 279件，其中发明专利申请30 083件；专利授权98 955件，其中发明专利授权8963件；有效发明专利43 791件，同比增长13.68%；每万人发明专利拥有量11.11件，同比增长12.81%；PCT国际专利申请4153件，同比增长545.88%；专利电子申请率达99.15%。

加快构建知识产权大保护格局。探索建设省、市、县三级知识产权保护中心体系，向国家知识产权局申报设立中国（福建）机械和电子信息、中国（泉州）智能制造和半导体产业知识产权保护中心以及中国晋江鞋服和食品产业知识产权快速维权中心。支持设立福建省电子信息知识产权运营保护中心、福建省新型鞋材知识产权运营保护中心、泉州半导体高新技术产业园区南安分园区、福建（宁德）锂电新能源产业知识产权运营保护中心等4个省级知识产权运营保护中心。开展“4·26世界知识产权日”暨福建省知识产权宣传周宣传活动，发布《2018年福建省知识产权发展与保护状况》白皮书，印发《2019年知识产权强省建设工作要点》，举办闽台知识产权圆桌会议。开展知识产权“铁拳”、专利代理行业“蓝天”等专项整治活动，共立案办理专利侵权纠纷及假冒专利案件2860件。

持续提升知识产权综合运用效益。新增集成电路、新型显示、风能等产业开展专利导航，完成稀土等重点产业领域自主知识产权竞争力分析报告。组织举办“6·18”知识产权国际交流合作助力产业创新发展成果展和知识产权国际交流合作创新论坛，共展出优秀专利项目113项；出台《福建省知识产权军民融合试点实施方案》，完成2456项国防解密专利与企业匹配服务工作。推进成立福建省高校知识产权运营创新中心以及福建省装备制造、电子信息、智能装备和公共应急服务4个产业知识产权联盟。泉州市入选国家知识产权运营服务体系建设重点城市，获得中央财政1.5亿元资金支持。全省专利权质押融资金额达47.1亿元。新增国家知识产权示范（优势）企业52家，省级知识产权优势企业76家。全省581家企业获得知识产权管理体系认证证书，同比增长75%。组织开展2019年度省级专利奖评审，推荐42个专利项目参加第二十一届中国专利奖评选。

做强做优知识产权公共服务。在全国首创“最多跑一地”知识产权公共服务模式，获得国家知识产权局的肯定和支持。共有30多家国内外中高端专业服务机构入驻“知创福建”平台，建成知识产权公共服务包业务推广中心等10个功能服务区，成立5个工作站；组织开展知识产权战略工作坊15期，举办业务主题宣传培训60多场，吸引3000多家企业5000余人次参与。“知创中国”上线运营，初步建成福建省自主知识产权竞争力产业导航大数据中心，拥有福建省主导产业专利导航数据库和多个专题数据库。通过构建“知创中国”“知创福建”线上线下双平台及创新相应体系机制，使知识产权创造、运用、保护、管理、服务全链条资源得到有机整合，实现面向市场主体“服务一个通道、需求一口集聚、资源全链对接、一地统筹服务”。推行福建省知识产权专员制度，3000多人被纳入专员库管理，近600位知识产权智库专家面向社会提供公益服务。全省新增专利代理机构5家，新增具有专利代理资质的律师事务所 2 家，全省共有专利代理机构 54 家。全国专利代理师资格考试福州考点报名总人数 1318 人，经审核取得考试资格的考生数 1213 人，通过考试获得专利代理师资格 172 人，均创历史新高。全省知识产权远程教育培训平台参训人数达 4.6 万人次，综合考评在全国名列前茅。

（福建省知识产权局）

商标工作

2019 年，福建省新申请商标 432 736 件，同比增长 9.1%；新增注册商标 350 193 件，同比增长 36.3%，累计有效注册商标达 1 282 576 件，同比增长 31.9%。商标新申请数、新注册数、累计有效注册数均居全国第七位。每万户市场主体拥有 2932 件注册商标，平均每 3.4 户市场主体拥有 1 件注册商标。

持续推进商标注册便利化改革，新设立中国（福建）自贸试验区福州片区、平潭综合实验区商标受理窗口，全省累计设立 7 个商标受理窗口。各商标受理窗口不断完善工作流程，提供便利化措施，加强人员培训交流，提升窗口服务水平，并将业务范围扩展到 24 类全类商标业务。全面采用网上申请系统，实现办事群众不用出门即可办理商标注册。各商标受理窗口累计已受理商标注册申请 11 168 件，已注册商标 5272 件。发布《福建商标发展报告（2018 年度）》。落实省级商标品牌补助奖励政策，2019 年共兑现补助奖励金额达到 1360 万元。

2019 年，福建省共有 14 家企业和个人向国家知识产权局办理商标专用权质权登记，共出质 245 件商标。泉州商标质押受理点共受理 8 家企业办理商标质押贷款业务，贷款金额达 2.03 亿元，全市商标专用权质押融资累计 24 亿元。“连城红心地瓜干”“连城兰花”商标分别获得银行 3 亿元、1 亿元授信额度。

加强重点领域、特色产业、优势企业的商标自主品牌培育和指导。泉州市政府开展“商标品牌培育提升行动”“打造地理标志泉州精品”“构建知识产权运营金融支撑体系”等工作。龙岩依托全市主导产业、传统优势产业、区域经济优势产业和特色产业，积极培育“海德馨”“紫金”“永福”商标申报驰名商标。宁德重点培育 12 件驰名商标、21 件地理标志商标。漳州优化产业品牌结构，重点培育战略性新兴产业、高技术产业以及现代服务业的高知名度商标。南平指导南平武夷山水品牌运营管理公司申请注册“武夷山水”商标 57 件；修订《武夷山水公用品牌（商标）使用管理办法》，加强公用品牌使用管理。三明围绕发展全域森林康养产业中心，申请“绿都三月、最氧三月”等系列集体商标。

持续深入开展打击侵犯知识产权和制售假冒伪劣商品行动。2019 年，福建省共查处商标违法案件 1704 件，罚没款 4381.92 万元，案值 2403.62 万元。福州部署开展农村食品类商标维权行动、“稻花香”“鄂尔多斯”“富安娜”“源东海及图”等注册商标专用权保护专项行动，按 50% 比例对全市驰名商标企业进行双随机检查。宁德开展茶叶市场专项整治行动，维护“福鼎白茶”品牌形象，促进茶叶市场健康有序发展。莆田以鞋服生产基地、交易集散地、物流场所、侵权假冒高发地为重点监管区域，加强鞋服市场侵权假冒违法行为的专项检查。泉州综合应用“泉州商标品牌网络保护系统”，利用大数据、云计算等手段和技术，实现对泉州商标品牌的建库管理、涉嫌侵权行为监测和在线云存证等功能，2019 年共筛查 5.2 万条涉嫌侵权商品链接，下架 3.4 万条。

加强重点商标品牌保护，向国家知识产权局申请加快审理“法国之光 RELETS DE FRANCE”等商标异议案件。根据国家市场监管总局执法稽查局来函，转办查处侵犯“华为”“帅康”“鄂尔多斯”注册商标专用权案件，处理“醒购”电商平台侵权违法行为。依法严格审查和推荐案件程序的驰名商标认定，向国家知识产权局审核转报8件通过商标管理案件程序申请认定驰名商标的案件。其中“安踏”、第163332号“F及图”与第163333号“FILA及图”商标、“同溢堂及图”、第709186号图形、“森竹SZ及图”以及“政和白茶”6件商标经国家知识产权局批复认定为驰名商标。截至2019年年底，福建省经行政途径认定的驰名商标总数512件。

（福建省知识产权局）

地理标志工作

2019年，福建省新注册地理标志商标61件，累计有效地理标志注册商标497件。“连江海带”被批准为地理标志保护产品，138家地理标志产品生产企业经核准使用地理标志产品专用标志。

加强地理标志注册使用管理指导，规范地理标志许可使用制度。督促地理标志所有人加强生产过程监督，强化品质管理。在全省组织开展“2019年春节期间地理标志使用专项整治”工作，采取“查、治、管、扶、建”五管齐下措施，对全省地理标志商标使用管理情况进行专项检查。建立和完善全省地理标志商标申请注册目录和品牌培育目录，继续深挖全省地理标志资源，指导做好地理标志品牌梯队培育，引导地理标志产业链发展。与福州大学知识产权运营中心合作开展全省地理标志商标注册、使用、管理和保护情况全面普查。

推广示范地理标志工作先进典型经验。组织开展优秀地理标志商标注册人推广示范活动，树立地理标志商标使用管理的典型，安溪县茶业总公司等7个地理标志商标注册人被评为“2018年度优秀地理标志商标注册人”。积极协助指导地方政府打造“武夷山水”“花样漳州”等区域公共品牌，引导地理标志全产业链发展。向国家知识产权局报送“安溪铁观音”“福鼎白茶”“建瓯锥栗”“云霄枇杷”“古田银耳”5个地理标志助力精准扶贫典型案例。推动厦门、泉州市场监督管理局申报地理标志运用促进工作项目。

积极推介宣传地理标志产品。组织省内地理标志企业积极参加第二届金芒果地理标志产品国际博览会、粤港澳大湾区知识产权交易博览会等，积极参与展会项目推介、新品发布会、活动签约和资源对接会、展会评奖等，有效提升福建省地理标志产品知名度和美誉度，促进产销对接。“平和琯溪蜜柚”荣获“2019金芒果好地标TOP榜”年度十大推荐品牌。龙岩新罗百香果、龙岩斜背茶地理标志产品荣获“2019中华品牌商标博览会金奖”。漳州市试点开展地理标志驿站建设，将地理标志产品与文旅产业有机融合，打造地理标志科普窗口、地理标志产业和产品宣传平台，推动地理标志产业延伸发展。

创新地理标志监管模式。在漳州市知识产权局试点开通“智慧地标”互联网监管服务平台，通过归集地理标志注册、管理、授权、产品等基础信息，以互联网销售渠道为依托，结合区域地理标志注册及授权情况，掌握地理标志商标产品的使用及销售方式，进而规范地理标志授权、使用行为，打击侵犯地理标志专用权的违法行为。向国家知识产权局申请开展地理标志专用标志使用核准改革试点，并经国家知识产权局批准成为全国11家试点改革省份之一。加强对地理标志商标和地理标志保护产品的监管与保护，组织开展全省2019年秋季地理标志保护工作，严厉查处地理标志侵权违法行为。向国家知识产权局推荐报送3批次31个地理标志商标和地理标志产品清单，参与中欧地理标志保护与合作协定谈判。

（福建省知识产权局）

版权工作

一、版权行政执法监管工作

(1)持续加大版权执法和案件查办力度。组织省、市、县三级版权行政管理部门和市、县文化市场综合执法部门的业务骨干120余人参加2019年全省版权执法培训班,进一步提升基层版权执法人员业务素质和执法水平。2019年,福建省共办理国家版权局督办或四部门联合挂牌督办案件7件,办理国家版权局移转线索的案件5件。全省新闻出版(版权)行政执法部门共查办各类侵权盗版案件128件,比2018年增长60%。其中,作出行政处罚28件,同比增长12%;刑事判决2件;移送司法机关在办4件;调解2件;核查后关闭或拟提请关闭网站、注销备案及对域名停止解析并禁止转移的46件;其他方式处理9件;在办案件37件。全省8组13家单位、10组24名个人获评国家版权局2018年度查处侵权盗版案件有功单位和有功个人,其中福建省委宣传部版权处荣获"2018年度查处侵权盗版案件有功单位"一等奖。

(2)深入开展打击网络侵权盗版"剑网2019"专项行动。组织开展打击网络侵权盗版"剑网2019"专项行动,不断加大版权执法监管力度,充分运用约谈、预警、责令整改等工作方式,健全"两法衔接"工作机制。召开福建省"剑网2019"专项行动工作会议,组织各设区市版权局、省属文化企业、电影院线及各大影院、三大运营商、重点互联网企业等参会,部署专项行动工作任务。全省各地各部门共出动执法人员9000余人次,主动巡查网站20 467家,检查App 1100余款,发现并移送案件线索156条,依法查办版权类案件115件(其中网络侵权案件107件),清理含侵权盗版链接在内的各类有害信息10万余条,下架违法违规App 800余款,关闭侵权盗版网站40多家,注销微信号、搜狐号等公众账号20余个,受理处置各类网络举报信息1.4万余条(其中侵权类信息209条),播放版权公益广告5000多次。

二、扎实推进党政机关和企事业单位软件正版化工作

福建省推进使用正版软件工作厅际联席会议对成员单位和人员组成进行调整,组成单位由15家调整为13家。组织召开厅际联席会议第六次全体会议,通报福建省2018年软件正版化工作情况,审核通过2019年全省软件正版化工作实施方案。印发《福建省2019年推进使用正版软件工作实施方案》《福建省版权局关于进一步做好省直机关软件正版化工作的通知》。对10家省国资委所出资企业及权属企业软件正版化工作开展专项督查。组织各省直机关开展2019年度使用正版软件工作考核,要求各单位报送2019年软件正版化工作总结及直属事业单位软件正版化工作推进情况。举办2019年省直机关及省属参公事业单位软件正版化培训班,79家省直机关和76家事业单位派人参训。举办2019年福建省企业软件正版化培训班,110家省属国有企业、民营企业代表参训。先后组织6家厅际联席会议成员单位、8家省属国有企业正版化相关部门负责人参加国家版权局软件正版化工作培训班。牵头开展省级政府机关软件正版化"回头看"专项工作,对25家单位开展2018年全覆盖检查存在问题的整改情况督查。

三、版权公共服务工作

(1)认真做好作品登记工作。新开发的"福建省作品自愿登记系统"投入运营,实行网上申报、在线审核、电子发证等全程无纸化运作,实现"一趟不用跑,在家就能办",最大限度方便作品登记申请人。截至2019年年底,全省共核准登记作品达到85 368件。

(2)开展版权示范创建核查工作。根据国家版权局部署要求,对福建省1家全

国版权示范城市(厦门市)、2 家全省版权示范单位开展核查工作;同时,对福建省 63 家版权示范单位、3 家版权示范园区开展核查工作,及时发现问题,改正问题,推动福建省示范创建工作水平。

四、版权宣传教育

第 19 个世界知识产权日宣传期间,围绕"严格版权保护推进创新发展"的宣传主题和庆祝新中国成立 70 周年这一主线,制定下发《2019 年知识产权宣传周版权宣传活动方案》,组织全省各地开展版权宣传系列活动。联合福建省"扫黄打非"办公室在泉州晋江举行福建省"护苗 2019"绿书签行动暨知识产权集中宣传周活动启动仪式,现场开展侵权盗版物品销毁活动;协调全省 39 家电视台播出《申报版权　保护版权　用好版权》公益广告片,累计播出 5039 次;在福建电视台少儿频道播放版权知识系列动画片。"剑网"行动期间,福建日报、福建网络广播电视台(海博 TV)、福建省广播影视集团等共刊播相关报道 300 篇(条)。福州市在海峡两岸经贸交易会上设立版权咨询服务台,为参展商和市民提供版权法律咨询等服务。泉州市开展版权宣传作品有奖征集活动,公开征集以"版权保护知识宣传"为主题的平面作品和微视频作品。德化县开展以"保护版权、助推企业发展"为主旨的活动,积极引导助推"德化经验"。

(郑开辟)

司法工作

一、充分发挥审判职能作用

2019 年,福建法院共受理各类知识产权案件 15 560 件,同比增长 64.88%;结案 14 366 件,同比增长 63.6%,结案率 92.33%。

妥善审理重大案件,取得良好政治效果、法律效果、社会效果。福建省高级人民法院紧紧依靠各级党委和政府的支持,对片仔癀公司诉厦门中药厂关于"片仔癀"与"八宝丹"是否有渊源关系的不正当竞争纠纷案及时作出判决,回应近 30 名全国人大代表、全省人大代表、政协委员的关切,解决了片仔癀公司与厦门中药厂长达 30 年之久的纠纷。

积极适用惩罚性赔偿机制,切实加大知识产权保护力度。"九牧王"商标纠纷案和"博力谋"商标及不正当竞争纠纷案判决中,积极采用惩罚性赔偿机制,认定恶意侵权的主观故意较为明显,大幅提高侵权损害赔偿数额。在一审判决的基础上,两个案件的二审判决分别将侵权损害赔偿金额提高 1 倍和 2 倍。两案的处理对依法保护商标权利人的合法权益,支持品牌建设,引导正确的竞争观念起到示范作用。

二、积极探索审判体制机制改革

增设厦门知识产权法庭,优化涉技术类知识产权案件管辖布局。福建省高级人民法院完成并向最高人民法院提交《福建省高级人民法院关于申请增设跨区域管辖的知识产权法庭的请示》。9 月,厦门知识产权法庭挂牌成立。

厦门知识产权法庭出台多项措施完善审判机制,聘请 15 位具有知识产权专业背景的行政执法人员、专家学者担任特邀调解员,聘请 18 位软件、机械、化工和植物新品种等领域的知名人士担任审判咨询专家,并构建专家型人民陪审员队伍;9 月,闽西南四地法院签订知识产权司法保护协作协议,共同致力于完善闽西南四地法院知识产权案件立案、调解、保全、送达、巡回审判等跨区域诉讼服务,积极服务闽西南协同发展;厦门法官协会与海峡交流文化中心签订共建海峡两岸青年学生知识产权法学实践基地协议。

针对发明、实用新型专利二审统一由最高人民法院直接管辖的情况,探索调整受理的涉技术类案件标的数额标准。福建省高级人民法院贯彻执行最高人民法院知识产权法庭下发的《关于高级人民法院管辖第一审技术类知识产权民事案件的工作方案(试行)》通知,充分运用《中华人民共和国民事诉讼法》,结合福建实际,科学分配好福建省高级人民法院与其他两家知识产权法庭的管辖分工,提出每年审理15—20件一审涉技术类知识产权案件的初步方案。

知识产权刑事、民事、行政"三合一"审判机制在福建省高级人民法院,福州、厦门各级法院,南平、泉州中级人民法院层级得到实现,全省其余各地均在探索适合当地实际的"三合一"审判机制。

三、大力做好培训调研

承担重大调研课题,提升知识产权审判水平。2019年,福建省高级人民法院民三庭牵头,联合全省三级法院,承担福建省高级人民法院党组十大重大调研课题"关于发挥知识产权司法保护主导作用的调研",完成5万字左右的调研报告,从知识产权审判工作、知识产权司法保护体制机制、知识产权司法保护服务保障大局三个方面提出问题,围绕问题进行分析,并提出改进建议。以调研报告为基础,积极进行调研成果转化,起草《关于强化知识产权司法保护更好服务保障创新创业创造的意见》,并在福建省高级人民法院党组及审委会联席会议通过。

举办高端论坛,探讨知识产权审判前沿问题。福建省高级人民法院指导"中知论坛"福州站的举办,邀请全国涵盖科技、法律、经济等多个领域的理论及实务界专家近40名,讨论知识产权审判中"电子存证相关技术及司法采信难点问题",对关于涉互联网的哈希值校验、电子签名、可信时间戳、区块链等第三方电子数据的取证、存证、采信等问题进行探讨。

四、强化营造全社会知识产权司法服务保障"三创"氛围

全面做好"4·26世界知识产权日"各项活动。在"4·26世界知识产权日"宣传期间,福建法院依据《福建法院知识产权司法保护新闻发布会与开放日方案》,开展"4·26知识产权宣传周"活动。福建省高级人民法院召开新闻发布会,发布《福建法院知识产权司法保护状况(2018)》白皮书,并公布2018年福建法院知识产权司法保护十大典型案例。人民网、法制日报、人民法院报、凤凰网等全国知名媒体及福建电视台、福建日报等本省媒体近20家新闻机构从不同角度作了报道。厦门市中级人民法院知识产权审判庭派出人员做客新浪网,与庭审网络直播同步,以点评案件的形式宣传知识产权司法保护成效。

建设知识产权保护展示中心。2019年年初,泉州市中级人民法院在其社会服务中心设立知识产权司法保护展示中心,该中心包含泉州知识产权司法保护现状及泉州非物质文化遗产司法保护两部分。同时,该中心设有三大动态平台,即电子存证平台、快速保全平台及社会协助平台。

(福建省高级人民法院知识产权审判庭)

检察工作

一、依法从快从严批捕、起诉、监督一批侵犯知识产权犯罪案件,形成打击犯罪的高压态势

坚决落实知识产权保护法治化要求,加强与有关部门协作配合,加大对网络侵权犯罪的打击力度,加大对涉及国家重大战略需求、重大科研项目和工程、关键核心技术以及优势产业等领域假冒专利犯罪的打击力度。2019年,福建检察机关共批捕侵犯知识产权犯罪案件115件176人,提起公诉272件414人,建议行政执法机关移送涉嫌侵犯知识产权犯罪案件9件11人,监督公安机关立案1件1人。

二、推进“剑网 2019”专项行动，严厉打击网络侵权盗版犯罪

积极配合版权部门推进“剑网 2019”专项行动，严厉打击侵权盗版犯罪，特别是复制发行盗版幼儿教材，网络传播盗版电影、盗版软件等案件。挂牌督办重大侵犯著作权案件，确定专人跟踪督办，要求相关检察院组织专门力量及时介入侦查，引导取证，加强与公安机关的沟通协调，对进入检察环节的案件依法及时办理。福建省人民检察院还分别在泉州、莆田组织召开互联网侵权假冒刑事司法保护专题座谈，邀请相关企业代表，听取意见建议，调整服务思路和对策。各市、县检察院通过“送法进企业”、法律咨询、预防讲座等多种方式，帮助企业提升维权意识，完善制度规范，堵塞管理漏洞。

三、注重服务，突出保障非公企业知识产权

一是按照最高人民检察院的工作部署，在福建省各级检察机关部署开展侵犯知识产权刑事案件权利人诉讼权利义务告知工作试点工作，保障知识产权权利人合法权益，提高侵犯知识产权刑事案件办案质效。二是针对福建省民营经济总量大、非公经济活跃及侵犯非公企业知识产权犯罪多的特点，在三个层面下功夫：把握“需求点”，深入研究经济发展态势和企业发展困难，从企业的现实需求出发，充分发挥打击犯罪、查办职务犯罪、诉讼监督等职能作用，积极完善和实施知识产权保护制度；抓住“切入点”，根据福建省区域产业特点和优势，以保护地域民族品牌为切入点，因地制宜开展打击侵犯知识产权犯罪工作，加大对反复侵权、恶意侵权行为的打击力度；找准“结合点”，加强对大数据时代侵犯知识产权新型犯罪研究，细化证据标准，完善案例指导机制，实现精准打击与有效服务相统一。

四、积极推进知识产权专业化建设和提升办案水平

一是积极推进办理知识产权犯罪案件专业化建设。针对侵犯知识产权犯罪案件技术专业性强、监管部门复杂等特点，结合检察机关内设机构改革，确定由经济犯罪检察部门专门办理侵权假冒犯罪案件，集中履行批捕、起诉、诉讼监督等检察职能。二是积极创新知识产权保护机制。泉州市人民检察院发布“泉州知识产权快速维权六方协作机制”，将品牌权利人、执法主体和电子商务平台联合起来，打造“机制共建、数据共享、秩序共治”打假新生态，共同打造“企业、平台、行政、司法”四位一体的品牌保护新格局，构建“私权救济＋公权保护＋平台治理”的“1＋1＋1”知识产权六方快速维权机制，解决企业“维权难、维权慢、维权成本高”问题。依托该机制，知识产权侵权投诉快速处理，从最短 3 天缩短到 24 小时，在侵权投诉人升级为可信投诉人后，还可以进一步缩短为 3 小时。

（最高人民检察院第四检察厅）

江 西 省

专利工作

2019 年，江西省专利申请 91 474 件，同比增长 6.4%，专利授权 59 140 件，同比增长 12.0%。其中，发明专利申请 14 101 件、发明专利授权 2744 件。每万人有效发明专利拥有量 2.88 件，同比增长 0.48 件；五年有效发明专利维持率同比提高 4.5%。

全省职务发明申请量占比83.5%，比2018年提升8%。2019年，全省共实现专利权质押融资额12.22亿元，专利质押项目98个，同比增长35.3%。

江西省12个项目入围第二十一届中国专利奖，共推荐27个项目，入围率达44%。第四届江西省专利奖完成项目申报，收集项目101项，并完成江西省专利奖评审委员会的换届工作。

制定出台《关于加快提升专利质量推动知识产权高质量发展的若干意见》和《进一步加强江西省知识产权质押融资等金融工作的意见》，制定《2019年度江西省企业知识产权（专利）质押融资成本补贴专项申报指南》。

从知识产权严保护、大保护、快保护、同保护四方面着手，促进全省知识产权保护能力和水平整体提升。中国景德镇（陶瓷）知识产权快速维权中心扩大业务受理范围，实现对景德镇陶瓷产品保护的全覆盖；南昌知识产权保护中心挂牌成立"南昌仲裁委员会知识产权仲裁中心"。2019年，江西省共调处专利侵权案件379件。开展专利真实性"双随机、一公开"检查，全省共抽查市场主体1710家。5月，江西省知识产权局联合南昌市知识产权局共同进驻第十一届中国中部投资贸易博览会现场，开展展会知识产权保护工作。

江西省市、县知识产权综合实力得到提升。昌江区等9个县（市、区）获批国家知识产权强县工程试点县（区）；高安市、樟树市获批国家知识产权强县工程示范县（区）；九江市、鹰潭市获批国家知识产权试点城市。

（江西省知识产权局）

商标工作

2019年，江西省商标注册申请数151 127件，同比增长21%；商标注册数120 407件，同比增长26%。截至2019年年底，江西省有效注册商标402 535件，同比增长38%。

指导基层分局建设商标工作站。对于辖区内有产业园区、商标注册量较大的基层分局，下发商标工作站建设方案，指导建立商标工作站139个，下拨经费53万元。印发《企业商标管理指南》，为基层分局在注册、管理、运用、保护商标方面提供一套完整的可操作性的办法。

积极帮助中小微企业拓宽融资渠道，提高商标无形资产价值化运用。召开协同推进商标质押贷款工作座谈会，下发《关于推进商标质押贷款工作方案》，组织业务培训，开展商标质押融资企业调查摸底。向建设银行推送意向商标质押贷款企业300余户，授信金额3亿多元。

指导和推荐江西省高知名度企业申请驰名商标认定保护。向国家知识产权局商标局推荐申报"华绿及图""谷晶""天昌"商标3件，江西南亚铝业有限公司"南亚龙"商标、江西东华种畜禽有限公司"华绿及图"商标获认中国驰名商标。指导宁红茶、庐山云雾茶、浮梁茶申请驰名商标认定保护。

对重点区域、重点品类商品进行整治，开展农村假冒伪劣食品专项整治工作，并专项督查。部署开展2019年知识产权执法"铁拳"行动。要求建立本地知名商标、老字号商标、地理标志产品、外商投资企业商标等重点保护清单，提高识假辨假、主动发现商标侵权假冒能力。对大型会展活动驻场监督，提供商标知识产权保护咨询工作。2019年，针对各类商标侵权假冒案件立案180件，办结216件，案值400余万元，罚没款390余万元，移送公安机关处理8件。

指导帮助知名企业打假维权。针对江西江中食疗科技有限公司"猴姑""米稀"注册商标在全国10个省（市）被侵权案件，江西省知识产权局汇总相关案件线索，向国家市场监督管理总局发出《江西省市场监督管理局关于请予支持注册商标权利人维权的函》。

（江西省知识产权局）

地理标志工作

制定出台《江西省关于加强和推进地理标志保护产品工作的实施意见》。江西省赣南脐橙、庐山云雾茶、赣南茶油3件地理标志产品入围2019年品牌价值评价结果榜单50强，其中“赣南脐橙”荣获地理标志区域品牌价值榜第七名。2019年，将“景德镇瓷器”“泰和乌鸡”等4个产品上报国家知识产权局纳入中欧地理标志保护与合作协定第二批保护名录；申报“定南白茶”等12个国家地理标志保护产品，3家企业就“广昌白莲”、5家企业就“丰城富硒大米”申请地理标志专用标志。

下发《江西省市场监管局关于开展2019年春节期间地理标志使用专项整治工作的通知》，共对70件地理标志产品进行规范使用建档管理。建立并执行地理标志使用管理规则62项，建立并执行地理标志授权经营制度60项，建立并实施地理标志商誉保护工作机制48项，规范地理标志使用50件，建立产品技术标准体系53件，建立产品检测体系42件，建立产品质量保证体系42件。查处1起违法使用地理标志行为。开展2019年春茶地理标志保护专项行动。

（江西省知识产权局）

版权工作

一、版权执法工作

（1）国家部委挂牌督办案件数量、质量实现双提升。上饶“5·25”涉嫌侵犯网络游戏著作权案、鹰潭“3·21”涉嫌侵犯网络影视作品著作权案、九江陆某等侵犯网络文学著作权案等7件案件由国家版权局等多部委挂牌督办。其中，九江陆某等侵犯网络文学著作权案属于当年查处、当年办结的国家部委挂牌督办案件。

（2）案件查办区域实现全覆盖。2019年江西省共办结侵权盗版案件110件（含2件刑事案件），全省11个设区市案件查办实现全覆盖。

（3）版权执法成果实现大丰收。江西九江陆某等侵犯网络文学著作权案入选2019年全国打击侵权盗版十大案件。吉安“5·28”涉嫌侵犯影视作品著作权案入选全国“剑网2019”专项行动十大案件。国家版权局表彰查处侵权盗版案件有功单位和有功个人，江西的获奖面涵盖10个设区市，其中15家单位（含1个专案组）和32名个人（含12个专案组）获奖，江西省委宣传部版权管理处连续三年荣获有功单位一等奖。

二、软件正版化工作

（1）强化组织领导。鉴于江西机构改革后的实际情况，江西省版权部门对省使用正版软件工作领导小组及成员进行调整，由江西省委常委、宣传部部长施小琳任省使用正版软件工作领导小组组长，江西省委宣传部副部长黎隆武任副组长。

（2）完善长效机制。制定下发《2019年江西省推进使用正版软件工作计划》，部署开展2019年省推进使用正版软件工作，要求按照责任分工抓好落实。指导江西省国资委下发《2019年度江西省属国有企业软件正版化工作计划的通知》，部署安排推进省属企业软件正版化工作任务；指导江西省工商联下发《2019年推进民营企业使用正版软件工作计划的通知》，规范指导民营企业推进使用正版软件工作。

（3）加大督查力度。省使用正版软件工作领导小组办公室牵头组织，到鹰潭、抚州两地，对所辖市直政府机关软件正版化进行督查，并对市级政府的软件正版化工作进行督导；指导督促省国资委对国有企业软件正版化进行督查，江西省软件正版化工作有序推进。

三、示范创建和版权贸易工作

2019年，国家版权局正式批复同意景德镇市创建全国版权示范城市，景德镇市成为全国第13个创建全国版权示范的城市。参加第26届北京国际图书博览会，江西精选1200个品种参展，与49家海外合作伙伴达成版权输出协议72项、输出意向209项、引进意向54项；《一百个孩子的中国梦》《瓷上中国》等9种出版物入选“新中国成立70周年精品出版物展”，《农村百事通》《大灰狼画报》等9种刊物入选中国期刊协会主办的“庆祝中华人民共和国成立70周年精品期刊展”。

四、版权社会宣传工作

江西省版权局充分发挥宣传部门工作优势，综合运用广播、电视、报刊、网络等多种媒体手段，围绕“3·15国际消费者权益日”“4·26世界知识产权日”等重要节点，推介正面典型、曝光负面案例，组织中央和省内主要媒体报道正面典型、发布重要政策和重要行动信息、曝光大案要案、做好互联网和舆论引导等宣传工作。“4·26知识产权宣传周”期间，江西省版权局精心策划组织“版权知识大讲堂”宣讲活动，邀请国内著名知识产权专家吴汉东教授以“文化创新、文化产业发展与知识产权”为主题进行授课，省委宣传部领导及省直宣传思想文化系统各单位相关部门负责人共300余人参加。组织“全省高校版权知识巡回宣讲”活动，受听现场师生达10 000余人，实现了省属相关高校全覆盖。全省各级版权部门通过各种线上线下方式，广泛开展版权宣传，提升群众对版权的认知度和版权保护意识。

（何宏勇）

司法工作

一、抓好执法办案，不断提升案件审判质效

2019年，江西省法院新收各类知识产权案件2667件，审结2587件，结案率为97%。其中，一审案件2478件，审结2401件；二审案件189件，审结186件。其中，受理著作权民事纠纷1210件，审结1206件。受理商标权民事纠纷945件，审结941件。受理专利权民事纠纷361件，审结295件。受理其他知识产权民事纠纷151件，审结145件。

二、凝聚改革共识，服务江西高质量发展

（1）加强顶层设计。贯彻落实《关于加强知识产权审判领域改革创新若干问题的意见》，制定江西省的实施意见，为当前和今后一段时期全省知识产权审判领域改革提供政策指引。

（2）切实服务民营企业发展。江西省高级人民法院民三庭及各辖区法院知识产权审判庭在审理涉及民营企业债权债务纠纷案件时，慎重采取查封、扣押、冻结、扣划、拍卖等强制措施。对被保全民营企业有多项财产可供保全的，在能够实现保全目的的情况下，选择对其生产经营活动影响较小的财产进行保全；对厂房、机器设备等生产经营性财产进行保全，指定被保全人保管的，允许其继续使用，尽量减少诉讼活动给企业生产经营带来的消极影响。2019年，江西法院妥善审理江西“赣酒”商标案、“江中猴姑”外观设计专利案、“昌南”陶瓷不正当竞争案等，保障了江西省特色产业优势和品牌优势。江西省高级人民法院民三庭承办的上诉人江西和盈药业公司与被上诉人江西汇仁药业公司、原审被告福建莆田大同行药房连锁公司侵害注册商标专用权及不正当竞争纠纷案被选入江西省服务民营企业发展十大典型案例。

（3）延伸司法服务，助力行政行为规范化。江西省高级人民法院高度重视并加强与省创新工作领导小组、省知识产权局、省市场监管局等部门的沟通协作，通过联席会议、信息共享、征求意见等多种形式，就知识产权保护问题进行磋商协作。选派业务骨干到江西省不动产监督管理局就知识产权保护进行专题讲座。配合省商务厅出台落实《关于进一步做好利用外资的工作意见》的实施意见。在办理清华大学系列案过程中，江西省高级人民法院和各有关中级人民法院主动加强与省教育厅、各地教育行政主管部门的联系对接，从减少诉讼纠纷、维护江西形象出发，建议教育部门对全省以“清华”冠名的幼儿园、学校等教育机构进行全面摸排，并在行政审核备案登记工作中加大审核力度，规范冠名，维护江西省知识产权保护的良好形象。

三、稳步推进，进一步完善知识产权审判体制机制

（1）探索建立涉陶瓷知识产权案件集中管辖办法。8月，经国务院批准的《景德镇国家陶瓷文化传承创新试验区实施方案》明确要求，重点推进中国景德镇（陶瓷）知识产权快速维权中心建设。江西省高级人民法院、景德镇市中级人民法院认真落实省委、省政府《关于贯彻景德镇国家陶瓷文化传承创新试验区实施方案的意见》中提出的“建设中国（陶瓷）知识产权快速维权中心”的要求，助推景德镇国家陶瓷文化传承创新试验区建设。

（2）进一步推动知识产权审判“三合一”制度落地生根。切实按照最高人民法院《关于在全国法院推进知识产权民事、行政和刑事案件审判“三合一”工作的意见》的要求，完善人民法院与公安机关、检察机关以及知识产权行政执法机关的沟通联络机制。

（3）优化知识产权案件管辖布局。江西省高级人民法院在前期调研和广泛征求各中级人民法院意见的基础上，在赣州、宜春、景德镇等地市探索设立知识产权案件巡回审判点。

（4）研究制定技术调查官设置办法。2019年，江西省高级人民法院民三庭参照最高人民法院《知识产权法院技术调查官选任工作指导意见（试行）》《关于知识产权法院技术调查官参与诉讼活动若干问题的暂行规定》，研究制定江西省技术调查官设置相关办法，明确技术调查官的性质、选任条件、职责范围以及参与诉讼活动的规则等，充分发挥技术调查官对有效查明技术事实、提高知识产权审判质效的积极作用。南昌知识产权法庭先行先试，主动加强与中国（南昌）知识产权保护中心的沟通协调，联合制定出台《关于加强知识产权协同保护的若干意见》，由保护中心工作人员以技术调查官身份参与专利民事、行政案件的审理，辅助法官准确高效地查明技术事实。

四、更新司法理念，凸显知识产权司法保护的主导作用

（1）做好多元解纷工作。江西省各级法院知识产权审判部门主动更新审判理念，构建多层次的多元解纷主体，打造多元解纷的综合性平台，优化多元解纷的协同机制，切实按照最高人民法院发布的《关于人民法院进一步深化多元化纠纷解决机制改革的意见》要求，将多元解纷的理念落实到司法实践中，在当事人间倡导合作与共赢的价值取向，为非诉讼解决方式发挥作用提供机会和空间。

（2）加大司法宣传力度。在“4·26世界知识产权日”宣传期间，江西省高级人民法院民三庭邀请人大代表、政协委员、民营企业代表、高校教师代表召开知识产权审判座谈会，就如何进一步营造良好营商环境、助推民营企业发展充分听取各方意见，形成诸多共识。同时，积极借助电视、报纸等媒体进行宣传，进一步增强社会公众对知识产权重要性的认知，引导企业走创新驱动发展之路。

（3）打造精品案件。进一步强化精品

意识，完善精品案件工作机制，打通精品案件审理、总结、宣传各环节工作，努力培育打造一批精品案例、优秀文书和示范庭审，并注重从案件中归纳具有普遍指导意义的司法裁判标准。南昌铁路运输中级法院一审、江西省高级人民法院民三庭二审审结的阿里巴巴（全球）实业公司与江西星烁公司侵害商标权纠纷案被最高人民法院评为2018年中国法院50件典型知识产权案例之一。

五、锻造审判队伍，提升知识产权审判能力

（1）扎实开展主题教育活动。江西法院知识产权审判部门切实按照党中央决策部署和各级党委要求，在推进"不忘初心、牢记使命"主题教育中，着力增强党性、提高能力、改进作风、推动工作，进一步增强"四个意识"，坚定"四个自信"，做到"两个维护"。

（2）加强调查研究，提高专业化水平。江西省各级法院知识产权审判部门围绕进一步提升知识产权审判能力建设，围绕群众反映强烈的难点问题，围绕影响和制约审判质效和司法公信力提升的根本问题，认真开展调查研究，推动中央、省委和上级法院各项决策部署落地落实。江西省高级人民法院民三庭立足实际，完善工作重心下移，开展"大调研、大提升"活动，到矛盾集中、困难较多、工作任务繁重、基础条件较差的地方调研；撰写《5G时代下的知识产权保护》论文，在中国法学会2019年知识产权年会上作交流发言。

（江西省高级人民法院知识产权审判庭）

检察工作

一、积极履行批捕、起诉职能，严厉打击侵犯知识产权犯罪

江西检察机关积极履行检察职能。一方面，充分发挥"捕诉一体"办案机制优势，江西省人民检察院第四检察部成立专门办案组负责办理生产、销售伪劣商品和侵犯知识产权犯罪案件，对疑难、复杂案件充分发挥检察官联席会议和检委会的作用，群策群力，确保办案质量。另一方面，注重侦诉衔接协作，针对侵权假冒类犯罪日益呈现团伙化、专业化的特点，通过参加侦查机关案情讨论会、提前阅卷、发送补充侦查提纲和继续侦查取证意见书等多种形式提前介入，引导侦查取证，夯实案件定罪量刑基础。2019年，江西省检察机关共受理批准逮捕案件126件179人，决定批准逮捕104件131人，受理审查起诉案件167件311人，起诉114件171人。

二、加强协调配合，形成打击合力

一是加强与行政执法机关的协作配合。积极走访行政执法机关，为行政执法机关提供法律咨询，对行政执法中遇到的是否涉嫌犯罪案件及时提出处理意见，形成良性互动，进一步建立健全知识产权领域行政执法与刑事司法工作衔接机制。二是加强与公安机关的沟通联系。充分运用重大疑难案件公安机关听取检察机关意见机制，适时介入公安机关查办的侵犯知识产权犯罪案件，引导侦查机关调查取证。三是加强审判环节沟通。为保证从严打击犯罪，全省检察机关主动加强与法院相关部门的沟通交流，力争取得审判支持。

三、积极参与社会治理，全面筑守安全防线

一是积极制发检察建议，填堵行政监管漏洞。江西省各级检察机关在依法打击侵犯知识产权犯罪的同时，积极分析查找体制漏洞和机制问题，督促监管部门依法履行监管职责。二是加强法治宣传教育，开展现场咨询宣传活动，激发群众共同参与专项活动热情。在"4·26世界知识产权日"宣传期间，编发6个打击侵犯知识产权犯罪典型案例，通过"江西检察"微信公众号等予以宣传。

（最高人民检察院第四检察厅）

山东省

专利工作

2019年，山东省国内专利申请量263 211件，专利授权量146 481件，同比分别增长10.3%和10.7%。其中，发明专利申请量69 509件，发明专利授权量20 652件。截至2019年年底，山东省有效专利拥有量485 852件。其中，有效发明专利拥有量100 892件，同比增长15.5%。每万人有效发明专利拥有量10.1件，同比增加1.3件。PCT国际专利申请受理量2329件，同比增长32.8%。

组织开展第三届山东省专利奖评审工作，受理、公示申报专利项目372项。组织推荐95个专利项目参加第二十一届中国专利奖评选，获得金奖6项、银奖5项、优秀奖48项。

印发《关于实施“春笋行动”大力培育具有自主知识产权企业的通知》，培育知识产权优势企业。截至2019年年底，培育国家知识产权贯标认证企业3370家，国家知识产权优势企业355家、示范企业47家。加快推进山东省新旧动能转换重点产业专利库建设，入库专利达2.6万件。遴选培育第三批16项关键核心技术知识产权（专利群）；40项专利成果在山东省企业转化实施、产品化，140项专利完成交易；开展33个企业技术类专利导航项目。深入推广专利权“知银保”质押模式，2019年专利权质押贷款项目数和金额分别为643项、84.4亿元，同比分别增长26.6%、42.1%。

组织开展知识产权保护专项行动、知识产权执法“铁拳”行动，办理专利案件1590件，其中专利纠纷案件833件、假冒专利案件757件。建成省、市知识产权保护重点企业库，入库企业900余家。构建知识产权纠纷多元化解决机制。

深入推进知识产权“放管服”改革，推广“互联网＋专利”服务，备案66项专利实施许可合同，向外保密审查1951件。强化专利信息服务，中外专利检索分析平台上线运行，建成山东省专利信息人才网络平台，远程培训规模达65万余人次。

深化知识产权交流合作，山东省专利信息服务中心等3家单位入选世界知识产权组织技术与创新支持中心筹建机构；成功举办跨国公司领导人青岛峰会知识产权闭门会议、新旧动能转换与知识产权国际保护与运用论坛等。

（山东省知识产权局）

商标工作

2019年，山东省注册商标申请量46.5万件，同比增长16.6%；核准注册商标37.2万件，同比增长47.2%；马德里商标国际注册申请836件。截至2019年年底，全省拥有有效注册商标129.8万件，同比增长35.2%；马德里国际注册有效商标8146件，同比增长24.2%。

积极支持各类市场主体加强驰名商标认定保护，初审上报驰名商标46件。截至2019年年底，山东省共有行政认定驰名商标792件。

查处商标违法案件1225件，其中一般商标违法案件144件，案值188.41万元；商标侵权违法案件1081件，案值851.45万元，罚没款1239.45万元。

（山东省知识产权局）

地理标志工作

2019年，山东省新增地理标志商标59件，全省已有地理标志商标737件，覆盖全省 100 多个县(市、区)、180 多个类别的特色产品。

总结推广地理标志助推乡村振兴典型模式,推进地理标志助推乡村振兴扶贫兴农富民工作。实施地理标志运用促进工程,指导济南市、青岛市编制地理标志运用促进工程项目,并纳入国家知识产权运营服务体系建设。加强地理标志商标宣传推介,组织龙山小米、商河大蒜等地理标志产品参加 2019 年中国国际商标品牌节、第十届中国知识产权年会、第二十六届中国杨凌农业高新科技成果博览会全国地理标志产品展;联合山东广播电台开设《品牌山东之声》栏目,全年共推出节目 52 期,其中商标品牌类节目 35 期。充分发挥商标战略实施专项资金的政策引导作用,2019 年共拨付各市商标战略专项资金 374 万元。开展春茶地理标志专项保护行动、秋季地理标志专项保护行动及地理标志资源普查工作,共计查处涉及地理标志保护相关案件 16 件。

(山东省知识产权局)

版权工作

一、版权执法与打击侵权盗版工作

(1)案件查办督办实现新突破。山东菏泽"11·07"涉嫌侵犯著作权案、青岛市李沧区发顺源电子产品经营部涉嫌侵犯著作权案、山东东营"7·18"涉嫌侵犯著作权案等被列入四部门联合挂牌督办案件;山东济宁"5·15"涉嫌侵犯著作权案被列为国家版权局挂牌督办案件。2019 年获国家版权局重大侵权盗版案件办案经费补贴 40 万元。

(2)全国查处侵权盗版案件有功单位及个人评奖取得好成绩。根据《国家版权局举报、查处侵权盗版行为奖励暂行办法》及其实施细则要求,组织推荐山东省查处侵权盗版案件有功单位和个人。山东省委宣传部版权管理处等 14 家单位及山东省潍坊市文化市场综合执法支队牛兆星等 28 名个人获奖。

(3)深入开展打击网络侵权盗版"剑网 2019"专项行动。开展第 15 次打击网络侵权盗版"剑网 2019"专项行动,共立案查处网络侵权盗版案件 28 件,刑事移交案件 10 件,关闭侵权网站 15 家,并列入黑名单管理。淄博"6·26"侵犯标准作品著作权案入选"剑网 2019"专项行动十大案件。

(4)召开全省版权监管工作会议,安排部署版权工作重点。召开全省版权监管工作会议,总结工作,交流经验,安排部署版权重点工作。会议采取以会代训的方式,对 150 余名版权工作骨干进行培训。

二、软件正版化检查整改工作

(1)巩固党政机关软件正版化成果。山东省软件正版化工作联席会议印发《2019 年山东省推进使用正版软件工作计划》,对全省软件正版化工作进行全面部署,对山东省软件正版化工作的制度建设、软件采购、软件资产管理、监督检查等作出具体分工,提出明确要求。启动实施 2019 年度新购计算机配置国产办公软件场地授权服务,为省直预算单位 2019 年度新购计算机统一配装国产办公软件。2019 年,国产办公软件总安装量达 11 000 台。

(2)完成省软件正版化工作联席会议调整工作。印发《关于调整山东省软件正版化工作联席会议成员单位的通知》,对省软件正版化工作联席会议成员单位作出相应调整。由山东省委常委、宣传部部长和省政府联系版权工作的副省长担任总召集人,山东省委宣传部副部长、省政府副秘书长任召集人,成员由省版权局、省教育厅、省工业和信息化厅、省财政厅等 13 个单位组成。

(3)筹建山东省版权大数据平台。针对以往软件正版化数据上报方式松散、格式不统一、数据不准确等问题,推出版权大数据平台。版权大数据平台能够挖掘出有价值的信息，为主管部门提供决策依据，为软件用户提供软件正版化信息上报、台账统计等服务。

三、版权社会服务体系建设

（1）完善著作权作品登记体系。顺利完成数字版权登记服务平台迁移工作。对全省版权服务站统一管理，指导其作品登记的初审及发证工作。2019 年，山东省著作权作品登记达 100 000 余件，同比增长 18.7%，其中摄影作品 70 959 件，美术作品 20 325 件，文字作品 6326 件，类似摄制电影方法创作的作品 1353 件。

（2）做好涉外版权合同登记工作。2019 年，共办理引进图书版权合同 323 份，输出图书版权合同 341 份。

四、国际交流合作及版权贸易“走出去”

（1）举办“一带一路”国际版权贸易会。组织青岛出版集团、济南出版有限责任公司、大众报业集团、山东影视传媒集团有限公司等 28 家版权企业共计 50 余人赴塞尔维亚、匈牙利、英国开展“一带一路”国际版权贸易会、版权交流推介等系列活动。以版权为主体的文化贸易交易团共达成合作意向 40 个，意向出口约 475 万美元。版贸展团积极与外方版权贸易主管部门、行业协会及重点企业，就图书、影视、文创等版权领域与国外同行进行深入交流，推动山东省与“一带一路”沿线国家和地区版权贸易合作长远发展。

（2）举办 2019（青岛）国际版权交易会。7 月，由国家版权局指导，山东省版权局和青岛市人民政府共同主办的 2019（青岛）国际版权交易会在青岛国际博览中心成功举办。展览面积 20 000 多平方米，分中国风、动漫企业、IP 赋能企业、电影影视、传统版权示范城市、人机互动 6 大展区，吸引了包括 50 多家国外企业在内的世界各地 300 余家企业和版权机构参展。中影集团、故宫文创、流浪地球、作家出版社、大嘴猴等知名 IP 精彩亮相，青岛出版社、济南出版社、荒岛书店、鸿儒文创、平度草编等山东省内近 50 家企业的版权产品参展，版权交易成果实现有效转化，累计成交额 140 多亿元。

五、版权宣传培训工作

（1）开展版权宣传周系列活动。2019 年，山东省版权部门共开展版权宣传活动 32 起，制作宣传海报 20 000 余份、展板 180 余份，发放“绿书签”4 万余份、宣传册 5000 余份，赠送图书手账本 3000 余册。

（2）充分利用网站平台进行版权知识普及教育。利用“学习强国”平台等展播公益宣传片及微电影《保护版权　从我做起》《“剑网”在行动》《正好，正版好》《尊重新闻版权》《风筝谣》等。在“学习强国”山东学习平台、国家版权局网站、新华网、人民日报、光明日报、中国新闻出版广电报、山东宣传网站等共刊发文章和视频 60 余篇（个）。

（3）开展版权志愿服务及调研活动。2019 年，山东省版权局 3 次主动对接群众需求，以志愿服务形式深入调研宁津县新时代文明实践中心建设工作，形成调研报告 2 篇。组织第三届中国龙山黑陶版权作品展，同时开展“版权进园区”志愿服务活动。版权管理处志愿服务队走进济南市燕翔小学，开展“版权进校园”公益服务活动。在 2019（青岛）国际版权交易会期间深入开展“版权进展会”志愿服务活动。

（4）深入开展版权进乡村行动。共组织活动 20 余场，宣传报道 35 篇，动员乡村版权创意产品登记 5000 余份。山东省版权局在潍坊市召开“版权进乡村”总结推进会议，总结推广“版权进乡村”试点经验，推动提升全省版权管理水平。

（5）举办 2019 年全省版权执法监管培训班。为进一步提升全省版权执法监管工作水平，举办全省版权执法监管培训班。各市文化和旅游局分管版权执法工作的负责人、各市执法支队版权执法人员、部分县市区一线执法人员近100人参加培训。

(6)召开省软件正版化工作联席会议第一次全体会议暨全省软件正版化工作培训班。各成员单位联络员、省直各部门相关处室工作人员、各市文化和旅游局有关负责人和工作人员共100余人参加培训。

（蒋金坤）

司法工作

一、狠抓执法办案，发挥知识产权司法保护主导作用

2019年山东省各级法院新收知识产权民事一审案件14 746件，同比增长41%。其中，新收商标权案件5845件，同比增长38%；专利权案件1195件，同比增长18%；著作权案件6071件，同比增长46%，著作权案件中的信息网络类案件1682件，同比增长100%；不正当竞争等其他知识产权案件1635件，同比增长56%。2019年，山东省法院审结各类知识产权民事一审案件15 178件，同比增长57%；调解撤诉结案10 059件，同比增长51%，调撤率66%。

山东省高级人民法院新收各类知识产权民事二审案件1021件，审结1055件，结收案比103%，调撤案件315件，调撤率30%。

二、加强调研指导，有效提升知识产权司法保护水平

1. 积极开展专项调研活动

山东省高级人民法院承担了最高人民法院重点调研课题“新形态创新成果的知识产权保护研究——互联网视角下的知识产权创新成果法律保护”，课题报告被最高人民法院评为优秀调研成果；承担的山东省哲学社会科学规划项目“加强知识产权司法保护，构建‘三合一’专业化审判格局”研究课题通过评审，并顺利结项，调研成果在《人民司法》上发表；完成了“商标侵权案件证明标准”课题的调研工作，研究成果在《山东审判》上发表；制定《商标侵权案件诉讼要素表》并下发全省法院参照执行；申请承担2019年山东省哲学社会科学规划研究课题项目“知识产权惩罚性赔偿的司法适用研究”。济南知识产权法庭承担了最高人民法院“知识产权诉讼特别程序研究”课题；完成并向省委报送《关于加强知识产权司法保护若干问题的实施意见》。

2. 多种方式加强审判指导

完成《山东省高级人民法院关于加强民商事审判指导工作的实施意见》，就新办案模式下的加强对下指导工作、统一裁判标准问题进行规范，提出具体意见和措施。召开全省知识产权审判工作座谈会，传达贯彻落实第四次全国法院知识产权审判工作会议精神的具体要求，总结交流近3年全省各级法院的知识产权审判工作情况，分析山东省知识产权审判工作面临的新形势和新挑战，就做好知识产权审判工作进行安排部署。牵头组织山东省高级人民法院民一庭、民二庭、研究室等部门赴临沭县人民法院就审判全流程改革经验进行深入调研。

三、深化改革创新，不断完善知识产权审判体制机制

济南知识产权法庭设立菏泽巡回审判庭、济南市中区七贤巡回审判庭和长清经济开发区巡回审判庭，进一步完善知识产权审判体系机制。青岛知识产权法庭继在威海设立巡回审判庭后，分别在中国（潍坊）知识产权保护中心、烟台经济技术开发区人民法院分别设立潍坊巡回审判庭、烟台巡回审判庭。探索建立技术查明制度机制。济南知识产权法庭与驻地高校及科研院所共同建立技术咨询专家制度；青岛知识产权法庭制定《青岛市中级人民法院知

识产权法庭技术调查官参与诉讼活动暂行办法》《青岛市中级人民法院知识产权法庭专家咨询委员会章程(试行)》,主动聘任专家咨询员,建立专家智库。协作联动,加强知识产权保护合力。山东省高级人民法院与省市场监督管理局(省知识产权局)举办知识产权司法保护座谈会,听取加强知识产权司法保护方面的建议,并征询相关工作意见。潍坊、菏泽、枣庄等地的中级人民法院注重与知识产权行政管理执法部门、维权中心等加强定期沟通、建立联系机制,使知识产权行政保护与司法保护及市场自主行为相互补充、相互促进、协调发展。诉调结合,多元化解知识产权纠纷。日照市中级人民法院探索多元化解模式,发挥行政机关、行业协会、人民调解组织、律师、人民陪审员的协调、引导作用,加大案件调解力度,优化调解方式方法,做好案件判后答疑工作,一审知识产权案件调撤率达85%,一审案件服判息诉率为93%。

四、发挥审判职能,积极服务保障经济社会发展大局

出台保障科技创新发展新举措。山东省高级人民法院起草制定《关于加强知识产权司法保护若干问题的实施意见》,就解决知识产权审判中存在的"举证难、赔偿低、成本高、周期长"等问题提出具体意见和措施。落实省委要求,向最高人民法院报送《关于申请在山东设立知识产权法院的报告》,积极申请在山东设立知识产权法院。组织业务骨干参加省两会"听会"工作,对相关代表委员提出的有关加强知识产权审判工作的意见建议,及时提出答复意见。向省人大报送《关于〈中华人民共和国专利法修正案(草案)〉的意见》。多措并举,助力企业创新驱动发展。济南、泰安、菏泽等地的中级人民法院注重对高新技术企业、创新型企业、电商聚集村镇知识产权权益保护,通过走访、座谈、建立服务站点、发放宣传册等方式,及时掌握企业、农户的司法需求,就知识产权司法保护问题进行指导和解答。

五、加强队伍建设,着力打造知识产权专业审判队伍

(1)加强业务学习。购买业务图书,创办"知识产权图书角",传承"书香庭室"文化,不断提升司法能力。组织好每周主审法官会议。积极落实"一周一案例、一月一法规"的学习制度,"民三庭微信群"和"山东知识产权法官微信群"已经成为知识产权法官学习交流的新平台。

(2)加强作风建设。紧紧围绕"让人民群众在每一个司法案件中感受到公平正义"的目标,践行为民宗旨,规范司法行为。注重加强廉政文化建设,将廉政理念融入干警日常工作和生活,营造"以廉为荣、以贪为耻"的浓厚氛围。

(山东省高级人民法院知识产权审判庭)

检察工作

一、工作部署情况

将打击侵犯知识产权犯罪提高到加快新旧动能转换、服务经济社会高质量发展的高度,作为检察机关服务保障社会经济发展职能的重要组成部分进行谋划。积极参与《山东省专利条例》《山东省查处冒充专利行为暂行办法》的修订工作,与当地公安厅、法院联合推进打击知识产权侵权假冒工作专项行动。以打击促进保护,以保护助推打击,打击与保护并重,互为助力,将打击侵犯知识产权犯罪与知识产权保护工作作为一个有机整体抓好落实。

二、主要措施

(1)加强协调配合,形成执法合力。就涉及知识产权的相关问题主动加强与公安、工商、市场监管等行政执法机关协作对接,及时互通信息,健全完善联席会议、信息共享、案情通报、案件移送等制度。通过信息通报平台，检察机关第一时间掌握案件信息，及时派员提前介入引导侦查取证，及时收集固定证据。

（2）加强队伍建设，打造专业化办案团队。山东省人民检察院成立办理知识产权犯罪案件办案组，市、县级人民检察院根据实际情况成立办案组或指定专人办理知识产权犯罪案件。在山东省范围内整合专业化办案资源，成立专业人才库，试行涉知识产权重大疑难案件团队化办案模式，加快专业化团队建设。采取对外引智、对内挖潜的工作思路，邀请专家学者、选拔业务骨干进行授课，通过案例研讨、网络授课、组织培训班等多种方式，快速提升队伍素质。

（3）多措并举发力，提升办案质效。在审查逮捕后全程跟踪侦查取证情况，及时与侦查机关承办人沟通，提出补充移送、建议立案侦查等意见或检察建议。探索建立知识产权案件集中办理模式，如潍坊高新区人民检察院实行涉知识产权案件刑事、民事、行政"三合一"审查模式，集打击、保护、预防于一体，对实现捕、诉、研、防一体化的制度进行了探索。

（4）延伸检察职能，维护涉知识产权案件企业合法权益。对每起案件均告知涉案企业其在刑事诉讼过程中的刑事诉讼权利，主动和涉案企业沟通，全方位、多维度维护涉案企业合法权益。主动延伸检察职能，与山东省工商联联合到企业走访调研，定期邀请企业家、工商联代表参加检察开放日活动，听取代表意见，增强检察机关维护企业权益的针对性和有效性。

（最高人民检察院第四检察厅）

河南省

专利工作

2019 年，河南省专利申请量达到 144 010 件，同比下降 6.7%，授权量达到 86 247 件，同比增长 4.8%。其中发明专利申请量为 30 260 件，发明专利授权量为 6991 件。全省办理专利行政执法案件 1021 件，其中专利侵权纠纷案件 868 件。2019 年专利质押融资额达 38.7 亿元，融资项目 207 项，较 2018 年同期相比分别增长 163.3%和 72.5%。启动第二届河南省专利奖评审工作，共评审出获奖专利 49 项，其中特等奖 1 项、一等奖 5 项、二等奖 18 项、三等奖 25 项。组织推荐第二十一届中国专利奖参评项目 29 项，其中共获金奖 2 项、优秀奖 22 项。继续做好知识产权试点示范工作，截至 2019 年年底，河南省共有国家知识产权优势示范企业 102 家，省级知识产权强企 223 家，同时做好国家知识产权试点示范园区、国家知识产权试点示范城市、国家知识产权强县工程试点示范县（市、区）、省级强县工程试点示范县（市、区）相关工作，全省国家知识产权强县工程试点示范县（区）累计达 13 个。

（1）统筹知识产权强省建设顺利推进。在河南省政府"一意见一方案一制度"等纲领性政策文件的指导下，河南省知识产权战略实施工作联席会议办公室继续印发《2019 年河南省知识产权强省试点省建设推进计划》，研究起草《加快推进知识产权强省建设推动经济高质量发展若干政策》。认真学习《关于强化知识产权保护的意见》等文件精神，按照省委省政府和国家知识产权局的要求，研究出台河南省的贯彻落实举措。

（2）知识产权创造质量明显提升。河南省深入落实专利质量提升工程、高校知识产权综合能力提升工程、专利申请质量专项整治工作等，大力培育高价值核心专利，强化质量导向，知识产权创造质量不断提升。截至2019年年底，河南省每万人发明专利拥有量达到3.88件，同比增长11.3%。印发《河南省高价值专利培育计划项目管理办法(试行)》，确定6家企业为河南省首批高价值专利培育中心；评选确定河南大学等10所高校为知识产权综合能力提升专项行动十强高校，郑州航空工业管理学院等10所高校为知识产权综合能力提升专项行动十快高校。

(3)知识产权保护效果更加凸显。河南省继续推动《河南省专利保护条例》的修订工作；按照要求抓好《关于强化知识产权保护的意见》的宣传解读和贯彻落实。印发《2019年河南省知识产权执法维权“护航”专项行动工作方案》，在全省首次统筹启动专利、商标、地理标志等多知识产权领域执法专项行动。做好“12330”热线与“12315”热线的融合，推动实现五线合一。2019年，中国郑州(创意产业)知识产权快速维权中心承办电商领域专利案件800余件，完成外观设计专利预审1419件，授权525件。中国(新乡)知识产权保护中心已顺利通过国家知识产权局考核验收。完善执法维权体系，推动产业集聚区维权援助工作站全覆盖工作，全省备案设立产业集聚区知识产权维权援助工作站超百家。

(4)知识产权转化运用效益良好。郑州市成功通过国家知识产权运营服务体系建设试点第三方中期绩效评价工作；国家知识产权运营公共服务平台交易运营(郑州)试点平台已基本符合验收试运营要求；管理和使用首只规模为3亿元的重点产业知识产权运营基金，累计储备项目15个，完成首笔1000万元的对外投资；印发《高校知识产权运营管理中心试点建设工作方案》，确定河南科技大学等5所高校为2019年高校知识产权运营管理中心建设试点单位。制定《河南省专利导航实验区评估考核指标》，印发相关工作方案，启动18个专利导航实验区和5个专利导航实验区培育对象的评估工作。2019年省级导航实验区已完成产业规划类项目9项、企业运营类项目10余项。

(5)知识产权管理服务不断加强。继续举办省、县处级领导干部知识产权战略研究班，加强新任知识产权系统领导干部的业务培训，促进其对知识产权工作的了解和重视。继续在全省拟脱贫摘帽的53个贫困县以“知识产权助力精准扶贫”为主题开展巡讲活动，总受训规模达6000余人次，发放培训教材、宣传资料和调查问卷5000余份，提升有关地区社会公众的知识产权意识。组织开展国家级优势企业申报，2019年共32家企业获批国家知识产权优势企业，1家企业获批国家知识产权示范企业。

(6)知识产权服务创新基础得到优化。强化专利信息的服务与支撑作用，完成全省100家创新龙头企业技术创新现状、知识产权状况调研，启动河南省优势产业技术路线图绘制工作。组织推荐国家知识产权创意产业试点园区入选第三批技术与创新支持中心(TISC)候选机构。开展高校知识产权信息服务中心建设，郑州大学获批国家级知识产权信息服务中心，河南大学完成了高校知识产权信息服务中心的挂牌。开展“蓝天”专利代理专项行动，集中整治无资质专利代理、代理非正常专利申请、“挂证”及以不正当手段招揽业务等专利代理违法违规行为。

(河南省知识产权局)

商标工作

一、商标申请

2019年，河南省商标注册申请量达35.3万件。截至2019年年底，全省有效商标注册量累计87.4万件，较2018年增长40%。2019年，继续按照做强工业商标、做优农业商标、做大服务商标的思路，充分发挥国家知识产权局在河南设立的1个商标审查协作中心和9个商标受理窗口的功能作用，为河南周边及中部六省申请人申请注册商标提供便捷服务，形成服务河南、辐射周边地区的商标注册、保护和运用工作体系。采取多种形式，多渠道、多角度宣传商标法律法规，配合国家知识产权局商标局商标注册便利化改革集中宣讲系列活动在郑州、南阳等地开展，组织河南省政府相关部门、河南省180个产业集聚区和部分商标代理机构约240人参加在郑州举行的首场宣讲活动。引导市场主体不断提高利用商标品牌推动技术进步、提升产品和服务质量、增强市场竞争的能力，加大商标培育力度，优化商标发展环境，截至2019年年底，已认定60个商标品牌培育基地。

二、商标保护

(1)商标专用权保护体制机制日益健全，保护效能进一步提升。顺利完成机构改革，实现商标、专利、地理标志集中统一管理；优化完善案件快速办理和驰名商标申请认定相关工作程序，建立健全重大侵权案件线索督办转办机制、案件业务指导机制。

(2)对商标侵权违法行为打击更加有力，营商环境持续优化。以驰名商标、地理标志、涉外商标、老字号注册商标为重点，坚持日常监管和专项行动相结合，不断强化商标行政保护力度。积极组织开展打击使用未注册商标、违反《商标法》禁用条款行为"净化"专项行动，深入推进知识产权保护"铁拳"行动。2019年，河南省查处商标一般违法案件59件，案值49.6万元；查处商标侵权假冒案件630件，案值275.47万元，没收销毁侵权商标商品1.01万件，没收销毁侵权商标标识6308件。

(3)商标专用权保护事业基础更加坚实。围绕知识产权日、中国品牌日，积极组织开展相关宣传周活动，普及相关法律知识，宣传展示商标保护成果。配合国家知识产权局商标局，精心组织开展商标注册便利化改革系列宣传活动，省内产业集聚区、农业合作社、创新型企业、农业企业、商标代理机构等近900人参加活动。

（河南省知识产权局）

地理标志工作

2019年，河南省新增地理标志商标16件，地理标志产品1个，农产品地理标志16件，地理标志商标、地理标志产品数量同比增长54%。截至2019年年底，河南省地理标志商标、地理标志产品、农产品地理标志总量已超过260件。

在2019年国家知识产权局批准的17件地理标志中，农业及农业附加值产业地理标志14件，文化产业地理标志3件。2019年，河南省粮食、果品、蔬菜、茶叶等农业地理标志数量已超过160件，9个特色文化产品获批地理标志。2019年，"信阳毛尖""新郑红枣""原阳大米""宁陵酥梨"等知名地理标志品牌代表河南参加中国杨凌农业高新科技成果博览会等国际博览会；河南各地先后举办了中国·信阳毛尖开采仪式、宁陵梨花节、禹州钧瓷文化旅游节等文化宣传活动，开发以旅游观光、文化鉴赏、特色饮食为主的风情旅游项目，促进当地产业转型升级，带动农民脱贫致富。信阳市以"信阳毛尖"品牌为龙头，把茶产业作为全市脱贫攻坚工作的重要支撑和抓手。据不完全统计，茶产业带动3.5万建档立卡贫困户约10万人脱贫。宁陵县采取"公司＋合作社＋基地＋农户"经营模式，使300万吨的宁陵酥梨转化增值，拉长了酥梨产业链，为梨农增收超千万元。

（河南省知识产权局）

版权工作

一、版权执法监管工作

(1)深入开展版权日常监管执法。2019年，河南省共检查经营单位21 438个，取缔违法经营单位41个，收缴侵权盗版制品850 441件，较好地发挥了日常监管执法作用，有力打击了侵权盗版行为。

(2)强力推进“剑网 2019”专项行动。河南省版权局联合河南省网信办、河南省通信管理局、河南省公安厅开展“剑网 2019”专项行动，凝聚部门合力、细化实施方案，着力深化媒体融合发展版权专题保护，加强县级融媒体中心版权保护和运营。认真做好院线电影网络版权专项整治，加大对影院偷拍盗录等行为的打击力度，深挖盗版源头，坚决切断高清盗版传播的黑产链条。切实加强流媒体软硬件版权重点监管，严格规范图片市场版权保护运营秩序，健全版权管理机制，规范版权运营市场，着力巩固网络重点领域版权治理成果。通过现场指导、电话问询等不同形式，对各地各部门专项行动的开展情况及时跟踪了解，每月对全省专项行动开展情况、主要做法、存在问题及案件信息进行汇总，全面研判、协调推进、重点推动。

(3)严肃查处大案要案。2019 年国家版权局在河南省挂牌督办案件有 4 件，分别为南阳“2·15”王某军等涉嫌侵犯著作权案、南阳“2·15”李某绪等涉嫌侵犯著作权案、郑州“2·15”曾某军涉嫌侵犯著作权案、焦作“今日影视”App 涉嫌侵犯著作权案。河南省高度重视，成立“2·15”专案领导小组，制定侦查方案，召开任务部署会，明确责任分工。

二、软件正版化工作

(1)加强组织领导。积极发挥河南省推进使用正版软件工作联席会议作用，及时调整成员单位，明确由河南省委常委、宣传部长江凌担任总召集人，并召开 2019 年联席会议，研究全省软件正版化工作面临的新形势和新问题，并制定河南省 2019 年软件正版化工作计划，有力指导全省版权行政管理部门开展工作。

(2)强化督查指导。下发《关于开展软件正版化自查督查工作的通知》，要求各部门、各单位对照国家版权局在制度建设和责任落实、软件日常使用管理、计算机软件安装三方面的要求认真组织开展自查，做到立查立改。河南省版权局邀请省推进使用正版软件工作联席会议成员单位组成联合督查组，在第三方机构的配合下，对省工业和信息化厅、省科学技术厅等单位的软件正版化工作进行督促检查，并将督查发现的问题立即向单位负责同志反馈，要求按期进行整改，随后对整改情况进行“回头看”，确保督查发现的问题整改到位、落实到位。

(3)深化教育培训。积极参加国家版权局组织的培训，组织省直机关共 70 余人参加国家版权局举办的 2019 年第一期软件正版化工作责任人培训班。组织开展全省培训，在郑州举办全省版权行政执法和软件正版化工作培训班，各省辖市、省直管县(市)版权管理部门和省管企业、部分民营企业的负责同志共计 120 人参加培训。指导全省各级版权部门开展培训，鼓励各省辖市根据工作需要、结合本地特点开展形式多样的培训，并在专家邀请、现场督查等方面给予支持。

三、版权普法和社会服务工作

(1)持续营造版权保护良好舆论氛围。在“4·26 世界知识产权日”前后，集中开展“4·26 知识产权宣传周”普法宣传活动，围绕“严格版权保护 推进创新发展”主题，采用报纸、电台、电视台、微信、微博、抖音、快手等新闻宣传媒介，小品、相声、书法、绘画等文艺宣传方式，发放宣传页、张贴海报、悬挂横幅、制作展板等社会宣传方式，全方位、多角度、多渠道开展版权宣传。不定期地组织公益宣传、公益活动，开展版权保护进企业、进单位、进社区、进学校、进广场等活动，不断提高全社会特别是创新创业主体的版权保护意识，营造版权保护的浓厚社会氛围。

(2)深入开展版权作品登记和版权贸易合同审核登记。通过传统媒体、新媒体等平台，加大对版权作品登记意义、流程的宣传，调动群众主动登记版权作品的积极性。2019 年共受理各类版权作品登记 1831 件和电话咨询 1000 余人次，审核登记出版单位从境外引进版权贸易合同 229 件，切实维护意识形态领域安全。

(3)积极发挥版权示范单位(园区)作用。严格对照《全国版权示范城市、示范单位和示范园区(基地)管理办法》，切实加强对河南省版权示范单位(园区)的管理和服务，调动其积极性、主动性和创造性，发挥其在作品的创作与传播、版权保护、版权贸易，以及在诚信守法、依法经营、带动版权产业发展方面的示范作用，培育了一批知识产权优势企业、知识产权密集型产业，专利申请量以及国家专利金奖、专利优秀奖不断突破，实现知识产权“量”“质”齐头并进。

(焦艳娜)

司法工作

一、积极履行审判职责，依法公正高效审理知识产权纠纷

2019 年，河南法院审理各类知识产权一审案件 11 623 件，结案 10 381 件，审结率 89.31%。在新收的 9423 件知识产权一审案件中，商标权类案件 4860 件，著作权类案件 3079 件，专利权类案件 824 件，其他知识产权纠纷 660 件。审理知识产权二审案件 1208 件，结案 1033 件，审结率 85.51%。在新收的 949 件知识产权二审案件中，商标权类案件 463 件，著作权类案件 260 件，专利权类案件 88 件，其他知识产权纠纷 138 件。金博士公司与德农公司侵犯植物新品种权纠纷案件入选 2018 年中国法院十大知识产权案件；清华大学、同方威视及许昌某公司侵害发明权纠纷入选 2018 年中国法院 50 件典型知识产权案例；杜康公司与白水杜康公司商标侵权纠纷等两案二审判决书入选全国百篇优秀裁判文书；孔孝某销售侵犯注册商标犯罪案件等三案被评为全省法院参考性案例。

二、充分发挥知识产权司法保护主导作用，实施严格知识产权保护

(1)加大民事审判保护力度，全面维护知识产权权利人合法权益。在确定赔偿数额时，综合考虑知识产权类型、侵权故意、侵权行为持续时间、侵权获利以及地域经济差别等因素，使司法保护力度紧密契合知识产权的市场价值，防止权利人赢了官司、丢了市场。针对侵权时间长、规模大、主观上存在故意的重大案件，探索实行惩罚性赔偿。审理洛阳杜康公司与陕西白水某酒业公司侵害商标权纠纷一案时，洛阳市中级人民法院依据当事人申请，主动调取被控侵权商品在相关超市的进销存数据，进而在法定赔偿限额之上确定 1500 万元的赔偿数额，二审法院在被控侵权人拒不提供相关财务账簿的情况下，推定其承担不利的法律后果，对化解知识产权纠纷中“举证难”“赔偿低”问题进行了有益探索。

(2)发挥刑事审判威慑作用，严惩侵犯知识产权犯罪。审结侵犯知识产权刑事犯罪一审案件 199 件，二审案件 9 件。加大对涉及民生重点领域制售假冒伪劣产品行为的打击力度，对主犯、累犯在量刑时均判处实刑。加大罚金刑适用力度，真正做到从经济上剥夺犯罪分子再犯罪能力和条件。坚持执行从业禁止制度，依法对适用缓刑的和部分被判处实刑的被告人适用禁止令。郑州市中级人民法院对侵犯“好想你”商标权的被告人判处有期徒刑 3 年 6 个月，罚金 12 万元，并判令其在刑罚执行完毕之日 5 年内不得从事与印刷业及制造、销售商标标识有关的职业，该案是《〈刑法〉修正案(九)》实施以来全国首例有期徒刑罪犯被适用禁止令的案件。

(3)加强对具体行政行为的司法审查，依法监督知识产权行政执法。洛阳市中级人民法院在办理“新农村”商标侵权纠纷时，充分发挥知识产权审判“三合一”模式的制度优势，由同一合议庭审理行政诉讼与民事诉讼，加强对行政执法的指导，统一侵权认定标准。

（4）优化知识产权案件管辖布局。将发生在郑州市辖区内的诉讼标的额在50万元以下的一审著作权纠纷、商标权纠纷案件，分别指定由郑州航空港经济综合实验区人民法院和郑州管城回族区人民法院集中管辖。

（5）加强与行政机关横向协作，凝聚知识产权保护合力。河南省高级人民法院与省知识产权局合作，建立知识产权纠纷调解协议司法确认机制，共同指导成立河南省知识产权调解中心，促进非诉讼纠纷解决机制建设。

三、提升司法审判服务大局能力，推进创新驱动发展

（1）不断提高知识产权保护的能力和水平。河南省高级人民法院在办理双汇公司诉洛阳某公司、河南某实业公司系列商标及不正当竞争纠纷案件中，立足于全面化解纠纷、规范行业公平竞争秩序，主动对当事人之间的系列纠纷进行全面调解，在被控侵权人承诺对产品全面改款、停止模仿的前提下，双方达成一揽子和解方案，将双方在河南、北京、安徽等地法院、行政机关的纠纷、争议全部化解，实现相关行业的健康发展。针对侵权恶意明显、规模较大的山东某食品公司系列不正当竞争纠纷案件（8件），在调解未果的情况下，查清相关事实，依法判令其立即停止不正当竞争行为，并赔偿双汇公司1180万元。

（2）不断提升为企业创新驱动保驾护航的服务水平。河南省高级人民法院深入南街村集团走访调研，深入了解企业知识产权司法保护的发展现状，主动听取企业对司法保护的意见建议；平顶山市中级人民法院深入汝窑遗址、汝瓷企业，就汝瓷产业涉及的地理标志相关知识产权问题进行研讨，对汝瓷地理标志保护工作提出具体意见和建议；新乡市中级人民法院针对新飞公司在“执转破”过程中暴露出来的商标保护问题深入调研，形成调研报告，并针对新飞公司破产重整后发展中存在的一些问题，特别是商标权保护提出切实可行的解决措施。

（3）加强对知识产权保护新问题的调查研究。10月，河南省高级人民法院邀请省知识产权局、专利审查协作河南中心等单位的专家学者、企业代表召开研讨会，对新形势下加强知识产权保护进行研讨，并邀请专家进行专题授课。信阳市中级人民法院召开“信阳毛尖”品牌建设与保护研讨会，充分了解茶企真实需求，为加强地理标志及茶企业商标品牌保护提出切实可行的意见与建议。漯河市中级人民法院举办“企业与商标战略”研讨会，为依法服务漯河市“中国食品名城”建设出谋划策。

（4）不断加大知识产权司法保护宣传力度。在“4·26世界知识产权日”宣传周期间，河南省高级人民法院召开新闻发布会，向社会通报2018年全省法院知识产权司法保护情况，并发布河南法院知识产权司法保护白皮书和十大典型案例。结合河南省知名商标品牌较多的情况，开展保护知名品牌活动。12月，河南省高级人民法院从全省法院审结的涉及商标品牌保护的案件中评选出8件典型案件。

（河南省高级人民法院知识产权审判庭）

检察工作

一、认真组织部署，成立专业化办案团队

河南省各级检察机关成立专门工作小组，由一名班子成员任组长，安排专门联络员负责“双打”工作。焦作市人民检察院在第二检察部设立打击侵犯知识产权犯罪小组，专门负责有关侵犯知识产权犯罪案件的办理，同时要求各基层检察院对口部门确定专人与市检察院对接相关工作。

二、继续保持打击侵犯知识产权犯罪的高压态势

对社会影响恶劣、群众反映强烈的案件，河南省各级检察院组织精干的办案力量，及时介入侦查，引导公安机关及时合法取证，坚决批捕、起诉一批严重侵犯知识产权犯罪案件。2019 年，河南检察机关共批准逮捕涉嫌侵犯知识产权类犯罪案件 181 件 307 人，同比分别增长 38.2%、49.8%；提起公诉涉嫌侵犯知识产权类犯罪案件 222 件 456 人，同比分别增长 33.7%、56.2%。

三、积极推进“两法衔接”工作取得实效

河南各级检察机关积极运用“两法衔接”信息平台发现案件线索，2019 年共受理“两法衔接”案件 33 件 35 人，其中经检察机关建议移送侵犯知识产权类案件 4 件 4 人。驻马店市人民检察院召开全市“两法衔接”工作座谈会，研究解决行政执法与刑事司法衔接中的实际问题，深入推动“两法衔接”工作有效开展。许昌市人民检察院通过“三对照”，即对照行政机关受理案件台账、处罚台账、“两法衔接”信息平台录入案件，及时发现线索。

四、加强宣传，强化知识产权司法保护

河南省人民检察院联合省知识产权局举办“河南省知识产权宣传周主题日”活动，现场解答群众疑惑，宣传知识产权知识，向群众介绍全省知识产权犯罪十大典型案例，增强社会公众知识产权保护意识。濮阳市人民检察院与市市场监督管理局、市知识产权局联合开展以“严格知识产权保护、营造一流营商环境”为主题的宣传活动，累计发放各类宣传资料 300 余份，接受群众咨询 40 余次，现场受教育人数达百余人。焦作市人民检察院向群众发放宣传材料 2000 余份，设置展板 50 余块，提供法律咨询 30 余人次。郑州航空港经济综合实验区人民检察院联合其他部门共同举办民营企业知识产权司法保护专题讲座。许昌市人民检察院建立对被害人特别是高新技术企业的回访制度。

（最高人民检察院第四检察厅）

湖北省

专利工作

2019 年，湖北省专利申请、授权总量分别为 14.14 万件和 7.39 万件，同比增长 13.55%和 15.34%。每万人发明专利拥有量达 10.04 件，同比增长 22%，提前完成“十三五”规划目标。全省通过《专利合作条约》(PCT)途径提交的国际申请达 2127 件，同比增加 26.4%。其中，武汉市 2019 年专利申请总量及发明专利申请总量分别增长 27.57%、15.74%。

全面加强知识产权保护，组织开展知识产权“铁拳”“百日行动”等执法专项行动，共办理专利侵权纠纷和电商领域案件 1244 件，商标、专利行政处罚案件 1005 件，罚没款 1390 万元。高价值知识产权培育、重点企业海外护航、知识产权运用示范三项工程已成为河南省知识产权工作品牌，影响力不断扩大。获批国家知识产权侵权纠纷检验鉴定技术支撑体系建设试点，获批全国专利侵权纠纷行政裁决示范建设试点省份，中国（武汉）知识产权保护中心通过国家验收，省政府出台《湖北专利奖奖励办法》，湖北专利奖正式由部门奖升级为省政府奖。

举办“华创会”国际知识产权保护论坛、承办中日韩知识产权国际学术研讨会。湖北省知识产权局联合省体育局、省版权局和军运会执委会共同举办“4·26世界知识产权日”知识产权与体育宣传周活动。建成产业知识产权运营中心，打造高校运营平台，现已完成知识产权运营（含交易）105项，登记技术合同1067份，达成技术合同交易额20余亿元；持续推进知识产权金融工作，质押融资14亿元。成立湖北省知识产权服务业联盟，着力引进派富等高端知识产权服务机构，推动湖北省知识产权服务机构向专业化、高端化发展；开发推广新一代湖北专利信息检索及分析系统，免费对市场主体和社会公众开放。积极创建3家世界知识产权组织的技术与创新支持中心（TISC），为全省企业提供世界前沿的知识产权信息公共服务；开展“面对面”知识产权服务，将50家科创板冲刺企业列入省级试点名单库并为其提供定制化的知识产权综合服务。武汉探索产业知识产权集群管理，设立知识产权服务专员，推进以岱家山为代表的知识产权特色小镇创新发展，积累了可复制推广的经验。

（湖北省知识产权局）

商标工作

2019年，湖北省商标注册申请量191 197件，同比增长12.41%；商标注册量144 481件，同比增长13.74%；累计有效注册商标总数552 577件，同比增长32.6%；新认定驰名商标3件，累计认定387件；新设立9个地方商标受理窗口。截至2019年年底，湖北省共设立商标受理窗口21个，17个市（州）全面覆盖。

深入实施品牌强省战略，协调完善推进品牌强省建设联席会议工作机制。大力开展品牌运用示范工程和重点企业品牌海外护航工程，提升商标品牌创新运用效能。实施品牌服务“面对面”行动，主动走访，上门服务，现场解决企业商标品牌发展难题。开设“品牌湖北”网上专栏，上线“湖北商标品牌”微信公众号，优化完善湖北商标大数据平台，商标信息化建设和公共服务水平稳步提升。

持续强化商标品牌保护。开展农村食品商标大保护行动，发布《湖北省优势商标名录（第1批）》，深化政企协同订单式打假，依法支持驰名商标保护，高效转办处置商标侵权线索。加强商标执法保护典型案例警示教育，龚某侵犯南方寝饰注册商标专用权案入选2018年度全国商标行政保护十大典型案例。强化日常监管，开展对商标使用行为和商标代理行为的“双随机、一公开”检查行动，促进规范商标市场秩序。

（湖北省知识产权局）

地理标志工作

2019年，湖北省新增地理标志37件，其中地理标志商标26件，农产品地理标志11件。截至2019年年底，湖北省累计获批保护地理标志产品165个，注册地理标志商标442件，登记保护农产品地理标志154件。

举办以“荟萃荆楚特色，擦亮湖北品牌”为主题的首届湖北省地理标志大会暨品牌培育创新大赛，发布“孝感米酒”“潜江龙虾”“恩施玉露”等101张地理标志名片；建立湖北省地理标志孵化库，共收集地理标志商标资源143项，地理标志保护产品资源58项。举办湖北地理标志（孝感）专题培训班；在第四届紫金知识产权国际峰会地理标志与区域发展论坛上以“地理标志培育的湖北实践”为题作主题发言。着力提升地理标志监管保护工作水平，开展春节期间地理标志使用专项整治，全面规范地理标志使用；开展春茶地理标志保护活动，建立春茶地理标志管理台账；开展秋季地理标志保护工作，规范地理标志专用标志使用，打击侵权违法行为。

（湖北省知识产权局）

版权工作

一、打击侵权盗版工作

根据国家版权局的统一部署，在全省组织开展打击网络侵权盗版“剑网2019”专项行动，将院线电影网络版权专项整治、融媒体版权保护、流媒体软硬件版权监管和规范图片市场版权秩序等作为工作重点。行动期间，先后组织两轮网上巡查，累计排查网站14万多家，先后筛查出涉嫌侵权网站20多家。通信管理部门累计下发整改通知241余份，先后约谈7家域名接入商，暂停8家域名接入商接入，清理空壳主体37 105余家，空壳网站87 668余家。

积极发挥国家“12377”举报平台和湖北省互联网违法和不良信息举报平台作用，受理研判处置网民关于网络侵权盗版的举报信息，累计受理处置侵权盗版举报线索324件。

“剑网2019”专项行动开展以来，各级版权执法部门先后办理了一批侵犯著作权大案要案，其中黄石查办的“2·15”系列专案2件重点案件被国家版权局、公安部和最高人民检察院联合挂牌督办；襄阳周某等侵犯“绝地求生”网络游戏著作权案被国家版权局、全国“扫黄打非”办公室、公安部和最高人民检察院四部门联合督办；“湖北浠水91系列网涉嫌侵犯影视作品著作权案”被评为国家版权局“剑网2019”专项行动十大案件。宜昌、孝感、随州、荆州等地查办的4件网络侵权盗版案件也得到权利人的充分肯定。

湖北省版权局积极稳妥处理涉台涉外版权侵权问题，对崇文书局涉嫌侵犯著作权投诉进行立案查处，并督促做好赔偿等善后工作。对长江文艺出版社《红星照耀中国》一书的版权纠纷问题，专题向国家版权局汇报，争取国家版权局出面协调，避免事态扩大造成恶劣影响。

2019年，湖北省各级版权行政执法部门累计立案查处侵权盗版案件63件，其中行政处罚47件，移送公安机关13件，涉案金额达7000多万元。

在国家版权局组织的2018年度查处侵权盗版重大案件有功单位和个人推荐活动中，湖北省14个单位、9人分别荣获2018年度查处侵权盗版重大案件有功单位和有功个人。

二、版权宣传教育活动

举行“3·15国际消费者权益日”宣传咨询服务活动，现场受理侵权盗版投诉、举报，开展版权咨询服务，并在消费维权新闻通报会上发布版权领域消费维权典型案例。举办2019年湖北省知识产权宣传周暨“4·26世界知识产权日”主题宣传活动，同时启动“剑网2019”专项行动。武汉市版权局联合湖北高校法学辩论联盟主办第九届“法理争鸣”湖北高校法学专业辩论赛暨2019年武汉市大学生版权辩论赛，吸引武汉大学、华中科技大学等9所高校3000多名学生参与。荆门市版权局联合市场监督管理局、文化和旅游局等部门举办2019年知识产权集中宣传日活动，展示在体育产业知识产权保护方面采取的行动和取得的突出实效。十堰、恩施等地积极利用市、县两级电视平台投放宣传公益广告，各类媒体共播发相关新闻210余条，市、县两级电视台累计滚动播放公益宣传片300余次，网络视频点播超50 000人次。恩施通过恩施电台《法制之窗》栏目，宣传包括版权在内的知识产权相关知识。湖北省版权保护中心精心组织版权“三进”系列宣传教育活动，先后赴中南民族大学、华中师范大学华侨城附属小学、武汉诺斯顿金童子幼儿园、华中数字出版基地等开展版权宣传教育活动。

“4·26知识产权宣传周”活动期间，

省、市、县三级联动，集中开展非法及侵权出版物销毁活动，共销毁各类非法及侵权出版物 280 多万件。

三、版权社会服务工作

2019 年 5 月，以湖北省版权局名义下发关于做好 2019 年版权示范城市、示范单位和示范园区（基地）创建工作的通知，按照"全覆盖推广、大纵深推进"的总体要求，对示范创建活动进行具体安排部署。

8 月，中宣部版权管理局对国家级版权示范单位（园区）和版权交易中心组织核查验收，华中国家版权交易中心、武大科技园、博润通文化科技股份有限公司等单位均顺利通过考核组验收。在国家版权局 2019 年度版权示范创建活动中，武汉两点十分文化传播有限公司等 3 家单位获评全国版权示范单位（园区），武汉斗鱼网络科技有限公司等 18 家单位、6 家园区获评湖北省版权示范单位（园区）。

2019 年，湖北省作品登记近 4.5 万件，办理出版外国图书合同登记和著作权合同备案登记 390 件，涉及美、英、德、法、日、俄等近 18 个国家和地区，合同金额超 1 亿元。

四、软件正版化工作

调整湖北省推进使用正版软件工作领导小组成员单位，湖北省委常委、宣传部部长亲自担任领导小组组长。组织召开转隶后的首次成员单位联席会议，专题研究部署 2019 年软件正版化工作任务。组织举办湖北省版权行政监管暨软件正版化工作培训班，17 个市（州）、35 家省直单位和 80 余家国有大型企事业单位参加培训。2019 年全省各级版权及相关部门共举办软件正版化培训班 233 期，参训单位 2843 家次，参训人员 20 477 人次。

根据《湖北省 2019 年软件正版化督查工作实施方案》要求，省、市（州、直管市、林区）推进使用正版软件工作领导小组分层分片对各地市政府机关、国有企事业单位软件正版化工作开展专项督查，累计抽查 3315 家次，检查计算机 12 274 台。其中，省级政府机关督查 35 家次、市州县区政府机关督查 2948 家次，全省企业督查 332 家次。在全国"双打"办组织的年度目标责任制考核中，湖北省软件正版化工作连续 7 年取得满分成绩，国产软件应用试点取得圆满成功。

五、版权产业服务工作

湖北省版权局注重以华中国家版权交易中心为龙头的全省版权产业发展，完成交易中心专题调研，向湖北省委宣传部领导上报调研报告，提出建设发展建议。根据交易中心原股权人深圳南山集团的请求，稳妥推进股权调整和经营团队重组工作，积极协调交易中心做好各级考察考核工作。

湖北省版权局继续组织省内优秀版权企业参展青岛国际版权博览交易会，并荣获最佳组织奖。华中国家版权交易中心、中文在线、学而思教育荣获最佳版权单位金奖，湖北版权"走出去"战略稳步推进。

湖北省版权局积极组织湖北日报、湖北电视台、知音传媒集团、中文在线、小米科技、好未来教育等企业版权法务部门发起成立湖北版权产业联合会，加强版权行业自律监管，延伸版权管理链，提高版权维权效率。

（张　威）

司法工作

一、加强司法保护，发挥审判职能作用

2019 年，湖北省知识产权案件旧存 1101 件，新收 19 383 件。其中，知识产权民事一审案件旧存 1049 件，新收 17 918 件，共 18 967 件；知识产权民事二审案件旧存 42 件，新收 1350 件，共 1392 件；知识产权民事再审案件旧存 3 件，新收 1 件，共 4

件；知识产权刑事一审案件旧存6件，新收110件，共116件；知识产权刑事二审案件旧存1件，新收3件，共4件；知识产权行政一审案件新收1件。

二、服务大局，保障自由贸易试验区创新发展

中国（湖北）自由贸易试验区武汉片区的知识产权司法保护工作特点如下：案件受理法院固定，武汉东湖新技术开发区人民法院为审理主力；案件类型分布传统，高新技术效应渐明显；企业保护需求高涨，司法主导作用逐渐增强；片区产业特色提升，产权保护力度在加强。

三、完善审判体系，创新司法改革模式

1. 积极推进设立武汉知识产权法院

一是充分调研论证，为在武汉设立知识产权法院提供第一手资料。5月，赴广东省高级人民法院、广州知识产权法院，就知识产权法院设立问题进行调研。在此基础上，对在武汉设立知识产权法院的可行性、必要性及湖北省科技创新、人才储备、审判工作等方面的优势进行认真分析，并撰写专题报告呈送最高人民法院。二是积极做好汇报，主动争取各级党委政府和上级法院对设立工作的支持。4月和5月，分别向湖北省改革办调研组和最高人民法院司法巡查组专题汇报湖北省近年来的知识产权审判工作及争取设立知识产权法院的相关情况。三是湖北法院积极与省改革办、省编办等相关职能部门对接沟通，加强配合，共同做好设立工作。

2. 深入推进知识产权案件快审工作机制

5月，湖北省高级人民法院专门下发通知，同意武汉市中级人民法院在辖区两级法院试行涉KTV著作权案件裁判文书简化工作，此举大大提升了知识产权案件的审判效率，切实做到“难案精审、简案快审”；对于原告相同、诉讼标的种类相同、侵权事实与侵权人类型相似的KTV侵害著作权纠纷实行裁判文书简化机制，在符合法律规则和知识产权审判特点的前提下，制作了“要素式”“简略式”“令状式”3种裁判文书简化模板。武汉知识产权审判庭2019年受理的涉“索隆”KTV案件4155件，适用该裁判文书简化机制全部于当年8月底结案，平均审理周期为45天。

3. 继续全面推进“三合一”改革工作

武汉两级法院知识产权“三合一”审判机制改革，成为国务院办公厅发布的“第二批支持创新相关改革举措推广清单”中23项改革举措之一，同时也是被推广的4项知识产权司法保护举措之一。

四、加强审判调研指导，形成知识产权保护合力

1. 积极开展调研，加强审判指导工作

12月，湖北省高级人民法院知识产权审判庭到华中科技大学和武汉大学考察调研，增进与院校的合作交流，进一步延伸审判职能。12月，就《关于强化知识产权保护的意见》，为湖北省知识产权局做知识产权司法保护专题辅导。结合知识产权案件“繁简分流”的实际需求，在新颖和疑难案件不断增多的情况下，也有部分案件为类型化案件，如KTV著作权类案件，湖北省高级人民法院专门就此问题申报了“主题教育”期间的调研课题，形成《涉KTV著作权案件有关新问题的调研报告》。

2. 统一裁判标准，强化审判监督指导

2019年，武汉知识产权审判庭跨行政区划管辖湖北省内涉及专利、植物新品种、集成电路布图设计、商业秘密、驰名商标认定及垄断纠纷等专业技术性较强的第一审知识产权民事及行政案件，共计1420件，统一该类知识产权案件的裁判标准。

湖北省高级人民法院先后就《专利法修正案（草案）》《湖北省推广落实第二批支持创新相关改革举措工作方案》《湖北省关

于推进武汉市全面创新改革试验工作的总结报告》《2019年全省打击侵犯知识产权和制售假冒伪劣商品工作要点》等近十份文件提出书面意见建议，并完成《湖北省高级人民法院知识产权战略工作总结》。

五、深化司法公开，促进司法公正高效

1. 加大宣传力度，提升司法影响力

在“4·26世界知识产权日”宣传周期间，湖北两级法院组织召开知识产权司法保护状况新闻发布会，公开发布《湖北法院知识产权司法保护状况（2018年）》及十大典型案例。积极借助湖北卫视、楚天都市报、湖北公共频道等媒体先后对典型案件进行专题报道。参加湖北省市场监督管理局和咸宁市人民政府组织的湖北省“4·26世界知识产权日”侵权假冒商品集中销毁活动，积极为保护知识产权做好宣传造势工作。

2. 加强司法公开，有力保障司法公正

积极推进知识产权案件信息公开，对受理的知识产权案件，自立案之时即将审判流程通过网络公开；对相关案件通过网络进行庭审直播等方式公开审判。湖北省黄石、随州、恩施等地人民法院邀请当地文体局、科技局等行政执法单位参加庭审观摩，并邀请部分市人大代表、政协委员参加旁听。

六、提升司法能力，推进审判队伍建设

一是加强思想政治建设，提高思想政治水平。2019年，湖北法院严格落实支部“三会一课”制度，扎实开展“不忘初心、牢记使命”主题教育活动、“以案为戒、正风肃纪”活动、“突出问题集中整治加强内部管理”活动、第二十个党风廉政教育宣传月活动等。二是加强审判业务建设，提高审判工作司法能力。针对湖北法院知识产权审判实践中的新型疑难问题，组织骨干力量进行专门调研，多次选派法官参加“全球化与知识产权保护国际研讨会”“2019中国知识产权司法保护高峰论坛”“第四届自贸区知识产权司法保护研讨会”等学术研讨活动，以加强交流、提升能力。

（湖北省高级人民法院知识产权审判庭）

检察工作

一、加强组织领导，夯实工作基础

一是建立常态化领导机构。湖北省各级检察机关都成立了工作专班，始终将打击侵权假冒工作放在与检察机关其他职能工作同等重要的位置，初步形成“检察长亲自抓、分管检察长具体抓、经济检察部门主动抓、相关部门协作抓”的良好工作格局。二是构建专门化办案队伍。结合司法责任制改革，精选业务熟练、经验丰富的员额检察官和检察官助理组成专业化办案队伍。三是健全专业化的办案机制。全面实行“捕诉一体”办案机制，由员额检察官全程负责侵犯知识产权犯罪案件的批捕、起诉工作，充分发挥检察机关的诉前主导、审前过滤作用，确保办案质量和效果。

二、加强“两法衔接”，形成工作合力

一是加强对“两法衔接”信息平台的应用。湖北省人民检察院及时调整分管部门，将全省检察机关的“两法衔接”工作统一调整到第四检察部，并明确专人负责。升级“两法衔接”信息平台，及时、规范、全面录入行政处罚案件信息。二是完善“两法衔接”工作机制。综合运用联席会议、执法办案情况通报、疑难复杂案件会诊等多种形式，主动加强与公安机关、行政执法机关在打击侵犯知识产权犯罪的协作配合。三是加强“两法衔接”工作人员业务培训。湖北省人民检察院与当地市场监督管理局共同组织开展全省“两法衔接”业务联合培训。四是强化“两法衔接”案件建议移送力度。通过“两法衔接”信息平台，向行政执法机关发出《建议移送涉刑案件书》。经检察机关建议，2019年湖北省行政执法机关

共移送涉及刑事犯罪案件700余件。

三、加强专项监督，突出工作实效

湖北省人民检察院先后牵头组织开展“农资打假专项治理行动”“打击危害食品药品安全犯罪”“打击侵犯非公有制企业合法权益违法犯罪”“服务和保障创新驱动发展”等专项监督活动，以经常化的专项监督为抓手，积极履职，主动作为，办理了一批在本地有影响的侵权假冒犯罪案件。

四、加强法治宣传，优化法律服务

湖北省各级检察机关认真落实“谁执法谁普法”的普法责任制，通过建立定点联系企业制度、设立检察服务站、设置检察官企业维权岗、搭建法企直通车、提供“清单式”法治服务等多种方式，在企业产权保护、防范不法侵害、依法开展维权等方面为企业提供“贴身”服务。湖北省检察机关还以“3·15国际消费者权益日”“4·26世界知识产权日”“举报宣传周”“检察机关公众开放日”等专题活动为契机，借助检察机关门户网站、手机报、微博、微信、智慧检务平台等新媒体，积极向社会公众宣传打击侵犯知识产权犯罪工作的重要性和意义，促进形成尊重和保护知识产权、自觉抵制假冒伪劣的社会氛围。

（最高人民检察院第四检察厅）

湖南省

知识产权工作

2019年，湖南省知识产权系统围绕“三抓三促”（抓服务，促专利量升质优；抓保护，促营商环境优化；抓运用，促产业创新发展）的工作思路，凝心聚力，尽职尽责，大力实施知识产权强省战略。

一、知识产权强省建设卓有成效

健全知识产权考核体系，融合专利、商标、地理标志三项职能出台真抓实干考核指标体系，将发明专利申请量指标继续纳入湖南省委对市（州）政府绩效考核体系，将每万人发明专利拥有量和每万户市场主体商标拥有量纳入湖南省发改委监控指标。积极与省财政厅对接，修订出台《湖南省知识产权战略推进专项资金管理办法》，争取1000万元知识产权新增专项资金，增加商标、地理标志和知识产权保护方面的资金引导，完善资助内容、资金管理和分配方式。加强知识产权融合促进高质量发展、“互联网＋”知识产权保护以及地理标志保护与运用等方面的专题研究。

二、知识产权高质量发展成效显著

2019年，湖南省发明专利拥有量4.67万件，同比增长14.88%；每万人发明专利拥有量6.77件，同比增长14.17%；有效发明专利平均维持年限为5.32年，增长0.31年；PCT国际专利申请478件，同比增长57.24%；有效注册商标57.86万件，同比增长33.19%，每万户市场主体商标拥有量1332件，拥有驰名商标410件，马德里国际商标500件；拥有地理标志商标154件、地理标志产品80个，入选中欧地理标志互认互保“100＋100”中方建议名单地标产品1个；新增国家知识产权强县试点县2个，示范园区1个，国家知识产权示范企业10家、优势企业69家，省级知识产权强县10个。

三、知识产权服务水平稳步提升

入选国家第三批技术与创新支持中心（TISC）试点建设单位1家，入选首批高校国家知识产权信息服务中心1所。全省建成知识产权综合服务分中心12个，在园区开展培训32场，共计培训3000余人次；形成园区重点产业分析报告 4 份，企业专利信息推送 80 余家；全省 14 个商标受理窗口全部实现 23 项业务的网上办理，受理各类商标业务 1.45 万件，其中，商标注册申请 1.2 万件，商标质押金额 3000 余万元。

四、知识产权保护环境明显改善

扎实开展“雷霆”和“铁拳”两个专项执法行动，共出动执法人员 31 415 人次，查办案件 5446 件，涉案经营额 5025 余万元，罚没款 7701 余万元，没收物品货值金额 418 余万元，为权利人挽回经济损失 2113 余万元，移送司法机关案件 23 件；办理专利侵权纠纷案件 358 件，查处专利假冒案件 852 件；入驻国际性、全国性大型展会开展现场维权活动 6 次。启动专利代理“蓝天”专项整治行动，核查“黑代理”数量线索 6 个、“挂证”线索 151 个、以不正当手段招揽业务线索 1 个，立案查处 2 件，责令整改服务机构 8 家。制定《湖南省专利代理师协会自律及惩戒规则》，96 家专利代理机构、340 名执业专利代理师签署诚信承诺书。

五、知识产权运用能力不断增强

湖南省知识产权质押贷款总额 31.9 亿元，较 2018 年同期增长 33.1%，湖南省、长沙市两级质押融资风险补偿金池总额达到 3300 万元，撬动 1.19 亿元投入中小企业创新发展；省重点产业知识产权运营基金对外投资新增 2000 万元，总投资额达 8505 万元；7 所高校知识产权中心知识产权运营金额达 7 亿元；开创性完成国防专利转让审批 6 件；地理标志产品专用标志使用企业 324 家，集体商标、证明商标（地理标志）使用企业 758 家，地理标志产品年总产值近 1500 亿元。

六、知识产权事业基础得到巩固加强

同步扎实开展“4·26 世界知识产权日”“中国专利周”系列宣传活动，增强“倡导创新文化，尊重知识产权”的氛围。2019 年，湖南省全国专利代理师资格考试报考人数首次破千，达 1096 人，考试通过人数达 132 人。2019 年，湖南省执业专利代理师 373 人，同比增长 28.6%。专利代理机构（含分支机构）121 家，备案商标代理机构（含律师事务所）约 970 家。入选首批全国中小学知识产权教育示范学校 1 所，新增全国中小学知识产权教育试点学校 2 所。全省知识产权行政管理干部有序参加国家、省、市三级知识产权培训班，参训人员覆盖率达 90%以上。

（湖南省知识产权局）

版权工作

一、软件正版化工作

研究制定《湖南省 2019 年度推进使用正版软件工作计划》，部署推进湖南省软件正版化年度重点工作。聘请专业技术人员帮助 43 家单位安装正版软件检查工具，走访、辅导机构改革涉改单位、新增单位 13 家，顺利通过国家推进使用正版软件工作部际联席会议检查组的全覆盖检查。

企业软件正版化工作有序推进，省属监管的 23 家国有企业基本完成集中检查整改，湖南省工商联 15 家委员民营企业启动使用正版软件工作。研究推进省级联席会议调整方案，印发《关于调整湖南省推进使用正版软件工作联席会议成员的通知》，增加重要行业和领域的业务主管部门，成员单位数量由 8 家扩大到 17 家。

二、版权执法监管工作

开展《流浪地球》等热映院线电影著作权保护、打击制售假冒伪劣和侵犯知识产权、打击网络侵权盗版专项整治等执法活动，制定专项方案。突出主流媒体、影视作品、流媒体、图书版权市场等重点领域，查办长沙“3·29”侵犯图书著作权案、“蓝莓阅读”侵犯网络文学著作权案、

岳阳"2·26"侵犯网络游戏著作权案等典型案件。开展版权纠纷行政调解,调处4家企事业单位涉嫌侵犯字库字体著作权纠纷。推动长沙中标图书侵权等重大案件研讨推进和法律适用研究工作。开展互联网巡查,2019年巡查网站、微博、微信账号6112家,监管网站175家,组织网站删除涉嫌侵权作品782件,检查私人影吧58家,提请关闭侵权网站、公众号212个,收缴侵权制品5600余件。查处案件47件。

三、版权产业服务工作

落实"最多跑一次"的要求,联合印刷发行部门进一步理顺境外委托印刷复制业务著作权人授权书备案程序。启动对湖南省版权代理有限责任公司经营性国有投资清理工作。组织5家全国版权示范单位、全国版权示范园区开展年度核查,向国家版权局推荐2家全国版权示范单位。启动马栏山视频文创园版权基层工作站建设,对第一届"马栏山杯"文化创意设计大赛初评过审的300余件参赛作品予以加急、免费登记,实施重大版权活动快保护、全保护。联合中国版权保护中心,在长沙天心文化(广告)产业园举办中国版权共享课堂。2019年,共登记作品5030件,完成引进外国图书合同版权备案355件,办结境外委托印刷著作权授权书备案38件。

四、版权宣传培训工作

联合长沙市版权局,共同举办首届马栏山版权保护论坛。协同湖南省工商联举办工商系统诚信建设暨软件正版化工作培训研讨会。开展版权展会推介,组织15家湖南出版单位参展第26届北京国际图书博览会,达成版权输出协议及意向160项,版权引进协议及意向105项。开展重点版权工作培训,派人赴岳阳、郴州就版权工作实务、软件正版化等内容进行宣讲。协助国家版权局开展2019年国有企业软件正版化工作培训班,来自16个省(市、区)的180余名学员参加了培训。

(张荣涛)

司法工作

一、充分发挥审判职能,有效服务经济社会发展大局

(1)狠抓执法办案,公正高效审理案件。2019年,湖南法院新收各类知识产权一审案件10 443件,同比增长16.85%;新收各类知识产权二审案件1051件,同比增长306.41%。其中,知识产权民事一审案件10 326件(包括商标权案件4331件,著作权案件5346件,专利权案件418件,其他知识产权案件231件),同比增长16.90%;知识产权刑事一审案件117件,同比增长12.50%。

(2)加强司法保护,为创新营造良好环境。审理中德安普公司诉铸远教育公司等著作权侵权及不正当竞争纠纷一案,有力打击复制他人劳动成果的不正当竞争行为;审理芒果影视文化公司诉香港至甲电影公司著作权合同纠纷案,有力保护了湖南省文化企业的知识产权。

(3)强化知名品牌保护,严厉打击不诚信的商标攀附、仿冒"搭车"行为。法院在审理银城医考案中,对涉案商标的申请注册背景、被诉侵权行为的性质、被诉侵权人的主观状态、在先权利的实际使用情况等多方面进行审查,认定涉案商标侵害了在先权利,攫取了他人在先取得以及积累的商誉,违反了诚实信用原则,构成权利滥用,极大震慑了恶意抢注商标及恶意诉讼行为。

(4)加大对恶意侵权、重复侵权的惩治力度。双喜电器公司与伊尔乐厨卫电器公司等侵害商标权与不正当竞争纠纷案中,在查明被诉侵权人理应知晓并认可其关联公司与商标权人之前所签订的和解协议中达成继续侵权将赔偿50万元的事实而侵权人继续侵权的情况下,以双方此前真实

意思表示确定赔偿数额为50万元。

(5)注重司法裁判的规则意义。重视司法裁判规则的指引作用，通过具体案件的裁判明确行为规则，明确市场主体的行为规则。审理的“九牧王”商标侵权案中，针对当前我国电子商务平台上虚假刷单成风的不诚信行为和不正当竞争行为，明确了可以将网络店铺刷单数量认定为侵权商品销售数量的规则，对伪造销售量以吸引更多消费者的刷单行为持否定性评价。审理的“仙桃米业”商标侵权案中，合理界定地理标志证明商标权的权利边界，有效保护了地理标志证明商标权利人的合法权益。

二、深化司法工作机制改革，不断完善工作体制机制

(1)进一步调整知识产权案件管辖格局。向最高人民法院申请恢复长沙市岳麓区人民法院、天心区人民法院、长沙县人民法院普通知识产权案件一审管辖权并实行跨区域管辖，缓解长沙知识产权法庭案多人少的审判压力，提高审判质效，进一步优化审判资源配置。

(2)推动长沙知识产权法庭步入良性发展新态势。湖南省高级人民法院多次调研了解长沙市知识产权司法保护状况，协调各部门进一步加大对长沙知识产权法庭人、财、物保障力度。指导长沙市中级人民法院尽快配齐配强法庭领导班子，遴选专业法官充实法官队伍，明确审判团队负责人。长沙知识产权法庭已配强配齐领导班子和审判队伍，共有员额法官14名，涵盖全国审判业务专家、全国法院知识产权审判先进个人、全省法院办案标兵等多名优秀人才。

(3)发布多个指导知识产权审判规范性文件，服务国家创新驱动战略。制定《湖南省高级人民法院关于进一步加强知识产权审判工作的意见》。制定《关于为我省大力实施创新引领开放崛起战略提供司法服务和保障的意见》，为湖南省大力实施创新引领开放崛起战略、全面构建创新型经济新体系提供有力司法服务和保障。

(4)探索案件快审快结工作机制。以长沙知识产权法庭为试点，依托其办理案件多、审判经验丰富、队伍相对稳定等优势，拟定商标侵权案件裁判文书格式，探索知识产权案件裁判文书改革并在全省法院推广，在保证文书基本要素完整、查明事实清楚的基础上，实行简案快审并初见成效。探索知识产权、仲裁裁决司法审查系列案件集中听证、集中调解等工作机制，批量解决纠纷。

三、积极延伸司法职能，服务大局能力进一步提升

(1)发布白皮书和典型案例，引导创新驱动发展。在“4·26知识产权宣传周”期间，湖南省高级人民法院制定实施方案，对具体宣传活动统一部署。在“4·26世界知识产权日”宣传期间，通过新闻发布会、网站发布等方式向社会公众发布典型案例和知识产权司法保护状况，引导社会公众和市场主体尊重知识产权，特别是增强企业创新发展意识，提升企业自主保护知识产权的能力和水平。

(2)主动对接企业和高新园区的司法需求，增强企业创新发展意识。深入高科技园区进行调研，通过编发案例、法治宣讲和巡回庭审等形式，延伸审判工作触角，服务保障创新环境建设。走访搜云科技、中证数登网络科技有限公司、马栏山创意产业园等技术创新型公司和新兴产业企业，就数字文创产品的知识产权保护、区块链技术固证存证、游戏产业版权保护和侵权风险等企业关心的问题提出建议。

(3)司法公开主动力度进一步加大。积极推行阳光透明司法，除涉及商业秘密、个人隐私和庭前调解的案件以外，其他所有案件一律公开开庭审理，并邀请企业代

表、高校学生等旁听。坚持裁判文书“应上尽上”原则，应上网文书100%上网，推动裁判文书上网机制规范化、制度化、常态化。加大庭审直播的法治宣传力度，积极开展庭审视频直播。通过司法审判短信互动平台主动向当事人全面公开办案情况及程序进展情况。

（4）推进知识产权诉讼诚信建设。在冠生园食品公司与雨花区家泰调料商行侵害商标权纠纷案中，法院查明，作为被告的销售者为了达到合法来源抗辩成功的目的，伪造商品来源的证据，并在一审、二审中作出相互矛盾的陈述。据此法院认定被告违背民事诉讼应遵循的诚实信用原则，妨碍正常的司法秩序，应依法予以制裁，作出湖南省第一份知识产权案件司法惩戒决定。

（湖南省高级人民法院知识产权审判庭）

检察工作

一、加大刑事司法保护力度，依法严厉打击侵犯知识产权犯罪

（1）加强保护，突出打击重点。2019年，湖南省检察机关共批准逮捕涉嫌侵犯知识产权犯罪案件87件160人，起诉侵犯知识产权犯罪案件108件260人。

（2）依法把关，确保案件质量。细化侵犯知识产权犯罪案件审查逮捕质量标准。建立涉知识产权犯罪案件审查逮捕质量分析评查制度，对逮捕后撤案、不起诉、判无罪和公安机关提请复议复核、当事人提出申诉的案件实时监控、及时分析，有针对性地改进工作。

（3）强化监督，突出打击效果。湖南省各级检察机关加强与公安机关、行政机关的协作配合，及时了解侵犯知识产权案件进展情况，适时介入侦查、引导取证，依法快捕快诉。充分发挥法律监督职能，对涉嫌犯罪案件不依法移送或者有案不立、有罪不究、以罚代刑、重罪轻判的，依法予以监督纠正，确保打击到位。发挥民事行政检察职能，对1起侵犯知识产权民事生效裁判文书开展诉讼监督，对14起侵犯著作权案件支持起诉。探索知识产权案件公益诉讼模式，对3起侵权假冒类案件提起民事、刑事附带民事公益诉讼。

（4）积极探索，创新工作方法。例如，长沙市人民检察院充分发挥专家咨询委员会的作用，对疑难问题广泛听取专家意见，组织对6起侵犯知识产权案件开展专家咨询，为办案提供智力和专业支持。

二、建立长效工作机制，最大限度遏制侵权假冒犯罪

（1）推进平台建设，畅通信息渠道。湖南省检察机关通过走访执法部门、查询“两法衔接”信息平台等方式，查阅涉及侵犯知识产权案件的情况。湖南省人民检察院与当地政法委、知识产权局多次沟通，对“两法衔接”工作中存在的突出问题进行梳理，积极推进“两法衔接”工作有序开展。

（2）狠抓机制落实，挖掘案件线索。通过关注媒体报道和网络舆情、走访行政执法机关以及受理群众举报等各种渠道，主动挖掘扩大线索来源，依法严厉打击侵犯知识产权犯罪。2019年，长沙市人民检察院与当地公安局、知识产权局联合签署《关于加强知识产权协作保护的意见（试行）》，在长沙市市场监督管理局设立检察联络室；派员参与知识产权保护中心工作。

（3）强化业务培训，提升办案素能。针对行政执法机关职能不明确、知识产权案件罪与非罪界限难于把握、执法人员对知识产权犯罪法律熟悉掌握程度不够等问题，为行政机关开展刑事案件立案标准专题讲解，帮助解决重大疑难案件的定性把握与移送等难题。充分利用检察委员会、学习例会等制度，组织检察人员学习知识产权相关法律法规及典型案例，进一步提

升其履职能力。

(4)加大法治宣传,聚焦产权保护。充分利用多媒体、"两微一端"、电子显示屏、发放传单、进校宣讲等方式广泛宣传知识产权保护的基本知识,及时宣传保护知识产权专项行动。

(最高人民检察院第四检察厅)

广 东 省

专利工作

2019 年,广东省专利申请量 807 700 件,专利授权量 527 389 件,其中,发明专利申请量 203 311 件,发明专利授权量 59 742 件;有效发明专利量 295 869 件;每万人发明专利拥有量 26.08 件;PCT 国际专利申请量 24 725 件。获评第二十一届中国专利金奖 9 项、银奖 13 项、优秀奖 217 项。《中国知识产权发展状况评价报告》显示,广东知识产权综合发展指数连续 7 年居全国第一位。

修订《广东省专利奖励办法》及实施细则,大幅提升广东专利奖的奖励金额。在全国率先出台《广东省举报侵犯知识产权和制售假冒伪劣商品违法行为奖励办法》,印发《广东省促进中小企业知识产权保护和利用的若干政策措施》。

建设省、市两级高价值专利培育布局中心 224 家。新增国家知识产权优势示范企业 616 家,总量 870 家。通过《企业知识产权管理规范》国家标准认证的企业达 13 380家。面向战略性新兴产业开展专利导航,建成专利数据库 60 个。广东专利导航产业发展经验入选国务院办公厅第三批支持创新相关改革举措。

知识产权行政保护工作绩效考核蝉联全国榜首;全国打击侵犯知识产权和制售假冒伪劣商品违法犯罪行为绩效考核工作中位居全国第三。广东省市场监管部门受理专利案件 6822 件,同比增长 3.16%;深化展会知识产权保护工作,第 125、第 126 届广交会共受理专利投诉案件 1150 件,认定涉嫌侵权案件数量 459 件。形成"1+3+7"知识产权保护大格局,即 1 个省知识产权保护中心、3 个国家级知识产权保护中心、7 个国家级快速维权援助中心。广东省各国家级知识产权保护中心、快速维权援助中心共办理加快预先审查的专利申请 5874 件,维权案件 5085 件。

专利权质押融资金额 166.06 亿元,专利实施许可合同备案金额 6.92 亿元,专利转让 39 450 件。广州成功发行全国首个纯专利资产证券化产品,深圳首个知识产权证券化项目在深交所挂牌。广东省已建成规模达 3.55 亿元、风险保障额度不少于 35.5 亿元、覆盖 18 个地市的知识产权质押融资风险补偿基金。

联合香港和澳门举办首届粤港澳大湾区知识产权交易博览会,促成知识产权交易额 26.23 亿元。联合香港和澳门举办首届粤港澳大湾区高价值专利培育布局大赛,共征集项目 586 个,发现和实施一批优秀专利项目。支持深圳、广州、东莞建设国家知识产权运营服务体系建设城市。支持建设 3 个国家级知识产权交易运营平台和一批专业化、市场化、网络化知识产权交易运营机构。

截至 2019 年年底,广东省共有国家知识产权强市创建市 2 个,国家知识产权示范、示范培育、试点城市 13 个,国家知识产权强县工程示范、试点县(区)33 个,国家传统知识产权保护试点县(区)1 个,国家知识产权示范、试点园区 11 个。

持续开展打击"非正常专利申请"专项行动、专利代理行业"蓝天"行动,完成核查

"黑代理"、专利代理"挂证"等线索共计1569条，完成613家专利代理机构及分支机构、2845名专利代理师自查和信用承诺工作。建成广东省知识产权军民融合特色服务平台，首家国防专利代理分支机构落户中新广州知识城。

（广东省知识产权局）

商标工作

2019年，广东省商标申请量1 463 989件，同比增长0.11%；商标注册量1 187 686件，同比增长26.2%；商标有效注册量4 477 109件，同比增长31.29%。马德里商标国际注册申请量1413件，同比增长22.76%。每万户市场主体注册商标拥有量3572.23件，同比增长20.1%。

共查处各类商标违法案件3524件，罚没款5850.24万元，移送司法机关63件。第125、第126届广交会共处理商标类投诉234件，认定涉嫌侵权案件数量140件。2019年，广东省商标质押融资金额14.99亿元。

联合香港和澳门知识产权部门组织粤港澳三地知识产权业界开展"特色老店/老字号的品牌发展和重塑"主题研讨交流，推动大湾区中华老字号等商标品牌国际化建设。

推动国家知识产权局在广州市南沙区、中山市设立商标受理窗口，开展商标申请和商标质权登记申请受理工作，实现全省三个自贸区商标受理窗口全覆盖。

举办食品医药行业商标品牌培育专题培训班，组织省内品牌企业和产品参加2019中国国际商标品牌节暨中华品牌博览会，提升了企业的商标品牌意识。

（广东省知识产权局）

地理标志工作

2019年，广东省新增注册地理标志商标9件，累计有效注册地理标志商标79件，获批地理标志保护产品153个，获准使用地理标志产品专用标志企业446家。推动9个产品纳入中欧地理标志保护与合作协定谈判质量技术规范，推动"中泰3+3"地理标志互认互保试点产品工作。

入选首批国家地理标志产品专用标志使用核准改革试点，组织开展全省地理标志资源普查，优化地理标志产品保护机制。2019年，批复成立肇庆、韶关、梅州、汕尾等13个地理标志产品保护申报办公室。

举办地理标志产品运用促进培训班，组织相关企业参加第二十六届中国杨凌农业高新科技成果博览会国家知识产权局展团暨全国地理标志产品展和第二届金芒果地理标志产品国际博览会。

（广东省知识产权局）

版权工作

一、作品登记工作

2019年，广东省完成49 337件一般作品（其中约15%为文字作品）登记工作，对一批禁止出版传播、登记内容涉及敏感信息的作品不予版权登记，作品登记质量进一步提升。

二、版权相关规章制度建设

推动《广东省版权条例》列入广东省人大常委会2018—2022年立法工作计划，通过公开招标确定由广州大学（法学院）承担文本起草工作。协调广东省委编办印发《关于明确版权行政执法有关事项的通知》，在全国率先明确市县版权执法职能；印发《关于进一步强化版权行政执法监管工作的通知》，强化广东省版权行政执法实效；联合广东省电影局印发《关于进一步加强电影作品版权保护的通知》，建立电影版权保护联动机制。

三、版权执法监管工作

(1)打击侵犯电影版权违法犯罪行为。广东省版权局联合中山市查处“小马映画”私人影院侵犯电影作品著作权案，联合深圳市查处“雷锋电影院”微信公众号侵犯电影作品著作权案，联合江门市查处劳某某盗录院线电影侵犯著作权案。

(2)开展打击网络侵权盗版“剑网2019”专项行动。共查处网络侵权盗版案件62件，移送司法机关15件，调解结案3件，关闭网站61家，删除侵权盗版链接688条，收缴侵权盗版制品494万件。

(3)重点查办侵犯著作权案件，转办地市查办案件22件，各地版权执法部门共立案查处著作权侵权案件101件。其中，包括广州、深圳、佛山、惠州、东莞五市联合查处《鹿角巷》美术作品侵犯著作权案，广州市查处侵犯金庸作品著作权系列案件，珠海市查处斗门区白蕉镇向荣玩具加工厂侵犯美术作品著作权案，茂名市查处张某某等人侵犯网络游戏著作权案，汕头市查处李某某侵犯他人玩具美术作品著作权案等。

(4)按照工作部署，组织考评工作并形成考评报告，发挥考评指挥棒作用，引导广东省版权保护工作向纵深发展。共荣获“2018年度查处重大侵权盗版案件有功单位(个人)”奖项21项。广州市查处的龙某某等运营网络游戏私服案入选2018年度全国打击侵权盗版十大案件；中山市查处的“2·15”侵犯电影著作权案被评为“全国2·15系列十大案件”“公安部2019年度十大精品案件”，得到公安部通令嘉奖；珠海市查处的斗门区白蕉镇向荣玩具加工厂侵犯美术作品著作权案入选2019年度全国打击侵权盗版十大案件。

四、版权社会服务工作

(1)加大版权宣传力度。全省联动举办“4·26版权宣传周”主题活动；广州市制作版权公益宣传片在广州地铁播放；佛山市在全省地市率先发布《佛山市版权登记白皮书(2018)》；肇庆市举办“版权进校园”“版权进社区”等活动15场；汕头市、潮州市采用灯谜的形式将版权知识融入全民读书节、学生第二课堂；揭阳市在第十八届中国(揭阳)玉文化节举办“艺术品版权的保护及案例分析”专题讲座；阳江市开展“严格版权保护推进创新发展”宣传咨询活动；梅州市举办“2019年梅州市版权宣传周暨周末创意集市”活动。

(2)积极提供展会版权服务。在中国进出口商品交易会、中国(深圳)国际文化产业博览交易会、中国国际影视动漫版权保护和贸易博览会、南国书香节以及一些有代表性的地方性展会上设立版权工作服务站，为参展商提供版权服务工作。

(3)创新版权服务形式。深圳市建立知识产权“一站式”协同保护平台，为社会提供全类别、全链条知识产权保护服务；佛山市在全省首创著作权纠纷一门式和解机制。

五、版权示范创建工作

(1)评选认定5家广东省版权兴业示范基地和20件广东省最具价值版权作品，发挥版权主体示范效应。

(2)指导组织版权示范城市、示范单位、示范园区(基地)创建、申报及核查工作。指导深圳市前海深港现代服务业合作区成功申报国家版权创新发展基地、佛山市成功获批创建全国版权示范城市；广州中望龙腾软件股份有限公司、雅昌文化(集团)有限公司被评为2019年度全国版权示范单位；中国平安保险(集团)股份有限公司、广东省交通集团有限公司被评为2019年度全国版权示范单位(软件正版化)；佛山创意产业园被评为2019年度全国版权示范园区(基地)。

(3)指导广州市版权局成功举办2019年全国版权示范城市联盟广州年会、国家版权贸易基地(越秀)举办“2019年中国·广州国际版权授权大会”，加强版权业界交流协作。

(4)基层版权示范工作不断深化。佛山市出台实施《佛山市版权示范单位、园区、基地和优秀版权作品认定资助办法》，首次开展市级版权示范单位(园区、基地)的认定资助；东莞市对 3 项版权扶持资助政策进行修订；汕头市首次开展市级层面版权示范创建工作。

截至 2019 年年底，广东省有全国版权示范城市 2 个，全国版权示范单位 7 个，全国版权示范园区 2 个，国家版权贸易基地 1 个，版权产业规模居全国前列。

六、对外交流合作工作

根据粤港保护知识产权合作专责小组工作安排，组织省内 18 家单位共 20 人参加 2019 年度粤港版权产业企业交流活动，积极组织开展粤港中学生版权知识和版权保护交流活动，并与香港海关共同商讨打击网上侵权协作事宜。

七、软件正版化工作

召开 2019 年广东省推进使用正版软件工作联席会议全体会议。开展推进使用正版软件工作重点单位现场验收工作，对全省 293 家重点单位 5538 台计算机进行随机抽查。国家软件正版化工作检查成绩突出。积极配合推进使用正版软件工作部际联席会议软件正版化工作检查组对广东省省级政府机关和省国资委监管企业的软件正版化工作进行检查，检查结果显示在获得通报表彰的全国 27 家单位中，广东省有 11 家单位，位列 2019 年检查的 9 个省(区、市)第一。

八、版权教育培训工作

扎实开展教育培训工作。广东省版权局先后举办全省版权和印刷管理暨行政执法培训班、软件正版化培训班等，参训人数近 300 人。河源、韶关、湛江等市举办市级软件正版化工作培训班。充分发挥行业协会纽带作用。委托、指导广东省版权保护联合会举办广东省首届大学生版权知识演讲大赛。

(易瑾媛)

司法工作

一、全省知识产权案件基本情况

2019 年，广东法院新收各类知识产权案件 157 363 件，同比增长 60.94%；审结 152 911 件，同比增长 59.97%。其中，新收一审案件 131 494 件，同比增长 56.35%；新收二审案件 25 391 件，同比增长 45.53%；新收申请再审案件 424 件，同比增长 75.21%；新收审判监督案件 54 件，同比减少 43.16%。

按案件性质划分，新收知识产权民事、刑事和行政案件分别为 155 576 件、1772 件和 15 件，同比分别增长 61.79%、10.96%和减少 25%；审结知识产权民事、刑事和行政案件 151 145 件、1746 件和 20 件，同比分别增长 60.75%、16.56%和减少 67.21%。

按案由划分，新收知识产权民事一审案件中著作权案件、商标权案件、专利权案件、技术合同案件、反不正当竞争案件和其他案件分别为 109 753 件、10 523 件、6261 件、292 件、923 件、2246 件。

二、审判调研齐头并进，主动服务发展大局

1. 围绕发展大局积极建言献策

广东省高级人民法院提出从 5 个方面努力将广东建设成为知识产权保护最严格、最公平、最透明、最可预期的地区，形成《关于加大知识产权司法保护服务创新发展情况的报告》；形成《关于加强民营企业知识产权司法保障的情况报告》并推送典型案例，充分发挥司法服务保障民营企业健康发展的重要作用。广州知识产权法院围绕《粤港澳大湾区发展规划纲

要》组织课题组深入开展专题调研，研究制定了《为大湾区科技创新提供有力司法保障的指导意见》。深圳知识产权法庭向有关单位发出《共建粤港澳大湾区知识产权创新高地》的司法建议。

2. 大力实施精品案例工程成效突出

成功调解华为公司诉三星公司专利侵权纠纷两案，促成双方签订全球标准必要专利交叉许可协议，这不仅巩固了广东法院国际知识产权诉讼“优选地”地位，增强我国在知识产权国际规则制定中的话语权，而且有效化解此前美国禁诉令造成的局势危机。审结全球首例游戏直播侵权纠纷，即网易公司诉华多公司侵害著作权及不正当竞争纠纷案，平衡新兴产业发展变革时期著作权人权益与社会公众利益。审结格力公司诉奥克斯公司专利侵权纠纷两案，彰显“严格保护知识产权，加大侵权赔偿力度”的司法政策。审结腾讯公司诉谭发某因恶意提起知识产权诉讼损害责任纠纷案，贯彻了打击恶意诉讼和规制恶意侵权行为的司法政策。在 2019 年中国法院十大知识产权案件和 50 件知识产权典型案例中，广东法院审结的快播著作权行政纠纷处罚案等 7 个案件入选。2019 年年底出版的《世界知识产权组织知识产权典型案例集·中华人民共和国卷（2011—2018）》收录了广东法院审结的“非诚勿扰案”“去哪儿案”。

3. 推动完善知识产权前沿领域保护规则

广东省高级人民法院牵头完成“网络游戏知识产权司法保护对策研究”专题调研，形成全面系统的调研报告，起草《广东省高级人民法院关于网络游戏知识产权民事纠纷案件若干问题的审判指引（试行）》；完成《通信领域标准必要专利法律问题研究》专著，为提炼形成标准必要专利纠纷知识产权规则贡献广东智慧。广州知识产权法院完成“粤港澳大湾区标准必要专利调研”，探讨行政与司法在强化标准必要专利保护方面可以作为的方向。针对涉图片类著作权纠纷频发、有关裁判规则亟待明晰的情况，广东省高级人民法院知识产权审判庭出台《关于涉图片类著作权纠纷案件若干问题的解答》。

三、创新完善体制机制，提高整体保护水平

1. 加强审判业务监督指导

广东省高级人民法院坚持定期分析研判全省知识产权审判工作整体情况和运行态势，及时掌握各地知识产权审判工作中存在的突出问题；加强对重点地区和法院的监督指导，多次安排资深法官到广州、深圳等地法院进行专题授课或协调重点调研工作；指派专人负责联络，协调下级法院相关案件、物证和其他资料顺利移转；建立四级法院重大敏感案件分级登记备案系统，着重在源头防范化解重大舆情风险，2019 年依法处置重大敏感案件汇报请示逾 40 件，无负面舆情事件。

2. 推进审判工作机制改革

完善“繁简分流”工作机制，对事实相对清楚、权利义务相对明确的知识产权案件实施快审，对重大疑难、复杂或新类型案件进行“专业法官联席会议”精审，进一步减少平均结案周期。广州知识产权法院全面推行“1 名法官＋2 名法官助理＋1 名书记员”审判团队模式，组建审理行政、医药、网络游戏等类型案件的专门审判团队；积极探索开展速裁机制改革，配备 3 名法官和 8 名助理专门负责一审外观设计专利案件的速裁工作，首批一审专利速裁案件结案周期仅 52 天；二审速裁团队以 2 名法官、5 名法官助理的力量，办结案件 6976 件，占全院结案总数的 53.73%。深圳知识产权法庭由 2 名审判员、4 名人民陪审员组成两个快审团队，对外观设计类专利案件进行集中快速审理，在送达、质证、开庭、合议、宣判等阶段提高效率，并大力推行令状式、要素式、表格式等简式裁判文书，改革

以来结案周期缩短近半。广州市天河区人民法院组建速裁(执)团队,采取集约处理程序事务、全面适用简化文书、多案连审连判、当庭合议宣判以及视频远程开庭等一系列配套措施,实现简案快办,2019 年共审结案件 2211 件。广州互联网法院建立线上"1+N"批量案件智能审理系统,利用(诉讼要素表、应诉释明表)"快审两表"使当事人能够批量完成相应证据的上传,通过一次开庭实现类型化的简单案件集约化审理,全年审结案件超 2.2 万件。

3. 加大侵权损害赔偿力度

广东省高级人民法院在格力公司诉奥克斯公司专利侵权一审、二审两案中,正确适用证据披露、举证妨碍等规则,通过结合计量性赔偿方法与裁量性赔偿方法,两案合计判赔 1 亿元,充分补偿了权利人损失。广州知识产权法院研究制定《关于适用惩罚性赔偿的办案指引》,不断加大对恶意侵权、重复侵权、严重侵权等行为的惩处力度,2019 年全院一审案件平均判赔数额超过 30 万元,同比增长 13.77%。深圳知识产权法庭在《全民枪战》侵害《穿越火线》游戏地图著作权一案中,通过精确计算被诉游戏获利的方式判赔超过 4500 万元。

4. 强化诉讼保全查证措施

广东省高级人民法院在景格公司与数科公司计算机软件开发合同纠纷一案中,发出首张律师调查令,取得关键证据,最终促成双方当事人握手言和。广州知识产权法院在腾讯公司诉某公司著作权及不正当竞争纠纷案件中,发出国内首个游戏直播禁令,有效避免了损害的扩大;在美国欧特克公司、奥多比公司诉某公司侵害计算机软件著作权系列纠纷案中,通过及时开展证据保全、组织技术调查官全程参与调审、充分鼓励双方协商等举措,最终促使案件达成和解。深圳知识产权法庭突出适用行为保全措施,2019 年共发出诉讼禁令 8 份;在腾讯公司诉骏网互联公司等不正当竞争纠纷一案中依法作出诉讼禁令,及时保护权利人合法权益。

5. 创新案件事实查明方式

广东省高级人民法院牵头广州知识产权法院、深圳知识产权法庭,与国家知识产权局专利局专利审查协作广东中心洽谈购买技术咨询服务,有力助推技术类案件的审判工作。在菲利普莫里斯公司诉舜宝科技公司侵害外观设计专利权纠案件中,深圳知识产权法庭邀请具有丰富技术专业背景和外观设计经验的香港籍陪审员马楚力先生组成合议庭,使得案件审理更加与香港和国际接轨,推动粤港澳大湾区知识产权案件裁判标准的统一。深圳知识产权法庭对案件的部分证物进行 3D 扫描并在庭审中予以展示,法官及双方当事人开庭时可以直接在 iPad 上从各个角度查看证物的细节,极大方便了庭审证物的展示和侵权比对。

四、积极发挥职能作用,提升知识产权保护影响

1. 加强司法交流合作

广东省高级人民法院在 8 月中旬组织主题为"机遇与挑战:新时期知识产权司法保护"国际研讨会,共 110 余人参加了会议;筹办首届粤港澳大湾区司法案例研讨会,粤港澳三地法官、律师以同一案例模拟法庭的方式进行交流,推进大湾区司法交流与互鉴。

2. 加大司法公开力度

广东省高级人民法院统筹部署"4·26 知识产权宣传周"广东法院活动,发布《广东法院知识产权司法保护状况(2018 年度)》白皮书以及年度广东省知识产权审判十大案件和服务创新驱动发展十大典型案件。广州知识产权法院、深圳知识产权法庭等各地法院发布知识产权司法保护状况白皮书及十大案例。广东省高级人民法院公开开庭审理街电公司与来电公司侵害实用新型专利权纠纷案并全程网络直播。在 2019 年评选的全国百大优秀庭审中,广东

省高级人民法院公开审理的网易诉华多侵害著作权及不正当竞争纠纷案入选。

3. 加强知识产权保护联动协调

加强法院、公安机关、检察机关以及知识产权行政执法机关的协调配合，通过业务交流、专题研讨、会议纪要、办案指引等方式，积极引导行政执法的调查取证、证据审查、责任认定等标准向司法标准看齐，形成知识产权保护合力。深圳知识产权法庭与深圳市检察院、公安局、司法局、发改委联合发文《关于办理侵犯知识产权刑事案件侵权产品价格认定相关问题的意见（试行）》，与深圳市检察院、公安局联合发文《办理侵犯知识产权刑事案件若干问题的会议纪要》，严格把握罪与非罪的界限，统一裁判标准。

五、狠抓党风廉政工作建设，打造过硬审判队伍

1. 加强思想政治和廉政作风建设

牢固树立“四个意识”，切实增强“四个自信”，坚决做到“两个维护”。狠抓党风廉政建设，认真完成各项反腐倡廉建设任务要求，严格执行各项廉政制度，落实党风廉政建设责任制，确保公正廉洁司法。

2. 加强审判队伍司法能力建设

广东省高级人民法院举办全省法院知识产权审判业务培训班、岭南知识产权法官讲坛等活动，邀请知名专家前来授课，提高审判队伍业务理论水平。通过派员参加国际国内学术会议、培训交流，接待国内、域外法律工作者来访等不同方式，了解把握国际国内知识产权保护最新动态。广州知识产权法院与北京大学、中国人民大学、中山大学等 11 所知名法学院校签署合作协议，聘请知名教授担任专家顾问，选派 13 名优秀法官到高校担任校外导师。

（广东省高级人民法院知识产权审判庭）

检察工作

一、依法严厉打击侵犯知识产权犯罪，加强法律监督

2019 年，广东省检察机关共批捕侵犯知识产权犯罪案件 1463 件 2450 人，起诉侵犯知识产权犯罪案件 1441 件 2721 人，起诉人数同比增加 17.3%。广东省检察机关积极发挥法律监督职能，严守侵犯知识产权犯罪案件的出罪与入罪关口，进一步强化对侵犯知识产权犯罪活动制裁的“稳准狠”。

二、持续推动知识产权刑事案件办理规范化、统一化

广州市海珠区人民检察院和海珠区人民法院联签《关于办理知识产权刑事案件适用法律若干问题的会议纪要》，进一步完善衔接机制，统一办案标准。广州市黄埔区人民检察院与当地法院、公安局联签《关于办理侵犯商标权犯罪案件若干问题的意见》，统一辖区内办理侵犯商标权犯罪案件的证据标准、取证要点，解决认定分歧。

三、不断加大知识产权保护专业化建设力度

广东省人民检察院以及有条件的地市级、区县级人民检察院选派具有知识产权专业知识、办案经验丰富的检察官组建专业化办案团队，培养专业复合型人才，提升办案人员的业务水平。广州市黄埔区人民检察院制定《广州市黄埔区人民检察院知识产权特邀咨询委员工作办法（试行）》，加强与华南理工大学、暨南大学知识产权学院、开发区知识产权协会联系，邀请专家学者及相关专业人员担任特邀知识产权检察官助理，参与案件办理，提出专业性意见，提升检察机关办理疑难案件的能力。

四、主动作为，拓展知识产权保护成效

广东省检察机关立足检察职能，向企业提供“点对点”“菜单式”服务，切实履行保护民营经济职能。广州市黄埔区人民检察院将与企业合力打击侵犯知识产权犯罪的成功经验，转化为检企联动机制，先后与广州宝洁公司等签订《知识产权刑事保护合作备忘录》，明确建立双方协作联络机制、信息通报机制、互助保障机制；与开发区知识产权协会签订《知识产权刑事保护合作框架协议》，将知识产权刑事保护工作覆盖到协会140余家会员单位，及时向企业通报侵权产品流向等情况，协助企业确定重点打假区域，对办案中发现的企业风险漏洞及时发出检察建议。

五、借力于智能化建设，提升打击侵犯知识产权犯罪工作质效

广东省检察机关积极推动行政执法与刑事司法衔接工作，加强与当地知识产权局、质监局、工商局、食药监局等有关行政执法部门的协调配合，建立起联席会议、信息通报、备案审查等工作机制，强化信息共享、案件移送、案件咨询，形成打击犯罪的合力。深圳市人民检察院研究开发智慧知识产权平台，共享行政执法数据、法院数据、举报线索数据等，有效拓宽知识产权案件来源，提高检察机关加强知识产权保护工作的质效。

（最高人民检察院第四检察厅）

广西壮族自治区

专利工作

2019年，广西拥有发明专利22 479件，每万人发明专利拥有量为4.60件，同比增长5.47%。2019年，广西共申请三种专利（发明专利、实用新型专利和外观设计专利）41 974件，同比下降5.08%；其中，发明专利申请12 460件，同比下降38.62%。三种专利授权量22 682件，同比增长10.40%。其中，发明专利授权量3413件，同比下降21.10%。发明专利申请主体构成中，工矿企业、大专院校、科研院所、机关团体、个人分别占广西发明专利申请总量的41.52%、29.77%、9.10%、4.65%、14.96%。

2019年，广西国家知识产权示范企业达到10家，比2018年增加25%；国家知识产权优势企业达到125家，比2018年增加21.40%；自治区知识产权优势企业培育单位总数达到325家，比2018年增加27.5%。广西玉柴机器股份有限公司、上汽通用五菱汽车股份有限公司、广西柳工机械股份有限公司、广西电网有限责任公司电力科学研究院等企业专利拥有量突破千件，分别达到3785件、3563件、1176件、1085件。

共有5件专利获第二十一届中国专利奖优秀奖并获得授奖公示。自治区质押专利项目259件，64家企业获得专利权质押融资金额5.5674亿元；专利实施许可合同备案65项，涉及73件专利，合同金额4447.585万元。

新培养专利行政执法人员145名，区、市、县三级专利执法队伍初步形成。组织开展2019年知识产权执法保护专项行动，办理专利侵权纠纷案件75件。组织专利代理机构进企业、进学校、进园区开展服务活动63场次，为82家企业提供维权援助服务。组织开展专利代理行业“蓝天”专项整治行动，核查国家知识产权局移交涉嫌“挂证”代理人信息22条、无资质专利代理行为1条；推行“双随机、一公开”监管，完成24家代理机构年度检查，审核专利代理师执业备案、注销材料48份。

国家知识产权局专利局南宁代办处共

受理专利申请 7902 件(其中纸件申请 900 件,电子申请 7002 件),专利费用收缴 59 748 笔,金额 3219.15 万元,远程票据打印 20 266 份。完成 98 份专利权质押登记与变更、注销(涉及金额 72 455 万元),81 份专利实施许可合同备案(含注销、变更);出具专利登记簿副本 265 件、批量法律状态证明 6 件;办理优先审查 275 件;费减备案审核 8665 份;为专利代理机构打印通知书 22 313 份。

(广西壮族自治区知识产权局)

商标工作

2019 年,广西累计有效注册商标 235 568 件,同比增长 36.66%,增速位居全国第六,提前完成实施商标品牌战略三年行动目标。其中,驰名商标 35 件,地理标志商标 64 件。

建立商标品牌激励机制。经自治区人民政府同意,自治区市场监督管理局和自治区财政厅联合印发《广西商标品牌奖励补助办法》。委托研究机构建立科学的商标品牌价值评价体系和标准,稳步开展商标品牌价值评价工作,发布《2018 年广西商标品牌发展报告》。行文向国家知识产权局请求批复设立中国—东盟商标品牌研究院。

推动商标注册便利化改革向纵深发展。2019 年,广西壮族自治区向国家知识产权局商标局申请新增梧州、北海、玉林、来宾共 4 个商标受理窗口。截至 2019 年年底,自治区商标窗口办理商标注册申请 5868 件,受理商标后续业务 1746 件;自治区商标质权登记申请受理点累计办理业务 14 笔,办理质押金额 1.1392 亿元。根据国家知识产权局商标局的统一部署,6 月,自治区商标受理窗口完成纸质申请向网上申请的转换,业务受理范围由商标注册申请扩大至商标变更、续展、转让、许可备案申请等 23 项。

商标专用权保护力度不断加大。2019 年,依据随机抽查事项清单制定抽查计划,对商标代理行为、商标印制行为等 5 项抽查事项实现全覆盖。加强商标侵权案件指导工作,根据商标所有人提供的线索,先后组织南宁、梧州、河池、百色等地的市场监管局排查“富莱欣”“胡志明猫屎咖啡”“漓泉”等涉嫌商标侵权行为。指导知名企业保护商标专用权。例如,指导广西皇氏乳业股份有限公司开展申请驰名商标保护工作;积极协调、争取国家知识产权局指导“搜狐”“西牛皮”等区内外驰名商标品牌开展维权工作。突出重点时期、重点领域的监管执法,2019 年自治区市场监管部门共查处商标违法案件 698 件,案件总值 1510.67 万元,罚没金额 843.47 万元,案件总值比上年同期增长 4.53%,罚没金额比上年同期减少 37.91%。

积极做好“梧州六堡茶”产业品牌和龙头企业品牌的培育工作。派员参加广西壮族自治区党委信息综合值班室组织的梧州六堡茶产业发展调研工作并提出工作建议;指导广西老来瘦六堡茶有限公司申请四川隆昌县木星食品厂“六堡”注册商标无效;继续指导广西粮食协会“广西香米”图形商标驳回申请的复审工作。

加快开拓广西壮族自治区商标品牌发展国际空间。加强知识产权海外布局,在国际品牌创建中通过马德里体系维护合法权益,引导企业在国际市场竞争中切实加强知识产权保护。依托企业品牌国际运用和管理人才培训基地,6 月和 12 月分别举办两期商标注册马德里体系国际化培训,170 多名企业家和代理机构代表参加了培训。

强化商标品牌宣传和商标管理培训。组织自治区 14 个地市各举办一场商标品牌强桂战略大宣讲活动,组织专家对部分地理标志商标持有人或使用人以及深度贫困县、深度贫困乡镇、深度贫困村的市场经营主体进行宣讲;10 月,组织自治区设区市、县130名商标业务骨干进行培训，解答基层商标管理和执法人员在商标管理、执法、地理标志培育中的难点问题。培训商标管理及经验业务骨干400余人次，有效提升了自治区商标管理人员的业务素养和水平。

（广西壮族自治区知识产权局）

地理标志工作

2019年，广西共有64件地理标志，年内新增15件；地理标志保护产品92个，产业产值592.98亿元。

积极抓好地理标志商标品牌的申报和培育工作。2019年，新增“靖西大麻鸭”“三江茶油”“覃塘莲藕”“靖西大果山楂”“阳朔九龙藤蜂蜜”“隆林黑猪”“象州红米”等15件地理标志商标，同比增长30.6%。2019年广西涌现出了“横县茉莉花”“百色芒果”“融安金桔”等一大批在全国有一定知名度和影响力的广西地理标志品牌。其中，“横县茉莉花”品牌价值近202亿元，“百色芒果”品牌估值48.02亿元，“融安金桔”品牌价值13.84亿元。此外，“百色芒果”“融安金桔”还被确定为国家知识产权局第一批地理标志（精准扶贫）运用促进工程项目。

积极组织开展国家地理标志产品保护工作。2019年，按照《国家知识产权局办公室关于组织开展2019年春节期间地理标志使用专项整治工作的通知》，指导各市按照《地理标志产品保护规定》要求，选取符合条件的产品推荐申报。2019年，广西向国家知识产权局报送包括钟山贡柑等7个地理标志保护产品申报材料，新增忻城糯玉米地理标志保护产品1个。

组织开展地理标志产品专项整治行动。以农产品（水果）批发市场、大型超市、集贸市场等经营场所为重点区域，组织开展地理标志产品专项整治行动，严厉查处各类擅自使用、假冒、伪造地理标志专用标志等违法行为。

加大地理标志产品宣传力度。依托中国国际商标品牌节，7月，组织29个企业举办“广西商标品牌扶贫成果展”活动，其中柳州螺蛳粉、横县茉莉花茶、永福罗汉果等地理标志保护产品受到广泛好评。组织30多个（家）地理标志权利人和用标企业分别参加第二十六届中国杨凌农业高新技术成果博览会、第二届金芒果地理标志产品国际博览会、广西发明创造成果展览交易会。

组织专家对部分地理标志商标持有人或使用人以及深度贫困县、深度贫困乡镇、深度贫困村的市场经营主体开展“一对一”结对帮扶活动，有效提升全社会商标品牌意识。选择四趟从南宁发往全国各地的高铁，通过在车厢行李架贴图展示72个地理标志商标（含申报中）和在车厢内发放《广西品牌故事》供旅客阅览的方式，宣传广西地理标志产品。

（广西壮族自治区知识产权局）

版权工作

一、打击侵权盗版工作

印发《广西打击网络侵权盗版“剑网2019”专项行动方案》，并组织召开自治区“剑网2019”专项行动动员部署会，对自治区14个市提出明确要求，作出周密部署。各市版权部门均制定了本市“剑网2019”行动实施方案，会同本市各相关部门，合力推进“剑网2019”行动深入开展，形成上下联动、步调一致的格局。

（1）深化媒体融合发展版权专题保护。自治区着力强化主流报刊台网版权保护工作，严厉打击未经授权转载主流媒体新闻作品的侵权行为。南宁市、梧州市查办微信公众号“横县大小事”“梧州同城信息网”“梧州的那些事儿”擅自转载他人新闻作品的案件。

（2）严厉打击通过网站传播盗版影视

作品的行为。查办一批利用网络侵犯影视作品版权的案件。例如，柳州市的“狐狸妞影院”网站擅自通过互联网传播视听节目，被罚款 10 000 元；北海市合浦县陈某某未经录音录像制作者许可，通过信息网络向公众传播其制作的录音录像制品，被罚款 2000 元。

（3）开展网络文学领域版权执法检查，加大力度打击网站、微信公众号等领域的网络文学侵权行为。南宁市检查“满天文学”等传播网络小说的微信公众号的版权授权情况，查办“js 代码个人技术分享”网站侵犯著作权案。贵港市查办微信公众号“洋葱卷联盟”非法传播网络出版物案。

（4）开展短视频等重点领域版权治理工作。严厉打击短视频领域、网络直播领域未经授权复制、表演、网络传播他人作品的侵权行为，以及有声读物领域存在的通过复制、表演、改编、汇编等方式非法传播他人作品的侵权行为。

共立案查处各类侵权盗版案件 97 件（当年办结 58 件），处罚金额 17.5 万元，关闭侵权网站 13 家，查封地下窝点 1 个，收缴各类侵权盗版制品 48 万余件。3 件案件转为刑事案件，移送司法机关。其中，柳州市查办的伊考斯网涉嫌侵犯著作权案被国家版权局、全国“扫黄打非”办公室列为联合挂牌督办案件。共获得 2018 年度查处侵权盗版案件有功单位奖励和有功个人奖励 4 项。

二、软件正版化工作

（1）加强领导和部署。制定《自治区使用正版软件工作领导小组及厅际联席会议调整方案》；在 2019 年第一季度组织召开区直机关软件正版化工作会议；印发《2019 年广西推进使用正版软件工作计划》。

（2）加强督促检查，改进和巩固区直机关软件正版化工作。在 2019 年第一季度，广西版权局抽查 28 家区直机关；配合国家版权局，对 43 家区直政府机关进行检查，并采取多项措施，推动各单位落实整改要求，改进和巩固工作。

（3）主动上门指导，促进市县机关和国有企业软件正版化工作。鉴于基层机关和国有企业推进软件正版化工作经验不足、技术力量欠缺等现实困难，广西版权局增强主动服务意识，上门现场指导。9 月，联合自治区国资委到 21 家区直国有企业指导工作；11 月至 12 月，到自治区 14 个市 224 家市县机关进行指导。

（4）大力开展宣传培训。广西版权局利用全国知识产权宣传周的契机，制作软件正版化工作专题板报和 3 部版权宣传动漫短片，发放给各区直机关和各市版权部门张贴和播放；先后对 95 家区直机关、自治区 14 个市版权部门和 21 家区直国有企业进行培训；自治区各市版权部门也都组织本市各单位进行培训。

三、版权服务社会工作

（1）主动实行作品著作权登记制度改革，免费为自治区著作权人办理作品登记。2019 年，共办理作品登记 3003 件，同比增幅超过 260%。

（2）指导广西版权保护协会换届。指导广西版权保护协会于 8 月进行换届改选，并产生了新一届理事会，充实协会力量，进一步加强协会的工作。

（3）开展版权宣传活动，提升全社会版权意识。制定版权宣传活动方案，要求各市围绕“严格版权保护，推进创新发展”的主题，以 4 月 20 日至 26 日为重点时段，集中开展版权宣传活动。举办广西版权工作新闻发布会，广西日报、广西广播电视台、新华社广西分社等 24 家区内外主流媒体参加，对广西版权工作进行了集中报道。南宁市在全市张贴海报 10 000 余张，散发“绿书签”10 000 余枚。桂林广播电台在其微信公众号“温度桂林”中推送“版权知识知多少”。北海市在多个社区发放宣传单 3500 多份，还邀请律师现场开设版权法律咨询服务站；北海电视台在3个频道播放版权宣传片。钦州市举办版权知识宣传文艺晚会，与演艺公司、社区文艺队签订协议，在文艺表演中增加版权知识节目，开展版权知识有奖问答。

四、对外版权贸易工作

共引进图书版权263件，输出图书版权531件(次)、软件版权3件(次)，引进输出比为0.50∶1，保持了2018年以来输出版权品种数量超过引进版权品种数量的势头。

（赵明明）

司法工作

一、知识产权审判工作基本情况

1. 积极履行审判职能，依法保护知识产权

2019年，广西法院共受理各类知识产权案件5407件，同比上升98.49%，其中知识产权民事案件5360件，知识产权刑事案件47件；审结各类知识产权案件4585件，同比上升114.9%，结案率84.8%，其中审结知识产权民事案件4550件，审结知识产权刑事案件35件。从审结的知识产权民事案件类型来看，著作权纠纷案件3255件，商标权纠纷案件934件，专利权纠纷案件145件，技术合同纠纷案件80件，其他知识产权民事案件171件。

2. 推进知识产权审判机制改革，提升知识产权司法保护整体效能

(1)认真推进知识产权审判“三合一”改革工作。广西壮族自治区高级人民法院印发《关于推进知识产权民事、行政和刑事案件审判“三合一”工作的通知》，对进一步推进广西法院知识产权审判“三合一”改革工作作出部署，同时选取自治区部分法院开展试点改革工作。其中，南宁市中级人民法院制定《关于开展知识产权民事、行政和刑事案件审判“三合一”试点工作的实施意见》，柳州市中级人民法院印发《关于组建知识产权民事、行政案件“二合一”审判团队实施方案的通知》。

(2)完善技术事实查明机制，探索建立技术调查官制度。广西壮族自治区高级人民法院联合自治区部分法院赴北京、四川等地法院开展技术调查官制度专题调研，形成《技术调查官制度法律问题研究》专题调研报告，为下一步在自治区法院建立技术调查官制度奠定基础。

(3)强化司法主导理念，推进构建科学高效的知识产权综合保护体系。广西壮族自治区高级人民法院组织召开“著作权法修改座谈会”，邀请广西部分一线法官、广西壮族自治区党委宣传部、广西律师协会代表，围绕著作权法修改中的重点和难点问题、知识产权司法保护与行政保护的协调等问题展开讨论，形成《著作权法修改座谈会意见整理稿》，为全国政协开展著作权法修改专项调研建言献策；南宁市中级人民法院为适应植物新品种权司法保护新要求，组建调研组赴呼和浩特、包头、兰州等地法院调研植物新品种权审判中的热点、难点问题，学习先进经验并形成调研报告；百色市中级人民法院制定《关于落实自治区完善产权保护制度依法保护知识产权的实施方案》，进一步增强知识产权保护意识，严厉打击侵害知识产权的侵权行为，提升知识产权司法保护效能。

3. 发挥司法能动作用，积极服务经济社会发展大局

(1)贯彻落实《广西壮族自治区高级人民法院关于为深化改革创新优化营商环境提供司法服务和保障的实施意见》《广西壮族自治区高级人民法院优化营商环境大行动任务分工方案(2018—2020年)》，广西壮族自治区高级人民法院从2016—2018年自治区法院审结的知识产权案件中择优遴选，发布广西法院侵权损害赔偿十大案件，并适时启动知识产权侵权损害赔偿裁判规则文件起草工作，全力护航广西法治化营商环境建设。

(2)自治区各级法院多措并举,服务法治化营商环境建设。南宁市中级人民法院赴广西—东盟经济技术开发区召开优化营商环境座谈会,深入企业开展实地调研,针对企业知识产权保护开展面对面指导;柳州市中级人民法院召开新闻发布会,通报2014年以来知识产权案件审理情况,并就小商品侵权问题发布维权建议;贺州市中级人民法院加大对"平桂水生蔬菜""富川脐橙""平桂白""昭平茶"等现代特色农业地理标志产品的司法保护力度,助力贺州市农产品区域品牌战略实施和"东融先行示范区"建设;崇左市中级人民法院服务"一带一路"倡议和中国(广西)自由贸易试验区崇左片区建设,与凭祥海关签署《保护知识产权合作备忘录》,建立自贸区进出口环节知识产权行政与司法协同保护模式。

(3)妥善审理KTV著作权侵权纠纷案件,促进KTV行业健康发展。广西壮族自治区高级人民法院在审理KTV著作权侵权纠纷案件时,选择系列案中具有示范意义的案件进行精细化审判,再对同类案件进行统一裁判或调撤处理,引导当事人通过调解、撤诉等方式审结,通过个案示范带动批量案件的高效解决;梧州市中级人民法院针对辖区受理大量KTV案件的实际,根据案件审理结果及时向梧州市文化新闻出版广电局发出司法建议,构建娱乐行业知识产权行政与司法联动保护机制。

4. 加强指导和宣传,努力实现审判能力现代化

(1)强化对下业务指导。2019年,广西壮族自治区高级人民法院赴柳州、北海、崇左等地进行面对面业务指导,委托国家法官学院举办知识产权审判业务培训班,组织自治区法院80余名法官、法官助理参加培训;制定《外观设计专利侵权纠纷裁判指引》《关于审理知识产权纠纷中公证证据审查若干问题的解答》两份审判业务指导文件,及时回应下级法院在审理知识产权案件中提出的疑难问题。

(2)加强知识产权法治宣传。组织自治区法院开展"4·26知识产权宣传周"活动;召开知识产权司法保护新闻发布会,邀请部分人大代表、政协委员、媒体记者、社会公众参加发布会活动,向社会公布2018年广西法院知识产权司法保护状况,发布广西法院知识产权审判十大案件、广西法院侵权损害赔偿十大案件,知识产权法治文化深入人心。

5. 加强队伍建设,全面从严治党治警进一步夯实

(1)强化思想政治教育,筑牢政治之基。认真学习贯彻习近平新时代中国特色社会主义思想和党的十九大、十九届二中、三中、四中全会精神,切实增强"四个意识",坚定"四个自信",做到"两个维护",鼓励使用"学习强国"App拓展学习渠道。深入开展"不忘初心、牢记使命"主题教育系列活动、"解放思想、服务大局"大学习大讨论,确保知识产权审判工作始终沿着正确方向不断前进。

(2)强化纪律要求,打造忠诚、干净、担当队伍。加强对干警的司法廉洁教育,切实改进工作作风;开展正反面典型学习和警示教育,认真学习张富清、黄登林、黄文秀、李庆军等先进人物事迹,通过中央纪委监委、最高人民法院、自治区纪委监委通报的各类反面典型案例进行警示教育。

(3)强化业务能力,提升业务素质。广西壮族自治区高级人民法院受邀派员赴上海参加第四届自贸区知识产权司法保护研讨会,选派员额法官参加国家法官学院组织的赴加拿大蒙特利尔大学法学院"知识产权审判与保护"专题培训,培养顾全大局、精通法律、了解技术并具有国际视野的知识产权审判人才。

(广西壮族自治区高级人民法院知识产权审判庭)

检察工作

一、积极履行检察职能，依法保障企业合法权益

2019 年，广西检察机关受理审查逮捕侵犯知识产权案 64 件 143 人，批准逮捕 51 件 100 人；受理审查起诉侵犯知识产权案 65 件 135 人，起诉 40 件 62 人；监督公安机关撤销侵犯知识产权案件 3 件 3 人。

二、强化领导和协作配合，确保各项工作措施落到实处

广西三级检察院刑检部门与负责民事、行政、公益诉讼的业务部门实行信息共享，形成打击知识产权犯罪检察机关内部合力，对市场经济秩序和知识产权形成全方位保护。通过走访市场监管部门、会同公安机关和人民法院召开相关部门联席会议，积极排查“双打”案件线索，对符合立案监督条件的，及时建议行政执法机关立案、移送。对经监督立案的案件，加强跟踪督促，防止立而不侦、久侦不决。加强与行政执法机关的沟通联系，督促其及时、准确地将行政处罚案件信息全面录入“两法衔接”信息平台，要求检察人员定期登录广西打击侵权假冒领域行政执法与刑事司法衔接信息共享平台查询行政执法案件，监督行政执法机关移送犯罪案件，加强对公安机关立案侦查侵犯知识产权犯罪案件的监督。

三、积极参与社会综合治理，为企业发展和知识产权创新营造稳定有序的环境

在严格依法办案的同时，积极延伸公诉职能，做好社会矛盾化解工作，真正做到案结事了，使当地群众与企业构建良好的群企关系。对办案中发现的食品药品领域管理漏洞等问题，适时有针对性地制发检察建议，督促和支持配合被建议单位落实检察建议，确保监督效果。

四、加强法治教育和犯罪预防，为打击侵犯知识产权犯罪和推动经济发展提供法律服务

认真落实“谁执法谁普法”的普法责任制，积极拓展法律服务渠道，加强对侵犯企业知识产权行为的打击力度和维护企业合法权益的司法救济。加强典型案例剖析，发挥其警示教育作用，紧紧围绕非公有制企业生产经营活动开展预防犯罪工作。广西三级检察机关建立回访制度，坚持一案一回访，实现办案三个效果的有机统一。广西壮族自治区人民检察院与当地工商联联合开展服务民营经济“十百千万”专项活动，加强法律宣传，主动服务民营企业，为优化营商环境、净化经济发展环境贡献检察力量。

（最高人民检察院第四检察厅）

海 南 省

专利工作

2019 年，海南省专利申请量 9302 件，同比增长 44.19%。其中，发明专利 2183 件，同比增长 2.63%；实用新型专利 6073 件，同比增长 81.01%；外观设计专利 1046 件，同比增长 7.95%。2019 年，海南省专利授权量 4423 件，同比增长 34.36%。其中，发明专利 530 件，同比增长 8.38%；实用新型专利 3065 件，同比增长 49.37%；外观设计专利 828 件，同比增长 10.25%。与 2018 年相比，湖南省专利的申请量和授权量均有较大增长，专利的数量和质量进一步提升。

2019年，海南省有效发明3150件，同比增长18.6%，每万人有效发明专利量为3.3件。2019年，全省PCT国际专利申请25件，其中海口22件、琼海1件、五指山1件、洋浦1件。查办专利案件253件。

推荐7家单位的优秀专利项目参评第二十一届中国专利奖。组织第二届海南省专利奖评选活动，共评选出金奖4项、优秀奖8项。受理审核通过专利资助、国际商标注册资助、中国专利奖奖励等知识产权专项资金申报项目1593项，资助、补贴和奖励经费共计1387.5万元。

（海南省知识产权局）

商标工作

2019年，海南省注册商标申请量36 627件，同比增长17.59%；商标注册量26 944件，同比增长55.98%；累计有效商标注册量99 885件，同比增长33.80%；受理商标专用权质权登记7件，比2018年同期增加4件，服务有关企业融资1.628亿元。2019年，海南省查办商标案件114件。

以商标受理窗口为发力点，科学布局、统筹规划，在设立海南商标受理窗口和三亚商标受理窗口的基础上，结合本省实际，于2019年年底增设海口和琼海两个商标受理窗口，实现商标注册在本省南北中布局，进一步优化营商环境。国家知识产权局组织包括中央电视台、人民日报等10余家主流媒体就商标注册改革便利化进行采访，反响强烈。海南省知识产权局被国家知识产权局商标局评为2019年商标受理工作先进单位。

（海南省知识产权局）

地理标志工作

2019年，海南省地理标志保护产品累计12个，地理标志商标64件。其中，年产值上亿元的地理标志产品已达17个，品牌效应逐步显现。

2019年，经国家知识产权局批准，海南省成为首个国家知识产权局批复同意开展地理标志保护产品专用标志使用审核批准改革的省份，也是国内首个在自贸区建设中探索推进专用标志使用审核批准改革的省份。仅用3天时间（改革前需90天左右）审核通过"文昌鸡"地理标志保护产品的龙头企业专用标志申请。通过改革，减少审批层级，缩短审批时间约3个月，对做大做强"文昌鸡"品牌，促进地方经济发展具有示范效应。

（海南省知识产权局）

版权工作

一、软件正版化工作

1. 取得的工作成效

（1）政府机关软件正版化工作有新成效。截至2019年年底，海南省各级政府机关持有操作系统软件授权8.62万套、办公软件授权9.12万套、杀毒软件授权6.09万套，实现了正版软件全覆盖。

（2）国有企业软件正版化工作有新要求。与海南省国资委联合印发省属重点国有企业软件正版化通知，明确2020年完成正版化任务，并组织开展软件正版化视频培训。组织对海南省19家省属重点国有企业进行全覆盖督查，并建立问题台账，指导整改。2019年，19家省国资委监管企业及下属企业新购操作系统软件（不含预装操作系统）共计336套、办公软件443套、杀毒软件310套，采购经费100.31万元，软件升级及维护投入59.69万元。

（3）金融机构软件正版化工作有新进展。截至2019年年底，琼海大众村镇银行、万宁国民村镇银行等6家银行业法人机构完成2019年软件正版化工作目标任务，完成比例为75%。2019年，辖区内银行法人机构新购操作系统软件（不含预装操作系统）共计112套、办公软件3套，采购经费17.78万元，软件升级及维护投入12.4万元；证券期货机构新购操作系统软件（不含预装操作系统）共计190套、办公软件305套、杀毒软件380套，采购经费115.33万元，软件升级及维护投入15.06万元。

(4)民营企业软件正版化工作有新突破。重点动员海马汽车集团股份有限公司、海南科力集团有限公司和半山半岛集团有限公司3家民营企业使用正版软件，这3家民营企业使用正版软件比例达到90%以上。

2. 采取的工作措施

(1)完善工作机制，增强工作合力。调整海南省使用正版软件工作厅际联席会议成员；修订完善海南省使用正版软件工作厅际联席会议制度；大部分市县也相应完成对软件正版化领导机构的调整。

(2)强化工作部署，明确目标任务。召开海南省使用正版软件工作厅际联席会议第四次全体会议，会议审议通过2019年工作计划，明确2020年年底前完成省级国有企业软件正版化工作，并将教育、医疗卫生行业单位纳入软件正版化工作范围。

(3)定期督查考核，推动责任落实。2019年，厅际联席会议组织对19个市县的政府机关和86个省直机关进行全覆盖督查考核，检查计算机1500多台次；督查国有企业19家次，检查计算机近2000台。

(4)开展宣传培训，营造良好氛围。2019年，组织举办软件正版化工作培训3次，近400人参加培训。部分市县组织开展1至2期的业务培训，培训效果较好。

(5)加强采购把关，确保正版合规。组织实施《海南省政府机关办公软件采购管理规定》《海南省政府机关计算机硬件采购管理规定》，督促各级政府机关严格落实“新购计算机须预装正版操作系统软件”规定。主动与有关部门对接，通过培训、督查考核等形式对政府机关采购使用国产软件提出硬性要求。

二、版权宣传工作

组织完成2019年海南省知识产权宣传周版权宣传活动，参加宣传周启动仪式，现场接受群众咨询近80余人次，散发宣传折页近50份，利用展板展示海南省近年来版权管理和执法成果，组织海南生态软件园巴别时代、海南元游等公司通过易拉宝宣传其产品，在天涯社区、南海网、动网先锋、海疆在线等网站投放著作权公益广告。

三、打击侵权盗版工作

(1)开展“秋风2019”专项行动，开展出版物市场专项整治。联合开展“秋风2019”专项行动，检查书店、音像店、报刊亭(社)、印刷复制企业、文具店、流动摊贩、网站媒体等各类出版物经营单位2806家次，取缔违法经营单位20个，共收缴侵权盗版出版物24 241件，删除不良信息100余万条。严厉查处非法印刷与侵权盗版，加大出版物发行单位年度核验力度。海南省598家出版物发行单位，暂缓年度核验74家。扎实开展印刷监管、内部资料管理检查。2019年，多次联合有关成员单位组成督查组，对海口、三亚、儋州、文昌、琼海等重点市县出版物印刷企业进行全覆盖检查，对内部资料性出版物主动监管，均未发现违法内容。

(2)部署开展打击网络侵权盗版“剑网2019”专项行动。2019年，组织网络巡查10多次，发现问题线索15条，涉及网站2个、淘宝账号3个、微信公众号10个。组织开展省内互联网企业侵权盗版自查自纠活动，参与企业10余家。立案查处盗录传播院线电影案件1件；协调海南省通信管理局关停涉嫌侵权网站1个；责令某网站下架涉嫌侵权App软件107款；排除微信公众号侵权8个。

(3)开展侵权盗版及非法出版物集中销毁活动。海南省“扫黄打非”办公室举行“2019年海南省侵权盗版及非法出版物集中销毁活动”，共销毁侵权盗版及非法出版物7.2万多件。

四、版权社会服务工作

2019年，海南省共登记各类作品186件，审核备案涉外图书版权贸易合同160件，引进图书版权163件、输出图书版权4件。

（王金根）

司法工作

一、积极履行审判职能，依法审理涉知识产权案件

2019年，海南省法院共受理知识产权案件657件（含旧存），审结608件，在案多人少的情况下，结案率达92.54%。全年无知识产权再审案件。

二、充分发挥案例指导作用，定期进行公开发布

4月，组织召开海南法院知识产权司法保护新闻发布会，发布《海南法院知识产权司法保护状况（2018年度）》和2018年海南法院知识产权十大典型案例，并邀请省政法委、省检察院、省公安厅、省司法厅等多家单位参加并进行座谈，取得了良好的社会效果。挑选具有典型性和代表性的相关案例，发布2018年知识产权十大典型案例和编辑印发《海南法院类案参考》，对同类案件起到指导和参考作用，统一知识产权案件的裁判标准。

三、严厉打击食药犯罪，充分发挥司法震慑作用

贯彻落实四个“最严”标准要求，对危害食品药品违法犯罪行为加大处罚力度，加重犯罪分子违法成本，同时严把缓刑适用标准，采用“从业禁止”新型制裁方式，让犯罪分子“偷鸡不成蚀把米”，充分发挥司法震慑作用。为贯彻落实好《关于〈食品药品行政执法与刑事司法衔接工作办法〉的实施细则》，海南省高级人民法院于4月召开2019年度知识产权司法与行政保护座谈会暨联席会议，探索知识产权审判与行政诉调对接机制新方式，对知识产权审判领域改革创新的意见和建议等进行讨论，通报案件办理工作情况，形成办理食品药品案件的长效沟通机制。

四、建设海口知识产权法庭，营造良好市场环境

海南省高级人民法院对海口知识产权法庭设立的必要性和可行性进行了充分调研，并起草了向省委和最高人民法院的请示报告。4月，最高人民法院批复同意设立海口知识产权法庭，并跨区域管辖部分知识产权案件。海南省高级人民法院民三庭及时制定《具体措施清单表》，明确责任事项、时间节点、责任单位（部门）和责任领导，指导海口市中级人民法院加快推进海口知识产权法庭建设。9月，海口知识产权法庭正式揭牌运行。海南省高级人民法院召开新闻发布会发布《关于知识产权刑事案件指定管辖若干问题的意见》《关于知识产权行政案件指定管辖的通知》等，明确知识产权案件的管辖，推进知识产权民事、行政和刑事案件审判“三合一”工作。

五、建立知识产权专家库，助推知识产权审判专业化

为充分发挥专家在审理知识产权案件中的智库作用，海南省高级人民法院积极推动建立知识产权审判专家库。2月，海南省高级人民法院与海南省市场监管局、海口海关、海南省农业农村厅、海南省工信厅、海南省版权局签署《关于建立海南法院知识产权审判咨询专家库的工作衔接意见（试行）》，确定通信、医药、计算机等领域的54名专家，帮助海南法院解决技术类案件的技术事实查明难题。

六、加大司法宣传力度，营造良好社会氛围

（1）精心挑选典型案例召开观摩庭，营造司法保护氛围。4月，海南省高级人民法院就一起侵害商标权纠纷召开观摩庭，省电视台、报社等媒体进行拍摄和采访，并制作知识产权保护特别节目，取得了良好的社会效果和法律效果。

（2）开展群众喜闻乐见的多种宣传方式，不断加大宣传力度。海南省高级人民法院除通过《说法》《庭审直播》《海南法治之声》等电视广播栏目，《法制时报》等纸质媒介，以及天涯法律网、微博、公众号等新媒体手段进行宣传和报道外，还与省知识产权协会、海南日报社等新闻媒体共同推出“知识产权司法保护宣传月——法官谈知产”专栏，由法官撰写典型案例，以案说法，提高民众对知识产权的保护意识，加大民众对知识产权司法保护的了解。

（3）到商品集散中心开展宣传活动，让知识产权保护深入人心。海南省高级人民法院联合海南省知识产权战略实施工作联席会议成员单位到海口市名门广场启动知识产权宣传周活动，并开展现场宣传、咨询、发放资料、有奖问答、倡议书签名等活动；海南省第二中级人民法院联合海南省人民检察院第二分院、儋州市工商行政管理局在儋州市夏日广场通过案例宣传、现场解答、发传单等形式开展知识产权宣传；三亚市中级人民法院联合全市各相关单位在明珠广场举办“4·26世界知识产权宣传日”主题宣传活动，向过往民众讲解知识产权知识，积极回应民众提出的关于知识产权案件的咨询，并发放知识产权宣传材料。

七、狠抓队伍素质建设，提高知识产权审判质效

为适应海南省自由贸易试验区和中国特色自由贸易港建设的新要求，制定《海南法院队伍素能建设五年规划》，全面提升海南省法院审判的能力和水平。举办海南法院自贸区愿景讲座，全省民事、刑事和行政审判实务培训班，法律英语培训班等。海南省高级人民法院民三庭举办多期青年法官讲坛，全省法院分管知识产权审判的院领导、知识产权庭庭长、知识产权法官及部分青年法官助理、书记员参加学习培训。

派送知识产权庭法官参加最高人民法院主办的民事、刑事、行政各类业务相关培训以及自贸区（港）建设相关法治论坛，切实加强实务培训，培养国际化、专业化的人才。

八、积极配合“双打”工作，建立健全长效机制

充分利用“双打”联动平台，完善行政执法与刑事司法的有效衔接，每月向省“双打”领导小组报送工作信息和统计报表。健全信息共享、案件上报的“双打”工作协调机制，完善各项工作制度。有效利用“两法衔接”信息共享平台，推进平台间对接互联，完善案件咨询、统计通报、跟踪督促等工作制度，实现“双打”案件的有效报送和反馈。

（海南省高级人民法院知识产权审判庭）

检察工作

一、依法从严批捕、起诉涉嫌侵权假冒犯罪案件

2019年，海南检察机关切实履行检察职能，保持对侵犯知识产权犯罪案件的高压态势，从快从严审查犯罪案件，共依法批捕侵犯知识产权犯罪和制售假冒伪劣商品案件23件69人，提起公诉24件46人。其中，批捕侵犯知识产权犯罪案件4件7人，起诉3件12人。

二、建立打击侵犯知识产权联席会议制度

积极配合海南省“双打办”做好打击侵

犯知识产权和假冒伪劣商品专项活动，落实“双打”工作方案。与省高级人民法院、省公安厅、省市场监督管理局、省知识产权局等单位共同建立打击侵犯知识产权联席会议制度。通过建立行刑衔接机制、信息通报、重大案件督办、舆论宣传、定期召开联席会议研究等方式，形成知识产权保护合力。

三、进一步完善知识产权犯罪案件办案机制

与省高级人民法院协商明确知识产权案件的管辖，推进知识产权案件民事、行政和刑事审判“三合一”工作。与省高级人民法院、省公安厅共同研究制定《关于知识产权刑事案件指定管辖若干问题的意见》，按行政区域和案件轻重，指定相关检察院办理。

四、结合专项工作强化监督

根据侵犯知识产权犯罪的特点，结合落实食品药品安全“四个最严”要求专项行动，积极强化对行政机关、公安机关和审判机关的监督工作，依法快速办理一批危害食品药品安全犯罪案件，保持对食品药品领域侵犯知识产权犯罪的严打高压态势，同时深挖幕后职务犯罪和涉黑涉恶线索，促进提升食品药品安全领域社会治理水平。

（最高人民检察院第四检察厅）

重庆市

专利工作

2019 年，重庆市专利申请量 67 271 件，专利授权量 43 870 件，其中发明专利申请量 20 103 件，发明专利授权量 6988 件。2019 年，重庆市有效发明专利拥有量达到 32 443 件，同比增长 16.15%；每万人发明专利拥有量达到 10.46 件，同比增长 15.2%，提前完成“十三五”规划目标；PCT 专利申请量 162 件。全年调处专利侵权纠纷案件 426 件，查处假冒专利案件 181 件。新增 206 人获得国家专利行政执法资格，新培育专利工程师 100 人、专利代理师 99 人。

2019 年，重庆市获得第二十一届中国专利金奖 1 项、优秀奖 10 项，获奖项目新增销售额 22.5 亿元。国防解密专利和中科院高质量专利首次在渝转化，签订转化合作协议 3 个，达成转化意向 35 项，建成投运国防专利重庆受理窗口。支持相关单位组建高价值专利培育示范中心 28 家，实现智能制造、医疗器械核心部件等领域关键核心技术突破。深化重点产业技术创新专利导航机制，启动建设重点产业专利导航中心（知识产权信息服务工作站）17 个，“芯屏器核网”智能化产业专利导航研究成果获批。建立市级部门协同推进知识产权贯标工作机制，通过贯标企业累计达到 1050 家。知识产权优势企业培育力度持续加大，新培育国家知识产权示范企业 5 家、优势企业 60 家，新培育市级知识产权优势企业 89 家。建成环西南大学创新生态圈知识产权运营平台，促成成果转化意向 27 项。

（重庆市知识产权局）

商标工作

2019 年，重庆市申请注册商标 11.53 万件，有效商标注册量达到 50.22 万件，同比增长 29.82%，每万户市场主体商标拥有量达到 1828 件。新认定驰名商标 6 件，总量达到 159 件。全市马德里商标国际注册累计达到 299 件。重庆长安汽车获得中国

商标金奖创新奖。查处假冒商标案件365件,涉案金额1187万元,罚没款760万元。

组织开展商标品牌奖励工作,经重庆市政府同意,对"天友及图形""广仁铁塔""恒都"3件驰名商标和"彭水晶丝苕粉""潼南柠檬""南川天麻"3件地理标志商标予以奖励,有效发挥政策引导激励作用。重庆市深入开展商标品牌强农行动,完成全市农产品商标和地理标志资源状况全面普查和调查研究;制定33个有扶贫开发任务的区县和18个深度贫困乡镇的商标品牌培育计划,推出脱贫攻坚举措15项;巫山县双龙镇注册商标128件,成功注册"双龙福"区域公共商标品牌;石柱县中益乡申请注册"中益蜂蜜""中益银杏果"地理标志商标2件,累计申请注册商标115件。申请注册农产品商标1.81万件,总量达到8.54万件,同比增长26.98%。

(重庆市知识产权局)

地理标志工作

2019年,重庆市新增地理标志商标9件,累计达到256件。长寿沙田柚、涪陵榨菜等7个地理标志产品被纳入中欧地理标志保护与合作协定保护名录。

持续加强地理标志品牌建设,先后组织城口老腊肉、火炉脆桃、巫山庙党等29个地理标志产品参展第十一届中国国际商标品牌节暨中华品牌商标博览会、第十届中国知识产权年会地理标志专题展。"涪陵榨菜""奉节脐橙""永川秀芽"3件地理标志商标荣获"2019中华品牌商标博览会金奖"。指导成立重庆市地理标志发展促进会,强化地理标志行业管理。深入推进地理标志精准扶贫工作,积极指导地理标志商标权利人、农业合作组织等完善地理标志管理制度,加强地理标志有效运用,有力提升产品的知名度、附加值。2019年,重庆市地理标志产品总产值超过480亿元,带动就业650万余人,人均年收入增加近1万元。举办地理标志注册及运营专题培训,全市区县知识产权部门、高等院校、地理标志单位等近百人参训。

(重庆市知识产权局)

版权工作

一、版权工作机制建设

不断完善版权执法监管、社会化服务、产业发展"三位一体"工作机制,工作触角和覆盖面不断延伸。深化版权、公安、文化执法协作机制,建立版权、法院联动诉调机制和版权、检察保护版权协作机制,健全互联网企业的约谈、警示、通报机制,加强庭审前、中、后各阶段联系协作,运用第三方大数据分析等技术提高打击精准度,深化普法教育、推进协同作战、强化案件办理。

构建版权合作体系,CCDI"版权云"与重庆版权企业签署战略合作框架协议。在2019中国国际大数据产业博览会"大数据领航·打造媒体融合发展新业态"高端对话活动中,重庆市委宣传部和贵州省委宣传部共同组织重庆华龙艾迪信息技术有限公司、重庆西信天元数据资讯有限公司、八戒知识产权网与中国文化(出版广电)大数据产业项目CCDI"版权云"签署战略合作协议,共同打造渝黔数字版权联盟和版权金融服务体系。

二、版权执法监管工作

联合印发《关于开展打击网络侵权盗版"剑网2019"专项行动的通知》,着力推进媒体融合发展、院线电影网络版权专项保护,重点整治流媒体、图片领域网络侵权盗版行为,持续加强短视频、有声读物、知识分享、网络直播等平台版权治理,督促基层版权执法监管部门将地方论坛、门户网站及App纳入监管。各区县(自治县)文化执法大队加大日常网络巡查力度,仅2019年"剑网"专项行动开展期间,累计出动执法人员5.6万余人次,受理各类举报投诉

301件，检查文化经营场所4.5万余家次，办理案件972件，停业整顿21家次，取缔无证照文化经营场所36家，收缴非法出版物3万余册。加强与通信管理、网络视听节目管理、数字出版管理等部门的协作，加强内容入网源头管理。2019年累计获取监测数据53万余条，处置有害网页4.75万余条，移送涉嫌违法违规网站线索146条，断开未备案网站接入4066家，清查层层转租4045家，核查CDN服务器1.4万余台，审查备案节目、栏目40个。

加大对各类侵权盗版行为的打击力度。办理"融特公司侵犯信息网络传播权""锐读书城网""269小说网""8·06"互联网侵权等一批大案要案，处理各类版权纠纷800余件。强化新闻出版行业网络版权保护，赴重庆日报报业集团、重庆广播电视集团（总台）、华龙网集团开展媒体融合版权保护专题调研3场，举办媒体融合版权保护专题讲座1场，进一步规范重庆市新闻作品网络版权秩序。

三、软件正版化工作

建立由重庆市版权局、财政局、经信委等部门组成的联席会议制度，统筹推进软件正版化工作，基本形成党政机关、国有企业带头使用正版软件工作格局，建立以正版软件台账管理为核心的计算机及软件资产管理制度。2019年，重庆市版权局对全市1191个党政机关、国有企业和事业单位进行软件正版化工作专项检查，并对存在问题的单位提出限期整改意见。积极推进软件正版化，加强业务培训和专项督查，共举办专题培训45场，3584个单位的4188名业务骨干参加了培训。

坚持将正版化、信息化、国产化相结合，鼓励和倡导党政机关、企事业单位带头使用国产软件，并开展系列试点工作；组织国产操作系统、办公软件、排版软件、数据库软件、芯片等组成"国产基础软硬件一体团队"集中亮相智博会；推动一铭软件股份有限公司与渝北区政府签署战略协作协议，建立重庆市仙桃数据谷国产软硬件兼容适配中心。

四、版权社会服务工作

2019年，重庆市作品登记量15.77万件，同比增长82.65%，居全国第五位。率先推行作品免费登记，激发登记热情。针对社会公众版权登记意识较弱，登记数量较少的情况，在全国率先设立"作品登记专项资金"，实行作品免费登记，已累计投入专项资金600余万元。重庆市作品登记年登记数量从2011年的800余件上升至2019年的15.77万件，增幅连续8年保持在50%以上。开发建成重庆市数字版权云端服务平台，全面实现作品网上登记，累计为52万权利人和作品使用者提供集约式、便捷化、高效率的服务。在猪八戒网设立威客创意网络版权保护中心，建立酷版权开放平台，已累计发放"数字证书＋纸质证书"双证超过43 000件，为作品评估、交易、融资、维权提供大数据支撑。将版权保护和服务关口前移，变被动登记为主动服务，以文化产业龙头企业和文创名人为服务重点，建立起覆盖100余家单位和500余名创作者的"一点多面"服务体系，并在黄桷坪艺术园区、重庆广播电视集团（总台）、重庆出版集团、重庆艺术大市场少儿艺术中心先后设立10家版权服务工作站，针对各方需求开展个性化版权保护综合服务。

五、版权宣传工作

以"严格版权保护 推进创新发展"为主题，开展"4·26知识产权宣传周"活动，共发放"作品登记指南""识假防假小知识"等宣传读本、资料、活页5000余份，就市民关注的版权保护范围和业务、版权作品价值评估、自媒体与版权、盗版出版物现场鉴伪等内容接受现场咨询。

六、版权对外合作

2019年,重庆市出版单位引进图书版权222件,输出图书版权97件,图书版权贸易顺差同比降低53.6%。组织重庆出版集团、重庆大学出版社等20余家企业参加法兰克福书展、伦敦书展等国际专业展会。与加拿大皇家柯林斯出版集团、英国泰勒-弗朗西斯出版集团、荷兰博睿学术出版社、新西兰贝特曼出版公司、印度BKM柯林斯出版社、新加坡圣智出版集团等国际知名出版机构达成20余项国际版权合作协议。

（汤裕洁）

司法工作

一、立足审判中心工作,典型案例成果丰硕

1. 积极履行审判职能,收结案数量创历史新高

2019年,重庆法院受理一、二审知识产权案件28 556件,其中新收一、二审知识产权案件28 043件,同比分别增长173.66%、180.23%。审结各类知识产权案件26 096件,同比增长162.91%;结案率为91.39%,同比略有下降。

2. 典型案例培育成效显著

2个案件入选2018年中国法院50件知识产权典型案例,分别是重庆市设计院与同方公司侵害著作权纠纷案、成都天厨味精公司与重庆天厨天雁公司不正当竞争纠纷案。1个案件入选最高人民法院发布的依法平等保护民营企业家人身财产安全十大典型案例,即重庆市磁器口陈麻花公司与重庆喜火哥公司九龙坡分公司等侵害商标权及不正当竞争纠纷案。1个案件入选全国法院系统2019年度优秀案例,即马光某、隆某与重庆市川剧院著作权侵权纠纷案。评选出2018年重庆法院知识产权司法保护典型案例。

二、加强司法保障,延伸服务职能

严格落实知识产权司法保护,在三关餐饮文化公司诉龙门街镇山关火锅城侵害商标权纠纷一案中率先适用知识产权惩罚性赔偿,就惩罚性赔偿构成要件的"恶意"与"精确赔偿"进行详细说理,为探索适用知识产权惩罚性赔偿提供参考。强化诉讼程序保障,充分发挥临时措施的制度效能,在深圳腾讯公司、腾讯科技(成都)公司、重庆腾讯公司申请诉前行为保全案中,从主体、管辖、权利情况、危险紧迫性、利益平衡等6个方面进行判断,向申请人颁发了临时禁令,有效维护了《王者荣耀》知识产权权利主体的合法权益。

组建高层次知识产权法律咨询专家库,聘任第一批法律咨询专家。与重庆市司法局、重庆市知识产权局签订《关于健全知识产权纠纷多元化解机制的合作协议》。重庆两江新区(自由贸易试验区)人民法院于"4·26世界知识产权日"发布《关于服务创新驱动发展切实加强知识产权司法保护的指导意见》,从规范知识产权证据审查机制、优化损害赔偿计算方法等各个方面提出13条核心意见。

三、加强调研指导,统一司法尺度

1. 课题调研亮点纷呈,取得重大突破

重庆两江新区(自由贸易试验区)人民法院联合西南政法大学共同申报中标2019年度最高人民法院司法研究重大课题"知识产权惩罚性赔偿制度研究"。重庆市第一中级人民法院完成了"商业秘密审判制度的反思和重构""商业标识法律保护的冲突与规制——以企业名称权的保护为视角"和"行业协会反竞争行为的法律规制研究"的课题研究。4篇文章分别在《人民法院报》《中国专利与商标》《人民司法》《人民法院案例选》刊物上发表。

2. 多管齐下,统一裁判规则

一是创办《知识产权和涉外商事审判动态》季刊,主要包括领导讲话、政策文件、

审判工作、综合工作、工作动态五大栏目。二是组织三级法院条线培训。在国家法官学院重庆分院举办全市法院知识产权及涉外商事审判实务培训班，特别邀请最高人民法院民三庭王艳芳审判长、西南政法大学民商法学院李雨峰院长、国际法学院张晓君院长等，分别就知识产权及商事审判实务和理论前沿问题作专题讲座。三是打造精品裁判文书。辖区法院 2 篇裁判文书获"2018 年全国法院百篇优秀裁判文书二等奖"，1 篇文书入选 2018 年最高人民法院百篇优秀裁判文书。开展知识产权与涉外商事审判优秀裁判文书评比活动，共有 15 篇知识产权审判文书、9 篇涉外商事审判文书获评优秀。四是强化二审裁判指引功能，确立类型化案件裁判规则；注重改发分析，对改判、发回重审的案件逐案分析。

四、拓展横向交流，提升知识产权涉外审判影响力

1. 发挥专委会平台作用，发出知识产权审判"重庆声音"

11 月，组织召开"知识产权诉讼与营商环境优化——知识产权诉讼证据规则研讨会"，围绕知识产权诉讼证据规则的热点法律问题展开讨论。继续与西南政法大学联合举办"中国知识产权法官讲坛"，2019 年共举办两场。

2. 扩大交流渠道，完善多元纠纷解决机制

继续做好"4·26 世界知识产权日"主题宣传，召开知识产权司法保护新闻发布会，发布《重庆法院知识产权司法保护状况(2018)》。及时发布典型案例，充分发挥知识产权司法保护的主导作用，传递司法保护正能量。加强庭审直播，开展庭审进校园活动，发挥庭审的法治宣传教育功能。继续深化与市工商局、市知识产权局、重庆仲裁委等多部门联络机制，通过重点案件座谈、典型案件交流、业务指导会商等形式，加强业务合作与司法监督，完善多元纠纷解决机制。重庆市第一中级人民法院与重庆市知识产权纠纷人民调解委员会、重庆市企业知识产权保护促进会、重庆市中新示范项目管理局签订战略合作协议，着力打造知识产权与涉外商事纠纷诉调对接平台。重庆市第二中级人民法院通过版权纠纷行政调解平台，委托当地文化行政执法部门多方调解处理著作权侵权纠纷，调解、撤诉率达到 94.9%。重庆两江新区(自由贸易试验区)人民法院与 7 家单位共同签署《关于加强中国(重庆)自由贸易试验区知识产权保护的联合声明》，发挥司法主导作用。

(重庆市高级人民法院知识产权审判庭)

检察工作

2019 年，重庆检察机关全年共受理侵犯知识产权审查逮捕案件 40 件 85 人，批捕 28 件 46 人；受理审查起诉案件 87 件 163 人，起诉 48 件 130 人；追诉漏犯 2 人、漏罪 2 条；立案监督 1 件 2 人，提出检察建议 2 件。

一、加强顶层制度设计，增强知识产权保护意识

制定《关于充分履行检察职能加强产权司法保护的指导意见》《全市检察机关开展保护民营企业财产权、知识产权专项工作方案》等多项文件进行宏观部署，把依法保护知识产权、宣传保护知识产权放在更加突出的位置，以服务非公经济为着力点，让社会对公正司法有更多、更具体、更直接的获得感。

二、打造专业团队，提升案件办理质效

针对知识产权犯罪专业性强、犯罪手段隐蔽等特点，分两次从重庆市检察机关公诉部门选拔包括荣获"全国优秀公诉人""全国侦查监督业务能手"等荣誉的 6 名员额检察官，组建知识产权犯罪刑事检察专业团队，对内以办案为中心，在重庆市人民

检察院的领导下主动介入办理20余件全市重大、疑难、复杂的侵犯商业秘密、侵犯著作权、假冒注册商标等知识产权刑事案件，打造检察机关攻坚克难的“国家队”；对外以融入知识产权保护圈为抓手，通过与市文化委员会签订合作协议、与公安机关召开联席会议、参与全国各类知识产权沙龙和论坛等方式，形成保护合力，贡献检察智慧。重庆市人民检察院举办全市知识产权犯罪案件司法实务问题研讨班，围绕知识产权犯罪案件办理的前沿理论、法律法规、刑事政策，疑难、复杂问题研究以及相应案件办理实务问题，开展法学理论和司法实务研讨，全面提高参训人员在知识产权领域的检察工作能力。

三、加强知识产权保护力度，服务保障民营企业发展

提前介入重大、疑难、复杂的知识产权案件，严把证据关、法律关，注重法律效果与社会效果的统一，实现依法惩治犯罪与认罪认罚、社会关系修复的统一。针对嫌疑人、被害人双方均反映强烈的侵犯商业秘密案件，实行基层院、分院、市检察院三级联动，加强指导，做到不枉不纵，切实服务民营企业。为企业构筑知识产权“防火墙”，在加强知识产权保护宣传的同时，主动走进重庆宗申机车工业制造有限公司、重庆方盛净化设备有限公司等民营企业进行深入调研，听取民营企业家对检察工作的意见，通过办案经验的分享为民营企业注入知识产权保护的正能量。

四、加强新闻宣传，助力公众提升知识产权保护意识

从2019年4月20日开始，重庆市检察机关指派知识产权刑事检察专业团队参与重庆市文化和旅游发展委员会在重庆市渝中区解放碑商圈组织的“4·26世界知识产权日”系列宣传活动，宣传知识产权保护的政策和法律规定、重庆市检察机关保护知识产权的工作情况等内容。

（最高人民检察院第四检察厅）

四川省

专利工作

2019年，四川省新增专利申请13.15万件，PCT专利申请444件，专利授权8.21万件，其中发明专利授权1.2万件，有效发明专利拥有量达6.02万件。

多维度加大专利行政保护力度。深入开展“双打”“铁拳”和“春雷行动2019”，重点加强电商平台和大型展会专利行政执法检查，加强与泛珠三角区域、长江经济带、丝绸之路经济带等省（区、市）的专利执法协作。协同构建覆盖全国的专利执法协作网络，合力打击侵权假冒行为。全年开展专利行政执法检查5051次，出动执法人员9925次，检查商业场所8843个，检查商品113.35万件，开展大型展会专利行政执法保护10余次，立案受理各类专利案件3488件，结案率96.2%。协同办理电子商务领域专利案件2317件，结案率100%。向广东、江苏、浙江、福建等省移送案件23件。深入开展专利代理行业“蓝天”专项整治行动，严厉打击“四类”违法违规行为，净化专利代理市场，出动执法人员550人次，查办涉嫌“挂证”执业代理师165人和代理机构88家；查办7条“黑代理”违规违法线索，涉及480项专利代理业务。

（四川省知识产权局）

商标工作

2019年，四川省新增注册商标22.51万件，同比增长35.6%；有效注册商标量累计83.27万件，同比增长31.8%。马德里商标国际注册申请量44件，累计539件。全省7个商标受理窗口受理商标注册申请1.81万件，受理全部商标业务2.5万件，累计受理各类商标业务5.22万件，商标质押融资金额累计32.56亿元。

商标注册便利化改革不断深化，国家知识产权局商标局商标受理窗口新增青白江自贸区、四川知识产权服务促进中心2个。2019年，四川省累计有7个商标受理窗口。其中，成都商标受理窗口在全国212个地方商标受理窗口中，商标注册申请量持续排名全国第一。

全面贯彻市场监管总局、国家知识产权局知识产权执法专项行动、"铁拳"行动、秋季地理标志保护等工作部署，下发《四川省市场监督管理局2019年商标监管工作要点》，围绕重点领域、重点商品、重点环节开展专项整治和日常监管，强化商标行政保护，严厉查处侵犯注册商标专用权的违法行为；与重庆、广东、吉林等地知识产权机构开展案件线索移送和执法联动，加强跨区域商标侵权案件执法协作；重视涉外商标权保护，依法查处侵犯"苹果""阿迪达斯""sony"等涉外商标专用权违法案件；依法公示商标行政处罚案件信息，推进社会诚信体系建设；开展四川省驰名商标相关信息普查工作，建立驰名商标基础信息库，推进驰名商标认定保护工作。2019年，四川省各级市场监管部门共查处各类商标违法案件1364件，案值1261.48万元，移送司法机关15件。其中，查处商标一般违法案件143件，案值92.9万元；查处商标侵权假冒案件1221件，案值1168.5万元；查处涉及侵犯驰名商标权益的案件56件；查处侵犯涉外商标案件39件。

（四川省知识产权局）

地理标志工作

2019年，四川省新增地理标志61件，其中地理标志商标47件，农产品地理标志14件，累计拥有地理标志844件，累计核准使用地理标志专用标志企业805家。

初步建成成都市郫都区、双流县、蒲江县、朝天区、广安区5个国家地理标志产品保护示范区，18个省级地理标志产品保护示范区。完成纳溪特早茶和四川泡菜等地理标志农产品第一批中欧地理标志互认工作，启动广汉缠丝兔、小金苹果等7个地理标志农产品的第二批中欧地理标志互认工作，促进地理标志农产品国际化发展。四川省知识产权服务促进中心首次携四川省内地理标志企业、产品参加在浙江杭州举办的第十届中国知识产权年会，设立地理标志产品专区展览。四川省知识产权局召开四川省地理标志精准扶贫工作推进现场会，交流经验。

积极指导和推进本省地理标志注册和保护。向国家知识产权局推荐宣汉桃花米、白庙血橙、宜宾燃面、松藩羌活等20个产品申请地理标志产品保护；推荐41家企业申请使用"蒲江丑柑""蒲江猕猴桃""邛崃黑猪"等14件地理标志保护产品专用标志；推荐四川省五粮液酒作为中国和巴西酒类产品的互认互保产品；推荐"国窖1573白酒""雅江松茸""峨眉山藤椒油""米易枇杷"等8件地理标志纳入中欧地理标志保护与合作协定第二批保护名录。加强地理标志产品质量监管，委托四川产品质量监督检验检测院开展地理标志产品质量抽查，2019年共抽检37个品种，计91批次，其中合格89批次，合格率为97.8%。

（四川省知识产权局）

版权工作

一、版权宣传培训工作

(1)开展"4·26知识产权宣传周"活动。按照国家版权局《关于做好2019年全国知识产权宣传周版权宣传活动的通知》部署安排,在四川省各地先后开展"天府数字文化资产交流——版权保护与发展"主题论坛、"关注版权保护和产业发展"研讨会等活动。4月26日,四川省版权局联合成都市版权局组织40家网络和出版企业代表、56个版权服务工作站在宽窄巷子开展主题版权宣传活动,发布四川省2018年度版权保护典型案例、集体倡议禁止网络侵权盗版行为、开展版权保护主题宣讲等。

(2)开展版权宣传配合活动。"4·26知识产权宣传周"期间,适时组织文化市场综合行政执法机构、市场监督管理部门等开展版权联合执法检查14次,出动执法人员5520人次,检查文化经营场所8636家次,检查出版物经营单位513家次,销毁侵权盗版及非法出版物1万余件。

(3)广泛宣传报道版权宣传活动。组织省内重点媒体积极宣传四川省版权宣传活动开展情况,四川日报、四川人民广播电台、四川电视台、四川新闻网、四川手机报等媒体于4月分别刊发四川省版权宣传活动重要信息。

(4)组织全省21个市(州)版权局负责人、执法骨干参加软件正版化和版权执法培训,讲授网络侵权盗版案件查办技巧,分享典型案例,指导跨部门联合执法及联合处置方式方法。同时,对全省版权执法进行再动员再部署。

二、版权执法监管工作

(1)开展"剑网2019"专项行动。按照专项行动统一部署,省版权局联合省通信管理局、省公安厅、省互联网信息办公室印发《关于开展打击网络侵权盗版"剑网2019"专项行动的通知》,要求各级版权执法监管部门,把网络作为版权管理工作的主阵地、主战场,精心组织好"剑网2019"专项行动。

(2)狠抓案件督办。督办中宣部版权管理局、全国"扫黄打非"工作小组办公室、公安部治安管理局、最高人民检察院第四检察厅的联合挂牌督办案件"四川成都'9·25'沙某某涉嫌侵犯著作权案""电影《攀登者》被盗录案""绵阳市徐某等侵犯计算机软件著作权案"。

三、软件正版化工作

(1)按照省委、省政府关于清理议事协调机构相关要求,将四川省原省政府推进使用正版软件工作领导小组调整为省推进使用正版软件工作联席会议。征求省推进使用正版软件工作联席会议成员单位意见,拟制印发《2019年四川省推进使用正版软件工作计划》,明确各成员单位的职责和分工。

(2)迎接全国推进使用正版软件工作联席会议检查组检查并反馈情况。省版权局向4个存在问题的单位分别印发整改通知;对本次督查未接受现场检查的计算机开展全面排查,发现问题一并整改。同时,省版权局对问题整改实施动态跟踪,为整改提供政策法规咨询服务与软件使用管理技术指导。

(3)四川省软件使用管理规范,操作系统软件和办公软件正版率等各项指标在全国处于领先水平。开展软件正版化培训,800余人参训。

四、版权社会服务体系建设

(1)抓实版权社会服务工作。推动版权作品登记工作提质保量,完成作品版权登记,加强版权"走出去",重点鼓励版权产品向"一带一路"沿线国家和欧美发达国家"走出去",完成版权贸易合同登记1094件,较2018年增长6.42%。其中,版权引进625件,较2018年下降近20%;输出

469件，较2018年增长84.65%。建立打击图书侵权盗版联动工作机制，发布4次共196种川版图书版权保护书目。

（2）加快版权产业快速发展。启动实施版权相关产业的经济贡献调研工作，加强版权相关产业的经济贡献的量化研究，切实摸清四川省版权产业底数，为推动版权相关产业发展提供科学依据。绵阳市成功创建全国版权示范城市，四川汇德轩文化艺术有限公司创建国家级版权示范单位；南充市非物质文化遗产保护中心创建省级版权示范单位。配合国家版权局在四川省成功举办2019中韩版权交流活动和“一带一路”版权国际论坛，促进四川省版权对外交流合作。

（李晓曦）

司法工作

一、狠抓执法办案，积极发挥知识产权司法保护主导作用

2019年，四川法院受理各类知识产权案件11 636件，审结9920件，同比分别上升35.02%和35.28%。其中，受理民事案件11 432件，刑事案件200件，行政案件4件；审结民事案件9752件，刑事案件167件，行政案件1件。四川省高级人民法院审结的四川好医生药业公司诉平安健康公司侵害商标权及不正当竞争纠纷案、黄崎某诉利尔公司专利报酬奖励纠纷案，分别判决侵权人向知识产权权利人赔偿损失或支付报酬300万元、150万元，充分发挥了人民法院遏制侵权行为、加大知识产权保护力度的司法裁判引导作用。

二、深化司法改革创新，增强知识产权司法保护的及时性、便利性和有效性

（1）创新建立类型化案件快审机制。四川省高级人民法院指导成都知识产权审判庭探索建立知识产权案件快速审判机制，合理配置审判资源，实现“繁案精审，简案快审”。成都知识产权审判庭的知识产权类型化案件平均审理时间由2015年的140余天下降至2019年的79天，审判效率大幅提升，有力破解了知识产权案件审理“周期长”的问题。4月，四川省高级人民法院召开全省法院“知识产权案件快速审判机制”现场推进会，指导落实该项机制，为该项机制在全国推广并取得实效奠定坚实基础。

（2）建立符合知识产权案件特点的证据规则。2019年，四川法院有20余件专利等技术类案件引入技术调查官辅助法官查明技术事实，切实增强了技术事实认定的中立性、客观性和科学性。

（3）推进出台指导意见，提供制度保障。2019年，四川省高级人民法院起草《关于加强知识产权审判领域改革创新若干问题的实施意见》，该实施意见于2019年3月由中共四川省委办公厅、四川省人民政府办公厅印发。同时，四川省泸州、德阳、攀枝花、乐山、南充、雅安、宜宾等市也先后出台相应实施方案，进一步落实知识产权审判领域改革创新相关举措。

（4）加强沟通协调，形成保护合力。10月，成都知识产权审判庭与中国（四川）知识产权保护中心签订关于建立知识产权协同保护机制的合作协议，约定专利无效宣告、专利侵权诉讼审理衔接以及典型知识产权案件可在保护中心开庭审理，同时保护中心可接受成都知识产权审判庭委托进行涉专利知识产权案件的调解工作，并持续提供专利侵权判定咨询意见等协助工作。

三、平等保护中外当事人合法权益，打造优质营商环境

（1）公正审理涉外知识产权案件。在2019年审结的“KONE”及“通力”商标案中，人民法院依法保护外国企业商标权，判令侵权人停止侵权并赔偿商标权利人经济损失及维权合理费用共计100万元。

(2)不断优化知识产权案件管辖。2019年,四川自由贸易试验区人民法院(四川天府新区成都片区人民法院)获得一般知识产权民事案件的管辖权。四川共有8个基层法院享有一般知识产权民事案件的管辖权,知识产权案件管辖法院布局更加科学合理,增强了知识产权权利人参与诉讼的便利性。

(3)积极开展知识产权司法保护对外交流工作。选派优秀知识产权法官赴加拿大、法国、日本等地参加专项培训、考察和交流,学习国外知识产权审判先进经验;四川省高级人民法院刘楠副院长受邀参加"2019年首届成都国际知识产权行业峰会"并作主题发言;四川法院先后接待来自美国、日本、巴西等国家的知识产权法官、专业人士、团体考察访问,介绍交流四川知识产权司法保护最新成果。

四、加大宣传力度,不断扩大知识产权司法保护的影响力

(1)发布知识产权司法保护白皮书、典型案例。2019年,四川省高级人民法院发布《2018年四川法院知识产权司法保护状况》白皮书及2018年四川法院知识产权司法保护十大典型案例,四川省高级人民法院首次发布《2017—2018年四川省民营企业知识产权司法保护状况》白皮书及典型案例。

(2)打造精品案例,创新宣传途径。2月,四川省高级人民法院审理的孙希某诉成都航美房地产公司侵害发明专利权纠纷案被评为首届全国法院"百场优秀庭审"。11月,四川省高级人民法院院长王树江大法官主审并当庭宣判一起侵害商标权纠纷案件,邀请人大代表、政协委员,以及省委政法委、省市场监管局、省工商联、省知识产权领导小组相关领导,律师代表和在校师生一百余人旁听庭审。

(3)主动接受各方监督。一是积极邀请人大代表、政协委员、社会公众等到法院旁听庭审;精选典型案例,不定期到社区、学校、企业、工业园区等地方开展公开审理;充分运用互联网技术,通过新浪、腾讯微博直播庭审。二是举办知识产权诉讼实务座谈会。10月,四川省高级人民法院民三庭与四川省律师协会共同举办座谈会,听取知识产权律师代表对法院知识产权审判工作的意见和建议,探讨构建知识产权法律共同体。三是积极汇报知识产权审判工作。积极向省人大、省知识产权工作领导小组、省全面创新改革领导小组、四川自贸区工作办公室、省打击侵犯知识产权和制售假冒伪劣商品工作领导小组等报送知识产权司法保护相关材料。

(4)充分调研民营企业知识产权司法保护意见建议。4月,四川省高级人民法院邀请人大代表、政协委员视察民营企业科伦药物研究所、海特集团公司并召开征求意见建议座谈会,全面了解各类民营企业的知识产权保护状况及司法需求,有针对性地帮助民营企业解决在知识产权创造、保护、运用等方面遇到的法律问题,增强民营企业防范化解经营风险、实现创新发展的能力。

五、加强队伍建设,提升知识产权司法保护能力和水平

(1)优化知识产权审判队伍。结合司法责任制改革要求,配齐配强知识产权审判团队,将政治素质好、业务能力强、外语水平高、具备理工科背景的法官充实到知识产权审判队伍。截至2019年年底,四川省知识产权法官共120人,其中本科学历占59.17%,硕士、博士研究生学历占40.83%,队伍知识结构、年龄层次等不断优化。

(2)切实提升知识产权审判能力。一是举办全省法院知识产权培训班,邀请最高人民法院、北京市高级人民法院、西南政法大学的审判专家及知名学者授课,有效提升全省法院知识产权审判人员的政治素质、政策水平与业务能力。二是出台《关于审理涉小商品侵犯商标权纠纷类型化案件赔偿标准问题的意见》，为统一全省涉小商品侵犯商标权纠纷类型化案件的赔偿标准提供了有效指导。三是发布案件改发分析报告，全面分析案件改发的原因及理由，提出改进措施。

（四川省高级人民法院知识产权审判庭）

检察工作

一、落实各项制度，营造知识产权保护法治环境

一是严格贯彻落实《关于强化知识产权保护的意见》，加强知识产权保护，全面推进国家知识产权试点城市建设，为四川省经济健康发展创造良好的法治环境。二是继续贯彻落实《四川省人民检察院关于充分发挥检察职能加强知识产权保护的意见》，各级检察机关从提高认识、立足办案、健全制度、提升能力四个方面入手，保护知识产权权利人和消费者的合法权益。三是四川各地检察机关结合当地实际，多措并举，建立常态化工作机制。成都市高新区人民检察院开展知识产权“双报制”探索实践；绵阳市人民检察院联合市法院、市公安局等四部门会签文件，从健全和深化军民融合知识产权司法保护工作机制，完善促进和保障中国（绵阳）科技城加快发展的机制措施等方面提出具体措施。

二、依法履行检察职能，提升知识产权保护实效

一是依法打击各类侵犯知识产权犯罪，严格把握政策法律界限，审慎应对知识产权领域新型案件和新型问题，深入推进“四类人员”出庭工作。二是加强对侵犯知识产权案件的检察监督。一方面对行政执法机关移送涉嫌犯罪案件和公安机关立案活动依法实施法律监督；另一方面针对公安机关立案侦查的重大、疑难、复杂犯罪案件，指派业务骨干提前介入，积极引导侦查取证，及时完善固定证据。三是强化民事、行政诉讼监督。不断提高监督决定文书的质量，确保法律文书中认定事实、适用法律、阐释理由准确到位，通过切实提升自身的监督水平争取法院的理解，赢得监督权威。逐案追踪跟进，杜绝“一抗了之”“一建了之”情况发生。四是认真办理涉及侵犯知识产权领域的公益诉讼案件。四川省检察机关充分发挥公益诉讼检察职能，对造成国家和社会公共利益受到损害的案件，通过发出诉前检察建议、依法支持起诉或向人民法院提起诉讼等方式，保护群众合法权益。

三、凝聚多方力量，提升知识产权办案能力

一是针对涉及侵犯知识产权领域犯罪案件专业性强的实际情况，四川省检察机关积极推动专业化队伍建设。如成都市人民检察院成立了由检察长任组长的知识产权专项工作领导小组，并从各业务部门挑选办理侵犯知识产权犯罪案件实践经验丰富的干警，组建知识产权工作专班。二是聚焦经济业态、商业模式创新中的新型前沿法律问题，借助专家学者、行业协会等“外脑”力量，参与疑难、复杂案件办理。三是加强与市场监管局、公安机关等单位的沟通协作，建立联络热线，及时解答执法机关在办理知识产权案件过程中遇到的问题。

（最高人民检察院第四检察厅）

贵州省

专利工作

2019年，贵州省专利申请44 328件，专利授权24 729件，同比下降0.4%和增长27.1%；PCT专利申请48件，比2018年增加18件。截至2019年年底，贵州省有效专利70 498件，同比增长27.2%。其中，有效发明专利11 218件，有效实用新型专利49 697件，有效外观设计专利9583件，同比分别增长11.1%、35.4%和10.8%。每万人有效发明专利达到3.1件。截至2019年年底，贵州省十大工业产业有效专利52 927件，同比增长12.1%，占贵州省有效专利的75.1%。其中，有效发明专利11 206件，同比增长9.1%，占贵州省有效发明专利的91.6%；有效实用新型专利38 167件，同比增长12.8%，占贵州省有效实用新型专利的76.8%；有效外观设计专利3554件，同比增长15.2%，占贵州省有效外观设计专利的37.1%。截至2019年年底，贵州省12个农村特色产业有效专利11 938件，同比增长29.5%，占贵州省有效专利的16.9%。其中，有效发明专利2132件，同比增长14.7%，占贵州省有效发明专利的19.0%；有效实用新型专利8695件，同比增长36.8%，占贵州省有效实用新型专利的17.5%；有效外观设计专利1111件，同比增长15.2%，占贵州省有效外观设计专利的11.6%。

落实知识产权政策。对获得中国专利奖和贵州省知识产权奖的32个项目单位进行表彰和奖励，发放奖励583万元。推动服务机构与50多家专利权人签订专利权托管服务协议，累计托管发明专利1496件，实现专利权许可转让129件，许可转让金额179万元。

加强知识产权信息传播利用。开展药食两用中药材保健食品、磷化工高塔复合肥、涉外企业“走出去”知识产权保护预警维权等专利战略研究和风险评估，对328家涉外企业的知识产权现状进行调查分析，向165家中小微企业开展专利信息免费推送服务。推广运用“新一代专利信息检索与分析系统”平台，2019年新增注册用户259个，系统用户总数达到807个，提供专利检索服务104.6万次、下载专利文献6714篇。

深化专利申请注册便利化改革。优化专利代办业务工作流程，出台专利事务“零跑腿”实施方案，专利申请网办率达100%，专利缴费网办率超过96%，贵州省专利电子申请率保持95%以上，其中专利代理机构电子申请率达到100%。

开展全国专利代理行业改革试点。组织专利代理师资格考试贵阳考点工作，19人获得全国专利代理师资格。将专利代理机构纳入“双随机、一公开”监管，立案查处擅自开展专利代理业务案件1件，撤回“非正常申请专利”939件。

（贵州省知识产权局）

商标工作

2019年，贵州省商标注册申请89 652件，商标注册62 033件，同比分别增长22.2%和44.9%。截至2019年年底，贵州省有效注册商标212 200件，同比增长38.0%；每万户市场主体拥有有效注册商标691.6件，同比增长20.6%，平均每14.5户市场主体拥有1件注册商标。新认定驰名商标1件，累计达到64件。

实施商标品牌富农助力乡村振兴工程。指导注册“黔”系列商标注册申请51件，涉及“黔酒”“黔绣”“黔艺”“黔织”“黔珍”“黔菜”“黔茶”“黔景”等 11 个系列，注册商标 42 件。承办国家知识产权局“地理标志商标精准扶贫西部宣讲团走进贵州”活动，开展以“提升地理标志运用水平，助力特色产业发展，力促贵州贫困地区实现脱贫攻坚”为主题的宣讲培训。组织专家实地走进威宁、湄潭、修文等地进行指导，签订对口帮扶协议等，推动“黔货出山”“贵州绿色农产品风行天下”。

深化商标申请注册便利化改革。新增 1 个商标受理窗口，贵州省除毕节市外，实现商标注册申请受理窗口市（州）全覆盖。2019 年，8 个市（州）商标受理窗口受理商标注册申请 3719 件，商标申请人在贵州省内就能申请商标注册。

（贵州省知识产权局）

地理标志工作

2019 年，贵州省新增 50 件地理标志，其中地理标志商标 13 件，农产品地理标志 37 件。截至 2019 年年底，贵州省地理标志累计 348 件，其中 12 个农村特色产业获得地理标志 280 件，占总数的 80.5%。

加强地理标志产品的知识产权保护。制定《发挥地理标志助推作用聚力脱贫攻坚工作措施（2019 年）》，向国家知识产权局报送 30 个地理标志产品保护申请、34 家企业专用标志使用申请，核准 17 家企业使用地理标志产品专用标志。加强地理标志保护国际合作，推荐普安红茶等 15 个地理标志保护产品纳入中欧地理标志合作与保护协定第二批保护名录，贵州茅台酒成为“中泰 3＋3”中方首批 3 个地理标志产品互认互保试点产品之一。

实施知识产权精准扶贫工程。选择修文猕猴桃等 12 个地理标志产品实施产业化促进工程。推荐麻江蓝莓、黎平香禾糯成为国家知识产权局 2019 年地理标志运用促进工程项目。推进地理标志农产品品牌建设，选择 8 个产品实施国家农产品地理标志保护工程。组织召开农业领域“政产学研介”知识产权价值转化对接会，推介专利技术成果 40 余项。编制蔬菜、茶叶、食用菌等 10 个食用农产品标准体系，有效标准达到 2033 个，其中与地理标志产品生产相关的标准占到 2/3。对 39 个获得地理标志保护的申请主体兑现奖励 78 万元。

（贵州省知识产权局）

版权工作

一、全国首家采用“无钥签名区块链”技术开展版权登记

在贵州省委宣传部的指导推动下，贵州省版权登记中心引入“无钥签名区块链”技术开发完成“双证”模式，“区块链＋版权登记”应用场景成功落地。截至 2019 年 11 月中旬，平台累计注册用户已超过 5000 人，签约版权登记代办机构、素材交易网站、版权综合服务商、内容运营商等 B 端客户 15 家，累计完成版权存证 33 076 件，作品登记收件 34 635 件，收件申请量约为 2018 年的 29 倍。同时，贵州省版权登记中心实现了与中宣部版权管理局监管平台数据接口的对接，准确高效按要求报送贵州省作品登记数据，是全国开通数据接口的 7 个省份之一。

二、组织“媒体融合的版权保护与运用”专题研修班

11 月至 12 月，贵州省委宣传部与北京大学合作举办“媒体融合发展的版权保护与运用”专题研修班。中宣部版权管理局对贵州省的做法给予充分肯定，专门派出分管负责同志出席培训班并授课。这是全国首个在省级层面以该主题举办的培训班，对探讨版权工作如何进一步服务党委政府中心工作、如何促进媒体融合发展进行了有益的尝试。

三、版权管理服务工作

1. 努力推进软件正版化工作

(1)及时调整省推进使用正版软件领导小组。由省委常委、宣传部部长担任该领导小组组长,省政府联系版权工作的副省长担任副组长,加强党对软件正版化工作的领导,形成党政齐抓共管的局面。

(2)配合完成国家检查组对贵州省的软件正版化检查工作。8 月,省推进使用正版软件领导小组办公室对省教育厅等 10 家政府机关和省级国有企业安排预检,并要求各家单位按要求做好迎接国家检查的准备。9 月,国家检查组对贵州省 10 家单位的 1731 台计算机进行了检查。贵州省 2019 年软件正版化率为 89%,较 2018 年提升 40 个百分点,但与全国相比仍有较大差距。

(3)召开贵州省软件正版化工作推进暨培训会议。会议全面安排部署全省软件正版化工作,特别是针对国家检查组反馈的问题提出整改要求。中宣部版权管理局有关负责同志出席会议并对各级各部门具体负责同志开展软件正版化培训。

(4)制定印发系列规范文件。先后制定印发《贵州省 2019 年推进使用正版软件工作计划》《关于进一步强化国家检查组反馈我省软件正版化工作存在问题整改的通知》《关于进一步加强和改进软件正版化工作的实施方案》等,促进贵州省软件正版化工作机制化、常态化。

2. 加大版权执法力度,提升案件查处数量

按照中宣部要求,认真部署贵州省第十五次打击网络侵权盗版“剑网”行动,联合有关部门建立贵州省“剑网”行动工作领导小组。2019 年,贵州省共查处办理侵权盗版案件 10 件。其中,办理中宣部转办的电影盗录案件 1 件。贵州省版权局版权管理处获评“2018 年度查处侵权盗版案件有功单位”三等奖。

3. 认真组织版权宣传,提升版权意识

(1)开展“4·26 世界知识产权日”宣传活动。于贵州大学举办版权保护知识讲座,组织邀请专家、法官等进行“以案释法”现场讲解,开展作品登记知识宣传和现场服务。

(2)参与制定《2018 贵州省知识产权保护与发展状况》白皮书。参加《2018 年贵州省知识产权保护与发展状况》白皮书新闻发布会,就版权保护回答记者提问,努力在全社会营造尊重创新、保护知识产权的良好氛围。

(徐　梅)

司法工作

一、知识产权司法保护概况

2019 年,贵州省法院共受理各类知识产权案件 1860 件(含旧存 152 件),其中一审案件 1729 件,二审案件 130 件,申诉申请再审案件 1 件;共审结知识产权案件 1649 件,结案率 88.7%。收、结案同比分别上升 96.2%、107.16%。一审案件中,知识产权民事案件 1570 件,知识产权刑事案件 156 件,知识产权行政案件 3 件。

二、强化知识产权保护,切实维护权利人合法权益

(1)加大司法保障力度,着力维护合法权益。知识产权民事审判着力传递“知识产权权利受保护,侵权必受追究”理念,精心打造精品案件。注重通过个案审理,明晰裁判标准和行为准则,充分发挥知识产权司法保护机制的保障和激励作用,彰显司法公信与权威。合理、合法适用赔偿标准、举证责任,维护权利人的合法权益。如嘉宏房地产公司在其开发的房地产项目中,侵犯他人 4 件注册商标,被判处赔偿 280 万元,权利人合法权益得到了有力保护。2019 年受理的民事一审案件中,著作权类案件 758 件,占 48.28%;商标类案件 624 件,占 39.75%;专利类案件 115 件,占

7.32%；不正当竞争等其他类案件 73 件，占 4.65%。

（2）加大司法惩处力度，着力制裁犯罪行为。依法审理张忠某等假冒茅台酒注册商标的一批假冒或销售假冒注册商标的商品罪，判处张忠某有期徒刑 5 年又 3 个月，并处罚金 470 万元。2019 年受理的刑事一审案件中，排名前三类的分别是销售假冒注册商标的商品罪案件 72 件，占 46.15%；假冒注册商标罪案件 56 件，占 35.90%；非法制造、销售非法制造的注册商标标识罪案件 15 件，占 9.6%。

（3）加大司法审查力度，着力推动行政执法。加强司法保护与行政保护之间的协调和衔接，在依法支持行政执法行为的同时，强化对执法行为的程序审查和执法标准的实体审查，及时明确法律适用标准和司法尺度，推动知识产权行政行为进一步规范化和法治化。2019 年，贵州省法院共审理一审知识产权行政案件 3 件，其中著作权类案件、商标类案件、不正当竞争类案件各 1 件。

三、深化审理机制，推进知识产权“三审合一”的深入

（1）推动集中管辖，纵深推进“三审合一”。进一步推进贵州省知识产权民事和行政、刑事案件集中管辖工作，有效解决知识产权审判发展不平衡的问题，优化审判资源配置。强化工作部署，加大知识产权司法保护力度，增强知识产权司法保护的责任感、使命感和紧迫感。

（2）统一裁判思维，深化“三审合一”理念。充分发挥知识产权“三审合一”的优势，把知识产权司法保护理念融合到知识产权三大审判之中，确保裁判理念统一，裁判思维相同，裁判认识同步，实现知识产权“三审合一”的实质化、同质化和规范化。

（3）强化司法引领，推动产业健康发展。针对 KTV 产业歌曲侵权较为普遍、侵权类型较为多样的实际，充分发挥音著协作为行业协会的作用，减少 KTV 经营者市场交易成本，对不同类型的权利主体、不同情形的侵权情形采用不同的赔偿标准，引领音乐作品规范化管理。

四、加大调研培训力度，统一知识产权司法裁判尺度

（1）聚焦疑难问题，强化实务培训。针对知识产权审判中新情况、新问题较多，认识不统一、裁判不统一的情形，专门组织知识产权审判热点、难点专题业务培训，邀请专家分别就知识产权民事、刑事审判中的疑难问题进行授课。

（2）聚焦专业难题，强化专业咨询。为加深对知识产权重大理论和政策问题的研究，提升知识产权工作的科学决策水平，针对知识产权实业发展中的战略性、全局性和关键性问题开展调查研究，提供意见和建议。建立完善知识产权审判咨询专家库，充分发挥知识产权专家智囊作用。出台《关于审理商标权纠纷案件审理指南》，进一步规范知识产权类案件的审理标准，提高知识产权审判质效。

（3）聚焦裁判难点，强化案例指导。发布 4 个知识产权典型案例，通过这 4 个知识产权典型案例，引导统一类似案件裁判尺度。

五、延伸审判职能，宣传知识产权审判价值

（1）积极参与专题活动，拓展知识产权审判。4 月 26 日，贵阳市中级人民法院知识产权审判庭与贵州省版权局、贵州大学音乐学院、贵州省版权登记中心联合举办以“世界知识产权日 · 版权宣传保护周”为主题的专题讲座，近 200 名贵州大学音乐学院师生参加。派专人参加国家发改委对全国省会城市的营商环境考察评估，贵阳市获得“2019 年度中国企业营商环境（案例）十佳城市”荣誉。举办专题讲座，积极参与营商环境调研，加大宣传力度，为贵阳市发展大数据产业成为“数谷”的法治环境而服务。

(2)积极参与横向合作,极力规范市场秩序。成立打击侵犯知识产权和制售假冒伪劣商品专项行动小组,进一步贯彻落实“双打”工作的相关要求,加大对重点行业、重点领域、重点环节、重大案件、涉嫌刑事案件等的查办力度,有效打击相关违法犯罪行为。及时与省、市“双打办”联系对接,统一梳理汇总法院审理的侵犯知识产权和制售假冒伪劣商品等案件的相关数据,向“双打办”报送数据表格及简报等材料数据,为法治社会管理提供数据参考。

(贵州省高级人民法院知识产权审判庭)

检察工作

一、建立长效机制,制度化建设具有操作性

2019年,贵州省人民检察院先后出台《关于加强知识产权司法保护的二十条措施》《贵州省检察机关开展发挥检察职能作用依法保护企业家合法权益营造企业健康发展法治环境专项工作实施方案》等文件,对检察机关知识产权保护工作提出明确要求。遵义市人民检察院为切实提高办案质量,对2016年至2018年的知识产权案件进行调研分析,形成《遵义市检察机关知识产权刑事司法保护白皮书(2016—2018)》,向社会公布,并刊发典型案例指导全市办案。仁怀市人民检察院为坚持对当地支柱企业茅台集团及其他白酒行业保护机制长效化,与仁怀市名酒工业园区管理委员会联合制定《依法保护民营白酒企业合法权益工作联络制度》,明确双方责任,同时明确专门联络员负责日常联系工作。仁怀市人民检察院下发《关于加强知识产权保护依法维护白酒企业及企业家合法权益的若干措施》,最大限度地用制度来保障白酒行业发展,用法律来规范白酒企业经营和管理,预防犯罪发生。

二、加强组织保障,专业化队伍具备持续性

一是集中管辖。“三审合一”改革之后,对专业化队伍建设提出了更高的要求,贵州省人民检察院指定办理知识产权案件占比较大的贵阳、遵义两个地区检察机关集中办理全省知识产权犯罪案件,两地均成立专门办案组负责办理。二是推进“捕诉一体”。贵州省人民检察院经调研,将该类犯罪案件物流环节较为集中的遵义市播州区作为全省“捕诉合一”的工作试点,切实强化侦查,引导取证,确保涉假冒茅台酒案件办理质量稳步提升。

三、强化自我担当,规范性办案实现常规化

2019年,贵州省检察机关保持对假冒茅台酒类案件打击的高压态势。一是注重个案办理,确保效率。坚持全面审查案件,细致分析、运用证据,严把质量关,在保障案件质量的前提下,捕、诉衔接,实行快捕快诉原则,切实提高办案效率。二是注重类案办理,以点到面。假冒茅台酒犯罪案件呈现产业化、高科技化和专业化的趋势,犯罪团伙化特征初显,只有全面打击才能实现有效打击及量刑均衡。三是注重要案办理,打击有力。

四、聚焦主责主业,诉讼监督取得实效性

一是提前介入常态化。侵犯知识产权类案件取证难度较大、专业程度较高,在公安机关立案后,检察机关及时介入引导侦查取证。二是强化立案、侦查监督。2019年,共监督公安机关对假酒类案件立案3件3人,监督撤案3件,纠正漏捕诉12件10人,纠正漏犯5人,纠正遗漏起诉罪行7人。三是敢于审判监督。2019年共向法院提出假酒类案件抗诉2件11人,法院均采纳抗诉意见。

(最高人民检察院第四检察厅)

云南省

专利工作

2019年，云南省专利申请量达35 240件，专利授权量达22 324件，其中发明专利申请量9024件，发明专利授权量2174件。云南省有效发明专利拥有量达到13 703件；每万人有效发明专利拥有量达2.85件，同比增长14%；PCT国际专利申请82件。查办专利案件116件。全省专利质押融资金额达到8.54亿元。

积极支持企业开展专利导航及知识产权贯标等工作，云南省通过知识产权管理体系认证的企业达80家，提前完成“十三五”规划的目标任务。认定国家级知识产权优势（示范）企业75家、省级优势企业212家，培育知识产权优势企业606家。2019年，曲靖市麒麟区获国家知识产权强县工程示范县（区、市），昆明市呈贡区和安宁市获国家知识产权强县工程试点县（区），昆明市被确定为国家知识产权示范城市。2019年继续开展云南省专利奖评选工作，评选出一等奖10项，二等奖15项，三等奖25项，其中2项优秀专利项目分获第二十一届中国专利银奖和优秀奖。

率先启动《云南省专利促进与保护条例》修订工作，引入知识产权侵权惩罚性赔偿等制度，强化知识产权保护，已初步形成修订建议草案。组织知识产权执法人员进驻2019南亚东南亚国家商品展暨投资贸易洽谈会，共检查展位1000多个，检查商品3000余件，发现并指导整改4件专利标注不规范行为。

按照新形势下高质量发展的要求，云南省及时研究调整专利资助政策，修订出台《云南省发明专利资助办法》，优先资助云南省重点产业、战略性新兴产业、特色优势产业领域的授权发明专利，优化云南省专利结构，提升专利质量，提升云南省万人有效发明专利拥有量。2019年，按照该办法资助发明专利577件，其中PCT专利14件。

（云南省知识产权局）

商标工作

2019年，云南省商标申请量达11.63万件，同比增长12.9%；商标注册量达9.19万件，同比增长33.3%；有效注册商标总量36.01万件，同比增长29.87%；驰名商标总量达127件。其中，关于有效商标数量已提前完成云南省“十三五”规划的目标任务。2019年，查办商标案件840件。全省商标质押融资金额达到12亿元。

积极配合国家知识产权局在临沧市建设国家可持续发展议程创新示范区，并设立临沧商标受理窗口，云南省商标受理点增加到4个。先后赴昆明石林台湾农民创业园、嵩明国家农业科技园区、保山高新技术开发区开展现场咨询服务，及时解决创新主体的问题和困难，将窗口服务延伸到基层一线。

2019年，云南省首次与世界知识产权组织合作，推动知识产权工作国际合作与交流。6月，与世界知识产权组织、中华商标协会合作，举办马德里体系促进企业国际化研修班，组织云南省知识产权行政管理人员、省内重点出口企业负责人、部分商标代理机构负责人共100余人参加培训，提升了云南企业的国际品牌意识、知识产权海外维权保护意识和能力，以及知识产权代理机构业务水平，更好地服务和推动了云南企业“走出去”。

（云南省知识产权局）

地理标志工作

2019 年，云南省累计注册地理标志商标达 254 件，累计获批地理标志保护产品达 62 个。

及时组织完成被纳入中欧地理标志保护与合作协定保护名录的普洱茶的地理标志技术规范（中英文版）修订工作，组织推荐勐海茶、昌宁红茶等 13 个地理标志产品力争被纳入中欧地理标志保护与合作协定第二批保护名录。指导帮助普洱市等 37 家企业获准使用地理标志产品保护专用标志。

2019 年，云南省地理标志专项整治工作共出动执法人员 3702 人次，检查大型超市和批发市场 1972 个，走访生产和销售企业 7780 家，核查商品品种近万类，全面覆盖市场流通环节中的地理标志保护产品。积极争取获批地理标志保护产品专用标志使用核准改革试点，为强化地理标志保护体系建设贡献力量。

（云南省知识产权局）

版权工作

一、版权执法监管工作

截至 2019 年 10 月底，云南省各级文化市场综合行政执法机构在“剑网 2019”专项行动中共出动检查 11.37 万人次，检查经营单位 5075 家次，责令改正 79 家；受理举报 23 件，立案调查 79 件，清理有害信息 1368 条，吊销许可证 1 家，取缔摊点 26 家次，罚款 28.05 万元，没收违法所得 5800 元，共收缴非法出版物 87 617 件（册、盘），其中报纸期刊 1048 件、其他类 66 386 件；收缴侵权盗版出版物 16 864 件，其中盗版教材教辅 1898 件、其他类 14966 件；没收非法音像制品 3319 张（盘），检查网站 1317 家，关闭网站 9 家，约谈网站相关负责人 205 人次，对 300 多个自媒体账号发布的 200 余万篇信息进行巡查。共查办重点版权案件 8 件，结案 8 件，其中有 4 件作出行政处罚。

二、软件正版化工作

（1）根据党政机关改革职能转化的实际，省推进使用正版软件工作联席会议制度调整为由省委常委、宣传部部长担任联席会议召集人，宣传部副部长、版权局局长担任联席会议办公室主任，保留省版权局、省工业和信息化厅、省财政厅、省商务厅、省审计厅、省国资委、省市场监督管理局（知识产权局）、省工商联，云南银保监局、云南证监局、省机关事务管理局 11 家成员单位，新增省国家保密局、省司法厅、省教育厅、省卫生健康委员会、省地方金融监督管理局 5 家成员单位，并于 10 月召开云南省推进使用正版软件工作联席会议全体会议。

（2）完成新一轮云南省党政机关国产办公软件集中采购工作。为确保云南省各级党政机关上一轮集中采购的金山 WPS Office 办公软件在 2019 年 12 月到期后继续合法使用，经云南省人民政府同意省版权局为授权人后，会商省财政厅、省审计厅和省机关事务管理局启动新一轮集中采购国产办公软件升级续费工作，于 12 月完成合同签订。连续 9 年以集中采购方式购买国产办公软件，从采购源头有效防止全省党政机关软件正版化工作反弹。

（3）开展省属国有企业国产办公软件集中采购。为快速推进省属企业软件正版化工作，同时降低企业采购软件成本，省国资委组织企业代表与金山办公软件谈判确定价格后，各省属企业结合自身实际在不高于本次谈判价格的基础上开展集中采购工作。

（4）在 2018 年启动省直教育系统事业单位软件正版化的基础上，于 2019 年又启动了省属医疗卫生行业单位软件正版化推进工作。

三、版权社会服务工作

（1）整合资源搭建版权登记系统平台。2019年，云南省版权局建设完成云南省版权登记系统开发。12月，云南省版权局举办云南版权网开通仪式，云南版权登记系统正式上线运行。

（2）建立专、兼职作品登记队伍。将作品登记工作委托云南省新闻出版产业技术中心，配备4名著作权登记工作人员，负责全省作品登记办理工作；依托省内较好的版权产业园区或企业设立4个版权登记服务站，增加面向社会的作品登记窗口。

（3）改进作品登记工作方式。改变坐等权利人上门的服务方式，开展版权服务进校区、进展会等主动服务工作，借助微信公众号等网络手段，为作者提供“零距离”登记服务。2019年，云南省共计办理作品登记1160件，登记量同比增长260.25%，创年登记量突破1000件的历史新高。

（4）严格按照国家版权局关于版权贸易合同登记的相关要求，做好云南省版权引进合同登记工作。截至2019年11月30日，对云南省201种图书版权引进合同进行审核，对65份版权引进合同中版权授权不清晰及合同条款明显有失公允的地方给予建议，并督促出版社补全资料文书，取得外方合法授权，避免了合同履行中的法律纠纷，有效净化了全省版权引进合同登记的大环境。

四、版权宣传培训工作

（1）主动融入大局，进行权威发布。4月，云南省委宣传部副部长、云南省版权局局长蔡祥荣参加2019年云南省知识产权宣传周活动启动仪式暨新闻发布会，向在场的40多家媒体记者发布云南省版权工作所取得的成效，特别是党的十八大以来全省在版权执法监管、推进软件正版化、版权社会服务和版权宣传培训等方面的工作成果。

（2）突出重点群体，开展原创作品征集。3月至4月，云南省版权局开展2019年大学生原创作品网上征集比赛活动。省内外35所高校的学生踊跃参加，共收到文字、漫画、摄影参赛作品1329件，评选出获奖作品126件。

（3）抓住重要节点，进行集中宣传。按照国家版权局确定的重点时段，云南省于4月20日至26日在全省范围内组织开展以“严格版权保护　推进创新发展”为主题的“4·26知识产权宣传周”版权宣传系列活动。宣传周云南主会场活动在云南师范大学举行，4月25日至26日，举行版权宣传主会场集中宣传活动。一是在云南师范大学师生流动密集的贝壳广场搭建保护版权宣传展区开展活动；二是于4月26日在云南师范大学演播厅举行了版权宣传大学生原创作品征集活动颁奖仪式暨文艺演出。

（4）利用全媒体平台，展开全方位宣传。截至2019年11月30日，共发布版权宣传稿件210余篇；将年初专业团队精心策划制作的保护版权主题公益宣传片在全省300多家城市数字影院播放；7月至12月，利用云南版权微信公众号在全网开展版权知识问答12期。

（5）培训工作突出针对性、实用性和可操作性，6月，联合省教育厅、省卫健委举办云南省省属事业单位推进使用正版软件工作培训班；8月，举办云南省州市级政府机关软件正版化暨版权执法监管工作培训班，联合省国资委举办云南省省属国有企业软件正版化工作培训班；12月，举办云南省版权登记工作培训班，课程突出政策辅导及应用。4期培训班参与人数达500多人。

五、历年版权工作档案收集整理

按照云南省新闻出版（版权）志编纂协调组任务分工，组织人员按质按量地完成省版权局成立以来长编资料收集整理任务，共计查阅资料30余万字，整理Word文档11万余字、Excel文档4万余字，总计提供电子版资料15万余字。同时，将处室档案资料按照分类别、分年度、分保管期、装盒、编目、入库上架进行整理，实现科学化、标准化、规范化和安全有效地管理资料档案。共计整理1995—2018年档案资料17 606份、文件11 452份、作品登记3639份、合同登记2515份，并分类上架。

（王　成）

司法工作

一、案件数量及主要类型

2019年，云南法院共受理知识产权类案件3128件（民事案件3079件、刑事案件48件、行政案件1件）。民事案件中，著作权案件1660件、商标权案件689件、专利权案件412件、技术合同案件48件、不正当竞争案件23件。共审结2553件，其中调撤1091件。

二、司法保护工作亮点

1. 加强调研和对下指导

针对昆明市中级人民法院知识产权刑事案件罚金刑存在的问题进行深入调研，整理形成《知识产权犯罪案件罚金刑适用中应当注意的几个问题》，对指导昆明、红河、普洱、大理四地中级人民法院审理一审知识产权刑事案件适用罚金刑起到了积极作用。

2. 建立知识产权纠纷多元解纷机制

积极建立知识产权诉前调解制度，为及时化解部分知识产权案件创造条件。鼓励当事人通过非诉讼方式化解纠纷，畅通诉讼与行政调解的对接机制，促使各类纠纷解决方式各得其所、各尽其能、多元共治、形成合力，进一步提升知识产权纠纷解决效率。例如，云南省辖区红河州中级人民法院联动红河州委宣传部、州文化体育和广播电视局、州文化市场综合执法支队，成功化解11家卡拉OK经营场所著作权纠纷案件共计80件，10个经营主体已经主动缴纳版权使用费并与中国音像著作权集体管理协会达成长期协议，在红河州范围内取得显著成效并形成示范效应，增强红河州卡拉OK经营主体主动缴纳版权使用费的意识。

3. 以制度建设服务创新型云南

认真贯彻落实中共中央办公厅、国务院办公厅《关于加强知识产权审判领域改革创新若干问题的意见》，以及云南省委办公厅、省人民政府办公厅《加强知识产权审判领域改革创新实施方案》，严格知识产权保护，强化激励创新，起草《知识产权案件专家辅助人制度》，为在全省实行该制度打下坚实基础。

4. 加强对疑难案件的研判，力争打造精品案例

云南两级法院审理的知识产权案件以著作权纠纷、商标权纠纷居多。信息网络的普及和科学技术的高速发展，催生不少新类型、疑难案件，知识产权审判工作难度和强度增大。针对此现象，云南法院强化精品意识，努力打造事实认定准确、法律适用得当、法律效果和社会效果良好的精品案件，力争通过裁判明确划定权利边界，为市场主体的经营行为提供明确规则指引。在案件审理过程中，紧紧围绕中央、省市区的知识产权战略部署开展审判工作，加强对前沿审判动态的学习研讨，在厘清案情、参考相关判例、合议庭讨论的基础上，提交民事法官专业会议讨论，审慎处理疑难、复杂的知识产权案件。

5. 加大宣传力度，切实发挥知识产权司法保护的引领作用

云南两级法院均在每年知识产权宣传周启动仪式上，按时发布知识产权司法保护情况及典型案例，积极开展知识产权宣传周系列活动。例如，4月，在云南省人民政府举办的云南省知识产权宣传周新闻发布会上，云南省高级人民法院吕召副院长向社会通报云南法院自党的十八大以来知识产权司法保护工作取得的成效，并公布2018年度知识产权司法保护典型案例。通过新闻发布，让社会公众了解知识产权司法保护的最新状况，提高社会公众对知识产权保护的关注度。

6. 提升司法能力，夯实知识产权保护队伍基础

云南法院深刻把握新时代知识产权审判工作的新使命、新任务，加强专业知识和专业能力培训及学习，着重提高知识产权法律政策能力，引导法官善于从法律视角和社会视角全面考虑，着力锻造一支政治坚定、顾全大局、精通法律、视野开阔的知识产权司法审判队伍。正确面对知识产权“三合一”审判工作中缺乏复合型法官的客观现实，抽调刑事经验丰富的法官加入审判队伍，有计划、有步骤地开展专业审判团队的培训、培养工作。认真组织参加知识产权专题培训、专题研讨等集中学习，学习其他省市地区的先进理念和审判模式，拓宽知识产权审判思路。

（云南省高级人民法院知识产权审判庭）

检察工作

一、以司法办案为中心，严厉打击侵犯知识产权犯罪

2019年，云南检察机关围绕云南省“着力打造世界一流‘三张牌’”的发展战略，不断提高政治站位，把打击侵犯知识产权犯罪和保护民营经济工作以及促进云南经济发展结合起来，始终保持严惩侵犯知识产权犯罪的高压态势。在案件办理中严把事实关、证据关，充分履行捕诉职能，夯实证据基础，有效指控犯罪。2019年，云南检察机关共批捕侵犯知识产权案件40件84人，提起公诉43件85人，监督公安机关立案6件6人。

二、注重加强外部协作，形成打击侵犯知识产权犯罪的工作合力

云南省各级检察院主动走访当地市场监督管理、海关、公安等部门，建立新的沟通联系机制，加强对信息互通、违法犯罪案件移送等工作的协作，推进“两法衔接”工作深入开展。五华区人民检察院与五华区市场监督管理部门不断完善“两法衔接”机制，探索设立定期不定期派驻员额检察官、“1＋1”专职联络员和突发情况24小时通报三项机制，加强日常联系及信息通报。

三、延伸检察职能，融入社会综合治理

主动融入工作大局，积极参与整顿和规范市场经济秩序活动，高度重视防范打击侵犯知识产权犯罪工作，不断增强大局意识，强化服务措施。注重通过案件办理，及时发现行政监管或社会治理中存在的突出问题，严格运用检察建议堵漏建制。

四、注重法治宣传，增强知识产权保护意识

通过检察开放日、“一对一”法律帮扶、走访调研等多种形式，不断加强与云南省企业及企业家的联系座谈，为企业家提供法律咨询，并进行法律宣传。云南省人民检察院邀请部分企业人大代表座谈，并借助省工商联的联系平台向500余家民营企业发放知识产权保护调查问卷，调查了解企业及企业家在知识产权保护中遇到的困难和问题，征求其对检察机关在保护民营企业发展中的意见建议，以便不断改进工作措施和方法，更好更实地做好民营企业知识产权保护工作。云南省人民检察院专门制作云南省检察机关知识产权保护宣传短片，通过“两微一端”广泛宣传；印制云南省检察机关知识产权保护宣传手册，向媒体记者、民营企业及社会公众发放2000余份。云南各地检察机关开展以“检察护航民企发展”为主题的检察开放日活动，邀请

民营企业参加，通过广泛宣传，不断营造保护民营经济发展和保护知识产权的浓厚氛围，增强企业家干事创业的信心。

（最高人民检察院第四检察厅）

西藏自治区

知识产权工作

机构改革以来，西藏自治区将科技厅的专利管理职责、原工商局的商标和广告管理职责、原质监局的地理标志管理职责等整合，设立西藏自治区市场监管局知识产权处，基本实现商标、专利、地理标志、广告的统一管理，自治区知识产权创造、保护、运用能力和水平逐步提高。

（1）专利管理和服务进一步强化。2019年，国家知识产权局专利局拉萨代办处正式成立，完成专利费用收缴账户、设备购置及人员招聘等工作，西藏自治区甲热·洛桑丹增副主席、国家知识产权局赵刚副局长出席拉萨代办处揭牌仪式。

（2）专利创造能力得到提升。自治区专利授权量显著增加，2019年，国内有效发明专利达到600件；PCT美国专利授权1件；发明专利申请总量354件，同比增长63.1%；发明专利授权70件，同比增长112.1%。专利申请资助63件，资助资金14.38万元。

（3）商标战略持续推进。2019年，自治区有效注册商标达30 763件，较2018年同期增长9283件，年增幅43.2%；中国驰名商标达到16件；有效地理标志商标新增64件，总数达到97件，年增幅184.8%。积极协助推进西藏"地球第三极"商标注册工作。

（4）知识产权保护持续发力。自治区市场监管系统知识产权和广告监管执法条线依法查处侵犯商标、专利知识产权案件40件。其中，商标侵权案件39件，罚没款87.8501万元；专利侵权案件1件，罚没款0.22万元。移送司法机关侵权案件1起。

（5）知识产权宣传工作有效开展。一是积极组织开展"4·26知识产权宣传周"等活动，西藏自治区市场监管局主要领导出席西藏自主品牌及地理标志产品展示展销系列活动"西藏商标品牌发展成果发布会"并致辞。二是组织自治区各地（市）市场监管局开展形式多样、内容丰富的知识产权政策宣传、业务咨询等活动，发放知识产权各类宣传资料5000余册，咨询人数300人次。三是通过LED屏幕以视频、文图、标语形式开展相关宣传达30日次，通过《西藏日报》开展自治区知识产权工作综合宣传报道，进一步提升社会公众知识产权意识。四是组织33家企业参加第十一届中国国际商标品牌节，西藏自治区市场监督管理局等3家单位荣获品牌节贡献奖，拉萨市净土产品展销有限公司等8家企业荣获博览会金奖。

（西藏自治区知识产权局）

版权工作

一、软件正版化工作

（1）工作目标任务全面部署。制定印发《2019年西藏自治区推进使用正版软件工作计划》，深入持续地推进自治区软件正版化工作。参加推进使用正版软件工作部际联席会议第八次全体会议。

（2）联席会议成员及时调整。6月，调整充实自治区推进使用正版软件工作厅际联席会议，印发《中共西藏自治区委员会宣传部关于调整充实自治区推进使用正版软件工作厅际联席会议的通知》，明确总召集人由西藏自治区党委常委、宣传部部长边巴扎西担任。

(3)信息数据统计更加完善。机构改革后，以充实和健全政府机关软件正版化数据库建设为抓手，明确各地市、县(区)职责分工，落实责任主体，对各级各部门责任人数据库建立和完善情况进行指导督促，并进行全面系统的核查统计汇总后，及时按要求上报国家版权监管平台。

(4)宣传培训工作深入开展。积极利用“3·15国际消费者权益日”“4·23世界读书日”和全国知识产权宣传周等时间节点，开展形式多样的软件正版化宣传活动。宣传软件正版化政策要求，发布软件正版化工作成果，营造全社会“抵制盗版，使用正版”的良好氛围。面向自治区各市地、各单位发放《西藏自治区软件正版化工作文件选编》1.2万册。开展2019年软件正版化培训班2期，发放宣传资料300余份，培训人员近200人。

(5)推进企业软件正版化工作。根据《西藏自治区推进企事业单位使用正版软件工作规划(2018—2021年)的通知》要求，积极协调西藏自治区国有资产管理委员会等相关部门，印发《关于做好推进自治区国有企业办公软件正版化工作的实施方案》《关于做好推进我区部分民营企业使用正版软件工作的通知》等文件。

二、版权执法监管工作

(1)加强版权执法监管。根据《关于开展打击网络侵权盗版“剑网2019”专项行动的通知》精神，印发《西藏自治区版权局关于开展打击网络侵权盗版“剑网2019”专项行动的通知》，安排部署西藏自治区“剑网2019”专项行动工作。

(2)开展日常监管整治。针对网络环境下侵权盗版日益突出的现象，对西藏自治区牦牦TV、西藏之声网等4家较有影响的网站进行主动监管；根据自治区网信办对使用微信公众号出售的藏语歌曲U盘进行了解和排查；根据群众举报情况，协同西藏自治区文化厅、拉萨市文化综合执法大队等对中国音集协西藏联络处开展规范卡拉OK版权许可工作进行了解和掌握。

(3)加强知识产权保护。按照国家版权局和自治区“双打”领导小组的统一部署和要求，以“双打”“剑网”专项行动为主要抓手，严厉打击侵权盗版行为。根据西藏自治区打击侵犯知识产权和制售假冒伪劣商品工作领导小组办公室有关要求，对《2019年打击侵犯知识产权和制售假冒伪劣商品工作要点》进行补充和完善。

(4)联合做好市场检查。进一步规范本区计算机软件市场，开展预装正版操作系统的市场检查。将打击软件侵权盗版行为纳入2019年打击侵犯知识产权和制售假冒伪劣产品专项行动和“剑网2019”专项行动。各成员单位联合开展软件市场执法专项检查，从源头上把握没有预装正版操作系统的计算机流入市场。

(5)全面加强版权保护工作。受理西藏百慈藏文古籍研究中心《关于对西藏百慈藏文古籍研究中心达娃窃取集体劳动成果擅自出版〈菩东文集〉报告》后，根据《中华人民共和国著作权法》《出版管理条例》等法律法规，通过分析相关材料、走访有关人员、协调相关单位，最终形成《西藏自治区版权局〈关于对西藏百慈藏文古籍研究中心达娃窃取集体劳动成果擅自出版《菩东文集》报告〉的复函》，协助三方及时沟通协商解决。

三、版权社会服务工作

(1)积极开展版权宣传工作。根据《2019年知识产权宣传周版权宣传活动启动仪式方案》要求，形成《西藏自治区版权局关于开展2019年知识产权宣传周版权宣传活动的报告》，积极开展“绿书签行动2019”和版权保护宣传周的赠送优秀出版物、宣传横幅现场签名等相关活动。同时，在学校、电影院、社区等公共场所发放版权保护公益海报，营造浓厚的版权保护氛围。

(2)开展先进单位和个人评选。对西

藏自治区公安厅、那曲市中级人民法院等单位推荐的先进个人材料按照《查处侵权盗版案件奖励工作初评细则》进行认真评选，同时积极向中宣部版权管理局申报。

四、作品登记工作

印制并发放《作品登记基本知识宣传手册》1000册；在《西藏日报》上发布《关于开展著作权作品自愿登记的公告》，受理《美丽西藏》《文明西藏》《阿古顿巴》3件电影和以类似摄制电影方法创作的作品，发放西藏自治区首批《作品登记证书》，标志着西藏自治区著作权作品自愿登记工作全面启动，也标志着全国31个省（自治区、直辖市）作品登记工作实现全覆盖。西藏自治区登记动漫作品《阿古顿巴》于8月在中央电视台少儿频道黄金档播出，标志着西藏自治区著作权作品自愿登记工作迈上一个新的台阶。西藏自治区实行受理、审查、审定的"三审制"原则，2019年共受理作品29件，审核通过26件，发放《作品登记证书》26份。

（周详祎）

司法工作

西藏自治区只在拉萨市、昌都市、日喀则市3个人口较多的中级人民法院设有民三庭，受理一审知识产权类案件；二审知识产权案件则由西藏自治区高级人民法院民三庭审理。

一、知识产权案件审理概况

2019年，拉萨市中级人民法院民三庭共受理知识产权案件9件，均为新收案件，其中商标权纠纷2件，著作权纠纷2件，其他涉及知识产权侵权纠纷5件。日喀则市中级人民法院民三庭共受理知识产权案件3件，均为新收案件。其中，1件商标合同纠纷，因原告放弃知识产权方面的诉求，已转化为其他类型案件被移送有管辖权的法院审理；1件技术服务合同纠纷，以判决结案；1件技术转让合同纠纷，因原告证据不足，被判决驳回其诉求。昌都市中级人民法院2019年无知识产权案件。西藏自治区高级人民法院民三庭2019年受理3件知识产权案件，均为二审案件。其中，1件技术服务合同纠纷因上诉人未到庭，按撤回上诉处理；2件商标侵权案件中，1件判决维持原判，1件以部分判决维持原判，部分调解结案。

二、2019年知识产权案件审理中存在的亮点

1. 大力改革创新，不断完善知识产权审判体制机制

（1）探索实践技术调查官制度。在专利侵权纠纷案中，拉萨市中级人民法院民三庭启动技术调查制度，组织专家针对该案中的技术问题进行调查，提出技术审查意见，帮助完成对技术事实的内心确认。通过启用技术调查程序替代鉴定程序，不仅极大降低了查明专门性问题的经济成本，而且极大提高了审判效率。

（2）加强知识产权案件审判指导。西藏自治区高级人民法院民三庭贯彻"司法主导、严格保护、分类施策、比例协调"的基本司法政策，以严格保护、深化改革、完善制度、统一规则为着力点，充分发挥司法保护知识产权的主导作用，不断推进知识产权司法体系和司法能力现代化。根据最高人民法院的有关精神，结合自治区实际，制定知识产权案件集中管辖和"三合一"的工作方案，落实中央司法体制改革任务，提高司法保护整体效能和综合效能。

（3）精审精办知识产权案件。知识产权案件专业性、技术性强，法律适用难度大，多涉及知名企业、文化名人等，社会影响大。西藏自治区各法院民三庭不断树立强化办"精品案"审判理念，要求审判人员精研知识产权法律规定，熟稔知识产权司法保护理念，提高审理知识产权案件的业

务水平，加强法官的职业素养，确保法官以高标准、严要求对待每一个案件，从立案审查到开庭审理、制作裁判文书，都以“精”取胜，保证案件审理的质效。

(4)推行先例裁判，统一裁判尺度。自治区各法院民三庭鼓励当事人、代理人庭前提交先例裁判和与本案有关的法律观点、裁判规则引证己方相关诉讼主张。当事人、代理人提交先例裁判和法律观点、裁判规则资料应注明来源。先例裁判和法律观点、裁判规则资料的交换可参照证据交换程序。在新类型案件审理中注意收集全国范围内的相关案例，结合国家知识产权保护态势，从当地的实际情况与行业经营现状出发，平衡双方当事人的利益，审慎处理，避免矛盾激化和因裁判形成垄断经营，努力使每一个案件都经得起法律和历史检验。

2. 加大知识产权司法宣传力度

西藏自治区高级人民法院民三庭始终坚持以人民为中心的发展思想，结合西藏各族群众的民俗习惯和宗教信仰，以各族群众喜闻乐见的形式开展双语宣传工作。将法治宣传与推动打击侵权假冒有机结合，既注重相关法律法规的解读，又注重典型案例的宣传，在全社会形成尊重、保护知识产权的氛围，为深入推进打击侵权假冒行为、切实维护公平有序的市场环境营造良好的外部环境。在“4·26 世界知识产权日”，西藏自治区高级人民法院联合拉萨市中级人民院进行法治宣传，除公开发布拉萨市中级人民法院知识产权司法保护状况及十大典型案例外，向社会公布自治区及拉萨市在知识产权司法保护方面取得的成绩及审理的典型案例。同时，积极借助电视、报纸等媒体进行宣传。西藏卫视、拉萨卫视、民主与法制报等媒体先后对西藏自治区高级人民法院民三庭审理的知识产权案件进行报道。

（西藏自治区高级人民法院
知识产权审判庭）

检察工作

一、拓宽渠道，积极主动发现线索

西藏检察机关发挥主观能动性，自治区三级检察机关畅通联系，统一思想，加强与有关行政部门沟通协调，积极争取党委、人大、政府的重视与支持，通过联席会议、情况通报、备案审查等方式，积极拓宽发现案件线索的渠道，做到及时发现线索，不放过任何可疑线索。

二、加强学习，提高办案水平

针对侵犯知识产权犯罪案件专业性、隐蔽性较强的特点，结合办案中遇到的新情况、新问题，西藏检察机关不断加强罪与非罪、此罪与彼罪以及法律适用等相关专业知识学习，组织学习修改后的专利法、商标法、著作权法、计算机软件保护条例等法律法规和相关制度规定，开展对侵犯知识产权犯罪案件的案例讨论、疑难问题分析等，提高检察机关办理知识产权犯罪案件的业务水平，不断提升案件办理质量和效率。

三、主动发挥检察监督职能，加大监督力度

加大跟踪监督力度，确定专人负责，及时掌握案件移交、立案、侦查、起诉、审判等各个环节的情况，重大案件及时上报，上级检察机关加强对下级检察机关在打击侵犯知识产权犯罪案件工作的指导、督办，及时分析找出存在的问题，有针对性地加强指导。

四、加强宣传力度，提高防范意识

将宣传工作作为打击侵犯知识产权犯罪工作的重要内容，会同有关部门，联合开展相关宣传活动。充分借助网络、电视、报刊等各种媒体形式，宣讲知识产权相关知识，以及对制售假冒伪劣商品的辨认、举

报、维权等知识，提高群众防范意识。发动群众积极主动发现线索，更好地维护人民群众合法权益。

（最高人民检察院第四检察厅）

陕西省

知识产权工作

一、实施知识产权质量提升工程和知识产权创造挖潜工程，创新成果产权化取得新成效

2019 年，陕西省共申请专利 92 087 件，同比增长 20.4%。其中，发明专利申请 34 812 件，同比增长 12.7%；PCT 国际专利申请 279 件，同比增长 21.3%。2019 年，陕西省授权专利 44 101 件，同比增长 6.3%。截至 2019 年年底，全省发明专利拥有量为 46 190 件，每万人发明专利拥有量为 12.043 件。上述数字不包括国防专利。2019 年，陕西省共申请商标注册 134 777 件；新增注册商标 101 488 件。截至 2019 年年底，全省累计有效注册商标 402 944 件。其中，中国驰名商标 113 件，地理标志商标 136 件。累计获批地理标志保护产品 86 个，产品种类涵盖农产品、加工食品、工艺品、中药材、矿石产品五大类，获批使用地理标志产品专用标志的企业 196 家。

二、实施知识产权运用工程，知识产权运用取得新发展

专利权质押合同登记 596 项，同比增长 15.5%；质押贷款金额 35.06 亿元，同比增长 19.7%。实现 172 件商标专用权质押融资 2.503 亿元。陕西航空航天产业知识产权运营基金实现第二批投资 2 个项目共 1000 万元。“岚皋魔芋”“紫阳富硒茶”入选全国地理标志运用促进工程项目。获得第二十一届中国专利金奖 2 项、优秀奖 10 项、外观设计优秀奖 1 项。组织实施陕西省 2019 地理标志三秦行活动。组织镇坪黄连、绥德石雕等 10 个产品申报地理标志保护产品，审核 41 家企业对富平柿饼、定边马铃薯等 12 个地理标志保护产品专用标志的使用申请，发布三原蓼花糖、甘泉豆腐等 12 个地理标志产品的地方标准。

三、实施知识产权强企工程，知识产权管理规范化扎实推进

105 家企事业单位通过知识产权管理规范贯标认证（验收）。截至 2019 年年底，全省累计 893 家企业、高校、科研组织开展贯标工作。新增国家知识产权优势企业 11 家、示范企业 3 家；新增省知识产权优势企业 22 家、示范企业 11 家。

四、实施知识产权保护工程，知识产权保护全面加强

组织实施《2019 年陕西省知识产权系统执法保护专项行动方案》《陕西省 2019 年知识产权执法“铁拳”行动实施方案》。组织开展全省地理标志保护专项整治工作。加强驰名商标保护工作，向国家知识产权局商标局推荐认定“中卓时代及图”“铜川大樱桃及图”“汉中仙毫”“冰峰”“城固元胡”5 件商标为中国驰名商标。深化陕西省知识产权行政执法与司法保护衔接机制，与陕西省高级人民法院签订《知识产权保护合作框架协议》，积极推进知识产权诉调对接工作。发布《2018 年陕西省知识产权保护状况》白皮书。

五、实施知识产权服务能力提升工程，知识产权服务体系日趋完善

截至 2019 年年底，陕西省专利代理机构发展到 115 家，执业专利代理师增加到

342人，具有专利代理资格的储备人才增加到1077人。拥有国家知识产权服务品牌机构及培育机构3家，知识产权贯标辅导机构94家，商标代理机构发展到799家，开展知识产权服务业务的律师事务所增加到44家，全省各类知识产权服务机构数量超过1000家，从业人员超过10 000人。制定实施《陕西省知识产权局专利代理行业"蓝天"专项整治行动方案》，加强专利商标代理质量监管。实现西安知识产权代办处服务大厅统一办理专利、商标申请及相关业务。"专利365"陕西省专利信息推送服务平台全年累计推送专利技术信息21期，推送专利信息80 000余条。

六、实施知识产权评议工程和专利导航工程，加强知识产权决策咨询

围绕陕西省战略性新兴产业发展、区域重大产业规划和高技术领域重大投资等组织实施15个重大经济活动知识产权评议项目。组织实施专利导航项目15项。完成陕西省全产业专利资源调查与分析工作，供省委省政府等相关方面决策使用。完成《全省地理标志发展情况调研报告》《全省民营企业知识产权状况调研报告》等。编制《全省地理标志资源统计调查分析报告》《"一带一路"国家优秀涉农专利汇编(2019)》《陕西省地理标志产品汇编》。

七、实施知识产权文化建设工程和知识产权培训工程，知识产权公众认知进一步增强

举办各类培训班162班次，培训4万多人次。组织知识产权强国系列培训，开通中国知识产权远程教育平台陕西子平台，加快知识产权系统整合。举办陕西省知识产权宣传周活动、中国专利周陕西地区活动，进行知识产权公交车体广告宣传等，营造尊重和保护知识产权的良好舆论氛围。与省科学技术协会举办第三十四届陕西省青少年科技创新大赛、第十九届陕西省青少年机器人竞赛。与省教育厅共同举办2019年"知识产权杯"陕西省大学生工业设计大赛。中小学知识产权教育试点示范工作点达到107所，覆盖全省12个市区。

八、夯实知识产权密集型产业培育，知识产权支持产业发展成效显著

截至2019年年底，陕西省17个知识产权密集型产业培育发展质量不断提高，共涉及企业1891家，实现产业工业总产值2265.94亿元，工业增加值345.33亿元。申请专利6503件，授权专利3904件；向国外申请专利88件，获国外专利20件；专利交易金额21.32亿元；注册商标3158件；版权登记1084件；集成电路布图设计358件；植物新品种权、地理标志保护产品15个。

（陕西省知识产权局）

版权工作

一、版权行政执法监管工作

1. 深入开展"剑网2019"专项行动

制定印发《陕西省打击网络侵权盗版"剑网2019"专项行动工作方案》。与陕西省市场监管局、陕西省人民检察院等成员单位联合开展打击侵权假冒督查工作，发布2019年陕西省重点作品版权保护预警名单，对重点影片予以保护。

2. 依法组织指导版权案件查办

(1)积极发挥"两法衔接"协调机制，加大刑事案件的打击力度。查处赵某杰、宋某林侵犯《新倚天(METIN)》网络游戏著作权案，王某、常某斌、安某建、赵某影侵犯高校教材著作权案，王某杰开办网站侵犯影视作品著作权案，西安玄苍科技公司运营微信公众号侵犯影视作品著作权案。

(2)开展针对私人影吧侵权放映影片的专项检查。查处西安美伦影视文化传播公司、西安润丰实业公司、朵拉私人影院侵犯电影作品著作权案，时光影院、陈涛影院侵犯电影作品著作权案。

(3)积极发挥版权行政部门调解作用。调解西安荣信教育与英国尤斯伯恩公司长达一年的著作权纠纷，以及作家贾平凹先生和江苏凤凰文艺出版社公司的著作权侵权纠纷。

3. 加强基层版权行政执法培训

11月，举办陕西省版权行政执法培训班，邀请国家版权局相关同志以及兄弟省市执法办案一线的同志讲授网络版权案件办理实务，开展办案经验交流，共有150人参加培训。加强对市县基层行政执法机构查办版权案件的业务指导，分别指导西安市文化市场执法总队、汉中市文化市场执法支队、西安市灞桥区文化执法大队等单位的案件查办工作。

二、软件正版化工作

(1)加强组织领导，完善工作机制。报请陕西省委批准建立由14家成员单位组成的陕西省推进使用正版软件工作联席会议制度，省委常委、省委宣传部部长担任联席会议总召集人，并于7月召开联席会议第一次全体(扩大)会议。

(2)加强督导检查，提升工作效能。10月至11月，联席会议办公室组织4个督查组，对3个市(区)25家市级机关单位、10家省级机关、10家省属事业单位、5家省属国有企业、2家民营企业进行督查。共督查单位52家，检查计算机764台。召开督查通报会，通报督查情况，下发反馈整改通知书。

(3)加强软件采购监管，优化软件采购服务。深入推进各地、各部门落实新采购计算机时必须采购预装正版操作系统软件，严格审核办公软件和杀毒软件购置计划，从源头上防止盗版软件流入各级政府机关。2019年，共有50余家单位采取场地授权模式采购办公软件。同时与省财政厅合作，通过政府采购电商平台新模式，帮助省属国有企业共节约信息化建设成本400余万元。

(4)做好宣传培训，营造良好氛围。7月，陕西省版权局组织全省党政机关事业单位软件正版化工作培训班，传达学习推进使用正版软件部际联席会议第八次会议精神和省推进使用正版软件工作联席会议精神，共150余人参加培训。10月，省版权局与省国资委联合举办省属国有企业软件正版化工作培训班，130余人参加了培训。

三、版权公共服务

(1)深入开展全国知识产权宣传周活动。4月25日，陕西省版权局联合西安市委宣传部、陕西省版权保护中心在西安美术学院举办版权宣传进校园活动，举行西安美术学院版权服务工作站揭牌仪式，进行版权知识专题讲座和现场作品登记；同日，陕西省版权局和铜川市委宣传部在铜川市举办“知识产权走进铜川”耀州瓷版权保护主题宣传活动。4月26日，陕西省版权局、陕西省知识产权局、西部国家版权交易中心等单位在西安交通大学联合主办“严格版权保护 推进创新发展”主题高峰论坛，来自省内外机关、企业和高校400余人参加；同日，陕西省版权局联合陕西动漫产业平台版权服务工作站开展版权宣传活动。

(2)加强版权服务工作站建设工作。继续扩大作品登记代理机构试点范围，通过深入调研，严格考察，新增陕西省版权协会、西安美术学院、西安沣东文创产业园3家陕西省版权服务工作站，制定出台《陕西省版权服务工作站管理办法(试行)》。

(3)积极开展版权登记工作。依据《陕西省版权服务工作站管理办法(试行)》，与版权服务工作站签订目标责任书，传导压力，明确任务。6月，西安美术学院版权服务工作站在教学楼设立宣传点，现场接受版权作品登记和咨询，并主动上门服务，为毕业生提供版权作品登记服务；10月，沣东版权服务工作站通过现场讲解、发放宣传册等形式开展“版权知识进校园”活动。2019 年，陕西省累计登记作品 16 357 件。

四、版权产业服务

(1)积极组织第 26 届北京国际图书博览会参展工作。陕西省版权局指导陕西新华出版传媒集团精选 400 余种涵盖“一带一路”、红色文化、历史与传统文化、“文学陕军”等多个方面的优秀出版物参展。其中，陕西人民出版社《中国改革开放全景录(陕西卷)》、陕西科学技术出版社《航天育种简史》入选“新中国成立 70 周年精品出版物展”。陕西师范大学出版总社与土耳其 Kriter 出版社举行《贾平凹散文选》土耳其语签约仪式。第 26 届北京国际图书博览会上，陕西展团版权贸易成绩喜人，版权输出 13 项，其中签约 1 项、意向 12 项；版权引进 29 项，其中签约 2 项、意向 27 项；版权合作 3 项，其中签约 1 项，意向 2 项。

(2)积极推动自贸区版权证券化和陕西版权贸易与保护平台建设工作。陕西省版权局在陕西自贸区积极推动版权证券化工作，先后与省自贸办召开 3 次工作交流推进会；积极筹划陕西版权贸易与保护平台建设，制定陕西版权贸易与保护平台建设方案。

(3)深入开展版权示范的培育、评选和推荐工作。组织开展陕西省省级版权示范单位评选工作，经过单位申报、组织考察、市局初审、省局评审、网上公示等程序，授予太白文艺出版社有限公司、渭南华州区宏权影艺文化传承发展有限公司、智秦数字出版有限公司 3 家单位“陕西省版权示范单位”称号，推荐西安交通大学出版社有限公司和西部电影集团有限公司参评并荣获“全国版权示范单位”称号。

(4)举办陕西省版权经纪人业务培训班。11 月，举办陕西省版权经纪人培训班，涵盖新闻出版、广播影视机构、版权公共服务站、文化投资公司、知识产权法律维权机构及版权产业相关从业人员，参培人员 90 人。

(张　亮)

司法工作

一、审判质效得到大幅提升

2019 年，陕西法院共受理各类知识产权民事案件 4156 件，审结 4012 件。案件审判工作整体呈现数量增长快、专业技术性强、审理难度大三大挑战。针对案件快速增长态势，全省法院充分运用简易程序、小额诉讼程序，简案快审、繁案精审，盘活用足审判资源，努力压缩办案周期，推动审判提速，在保证审判质量的前提下不断提升审判效率，2019 年结案率达到 96.54%。

二、精品审判产生重大影响

以统一规则、打造精品为着力点，审理了一批标杆性、有影响力的案件。陕西省高级人民法院审理的山东登海先锋公司诉陕西农丰公司、山西大丰公司侵害植物新品种纠纷案被最高人民法院确定为第 100 号指导性案例，西安市中级人民法院审理的吴某与陕西广电网络传媒公司捆绑交易纠纷案被最高人民法院确定为第 79 号指导性案例；陕西省高级人民法院审理的白水杜康公司诉洛阳杜康公司商业诋毁纠纷案入选最高人民法院知识产权典型案例，二审裁判文书被评为首届全国法院“百篇优秀裁判文书”；陕西省高级人民法院审理的路易威登马利蒂诉西安东方大酒店侵害注册商标专用权纠纷案等两案入选《“一带一路”司法理论与实务纵览：涉外商事案例精选》。陕西省高级人民法院审理的“苹果”通信产品标准必要专利纠纷案是该领域全国首例，受到最高人民法院和社会各界关注。

三、改革创新取得历史性突破

积极争取最高人民法院和陕西省委支持，2018 年挂牌成立的西北地区首家知识产权法庭——西安知识产权法庭，集中管辖陕西省专利技术类知识产权案件，推进知识产权审判"三合一"，探索速裁工作组机制、批量案件联系人制度、技术调查官制度，助推陕西省知识产权审判体系和审判能力现代化。陕西省高级人民法院大力推行类案检索、专业法官会议等制度，实行关联案件集中审理，促进了裁判结果统一。

四、司法公开推出新的举措

在深入推进审判流程、庭审直播、裁判文书公开的基础上，坚持每年开展"4·26"知识产权保护系列活动，特别是2019年与省知识产权局联合开展知识产权保护宣传周活动，全省上下联动、有序推进、统一宣传，通过举办新闻发布会、发布白皮书、公布典型案例、开展法律咨询等"组合拳"，极大地丰富了司法公开的新形式。

五、知识产权保护形成强大合力

省、市法院积极与省自贸办、各级知识产权局、部分高校等分别建立知识产权保护座谈、联动、协调、创新、合作、通报六大协同机制，签署合作协议，定期沟通交流知识产权保护的热点难点和前沿问题，强化司法保护与行政保护的良性互动，构建起知识产权保护的大格局。

六、队伍专业化水平迈上新的台阶

充分利用国家法官学院及陕西分院平台，陕西省知识产权审判法官基本完成"全部轮训"一遍目标，提高了法律适用和政策把握能力。注重专题研讨，对前沿热点、疑难、复杂问题进行交流调研，提高法学理论和实践水平。西安市中级人民法院等2个集体、3名个人被评为全国知识产权审判先进集体、先进个人。

（陕西省高级人民法院知识产权审判庭）

检察工作

一、高度重视，精密安排部署

2019年年初，陕西省人民检察院将保护知识产权作为重点工作，并将其纳入对下级检察机关工作考核之中。全省检察机关以打击侵犯知识产权犯罪为切入点，依法从快审查逮捕和审查起诉，注重提前介入侦查、引导取证等环节的工作，维护市场秩序。

二、认真履职，坚决依法打击

切实加大工作力度，充分发挥批捕、起诉职能，对侵犯知识产权类刑事犯罪，坚持从上线到下线，从生产到运输再到销售环节，全方位、全过程依法严厉打击，始终保持对侵犯知识产权相关刑事犯罪的高压态势，有力震慑违法犯罪活动。

一是坚持对侵犯知识产权类刑事犯罪案件适时提前介入，积极引导侦查取证，全面收集固定证据，从源头上确保案件证据的合法性、有效性。二是加强办案力量，抽调业务骨干专门办理侵权假冒和知识产权相关案件，在办案工作中优先办理，优先保障办案设施和办案力量。三是严格依法办案，准确适用法律，保证案件质量。针对近年来犯罪分子利用移动互联网实施侵权犯罪技术含量高、隐蔽性强，链条化、网络化和跨区域化突出的特点，陕西检察机关加强学习培训，共举办培训班、研讨班2次，培训部门负责人、业务骨干70人次；重视证据审查，提高办案质量。四是坚持对重大、复杂案件的督办制度，强化对下级检察机关办案工作的监督和指导，并要求其对典型案例及时上报备查，掌握最新动向，坚持下级院分管检察长靠前指挥，确保强力推进。

三、密切配合，加大打击力度

加强与行政执法机关、公安机关的工作协调与配合，加强联系沟通，认真开展侵权假冒案件移送和立案监督工作,努力形成打击合力。一是继续落实陕西省人民检察院与当地“双打办”联合会签的《陕西省打击侵权假冒行政执法与刑事司法衔接工作实施办法(试行)》、与省知识产权局联合会签的《关于加强知识产权行政执法与刑事司法衔接工作的意见》,进一步完善打击侵权假冒犯罪领域的“两法衔接”机制。二是积极响应“双打办”的安排部署,在督促各市分检察院按时录入所办理的刑事案件信息的同时,对相关行政执法单位在信息平台录入的行政案件信息进行仔细查阅,充分发挥监督职能,从中发现是否存在有案不立、有罪不究的情形,要求在审查批捕和起诉工作中发现存在漏捕、漏罪、漏犯的,必须依法及时追捕、追诉。三是主动加强与知识产权局、市场监督管理机关、侦查机关、审判机关沟通协作,凝聚共识、形成合力。积极发挥检察机关参与社会治理的职能作用,对于在办案中发现的监管环节缺失、履职不力的问题,及时提出堵塞漏洞、加强管理的检察建议,并跟踪抓好落实工作。

四、加强宣传,营造良好氛围

充分利用“两微一端”等新媒体平台,大力宣传侵犯知识产权犯罪的危害,充分调动群众参与打击侵犯知识产权犯罪的积极性,营造浓厚的社会舆论氛围;创新宣传形式,在传统宣传方式基础上,配合相关行政执法机关和部门,采取群众易于接受的宣传形式,确保宣传的良好社会效果;丰富宣传内容,注重结合典型案例以案释法,全面揭露侵犯知识产权犯罪的手段,不断提高人民群众防范能力。

(最高人民检察院第四检察厅)

甘肃省

专利工作

2019 年,甘肃省专利申请 27 637 件,同比下降 0.88%,低于同期全国 1.17%的平均增长水平;专利授权 14 894 件,同比增长 6.71%,高于同期全国 5.95%的平均增长水平。其中,发明专利申请 6056 件,同比增长 0.35%,高于同期全国平均增长水平;发明专利授权 1154 件,同比下降 9.84%,低于同期全国 4.32%的平均增长水平。有效发明专利 7432 件,每万人发明专利拥有量为 2.82 件,同比增长 7.63%。PCT 国际专利申请 15 件。

一、知识产权战略、知识产权强省建设深入实施

2019 年,甘肃省知识产权战略实施暨强省建设工作领导小组办公室调整了甘肃省知识产权战略实施暨强省建设领导小组成员单位,并印发实施《2019 年甘肃省深入实施知识产权战略 加快建设知识产权强省推进计划》。积极推进知识产权强市、强县建设,新增白银市白银区、金昌市金川区、定西市陇西县、庆阳市正宁县、张掖市临泽县 5 个国家知识产权强县工程试点县(区)。全面、系统地总结分析甘肃省商标、专利、地理标志的发展情况,编撰《2018 年甘肃省知识产权事业发展报告》,推动知识产权高质量发展。

二、丝绸之路国际知识产权港建设扎实推进

持续大力推进丝绸之路国际知识产权港建设,研究制定《甘肃省知识产权服务业集聚发展示范区建设方案》,加强知识产权服务业集聚区建设,知识产权港依托集聚国内领先知识产权服务资源,广泛吸纳社会资本,吸引 38 家知名知识产权服务机构入驻知识产权港，逐步建立起市场主导、聚合知识产权产业链的运行机制，知识产权服务集聚效应初显。最高人民法院批准设立兰州知识产权法庭，标志着甘肃省知识产权司法保护进入新阶段，截至2019年年底，已受理国内知识产权案件296件。进一步加强国际合作交流，2019年先后举办丝绸之路国际知识产权论坛、第四届兰州科技成果博览会国际知识产权（兰州）论坛，邀请来自国内外的近20位知识产权行业专家进行专业领域分享，有效提升知识产权港国际影响力。

三、知识产权保护力度不断加大

开展知识产权侵权纠纷检验鉴定技术支撑体系建设试点，为知识产权侵权纠纷处理工作提供侵权判定技术咨询服务。组织开展知识产权执法保护专项行动，加大落实电商领域专利执法维权协作机制力度，共处理专利侵权纠纷513件，其中电商领域案件480件；共查处商标违法案件319件，案值262.64万元，罚没金额334.72万元。这对引导申请人规范专利申请、推进专利从高速增长转向高质量发展起到了方向引领的作用。对专利代理机构和专利代理师进行调查和核实，对存在“挂证”行为的5名代理师注销执业证，有效维护专利代理市场的正常秩序。

四、知识产权综合运用成效明显

修订《甘肃省专利奖励办法》（甘肃省人民政府令第148号）、《甘肃省专利奖励办法实施细则》，增设专利发明人奖，提高专利奖奖励额度，激励企业和个人发明创造的积极性。2019年度甘肃省专利奖最终产生授奖专利49件，专利发明人15人，推荐的1件专利进入第二十一届中国专利奖预获奖项目。召开甘肃省专利质押融资及专利保险工作推进会，推动民营企业改革创新、转型升级、健康发展。2019年新增专利质押融资24笔，质押专利148件，融资金额2.635亿元，落实2018年度企业专利质押融资补助资金327万元，落实《甘肃省支持科技创新若干措施》2018年有关知识产权工作奖补资金1963万元。截至2019年年底，共培育省级知识产权优势企业214家，国家知识产权优势企业97家、示范企业14家。知识产权军民融合试点工作顺利推进，承担国家知识产权局知识产权军民融合试点推进工作项目，获得15万元经费支持。兰州大学和中国科学院兰州文献情报中心2家单位入选国家第三批技术与创新支持中心候选机构，为甘肃省专利信息传播利用夯实了基础。

五、知识产权服务水平大力提升

2019年，兰州代办处服务窗口共受理专利申请47 365件，电子申请率达到100%，代收取各种专利费用34 058笔、1513.3万元，制作专利登记簿副本1098件，完成专利实施许可合同备案6件、专利权质押登记22件、专利权质押注销19件，专利权质押变更6件，完成199件专利优先审查请求的审核，审核通过2021件费减案件，开展自取通知书打印16 834件，完成远程票据打印业务7655笔、107.1万元，共推送专利缴费补缴订单2315单，约951.2万元。对甘肃省专利实施状况和知识产权服务业开展调查，调查对象涉及专利400件，回收问卷347份，回收率达到86.75%；涉及专利权人89个，回收问卷82份，回收率达到92.13%。

六、知识产权和创新文化氛围浓厚

大力倡导创新文化，利用“4·26世界知识产权日”、第十三届中国专利周等重要宣传节点，围绕中心、服务大局，组织开展了一系列形式多样、富有实效、各具特色的宣传活动。举办知识产权培训讲座7场次，培训人数600人，发放宣传资料3万余份，接受群众咨询900多人次，取得良好的法律效果和社会效果。举办有关专利信息利用的培训 30 期，培训企事业单位 300 余家，培训 5000 人次，为从事知识产权工作的人员提供系统、规范、有效的知识产权专业培训。热忱接待世界知识产权组织总干事弗朗西斯·高锐一行来甘肃考察，利用这一契机，积极宣传甘肃省知识产权工作成效。

（甘肃省知识产权局）

商标工作

2019 年，甘肃省商标品牌建设有效加强，截至 2019 年 12 月 15 日，全省商标申请 39 244 件，同比增长 27.97%；商标注册 28 474 件，同比增长 34.36%；累计有效注册量达到 98 929 件，同比增长 34.93%；累计申请注册地理标志证明商标共计 125 件，认定中国驰名商标 76 件，累计获批地理标志保护产品 67 个，地理标志产品专用标志使用企业达到 75 家。2019 年，甘肃省地理标志商标增量排名全国前十；商标申请增长率排名全国第二；甘肃省依托地理标志助力脱贫攻坚工作在全国市场监管工作会议上受到国家市场监督管理总局的表扬。

一、不断协调开通地理标志申请绿色通道

积极协调对接国家知识产权局，在申报使用条件成熟的基础上，按照产品上市时间短、申请要求迫切的特点，申请开通地理标志“绿色通道”，并针对这些地理标志保护产品、地理标志证明商标、集体商标开展优先提交审查。

二、不断加大商标专用权保护力度

加大对商标专用权相关请示、咨询和案件处理的政策、法律指导，及时、有效解决永登“苦水玫瑰”、广州“富力”、“中华”铅笔等商标侵权投诉、集体上访等问题；联合兰州知识产权法庭、兰州市市场监督管理局召开商标专用权行政与司法保护工作座谈会，就侵犯地理标志商标专用权行为，从司法和行政的角度会商协同监管机制；与甘肃省高级人民法院知识产权审判庭就陇南“金徽”酒业商标侵权案件召开专题座谈会。

三、加强驰名商标案卷材料审查审核工作

按照《驰名商标认定和保护规定》，加快相关案卷材料的审核工作节奏，并按时上报国家知识产权局商标局《关于对甘南藏族自治州燎原乳业有限责任公司在案件中申请认定“”商标为驰名商标的请示》《关于对甘肃电器科学研究院在案件中申请认定“”商标为驰名商标的请示》和《关于对甘肃福雨塑业有限责任公司在案件中申请认定“”商标为驰名商标的请示》，积极促进中国驰名商标认定保护工作。

四、加强全省中药材产业商标品牌培育工作

加强对全省陇药产业及中药材地理标志商标、地理标志产品的培育和驰名商标申请认定工作，积极开展中药材地理标志商标和产品的保护工作。截至 2019 年年底，甘肃省共有国家地理标志保护产品 67 个，其中，中药材地理标志保护产品 13 个，占全省国家地理标志保护产品总数的 19%；共有中药材地理标志证明商标 18 件，包括“岷县当归”“陇西黄芪”“陇西白条党参”“渭源白条党参”等。经国家知识产权局商标局审查，同意对岷县顺兴和中药材有限责任公司使用在医用药草、药用根块植物商品上的第 1515744 号“顺和及图”注册商标予以驰名商标扩大保护。

（甘肃省知识产权局）

地理标志工作

一、进一步加强地理标志保护标准体系建设工作

积极配合做好 2019 年度甘肃省地方标准集中复审工作，对全省地理标志保护产品地方标准进行复审，并提出复审建议；积极开展地理标志保护产品地方标准制修订工作，参与审查《地理标志产品 靖远文冠果油》《地理标志产品 靖远枸杞》两项标准；向全国知识管理标准化技术委员会地理标志分技术委员会推荐第一届地理标志分技术委员会委员候选人 3 名。

二、加强地理标志产品监管工作

先后转发《国家知识产权局办公室关于开展 2019 年春节期间地理标志使用专项整治工作的通知》《国家知识产权局关于加强 2019 年春茶地理标志保护工作的通知》《国家知识产权局办公室关于加强 2019 年秋季地理标志保护工作的通知》等文件，进一步规范地理标志专用标志使用，有效打击地理标志侵权违法行为，增强全社会地理标志保护意识。

三、加强地理标志保护产品保护与宣传工作

积极推动甘肃省地理标志保护产品加入中欧地理标志互认互保“100＋100”合作计划，向国家知识产权局推荐兰州百合、武都油橄榄、定西马铃薯 3 个产品纳入中欧地理标志保护与合作协定第二批保护名录。积极组织甘肃优质地理标志产品参加第二届金芒果地理标志产品国际博览会、第十一届中国国际商标品牌节、第二十六届中国杨凌农业高新科技成果博览会等全国性地理标志展会。其中，甘南牦牛奶粉荣登“2019 金芒果好地标 TOP 榜”，被评为 2019 年度金芒果十大推荐品牌之一；静宁县苹果产销协会获评“2019 中华品牌商标博览会金奖”。

四、积极组织开展 2019 年地理标志运用促进工程项目工作

审核推荐的靖远文冠果油、靖远枸杞、甘加羊（甘加藏羊）、迭部羊肚菌 4 个产品，被国家知识产权局确定为 2019 年地理标志运用促进工程项目，实施地理标志运用促进工程，并获得 100 万元经费支持。

五、认真开展地理标志保护资源普查工作

按照《国家知识产权局办公室关于开展地理标志保护资源普查的通知》，认真做好地理标志保护产品、地理标志商标及农产品地理标志产品相关信息的收集和录入工作，截至 2019 年年底，已向全国地理标志保护数据管理系统录入地理标志保护产品相关信息 402 条、地理标志商标相关信息 218 条、地理标志商标授权企业相关信息 117 条。

（甘肃省知识产权局）

版权工作

一、软件正版化工作

（1）适时调整领导小组成员单位。为适应机构改革后的新形势和新任务，适时调整省使用正版软件工作领导小组成员单位，增加了省委机要和保密局、省教育厅、省文旅厅和省卫健委，退出了省审计厅。调整后的领导小组共 20 个成员单位，由省委常委、宣传部部长任组长，省委宣传部副部长、省新闻出版局（省版权局）局长任办公室主任。

（2）科学谋划年度工作。制定出台《2019 年甘肃省推进使用正版软件工作计划》，从健全工作长效机制、强化计算机软硬件采购源头管理、加强成员单位分工合作、推进主体责任落实等方面作出部署。修订完善《甘肃省软件正版化工作考核办法》，对考核组织、考核对象、考核方式、考核内容、考核结果运用等作出安排。下发

《关于统计省级党政机关所属事业单位软件正版化工作情况的通知》，组织举办3期事业单位软件正版化工作培训班，约600人参训。

(3)加强软件采购源头管理。针对近年来软件采购源头问题较多的实际，甘肃省版权局向省财政厅、省公共资源交易局发出《关于正版软件采购源头制度落实的函》，组织召开座谈会专题研究解决问题。

(4)强化考核督导。9月至10月，省使用正版软件工作领导小组办公室牵头，协调部分成员单位担任考核组长，对11家省级党政机关、5个市(州)的部分市直单位和县(市、区)6家省属国有企业、4家新闻出版企业，共计97家单位进行抽查考核，检查计算机2635台；11月，省使用正版软件工作领导小组向全省进行情况通报，指出问题，提出工作要求和整改期限。

二、作品登记工作

针对甘肃省著作权人作品登记意识不强，作品登记数量少、质量不高这一状况，省版权局版权管理处通过调研形成《甘肃省作品登记有关情况的报告》，提出提升创作质量、壮大创意型文化企业、建立作品登记奖励机制、设立培育创意型文化企业、将作品登记初审权下放到市州等建议。省版权局向省直宣传文化单位、甘肃各高校等主要版权创作单位下发《关于加强版权登记工作的通知》，着力推动作品登记工作。同时，与丝绸之路国际知识产权港公司积极沟通联系，探索委托第三方专业机构开展作品登记的新路径。通过这些举措，作品登记数量由2018年的159件上升至2019年的819件，为版权产业的发展创造了条件。

三、“剑网2019”专项行动

甘肃省版权局积极协调省委网信办、省文旅厅、省公安厅、省通信管理局、省“双打办”，联合下发《甘肃省开展打击网络侵权盗版“剑网2019”专项行动实施方案》，在全省范围内联合开展打击网络侵权盗版的“剑网2019”专项行动。其间，甘肃省版权局调解处理了在甘肃省备案的“毕业论文”网站(陇ICP备17001081号-1)侵犯江苏省教师唐明干著作权一案，双方达成和解，权利人得到赔偿。

四、版权宣传活动

在“4·26世界知识产权日”到来之际，根据国家版权局工作部署和要求，及时向各市州及有关单位下发《关于做好2019年全省知识产权宣传周版权宣传活动的通知》，对全省知识产权宣传周版权宣传活动进行安排部署。各地按照省版权局部署，通过网络、报刊、广播、电视等平台，运用海报、展板、现场宣传等形式，组织开展了丰富多彩的版权宣传活动，提升了公众的版权保护意识，营造了尊重版权、保护版权的良好社会氛围。

(谢青民)

司法工作

一、加强知识产权审判能力建设，提高知识产权案件审判质效

2019年，甘肃法院审结各类知识产权案件总量增幅明显，特别是涉知名品牌商标权的诉讼案件数量激增。全年共受理知识产权民事案件1425件，同比增长51%，其中，一审案件1299件，二审案件126件；案件类型方面，专利权纠纷208件，著作权纠纷614件，商标权纠纷513件，植物新品种权纠纷25件，技术合同纠纷27件，其他知识产权案件38件。共受理知识产权刑事案件52件，其中一审案件47件，二审案件5件；案件类型方面，假冒注册商标罪18件，销售假冒注册商标的商品罪36件。2019年，甘肃法院知识产权民事、刑事案件结案率达到97%以上。甘肃法院始终注重提高审判质效，打造精品案件。甘肃省

高级人民法院妥善审理欧诗漫注册商标侵权纠纷案和金徽酒注册商标侵权纠纷案，切实保护了商标权人的合法权益，取得了良好的社会效果。甘肃省高级人民法院在审理涉外植物新品种案件中，坚持国际视野，保护国际制种公司的合法权益，体现了甘肃省知识产权司法保护的国际化水平，该案被农业农村部评为2019年农业植物新品种保护十大典型案例；撰写的案例分析荣获全国法院系统2019年度优秀案例分析评选活动二等奖。

二、加强知识产权审判标准化建设，推进知识产权审判领域改革创新

甘肃法院系统不断推进知识产权审判标准化建设。甘肃省高级人民法院先后制定《民三庭审判调研工作管理制度》《民三庭案件流转登记制度》等，重点加强队伍建设，加强案件和卷宗管理，理顺庭室科学发展的体制机制。严格落实知识产权审判“三合一”，促进不同司法保护手段之间的内在统一。针对知识产权商业维权案件，推行类型化案件的示范裁判效能。适用惩罚性赔偿，提高侵权代价。研究制定律师调查令制度，拓宽权利人取证渠道。1月，兰州知识产权法庭正式挂牌成立探索建立知识产权多元化纠纷解决机制。坚持将“调解优先、调判结合”工作原则贯穿于知识产权审判工作的全过程，积极对接兰州市知识产权维权中心，初步建立诉调对接工作制度。在案件受理开始，引导诉讼双方当事人向兰州市知识产权维权中心提交争议问题，由兰州市知识产权维权中心组织开展听证会，并就双方争议问题发表专家意见，解答法律适用问题，为后续的调解工作打下良好基础；兰州知识产权法庭还积极组织召开甘肃省知识产权司法保护座谈会，重点围绕促进知识产权行政保护和司法保护优势互补，有效建立机制创新、衔接顺畅的知识产权多元化纠纷解决机制进行座谈交流。天水市中级人民法院根据最高人民法院要求制定《天水市法院关于加强知识产权审判领域改革创新工作实施方案》，并召开法、检、公、司“四长”联席会议，会议通过由具有第一审知识产权刑事案件管辖权的秦州区人民法院审理本区及其他县区的第一审知识产权刑事案件。甘肃省法院知识产权审判领域改革创新工作领导小组设立，为进一步推进改革创新提供了坚实的组织保障。

三、加强知识产权司法宣传力度，营造知识产权创新保护的社会环境

甘肃法院知识产权司法保护工作始终坚持“裁判引领”与“舆论宣传”双轮驱动。4月，甘肃省高级人民法院根据中央精神并结合省委关于充分发挥兰州知识产权法庭的积极作用，服务丝绸之路国际知识产权港建设的具体要求，牵头举办以“严格知识产权保护，营造一流营商环境”为主题的“4·26世界知识产权日”宣传周启动仪式，邀请省、市相关领导及知识产权联席单位、各级法院代表、新闻媒体记者等数百人参加。“4·26世界知识产权日”宣传周期间，甘肃省高级人民法院民三庭在以往发布知识产权白皮书、十大典型案例的基础上，与兰州知识产权法庭及兰州市城关区人民法院民三庭共同举办“四融合、一突出”系列活动，进一步将宣传服务的触手延伸到知识产权各相关领域。一是进高等院校，促进理论教学与司法实践相融合。进西北民族大学审理知识产权案件，近300位高校师生观摩庭审。进兰州大学举行“知识产权志愿服务队”授旗仪式，400余位师生参与“保护知识产权百人签名”活动。二是进科研院所，促进创新驱动与成果转化相融合。进兰州生物制品研究所，为增补进入审判咨询专家库的专家颁发聘书。针对专家提出的问题给予解答，提升科研院所知识产权风险防范和成果转化能力。三是进商贸市场，促进合法经营与依法维权相融合。进兰州瑞德摩尔市场，与

100余位市场管理者、商户代表展开面对面交流。发起“尊重知识产权，维护市场秩序”主旨倡议。四是进本土企业，促进品牌成长与司法服务相融合。分赴连城铝业公司与金徽酒股份公司，倾听企业知识产权保护需求，从知识产权权属纠纷、侵权纠纷、合同纠纷等方面作出具体指引，提升自主品牌竞争力。五是三级联动，突出司法宣传规模效应。组织全省三级法院在宣传周期间同步集中审理、宣判一批知识产权案件。“4·26世界知识产权日”当天，在兰三级法院在万达广场举办大型知识产权法律宣传活动，发放宣传资料，宣传法律政策，接受公众咨询。金昌市中级人民法院组织召开知识产权保护座谈会，并深入金昌宇恒镍网股份有限公司调研，宣讲知识产权相关法律知识。天水市中级人民法院以“4·26世界知识产权日”主题宣传活动为契机，通过与天水电视台《周末说法》栏目合作以案说法，并走访工业园区、科研单位及创新企业，就自主品牌企业的知识产权保护进行研讨，开办知识产权讲座，营造保护知识产权的良好社会氛围。酒泉市中级人民法院联合酒泉市市场监督管理局、酒泉海关等部门，组织开展知识产权宣传宣讲活动，发放宣传资料700余份，提供法律咨询10余人次。针对近两年出现的著作权人起诉KTV行业经营者的著作权侵权纠纷系列案件，通过组织行业代表座谈等方式，既宣传了知识产权保护知识，也有效缓解了行业经营者和当事人的抵触情绪。除加强舆论宣传外，在“4·26世界知识产权日”宣传期间，甘肃省高级人民法院首次对全省法院系统从事知识产权司法保护工作的5个先进集体和13个先进个人进行表彰，进一步激发了全省法院知识产权法官创先争优的干劲。

（甘肃省高级人民法院知识产权审判庭）

检察工作

一、严厉打击侵犯知识产权犯罪，依法履行法律监督职能

2019年，甘肃检察机关充分发挥“捕诉一体”优势，全面加强侦查环节的引导取证工作，提前介入案件4件。全年共受理审查逮捕侵犯知识产权案件42件67人，同比分别上升75.2%、81.3%；批准逮捕35件53人。受理审查起诉侵犯知识产权案件48件104人，同比分别上升26.3%、57.6%，提起公诉44件87人。

二、针对重点突出问题，大力开展专项行动

将“加强产权司法保护，优化营商环境”作为甘肃检察机关“六项重点工作”之一，将打击知识产权犯罪作为重要内容，依法惩治侵犯专利权、商标权、著作权、商业秘密等犯罪，加大对重大科研项目和工程、关键核心技术以及优势产业等领域的假冒专利犯罪打击力度。在“维护民企权益，优化营商环境”专项行动中，将知识产权保护作为重要内容，实地走访民营企业，收集民营企业涉知识产权法律问题，并分类筛选，有针对性地予以解决。开展“打击侵犯知识产权和制售假冒伪劣商品”专项行动，保持打击侵犯知识产权犯罪的高压态势。

三、加强知识产权行政执法与刑事司法衔接，形成知识产权保护合力

形成行政保护与司法保护优势互补、有机衔接的知识产权保护模式。一是加强与市场监管、药品监管、公安机关等单位的协作，形成外部合力。同时加强与行政检察、公益诉讼等部门的内部协作，完善沟通、协调、信息共享机制，开展联合执法行动，深挖案件线索，加强重点案件联合督办。二是进一步完善“两法衔接”，建立动态对接机制，联合公安机关、行政机关制定相关规范。三是加强与公安机关、法院的沟通协

调，加强对重大、疑难、复杂案件的专题研讨，进一步统一司法标准，提高案件质量。

四、注重宣传舆论引导，营造良好社会氛围

将知识产权保护作为法治宣传重点内容，充分利用国际消费者权益日、世界知识产权日、全国法治宣传日等时机，利用“两微一端”、案件信息公开、典型案例编辑、优秀法律文书评选、重大案件新闻发布，以及邀请人民监督员、特约检察员参与案件过程等多种形式，加强案件宣传力度，提高消费者鉴别能力。

（最高人民检察院第四检察厅）

青海省

专利工作

2019 年，青海省专利申请量 5010 件，同比增长 12.9%；专利授权量 3043 件，同比增长 14.2%；每万人发明专利拥有量 2.71 件，同比增长 15.8%。青海省 2 件发明专利荣获第二十一届中国专利优秀奖，5 家企业获批 2019 年度国家知识产权优势企业，12 家企业通过贯彻《企业知识产权管理规范》标准认证。

2019 年，青海省因机构改革重新调整了省知识产权战略实施工作联席会议及其成员单位，明确工作职责，加强全面领导。对 2018 年度全省获得国内外授权的发明专利、实用新型专利，以及发明专利授权 20 件以上的专利权人等给予 400.20 万元补助，激励更多企业、高校和科研院所等创新主体产出优秀技术成果。

扎实开展知识产权执法“铁拳”行动和“扫黑除恶治乱”专项执法检查 17 次，查处假冒专利及专利标识标注不规范案件 54 件。2019 中国（青海）藏毯国际展览会暨国际生态产业博览会上设立展会知识产权投诉工作站，邀请国家知识产权局知识产权保护司的领导和工作人员莅临展会现场指导展会执法工作，增强企业侵权假冒风险防控意识。

知识产权局与青海银保监局等部门建立协调合作机制，建设质押项目数据库，搭建对接平台，全年促成 6 笔专利权质押融资交易，质押总额 2.356 亿元，同比增长 103%。向青海省技术交易市场推送可转化的专利共 127 件。全省技术交易市场登记专利技术交易 28 笔，交易额达 1.15 亿元。

不断深化知识产权领域“放管服”改革，深入开展专利代理行业“蓝天”专项整治行动，对涉及“挂证”等违法行为的代理机构进行约谈，督促整改。对全省 39 件非正常专利申请开展核查工作，经调查核实，最终撤回 33 件。组织专利服务机构为 50 余家企业提供知识产权申请代理、专利信息检索等服务。

不断丰富宣传教育形式，突出“4·26 世界知识产权日”、知识产权宣传周和中国专利周等宣传节点，组织知识产权进企业等“五进”活动，共组织政策宣讲、专利挖掘、转化运用、知识产权保护维权等内容的宣传培训 14 次，发放宣传材料 2500 多份，进一步营造良好的知识产权文化氛围。

（青海省知识产权局）

商标工作

2019 年，青海省注册商标申请量 12 303 件，同比增长 4.8%；商标注册量 10 101 件，同比增长 18.9%；累计有效商标注册总数 40 592 件，同比增长 30.1%。截至 2019 年年底，青海省累计认定驰名商标 48 件。

组织全省37家品牌企业参加2019年第28届俄罗斯莫斯科国际食品展，围绕“大美青海，生态品牌”主题进行品牌推介，开展交流合作。截至展会结束，青海省参展企业累计接待参观人数32488人次，咨询2412人次，共收到351个合作意向。青海可可西里食品有限公司等公司签署了合作协议，合同金额达7300万元人民币。

组织开展商标专用权保护工作，严厉打击侵权假冒行为。以集贸市场、商场、超市为重点区域，以食品、日用品、化妆品为重点商品，查处商标侵权假冒案件51起，案值24.97万元，罚款51.13万元。

（青海省知识产权局）

地理标志工作

2019年，青海省新增地理标志证明商标2件，分别为“班玛藏雪茶”“乐都沙果”。截至2019年年底，青海省地理标志证明商标36件，地理标志保护产品15个。

（青海省知识产权局）

版权工作

一、打击网络侵权盗版“剑网2019”专项行动

制定下发《青海省开展打击网络侵权盗版“剑网2019”专项行动实施方案》，对全省开展“剑网2019”专项行动作出安排和部署，明确要求各市、州紧密围绕工作重点，积极组织开展媒体融合发展版权监管、院线电影网络版权专项保护等工作，重点整治流媒体、图片领域侵权盗版行为，持续加强短视频、有声读物、知识分享、网络直播等平台版权治理，查办网络侵权盗版案件。

二、软件正版化工作

根据国家版权局《关于印发〈2019年推进使用正版软件工作计划〉的通知》要求，制定印发《青海省2019年推进使用正版软件工作实施方案》，对进一步加强制度建设，强化督促检查，完善长效机制，巩固扩大工作成果，全面推进青海省软件正版化工作规范化、常态化、制度化和信息化进行安排部署。根据机构改革后相关部门人员变动情况，调整青海省推进软件正版化工作领导小组成员。组织召开全省软件正版化工作会议，对各级党政机关、企事业单位、金融机构推进软件正版化工作提出明确要求。加强计算机软硬件采购源头管理，对40家省直机关及事业单位新采购的164台计算机，各类正版软件7086套（操作系统3844套、办公软件3085套、杀毒软件157套），采购金额1123万元进行审核把关。对海西州、黄南州、果洛州、玉树州软件正版化工作进行督查。共检查24家单位，查阅相关资料，随机抽查384台计算机软件使用安装情况，对存在的问题进行反馈和限期整改，有效推进软件正版化各项工作落到实处。对2起软件著作权投诉进行调查取证和协调处理。

三、版权宣传工作

结合“4·23世界读书日”暨“书香青海”阅读活动启动仪式，在西宁中心广场集中开展版权宣传活动。现场悬挂横幅1条，展出展板6块，发放海报等宣传资料1000余份，集中展示宣传青海省开展打击侵犯知识产权和制售假冒伪劣商品专项行动、推进全省政府机关软件正版化等版权保护工作所取得的成果。充分利用网络媒体进行宣传，青海广播电视台在青海卫视每天下午循环播出国家版权局制作的版权公益宣传片，积极营造以“尊重知识、崇尚创新、诚信守法”为核心的知识产权文化建设氛围，增强了公众的版权保护意识。

四、软件正版化和执法培训工作

为切实提高行政执法人员法律素质和执法水平，推进软件正版化工作，组织20

余人次分别参加由国家版权局举办的版权执法监管和软件正版化工作培训。对基层软件正版化工作负责人开展软件正版化工作培训，开展培训讲座 5 期，430 余人参加培训。

五、版权咨询服务工作

组织开展 2018 年度举报、查处侵权盗版案件奖励推选工作。接待来人（来电）版权咨询 200 余人次，调处版权纠纷 3 起，进行著作权作品登记 1 件。

（付成久）

司法工作

一、提高政治站位，认真开展党性教育，做好扶贫工作

大力加强思想政治建设，以“两学一做”为契机，积极开展“一名党员、一面旗”等教育活动，认真学习贯彻党的十九大会议精神，进一步端正知识产权审判工作指导思想。积极开展领导干部谈心活动，建立定期与不定期谈心制度，谈话内容记录在案，统一保存，全面了解掌握干警思想动态。结合个人自身岗位工作实际，认真梳理岗位风险点，确保警钟长鸣。积极参与扶贫攻坚战，建立党员干部和贫困户挂钩联系制度，自筹资金 8000 余元，购置被褥、毛毯、米面等生活必需品，分 4 次前往海东市互助县作干村进行扶贫慰问。

二、精审精办，确保审判工作取得实效

青海法院知识产权案件少，类型也较单一。2019 年，共受理知识产权案件 202 件，其中青海省高级人民法院受理 12 件（侵害外观设计专利权纠纷 11 件、侵害作品信息网络传播权纠纷 1 件），西宁市中级人民法院受理 190 件。知识产权案件专业性、技术性强，法律适用难度大，多涉及知名企业、文化名人等，社会影响大，审判经验不足是自身短板，是对审判队伍的挑战。因此，不断树立强化办“精品案”审判理念，要求审判人员精研知识产权法律规定，熟稔知识产权司法保护理念，提高审理知识产权案件的业务水平，加强法官的职业素养，以高标准、严要求对待每一个案件，从立案审查到开庭审理、制作裁判文书，都以“精”取胜，保证案件审理的质效。

三、统一认识，推动知识产权审判领域改革

为加强对知识产权司法保护，结合青海省法院实际和受理案件的性质、特点，与青海省人民检察院联合印发《关于侵犯知识产权刑事案件管辖及归口审理问题的若干规定（试行）》，有效推进知识产权集中管辖和“三审合一”；与青海省知识产权局联合印发《知识产权司法保护与行政执法衔接合作交流框架协议》；起草并印发《关于加强知识产权审判领域改革创新的实施意见》。

四、响应司法改革，积极主动为知识产权“三合一”审判做准备

为深入贯彻最高人民法院全面推进“三合一”审判工作部署，全面落实最高人民法院《关于在全国法院推进知识产权民事、行政和刑事案件审判“三合一”工作的意见》精神，结合青海省实际，研究制定《知识产权案件集中管辖和“三审合一”工作方案》（以下简称《工作方案》），并报最高人民法院批复。为做好实施《工作方案》的基础工作，与西宁、海东市中级人民法院知识产权审判机构就可能面临的问题进行专题座谈，与青海省知识产权局进行细节性沟通；在知识准备方面，制定相关刑事、行政法律知识的学习计划，并就今后案件的审理向刑庭、行政庭提前提出求助。对近 5 年来青海省涉知识产权刑事、行政案件情况进行摸底。

五、推进人工智能，在审判工作上深入实践信息化

以建设“智慧法院”为契机，积极推进信息化在办案中的深度应用。一是依托青海省法院数字法院业务应用系统、智能文书编写系统等软件，大力提倡审判数字化、信息化，实现案件办理全程网络化。二是积极利用该系统网络资源碎片化搜索、同案推介、相关法律条文检索等功能，统一裁判尺度，准确适用法律。三是严格落实审判流程信息公开、庭审网络直播、裁判文书上网等工作制度。四是用好电子送达方式。

（青海省高级人民法院知识产权审判庭）

检察工作

2019 年，青海检察机关结合《2019 年全国打击侵犯知识产权和制售假冒伪劣商品工作要点》和 2019 年全国打击侵权假冒工作电视电话会议精神，严格履行法律监督职责，以维护人民群众的切身利益为出发点和落脚点，以保障市场秩序规范有序和社会公平正义为目标，完成了检察环节打击侵犯知识产权犯罪相关工作。

一、依法履行检察职能，严厉打击侵犯知识产权犯罪

进一步加大依法惩治侵犯知识产权犯罪力度，提高办理知识产权刑事案件的质量，切实维护社会主义市场经济秩序。2019 年，青海省各级检察机关切实履行检察职能，共依法批准逮捕侵犯知识产权犯罪案件 5 件 8 人，提起公诉侵犯知识产权罪案件 6 件 6 人。通过上述案件的办理，震慑了犯罪分子，在保护知识产权、维护全省人民的生产和生活安全方面发挥了积极作用。

二、理顺知识产权案件集中管辖机制，推动案件专业化办理

认真贯彻落实《国家知识产权战略纲要》，结合青海省知识产权刑事案件集中管辖制度改革，构建符合实际情况的“三级联动、三审合一、三位一体”的集中型立体审判模式，健全公安机关、检察机关刑事案件侦查、移送和起诉机制。与青海省高级人民法院联合签发《关于知识产权刑事案件管辖及归口审理问题的若干规定（试行）》，全省推行侵犯知识产权第一审刑事案件由市、州人民检察院提起公诉，中级人民法院集中管辖审理的司法改革，从根本上解决知识产权司法尺度不统一、诉讼程序复杂等制约科技创新的体制性难题，实现知识产权刑事案件管辖集中化、程序集约化、办理专业化。青海省人民检察院要求全省各地检察机关充分发挥在刑事诉讼中的主导作用，结合各地实际，制定切实可行、便于操作的工作衔接机制，切实提高办案质效，确保工作按期、有序、高效完成。

（最高人民检察院第四检察厅）

宁夏回族自治区

专利工作

2019 年，宁夏共申请专利 9268 件，其中发明专利 2524 件、实用新型专利 6245 件、外观设计专利 499 件；共授权专利 5552 件，其中发明专利 598 件、实用新型专利 4642 件、外观设计专利 312 件。PCT 国际专利申请 15 件。每万人发明专利拥有量 4.65 件。出台《宁夏回族自治区知识产权补助资金管理办法》，对 189 家企业的 587 件授权发明专利和 12 件国外授权发明专利、16 家国家知识产权优势示范企业、50

家贯标企业等补助1560.5万元。2件发明专利荣获中国专利优秀奖。打造知识产权强企，国家知识产权示范企业有3家，国家知识产权优势企业有5家。培育自治区知识产权试点企业30家，培育第二批宁夏回族自治区专利运营试点企业8家。209家企业通过知识产权贯标认证。

（宁夏回族自治区知识产权局）

商标工作

截至2019年年底，宁夏商标申请量13 432件，商标注册量16 990件，有效商标注册量达57 764件，驰名商标57件，联合中华商标协会及自治区相关部门成功举办以“加强商标品牌保护，共建创新发展之路”为主题的第十一届中国国际商标品牌节，来自世界各地近4000名商标人齐聚一堂，汇集了748家来自全国各地的品牌企业。本届商标品牌节设有多场展示交流研讨活动，并设立“商品品牌商标展区”“服务品牌商标展区”和“地理标志展区”，为自治区学习借鉴国内外商标品牌建设的先进经验，培育一批具有国际竞争力的知名品牌商标，推动宁夏产品向宁夏品牌转变打下坚实的基础。

（宁夏回族自治区知识产权局）

地理标志工作

2019年，宁夏共有地理标志保护产品11个，地理标志商标25件，地理标志保护农产品60个。“宁夏枸杞”地理标志保护产品核准41家企业使用，“贺兰山东麓葡萄酒”地理标志保护产品核准22家企业使用；“中宁枸杞”证明商标使用企业60家，“盐池滩羊”证明商标使用企业44家。

（宁夏回族自治区知识产权局）

版权工作

一、版权执法监管工作

（1）加大打击侵权盗版查处力度。2019年，查办6件侵权盗版案件，行政处罚28 258元，其中“平罗县王某某等人涉嫌盗录院线电影案”被国家版权局、全国“扫黄打非”办公室及公安部列为全国挂牌督办案件。

（2）“剑网2019”专项行动成效明显。2019年，宁夏版权局、网信办、公安厅、通信管理局联合组织开展第15次打击网络侵权盗版专项治理“剑网”行动。完善版权重点监管，扩大监管范围，把智能移动终端第三方应用程序（App）、网络云存储空间、网络销售平台等传播方式纳入版权有效监管。将宁夏属地备案的1.3万多家网站、2700多个政务类自媒体、200多个移动应用程序详细备案信息全部纳入技术监测平台。2019年，自治区共查办网上侵权案件20余件。

（3）加强宣传，强化舆论引导。充分利用网站、微博、微信等渠道宣传著作权有关法律法规和“剑网2019”专项行动，向社会公开2018年5件典型侵权案件，用实例以案说法。

（4）加大执法监管人员培训。为进一步加强自治区版权行政执法监管能力，提高网络执法水平，举办若干期执法监管培训班，参训人员60人。

二、软件正版化工作

（1）完善软件正版化工作机制。召开自治区推进使用正版软件工作联席会议第四次全体会议，传达推进使用正版软件工作部际联席会议第八次全体会议精神，通报2018年自治区软件正版化工作情况和2019年推进使用正版软件工作，印发《2019年软件正版化工作实施方案》和《关于调整自治区推进使用软件正版化联席会议成员及成员单位职责的通知》，自治区党委常委、宣传部部长担任软件正版化工作联席会议召集人。完善自治区级和市、县级各单位软件正版化工作责任人数据库。

(2)党政机关软件正版化管理更加规范。对19个区直机关单位进行检查,重点检查软件采购记录、授权文件、制度台账和软件安装使用等情况,抽查计算机178台,对发现的问题当场提出整改意见,及时下发整改通知书限期整改,并及时跟踪问效,确保整改工作落实到位、取得实效。2019年自治区党政机关新采购正版操作系统2327套、正版办公软件10 167套(其中国产办公软件10 038套)、国产杀毒软件270套,采购金额达1009.4万元。

(3)持续推进企(事)业单位软件正版化工作。宁夏版权局联合国资委对宁夏15家国有企业计算机安装使用正版软件和长效机制建设情况进行专项检查,共检查计算机175台。区属国有企业采购正版操作系统180套、正版办公软件249套,银川市市属企业采购正版操作系统224套、正版办公软件312套。自治区推进使用正版软件工作联席会议办公室印发《关于自治区直属事业单位、部门所属事业单位使用正版软件工作的通知》,积极推进直属事业单位、部门所属事业单位软件正版化工作,各单位建立了规章制度,将软件正版化工作纳入年度绩效考核工作。完成60余家区属事业单位、部门所属事业单位软件正版化工作。

(4)加大专项检查和审计督查力度。牵头对自治区党政机关进行督查和对国有企业进行专项检查,检查党政机关19家、国有企业15家。

(5)不断加强软件正版化宣传培训工作。举办党政机关软件正版化工作培训班16次,参培单位484个,参训人员1237人次。在"4·26知识产权宣传周"活动期间,利用电视、报刊等传统媒体和网站、微信等新媒体,播放推送普及使用正版软件的有关知识,开展形式多样、内容丰富的系列宣传活动。

三、版权社会管理工作

2019年,宁夏回族自治区作品登记213件,涉外著作权合同登记78件。2019年"4·26世界知识产权日"宣传期间,共印制发放宣传海报4000张、宣传折页1.2万份,分发到自治区各市、县、区及中心城镇,在各机关、街道、社区、书店等地进行张贴。积极组织开展版权宣传进机关、进社区、进学校、进公共场所、进企业、进网吧"六进"活动,让群众了解版权知识、树立版权创新理念。通过电视台、新媒体多角度、多渠道开展知识产权的宣传报道,在自治区各播出机构分别播放版权公益宣传片。

(郝　辉)

司法工作

一、攻坚克难,依法妥善处理各类知识产权案件

2019年,宁夏法院受理知识产权民事一审案件806件,审结625件。其中,受理知识产权合同纠纷32件;知识产权权属、侵权纠纷765件;不正当竞争纠纷8件;垄断纠纷1件。

宁夏回族自治区下辖五市中级人民法院中,银川市中级人民法院共受理知识产权民事一审案件602件,审结430件;石嘴山市中级人民法院共受理知识产权民事一审案件159件,审结152件;吴忠市中级人民法院共受理知识产权民事一审案件9件,审结7件;固原市中级人民法院共受理知识产权民事一审案件2件,审结2件;中卫市中级人民法院共受理知识产权民事一审案件34件,审结34件。

2019年,宁夏回族自治区高级人民法院受理知识产权民事二审案件27件,审结17件。其中,受理侵害商标权纠纷14件,侵害发明专利权纠纷1件,侵害商业秘密纠纷1件,擅自使用知名商品特有名称、包装、装潢纠纷2件,网络域名权属、侵权纠纷1件,侵害作品署名权纠纷1件,特许经营合同纠纷1件,技术服务合同纠纷5件,技术委托开发合同纠纷1件。

二、多措并举,不断提升知识产权司法保护能力与水平

(1)坚持"司法主导、严格保护、分类施策、比例协调"的知识产权司法保护政策。重点加大对关键核心技术、互联网新兴产业以及新能源、新材料等新兴领域的知识产权保护力度,发挥司法保护激励创新、鼓励创业、促进创业的积极作用,推动重大科技创新和新兴产业、新兴领域健康发展;加大对知名企业的商业品牌和商誉保护,促进品牌的培育创新并形成品牌优势,增强市场主体的核心竞争力和发展原动力;依法认定不正当竞争行为和垄断行为,促进企业和行业的良性发展,营造公平诚信、规范有序的市场环境。

(2)深入贯彻落实国家知识产权战略与宁夏创新驱动战略。出台《宁夏回族自治区高级人民法院关于为推动高质量发展提供优质司法服务和有力司法保障的实施意见》,并召开新闻发布会。该实施意见积极助力自主创新、服务保障供给侧结构性改革、深化"放管服"改革、参与社会治理体制改革、护航"一带一路"建设五个方面。

(3)强化审判职能,提升业务水平,锤炼精品案件。宁夏法院积极发挥知识产权审判职能作用,努力应对知识产权案件新形势、新特点,认真总结各类案件的疑点、难点和审理经验,先后审理了一批具有典型意义的案件。

(4)加强知识产权司法保护宣传,推动社会治理创新。与宁夏回族自治区知识产权局等多家单位联合开展知识产权法律宣传和法律咨询活动,现场解答群众法律咨询,发放宣传资料,向社会公布最高人民法院以及北京、上海、广州等知识产权法庭与专门知识产权法院公布的典型案例,以案说法,将保护知识产权的意识融入大众,在社会上形成"尊重知识、崇尚创新、诚信守法"的知识产权文化。

(5)坚持司法公开,不断提升司法公信力。一是全面落实公开审判原则,对依法能够公开的案件全部实行公开开庭审理,对每一起开庭审理的案件,都做到庭审同步录音录像和庭审网络直播。二是对社会普遍关注的案件,在开庭审理时,允许新闻媒体进行公开报道;主动邀请人大代表、政协委员、工商行政管理部门等参加庭审旁听,接受社会各界监督。三是高度重视知识产权裁判文书公开工作,将依法可以公开的生效裁判文书全部上传至中国裁判文书网,主动接受社会各界的监督。

三、依法审理,不断加强知识产权司法保护力度

(1)加大对知名商业品牌的保护。青铜峡市清真食品公司诉青铜峡市万利清真食品公司商标侵权纠纷案中,经吴忠市中级人民法院、宁夏回族自治区高级人民法院两级法院审理认定,青铜峡市万利清真食品公司已经侵犯青铜峡市清真食品公司"老苗月"商标权,判决被告立即停止生产销售在与原告相同或相近似的产品上使用第13505803号"老苗月"商标,赔偿原告损失40万元。

(2)依法加大民事赔偿力度,让侵权者付出沉重代价。切实贯彻全面赔偿原则,努力实现侵权赔偿与知识产权市场价值的协调性和相称性。对于重复侵权、恶意侵权、群体侵权、以侵权为业以及其他具有严重侵权情节的,依法加大赔偿力度,提高赔偿数额。

(3)完善繁简分流,实现简案快办。伴随着案件数量的不断上升与办案质量日益高标准严要求,积极探索,有效改进送达机制,发挥庭前会议功能,不断强化当庭宣判,案件审理质效得到明显提升。

(4)引入技术调查官,创新发掘案件审

理新思路。银川市中级人民法院为解决一起发明专利侵权案件审理中遇到的技术性难题，主动引入最高人民法院知识产权法庭的技术调查官参与诉讼活动，取得了良好效果。这是宁夏回族自治区法院审理的首例引入技术调查官的知识产权案件。

四、加强学习与调研，建立专业队伍，落实司法责任制改革要求

(1)加强对知识产权审判的调研工作。对2018年自治区法院知识产权司法保护审判工作、典型案例、2019年知识产权司法保护工作、技术调查官、不正当竞争纠纷等课题开展调研工作，并形成调研报告；对宁夏法院贯彻落实《关于加强知识产权审判领域改革创新若干问题的意见》工作情况在自治区进行调研与自我评估，并形成调研报告。

(2)加强典型案例学习研讨，做好案例指导工作。宁夏回族自治区高级人民法院及时转发最高人民法院、各知识产权法院发布的典型案例、优秀案例，组织知识产权审判人员认真学习研讨，弥补知识产权审判经验不足的缺陷。通过典型与优秀案例的学习研讨，促进裁判标准的统一与自由裁量权的正确行使。

五、全面加强队伍建设，以队建带动审判工作全面提升

(1)全面加强党建工作，积极创建星级党支部。一是以“不忘初心、牢记使命”主题教育活动为契机，加强政治理论学习。二是严肃党内政治生活，严格落实“三会一课”制度。三是认真组织召开组织生活会。四是按期开展主题党日活动。

(2)全面提升司法廉洁，严格遵守各项纪律规定。严格落实中央八项规定和各项工作纪律，重点规范案件审理中的作风和廉政问题，确保司法廉洁；认真开展廉政警示教育活动，组织全庭同志认真学习落实自治区法院2019年党风廉政建设和反腐败工作会议的相关会议精神，提高拒腐防变的自觉性与警惕性。

（宁夏回族自治区高级人民法院知识产权审判庭）

检察工作

一、聚焦主责主业，依法严惩侵犯知识产权犯罪

2019年，宁夏检察机关共受理审查逮捕侵犯知识产权犯罪案件26件41人，批准逮捕10件18人；受理审查起诉侵犯知识产权犯罪案件14件26人，提起公诉7件12人。提前介入侵权假冒案件2件7人，确保案件达到“事实清楚，证据确实充分”的起诉标准；监督公安机关立案5件19人，监督撤案3件3人。

二、开展专项活动，拓展侵权假冒案件线索来源

按照最高人民检察院、宁夏回族自治区“双打办”工作部署和要求，先后印发《全区检察机关贯彻落实〈国务院关于新形势下加强打击侵犯知识产权和制售假冒伪劣商品工作的意见〉任务分工》《2019年11月至2020年12月全区检察机关打击侵犯知识产权和制售假冒伪劣商品工作任务分工》等文件，深入推进打击侵权假冒商品工作。积极联合市场监管部门、药品监管部门开展落实食药“四个最严”专项行动，成立“专项行动”领导小组，制定工作方案，严厉打击食药领域侵权假冒违法犯罪活动。吴忠市人民检察院在市场监督管理局设立检察联络室，每周到岗轮值一次，为疑难、复杂行政案件提供法律咨询，参与市场监督管理局组织的联席会议。中卫市人民检察院联合对市场监督管理局查办的10余件涉食药领域的行政执法卷宗进行检查，向市场监督管理局发出检察建议3份，已采纳并回复1份。

（最高人民检察院第四检察厅）

新疆维吾尔自治区

2019 年，新疆维吾尔自治区聚焦支撑创新发展，聚力优化营商环境，知识产权工作稳中有进，取得新进展。组建新疆知识产权服务促进中心，推进知识产权公共服务平台建设，促进知识产权转化为市场竞争优势。开展“4·26 知识产权宣传周”系列活动，召开自治区“4·26 知识产权宣传周”新闻通气会；发布《2018 新疆维吾尔自治区知识产权发展与保护状况》白皮书和 2018 年保护知识产权典型案例，在全社会营造良好的知识产权保护氛围。会同新疆维吾尔自治区党委组织部、中国知识产权培训中心举办新疆地厅级和县处级党政领导干部知识产权培训班，并积极组织各级知识产权管理部门领导和业务骨干参加专业性、特色性的业务培训，有效提高自治区知识产权管理能力和治理水平，全年组织培训 12 场次、150 余人次。印发《2019 年度新疆维吾尔自治区知识产权系统执法保护专项行动方案》，系统安排部署自治区知识产权执法维权工作目标和任务，并在全区开展“铁拳”“蓝天”等专项保护行动，全年共查处专利违法案件 933 件、商标违法案件 539 件。

专利工作

一、专利创造水平稳步提升

2019 年，新疆专利授权量 8652 件。其中，发明专利 856 件，实用新型专利 6792 件，外观设计专利 1004 件。累计有效发明专利已达 5379 件，同比增长 6.99%；每万人发明专利拥有量 2.36 件，同比增长 14.56%。组织开展第四届新疆维吾尔自治区专利奖评选工作，共提出申请 153 件专利，有 132 件专利通过审查并参加专业评审。推荐 13 件特色行业高质量专利参加第二十一届中国专利奖评选，获得专利金奖 1 项（中石油天然气股份有限公司“一种岩石脆性的测井方法和装置”专利）、优秀奖 4 项，极大调动和促进了社会各界参与专利创造的积极性。举办发明创造优秀大学生评选和大学生知识产权主题演讲比赛，有效激发大学生的发明创造热情。

二、专利运用能力明显提高

鼓励企业开展知识产权管理体系贯标认证工作，新增通过企业 41 家，累计达到 84 家。推进国家知识产权试点示范工作，获批新增示范企业 1 家，累计达到 4 家；获批新增国家知识产权优势企业 15 家，累计达到 49 家。加大专利实施项目管理，安排 900 万元专项资金，立项专利实施项目 24 项，促进专利技术等知识产权的转化实施和推广应用。落实《新疆维吾尔自治区推进专利质押融资工作方案（2018—2020 年）》，积极宣传推进专利权质押业务，充分运用市场化的专利质押融资风险分担及补偿机制，缓释金融机构风险，引导金融机构加大对中小企业贷款投放力度。2019 年，自治区专利权质押登记备案企业 27 家，融资金额达到 10.02 亿元。引导新疆维吾尔自治区专利信息中心建设，申请并入选第三批技术与创新支持中心（TISC）候选机构。推动知识产权代理机构、高校、知识产权服务机构建立知识产权“创造＋运营＋转化”战略合作机制，促进高校专利转化实施。

三、专利保护力度持续加大

按照《2019 年度新疆维吾尔自治区知识产权系统执法保护专项行动方案》，开展自治区专利执法维权工作；加大力度落实电子商务领域专利执法协作机制，加强线下侵权线索源头追溯、调查取证和决定执行等执法能力，全年查处专利违法案件933件，其中专利电商案件743件。2019年7月起，在自治区范围内开展“蓝天”专项整治行动，有效规范了专利代理行业秩序，营造了良好的专利代理市场环境。完善申请专利优先审查审核工作机制，规范审核流程，全年审核通过专利优先审查申请128件。组织全国专利代理师资格考试考前培训，为新疆维吾尔自治区专利行业人才体系建设提供有力支撑，自治区164名考生接受培训，考试通过11人，通过率10.38%。

（新疆维吾尔自治区知识产权局）

商标工作

一、商标管理服务增效提质

2019年，新疆商标注册申请量59 058件，核准注册量38 522件，国内累计有效注册商标量达到185 954件。在乌鲁木齐新增1个商标申请受理窗口，自治区商标申请受理窗口已达3家，为企业申请商标注册提供了便利，极大缩短了申请时间，降低了申请成本。大力推进商标专用权质押融资，规范质押融资管理，简化质押融资风险补偿金流程，降低银行贷款风险，登记备案企业质押融资贷款项目4个，贷款金额达3.79亿元。

二、商标打假力度显著加强

组织开展“铁拳”专项行动，以品牌手机、高档白酒、粮油等市场为重点，严厉查处一批涉及“OPPO”“VIVO”“五粮液”“茅台”“天山”等消费热点商品商标的侵权假冒案件。共查处商标违法案件539件，案值480万元，罚没630万元，有效保护了权利人和消费者合法权益。加强展会期间知识产权保护，在第十届中国科学院—新疆科技合作洽谈会上设立知识产权维权工作服务站，提供知识产权维权服务。印发《“互联网＋”知识产权保护工作实施方案》，推动侵权假冒线索智能检索系统建设，构建线上、线下快速维权机制，有效提升打击侵权假冒行为的效率和精准度。

三、商标品牌建设不断创新

为提高新疆商标特别是少数民族语言文字商标的申请和审查质量，以高质量的商标确权夯实新疆品牌建设基础，挖掘新疆优势资源，加快新疆产品向新疆品牌转变，推动新疆加快建设成为我国向西开放的“桥头堡”。制定工作方案，经与国家知识产权局商标局多次协商并达成共识，筹备签署《关于加强商标品牌建设合作框架协议》，共同推进新疆商标品牌建设，助力新疆经济社会高质量发展。

（新疆维吾尔自治区知识产权局）

地理标志工作

一、培育发展机制更加完善

认真落实《新疆维吾尔自治区加快推进地理标志商标品牌发展助力脱贫攻坚三年行动方案（2018—2020年）》，深入基层调研，开展地理标志商标统计调查摸底和地理标志保护产品资源普查工作。编制地理标志产品审查工作手册，建立地理标志保护产品名录。挖掘具有民族特色、地域特色的产品进行重点扶持，推动库尔勒香梨、阿克苏苹果争取列入中欧地理标志保护与合作协定保护产品。指导和田薄皮核桃、和田大枣申请2019年国家地理标志运用促进工程项目。审核上报阿瓦提穆塞莱斯酒、伽师新梅、新源那拉提牛、新源那拉提羊等4个地理标志保护产品。助力和田夜市申报集体证明商标。截至2019年年底，自治区共有地理标志保护产品38个，地理标志商标89件。

二、强企富农成效日益凸显

加大特色农产品、地理标志商标产品

及地方传统农业品牌宣传力度，投资22万元组织拍摄地理标志产品宣传片，进一步提升消费者对新疆地理标志品牌的认知度，扩大影响力。积极组织企业协会参加第十届中国知识产权年会——中国地理标志展、第二十六届中国杨凌农业高科技成果博览会全国地理标志产品会、第二届金芒果地理标志产品国际博览会等品牌推介活动，大力宣传阿克苏苹果、库尔勒香梨、若羌红枣、博斯腾鱼等特色地理标志产品，拓展销售渠道，取得较好效果。

三、打假维权力度逐步加强

开展"春节期间""春茶""秋季"等地理标志专项整治工作，共检查经营场所180余家、市场主体7509家、商品11 980件，为地理标志产品保护和商标专用权维护营造了良好氛围。指导协助阿克苏苹果产业协会开展跨省区联合打假维权专项行动，在河南万邦国际农产品物流城、青海西宁农副产品集散中心、福州长兴新农都农产品集贸市场3个全国较有影响力的农副产品批发市场建立阿克苏苹果品牌建设示范区，签订《品牌示范区合作协议》。配合库尔勒香梨产业协会在浙江、山东、四川、河南、陕西、山西、广东、北京等省份开展跨省区联合打假行动，并与浙江嘉兴市场监督局签订《执法协作机制合作备忘录》，有效打击地理标志侵权假冒违法行为。

（新疆维吾尔自治区知识产权局）

版权工作

一、软件正版化工作

2019年，新疆维吾尔自治区扎实推进软件正版化工作，完善工作机制，加大工作力度，贯彻落实国家推进使用正版软件工作部际联席会议精神，根据机构改革情况，健全领导机构，调整自治区软件正版化工作领导小组，召开自治区软件正版化工作领导小组成员单位联席会议，制定印发《2019年自治区推进使用正版软件工作计划》《自治区党政机关使用正版软件工作考核评价细则及考核标准》，强化统一协调、指导。采取单位自查、线上检查、实地抽查等多种方式，督促各地、各单位落实软件正版化工作任务。对政府机关、企事业单位软件正版化工作进行抽查，运用在线智能管理技术，完善正版软件管理系统，加快软件正版化远程监管平台建设。加快推进自治区国有大中型企业软件正版化工作。

二、版权执法工作

在自治区范围内开展第15次打击网络侵权盗版"剑网2019"专项行动。会同相关部门，删除侵权盗版链接1800个，清理侵权图片3600张，开展打击侵权盗版专项行动，各地共出动执法人员1.4万人次，检查图书、音像制品经营场所、打字复印店、学校周边出版物销售摊点、各类网站9406家次，立案查处侵权盗版案件36件，收缴盗版图书、光碟3400册（张），罚款金额19.72万元。

三、版权宣传工作

结合"4·26版权宣传周"等活动，在自治区举办现场宣传活动420余场次，制作设置宣传海报、条幅、宣传册、宣传展板等宣传品34 000余份，制作版权公益宣传片并在新疆广播电视台7个电视频道播出264次，在自治区257块LED大屏播出72次，媒体刊播版权保护稿件30篇，通过网站、微博、微信、客户端等平台推送版权保护公益广告和相关信息，总阅读量超过60万人次，组织开展"保护版权、拒绝盗版"宣传进学校、企业、农村，宣传覆盖11万人次。举办自治区党政机关、事业单位和国有企业软件正版化工作培训班2期、自治区版权执法培训班1期。自治区各地各单位参与软件正版化及版权执法工作培训5600人次。

四、版权社会服务工作

积极围绕旅游业、文化创意产业、企业发展做好作品登记和保护工作，2019 年，审核登记作品 960 件，办理出版外国图书授权合同登记 24 件，接待咨询群众 1000 余人次。

（张新革）

司法工作

一、立足审判，依法审理各类知识产权案件

2019 年，自治区法院共受理知识产权民事案件 711 件，同比上升 5%。其中，受理一审知识产权民事案件 633 件，同比上升 10.1%；受理二审知识产权民事案件 78 件，同比下降 23.5%。共审结知识产权民事案件 644 件，同比上升 4%。其中，审结一审知识产权民事案件 566 件，同比上升 9.3%；审结二审知识产权民事案件 78 件，同比下降 22.8%。知识产权民事案件结案率 90.6%，一审知识产权民事案件结案率 89.4%，二审知识产权民事案件结案率 100%，较上年基本持平。共受理知识产权刑事案件 108 件，同比上升 140%。其中，受理一审知识产权刑事案件 93 件，同比上升 151.4%；受理二审知识产权刑事案件 15 件，同比上升 87.5%。共审结知识产权刑事案件 92 件，同比上升 142.1%。其中审结一审知识产权刑事案件 78 件，同比上升 160%；审结二审知识产权刑事案件 14 件，同比上升 75%；知识产权刑事案件结案率 85.2%，一审知识产权刑事案件结案率 83.9%，二审知识产权刑事案件结案率 93.3%，在受理案件数量大幅上升的情况下，一审知识产权刑事案件结案率同比上升 2.8 个百分点。受理知识产权行政一审案件 4 件，已结 3 件，结案率 75%，未受理行政二审案件。

二、充分发挥审判职能，实行严格的知识产权保护

（1）发挥审判引领作用，提供有效司法保护。加大对驰名商标、著名商标等标识类权利的司法保护，加大对恶意侵权、重复侵权、规模化侵权和恶意违约的制裁力度；高度重视文化创意、动漫形象、网络、计算机软件等战略性新兴文化产业的著作权保护，推动文化繁荣和文化产业发展；通过大力保护创新程度高的发明创造成果和商业秘密等，促进高新技术产业发展，维护企业核心竞争力，促进企业提高技术创新能力，推动技术突破和技术创新。

（2）依法惩治犯罪，充分发挥刑事审判保护知识产权的威慑作用。自治区法院严把案件事实证据关、法律适用关和审判程序关，正确适用法律、统一司法尺度，确保审判质量。严格贯彻宽严相济的刑事政策，严厉打击侵害知识产权犯罪，加大知识产权违法犯罪行为的打击力度。在依法适用主刑的同时，切实加大财产刑的判处力度，剥夺犯罪分子非法获利和再次犯罪的能力。

（3）发挥行政审判职能，提高知识产权行政保护水平。强化行政审判对涉知识产权行政行为的司法审查职责，妥善处理因行政机关查处知识产权侵权行为引发的行政纠纷，保障行政相对人的合法权益，监督和支持行政机关依法行政，促进知识产权行政执法标准与司法裁判标准的统一。

三、强化调研指导，加强队伍建设，深入推进审判机制改革

（1）着力提升知识产权审判队伍建设。自治区法院始终坚持和加强党的全面领导，全面推进知识产权审判队伍的思想政治、业务能力、司法廉洁建设。着力加强知识产权审判队伍的正规化、专业化和职业化建设，着力打造精英化、规范化的知识产权审判团队。

（2）深入推进知识产权审判领域改革创新工作。2019 年上半年，新疆维吾尔自治区高级人民法院民事审判第三庭挂牌“知识产权审判庭”，实现由知识产权审判庭负责审理原本由新疆维吾尔自治区高级人民法院受理的涉及知识产权的刑事、民事、行政案件，并负责相关业务指导和协调工作，在高级人民法院层面实现知识产权审判“三合一”。高度重视乌鲁木齐知识产权法庭设立工作，积极主动推进乌鲁木齐知识产权法庭设立。

四、强化沟通协作，加强宣传引导

(1)加强沟通协调，形成打击合力。新疆维吾尔自治区高级人民法院积极与公安、检察机关以及政府相关职能部门交流沟通，建立各渠道有机衔接、优势互补的运行机制，形成齐抓共管的良好局面。积极参与行政执法与刑事司法衔接信息共享平台建设，加强知识产权行政执法与刑事司法衔接。

(2)强化普法宣传，营造良好氛围。自治区法院积极落实普法责任制，通过公开审判、文书上网、发布典型案例等多种方式，深刻揭露侵犯知识产权违法犯罪活动的社会危害，教育和引导群众树立“保护知识产权就是保护创新”的意识，营造良好营商环境。充分利用“3·15国际消费者权益日”“4·26世界知识产权日”加强对知识产权保护的普法宣传工作。通过召开新闻发布会，组织人大代表、政协委员、特约监督员及媒体记者旁听案件审理及参与座谈等方式，展现知识产权司法保护成果，提升全社会的知识产权保护意识。2019年4月25日，新疆维吾尔自治区高级人民法院分管院领导担任审判长审理了一起侵害商标权纠纷案，敲响了自治区高级人民法院庭审网上直播“第一槌”，引起新闻媒体及社会各界的高度关注。同日，公布了2018年六大知识产权典型案例，对新型案件和热点问题的法律适用作出示范。

（新疆维吾尔自治区高级人民法院
知识产权审判庭）

检察工作

一、发挥检察职能，为专项工作提供法治保障

新疆检察机关充分发挥审查批捕、起诉职能，在打击侵犯知识产权犯罪工作中采取各种有效措施，保护守法企业利益，维护良好的市场秩序，促进民营企业健康发展。有效加强立案监督力度，切实防止对制售伪劣商品犯罪有案不移、有案不立、以罚代刑等问题。

二、强化部门沟通协作，推动“两法衔接”平台建设

2019年6月，新疆维吾尔自治区人民检察院“两法衔接”信息平台正式建成运行。7月，新疆维吾尔自治区人民检察院与当地“双打办”联合召开“两法衔接”信息平台二期工程部署协调会，要求“双打办”各成员单位依托电子政务外网完成专用网络建设，实现数据接入，并在7月对平台运行开展集中统一培训。2019年年底，“两法衔接”信息平台已经开始运行，案件数据录入工作也已完成。9月，将克拉玛依市作为“两法衔接”信息平台地方试点地区，在克拉玛依市市、区两级机关完成“两法衔接”信息工作平台操作培训，开始数据录入和运行。“两法衔接”信息平台的建成运行，推动了检察机关通过技术平台加强对行政执法行为的法律监督，保障了行政执法与刑事司法的良好衔接。

三、加强合作，做到打击和保护相统一

努力推进司法理念的转变，从追诉犯罪为主转向追诉犯罪与保障人权相统一，检察机关在涉及民营企业的案件中坚持“可捕可不捕的不捕，可诉可不诉的不诉”的原则，坚持政治效果、法律效果与社会效果相统一，推动民营经济健康发展。坚持借用“外脑”，推进检察工作专业化，提高办案效益。新疆维吾尔自治区人民检察院成

立由 60 位专家组成的专家咨询委员会，为检察机关办理打击侵犯知识产权犯罪案件提供法学理论指导和咨询建议，推动法律监督工作向专业化、高效化转变。

（最高人民检察院第四检察厅）

新疆生产建设兵团

专利工作

2019 年，兵团专利申请量 2035 件，同比增长 18.35%。其中，发明专利 604 件，占总量的 29.68%，同比增长 17.51%；实用新型专利 1347 件，占总量的 66.19%；外观设计专利 84 件，同比增长 40%，占总量的 41.28%。专利授权量 1097 件，其中，发明专利 124 件，实用新型专利 921 件，外观设计专利 52 件。截至 2019 年年底，兵团有效发明专利数 771 件，平均每万人发明专利拥有量 2.48 件。

印发《2019 年度兵团知识产权战略实施要点》；落实《兵团知识产权专项资金管理办法》，重点对授权发明专利进行补助，对包含 150 件发明在内的专利补助 92 万元；指导师市调解专利纠纷 3 件。

在第十三届中国专利周期间，兵团活动启动仪式在兵团知识产权信息中心（石河子大学图书馆）举行，启动仪式上，对知识产权微视频大赛获奖团队和个人进行颁奖，并正式发布《石河子大学专利态势分析报告》；兵团中外专利信息平台免费向社会开放，依托国家知识产权局提供的数据资源，为兵团企事业单位、科研院所、科技工作者、发明人和社会公众提供专利信息咨询、专利文献检索和全部领域专利信息数据库应用技能培训等方面的服务。

共投入 125 万元专项资金，支持兵团企业开展争创国家知识产权优势企业和知识产权管理规范贯标工作。实施专利运用与产业化项目，委托师市对项目组织阶段性检查指导和验收工作。成功推荐 8 家企业参加国家知识产权优势企业、示范企业的评审。新疆天富能源股份有限公司等 4 家企业通过国家知识产权管理体系认证；石河子市鑫昌盛农机有限公司等 4 家企业被确定为国家知识产权优势企业；截至 2019 年年底，兵团有 17 家企业通过国家知识产权管理规范认证标准，18 家企业入选国家知识产权优势企业。2019 年，兵团共有 3 人获得“2018 年度企业知识产权工作先进个人”荣誉。

（新疆生产建设兵团知识产权局）

商标工作

2019 年，兵团商标申请量 1034 件，注册量 1325 件，累计有效注册量为 4068 件。

组织开展“铁拳”行动、“蓝天”行动等知识产权专项行动。兵师两级有关部门深入商场、集贸市场、批发市场开展知识产权执法，共立案查办 13 件商标假冒侵权案件，结案 13 件，罚款 11.3 万元，有效维护了公平的市场竞争环境。

举办 4 期知识产权培训班，培训知识产权行政管理单位、企业、高校和科研单位知识产权从业人员 300 余人次。其中，兵团知识产权局面向各师市场监管局知识产权分管领导和业务工作人员，于 2019 年 12 月 8 日至 13 日在乌鲁木齐举办知识产权助力兵团高质量发展培训班，共有 60 余人参加培训。

（新疆生产建设兵团知识产权局）

地理标志工作

截至 2019 年年底，兵团共有地理标志商标 2 件，地理标志农产品 38 个。

在“4·26 知识产权宣传周”期间，组织开展知识产权专家讲座，来自 70 家企业的 200 多名员工和学生参加活动。石河子大学经济管理学院祝宏辉教授以“农产品地理标志的申请与保护——以新疆兵团为例”为题，结合具体案例解读了兵团农产品地理标志的发展现状。

按照兵团机构改革方案，知识产权管理工作（职能、编制和经费）由兵团科技局转隶至兵团市场监管局，兵团市场监管局加挂知识产权局牌子，实现了商标、专利、地理标志等知识产权集中统一管理，提升了管理效能。

兵团市场监管局委托兵团知识产权信息中心，组织 4 名知识产权方面的专家赴兵团第一、二、三师开展知识产权南疆行活动。专家们从地理标志助推经济发展、打造地理标志产业、促进区域品牌价值再造等方面对各师市农产品商标、地理标志产品的申报和保护进行授课讲解，并深入企业进行调研，通过讲座讨论分析商标、地理标志、品牌创建等方面的问题，并开展帮扶宣讲。

（新疆生产建设兵团知识产权局）

司法工作

一、依法公正高效审理各类知识产权案件

2019 年，兵团法院系统受理知识产权类案件共计 106 件，结案 104 件，结案率 98.11%。受理的各类案件中，计算机软件开发合同纠纷 1 件，技术服务合同纠纷 3 件，技术合同纠纷 1 件，技术委托开发合同纠纷 4 件，技术咨询合同纠纷 15 件，侵害发明专利权纠纷 1 件，侵害商标权纠纷 65 件，侵害植物新品种权纠纷 3 件，知识产权合同纠纷 1 件，植物新品种育种合同纠纷 1 件，著作权权属、侵权纠纷 9 件，专利合同纠纷 1 件，专利权权属、侵权纠纷 1 件。

二、落实科技体制改革的重点任务措施

（1）探索调整损害赔偿标准，实施惩罚性赔偿制度。知识产权类案件普遍存在“侵权易、维权难”“侵权成本低、维权费用高”的问题。现有的知识产权侵权损害赔偿标准：一是侵权人给权利人造成的实际经济损失；二是侵权人因侵权行为获得的全部利润。对恶意侵权、重复侵权的行为，这种赔偿标准显然过低。对于可以明确属于恶意侵犯知识产权的，应提高赔偿数额，适用惩罚性赔偿制度。

（2）合理划分权利人举证责任。兵团法院按照《民事诉讼法》及其司法解释、《最高人民法院关于民事诉讼证据的若干规定》等的规定，结合知识产权证据特点，合理分配举证责任。只要原告提交了被告侵权的初步证据，经过侵权行为地的公证机关公证，对于被告的侵权行为、侵权行为的获利情况即可认定；对于原告损失方面的证据，如果其能提供充分证据，则按照相关法律及司法解释的规定予以认定，无法认定时，按照法律和司法解释的相关规定确定法定赔偿额。审理过的案件中，未出现对当事人逾期举证、毁坏隐匿证据、妨碍证人作证和证据保全等行为予以制裁的情形。

（3）积极采取证据保全措施。近些年兵团法院受理的知识产权案件多为植物新品种案件，权利人多为外省企业，侵权行为人多涉及团场农户职工，侵权行为涉及地域较广，并因植物生长周期的特性，具有较强的时效性。针对此特点，兵团法院在案件审理过程中，及时依照当事人申请或者案件情况主动采取证据保全措施，有效固定证据，同时依法对当事人故意逾期举证、毁损隐匿证据、妨碍证人作证和证据保全等行为进行惩戒，为案件顺利审理奠定基础。

（4）建立知识产权维权援助体系。在法院设立法律援助办公室，由律师在办公室值班，接受权利人的维权委托。

(5)着力解决专业技术事实认定问题。针对受理案件侵权行为地广、取样鉴定难等问题，兵团法院注重与专业机构合作，在证据保全过程中，聘请测绘部门随同确定侵权种子种植地域和面积，并聘请农业部门，在证据保全地第一时间对侵权植物进行扦样。

(6)明确侵权行为打击重点。针对兵团法院受理的植物新品种案件多涉及团场职工、农户权益的特点，一方面切实打击侵权行为，保护权利人的合法权益；另一方面保证职工、农民的合法权益不受损，维护好创新发展和社会稳定的良好局面。

(7)落实知识产权审判工作机制，探索建立跨师市知识产权案件异地审理机制。兵团法院认识到北京、上海、广州成立知识产权法院对审理知识产权案件、保护知识产权有重大意义，兵团法院开始探索设立专门的知识产权案件审判工作机制。

三、坚持改革创新，不断完善体制机制

(1)充分发挥知识产权司法保护的指导作用。兵团法院按照管辖规定，努力适应知识产权案件审理的新要求、新挑战，充分发挥审判对知识产权保护的引领和导向作用。采取有效措施，全面提升审判质量和效率，减少权利人的举证负担，增强保护力度，加大侵权赔偿力度，通过审判切实维护权利人的合法权益，维护经济发展和社会稳定。

(2)加大人才培养力度，推动知识产权审判能力切实提升。兵团法院先后派出多名法官参加国家法官学院举办的知识产权培训班，同时充实年轻法官力量到知识产权案件的审理中，并不定期对知识产权相关法律和典型案件进行庭室内集中学习探讨，以组织学习和自发学习相结合的方式提升法官审判能力和水平。

(新疆维吾尔自治区高级人民法院生产建设兵团分院知识产权审判庭)

检察工作

一、统筹部署，打击侵犯知识产权犯罪工作

兵团人民检察院党组高度重视打击侵犯知识产权犯罪工作，将其提升到维护兵团良好营商环境、助力兵团深化改革的高度，加强领导，落实责任，统筹协调刑事检察部门、民事行政检察部门立足各自职能开展工作，结合最高人民检察院食品药品安全“四个最严”专项行动、“两个专项”立案监督活动、“保障千家万户舌尖上的安全”检察公益诉讼专项活动，统筹力量，齐抓共管，依法从严打击侵犯知识产权犯罪。

二、开展“四个最严”专项行动，维护群众健康

兵团检察机关根据最高人民检察院部署，开展落实食品药品安全“四个最严”专项行动。兵团检察机关各级院党组高位推进专项行动，成立以“一把手”为组长的领导小组，召开专题会议研究部署工作，为专项行动提供组织保障。各师在专项行动中，积极对重点领域、相关单位开展走访、调查，深挖案件线索。兵团检察机关各内设机构注重加强协作，开展案件线索的互相移送，增强办案效果。

三、建立行刑衔接机制，形成打击合力

兵团各级检察机关建立行政执法与刑事司法衔接机制，加强线索移送和办案协作，切实发挥打击侵犯知识产权犯罪合力的作用，以办案促制度完善，从个案办理起到以点带面的效果。

(最高人民检察院第四检察厅)

香港特别行政区

知识产权工作

香港特区政府知识产权署(以下简称知识产权署)下设商标注册处、专利注册处、外观设计注册处和版权特许机构注册处,负责就知识产权的政策和法例提出专业意见,并向特区政府提供知识产权方面的民事法律意见。此外,知识产权署还负责增进公众对知识产权的认识和尊重,以及促进香港特区成为亚太区内的知识产权贸易中心。

一、知识产权保护

香港特区有健全的知识产权保护制度,通过周全的法例、简便易用的注册系统、严厉的执法行动和公众教育计划,在有效保护知识产权方面建立良好声誉。

1. 电子注册

知识产权署通过互联网提供电子注册及管理服务。知识产权署的电子注册纪录册可供公众随时免费查阅中英文资料,电子提交系统可让知识产权权利人及代理人安全地提交申请,直接更改注册纪录册上有关其注册及申请的资料。2019 年,以电子方式提交商标、专利和外观设计注册申请的比例分别为 73%、91%及 80%。

2. 商标申请

2019 年,知识产权署共接收 36 980 件注册申请,较 2018 年减少 8.3%。注册的商标有 33 371 个,截至 2019 年年底,注册纪录册上的注册商标达 442 263 个。2019 年提出注册申请的国家和地区有 112 个。

2 月,香港特区政府提交条例草案以修订《香港特区商标条例》,立法会辖下的法案委员会已完成对条例草案的审议,并于 2019 年 5 月向内务委员会汇报其商议结果。

3. 专利申请

12 月,香港特区政府推行新专利制度。该制度主要为推出“原授专利”制度,为申请人提供直接途径——在香港特区提交标准专利申请,并由专利注册处进行实质审查。新专利制度也完善了短期专利制度,允许短期专利拥有人或对该项专利的有效性具有正当利益的第三方,向专利注册处提出请求,对该专利进行实质审查。

2019 年,专利注册处接获 16 521 件标准专利申请及 791 件短期专利申请,共授权 6780 件标准专利及 520 件短期专利。与 2018 年相比,授权数目分别减少 29.7%和 31.8%。

4. 外观设计

2019 年,外观设计注册处接获 2576 件申请;批准注册的外观设计有 4974 件,较 2018 年增加 0.7%。

5. 版权

根据《香港特区版权条例》,原创的文学、戏剧、音乐及艺术作品、已发表版本的排印编排、声音纪录、影片、广播、有线传播节目,以及表演者的表演,不论其作者及表演者为何国籍,均无需办理注册也可获得保护。11 月,香港特区政府提交条例草案以修订《香港特区版权条例》,优化阅读残障人士有关的版权豁免,使之与《关于为盲人、视力障碍者或其他印刷品阅读障碍者获得已出版作品提供便利的马拉喀什条约》的标准相符。

二、公众教育

知识产权署开展知识产权贸易及知识产权保护的相关宣传教育工作。2019 年,9 个商会共计超过 1200 个零售商参加了知识产权署的“正版正货承诺计划”,涵盖 6600 多个销售点及网上商店。2019 年,知识产权署通过学校探访及互动剧场计划，与 176 所学校的 48 200 多名学生交流，通过举办不同活动，向年轻人推广创意和知识产权的概念。

三、知识产权贸易

知识产权署与相关部门共同在香港特区推动知识产权商品化与知识产权贸易，加强香港特区作为亚太区内的知识产权贸易中心的角色。在 2019 年亚洲知识产权营商论坛期间，知识产权署为到会人员提供咨询，举办培训课程。知识产权署与律政司合作，开展以仲裁和调解方式解决知识产权争议纠纷的相关工作。

四、与内地合作

知识产权署与内地（包括粤港澳大湾区）有关部门一同开展知识产权保护、管理及贸易相关交流合作。

五、参与国际组织活动

知识产权署派员参加世界知识产权组织，以及世界贸易组织框架下与贸易有关的知识产权活动，代表中国香港参加亚太经合组织知识产权专家小组会议。

（国家知识产权局港澳台办公室）

（注：根据香港特区政府知识产权署提供素材整理）

澳门特别行政区

知识产权工作

一、工业产权申请与授权

2019 年，澳门特区政府经济局（以下简称经济局）共受理 15 391 件商标申请，排名前三位的商标注册来源地分别为中国内地、澳门特区、香港特区；共收到发明专利申请 38 件，共授权发明专利 15 件；共收到拟延伸至澳门特区生效的内地发明专利申请 470 件，批准延伸至澳门特区生效的内地发明专利 530 件。共收到实用新型专利申请 32 件，授权 3 件。共收到设计/新型申请 234 件；共受理营业场所名称/标志申请 13 件，获准登记共 9 件；共受理 1 件请求发出药品及植物药剂产品保护补充证明书的申请。

二、优化行政服务

2019 年，经济局全部 11 项知识产权服务项目，共计 65 项服务质量指标全部达标，实际执行率均达到或高于预期目标要求。此外，为配合澳门特区政府扶持中小企业发展和“送服务上门”政策，经济局持续推行多项便民措施，包括支持商会为澳门特区企业提供内地商标申请咨询及对接服务；上门为中小微企业及青年创业者办理商标注册申请手续；支持推动“澳门特色老店”品牌传承和创新发展。

三、电子化建设

截至 2019 年年底，经济局已先后推出 15 项有关工业产权申请的电子服务。2019 年，通过电子申请系统提交的商标申请占总申请量的 57.24%，比 2018 年增加 4.33%，通过电子提交续期及各项附注的申请占同期总申请量的 67.14%。2019 年 3 月，经济局推出“网上提交质押、出质及取消质押、出质申请”服务。

四、宣传与培训活动

2019 年，经济局与澳门海关等部门合作，在“2019 农历春节年宵市场讲解会”和“2019 农历年宵市场摊位竞投”活动上，宣传讲解知识产权相关法律；在校园开展知识产权巡回宣传和讲座活动；与作曲家、作家及出版社协会合作，开展庆祝“4·26 世界知识产权日”宣传活动；支持著作权及有关权利集体管理机构推动音乐著作权发展。

五、合作与交流

加强与国家知识产权局的交流合作。9月，与国家知识产权局、香港特区政府知识产权署在澳门成功举办内地与香港特区、澳门特区知识产权研讨会，超过160名专家、学者和业界代表出席研讨会。3月，派员赴商标审查协作广州中心交流。此外，截至2019年年底，经济局寄往国家知识产权局作实质审查的发明专利申请1104件，实用专利申请180件；受理的内地发明专利要求延伸至澳门特区生效的申请3980件，批准生效3574件。

推动泛珠三角区域交流合作。7月，与香港特区政府知识产权署联合举办“泛珠三角区域知识产权公务人员交流活动”，以增进区域公务人员对彼此知识产权工作的了解。11月，派员参加在广西南宁举办的第十四届泛珠三角区域知识产权联席会议。

积极参与粤港澳大湾区交流合作。与粤港相关机构联合主办“2019粤港澳大湾区高价值专利培育布局大赛”和“2019粤港澳大湾区知识产权交易博览会”等活动，派员参加粤港澳大湾区知识产权保护和应用交流活动和粤港澳大湾区知识产权人才发展大会暨知识产权人才供需对接会等活动。

开展粤澳知识产权合作。5月，在澳门签署《粤澳知识产权合作协议（2019—2020年）》文件。协助澳门考生参加全国专利代理师资格考试。

在港澳知识产权合作方面，派员参加在香港特区举办的第九届亚洲知识产权营商论坛。

（国家知识产权局港澳台办公室）

（注：根据澳门特区政府经济局提供素材整理）

台湾地区

知识产权工作

一、专利事务

1. 统计数据

2019年，台湾地区知识产权主管部门共受理发明专利申请48 268件，请求实质审查42 987件，结案41 088件，待办案件量为48 316件。从结案状态来看，授权30 987件，驳回9144件，其他957件，各占75.4%、22.3%和2.3%。2019年，发明专利审查共发出43 362件审查意见通知书，其中第一次审查意见通知书38 397件，第二次（含以上）审查意见通知书4965件，另发出最后通知书102件。发明专利审查周期逐年下降，2019年平均首次通知周期与平均审结周期分别为8.4个月和13.6个月。

受理新型专利申请案17 580件，结案17 139件，平均审结周期2.6个月。发出新型技术报告1291件，报告平均制作周期为4.3个月。

受理设计专利申请8804件，结案7995件。其中，授权6906件，驳回741件，其他348件，各占86.4%、9.3%和4.4%。2019年，设计专利申请平均首次通知周期为6.2个月，平均审结周期为7.5个月。

2. 审查人力现况

台湾地区知识产权主管部门共有员工789人，从事专利审查的员工共计386人，约占总人数的49%。

3. 修订相关规定

对部分法律条文进行修订，并于2019

年 11 月 1 日起施行。修订重点包括：

(1)将设计专利权期限由 12 年延长至 15 年。

(2)将授权后申请分案的适用范围由发明专利扩大至新型专利，并将申请期限由授权通知送达后 30 日放宽至 3 个月。

(3)无效申请人应在提出无效申请后 3 个月内补提理由，逾期不予审理，并进一步规范无效案件审查期间专利权人提出更正的时机。

(4)修正新型专利更正时机，并将更正案的审查方式由形式审查改为实质审查。

(5)修正专利档案保存期限，除永久保存者外定期销毁，以解决专利档案储存空间不足问题。

二、商标事务

1. 统计数据

2019 年，商标注册申请案受理以案件计共 86 794 件，办结 85 128 件，待办案件 48 046 件。商标注册申请案受理以类别计共 111 681 类，办结 111 577 类，待办案件 66 408 类。

2019 年商标注册申请案的平均首次通知周期为 5.2 个月，平均审结周期为 6.7 个月。

2. 审查人力现况

台湾地区知识产权主管部门目前从事商标审查的员工共计 86 人，约占总人数的 11%。

三、著作权事务

2019 年，受理著作权人不明著作利用许可授权案及其他申请案 7 件，办理完成 6 件(许可 5 件，申请人撤回 1 件)。

四、两岸交流

9 月，中国版权协会与“台湾著作权保护协会”在吉林长春共同举办 2019 年海峡两岸版权保护论坛，就数字环境下著作权相关问题进行分享与讨论。

10 月，中华全国专利代理人协会与“台湾工业总会”在北京共同举办第十二届两岸专利论坛，论坛聚焦新兴科技专利相关热点议题，进一步增进了两岸专利领域民间交流。

(国家知识产权局港澳台办公室)

(注：根据台湾地区知识产权主管部门提供素材整理)

国家知识产权局

1. 全国知识产权局局长会议召开。1月7日至8日，全国知识产权局局长会议在北京召开。

2. 申长雨访问世界知识产权组织中国办事处。1月8日，申长雨局长访问世界知识产权组织（WIPO）中国办事处。

3. 中芬双边谅解备忘录补充协议签署。1月14日，在中国国家主席习近平和芬兰总统尼尼斯托的共同见证下，《中国国家知识产权局与芬兰专利与注册局双边谅解备忘录补充协议》在北京正式签署。

4. 国家知识产权局党组扩大会议召开。1月14日，国家知识产权局党组扩大会议在北京召开。

5. 申长雨会见丹麦专利商标局局长。1月17日，申长雨局长在北京会见丹麦专利商标局局长苏恩·斯泰普·索伦森一行，并共同出席中国—丹麦知识产权圆桌会。

6. 国家知识产权局党组召开民主生活会。1月22日，国家知识产权局党组召开2018年度民主生活会。

7. 申长雨会见世界知识产权组织副总干事。1月22日，申长雨局长在北京会见世界知识产权组织副总干事约翰·桑德奇一行。

8. 商标图形智能检索功能正式上线。1月25日，商标图形智能检索功能正式上线，实现了商标审查工作由纯人工检索向"以图搜图"智能检索的转变。

9. 国家知识产权局2018年京外专利审查协作中心运营和管理现场会召开。1月29日，国家知识产权局2018年京外专利审查协作中心运营和管理现场会在天津召开。

10. 国家知识产权局发布《关于批准设立第七批商标受理窗口的公告》。1月31日，国家知识产权局发布《关于批准设立第七批商标受理窗口的公告》，批准北京市市场监督管理局密云分局等第七批12个工商和市场监管部门设立商标受理窗口。

11. 申长雨会见最高人民法院副院长兼知识产权法庭庭长。2月14日，申长雨局长会见最高人民法院副院长兼知识产权法庭庭长罗东川一行。

12. 国家知识产权局发布《关于变更业务用章及相关表格书式的公告》。2月14日，国家知识产权局发布《关于变更业务用章及相关表格书式的公告》（第295号），统一启用新的业务印章和新的审查业务请求类表格书式。

13. 申长雨会见新加坡知识产权局局长。2月21日，申长雨局长在北京会见新加坡知识产权局局长邓鸿森一行。

14. 申长雨会见沙特阿拉伯知识产权局首席执行官。2月21日，申长雨局长在北京会见沙特阿拉伯知识产权局首席执行官阿卜杜勒-阿齐兹·斯瓦勒姆一行。

15. 修改后的《专利代理条例》施行。3月1日，修改后的《专利代理条例》施行。

16. 国家知识产权局提升专利审查质量和审查效率专项工作动员部署会召开。3月7日，国家知识产权局召开提升专利审查质量和审查效率专项工作动员部署会。

17. 申长雨出席十三届全国人大二次会议记者会。3月11日，十三届全国人大二次会议举行记者会，国家市场监督管理总局时任局长张茅、国家知识产权局局长申长雨、国家药品监督管理局局长焦红就"加强市场监管 维护市场秩序"相关问题回答中外记者提问。

18. 申长雨在全国两会"部长通道"接受媒体采访。3月12日，申长雨局长在全国两会"部长通道"接受媒体采访。

19. 国家知识产权局党组召开2019年巡视动员部署会。3月21日，国家知识产权局党组召开会议，动员部署局党组2019年度巡视工作。

20.《知识产权(专利)密集型产业统计分类(2019)》国家标准正式发布实施。4月1日，《知识产权(专利)密集型产业统计分类(2019)》国家标准正式发布实施。

21. 申长雨率团访问沙特阿拉伯。4月9日，申长雨局长率团访问沙特阿拉伯，与沙特知识产权局局长阿卜杜勒-阿齐兹·斯瓦勒姆举行会谈，并共同签署两局2019—2020年度行动计划。

22. 申长雨率团访问非洲地区知识产权组织。4月12日，申长雨局长率团访问非洲地区知识产权组织(ARIPO)，与ARIPO总干事费尔南多·多斯·桑托斯举行会谈。

23. 申长雨率团出席第十一届金砖国家知识产权局局长会议。4月15日，第十一届金砖国家知识产权局局长会议在南非开普敦召开，申长雨局长率团出席。会议签署第十一届金砖国家知识产权局局长会议纪要。

24. 2019年全国知识产权宣传周活动举办。4月20日至26日，2019年全国知识产权宣传周活动举办。4月24日，王勇国务委员出席2019年全国知识产权宣传周主场活动并讲话。主场活动上举办国家知识产权局与世界知识产权组织在华建设技术与创新支持中心(TISC)谅解备忘录签字暨首批授牌仪式。同日，"2019中国知识产权保护高层论坛"在北京举办，申长雨局长、WIPO总干事弗朗西斯·高锐出席主论坛并作主旨演讲。4月25日，2019年国家知识产权局开放日活动在北京举办。

25.《商标法》修改条款实施。4月23日，第十三届全国人民代表大会常务委员会第十次会议通过《关于修改〈中华人民共和国建筑法〉等八部法律的决定》，《商标法》的修改条款自2019年11月1日起施行。

26. 申长雨发布2018年中国知识产权发展状况。4月28日，申长雨局长在国务院新闻办公室发布2018年中国知识产权发展状况。

27. 国家知识产权局与中国人保财险公司关于知识产权保险战略合作的签约仪式在北京举行。4月29日，国家知识产权局与中国人保财险公司关于知识产权保险战略合作的签约仪式在北京举行。双方开启了第二个5年的知识产权保险战略合作。

28. 国家知识产权局商标审查工作会议召开。4月29日，国家知识产权局商标审查工作会议在北京召开，部署进一步深化商标注册便利化改革、开展"商标审查质量提升年行动"工作。

29. 国家知识产权局举办纪念五四运动100周年座谈会。5月5日，国家知识产权局举办"凝心聚力提质增效　践行使命青春担当"纪念五四运动100周年座谈会。

30. 申长雨会见香港特别行政区政府知识产权署新任署长。5月8日，申长雨局长在北京会见香港特别行政区政府知识产权署新任署长黄福来一行。

31. 国家知识产权局发布《商标法修改相关问题解读》。5月10日，国家知识产权局发布《商标法修改相关问题解读》。

32. 知识产权强国战略纲要制定专家咨询委员会第一次全体会议召开。5月14日，国务院知识产权战略实施工作部际联席会议办公室在北京召开知识产权强国战略纲要制定专家咨询委员会第一次全体会议。

33. 马德里商标国际注册后续业务电子发文程序上线运行。5月15日，马德里商标国际注册后续业务电子发文程序正式上线运行。发文的国际登记时间平均缩短了1个月以上。

34. 国家知识产权局与上海市人民政府2019—2020年知识产权合作会商会议举行。5月17日，国家知识产权局与上海市人民政府2019—2020年知识产权合作会商会议在上海举行。双方共同启动了国家知识产权运营公共服务平台国际运营(上海)试点平台。

35. 首届高校国家知识产权信息服务中心研讨交流活动举行。5月22日，首届高校国家知识产权信息服务中心研讨交流活动在广州举行，并对首批23家高校国家知识产权信息服务中心授牌。

36. 第十五届中国(无锡)国际设计博览会开幕。5月25日，第十五届中国(无锡)国际设计博览会在江苏无锡开幕。

37. 肖亚庆到国家知识产权局调研。5月28日，时任国家市场监督管理总局党组书记、局长肖亚庆到国家知识产权局调研，了解知识产权工作情况。

38.《专利代理师资格考试办法》施行。6月1日，《专利代理师资格考试办法》施行。

39. 国家知识产权局党组召开会议，审议关于开展“不忘初心、牢记使命”主题教育的实施方案。6月3日，国家知识产权局党组召开会议，传达学习习近平总书记在“不忘初心、牢记使命”主题教育工作会议上的重要讲话以及王沪宁同志的总结讲话，审议中共国家知识产权局党组关于开展“不忘初心、牢记使命”主题教育的实施方案，研究部署贯彻落实工作。

40. 国家知识产权局召开“不忘初心、牢记使命”主题教育动员部署会。6月6日，国家知识产权局召开“不忘初心、牢记使命”主题教育动员部署会，学习贯彻习近平总书记在“不忘初心、牢记使命”主题教育工作会议上的重要讲话精神，对全局开展主题教育进行动员部署。

41. 国家知识产权局印发《推动知识产权高质量发展年度工作指引(2019)》。6月6日，国家知识产权局印发《推动知识产权高质量发展年度工作指引(2019)》。

42. 第十二次知识产权五局合作局长系列会议召开。6月12日至13日，第十二次知识产权五局合作局长系列会议在韩国仁川召开。

43. 申长雨率团对越南进行工作访问。6月14日，申长雨局长率团对越南进行工作访问，与越南科技部副部长范公琢及该部下属的越南知识产权局局长丁有费分别举行会谈。

44.《关于深化经济专业人员职称制度改革的指导意见》印发，增设知识产权专业职称。6月17日，人力资源和社会保障部印发《关于深化经济专业人员职称制度改革的指导意见》，全面推动经济专业人员职称制度改革，增设知识产权专业职称。

45. 国家知识产权局发布《关于调整商标注册收费标准的公告》。6月19日，国家知识产权局发布《关于调整商标注册收费标准的公告》。自7月1日起，降低部分商标注册收费，受理商标续展注册费由1000元降为500元。

46. 国家知识产权局发布《关于批准设立第八批商标受理窗口的公告》。6月20日，国家知识产权局发布《关于批准设立第八批商标受理窗口的公告》，批准天津知识产权局等9个地方市场监督管理部门、知识产权部门设立商标受理窗口。

47. 京外商标审协中心和地方商标受理窗口全面开展网上申请。6月21日，京外商标审协中心和地方商标受理窗口全面开展网上申请。

48. 国家知识产权局专利局人事教育部张阿玲获评第九届全国"人民满意的公务员"。6月25日，第九届全国"人民满意的公务员"和"人民满意的公务员集体"表彰大会在北京举行。国家知识产权局专利局人事教育部张阿玲获评第九届全国"人民满意的公务员"，是国家知识产权局首位获此殊荣的个人。

49.《中华人民共和国人类遗传资源管理条例》施行。7月1日，《中华人民共和国人类遗传资源管理条例》施行。根据该条例，利用我国人类遗传资源开展国际合作科学研究，对产生的成果申请专利的，应当由合作双方共同提出申请，专利权归合作双方共有。

50. 中冰PPH试点、中埃PPH试点分别再延长五年。7月1日，根据中国国家知识产权局和冰岛专利局的共同决定，中冰PPH试点再延长五年；根据中国国家知识产权局和埃及专利局的共同决定，中埃PPH试点再延长五年。

51. 国家知识产权局确定新一批国家知识产权试点城市、国家知识产权强县工程试点示范县、国家知识产权试点示范园区名单。7月1日，国家知识产权局印发《关于同意北京市延庆区等城市（城区）、江苏省泰州市高港区等县（市、区）、江苏省武进国家高新技术产业开发区等园区开展国家知识产权试点示范工作的通知》，确定新一批国家知识产权试点城市、国家知识产权强县工程试点示范县、国家知识产权试点示范园区名单。

52. 国家知识产权局发布《关于京外审协中心、地方商标受理窗口开展网上申请的公告》。7月5日，国家知识产权局发布《关于京外审协中心、地方商标受理窗口开展网上申请的公告》，申请人可在京外审协中心和地方商标受理窗口办理商标注册申请等23项网上申请业务，并接受电子发文。

53. 第十一届中国国际商标品牌节举行。7月6日至8日，第十一届中国国际商标品牌节在宁夏回族自治区银川市举行。

54. 国家海外知识产权纠纷应对指导中心成立。7月10日，国家海外知识产权纠纷应对指导中心成立。

55. 国务院新闻办公室举行国务院政策例行吹风会，介绍全面加强知识产权保护工作最新进展。7月24日，国务院新闻办公室举行国务院政策例行吹风会，介绍全面加强知识产权保护工作最新进展情况。

56. 国家知识产权局专利局拉萨代办处正式运行。7月29日，国家知识产权局专利局拉萨代办处正式运行。

57. 中国银保监会联合国家知识产权局、国家版权局发布《关于进一步加强知识产权质押融资工作的通知》。8月6日，中国银保监会联合国家知识产权局、国家版权局发布《关于进一步加强知识产权质押融资工作的通知》，进一步促进银行保险机构加大对知识产权运用的支持力度，扩大知识产权质押融资。

58. 全国专利代理监管实现在线举报投诉。8月9日，国家知识产权局开发的专利代理管理系统新增举报投诉模块，全国专利代理监管实现在线举报投诉。

59. 国家知识产权局召开警示教育大会。 8月20日，国家知识产权局召开警示教育大会，传达中央有关文件精神。

60. 国家知识产权局发布《关于商标电子申请的规定》。 8月27日，国家知识产权局发布《关于商标电子申请的规定》（第323号）。

61. 国家知识产权局商标局注册大厅服务科获“2017—2018年度中央和国家机关青年文明号”荣誉。 8月，国家知识产权局商标局注册大厅服务科被中央和国家机关团工委授予“2017—2018年度中央和国家机关青年文明号”荣誉称号。

62. 国家知识产权局召开“不忘初心、牢记使命”主题教育总结大会。 8月29日，国家知识产权局召开“不忘初心、牢记使命”主题教育总结大会。

63.《专利申请集中审查管理办法（试行）》印发。 8月30日，国家知识产权局印发《专利申请集中审查管理办法（试行）》。

64. 中新PPH试点再延长两年。 9月1日，根据中国国家知识产权局和新加坡知识产权局的共同决定，中新PPH试点再延长两年。

65. 第十届中国知识产权年会举行。 9月2日，第十届中国知识产权年会在杭州举行。

66. 第十届中国—东盟知识产权局局长会议举行。 9月2日，第十届中国—东盟知识产权局局长会议在杭州举行。9月3日，在中国—东盟知识产权局局长会框架下，国家知识产权局组织在杭州召开中国—东盟知识产权运用圆桌会。

67. 申长雨会见新加坡知识产权局局长。 9月2日，申长雨局长在杭州会见新加坡知识产权局局长邓鸿森一行。

68. 中阿（根廷）PPH试点启动。 9月2日，根据《中华人民共和国国家知识产权局与阿根廷国家工业产权局在专利审查高速路领域开展合作的联合意向声明》，国家知识产权局与阿根廷国家工业产权局PPH试点启动，为期两年。

69. 申长雨会见法国工业产权局局长。 9月4日，申长雨局长在北京会见法国工业产权局局长帕斯卡·法尔一行，并共同出席中法知识产权混合委员会第三十一次会议。

70. 国家知识产权局发布公告，对“中华人民共和国成立70周年”活动标志的特殊标志登记申请予以核准。 9月4日，国家知识产权局发布第三二五号公告，对国务院新闻办公室提交的“中华人民共和国成立70周年”活动标志的特殊标志登记申请予以核准。

71.“2019年内地与香港特区、澳门特区知识产权研讨会”召开。 9月11日，“2019年内地与香港特区、澳门特区知识产权研讨会”在澳门特区召开。

72. 中外媒体记者共同走进国家知识产权局。 9月12日，国务院新闻办公室联合国家知识产权局，首次组织路透社、CNBC亚太频道、今日俄罗斯国际通讯社、日本共同社、韩国中央日报、人民日报海外版等中外媒体约30名记者走进国家知识产权局，走进国家知识产权局专利局专利审查协作北京中心，近距离感受中国的专利审查工作和知识产权发展状况。

73. 北京2022年冬奥会和冬残奥会组织委员会向国家知识产权局提交北京冬奥会吉祥物形象、北京冬残奥会吉祥物形象相关的知识产权保护申请。 9月16日，北京2022年冬奥会和冬残奥会组织委员会向国家知识产权局提交了北京冬奥会吉祥物、北京冬残奥会吉祥物形象相关的标贴、标牌、图形用户界面（GUI）等8件外观设计专利申请和北京冬奥会吉祥物形象、北京冬残奥会吉祥物形象相关的中英文名称270件商标注册申请。

74. 国家知识产权局发布《关于批准设立第九批商标受理窗口的公告》。9月20日，国家知识产权局发布《关于批准设立第九批商标受理窗口的公告》，批准辽宁省沈抚新区管理委员会市场监督管理局等17个地方市场监督管理部门、知识产权部门设立商标受理窗口。

75. 申长雨应邀赴中央党校(国家行政学院)作报告。9月23日，申长雨局长应邀赴中央党校（国家行政学院），为省部级干部推动区域科技创新与合作专题研讨班学员作报告。

76. 知识产权强国战略纲要制定专家咨询委员会第二次全体会议召开。9月27日，国务院知识产权战略实施工作部际联席会议办公室在北京召开知识产权强国战略纲要制定专家咨询委员会第二次全体会议。

77. 中华人民共和国政府代表团出席WIPO成员国大会第59届系列会议。9月30日，由国家知识产权局、外交部、国家版权局、中国常驻日内瓦代表团及中国香港特别行政区知识产权署共同组成的中华人民共和国政府代表团出席WIPO成员国大会第59届系列会议。

78. 国家知识产权局举行青年文明号事迹报告会暨授牌仪式。10月8日，国家知识产权局举行青年文明号事迹报告会暨授牌仪式。

79. 国家市场监督管理总局审议通过《规范商标申请注册行为若干规定》。10月10日，国家市场监督管理总局审议通过《规范商标申请注册行为若干规定》。

80. 国家知识产权局发布地理标志专用标志官方标志。10月16日，国家知识产权局发布地理标志专用标志官方标志，迈出开展地理标志统一认定工作的坚实一步。

81. 第十六届上海知识产权国际论坛开幕。10月21日，第十六届上海知识产权国际论坛在上海开幕。

82. 国家知识产权局发布《〈规范商标申请注册行为若干规定〉一问一答》。10月22日，国家知识产权局发布《〈规范商标申请注册行为若干规定〉一问一答》。

83. 申长雨会见世界知识产权组织总干事。10月24日，申长雨局长在北京会见WIPO总干事弗朗西斯·高锐一行。双方共同签署了升级版的《中国国家知识产权局和世界知识产权组织合作框架协议》，明确了未来双方务实合作的方向。

84. 第十二届两岸专利论坛在北京举行。10月29日至30日，第十二届两岸专利论坛在北京举行。

85. 国家知识产权局传达学习贯彻党的十九届四中全会精神。11月1日，国家知识产权局党组召开专题会议，传达学习贯彻党的十九届四中全会精神。11月8日，国家知识产权局召开党员干部大会，传达学习党的十九届四中全会精神，部署贯彻落实工作。

86. 第五届中英知识产权研讨会召开。11月1日，第五届中英知识产权研讨会在北京召开。

87. 申长雨会见英国知识产权局局长。11月1日，申长雨局长在北京会见英国知识产权局局长蒂姆·摩斯一行。

88. 2019年专利代理师资格考试开考。11月2日，2019年专利代理师资格考试在全国30个考点城市开考。

89. “一带一路”国家知识产权意识提升国际研讨会召开。11月5日至6日，由国家知识产权局和世界知识产权组织共同主办的“一带一路”国家知识产权意识提升国际研讨会在广东省珠海市召开。

90.《中国国家知识产权局与法国农业和食品部、法国国家原产地和质量管理局关于农业和食品地理标志合作的议定书》签署。 11月6日，在中国国家主席习近平和法国总统马克龙的共同见证下，《中国国家知识产权局与法国农业和食品部、法国国家原产地和质量管理局关于农业和食品地理标志合作的议定书》在北京人民大会堂正式签署。申长雨局长、法国农业部部长迪迪埃·纪尧姆及法国国家原产地和质量管理局局长玛丽·吉塔德分别代表两国地理标志主管部门在议定书上签字。

91. 第二十三届全国发明展览会·"一带一路"暨金砖国家技能发展与技术创新大赛开幕。 11月7日，第二十三届全国发明展览会·"一带一路"暨金砖国家技能发展与技术创新大赛在广东佛山开幕。

92. 第四届紫金知识产权国际峰会开幕。 11月11日，第四届紫金知识产权国际峰会在江苏南京开幕。

93. 中国国家知识产权局与欧洲专利局第十三次局长会议举行。 11月12日，中国国家知识产权局与欧洲专利局第十三次局长会议在苏州举行。

94. 申长雨会见日本特许厅新任长官。 11月13日，申长雨局长在北京会见日本特许厅新任长官松永明一行。

95. 申长雨会见塞浦路斯驻华大使。 11月15日，申长雨局长在北京会见塞浦路斯驻华大使安东尼斯·图马齐斯。

96.《关于推动先进制造业和现代服务业深度融合发展的实施意见》印发。 11月15日，国家发展和改革委员会、工业和信息化部、中共中央网络安全和信息化委员会办公室、国家市场监督管理总局、国家知识产权局等15部门联合印发《关于推动先进制造业和现代服务业深度融合发展的实施意见》。

97. 申长雨深入湖南省桑植县调研扶贫工作。 11月18日，申长雨局长一行深入国家知识产权局定点扶贫点湖南省桑植县调研扶贫工作。

98. 申长雨会见澳大利亚知识产权局局长。 11月19日，申长雨局长在北京会见澳大利亚知识产权局局长迈克尔·施瓦格一行。

99. 申长雨会见新西兰知识产权局局长。 11月20日，申长雨局长在北京会见新西兰知识产权局局长罗斯·范德席夫一行。

100. 国家知识产权局专利局举办专利检索大赛。 11月25日至27日，国家知识产权局专利局举办以"提升业务能力、践行提质增效"为主题的专利检索大赛。

101. 申长雨率团访问塞尔维亚。 11月26日，申长雨局长率团访问塞尔维亚，与塞尔维亚知识产权局局长弗拉迪米尔·马里奇举行会谈，并共同签署两局升级版合作谅解备忘录。

102. 申长雨率团访问葡萄牙。 11月28日至29日，申长雨局长率团赴葡萄牙进行工作访问，与葡萄牙司法部国务秘书安娜贝拉·佩德罗索以及该部下属的葡萄牙工业产权局局长安娜·马加里达·班德伊拉分别举行会谈，就深化中葡知识产权领域的交流与合作达成重要共识。

103. 全国知识产权保护工作会议召开。 11月29日，2019年全国知识产权保护工作会议在北京召开。

104. 第十三届中国专利周活动举办。 11月30日至12月6日，第十三届中国专利周活动举办。

105.《规范商标申请注册行为若干规定》施行。 12月1日，《规范商标申请注册行为若干规定》(国家市场监督管理总局第17号令)施行。

106.《专利领域严重失信联合惩戒对象名

单管理办法(试行)》施行。 12月1日,《专利领域严重失信联合惩戒对象名单管理办法(试行)》施行,对专利领域严重失信联合惩戒对象名单管理工作予以规范。

107. 国家知识产权局在全国自由贸易试验区启动专利代理机构执业许可审批告知承诺改革试点工作。 12月1日,国家知识产权局在全国自由贸易试验区启动专利代理机构执业许可审批告知承诺改革试点工作,进一步压缩审批时间。

108. 国家知识产权局在新疆乌鲁木齐召开民族语言文字商标审查工作座谈会。 12月2日至4日,国家知识产权局在新疆乌鲁木齐召开民族语言文字商标审查工作座谈会,讨论了商标审查中涉及民族、宗教内容的审查标准、工作机制等问题,签署了《关于加强民族地区商标品牌建设合作框架协议》《商标翻译委托合同》。

109. 第26次中日知识产权局局长会议举行。 12月3日,第26次中日知识产权局局长会议在日本神户举行。

110. 第25次中韩知识产权局局长会议举行。 12月3日,第25次中韩知识产权局局长会议在日本神户举行。

111. 第19次中日韩知识产权局局长会议举行。 12月4日,第19次中日韩知识产权局局长会议在日本神户举行。

112. 中国共产党国家知识产权局直属机关第一次代表大会召开。 12月5日至6日,中国共产党国家知识产权局直属机关第一次代表大会在北京召开。

113. 国家知识产权局发布《关于集体商标、证明商标网上申请功能上线运行的公告》。 12月18日,国家知识产权局发布《关于集体商标、证明商标网上申请功能上线运行的公告》。

114. 中华全国专利代理人协会第十次全国会员代表大会召开。 12月19日,中华全国专利代理人协会第十次全国会员代表大会在北京召开。

115. 国家知识产权局发布《关于批准设立第十批商标受理窗口的公告》。 12月20日,国家知识产权局发布《关于批准设立第十批商标受理窗口的公告》,批准北京市顺义区知识产权局等20个地方市场监督管理部门、知识产权部门设立商标受理窗口。

116. 申长雨深入河北省张家口市崇礼区调研扶贫工作。 12月21日,申长雨局长一行深入国家知识产权局定点扶贫点河北省张家口市崇礼区调研扶贫工作。

117.《中国专利》在CGTN英文频道首播。 12月21日,由国家知识产权局协助、中央广播电视总台中国国际电视台(CGTN)拍摄制作的英文纪录片《中国专利》在CGTN英文频道面向全球170多个国家和地区首播。

118. 国家知识产权局2019年京外专利审查协作中心运营和管理现场会召开。 12月24日,国家知识产权局2019年京外专利审查协作中心运营和管理现场会在成都召开。

119. 国家知识产权局召开"十四五"国家知识产权规划编制指导专家组第一次全体会议。 12月25日,国家知识产权局召开"十四五"国家知识产权规划编制指导专家组第一次全体会议。

120. 国家知识产权局发布《关于调整商标缴费流程相关事项的公告》。 12月27日,国家知识产权局发布《关于调整商标缴费流程相关事项的公告》,进一步简化商标业务缴费流程,推进财政票据电子化改革。

121. 国家知识产权局与广东省人民政府2019年度知识产权合作会商会议举行。 12月28日,国家知识产权局与广东省人民政府2019年度知识产权合作会商暨广东省知识产权工作会议在广州举行。

(国家知识产权局办公室)

国家版权局

1.“重版权·控风险”网络媒体版权研讨会在北京召开。2月27日，“重版权·控风险”网络媒体版权保护与侵权应对研讨会在人民网全媒体播控中心举行。

2. 版权资产管理与内容产业论坛在北京举办。3月29日，由中国版权保护中心主办的版权资产管理与内容产业论坛在北京举办。论坛上还举行了“版权资产管理应用示范单位”颁牌仪式及“版权资产评价指标体系”共建签约仪式。

3. 网络视听版权论坛在上海举办。4月15日，第三届“‘知财论道’2019网络视听版权论坛”在上海举办。全国政协文化文史和学习委员会副主任、中国版权协会理事长阎晓宏出席并致辞。

4. 第九届北京国际电影节“北京市场”首次搭建版权交易平台。4月16日，第九届北京国际电影节“北京市场”拉开帷幕，继续聚焦电影全产业链发展；全球首部“一带一路”电影《共同命运》即将面向全球发布；国家电影云制作服务平台正式启动。

5.“数据驱动的国际版权贸易与保护”高峰论坛在北京举行。4月18日下午，作为北京国际电影节“北京市场”项目活动重要内容之一的“数据驱动的国际版权贸易与保护”高峰论坛在北京国际饭店举行。中国、美国、日本等相关影视版权机构、影视制作和传播企业代表就在数字环境下保护电影版权展开讨论。

6.“2019中国网络版权保护与发展大会”在北京召开。4月26日，时值第19个世界知识产权日，国家版权局在北京举办以“守正创新：新时代网络版权严格保护与产业发展”为主题的“2019中国网络版权保护与发展大会”。

7.《2018年中国网络版权保护年度报告》在北京发布。4月26日，《2018年中国网络版权保护年度报告》在北京发布。报告从网络版权的行政保护、司法保护和社会保护等层面，展示2018年我国网络版权保护情况，阐明网络版权保护对净化版权环境、促进版权产业发展、提高民族创新创造活力的重要作用。

8. 国家版权交易中心联盟签署版权保护战略合作协议。4月26日，国家版权交易中心联盟与中广联合会有声阅读委员会在北京签署网络版权保护战略合作协议，为有声阅读健康发展保驾护航。

9.《2017年中国版权产业的经济贡献调研报告》发布。4月26日，《2017年中国版权产业的经济贡献调研报告》在北京发布。

10.《中国知识产权保护与营商环境新进展报告(2018)》发布。5月15日，全国打击侵犯知识产权和制售假冒伪劣商品工作领导小组办公室发布《中国知识产权保护与营商环境新进展报告(2018)》。

11. 第一届当代艺术国际IP授权展举行。7月25日，由中国版权协会携手深圳市龙岗区文化产业促进中心联合主办的第一届当代艺术国际IP授权展在深圳开幕。展览汇聚国内外60余位艺术家原创作品和艺术衍生品，致力于打造以艺术品版权为核心的当代艺术授权产业链交易平台。

12. 中国数字内容服务大会在北京召开。8月22日，由国家新闻出版署和北京市人民政府指导，中国新闻出版研究院及北京市新闻出版局主办的第九届中国数字出版博览会主论坛：中国数字内容服务大会在北京会议中心召开。

13.“新媒体时代的艺术品版权保护”专题

研讨会在北京召开。9月19日，由中国版权协会艺术品版权工作委员会主办的“新媒体时代的艺术品版权保护”专题研讨会在北京召开，参会嘉宾就目前备受关注的艺术品版权保护问题进行了深入研究讨论。

14. 中国(上海)自贸试验区版权服务中心启动运行。9月24日，中国(上海)自贸试验区版权服务中心启动运行。该中心旨在推动上海自贸区深化改革、营造良好的知识产权保护环境。

15.“延安鲁艺红色经典作品知识产权保护”研讨会举办。9月24日，“延安鲁艺红色经典作品知识产权保护”研讨会在知识产权出版社举办，延安鲁艺老艺术家及其后人、文艺界人士、知识产权学者、法官、律师和服务机构围绕红色经典的知识产权保护中所涉及的确权与维权问题展开充分探讨与交流。

16.“直播行业的平台责任”学术研讨会在北京举行。10月12日，由中国政法大学法律硕士学院、中国政法大学知识产权创新与竞争研究中心举办的“直播行业的平台责任”学术研讨会在北京举行。

17.“2019中国·北京国际版权授权大会”在北京召开。10月20日，“2019中国·北京国际版权授权大会”在北京开幕。本次大会由中国国家版权局支持，国家版权交易中心联盟主办、北京国际版权交易中心承办，以“守正、创新、合作、共赢”为主题，旨在促进版权授权行业持续发展，更好地将版权进行成果转化，为全行业搭建一个国际化、市场化的高端平台。

18. 国务院公布《优化营商环境条例》，加大对知识产权保护力度。10月22日，国务院总理李克强签署国务院令，公布《优化营商环境条例》，自2020年1月1日起施行。

19. 国家版权局在深圳前海设立“国家版权创新发展基地”。10月24日，前海深港现代服务业合作区举办推进中国特色社会主义先行示范区建设工作成果发布会。在会上，中宣部版权管理局局长于慈珂代表国家版权局宣布同意深圳市前海深港现代服务业合作区设立“国家版权创新发展基地”。

20. 音像版权研讨会在北京召开。11月3日，由中国音像与数字出版协会和中国音像著作权集体管理协会联合主办的音像版权研讨会在北京召开。版权界知名专家、音乐界代表就音乐产业发展、音乐版权市场规则制定、著作权集体管理及《著作权法》修订等话题进行了交流与研讨。

21. 中国出版协会与拼多多签署协议，合力打击盗版。11月18日，中国出版协会与电商销售平台拼多多在上海签署《知识产权保护合作协议》，双方将在建立联防联动机制，完善网络侵权盗版治理模式，严厉打击各种网络盗版侵权销售行为等方面展开深入合作。

22. 全国首个开放式媒体区块链版权保护平台上线。11月20日，全国首个开放式媒体区块链版权保护平台正式上线。该平台利用区块链存证，对作品进行确权，让每一篇文章生成自己的“DNA”，任何机构和个人都无法篡改。

23.“2019成都国际数字版权交易博览会”开幕。12月2日，以“数字新生态　版权新链接”为主题的“2019成都国际数字版权交易博览会”在成都拉开帷幕。世界知识产权组织副总干事西尔维·福尔班，全国政协文化文史和学习委员会副主任、中国版权协会理事长阎晓宏等出席开幕式。

24.“一带一路”版权国际论坛在成都举行。12月2日至4日，由中国国家版权局、世界知识产权组织主办的“一带一路”版权国际论坛在成都举行。近200名中外嘉宾聚焦数字经济下版权与创意产业新挑战和新机遇等问题，就数字环境下版权制度变革、版权运用管理、促进产业发展等进行了经验交流。

25. AIPPI中国版权热点论坛(2019年度)在北京举行。12月7日，由国际保护知识产权协会中国分会主办的AIPPI中国版权热点论坛(2019年度)在北京举行，论坛围绕版权领域的保护客体以及影视、互联网相关版权保护热点和难点问题进行了深入的讨论和交流。

26. 中宣部版权管理局和文旅部市场管理司举办“卡拉OK领域版权工作座谈会”。12月10日，中宣部版权管理局、文化和旅游部市场管理司在北京共同举办“卡拉OK领域版权工作座谈会”。座谈会围绕贯彻落实十九届四中全会精神，就进一步规范卡拉OK领域的版权秩序、完善我国著作权集体管理制度、推动卡拉OK领域健康有序发展听取各方的意见和建议。

27. 2019年国有企业软件正版化工作培训班在长沙举办。12月11日至13日，国家版权局在长沙举办2019年国有企业软件正版化工作培训班。国家版权局、国资委和16个省(区、市)的版权管理部门、国有企业系统共计180人参加此次培训。

28. 宁动体育创新体育赛事版权运营模式。12月12日，苏宁体育集团、上海文广互动电视及五星体育在上海网络视听产业周上举办项目合作签约仪式，正式宣布成立合资公司——宁动体育。宁动体育未来将通过整合三方优质资源，拓展优质内容的出口，创新体育赛事版权运营模式。

29. 中国音乐家版权保护与服务平台上线。12月13日至14日，第七届中国国际音乐产业大会开幕式暨高峰论坛在北京隆重举办，会上正式发布了中国音乐家版权保护与服务平台。

30. “剑网2019”专项行动成果及其十大案件发布。12月26日，国家版权局、国家互联网信息办公室、工业和信息化部、公安部在北京召开“剑网2019”专项行动通气会，通报专项行动工作成果及十大案件。

(中央宣传部版权管理局)

农业农村部

1. 发布第十一批农业植物新品种保护名录。2月25日，发布农业植物新品种保护第十一批名录，包括甜菜、可可共53个农业植物属(种)。

2. 举办2019年农业植物品种DUS测试工作会。3月11日至13日，在广州举办2019年农业植物品种DUS测试工作会，来自全国27家DUS测试分中心和3个测试站等单位代表共67人参加会议。

3. 首次接待巴基斯坦代表团。3月28日，首次接待巴基斯坦代表团，双方就植物新品种保护议题进行交流。

4. 召开中欧植物新品种保护暨IP Key项目专家研讨会。4月22日，中欧植物新品种保护暨IP Key项目专家研讨会在北京召开。来自国际植物新品种保护联盟(UPOV)、欧盟植物新品种保护办公室(CPVO)、法国、荷兰等国家或组织的新品种保护专家以及我国农业、林业植物新品种保护领域专家共40余人参加会议。

5. 会见日本农林水产省代表。4月22日，会见日本农林水产省知识产权课尾崎道课长一行，双方围绕植物新品种保护合作举行座谈会。

6. 举办中国加入国际植物新品种保护公约20周年座谈会。4月23日，农业农村部联合国家林业和草原局、国家知识产权局共同举办中国加入国际植物新品种保护公约 20 周年座谈会。农业农村部张桃林副部长、国家林业和草原局彭有冬副局长、国家知识产权局甘绍宁副局长、中国工程院戴景瑞院士出席座谈会并作主旨发言，来自司法部、国家知识产权局以及农业、林业从事植物新品种保护工作的管理部门、科研院所、企业代表共 260 余人参会。

7. 召开植物新品种保护工作研讨会。4 月 23 日，植物新品种保护工作研讨会在北京召开，来自最高人民法院等单位的共 80 余名代表参加会议。

8. 召开植物新品种保护国际研讨会。4 月 23 日，植物新品种保护国际研讨会在北京召开，包含中国在内的 20 个国家和组织的近 200 名嘉宾参加会议。

9. 举办第十二届东亚植物新品种保护论坛。4 月 24 日，农业农村部联合国家林业和草原局共同举办第十二届东亚植物新品种保护论坛。来自东亚论坛的成员国代表和欧盟、美国等观察员代表共 60 余人参加会议。

10. 召开国际植物新品种保护联盟第二次亚洲区域品种保护合作座谈会。4 月 24 日，国际植物新品种保护联盟第二次亚洲区域品种保护合作座谈会在北京召开，来自亚洲区域的中国、日本、韩国、新加坡、越南 5 个国家和阿根廷、法国、荷兰、美国等 6 个区域外国家和组织的 30 余名代表参会。

11. 举办中国—阿根廷第五次种子分委会会议。4 月 25 日，中国—阿根廷第五次种子分委会会议在北京举行，中阿双方就植物新品种保护相关事宜达成共识，签订会议纪要。

12. 与多国植物新品种保护办公室开展双边会谈。4 月 25 日至 26 日，农业农村部植物新品种保护办公室分别与国际植物新品种保护联盟、欧盟植物新品种保护办公室、德国联邦植物新品种保护办公室、韩国种子和品种管理中心代表举行双边会谈，推进合作进程。

13. 举办全国农作物种子打假维权活动。9 月 10 日，全国农作物种子打假维权活动在甘肃省张掖举办，农业行政主管部门现场销毁侵权物，现场发布 2019 年《植物新品种保护十大典型案例》。

14. 与 CIOPORA 召开植物新品种保护研讨会。9 月 11 日，农、林植物新品种保护办公室与国际无性繁殖观赏植物与果树育种家协会（CIOPORA）在北京召开植物新品种保护研讨会。

15. 举办涉外培训班。9 月 15 日至 21 日，2019 年第二届“一带一路”国家新品种保护与种业发展培训班在陕西杨凌举办，来自哈萨克斯坦等国的 9 名外国学员、种子企事业单位的 13 名代表参训。

16. 举办国际植物新品种保护联盟第 37 届 TWC 会议和第 18 届 BMT 会议。10 月 14 日至 16 日，在杭州成功举办第 37 届自动化和计算机程序技术工作组（TWC）会议和第 18 届生物化学和分子生物学技术工作组（BMT）会议，来自美国、欧盟、荷兰、日本和韩国等 17 个 UPOV 成员的 53 名参会代表进行了深入研讨和交流。

17. 联合最高人民法院知识产权法庭开展调研。10 月 28 日至 31 日，农业农村部联合最高人民法院知识产权法庭就植物新品种保护相关问题赴湖南、海南开展联合调研，征求品种权执法的意见和建议。

18. 参加国际植物新品种保护联盟系列年会，中国代表成功当选 UPOV 理事会副主席。10 月 28 日至 11 月 1 日，国际植物新品种保护联盟系列年会在日内瓦召开，来自农业部门、林业部门和知识产权部门的 5 名领导和专家组成中国代表团参加了会议，会上农业农村部科技发展中心植物新品种保护处崔野韩处长成功当选新一届理事会副主席，任期三年。

19. 获得神农中华农业科技奖二等奖。 12月，由农业农村部科技发展中心（农业农村部植物新品种测试中心）牵头完成的“水稻等五种主要农作物DUS测试技术标准和数据库建立及应用”获2018—2019年度神农中华农业科技奖科学研究类成果二等奖。

（农业农村部科技教育司）

国家林业和草原局

1. 林草植物新品种测试工作调研。 2月21日至3月5日，国家林业和草原局科技发展中心分别对中国林业科学研究院亚热带林业研究所、热带林业实验中心、亚热带林业实验中心等单位进行调研，调研指导新品种测试工作。

2. 林草科技创新工作调研。 3月5日，国家林业和草原局科技发展中心主任王永海一行赴中国林业科学研究院进行调研，就新品种保护、林草知识产权研究与保护等工作进行座谈。

3. 召开林草植物新品种测试机构工作座谈会。 3月25日至27日，中国林业科学研究院在浙江杭州组织召开了林草植物新品种测试机构工作座谈会。全国13家林草植物新品种测试机构负责人及有关技术人员，共30多人参加了会议。

4. 举办全国林草知识产权保护与管理培训班。 3月31日至4月2日，国家林业和草原局科技发展中心在广州举办全国林草知识产权保护与管理培训班，各省（区、市）林业和草原主管部门知识产权管理工作负责人、国家林业和草原局有关直属单位知识产权管理工作负责人，以及林草知识产权试点示范、转化运用项目负责人共80余人参加培训。

5.《2018中国林业知识产权年度报告》出版。 4月1日，国家林业和草原局科技发展中心和知识产权研究中心编写的《2018中国林业知识产权年度报告》正式出版。

6. 开展2019年全国林草知识产权宣传周活动。 4月20日，国家林业和草原局正式启动全国林草知识产权宣传周系列活动。以中国林业网（国家林业和草原局政府网）、中国林业知识产权网、林业专业知识服务系统、《中国绿色时报》等媒体为载体，采取多种形式宣传林草知识产权知识，展示实施林草知识产权战略取得的新进展、新成就。

7. 举办中欧植物新品种保护研讨会。 4月22日，国家林业和草原局科技发展中心会同农业农村部相关部门，以及欧盟新品种保护办公室、欧盟知识产权项目中国办公室共同召开植物新品种保护研讨会。

8. 林草知识产权成就专版宣传。 4月26日，国家林业和草原局科技发展中心在《中国绿色时报》发表专栏文章《我国林业知识产权保护工作释放新活力》。

9. 参加世园会知识产权保护检查工作。 5月14日，国家林业和草原局科技中心会同国家知识产权局有关负责同志组成检查组，对2019年中国北京世界园艺博览会林草知识产权保护工作进行了检查。

10. 开展2019年度全国林草植物新品种执法保护专项行动。 6月6日，国家林业和草原局科技发展中心印发《国家林业和草原局科技发展中心关于组织开展2019年度全国林业植物新品种执法保护专项行动的通知》（林技执字〔2019〕13号），组织开展2019年度全国林草植物新品种执法保护专项行动。

11. 与欧盟植物新品种保护办公室等开展

技术交流工作。6月10日至16日，国家林业和草原局科技发展中心派员赴法国和瑞士，与欧盟植物新品种保护办公室和国际植物新品种保护联盟开展合作交流活动。8月5日至16日，山茶油茶测试站派员赴德国参加植物新品种DUS测试培训和经验交流活动。

12. 赴广西林科院进行调研。6月13日，国家林业和草原局科技发展中心主任王永海带队到广西林科院就林草知识产权等工作开展调研，实地调查了油茶、香樟、竹子新品种创制及种质资源收集情况，听取了广西林科院知识产权保护与管理等工作汇报，并与林科院有关人员进行了座谈交流。

13. 参加第50届UPOV果树技术工作组会议。6月24日至28日，国家林业和草原局科技发展中心派员出席在匈牙利召开的第50届UPOV果树技术工作组会议。

14. 参加2019年世界地理标志大会。7月2日至4日，国家林业和草原局科技发展中心派员参加2019年世界地理标志大会，并就地理标志国际和区域保护方法、地理标志附加值等内容进行了交流。

15. 开展文冠果新品种转化应用调研。7月9日至12日，由国家林业和草原局科技发展中心王永海主任带队，联合荒漠司、三北局、经研中心，以及有关省区林业和草原主管部门负责同志组成调研组，赴宁夏银川市7(区)县组织开展文冠果新品种转化应用，以及对生态建设、林业和草原事业发展的作用和影响调查研究。

16. 赴中国林业科学研究院亚林所调研。7月30日至8月1日，国家林业和草原局科技发展中心到中国林业科学研究院亚林所调研，就植物新品种测试站建设、林草知识产权保护等工作进行实地考察。先后考察了山茶、油茶种质资源收集区和新建的植物新品种测试站竹门坞测试基地，并就相关问题进行了交流。

17. 制定《2019年加快建设知识产权强国林业推进计划》。9月，国家林业和草原局科技发展中心会同有关单位制定《2019年加快建设知识产权强国林业推进计划》，明确了2019年林业知识产权工作的17项重点任务和工作措施。

18. 召开《植物新品种保护条例》修订会。9月7日，《植物新品种保护条例》修订会在北京举行，会议由农业农村部会同国家林业和草原局、国家知识产权局联合主办。

19. 植物新品种新技术拍卖。9月11日，第四届植物新品种新技术拍卖会在北京延庆举行。本次拍卖会首创了“三权(所有权、经营权、管理权)分立”的拍卖形式。

20. 举办花卉品种创新与保护论坛。9月12日，花卉品种创新与保护论坛在北京成功举办，来自69个国家、6个国际组织的200多位代表参加了交流研讨。大会最后通过了“2019世界花卉大会北京宣言”。

21. 参加2019年世界知识产权大会。9月15日至19日，国家林业和草原局科技发展中心派员赴英国伦敦参加2019年世界知识产权大会，对世界知识产权保护、管理和转化等前沿问题进行了调研，与国内外知识产权保护单位进行了广泛交流。

22. 举办国际林联第二十五届世界大会林木遗传资源保护与可持续经营技术会议。10月4日，国际林联第二十五届世界大会林木遗传资源保护与可持续经营技术会议顺利举办。来自中国、肯尼亚、印度、加拿大、墨西哥、罗马尼亚、西班牙、墨西哥的林木遗传资源保护领域的专家作了报告。

23. 林业专业知识服务系统用户交流会在北京举行。11月11日，林业专业知识服务系统用户交流会在北京举行。参加“2019大数据智能与知识服务高端论坛——知领系列论坛(第2期)”的林业行业重点用户单位的领导和专家参加会议，包括国家林业和草原局调查规划设计院、国际竹藤中心、北京林业大学、南京林业大学、东北林业大学、中南林业科技大学、南京森林警察学院、中国农业发展银行、湖北省林业科学研究院、吉林省林业科学研究院等单位的20多位专家参会。

24. 举办全国林草植物新品种保护培训班。 11月18日至20日，国家林业和草原局科技发展中心在浙江杭州举办全国林草植物新品种保护培训班。各省级林业和草原主管部门科技处主管人员，部分植物新品种现场审查专家以及育种企业负责人、育种者共计130余人参加了培训。

25. 举办植物新品种保护全球化与对策高端论坛。 11月21日至22日，植物新品种保护全球化与对策高端论坛暨2019年度理事会扩大会议在浙江海盐举办。本次活动由国家林业和草原局科技发展中心指导，中国野生植物保护协会植物新品种分会、中国科学院昆明植物研究所、浙江中科院应用技术研究院共同主办。本次会议紧紧围绕植物新品种保护全球化与对策主题展开，相关部门代表等100余人参加了本次会议。

26. 举办植物新品种权司法保护座谈会。 11月29日，国家林业和草原局科技发展中心与最高人民法院知识产权法庭举办植物新品种权司法保护座谈会，就植物新品种权司法保护有关问题进行了讨论和广泛交流。

27.《木地板行业核心专利分析与汇编》出版。 12月，国家林业和草原局知识产权研究中心编著的《木地板行业核心专利分析与汇编》由中国林业出版社出版发行。

（国家林业和草原局科技发展中心）

海关总署

1. 签署《中华人民共和国海关总署和哈萨克斯坦共和国财政部关于加强知识产权边境保护合作的备忘录》。 9月11日，国家主席习近平与哈萨克斯坦总统托卡耶夫举行双边会谈，在两国元首见证下，海关总署署长倪岳峰与哈萨克斯坦农业部部长奥马罗夫签署了《中华人民共和国海关总署和哈萨克斯坦共和国财政部关于加强知识产权边境保护合作的备忘录》。

（海关总署综合业务司）

公　安　部

1. 公安部召开食品药品犯罪侦查局成立暨宣布领导班子任命会议。 6月13日，公安部召开食品药品犯罪侦查局成立暨宣布领导班子任命会议，时任公安部党委委员、反恐专员刘跃进出席会议，代表部党委宣布领导班子成员和局级干部任命并讲话。

2. 公安部召开新闻发布会，通报食品安全犯罪工作成效。 6月27日，按照国务院关于举办2019年全国食品安全宣传周活动的统一部署，公安部在北京召开新闻发布会，通报打击食品安全犯罪工作成效，同时介绍公安部食品药品犯罪侦查局成立的相关情况及工作思路。

3. 知识产权刑事保护培训班在江苏警察学院举办。 7月9日，公安部食品药品犯罪侦查局、国际合作局会同国际刑警组织在江苏警官学院联合举办知识产权刑事保护培训班，来自全国13个省、区、市公安机关的100余名学员，以及韩国、印度、越南、马来西亚、柬埔寨等国执法部门代表参训。

4. 公安部部署全国公安机关集中打击食药环犯罪“昆仑”行动。7月25日，公安部召开视频会议，部署全国公安机关集中打击食药环犯罪“昆仑”行动，时任公安部党委委员、反恐专员刘跃进出席会议并讲话。

5. 公安部公布全国省级公安机关打击食药环犯罪“昆仑”行动暨整治食品安全问题联合行动监督举报方式。9月23日，公安部公布全国省级公安机关打击食药环犯罪“昆仑”行动暨整治食品安全问题联合行动监督举报方式，发动群众积极举报案件线索，接受群众监督。

6.“公安部食药侦局”正式入驻微信公众号等6个新媒体平台并同步开通上线。10月23日，公安部食品药品犯罪侦查局官方新媒体账号“公安部食药侦局”正式入驻微信公众号等6个新媒体平台并同步开通上线，这些平台既是在移动互联网领域的权威发布平台，也是公安部探索创新社会治理的又一重要“指尖”阵地。

7. 全国公安机关知识产权刑事执法培训班在长春举办。10月28日至31日，公安部食品药品犯罪侦查局、国际合作局会同欧盟知识产权局在长春联合举办全国公安机关知识产权刑事执法培训班。来自全国21个省（区、市）公安机关的140余名执法业务骨干，欧盟知识产权局、国际刑警组织以及意大利和德国等国执法部门的代表参加培训。

8.“昆仑”行动暨整治食品安全问题联合行动成果宣传展示活动在全国141个城市同步开展。12月3日，公安部组织全国公安机关以“警民携手同心、共建共治共享”为主题，在全国141个城市同步开展“昆仑”行动暨整治食品安全问题联合行动成果宣传展示活动。

9. 召开部分省市公安食药侦工作座谈会。12月10日，时任公安部党委委员、反恐专员刘跃进主持召开部分省市公安食药侦工作座谈会，深入学习贯彻党的十九届四中全会和习近平总书记系列重要指示精神，认真贯彻落实赵克志同志在公安部党委理论中心组专题学习研讨会上的讲话要求，交流总结2019年食药侦工作情况，分析研究面临形势任务和存在问题，就做好明年食药侦工作听取地方公安机关的意见建议。

（公安部食品药品犯罪侦查局）

最高人民法院

1. 最高人民法院知识产权法庭正式揭牌办公。1月1日，最高人民法院知识产权法庭正式揭牌办公。最高人民法院党组书记、院长周强出席揭牌活动并讲话。

2. 通过《最高人民法院关于技术调查官参与知识产权案件诉讼活动的若干规定》。1月28日，最高人民法院审判委员会第1760次会议通过《最高人民法院关于技术调查官参与知识产权案件诉讼活动的若干规定》。

3. 召开《中华人民共和国专利法修正案（草案）》修改意见研讨会。1月28日，《中华人民共和国专利法修正案（草案）》修改意见研讨会在中国人民大学召开。此次研讨会由最高人民法院民三庭主办，中国人民大学知识产权学院、国际知识产权研究中心协办。

4. 罗东川副院长赴国家知识产权局调研座谈。2月14日，最高人民法院党组成员、副院长兼知识产权法庭分党组书记、庭长罗东川到国家知识产权局调研并与申长雨局长座谈。

**5. 召开“知识产权诉讼特别程序研究”课

题研讨会。3月27日，最高人民法院民三庭召开《知识产权诉讼特别程序研究》课题研讨会，中国政法大学、山东大学和南京市中级人民法院课题组分别派员参会。

6. 罗东川副院长敲响知识产权法庭“第一槌”。3月27日，最高人民法院罗东川大法官敲响知识产权法庭“第一槌”，公开开庭审理了上诉人卢卡斯汽车配件公司、富可汽车配件公司与被上诉人法国瓦莱奥公司、原审被告陈少某侵害发明专利权纠纷一案。从立案、开庭到结案送达，仅用时50天，充分凸显了公正、透明、高效。

7. 陶凯元副院长在武汉市调研知识产权司法保护工作。3月29日下午，最高人民法院副院长陶凯元在湖北省武汉市调研知识产权司法保护工作情况。陶凯元一行详细查看了武汉知识产权审判庭办公区域、法庭、会议室等各项设施，听取了武汉市中级人民法院关于武汉知识产权审判庭工作情况汇报。

8. 最高人民法院知识产权法庭“新知大讲堂”开讲。3月29日，第一期“新知大讲堂”开讲。全国人大常委会法制工作委员会副主任兼宪法室主任、第五任全国人大常委会香港基本法委员会委员武增主讲“宪法是治国安邦的总章程”。

9. 海口知识产权法庭获批。4月11日，最高人民法院批复同意在海口市中级人民法院内设专门审理知识产权案件的机构并跨区域管辖部分知识产权案件。

10. 召开“我国建立知识产权法院相关问题研究”课题专家鉴定会。4月12日，司法部国家法治与法学理论研究项目年度重点课题“我国建立知识产权法院相关问题研究”专家鉴定会召开。来自司法机关、高等院校的5名专家从理论价值、现实意义、学术规范等方面进行了点评，充分肯定课题研究的重要价值，并提出修改意见。

11. 最高人民法院在安徽合肥召开2019年知识产权宣传周活动新闻发布会。4月22日，最高人民法院在安徽合肥召开2019年知识产权宣传周活动新闻发布会，发布知识产权宣传周的各项活动安排，通报《中国法院知识产权司法保护状况(2018)》白皮书以及2018年中国法院知识产权司法保护十大案件和50件典型案例。

12. 最高人民法院在安徽合肥举行2019年知识产权宣传周活动媒体见面会。4月22日，最高人民法院2019年知识产权宣传周活动媒体见面会在安徽合肥举行，最高人民法院副院长陶凯元出席并讲话。见面会上同时启动了“知识产权司法保护安徽行”活动。

13. 最高人民法院知识产权法庭举办集中宣传活动。4月23日至26日，最高人民法院知识产权法庭举办“公众开放周”及“集中开庭周”活动，对11件具有典型意义的案件进行集中公开审理，涉及医疗器械、网络数据抓取、光学技术等多个高新科技领域。法官们还走进校园，向莘莘学子宣讲党中央决定设立最高人民法院知识产权法庭的背景、意义以及我国技术类知识产权司法保护现状。

14. 最高人民法院发布《知识产权案件年度报告(2018)》摘要。4月25日，最高人民法院发布《知识产权案件年度报告(2018)》摘要。

15. “法信知识产权版”上线。4月26日，最高人民法院首个针对专门审判领域的法律知识大数据平台“法信知识产权版”上线运行，最高人民法院副院长陶凯元出席活动并发表讲话。

16. 厦门知识产权法庭获批。4月30日，最高人民法院批复同意在厦门市中级人民法院内设专门审理知识产权案件的机构并跨区域管辖部分知识产权案件。

17. 王闯副庭长率专利法官代表团赴多国开展交流。5月19日至28日，最高人民法院知识产权法庭王闯副庭长率专利法官代表团赴法国、卢森堡和德国进行技术类知识产权案件审判专题交流，向欧洲知识产权司法和实务界介绍中国最高人民法院知识产权法庭的成立及技术类知识产权司法审判制度的创新发展。

18. 召开“图片侵权案件相关问题研讨会”。5 月 24 日，最高人民法院民三庭召开“图片侵权案件相关问题研讨会”。北京、上海、天津等地的 8 家法院，国家版权局、国家网信办、中央财经大学、清华大学、中国社会科学院大学、摄影著作权协会和相关企业以及律师代表共 35 人参加会议。

19. 召开“知识产权侵权惩罚性赔偿司法解释研讨会”。5 月 24 日，最高人民法院民三庭召开“知识产权侵权惩罚性赔偿司法解释研讨会”。北京、上海、广东、江苏、浙江 5 省市的高级法院知识产权审判庭，北京、上海、广州 3 家知识产权法院，南京、杭州、成都 3 家知识产权法庭以及北京市朝阳区和上海市浦东新区 2 家基层人民法院知识产权审判庭派员参加了此次会议。

20. 陶凯元副院长会见世界知识产权组织仲裁和调解中心主任艾瑞克·韦伯斯。6 月 6 日下午，中华人民共和国二级大法官、最高人民法院副院长陶凯元会见世界知识产权组织仲裁和调解中心主任艾瑞克·韦伯斯一行。

21. 召开“WIPO 调解在知识产权诉讼中的应用研讨会”。6 月 6 日，最高人民法院与世界知识产权组织在北京共同举办“WIPO 调解在知识产权诉讼中的应用研讨会”。来自世界知识产权组织、新加坡以及中国最高人民法院和地方法院的嘉宾一同研讨了调解制度在知识产权纠纷中的应用问题。

22. 最高人民法院知识产权法庭开展首次远程示证。7 月 4 日，最高人民法院知识产权法庭第二合议庭在庭审过程中与上海知识产权法院进行视频连线，以远程示证的方式顺利完成对被诉侵权产品争议技术特征的比对工作。这是最高人民法院知识产权法庭成立以来，首次在庭审中采用远程示证方式勘验证据实物。

23. 最高人民法院知识产权法庭开展首次巡回审判。7 月 23 日，最高人民法院知识产权法庭开展首次巡回审判。知识产权法庭第一合议庭赴江苏南京，在最高人民法院第三巡回法庭审理涉及庞大潜水泵的侵害发明专利权纠纷系列五案。

24. 罗东川副院长与国际法院院长座谈。7 月 31 日，罗东川副院长与国际法院院长优素福一行交流座谈，优素福对中国的知识产权司法保护给予了充分肯定。他表示，“中国的法律成就不仅体现在整个法治的推动方面，在具体的知识产权领域上的成就也让人非常钦佩”。

25. 召开“知识产权司法保护国际研讨会”。8 月 19 日，由广东省高级人民法院主办，广州知识产权法院、深圳知识产权法庭协办的“知识产权司法保护国际研讨会”在广州召开。本次研讨会主题为“机遇与挑战”。来自美国、英国、德国、韩国，以及中国内地和香港、澳门特别行政区的部分法官代表，中国社科院、北京大学、中南财经政法大学、中山大学的学者，广东省市场监管部门有关负责人共 110 余人参加会议。

26. 最高人民法院知识产权法庭开展巡回调解。8 月 23 日，最高人民法院知识产权法庭第七合议庭在山东省济南市、泰安市运用统筹联动机制促成关联案件一揽子解决。这是最高人民法院知识产权法庭首次进行巡回调解工作。

27. 罗东川副院长会见古巴最高法院院长。9 月 3 日，中华人民共和国最高人民法院罗东川副院长会见古巴最高人民法院院长雷米希奥一行。

28. “大法官说——司法保护知识产权”在央视“社会与法”频道首播。9 月 17 日，《法治中国说》第三季“大法官说——司法保护知识产权”在央视“社会与法”频道首播，中华人民共和国二级大法官、最高人民法院副院长陶凯元回顾和总结了中国知识产权司法保护取得的历史成就，并与田力普、吴汉东等有关专家就当前知识产权领域的热点问题进行了深入的探讨。

29. 陶凯元副院长出席第二届世界知识产权法官论坛和法官顾问委员会会议。 11月12日至17日，中华人民共和国二级大法官、最高人民法院副院长、世界知识产权组织法官顾问委员会委员陶凯元率团出席在瑞士日内瓦召开的第二届世界知识产权法官论坛和法官顾问委员会会议。会议期间，陶凯元还出席了《世界知识产权组织知识产权典型案例集·中华人民共和国卷(2011—2018)》新书发布活动。

30. 周强院长视察最高人民法院知识产权法庭。 11月20日，最高人民法院党组书记、院长周强亲切看望慰问知识产权法庭干警，深入调研法庭建设情况，并召开座谈会听取工作汇报，与干警进行交流。

31. 商务部"知识产权与发展司局级国际研修班"学员到访最高人民法院知识产权法庭。 11月25日，来自巴西、印度、南非等国的商务部"知识产权与发展司局级国际研修班"的20余位学员到知识产权法庭参观座谈。此次国际研修班来访是知识产权法庭的第29次国际交往活动，也是规模较大、成员所在国家较为丰富的一次。

32. 召开"新时代知识产权司法保护国际研讨会"。 11月26日至27日，中国法院知识产权司法保护国际交流(上海)基地、最高人民法院知识产权司法保障科技创新研究(上海)基地主办的"新时代知识产权司法保护国际研讨会"在上海召开。来自德国、日本和中国欧盟商会等多国家、多领域专家代表参会。

33. 组织开展"集中宣判周"活动。 12月9日至13日，最高人民法院知识产权法庭组织"集中宣判周"活动，宣判6件具有标杆意义的案件。其中，既有专利案件，又有植物新品种案件；既有基因工程等前沿科技领域案件，又有医疗器械等民生领域案件；既有裁判规则创新，又有诉讼程序创新。

(最高人民法院知识产权审判庭)

最高人民检察院

1. 召开"检察机关充分履行各项职能　提升知识产权司法保护品质"新闻发布会。 4月25日，最高人民检察院召开"检察机关充分履行各项职能　提升知识产权司法保护品质"新闻发布会，介绍检察机关保护知识产权工作情况，发布2018年度检察机关保护知识产权典型案例。

2. 与欧盟开展知识产权刑事执法司法交流活动。 5月20日至29日，应欧盟知识产权局邀请，最高人民检察院派员赴欧洲开展以"知识产权刑事执法司法"为主题的交流活动。

3. 与俄罗斯共同举办环境保护与知识产权保护法律问题研讨会。 6月19日，最高人民检察院张军检察长率领中国检察代表团访问俄罗斯，与俄罗斯联邦总检察院在哈巴罗夫斯克共同举办环境保护与知识产权保护法律问题研讨会。

4. 开展侵犯知识产权刑事案件权利人诉讼权利义务告知试点工作。 11月22日，最高人民检察院下发《开展侵犯知识产权刑事案件权利人诉讼权利义务告知工作试点方案》，在北京、上海、江苏、浙江、福建、广东6地检察机关开展为期一年的工作试点。

(最高人民检察院第四检察厅)

1. 全国知识产权局局长会议在北京召开

1月7日至8日，2019年全国知识产权局局长会议在北京召开。会上传达了国务委员王勇对知识产权工作的重要批示，国家市场监督管理总局局长张茅出席会议并就加快知识产权事业发展提出明确要求，市场监督管理总局党组成员、中央纪委国家监委驻总局纪检监察组组长刘实出席分组会议，国家知识产权局局长申长雨向大会作工作报告。报告指出，2018年，我国知识产权管理体制和运行机制实现历史性重构，知识产权综合实力再上新台阶，知识产权保护得到全面加强，知识产权审查质量和效率稳步提升，知识产权运用效益快速增长，知识产权在国家对外开放中的地位进一步凸显。全国知识产权系统统筹推进知识产权强国建设，大力推进知识产权审查能力建设，加大知识产权保护力度，促进知识产权转化运用，深化知识产权领域"放管服"改革，深化知识产权国际合作交流，夯实知识产权事业发展基础，扎实推进党建和党风廉政建设，圆满完成全年各项主要目标任务。2019年，全国知识产权系统要深入学习贯彻习近平新时代中国特色社会主义思想和党的十九大精神，深刻领会党中央、国务院对知识产权工作的新部署、新要求，牢牢把握稳中求进工作总基调和高质量发展要求，贯彻落实新发展理念，落实中央经济工作会议精神，落实全国市场监管工作会议精神和市场监管总局党组部署要求，按照新的管理体制和运行机制，推进工作思路创新和模式创新，深化知识产权领域"放管服"改革，全面提升知识产权创造质量、保护效果、运用效益、管理水平、服务能力和国际影响力，推动知识产权事业在新的历史起点上创新发展。

（王　宇　孙迪）

2. 国家知识产权局公布2018年主要工作统计数据：主要指标稳中有进，综合实力持续增强

1月10日，国家知识产权局在北京召开新闻发布会，公布了2018年专利、商标、地理标志、集成电路布图设计的统计数据及有关情况，并就完善知识产权法律法规、强化知识产权领域综合监管、提升知识产权保护水平与营商环境、完善知识产权运营服务体系等工作答记者问。2018年，我国主要知识产权指标稳中有进，国际社会对中国知识产权保护的信心持续增强，知识产权综合实力再上新台阶。2018年，我国发明专利申请量为154.2万件。共授权发明专利43.2万件，其中，国内发明专利授权34.6万件。2018年，我国商标注册申请量达到737.1万件。截至2018年年底，我国国内有效商标注册量（不含国外在华注册和马德里注册）达到1804.9万件，每万户市场主体商标拥有量达到1724件。2018年，马德里商标国际注册申请量为6594件。截至2018年年底，我国申请人马德里商标国际注册有效量为3.1万件，同比增长23.5%。2018年，批准保护地理标志产品67个，注册地理标志商标961件，核准使用地理标志产品专用标志企业223家。2018年，国家知识产权局共收到集成电路布图设计登记申请4431件，同比增长37.3%；集成电路布图设计发证3815件，同比增长42.9%。2018年，全国专利行政执法办案总量7.7万件，同比增长15.9%。查处假冒专利案件4.3万件，同比增长10.9%。查处商标违法案件3.1万件，案值5.5亿元。查办首起集成电路布图设计侵权纠纷案件。2018年，知识产权使用费进出口总额超过350亿美元。专利、商标质押融资总额达到1224亿元，同比增长12.3%。（吴 珂）

3. 世界知识产权日主题公布，“奋力夺金：知识产权和体育”

1月24日，世界知识产权组织（WIPO）公布了2019年世界知识产权日主题——奋力夺金：知识产权和体育。2019年4月26日是第19个世界知识产权日。WIPO官网指出，体育中蕴含的普世价值——卓越、尊重和公平竞争——吸引着来自全球的观众。如今，由于广播和通信技术的进步，任何人，无论身处何方，足不出户就能全天候欣赏体育赛事，追踪最喜爱的运动员和运动队的表现。体育已经成为一个价值数十亿美元的全球产业——带动从体育场馆到广播网络等设施方面的投入，在全球雇用数百万相关从业人员，并为更多人带来娱乐。以知识产权为基础的商业关系有助于确保体育的经济价值，推动体育组织资助我们所享受的各项赛事，并且提供促进基层体育发展的方法，从而刺激体育产业增长。（孙 迪）

4. 全国政协召开双周协商座谈会，围绕“网络环境下的知识产权保护”建言资政

十三届全国政协第十九次双周协商座谈会于1月28日在北京召开。中共中央政治局常委、全国政协主席汪洋主持会议并讲话。他强调，要深入学习贯彻习近平总书记关于加强知识产权保护的重要论述，准确把握网络环境下知识产权创造、保护、运用的特点和规律，坚持“打”“建”并举，坚持社会共治，全面提升知识产权保护水平，为推动高质量发展和建设创新型国家提供有力支撑。12位委员和专家围绕网络环境下知识产权保护的顶层设计、法治保障、企业责任、人才培养和国际合作等建言资政，6位委员通过微视频发表意见，180位委员在全国政协委员移动履职平台上踊跃发言。（新华社）

5. 国家知识产权局部署开展地理标志使用专项整治工作

1月28日，国家知识产权局办公室印发通知，决定于2019年春节期间组织开展为期一个月的地理标志使用专项整治工作。此次行动旨在进一步加大地理标志保护力度，规范专用标志使用行为，提升全社会地理标志保护意识，营造让老百姓放心满意的消费环境。

通知明确，此次专项整治工作时间为1月28日至2月28日，主要针对各地区瓜果蔬菜、粮食油料、畜禽蛋、水产品、茶叶、加工食品、饮料和酒等与人民群众欢度节日密切相关的地理标志类别，重点关注品牌价值大、社会关注度高、具有全国性影响的地理标志保护产品、地理标志商标。

（熊花平）

6. 梨视频拍客作品被一公司擅自上传至优酷案二审宣判

2017年4月29日，梨视频平台拍客“青果巷”上传了一段标题为“喜感！大妈哄抢小礼品，战斗力爆棚”的视频。不久后，梨视频平台发现优酷网用户“麦子传媒V”擅自将该视频上传至优酷，并将标题改为“实拍中国式大妈哄抢小礼品 场面失控城管嗓子都喊哑”。公证书显示，该视频播放时有“youku资讯”的片头和片尾，视频左上角隐约有马赛克痕迹，视频右上角有“YOUKU”及“M麦子传媒”的LOGO，在视频第7秒显示了该视频的名称及“麦子传媒”文字。据此，梨视频平台运营方新梨视公司将优酷公司与“麦子传媒V”运营方

大可为公司告上法庭，请求法院判令优酷公司与大可为公司停止侵权并进行赔偿。

一审法院上海市杨浦区人民法院经审理认为，优酷公司不构成帮助侵权，并作出大可为公司赔偿新梨视公司经济损失 3000 元及为维权支出的合理费用 3000 元，驳回新梨视公司的其余诉讼请求的判决。2019 年 1 月 31 日，二审法院上海知识产权法院经审理后作出驳回上诉，维持原判的判决。

对于梨视频拍客作品版权，判决书中这样描述："2017 年 4 月 28 日，宋体佳与新梨视公司签订《拍客协议》，约定其同意作为新梨视公司的特约视频报道员，主动或接受新梨视公司的委托向新梨视公司提供视频等内容素材，目前已经向新梨视公司提供的作品有《喜感！大妈哄抢小礼品，战斗力爆棚》，其确认所有素材一经梨视频使用(公开传播)，该素材的所有知识产权及相关权利(包括但不限于著作权法中规定的财产权利以及录音录像制作者权)即归属于梨视频单方所有；所提供作品已由梨视频采纳、使用(发表、公开传播)的，所有前述的知识产权及相关权利为梨视频所有。"因此，梨视频的运营方新梨视公司是涉案视频的权利人，有权提起诉讼。

该案的争议焦点之一是优酷公司是否实施了侵害涉案录像制品信息网络传播权的行为。一审法院认为优酷公司不构成帮助侵权，理由是："本案中，优酷公司网站载明用户可通过其平台服务在平台上传、发布或传输相关内容，根据涉案视频由大可为公司上传、网页上表明了大可为公司名称的事实，能够认定优酷公司对涉案视频仅提供了信息存储空间服务。"二审法院同样认为，本案侵权视频系大可为公司上传，优酷公司为大可为公司提供信息存储空间服务。

优酷公司是否满足《信息网络传播权保护条例》第 22 条规定的网络服务提供者为服务对象提供信息存储空间服务时免除承担赔偿责任的条件，是本案审理的重点。根据《信息网络传播权保护条例》第 22 条的规定，网络服务提供者为服务对象提供信息存储空间，供服务对象通过信息网络向公众提供作品、表演、录音录像制品，并具备下列条件的，不承担赔偿责任：(一)明确标示该信息存储空间是为服务对象所提供，并公开网络服务提供者的名称、联系人、网络地址；(二)未改变服务对象所提供的作品、表演、录音录像制品；(三)不知道也没有合理的理由应当知道服务对象提供的作品、表演、录音录像制品侵权；(四)未从服务对象提供的作品、表演、录音录像制品中直接获得经济利益；(五)在接到权利人的通知书后，根据本条例规定删除权利人认为侵权的作品、表演、录音录像制品。二审法院在判决书中进行了详细分析，最终认定优酷公司满足上述条件，不应承担赔偿责任。

(隋明照)

7. 首批全国中小学知识产权教育示范学校名单确定

国家知识产权局办公室、教育部办公厅 2 月 11 日发布通知，确定首批全国中小学知识产权教育示范学校(以下简称示范学校)及第四批全国中小学知识产权教育试点学校(以下简称试点学校)名单。据介绍，首批示范学校及第四批试点学校评定工作于 2018 年 12 月启动，共有 23 个省(区、市)的 30 所首批全国中小学知识产权教育试点学校提交了有效的示范学校申报材料，29 个省(区、市)的 120 所学校提交了有效的试点学校申报材料。经评审，确定中国人民大学附属中学等 25 所学校为首批示范学校；确定北京市第四中学等 53 所学校为第四批试点学校，试点学校试点期自 2019 年 1 月至 2020 年 12 月。

(韩　瑞)

8. 2018 年我国知识产权使用费进出口额大幅增长

商务部官网 2 月 12 日消息，2018 年我国服务出口增速创8年来新高,12月当月进出口仍保持较高增长速度。全年知识产权使用费进口2355.2亿元,增长22%;出口368亿元,增长14.4%。技术服务出口1153.5亿元,增长14.4%;进口839.2亿元,增长7.9%。商务部服贸司相关负责人表示,2018年,知识产权使用费进口增幅较大,高端生产性服务需求和出口竞争力同步增长,表明我国对高端生产性服务需求仍然旺盛,同时高端生产性服务出口竞争力也在提升。（综　合）

9. 国家知识产权局公布《关于规范商标申请注册行为的若干规定(征求意见稿)》

2月12日,国家知识产权局官网公布《关于规范商标申请注册行为的若干规定(征求意见稿)》(以下简称《征求意见稿》),向社会公开征求意见。

《征求意见稿》共有8条,重申了商标法确立的诚信原则和以使用意愿为前提申请商标注册的导向,规定了非正常申请商标注册的行为类型及法律后果,提出了规制非正常申请商标注册行为的具体措施,明确了各级知识产权主管部门引导、规范商标申请注册和使用行为的职责。

《征求意见稿》提出,对非正常申请商标注册的行为,除依据商标法、商标法实施条例的规定进行处理之外,可以视情节依法采取惩戒措施。通过非正常申请商标注册的行为骗取资助、扶持、奖励,情节严重构成犯罪的,将依法移送有关机关追究刑事责任;对从事非正常商标申请注册行为的商标代理机构也将依法惩戒。（王国浩）

10. 国家知识产权局公布商标局机构改革方案

2月14日,国家知识产权局发布公告,宣布根据中央机构改革部署,原国家工商行政管理总局商标局、商标评审委员会、商标审查协作中心整合为国家知识产权局商标局,不再保留商标评审委员会、商标审查协作中心。

据悉,机构调整后商标审查工作将以国家知识产权局的名义开展,原国家工商行政管理总局商标局、商标评审委员会、商标审查协作中心机构名称不再使用;原国家工商行政管理总局商标局、商标评审委员会、商标审查协作中心的业务印章停止使用,统一启用新的业务印章,业务印章由“国家知识产权局”加具体业务类型组成;商标审查工作中涉及的请求类表格/书式和发出类通知书/书式中统一使用国家知识产权局代替原国家工商行政管理总局商标局、商标评审委员会及商标审查协作中心。

（王国浩）

11. 国家版权局强力遏制春节档影片盗播行为,处理侵权链接6362条

2月15日,中宣部版权管理局执法处相关负责人就春节档贺岁影片遭遇网络侵权盗版现象回应称,国家版权局高度重视春节档电影的版权保护,春节前就已部署加大对侵权盗版的监测力度,春节期间还联合权利人、网络服务商等紧急采取应急处理措施,及时删除侵权信息与盗版链接。

2月5日,《流浪地球》《疯狂的外星人》等8部国产影片集中在正月初一上映,由此掀起春节档贺岁影片的热映高潮,截至2月13日20:30,8部影片上映9天累计票房超过72亿元。然而,票房喜人的高质量影片也遭遇了大量的网络侵权盗版。例如网友在春节长假期间发现在闲鱼平台上存在大量以2—10元售卖盗版《流浪地球》资源的现象。2月11日,中宣部版权管理局执法处处长赵杰表示,“接到网友的举报后,国家版权局迅即责令闲鱼平台采取屏蔽关键词等措施,遏制售卖盗版影片资源等行为”。

为加大春节档国产电影的版权保护,2月2日,国家版权局对外公布了包括《流浪地球》等8部春节档影片的“2019年度第一批重点作品版权保护预警名单”。除了发布预警名单外，国家版权局在整个春节期间还部署中国版权协会版权监测中心和电影质检所加大对侵权盗版的监测力度。特别是自2月7日起，安排重点保护影片权利人及监测机构建立对接窗口，并联合网络服务商紧急删除侵权信息。截至2月14日晚，已处理权利人投诉的侵权链接6362条。春节档电影网络侵权盗版整体呈下降态势，从2月8日的日处理1634条减少为2月14日的392条。从监测情况来看，盗版多集中在未备案的“三无”小网站，其中部分盗版网站服务器设在境外，部分盗版内容或链接由第三方用户上传，或者由第三方在电商平台售卖。

据中国版权协会版权监测中心提供的版权监测数据显示，截至2月10日，累计监测到8部贺岁影片网络传播链接1.48万条，较2018年春节档期间监测到的3万余条链接大幅减少。特别是2月10日后，通过国家版权局等部门和权利人、网络平台等采取联合行动及应急处理措施，盗版传播行为得到一定遏制。（赖名芳）

12.《粤港澳大湾区发展规划纲要》印发，要求强化知识产权保护和运用

2月18日，中共中央、国务院印发《粤港澳大湾区发展规划纲要》（以下简称《纲要》），其中在优化区域创新环境方面，要求强化知识产权保护和运用。

《纲要》提出，依托粤港、粤澳及泛珠三角区域知识产权合作机制，全面加强粤港澳大湾区在知识产权保护、专业人才培养等领域的合作。强化知识产权行政执法和司法保护，更好发挥广州知识产权法院等机构作用，加强电子商务、进出口等重点领域和环节的知识产权执法。加强在知识产权创造、运用、保护和贸易方面的国际合作，建立完善知识产权案件跨境协作机制。依托现有交易场所，开展知识产权交易，促进知识产权的合理有效流通。开展知识产权保护规范化市场培育和“正版正货”承诺活动。发挥知识产权服务业集聚发展区的辐射作用，促进高端知识产权服务与区域产业融合发展，推动通过非诉讼争议解决方式（包括仲裁、调解、协商等）处理知识产权纠纷。充分发挥香港在知识产权保护及相关专业服务等方面具有的优势，支持香港成为区域知识产权贸易中心。不断丰富、发展和完善有利于激励创新的知识产权保护制度。建立大湾区知识产权信息交换机制和信息共享平台。

同时，《纲要》提出，开展知识产权证券化试点。鼓励粤港澳共建专业服务机构，促进知识产权等专业服务发展。加强法律事务合作，实行严格的知识产权保护，强化知识产权行政保护，更好发挥知识产权法庭作用。（综　合）

13. 国家版权局通报“剑网2018”成果

2月22日，国家版权局在北京召开打击网络侵权盗版专项治理“剑网”行动座谈会，通报“剑网2018”专项行动工作成果，并向与会者征求“剑网2019”专项行动意见和建议。

2018年7月，国家版权局、国家互联网信息办公室、工业和信息化部、公安部启动“剑网2018”专项行动。专项行动期间，各级版权执法监管部门共删除侵权盗版链接185万条，收缴侵权盗版制品123万件，查处网络侵权盗版案件544件，其中查办刑事案件74件、涉案金额1.5亿元，专项行动取得显著成效。

“剑网2018”专项行动聚焦网络转载、短视频、动漫、知识分享、有声读物等重点领域开展版权专项整治，查办一批侵权盗版大案要案，为庆祝改革开放40周年营造了良好的网络文化环境。其中，江苏淮安查处“BT天堂”影视侵权案，判处袁某某有期徒刑3年并处罚金80万元；江苏盐城查处“3·04制售盗版光盘案”（通过淘宝网店销售盗版光盘9.5万余张），分别判处张

某某等人有期徒刑3年不等;四川成都查处“吹妖动漫”网动漫侵权案,判处孙某有期徒刑3年3个月并处罚金10万元;江西南昌查处“6·04火课旗舰店案”,判处廖某某有期徒刑2年;江西新余查处“每日网络科技”微信公众号侵权案,判处陈某拘役5个月并处罚金1万元;上海连续侦破侵犯日本万代株式会社、吉卜力等动漫玩具著作权案,涉案金额2600余万元;江苏徐州查处“天天街机捕鱼”手机游戏侵权案,抓获犯罪嫌疑人4人,扣押涉案金额1000余万元;安徽滁州查处“懒人听书”网侵权案(传播有声小说等录音作品12 398部);上海查处“3D播播VR”案,作出罚款25万元的行政处罚;北京查处环球天下教育电子出版物盗版案,作出罚款22.5万元的行政处罚;四川绵阳查处麦慕私人影院侵权案,作出罚款13万元的行政处罚。

国家版权局针对网络转载和短视频领域存在的突出版权问题,集体约谈“趣头条”等13家网络服务商和“抖音”等15家短视频企业。通过整改,相关网络企业对14万个侵权自媒体账号进行封禁或降级处理,对47万余篇侵权作品进行处理,对57万部侵权短视频进行下架。国家版权局推动30多家主流财经媒体成立“中国财经媒体版权保护联盟”,推动阿里巴巴集团与京版十五社反盗版联盟、拼多多平台与京版十五社反盗版联盟和少儿出版反盗版联盟签订图书版权保护合作协议。

各级版权执法部门坚持守正创新,进一步深化网络版权重点监管工作。国家版权局进一步加强对大型视频、音乐、文学网站的版权重点监管,共抽查16家网站的2389部作品版权文件,责令下架侵权作品150余部;公布7批72部重点作品版权保护预警名单,对春晚节目以及《红海行动》等优秀国产电影进行重点预警版权保护。

相关著作权集体管理组织、版权相关协会和社团联盟、权利人组织、著作权涉外认证机构驻华代表处,以及互联网企业代表参加座谈会,并对“剑网”行动提出意见和建议。 (赖名芳)

14. 中国版权保护中心华南版权登记大厅正式启用

2月28日上午,由中国版权保护中心与广州市黄埔区、广州开发区共建的中国版权保护中心华南版权登记大厅及广州版权产业服务中心在广州开发区科学城正式启用。

此次启用的华南版权登记大厅,是继西南版权登记大厅落户成都、华东版权登记大厅落户上海、粤港澳版权登记大厅落户深圳、华中版权登记大厅落户武汉后,中国版权保护中心正式启用的第五个京外区域版权登记大厅。

乘着广州作为“一带一路”重要节点城市、粤港澳大湾区发展战略规划落地并加快推进建设的东风,中国版权保护中心与广州开发区紧密合作,以“版权登记大厅+促进版权产业发展资金+版权创意孵化器”的“1+1+1”服务平台体系模式,打造全媒体时代区域版权服务窗口体系的升级版。

中国版权保护中心副主任魏红表示,华南版权登记大厅将以广州为核心,把中国版权保护中心版权确权、授权、维权、研究咨询和宣传推广五大服务平台功能直接辐射整个华南区域,实现版权公共服务与区域、产业的共生共治共享,为全媒体时代专业化综合性版权服务与区域版权产业深度融合发展贡献力量。

同步启用的广州版权产业服务中心是在“1+1+1”服务平台体系模式下促进版权产业发展资金和版权创意孵化器的核心运营机构。启动仪式上,广州版权产业服务中心分别与广州开发区人才工作集团、天翼爱音乐文化科技有限公司等重要合作伙伴及孵化器入驻企业举行了签约仪式。版权创意孵化器的设立是全国首创,必将为区域版权产业发展营造一个更加良好的示范性知识产权保护营商环境。(赵新乐)

15. 首批高校国家知识产权信息服务中心名单公布

3月7日，国家知识产权局办公室、教育部办公厅联合发布通知，公布了首批高校国家知识产权信息服务中心名单。据了解，经自主申报、初步筛选、专家初评、现场答辩、名单公示等环节，两部门确定了北京大学等首批23家高校国家知识产权信息服务中心。通知要求，相关省（区、市）知识产权局、教育厅要结合本地区实际，对高校国家知识产权信息服务中心在业务工作开展、信息资源建设、人才培养、服务地方经济产业等方面加强指导与支持。高校国家知识产权信息服务中心要发挥高校的信息资源和人才资源优势，为知识产权创造、运用、保护、管理提供全流程服务，不断完善知识产权信息公共服务体系，丰富知识产权信息服务内容，促进高校协同创新和科技成果转移转化，支撑国家创新驱动发展战略和知识产权强国建设。（崔静思）

16. 六部门公布农村假冒伪劣食品十大典型案例

为警示违法犯罪分子，提升消费者防范意识，推动加强农村食品市场监管执法力度，农业农村部、商务部、公安部、国家市场监督管理总局、国家知识产权局、中华全国供销合作总社六部门筛选出了农村假冒伪劣食品十大典型案例，并于2019年3月向社会公布。

据了解，为提升农村食品质量水平，切实保障农民群众“舌尖上的安全”，六部门决定自2018年12月11日开始，在全国范围内联合开展为期3个月的农村假冒伪劣食品专项整治行动，以高压严打态势进行农村食品市场“大扫除”，严查食品生产经营“黑窝点”，集中力量打击生产经营假冒伪劣食品等违法违规行为，全面规范农村食品市场秩序，夯实农村地区食品监管基础，提升农村食品安全水平与保障能力。

截至2019年2月底，全国共出动执法人员近167万人次，检查食品生产经营主体、各类市场198万余个，查处案件1.2万余件，案值4.2亿元，移送司法机关479件，收缴假冒伪劣食品1032吨，取缔无证无照生产经营主体5578个，吊销营业执照、食品经营许可证254户，捣毁窝点843个。（王国浩）

17. 政府工作报告提出全面加强知识产权保护

3月5日，第十三届全国人民代表大会第二次会议在人民大会堂开幕，国务院总理李克强代表国务院向大会作政府工作报告。报告提出，全面加强知识产权保护，健全知识产权侵权惩罚性赔偿制度，促进发明创造及其转化运用。

李克强说，2019年要突出重点、把握关键，扎实做好十项工作：一是继续创新和完善宏观调控，确保经济运行在合理区间；二是激发市场主体活力，着力优化营商环境；三是坚持创新引领发展，培育壮大新动能；四是促进形成强大国内市场，持续释放内需潜力；五是对标全面建成小康社会任务，扎实推进脱贫攻坚和乡村振兴；六是促进区域协调发展，提高新型城镇化质量；七是加强污染防治和生态建设，大力推动绿色发展；八是深化重点领域改革，加快完善市场机制；九是推动全方位对外开放，培育国际经济合作和竞争新优势；十是加快发展社会事业，更好保障和改善民生。

（新华社）

18. 商标授权确权案件审理指南征求意见研讨会在北京举行

3月12日，由北京市高级人民法院知识产权审判庭主办，中华商标协会和北京知识产权司法保护研究会协办的《关于商标授权确权行政案件的审理指南（2019年征求意见稿）》（以下简称《征求意见稿》）征求意见研讨会在北京召开。

据悉，为切实解决审理商标授权确权行政案件中的疑难问题，进一步规范北京法院该类案件的审理标准，结合审判工作实际，北京市高级人民法院拟定了《征求意见稿》。

此次研讨会上，来自最高人民法院和北京三级法院的知识产权法官代表、中华商标协会32家会员单位代表、中国外商投资企业协会优质品牌保护委员会会员代表以及来自清华大学、中国人民大学、中央财经大学、山东大学的学者等200余人，围绕《征求意见稿》的内容进行了充分的讨论与交流，提出了诸多富有建设性的意见和建议。 （童　昕）

19. 2018年我国PCT国际专利申请达53 345件

7家中国企业进入PCT国际专利申请人排名前50位，10所大学进入教育机构排名前50位——世界知识产权组织（WIPO）3月19日发布的数据显示，2018年，我国申请人通过《专利合作条约》（PCT）途径提交的国际专利申请达53 345件，居全球第二位。此次WIPO公布的数据显示，就技术领域而言，数字通信领域和计算机技术领域的国际专利申请占比最高，而中国申请人在这两个领域提交的国际专利申请分别占18.4%和13.1%，位居第一和第二。我国高校的PCT国际专利申请量增长迅速。其中，深圳大学、华南理工大学等4所院校进入教育机构申请量前十位，这是中国高校首次“晋级”该排名前十位。

（杨　柳）

20. 习近平同法国总统马克龙会谈，表示中国将继续加强知识产权保护，打造高水平对外开放新格局

国家主席习近平3月25日在巴黎爱丽舍宫同法国总统马克龙会谈。习近平指出，在务实合作方面，中法既要深挖市场的“源头活水”，也要疏浚政策的“河道沟渠”。双方要深化核能、航空、航天等传统领域合作，加快科技创新、农业、金融、养老服务等新兴领域合作步伐。我们赞赏总统先生多次表达同中方开展“一带一路”务实合作的意愿，双方要落实好“一带一路”第三方市场合作示范项目。要为双边贸易与投资提供更多支持和便利。我们刚刚颁布了《外商投资法》，将继续大幅放宽市场准入，优化营商环境，加强知识产权保护，打造高水平对外开放新格局。我们欢迎更多法国企业赴华投资兴业，也希望法方为中国企业在法投资提供公平、开放、非歧视待遇。

（新华社）

21. 全国知识产权宣传周主题确定

全国知识产权宣传周活动组委会决定组织开展2019年全国知识产权宣传周活动，以“严格知识产权保护 营造一流营商环境”为主题，时间为4月20日至26日。

据悉，2019年全国知识产权宣传周活动以习近平新时代中国特色社会主义思想为指导，全面贯彻党的十九大、十九届二中、三中全会精神，坚持新发展理念，按照稳中求进和高质量发展的要求，广泛宣传党和国家关于知识产权工作的决策部署，突出知识产权保护是营造良好营商环境的重要方面，积极推进以“尊重知识、崇尚创新、诚信守法”为核心的知识产权文化建设，为加快知识产权强国建设营造良好舆论氛围。各地区各部门将面向创新主体、政府人员、青少年及社会公众等不同群体，通过举办启动仪式、新闻发布、宣讲、咨询、展览等形式，广泛开展活动。 （综　合）

22. 2018年我国计算机软件著作权登记量破百万件

3月28日，在第十一届CPCC中国版权服务年会开幕式上，中国版权保护中心发布了《2018年度中国软件著作权登记情况分析报告》。报告显示，2018年我国共完成计算机软件著作权登记110.48万件，同比增长48%，登记数量迈上百万数量级台阶。

随着我国建设创新型国家和世界科技强国战略的实施，在国家政策扶持和市场需求拉动的双重作用下，我国软件创新热情显著提升。继 2017 年我国软件著作权登记量跳跃式增长后，2018 年我国软件著作权登记数量再度大幅提升，一举突破 100 万件大关。从软件登记历史趋势来看，100 万件的登记数量已较我国 1992 年实施软件著作权登记制度时当年的登记数量，提升超过 1 万倍，特别是自 2011 年以来，我国已累计登记软件著作权接近 320 万件，占近 30 年登记总量的 91%，呈现出跨越式增长的发展态势。（寞新颖）

23. 李克强出席博鳌亚洲论坛 2019 年年会开幕式并发表主旨演讲：平等对待内外资企业，大力加强知识产权保护，切实维护外商合法权益

国务院总理李克强 3 月 28 日上午在海南博鳌出席博鳌亚洲论坛 2019 年年会开幕式，并发表题为《携手应对挑战 实现共同发展》的主旨演讲。李克强强调，对外开放是中国的基本国策。外商投资法是中国打造法治化、国际化、便利化营商环境的重要举措。我们将抓紧制定相关配套法规，确保年底前完成，2020 年 1 月 1 日与外商投资法同时实施。我们将进一步放宽外资市场准入，全面实施准入前国民待遇加负面清单管理制度。我们将持续扩大金融业、现代服务业等领域对外开放。我们平等对待内外资企业，大力加强知识产权保护，切实维护外商合法权益。我们将保持港澳台投资政策连续性、稳定性，一如既往支持港澳台资企业发展。我们还将加快提升贸易便利化水平，2019 年要明显降低通关成本，提高通关效率。（新华社）

24. 推进使用正版软件工作部际联席会议第八次全体会议在北京召开

3 月 30 日，中央宣传部副部长梁言顺在北京主持召开推进使用正版软件工作部际联席会议第八次全体会议。梁言顺强调，推进使用正版软件是一项长期性任务，对树立国家良好形象、营造创新创造环境、推动软件产业发展、保障国家信息安全都具有重要意义，任务艰巨、使命光荣、责任重大。2019 年联席会议各成员单位要坚持以习近平新时代中国特色社会主义思想为指导，深入贯彻落实党的十九大和十九届二中、三中全会精神，齐心协力、锐意进取、努力奋斗，以新担当、新作为推动工作再上新台阶，为庆祝新中国成立 70 周年营造良好氛围。

会议认为，2018 年联席会议以习近平新时代中国特色社会主义思想为指导，加强工作部署，完善长效机制，创新方式方法，在加强源头监管、规范软件配置、开展联合督查、加大宣传培训等方面，各成员单位相互支持，密切配合，推进软件正版化工作取得新成效。一是党政机关软件正版化工作成效显著。各级党政机关建立了软件正版化工作机构，制定了计算机软硬件采购、软件使用管理、考核评议等工作制度，按期报送软件正版化工作年度报告，此项工作实现常态化。二是企业软件正版化工作取得重要进展。在巩固中央企业和大中型金融机构软件正版化工作基础上，进一步推动省属国有企业软件正版化，文化、旅游、教育、卫生、勘察设计等行业软件正版化工作取得积极进展。三是软件正版化工作促进产业发展成效明显。软件著作权保护环境持续改善，为软件产业发展提供了良好的市场环境。2018 年，软件著作权登记量达到 110.48 万件，同比增长 48.22%；软件和信息技术服务业收入达到 6.31 万亿元，同比增长 14.2%。国产办公软件达到国际先进水平并得到广泛应用。据统计，2018 年全国共举办软件正版化培训班 6414 期，督查党政机关 3.48 万家（次），党政机关共采购操作系统、办公和杀毒三类软件 163.98 万套、采购金额 7.97 亿元，中央企业和金融机构共采购操作系统、办公和杀毒三类软件288.56万套、采购金额29.82亿元，5110家企业通过检查验收实现软件正版化。

会议审议通过了《2018年推进使用正版软件工作总结》和《2019年推进使用正版软件工作计划》。（赖名芳）

25. 国家知识产权局组织开展2019年知识产权系统执法保护专项行动

2019年4月，国家知识产权局办公室印发《2019年度全国知识产权系统执法保护专项行动方案》（以下简称《行动方案》），指导各地方知识产权局（知识产权管理部门）积极开展专项行动，加大对知识产权侵权假冒行为的打击力度。

《行动方案》明确了农村假冒伪劣食品治理、展会知识产权执法保护、电子商务领域知识产权执法保护、民营企业知识产权保护、涉外商标专利侵权案件五大年度工作重点。在时间进度上分季度开展农村假冒伪劣食品专项整治、北京世界园艺博览会及"4·26世界知识产权日"知识产权保护专项行动、民生领域侵权假冒行为专项整治、冬奥会和冬残奥会知识产权保护和宣传等专项工作。下一步，国家知识产权局将加大执法指导力度，密切部门协调配合，加强培训宣传，持续推进知识产权执法保护各项工作。（蔡健炜）

26. 中共中央办公厅、国务院办公厅印发《关于促进中小企业健康发展的指导意见》，要求切实加强知识产权保护运用

4月7日，中共中央办公厅、国务院办公厅印发《关于促进中小企业健康发展的指导意见》（以下简称《意见》），并发出通知，要求各地区各部门结合实际认真贯彻落实。

《意见》指出，中小企业是国民经济和社会发展的生力军，是扩大就业、改善民生、促进创业创新的重要力量，在稳增长、促改革、调结构、惠民生、防风险中发挥着重要作用。党中央、国务院高度重视中小企业发展，在财税金融、营商环境、公共服务等方面出台一系列政策措施，取得积极成效。同时，随着国际国内市场环境变化，中小企业面临的生产成本上升、融资难融资贵、创新发展能力不足等问题日益突出，必须引起高度重视。

《意见》要求，切实保护知识产权，提出运用互联网、大数据等手段，通过源头追溯、实时监测、在线识别等强化知识产权保护，加快建立侵权惩罚性赔偿制度，提高违法成本，保护中小企业创新研发成果。组织实施中小企业知识产权战略推进工程，开展专利导航，助推中小企业技术研发布局，推广知识产权辅导、预警、代理、托管等服务。同时，《意见》提出，完善知识产权质押融资风险分担补偿机制，发挥知识产权增信增贷作用；鼓励地方知识产权运营基金等专业化基金服务中小企业创新发展。提升中介服务质量水平，优先为中小企业提供优质高效的信息咨询、创业辅导、技术支持、投资融资、知识产权等服务。（综　合）

27. 2018年商标评审典型案例发布

2018年，原国家工商行政管理总局商标评审委员会（以下简称原商评委）累计受理各类评审案件申请32.21万件，同比增长53.03%。原商评委从2018年商标评审案件中选出20件具有代表性的典型案例，于2019年4月进行发布。

据悉，作为商标法律制度的重要组成部分，商标评审是确保商标授权确权公平、公正的重要环节。在近年来的商标评审案件审理实践中，原商评委依法审结一批在社会上有较大影响、在审理上显示出较高水平、对今后案件法律适用具有较强借鉴作用的典型案例，充分保障了当事人的程序权利和实体权益，对维护商标注册、管理秩序与营造公平竞争的市场秩序起到积极作用。（王国浩）

28.《知识产权(专利)密集型产业统计分类(2019)》国家标准出台

4月9日,国家统计局发布《知识产权(专利)密集型产业统计分类(2019)》(国家统计局令第25号),自2019年4月1日起正式实施。

该分类标准由国家统计局牵头制定,国家知识产权局协助开展基础性工作。据悉,国家知识产权局自2012年起已连续多年开展知识产权密集型产业统计研究和地方试点工作。此次分类标准制定工作以前期研究成果为基础,前后历时近15个月,经历了筹备谋划、研究起草、征求意见、修改完善及审批发布等阶段,其间开展了充分的测算和研究论证,广泛征求并吸纳意见建议近百条,最终形成包括7个大类、31个中类,涵盖188个国民经济行业小类的分类标准。 (李凤新 王晓浒)

29. 2018年度上海十大版权典型案件发布

4月11日,上海市版权局对外发布2018年度上海十大版权典型案件。

这十大典型案件包括:①"CATIA"计算机软件侵权纠纷案;②真彩公司破坏技术措施设置链接行为著作权侵权及不正当竞争纠纷案;③李某侵犯著作权案;④陈某等人系列侵犯著作权案;⑤上海乐欢软件有限公司通过信息网络擅自向公众提供他人的电影作品案;⑥上海步升大风音乐文化传播有限公司、上海东华广播电视网络有限公司与东方有线网络有限公司侵害录音录像制作者权纠纷案;⑦葫芦娃游戏形象著作权侵权及不正当竞争纠纷案;⑧浦睿公司、湖南音像出版社侵害著作权纠纷案;⑨某泵业公司侵害某中德合资企业产品说明书著作权、不正当竞争纠纷案;⑩上海海关查办侵犯足球世界杯相关著作权侵权系列案。

上海市版权局表示,2018年度上海十大版权典型案件显示出2018年我国版权司法力度的不断加大和版权生态的不断优化。 (金 鑫)

30. 国家版权局确定2019年版权宣传活动主题

国家版权局确定"严格版权保护 推进创新发展"为2019年版权宣传活动主题,决定自2019年4月中旬起集中开展版权宣传活动,以4月20日至26日为重点宣传时段。

国家版权局将于"4月26日世界知识产权日"当天召开第四届中国网络版权保护与发展大会,聚焦网络版权年度热点,发布年度重要版权保护事件、中国版权产业对经济贡献调研报告、网络版权产业发展年度报告。

此外,在版权宣传周期间,国家版权局将以鼓励查办网络侵权盗版案件为重点,发布2018年度打击侵权盗版十大案件。

与此同时,国家版权局还将通过"学习强国"学习平台、国家版权局官方网站等网络平台全面跟踪报道宣传周期间的各项活动。 (赖名芳)

31. 第十一届金砖国家知识产权局局长会议举行

当地时间4月15日至16日,第十一届金砖国家知识产权局局长会议在南非开普敦举行,中国国家知识产权局局长申长雨,巴西工业产权局局长克劳迪奥·维拉·费塔多,俄罗斯联邦知识产权局局长戈利高里·伊夫利耶夫,印度专利、外观设计、商标和地理标志局局长欧姆·帕卡什·古普塔,南非公司与知识产权局局长罗伊·沃勒分别率团出席会议。欧亚专利局局长索里·特莱芙列索娃受邀列席会议开放环节。会议批准金砖国家知识产权公众意识提升模板和金砖知识产权合作网站管理框架文件,通过并签署第十一届金砖国家知识产权局局长会议纪要。会议确定将继续举办金砖国家审查员培训研讨会,推动金砖五国专利信息数据交换合作。会议还决

定，将金砖国家知识产权合作扩展到外观设计领域和商标领域。（许晓昕）

32.“电影和版权”论坛呼吁《北京条约》早日生效

4月16日，世界知识产权组织中国办事处、北京市版权局、北京国际电影节组委会联合主办“电影和版权：机遇与挑战并存”论坛。

中宣部版权管理局局长于慈珂发表讲话。他说，“版权保护和运营贯穿电影创作到播出，以及衍生等整个产业链条，优秀电影产品的创作、传播和开发利用，乃至整个电影产业的繁荣发展都离不开健全的版权法律制度和严格有效的版权保护”。他表示，国家版权局连续15年开展的打击网络侵权盗版“剑网”专项行动，一直将影视版权的秩序作为整治的重点。同时，实施网络影视、网络视频的重点监管，点播影院的专项整治，影视作品保护的重点预警等。中国政府将用积极的行动践行对国际条约的承诺，也真诚希望与各国携手共创国际版权事业更加美好的未来。

《视听表演北京条约》(以下简称《北京条约》)于2012年6月成功缔结。世界知识产权组织(WIPO)副总干事王彬颖表示，《北京条约》不仅对电影行业非常重要，而且对所有表演者都有举足轻重的意义，希望推进《北京条约》尽快生效。北京市委宣传部副部长王野霏也呼吁，进一步推动《北京条约》早日生效，为全球完善知识产权法律体系，推动互联网条件下对表演者的保护做出新的更大贡献。

在“电影和版权：从法律原则到市场”“电影和文化：电影在推进和传播文化多样性方面的相关政策和策略”等主题演讲中，与会者认为，中国电影市场消费潜力和发展空间巨大，专业的版权保护有助于电影产业整体健康发展，推进《北京条约》早日生效，对于国际版权合作和世界各国文化产业健康发展大有裨益。

（王坤宁　李婧璇）

33. 全国人大常委会第十次会议审议通过商标法修正案

4月23日，第十三届全国人民代表大会常务委员会第十次会议审议通过《关于修改〈中华人民共和国商标法〉的决定》。此次系我国商标法进行的第四次修正，修改条款自2019年11月1日起施行。

据悉，此次对商标法6个条款进行了修改，整体趋势为加强知识产权保护，打击非真实使用目的的商标恶意注册行为，完善恶意注册和恶意诉讼的救济制度，提高商标侵权尤其是恶意侵犯商标权行为的赔偿金额，使违法成本显著提高，充分发挥商标法对恶意注册、恶意诉讼、恶意侵权行为的震慑作用。

此次修改对于恶意注册行为的规制主要涉及以下三个方面：一是增强商标使用义务，增加“不以使用为目的的恶意商标注册申请，应当予以驳回”的规定，首先在审查阶段予以适用，实现打击恶意注册的关口前移，并将其作为提出异议和请求宣告无效的事由，直接适用于异议程序和无效宣告程序中；二是规范商标代理行为，规定商标代理机构知道或者应当知道委托人存在恶意注册行为的不得接受委托，一经发现，依法追究责任；三是对申请人、商标代理机构的恶意申请商标注册、恶意诉讼行为规定处罚措施，将规制恶意注册行为贯穿于整个商标申请注册和保护程序，在责任主体方面既包括申请人和权利人也包括中介服务机构。

为了进一步加大侵权成本，惩罚恶意侵权人，严格保护商标专用权，给予权利人更加充分的补偿，此次修改将恶意侵犯商标专用权的侵权赔偿数额计算倍数由1倍以上3倍以下提高到1倍以上5倍以下，并将商标侵权法定赔偿数额上限从300万元提高到500万元。（王国浩）

34.《专利代理师资格考试办法》自6月1日起施行

4月23日，国家市场监督管理总局发布《专利代理师资格考试办法》(以下简称《办法》)。《办法》自2019年6月1日起施行。同时宣布废止2008年发布的《专利代理人资格考试实施办法》《专利代理人资格考试考务规则》《专利代理人资格考试违纪行为处理办法》。《办法》通过整合前述2008年发布的三项部门规章，并将有关考试工作的规范性文件中有效可行的做法上升提炼，从而明确各部门主体职责，全面提升了考试的信效度和安全性。同时，《办法》继续为已实施的考试扶持政策提供支持。自中西部倾斜政策和试点扶持等政策实施以来，为中西部欠发达地区和沿海需求旺盛地区输送了大量专利代理人才。为明确相关扶持政策的法律地位，《办法》规定了“国家知识产权局可以根据专利代理行业发展的需要，在符合条件的地区实施考试优惠政策”。 (李 倩)

35. 王勇出席全国知识产权宣传周主场活动时强调：更严格加强知识产权保护，营造一流创新和营商环境

国务委员王勇4月24日出席全国知识产权宣传周主场活动并讲话。他强调，要坚持以习近平新时代中国特色社会主义思想为指导，深入实施知识产权战略，全面加强知识产权保护，持续优化创新和营商环境，最大限度释放创新创造活力，有力支撑经济高质量发展。

王勇指出，加快建设现代化经济体系，推动全方位对外开放，对做好知识产权工作提出新的更高要求。各地区各部门各单位要认真贯彻落实党中央、国务院决策部署，坚持创新引领发展，完善知识产权战略规划，扎实推进知识产权强国建设。加快建设集严保护、大保护、快保护、同保护于一体的知识产权保护体系，健全侵权惩罚性赔偿制度，依法严惩侵权违法行为，对内外资企业一视同仁、同等保护。继续提升审查质量和效率，健全运营服务体系，促进知识产权创造运用，发展壮大知识产权密集型产业。深化知识产权国际合作，推动构建开放包容、平衡有效的知识产权国际规则。 (新华社)

36. 国家知识产权局印发《关于知识产权行政执法案例指导工作的规定(试行)》

4月24日，为统一执法标准，提高办案水平，国家知识产权局印发《关于知识产权行政执法案例指导工作的规定(试行)》，在全国范围内开展知识产权行政执法案例指导工作。据了解，开展知识产权行政执法案例指导工作，是国家知识产权局根据知识产权行政执法保护实践需求和职责要求开展的一项探索工作，是对国务院办公厅《关于全面推行行政执法公示制度执法全过程记录制度重大执法决定法制审核制度的指导意见》“加强和完善行政执法案例指导”要求的具体落实，该项工作已列入2019年国家知识产权局党组工作要点。下一步，国家知识产权局知识产权保护司将按照该规定要求，组织第一批知识产权行政执法指导案例的征集、评审和发布等工作。

(李 伟 王志超)

37.“2019中国知识产权保护高层论坛”在北京举办

4月24日至25日，以“加强知识产权保护 促进高质量发展”为主题的“2019中国知识产权保护高层论坛”在北京举办。中国国家知识产权局局长申长雨、世界知识产权组织(WIPO)总干事弗朗西斯·高锐出席主论坛并作主旨演讲。主论坛由中国国家知识产权局副局长甘绍宁主持。

申长雨在主旨演讲中指出，2019年的论坛主题契合当前中国发展实际需要，具有重要现实意义。党的十八大以来，在习近平新时代中国特色社会主义思想的指引下，党中央、国务院作出了一系列知识产权方面的重大部署，引领知识产权事业实现了大发展、大提升、大跨越，取得了举世公认的巨大成就。2019 年，围绕加强知识产权保护，国家知识产权局着力抓好制定知识产权强国战略纲要、制定实施知识产权保护体系建设方案、完善知识产权法律法规、加强知识产权源头保护以及创新知识产权保护机制五项主要工作。申长雨强调，未来做好知识产权工作，需要进一步发挥好知识产权保护作为社会主义市场经济基石、作为创新驱动发展刚需、作为国际贸易标配的三个重要作用。

（王　宇　吴　珂）

38. 国家知识产权局举办 2019 年开放日活动

4 月 25 日，国家知识产权局举办 2019 年开放日活动。国家知识产权局局长申长雨、世界知识产权组织副总干事王彬颖出席开放日活动并致辞。国家知识产权局副局长甘绍宁主持了此次活动。

申长雨在致辞中介绍，国家知识产权局的开放日活动已经连续举办 14 年，成为外界走近知识产权、了解国家知识产权局的重要窗口。在开放日活动中，国家知识产权局知识产权保护司与国家知识产权局专利局复审和无效审理部共同发布了 2018 年度专利复审无效十大案件，国家知识产权局知识产权保护司与国家知识产权局商标局共同发布了 2018 年度商标领域典型案例，知识产权出版社发布了人工智能机器翻译（日汉）系统。腾讯公司知识产权副总裁徐炎畅谈了知识产权对于互联网产业的促进作用。活动期间，工作人员为小学师生介绍了知识产权基础知识；受邀代表们参观了国家知识产权局陈列馆、专利展示厅、专利受理大厅等地，参加了现场咨询，与专利审查员进行了交流。来自创新企业、知识产权服务业、高等院校、小学师生和新闻媒体的代表近 300 人应邀参加此次活动。（李　倩）

39. 习近平主席在第二届"一带一路"国际合作高峰论坛开幕式上的重要主旨演讲指出，更大力度加强知识产权保护国际合作

4 月 26 日上午，国家主席习近平出席第二届"一带一路"国际合作高峰论坛开幕式，发表重要主旨演讲，宣布中国将采取的一系列重大改革开放举措，其中专门将"更大力度加强知识产权保护国际合作"作为重要内容作出深刻阐述，彰显中国加强知识产权保护的坚强决心，赢得国际社会广泛赞誉，在全国知识产权系统和社会各界引发热烈反响。（孙　迪　吴　珂）

40. 国家版权局等四部门启动"剑网 2019"专项行动

4 月 26 日，在"2019 中国网络版权保护与发展大会"上，国家版权局、国家互联网信息办公室、工业和信息化部、公安部四部门联合启动打击网络侵权盗版"剑网 2019"专项行动，针对媒体融合发展、院线电影、流媒体、图片市场等重点领域开展版权专项整治，不断加大治理力度，持续改善网络版权环境。这也是连续开展的第 15 次"剑网"专项行动。

"剑网 2019"专项行动自 2019 年 4 月底开始到 10 月底结束，将利用 6 个月的时间开展 5 项重点整治。一是深化媒体融合发展版权专题保护。严厉打击未经授权转载主流媒体新闻作品的侵权行为，严肃查处自媒体通过"标题党""洗稿"方式剽窃、篡改、删减主流媒体新闻作品的行为，依法取缔、关闭一批非法新闻网站（网站频道）及微博账号、微信公众号、头条号、百家号等互联网用户公众账号。二是严格院线电影网络版权专项整治。严厉打击影院偷拍盗录及通过网盘分享、微博、微信、淘宝等渠道传播盗版影视作品的行为，着力规范点播影院、点播院线在放映、发行活动中的版权秩序，大力整治通过将服务器设在境外传播盗版影视作品的非法活动。三是加强流媒体软硬件版权重点监管。严厉打击

IPTV、OTT及各类智能终端等流媒体硬件和各种流媒体软件、聚合类软件非法传播他人作品的行为，严厉打击通过电商平台销售各种破解版、“越狱”版OTT产品的行为。四是规范图片市场版权保护运营秩序。严厉查处图片公司通过假冒授权、虚假授权等方式非法传播他人作品的侵权行为，着力整治图片公司在版权经营活动中存在的权属不清、滥用权利、不正当维权等违法违规行为，推动相关企业合理合法维权，构建健康有序的图片市场版权秩序。五是巩固网络重点领域版权治理成果。对短视频、有声读物、知识分享、网络直播等平台继续强化版权治理，巩固网络影视、音乐、文学、动漫、应用商店、网盘等领域取得的治理成果。

中宣部版权管理局局长于慈珂等在现场共同启动“剑网2019”专项行动启动板。据中宣部版权管理局副局长段玉萍介绍，专项行动将坚持问题导向、突出查办案件，各地版权执法部门要加大行政处罚工作力度，对涉嫌构成犯罪的及时移交公安机关立案查处；进一步强化平台治理，督促平台企业履行违法犯罪线索报告和配合调查义务，网络服务提供商履行“通知-删除”等法定处置责任；加大对大案要案和典型案件的宣传力度，坚决曝光不履行主体责任的互联网企业。（赖名芳）

41. 2018年中国知识产权发展状况新闻发布会在北京举行

4月28日，国家知识产权局局长申长雨在国新办新闻发布会上介绍了2018年中国知识产权发展状况。

在4月26日举行的第二届“一带一路”国际合作高峰论坛上，习近平主席发表重要主旨演讲，提出一系列改革开放的重大举措，专门强调要更大力度加强知识产权保护国际合作。对此，申长雨在发布会上表示，国家知识产权局将认真学习领会，研究制定切实可行的有针对性的措施，抓好贯彻落实。

申长雨、赵刚、于慈珂分别就深圳知识产权工作亮点、遏制商标恶意注册和囤积行为、打击院线电影侵权盗版工作等回答了中外记者提问。（柳　鹏）

42. 国家知识产权局召开2019年第一次商标审查工作会议

4月29日，国家知识产权局在北京召开2019年第一次商标审查工作会议，总结2019年第一季度审查主要工作成绩和经验，部署进一步深化商标注册便利化改革、开展“商标审查质量提升年行动”等重点工作。

会议指出，2018年，商标工作在压缩审查周期、推广网上申请、开放数据库、推行智能检索、增强审查力量等方面取得多项重大进展。目前，商标注册平均审查周期已稳定在5.5个月，其他各项商标业务审查周期同步压缩。2019年，商标审查周期将进一步缩短。

国家知识产权局商标局局长崔守东表示，进一步深化商标注册便利化改革、开展“商标审查质量提升年行动”两项工作是全年商标工作的重中之重，要深刻认识商标授权确权环节在规范商标注册秩序、全面加强知识产权保护方面的重要意义，进一步统一思想，积极转变职能，聚焦商标审查主业，积极履职尽责，为优化营商环境、服务品牌经济发展做出更大贡献。（张坤姝）

43. 全国政协双周协商座谈会围绕“著作权法的修订”建言资政

5月13日，十三届全国政协第二十二次双周协商座谈会在北京召开，中共中央政治局常委、全国政协主席汪洋主持会议并讲话。他强调，著作权法是知识产权领域支柱性法律，对促进精神文化产品创造和传播、提高全民族科学文化素养、加快建设创新型国家具有重要意义。本次双周协商座谈会以“著作权法的修订”为议题，既是人民政协参与立法协商、助力提高立法质量的过程，也是积极开展普法教育、奠定执法思想基础和社会环境的过程，体现了建言资政和凝聚共识的有机统一。要深入领会习近平总书记关于加强知识产权保护的重要论述，坚持以人民为中心的发展思想，妥善处理好著作权创造、保护、运用的关系，构建新时代中国特色著作权制度。

12位委员、学者围绕著作权法修订的目标定位、价值取向、制度完善等建言资政。160多位委员在全国政协委员移动履职平台上踊跃发言。大家认为，改革开放以来特别是党的十八大以来，我国知识产权法制建设取得显著进展，形成了比较完备、符合国际规则的著作权保护法律体系，对鼓励作品创作和传播，促进社会主义文化和科学事业繁荣发展发挥了重要作用。同时，随着经济社会和科学技术快速发展，特别是互联网广泛应用，现行著作权制度面临许多新情况新问题，修法势在必行。

一些委员建议，著作权法涉及主体众多、利益关系复杂，要坚持立足中国实际与借鉴国际通行做法相结合，把握好立法速度与立法质量的平衡，妥善处理好创作者、传播者和使用者之间的利益关系。要坚持问题导向，建立著作权自愿登记制度、完善著作权限制制度、探索合理使用制度、改革著作权集体管理制度等，更好适应经济、社会、文化发展和技术进步需要，适应互联网开放、共享、协作的时代要求，以良法促进善治。要加大对侵权行为的惩处力度，建立惩罚性赔偿制度，切实解决违法成本低、维权成本高等问题。要限制著作权保护滥用行为，破除各种形式的版权垄断，促进精神文化产品的有效传播，维护社会和公众利益。要跟踪和研究全球著作权保护发展动态，认真履行已加入的国际著作权条约，加强著作权保护国际合作，从国际规则的适应者和遵循者向参与者、建设者转变。

全国政协副主席张庆黎、陈晓光、夏宝龙出席会议。全国政协副主席汪永清在会上作主题发言。全国政协委员阎晓宏、戴红兵、张勤、李前光、陈崎嵘、刘宁、张威、李汉宇、刘筱敏、吕红兵，专家学者吴汉东、陈锦川在会上发言。司法部负责人介绍了有关情况，中央宣传部、最高人民法院负责人现场作了交流互动。（俞海萍）

44. 知识产权强国战略纲要制定专家咨询委员会第一次全体会议召开

5月14日，国务院知识产权战略实施工作部际联席会议（以下简称联席会议）办公室在北京召开知识产权强国战略纲要制定专家咨询委员会第一次全体会议。十二届全国人大常委会副委员长、专家咨询委员会主任严隽琪出席会议并讲话。联席会议副召集人、国家知识产权局局长申长雨主持会议。据悉，《国家知识产权战略纲要》实施将于2020年届满，评估显示到2020年“把我国建设成为知识产权创造、运用、保护和管理水平较高的国家”这一目标已基本实现。正在制定的知识产权强国战略纲要，将是中国面向新时代的又一份知识产权事业发展纲领性文件。知识产权强国战略纲要已初步明确框架结构，相关专题研究也即将启动，各项工作有序推进。

（综　合）

45. 国家知识产权局启动“蓝天”专项整治行动

5月24日，从国家知识产权局获悉，针对无资质专利代理行为、代理非正常专利申请行为、专利代理“挂证”行为、以不正当手段招揽业务行为等行业乱象，国家知识产权局将开展为期两年的专利代理行业“蓝天”专项整治行动，扎实推进“双随机、一公开”检查，对专利代理行业违法违规行为进行集中整治，涉及刑事犯罪的，依法移送公安机关。“蓝天”专项整治行动是国家知识产权局加强和完善专利代理事中事后监管、推进专利代理行业健康发展的主要工作部署之一。国家知识产权局已于2019

年4月印发《关于加强专利代理监管的工作方案》，对“蓝天”专项整治行动进行重点部署，由国家知识产权局知识产权运用促进司与各省（区、市）知识产权局（知识产权管理部门）具体承担“蓝天”专项整治行动相关工作任务。（韩 瑞）

46. 我国商标审查质量效率再上新台阶

2019年是“商标审查质量提升年”，商标审查部门坚持以习近平总书记“提升知识产权审查质量和效率”的指示精神为指导，推动审查工作提质增效，取得显著成效。2019年第一季度，国家知识产权局商标局审查事务部（以下简称审查事务部）连续3个月随机抽检记错为零，自检记错同比下降40%，非记错退回环比下降48.72%。

据了解，审查事务部相继制定完善《独任审查员工作分类管理暂行办法》《会议纪要执行管理办法》《审查质量责任管理办法》等相关制度，分别从用人、督办、追责等角度强化质量管理，并持续完善细化《商标实质审查操作指南》，规范审查操作规程，严把不良影响商标关，遏制恶意注册申请，对全面提升审查质量与效率、确保完成压缩审查周期，起到保驾护航作用。

在长期的审查管理工作实践中，审查事务部探索出一套行之有效的审查质量管理措施。在月审查任务下调的情况下，审查事务部充分发挥科长管理职责，进一步加大点评、指导以及不可审商标督办力度，利用质量大数据分析、查找商标审查薄弱环节，及时对审查质量临近不达标线的部门予以预警，制定针对性解决措施；设专人专岗对审查例会、业务例会会议决定的落实情况进行事先、事中及事后监控，对经国家知识产权局商标局审核确认的各京外商标审查协作中心业务例会决定所涉及内容与相关案件一并监控，统一审查标准及结论，及时反馈监控情况；高度重视质量自检工作，安排1名自检员负责会议纪要落实情况的抽检，加大自检比例，每月出具审查质量分析报告，总结经验，发现问题。

（孙 岩 管苗雨）

47. 2018年度专利、商标行政保护典型案例发布

5月22日，经地方推荐、网络投票和专家评审等环节，国家知识产权局评选并发布2018年度专利行政保护十大典型案例及2018年度商标行政保护十大典型案例。

据悉，2018年度专利行政保护十大典型案例涉及发明、实用新型、外观设计三种专利类型，涵盖高新技术、环保、药品等重点领域以及电商、展会等关键环节，有力展现了我国加强专利保护、充分发挥法律威慑作用、积极营造良好创新与营商环境等方面取得的显著成效。2018年度商标行政保护十大典型案例涉及我国对中外商标权利人合法权益的平等保护、商标行政保护全链条打击、商标行政司法高效顺畅衔接等各个方面，多方位展示了我国在加大商标专用权保护力度、严厉打击侵权违法行为、营造良好营商环境方面取得的显著成效。（孙 迪）

48. 国家知识产权局商标局举办全国商标受理窗口业务培训班

5月21日至22日，国家知识产权局商标局在济南举办全国商标受理窗口业务培训班。

此次培训中，国家知识产权局商标局相关处室的专家骨干围绕商标注册申请受理及商品服务分类、网上申请、地理标志商标申请、马德里国际商标申请、商标注册申请实质审查及商标变更、续展、转让及质权登记等问题，进行了深入分析解读和现场教学。

为进一步拓宽申请渠道，激发市场活力，优化营商环境，根据地方市场监督管理部门、知识产权管理部门申请，国家知识产权局已在全国批准设立175个商标受理窗口，并依申请授权73个商标受理窗口开展质权登记申请受理工作。截至2019年4月

30日，地方商标受理窗口已受理商标申请28.9万余件，办理注册商标专用权质权登记1808件，融资金额达217.78亿元。

据悉，为进一步提升窗口服务水平，方便申请人高效便捷地办理商标业务，地方商标受理窗口网上服务系统已改造完成，申请人可在窗口通过网上办理23项业务。地方商标受理窗口和京外商标审查协作中心应及时转变窗口受理模式，6月20日前完成纸件申请向网上申请的转换，全面采用网上申请系统。 （王国浩）

49. 第十五届中国(无锡)国际设计博览会举行

5月25日上午，第十五届中国(无锡)国际设计博览会在“中国设计之城”——无锡开幕。第十一届全国人大常委会副委员长华建敏出席开幕式。国家知识产权局局长申长雨、世界知识产权组织(WIPO)副总干事王彬颖、科技部等有关部委和国际组织的领导出席并致辞。江苏省委常委、无锡市委书记李小敏，江苏省副省长马秋林，无锡市市长黄钦等出席开幕式。此届设计博览会以“新设计、新智造、新生活”为主题，汇聚国内外知名企业、设计机构和行业协会，重点展示设计领域最新成果，共有来自国内外的134家展商、60余位国际嘉宾参会。同时还举办了第八届太湖奖设计大赛及多场主题论坛活动。 （吴 珂）

50.《知识产权行政保护典型案例(2014—2018)》出版发行

为展示《国家知识产权战略纲要》实施以来我国知识产权保护工作取得的成绩，普及相关法律知识，营造严格保护知识产权的良好氛围，国家知识产权局知识产权保护司组织编写了《知识产权行政保护典型案例(2014—2018)》一书，在6月5日公开出版。

据了解，《知识产权行政保护典型案例(2014—2018)》一书收录了2014年至2018年发布的专利、商标行政保护典型案例各50件，共计100件。这些案例经过地方推荐、网络投票、专家评审等环节，每个案例均有事实、有分析、有法律适用和处理结果等内容，实用性和知识性较强。其中，专利典型案例包含发明、实用新型、外观设计三种专利类型，涵盖信息技术、芯片、药品、食品、环保等重点领域以及电商、展会等内容；商标典型案例包括文字、图形等传统商标和立体、颜色组合等新型商标，涉及农村食品、日用品、燃油等重点整治领域和地理标志商标、涉外商标、老字号注册商标等内容。这些案例体现了知识产权行政保护快速、便捷、高效的特点与优势，展示了我国对国内外各类市场主体合法权益一视同仁、平等保护，全方位、多角度呈现了我国在严格知识产权保护、积极营造良好创新与营商环境等方面取得的显著成效。

此书的出版发行，不仅有助于执法保护部门加深对知识产权保护的理解，更好地开展知识产权行政保护工作，而且可以使社会大众对商标、专利执法保护工作有更直观的了解，同时对于学界业界研究专利法、商标法有所裨益。 （综 合）

51. 国务院新闻办公室发布《关于中美经贸磋商的中方立场》白皮书

国务院新闻办公室6月2日发布的《关于中美经贸磋商的中方立场》白皮书指出，历史和事实充分证明，中国在科技创新方面取得的成就不是偷来的，不是抢来的，而是通过自力更生、艰苦奋斗得来的，指责中国发展靠“盗窃”知识产权，完全是无中生有、极其荒谬。

白皮书指出，美国无视中国多年来在加强知识产权保护、改善外资营商环境等方面的不懈努力和取得的巨大成绩，对中国作出诸多不客观的负面评价，采取加征关税、限制投资等经贸限制措施，挑起中美经贸摩擦。

白皮书指出，中国高度重视知识产权

保护，已建立起符合国际通行规则和适应中国国情的知识产权法律体系；重视发挥知识产权司法保护的主导作用，取得显著成效。中国民众和企业知识产权保护意识显著提高，对外支付知识产权使用费大幅提升，知识产权申请和登记量快速增长。中国的知识产权保护成效获国际广泛认可。（新华社）

52. 国家知识产权局开展知识产权侵权纠纷检验鉴定相关试点工作

6 月 3 日，从国家知识产权局知识产权保护司获悉，国家知识产权局将在全国部分地区开展知识产权侵权纠纷检验鉴定相关试点工作（以下简称试点工作）。制定商标、专利执法的检验、鉴定和其他相关标准是新一轮机构改革赋予国家知识产权局的新职能。5 月 27 日，国家知识产权局办公室印发《关于开展知识产权侵权纠纷检验鉴定技术支撑体系建设试点工作的通知》（以下简称《通知》），对试点工作进行具体部署。《通知》明确了探索工作体系、制定工作规范、建设工作队伍、形成可复制推广的工作模式等试点工作目标；提出探索跨部门跨区域协作机制，明确检验鉴定业务内容和机构人员资质条件，加强信息化工作支撑等试点工作任务。《通知》要求，各试点地区要立足实际并充分依托已有工作基础，在开展试点工作时坚持依法行政，鼓励社会力量参与；做好专业支撑，加强资源统筹、综合施策；加强探索创新，探索认证认可、公益服务等多种工作模式。下一步，国家知识产权局知识产权保护司将负责指导试点地方开展工作，推进全国知识产权侵权纠纷检验鉴定技术支撑体系建设，进一步加强对知识产权行政执法工作的规范和指导。（韩 瑞 李 伟）

53. “2019 中韩版权研讨会”聚焦数字环境下交流与合作

6 月 4 日，以“数字环境下中韩版权交流与合作”为主题的“2019 中韩版权研讨会”在四川成都举行。会议由中国国家版权局和韩国文化体育观光部联合主办。

中宣部版权管理局局长于慈珂说，数字技术为版权保护和发展带来一系列新挑战，需要推动建立更加平衡有效的国际版权保护体系。目前，中国正在实施创新驱动发展战略和知识产权强国战略，在依法促进版权创造、运用、保护、管理和服务等方面开展了大量富有成效的工作；韩国也一直重视版权立法，尤其在网络版权立法、保护领域有着丰富的实践经验。此次研讨会，中韩两国政府和业界同仁分享在数字环境下版权保护的新举措、新成果、新经验，从而相互学习、共谋发展、合作共赢。

韩国文化体育观光部著作权局负责人说，近年来，随着现代技术的迅猛发展，内容的生产、流通、消费环境也发生巨大变化。在这样的大背景下，中韩两国有必要审视目前面临的版权问题、法律制度发生的变化，以及双方在产业领域可以开展的合作等。中韩两国自 2006 年签署版权领域交流合作协议以来，每年举办研讨会，两国政府、产业界、学术界共同探讨携手发展的方案，相信未来两国版权产业将进一步向纵深发展。

研讨会上，来自中韩两国企业、高校的嘉宾介绍了两国数字环境下版权保护的政策与实践，并就各自的实践案例进行了交流。

会议期间，中韩双方还进行了“2019 中韩版权政府间会谈”，在政府层面交换版权立法、执法及产业发展最新进展，并签署了《〈中华人民共和国国家版权局与大韩民国文化体育观光部交流合作协议〉补充协议》，并赴成都国际版权交易中心、咪咕音乐有限公司调研。（汤广花）

54.《中华人民共和国人类遗传资源管理条例》7 月起施行

作为我国知识产权保护工作的重要对象之一，遗传资源的管理问题近年来备受社会各界关注。6月10日，《中华人民共和国人类遗传资源管理条例》（以下简称《条例》）正式公布，自2019年7月1日起施行。《条例》对人类遗传资源的利用和对外提供相关事宜进行了明确规定。根据《条例》，利用我国人类遗传资源开展国际合作科学研究，产生的成果申请专利的，应当由合作双方共同提出申请，专利权归合作双方共有。

据介绍，《条例》在1998年制定的《人类遗传资源管理暂行办法》施行经验基础上，从加大保护力度、促进合理利用、加强规范、优化服务监管等方面对我国人类遗传资源管理作出规定。（新华社）

55. 第十二次知识产权五局合作局长系列会议在韩国召开

当地时间6月12日至13日，第十二次知识产权五局合作局长系列会议在韩国仁川召开。会议由韩国特许厅厅长朴原住主持，中国国家知识产权局局长申长雨、欧洲专利局局长安东尼奥·坎普诺斯、日本特许厅长官宗像直子、美国专利商标局局长安德烈·扬库率团出席会议。世界知识产权组织总干事弗朗西斯·高锐以观察员身份列席会议。会上，五局局长首先围绕新兴技术/人工智能的影响和准备、五局合作未来发展这两个战略性议题展开深入讨论。申长雨在发言中指出，在用户对质量效率和新兴技术双重需求的共同驱动下，五局合作当前面临前所未有的新形势。一方面，要继续加强以提升质量和效率为目标的长期合作举措，优化完善已有服务；另一方面，要不断满足用户在新兴技术领域日益增长的迫切需求。为了应对双重挑战，五局应从优化合作机制和平衡资源分配、增强与用户的交流和互动等方面探索解决途径。他强调，五局未来合作的重点应放在加强新兴技术合作、调整完善合作机制以及拓展信息交流三个方面。应保持开放和积极的合作态度，根据新形势不断调整合作内容、机制和形式，形成满足用户多元化需求的合作成果，更好地促进相关国家和地区的知识产权保护，推动技术进步和社会发展。（王 华）

56.《2019年深入实施国家知识产权战略加快建设知识产权强国推进计划》印发

6月17日，国务院知识产权战略实施工作部际联席会议办公室印发《2019年深入实施国家知识产权战略 加快建设知识产权强国推进计划》（以下简称《推进计划》），明确2019年推进国家知识产权战略实施的6大重点任务、106项具体措施。

联席会议办公室此前印发了《2019年地方知识产权战略实施暨强国建设工作要点》，与《推进计划》共同对全国知识产权战略实施工作作出总体部署，有力支撑了知识产权强国建设。（杨 柳）

57. 国家知识产权局调整商标注册收费标准

6月19日，国家知识产权局发布关于调整商标注册收费标准的公告，宣布自2019年7月1日起降低部分商标注册收费。

据悉，根据《国家发展改革委、财政部关于降低部分行政事业性收费标准的通知》，国家知识产权局商标局将受理商标续展注册费由1000元降至500元，变更费收费标准由250元降为150元（提交网上申请并接受电子发文的商标变更业务免收变更费）。对于提交网上申请并接受电子发文的其他商标业务，包括受理商标注册费、补发商标注册证费、受理转让注册商标费、受理商标续展注册费、受理续展注册迟延费、受理商标评审费、出具商标证明费、受理集体商标注册费、受理证明商标注册费、商标异议费、撤销商标费、商标使用许可合同备案费，按现行标准的90%收费。

（国家知识产权局商标局）

58. 成都高新区将建设国家知识产权新经济示范园区

6 月 21 日，从国家知识产权局获悉，国家知识产权局已同意四川省成都高新区开展知识产权新经济示范园区建设工作。据悉，成都高新区将以国家知识产权示范园区为载体开展知识产权新经济示范园区建设工作，坚持新发展理念，打通知识产权创造、保护、运用、管理和服务全链条，发挥知识产权制度对激励创新的基本保障作用，进一步突出知识产权与新经济融合发展，打造知识产权要素鲜明、创新资源富集、新经济生态链健全、新经济产业发展迅速的知识产权新经济示范园区。（崔静思）

59. 地方商标受理窗口告别纸质时代

为继续深化商标注册便利化改革，使申请人充分享受改革红利，根据国家知识产权局统一部署，京外商标审查协作中心和地方商标受理窗口于 2019 年 6 月 21 日前全部完成纸质件申请向网上申请的转换，全面采用网上申请系统受理商标业务，不再接收纸质版申请书。

申请人今后如需办理商标业务，有两种方式可供选择：一是在国家知识产权局官网上的“网上申请”栏目注册新用户，通过商标网上服务系统直接提交各项商标业务的办理申请；二是携带相关证件原件及扫描件、商标电子图样等，前往国家知识产权局在全国 31 个省、自治区、直辖市的市场监督管理部门、知识产权部门批准设立的 175 个商标受理窗口进行办理，地方商标受理窗口可为申请人提供计算机并指导申请人进行自助填报。

据悉，申请人可在京外商标审查协作中心和地方商标受理窗口办理商标注册申请等 23 项网上申请业务，并接受电子发文。申请人通过商标网上服务系统提交的申请产生商标文件，国家知识产权局商标局将商标文件上传至商标网上服务系统，申请人登录商标网上服务系统查看和下载商标文件。除商标注册证外，国家知识产权局商标局不再以纸质方式送达上述文件。

申请人提交申请时，填写手机号码和电子邮箱地址，商标网上服务系统将通过手机短信和电子邮件方式提示申请人。电子邮件中载有发文链接，申请人可通过链接自行查看、下载和回复商标文件，也可到窗口查看、下载和回复。为保障申请人及时接收送达提示信息，申请人应确保所提供的手机号码和电子邮箱可以正常接收信息。发生变更的，申请人应及时到窗口修改相关信息。（王国浩）

60. 国家知识产权局张阿玲同志获评全国“人民满意的公务员”

6 月 25 日，第九届全国“人民满意的公务员”和“人民满意的公务员集体”表彰大会在北京举行。大会表彰了 192 名“人民满意的公务员”和 98 个“人民满意的公务员集体”。国家知识产权局专利局人事教育部张阿玲获评第九届全国“人民满意的公务员”。这是国家知识产权局首位获此殊荣的个人。

第九届全国“人民满意的公务员”和“人民满意的公务员集体”评选表彰活动由中共中央组织部、中央宣传部组织，是加强党对公务员工作集中统一领导、推动建设高素质专业化公务员队伍的重要举措，旨在表彰先进、弘扬正气，展示公务员对人民负责、为人民服务、让人民满意的时代风采和公仆本色，激励广大公务员新时代新担当新作为，建设忠诚干净担当的高素质专业化公务员队伍。（孙　迪）

61. 国务院常务会议部署支持扩大知识产权质押融资

国务院总理李克强 6 月 26 日主持召开国务院常务会议，部署支持扩大知识产权质押融资和制造业信贷投放，促进创新和实体经济发展。为支持创新发展、强化知识产权保护利用、促进扩大就业，会议要求，支持扩大知识产权质押融资，以拓宽企业特别是民营小微企业、“双创”企业获得贷款渠道，推动缓解融资难。引导银行对知识产权质押贷款单列信贷计划和专项考核激励，不良率高于各项贷款不良率3个百分点以内的，可不作为监管和考核扣分因素；探索打包组合质押，拓宽质押物范围和处置途径。会议同时要求，要调整优化贷款结构，引导加大制造业、服务业信贷投放。鼓励大型银行完善贷款考核机制、设置专项奖励，确保2019年制造业全部贷款、中长期贷款和信用贷款的余额均明显高于2018年。（新华社）

62.《2018年中国知识产权发展状况评价报告》显示，我国知识产权运用加快发展

6月26日，由国家知识产权局知识产权发展研究中心发布的《2018年中国知识产权发展状况评价报告》（以下简称《报告》）显示，2018年，中国知识产权综合发展指数达257.4分（2010年为100分），较上年提升17.9%。中国知识产权运用加快发展，知识产权综合发展水平全面提升，国际排名提升显著，知识产权全链条工作取得明显进展。《报告》显示，2018年，我国知识产权运用指数达到234.8分，比上年提高28.5%，在2010年100分的基础上提升134.8分。江苏、广东运用规模指数超过80分，同时50分以下地区的数量与2017年度相比进一步减少，显示地区间知识产权运用差距在缩小，绝大多数省份集中在中间区位。2018年全国各地区知识产权运用效益普遍提升，排位靠前的地区提升效果更为明显。（滕泽楠　雷　怡）

63. 我国马德里注册电子通讯再传喜讯

6月28日，从国家知识产权局商标局获悉，我国自主研发的马德里商标国际注册后续业务电子发文系统上线一个月来数据传送稳定，已向世界知识产权组织成功发送文件124件。该系统是继马德里商标国际注册网上申请系统2018年6月21日上线后，我国马德里注册电子通信取得的又一重要进展。下一步，国家知识产权局将以习近平新时代中国特色社会主义思想为指引，以“更大力度加强知识产权保护国际合作”为根本遵循和行动指南，深化商标领域国际交流与合作，继续推广马德里商标国际注册体系，以开展“商标审查质量提升年”行动为契机，进一步提升马德里商标国际注册的审查质量和效率，继续缩短审查周期，积极服务国家对外开放和经济社会发展。（杨　柳）

64. 李克强在夏季达沃斯论坛开幕式致辞中指出，我国将更大力度保护知识产权

国务院总理李克强7月2日上午在大连出席2019年夏季达沃斯论坛开幕式并发表特别致辞。李克强表示，改革开放40多年来，中国积极融入全球分工体系和产业链、创新链、价值链，全面履行开放承诺。面向未来，中国将坚定不移推动全方位对外开放，致力于发展更高水平的开放型经济。我们将深化制造业开放，深化金融等现代服务业开放，稳步推进汇率形成机制改革和资本项目可兑换，进一步自主降低关税总水平，完善对外开放法律法规体系，更大力度保护知识产权。中国对外商投资的开放度、透明度、可预期性会越来越高，整体投资环境会越来越好。（新华社）

65. 第十一届中国国际商标品牌节在银川举行

7月6日至8日，第十一届中国国际商标品牌节在银川市举行。国家知识产权局局长申长雨、宁夏回族自治区人民政府副主席王和山出席开幕式并致辞。

申长雨表示，中国经济已由高速增长阶段转向高质量发展阶段，人们对美好生活充满了更高期待，生活讲品质，消费重品牌。此届国际商标品牌节的主题是“加强

商标品牌保护 共建创新发展之路”，契合当今发展的现实需要。加大知识产权保护力度，大力发展品牌经济，支撑创新驱动发展，对建设现代化经济体系、推动经济高质量发展、扩大对外开放具有重要的现实意义。

申长雨从四个方面介绍了国家知识产权局贯彻落实习近平总书记关于知识产权工作的重要指示精神和党中央、国务院决策部署，以及推动商标品牌建设、支撑经济高质量发展的政策措施。一是持续推进商标注册便利化改革。深入实施商标注册便利化改革三年攻坚计划，加快建设新一代智能审查系统，简化商标事务办理手续和流程，2019 年上半年商标注册平均审查周期已缩短至 5 个月以内。加大对商标恶意抢注和囤积行为的打击力度，使商标功能回归初心和本源。二是引导企业更加注重商标品牌培育。打造更多立得住、叫得响、具有广泛认可度的商标品牌，助推品牌经济发展。深入开展商标品牌富农工作，运用农产品商标和地理标志商标实施精准扶贫，壮大地方特色经济。三是不断加大商标品牌保护力度。推动健全商标侵权惩罚性赔偿制度，大幅提高侵权违法成本。与有关部门联合开展知识产权执法专项行动，集中力量查处商标侵权假冒违法行为。四是积极推动商标品牌国际合作，为实现商标品牌国际化发展、打造全球知名品牌创造更好的国际营商环境。（李 倩）

66. 李克强主持召开国务院常务会议，部署进一步加强知识产权保护工作

国务院总理李克强 7 月 17 日主持召开国务院常务会议，确定支持平台经济健康发展的措施，壮大优结构、促升级、增就业的新动能；部署进一步加强知识产权保护工作，切实保护各类市场主体合法权益。会议指出，按照党中央、国务院部署，进一步加强知识产权保护，是完善产权保护制度的重要内容，有利于优化营商环境、促进科技创新、深化国际合作。近年来，各地区和有关部门完善法规政策体系，加大行政执法和司法保护力度，知识产权保护工作取得积极成效。下一步，一要持续加强知识产权执法，一视同仁保护各类市场主体合法权益。加快制定完善专利、商标、版权侵权假冒判断、检验鉴定等相关标准。突出重点强化整治，深化打击侵犯知识产权违法行为专项行动，重罚严惩各类侵权违法行为。推动知识产权快速协同保护。加强知识产权保护国际合作，便利企业海外获权维权。二要积极推进专利法、著作权法修改进程，推进商标法新一轮全面修改和专利法实施细则、植物新品种保护条例修订，大幅提高违法成本。三要继续提升知识产权审查质量和效率。加快专利审查、商标注册智能化系统建设，确保 2019 年年底前实现将高价值专利审查周期压至 17.5 个月、商标注册平均审查周期压至 5 个月以内的目标，同时提高知识产权授权注册质量，促进增加高价值和核心领域专利。（新华社）

67. 国内首例涉及“微信表情”和“微信红包”著作权纠纷案宣判

因认为“吹牛”软件使用了与微信相似的红包界面和聊天表情，腾讯科技公司和腾讯计算机公司将“吹牛”软件的开发运营方青曙公司告上法庭。7 月 19 日，北京互联网法院公开宣判腾讯科技公司、腾讯计算机公司诉青曙公司侵害著作权、不正当竞争纠纷两案。

“微信表情”案一审认定涉案微信表情生动、形象、富有趣味，体现出一定的个性化选择和独创性表达，具有审美意义，构成美术作品，腾讯科技公司对其享有著作权，腾讯计算机公司依据相应授权，对涉案“微信表情”亦享有著作权。判决被告构成侵害信息网络传播权，赔偿原告经济损失 30 万元及合理开支 1 万余元。

“微信红包”案一审认定：涉案“微信红

包聊天气泡和开启页”具有独创性，构成美术作品；“微信红包”相关页面构成有一定影响的装潢。认定被告侵害了二原告的信息网络传播权，判令停止侵权并赔偿原告经济损失10万元；认定被告实施了不正当竞争行为，判令停止不正当竞争行为并赔偿腾讯计算机公司经济损失40万元；此外，被告还被判赔偿原告合理开支9万余元。

这是国内首例涉及“微信表情”和“微信红包”著作权纠纷系列案件。（赵新乐）

68. 习近平主持召开中央全面深化改革委员会第九次会议，强调改革完善知识产权保护工作体系

7月24日下午，中共中央总书记、国家主席、中央军委主席、中央全面深化改革委员会主任习近平主持召开中央全面深化改革委员会第九次会议并发表重要讲话。会议审议通过了《关于强化知识产权保护的意见》。会议强调，要着眼于统筹推进知识产权保护，从审查授权、行政执法、司法保护、仲裁调解、行业自律等环节，改革完善保护工作体系，综合运用法律、行政、经济、技术、社会治理手段强化保护，促进保护能力和水平整体提升。（新华社）

69. 2019年全球创新指数：中国排名再创新高

7月24日，世界知识产权组织（WIPO）在印度新德里发布2019年全球创新指数（GII）。中国连续第四年保持上升势头，排在第14位，较2018年上升3个位次，在领先的创新国家中稳稳占据一席之地。中国是中等收入经济体中唯一进入前30名的国家，并在多个领域体现出明显的创新实力，在本国人专利数量、本国人工业品外观设计数量、本国人商标数量以及高技术出口净额和创意产品出口等指标方面位居榜单前列。WIPO总干事弗朗西斯·高锐在日内瓦接受采访时表示，多年来中国一直将创新纳入经济发展战略和方向，并在过去40年里建立了“一流的知识产权基础体系”。高锐说，过去几年来，中国的创新指数排名迅速攀升，表现很突出，这其中的原因在于中国非常重视和强调创新驱动经济发展和转型，从工厂向实验室的转型以及发展更多知识密集型的高级产业，并取得了卓著成效。（柳　鹏）

70. 2019年上半年中国在“一带一路”沿线国家专利申请稳中有增

据统计，2019年上半年，中国在“一带一路”沿线国家专利申请公开量平稳增加，专利授权质量保持高水平，涉及的技术领域和国民经济行业结构不断优化；“一带一路”沿线国家在华专利申请与授权量实现“双增长”。2019年上半年，中国在“一带一路”沿线国家专利申请公开3125件，较2018年同期增加13件，授权专利1558件。从体现专利重要程度的指标看，授权专利的平均权利要求项数为14.8项，同族数量平均为12个，充分显示了中国在沿线国家的授权专利质量保持在较高水平，中国企业海外专利布局质量驱动的意识不断增强。上半年中国在“一带一路”沿线国家专利申请涉及的前十产业中，计算机、通信和其他电子设备制造业是专利申请公开涉及最多的产业，仪器仪表制造业、化学原料和化学制品制造业、软件和信息技术服务业、通用设备制造业居第二位至第五位。所列前十产业中，除“金属制品、机械和设备修理业”“机动车、电子产品和日用产品修理业”外，其余产业均属于知识产权（专利）密集型产业，涉及这些产业的专利申请有力促进了中国对“一带一路”沿线国家出口的提质增量。（李　倩　蔡中华）

71. 全国专利代理监管实现在线举报投诉

8月9日，为深入落实“不忘初心、牢记使命”主题教育要求，推进“蓝天”专项行动集中整治工作，国家知识产权局开发的专

利代理管理系统新增举报投诉模块，可支持注册用户对专利代理违法违规行为进行在线举报和投诉。国家知识产权局知识产权运用促进司相关负责人介绍，这一投诉举报通道具有案件接收、转送、办理、案件办理监管和案件信息报送等功能，该通道建立了覆盖全国的举报投诉渠道，对于提升举报投诉处理效率、加强专利代理行业监管具有重要意义。

根据相关规定，任何单位或者个人认为专利代理机构、专利代理师的执业活动违反专利代理管理有关法律、行政法规、部门规章规定，或者认为存在擅自开展专利代理业务情形的，可以向各地专利工作管理部门投诉和举报，相关部门收到投诉和举报后，应当依据有关规定进行调查处理。

（刘　仁）

72. 国家知识产权局首次组织召开地理标志产品申请技术审查会

8月，国家知识产权局组织召开地理标志产品申请技术审查会，对包括溆浦瑶茶、汨罗粽子、汤阴北艾、连江海带、忻城糯玉米在内的5个地理标志产品申请进行技术审查。

党中央、国务院对地理标志工作高度重视，在新一轮机构改革中明确要求国家知识产权局负责地理标志产品的统一保护和管理。机构改革后，国家知识产权局积极推进相关工作，已发布专用标志使用公告4期、受理公告1期，核准227家企业使用地理标志专用标志，组织重点领域专项保护行动2次，并积极筹建地理标志标准化分技术委员会。

审查会上，由知识产权、法律、标准化以及产品所属行业等领域专家组成的专家组依次听取了5个产品申请人的汇报介绍，围绕产品知名度、特色质量、与产地地理或人文的关联性、保护要求等内容进行了充分质询、细致审查和认真讨论，并形成审查意见。

据悉，此次技术审查会是国家知识产权局组织召开的首次地理标志产品申请技术审查会。为确保审查结果客观、公正、准确，国家知识产权局严格按照《地理标志产品保护规定》和《地理标志产品保护工作细则》有关规定，设计审查程序、遴选审查专家、组织审查工作。下一步，国家知识产权局将继续按照党中央、国务院部署要求，大力推进地理标志统一认定管理，全面统筹地理标志保护工作，大力开展地理标志人才培养和文化建设，更好发挥地理标志在传承传统文化、推动特色产业发展、塑造特色品牌、促进农民增收等方面的积极作用。

（包　户）

73. 中国—东盟版权贸易服务网在北京正式上线

8月22日，由广西出版传媒集团策划组织、广西科学技术出版社与漓江出版社共同建设的中国—东盟版权贸易服务网在第26届北京国际图书博览会上正式上线。

作为广西出版传媒集团推动出版“走出去”的重大项目和重要抓手，中国—东盟版权贸易服务网是中国—东盟版权贸易服务平台项目的核心组成部分，网站立足广西、服务全国、对接东盟，依托广西建设面向东盟国际大通道的定位，充分发挥广西出版文化品牌的影响力，为讲好中国故事，促进中国东盟文化交流提供内容支撑。中国—东盟版权贸易服务网建设利用云计算、机器翻译、跨语言搜索引擎等技术，为国内外著作权所有人、版权代理商、出版商等，提供图书版权信息跨语言展示、跨语言在线即时交流、图书版权贸易等一站式服务，成为集版权评估、版权展示、在线交易、版权维护、线下服务与文化交流为一体的版权贸易的“桥梁”，为文化“走出去”和引进来提供内容与服务支撑，对促进中国与东盟国家版权贸易与文化交流具有积极而重要的意义。网站已有中国与东

盟国家近百家出版机构上千种版权图书上线展示宣传。（袁舒婕）

74. 地理标志产品专用标志使用核准改革试点有序开展

8月23日，《国家知识产权局办公室开展地理标志产品专用标志使用核准改革试点的通知》发布，要求试点地区立足实际并充分依托已有工作基础，探索建立地理标志产品专用标志使用核准工作体系，制定地理标志产品专用标志使用核准工作规范，加强对地理标志产品专用标志使用的监督管理，形成可复制、可推广的工作模式，为地理标志保护工作提供有效支撑。

（李　铎）

75.《地理标志运用促进工程实施方案》印发

8月27日，《国家知识产权局办公室关于印发〈地理标志运用促进工程实施方案〉并组织推荐2019年项目申报的通知》(以下简称《通知》)发布，《地理标志运用促进工程实施方案》(以下简称《方案》)印发。《通知》指出，要充分认识实施地理标志运用促进工程的重要意义，认真抓好地理标志运用促进工程的组织实施工作，加强对地理标志运用促进工作的组织领导。

根据《方案》，地理标志运用促进工程规划了五大重点任务。一是健全地理标志运用促进工作体系，加强地理标志运用促进工作宏观统筹，加大地理标志运用促进政策扶持力度，推进地理标志运用促进工作多方参与。二是深化地理标志产业经济融合发展，开展区域地理标志优势产业培育，完善地理标志产业化带农惠农机制，推动地理标志特色产业融合发展。三是全面提升地理标志品牌价值，开展地理标志品牌提升工作试点，发挥不同市场主体在地理标志品牌培育中的作用，提升地理标志品牌影响力。四是深入推进地理标志助力精准扶贫，加强贫困地区地理标志业务指导，推广地理标志助力精准扶贫经验模式，开展地理标志助力精准扶贫宣讲交流。五是大力加强地理标志运用促进能力建设，实施地理标志专业服务提升计划，推动地理标志产品流通和展示推介，进一步扩大地理标志社会认知。（李　铎）

76. 第十届中国知识产权年会在杭州开幕

9月2日，第十届中国知识产权年会在杭州开幕。国家知识产权局局长申长雨，浙江省委常委、杭州市委书记周江勇，浙江省副省长朱从玖出席开幕式并致辞，世界知识产权组织总干事弗朗西斯·高锐发来视频致辞。此届年会涵盖专利、商标、地理标志等多种知识产权，以及运营、服务、维权、立法、司法等多个方面的内容。来自世界知识产权组织等国际和地区组织，东盟秘书处和东盟各国知识产权主管机构，我国政府相关部门，国内外知识产权服务机构、高校、科研院所、企业的代表围绕人工智能与知识产权、商标管理策略与品牌价值实现、经济全球化下的知识产权运营生态链、知识产权法制与法务实践新变革、知识产权支撑区域经济一体化发展和知识产权公共服务等议题展开深入讨论，为新时代知识产权事业发展提供新思路、新举措。（孙　迪）

77. 国家市场监督管理总局公布《关于规范商标申请注册行为的若干规定(征求意见稿)》

为贯彻落实修订后的商标法，规范商标申请注册行为，规制恶意商标申请，维护商标注册管理秩序，8月30日至9月8日，国家市场监督管理总局就《关于规范商标申请注册行为的若干规定(征求意见稿)》向社会公众公开征求意见。

该征求意见稿共有17条，重申了商标法确立的诚信原则和以使用意愿为前提申请商标注册的导向，规定了不以使用为目的的恶意商标注册申请的行为类型及法律后果，明确了商标注册部门在判断不以使用为目的的恶意商标注册申请时的考量因素，提出了规制不以使用为目的的恶意商标注册申请行为的具体措施。

征求意见期间，国家市场监督管理总局共收到社会公众反馈的原始意见 114 条，去除内容重复的、与规定无关的、明显与法律规定不符的意见等，共形成有效意见建议 35 条，主要集中在对违反《商标法》第 4 条情形的审查程序和认定时的考量因素、防御性商标的申请注册、增加对商标转让的限制因素、加重对恶意申请商标注册行为的处罚力度等。国家市场监督管理总局对意见建议进行了认真研究，采纳了部分合理意见建议，如对判断商标注册申请是否违反《商标法》第 4 条的综合考量因素进行修改完善等。（王国浩）

78. 2019 年海峡两岸版权保护论坛在吉林长春举办

9 月 5 日，由中国版权协会和“台湾著作权保护协会”主办的 2019 年海峡两岸版权保护论坛在吉林长春举办，两岸版权从业者就“数字环境下该如何进行版权开发与保护”这一主题分享经验、共商对策。

中国版权协会理事长阎晓宏在致辞中表示，加强包括著作权在内的海峡两岸知识产权保护方面的交流与合作，是《海峡两岸经济合作框架协议》的重要内容，该协议签订近 10 年来，双方紧紧围绕两岸关注的版权问题，深度开展研讨与交流，取得了丰硕成果。

“台湾著作权保护协会”创会理事长廖治德表示，相信在两岸版权人的共同努力下，一定可以应对网络环境以及 5G 环境的挑战。

中国版权协会常务理事赵秀玲介绍，2018 年中国网络版权产业规模达 7423 亿元，同比增长 16.6%。面对数字环境下的新挑战，大陆在依法促进版权创造、运用、保护、管理和服务等方面开展了大量富有成效的工作，包括修订完善现行《著作权法》、持续开展“剑网”行动，以及以版权示范创建为抓手，推动版权产业发展等。

论坛上，“台湾著作权保护协会”委员张俊宏和庄明雄在介绍如何有效打击侵权盗版网站以及非法机顶盒经营者时，都提到了“断金流”的概念，即切断经营者的收益来源。（隋明照）

79. 国家知识产权局商标局商标评审庭首次开展商标巡回评审

9 月 19 日，国家知识产权局商标局商标评审庭走进上海商标审查协作中心，对“沪江”“沪江网校”“沪江英语”及“上海故事”商标无效宣告请求案进行口头审理。这是自 2017 年开启商标评审案件“口审模式”以来，首次在京外进行商标评审案件口头审理，也是开展商标评审案件巡回评审试点工作的首次尝试。

据悉，此次巡回评审委托上海商标审查协作中心承办，由商标评审部门派员组成两个合议组，分别评审上述 4 件上海地区当事人申请口头审理的案件。开展巡回评审以便民利民为目标，充分发挥地方商标审查协作中心的区域优势，运用口头审理与书面审理相结合的方式，起到查明事实、定分止争的作用，节省当事人的维权成本，激发市场主体创新创业活力，增强社会公众的知识产权法律意识和知识产权保护能力，营造良好营商环境。未来国家知识产权局商标局将择机在其他地区有选择地开展商标巡回评审，并将其作为一项长效机制来推广。（杨林平　王国浩）

80. 国家知识产权局开展地理标志保护资源普查工作

9 月，《国家知识产权局办公室关于开展地理标志保护资源普查的通知》（以下简称《通知》）印发。《通知》指出，为全面加强地理标志保护，准确掌握我国地理标志保护资源信息，决定在全国范围内开展地理标志保护资源普查。

《通知》强调，此次开展地理标志保护

资源普查的目的在于，准确核实已获批准保护的地理标志产品和作为集体商标和证明商标注册的地理标志相关数据，全面掌握地理标志数量、结构和分布状况，了解市场主体使用地理标志专用标志情况，为实现地理标志严格保护和统一管理提供统计信息支撑。《通知》指出，此次普查内容是截至 2019 年 8 月底所有已获批准保护的地理标志产品数据、地理标志专用标志使用企业数据和作为集体商标和证明商标注册的地理标志数据以及农产品地理标志数据资源。

《通知》要求，各地方知识产权局（知识产权管理机构）负责组织开展本地区的普查实施工作，按照要求登录国家知识产权局地理标志保护数据管理系统进行填报与核查，并于 10 月 31 日前报送国家知识产权局知识产权保护司。各地要高度重视本次地理标志资源普查工作，确保全面普查和准确上报。（李　铎）

81. 中欧数字环境下版权保护研讨会举行

9 月 24 日至 25 日，由中国国家版权局与欧盟委员会 IP Key 中国项目联合主办的中欧数字环境下版权保护研讨会在上海举行。来自中欧版权界的嘉宾就数字环境下中欧版权保护最新进展及国际版权热点焦点等议题进行了充分交流与沟通，分享了在新一轮科技革命背景下开展版权保护的新举措、新成果和新经验。

中央宣传部版权管理局局长于慈珂表示，数字技术为版权保护和发展带来一系列新挑战，需要推动建立更加平衡有效的国际版权保护体系。目前，中国正在实施创新驱动发展战略和知识产权强国战略。据统计，2017 年中国版权产业的行业增加值超过 6 万亿元人民币，占全国 GDP 的 7.35%；2018 年中国网络版权产业规模达 7423 亿元人民币，同比增长 16.6%。这表明中国推进版权保护和发展的态度一直是明确和坚定的，在不断适应新技术条件，解决数字环境带来的新型版权问题后，网络版权产业将会有更快更好的发展。

欧洲联盟驻华代表团知识产权参赞何林豪表示，近年来，随着现代技术的迅猛发展，内容的生产、流通、消费环境也发生着巨大变化。在此背景下，中欧需要加强协作，用新的方式特别是采用一些数字化的方式进行版权保护。（王玉颖）

82. 新的地理标志专用标志官方标志发布

10 月 16 日，国家知识产权局发布地理标志专用标志官方标志。根据商标法、专利法等有关规定，国家知识产权局对地理标志专用标志予以登记备案，并纳入官方标志保护。原相关地理标志产品专用标志同时废止，原标志使用过渡期至 2020 年 12 月 31 日。此次发布的地理标志统一专用标志，设计理念遵循权威性、代表性、适配性和可识别性原则。地理标志专用标志是官方标志，体现庄严、权威的设计特点。设计选用的是最具代表性的自然地理和人文历史符号，以长城及山峦剪影为前景，以稻穗象征丰收，代表着中国地理标志卓越品质与可靠性。选用透明镂空的设计，增强了标志在不同产品包装背景下的融合度与适应性，便于企业在不同类型产品和各类包装中进行设计使用。以经纬线地球为基底，中文为“中华人民共和国地理标志”，英文为“GEOGRAPHICAL INDICATION OF P. R. CHINA”，“GI”为“Geographical Indication”缩写，国际通用，确保不同语言、文化背景的多层次消费群体直观可读。（李　铎）

83. 国家知识产权局印发《专利领域严重失信联合惩戒对象名单管理办法（试行）》

10 月 17 日，国家知识产权局印发《专利领域严重失信联合惩戒对象名单管理办法（试行）》（以下简称《名单管理办法》），对专利领域严重失信联合惩戒对象名单管理工作予以规范，该办法于 12 月 1 日起试行。

据悉，出台《名单管理办法》是国家知识产权局深入贯彻落实党中央、国务院有关更大力度保护知识产权、营造良好营商环境的重要举措，是对国家发展和改革委员会、中国人民银行、国家知识产权局等 38 个部门和单位联合签署的《关于对知识产权（专利）领域严重失信主体开展联合惩戒的合作备忘录》的具体落实。《名单管理办法》分为总则、行为认定、列入名单、联合惩戒、移出名单、信用修复以及附则等 5 章 27 条。《名单管理办法》规定，专利领域严重失信联合惩戒对象名单管理实行"谁列入、谁负责"原则，坚持依法依规、客观公正、公开透明、动态管理。《名单管理办法》进一步明确了联合惩戒的对象、被纳入联合惩戒的 6 种严重失信行为及认定标准。《名单管理办法》对将严重失信联合惩戒对象列入名单、实施联合惩戒以及移出名单的全过程规定了可操作的具体步骤和明确的期限要求。此外，《名单管理办法》专门用 1 章共 3 条对信用修复的程序作出具体规定，明确申请信用修复的条件、申请部门、应提交的申请材料以及不予修复的情形等，鼓励被列入联合惩戒对象名单的主体积极主动纠正失信行为、消除不良社会影响，通过信用修复提早退出名单。

（范　文）

84.《规范商标申请注册行为若干规定》于 12 月 1 日起施行

10 月 17 日，国家市场监督管理总局召开以"放宽市场准入、优化营商环境"为主题的新闻发布会。会上宣布，《规范商标申请注册行为若干规定》已经以国家市场监督管理总局第 17 号令形式发布，自 2019 年 12 月 1 日起施行。

据了解，《规范商标申请注册行为若干规定》共有 19 条，从四个方面对商标申请注册行为进行规范。一是将散见于商标法多个条款，以及在工作实践中梳理总结的对违背诚实信用原则的商标申请注册行为作出集中规定，对商标代理机构提供代理服务予以明确规范。坚持全流程监管，明确在商标审查审理的各个流程、各个环节中依法打击恶意商标申请注册行为。二是列举对恶意申请商标注册进行审查时的考虑因素，增强审查商标注册行为的操作性和透明度。三是严厉惩治恶意商标申请注册行为和违法代理行为，对恶意商标申请人设置处以违法所得 3 倍、最高不超过 3 万元的罚款，对帮助从事恶意申请的商标代理机构处以最高 10 万元的罚款，情节严重的停止其受理业务。四是进一步优化商标申请注册渠道和流程，为申请人提供更多便利，提升服务水平。

（杨　柳）

85. 李克强会见先进制造业国际咨询委员会成员时指出，中国将进一步加强知识产权保护

10 月 18 日，国务院总理李克强会见先进制造业国际咨询委员会成员。来自宝马、艾默生、赛诺菲、施耐德、空客、罗尔斯·罗伊斯等跨国公司负责人出席，围绕促进中国制造高质量发展、产业数字化转型、医药卫生改革、知识产权保护等提出建议。

李克强表示，制造业是实现工业化、现代化的基础性产业。中国作为发展中国家，正处于加快推进工业化进程中，既是全球制造业产业链中不可分割的组成部分，也是巨大的制造业产品消费市场。中国政府把推进先进制造业发展作为一项战略举措，通过减税降费、放宽市场准入、实施公平公正监管、加强知识产权保护等政策措施，为先进制造业发展创造良好环境，推动制造业从中低端向中高端水平迈进，实现高质量发展。发展先进制造业需要开放合作。欢迎世界制造业企业抓住中国进一步扩大开放的机遇，积极来华开展合作，开拓市场，实现互利共赢。　（新华社）

86. 国家知识产权局商标局举办商标改革及打击恶意注册成果座谈会

10月18日，国家知识产权局商标局在上海举办分享商标改革及打击恶意注册成果座谈会，上海市100多家知名外企及涉外商标代理机构代表受邀参加。

据悉，这是国家知识产权局商标局首次举办专门面向外企的分享改革成果座谈会，旨在积极做好对外宣传，更好分享改革成果，传递新时代中国好声音。会上，有关负责人介绍了在商标注册便利化改革、打击商标恶意注册方面的措施与成效，随后开展互动交流，积极了解企业需求。

座谈会上，国家知识产权局商标局党委常委杜红雨强调，加强知识产权保护需要多方合力，希望企业、社会和政府携起手来，共同创造"尊重知识价值、保护知识产权"的良好营商环境。她表示，国家知识产权局商标局正在以"大幅提高商标审查质量和效率"为目标，启动新一轮商标注册改革的工作部署。下一步，将通过开展"商标审查质量提升年"行动，不断完善审查质量管理体系，提高审查质量社会满意度；通过加快商标注册便利化改革进程，继续缩短商标业务审查周期，加快建设现代化商标注册体系；通过在审查实践中严格执行商标法和《规范商标申请注册行为若干规定》，加大打击商标恶意注册行为力度，有力规范商标注册行为。（舒天楚）

87. 国务院公布《优化营商环境条例》，加大对知识产权的保护力度

10月22日，国务院总理李克强签署国务院令，公布《优化营商环境条例》，自2020年1月1日起施行。《优化营商环境条例》第15条规定，国家建立知识产权侵权惩罚性赔偿制度，推动建立知识产权快速协同保护机制，健全知识产权纠纷多元化解决机制和知识产权维权援助机制，加大对知识产权的保护力度。国家持续深化商标注册、专利申请便利化改革，提高商标注册、专利申请审查效率。（新华社）

88. 我国与"一带一路"相关国家版权贸易协议3年增长86.5%

10月23日，《"一带一路"国际出版合作发展报告（第一卷）》出版座谈会在北京召开。该报告显示，我国与"一带一路"相关国家签订的版权贸易协议从2016年的3808项增加到2018年的7100余项，增幅达86.5%，对相关国家的版权输出数量占版权输出总量的比例由41%提高到55%，"一带一路"相关国家成为我国国际出版合作新热点。

据该报告，2018年，我国有224个出版行业机构与83个"一带一路"相关国家的200余个机构签署了版权输出协议，涉及语种50多个。同时有遍布全国29个省级行政地区的168个国内机构与53个相关国家的130多个机构签署版权引进协议。（张 贺）

89. 习近平出席第二届中国国际进口博览会开幕式并发表主旨演讲，强调共同加强知识产权保护

第二届中国国际进口博览会于11月5日在上海国家会展中心开幕。国家主席习近平出席开幕式并发表题为"开放合作命运与共"的主旨演讲，强调各国要以更加开放的心态和举措，共建开放合作、开放创新、开放共享的世界经济，重申中国开放的大门只会越开越大，中国坚持以开放促改革、促发展、促创新，持续推进更高水平的对外开放。习近平强调，为了更好运用知识的创造以造福人类，我们应该共同加强知识产权保护，而不是搞知识封锁，制造甚至扩大科技鸿沟。中国将营造尊重知识价值的环境，完善知识产权保护法律体系，大力强化相关执法，增强知识产权民事和刑事司法保护力度。（新华社）

90. 中法两国元首见证中法地理标志合作议定书签署

11月6日，在中国国家主席习近平和法国总统马克龙的共同见证下，《中国国家知识产权局与法国农业和食品部、法国国家原产地和质量管理局关于农业和食品地理标志合作的议定书》在北京人民大会堂正式签署。中国国家知识产权局局长申长雨、法国农业部部长迪迪埃·纪尧姆及法国国家原产地和质量管理局局长玛丽·吉塔德分别代表两国地理标志主管部门在议定书上签字。该议定书的签署标志着中法两国在农业和食品地理标志领域的合作关系开启了新篇章。中法两国均拥有悠久的历史以及丰富的地理标志产品，此次签署的合作议定书，不仅有助于两国地理标志产品的合作与推广，为中法民众带来新福利，而且有利于促进地方特色经济发展，推动双边经贸关系的发展。（国　新）

91. 2019年国家版权监管平台应用专题培训在北京举办

11月13日，中宣部版权管理局在北京举办2019年国家版权监管平台应用专题培训，系统介绍该平台使用功能与工作要求，指导平台用户顺利使用平台开展相关版权管理工作，提高版权工作效能，加强各地区各部门在技术手段支持下的版权现代治理能力建设。

在开班动员会上，中宣部版权管理局局长于慈珂结合党的十九届四中全会精神，从全面加强党对版权工作的领导、努力构建版权现代治理体系、大力提高版权现代治理能力三个方面，对今后的版权工作作出重点部署、提出具体要求。他表示，版权工作一定要全面加强党的领导，结合党和国家发展大势和工作重心，因时而动，因势而为，不断进取，开拓创新。建设国家版权监管平台就是为了适应版权工作形势发展需要而推出的一项重要创新举措，对提高版权工作效率、提升版权治理能力具有十分重要的作用。希望各地区各单位平台用户积极应用该平台，利用现代技术手段，提升版权工作效能。

培训会上，中宣部版权管理局相关处室负责同志分别介绍了国家版权监管平台的建设、应用情况以及执法监管、社会服务等部分重点功能的工作要求。

来自各省（区、市）版权管理部门和北京、上海、天津、重庆市文化市场行政执法总队的版权执法部门以及各著作权集体管理组织、中国版权保护中心、版权交易中心等百余名代表参加了培训。

本次培训班还分别组织关于国家版权监管平台建设、应用座谈会和上机实操培训，听取大家对完善国家版权监管平台工作的意见建议。（朱丽娜）

92. 国家知识产权局加强查处商标违法案件中的驰名商标保护工作

11月15日，国家知识产权局发布《关于加强查处商标违法案件中驰名商标保护相关工作的通知》（以下简称《通知》），提出要深入贯彻落实党中央、国务院关于严格知识产权保护的决策部署，充分发挥驰名商标保护在加快知识产权强国建设、营造良好营商环境等方面的重要作用，并明确进一步加强查处商标违法案件中驰名商标保护工作的具体要求。

《通知》从严格按照法定权限和时限查办涉驰名商标案件、有效规范驰名商标的认定申请和使用、突出重点切实加强驰名商标保护三方面，部署进一步加强查处商标违法案件中驰名商标保护的相关工作。特别是在备受社会各界关注的有效规范驰名商标的认定申请和使用方面，《通知》从加强审核、强化指导、依法规范三方面进行了规定，要求各级知识产权管理部门在日常工作中要引导企业正确认识驰名商标认定和保护制度。

《通知》提出，要正确区分“驰名商标”字样正当使用与违法使用的界限，明确企业可在经营活动中对商标获得驰名商标保护的记录做事实性陈述，若有意淡化驰名商标认定与保护的法律性质，将“驰名商标”字样视为荣誉称号并突出使用，用于宣传企业或推销企业经营的商品或服务，则应依据商标法有关规定进行查处。有关专家认为，此举对引导企业正确认识驰名商标认定和保护制度具有重要的现实意义，有利于发挥驰名商标保护在营造良好营商环境方面的重要作用。（王国浩）

93. 中办、国办印发《关于强化知识产权保护的意见》

中共中央办公厅、国务院办公厅印发《关于强化知识产权保护的意见》(以下简称《意见》)，明确要加快专利法、商标法、著作权法等的修改完善，不断改革完善知识产权保护体系，综合运用法律、行政、经济、技术、社会治理手段强化保护，促进保护能力和水平整体提升。

《意见》提出，力争到 2022 年，侵权易发多发现象得到有效遏制，权利人维权“举证难、周期长、成本高、赔偿低”的局面明显改观；到 2025 年，知识产权保护社会满意度达到并保持较高水平，保护能力有效提升，保护体系更加完善，尊重知识价值的营商环境更加优化，知识产权制度激励创新的基本保障作用得到更加有效发挥。

《意见》明确，全面加强党对知识产权保护工作的领导。地方各级党委和政府要全面贯彻党中央、国务院决策部署，落实知识产权保护属地责任。各地区各部门要加大对知识产权保护资金投入力度。鼓励条件成熟的地区先行先试，率先建设知识产权保护试点示范区。将知识产权保护绩效纳入地方党委和政府绩效考核和营商环境评价体系，确保各项工作要求有效落实。

《意见》要求加快专利法、商标法、著作权法等的修改完善，加快在专利、著作权等领域引入侵权惩罚性赔偿制度。大幅提高侵权法定赔偿额上限，加大损害赔偿力度；推动简易案件和纠纷快速处理，指导各类网站规范管理，删除侵权内容，屏蔽或断开盗版网站链接，停止侵权信息传播，打击利用版权诉讼进行投机性牟利等行为。

《意见》还提出，各地区各部门要加强舆论引导，定期公开发布有社会影响力的典型案件，使强化知识产权保护的观念深入人心。加强公益宣传，开展知识产权保护进企业、进单位、进社区、进学校、进网络等活动，不断提高全社会特别是创新创业主体知识产权保护意识，推动形成新时代知识产权保护工作新局面。（洪玉华）

94. 国家知识产权局商标局举办第十批商标受理窗口启动运行工作会

11 月 28 日，国家知识产权局商标局在北京举办第十批商标受理窗口启动运行工作会。会议部署了第十批商标受理窗口启动运行工作，并进行了商标受理窗口业务培训，来自全国 6 个省、24 个商标受理窗口的相关工作人员参加了会议。

2018 年以来，在国家知识产权局党组的坚强领导下，国家知识产权局商标局认真贯彻落实国务院“放管服”改革要求，推出一系列改革举措，大幅压缩商标审查周期，精简优化商标注册流程，持续深化“互联网＋商标注册服务”。为进一步拓宽申请渠道，激发市场活力，优化营商环境，根据地方市场监管部门、知识产权管理部门申请，已在全国批准设立 212 个商标受理窗口，并依申请授权 103 个商标受理窗口开展质权登记申请受理工作。截至 2019 年 10 月 31 日，地方商标受理窗口当年已受理各类商标申请 18 万件(累计 41.3 万件)，成都、深圳、长沙等窗口受理量名列前茅；办理注册商标专用权质权登记 604 件，涉及担保债权金额 103.6 亿元，取得良好的社会效益，得到社会各界广泛好评。

会议要求，参会同志要认真领会此次工作会的工作部署及要求，按照《国家知识产权局商标局第十批商标受理窗口启动运行工作方案》的规定，按时完成启动运行准备工作，扎实做好窗口各项工作。各单位要提高思想认识，强化服务意识，加大宣传力度，充分发挥商标受理窗口服务职能作用。

此次业务培训内容包括商标受理窗口工作规程、商标申请受理业务、收缴规费标准、网上申请、变更、续展、转让申请受理及质权登记工作规程等内容。（童 昕）

95. 国家知识产权局商标局赴河南开展便利化改革宣讲系列活动

12月3日，商标注册便利化改革集中宣讲活动在郑州商标审查协作中心拉开帷幕。

国家知识产权局商标局副局长姜瑞斌出席活动并发表致辞，为了强化商标保护意识，更好地服务黄河流域生态保护和高质量发展国家战略和现代化经济体系建设，经国家知识产权局批准，商标局在河南举办商标注册便利化改革集中宣讲系列活动，宣传第四次修改的商标法相关内容，提高社会公众知识产权保护意识，指导市场主体加强商标保护，助力河南省以落实重大国家战略为契机，加快知识产权强省建设，促进产业经济高质量发展。

据悉，此次宣讲活动还计划走进南阳、洛阳，与农村合作社、农业企业、制造业创新中心企业等开展面对面交流与指导，宣传商标注册便利化改革和打击商标恶意注册的举措与成效，切实提高相关公众的商标意识，指导企业加强知识产权保护。

（舒天楚）

96. 第十一届全国大学生版权征文活动颁奖仪式在成都举行

12月4日，恰逢国家宪法日和全国法制宣传日，第十一届全国大学生版权征文活动颁奖仪式在成都举行。

中宣部版权管理局局长于慈珂在致辞中表示，全国大学生版权征文活动是国家版权局贯彻落实党中央、国务院战略决策的重要措施，是国家版权局面向大学生搭建的版权人才培养平台，其定位是激发年轻学子的创新活力，搭建跨区域跨学校跨专业的版权交流平台，发挥品牌效应，提高全社会对版权的关注度。希望在校大学生关注版权动态，立足国情，放眼世界，理论结合实践，学以致用，学用相长。

本次征文活动历时6个月，共收稿1492篇，其中本科生论文906篇，研究生论文586篇，来自全国29个省、自治区、直辖市以及香港特别行政区、澳门特别行政区共计234所高校参与，最终评选产生特等奖论文3篇，本科生组和研究生组一等奖论文各10篇、二等奖论文各20篇、三等奖论文各30篇，并评选出优秀奖论文共30篇，还评选出优秀指导老师奖20名、优秀组织奖20名。（隋明照）

97. 中美就第一阶段经贸协议文本达成一致，双方就加强知识产权保护达成共识

12月13日，国务院新闻办公室举行新闻发布会，就中美经贸磋商有关进展情况作出说明并答记者问。发布会上，商务部副部长兼国际贸易谈判副代表王受文发布中方关于中美第一阶段经贸协议的声明。王受文指出，中美双方就加强知识产权保护进行了深入讨论，并在几个方面达成共识，包括商业秘密保护、与药品相关的知识产权问题、专利有效期延长、地理标志、打击电子商务平台上存在的盗版和假冒、打击盗版和假冒产品的生产和出口、打击商标恶意注册以及加强知识产权司法执行和程序。王受文强调，双方相向而行所达成的上述共识，符合中方关于加强知识产权保护的改革方向，有利于保护创新，有利于国外知识产权更多地进入中国，符合推动经济高质量发展的需要。（新华社）

98. 国家知识产权局商标局召开评审案件受理业务座谈会

12月，国家知识产权局商标局组织召

开评审案件受理业务座谈会，总结了商标评审便利化改革的进展和成效，并明确了下一步的工作思路。

会上公布的数据显示，2019 年 1 月至 11 月，国家知识产权局商标局累计各类评审案件申请收文 33.1 万余件，其中驳回复审申请收文 27.8 万余件，累计审理签发各类评审案件 30.5 万余件。据悉，商标驳回复审案件平均审理周期已压缩至 7 个月，2020 年 6 月底前将压缩至 6.5 个月。

9 月，商标驳回复审网上申请项目面向部分代理组织上线试运行，进一步拓宽了申请渠道，推动驳回复审案件评审实现全程电子化。（王　晶）

99. 国家知识产权局就《商标侵权判断标准(征求意见稿)》公开征求意见

12 月 18 日，国家知识产权局发布通知，就《商标侵权判断标准（征求意见稿）》向社会公开征求意见。

据了解，《商标侵权判断标准征求意见稿》共 8 章 58 条，从商标使用、侵权判断、例外情形、中止适用、权利冲突等方面对商标侵权判断标准进行进一步规制，以供商标执法部门在查处商标侵权案件时适用，旨在贯彻落实党中央、国务院关于强化知识产权保护的决策部署，全面加强商标专用权保护，保障消费者和生产者、经营者合法权益，营造良好营商环境。

《商标侵权判断标准征求意见稿》明确，在商标执法相关部门执法过程中，判断是否构成商标侵权，应当首先判断涉嫌侵权行为是否构成商标法规定的“商标的使用”；判断商标是否相同或近似，应以权利人的注册商标与涉嫌侵权商标进行比对，尤其应以权利人注册商标的主要识别部分与涉嫌侵权商标的主要识别部分进行比对，不以权利人实际使用商标与涉嫌侵权商标进行比对。商标执法相关部门在判断“与其注册商标相同的商标”“与其注册商标近似的商标”时，应当以对相关商品（服务）具有一般性的知识、经验的相关公众在选购商品（服务）时所施加的普通注意程度为标准，采用隔离观察、整体比对和要部比对的方法，并综合考虑商标的读音、字形、含义、排列方式等构成要素进行认定。

（杨　柳）

100. 我国 11 省市将开展地理标志保护产品专用标志使用核准改革试点工作

12 月 25 日，《国家知识产权局办公室关于确定地理标志保护产品专用标志使用核准改革试点地方的通知》（以下简称《通知》）印发，国家知识产权局将在北京市、河北省等 11 个地方开展地理标志保护产品专用标志使用核准改革试点。此次改革试点期限为 2 年，自 2020 年 1 月至 2021 年 12 月。

《通知》强调，地理标志保护产品专用标志使用核准改革试点是一项系统工程。要通过开展试点工作，建立健全地理标志保护产品专用标志使用核准工作体系，研究制定地理标志保护产品专用标志使用核准工作规范，积极推动符合条件的企业使用地理标志保护产品专用标志，稳步推进统一地理标志专用标志换标工作，不断强化完善地理标志产品保护监管方式，保证地理标志保护产品专用标志的合法使用和规范使用，真正做到核准更科学、监管更严格、服务更优化。（李　铎）

专　利

一、专利申请与授权状况

表 1　　国内外三种专利申请年度状况(1985.4—2019.12)　　(单位:件)

统计范围	年份	合计	发明	实用新型	外观设计
国内外	1985—2014 年	15 454 781	5 255 996	5 498 406	4 700 379
	2015 年	2 798 500	1 101 864	1 127 577	569 059
	2016 年	3 464 824	1 338 503	1 475 977	650 344
	2017 年	3 697 845	1 381 594	1 687 593	628 658
	2018 年	4 323 112	1 542 002	2 072 311	708 799
	2019 年	4 380 468	1 400 661	2 268 190	711 617
国内	1985—2014 年	13 857 364	3 885 343	5 456 994	4 515 027
	2015 年	2 639 446	968 251	1 119 714	551 481
	2016 年	3 305 225	1 204 981	1 468 295	631 949
	2017 年	3 536 333	1 245 709	1 679 807	610 817
	2018 年	4 146 772	1 393 815	2 063 860	689 097
	2019 年	4 195 104	1 243 568	2 259 765	691 771
国外	1985—2014 年	1 597 417	1 370 653	41 412	185 352
	2015 年	159 054	133 613	7863	17 578
	2016 年	159 599	133 522	7682	18 395
	2017 年	161 512	135 885	7786	17 841
	2018 年	176 340	148 187	8451	19 702
	2019 年	185 364	157 093	8425	19 846

注:2016 年及之前数据为专利申请受理量,2017—2019 年数据为专利申请量。

表 2　　国内三种专利申请量(2019.1—2019.12)　　(单位:件)

地区	2019 年		
	发明	实用新型	外观设计
全国	1 243 568	2 259 765	691 771
北京	129 930	73 021	23 162
天津	24 574	64 871	6600
河北	20 536	63 798	16 940
山西	8424	20 938	2343

续表

地区	2019 年		
	发明	实用新型	外观设计
内蒙古	4889	13 895	2285
辽宁	22 592	41 694	5446
吉林	11 269	17 280	2503
黑龙江	13 125	20 406	3 782
上海	71 398	80 604	21 584
江苏	172 409	373 495	48 345
浙江	112 981	218 628	104 274
安徽	62 743	90 655	13 473
福建	30 019	87 345	35 769
江西	14 101	53 552	23 821
山东	69 350	166 858	27 003
河南	30 260	96 203	17 547
湖北	47 450	81 197	12 674
湖南	39 104	48 462	18 547
广东	203 311	369 143	235 246
广西	12 412	22 026	7462
海南	2183	6073	1046
重庆	20 103	39 566	7602
四川	39 539	71 474	20 516
贵州	10 770	28 364	5194
云南	8996	22 765	3451
西藏	456	1296	552
陕西	34 812	40 395	16 880
甘肃	6056	19 226	2355
青海	1232	3396	389
宁夏	2525	6249	501
新疆	3544	9936	1291
台湾	11 152	5716	1638
香港	1200	1043	1505
澳门	123	195	45
广州	46 676	81 850	48 919
长春	9210	12 505	1444
武汉	33 202	38 776	5119
南京	42 573	54 374	6182
杭州	43 403	54 089	16 301
西安	29 592	28 690	15 073
济南	16 112	27 403	3112

续表

地区	2019 年		
	发明	实用新型	外观设计
沈阳	9752	13 957	2045
成都	28 145	41 396	11 245
大连	7908	12 082	1188
厦门	9023	17 975	7584
哈尔滨	10 473	11 113	1943
深圳	82 820	113 798	64 821
青岛	21 582	40 635	5795
宁波	18 266	30 691	21 347
新疆兵团	604	1347	84

表 3　　国外三种专利申请量(2019.1—2019.12)　　(单位:件)

国家和地区	2019 年		
	发明	实用新型	外观设计
合计	157 093	8425	19 846
安道尔	4	0	0
阿联酋	19	0	7
阿富汗	0	0	0
安提瓜和巴布达	49	0	0
安圭拉岛	10	5	2
阿尔巴尼亚	0	0	0
亚美尼亚	0	0	0
安哥拉	0	0	1
阿根廷	9	1	1
美属萨摩亚	0	0	0
奥地利	1032	34	47
澳大利亚	757	83	318
阿鲁巴岛	0	0	0
阿塞拜疆	0	0	0
波斯尼亚和黑塞哥维那	0	0	0
巴巴多斯	193	4	23
孟加拉	1	0	0
比利时	799	43	97
保加利亚	8	0	1
巴林岛	4	0	0
布隆迪	0	0	0
贝宁	0	0	0

续表

国家和地区	2019 年		
	发明	实用新型	外观设计
百慕大群岛	116	8	0
文莱达鲁萨兰国	1	1	0
玻利维亚	0	0	0
巴西	105	9	48
巴哈马群岛	4	1	0
白俄罗斯	0	0	0
伯利兹	2	0	0
加拿大	1168	66	150
刚果(金)	0	0	0
中非	0	0	0
瑞士	3820	118	858
科特迪瓦	0	0	0
库克群岛	0	0	0
智利	26	0	0
喀麦隆	0	0	0
哥伦比亚	5	0	9
哥斯达黎加	2	1	0
古巴	5	0	0
库拉索	0	0	0
塞浦路斯	22	0	14
捷克	65	8	66
德国	16 421	817	1811
丹麦	1037	32	194
多米尼克	0	0	0
多米尼加共和国	2	0	0
阿尔及利亚	0	0	0
厄瓜多尔	0	0	1
爱沙尼亚	9	4	10
埃及	6	1	0
西撒哈拉	0	0	0
厄立特里亚	0	0	0
西班牙	421	36	153
埃塞俄比亚	0	0	0
芬兰	912	45	92
斐济	0	0	0
福克兰群岛(马尔维纳斯群岛)	0	0	0

续表

国家和地区	2019 年		
	发明	实用新型	外观设计
法国	4826	415	989
英国	2957	149	569
格林纳达	0	0	0
格鲁吉亚	0	0	3
根西岛	6	0	1
直布罗陀	0	0	0
几内亚	1	0	0
希腊	36	1	10
危地马拉	0	1	0
洪都拉斯	0	0	1
克罗地亚	6	0	2
海地	0	0	0
匈牙利	37	6	4
印度尼西亚	5	4	13
爱尔兰	430	10	33
以色列	1018	52	102
马恩岛	1	0	5
印度	321	16	35
伊拉克	0	0	0
伊朗	2	1	0
冰岛	9	0	1
意大利	1845	167	822
泽西岛	2	0	0
牙买加	0	0	0
约旦	0	6	1
日本	48 867	2512	3949
肯尼亚	0	0	0
吉尔吉斯斯坦	0	0	0
柬埔寨	0	0	0
圣基茨和尼维斯	0	0	0
朝鲜	0	1	0
韩国	16 019	892	3089
科威特	0	0	0
开曼群岛	4943	180	409
哈萨克斯坦	4	1	0
老挝	0	0	0
黎巴嫩	1	1	0

续表

国家和地区	2019 年		
	发明	实用新型	外观设计
列支敦士登	180	5	33
斯里兰卡	0	0	1
利比里亚	0	0	0
莱索托	0	0	0
立陶宛	8	0	2
卢森堡	264	11	136
拉脱维亚	4	1	0
利比亚	1	0	0
摩洛哥	4	1	7
摩纳哥	11	0	2
摩尔多瓦	2	0	0
黑山	0	0	0
马达加斯加	0	0	0
马绍尔群岛	0	0	5
北马其顿	0	0	1
马里	8	6	1
缅甸	0	0	2
蒙古	1	0	0
马耳他	24	0	0
毛里求斯	4	0	1
马尔代夫	0	0	0
马拉维	0	0	0
墨西哥	55	4	11
马来西亚	74	26	30
纳米比亚	1	0	0
尼日尔	1	1	0
尼日利亚	1	1	6
荷兰	3348	164	359
挪威	285	7	32
尼泊尔	1	0	0
新西兰	146	18	55
阿曼	0	0	0
巴拿马	4	0	1
秘鲁	3	2	1
巴布亚新几内亚	0	0	0
菲律宾	9	5	1
巴基斯坦	6	0	2

续表

国家和地区	2019 年		
	发明	实用新型	外观设计
波兰	77	7	28
波多黎各	4	0	0
巴勒斯坦	1	0	0
葡萄牙	70	1	5
巴拉圭	0	0	0
卡塔尔	6	0	0
罗马尼亚	3	2	2
塞尔维亚	4	1	1
俄罗斯联邦	220	20	105
沙特阿拉伯	244	1	23
塞舌尔	17	2	14
苏丹	0	0	0
瑞典	2638	87	310
新加坡	1089	558	125
斯洛文尼亚	25	3	10
斯洛伐克	19	4	1
圣马力诺	4	1	1
塞内加尔	0	0	0
萨尔瓦多	0	0	0
叙利亚	0	0	1
斯威士兰	0	0	0
特克斯和凯科斯群岛	0	0	0
乍得	0	0	0
泰国	77	11	58
土库曼斯坦	0	0	0
突尼斯	1	0	0
土耳其	100	6	16
特立尼达和多巴哥	0	0	0
坦桑尼亚	0	0	0
乌克兰	9	4	5
乌干达	0	0	0
美国	39 450	1674	4433
乌拉圭	4	0	0
乌兹别克斯坦	2	0	0
梵蒂冈	0	0	0
圣文森特和格林纳丁斯	0	0	0
委内瑞拉	1	0	0

续表

国家和地区	2019 年		
	发明	实用新型	外观设计
维尔京群岛	103	40	61
越南	11	3	5
瓦努阿图	0	0	0
萨摩亚	42	11	2
也门	0	0	0
南非	55	4	10
赞比亚	1	0	0
津巴布韦	1	1	0

表 4　　国内外三种专利申请授权年度状况(1985. 12—2019. 12)　　(单位:件)

统计范围	年份	合计	发明	实用新型	外观设计
国内外	1985—2014 年	8 728 697	1 551 887	4 093 119	3 083 691
	2015 年	1 718 192	359 316	876 217	482 659
	2016 年	1 753 763	404 208	903 420	446 135
	2017 年	1 836 434	420 144	973 294	442 996
	2018 年	2 447 460	432 147	1 479 062	536 251
	2019 年	2 591 607	452 804	1 582 274	556 529
国内	1985—2014 年	7 869 374	898 543	4 057 480	2 913 351
	2015 年	1 596 977	263 436	868 734	464 807
	2016 年	1 628 881	302 136	897 035	429 710
	2017 年	1 720 828	326 970	967 416	426 442
	2018 年	2 335 411	345 959	1 471 759	517 693
	2019 年	2 474 406	360 919	1 574 205	539 282
国外	1985—2014 年	859 610	653 344	35 885	170 381
	2015 年	121 215	95 880	7483	17 852
	2016 年	124 882	102 072	6385	16 425
	2017 年	115 606	93 174	5878	16 554
	2018 年	112 049	86 188	7303	18 558
	2019 年	117 201	91 885	8069	17 247

表 5　　国内三种专利申请授权量(1985. 12—2019. 12)　　(单位:件)

地区	总累计			2019 年		
	发明	实用新型	外观设计	发明	实用新型	外观设计
全国	2 497 963	9 836 629	5 291 285	360 919	1 574 205	539 282
北京	353 571	483 432	137 042	53 127	58 393	20 196
天津	48 685	283 485	44 053	5025	48 252	4522

续表

地区	总累计			2019 年		
	发明	实用新型	外观设计	发明	实用新型	外观设计
河北	36 254	231 480	73 224	5130	40 562	12 117
山西	21 273	81 214	16 233	2300	12 758	1540
内蒙古	7631	47 259	12 500	911	8768	1380
辽宁	63 965	247 463	42 649	7501	28 237	4299
吉林	24 355	78 918	16 225	3006	10 926	1647
黑龙江	37 473	140 977	37 772	4144	13 308	2537
上海	174 942	434 598	204 854	22 735	61 640	16 212
江苏	288 666	1 281 757	1 076 297	39 681	233 114	41 600
浙江	212 152	1 216 148	946 788	33 964	168 340	83 038
安徽	87 267	377 139	100 314	14 958	57 511	10 055
福建	55 995	357 295	201 963	8963	61 530	28 462
江西	16 731	159 133	88 407	2744	37 564	18 832
山东	144 856	778 781	171 128	20 652	106 429	19 400
河南	54 003	357 070	100 437	6991	65 341	13 915
湖北	78 443	293 198	71 578	14 178	50 159	9603
湖南	60 827	221 037	94 185	8479	32 699	13 507
广东	358 777	1 416 775	1 269 585	59 742	282 741	184 907
广西	28 347	81 351	31 426	3413	14 130	5144
海南	4269	13 076	6329	530	3065	828
重庆	41 521	222 061	79 932	6 988	30 648	6236
四川	82 071	337 757	229 327	12 053	51 521	18 492
贵州	14 613	80 055	31 669	1900	19 392	3437
云南	19 631	88 053	24 556	2174	17 405	2745
西藏	514	1845	1656	79	625	316
陕西	65 707	178 852	75 932	9843	26 574	7684
甘肃	11 063	57 645	12 887	1154	11 722	2018
青海	1989	9618	2932	292	2452	302
宁夏	4169	21 675	4154	598	4644	313
新疆	7656	53 536	14 430	856	6792	1004
台湾	83 998	189 956	39 375	6197	5493	1404
香港	6387	13 510	30 871	592	1322	1523
澳门	162	480	575	19	148	67
广州	70 703	254 643	198 801	12 235	54 804	37 867
长春	18 874	46 252	7926	2601	8411	903
武汉	62 022	150 031	30 499	11 754	23 413	4091
南京	78 211	166 496	52 616	12 399	37 416	5266
杭州	80 448	245 276	141 638	11 753	36 374	13 506

续表

地区	总累计			2019 年		
	发明	实用新型	外观设计	发明	实用新型	外观设计
西安	58 013	129 522	55 012	9096	19 302	6210
济南	35 355	125 710	18 383	4850	17 888	2488
沈阳	26 545	80 107	16 277	3351	9800	1436
成都	57 373	203 054	170 868	9159	30 244	11 351
大连	21 757	70 569	9904	2810	8670	999
厦门	15 827	79 260	40 258	2672	14 752	5602
哈尔滨	30 727	72 873	18 221	3430	7219	1242
深圳	177 776	415 236	285 949	26 055	87 409	53 118
青岛	42 361	147 945	36 280	7703	26 889	4165
宁波	38 935	219 905	231 383	5075	24 733	17 412
新疆兵团	1122	6277	511	124	921	52

表 6 **国外三种专利申请授权量(1985. 12—2019. 12)** (单位:件)

国家和地区	总累计			2019 年		
	发明	实用新型	外观设计	发明	实用新型	外观设计
合计	1 122 542	70 757	256 976	91 885	8069	17 247
安道尔	6	1	2	1	0	0
阿联酋	77	28	194	14	2	5
阿富汗	0	0	12	0	0	0
安提瓜和巴布达	4	0	3	0	0	0
安圭拉岛	1	4	0	1	2	0
阿尔巴尼亚	0	1	1	0	0	0
亚美尼亚	4	0	1	0	0	0
荷属安的列斯	216	1	9	1	0	0
安哥拉	0	0	1	0	0	0
阿根廷	55	15	19	5	3	0
美属萨摩亚	1	1	0	0	0	0
奥地利	6580	345	995	685	38	45
澳大利亚	5858	647	3334	317	69	294
阿塞拜疆	2	1	0	0	0	0
波斯尼亚和黑塞哥维那	0	0	1	0	0	0
巴巴多斯	911	16	212	135	1	31
孟加拉	1	1	4	1	0	0
比利时	5580	207	955	427	37	102
保加利亚	47	9	30	7	1	1
巴林岛	1	0	0	0	0	0
贝宁	0	0	1	0	0	0

续表

国家和地区	总累计			2019 年		
	发明	实用新型	外观设计	发明	实用新型	外观设计
百慕大群岛	642	119	106	74	11	2
文莱达鲁萨兰国	29	37	28	1	0	0
巴西	822	129	545	53	14	58
巴哈马群岛	149	19	48	8	0	0
白俄罗斯	8	0	6	0	0	0
伯利兹	11	57	12	2	0	0
加拿大	8490	605	1798	568	63	132
刚果(金)	1	1	13	1	0	0
中非	1	0	2	1	0	0
瑞士	29 381	1650	9696	2329	159	729
科特迪瓦	0	0	1	0	0	0
库克群岛	5	2	20	0	0	1
智利	101	7	4	12	1	0
喀麦隆	1	0	0	0	0	0
哥伦比亚	35	3	24	2	0	3
哥斯达黎加	4	1	1	0	1	0
捷克斯洛伐克	23	6	3	0	0	0
古巴	111	0	2	3	0	0
库拉索	1	0	0	0	0	0
塞浦路斯	164	25	95	12	1	17
捷克	271	109	935	38	9	54
德国	114 069	6589	22 177	9989	860	1553
丹麦	6586	303	2259	555	18	161
多米尼加共和国	5	3	4	0	0	0
阿尔及利亚	3	3	3	0	1	0
厄瓜多尔	4	1	6	0	0	0
爱沙尼亚	28	9	33	7	5	5
埃及	10	8	21	1	0	0
西班牙	2493	284	2229	221	20	119
埃塞俄比亚	0	1	1	0	0	0
芬兰	10 746	567	2004	694	45	92
斐济	0	8	1	0	0	0
福克兰群岛(马尔维纳斯群岛)	0	0	1	0	0	0
法国	41 139	2388	10754	2997	392	839
加蓬	2	0	0	0	0	0
英国	18 333	1155	7519	1310	138	480
格鲁吉亚	2	1	12	0	0	3

续表

国家和地区	总累计			2019 年		
	发明	实用新型	外观设计	发明	实用新型	外观设计
根西岛	2	0	5	0	0	2
直布罗陀	26	2	4	1	0	0
希腊	156	3	76	14	0	2
危地马拉	0	0	6	0	0	0
洪都拉斯	0	0	1	0	0	0
克罗地亚	61	5	6	2	0	0
海地	0	0	1	0	0	0
匈牙利	450	22	45	16	1	6
印度尼西亚	37	19	166	0	0	7
爱尔兰	1624	83	266	236	11	19
以色列	3739	330	872	381	44	81
印度	1524	87	496	100	14	41
伊拉克	0	3	11	0	0	0
伊朗	5	14	36	0	1	0
冰岛	153	1	1	3	0	0
意大利	14 058	1070	8775	1102	146	660
泽西岛	6	0	0	0	0	0
牙买加	4	0	0	1	0	0
约旦	9	10	13	2	5	2
日本	426 021	24 198	81 334	30 401	2280	3558
肯尼亚	1	0	1	0	0	0
吉尔吉斯斯坦	4	0	1	0	0	0
圣基茨和尼维斯	1	1	0	0	0	0
朝鲜	12	6	0	1	2	0
韩国	90 628	5834	28 239	9437	844	2354
科威特	6	0	4	0	0	0
开曼群岛	4307	539	2311	1426	125	457
哈萨克斯坦	15	8	0	0	0	0
老挝	0	1	0	0	1	0
黎巴嫩	8	9	8	1	1	0
列支敦士登	1010	14	685	82	0	28
斯里兰卡	7	2	25	0	0	0
利比里亚	2	0	1	0	0	0
莱索托	0	1	0	0	0	0
立陶宛	9	2	12	4	0	1
卢森堡	1494	143	638	201	7	62
拉脱维亚	33	4	13	1	0	2

续表

国家和地区	总累计			2019 年		
	发明	实用新型	外观设计	发明	实用新型	外观设计
摩洛哥	8	2	44	0	0	0
摩纳哥	74	9	25	3	0	4
摩尔多瓦	1	0	1	0	0	0
黑山	0	0	1	0	0	0
马达加斯加	3	0	0	0	0	0
马绍尔群岛	6	3	0	0	0	0
北马其顿	2	0	0	0	0	0
马里	6	10	14	1	0	0
缅甸	0	0	13	0	0	6
蒙古	5	3	2	0	0	1
马耳他	140	9	20	24	0	0
毛里求斯	74	28	45	3	0	1
马尔代夫	1	0	0	0	0	0
墨西哥	289	16	239	21	3	7
马来西亚	434	198	665	34	14	28
纳米比亚	2	0	0	0	0	0
尼日利亚	1	2	20	1	0	4
荷兰	31 612	769	5380	2033	129	282
挪威	2288	52	413	122	10	29
尼泊尔	0	2	2	0	0	0
新西兰	892	93	560	62	4	89
阿曼	2	1	1	0	0	0
巴拿马	231	9	42	2	0	0
秘鲁	5	2	0	1	0	0
巴布亚新几内亚	0	0	2	0	0	0
菲律宾	51	47	35	8	8	1
巴基斯坦	4	3	22	1	0	1
波兰	324	39	209	45	10	18
波多黎各	8	1	4	1	0	0
葡萄牙	158	5	85	17	2	4
巴拉圭	0	0	3	0	0	0
卡塔尔	10	0	6	0	0	0
罗马尼亚	17	2	10	2	0	2
塞尔维亚	8	1	1	1	0	1
俄罗斯联邦	1126	310	417	84	30	97

续表

国家和地区	总累计			2019 年		
	发明	实用新型	外观设计	发明	实用新型	外观设计
沙特阿拉伯	632	14	481	101	1	14
塞舌尔	80	57	47	11	11	9
瑞典	18 729	592	3914	1484	56	287
新加坡	3783	1986	1584	566	645	149
斯洛文尼亚	204	2	87	11	0	8
斯洛伐克	54	3	54	7	0	3
圣马力诺	10	3	2	4	0	0
塞内加尔	0	0	1	0	0	0
萨尔瓦多	2	0	0	0	0	0
叙利亚	1	1	4	0	0	1
斯威士兰	1	0	0	0	0	0
特克斯和凯科斯群岛	0	0	1	0	0	0
乍得	0	1	0	0	0	0
泰国	155	115	449	31	11	59
突尼斯	4	0	2	0	0	0
土耳其	467	83	516	32	5	31
特立尼达和多巴哥	3	0	4	0	0	0
坦桑尼亚	0	1	1	0	0	0
乌克兰	74	25	32	5	2	3
乌干达	0	0	2	0	0	0
美国	259 749	17 634	49 436	23 114	1717	4048
乌拉圭	16	2	1	1	0	0
乌兹别克斯坦	6	1	1	1	0	1
圣文森特和格林纳丁斯	9	0	0	0	0	0
委内瑞拉	42	0	8	0	0	0
维尔京群岛	1446	661	1517	121	28	34
越南	14	7	130	1	3	7
瓦努阿图	5	0	0	0	0	0
萨摩亚	61	135	58	16	5	1
也门	0	1	10	0	0	0
南斯拉夫	17	0	7	0	0	0
南非	766	38	156	29	2	9
赞比亚	1	1	0	0	0	0
津巴布韦	3	0	1	0	0	0

表 7 国内外三种专利有效状况(2015.1—2019.12) (单位:件)

统计范围	年份	合计	发明	实用新型	外观设计
国内外	2015 年	5 477 625	1 472 374	2 732 554	1 272 697
	2016 年	6 285 238	1 772 203	3 154 485	1 358 550
	2017 年	7 147 608	2 085 367	3 603 187	1 459 054
	2018 年	8 380 588	2 366 314	4 403 658	1 610 616
	2019 年	9 722 494	2 670 784	5 262 039	1 789 671
国内	2015 年	4 792 356	921 757	2 700 833	1 169 766
	2016 年	5 527 183	1 158 203	3 118 410	1 250 570
	2017 年	6 324 215	1 413 911	3 563 389	1 346 915
	2018 年	7 517 791	1 662 269	4 359 926	1 495 596
	2019 年	8 812 070	1 926 122	5 214 362	1 671 586
国外	2015 年	685 269	550 617	31 721	102 931
	2016 年	758 055	614 000	36 075	107 980
	2017 年	823 393	671 456	39 798	112 139
	2018 年	862 797	704 045	43 732	115 020
	2019 年	910 424	744 662	47 677	118 085

注:有效量指报告期末处于专利权维持状态的案卷数量。统计范围包括发明、实用新型、外观设计。与申请量和授权量不同,有效量是存量数据而非流量数据。

表 8 国内三种专利有效量(2019.1—2019.12) (单位:件)

地区	2019 年			
	合计	发明	实用新型	外观设计
全国	8 812 070	1 926 122	5 214 362	1 671 586
北京	653 053	284 288	291 646	77 119
天津	198 946	34 726	149 930	14 290
河北	195 377	28 868	129 271	37 238
山西	61 654	14 298	41 711	5645
内蒙古	36 257	5895	25 529	4833
辽宁	152 424	42 282	96 529	13 613
吉林	54 066	14 696	33 330	6040
黑龙江	74 739	24 526	42 501	7712
上海	443 510	129 768	252 308	61 434
江苏	1 103 925	242 803	732 163	128 959
浙江	1 023 110	160 609	584 454	278 047
安徽	302 010	74 812	193 140	34 058
福建	321 070	43 791	194 986	82 293
江西	148 851	13 210	94 991	40 650
山东	485 852	100 892	319 432	65 528

续表

地区	2019 年			
	合计	发明	实用新型	外观设计
河南	255 966	37 311	180 601	38 054
湖北	244 552	59 379	155 996	29 177
湖南	194 971	46 736	110 785	37 450
广东	1 803 875	295 869	960 233	547 773
广西	78 250	22 347	42 207	13 696
海南	13 403	3150	7901	2352
重庆	158 176	32 443	100 880	24 853
四川	292 273	60 231	175 550	56 492
贵州	70 498	11 218	49 697	9583
云南	74 896	13 703	52 261	8932
西藏	2779	688	1264	827
陕西	146 699	46 190	82 669	17 840
甘肃	40 976	7432	29 001	4543
青海	8947	1636	6303	1008
宁夏	16 941	3 205	12 632	1104
新疆	33 473	5379	23 360	4734
台湾	102 864	58 931	35 831	8102
香港	16 898	4697	4979	7222
澳门	789	113	291	385
广州	336 490	58 496	180 016	97 978
长春	40 080	11 564	24 967	3549
武汉	139 185	46 108	79 782	13 295
南京	182 648	58 474	107 551	16 623
杭州	234 888	58 651	128 732	47 505
西安	117 294	41 727	62 400	13 167
济南	91 974	25 438	57 408	9128
沈阳	54 762	17 219	32 683	4860
成都	181 028	42 046	104 847	34 135
大连	46 249	14 897	28 010	3342
厦门	87 491	13 646	53 803	20 042
哈尔滨	49 495	20 373	25 185	3937
深圳	575 251	138 656	284 352	152 243
青岛	128 780	31 932	80 888	15 960
宁波	189 257	26 870	99 545	62 842
新疆兵团	3917	771	2912	234

表 9　国外三种专利有效量(2019.1—2019.12)　(单位:件)

国家和地区	2019 年			
	合计	发明	实用新型	外观设计
合计	910 424	744 662	47 677	118 085
安道尔	7	6	1	0
阿联酋	166	81	16	69
阿富汗	2	0	0	2
安提瓜和巴布达	0	0	0	0
安圭拉岛	9	3	6	0
阿尔巴尼亚	0	0	0	0
亚美尼亚	3	2	0	1
荷属安的列斯	25	25	0	0
阿根廷	47	38	4	5
美属萨摩亚	4	1	2	1
奥地利	5506	4816	246	444
澳大利亚	4587	2862	327	1398
阿塞拜疆	1	0	1	0
巴巴多斯	1269	1017	26	226
孟加拉	2	1	0	1
比利时	4439	3802	155	482
保加利亚	48	32	6	10
百慕大群岛	560	438	55	67
文莱达鲁萨兰国	11	6	5	0
巴西	759	466	76	217
巴哈马群岛	95	87	0	8
伯利兹	37	12	16	9
加拿大	6581	5427	286	868
刚果(金)	2	1	1	0
中非	1	1	0	0
瑞士	26 009	19 652	1390	4967
科特迪瓦	1	0	0	1
库克群岛	15	3	1	11
智利	76	73	2	1
哥伦比亚	29	16	1	12
哥斯达黎加	5	3	1	1
古巴	59	59	0	0
库拉索	2	2	0	0
塞浦路斯	148	81	7	60
捷克	683	192	49	442
德国	94 478	77 805	4843	11 830

续表

国家和地区	2019 年			
	合计	发明	实用新型	外观设计
丹麦	5955	4743	221	991
多米尼加共和国	6	1	1	4
阿尔及利亚	4	2	1	1
厄瓜多尔	5	2	0	3
爱沙尼亚	51	20	6	25
埃及	7	3	2	2
西班牙	2483	1479	122	882
埃塞俄比亚	0	0	0	0
芬兰	7615	6705	377	533
法国	32 378	25 500	1791	5087
英国	15 395	10 803	733	3859
格鲁吉亚	8	1	1	6
根西岛	7	2	0	5
直布罗陀	25	22	2	1
希腊	154	110	2	42
克罗地亚	12	10	1	1
匈牙利	186	151	13	22
印度尼西亚	75	25	6	44
爱尔兰	2664	2302	151	211
以色列	3257	2576	202	479
马恩岛	1	1	0	0
印度	1196	943	59	194
伊拉克	10	0	2	8
伊朗	17	1	11	5
冰岛	72	70	1	1
意大利	13 588	9125	667	3796
泽西岛	3	3	0	0
牙买加	3	3	0	0
约旦	16	7	5	4
日本	325 005	276 746	16 647	31 612
吉尔吉斯斯坦	1	0	0	1
圣基茨和尼维斯	1	1	0	0
朝鲜	8	4	4	0
韩国	78 566	60 635	3718	14 213
科威特	1	1	0	0
开曼群岛	7979	5587	383	2009
哈萨克斯坦	11	7	2	2

续表

国家和地区	2019 年			
	合计	发明	实用新型	外观设计
老挝	1	0	1	0
黎巴嫩	11	4	2	5
圣卢西亚	0	0	0	0
列支敦士登	882	659	8	215
斯里兰卡	5	3	0	2
立陶宛	15	7	3	5
卢森堡	1775	1284	80	411
拉脱维亚	23	17	2	4
摩洛哥	37	8	0	29
摩纳哥	46	24	2	20
摩尔多瓦	1	0	0	1
黑山	0	0	0	0
马达加斯加	1	1	0	0
马绍尔群岛	5	4	1	0
北马其顿	2	2	0	0
马里	19	3	5	11
缅甸	23	2	9	12
蒙古	2	0	1	1
马耳他	162	139	6	17
毛里求斯	117	110	2	5
墨西哥	366	246	8	112
马来西亚	592	284	113	195
纳米比亚	1	1	0	0
尼日利亚	8	1	0	7
荷兰	21 110	18 308	537	2265
挪威	1472	1251	31	190
尼泊尔	1	0	0	1
新西兰	961	564	51	346
阿曼	3	1	1	1
巴拿马	54	48	0	6
秘鲁	5	4	1	0
菲律宾	83	53	23	7
巴基斯坦	15	2	3	10
波兰	368	232	29	107
波多黎各	9	8	0	1
葡萄牙	146	105	3	38
巴拉圭	2	0	0	2

续表

国家和地区	2019 年			
	合计	发明	实用新型	外观设计
卡塔尔	13	9	0	4
罗马尼亚	7	4	0	3
塞尔维亚	6	5	0	1
俄罗斯联邦	840	507	134	199
沙特阿拉伯	672	495	5	172
塞舌尔	138	55	45	38
瑞典	14 234	11 632	365	2237
新加坡	6853	3935	2114	804
斯洛文尼亚	176	122	1	53
斯洛伐克	61	37	1	23
圣马力诺	5	5	0	0
萨尔瓦多	2	2	0	0
叙利亚	2	0	0	2
乍得	1	0	1	0
泰国	366	116	44	206
突尼斯	3	3	0	0
土耳其	447	236	33	178
特立尼达和多巴哥	5	3	0	2
乌克兰	57	31	5	21
美国	213 082	177 951	10 962	24 169
乌拉圭	11	10	1	0
乌兹别克斯坦	5	4	0	1
圣文森特和格林纳丁斯	1	1	0	0
委内瑞拉	2	2	0	0
维尔京群岛	1784	909	283	592
越南	107	12	4	91
萨摩亚	301	200	84	17
也门	4	0	1	3
南斯拉夫	2	2	0	0
南非	482	397	18	67
赞比亚	1	1	0	0

表 10 国际申请业务进展统计(1985.4—2019.12) (单位:件)

项目	总累计	2019 年
受理 PCT 专利申请	374 977	60 993
进入中国国内阶段的国际申请(发明)	1 183 996	89 249
进入中国国内阶段的国际申请(实用新型)	8673	1046

二、专利行政执法

表 11　　2019 年各地区管理专利工作的部门专利执法统计　　（单位：件）

地区	行政裁决专利侵权纠纷		其他纠纷	
	立案	结案	立案	结案
合计	38 618	38 112	264	189
北京	334	262	1	2
天津	100	98	0	0
河北	990	1029	1	52
山西	4	0	0	0
内蒙古	50	45	0	0
辽宁	642	620	0	0
吉林	3	3	0	0
黑龙江	66	89	0	0
上海	288	263	5	1
江苏	3510	3570	11	11
浙江	13 761	13 666	6	6
安徽	1224	1228	40	40
福建	2333	2412	0	0
江西	332	325	0	0
山东	832	765	1	3
河南	868	694	61	61
湖北	1200	1212	1	0
湖南	534	507	8	8
广东	6319	6383	124	4
广西	75	72	1	1
海南	0	0	0	0
重庆	426	275	0	0
四川	3141	3073	4	0
贵州	7	7	0	0
云南	18	13	0	0
西藏	0	0	0	0
陕西	218	198	0	0
甘肃	513	522	0	0
青海	14	14	0	0
宁夏	66	78	0	0
新疆	750	689	0	0

（国家知识产权局战略规划司）

商　标

表 1　　2019 年度商标申请与注册概况　　（单位:件）

业务名称	国内	国际	马德里	合计
注册申请	7 582 356	188 489	66 596	7 837 441
异议申请	93 184	50 003	538	143 725
续展申请	487 975	54 182	10 133	552 290
变更申请	880 442	57 152	12 146	949 740
转让申请	511 557	32 500	6526	550 583
注销申请	24 108		10 560	130 705
撤销申请	96 037			
许可备案申请	35 712			35 712
注册	6 177 791	155 894	72 155	6 405 840
审定	4 732 644		29 813	4 758 349
核驳	2 179 151		61 103	3 488 126
部分核驳	1 250 693			
异议裁定量	90 492			90 492
变更	718 202		10 920	729 122
转让	493 942		5765	499 707
续展	501 854		10 201	512 055
注销	25 371		9662	107 208
撤销	72 175			
许可合同备案	39 254			39 254
补发注册证	34 332			34 332

表 2　　2019 年度各省级行政区商标申请与注册统计　　（单位:件）

省级行政区	申请件数	注册件数	有效注册量
北京市	546 590	474 645	1 921 978
天津市	73 310	56 538	245 828
河北省	234 388	197 054	679 742
山西省	65 833	47 756	181 625
内蒙古自治区	63 759	54 247	202 198
辽宁省	117 269	95 524	397 769
吉林省	64 441	57 058	216 256
黑龙江省	85 783	70 128	272 831
上海市	438 815	361 036	1 472 627

续表

省级行政区	申请件数	注册件数	有效注册量
江苏省	488 511	414 190	1 545 380
浙江省	733 528	610 478	2 503 624
安徽省	234 339	186 040	608 523
福建省	432 736	350 193	1 282 576
江西省	151 127	120 407	402 535
山东省	465 121	372 223	1 297 764
河南省	353 497	271 345	873 721
湖北省	189 427	147 131	546 864
湖南省	198 822	158 843	578 641
广东省	1 463 989	1 187 686	4 477 109
广西壮族自治区	89 684	69 572	235 568
海南省	36 627	26 944	99 885
重庆市	143 996	117 711	484 628
四川省	281 564	225 104	833 692
贵州省	89 652	62 033	212 200
云南省	116 347	91 901	360 061
西藏自治区	10 510	9 532	30 763
陕西省	134 777	101 488	402 944
甘肃省	39 244	28 474	98 929
青海省	12 303	10 101	40 592
宁夏回族自治区	18 023	13 674	55 642
新疆维吾尔自治区	59 058	38 522	185 954
香港	128 121	129 563	610 556
澳门	1446	1380	7199
台湾	19 719	19 270	177 309
合计	7 582 356	6 177 791	23 543 513

注：申请件数、注册件数指 2018.12.16—2019.12.15 的商标统计情况，其他指截至 2019.12.15 的统计情况。

表 3　　2019 年度外国（地区）在华商标申请统计　　（单位：件）

外国（地区）	外国（地区）申请件数	马德里申请件数	合计
合计	188 489	66 596	255 085
阿根廷	243	3	246
澳大利亚	7234	1986	9220
奥地利	496	1059	1555
巴哈马	95	0	95
巴林	12	0	12
巴巴多斯	88	1	89
比荷卢	0	0	0

续表

外国(地区)	外国(地区)申请件数	马德里申请件数	合计
百慕大	189	7	196
巴西	653	1	654
泽西岛	39	63	102
特克斯和凯科斯群岛	4	0	4
英属维尔京群岛	3808	66	3874
保加利亚	129	95	224
加拿大	5207	80	5287
智利	428	1	429
哥伦比亚	122	7	129
古巴	7	8	15
捷克	104	403	507
朝鲜	10	45	55
丹麦	1232	838	2070
埃及	117	52	169
芬兰	943	890	1833
法国	6862	6917	13 779
德国	8210	11 454	19 664
希腊	186	116	302
匈牙利	90	129	219
印度	662	171	833
爱尔兰	760	186	946
意大利	4160	4210	8370
日本	26 554	4637	31 191
科威特	36	0	36
利比里亚	1	0	1
列支敦士登	141	86	227
马来西亚	2284	11	2295
墨西哥	540	34	574
摩纳哥	65	219	284
蒙古	31	0	31
荷属安的列斯群岛	2	0	2
新西兰	1783	521	2304
尼日利亚	63	0	63
挪威	371	458	829
巴拿马	109	1	110
秘鲁	98	0	98
菲律宾	138	39	177
波兰	655	558	1213

续表

外国(地区)	外国(地区)申请件数	马德里申请件数	合计
葡萄牙	187	157	344
韩国	17 385	1265	18 650
罗马尼亚	53	94	147
沙特阿拉伯	141	8	149
新加坡	4791	764	5555
西班牙	1795	1546	3341
瑞典	1417	1187	2604
瑞士	3666	4998	8664
泰国	2985	137	3122
阿联酋	469	17	486
突尼斯	9	10	19
美国	45 723	7889	53 612
英国	19 419	5003	24 422
津巴布韦	0	0	0
阿尔及利亚	47	21	68
摩洛哥	45	97	142
库克群岛	45	0	45
圣马力诺	7	24	31
苏丹	52	0	52
越南	304	184	488
斯洛伐克	48	93	141
俄罗斯	859	1993	2852
北马其顿	3	14	17
乌克兰	150	285	435
哈萨克斯坦	105	98	203
白俄罗斯	21	182	203
乌兹别克斯坦	15	4	19
克罗地亚	21	33	54
斯洛文尼亚	46	207	253
比利时	627	878	1505
卢森堡	507	475	982
塞浦路斯	120	298	418
牙买加	4	0	4
叙利亚	111	5	116
荷兰	2480	1760	4240
印度尼西亚	878	15	893
波多黎各	23	0	23
以色列	771	289	1060

续表

外国(地区)	外国(地区)申请件数	马德里申请件数	合计
斯里兰卡	75	0	75
南非	384	5	389
萨摩亚	100	0	100
黎巴嫩	81	2	83
毛里求斯	33	5	38
土耳其	324	549	873
马恩岛	33	0	33
开曼群岛	3244	43	3287
圭亚那	0	0	0
阿曼	25	0	25
波黑	1	4	5
柬埔寨	29	9	38
冰岛	40	67	107
文莱	6	10	16
多米尼加	64	1	65
伯利兹	36	12	48
拉脱维亚	20	36	56
缅甸	97	0	97
伊朗	200	34	234
乌拉圭	73	0	73
立陶宛	246	43	289
摩尔多瓦	10	71	81
塔吉克斯坦	3	0	3
亚美尼亚	30	17	47
马耳他	49	59	108
爱沙尼亚	44	51	95
阿鲁巴	0	0	0
厄瓜多尔	49	0	49
巴基斯坦	146	0	146
塞内加尔	3	0	3
约旦	173	0	173
阿尔巴尼亚	1	4	5
阿塞拜疆	44	4	48
吉尔吉斯斯坦	18	0	18
塞拉利昂	0	0	0
肯尼亚	26	1	27
莫桑比克	3	0	3
格鲁吉亚	27	12	39

续表

外国(地区)	外国(地区)申请件数	马德里申请件数	合计
土库曼斯坦	4	2	6
安提瓜和巴布达	7	1	8
赞比亚	1	0	1
马达加斯加	0	2	2
尼加拉瓜	5	0	5
委内瑞拉	30	0	30
安圭拉	41	0	41
哥斯达黎加	27	0	27
巴拉圭	12	0	12
直布罗陀	11	13	24
洪都拉斯	7	0	7
马里	14	0	14
喀麦隆	203	2	205
卡塔尔	67	0	67
伊拉克	390	2	392
巴勒斯坦	8	0	8
安道尔	0	3	3
科特迪瓦	7	0	7
利比亚	47	0	47
马绍尔群岛	89	0	89
塞舌尔	896	12	908
瓦努阿图	7	1	8
格林纳达	18	0	18
也门	179	0	179
汤加	1	0	1
巴布亚新几内亚	1	0	1
埃塞俄比亚	9	0	9
瑙鲁	0	0	0
纳米比亚	1	0	1
尼泊尔	23	0	23
孟加拉	39	3	42
根西岛	10	1	11
苏里南	0	0	0
玻利维亚	8	0	8
圣基茨和尼维斯	4	0	4
危地马拉	28	0	28
阿富汗	66	0	66
波利尼西亚	1	0	1

续表

外国(地区)	外国(地区)申请件数	马德里申请件数	合计
斐济	7	0	7
吉布提	0	0	0
安哥拉	0	0	0
特立尼达和多巴哥	2	0	2
博茨瓦纳	0	5	5
塞尔维亚	10	79	89
黑山	0	12	12
圣文森特和格林纳丁斯	0	0	0
乌干达	6	0	6
贝宁	4	0	4
毛里塔尼亚	1	0	1
坦桑尼亚	18	0	18
萨尔瓦多	15	0	15
加纳	30	0	30
刚果(金)	2	0	2
乍得	2	0	2
多哥	50	0	50
几内亚	5	24	29
布基纳法索	3	0	3
尼日尔	3	0	3
马拉维	0	0	0
卢旺达	1	0	1
老挝	3	2	5
库拉索	0	10	10
荷属圣马丁	0	0	0
厄立特里亚	0	0	0
马尔代夫	6	0	6
圣卢西亚	6	0	6
所罗门群岛	0	0	0
冈比亚	1	0	1
海地	0	0	0
布隆迪	1	0	1
赤道几内亚	0	1	1
几内亚比绍	1	0	1
加蓬	0	0	0
科摩罗	1	0	1
索马里	3	0	3
多米尼克	1	0	1

续表

外国(地区)	外国(地区)申请件数	马德里申请件数	合计
刚果(布)	3	0	3
北马里亚纳群岛	8	0	8
格陵兰岛	0	0	0
蒙特塞拉特	0	0	0
帕劳	8	0	8
英吉利海峡群岛	0	0	0

表 4　2019 年度外国(地区)在华商标注册统计　(单位:件)

外国(地区)	外国(地区)注册件数	马德里注册件数	合计
合计	155 894	72 155	228 049
阿根廷	199	1	200
澳大利亚	5384	2044	7428
奥地利	459	936	1395
巴哈马	60	0	60
巴林	3	0	3
巴巴多斯	83	2	85
比荷卢	0	0	0
百慕大	249	13	262
巴西	355	1	356
泽西岛	18	16	34
特克斯和凯科斯群岛	6	0	6
英属维尔京群岛	4259	72	4331
保加利亚	40	119	159
加拿大	3892	63	3955
智利	313	0	313
哥伦比亚	86	8	94
古巴	2	5	7
捷克	200	430	630
朝鲜	2	29	31
丹麦	1160	906	2066
埃及	70	24	94
芬兰	798	973	1771
法国	5464	7300	12 764
德国	7055	14 007	21 062
希腊	123	108	231
匈牙利	111	123	234
印度	414	105	519
爱尔兰	488	145	633

续表

外国(地区)	外国(地区)注册件数	马德里注册件数	合计
意大利	3288	4880	8168
日本	21 324	5698	27 022
科威特	14	0	14
利比里亚	12	0	12
列支敦士登	125	86	211
马来西亚	1706	15	1721
墨西哥	411	25	436
摩纳哥	77	221	298
蒙古	17	11	28
荷属安的列斯群岛	0	0	0
新西兰	1543	426	1969
尼日利亚	32	0	32
挪威	495	547	1042
巴拿马	55	2	57
秘鲁	61	0	61
菲律宾	130	20	150
波兰	406	481	887
葡萄牙	167	169	336
韩国	15 825	1329	17 154
罗马尼亚	42	62	104
沙特阿拉伯	100	4	104
新加坡	3470	663	4133
西班牙	1220	1301	2521
瑞典	1308	1369	2677
瑞士	3319	4793	8112
泰国	2231	58	2289
阿联酋	386	81	467
突尼斯	6	10	16
美国	37 993	7501	45 494
英国	12 650	5243	17 893
津巴布韦	7	0	7
阿尔及利亚	23	9	32
摩洛哥	52	63	115
库克群岛	32	0	32
圣马力诺	15	11	26
苏丹	9	0	9
越南	171	142	313
斯洛伐克	33	115	148

续表

外国(地区)	外国(地区)注册件数	马德里注册件数	合计
俄罗斯	1062	3175	4237
北马其顿	0	33	33
乌克兰	94	320	414
哈萨克斯坦	33	121	154
白俄罗斯	20	171	191
乌兹别克斯坦	12	7	19
克罗地亚	12	17	29
斯洛文尼亚	37	214	251
比利时	532	946	1478
卢森堡	358	522	880
塞浦路斯	109	314	423
牙买加	0	0	0
叙利亚	72	4	76
荷兰	1836	1888	3724
印度尼西亚	858	13	871
波多黎各	15	1	16
以色列	525	301	826
斯里兰卡	25	0	25
南非	288	5	293
萨摩亚	472	0	472
黎巴嫩	41	0	41
毛里求斯	46	9	55
土耳其	284	632	916
马恩岛	77	0	77
开曼群岛	5878	25	5903
圭亚那	0	0	0
阿曼	12	1	13
波黑	2	1	3
柬埔寨	13	5	18
冰岛	31	58	89
文莱	6	1	7
多米尼加	16	1	17
伯利兹	75	33	108
拉脱维亚	16	35	51
缅甸	71	0	71
伊朗	185	27	212
乌拉圭	50	0	50
立陶宛	143	51	194

续表

外国(地区)	外国(地区)注册件数	马德里注册件数	合计
摩尔多瓦	9	59	68
塔吉克斯坦	7	0	7
亚美尼亚	17	15	32
马耳他	78	61	139
爱沙尼亚	26	88	114
阿鲁巴	0	0	0
厄瓜多尔	34	0	34
巴基斯坦	144	0	144
塞内加尔	19	0	19
约旦	55	0	55
阿尔巴尼亚	0	1	1
阿塞拜疆	24	6	30
吉尔吉斯斯坦	6	0	6
塞拉利昂	3	0	3
肯尼亚	18	3	21
莫桑比克	1	0	1
格鲁吉亚	19	6	25
土库曼斯坦	4	4	8
安提瓜和巴布达	14	0	14
赞比亚	0	0	0
马达加斯加	1	0	1
尼加拉瓜	2	0	2
委内瑞拉	34	0	34
安圭拉	215	0	215
哥斯达黎加	13	0	13
巴拉圭	11	0	11
直布罗陀	12	9	21
洪都拉斯	0	0	0
马里	15	0	15
喀麦隆	7	0	7
卡塔尔	41	0	41
伊拉克	202	1	203
巴勒斯坦	9	0	9
安道尔	5	3	8
科特迪瓦	16	0	16
利比亚	20	0	20
马绍尔群岛	81	3	84
塞舌尔	1008	6	1014

续表

外国(地区)	外国(地区)注册件数	马德里注册件数	合计
瓦努阿图	31	1	32
格林纳达	7	0	7
也门	82	0	82
汤加	0	0	0
巴布亚新几内亚	2	0	2
埃塞俄比亚	2	0	2
瑙鲁	0	0	0
纳米比亚	0	0	0
尼泊尔	30	0	30
孟加拉	18	0	18
根西岛	4	0	4
苏里南	0	0	0
玻利维亚	13	0	13
圣基茨和尼维斯	12	0	12
危地马拉	17	0	17
阿富汗	50	0	50
波利尼西亚	0	0	0
斐济	5	0	5
吉布提	0	0	0
安哥拉	6	0	6
特立尼达和多巴哥	0	0	0
博茨瓦纳	1	4	5
塞尔维亚	19	114	133
黑山	1	14	15
圣文森特和格林纳丁斯	0	0	0
乌干达	4	0	4
贝宁	0	0	0
毛里塔尼亚	6	0	6
坦桑尼亚	11	0	11
萨尔瓦多	3	0	3
加纳	8	0	8
刚果(金)	3	0	3
乍得	1	0	1
多哥	0	0	0
几内亚	2	40	42
布基纳法索	2	0	2
尼日尔	2	0	2
马拉维	0	0	0

续表

外国(地区)	外国(地区)注册件数	马德里注册件数	合计
卢旺达	0	0	0
老挝	2	1	3
库拉索	14	20	34
荷属圣马丁	0	0	0
厄立特里亚	0	0	0
马尔代夫	4	0	4
圣卢西亚	0	0	0
所罗门群岛	0	0	0
冈比亚	1	0	1
海地	0	0	0
布隆迪	0	0	0
赤道几内亚	0	0	0
几内亚比绍	0	0	0
加蓬	0	0	0
科摩罗	0	0	0
索马里	1	0	1
多米尼克	3	0	3
刚果(布)	0	0	0
北马里亚纳群岛	0	0	0
格陵兰岛	0	0	0
蒙特塞拉特	0	0	0
帕劳	0	0	0
英吉利海峡群岛	3	0	3

表 5　　2019 年度按类申请和注册商标统计　　(单位:件)

类别	申请				注册			
	国内	国际	马德里	合计	国内	国际	马德里	合计
1	98 556	2877	1525	102 958	83 772	2677	1828	88 277
2	42 351	945	415	43 711	38 325	864	479	39 668
3	290 159	17 375	2914	310 448	213 436	11 868	3013	228 317
4	34 896	1256	536	36 688	32 057	1090	667	33 814
5	264 280	10 501	2857	277 638	212 173	8526	3020	223 719
6	100 861	2210	1119	104 190	85 995	1931	1320	89 246
7	150 004	4360	2310	156 674	131 067	3928	2840	137 835
8	53 409	2229	693	56 331	47 633	1913	903	50 449
9	429 255	14 524	7284	451 063	348 262	12 417	7717	368 396
10	128 197	4751	1702	134 650	97 504	3728	1866	103 098

续表

类别	申请				注册			
	国内	国际	马德里	合计	国内	国际	马德里	合计
11	181 291	4929	1679	187 899	155 045	4032	1888	160 965
12	88 533	3045	1383	92 961	73 820	2538	1414	77 772
13	12 495	273	74	12 842	12 515	295	108	12 918
14	109 600	3119	1221	113 940	90 904	2592	1280	94 776
15	26 013	688	166	26 867	24 908	563	186	25 657
16	163 108	5191	1764	170 063	133 731	4920	2213	140 864
17	45 338	1267	771	47 376	39 329	1192	898	41 419
18	105 431	5365	1827	112 623	97 324	4454	1959	103 737
19	82 422	1144	674	84 240	75 380	1027	785	77 192
20	161 930	3494	1293	166 717	154 503	3006	1528	159 037
21	174 728	5048	1311	181 087	140 033	4383	1665	146 081
22	27 125	693	249	28 067	25 906	707	322	26 935
23	17 435	313	109	17 857	16 729	323	152	17 204
24	98 589	2781	925	102 295	82 682	2434	1076	86 192
25	440 721	11 204	3313	455 238	405 291	7729	3011	416 031
26	38 278	926	256	39 460	33 419	941	347	34 707
27	43 353	1065	308	44 726	37 327	899	384	38 610
28	117 818	5211	1566	124 595	104 847	5017	1741	111 605
29	319 940	5575	1191	326 706	271 606	4796	1322	277 724
30	460 695	7521	1529	469 745	382 610	6478	1752	390 840
31	202 521	2594	605	205 720	169 777	2123	692	172 592
32	171 156	4699	990	176 845	129 102	3654	1042	133 798
33	220 335	4613	1230	226 178	137 813	3415	1159	142 387
34	30 737	898	213	31 848	25 049	814	227	26 090
35	1 050 814	15 327	4840	1 070 981	755 685	11 650	4 054	771 389
36	98 680	2387	1245	102 312	85 776	2166	1342	89 284
37	96 669	1699	1455	99 823	85 568	1753	1685	89 006
38	96 536	1914	1286	99 736	76 445	1817	1486	79 748
39	89 140	1410	925	91 475	84 000	1616	1080	86 696
40	72 701	1171	838	74 710	64 232	1158	1040	66 430
41	320 055	7471	2900	330 426	238 799	6142	3119	248 060
42	261 697	6072	4477	272 246	202 321	5301	4589	212 211
43	354 107	4183	867	359 157	297 387	3321	896	301 604
44	137 846	2807	1079	141 732	113 517	2343	1200	117 060
45	72 551	1364	682	74 597	64 187	1353	860	66 400
合计	7 582 356	188 489	66 596	7 837 441	6 177 791	155 894	72 155	6 405 840

表 6　　1979—2019 年商标注册申请及核准注册商标统计　　(单位:件)

年份	申请				核准注册			
	国内	国际	马德里	合计	国内	国际	马德里	合计
1979 年	0	0	0	0	27 459	5130	0	32 589
1980 年	26 177	0	0	26 177	15 348	1297	0	16 645
1981 年	23 004	0	0	23 004	15 707	2049	0	17 756
1982 年	17 000	1565	0	18 565	12 385	4672	0	17 057
1983 年	19 120	1687	0	20 807	4293	2278	0	6571
1984 年	26 487	3077	0	29 564	13 252	1518	0	14 770
1985 年	43 445	5798	0	49 243	19 584	2084	0	21 668
1986 年	45 031	5939	0	50 970	26 993	5126	0	32 119
1987 年	40 014	4055	0	44 069	27 687	4454	0	32 141
1988 年	41 683	5866	0	47 549	25 448	3604	0	29 052
1989 年	43 202	5209	0	48 411	31 810	4625	0	36 435
1990 年	50 853	4371	2048	57 272	25 966	4036	1269	31 271
1991 年	59 124	5885	2595	67 604	34 501	3523	2306	40 330
1992 年	79 837	8367	2591	90 795	42 710	4198	1180	48 088
1993 年	107 758	21 014	3551	132 323	42 668	3999	2059	48 726
1994 年	117 186	20 238	5193	142 617	47 482	7803	3016	58 301
1995 年	144 610	21 442	6094	172 146	59 895	12 591	19 380	91 866
1996 年	122 057	22 615	7132	151 804	101 178	15 843	11 407	128 428
1997 年	118 577	21 676	8502	148 755	188 047	24 958	10 033	223 038
1998 年	129 394	18 252	10 037	157 683	80 095	14 137	13 478	107 710
1999 年	140 620	18 883	11 212	170 715	96 139	13 896	12 366	122 401
2000 年	181 717	24 623	16 837	223 177	129 441	16 327	12 807	158 575
2001 年	229 775	23 234	17 408	270 417	167 563	19 017	16 259	202 839
2002 年	321 034	37 221	13 681	371 936	169 904	23 364	19 265	212 533
2003 年	405 620	33 912	12 563	452 095	206 070	21 188	15 253	242 511
2004 年	527 591	44 938	15 396	587 925	225 394	25 069	16 156	266 619
2005 年	593 382	52 166	18 469	664 017	218 731	23 792	16 009	258 532
2006 年	669 276	56 840	40 203	766 319	228 814	25 254	21 573	275 641
2007 年	604 952	59 714	43 282	707 948	215 161	19 159	29 158	263 478
2008 年	590 525	60 704	46 890	698 119	342 498	31 870	29 101	403 469
2009 年	741 763	51 966	36 748	830 477	737 228	68 471	31 944	837 643
2010 年	973 460	67 838	30 889	1 072 187	1 211 428	108 510	29 299	1 349 237
2011 年	1 273 827	95 831	47 127	1 416 785	926 330	66 074	30 294	1 022 698
2012 年	1 502 540	97 190	48 586	1 648 316	919 951	58 656	26 290	1 004 897
2013 年	1 733 361	95 177	53 008	1 881 546	909 541	59 496	27 687	996 724
2014 年	2 139 973	93 284	52 101	2 285 358	1 242 840	86 394	45 870	1 375 104
2015 年	2 699 156	116 687	60 205	2 876 048	2 077 037	99 852	49 552	2 226 441
2016 年	3 526 827	112 347	52 191	3 691 365	2 119 032	97 497	38 416	2 254 945
2017 年	5 538 980	141 951	67 244	5 748 175	2 656 039	94 147	41 886	2 792 072
2018 年	7 127 032	174 959	68 718	7 370 709	4 796 851	129 336	81 208	5 007 395
2019 年	7 582 356	188 489	66 596	7 837 441	6 177 791	155 894	72 155	6 405 840
合计	40 358 326	1 825 010	867 097	43 050 433	26 616 291	1 371 188	726 676	28 714 155

(国家知识产权局商标局)

版　权

表 1　　**2019 年全国作品登记情况统计**　　（单位：件）

范围	文字	口述	音乐	戏剧	曲艺	舞蹈	杂技	美术	摄影	建筑	影视	图形	模型	其他	录音	录像	合计
合计	179 314	841	17 283	453	262	163	16	1 288 139	1 015 620	262	88 230	16 075	550	39 644	35 232	19 480	2 701 564
北京	4360	0	4013	2	0	0	0	270 081	707 450	0	2397	857	6	1025	0	12 900	1 003 091
天津	370	0	11	14	0	0	0	29 919	8002	0	19 746	87	0	4	0	0	58 153
河北	3839	4	80	8	214	16	1	11 633	2036	0	91	60	42	694	11	275	19 004
山西	116	0	31	1	0	1	0	305	0	0	50	25	0	65	0	0	594
内蒙古	244	10	146	10	1	3	0	654	69	0	6	8	0	201	53	6	1411
辽宁	1995	0	806	11	0	0	1	5430	194	0	2059	2	0	0	3	11	10 512
吉林	266	0	139	38	0	10	0	4923	0	0	4	5	0	224	0	0	5609
黑龙江	305	0	118	0	0	0	0	167	63	0	5	0	0	0	0	0	658
上海	22 532	0	742	23	0	11	0	151 357	59 283	1	13 015	887	0	10 450	30 510	2992	291 803
江苏	46 899	332	743	64	7	25	3	161 241	18 335	9	16 251	1746	6	0	457	489	246 607
浙江	1675	0	98	1	0	1	0	20 263	2022	0	45	15	0	678	10	43	24 851
安徽	696	0	54	26	1	1	0	8473	32 108	0	130	664	49	32	3	141	42 378
福建	936	3	1105	10	3	0	2	105 196	1012	131	1640	584	177	215	97	844	111 955
江西	5860	187	50	3	0	0	0	5345	244	0	773	39	1	0	279	15	12 796
山东	5584	236	565	4	8	4	2	22 252	69 626	3	1461	454	7	103	0	0	100 309
河南	736	0	24	2	0	0	0	742	193	0	79	10	0	45	0	0	1831
湖北	4522	0	47	7	2	5	0	31 609	7074	0	302	160	0	1	1054	235	45 018
湖南	591	0	64	1	0	0	2	1886	633	24	516	290	0	99	5	970	5081
广东	2065	18	1372	2	5	1	1	34 989	4021	0	729	1392	9	2957	1746	30	49 337
广西	458	0	157	0	0	0	0	1706	18	0	16	475	1	16	3	153	3003
海南	33	0	28	5	0	1	0	82	4	0	1	23	0	9	0	0	186
重庆	4181	1	601	7	1	3	0	62 072	51 751	17	21 449	1385	35	16 020	32	137	157 692
四川	52 739	42	1684	3	13	24	4	64 521	46 958	64	1640	3188	164	16	0	0	171 060
贵州	698	0	117	1	0	1	0	30 310	2629	7	311	2412	48	355	82	16	36 987
云南	387	0	78	0	0	0	0	328	349	0	12	0	0	4	2	0	1160
西藏	0	0	0	0	0	0	0	22	0	0	3	0	0	0	0	0	25
陕西	1815	0	113	52	1	0	0	13 049	91	0	712	12	0	109	19	9	15 982
甘肃	33	0	20	2	0	1	0	302	415	0	4	0	0	11	0	0	788
青海	0	0	0	0	0	0	0	0	0	0	0	0	0	0	0	0	0
宁夏	31	0	3	0	0	0	0	131	0	0	0	49	0	0	0	0	214
新疆	111	0	86	0	0	0	0	696	1	0	6	24	3	0	0	1	928
中国版权保护中心	15 237	8	4188	156	6	55	0	248 455	1039	6	4777	1222	2	6311	866	213	282 541

注：中国版权保护中心登记 548 100 件，含作品登记出证 251 488 件/系列，涉及作品 282 541 件，数字作品版权登记 265 559 件。

表 2　　2019 年全国输出出版物版权汇总　　（单位：项）

版权购买者所在国家或地区名称	合计	图书	录音制品	录像制品	电子出版物
输出出版物版权总数	14 816	13 680	290	8	838
美国	1003	614			389
英国	505	493			12
德国	389	381			8
法国	194	170			24
俄罗斯	954	947	2	3	2
加拿大	130	130			
新加坡	476	404			72
日本	361	357			4
韩国	918	836	3	1	78
中国香港	1137	879	253	2	3
中国澳门	12	11	1		
中国台湾	1556	1441	10		105
其他	7181	7017	21	2	141

表 3　　2019 年全国引进出版物版权汇总　　（单位：项）

原版权所在国家或地区名称	合计	图书	录音制品	录像制品	电子出版物
引进出版物版权总数	15 977	15 684	78	204	11
美国	4322	4234	15	73	
英国	3420	3409	3	7	1
德国	1234	1225	3	6	
法国	1056	1046	2	8	
俄罗斯	82	75		7	
加拿大	108	103		5	
新加坡	264	236	22	6	
日本	2224	2162	4	52	6
韩国	407	404			3
中国香港	216	203	10	3	
中国澳门	3	3			
中国台湾	816	797	19		
其他	1825	1787		37	1

（中央宣传部版权管理局）

集成电路布图设计

表 1　　2019 年集成电路布图设计登记申请统计　　(单位:件)

地区	申请数量
合计	8319
国内	8223
东部地区	6678
中部地区	1038
西部地区	453
东北地区	45
北京	331
天津	77
河北	36
山西	33
内蒙古	2
辽宁	20
吉林	17
黑龙江	8
上海	1181
江苏	1976
浙江	435
安徽	402
福建	108
江西	12
山东	151
河南	319
湖北	219
湖南	53
广东	2369
广西	9
海南	14
重庆	48
四川	251
贵州	38

续表

地区	申请数量
云南	0
西藏	0
陕西	94
甘肃	0
青海	0
宁夏	9
新疆	2
台湾	7
香港	2
澳门	0
国外	96
美国	88
英国	4
英属维尔京群岛	3
意大利	1

表 2 **2019 年集成电路布图设计登记发证统计** （单位：件）

地区	发证数量
合计	6614
国内	6473
东部地区	5215
中部地区	845
西部地区	368
东北地区	37
北京	322
天津	50
河北	30
山西	24
内蒙古	1
辽宁	11
吉林	10
黑龙江	16
上海	958
江苏	1465
浙江	346
安徽	297

续表

地区	发证数量
福建	117
江西	6
山东	115
河南	300
湖北	162
湖南	56
广东	1800
广西	6
海南	12
重庆	43
四川	215
贵州	28
云南	0
西藏	0
陕西	65
甘肃	0
青海	0
宁夏	7
新疆	3
台湾	4
香港	4
澳门	0
国外	141
美国	136
英国	2
英属维尔京群岛	3
意大利	0

（国家知识产权局战略规划司）

农业植物新品种

1999—2019 年品种权申请与授权情况汇总

表 1　　根据植物种类划分的统计　　（单位:件）

作物种类	植物种类	申请量	授权量	2018 年申请量	2019 年申请量	2019 年授权量
大田作物 申请量:26 437 授权量:11 591	水稻	8886	4077	1151	1600	509
	玉米	10 773	4620	1473	2366	814
	普通小麦	2497	997	344	368	172
	大豆	1363	657	237	229	58
	甘蓝型油菜	430	224	40	54	10
	花生	409	171	62	68	38
	甘薯	197	86	36	39	27
	谷子	154	62	20	20	21
	高粱	123	62	27	12	12
	大麦属	164	80	16	17	10
	苎麻属	3	3	0	0	0
	棉属	712	377	65	98	23
	亚麻	6	4	0	0	0
	桑属	28	13	9	4	0
	芥菜型油菜	1	0	0	0	0
	绿豆	49	16	2	12	11
	豌豆	13	3	2	3	0
	橡胶树	20	10	4	6	2
	茶组	219	55	41	57	19
	芝麻	27	8	2	5	4
	木薯	10	0	7	3	0
	甘蔗属	121	43	14	38	3
	小豆	23	6	0	3	4
	燕麦	9	0	0	5	0
	烟草	10	6	3	0	0
	向日葵	142	6	25	18	5
	荞麦属	15	0	10	4	0
	白菜型油菜	12	0	3	4	0
	薏苡属	2	0	0	0	0

续表

作物种类	植物种类	申请量	授权量	2018 年申请量	2019 年申请量	2019 年授权量
大田作物 申请量:26 437 授权量:11 591	蓖麻	14	4	8	1	4
	甜菊(甜叶菊)	5	1	1	1	1
	稷(糜子)	0	0	0	0	0
	大麻槿(红麻)	0	0	0	0	0
蔬菜 申请量:3392 授权量:872	大白菜	200	73	42	53	9
	马铃薯	193	103	25	17	34
	普通番茄	433	121	62	100	31
	黄瓜	230	83	33	69	3
	辣椒属	564	113	110	184	12
	普通西瓜	414	88	69	149	16
	普通结球甘蓝	123	52	19	24	16
	食用萝卜	68	11	15	24	0
	茄子	88	31	26	16	5
	蚕豆	27	15	4	2	2
	菜豆	52	8	10	8	1
	豇豆	33	7	5	11	0
	大葱	16	1	7	5	0
	西葫芦	75	33	16	9	5
	花椰菜	79	18	21	29	1
	芹菜	5	1	1	0	0
	胡萝卜	9	0	1	6	0
	甜瓜	204	50	30	70	9
	大蒜	11	5	2	2	0
	不结球白菜	159	19	44	67	6
	莲	58	6	16	23	1
	芥菜	25	3	10	8	1
	芥蓝	21	1	16	0	1
	莴苣	22	0	5	3	0
	苦瓜	55	21	1	26	17
	冬瓜	14	1	5	7	1
	菠菜	10	0	0	7	0
	南瓜	82	6	21	24	6
	丝瓜属	6	2	0	4	2
	青花菜	36	0	21	10	0
	洋葱	28	0	9	15	0
	姜	0	0	0	0	0
	茭白(菰)	1	0	0	1	0
	芦笋(石刁柏)	0	0	0	0	0

续表

作物种类	植物种类	申请量	授权量	2018 年申请量	2019 年申请量	2019 年授权量
蔬菜 申请量:3392 授权量:872	山药(薯蓣)	7	0	2	5	0
	菊芋	1	0	0	0	0
	咖啡黄葵	4	0	1	2	0
	甜菜	0	0	0	0	0
	苋属	1	0	0	1	0
	魔芋属	2	0	0	2	0
	芋	1	0	0	1	0
	荠	0	0	0	0	0
	蕹菜(空心菜)	16	0	0	16	0
	芫荽(香菜)	2	0	0	2	0
	韭菜	11	0	0	11	0
	紫苏	6	0	0	6	0
观赏植物 申请量:2241 授权量:963	春兰	7	0	0	2	0
	菊属	614	309	107	109	117
	石竹属	185	76	10	27	4
	唐菖蒲属	3	2	0	0	0
	兰属	100	29	9	20	3
	百合属	138	72	6	2	3
	鹤望兰属	0	0	0	0	0
	补血草属	4	3	0	0	0
	非洲菊	186	100	18	26	5
	花毛茛	19	0	12	0	0
	华北八宝	0	0	0	0	0
	雁来红	0	0	0	0	0
	花烛属	255	129	26	29	28
	果子蔓属	60	38	1	5	0
	蝴蝶兰属	571	161	57	257	83
	秋海棠属	30	20	5	3	9
	凤仙花	3	0	1	0	0
	非洲凤仙花	0	0	0	0	0
	新几内亚凤仙花	17	10	1	0	2
	万寿菊属	17	7	0	0	0
	郁金香属	1	0	0	1	0
	仙客来	0	0	0	0	0
	一串红	7	0	6	1	0
	三色堇	0	0	0	0	0
	矮牵牛(碧冬茄)	30	0	12	10	0
	马蹄莲属	19	0	12	0	0

续表

作物种类	植物种类	申请量	授权量	2018 年申请量	2019 年申请量	2019 年授权量
观赏植物 申请量:2241 授权量:963	铁线莲属	1	0	0	1	0
	石斛属	45	3	12	18	3
	萱草属	51	4	28	4	4
	薰衣草属	4	0	0	4	0
	欧报春	0	0	0	0	0
	水仙属	0	0	0	0	0
	石蒜属	1	0	0	1	0
	睡莲属	4	0	0	4	0
	天竺葵属	3	0	0	3	0
	鸢尾属	21	0	0	21	0
	芍药组	1	0	0	1	0
	六出花属	9	0	0	9	0
	香雪兰属	0	0	0	0	0
	蟹爪兰属	14	0	0	14	0
	朱顶红属	7	0	0	7	0
	满天星	5	0	0	5	0
	松果菊属	9	0	0	9	0
果树 申请量:1302 授权量:513	梨属	140	82	18	14	17
	桃	118	64	20	19	7
	荔枝	13	5	3	6	2
	苹果属	190	66	55	31	23
	柑橘属	131	58	23	20	5
	香蕉	37	17	11	6	4
	猕猴桃属	183	88	26	36	16
	葡萄属	172	72	46	18	10
	李	29	5	3	6	1
	草莓	168	40	19	27	8
	龙眼	1	0	0	1	0
	枇杷	15	8	1	4	0
	樱桃	26	3	9	8	0
	芒果	33	0	12	6	0
	杨梅属	4	3	0	1	2
	椰子	10	0	3	7	0
	凤梨属	10	2	4	4	2
	番木瓜	0	0	0	0	0
	木菠萝(菠萝蜜)	1	0	0	1	0
	无花果	3	0	1	1	0
	可可	1	0	0	1	0

续表

作物种类	植物种类	申请量	授权量	2018年申请量	2019年申请量	2019年授权量
果树 申请量:1302 授权量:513	芭蕉属	0	0	0	0	0
	量天尺属	4	0	0	4	0
	西番莲属	11	0	0	11	0
	梅	2	0	0	2	0
牧草 申请量:31 授权量:5	紫花苜蓿	11	1	1	3	0
	草地早熟禾	4	0	0	0	0
	酸模属	4	0	0	0	0
	柱花草属	6	2	1	2	0
	结缕草	4	2	0	0	2
	狗牙根属	1	0	0	1	0
	鸭茅	0	0	0	0	0
	红车轴草(红三叶)	0	0	0	0	0
	黑麦草属	0	0	0	0	0
	羊茅属	0	0	0	0	0
	狼尾草属	1	0	0	1	0
	白车轴草(白三叶)	0	0	0	0	0
菌类 申请量:111 授权量:9	白灵侧耳	13	1	0	10	0
	羊肚菌属	9	5	0	4	0
	香菇	24	0	7	10	0
	黑木耳	8	3	1	4	0
	灵芝属	7	0	3	2	0
	双孢蘑菇	14	0	10	1	0
	金针菇	2	0	0	2	0
	蛹虫草	0	0	0	0	0
	长根菇	0	0	0	0	0
	猴头菌	0	0	0	0	0
	毛木耳	5	0	0	5	0
	蝉花	1	0	0	1	0
	真姬菇	8	0	0	8	0
	平菇(糙皮侧耳、弗罗里达侧耳)	19	0	0	19	0
	秀珍菇(肺形侧耳)	1	0	0	1	0
药用植物 申请量:89 授权量:6	人参	6	3	1	0	0
	三七	4	3	0	0	2
	枸杞属	1	0	1	0	0
	天麻	0	0	0	0	0
	灯盏花(短莛飞蓬)	0	0	0	0	0
	何首乌	0	0	0	0	0

续表

作物种类	植物种类	申请量	授权量	2018年申请量	2019年申请量	2019年授权量
药用植物 申请量:89 授权量:6	菘蓝	1	0	1	0	0
	红花	0	0	0	0	0
	淫羊藿属	1	0	0	1	0
	金银花	1	0	0	1	0
	柴胡属	0	0	0	0	0
	黄芪属	0	0	0	0	0
	美丽鸡血藤（牛大力）	67	0	0	67	0
	穿心莲	0	0	0	0	0
	丹参	4	0	0	4	0
	黄花蒿	4	0	0	4	0
	砂仁	0	0	0	0	0
合计		33 803	13 959	4854	7032	2288

表2 根据单位性质划分的统计 （单位：件）

单位性质	申请量	授权量	2018年申请量	2019年申请量
国内企业	15 417	5609	2355	3648
国内科研	12 488	6022	1565	2307
国内教学	2294	1045	365	408
国内个人	1371	466	216	280
国外企业	2057	795	326	363
国外科研	112	3	2	21
国外教学	41	13	6	2
国外个人	23	6	1	3
合计	33 803	13 959	4854	7032

表3 根据地区划分的统计 （单位：件）

范围	排名	地区	申请量	授权量	2018年申请量	2019年申请量
国内	1	北京	3518	1398	515	615
	2	河南	3019	1119	490	738
	3	山东	2399	986	315	482
	4	黑龙江	2143	909	339	443
	5	江苏	1881	971	214	313
	6	安徽	1958	712	237	457
	7	四川	1487	856	149	183
	8	湖南	1471	565	246	330
	9	河北	1569	608	215	425
	10	吉林	1192	691	82	133

续表

范围	排名	地区	申请量	授权量	2018 年申请量	2019 年申请量
国内	11	广东	1262	396	259	319
	12	云南	1128	517	139	211
	13	辽宁	1028	505	135	187
	14	浙江	1024	385	131	264
	15	福建	1017	312	138	351
	16	湖北	775	316	148	164
	17	广西	578	237	104	129
	18	上海	549	260	65	103
	19	内蒙古	468	206	43	99
	20	陕西	377	159	52	45
	21	天津	368	153	83	62
	22	甘肃	427	107	104	127
	23	山西	357	165	61	81
	24	江西	316	122	62	65
	25	贵州	298	140	32	47
	26	新疆	274	121	34	51
	27	重庆	240	115	36	24
	28	海南	258	52	49	136
	29	台湾	62	15	10	8
	30	宁夏	98	28	3	48
	31	青海	21	12	6	3
	32	西藏	11	5	6	0
国外	1	荷兰	698	325	101	126
	2	美国	663	250	109	106
	3	日本	201	50	44	27
	4	法国	167	60	20	30
	5	德国	123	35	21	23
	6	韩国	97	48	0	1
	7	瑞士	119	15	31	50
	8	意大利	44	5	12	10
	9	以色列	25	4	7	1
	10	西班牙	27	10	0	5
	11	新西兰	20	6	0	2
	12	澳大利亚	18	4	1	2
	13	南非	7	1	5	0
	14	比利时	12	2	0	6
	15	英国	3	1	0	0
	16	爱尔兰	1	0	0	0

续表

范围	排名	地区	申请量	授权量	2018 年申请量	2019 年申请量
国外	17	希腊	1	0	0	0
	18	智利	1	0	0	0
	19	新加坡	1	0	0	0
	20	捷克	1	0	0	0
	21	卢森堡	1	0	1	0
合计			33 803	13 959	4854	7032

表 4　　1999—2019 年国外植物新品种权申请情况统计　　（单位：件）

申请地区	植物种类	申请量
荷兰（698 件）	菊属	182
	花烛属	150
	蝴蝶兰属	92
	百合属	51
	马铃薯	36
	石竹属	28
	果子蔓属	26
	辣椒属	22
	秋海棠属	21
	马蹄莲属	14
	非洲菊	26
	普通番茄	12
	茄子	8
	萱草属	6
	普通结球甘蓝	3
	黄瓜	2
	莴苣	3
	洋葱	1
	胡萝卜	1
	柑橘属	1
	甜瓜	1
	苹果属	1
	普通西瓜	1
	梨属	1
	六出花属	9
美国（663 件）	玉米	500
	草莓	55
	葡萄属	46
	普通番茄	26

续表

申请地区	植物种类	申请量
美国(663件)	辣椒属	14
	苹果属	8
	梨属	2
	柑橘属	2
	秋海棠属	2
	甜菊(甜叶菊)	1
	满天星	1
	松果菊属	5
	狗牙根属	1
日本(201件)	菊属	22
	水稻	19
	新几内亚凤仙花	17
	草莓	19
	辣椒属	2
	苹果属	15
	梨属	9
	兰属	9
	石竹属	9
	矮牵牛(碧冬茄)	13
	香菇	8
	石斛属	6
	柑橘属	7
	莴苣	5
	花毛茛	5
	葡萄属	6
	桃	6
	蝴蝶兰属	3
	马蹄莲属	2
	大豆	1
	普通番茄	1
	甘薯	3
	洋葱	1
	山药(薯蓣)	1
	猕猴桃属	1
	甜瓜	1
	樱桃	2
	茶组	2
	大麦属	1

续表

申请地区	植物种类	申请量
日本(201 件)	金针菇	1
	铁线莲属	1
	真姬菇	3
法国(167 件)	玉米	154
	马铃薯	6
	苹果属	2
	草莓	2
	高粱	1
	大麦属	1
	梨属	1
德国(123 件)	玉米	94
	菊属	5
	马铃薯	5
	梨属	3
	樱桃	4
	李	2
	水稻	2
	苹果属	1
	天竺葵属	2
	石竹属	4
	秋海棠属	1
韩国(97 件)	梨属	24
	菊属	22
	葡萄属	8
	苹果属	7
	玉米	7
	马铃薯	5
	猕猴桃属	5
	人参	4
	兰属	4
	甘薯	3
	桃	2
	水稻	2
	草莓	2
	唐菖蒲属	1
	普通结球甘蓝	1
瑞士(119 件)	玉米	86
	莴苣	6

续表

申请地区	植物种类	申请量
瑞士(119件)	大豆	3
	青花菜	6
	矮牵牛(碧冬茄)	2
	普通番茄	5
	普通西瓜	5
	向日葵	2
	菠菜	1
	辣椒属	1
	天竺葵属	1
	薰衣草属	1
意大利(44件)	花毛茛	12
	草莓	11
	苹果属	10
	石竹属	5
	梨属	2
	葡萄属	2
	猕猴桃属	2
以色列(25件)	蓖麻	9
	矮牵牛(碧冬茄)	6
	非洲菊	4
	草莓	3
	满天星	1
	普通番茄	2
西班牙(27件)	石竹属	13
	柑橘属	5
	草莓	5
	向日葵	1
	满天星	3
新西兰(20件)	猕猴桃属	9
	苹果属	10
	梨属	1
澳大利亚(18件)	苹果属	9
	柑橘属	3
	大麦属	2
	芒果	2
	李	2

续表

申请地区	植物种类	申请量
南非(7 件)	柑橘属	7
比利时(12 件)	苹果属	4
	果子蔓属	2
	菊属	6
英国(3 件)	葡萄属	1
	苹果属	1
	马铃薯	1
爱尔兰(1 件)	马铃薯	1
希腊(1 件)	猕猴桃属	1
智利(1 件)	葡萄属	1
新加坡(1 件)	凤梨属	1
捷克(1 件)	樱桃	1
卢森堡(1 件)	苹果属	1
合计		2230

（农业农村部科技教育司）

林草植物新品种

表 1　　1999—2019 年林草植物新品种申请量和授权量统计　　(单位:件)

年份	申请量			授权		
	国内申请人	国外申请人	合计	国内品种权人	国外品种权人	合计
1999 年	181	1	182	6	0	6
2000 年	7	4	11	18	5	23
2001 年	8	2	10	19	0	19
2002 年	13	4	17	1	0	1
2003 年	14	35	49	7	0	7
2004 年	17	19	36	16	0	16
2005 年	41	32	73	19	22	41
2006 年	22	29	51	8	0	8
2007 年	35	26	61	33	45	78
2008 年	57	20	77	35	5	40
2009 年	62	5	67	42	13	55
2010 年	85	4	89	26	0	26
2011 年	123	16	139	11	0	11
2012 年	196	26	222	169	0	169
2013 年	169	8	177	115	43	158
2014 年	243	11	254	150	19	169
2015 年	208	65	273	164	12	176
2016 年	328	72	400	178	17	195
2017 年	516	107	623	153	7	160
2018 年	720	186	906	359	46	405
2019 年	656	146	802	351	88	439
合计	3701	818	4519	1880	322	2202

表 2　　1999—2019 年林草授权植物新品种中不同植物类别授权量统计　　(单位:件)

年份	林木	经济林	观赏植物	竹	木质藤本	其他	合计
1999 年	6	0	0	0	0	0	6
2000 年	3	0	20	0	0	0	23
2001 年	2	2	14	0	0	1	19
2002 年	0	1	0	0	0	0	1

续表

年份	林木	经济林	观赏植物	竹	木质藤本	其他	合计
2003 年	6	1	0	0	0	0	7
2004 年	6	4	5	0	0	1	16
2005 年	3	1	34	0	0	3	41
2006 年	5	0	3	0	0	0	8
2007 年	7	1	70	0	0	0	78
2008 年	10	6	19	1	0	4	40
2009 年	14	1	39	0	0	1	55
2010 年	10	6	10	0	0	0	26
2011 年	2	1	5	0	0	3	11
2012 年	27	20	113	0	2	7	169
2013 年	34	9	114	1	0	0	158
2014 年	24	13	121	1	0	10	169
2015 年	31	28	106	1	2	8	176
2016 年	44	40	104	2	3	2	195
2017 年	18	17	120	1	1	3	160
2018 年	62	99	238	2	3	1	405
2019 年	69	70	287	1	0	12	439
合计	383	320	1422	10	11	56	2202

表 3　　1999—2019 年林草授权植物新品种中各国的授权量统计　　（单位：件）

排名	国家	1999—2019 年授权总量	2019 年授权量	主要植物属
1	中国	1880	351	蔷薇属、杨属、山茶属、杜鹃花属
2	荷兰	101	37	蔷薇属
3	德国	64	7	蔷薇属、大戟属
4	法国	46	15	蔷薇属
4	美国	39	8	悬钩子属、越桔属、大戟属、槭属
6	英国	34	4	蔷薇属
7	丹麦	23	15	蔷薇属
8	比利时	6	0	杜鹃花属
9	意大利	4	0	蔷薇属
10	日本	3	1	绣球属、铁线莲属、柿
11	新西兰	1	0	蔷薇属
12	澳大利亚	1	1	蔷薇属
合计		2202	439	

表 4　　1999—2019 年各国授权品种的属(种)授权量统计　　(单位:件)

属(种)	授权总量											
	中国	荷兰	德国	法国	美国	英国	丹麦	比利时	意大利	日本	澳大利亚	新西兰	合计
蔷薇属	189	96	49	46	0	31	23	0	4	0	1	1	440
杨属	147	0	0	0	0	0	0	0	0	0	0	0	147
山茶属	117	0	0	0	0	0	0	0	0	0	0	0	117
杜鹃花属	101	0	0	0	0	0	0	6	0	0	0	0	107
芍药属	69	0	0	0	0	0	0	0	0	0	0	0	69
紫薇	60	0	0	0	0	0	0	0	0	0	0	0	60
核桃属	48	0	0	0	0	0	0	0	0	0	0	0	48
苹果属	45	0	0	0	0	0	0	0	0	0	0	0	45
槭属	40	0	0	0	4	0	0	0	0	0	0	0	44
含笑属	41	0	0	0	0	0	0	0	0	0	0	0	41
柳属	41	0	0	0	0	0	0	0	0	0	0	0	41
木兰属	40	0	0	0	0	0	0	0	0	0	0	0	40
桂花	39	0	0	0	0	0	0	0	0	0	0	0	39
越桔属	30	0	0	0	8	0	0	0	0	0	0	0	38
文冠果	34	0	0	0	0	0	0	0	0	0	0	0	34
杏	32	0	0	0	2	0	0	0	0	0	0	0	34
牡丹	33	0	0	0	0	0	0	0	0	0	0	0	33
卫矛属	31	0	0	0	0	0	0	0	0	0	0	0	31
其他	743	5	15	0	25	3	0	0	0	3	0	0	794
合计	1880	101	64	46	39	34	23	6	4	3	1	1	2202

(国家林业和草原局科技发展中心)

海关知识产权保护

表 1　　2019 年海关扣留货物的进出口流向统计

进出口类型	批次	占比	商品数量(件/双)	占比
合计	51 632	100.00%	46 789 407	100.00%
进口	497	0.96%	147 101	0.31%
出口	51 135	99.04%	24 653 176	52.69%

表 2　　2019 年海关扣留货物涉及的知识产权类型统计

知识产权类型	商品数量(件/双)	占比
商标专用权	46 492 519	99.37%
著作权	210 471	0.45%
专利权	84 529	0.18%
奥林匹克标志及世博标志	1888	0.00%

表 3　　2019 年海关知识产权执法模式统计

执法模式	批次	占比	商品数量(件/双)	占比
依职权扣留	51 601	99.94%	39 775 111	85.01%
依申请扣留	31	0.06%	7 014 296	14.99%

表 4　　2019 年海关扣留货物的商品类别统计

商品类别	商品数量(件/双)	占比
服装	614 176	1.31%
鞋类	1 473 929	3.15%
帽类	195 302	0.42%
箱包及皮革制品	252 570	0.54%
化妆、个人护理用品	3 567 412	7.62%
其他轻工产品	6 054 868	12.94%
汽车、摩托车	356 900	0.76%
手表	145 327	0.31%
玩具游戏	165 325	0.35%
通讯设备	157 082	0.34%
存储介质	125 831	0.27%
其他机电产品	1 005 899	2.15%

续表

商品类别	商品数量(件/双)	占比
五金机械	424 373	0.91%
珠宝首饰	8330	0.02%
运动器具	70 660	0.15%
医疗器械	1	0.00%
药品	16 517	0.04%
食品饮料	4 973 423	10.63%
烟草	11 423 482	24.41%
其他	15 758 000	33.68%

（海关总署综合业务司）

知识产权司法保护

表 1　　2019 年全国法院受理和审结各类知识产权案件统计

项目	2019 年
一、全国地方法院刑事案件	
新收侵犯知识产权罪一审案件(件)	5242
同比上升(%)	21.37
审结侵犯知识产权罪一审案件(件)	5075
同比上升(%)	24.88
假冒注册商标罪案件(件)	2134
销售假冒注册商标的商品罪案件(件)	2279
非法制造、销售非法制造的注册商标标识罪案件(件)	423
假冒专利罪案件(件)	1
侵犯著作权罪案件(件)	191
销售侵权复制品罪案件(件)	8
侵犯商业秘密罪案件(件)	39
新收涉知识产权刑事二审案件(件)	808
审结涉知识产权刑事二审案件(件)	807
二、全国地方法院行政案件	
新收一审案件(件)	16 134
同比增长(%)	19.11
新收专利案件(件)	1661
新收商标案件(件)	14 457
新收著作权案件(件)	16
审结一审案件(件)	17 938
同比增长(%)	89.74
新收二审案件(件)	7304
审结二审案件(件)	5942
三、全国地方法院民事案件	
新收一审案件(件)	399 031
同比增长(%)	40.79
专利案件(件)	22 272
同比增长(%)	2.64
商标案件(件)	65 209
同比增长(%)	25.41
著作权案件(件)	293 066
同比增长(%)	49.98
技术合同案件(件)	3135
同比增长(%)	16.98
竞争案件(件)	4128

续表

项目	2019 年
同比下降(%)	1.25
其他知识产权案件(件)	11 221
同比上升(%)	49.95
审结一审案件(件)	394 521
同比增长(%)	44.02
新收二审案件(件)	49 704
审结二审案件(件)	48 710
四、最高人民法院知识产权审判庭案件	
新收知识产权民事案件(件)	2504
审结知识产权民事案件(件)	1976
新收知识产权行政案件(件)	1066
审结知识产权行政案件(件)	884

(最高人民法院知识产权审判庭)

表 2　　2019 年全国检察机关办理侵犯知识产权犯罪案件情况统计

罪名	批捕(件)	批捕(人)	起诉(件)	起诉(人)
侵犯知识产权罪	4346	7430	5433	11 003
假冒注册商标罪	1779	3175	2244	4802
销售假冒注册商标的商品罪	1825	2876	2273	4231
非法制造、销售非法制造的注册商标标识罪	321	597	402	946
假冒专利罪	0	0	0	0
侵犯著作权罪	255	466	215	481
销售侵权复制品罪	11	14	11	22
侵犯商业秘密罪	44	63	41	90
其他	111	239	247	431

注:“其他”是指数罪或他罪中涉及侵犯知识产权罪的情形。

表 3　　2019 年全国检察机关侵犯知识产权犯罪案件法律监督情况统计

侵犯知识产权罪	数量
建议行政执法机关移送(件)	154
建议行政执法机关移送(人)	175
监督公安机关立案(件)	111
监督公安机关立案(人)	139
监督公安机关撤案(件)	105
监督公安机关撤案(人)	145
向法院提出抗诉(件)	58
法院改判(人)	52

(最高人民检察院第四检察厅)

第二十一届中国专利金奖获奖项目简介

专利名称：含有银杏内酯的制剂及其制备工艺
专 利 号：ZL02128962.X
专利权人：江苏康缘药业股份有限公司
发 明 人：楼凤昌 萧 伟 戴翔翎 凌 娅 李明慧 王 颖 毕宇安

拮抗血小板活化因子受体（PAFR）能拮抗血小板聚集，减少神经损伤，是缺血性脑卒中治疗新途径，但尚无以此为靶点研制上市的药物。

江苏康缘药业股份有限公司和中国药科大学在国际上首次发现具有强活性的新化合物GK；首次确定银杏二萜内酯拮抗PAFR效应最佳的成分组合，GA、GB、GK三个成分在一定比例范围内效应最佳，优于两两组合、单个成分和其他银杏叶制剂；攻克银杏二萜内酯提纯的难题，发明水提—吸附—洗脱—重结晶的新工艺路线，GA、GB、GK总含量98%以上，有毒物质银杏酸小于0.03ppm，远优于国内外标准；工艺过程中只使用水和乙醇，经济、环保。

本专利产品银杏二萜内酯葡胺注射液2012年获新药证书，是首个以PAFR为靶点研发上市的创新药物。1000例和3448例临床研究表明，该产品能显著改善神经功能缺损和认知功能，降低致残率，提升生命质量，不良反应发生率仅0.46%，无严重不良反应，有效提升缺血性脑卒中治疗的临床疗效，安全可靠。该产品于2017年被纳入国家医保目录，在逾1500家医院获临床应用，年销售额超过10亿元，累计经济效益达18亿元。

本专利项目获国家“863”计划、科技支撑计划、重大科技专项、重大科技成果转化项目支持，是“十二五”重大新药创制标志性成果之一，获2018年度国家技术发明奖二等奖，推动我国银杏叶研究开发达到国际领先水平，是创新中药研制的成功范例，彰显国药创新力量。

专利名称：用于费-托合成的气-液-固三相悬浮床反应器及其应用
专 利 号：ZL200710161575.1
专利权人：中科合成油技术有限公司，中科合成油工程股份有限公司
发 明 人：王晋生 郝 栩 刘东勋 白 亮 曹立仁 李永旺

浆态床费托合成反应器是制约我国煤制油工业发展的关键核心装备。中科合成油技术有限公司发明了单台年产50万—80万吨油品的大型高温浆态床费托合成反应器专利技术，包括反应器构造与尺寸设计、气体分布器和换热器的布局与设计、蜡与催化剂的过滤系统、反应器内部的导流装置以及反应器顶部的雾沫消除装置。

该大型合成反应器已成功应用到以全球单体最大规模的神华宁煤年产400万吨油品项目为代表的三个百万吨级煤制油工厂。该反应器操作弹性大，轴向和径向温差均小于2℃，可连续稳定长周期操作，使整个煤制油过程效率提高到43%—45%，

突破了我国煤制油装备大型化的技术瓶颈，使我国成为世界上少数掌握煤制油大型反应器技术的国家。

该专利费托合成反应器已成功应用15台，支撑煤制油产能650万吨/年，正在实施应用的煤制油项目总规模在1000万吨/年以上，专利许可20多台，占国内煤炭间接液化市场80%以上，是我国煤制油领域主力合成反应器型号，为我国煤制油企业创造了明显的经济效益和社会效益。如采用本发明专利建设的神华宁煤400万吨/年煤炭间接液化项目，拉动直接就业人口1.8万多人，从2017年1月至2018年4月30日，新增销售额98亿元，新增税收10.05亿元。

专利名称：铁路大风监测预警系统及方法
专 利 号：ZL200810030748.0
专利权人：中南大学
发 明 人：田红旗　许　平　潘迪夫
高广军　鲁寨军　刘堂红
陈　峰　姚曙光

大风严重威胁铁路运输安全。作为"一带一路"重要陆路通道的新疆铁路年均大风超过160天，曾发生大风吹翻列车事故21起；日本铁路曾发生大风导致的重大事故30起。为安全起见，国内外风区铁路大风期被迫限速、停轮，极大降低了铁路运输效率。本专利原创性地提出大风环境下铁路安全行车预警指挥成套技术及方法体系，发明列车风区运行限速、多域协同大幅提速、前方风场精准预测、动态分区科学决策四大关键技术。

基于获奖专利技术：①创建青藏铁路大风监测预警与行车指挥系统，2006年通车运行至今，青藏铁路大风环境下所有列车停运、限速、正常运行均由该系统指挥。②完成亚欧大陆桥、穿越百里风区的新疆铁路立体防风体系气动设计，实现普速铁路15级飓风下列车全速通过风区。③完成京沪高铁、沪昆高铁、海南环岛高铁等风区铁路大风行车指挥系统安全速度限值确定；完成"复兴号""和谐号"等各型高速列车防风设计及评估。④制定填补国内空白的《列车空气动力学性能数值仿真规范》《高速铁路自然灾害及异物侵限监测系统技术条件——风速风向监测设备》等铁路行业标准。

本专利技术解决了世界风灾最严重的高速高原高寒铁路行车难题；以本专利技术为主要成果之一的"青藏铁路工程"获国家科学技术进步奖特等奖。

该专利技术的应用，大幅减少了大风造成的列车限速、停运、旅客滞留、货物积压，2015—2017年新疆普速铁路减少中断行车3933小时，风期运能提高26%，2011—2018年新疆普速铁路因减少停轮时间直接减少运能损失21.5亿元。

专利名称：一种实现实体的公钥获取、证书验证及鉴别的方法
专 利 号：ZL200810150951.1
专利权人：西安西电捷通无线网络通信股份有限公司
发 明 人：铁满霞　曹　军　赖晓龙
黄振海

互联网是20世纪最伟大的发明之一，网络的本质在于连接，连接依赖于网络协议实现。网络安全协议是构成网络连接本质安全的基础核心技术，也始终是互联网TCP/IP四层网络协议体系演进的核心任务之一，本获奖专利在构成网络安全协议的核心支撑技术——实体鉴别技术方面形成了创新。

本获奖专利在全球首次提出一种适合于接入网络的"三元L架构"和机制，实现了网络空间最基本的实体A和B对等安全连接，解除了其他机制需要提前建立安全通道的安全和效率瓶颈，从根本上防止了当前用户在网络空间所经常面临的诸如中间人攻击、"假基站""蹭网"等安全问题。

本获奖专利已成为网络空间安全国际

标准 ISO/IEC 9798—3:2019 和国家标准 GB/T 15843.3—2016 的标准必要专利，并在以太网、RFID、NFC、隐私保护等十余个基础网络领域技术标准中得到应用，集成于以太网安全控制系统、安全读写器/标签、IP 安全可信系统等产品，在以太网、可信计算、物联网、电力、无线电监测等应用中规模部署。通过专利包许可的方式，对该获奖专利有效实施了技术转移和应用，已经与美、欧、日、韩等发达国家和地区的近百家客户达成合作。

未来两年，网络安全将成为千亿级市场。本获奖专利提出了实现网络安全连接的基础方法，可为每台信息设备提供安全连接能力。截至 2018 年年底，累计已实现经济效益 9506 万元。

专利名称：一种从温郁金中制备抗癌药榄香烯的方法

专 利 号：ZL200910162658.1

专利权人：大连德泽药业有限公司

发 明 人：谢 恬 张立华 宫 晶 刘兴元

景峰医药控股子公司大连德泽药业有限公司获奖专利“一种从温郁金中制备抗癌药榄香烯的方法”，创新建立了降膜式填料真空蒸馏精制技术和设备生产榄香烯原料药，创造了一种高效、绿色环保的中药挥发油提取新技术，可以广泛应用于其他中药活性挥发油的制备，特别是挥发性同分异构体成分的制备；同时，创新将“分子配伍”理论应用于中药活性物质组的制备、制剂技术和新药研发，对中药现代化及中西医结合抗癌药物研发具有良好的指导和示范作用。本专利技术为中药活性成分的工业化制备、药理药效研究以及新药研发提供了技术支撑，为我国中药产业实现现代化、国际化树立了典范。

以本获奖专利为基础研制的抗癌新药榄香烯乳状注射液及榄香烯口服乳的产业化使我国第四代药物制剂脂质体技术走在世界前列，目前销售额累计已超过 20 亿元，年销售额以 30%左右的速度递增，并于 2017 年被纳入《国家基本医疗保险、工伤保险和生育保险药品目录》，销售范围覆盖全国 8000 余家医疗机构，使 80 多万癌症患者受益。同时，专利的产业化拉动了山区中药材的种植产业，使山区 1000 多户农户每户年均增长收入 2 万—3 万元，为山区农民脱贫致富做出了贡献，经济效益和社会效益显著。

专利名称：一种全氟离子交换树脂及其制备方法和应用

专 利 号：ZL200910254353.3

专利权人：山东华夏神舟新材料有限公司

发 明 人：张永明 秦 胜 高自宏 张 恒 魏茂祥 李 勇 王 军

本专利的树脂是制备全氟离子交换膜的核心材料，全氟离子交换膜是我国氯碱工业可持续发展的关键材料，对我国氯碱工业和未来燃料电池膜产业具有重大意义，其在航空航天、潜艇、核工业等高端技术领域也具有不可替代的重大作用。山东华夏神舟新材料有限公司隶属的东岳集团以该专利技术为基础，在国产氯碱离子膜生产线实施应用，实现了氯碱离子膜的国产化，并将其成功应用于多家氯碱生产企业。为此，国家发改委出台《产业结构调整指导目录（2011 年本）》（2011 年第 9 号令），其中将落后的石棉隔膜碱装置全部升级为离子膜氯碱生产装置的重大政策，为氯碱工业全行业的技术升级铺平了道路，标志着我国结束了氯碱工业核心材料受制于人的历史，保障了基础产业安全。

东岳集团氯碱离子膜的国产化，不但结束了美国和日本几十年的技术垄断，攻克了困扰我国基础产业达三十年的跨世纪重大难题，而且技术不断迭代，使中国实现从氯碱大国到强国的历史性跨越，突破我国氯碱工业安全运行和健康发展的瓶颈，是中国氯碱工业发展的里程碑，也是新中国成立七十年来我国化工和新材料领域代表性的成果。氯碱离子膜的国产化促使我国完成了离子膜技术的全面替代，实现了氯碱工业的产业升级，截至 2018 年年底，累计实现直接、间接经济效益 500 余亿元。

专利名称：基于地形匹配的数字阵列米波雷达超分辨测高方法

专 利 号：ZL201110120849.9

专利权人：西安电子科技大学

发 明 人：朱 伟 陈伯孝 杨明磊

米波雷达具有较好的反隐身能力，体现在：现有隐身技术在米波段失效；隐身飞机 RCS 比微波段大约 2 个数量级；功率孔径积比 S 波段微波雷达大 2 个数量级以上。

但是，过去米波雷达不能准确测高。针对现有解相干的超分辨算法（空间平滑 MUSIC 等）在低仰角不能测高的实际问题，本专利发明了基于地形匹配的米波雷达阵列超分辨测高方法；揭示了地形与超分辨测高的内在关系；提出了利用二次雷达信息自动修正地形参数的方法，在不测量阵地的情况下实现对不同类型阵地的快速适应。

本专利所述的测高方法，突破了米波雷达低仰角测高关键技术，在良好阵地其测高精度优于 200 米，指标处于国际领先水平，首次在米波段实现与微波雷达相媲美的测高精度。

专利名称：恒阻大变形缆索及其恒阻装置

专 利 号：ZL201110157137.4

专利权人：中国矿业大学（北京）

发 明 人：何满潮 陶志刚 张 斌

我国作为矿业大国，由于矿山开采引发的岩体大变形灾害始终居高不下，造成大量的生命、财产损失，严重制约矿产资源的安全高效开发。研究表明，大多数岩体灾害都是经历了由小变形发展到非线性大变形，最终发生灾害的过程。现有工程性控制钢铁材料为具有泊松比效应的小变形材料，即受拉时发生颈缩变形从而破断，不适应致灾岩体的大变形特性而破断和功能失效，无法有效控制灾害的发生。

本获奖专利“恒阻大变形缆索及其恒阻装置”，突破了岩体非线性大变形灾害控制受制于材料变形能力不足的技术瓶颈，具有“高恒阻、大变形、吸收能量和多次冲击而不断”的超常力学特性，开发了“NPR＋”灾害控制综合技术，有效解决了岩爆、动压巷道和滑坡等重大灾害控制的科学难题。

本获奖专利已被地灾防治中心、地震局、文物保护管委会和矿业集团等 200 余家单位在矿山、西气东输、高速公路、水利、文物遗址保护等工程中大量采用。仅在中国地质灾害监测预警领域，利用该专利技术就已建成 462 个地灾牛顿力监测点，先后成功预报滑坡 12 次，撤出人员 240 名，挽救了百余人生命和数以亿计的财产损失，经济效益和社会效益显著。本获奖专利在矿山、冶金、交通、国防、水利、文物保护、防灾减灾等领域具有重要的实际意义和广阔的推广前景。近五年，该专利产品累计发货量超过百万套，累计新增销售额达 16 亿元，新增利润 12 亿元，经济效益和社会效益显著。

专利名称：一种弹性成像中的位移检测方法及装置

专 利 号：ZL201110159194.6

专利权人：深圳迈瑞生物医疗电子股份有限公司

发 明 人：李双双 樊 睿

组织位移检测方法是弹性成像技术中的核心与关键难点。本专利所述方法在降低计算量的同时，可兼顾微米级微小位移和毫米级大位移的精确捕捉，在弹性图像检测灵敏度和检测速度之间达到非常好的平衡，同时可降低对超声系统硬件平台的要求，适用性非常广。

2011 年起，以本专利为基础，深圳迈瑞生物医疗电子股份有限公司依次开发出应变式弹性成像、剪切波式弹性成像、瞬时弹性成像等技术及产品，临床应用广泛，不仅销往中国人民解放军总医院、上海交通大学附属瑞金医院等国内千余家医院，更出口至美国、英国、欧洲、南非等十余个国家和地区。截至 2018 年年底，累计经济效益约 89.33 亿元，其中出口额约 38.75 亿元。

弹性成像是超声成像领域的前沿技术，技术难度大，是高端彩超的必备功能，对乳腺癌、肝硬化等重大疾病的早期辅助诊断有非常大的临床价值。深圳迈瑞生物医疗电子股份有限公司的弹性成像产品，尤其是 DC8、Resona7 等高端弹性彩超设备，凭借其优异的临床辅助诊断性能，广受国内外市场用户赞誉。其“超声剪切波弹性成像关键技术及应用”项目获得 2017 年度国家技术发明奖二等奖。目前，深圳迈瑞生物医疗电子股份有限公司是全球唯一同时拥有三种主流弹性成像技术的公司，也是国内唯一拥有自主知识产权的实时二维剪切波弹性成像技术的公司。

专利名称：酶切法制备寡聚透明质酸盐的方法及所得寡聚透明质酸盐和其应用

专 利 号：ZL201210317032.5

专利权人：华熙生物科技股份有限公司

发 明 人：郭学平　石艳丽　冯　宁　王冠凤　李海娜　乔莉苹　王海英　栾贻宏　刘爱华

华熙生物科技股份有限公司（以下简称华熙生物）是全球领先的、以透明质酸微生物发酵技术为核心的高新技术企业，透明质酸产业化规模位居国际前列。该公司凭借微生物发酵和交联两大技术平台，开发有助于人类生命健康的生物活性材料，建立了从原料到医疗终端产品、功能性护肤品及功能性食品的全产业链业务体系，服务于全球的医药、化妆品、食品制造企业、医疗机构及终端用户。

华熙生物在国内首创发酵法生产透明质酸，经过多年的工艺优化，发酵产率达 11—13 克/升，居国际领先水平。2011 年，该公司在国际上首创酶切法制备寡聚透明质酸钠，该技术实现了高活性透明质酸酶的产业化，解决了化学降解法存在的产品结构破坏、环境污染问题，同时解决了动物透明质酸酶和微生物透明质酸酶活性低、成本高、无法大规模生产寡聚透明质酸的世界难题，极大地促进了透明质酸在医药、食品、化妆品行业的发展应用。同时，酶切技术的实现，也解决了化妆品、保健食品、食品、医药领域中透明质酸的检测难题，为开发含透明质酸的终端产品提供了有效的检测工具。

华熙生物应用该技术生产的新产品——酶切寡聚透明质酸（商品名为纳诺 HA）可渗透至皮肤内，具有保湿、清除自由基、防晒及晒后修复作用，远销多个国家和地区，累计经济效益达 3.5 亿元。本专利技术卓有成效地推动了透明质酸在护肤品、彩妆、日用品等方面的广泛应用。

本专利涉及项目获得国家发明专利四项、PCT 专利一项，并在欧洲、美国、日本、韩国获得授权；同时还获得 2012 年度山东省科技计划资助，获得 2015 年度山东省科技进步奖、山东省专利奖、济南市专利奖。

专利名称：一种传输导频信号和信号测量的方法、系统及设备

专 利 号：ZL201210476801.6

专利权人：电信科学技术研究院

发 明 人：高秋彬

中国信息通信科技集团有限公司下属电信科学技术研究院的“一种传输导频信号和信号测量的方法、系统及设备”专利，通过在发送端和接收端使用大规模天线阵列进行数据的发送和接收，对于提高移动

通信数据传输的峰值速率、扩展网络覆盖、抑制干扰、提升吞吐量等都有重要作用，被看作第四代和第五代移动通信系统（4G和5G）的核心技术。

本专利所述的传输导频信号和信号测量的方法，解决了大规模天线技术应用的关键技术问题——信道信息获取。通过应用本专利技术方案，可以有效增强下行导频信号的覆盖，降低导频信号开销，显著提升系统性能；终端实现更加简单，利于快速开发，抢占市场。本专利技术方案灵活，易于扩展，有助于运营商网络的平滑演进升级。本专利技术方案为在4G和5G网络中实现大规模天线技术的商用化奠定了基础。

本专利技术方案经过国际标准化战场的洗礼，在多种竞争方案中脱颖而出，成为最终4G LTE－Advanced和5G NR标准的方案，随着5G网络大规模的部署，其经济和社会价值将愈加凸显。截至2018年年底，采用该专利技术的TD－LTE基站累计实现销售收入18.1803亿元。

专利名称：天线控制系统和多频共用天线
专　利　号：ZL201280065830.1
专利权人：京信通信系统（中国）有限公司
发　明　人：孙善球　贾飞飞　刘培涛　卜斌龙　王　强

天线在移动通信网络中的作用至关重要，天线成就了移动通信网络覆盖，而多频共用天线成就了多系统混合组网。本专利的创新技术，孵化出可商用的小型化多频共用天线，实现了2G、3G、4G混合组网的共天面，兼容了4G/5G共天面组网场景。

本专利技术通过创新的高阶空间复用技术、阵列组阵技术，实现低频阵列和高频阵列的多重空间高阶复用，产品体积减小30%以上；通过辐射单元内部功率精确控制技术，实现水平维度的精确馈电，水平面波束指向精度和收敛性大幅提升，解决了多频共用基站天线尺寸大、辐射指标副瓣抑制差、波束收敛性差等问题。

目前，该获奖专利技术率先实现了可商用的小型化多频多系统共用天线及混合制式天线，已经广泛应用于全球100多个国家的运营商移动通信网络以及轨道、广电、数字集群等专网通信系统中，近三年销售额累计已超77亿元，全球市场份额超过15%，创造了显著的经济效益和社会效益，引领天线技术行业发展潮流。

专利名称：一种降低重质原料油中沥青质和残炭含量的方法
专　利　号：ZL201310012712.0
专利权人：中国石油化工股份有限公司，中国石油化工股份有限公司石油化工科学研究院
发　明　人：胡大为　杨清河　孙淑玲　刘　佳　聂　红　王　奎　李大东　戴立顺　牛传峰　邵志才　刘　涛

石油资源清洁高效利用的核心在于如何将占原油40%—60%的渣油转化为高价值的轻质油品或化工原料，但渣油中大量的沥青质及高的残炭含量使渣油加工转化面临催化剂严重结焦及产品分布恶化的巨大挑战。本专利从特殊功能渣油加氢催化剂研制入手，大幅度提升了催化剂扩散性能与加氢饱和性能的协同效应，使沥青质大分子的扩散与反应过程相匹配，达到沥青质大分子高效转化的目的。同时，本专利技术创造性地将具有高容金属能力的保护剂与沥青质转化能力突出的催化剂相匹配，使系列催化剂的脱金属、脱沥青质以及残炭脱除性能得到明显提升，催化剂的运转周期也得到显著延长。

以本专利技术为核心开发的RHT系列渣油加氢催化剂及成套技术达到国际领先水平并具有突出的市场竞争力。目前RHT系列催化剂已被转让给2家企业进行工业生产，专利许可费超过1.5亿元，相关成套技术已在17套工业装置应用超过

40 次，6 年累计新增利润超过 86 亿元，经济效益显著。

专利名称：调制处理方法及装置
专 利 号：ZL201310019608.4
专利权人：中兴通讯股份有限公司
发 明 人：徐 俊 戴 博 陈泽为 李儒岳 张峻峰

本专利涉及 256QAM 调制的主要标准化技术点，提出新的配置信令来指示调度和反馈，半静态选择使用 256QAM CQI 表格和 256QAM MCS 表格；提出高层配置信令结合预定义信息（如下行控制信息格式等）来选择 256QAM MCS 表格；给出基于现有 64QAM 表格设计出新的 256QAM CQI/MCS 表格，有一些均匀抽取、边界保留、精简重复等级等新思想；在兼容现有系统、不增加信令开销条件下很好地支持 256QAM 功能，提高系统的峰值速率、频谱效率和鲁棒性。

最早的 LTE 仅仅支持 100Mbps 峰值速率，千兆 LTE 的理论速度可以达到光纤级别的 1Gbps，而 5G 的理论速度可以达到 10Gbps。要达到千兆 LTE 和 5G 的峰值速率，4G 和 5G 标准就必须支持 256QAM 调制。

本专利技术不仅可以应用于 4G 移动通信设备，而且可以应用于 5G 移动通信设备。目前，国际/国内的 4G 和 5G 基站、终端、基带芯片的大部分主力产品都具有支持 256QAM 调制的功能，如中兴通讯的 Pre5G 基站、5G 基站、天机系列手机。

本专利技术方案被 4G LTE－A/5G NR 标准所采纳，增强了我国在国际通信领域的竞争优势，推动了千兆 LTE 和 5G 通信设备的更新换代，极大地促进了相关产业的发展。5G 建设刚刚开始，未来预计投资规模达万亿元，5G 将为全球 GDP 增长贡献 0.2%的增长率。

对于中兴通讯，该获奖专利已经在 4G 和 5G 的基站产品和终端产品中被大量采用，相关基站产品累计发货 200 多万台，相关各类终端产品达上亿部，相关产品的销售额累计达 900 多亿元。中兴通讯目前已在全球获得 26 个 5G 商用合同，将来规模会远超这一水平。

专利名称：一种直流变频空调压缩机的双模启动控制方法及系统
专 利 号：ZL201310199863.1
专利权人：重庆美的制冷设备有限公司，广东美的制冷设备有限公司
发 明 人：朱良红

美的于 1968 年成立于中国广东，业务与客户迄今已遍及全球。美的集团在世界范围内拥有约 200 家子公司、60 多个海外分支机构及 12 个战略业务单位。广东美的制冷设备有限公司是美的集团属下骨干业务单位，一直致力于产品创新研究，引进行业内高端领军技术人才，与全球领先的科研机构加强合作。凭借完善的创新机制和对科研资源的持续、大力投入，广东美的制冷设备有限公司的科技水平始终保持国际领先。

本专利金奖项目首创压缩机双模启动控制技术，创造性地将压缩机启动模式设置为普通启动模式和高频快速启动模式，设计变频空调系统压力平衡控制策略，基于系统压力平衡与否，自适应选择压缩机的启动模式，利用快速启动控制算法和基于 Anti－windup 控制的压缩机快速升频技术，有效解决传统 PI 调节器饱和问题，使压缩机升频速率提升 9 倍，实现启动时间由分钟级突破至秒级，满足用户对空调产品速冷速热的使用需求，解决空调行业快速启动容易失速的技术难题，属于变频空调领域的重大技术创新。

该专利金奖项目实施的产品自上市以来累计销售 3700 万台，销售额达 819 亿元，社会效益和经济效益显著；累计外销 1122 万台，销售额达 260 亿元，远销 200 多个国家或地区，以实际行动积极响应国家

"一带一路"倡议，实现高质量发展。

专利名称：一种双滚筒洗衣机
专 利 号：ZL201310285065.0
专利权人：青岛海尔滚筒洗衣机有限公司
发 明 人：吕佩师 李文伟 舒 海 王金凯

随着居民消费的升级，用户的健康意识日益增强，洗衣机面临新课题，衣物分类洗涤成为用户共性需求。

卡萨帝双滚筒洗衣机是在一个外壳里上下排列两个滚筒，这两个滚筒通过刚性连接件连接为一体，互为平衡，两个滚筒既可一起工作，又可分开洗涤，创造性地解决了两个滚筒甩干振动噪声大的行业技术难题，是海尔原创、行业独创、全球首创。该专利技术荣获国家科学技术进步奖二等奖，带动了行业技术进步，开创了全新的洗衣机品类，满足了用户深色浅色衣物分开洗、内衣外衣分开洗等健康洗衣需求。

双滚筒洗衣机现已实现大批量系列化生产，并以海尔自主品牌进入德国、俄罗斯、法国、澳大利亚等国际主流市场，累计全球销量超过30万台，销售收入超过25亿元，引领行业向分类健康洗护方向发展。

专利名称：一种高透气量非织造布覆膜滤料、其制备方法及其所用的覆膜装置
专 利 号：ZL201310542807.3
专利权人：中材科技股份有限公司
发 明 人：白耀宗 范凌云 赵东波 黄箭玲 费传军 董浩宇 周 群 郭晓蓓 吴 涛 朱 平 黎 鹏 杨振东 宋尚军

本专利项目属环保领域，涉及工业细颗粒烟尘治理用过滤材料技术。日益严苛的环保标准对除尘技术提出更高要求，作为袋式除尘技术核心的过滤材料迎来了新的挑战。高效、低阻、稳定运行过滤材料技术的研发成为工业除尘的共性难题之一。

本专利发明了凸点立体结构非织造布制备方法，形成了低损伤高温热压覆膜工艺及成套装备技术，开发出高透气量非织造布覆膜滤料，显著增强滤料对烟尘的过滤性能及清灰效率，进一步降低过滤阻力，提升系统运行稳定性，节能减排效果显著。

该专利系列化产品已成功应用于建材、冶金、电力、化工等行业，助力实现多行业细颗粒物超低排放，累计销售数超200万平方米，销售收入超5亿元，市场占有率国内第一。该专利产品实现了原有覆膜滤料产品性能的升级换代，推动了环保材料自主创新与技术进步，满足了环保行业日趋严格的排放标准要求。该专利技术同时可推广应用于垃圾焚烧、空气净化、核废液处置等领域，为我国经济与环境的可持续发展提供保障。

专利名称：一种用于动车组的快速粘着控制方法
专 利 号：ZL201410068615.8
专利权人：株洲中车时代电气股份有限公司
发 明 人：尚 敬 李小平 刘可安 李江红 胡云卿 喻励志

本专利提出了一种动车组粘着力快速恢复控制方法，攻克了恶劣轨面条件下动车组乘坐舒适性降低、动车组高铁运营晚点、动车组中间直流电压振荡、动车组长期粘着力控制不佳导致的轮对过磨耗、轮对擦伤以及轮对不规则多边形等一系列轨道交通领域牵引传动控制系统核心关键控制技术难题，保障了动车组在全天候轮轨粘着条件下高速平稳安全运行，显著提高了列车准点率、乘坐舒适性。

该获奖专利技术成功地批量应用于国内市场"复兴号"中国标准动车组、城际动

车组、机车、地铁、低地板车、空轨车等轨道交通领域，并已推广应用于矿卡、智轨快运系统（ART）等其他车型的防滑、防抱死系统中；同时，应用该专利技术的产品已经出口阿根廷、北马其顿、南非、马来西亚等海外市场，国内外累计销售额达 86.4 亿元。该专利对于推动我国轨道交通领域大功率重载列车、时速 400 公里及以上高速客运列车、轨道交通货运列车的牵引传动技术发展，保障我国国民经济关键重要领域的产业安全具有重大意义。

专利名称：瑞舒伐他汀中间体的酶法制备方法

专 利 号：ZL201410083458.8

专利权人：浙江京新药业股份有限公司，上虞京新药业有限公司

发 明 人：黄　悦　朱建荣　金志平

本专利是针对瑞舒伐他汀钙合成过程中手性侧链光学纯度低，反应步骤复杂，收率低，使用昂贵、高毒、高污染试剂，污染严重等共性关键技术难题，自主开发用生物酶一化学耦合法新技术制备他汀类药物高光学纯度手性侧链，将酶催化构筑手性中心引入瑞舒伐他汀钙高光学纯度手性侧链合成中，优化酶法工艺条件，缩短手性侧链合成步骤，提高反应收率，减少“三废”排放，实现绿色制药。

本专利项目突破了他汀类药物的关键性技术难题，对实现他汀类系列降脂药物产业化生产具有关键性作用。该发明专利曾获 2018 年度浙江省专利奖金奖，并作为主要核心专利获 2017 年度浙江省科学技术进步奖一等奖。

本专利项目产品瑞舒伐他汀钙片是目前最理想的降血脂类药物，被誉为“超级他汀”，已被列入 2019 版国家医保目录、2018 版国家基本药物目录，连续五年荣获“中国化学制药行业调血脂类优秀产品品牌”，并拥有自主品牌“京诺”。其中，瑞舒伐他汀钙片 10mg 规格与 5mg 规格于 2018 年 2 月率先通过国家仿制药一致性评价，5mg 规格为国内首家通过。瑞舒伐他汀钙片自 2008 年上市至 2018 年 12 月，累计销售额超 31 亿元。

专利名称：一种立式混合磁悬浮飞轮储能系统

专 利 号：ZL201410113317.6

专利权人：中国人民解放军海军工程大学

发 明 人：王　东　张贤彪　吴磊涛　苏振中　易新强　陈俊全

针对现有飞轮储能装置存在的单体容量/功率小、待机损耗大、稳定性和振动性能差等问题，本获奖专利攻克了近零稳态损耗的高集成度轴向磁轴承、全悬浮支承和一体式电机-飞轮转子结构等核心技术难题，实现了大容量、高功率/能量密度、高能量转换效率、高稳定性和低振动噪声的技术优势，在国防和民用领域得到了广泛的推广应用。

应用本获奖专利技术研制的某型大容量飞轮储能电机实现了脉冲电源的超大容量和高功率能量/密度，解决了舰船电网与超大功率脉冲负载的功率匹配难题；研制的两型高速电机实现了振动噪声水平的显著改善，解决了该类系统的减振降噪瓶颈难题。此外，针对民用领域研制的 4.8MJ 高速磁悬浮飞轮储能机组在能量转换效率、本体储能密度等关键指标方面超过国外同类产品。

目前，大容量飞轮储能电机已应用于某国防重大工程，获军队科技进步奖一等奖一项，获 2019 年度国家科学技术进步奖特等奖。两型高速电机已应用于我国新型装备，获 2014 年度国家科学技术进步奖二等奖一项。高速磁悬浮飞轮储能机组已应用于某军民融合重大示范工程。此外，通过实施专利许可，截至 2018 年年底，相关领域专利群已累计为被许可使用方带来经济效益近 3 亿元。

专利名称：变电站带电水冲洗机器人系统及方法

专 利 号：ZL201410459455.X

专利权人：国网智能科技股份有限公司

发 明 人：李　健　张海龙　鲁守银　苏建军　慕世友　任　杰　傅孟潮　韩　磊　王振利　谭　林　吕曦晨　王滨海　李建祥　赵金龙　陈　强　高郎宏

变电站作为电网的核心关键枢纽，对电力系统的可靠运行起着重要作用。受恶劣环境影响，变电站设备表面易沉积污秽，发生污闪事故，严重危及设备正常运转。水冲洗作业是变电站防污闪有效的措施之一，传统人工水冲洗作业效率低、停电时间长、冲洗质量差。为此，国网智能科技股份有限公司研制出变电站带电水冲洗机器人系统。

本专利首次提出机器人水冲洗作业绝缘安全防护策略，拟合多源异构信息，构建立体防护算法，实现机器人作业过程的全程监控和自主预警防护；首创移动式主/辅机器人协同冲洗方法，构建涡流工况分析系统，实现机器人冲洗参数实时调节，冲洗质量较人工冲洗提升40%。基于此专利技术，国网智能科技股份有限公司研制出国内外首套带电水冲洗机器人系统，提出了多自由度异构机器人主从控制算法，解决了变电站设备密集、强电磁环境下机器人带电冲洗的难题。

以本专利为中心已授权外围发明专利14项，申请国际专利2项，出版机器人专著1部。成果已经推广应用于国家电网、南方电网等多个网省公司变电站，填补了国内外变电站机器人带电水冲洗作业空白，防止电力设备发生污闪事故，保障智能电网安全，经济效益和社会效益显著，并且作为高端装备设计制造的典范，实现了国计民生安全领域高端装备走出国门。该专利成果截至2018年销售额达1.2亿元。

专利名称：一种岩石脆性的测井方法和装置

专 利 号：ZL201410575775.1

专利权人：中国石油天然气股份有限公司

发 明 人：孙中春　王振林　于　静　瞿建华

页岩油气需要体积压裂才能有效开发，岩石的脆性指数是体积压裂设计和施工的关键参数，测井资料脆性指数的井筒连续、准确表征是页岩油气开发的核心技术。北美海相页岩油气开发中形成的两类脆性表征方法（弹性参数法和脆性矿物含量法）存在明显的技术缺陷，在岩性复杂的陆相地层应用问题更加突出，无法满足页岩油气开采的技术需求，严重影响了我国页岩油气的开采效果，成为陆相页岩油气开发的技术瓶颈。

本专利发明“一种岩石脆性的测井方法和装置”，提供了一种具有应力环境和岩石结构校正功能的岩石脆性测井连续表征方法，突破了我国陆相页岩油开采的技术瓶颈，提高了复杂地质条件下岩石脆性表征的精度和可靠性，为我国陆相页岩油的高效开采提供了技术利器。

该项专利发明技术突破了复杂岩性地层岩石脆性测井连续表征的技术瓶颈，为我国页岩油气的高效开采提供了重要的技术支撑。该项专利发明技术已推广应用1000余井次，在我国非常规油气储量的发现及建产中发挥了关键性的作用。仅据新疆油田公司两个油田的应用统计，五年新增销售额9.28亿元，新增利润3.1亿元。

专利名称：一种制备球形硫酸氢氯吡格雷Ⅰ晶型的方法

专 利 号：ZL201410847831.2

专利权人：天津大学，深圳信立泰药业股份有限公司

发 明 人：龚俊波　王　琦　王静康　尹秋响　侯宝红　宋晓鹏　谭端明　廖丽婷　邸子渊

本获奖专利公开了一种制备球形硫酸氢氯吡格雷Ⅰ晶型的方法，通过揭示晶体成核、生长机理，开发新型结晶技术，攻克了Ⅰ晶型硫酸氢氯吡格雷制备过程中易成胶、易转晶、难制剂的国际难题。首次实现纯Ⅰ晶型硫酸氢氯吡格雷的规模化制备，突破了原研药物的Ⅱ晶型专利封锁；同时采用单一绿色溶剂体系首次制备Ⅰ晶型硫酸氢氯吡格雷的球形晶体，彻底解决了Ⅰ晶型硫酸氢氯吡格雷难以制剂的国际难题，实现了粉末直压制剂。

该专利在深圳信立泰药业股份有限公司实现产业化，生产线通过欧盟 GMP 和 CEP 认证，生产的Ⅰ晶型硫酸氢氯吡格雷药物产品“泰嘉”和原研药物等效，是首批通过国家仿制药质量和疗效一致性评价的唯一抗血栓药物品种。目前产品已进入全国 1 万余家医院，同时出口欧盟等国际高端市场，给亿万心脑血管疾病患者带来了福音，为我国重大药物国有化、重点领域产品替代进口提供了引领和示范。该获奖专利的晶型控制和球形结晶方法为制药中普遍存在的晶型控制难、晶体形态差等难题提供了解决方案，具有广阔的应用前景。产品“泰嘉”年均治疗患者超过 73.7 万人次。2017—2018 年，产品“泰嘉”新增销售额 60.48 亿元。

专利名称：双超卫星八杆六自由度卫星平台解耦控制方法

专 利 号：ZL201510466133.2

专利权人：上海卫星工程研究所

发 明 人：张 伟 袁 渊 廖 鹤 徐 毅 孙克新 邓成晨 赵艳彬 孔祥龙 路同山

本专利双超卫星平台（超高指向精度、超高稳定度卫星平台）由载荷舱和平台舱组成，通过磁浮非接触设计实现两舱的物理隔离；飞轮等微振动源集中于平台舱，载荷等高精度仪器集中于载荷舱；不仅阻断了平台舱微振动的传递路径，同时解决了平台舱热变形对载荷舱的耦合影响，使载荷指向精度和稳定度提升两个数量级。该专利技术有力支撑了高分遥感、空间科学等国家航天重大工程顺利实施，将大幅提升我国航天领域卫星平台的技术水平，实现完全自主可控，助力航天强国建设。

本专利发明创造性地采用卫星载荷舱和平台舱协同解耦一体化控制新技术，有效地解决了六自由度动力学耦合问题；实时动态分配控制力，达到两舱姿态控制与相对位置控制的完全解耦；实现了载荷的超精超稳控制，能够很好地满足卫星超高指向精度与超高稳定度需求。该专利方法原理清楚、简单易行，已经过地面全物理试验验证，并已成功应用于两型卫星的控制系统设计及其他背景型号和军民融合项目中。该专利方法完全自主可控，具有广阔的应用前景，截至 2018 年年底，累计经济效益约 2 亿元。

专利名称：一种实现 CPT 原子频率标准的方法及装置

专 利 号：ZL201510956144.9

专利权人：北京无线电计量测试研究所

发 明 人：张振伟 杨仁福 张 旭 王暖让 赵 环 陈 星

本获奖专利实现的原子频率标准，通过构建两组激光与铷原子相干的 Λ 型 CPT 量子跃迁，消除量子极化暗态，增加相干原子数量；通过光噪声抑制技术和能级跃迁微弱信号相干解调技术，提高电路伺服控制精度；通过光脉冲相干技术，实现 CPT 谱到 Ramsey 谱的转化，压窄了谱线线宽；实现的高精度微型原子频率标准，频率稳定度等核心技术指标达到国际领先水平。

本专利可应用于微型自主导航终端、卫星导航定时接收机、网络时间服务器、单兵作战单元等设备中，满足信息化装备守时、时间统一和自主导航等需求，有效提升联合作战能力和精确打击能力，并在通信、电力、交通、金融等国计民生领域具有广阔应用价值。

本专利属于国家政策明确鼓励、支持的高科技领域，后续将应用于万物互联、人工智能、商业航天等战略性新技术领域，具有广泛的发展前景。

本获奖专利权人北京无线电计量测试研究所是我国原子钟产品研发的优势单位，同时开展氢钟、铷钟、铯钟、汞离子钟等研究，历时四十多年，先后获得国家科学技术进步奖特等奖、国防科学技术进步奖一等奖等多项荣誉。

专利名称：一种液晶玻璃基板的生产方法

专 利 号：ZL201610390360.6

专利权人：郑州旭飞光电科技有限公司，东旭光电科技股份有限公司

发 明 人：李　青　王光祥　穆美强　何永青　杨　勇　姚利文　王　周　周爱峰　吴贤坤　贾礼礼

本专利发明名称为“一种液晶玻璃基板的生产方法”，由郑州旭飞光电科技有限公司及东旭光电科技股份有限公司于2016年6月共同申请，于2018年6月获得授权。

本专利从生产流程、工艺参数、料方配比三方面对液晶玻璃基板生产方法进行全面、系统的限定，充分保护了东旭光电科技股份有限公司自主研发的液晶玻璃基板核心生产技术。本专利发明人通过对生产线全流程工艺参数进行长期、系统的大数据分析，通过对数据的优化调整及对参数的精细控制，为液晶玻璃基板各生产工序提供极其稳定的工作环境，实现液晶玻璃高均匀、超净面；通过研发新型玻璃料方，创新应用无碱铝硼硅酸盐玻璃体系，实现液晶玻璃的超强理化性能。本专利相关技术被列入《科技部“十二五”国家科技支撑计划》，并荣获2018年度国家科学技术进步奖一等奖。

依托本专利技术，东旭光电科技股份有限公司先后建成20多条液晶玻璃生产线，打破国外垄断，实现我国液晶玻璃基板的产业化、规模化，保障了我国光电显示产业健康安全发展。截至2018年年底，郑州旭飞光电科技有限公司实施本专利技术后，产品销往京东方等主流面板企业，国内市场占有率第一，新增销售额12.1亿元，新增利润1.5亿元，新增出口额1.9亿元；其他应用单位新增销售额43.4亿元。国产化撬动进口玻璃大幅降价，为下游企业节约大量成本。

专利名称：一种脑电与温度相结合的抑郁人群判定系统

专 利 号：ZL201610709400.9

专利权人：兰州大学

发 明 人：胡　斌　赵庆林　彭　宏　周　昱　李志学　彭　茹　马永昊

随着社会发展给人们带来的压力不断增加，各类情绪问题日益严重。本获奖专利公开了一种脑电与温度相结合的抑郁人群判定系统；针对心理、生理信息持续化跟踪难、监测精度低、普适化感知差等瓶颈技术问题，发明了多项指标优于同类产品的便携式无线三导脑电传感器，同步集成了基于石英晶体的高精度多通道温度传感器；发明了一次性磁吸式贴片电极；提出了新颖的实时眼电去噪算法；创新性优选并融合与情感异常相关的前额三导联脑电及温度特征，进一步提升了对抑郁等异常情感状态的感知水平。

目前，本获奖专利已成功应用于军事、教育、戒毒康复等领域。例如，在部队开展关键岗位人员精神状态监测、评估及新兵体检，在大、中、小学开展学生心理状态评估，在戒毒方面开展成瘾人群康复效果评估，与多家企业积极开展合作，产生经济效益10亿元左右，取得了显著的经济效益和社会效益。

该专利在异常情感状态筛查、评估方面的应用，可有效减少因异常情感状态而引发的社会性事件和生产事故，保障家庭和睦，增加人民幸福指数，为维护社会稳定发挥重要作用，对国家和社会和谐发展意义深远。

专利名称：隧道联络通道用盾构机及其联络通道掘进方法
专 利 号：ZL201610975537.9
专利权人：中铁工程装备集团有限公司
发 明 人：陈昆鹏 李建斌 程永龙 谭顺辉 陈世友 郑康泰

随着城市地面空间日益匮乏，开发地下空间以实现城市功能需求已成共识，地下空间逐步向网络化方向发展，各类连接通道的建设需求日益增长。传统联络通道主要采用冷冻法加固、矿山法开挖，存在诸多问题。

本专利通过自主创新，突破横向通道盾构研发的行业难题，研发出具有自主知识产权的联络通道专用盾构机及其联络通道掘进方法。该专利技术包含四大创新：①基于高机动性、高功率密度整机集成技术；②新型曲面结构刀盘及密封技术；③主隧道安全支护体系；④联络通道施工方法。与现有技术相比，该专利技术具有施工安全、成洞质量好、施工效率高、环境友好、节约资源五个方面优势，大大缩短城市地下空间开发建设周期，助力绿色生态城市建设。

本专利技术已实现产业化，在宁波地铁、无锡地铁等国内多个城市轨道交通联络通道项目中取得成功应用，得到行业内广泛关注，并成功出口澳大利亚，总经济效益达 4.25 亿元。该专利技术不仅可以应用于城市轨道交通隧道联络通道，还可以推广至市政管廊分叉竖井和检修井、深隧连接线以及地下空间连通工程，是城市地下工程向非开挖、全机械化迈出的重要而坚实的一步，对于建设绿色、和谐、美丽的生态城市意义重大。

专利名称：海岛特种电源供电系统
专 利 号：ZL201710419226.9
专利权人：温州大学
发 明 人：戴瑜兴 赵振兴 阮秀凯 蔡启博 王 环 朱志亮

本获奖专利公开了一种海岛特种电源供电系统，发明了风光柴储高效协同与集成的海岛电源系统架构，设计开发出荷电状态控制的硬件和软件协同控制方法，实现了高冲击情况下对母线电压的支撑；提出固态开关脉冲同步切换技术，实现微秒级切换；突破海岛特种国防装备对高电能质量、高切换速度和高抗冲击性的技术瓶颈，解决了海岛特种国防装备高可靠供电难题。

以本获奖专利“海岛特种电源供电系统”为核心形成的专利群共计 29 项，其中转让或与合作企业广东志成冠军集团有限公司共同拥有的发明专利 20 项。基于本专利群三大关键技术的突破，与合作企业共同研制出三大系列的国内首台（套）新装备：①研制出国内首台 5MW 海岛特种电源，已广泛应用于南海诸岛，解决了我国海岛高可靠供电的国防重大需求；②研制出国内首台 1MW 风光柴储一体化特种电源，并推广应用，解决了野外特种环境大功率的供电需求；③研制出国内外首台 4MW 低压双向模块化岸电电源，已在港口、船厂实现工程应用，解决了工频为 50Hz 国家的港口和船厂 60Hz 绿色供电的难题。这三大系列产品为合作企业近三年新增产值约 5.34 亿元。

该核心专利群技术还成功推广应用于油气开采、工程机械、科研开发等领域，促进了我国特种电源行业转型升级及军民融合发展。

专利名称：一种 OLED 线性蒸发源结构
专 利 号：ZL201721898982.6

专利权人:上海升翕光电科技有限公司
发 明 人:林文晶　彭　勃

21世纪是信息时代,也是信息科学技术及产业飞速发展的时代。信息技术的革命推动了社会结构、产业结构、教育方式及家庭生活的巨大变革。AMOLED技术在节能环保、超快显示、色彩饱和度、视角广、可柔性等多方面技术优势明显,被誉为“梦幻显示技术”和“新一代显示技术”,现在已经逐步应用于大到电视,小到智能手机、数码相机、车载显示等领域。特别是AMOLED柔性显示技术的发展,使显示终端有望诞生颠覆性的产品,给智能时代带来无穷的想象。

上海升翕光电科技有限公司是一家专业从事高世代AMOLED蒸镀源系统的研发、生产、销售和服务的高新技术企业。企业以攻克产业核心技术难题、促进我国AMOLED产业的整体提升以及发展为目标,始终聚焦AMOLED新型显示产业关键领域。

本专利涉及产品属于AMOLED显示核心的专用工艺设备。基于该获奖专利所述的线性蒸发源,其内腔具有平衡的蒸气压,解决了从不同位置喷嘴喷出气体的热动能不一致的问题,从而避免蒸镀到基板上的薄膜厚度不均匀。本专利助力解决了大尺寸AMOLED产品的缺陷,提高了AMOLED产品的良率和质量,并获得行业广泛认可。作为关键设备,本专利涉及产品已大规模应用于AMOLED制造,并成为市场主流产品,仅两年已实现销售收入5亿元。本专利攻克了产业瓶颈,产品的应用将有力促进我国AMOLED产业的发展。

(国家知识产权局知识产权运用促进司)

第二十一届中国外观设计金奖获奖项目简介

专利名称:轨道车辆车头(2014-3)
专 利 号:ZL201430379808.6
专利权人:中车青岛四方机车车辆股份有限公司,中国铁路总公司
设 计 人:肖　智　杜　健　陶桂东　梁建英　马云双　张在中　齐延辉　韦　皓

时速350公里的“复兴号”高速动车组车头外观专利,是技术与人文的有机融合,车头外形设计保证了高速动车组能经受复杂的作用关系、地理气候条件、运行工况的考验,保证了车辆的运行安全性、可靠性、舒适性及节能环保;美工方案灵感来源于中国传统文化中“龙”的意象,整体造型气势如虹,宛如蓄势腾飞的巨龙;环绕车头的色带,形状演变自“龙髯”,配以“中国红”,遒劲逸动;车灯犹如列车的“眼睛”,灵动传神;黑色涂装的前脸庄严厚重,银灰色车身呈现出强烈的科技和工业质感。流畅的线条、协调的比例、硬朗的造型、动感的色带,致力于将美学与科技融会贯通,将中国传统文化外化于形,展现民族精神,为“中国名片”代言。

该专利头型车辆,经过180次数值仿真、64次风洞试验、264次动模型试验,循环优化验证、实车线路试验结果表明:整车运行阻力降低12%,人均百公里能耗下降17%,往返一趟京沪节省5000kW·h,在同速度等级车型中综合性能最优。

应用该专利的时速350公里“复兴号”高速动车组已经成为我国轨道交通客运装备主力车型,截至2018年年底,累计销售收入超过390亿元。根据国家《中长期铁路网规划》,预计到2020年,该动车组累计产值将达到500亿元。

专利名称：汽车
专 利 号：ZL201630066993.2
专利权人：长城汽车股份有限公司
设 计 人：郝芳芳 苏文彬 张 辉 杨艳青 王 东

"WEY"为长城汽车股份有限公司旗下的高端SUV品牌，中文名"魏派"，是以该公司董事长魏建军的姓氏音译命名的一个全新豪华SUV品牌。"WEY"品牌标识采用竖形旗杆式设计，灵感源自古城保定直隶总督署门前大旗杆，纵向向上的视觉形式寓意勇争第一的雄心壮志，诠释了中国高端SUV开创者的定位。

WEY VV7车型为长城汽车股份有限公司自主正向开发的新产品，设计上运用现阶段非常流行的轿跑式SUV的概念，其设计灵感来源于冷峻高贵的珍稀动物黑豹，整车造型威严霸气，未来感十足。整车外观凸显黑豹仿生设计的理念，车标、车灯以及内饰均使用竖形旗杆式"DNA"设计，赋予整车极高的识别度，令人过目难忘。

WEY VV7车型自2017年4月正式上市，便得到消费者的青睐，并迅速取得单一车型销量第一的佳绩。截至2019年8月，该车型累计销售已突破11.84万台，销量增长势头强劲，累计实现销售收入159.11亿元，利润总额达9.92亿元，公司上缴税收15.52亿元。目前WEY VV7车型已在美国、欧盟、澳大利亚、俄罗斯、加拿大、墨西哥、南非、沙特、智利、阿尔及利亚等37个国家或地区申请了专利。长城汽车股份有限公司始终坚持"产品未到，专利先行"的申请策略，加大国内外知识产权保护力度，截至2019年9月，长城汽车股份有限公司专利申请总量达9820项，授权总量达7218项，企业自主创新能力明显增强。

专利名称：洗碗机(台式)
专 利 号：ZL201630471603.X
专利权人：青岛海高设计制造有限公司，青岛海尔洗碗机有限公司
设 计 人：吴 剑 刘海波 万鲁鲁 闫玉瑞 杨 林 董媛媛

海尔小海贝台式洗碗机，解决了中国厨房普遍较小、已装修厨房不方便安放嵌入式洗碗机等痛点。该产品为台式安装，无需改造上下水，小身材，大容量，省水节电，中式碗篮可调设计，为中国亿万家庭提供健康餐具洗涤体验。

全球首创贝式开合设计，是仿生美学与极致体验的碰撞，R475.5°黄金弧度视窗，加大餐具投放空间，配合自由悬停设计，方便取放碗碟；透明视窗，方便用户随时观察内部洗涤过程；全触控按键，反应灵敏，指尖轻触即可操作；碗架设计灵活多变，可满足多种形状餐具摆放，满足四口之家的洗涤需求；采用创新超薄变频洗涤排水系统，洗涤空间增大24%，机身厚度仅370mm，在相同容量的前提下，体积减小30%；行业最薄的水软化器及加热系统，体积减至60%，能耗降低10%，水耗降低41%，更加省水节能；双旋三层喷淋系统，水速可达7.8m/s，360°全空间覆盖，提升洗涤清洁度；首创离子循环软水自清洁系统，无需二次清洁，配合婴童洗涤系统，更加呵护用户健康。产品申请各项专利70余项，荣获iF、IDEA等设计奖项11项。截至2019年7月，该品类洗碗机累计销量15万余台，占独立式洗碗机市场份额超40%，销售收入达3.7亿元，纳税额超5000万元，取得了巨大的社会效益和经济效益。该产品上市后，带动了中国洗碗机市场的加速发展。

专利名称：汽车
专 利 号：ZL201630553337.5
专利权人：比亚迪股份有限公司
设 计 人：廉玉波 李乐阳 唐文全 上官长树 赵炳根 谢培松 王 飞

本外观设计专利为汽车，且本专利外

观应用于比亚迪王朝系列车型中的“全新一代唐”车型上。“全新一代唐”车型是比亚迪股份有限公司旗下的豪华科技双旗舰之作，是将“中国智造”的研发精神与顶尖软硬件融汇的工业艺术。

本专利外观采用颠覆性的“Dragon Face”设计语言，将科技前卫与中国元素融于一体。整车外饰以最能体现中国王朝气质的“龙”作为核心设计的源起，提取龙须和龙嘴为设计元素应用于前脸部分，呈现出蛟龙霸气威严的自信姿态。侧面双腰线设计营造出虚实结合的效果，使整车造型具有更强的层次感。悬浮式车顶设计紧跟当下设计美学潮流，展现时尚立体美感。简约尾部造型并搭载贯穿式尾灯，流露出强调对称性的设计美感及科技感。比亚迪股份有限公司“全新一代唐”车型向新而行，自上市以来，销量和品牌力迅速攀升，并在汽车领域掀起了买优质国货、为优质国货点赞的新潮流，真正开启了中国品牌汽车的消费自信新时代。

自 2018 年 6 月上市以来，应用该设计的“全新一代唐”车型的销售量为 9.5 万台，销售额达 203.3 亿元。未来，比亚迪股份有限公司将继续努力，不断创新，为满足人们对美好生活的向往而奋进。

专利名称：汽车
专　利　号：ZL201630638203.3
专利权人：广州汽车集团股份有限公司
设　计　人：张　帆　王泽晨　黄家焕
沈传全　贺传熙　于　歌
刘芬平　陈　辰

新能源汽车是汽车产业的重大变革，是实现汽车工业电动化、智能化、网联化、共享化的重要载体，大力发展新能源汽车已成为国家战略。然而，如何打造一款令消费者拍案叫绝的新能源汽车，多年来一直都是摆在各大车企面前的一个重要课题。广州汽车集团股份有限公司立足新能源特色，以破局思维打造新能源专属设计，获得了名称为“汽车”的外观设计专利：ZL201630638203.3，并依托该专利历时三年成功研发出国内首款纯电智联小型SUV“传祺 GE3”。

该专利将“Low - poly”低多边形设计语言创造性地运用到新能源汽车上，设计团队在传承立体主义精髓的基础上进行了创新，从而创造出专属于传祺 GE3 车型的造型美学。该专利在设计上大量使用了三角面的元素，锐利的角度交叉塑造了整车非常卡通的一面，在硬朗之外更添一份灵动和可爱，形成新能源汽车的独特形象感知。

截至 2019 年 6 月，基于该专利打造的传祺 GE3 车型已累计销售超过 1.6 万辆，创造 38.8 亿元的销售额及超过 3.1 亿元的利润，带动了新能源产业链及设施发展，极大地促进了珠三角、长三角地区汽车工业的进步。此外，随着广州汽车集团股份有限公司“如祺出行”服务平台的推出，以传祺 GE3 车型为代表的系列车型将为消费者提供高品质的移动生活服务，满足消费者对个性精彩生活的追求。

专利名称：无人船
专　利　号：ZL201730002884.9
专利权人：北京臻迪科技股份有限公司
设　计　人：郑卫锋　范　烽

北京臻迪科技股份有限公司拥有国内外专利超过 800 项，研产出全球第一款水下无人机“PowerRay”小海鳐，成为全球首家实现水下机器人量产的企业。

水下机器人作为人工智能领域内的全新品类，有着广泛的应用场景，可用于寻鱼、海上救援、水上运动拍摄、水产养殖检测、船体检测、海底环境检测、水下土木工程建设检测、水下航拍等。“PowerRay”小海鳐是一款采用仿生学设计，具备水下最深 30m 潜水能力，可进行水下航拍、寻鱼、海底探测的多用途人工智能水下机器人。

“PowerRay”小海鳐具备 4K 高清水下摄影、可视化钓鱼功能，带有沉浸式水下体验的 VR 眼镜，独创的多项创新功能变革了人类千百年来的钓鱼习惯。

2017 年 7 月，新华社记者跟随科考队赴西藏高原湖，使用“PowerRay”小海鳐进行湖底影像采集，创造了新华社历史上首次使用水下机器人录制水下新闻的纪录，同年被政治经济领域最具影响力的杂志期刊《经济学人》(*The Economist*)称为“一款变革垂钓方式的水下机器人，将为垂钓爱好者带来前所未有的体验”。2017 年 11 月 1 日，“PowerRay”小海鳐荣获日本优良设计奖，并摘得 2017 CES Asia 创新奖、2018 红点设计奖、2018 IDEA 国际设计大奖、2018 中国红星奖至尊金奖等。

北京臻迪科技股份有限公司目前在美国、芬兰、日本等多个国家设立了分支机构，并整合研发、生产、销售于一体，产品已经销往全球 91 个国家，共售出 7000 台，实现销售额 5205 万元。

专利名称：儿童推车的车架(GB826)
专 利 号：ZL201730254791.5
专利权人：好孩子儿童用品有限公司
设 计 人：刘　峰　胡扣贞

专利金奖产品“Swan”天鹅婴儿车从经典舞剧《天鹅湖》中汲取灵感，整车可芭蕾式旋转换向，轻松实现正反双向推行；该婴儿车推崇黑金美学生活，采用碳纤维丝，通过不同角度的交错层合，再经高温固化，绕指柔化作百炼钢，在保证车架强度的同时降低质量，整车质量仅为 6 千克；采用独有自适应旋转换向系统，原地即可旋转换向，换向后，后轮自动锁定，前轮自动万向，无论是空间开阔如户外还是狭小如电梯，“Swan”天鹅婴儿车均可实现原地旋转换向。

专利产品“Swan”天鹅婴儿车革命性地解决了普通亲子婴儿车“善待了宝宝，却对妈妈不那么友好”的通病。该专利金奖产品自 2018 年 1 月上市以来，采用线上线下同步销售的方式，累计销量超过 45 000 台，销售额超过 1.6 亿元。

“Swan”天鹅婴儿车综合了工业设计理念，注重材料创新、功能创新、工艺创新和极致的生活体验，成为宝宝出行的最佳伴侣、妈妈育儿生活的最好帮手，为满足人民对美好生活的向往提供了优质的解决方案。

专利名称：升力体边条翼鸭式布局飞机
专 利 号：ZL201730493029.2
专利权人：中国航空工业集团公司成都飞机设计研究所
设 计 人：杨　伟　郑　遂　桑建华　王　炜　杨应凯　张　勇　蔡广平　任云松　杨朝旭　袁泽建

中国航空工业集团成都飞机设计研究所的“升力体边条翼鸭式布局飞机”外观设计专利应用于我国第一型隐身重型第四代战斗机，遵循创新、和谐、平衡、简洁的设计理念，采用平行、迭代、仿真的设计方法，满足高隐身、高机动、超敏捷、轻结构的严苛设计要求，形成全球独一无二的飞机总体气动布局。

该型飞机已经形成装备列装部队，它的研制成功离不开现代工程技术创新发展的研究成果，是我国科技整体水平进步的综合体现；它的研制牵引带动了材料、电子、化工、动力、软件、实验等相关产业的技术进步，推进了增材加工、精细化制造、智能化装配技术的应用落地，为国防和经济社会发展做出重大贡献。

该型飞机在第 12 届中国国际航空航天博览会(2018 年珠海航展)正式亮相，且多次参与重大活动，极大地增强了民族自信心和自豪感，激发了普通民众的爱国热情，并将助推我国航空工业研制能力和航空武器装备建设的进一步发展。

专利名称:云台相机

专 利 号:ZL201830345094.5

专利权人:深圳市大疆创新科技有限公司

设 计 人:王陈杰　何百川　金　民
胡登峰　陈星驰

本外观设计实施产品“灵眸Osmo口袋云台相机”体积小巧，配备三轴机械增稳云台，具有精巧的机械结构设计，同时拥有强大的功能，是一款极具创意的产品。该产品全新开发了多种智能拍摄模式和功能，可轻松达到传统影像设备难以做到的智能跟随、轨迹延时、自动全景等效果，极大地丰富了用户体验。

“灵眸Osmo口袋云台相机”在2018年11月29日全球发布，已得到产业化及商业化应用，并在本产业中处于领先水平，为本产业的发展做出卓越的贡献。截至2019年7月，该专利实施产品已在全球范围内生产787 822台，新增销售额17.87亿元，新增利润额4.47亿元，新增出口额12.1亿元。

该专利实施产品以其小巧的造型设计、漂亮的外观，以及便携的性能，已广泛应用于消费级手持云台拍摄领域，成为全球众多摄影爱好者的最佳选择，成功进入千家万户，享誉100多个国家，重新定义了“中国制造”的魅力内涵。

专利名称:手机

专 利 号:ZL201830465140.5

专利权人:OPPO广东移动通信有限公司

设 计 人:范晓宇　张正山

OPPO Find X手机是OPPO广东移动通信有限公司在2018年6月面向全球市场推出的旗舰智能手机，其独有的升降结构设计完美解决了智能手机行业全面屏难题，在全球引发关注，显著提升了国产手机创新形象。

OPPO Find X手机是艺术与科技完美融合的典范，通过“双轨潜望结构”，将前后摄像头、闪光灯及3D结构光等11大元器件集成其中，在无需使用时藏于机身内部，从而实现正反无孔的极致全面屏设计；领先的COP封装工艺最大限度压缩边框，配备6.42英寸曲面全景屏，屏占比达到当时行业领先水平93.8%。OPPO Find X手机机体秉持“自然造物”理念，更首次在业界采用多弧度加工工艺，通过正面3D+2.5D的多弧度叠加，使手机的握持手感更圆润、饱满；结合独创的3D叠层流光点彩工艺，令流动色彩之美尽在掌握。OPPO Find X手机将多项创新科技与突破性设计理念融为一体，展现了OPPO广东移动通信有限公司对智能手机外观设计及创新科技的不懈求索。

OPPO Find X手机的推出不仅给消费者带来前所未有的至美科技体验，而且以开创性的技术在外观设计领域引领全球智能手机行业发展新风向。该专利应用产品销售超百万台，实现销售额50亿元。

（国家知识产权局知识产权运用促进司）

2019 年新增地理标志商标名录

序号	商标名称	注册人	注册号	类别	商品	国家(国内省、自治区、直辖市)
1	万州罗田土鸡蛋	重庆市万州罗田土鸡专业技术协会	20274184	29	鸡蛋	重庆
2	城口大木漆	城口县林学会	28346552	2	大木漆(漆)	重庆
3	潼南柠檬	重庆市潼南区柠檬产业协会	29422426	31	新鲜柠檬	重庆
4	垫江土鸡	垫江县畜牧生产站	27564401	31	活鸡	重庆
5	涪陵潞酒	重庆市涪陵区李渡街道经济服务所	26959414	33	潞酒(白酒)	重庆
6	淳萸肉	淳安县临岐中药材产业协会	25593055	5	山茱萸(中药材)	浙江
7	淳木瓜	淳安县临岐中药材产业协会	25593056	5	药用木瓜	浙江
8	淳半夏	淳安县临岐中药材产业协会	26156014	5	药用半夏	浙江
9	淳覆盆子	淳安县临岐中药材产业协会	26156012	5	药用覆盆子	浙江
10	淳前胡	淳安县临岐中药材产业协会	26156013	5	前胡(中药材)	浙江
11	天台黄茶	天台县特产技术推广站	26757055	30	茶	浙江
12	奉化曲毫	宁波市奉化区茶文化促进会	28458230	30	绿茶	浙江
13	龙游发糕	龙游县食品工业行业协会	29719438	30	发糕	浙江
14	衢州椪柑	衢州市柑桔产业协会	25643037	31	椪柑	浙江
15	双峰香榧	宁海县黄坛镇香榧产业协会	27347441	29	加工过的香榧	浙江
16	余姚甲鱼	余姚市水产技术推广中心	31675247	31	甲鱼(活的)	浙江
17	黄岩红糖	台州市黄岩区农业技术推广中心	23024030	30	红糖	浙江
18	华宁大白壳核桃	华宁县核桃产业办公室	15725884	31	新鲜核桃	云南
19	临沧澳洲坚果	临沧市林业科学院	32051762	29	加工过的澳洲坚果	云南
20	临沧澳洲坚果	临沧市林业科学院	32051603	31	新鲜澳洲坚果	云南
21	屏边草果	屏边县草果种植行业协会	25711632	5	药用草果	云南
22	关坪天麻	云龙县天麻协会	25833028	5	天麻(中药材)	云南
23	宾川柑桔	宾川县农副产品营销服务中心	27851057	31	柑桔	云南
24	宾川红提葡萄	宾川县农副产品营销服务中心	27851056	31	新鲜葡萄	云南
25	新和鸽	新和县养鸽协会	26479036	31	鸽子(活家禽)	新疆
26	斯布牦牛	墨竹工卡县兽医站	22480080	31	牦牛(活动物)	西藏

续表

序号	商标名称	注册人	注册号	类别	商品	国家（国内省、自治区、直辖市）
27	定结藏雪鸡	定结县农牧综合服务中心	25906176	29	鸡肉	西藏
28	定结藏雪鸡	定结县农牧综合服务中心	25906177	31	藏雪鸡（活动物）	西藏
29	桑桑牦牛肉	西藏昂仁县农牧综合服务中心	26079091	29	牦牛肉	西藏
30	聂荣酥油	西藏那曲聂荣县农牧业科学技术服务站（聂荣县动物卫生监督所）	26694777	29	酥油	西藏
31	拉孜菜籽油	西藏拉孜县农牧综合服务中心	27346224	29	食用菜油	西藏
32	隆子藏黑鸡	西藏隆子县农牧综合服务中心	27566007	31	鸡（活家禽）	西藏
33	隆子黑白花奶牛	西藏隆子县农牧综合服务中心	27564502	31	奶牛（活动物）	西藏
34	拉孜扎念琴	西藏拉孜县文化广播影视服务站	27654380	15	扎念琴（弹拨乐器）	西藏
35	陈塘黑金耳	定结县农牧综合服务中心	28376437	29	木耳	西藏
36	陈塘黑金耳	定结县农牧综合服务中心	28376446	31	木耳（鲜食用菌）	西藏
37	那曲牦牛	西藏那曲县农牧业科学技术服务站（那曲县动物卫生监督所）	25593176	31	牦牛（活动物）	西藏
38	乃东藏香猪	山南市乃东区农牧综合服务中心	27990377	31	猪（活动物）	西藏
39	乃东藏鸡	山南市乃东区农牧综合服务中心	27990687	31	鸡（活家禽）	西藏
40	申扎香葱	西藏申扎县农牧业科学技术服务站	27260454	30	干香葱（调味品）	西藏
41	昌都獐子菌	昌都市农业技术推广总站	29279153	31	獐子菌（鲜食用菌）	西藏
42	札达杏子酒	西藏札达县农牧业技术推广站（农机监理站）	29465797	33	杏子酒（含酒精的果酒）	西藏
43	堆龙德庆藏鸡	拉萨市堆龙德庆区兽医站	29118411	31	鸡（活家禽）	西藏
44	THAI HOM MALI RICE ORIGINATED IN THAILAND DEPARTMENT OF FOREIGN TRADE	泰国商业部外贸厅	10979056	30	米；米（半磨过的）	泰国
45	恩阳巴鱼儿	巴中市恩阳区地方名特产品保护促进会	23501017	31	爬岩鳅（活鱼）	四川
46	布拖黑猪	布拖县畜牧站	26080547	29	黑猪肉（肉）	四川
47	布拖黑猪	布拖县畜牧站	26080544	31	黑猪（活动物）	四川

续表

序号	商标名称	注册人	注册号	类别	商品	国家（国内省、自治区、直辖市）
48	盐源辣椒	盐源县经济作物管理站	26275308	31	新鲜辣椒	四川
49	德格大黄	德格县农业技术推广和土壤肥料站	26694652	5	大黄（中药材）	四川
50	宝兴川牛膝	宝兴县经济作物站	27260775	5	川牛膝（中药材）	四川
51	昌台牦牛	白玉县畜牧站	27427412	29	牦牛肉（肉）	四川
52	昌台牦牛	白玉县畜牧站	27427054	31	牦牛（活动物）	四川
53	仪陇胭脂萝卜	仪陇县蔬菜协会	27485264	31	新鲜萝卜	四川
54	荥经砂器	荥经县非物质文化遗产保护中心	27734996	21	陶器	四川
55	小金玫瑰	小金县玫瑰种植协会	27766035	31	玫瑰（自然花）	四川
56	南充冬菜	南充市农业经济作物管理站	29508098	29	冬菜	四川
57	岷江百合	茂县林业科技推广站	28283402	31	百合（自然花）	四川
58	九寨沟藏香猪	九寨沟县藏香猪养殖协会	25807027	31	藏香猪（活动物）	四川
59	团结镇萝卜	自贡市大安区团结镇农业综合服务中心	28135140	31	萝卜（新鲜蔬菜）	四川
60	岷江百合	茂县林业科技推广站	28283274	5	百合（药用植物根）	四川
61	南溪血橙	宜宾市南溪区蚕果站	27261369	31	血橙	四川
62	黄溪贡米	南充市高坪区黄溪乡优质水稻繁育种植协会	29632996	30	大米	四川
63	丹巴黄金荚	丹巴县农业技术推广和土壤肥料站	30075617	31	新鲜四季豆	四川
64	丹巴藏香猪	丹巴县畜牧站	29972811	29	猪肉（肉）	四川
65	丹巴藏香猪	丹巴县畜牧站	30008794	31	藏香猪（活动物）	四川
66	乡城藏猪	乡城县畜牧站	30190425	29	猪（非活）	四川
67	乡城松茸	乡城县农业技术推广和土壤肥料站	30415566	31	新鲜松茸	四川
68	乡城藏猪	乡城县畜牧站	30545743	31	猪（活动物）	四川
69	石棉八月瓜	石棉县农业局经济作物站	28658195	31	八月瓜（新鲜水果）	四川
70	井研柑橘	井研县农产品质量安全检验检测站	28789185	31	新鲜柑橘	四川
71	昭觉玫瑰鸡	昭觉县畜牧站	29053236	31	鸡（活动物）	四川

续表

序号	商标名称	注册人	注册号	类别	商品	国家（国内省、自治区、直辖市）
72	昭觉乌金猪	昭觉县畜牧站	29262687	31	活猪（活动物）	四川
73	乡城松茸	乡城县农业技术推广和土壤肥料站	30415565	29	松茸（干食用菌）	四川
74	乡城菩提	乡城县文化馆	31452013	14	菩提制念珠	四川
75	珙县孝儿花生	珙县农业技术推广站	31024404	29	加工过的花生	四川
76	珙县蚕茧	珙县蚕桑与经济作物站	31516311	22	茧	四川
77	都江堰厚朴	都江堰市农业林业科技服务中心	22480079	5	厚朴（药用植物根）	四川
78	都江堰川芎	都江堰市农业林业科技服务中心	22478160	5	川芎（药用植物根）	四川
79	巴中云顶	巴中市茶业协会	26756574	30	茶	四川
80	界市竹笋	隆昌市界市镇农村经济技术服务中心	28414132	31	竹笋（新鲜蔬菜）	四川
81	南江核桃油	南江县核桃产业发展中心	28458882	29	核桃油（食用油）	四川
82	壤塘菜籽油	壤塘县农业畜牧和水务局农畜水产品安全监测中心	28905717	29	食用菜籽油	四川
83	麦洼牦牛曲拉	四川红原诺尔纳格（牦牛）协会	29663321	29	曲拉（奶酪）	四川
84	麦洼牦牛酥油	四川红原诺尔纳格（牦牛）协会	29663116	29	酥油	四川
85	亭林雪瓜	上海市金山区亭林镇农业技术推广服务站	27148446	31	雪瓜（新鲜水果）	上海
86	清涧土猪肉	清涧县畜牧技术推广站	27040345	29	猪肉	陕西
87	周至猕猴桃	周至县果业发展管理局	27653043	31	猕猴桃	陕西
88	咸阳马栏红	咸阳市果业协会	27990941	31	苹果	陕西
89	留坝棒棒蜜	留坝县棒棒蜜养蜂专业协会	27012113	30	蜂蜜	陕西
90	岐山锅盔	岐山臊子面行业协会	23605020	30	锅盔	陕西
91	兴平辣椒	兴平市辣椒产业协会	28106350	30	辣椒面；干辣椒丝（调味品）	陕西
92	兴平辣椒	兴平市辣椒产业协会	28106349	31	新鲜辣椒	陕西
93	渭南华州山药	渭南市华州区农产品协会	29585238	31	新鲜山药	陕西
94	梁家河苹果	延川县旅游事业管理局	33693178	31	苹果	陕西
95	沁水蜂蜜	沁水县蜂业协会	26640871	30	蜂蜜	山西
96	阳曲小米	阳曲县食品行业协会	28109222	30	小米	山西
97	平顺大红袍花椒	平顺县地方特产发展协会	28314925	30	花椒粉	山西
98	定陶玫瑰	菏泽市定陶区陶丘玫瑰开发服务中心	27794933	31	玫瑰花	山东

续表

序号	商标名称	注册人	注册号	类别	商品	国家（国内省、自治区、直辖市）
99	荣成绿茶	荣成市绿色食品协会	27991434	30	绿茶	山东
100	姚家庄莲藕	临沂市兰山区枣园镇姚家庄莲藕种植服务中心	27483354	31	新鲜藕	山东
101	郓城泥塑	郓城县地方特产发展服务中心	23997325	20	泥塑工艺品	山东
102	梁山黄河鲤鱼	梁山县水产局	26984217	31	鲤鱼（活鱼）	山东
103	颜二草莓	广饶县广饶街道特色农副产品协会	29024485	31	新鲜草莓	山东
104	山亭地瓜枣	枣庄市甘薯产业协会	26984215	29	地瓜片	山东
105	山亭肉鸡	枣庄市山亭区肉鸡养殖协会	27851817	31	鸡（活家禽）	山东
106	东阿黄河泥鳅	东阿县渔业协会	28314921	31	活泥鳅	山东
107	滕州绿萝卜	滕州市龙阳绿萝卜产业发展联合会	28314922	31	新鲜萝卜	山东
108	菏泽黄梨	菏泽市黄梨研究开发协会	28552839	31	新鲜梨	山东
109	泰山茶	泰安市泰山茶叶协会	28614981	30	绿茶	山东
110	高唐黄颡鱼	高唐县渔业协会	28765086	31	黄颡鱼（活鱼）	山东
111	新泰大花生	新泰市石井特色农产品研究所	29146660	29	加工过的花生	山东
112	双崮樱桃	青岛市黄岛区张家楼镇农业服务中心	27991833	31	新鲜樱桃	山东
113	单县蜜桃	单县光明集蜜桃种植协会	28223613	31	新鲜桃	山东
114	山亭长红枣	枣庄市山亭区长红枣果业协会	29937336	29	干枣	山东
115	利津老粗布	利津县汀罗镇农业技术综合服务中心	29975213	24	布	山东
116	阳信牛肉	阳信县畜牧业协会	28845104	29	牛肉	山东
117	阳信渤海黑牛	阳信县畜牧业协会	29024484	31	活牛	山东
118	阳信鲁西黄牛	阳信县畜牧业协会	29085440	31	活牛	山东
119	单县山药	单县终兴镇山药协会	28022388	31	新鲜山药	山东
120	利津肴兔肉	利津县汀罗镇农业技术综合服务中心	29975212	29	兔肉	山东
121	乳山西施舌	乳山市水产技术推广站	30712994	31	西施舌［贝壳类动物（活的）］	山东
122	乳山地瓜	乳山市农业技术推广站	31233836	31	地瓜（新鲜的）	山东
123	乐都沙果	海东市乐都区绿色农产品开发协会	26694890	31	沙果（新鲜水果）	青海
124	平罗沙漠西瓜	石嘴山市瓜菜产业协会	26479037	31	西瓜	宁夏
125	杭锦旗甘草	杭锦旗梁外甘草协会	25960276	31	甘草（植物）	内蒙古

续表

序号	商标名称	注册人	注册号	类别	商品	国家（国内省、自治区、直辖市）
126	察右前旗青尖椒	内蒙古察右前旗特色农副产品协会	26130791	31	新鲜辣椒	内蒙古
127	阿拉善白绒山羊绒	阿拉善白绒山羊协会	26783673	22	剪下的羊毛	内蒙古
128	阿拉善双峰驼绒	阿拉善盟双峰驼绒协会	26783674	22	驼毛	内蒙古
129	凉城山草羊	凉城县农畜产品协会	26984214	31	活羊	内蒙古
130	赤峰驴肉	赤峰农牧业产业化龙头企业协会	28314738	29	驴肉	内蒙古
131	鄂尔多斯细毛羊肉	鄂尔多斯细毛羊协会	18932909	29	羊肉	内蒙古
132	准格尔羯羊	准格尔旗农特产品协会	27564135	29	羊肉	内蒙古
133	准格尔糜米	准格尔旗农特产品协会	27564136	30	糜米	内蒙古
134	鄂托克前旗羊肉	鄂托克前旗肉羊协会	27794465	29	羊肉	内蒙古
135	苏尼特羊	苏尼特右旗地方产品学会	30075878	31	羊(活动物)	内蒙古
136	哈素海鲤鱼	土默特左旗农业技术推广中心	30287713	31	鲤鱼(活鱼)	内蒙古
137	科左后旗大米	科尔沁左翼后旗地方土特产品管理协会	25643153	30	去壳大米	内蒙古
138	和林格尔羊肉	呼和浩特市和林格尔县富农农副产品协会	29466121	29	羊肉	内蒙古
139	乌兰察布奶牛	乌兰察布市养殖业协会	29633460	31	活奶牛	内蒙古
140	察右前旗胡麻油	内蒙古察右前旗特色农副产品协会	29691848	29	食用胡麻油	内蒙古
141	叆河青萝卜	丹东市振安区马市岛水果萝卜协会	28197959	31	新鲜萝卜	辽宁
142	葫芦岛刺参	葫芦岛市特产协会	28416221	29	海参(非活)	辽宁
143	龙南脐橙	龙南县水果蔬菜协会	28415893	31	新鲜脐橙	江西
144	横峰葛	横峰县农副土特产品协会	26079056	31	新鲜葛根(新鲜的可食用根茎)	江西
145	全南葡萄	全南县果业协会	26584814	31	新鲜葡萄	江西
146	南城麻姑酒	南城县土特产品协会	28487780	33	黄酒	江西
147	九江封缸酒	九江市濂溪区市场和质量监督检验检测中心	30619006	33	黄酒	江西
148	石城白莲	石城县农产品协会	31328138	29	莲子	江西
149	龙南客家米酒	龙南县农林产品协会	20372058	33	米酒	江西
150	赣县阳埠腐竹	赣县阳埠乡腐竹加工协会	27314794	29	腐竹	江西
151	骑岸大方柿	南通市通州区十总镇农业服务中心	21110106	31	柿子	江苏

续表

序号	商标名称	注册人	注册号	类别	商品	国家（国内省、自治区、直辖市）
152	马家荡大青蟹	阜宁县马家荡螃蟹协会	24241853	31	螃蟹(活的)	江苏
153	丰县泥池酒	丰县酒业协会	24808153	33	烧酒	江苏
154	北龙港青虾	盐城市盐都区水产技术推广站	25056065	31	虾(活的)	江苏
155	涟水草鸡	涟水县农副产品营销协会	26032274	29	鸡(非活)	江苏
156	滨海大套蜜梨	江苏省滨海现代农业产业园区农业技术推广综合服务中心	26585757	31	梨(新鲜水果)	江苏
157	黄天荡清水蟹	常州市天宁区郑陆镇农业服务中心	28283215	31	螃蟹(活的)	江苏
158	大丰黄泥螺	盐城市大丰区三龙镇海洋捕捞专业技术协会	22940614	29	黄泥螺	江苏
159	新沂金丝皇菊	新沂市金丝皇菊推广服务中心	27568040	31	鲜菊花	江苏
160	南许酥梨	睢宁县王集镇农业技术推广服务中心	28314923	31	新鲜梨	江苏
161	陈涛山芋粉丝	滨海县陈涛镇农业技术推广综合服务中心	26585758	30	粉丝	江苏
162	泗洪大米	泗洪县稻米协会	22299407	30	大米	江苏
163	西冯草坪	句容市西冯花草木协会	26667467	31	自然草皮	江苏
164	丁嘴金菜	宿迁市宿豫区丁嘴镇农业经济技术服务中心	24518163	31	黄花菜(新鲜蔬菜)	江苏
165	震泽蚕丝	苏州市吴江区震泽蚕丝同业公会	29306945	22	丝绵	江苏
166	句容戴庄大米	句容市天王镇大米协会	28021795	30	大米	江苏
167	高邮湖青虾	高邮市高邮湖大闸蟹行业协会	30190126	31	虾(活的)	江苏
168	高邮湖鳊鱼	高邮市高邮湖大闸蟹行业协会	30190129	31	鳊鱼(活鱼)	江苏
169	延边黑木耳	延边长白山食(药)用菌协会	27881853	29	木耳	吉林
170	洮南万宝敖牛山黄牛	洮南市万宝镇敖牛山农业产业协会	27012903	31	黄牛(活的)	吉林
171	伊通榛子	吉林省工商联榛子产业商会伊通分会	28080575	31	新鲜榛子	吉林
172	通榆葵花籽	通榆县名优特农畜产品产销协会	28479700	29	加工过的瓜子	吉林
173	武冈青钱柳	武冈市特色产业开发办公室	27346842	30	青钱柳茶(茶叶)	湖南
174	古丈红	古丈茶业发展研究中心	22030429	30	红茶	湖南
175	津市茶油	津市市茶油协会	26757868	29	茶油	湖南
176	溆浦蜜桔	溆浦县柑橘产销协会	28478856	31	新鲜蜜桔	湖南

续表

序号	商标名称	注册人	注册号	类别	商品	国家（国内省、自治区、直辖市）
177	湘乡水府茶	湘乡市毛田镇茶叶种植协会	29422495	30	茶	湖南
178	公安粉丝	公安县农特产业服务中心	24420808	30	粉丝	湖北
179	武穴佛手山药	武穴市农业技术推广中心	25565519	31	山药(新鲜蔬菜)	湖北
180	湾潭生漆	五峰生漆产业研究所	26156266	2	生漆	湖北
181	钟祥菜籽油	钟祥市特产协会	26327614	29	食用菜籽油	湖北
182	恩施黄牛	恩施市黄牛产业协会	26694808	29	牛肉(肉)	湖北
183	恩施黄牛	恩施市黄牛产业协会	26694807	31	活牛(活动物)	湖北
184	宜城鳊鱼	宜城市郭家台生态种养协会	27067834	29	鳊鱼(非活)	湖北
185	宜城鳊鱼	宜城市郭家台生态种养协会	27067833	31	鳊鱼(活的)	湖北
186	点军蜜桔	宜昌市点军区柑桔产业协会	27285534	31	新鲜蜜桔	湖北
187	白合花菜	云梦县城关镇农业技术推广站	28222702	31	花菜(新鲜蔬菜)	湖北
188	襄阳黄梨	襄阳市襄州区水果种植加工协会	26479020	31	新鲜梨	湖北
189	松滋生姜	松滋市生姜产销协会	28022387	31	新鲜生姜	湖北
190	英山茯苓	英山县药材商会	27934042	5	药用茯苓	湖北
191	恩施硒茶	恩施市茶业协会	17754772	30	茶	湖北
192	通山油茶	通山县油茶协会	30514038	29	茶油(食用油)	湖北
193	襄阳麻鸭	襄阳市襄州区畜禽养殖协会	30482178	31	活鸭	湖北
194	钟祥花生	钟祥市特产协会	26328027	31	新鲜花生	湖北
195	宜昌木姜子	宜昌市林产品专业技术协会	28932535	30	木姜子(调味品)	湖北
196	通河大榛子	通河县林业工作总站	26783675	31	新鲜榛子	黑龙江
197	通河大榛子	通河县林业工作总站	26783676	29	加工过的榛子	黑龙江
198	翠峦黑木耳	翠峦区黑木耳协会	32315403	29	木耳	黑龙江
199	富锦老窖	富锦市酒类流通协会	21322009	33	白酒	黑龙江
200	小潭乡胡萝卜	延津县果蔬专业技术协会	25834425	31	新鲜胡萝卜	河南
201	舞阳麻鸡	舞阳县麻鸡养殖协会	26376065	31	鸡(活家禽)	河南
202	开封菊花	开封市人民政府节会办公室	27209588	31	菊花	河南
203	辉县青萝卜	辉县市农产品发展交流协会	27235397	31	青萝卜	河南
204	潢川甲鱼	潢川县特色产品质量保护管理协会	27285732	31	甲鱼(活的)	河南
205	获嘉黑豆	获嘉县嘉禾农业协会	26877908	31	新鲜豆子	河南
206	辉县党参	辉县市农产品发展交流协会	27235398	5	党参	河南

续表

序号	商标名称	注册人	注册号	类别	商品	国家（国内省、自治区、直辖市）
207	镇平玉雕	镇平县玉文化改革发展试验区管理委员会	20945977	14	玉雕艺术品	河南
208	项城小磨香油	项城市地方特产发展服务中心	28932536	29	食用芝麻油	河南
209	卢氏核桃	卢氏县林果业生产管理办公室	29260663	31	新鲜核桃	河南
210	辉县香稻	辉县市农产品发展交流协会	27235395	30	大米	河南
211	宝丰汝瓷	宝丰县汝瓷行业协会	30075588	21	瓷器	河南
212	项城白芝麻	项城市地方特产发展服务中心	28765088	30	芝麻（调味品）	河南
213	藁城宫面	石家庄市藁城区宫面协会	25761677	30	挂面	河北
214	井陉花椒	井陉县农产品协会	25859242	30	花椒（调味品）	河北
215	乐亭甜瓜	乐亭县汀流河镇甜瓜协会	25983953	31	新鲜甜瓜	河北
216	唐山酸梨	唐山市农业产业化龙头企业协会	27794932	31	新鲜梨	河北
217	灵寿腌肉	灵寿县腌肉协会	27851843	29	腌制肉	河北
218	张家口莜麦酒	康保县地方特产发展服务中心	27852184	33	白酒	河北
219	康保胡麻油	康保县地方特产发展服务中心	27962778	29	胡麻油（食用油）	河北
220	涉县连翘	涉县农业技术推广中心	26205934	5	连翘（中药材）	河北
221	涉县柴胡	涉县农业技术推广中心	26205933	5	柴胡（中药材）	河北
222	台阳红嘴香椿	石家庄市井陉矿区林果协会	28287407	31	新鲜香椿	河北
223	正定红薯	正定县农业技术推广协会	28377020	31	新鲜红薯	河北
224	康保苦菜	康保县地方特产发展服务中心	27852185	31	新鲜苦菜	河北
225	康保花叶芥菜	康保县地方特产发展服务中心	28022390	31	新鲜芥菜	河北
226	肃宁贡梨	肃宁县农村电子商务协会	28503000	31	梨	河北
227	浆水苹果	邢台县果品技术协会	28022007	31	苹果	河北
228	栾城仙客来	石家庄市栾城区绿色农产品协会	29227132	31	仙客来花	河北
229	滦南花生油	滦南县花生产业协会	29379174	29	花生油（食用）	河北
230	晋州黄冠梨	晋州市林果产业协会	29053602	31	新鲜梨	河北
231	康保坝上长尾鸡	康保县地方特产发展服务中心	27852183	29	鸡（非活）	河北
232	康保马铃薯	康保县地方特产发展服务中心	27962777	31	新鲜马铃薯	河北
233	赞皇蜂蜜	赞皇县养蜂协会	26856463	30	蜂蜜	河北
234	海口火山石斛	海口市石斛协会	25711957	5	石斛（中药材）	海南
235	东方绿萝	东方市林业科学研究所	27260786	31	绿萝（植物）	海南
236	东方菊花	东方市林业科学研究所	27282902	31	菊花（鲜花）	海南

续表

序号	商标名称	注册人	注册号	类别	商品	国家（国内省、自治区、直辖市）
237	大宁萝卜	陵水黎族自治县优质特色产品推广协会	28815761	31	萝卜（新鲜蔬菜）	海南
238	海口火山荔枝	海口市农业技术推广中心	30674567	31	荔枝（新鲜水果）	海南
239	东方黄花梨	东方市林业科学研究所	27283326	31	黄花梨（树木）	海南
240	陵水芒果	陵水黎族自治县优质特色产品推广协会	28283179	31	新鲜芒果	海南
241	甲子牛大力	海口市琼山区甲子镇农业服务中心	28165961	5	牛大力（药用植物根）	海南
242	甲子绿头鸭	海口市琼山区甲子镇农业服务中心	28165963	31	活鸭	海南
243	威宁火腿	威宁彝族回族苗族自治县农业区划中心	27236566	29	火腿	贵州
244	毕节刺梨	毕节市七星关区果蔬技术推广站	27794768	31	新鲜刺梨	贵州
245	毕节椪柑	毕节市七星关区果蔬技术推广站	27794767	31	新鲜椪柑	贵州
246	威宁苹果	威宁彝族回族苗族自治县农业区划中心	27373155	31	新鲜苹果	贵州
247	纳雍土鸡	纳雍县农业技术推广站	21199962	31	活鸡	贵州
248	纳雍土鸡	纳雍县农业技术推广站	21854276	29	鸡肉	贵州
249	纳雍乌骨鸡	纳雍县农业技术推广站	24418527	29	鸡肉	贵州
250	纳雍乌骨鸡	纳雍县农业技术推广站	24418528	31	活鸡	贵州
251	靖西大麻鸭	靖西市畜禽品种改良站	27623556	31	活鸭	广西
252	三江茶油	三江侗族自治县科学技术情报研究所（广西三江茶叶和油茶研究所）	27766050	29	茶油	广西
253	象州红米	象州县农业技术推广站	25665282	30	红米	广西
254	阳朔九龙藤蜂蜜	阳朔县水产畜牧技术推广站	27234649	30	蜂蜜	广西
255	武宣牛心柿	武宣县农业技术推广站	27282733	31	牛心柿（新鲜水果）	广西
256	靖西大果山楂	靖西市水果生产办公室	27565937	31	新鲜山楂	广西
257	马山黑山羊	马山县动物疫病预防控制中心	28134388	31	山羊（活的）	广西
258	覃塘莲藕	贵港市覃塘区农业技术推广中心	28789274	31	新鲜莲藕	广西
259	隆林黑猪	隆林各族自治县畜牧品改站	25039059	31	猪（活动物）	广西

续表

序号	商标名称	注册人	注册号	类别	商品	国家（国内省、自治区、直辖市）
260	钦北牛大力	钦州市钦北区牛大力产业协会	28501547	5	牛大力（药用植物根）	广西
261	三江茶油 SANJIANG TEA-SEED OIL	三江侗族自治县科学技术情报研究所（广西三江茶叶和油茶研究所）	29260505	29	茶油	广西
262	湛江对虾	湛江市农林牧渔地标产品协会	27566015	29	对虾干	广东
263	高要佛手	肇庆市高要区质量技术协会	27851058	5	药用佛手	广东
264	徐闻南珠	徐闻县水产技术推广站	32665637	14	珍珠（珠宝）	广东
265	阳东牛大力	阳江市牛大力协会	27094066	5	牛大力（药草）	广东
266	遂溪广藿香	广东省遂溪县农业技术推广中心	28685934	5	药用广藿香	广东
267	清水核桃	清水县核桃协会	18600179	31	新鲜核桃	甘肃
268	静宁苹果	静宁县苹果产销协会	25643884	31	新鲜苹果	甘肃
269	甘南蕨麻	甘南州蕨麻种植协会	26759435	29	干蕨麻	甘肃
270	甘南蕨麻	甘南州蕨麻种植协会	26759436	31	蕨麻（新鲜）	甘肃
271	会宁羊羔肉	会宁县草畜产业发展协会	27094857	29	羊肉	甘肃
272	会宁牛肉	会宁县草畜产业发展协会	27285535	29	牛肉	甘肃
273	哈尔腾羊肉	阿克塞哈萨克族自治县阿勒腾乡养殖协会	20869300	29	羊肉	甘肃
274	崇信苹果	崇信县果业局	27346331	31	新鲜苹果	甘肃
275	会宁砂田西瓜	会宁县瓜类蔬菜发展协会	28501551	31	新鲜西瓜	甘肃
276	甘谷花椒	甘谷县农产品流通经纪人协会	28713126	30	花椒	甘肃
277	镇原黄花菜	镇原县土特产品行业协会	27011951	29	黄花菜	甘肃
278	阳关葡萄	敦煌市林业技术推广中心	29976379	31	新鲜葡萄	甘肃
279	漳盐	漳县土特产品行业协会	31025650	30	食盐	甘肃
280	崇信牛肉	崇信红牛协会	27346333	29	牛肉	甘肃
281	崇信红牛	崇信红牛协会	27346332	31	活牛	甘肃
282	崇信芹菜	崇信蔬菜协会	27346334	31	新鲜芹菜	甘肃
283	佳州岛贴沙鱼	云霄县食品快检中心	25226348	31	贴沙鱼（活的）	福建
284	长汀玉扣纸	长汀县健安种养技术交流协会	25906171	16	绘画用纸	福建
285	长汀茶油	长汀县健安种养技术交流协会	25906165	29	茶油（食用油）	福建
286	长汀香菇	长汀县健安种养技术交流协会	25906158	29	香菇（干食用菌）	福建
287	长汀笋干	长汀县健安种养技术交流协会	25906168	29	笋干	福建
288	长汀油柰	长汀县健安种养技术交流协会	25906169	31	油柰（新鲜水果）	福建

续表

序号	商标名称	注册人	注册号	类别	商品	国家(国内省、自治区、直辖市)
289	长汀田螺	长汀县健安种养技术交流协会	25906167	31	田螺(活的贝壳类动物)	福建
290	长汀金橘	长汀县健安种养技术交流协会	25906159	31	新鲜柑橘	福建
291	长汀大刺鳅	长汀县健安种养技术交流协会	25906162	31	大刺鳅(活鱼)	福建
292	政和白茶	政和县茶业管理中心	26080812	30	白茶	福建
293	武夷山兰花	武夷山市兰花协会	26832900	31	兰花(自然花)	福建
294	龙岩斜背茶	龙岩市新罗区江山斜背茶协会	27012943	30	茶	福建
295	新罗百香果	龙岩市新罗区百香果产业协会	27012942	31	百香果(鲜水果)	福建
296	火田金樱酒	云霄县火田镇农村经济服务中心	27851094	33	金樱酒(果酒)	福建
297	南靖香鱼	南靖县名优农产品协会	27962849	31	香鱼(活鱼)	福建
298	南靖土楼糯米酒	南靖县名优农产品协会	27962850	33	米酒	福建
299	向北米粉	云霄县食品快检中心	24341114	30	米粉(条状)	福建
300	松溪湛卢宝剑	松溪县特色产品发展研究学会	26424803	6	普通金属制宝剑状艺术品	福建
301	松溪湛卢宝剑	松溪县特色产品发展研究学会	26424804	8	剑	福建
302	马铺甜茶	云霄县马铺乡农村经济服务中心	29975047	30	用作茶叶代用品的花或叶	福建
303	霞浦涵江晚熟荔枝	霞浦县涵江晚熟荔枝协会	26299435	31	新鲜荔枝	福建
304	漳平厚德萝卜	漳平市厚德蔬菜协会	27794708	31	萝卜	福建
305	火田生姜	云霄县火田镇农村经济服务中心	27851093	31	生姜(新鲜)	福建
306	武平肉鸽	武平县养禽协会	28286890	29	肉鸽(非活)	福建
307	武平肉鸽	武平县养禽协会	28286891	31	肉鸽(活的)	福建
308	武平白兔	武平县养禽协会	28286889	29	兔肉	福建
309	莆田双线紫蛤	莆田市秀屿区南日镇渔业协会	28962986	31	蛤(活的)	福建
310	马铺风柜斗草	云霄县马铺乡农村经济服务中心	24341112	5	药用风柜斗草	福建
311	政和东平酱油	政和县东平镇“三农”服务中心	27148292	30	酱油	福建
312	古田水蜜桃	古田县水蜜桃协会	27282505	31	新鲜桃	福建
313	松溪白鹅	松溪县特色产品发展研究学会	27991172	31	白鹅(活动物)	福建
314	赤水掌瓜	德化县赤水镇农业服务中心	28551512	31	掌瓜(新鲜蔬菜)	福建
315	永定山茶	龙岩市永定区生态农业协会	20593062	30	乌龙茶	福建

续表

序号	商标名称	注册人	注册号	类别	商品	国家（国内省、自治区、直辖市）
316	永定乌龙茶	龙岩市永定区生态农业协会	20730374	30	乌龙茶	福建
317	长汀小米椒	长汀县健安种养技术交流协会	25906164	29	辣椒（干蔬菜）	福建
318	长汀板栗	长汀县健安种养技术交流协会	25906163	31	新鲜栗子	福建
319	长汀草兔	长汀县健安种养技术交流协会	25906160	31	草兔（活动物）	福建
320	火田金柑	云霄县火田镇农村经济服务中心	27851095	31	金柑（新鲜）	福建
321	建阳水仙	南平市建阳区经济作物技术推广站	28346009	39	茶叶	福建
322	建瓯水仙茶	建瓯市特色产品发展研究会	30317804	30	水仙茶	福建
323	BAYONNE	法国巴约纳火腿行业联合会	15588876	29	火腿	法国
324	BAYONNE HAM	法国巴约纳火腿行业联合会	15588878	29	火腿	法国
325	BAYONNE	法国巴约纳火腿行业联合会	15588880	29	火腿	法国
326	巴约纳	法国巴约纳火腿行业联合会	15588879	29	火腿	法国
327	巴约纳火腿	法国巴约纳火腿行业联合会	15588877	29	火腿	法国
328	玛歌 MARGAUX	波尔多葡萄酒行业联合委员会	15615997	33	葡萄酒	法国
329	慕里斯	波尔多葡萄酒行业联合委员会	22958575	33	葡萄酒	法国
330	MOULIS	波尔多葡萄酒行业联合委员会	22958576	33	葡萄酒	法国
331	佩萨克-雷奥良	波尔多葡萄酒行业联合委员会	22958579	33	葡萄酒	法国
332	PESSAC-LEOGNAN	波尔多葡萄酒行业联合委员会	22958580	33	葡萄酒	法国
333	MONTAGNE SAINT-EMILION	波尔多葡萄酒行业联合委员会	22958569	33	葡萄酒	法国
334	特级圣埃米利永	波尔多葡萄酒行业联合委员会	22958570	33	葡萄酒	法国
335	蒙塔涅-圣埃米利永	波尔多葡萄酒行业联合委员会	22958568	33	葡萄酒	法国
336	SAINT-EMILION GRAND CRU	波尔多葡萄酒行业联合委员会	22958571	33	葡萄酒	法国
337	MARGAUX	波尔多葡萄酒行业联合委员会	22958574	33	葡萄酒	法国
338	赛龙 CERONS	波尔多葡萄酒行业联合委员会	15616001	33	葡萄酒	法国
339	夹沟香稻米	宿州市夹沟香稻米协会	19484427	30	大米	安徽
340	王庄花生	固镇县王庄镇花生种植协会	25664872	31	新鲜花生	安徽
341	定远猪	定远县畜牧兽医技术推广站	26451290	31	猪（活的）	安徽
342	涡阳槐花	涡阳县林业产业协会	26556766	31	槐花（自然花）	安徽
343	涡阳坛闷蒜	涡阳县大蒜产业发展中心	27373804	29	蒜片（干蔬菜）	安徽
344	潜山糯米封缸酒	潜山县糯米封缸酒研究所	28166431	33	米酒	安徽
345	霍邱龙虾	霍邱县龙虾产业协会	29972927	31	小龙虾（活的）	安徽

续表

序号	商标名称	注册人	注册号	类别	商品	国家（国内省、自治区、直辖市）
346	霍邱麻黄鸡	霍邱县牧翔淮南麻黄鸡养殖专业技术协会	30618708	31	鸡（活家禽）	安徽
347	枣树行玉铃铛枣	阜阳市颍泉区宁老庄镇枣树行枣业协会	17025894	31	鲜枣	安徽
348	寿州窑	淮南市寿州古窑协会	27708017	21	瓷器；日用瓷器（包括盆、碗、盘、壶、餐具、缸、坛、罐）	安徽
349	王庄花生	固镇县王庄镇花生种植协会	27851605	29	加工过的花生	安徽
350	望江鳙鱼	望江县水产养殖协会	27851612	31	鳙鱼（活的）	安徽
351	望江黄鳝	望江县水产养殖协会	27851611	31	黄鳝（活的）	安徽
352	休宁泉水草鱼	休宁县水产站	28997304	31	草鱼（活的）	安徽
353	霍山米斛	霍山县霍山石斛产业协会	22825852	5	米斛（中药材）	安徽
354	怀宁蓝莓	怀宁县蓝莓技术协会	28412556	31	蓝莓（新鲜水果）	安徽
355	凤阳麻油	凤阳县芝麻油协会	28845105	29	食用芝麻油	安徽
356	望江螃蟹	望江县水产养殖协会	27851614	31	蟹	安徽
357	望江中华鳖	望江县水产养殖协会	27851613	31	中华鳖（活的）	安徽
358	威宁白萝卜	威宁彝族回族苗族自治县农业区划中心	27373154	31	新鲜白萝卜	贵州
359	溪源明笋	建宁县溪源乡农业服务中心	25543001	29	明笋	福建
360	蕉城沃斗红蟳	宁德市蕉城区沃斗红蟳协会	26984181	31	红蟳（活的）	福建
361	凤山茶油	凤山县核桃产业发展局	28685891	29	茶油（食用油）	广西
362	麻垌荔枝	桂平市农业技术推广站	29422052	31	荔枝	广西
363	钟祥香菇	钟祥市特产协会	26328026	29	香菇	湖北
364	安图蓝莓	安图县蓝莓行业协会	27990942	29	水果干（蓝莓果干）	吉林
365	安图蓝莓	安图县蓝莓行业协会	27990943	31	新鲜蓝莓	吉林
366	鱼台杞柳	鱼台县杞柳协会	26400465	31	杞柳（灌木）	山东
367	菏泽黄河甲鱼	菏泽市牡丹区黄河甲鱼养殖技术中心	28314927	31	活甲鱼	山东
368	大户陈家葡萄	招远市金岭镇农牧发展协会	28713424	31	新鲜葡萄	山东
369	东阿鲈鱼	东阿县渔业协会	28932537	31	活鲈鱼	山东
370	垣曲桑蚕	垣曲县特色农副产品协会	29227128	31	蚕	山西
371	马边竹笋	马边彝族自治县彝乡竹资源开发协会	30378206	29	笋干	四川

续表

序号	商标名称	注册人	注册号	类别	商品	国家（国内省、自治区、直辖市）
372	马边竹笋	马边彝族自治县彝乡竹资源开发协会	30378207	31	鲜竹笋	四川
373	定结藏雪鸡蛋	定结县农牧综合服务中心	25956978	29	鸡蛋	西藏
374	措美牦牛	西藏措美县农牧综合服务中心	30219042	29	牛肉	西藏
375	西山团结乡苹果	西山区团结街道办事处果树技术经济协会	23090423	31	苹果（新鲜水果）	云南
376	丽江食用玫瑰	丽江市生物产业协会	28134960	31	玫瑰（食用鲜花）	云南
377	岔路黑猪	宁海县岔路镇农民合作经济组织联合会	32979579	29	猪肉	浙江
378	岔路黑猪	宁海县岔路镇农民合作经济组织联合会	32979578	31	活猪	浙江
379	蕉城沃斗红蚪	宁德市蕉城区沃斗红蟳协会	26986176	31	红蚪（活的）	福建
380	永安罗坊腊鸭	永安市罗坊乡农业综合服务中心	30256575	29	腊鸭	福建
381	霞浦崇儒芙蓉李	霞浦县崇儒畲族乡农业服务中心	31128632	31	李子（新鲜水果）	福建
382	莆田龙眼	莆田市桂圆行业协会	29345521	31	龙眼（新鲜水果）	福建
383	长汀米粉	长汀县健安种养技术交流协会	30872725	30	米粉（条状）	福建
384	福前芦柑	安溪县福前芦柑产业技术研究会	28454970	31	新鲜芦柑	福建
385	三洲杨梅	长汀县三洲镇杨梅产销协会	28685359	31	新鲜杨梅	福建
386	景泰大枣	景泰县土特产品行业协会	29422445	29	大枣（干枣）	甘肃
387	庄浪马铃薯	庄浪县农业技术推广中心	27346209	31	新鲜土豆	甘肃
388	从化荔枝蜜	广州市从化区禽畜水产技术推广中心	30103755	30	蜂蜜	广东
389	天峨珍珠李	天峨县科学技术开发中心	28106504	31	新鲜李子	广西
390	纳雍糯谷猪	纳雍县农业技术推广站	20730627	31	活猪	贵州
391	纳雍糯谷猪	纳雍县农业技术推广站	21854275	29	猪肉	贵州
392	礼亭椰子	陵水黎族自治县优质特色产品推广协会	28815379	31	椰子	海南
393	滦南安各庄番茄	滦南县番茄产业协会	29869694	31	番茄（新鲜蔬菜）	河北
394	大城小磨香油	大城县正张小磨香油服务中心	28552838	29	食用芝麻油	河北
395	邱县红薯	邱县优质红薯协会	29422493	31	新鲜红薯	河北

续表

序号	商标名称	注册人	注册号	类别	商品	国家（国内省、自治区、直辖市）
396	深州黄韭	深州市特色农产品产业协会	30378511	31	新鲜黄韭	河北
397	二号卜西瓜	康保县地方特产发展服务中心	28713426	31	新鲜西瓜	河北
398	任丘仙艾	任丘市中草药种植协会	35344530	5	药用艾叶	河北
399	辉县红薯粉条	辉县市大北农农业技术推广服务中心	29227131	30	粉丝（条）	河南
400	海伦大米	海伦市农业产业化协会	25832508	30	大米	黑龙江
401	利川红	利川市茶产业协会	31959955	30	红茶	湖北
402	南漳黑毛猪	南漳有机产业发展协会	32805373	31	活猪	湖北
403	岳阳黄沙街百叶	岳阳县黄沙街镇农业技术推广服务中心（岳阳县黄沙街镇动植物疫病防控中心）	28021770	29	百叶（豆腐制品）	湖南
404	凤凰蜡染	凤凰县工艺品协会	32725084	24	蜡染布	湖南
405	溆浦脐橙	溆浦县柑橘产销协会	28478857	31	新鲜脐橙	湖南
406	岳阳花猪	岳阳县花猪养殖协会	32724721	31	猪（活动物）	湖南
407	通榆向海鸭蛋	通榆县名优特农畜产品产销协会	31062386	29	鸭蛋	吉林
408	高邮湖白鱼	高邮市高邮湖大闸蟹行业协会	30190131	31	白鱼（活鱼）	江苏
409	冶山贡鸡	南京市六合区养殖行业协会	33206826	31	鸡（活家禽）	江苏
410	高邮湖鲫鱼	高邮市高邮湖大闸蟹行业协会	30190128	31	鲫鱼（活鱼）	江苏
411	丁伙龙柏	扬州市江都区丁伙花木协会	30903550	31	龙柏	江苏
412	丁伙朴树	扬州市江都区丁伙花木协会	30903548	31	朴树	江苏
413	丁伙蜀桧	扬州市江都区丁伙花木协会	30903549	31	蜀桧（活树木）	江苏
414	高邮湖银鱼	高邮市高邮湖大闸蟹行业协会	30190132	31	银鱼（活鱼）	江苏
415	乐平谷酒	乐平市酒文化传承协会	29772604	33	白酒	江西
416	信丰烟叶	信丰县农产品协会	29053240	34	烟草	江西
417	葫芦岛苹果	葫芦岛市果蚕管理总站	28879032	31	苹果	辽宁
418	葫芦岛白梨	葫芦岛市果蚕管理总站	28879033	31	新鲜白梨	辽宁
419	土默特右旗白菜	土默特右旗土特产行业协会	26934580	31	白菜（新鲜蔬菜）	内蒙古
420	化德黑枸杞	化德县黑枸杞协会	28633717	5	枸杞	内蒙古
421	土默特右旗黄芪	包头市土默特右旗黄芪种植业协会	31362869	5	黄芪（药用植物根）	内蒙古
422	科左后旗黄牛	科尔沁左翼后旗地方土特产品管理协会	25643152	31	活牛	内蒙古
423	察哈尔锦绣	乌兰察布市名优特产品保护协会	32778298	24	锦绣（布料）	内蒙古

续表

序号	商标名称	注册人	注册号	类别	商品	国家（国内省、自治区、直辖市）
424	敖汉沙棘	敖汉沙棘产业协会	26857423	31	沙棘（未加工的水果）	内蒙古
425	宝国吐地瓜	敖汉宝国吐地瓜产业协会	25665434	31	新鲜地瓜	内蒙古
426	察右前旗黑猪肉	内蒙古察右前旗特色农副产品协会	29633459	29	猪肉	内蒙古
427	东阿黑毛驴	山东天龙驴产业研究院	30645847	31	活驴	山东
428	红河花生	昌乐县红河镇农业综合服务中心	25984356	29	加工过的花生	山东
429	东阿黑毛驴	山东天龙驴产业研究院	30932914	29	驴(非活)	山东
430	神汤沟牡蛎	即墨市渔业协会	29465756	31	牡蛎(活的)	山东
431	东明青山羊	东明县畜牧业服务中心	28501270	31	山羊(活动物)	山东
432	般阳小麦	淄川区龙泉镇农业综合服务中心	29227136	31	小麦	山东
433	肥城白菜	肥城市王庄镇农业综合服务中心	30037018	31	新鲜白菜	山东
434	梅家埠甜瓜	临沂经济技术开发区西甜瓜协会	32172096	31	新鲜甜瓜	山东
435	文登黑鸭	威海市文登区黑鸭养殖协会	29422092	31	鸭(活的)	山东
436	滕州盖土猪	滕州市木石镇农副产品协会	32638923	29	猪肉	山东
437	垣曲草鸡	垣曲县特色农副产品协会	29227129	31	活鸡	山西
438	垣曲猕猴桃	垣曲县特色农副产品协会	29312596	31	新鲜猕猴桃	山西
439	志丹小米	志丹县致农种养殖协会	29262348	30	小米	陕西
440	南溪白酒	宜宾市南溪区食品产业发展办公室	28658226	33	白酒	四川
441	珙县王家白酒	珙县生产力促进中心(珙县农村产业技术服务中心)	31025806	33	白酒	四川
442	南溪豆腐干	宜宾市南溪区食品产业发展办公室	24939289	29	豆腐干	四川
443	会理核桃	会理县林业科学技术推广服务中心	29936165	29	核桃（加工过的坚果）	四川
444	筠连黄牛	筠连县畜禽发展中心	31200448	31	黄牛(活动物)	四川
445	冕宁火腿	冕宁县农技推广中心	32638312	29	火腿	四川
446	内江黑猪	内江市东兴区畜牧品种改良工作站	32638533	29	猪肉	四川
447	静海黑猪	天津市静海区生宝无公害养殖技术服务中心	32725079	29	猪肉	天津

续表

序号	商标名称	注册人	注册号	类别	商品	国家（国内省、自治区、直辖市）
448	隆子藏黑鸡蛋	西藏隆子县农牧综合服务中心	27535611	29	鸡蛋（蛋）	西藏
449	隆子黑青稞糌粑	西藏隆子县农牧综合服务中心	27566009	30	糌粑（谷类制品）	西藏
450	帕尔马火腿	帕尔玛火腿协会	19203487	29	火腿	意大利
451	巫溪板角山羊	巫溪县畜牧兽医管理中心	29663594	29	羊肉（肉）	重庆
452	井陉黑豆	井陉县农产品协会	25665787	31	黑豆（未加工的）	河北
453	邢台酸枣	邢台县酸枣产业协会	28377018	31	鲜枣	河北
454	般阳葡萄	淄川区龙泉镇农业综合服务中心	29227138	31	新鲜葡萄	山东
455	芒康木耳	昌都市农业技术推广总站	29280861	29	木耳	西藏
456	昌邑黄姜	昌邑市大姜协会	29307178	31	黄姜（新鲜的）	山东
457	昌邑生姜	昌邑市大姜协会	29307180	31	新鲜生姜	山东
458	筠连筠姜	筠连县农业局果蔬站	30806580	31	新鲜生姜（新鲜蔬菜）	四川
459	平泉黄瓜	平泉市蔬菜技术推广中心	31393004	31	新鲜黄瓜	河北
460	饶阳甜瓜	饶阳县特色产品推广服务中心	32170420	31	新鲜甜瓜	河北
461	察右后旗锦绣	察右后旗特色农副产品协会	32835761	24	锦绣（布料）	内蒙古
462	三台藤椒	三台县藤椒产业协会	29487374	30	藤椒（调味品）	四川

（国家知识产权局商标局）

2019年中国版权十件大事

1. 打击院线电影盗版取得显著成效

2019年春节档院线电影出现高清盗版引发社会关注，国家版权局联合相关部门制定实施《加强院线电影版权保护专项工作方案》，发布5批33部院线电影版权保护重点作品预警名单，会同国家互联网信息办公室、工业和信息化部、国家电影局及电信运营商建立侵权盗版网站（App）联控机制，推动成立院线电影版权保护联盟，会同公安部查办院线电影盗版重点案件30余件，抓获犯罪嫌疑人200余人，打掉盗版影视网站360余个、盗版App 57个，查缴用于制作高清盗版影片的放映服务器7台、设备1.4万件，涉案金额2.3亿元。打击院线电影盗版取得显著成效，有力保障了电影市场秩序。

2. 中国网络版权保护与发展大会在北京举办

4月26日，国家版权局在北京举办以“守正创新：新时代网络版权严格保护与产业发展”为主题的“2019中国网络版权保护与发展大会”。会上，国家版权局等四部委联合启动“剑网2019”专项行动，发布2018年度全国打击侵权盗版十大案件，以及《2018年中国网络版权保护年度报告》《中国网络版权产业发展报告（2018）》《2017年中国版权产业的经济贡献调研报告》。大会主论坛、分论坛聚焦版权热点问题进行了深入探讨。中国网络版权保护与发展大会成为宣传版权保护政策、引领产业发展的风向标，扩大版权工作影响、提升社会版权意识的助推器。

3. 区块链等新技术加速赋能版权保护和运用

2019年，区块链、5G通信、大数据、人工智能等新技术迅猛发展，利用新技术手段加强版权保护、促进版权运用加速发力。习近平总书记在中央政治局第十八次集体学习时强调，要加快推动区块链技术和产业创新发展；中共中央办公厅、国务院办公厅《关于强化知识产权保护的意见》强调运用技术治理手段；国家版权局运用网络技术提升版权保护和管理水平，全面启用国家版权监管平台，在中国移动咪咕公司设立“网络版权保护研究基地”；知识产权法院、互联网法院运用区块链、时间戳等技术手段，解决数字版权存证、认证难题；网络平台和企业开发运用新技术，在版权确权、维权、交易等方面取得长足进展。随着新技术的迅猛发展和版权保护运用内在需求的拓展，“版权＋新技术”凸显强化保护、推进运用的独特力量和优势。

4.“国家版权创新发展基地”在深圳前海设立

10月24日，“推进中国特色社会主义先行示范区建设工作成果发布会”在深圳前海举行，国家版权局宣布在深圳市前海深港现代服务业合作区设立“国家版权创新发展基地”。基地可充分利用其区位优势、政策优势、产业优势，先行先试，打造版权保护与产业发展的高地与标杆，闯出一条全国领先、具有示范作用的新时代中国特色版权发展之路。开展“国家版权创新发展基地”试点工作是国家版权局贯彻落实党中央、国务院决策部署，大力融合创新驱动发展战略，充分发挥版权内在创新属性，全面提升版权工作能级的重要创新举措。

5. 图片市场版权秩序规范工作深入开展

4月初发生“黑洞图片”事件，图片版权问题引发社会广泛关注，相关各方着力规范图片市场版权秩序。国家版权局对事件及时有效发声，将图片版权保护纳入“剑网 2019”专项行动进行重点整治，研究起草规范意见；最高人民法院民三庭有关负责人就图片版权问题作出说明，强调严格图片作品权利归属证据审查，依法严格保护享有权利的图片作品；北京、天津等地方有关部门迅速开展行动加强管理。相关各方采取有效措施努力规范图片版权秩序，对推动图片产业健康发展、提升全民版权保护意识起到重要作用。

6. 第十五次“剑网”专项行动取得显著成效

5 月至 11 月，国家版权局、国家互联网信息办公室、工业和信息化部、公安部联合开展打击网络侵权盗版“剑网 2019”专项行动。这是国家版权局会同有关部门连续 15 年针对网络侵权盗版开展专项行动，成为维护网络版权、清朗网络空间的有效手段和著名工作品牌。“剑网 2019”专项行动聚焦媒体融合发展、院线电影、流媒体、图片、短视频等重点领域，开展版权专项整治，加强平台版权治理，共删除侵权盗版链接 110 万条，收缴侵权盗版制品 1075 万件，查处网络侵权盗版案件 450 件，其中查办刑事案件 160 件、涉案金额 5.24 亿元。这次专项行动取得显著成效，为庆祝中华人民共和国成立 70 周年营造了良好的网络版权环境。

7. 司法裁判强化保护作品完整权

8 月 8 日，北京知识产权法院对张牧某与中影公司、梦想者公司、乐视公司等侵害保护作品完整权纠纷一案作出二审判决。认定涉案电影对涉案小说主要人物设定、故事背景等核心表达要素的大幅度改动，对作者在原作品中表达的观点和情感作了本质上的改变，因而构成对原作品的歪曲、篡改，侵害了作者的保护作品完整权。本案系知名小说改编成电影而引发的侵权纠纷，受到公众广泛关注。判决明确了作者的名誉、声誉是否受损并不是侵害保护作品完整权的要件，侵权作品是否获得改编权并不影响保护作品完整权对作者人身权的保护等法律问题。本案判决对影视行业存在的任意修改乱象敲了警钟，对于推动全社会尊重和保护原创起到重要作用。

8. 全国版权展会授权体系逐步建立

10 月 20 日至 22 日，由国家版权交易中心联盟主办的“2019 中国 · 北京国际版权授权大会”在北京举办。这是国家版权局积极推进版权实际运用和价值转化、着力打造全国版权展会授权体系的重要步骤，全国版权展会授权体系逐步建立。该体系以国家版权局主办的中国国际版权博览会为龙头，以山东青岛、江苏南京、广东东莞、四川成都、上海自贸区等多个地方版权博览会、交易会、授权展为身翼，做到整合资源、彰显特点、相互补充、共谋发展。打造全国版权展会授权体系为贯彻落实新发展理念、促进版权产业发展和版权强国建设发挥了重要作用。

9. 中国文化娱乐行业协会积极规范行业版权秩序

2019 年，中国文化娱乐行业协会在国家版权局、文化和旅游部的指导下，积极发挥行业协会桥梁纽带作用，加强宣传，采取有力措施，推动歌舞娱乐行业严格遵守著作权法律法规，不断提高全行业的依法经营意识和规范经营水平。组织推动会员单位积极配合相关著作权集体管理组织，进一步优化卡拉 OK 领域的版权许可授权机制，为构建和完善符合国际惯例又具有中国特色的著作权集体管理制度、规范歌舞娱乐行业版权秩序发挥了积极作用。

10. 中国（上海）自贸试验区版权服务中心启动运行

9 月 24 日，全国首个在自贸试验区内设立的版权专业服务平台——中国（上海）自由贸易试验区版权服务中心启动运行，主要业务涉及版权快速登记、快速监测预警、快速维权等。启动运行该中心可充分发挥自贸试验区政府公共服务职能，探索提升政府综合监管机制创新、版权服务机制创新，加强版权创作、保护和运用，推进自贸试验区文化产业发展。在中国（上海）自由贸易试验区设立版权服务中心，对全国的自贸试验区在建设发展过程中积极发挥版权作用、实现高质量发展具有重要示范意义。

（中央宣传部版权管理局）

2019年新登记农产品地理标志名单

序号	产品名称	所在地域	申请人全称	公告技术规范编号	登记证书编号
1	成安草莓	河北	成安县农业技术推广中心	AGI2019-01-2525	AGI02525
2	芮城香椿	山西	芮城县香椿产业协会	AGI2019-01-2526	AGI02526
3	介休绵芪	山西	介休市绵芪种植协会	AGI2019-01-2527	AGI02527
4	固阳羊肉	内蒙古	固阳县农牧业研究中心	AGI2019-01-2528	AGI02528
5	新宾大米	辽宁	新宾满族自治县现代农业技术推广服务中心	AGI2019-01-2529	AGI02529
6	锦州海蜇	辽宁	锦州市水产品质量安全监督管理处	AGI2019-01-2530	AGI02530
7	大连油桃	大连	大连市现代农业生产发展服务中心	AGI2019-01-2531	AGI02531
8	大安花生	吉林	大安市农业产业化服务中心	AGI2019-01-2532	AGI02532
9	大安香瓜	吉林	大安市农业产业化服务中心	AGI2019-01-2533	AGI02533
10	罗圩香茄	江苏	宿迁市宿城区罗圩乡农业经济技术服务中心	AGI2019-01-2534	AGI02534
11	杉荷园莲藕	江苏	宿迁市宿豫区新庄镇农业经济技术服务中心	AGI2019-01-2535	AGI02535
12	启东芦稷	江苏	启东市高效设施农业协会	AGI2019-01-2536	AGI02536
13	海门大白皮蚕豆	江苏	海门市作物栽培技术指导站	AGI2019-01-2537	AGI02537
14	横溪西瓜	江苏	南京市江宁区横溪街道办事处农业服务中心	AGI2019-01-2538	AGI02538
15	泗阳鲜桃	江苏	泗阳县农业技术推广中心	AGI2019-01-2539	AGI02539
16	平水日铸茶	浙江	绍兴市柯桥区茶叶产业协会	AGI2019-01-2540	AGI02540
17	杨庙雪菜	浙江	嘉善杨庙雪菜产业管理协会	AGI2019-01-2541	AGI02541
18	径山茶	浙江	杭州市余杭区径山茶行业协会	AGI2019-01-2542	AGI02542
19	安吉白茶	浙江	安吉县农业局茶叶站	AGI2019-01-2543	AGI02543
20	青田杨梅	浙江	青田县经济作物管理站	AGI2019-01-2544	AGI02544

续表

序号	产品名称	所在地域	申请人全称	公告技术规范编号	登记证书编号
21	枫桥香榧	浙江	诸暨市香榧博物馆(诸暨市林业科学研究所)	AGI2019-01-2545	AGI02545
22	宁海白枇杷	宁波	宁海县水果产业协会	AGI2019-01-2546	AGI02546
23	余姚榨菜	宁波	余姚市榨菜协会	AGI2019-01-2547	AGI02547
24	明光绿豆	安徽	明光市农业技术推广中心	AGI2019-01-2548	AGI02548
25	芜湖大米	安徽	芜湖市农业技术中心	AGI2019-01-2549	AGI02549
26	绩溪火腿	安徽	绩溪县畜牧兽医水产局	AGI2019-01-2550	AGI02550
27	旌德黄牛	安徽	旌德县畜牧兽医局	AGI2019-01-2551	AGI02551
28	东乡萝卜	江西	抚州市东乡区萝卜行业协会	AGI2019-01-2552	AGI02552
29	铜鼓黄精	江西	铜鼓县农业技术推广中心	AGI2019-01-2553	AGI02553
30	铜鼓宁红	江西	铜鼓县农业技术推广中心	AGI2019-01-2554	AGI02554
31	武功山石斑鱼	江西	萍乡市渔业局	AGI2019-01-2555	AGI02555
32	峡江水牛	江西	峡江县畜牧兽医局	AGI2019-01-2556	AGI02556
33	沙沟芋头	山东	临沂市罗庄区册山沙沟芋头协会	AGI2019-01-2557	AGI02557
34	浚县大碾萝卜	河南	浚县蔬菜协会	AGI2019-01-2558	AGI02558
35	王家辿红油香椿	河南	鹤壁市鹤山区农业技术推广站	AGI2019-01-2559	AGI02559
36	西平小麦	河南	西平县农产品质量安全检测站	AGI2019-01-2560	AGI02560
37	灵宝苹果	河南	灵宝市园艺局	AGI2019-01-2561	AGI02561
38	恩施土豆	湖北	恩施土家族苗族自治州农业技术推广中心	AGI2019-01-2562	AGI02562
39	英山天麻	湖北	英山县药材和茧丝绸产业化办公室	AGI2019-01-2563	AGI02563
40	九宫山茶	湖北	通山县九宫山茶叶协会	AGI2019-01-2564	AGI02564
41	大畈枇杷	湖北	通山县枇杷协会	AGI2019-01-2565	AGI02565
42	赫山兰溪大米	湖南	益阳市赫山区绿色高端稻米协会	AGI2019-01-2566	AGI02566
43	衡山红脆桃	湖南	衡山县特色种养协会	AGI2019-01-2567	AGI02567
44	北山梅	湖南	长沙县北山镇公共服务中心	AGI2019-01-2568	AGI02568
45	黄田荔枝	广东	深圳市宝安区航城街道黄田荔枝发展协会	AGI2019-01-2569	AGI02569
46	侧岭米	广西	河池市金城江区农业技术推广站	AGI2019-01-2570	AGI02570

续表

序号	产品名称	所在地域	申请人全称	公告技术规范编号	登记证书编号
47	钦州辣椒	广西	钦州市钦南区种子管理站	AGI2019-01-2571	AGI02571
48	武宣胭脂李	广西	武宣县农业技术推广站	AGI2019-01-2572	AGI02572
49	钦北荔枝	广西	钦州市钦北区农业技术推广中心	AGI2019-01-2573	AGI02573
50	凌云乌鸡	广西	凌云县畜牧技术推广站	AGI2019-01-2574	AGI02574
51	大路黄花	重庆	重庆市璧山区大路街道农业服务中心	AGI2019-01-2575	AGI02575
52	香龙大头菜	重庆	重庆市合川区香龙镇农业服务中心	AGI2019-01-2576	AGI02576
53	大塔荔枝	四川	宜宾县经济作物站	AGI2019-01-2577	AGI02577
54	安龙莲藕	贵州	安龙县农业技术推广站	AGI2019-01-2578	AGI02578
55	学孔黄花	贵州	仁怀市农业技术综合服务站	AGI2019-01-2579	AGI02579
56	板贵花椒	贵州	关岭布依族苗族自治县果树蔬菜工作站	AGI2019-01-2580	AGI02580
57	郭家湾贡米	贵州	玉屏侗族自治县农业技术推广站	AGI2019-01-2581	AGI02581
58	安龙红谷	贵州	安龙县农业技术推广站	AGI2019-01-2582	AGI02582
59	仁怀糯高粱	贵州	仁怀市有机农业发展中心	AGI2019-01-2583	AGI02583
60	思南黄牛	贵州	思南县畜牧技术推广站	AGI2019-01-2584	AGI02584
61	黄果树黄果	贵州	镇宁布依族苗族自治县黄果树镇农业服务中心	AGI2019-01-2585	AGI02585
62	龙宫桃子	贵州	安顺市西秀区龙宫镇农业服务中心	AGI2019-01-2586	AGI02586
63	溪洛渡白魔芋	云南	永善县农业技术推广中心	AGI2019-01-2587	AGI02587
64	日土白绒山羊	西藏	西藏日土县原种场	AGI2019-01-2588	AGI02588
65	洛川苹果	陕西	洛川县苹果产业管理局	AGI2019-01-2589	AGI02589
66	高台辣椒干	甘肃	高台县农产品质量监测检验中心	AGI2019-01-2590	AGI02590
67	漳县紫斑牡丹	甘肃	漳县牡丹产业协会	AGI2019-01-2591	AGI02591
68	宕昌百花蜜	甘肃	宕昌县畜牧兽医局	AGI2019-01-2592	AGI02592
69	同心银柴胡	宁夏	同心县农业技术推广服务中心	AGI2019-01-2593	AGI02593
70	南湖哈密瓜	新疆	伊州区南湖乡农业(畜牧业)发展服务中心	AGI2019-01-2594	AGI02594
71	哈密羊肉	新疆	哈密市畜牧工作站	AGI2019-01-2595	AGI02595

续表

序号	产品名称	所在地域	申请人全称	公告技术规范编号	登记证书编号
72	唐山河鲀	河北	唐山市水产技术推广站	AGI2019-02-2596	AGI02596
73	上党高粱	山西	长治市农业良种推广站	AGI2019-02-2597	AGI02597
74	绛县连翘	山西	绛县果业发展中心	AGI2019-02-2598	AGI02598
75	绛县黄芩	山西	绛县果业发展中心	AGI2019-02-2599	AGI02599
76	兴安盟小米	内蒙古	兴安盟农牧业产业化龙头企业协会	AGI2019-02-2600	AGI02600
77	土默特羊肉	内蒙古	土默特右旗畜牧业技术推广中心	AGI2019-02-2601	AGI02601
78	闾山鸡蛋	辽宁	北镇市畜产品安全监察所	AGI2019-02-2602	AGI02602
79	黑垦友谊香瓜	黑龙江	友谊农场绿色食品协会	AGI2019-02-2603	AGI02603
80	黑河马	黑龙江	黑河市家禽繁育指导站	AGI2019-02-2604	AGI02604
81	高墟大米	江苏	沭阳县高墟镇农业经济技术服务中心	AGI2019-02-2605	AGI02605
82	慈溪麦冬	宁波	慈溪市农业技术推广中心	AGI2019-02-2606	AGI02606
83	余姚杨梅	宁波	余姚市林业特产技术推广总站	AGI2019-02-2607	AGI02607
84	宣城铁皮石斛	安徽	宁国市铁皮石斛协会	AGI2019-02-2608	AGI02608
85	黄花云尖	安徽	宁国市种植业局	AGI2019-02-2609	AGI02609
86	龙池香尖	安徽	怀宁县茶叶协会	AGI2019-02-2610	AGI02610
87	河田鸡	福建	长汀县畜牧技术推广站	AGI2019-02-2611	AGI02611
88	舒安藠头	湖北	武汉市江夏区农业技术推广站	AGI2019-02-2612	AGI02612
89	天门半夏	湖北	天门市汪场镇农业技术服务中心	AGI2019-02-2613	AGI02613
90	东西湖葡萄	湖北	武汉市东西湖区巨龙海葡萄种植协会	AGI2019-02-2614	AGI02614
91	八宝西瓜	湖北	松滋市八宝镇农业技术服务中心	AGI2019-02-2615	AGI02615
92	三樟黄贡椒	湖南	衡东县三樟镇农业综合服务中心	AGI2019-02-2616	AGI02616
93	龙山厚朴	湖南	龙山县中药材产业服务中心	AGI2019-02-2617	AGI02617
94	龙山黄柏	湖南	龙山县中药材产业服务中心	AGI2019-02-2618	AGI02618
95	陵水圣女果	海南	陵水黎族自治县农业产业协会	AGI2019-02-2619	AGI02619

续表

序号	产品名称	所在地域	申请人全称	公告技术规范编号	登记证书编号
96	保亭益智	海南	保亭黎族苗族自治县农业服务中心	AGI2019-02-2620	AGI02620
97	三亚甜瓜	海南	三亚市哈密瓜协会	AGI2019-02-2621	AGI02621
98	琼海油茶	海南	琼海市热带作物服务中心	AGI2019-02-2622	AGI02622
99	陵水荔枝	海南	陵水黎族自治县农业产业协会	AGI2019-02-2623	AGI02623
100	梁平红羽土鸡	重庆	重庆市梁平区养鸡协会	AGI2019-02-2624	AGI02624
101	金堂黄金果	四川	金堂县柑桔产业协会	AGI2019-02-2625	AGI02625
102	三元油桃	四川	青白江区人和乡油桃协会	AGI2019-02-2626	AGI02626
103	凯里香葱	贵州	凯里市湾水镇农业服务中心	AGI2019-02-2627	AGI02627
104	黔东南小香鸡	贵州	黔东南州科技开发中心	AGI2019-02-2628	AGI02628
105	绥江半边红李子	云南	绥江县农业技术推广中心	AGI2019-02-2629	AGI02629
106	赤金韭菜	甘肃	玉门市农业技术推广中心	AGI2019-02-2630	AGI02630
107	玉门枸杞	甘肃	玉门市农业技术推广中心	AGI2019-02-2631	AGI02631
108	民勤蜜瓜	甘肃	民勤县瓜产业协会	AGI2019-02-2632	AGI02632
109	岷县蜂蜜	甘肃	岷县畜牧兽医局	AGI2019-02-2633	AGI02633
110	麦积山花蜜	甘肃	天水市麦积区畜牧技术推广站	AGI2019-02-2634	AGI02634
111	祁连清泉羊羔肉	甘肃	玉门市畜牧站	AGI2019-02-2635	AGI02635
112	互助大黄	青海	互助土族自治县高原特色现代农业示范园管委会	AGI2019-02-2636	AGI02636
113	互助当归	青海	互助土族自治县高原特色现代农业示范园管委会	AGI2019-02-2637	AGI02637
114	互助黄芪	青海	互助土族自治县高原特色现代农业示范园管委会	AGI2019-02-2638	AGI02638
115	大通藏香猪	青海	大通回族土族自治县农产品质量安全检验检测站	AGI2019-02-2639	AGI02369
116	草庙子国光苹果	河北	存瑞镇农业综合服务中心	AGI2019-03-2640	AGI02640
117	西下营板栗	河北	遵化市农业技术推广中心	AGI2019-03-2641	AGI02641
118	鸡泽辣椒	河北	鸡泽县农业技术推广中心	AGI2019-03-2642	AGI02642
119	义城红薯	山西	泽州县北义城镇农业综合服务中心	AGI2019-03-2643	AGI02643
120	榆次苹果	山西	榆次区果树农技推广中心	AGI2019-03-2644	AGI02644
121	浮山苹果	山西	浮山县果业发展促进协会	AGI2019-03-2645	AGI02645
122	东赵小白梨	山西	榆次区果树技术推广中心	AGI2019-03-2646	AGI02646
123	阳城花椒	山西	阳城县干果经济协会	AGI2019-03-2647	AGI02647

续表

序号	产品名称	所在地域	申请人全称	公告技术规范编号	登记证书编号
124	新绛远志	山西	新绛县峨嵋中药材产业协会	AGI2019-03-2648	AGI02648
125	灵丘大青背山羊	山西	灵丘县大青背山羊协会	AGI2019-03-2649	AGI02649
126	开鲁红干椒	内蒙古	开鲁县绿色食品发展中心	AGI2019-03-2650	AGI02650
127	海岱蒜	内蒙古	包头市东河区农牧业技术服务推广中心	AGI2019-03-2651	AGI02651
128	毕克齐大葱	内蒙古	土默特左旗农产品质量安全检测中心	AGI2019-03-2652	AGI02652
129	新华韭菜	内蒙古	巴彦淖尔市临河区绿色食品发展中心	AGI2019-03-2653	AGI02653
130	兴安盟牛肉	内蒙古	兴安盟产业化龙头企业协会	AGI2019-03-2654	AGI02654
131	兴安盟羊肉	内蒙古	兴安盟产业化龙头企业协会	AGI2019-03-2655	AGI02655
132	哈素海鲤鱼	内蒙古	土默特左旗农产品质量安全检测中心	AGI2019-03-2656	AGI02656
133	本溪蜂蜜	辽宁	本溪市畜产品安全监察所	AGI2019-03-2657	AGI02657
134	华家甜瓜	吉林	农安县华家镇长寿瓜菜协会	AGI2019-03-2658	AGI02658
135	哈拉海珠葱	吉林	农安县农业技术推广中心	AGI2019-03-2659	AGI02659
136	牡丹江龙丰苹果	黑龙江	黑龙江省农业科学院牡丹江分院	AGI2019-03-2660	AGI02660
137	刁翎甜瓜	黑龙江	林口县种子管理站	AGI2019-03-2661	AGI02661
138	集贤友好香瓜	黑龙江	集贤县升昌镇农业技术服务中心	AGI2019-03-2662	AGI02662
139	庆安大米	黑龙江	庆安县米业协会	AGI2019-03-2663	AGI02663
140	呼玛大豆	黑龙江	呼玛县农业技术推广中心	AGI2019-03-2664	AGI02664
141	宁安马铃薯	黑龙江	宁安市农业技术推广中心	AGI2019-03-2665	AGI02665
142	萝北蜂蜜	黑龙江	萝北县多种经营办公室	AGI2019-03-2666	AGI02666
143	绥滨白鹅	黑龙江	绥滨县畜牧兽医局	AGI2019-03-2667	AGI02667
144	二龙湖鲢鱼	黑龙江	宾县二龙山风景区管理处	AGI2019-03-2668	AGI02668
145	镜泊湖胖头鱼	黑龙江	镜泊湖风景名胜区渔政监督管理站	AGI2019-03-2669	AGI02669
146	呼玛细鳞鲑	黑龙江	呼玛县水产管理站	AGI2019-03-2670	AGI02670
147	姜堰大米	江苏	泰州市姜堰区大米协会	AGI2019-03-2671	AGI02671
148	东台大米	江苏	东台市农业技术推广中心	AGI2019-03-2672	AGI02672

续表

序号	产品名称	所在地域	申请人全称	公告技术规范编号	登记证书编号
149	沈灶青椒	江苏	东台市南沈灶镇农业技术推广综合服务中心	AGI2019-03-2673	AGI02673
150	无锡毫茶	江苏	无锡市滨湖区茶叶产业协会	AGI2019-03-2674	AGI02674
151	庆元甜桔柚	浙江	庆元县农业产业发展服务中心	AGI2019-03-2675	AGI02675
152	常山胡柚	浙江	常山县胡柚产销行业协会	AGI2019-03-2676	AGI02676
153	临安山核桃	浙江	杭州市临安区山核桃产业协会	AGI2019-03-2677	AGI02677
154	岱山沙洋晒生	浙江	岱山县岱东海岛生态农业协会	AGI2019-03-2678	AGI02678
155	杭白菊	浙江	桐乡市农业技术推广服务中心	AGI2019-03-2679	AGI02679
156	遂昌三叶青	浙江	遂昌县中药材开发研究所	AGI2019-03-2680	AGI02680
157	温栀子	浙江	温州市特产站	AGI2019-03-2681	AGI02681
158	缙云茭白	浙江	缙云县蔬菜协会	AGI2019-03-2682	AGI02682
159	武义宣莲	浙江	武义县农学会	AGI2019-03-2683	AGI02683
160	永康灰鹅	浙江	永康市畜牧兽医局	AGI2019-03-2684	AGI02684
161	惠安余甘	福建	惠安县农产品质量安全监督管理站	AGI2019-03-2685	AGI02685
162	黎川白茶	江西	黎川县茶业行业协会	AGI2019-03-2686	AGI02686
163	资溪白茶	江西	资溪县白茶协会	AGI2019-03-2687	AGI02687
164	东乡葛	江西	抚州市东乡区葛根协会	AGI2019-03-2688	AGI02688
165	麻姑米	江西	南城县农业技术推广中心	AGI2019-03-2689	AGI02689
166	广丰铁蹄牛	江西	上饶市广丰区广丰铁蹄牛养殖协会	AGI2019-03-2690	AGI02690
167	湖口螃蟹	江西	湖口县水产技术指导站	AGI2019-03-2691	AGI02691
168	庆云大叶香菜	山东	庆云县春满田园蔬菜协会	AGI2019-03-2692	AGI02692
169	夏津椹果	山东	夏津县农村能源环保站	AGI2019-03-2693	AGI02693
170	洪门葡萄	山东	枣庄市山亭区洪门葡萄种植协会	AGI2019-03-2694	AGI02694
171	高官寨甜瓜	山东	济南市章丘区高官寨甜瓜协会	AGI2019-03-2695	AGI02695
172	垛庄板栗	山东	济南市章丘区垛庄板栗协会	AGI2019-03-2696	AGI02696
173	郓半夏	山东	郓城县农业技术推广站	AGI2019-03-2697	AGI02697

续表

序号	产品名称	所在地域	申请人全称	公告技术规范编号	登记证书编号
174	夏邑白菜	河南	夏邑县农业技术推广中心	AGI2019-03-2698	AGI02698
175	娄店芦笋	河南	商丘市睢阳区蔬菜协会	AGI2019-03-2699	AGI02699
176	虞城荠菜	河南	虞城县荠菜协会	AGI2019-03-2700	AGI02700
177	舞钢莲藕	河南	舞钢市人民政府蔬菜办公室	AGI2019-03-2701	AGI02701
178	内黄尖椒	河南	内黄县果蔬产业协会	AGI2019-03-2702	AGI02702
179	宁陵金顶谢花酥梨	河南	宁陵县金顶谢花酥梨协会	AGI2019-03-2703	AGI02703
180	汝阳花生	河南	汝阳县农业技术推广中心	AGI2019-03-2704	AGI02704
181	西峡猕猴桃	河南	西峡县农产品质量检测站	AGI2019-03-2705	AGI02705
182	张武岗红薯	河南	叶县辛店镇农业服务中心	AGI2019-03-2706	AGI02706
183	襄城烤烟	河南	襄城县农业技术推广中心	AGI2019-03-2707	AGI02707
184	卢氏连翘	河南	卢氏县中药材生产管理办公室	AGI2019-03-2708	AGI02708
185	新县山茶油	河南	新县油茶产业协会	AGI2019-03-2709	AGI02709
186	蔡甸西瓜	湖北	武汉市蔡甸区农业技术推广服务中心	AGI2019-03-2710	AGI02710
187	卸甲坪葛根	湖北	松滋市卸甲坪土家族乡农业技术服务中心	AGI2019-03-2711	AGI02711
188	恩施玉露	湖北	恩施玉露茶产业协会	AGI2019-03-2712	AGI02712
189	安化小籽花生	湖南	安化县乐安镇农业综合服务站	AGI2019-03-2713	AGI02713
190	凤凰猕猴桃	湖南	凤凰县经济作物技术服务站	AGI2019-03-2714	AGI02714
191	黔阳金秋梨	湖南	洪江市农业技术推广中心	AGI2019-03-2715	AGI02715
192	大通湖大米	湖南	益阳市大通湖区农业技术推广中心	AGI2019-03-2716	AGI02716
193	岳阳王鸽	湖南	岳阳县杨林乡肉鸽养殖协会	AGI2019-03-2717	AGI02717
194	南县草龟	湖南	南县龟鳖养殖协会	AGI2019-03-2718	AGI02718
195	南县中华鳖	湖南	南县龟鳖养殖协会	AGI2019-03-2719	AGI02719
196	徐闻菠萝	广东	徐闻县农业技术推广中心	AGI2019-03-2720	AGI02720
197	丹霞贡柑	广东	仁化县农产品质量安全监督检验测试站	AGI2019-03-2721	AGI02721
198	龙门蜂蜜	广东	龙门县养蜂协会	AGI2019-03-2722	AGI02722
199	龙门三黄胡须鸡	广东	龙门县农产品行业协会	AGI2019-03-2723	AGI02723

续表

序号	产品名称	所在地域	申请人全称	公告技术规范编号	登记证书编号
200	客都草鱼	广东	梅州市渔业技术推广与疫病防控中心	AGI2019-03-2724	AGI02724
201	三皇西红柿	广西	永福县经济作物站	AGI2019-03-2725	AGI02725
202	平南余甘果	广西	平南县大玉余甘果协会	AGI2019-03-2726	AGI02726
203	浦北黄皮	广西	浦北县水果局	AGI2019-03-2727	AGI02727
204	涠洲岛香蕉	广西	北海市海城区涠洲镇农林水利服务中心	AGI2019-03-2728	AGI02728
205	钦州赤禾	广西	钦州市钦南区种子管理站	AGI2019-03-2729	AGI02729
206	木梓阿婆茶	广西	贵港市港南区农业技术推广中心	AGI2019-03-2730	AGI02730
207	融水田鲤	广西	融水苗族自治县水产技术推广站	AGI2019-03-2731	AGI02731
208	北海沙虫	广西	北海市水产技术推广站	AGI2019-03-2732	AGI02732
209	五指山蜘蛛	海南	五指山市蜘蛛科学研究所	AGI2019-03-2733	AGI02733
210	云阳泥溪黑木耳	重庆	云阳县泥溪镇农业服务中心	AGI2019-03-2734	AGI02734
211	黔江猕猴桃	重庆	重庆市黔江区农产品质量安全管理站	AGI2019-03-2735	AGI02735
212	邛崃猕猴桃	四川	邛崃市猕猴桃产业协会	AGI2019-03-2736	AGI02736
213	天全竹笋	四川	天全县农产品质量安全监督检验检测站	AGI2019-03-2737	AGI02737
214	涪城芦笋	四川	绵阳市涪城区现代农业技术推广办公室	AGI2019-03-2738	AGI02738
215	雅鱼	四川	雅安市雨城区农业技术推广中心	AGI2019-03-2739	AGI02739
216	兴义大红袍	贵州	兴义市果树蔬菜技术推广站	AGI2019-03-2740	AGI02740
217	晴隆脐橙	贵州	晴隆县柑桔场	AGI2019-03-2741	AGI02741
218	水城核桃	贵州	水城县农业产业化服务中心	AGI2019-03-2742	AGI02742
219	册亨糯米蕉	贵州	册亨县经济作物管理站	AGI2019-03-2743	AGI02743
220	赤水龙眼	贵州	赤水市果蔬站	AGI2019-03-2744	AGI02744
221	织金皂角精	贵州	织金县果蔬协会	AGI2019-03-2745	AGI02745
222	桐梓团芸豆	贵州	桐梓县农产品质量安全监督检验检测中心	AGI2019-03-2746	AGI02746
223	幺铺莲藕	贵州	安顺经济技术开发区农林牧水局	AGI2019-03-2747	AGI02747

续表

序号	产品名称	所在地域	申请人全称	公告技术规范编号	登记证书编号
224	赤水楠竹笋	贵州	赤水市营林站	AGI2019-03-2748	AGI02748
225	六枝毛坡大蒜	贵州	六枝特区蔬菜站	AGI2019-03-2749	AGI02749
226	兴义芭蕉芋	贵州	黔西南州农业技术推广站	AGI2019-03-2750	AGI02750
227	盘州小米	贵州	盘州市农业技术推广站	AGI2019-03-2751	AGI02751
228	保田薏仁	贵州	盘州市农业技术推广站	AGI2019-03-2752	AGI02752
229	平坝大米	贵州	安顺市平坝区农业技术推广站	AGI2019-03-2753	AGI02753
230	晴隆糯薏仁	贵州	晴隆县糯薏仁协会	AGI2019-03-2754	AGI02754
231	坡柳娘娘茶	贵州	贞丰县农业局农业技术推广站	AGI2019-03-2755	AGI02755
232	普安红茶	贵州	黔西南州茶叶协会	AGI2019-03-2756	AGI02756
233	天柱茶油	贵州	天柱县林业产业发展办公室	AGI2019-03-2757	AGI02757
234	务川蜂蜜	贵州	务川仡佬族苗族自治县畜禽品种改良站	AGI2019-03-2758	AGI02758
235	习水岩蜂蜜	贵州	习水县农产品质量安全检测中心	AGI2019-03-2759	AGI02759
236	印江绿壳鸡蛋	贵州	印江土家族苗族自治县兽药饲料监察站	AGI2019-03-2760	AGI02760
237	德江复兴猪	贵州	德江县畜牧业发展中心	AGI2019-03-2761	AGI02761
238	兴义矮脚鸡	贵州	兴义市畜禽品种改良技术推广站	AGI2019-03-2762	AGI02762
239	安龙黄牛	贵州	安龙县草地生态畜牧业发展中心	AGI2019-03-2763	AGI02763
240	晴隆羊	贵州	晴隆县草地畜牧中心	AGI2019-03-2764	AGI02764
241	桐梓黄牛	贵州	桐梓县畜禽品种改良站	AGI2019-03-2765	AGI02765
242	岚皋魔芋	陕西	岚皋县农业科技服务中心	AGI2019-03-2766	AGI02766
243	洋县槐树关红薯	陕西	洋县农产品质量安全监测检验中心	AGI2019-03-2767	AGI02767
244	乾县泔河酥梨	陕西	乾县农业科技中心	AGI2019-03-2768	AGI02768
245	瀛湖枇杷	陕西	汉滨区蚕茶果技术中心	AGI2019-03-2769	AGI02769
246	泾阳茯茶	陕西	泾阳茯砖茶发展服务中心	AGI2019-03-2770	AGI02770
247	紫阳富硒茶	陕西	紫阳县茶叶研究所	AGI2019-03-2771	AGI02771
248	古浪红光头小麦	甘肃	古浪县大靖农产品购销专业协会	AGI2019-03-2772	AGI02772
249	陇南苦荞	甘肃	陇南市苦荞专业技术协会	AGI2019-03-2773	AGI02773

续表

序号	产品名称	所在地域	申请人全称	公告技术规范编号	登记证书编号
250	金塔辣椒	甘肃	金塔县农业技术推广中心	AGI2019-03-2774	AGI02774
251	兰州百合	甘肃	兰州市七里河区农业技术推广站	AGI2019-03-2775	AGI02775
252	舟曲棒棒槽蜂蜜	甘肃	舟曲县畜牧草原工作站	AGI2019-03-2776	AGI02776
253	肃北雪山羊肉	甘肃	肃北蒙古族自治县畜牧兽医局	AGI2019-03-2777	AGI02777
254	阿克塞哈萨克马	甘肃	阿克塞哈萨克族自治县畜牧兽医局	AGI2019-03-2778	AGI02778
255	金塔肉羊	甘肃	金塔县畜牧兽医局	AGI2019-03-2779	AGI02779

（农业农村部科技教育司）

法律、法规、规章

中华人民共和国商标法

（1982 年 8 月 23 日第五届全国人民代表大会常务委员会第二十四次会议通过
根据 1993 年 2 月 22 日第七届全国人民代表大会常务委员会第三十次会议
《关于修改〈中华人民共和国商标法〉的决定》第一次修正
根据 2001 年 10 月 27 日第九届全国人民代表大会常务委员会第二十四次会议
《关于修改〈中华人民共和国商标法〉的决定》第二次修正
根据 2013 年 8 月 30 日第十二届全国人民代表大会常务委员会第四次会议
《关于修改〈中华人民共和国商标法〉的决定》第三次修正
根据 2019 年 4 月 23 日第十三届全国人民代表大会常务委员会第十次会议
《关于修改〈中华人民共和国建筑法〉等八部法律的决定》第四次修正）

第一章　总　　则

第一条　为了加强商标管理，保护商标专用权，促使生产、经营者保证商品和服务质量，维护商标信誉，以保障消费者和生产、经营者的利益，促进社会主义市场经济的发展，特制定本法。

第二条　国务院工商行政管理部门商标局主管全国商标注册和管理的工作。

国务院工商行政管理部门设立商标评审委员会，负责处理商标争议事宜。

第三条　经商标局核准注册的商标为注册商标，包括商品商标、服务商标和集体商标、证明商标；商标注册人享有商标专用权，受法律保护。

本法所称集体商标，是指以团体、协会或者其他组织名义注册，供该组织成员在商事活动中使用，以表明使用者在该组织中的成员资格的标志。

本法所称证明商标，是指由对某种商品或者服务具有监督能力的组织所控制，而由该组织以外的单位或者个人使用于其商品或者服务，用以证明该商品或者服务的原产地、原料、制造方法、质量或者其他特定品质的标志。

集体商标、证明商标注册和管理的特殊事项，由国务院工商行政管理部门规定。

第四条　自然人、法人或者其他组织在生产经营活动中，对其商品或者服务需要取得商标专用权的，应当向商标局申请商标注册。不以使用为目的的恶意商标注册申请，应当予以驳回。

本法有关商品商标的规定，适用于服务商标。

第五条　两个以上的自然人、法人或者其他组织可以共同向商标局申请注册同一商标，共同享有和行使该商标专用权。

第六条 法律、行政法规规定必须使用注册商标的商品，必须申请商标注册，未经核准注册的，不得在市场销售。

第七条 申请注册和使用商标，应当遵循诚实信用原则。

商标使用人应当对其使用商标的商品质量负责。各级工商行政管理部门应当通过商标管理，制止欺骗消费者的行为。

第八条 任何能够将自然人、法人或者其他组织的商品与他人的商品区别开的标志，包括文字、图形、字母、数字、三维标志、颜色组合和声音等，以及上述要素的组合，均可以作为商标申请注册。

第九条 申请注册的商标，应当有显著特征，便于识别，并不得与他人在先取得的合法权利相冲突。

商标注册人有权标明"注册商标"或者注册标记。

第十条 下列标志不得作为商标使用：

（一）同中华人民共和国的国家名称、国旗、国徽、国歌、军旗、军徽、军歌、勋章等相同或者近似的，以及同中央国家机关的名称、标志、所在地特定地点的名称或者标志性建筑物的名称、图形相同的；

（二）同外国的国家名称、国旗、国徽、军旗等相同或者近似的，但经该国政府同意的除外；

（三）同政府间国际组织的名称、旗帜、徽记等相同或者近似的，但经该组织同意或者不易误导公众的除外；

（四）与表明实施控制、予以保证的官方标志、检验印记相同或者近似的，但经授权的除外；

（五）同"红十字"、"红新月"的名称、标志相同或者近似的；

（六）带有民族歧视性的；

（七）带有欺骗性，容易使公众对商品的质量等特点或者产地产生误认的；

（八）有害于社会主义道德风尚或者有其他不良影响的。

县级以上行政区划的地名或者公众知晓的外国地名，不得作为商标。但是，地名具有其他含义或者作为集体商标、证明商标组成部分的除外；已经注册的使用地名的商标继续有效。

第十一条 下列标志不得作为商标注册：

（一）仅有本商品的通用名称、图形、型号的；

（二）仅直接表示商品的质量、主要原料、功能、用途、重量、数量及其他特点的；

（三）其他缺乏显著特征的。

前款所列标志经过使用取得显著特征，并便于识别的，可以作为商标注册。

第十二条 以三维标志申请注册商标的，仅由商品自身的性质产生的形状、为获得技术效果而需有的商品形状或者使商品具有实质性价值的形状，不得注册。

第十三条 为相关公众所熟知的商标，持有人认为其权利受到侵害时，可以依照本法规定请求驰名商标保护。

就相同或者类似商品申请注册的商标是复制、摹仿或者翻译他人未在中国注册的驰名商标，容易导致混淆的，不予注册并禁止使用。

就不相同或者不相类似商品申请注册的商标是复制、摹仿或者翻译他人已经在中国注册的驰名商标，误导公众，致使该驰名商标注册人的利益可能受到损害的，不予注册并禁止使用。

第十四条 驰名商标应当根据当事人的请求，作为处理涉及商标案件需要认定的事实进行认定。认定驰名商标应当考虑下列因素：

（一）相关公众对该商标的知晓程度；

（二）该商标使用的持续时间；

（三）该商标的任何宣传工作的持续时间、程度和地理范围；

（四）该商标作为驰名商标受保护的记录；

（五）该商标驰名的其他因素。

在商标注册审查、工商行政管理部门查处商标违法案件过程中，当事人依照本法第十三条规定主张权利的，商标局根据审查、处理案件的需要，可以对商标驰名情况作出认定。

在商标争议处理过程中，当事人依照本法第十三条规定主张权利的，商标评审委员会根据处理案件的需要，可以对商标驰名情况作出认定。

在商标民事、行政案件审理过程中，当事人依照本法第十三条规定主张权利的，最高人民法院指定的人民法院根据审理案件的需要，可以对商标驰名情况作出认定。

生产、经营者不得将“驰名商标”字样用于商品、商品包装或者容器上，或者用于广告宣传、展览以及其他商业活动中。

第十五条 未经授权，代理人或者代表人以自己的名义将被代理人或者被代表人的商标进行注册，被代理人或者被代表人提出异议的，不予注册并禁止使用。

就同一种商品或者类似商品申请注册的商标与他人在先使用的未注册商标相同或者近似，申请人与该他人具有前款规定以外的合同、业务往来关系或者其他关系而明知该他人商标存在，该他人提出异议的，不予注册。

第十六条 商标中有商品的地理标志，而该商品并非来源于该标志所标示的地区，误导公众的，不予注册并禁止使用；但是，已经善意取得注册的继续有效。

前款所称地理标志，是指标示某商品来源于某地区，该商品的特定质量、信誉或者其他特征，主要由该地区的自然因素或者人文因素所决定的标志。

第十七条 外国人或者外国企业在中国申请商标注册的，应当按其所属国和中华人民共和国签订的协议或者共同参加的国际条约办理，或者按对等原则办理。

第十八条 申请商标注册或者办理其他商标事宜，可以自行办理，也可以委托依法设立的商标代理机构办理。

外国人或者外国企业在中国申请商标注册和办理其他商标事宜的，应当委托依法设立的商标代理机构办理。

第十九条 商标代理机构应当遵循诚实信用原则，遵守法律、行政法规，按照被代理人的委托办理商标注册申请或者其他商标事宜；对在代理过程中知悉的被代理人的商业秘密，负有保密义务。

委托人申请注册的商标可能存在本法规定不得注册情形的，商标代理机构应当明确告知委托人。

商标代理机构知道或者应当知道委托人申请注册的商标属于本法第四条、第十五条和第三十二条规定情形的，不得接受其委托。

商标代理机构除对其代理服务申请商标注册外，不得申请注册其他商标。

第二十条 商标代理行业组织应当按照章程规定，严格执行吸纳会员的条件，对违反行业自律规范的会员实行惩戒。商标代理行业组织对其吸纳的会员和对会员的惩戒情况，应当及时向社会公布。

第二十一条 商标国际注册遵循中华人民共和国缔结或者参加的有关国际条约确立的制度，具体办法由国务院规定。

第二章 商标注册的申请

第二十二条 商标注册申请人应当按规定的商品分类表填报使用商标的商品类别和商品名称，提出注册申请。

商标注册申请人可以通过一份申请就多个类别的商品申请注册同一商标。

商标注册申请等有关文件，可以以书面方式或者数据电文方式提出。

第二十三条 注册商标需要在核定使用范围之外的商品上取得商标专用权的，应当另行提出注册申请。

第二十四条 注册商标需要改变其标志的，应当重新提出注册申请。

第二十五条 商标注册申请人自其商

标在外国第一次提出商标注册申请之日起六个月内，又在中国就相同商品以同一商标提出商标注册申请的，依照该外国同中国签订的协议或者共同参加的国际条约，或者按照相互承认优先权的原则，可以享有优先权。

依照前款要求优先权的，应当在提出商标注册申请的时候提出书面声明，并且在三个月内提交第一次提出的商标注册申请文件的副本；未提出书面声明或者逾期未提交商标注册申请文件副本的，视为未要求优先权。

第二十六条 商标在中国政府主办的或者承认的国际展览会展出的商品上首次使用的，自该商品展出之日起六个月内，该商标的注册申请人可以享有优先权。

依照前款要求优先权的，应当在提出商标注册申请的时候提出书面声明，并且在三个月内提交展出其商品的展览会名称、在展出商品上使用该商标的证据、展出日期等证明文件；未提出书面声明或者逾期未提交证明文件的，视为未要求优先权。

第二十七条 为申请商标注册所申报的事项和所提供的材料应当真实、准确、完整。

第三章 商标注册的审查和核准

第二十八条 对申请注册的商标，商标局应当自收到商标注册申请文件之日起九个月内审查完毕，符合本法有关规定的，予以初步审定公告。

第二十九条 在审查过程中，商标局认为商标注册申请内容需要说明或者修正的，可以要求申请人做出说明或者修正。申请人未做出说明或者修正的，不影响商标局做出审查决定。

第三十条 申请注册的商标，凡不符合本法有关规定或者同他人在同一种商品或者类似商品上已经注册的或者初步审定的商标相同或者近似的，由商标局驳回申请，不予公告。

第三十一条 两个或者两个以上的商标注册申请人，在同一种商品或者类似商品上，以相同或者近似的商标申请注册的，初步审定并公告申请在先的商标；同一天申请的，初步审定并公告使用在先的商标，驳回其他人的申请，不予公告。

第三十二条 申请商标注册不得损害他人现有的在先权利，也不得以不正当手段抢先注册他人已经使用并有一定影响的商标。

第三十三条 对初步审定公告的商标，自公告之日起三个月内，在先权利人、利害关系人认为违反本法第十三条第二款和第三款、第十五条、第十六条第一款、第三十条、第三十一条、第三十二条规定的，或者任何人认为违反本法第四条、第十条、第十一条、第十二条、第十九条第四款规定的，可以向商标局提出异议。公告期满无异议的，予以核准注册，发给商标注册证，并予公告。

第三十四条 对驳回申请、不予公告的商标，商标局应当书面通知商标注册申请人。商标注册申请人不服的，可以自收到通知之日起十五日内向商标评审委员会申请复审。商标评审委员会应当自收到申请之日起九个月内做出决定，并书面通知申请人。有特殊情况需要延长的，经国务院工商行政管理部门批准，可以延长三个月。当事人对商标评审委员会的决定不服的，可以自收到通知之日起三十日内向人民法院起诉。

第三十五条 对初步审定公告的商标提出异议的，商标局应当听取异议人和被异议人陈述事实和理由，经调查核实后，自公告期满之日起十二个月内做出是否准予注册的决定，并书面通知异议人和被异议人。有特殊情况需要延长的，经国务院工商行政管理部门批准，可以延长六个月。

商标局做出准予注册决定的，发给商标注册证，并予公告。异议人不服的，可以依照本法第四十四条、第四十五条的规定向商标评审委员会请求宣告该注册商标无效。

商标局做出不予注册决定，被异议人不服的，可以自收到通知之日起十五日内向商标评审委员会申请复审。商标评审委员会应当自收到申请之日起十二个月内做出复审决定，并书面通知异议人和被异议人。有特殊情况需要延长的，经国务院工商行政管理部门批准，可以延长六个月。被异议人对商标评审委员会的决定不服的，可以自收到通知之日起三十日内向人民法院起诉。人民法院应当通知异议人作为第三人参加诉讼。

商标评审委员会在依照前款规定进行复审的过程中，所涉及的在先权利的确定必须以人民法院正在审理或者行政机关正在处理的另一案件的结果为依据的，可以中止审查。中止原因消除后，应当恢复审查程序。

第三十六条 法定期限届满，当事人对商标局做出的驳回申请决定、不予注册决定不申请复审或者对商标评审委员会做出的复审决定不向人民法院起诉的，驳回申请决定、不予注册决定或者复审决定生效。

经审查异议不成立而准予注册的商标，商标注册申请人取得商标专用权的时间自初步审定公告三个月期满之日起计算。自该商标公告期满之日起至准予注册决定做出前，对他人在同一种或者类似商品上使用与该商标相同或者近似的标志的行为不具有追溯力；但是，因该使用人的恶意给商标注册人造成的损失，应当给予赔偿。

第三十七条 对商标注册申请和商标复审申请应当及时进行审查。

第三十八条 商标注册申请人或者注册人发现商标申请文件或者注册文件有明显错误的，可以申请更正。商标局依法在其职权范围内作出更正，并通知当事人。

前款所称更正错误不涉及商标申请文件或者注册文件的实质性内容。

第四章 注册商标的续展、变更、转让和使用许可

第三十九条 注册商标的有效期为十年，自核准注册之日起计算。

第四十条 注册商标有效期满，需要继续使用的，商标注册人应当在期满前十二个月内按照规定办理续展手续；在此期间未能办理的，可以给予六个月的宽展期。每次续展注册的有效期为十年，自该商标上一届有效期满次日起计算。期满未办理续展手续的，注销其注册商标。

商标局应当对续展注册的商标予以公告。

第四十一条 注册商标需要变更注册人的名义、地址或者其他注册事项的，应当提出变更申请。

第四十二条 转让注册商标的，转让人和受让人应当签订转让协议，并共同向商标局提出申请。受让人应当保证使用该注册商标的商品质量。

转让注册商标的，商标注册人对其在同一种商品上注册的近似的商标，或者在类似商品上注册的相同或者近似的商标，应当一并转让。

对容易导致混淆或者有其他不良影响的转让，商标局不予核准，书面通知申请人并说明理由。

转让注册商标经核准后，予以公告。受让人自公告之日起享有商标专用权。

第四十三条 商标注册人可以通过签订商标使用许可合同，许可他人使用其注册商标。许可人应当监督被许可人使用其注册商标的商品质量。被许可人应当保证使用该注册商标的商品质量。

经许可使用他人注册商标的，必须在使用该注册商标的商品上标明被许可人的名称和商品产地。

许可他人使用其注册商标的，许可人应当将其商标使用许可报商标局备案，由商标局公告。商标使用许可未经备案不得对抗善意第三人。

第五章 注册商标的无效宣告

第四十四条 已经注册的商标，违反本法第四条、第十条、第十一条、第十二条、第十九条第四款规定的，或者是以欺骗手段或者其他不正当手段取得注册的，由商标局宣告该注册商标无效；其他单位或者个人可以请求商标评审委员会宣告该注册商标无效。

商标局做出宣告注册商标无效的决定，应当书面通知当事人。当事人对商标局的决定不服的，可以自收到通知之日起十五日内向商标评审委员会申请复审。商标评审委员会应当自收到申请之日起九个月内做出决定，并书面通知当事人。有特殊情况需要延长的，经国务院工商行政管理部门批准，可以延长三个月。当事人对商标评审委员会的决定不服的，可以自收到通知之日起三十日内向人民法院起诉。

其他单位或者个人请求商标评审委员会宣告注册商标无效的，商标评审委员会收到申请后，应当书面通知有关当事人，并限期提出答辩。商标评审委员会应当自收到申请之日起九个月内做出维持注册商标或者宣告注册商标无效的裁定，并书面通知当事人。有特殊情况需要延长的，经国务院工商行政管理部门批准，可以延长三个月。当事人对商标评审委员会的裁定不服的，可以自收到通知之日起三十日内向人民法院起诉。人民法院应当通知商标裁定程序的对方当事人作为第三人参加诉讼。

第四十五条 已经注册的商标，违反本法第十三条第二款和第三款、第十五条、第十六条第一款、第三十条、第三十一条、第三十二条规定的，自商标注册之日起五年内，在先权利人或者利害关系人可以请求商标评审委员会宣告该注册商标无效。对恶意注册的，驰名商标所有人不受五年的时间限制。

商标评审委员会收到宣告注册商标无效的申请后，应当书面通知有关当事人，并限期提出答辩。商标评审委员会应当自收到申请之日起十二个月内做出维持注册商标或者宣告注册商标无效的裁定，并书面通知当事人。有特殊情况需要延长的，经国务院工商行政管理部门批准，可以延长六个月。当事人对商标评审委员会的裁定不服的，可以自收到通知之日起三十日内向人民法院起诉。人民法院应当通知商标裁定程序的对方当事人作为第三人参加诉讼。

商标评审委员会在依照前款规定对无效宣告请求进行审查的过程中，所涉及的在先权利的确定必须以人民法院正在审理或者行政机关正在处理的另一案件的结果为依据的，可以中止审查。中止原因消除后，应当恢复审查程序。

第四十六条 法定期限届满，当事人对商标局宣告注册商标无效的决定不申请复审或者对商标评审委员会的复审决定、维持注册商标或者宣告注册商标无效的裁定不向人民法院起诉的，商标局的决定或者商标评审委员会的复审决定、裁定生效。

第四十七条 依照本法第四十四条、第四十五条的规定宣告无效的注册商标，由商标局予以公告，该注册商标专用权视为自始即不存在。

宣告注册商标无效的决定或者裁定，对宣告无效前人民法院做出并已执行的商标侵权案件的判决、裁定、调解书和工商行政管理部门做出并已执行的商标侵权案件的处理决定以及已经履行的商标转让或者使用许可合同不具有追溯力。但是，因商标注册人的恶意给他人造成的损失，应当给予赔偿。

依照前款规定不返还商标侵权赔偿

金、商标转让费、商标使用费，明显违反公平原则的，应当全部或者部分返还。

第六章　商标使用的管理

第四十八条　本法所称商标的使用，是指将商标用于商品、商品包装或者容器以及商品交易文书上，或者将商标用于广告宣传、展览以及其他商业活动中，用于识别商品来源的行为。

第四十九条　商标注册人在使用注册商标的过程中，自行改变注册商标、注册人名义、地址或者其他注册事项的，由地方工商行政管理部门责令限期改正；期满不改正的，由商标局撤销其注册商标。

注册商标成为其核定使用的商品的通用名称或者没有正当理由连续三年不使用的，任何单位或者个人可以向商标局申请撤销该注册商标。商标局应当自收到申请之日起九个月内做出决定。有特殊情况需要延长的，经国务院工商行政管理部门批准，可以延长三个月。

第五十条　注册商标被撤销、被宣告无效或者期满不再续展的，自撤销、宣告无效或者注销之日起一年内，商标局对与该商标相同或者近似的商标注册申请，不予核准。

第五十一条　违反本法第六条规定的，由地方工商行政管理部门责令限期申请注册，违法经营额五万元以上的，可以处违法经营额百分之二十以下的罚款，没有违法经营额或者违法经营额不足五万元的，可以处一万元以下的罚款。

第五十二条　将未注册商标冒充注册商标使用的，或者使用未注册商标违反本法第十条规定的，由地方工商行政管理部门予以制止，限期改正，并可以予以通报，违法经营额五万元以上的，可以处违法经营额百分之二十以下的罚款，没有违法经营额或者违法经营额不足五万元的，可以处一万元以下的罚款。

第五十三条　违反本法第十四条第五款规定的，由地方工商行政管理部门责令改正，处十万元罚款。

第五十四条　对商标局撤销或者不予撤销注册商标的决定，当事人不服的，可以自收到通知之日起十五日内向商标评审委员会申请复审。商标评审委员会应当自收到申请之日起九个月内做出决定，并书面通知当事人。有特殊情况需要延长的，经国务院工商行政管理部门批准，可以延长三个月。当事人对商标评审委员会的决定不服的，可以自收到通知之日起三十日内向人民法院起诉。

第五十五条　法定期限届满，当事人对商标局做出的撤销注册商标的决定不申请复审或者对商标评审委员会做出的复审决定不向人民法院起诉的，撤销注册商标的决定、复审决定生效。

被撤销的注册商标，由商标局予以公告，该注册商标专用权自公告之日起终止。

第七章　注册商标专用权的保护

第五十六条　注册商标的专用权，以核准注册的商标和核定使用的商品为限。

第五十七条　有下列行为之一的，均属侵犯注册商标专用权：

（一）未经商标注册人的许可，在同一种商品上使用与其注册商标相同的商标的；

（二）未经商标注册人的许可，在同一种商品上使用与其注册商标近似的商标，或者在类似商品上使用与其注册商标相同或者近似的商标，容易导致混淆的；

（三）销售侵犯注册商标专用权的商品的；

（四）伪造、擅自制造他人注册商标标识或者销售伪造、擅自制造的注册商标标识的；

（五）未经商标注册人同意，更换其注册商标并将该更换商标的商品又投入市场的；

（六）故意为侵犯他人商标专用权行为提供便利条件，帮助他人实施侵犯商标专用权行为的；

（七）给他人的注册商标专用权造成其他损害的。

第五十八条 将他人注册商标、未注册的驰名商标作为企业名称中的字号使用，误导公众，构成不正当竞争行为的，依照《中华人民共和国反不正当竞争法》处理。

第五十九条 注册商标中含有的本商品的通用名称、图形、型号，或者直接表示商品的质量、主要原料、功能、用途、重量、数量及其他特点，或者含有的地名，注册商标专用权人无权禁止他人正当使用。

三维标志注册商标中含有的商品自身的性质产生的形状、为获得技术效果而需有的商品形状或者使商品具有实质性价值的形状，注册商标专用权人无权禁止他人正当使用。

商标注册人申请商标注册前，他人已经在同一种商品或者类似商品上先于商标注册人使用与注册商标相同或者近似并有一定影响的商标的，注册商标专用权人无权禁止该使用人在原使用范围内继续使用该商标，但可以要求其附加适当区别标识。

第六十条 有本法第五十七条所列侵犯注册商标专用权行为之一，引起纠纷的，由当事人协商解决；不愿协商或者协商不成的，商标注册人或者利害关系人可以向人民法院起诉，也可以请求工商行政管理部门处理。

工商行政管理部门处理时，认定侵权行为成立的，责令立即停止侵权行为，没收、销毁侵权商品和主要用于制造侵权商品、伪造注册商标标识的工具，违法经营额五万元以上的，可以处违法经营额五倍以下的罚款，没有违法经营额或者违法经营额不足五万元的，可以处二十五万元以下的罚款。对五年内实施两次以上商标侵权行为或者有其他严重情节的，应当从重处罚。销售不知道是侵犯注册商标专用权的商品，能证明该商品是自己合法取得并说明提供者的，由工商行政管理部门责令停止销售。

对侵犯商标专用权的赔偿数额的争议，当事人可以请求进行处理的工商行政管理部门调解，也可以依照《中华人民共和国民事诉讼法》向人民法院起诉。经工商行政管理部门调解，当事人未达成协议或者调解书生效后不履行的，当事人可以依照《中华人民共和国民事诉讼法》向人民法院起诉。

第六十一条 对侵犯注册商标专用权的行为，工商行政管理部门有权依法查处；涉嫌犯罪的，应当及时移送司法机关依法处理。

第六十二条 县级以上工商行政管理部门根据已经取得的违法嫌疑证据或者举报，对涉嫌侵犯他人注册商标专用权的行为进行查处时，可以行使下列职权：

（一）询问有关当事人，调查与侵犯他人注册商标专用权有关的情况；

（二）查阅、复制当事人与侵权活动有关的合同、发票、账簿以及其他有关资料；

（三）对当事人涉嫌从事侵犯他人注册商标专用权活动的场所实施现场检查；

（四）检查与侵权活动有关的物品；对有证据证明是侵犯他人注册商标专用权的物品，可以查封或者扣押。

工商行政管理部门依法行使前款规定的职权时，当事人应当予以协助、配合，不得拒绝、阻挠。

在查处商标侵权案件过程中，对商标权属存在争议或者权利人同时向人民法院提起商标侵权诉讼的，工商行政管理部门可以中止案件的查处。中止原因消除后，应当恢复或者终结案件查处程序。

第六十三条 侵犯商标专用权的赔偿数额，按照权利人因被侵权所受到的实际损失确定；实际损失难以确定的，可以按照侵权人因侵权所获得的利益确定;权利人的损失或者侵权人获得的利益难以确定的,参照该商标许可使用费的倍数合理确定。对恶意侵犯商标专用权,情节严重的,可以在按照上述方法确定数额的一倍以上五倍以下确定赔偿数额。赔偿数额应当包括权利人为制止侵权行为所支付的合理开支。

人民法院为确定赔偿数额,在权利人已经尽力举证,而与侵权行为相关的账簿、资料主要由侵权人掌握的情况下,可以责令侵权人提供与侵权行为相关的账簿、资料;侵权人不提供或者提供虚假的账簿、资料的,人民法院可以参考权利人的主张和提供的证据判定赔偿数额。

权利人因被侵权所受到的实际损失、侵权人因侵权所获得的利益、注册商标许可使用费难以确定的,由人民法院根据侵权行为的情节判决给予五百万元以下的赔偿。

人民法院审理商标纠纷案件,应权利人请求,对属于假冒注册商标的商品,除特殊情况外,责令销毁;对主要用于制造假冒注册商标的商品的材料、工具,责令销毁,且不予补偿;或者在特殊情况下,责令禁止前述材料、工具进入商业渠道,且不予补偿。

假冒注册商标的商品不得在仅去除假冒注册商标后进入商业渠道。

第六十四条 注册商标专用权人请求赔偿,被控侵权人以注册商标专用权人未使用注册商标提出抗辩的,人民法院可以要求注册商标专用权人提供此前三年内实际使用该注册商标的证据。注册商标专用权人不能证明此前三年内实际使用过该注册商标,也不能证明因侵权行为受到其他损失的,被控侵权人不承担赔偿责任。

销售不知道是侵犯注册商标专用权的商品,能证明该商品是自己合法取得并说明提供者的,不承担赔偿责任。

第六十五条 商标注册人或者利害关系人有证据证明他人正在实施或者即将实施侵犯其注册商标专用权的行为,如不及时制止将会使其合法权益受到难以弥补的损害的,可以依法在起诉前向人民法院申请采取责令停止有关行为和财产保全的措施。

第六十六条 为制止侵权行为,在证据可能灭失或者以后难以取得的情况下,商标注册人或者利害关系人可以依法在起诉前向人民法院申请保全证据。

第六十七条 未经商标注册人许可,在同一种商品上使用与其注册商标相同的商标,构成犯罪的,除赔偿被侵权人的损失外,依法追究刑事责任。

伪造、擅自制造他人注册商标标识或者销售伪造、擅自制造的注册商标标识,构成犯罪的,除赔偿被侵权人的损失外,依法追究刑事责任。

销售明知是假冒注册商标的商品,构成犯罪的,除赔偿被侵权人的损失外,依法追究刑事责任。

第六十八条 商标代理机构有下列行为之一的,由工商行政管理部门责令限期改正,给予警告,处一万元以上十万元以下的罚款;对直接负责的主管人员和其他直接责任人员给予警告,处五千元以上五万元以下的罚款;构成犯罪的,依法追究刑事责任:

(一)办理商标事宜过程中,伪造、变造或者使用伪造、变造的法律文件、印章、签名的;

(二)以诋毁其他商标代理机构等手段招徕商标代理业务或者以其他不正当手段扰乱商标代理市场秩序的;

(三)违反本法第四条、第十九条第三款和第四款规定的。

商标代理机构有前款规定行为的,由工商行政管理部门记入信用档案;情节严重的,商标局、商标评审委员会并可以决定停止受理其办理商标代理业务,予以公告。

商标代理机构违反诚实信用原则,侵

害委托人合法利益的，应当依法承担民事责任，并由商标代理行业组织按照章程规定予以惩戒。

对恶意申请商标注册的，根据情节给予警告、罚款等行政处罚；对恶意提起商标诉讼的，由人民法院依法给予处罚。

第六十九条 从事商标注册、管理和复审工作的国家机关工作人员必须秉公执法，廉洁自律，忠于职守，文明服务。

商标局、商标评审委员会以及从事商标注册、管理和复审工作的国家机关工作人员不得从事商标代理业务和商品生产经营活动。

第七十条 工商行政管理部门应当建立健全内部监督制度，对负责商标注册、管理和复审工作的国家机关工作人员执行法律、行政法规和遵守纪律的情况，进行监督检查。

第七十一条 从事商标注册、管理和复审工作的国家机关工作人员玩忽职守、滥用职权、徇私舞弊，违法办理商标注册、管理和复审事项，收受当事人财物，牟取不正当利益，构成犯罪的，依法追究刑事责任；尚不构成犯罪的，依法给予处分。

第八章 附 则

第七十二条 申请商标注册和办理其他商标事宜的，应当缴纳费用，具体收费标准另定。

第七十三条 本法自 1983 年 3 月 1 日起施行。1963 年 4 月 10 日国务院公布的《商标管理条例》同时废止；其他有关商标管理的规定，凡与本法抵触的，同时失效。

本法施行前已经注册的商标继续有效。

中华人民共和国农业农村部令

2019 年第 1 号

《中华人民共和国农业植物品种保护名录(第十一批)》已经 2019 年 2 月 1 日农业农村部第 2 次常务会议审议通过,现予发布,自 2019 年 4 月 1 日起施行。

部长　韩长赋

2019 年 2 月 22 日

中华人民共和国农业植物品种保护名录(第十一批)

序号	属或者种名	学　名
1	甜菜	Beta vulgaris L.
2	稷(糜子)	Panicum miliaceum L.
3	大麻槿(红麻)	Hibiscus cannabinus L.
4	可可	Theobroma cacao L.
5	苋属	Amaranthus L.
6	狗牙根属	Cynodon Rich.
7	鸭茅	Dactylis glomerata L.
8	红车轴草(红三叶)	Trifolium pratense L.
9	黑麦草属	Lolium L.
10	羊茅属	Festuca L.
11	狼尾草属	Pennisetum Rich.
12	白车轴草(白三叶)	Trifolium repens L.
13	魔芋属	Amorphophallus Bl. ex Decne.
14	芋	Colocasia esculenta (L.) Schott
15	荠	Capsella bursa—pastoris (L.) Medic.
16	蕹菜(空心菜)	Ipomoea aquatica Forsk.
17	芫荽(香菜)	Coriandrum sativum L.
18	韭菜	Allium tuberosum Rottl. ex Spreng.
19	紫苏	Perilla frutescens (L.) Britt.
20	芭蕉属	Musa L.
21	量天尺属	Hylocereus (Berg.) Britt. et Rose
22	西番莲属	Passiflora L.

续表

序号	属或者种名	学　名
23	梅	Prunus mume Sieb. et Zucc
24	石蒜属	Lycoris Herb.
25	睡莲属	Nymphaea L.
26	天竺葵属	Pelargonium L'Herit. ex Ait.
27	鸢尾属	Iris L.
28	芍药组	Paeonia Sect. Paeonia DC. Prodr.
29	六出花属	Alstroemeria L.
30	香雪兰属	Freesia Klatt
31	蟹爪兰属	Zygocactus K. Schum.
32	朱顶红属	Hippeastrum Herb.
33	满天星	Gypsophilapaniculata L.
34	金针菇	Flammulina velutipes (E.) Singer
35	蛹虫草	Cordyceps militaris (L. ex Fr.) Link.
36	长根菇	Hymenopellis raphanipes (Berk.) R. H. Pertersen
37	猴头菌	Hericium erinaceum (Bull.) Pers.
38	毛木耳	Auricularia cornea Ehrenb.
39	蝉花	Isaria cicadae Miquel
40	真姬菇	Hypsizygus marmoreus (Peck) H. E. Bigelow
41	平菇(糙皮侧耳、弗罗里达侧耳)	Pleurotus ostreatus (Jacq.) P. Kumm. & Pleurotus floridanus Singer
42	秀珍菇(肺形侧耳)	Pleurotus pulmonarius (Fr.) Quél.
43	红花	Carthamus tinctorius L.
44	淫羊藿属	Epimedium L.
45	松果菊属	Echinacea Moench.
46	金银花	Lonicera japonica Thumb.
47	柴胡属	Bupleurum L.
48	黄芪属	Astragalus L.
49	美丽鸡血藤(牛大力)	Callerya speciosa (Champ. Ex Benth.)Schot
50	穿心莲	Andrographis paniculata (Burm. f.) Nees
51	丹参	Salvia miltiorrhiza Bge.
52	黄花蒿	Artemisia annua L.
53	砂仁	Amomum villosum Lour.

司法解释

最高人民法院关于技术调查官参与知识产权案件诉讼活动的若干规定

法释〔2019〕2 号

（2019 年 1 月 28 日最高人民法院审判委员会第 1760 次会议通过，自 2019 年 5 月 1 日起施行）

为规范技术调查官参与知识产权案件诉讼活动，根据《中华人民共和国人民法院组织法》《中华人民共和国刑事诉讼法》《中华人民共和国民事诉讼法》《中华人民共和国行政诉讼法》的规定，结合审判实际，制定本规定。

第一条 人民法院审理专利、植物新品种、集成电路布图设计、技术秘密、计算机软件、垄断等专业技术性较强的知识产权案件时，可以指派技术调查官参与诉讼活动。

第二条 技术调查官属于审判辅助人员。

人民法院可以设置技术调查室，负责技术调查官的日常管理，指派技术调查官参与知识产权案件诉讼活动、提供技术咨询。

第三条 参与知识产权案件诉讼活动的技术调查官确定或者变更后，应当在三日内告知当事人，并依法告知当事人有权申请技术调查官回避。

第四条 技术调查官的回避，参照适用刑事诉讼法、民事诉讼法、行政诉讼法等有关其他人员回避的规定。

第五条 在一个审判程序中参与过案件诉讼活动的技术调查官，不得再参与该案其他程序的诉讼活动。

发回重审的案件，在一审法院作出裁判后又进入第二审程序的，原第二审程序中参与诉讼的技术调查官不受前款规定的限制。

第六条 参与知识产权案件诉讼活动的技术调查官就案件所涉技术问题履行下列职责：

（一）对技术事实的争议焦点以及调查范围、顺序、方法等提出建议；

（二）参与调查取证、勘验、保全；

（三）参与询问、听证、庭前会议、开庭审理；

（四）提出技术调查意见；

（五）协助法官组织鉴定人、相关技术领域的专业人员提出意见；

（六）列席合议庭评议等有关会议；

（七）完成其他相关工作。

第七条 技术调查官参与调查取证、勘验、保全的，应当事先查阅相关技术资料，就调查取证、勘验、保全的方法、步骤和注意事项等提出建议。

第八条 技术调查官参与询问、听证、庭前会议、开庭审理活动时，经法官同意，可以就案件所涉技术问题向当事人及其他诉讼参与人发问。

技术调查官在法庭上的座位设在法官助理的左侧，书记员的座位设在法官助理的右侧。

第九条 技术调查官应当在案件评议前就案件所涉技术问题提出技术调查意见。

技术调查意见由技术调查官独立出具并签名，不对外公开。

第十条 技术调查官列席案件评议时，其提出的意见应当记入评议笔录，并由其签名。

技术调查官对案件裁判结果不具有表决权。

第十一条 技术调查官提出的技术调查意见可以作为合议庭认定技术事实的参考。

合议庭对技术事实认定依法承担责任。

第十二条 技术调查官参与知识产权案件诉讼活动的，应当在裁判文书上署名。技术调查官的署名位于法官助理之下、书记员之上。

第十三条 技术调查官违反与审判工作有关的法律及相关规定，贪污受贿、徇私舞弊，故意出具虚假、误导或者重大遗漏的不实技术调查意见的，应当追究法律责任；构成犯罪的，依法追究刑事责任。

第十四条 根据案件审理需要，上级人民法院可以对本辖区内各级人民法院的技术调查官进行调派。

人民法院审理本规定第一条所称案件时，可以申请上级人民法院调派技术调查官参与诉讼活动。

第十五条 本规定自 2019 年 5 月 1 日起施行。本院以前发布的相关规定与本规定不一致的，以本规定为准。

其他规范性文件

专利代理管理办法

（国家市场监督管理总局令第 6 号）

第一章　总　　则

第一条　为了规范专利代理行为，保障委托人、专利代理机构以及专利代理师的合法权益，维护专利代理行业的正常秩序，促进专利代理行业健康发展，根据《中华人民共和国专利法》《专利代理条例》以及其他有关法律、行政法规的规定，制定本办法。

第二条　国家知识产权局和省、自治区、直辖市人民政府管理专利工作的部门依法对专利代理机构和专利代理师进行管理和监督。

第三条　国家知识产权局和省、自治区、直辖市人民政府管理专利工作的部门应当按照公平公正公开、依法有序、透明高效的原则对专利代理执业活动进行检查和监督。

第四条　专利代理机构和专利代理师可以依法成立和参加全国性或者地方性专利代理行业组织。专利代理行业组织是社会团体，是专利代理师的自律性组织。

专利代理行业组织应当制定专利代理行业自律规范，行业自律规范不得与法律、行政法规、部门规章相抵触。专利代理机构、专利代理师应当遵守行业自律规范。

第五条　专利代理机构和专利代理师执业应当遵守法律、行政法规和本办法，恪守职业道德、执业纪律，诚实守信，规范执业，提升专利代理质量，维护委托人的合法权益和专利代理行业正常秩序。

第六条　国家知识产权局和省、自治区、直辖市人民政府管理专利工作的部门可以根据实际情况，通过制定政策、建立机制等措施，支持引导专利代理机构为小微企业以及无收入或者低收入的发明人、设计人提供专利代理援助服务。

鼓励专利代理行业组织和专利代理机构利用自身资源开展专利代理援助工作。

第七条　国家知识产权局和省、自治区、直辖市人民政府管理专利工作的部门应当加强电子政务建设和专利代理公共信息发布，优化专利代理管理系统，方便专利代理机构、专利代理师和公众办理事务、查询信息。

第八条　任何单位、个人未经许可，不得代理专利申请和宣告专利权无效等业务。

第二章　专利代理机构

第九条　专利代理机构的组织形式应当为合伙企业、有限责任公司等。合伙人、股东应当为中国公民。

第十条 合伙企业形式的专利代理机构申请办理执业许可证的，应当具备下列条件：

（一）有符合法律、行政法规和本办法第十四条规定的专利代理机构名称；

（二）有书面合伙协议；

（三）有独立的经营场所；

（四）有两名以上合伙人；

（五）合伙人具有专利代理师资格证，并有两年以上专利代理师执业经历。

第十一条 有限责任公司形式的专利代理机构申请办理执业许可证的，应当具备下列条件：

（一）有符合法律、行政法规和本办法第十四条规定的专利代理机构名称；

（二）有书面公司章程；

（三）有独立的经营场所；

（四）有五名以上股东；

（五）五分之四以上股东以及公司法定代表人具有专利代理师资格证，并有两年以上专利代理师执业经历。

第十二条 律师事务所申请办理执业许可证的，应当具备下列条件：

（一）有独立的经营场所；

（二）有两名以上合伙人或者专职律师具有专利代理师资格证。

第十三条 有下列情形之一的，不得作为专利代理机构的合伙人、股东：

（一）不具有完全民事行为能力；

（二）因故意犯罪受过刑事处罚；

（三）不能专职在专利代理机构工作；

（四）所在专利代理机构解散或者被撤销、吊销执业许可证，未妥善处理各种尚未办结的专利代理业务。

专利代理机构以欺骗、贿赂等不正当手段取得执业许可证，被依法撤销、吊销的，其合伙人、股东、法定代表人自处罚决定作出之日起三年内不得在专利代理机构新任合伙人或者股东、法定代表人。

第十四条 专利代理机构只能使用一个名称。除律师事务所外，专利代理机构的名称中应当含有“专利代理”或者“知识产权代理”等字样。专利代理机构分支机构的名称由专利代理机构全名称、分支机构所在城市名称或者所在地区名称和“分公司”或者“分所”等组成。

专利代理机构的名称不得在全国范围内与正在使用或者已经使用过的专利代理机构的名称相同或者近似。

律师事务所申请办理执业许可证的，可以使用该律师事务所的名称。

第十五条 申请专利代理机构执业许可证的，应当通过专利代理管理系统向国家知识产权局提交申请书和下列申请材料：

（一）合伙企业形式的专利代理机构应当提交营业执照、合伙协议和合伙人身份证件扫描件；

（二）有限责任公司形式的专利代理机构应当提交营业执照、公司章程和股东身份证件扫描件；

（三）律师事务所应当提交律师事务所执业许可证和具有专利代理师资格证的合伙人、专职律师身份证件扫描件。

申请人应当对其申请材料实质内容的真实性负责。必要时，国家知识产权局可以要求申请人提供原件进行核实。法律、行政法规和国务院决定另有规定的除外。

第十六条 申请材料不符合本办法第十五条规定的，国家知识产权局应当自收到申请材料之日起五日内一次告知申请人需要补正的全部内容，逾期未告知的，自收到申请材料之日起视为受理；申请材料齐全、符合法定形式，或者申请人按照要求提交全部补正申请材料的，应当受理该申请。受理或者不予受理申请的，应当书面通知申请人并说明理由。

国家知识产权局应当自受理之日起十日内予以审核，对符合规定条件的，予以批准，向申请人颁发专利代理机构执业许可证；对不符合规定条件的，不予批准，书面通知申请人并说明理由。

第十七条 专利代理机构名称、经营场所、合伙协议或者公司章程、合伙人或者执行事务合伙人、股东或者法定代表人发生变化的，应当自办理企业变更登记之日起三十日内向国家知识产权局申请办理变更手续；律师事务所具有专利代理师资格证的合伙人或者专职律师等事项发生变化的，应当自司法行政部门批准之日起三十日内向国家知识产权局申请办理变更手续。

国家知识产权局应当自申请受理之日起十日内作出相应决定，对符合本办法规定的事项予以变更。

第十八条 专利代理机构在国家知识产权局登记的信息应当与其在市场监督管理部门或者司法行政部门的登记信息一致。

第十九条 专利代理机构解散或者不再办理专利代理业务的，应当在妥善处理各种尚未办结的业务后，向国家知识产权局办理注销专利代理机构执业许可证手续。

专利代理机构注销营业执照，或者营业执照、执业许可证被撤销、吊销的，应当在营业执照注销三十日前或者接到撤销、吊销通知书之日起三十日内通知委托人解除委托合同，妥善处理尚未办结的业务，并向国家知识产权局办理注销专利代理机构执业许可证的手续。未妥善处理全部专利代理业务的，专利代理机构的合伙人、股东不得办理专利代理师执业备案变更。

第二十条 专利代理机构设立分支机构办理专利代理业务的，应当具备下列条件：

（一）办理专利代理业务时间满两年；

（二）有十名以上专利代理师执业，拟设分支机构应当有一名以上专利代理师执业，并且分支机构负责人应当具有专利代理师资格证；

（三）专利代理师不得同时在两个以上的分支机构担任负责人；

（四）设立分支机构前三年内未受过专利代理行政处罚；

（五）设立分支机构时未被列入经营异常名录或者严重违法失信名单。

第二十一条 专利代理机构的分支机构不得以自己的名义办理专利代理业务。专利代理机构应当对其分支机构的执业活动承担法律责任。

第二十二条 专利代理机构设立、变更或者注销分支机构的，应当自完成分支机构相关企业或者司法登记手续之日起三十日内，通过专利代理管理系统向分支机构所在地的省、自治区、直辖市人民政府管理专利工作的部门进行备案。

备案应当填写备案表并上传下列材料：

（一）设立分支机构的，上传分支机构营业执照或者律师事务所分所执业许可证扫描件；

（二）变更分支机构注册事项的，上传变更以后的分支机构营业执照或者律师事务所分所执业许可证扫描件；

（三）注销分支机构的，上传妥善处理完各种事项的说明。

第二十三条 专利代理机构应当建立健全质量管理、利益冲突审查、投诉处理、年度考核等执业管理制度以及人员管理、财务管理、档案管理等运营制度，对专利代理师在执业活动中遵守职业道德、执业纪律的情况进行监督。

专利代理机构的股东应当遵守国家有关规定，恪守专利代理职业道德、执业纪律，维护专利代理行业正常秩序。

第二十四条 专利代理机构通过互联网平台宣传、承接专利代理业务的，应当遵守《中华人民共和国电子商务法》等相关规定。

前款所述专利代理机构应当在首页显著位置持续公示并及时更新专利代理机构执业许可证等信息。

第三章 专利代理师

第二十五条 专利代理机构应当依法按照自愿和协商一致的原则与其聘用的专利代理师订立劳动合同。专利代理师应当受专利代理机构指派承办专利代理业务，不得自行接受委托。

第二十六条 专利代理师执业应当符合下列条件：

（一）具有完全民事行为能力；

（二）取得专利代理师资格证；

（三）在专利代理机构实习满一年，但具有律师执业经历或者三年以上专利审查经历的人员除外；

（四）在专利代理机构担任合伙人、股东，或者与专利代理机构签订劳动合同；

（五）能专职从事专利代理业务。

符合前款所列全部条件之日为执业之日。

第二十七条 专利代理实习人员进行专利代理业务实习，应当接受专利代理机构的指导。

第二十八条 专利代理师首次执业的，应当自执业之日起三十日内通过专利代理管理系统向专利代理机构所在地的省、自治区、直辖市人民政府管理专利工作的部门进行执业备案。

备案应当填写备案表并上传下列材料：

（一）本人身份证件扫描件；

（二）与专利代理机构签订的劳动合同；

（三）实习评价材料。

专利代理师应当对其备案材料实质内容的真实性负责。必要时，省、自治区、直辖市人民政府管理专利工作的部门可以要求提供原件进行核实。

第二十九条 专利代理师从专利代理机构离职的，应当妥善办理业务移交手续，并自离职之日起三十日内通过专利代理管理系统向专利代理机构所在地的省、自治区、直辖市人民政府管理专利工作的部门提交解聘证明等，进行执业备案变更。

专利代理师转换执业专利代理机构的，应当自转换执业之日起三十日内进行执业备案变更，上传与专利代理机构签订的劳动合同或者担任股东、合伙人的证明。

未在规定时间内变更执业备案的，视为逾期未主动履行备案变更手续，省、自治区、直辖市人民政府管理专利工作的部门核实后可以直接予以变更。

第四章 专利代理行业组织

第三十条 专利代理行业组织应当严格行业自律，组织引导专利代理机构和专利代理师依法规范执业，不断提高行业服务水平。

第三十一条 国家知识产权局和省、自治区、直辖市人民政府管理专利工作的部门根据国家有关规定对专利代理行业组织进行监督和管理。

第三十二条 专利代理行业组织应当依法履行下列职责：

（一）维护专利代理机构和专利代理师的合法权益；

（二）制定行业自律规范，加强行业自律，对会员实施考核、奖励和惩戒，及时向社会公布其吸纳的会员信息和对会员的惩戒情况；

（三）组织专利代理机构、专利代理师开展专利代理援助服务；

（四）组织专利代理师实习培训和执业培训，以及职业道德、执业纪律教育；

（五）按照国家有关规定推荐专利代理师担任诉讼代理人；

（六）指导专利代理机构完善管理制度，提升专利代理服务质量；

（七）指导专利代理机构开展实习工作；

（八）开展专利代理行业国际交流；

（九）其他依法应当履行的职责。

第三十三条 专利代理行业组织应当建立健全非执业会员制度，鼓励取得专利代理师资格证的非执业人员参加专利代理行业组织、参与专利代理行业组织事务，加强非执业会员的培训和交流。

第五章　专利代理监管

第三十四条　国家知识产权局组织指导全国的专利代理机构年度报告、经营异常名录和严重违法失信名单的公示工作。

第三十五条　专利代理机构应当按照国家有关规定提交年度报告。年度报告应当包括以下内容：

（一）专利代理机构通信地址、邮政编码、联系电话、电子邮箱等信息；

（二）执行事务合伙人或者法定代表人、合伙人或者股东、专利代理师的姓名，从业人数信息；

（三）合伙人、股东的出资额、出资时间、出资方式等信息；

（四）设立分支机构的信息；

（五）专利代理机构通过互联网等信息网络提供专利代理服务的信息网络平台名称、网址等信息；

（六）专利代理机构办理专利申请、宣告专利权无效、转让、许可、纠纷的行政处理和诉讼、质押融资等业务信息；

（七）专利代理机构资产总额、负债总额、营业总收入、主营业务收入、利润总额、净利润、纳税总额等信息；

（八）专利代理机构设立境外分支机构、其从业人员获得境外专利代理从业资质的信息；

（九）其他应当予以报告的信息。

律师事务所可仅提交其从事专利事务相关的内容。

第三十六条　国家知识产权局以及省、自治区、直辖市人民政府管理专利工作的部门的工作人员应当对专利代理机构年度报告中不予公示的内容保密。

第三十七条　专利代理机构有下列情形之一的，按照国家有关规定列入经营异常名录：

（一）未在规定的期限提交年度报告；

（二）取得专利代理机构执业许可证或者提交年度报告时提供虚假信息；

（三）擅自变更名称、办公场所、执行事务合伙人或者法定代表人、合伙人或者股东；

（四）分支机构设立、变更、注销未按照规定办理备案手续；

（五）不再符合执业许可条件，省、自治区、直辖市人民政府管理专利工作的部门责令其整改，期限届满仍不符合条件；

（六）专利代理机构公示信息与其在市场监督管理部门或者司法行政部门的登记信息不一致；

（七）通过登记的经营场所无法联系。

第三十八条　专利代理机构有下列情形之一的，按照国家有关规定列入严重违法失信名单：

（一）被列入经营异常名录满三年仍未履行相关义务；

（二）受到责令停止承接新的专利代理业务、吊销专利代理机构执业许可证的专利代理行政处罚。

第三十九条　国家知识产权局指导省、自治区、直辖市人民政府管理专利工作的部门对专利代理机构和专利代理师的执业活动情况进行检查、监督。

专利代理机构跨省设立分支机构的，其分支机构应当由分支机构所在地的省、自治区、直辖市人民政府管理专利工作的部门进行检查、监督。该专利代理机构所在地的省、自治区、直辖市人民政府管理专利工作的部门应当予以协助。

第四十条　国家知识产权局和省、自治区、直辖市人民政府管理专利工作的部门应当采取书面检查、实地检查、网络监测等方式对专利代理机构和专利代理师进行检查、监督。

在检查过程中应当随机抽取检查对象，随机选派执法检查人员。发现违法违规情况的，应当及时依法处理，并向社会公布检查、处理结果。对已被列入经营异常名录或者严重违法失信名单的专利代理机构，省、自治区、直辖市人民政府管理专利工作的部门应当进行实地检查。

第四十一条 省、自治区、直辖市人民政府管理专利工作的部门应当重点对下列事项进行检查、监督：

（一）专利代理机构是否符合执业许可条件；

（二）专利代理机构合伙人、股东以及法定代表人是否符合规定；

（三）专利代理机构年度报告的信息是否真实、完整、有效，与其在市场监督管理部门或者司法行政部门公示的信息是否一致；

（四）专利代理机构是否存在本办法第三十七条规定的情形；

（五）专利代理机构是否建立健全执业管理制度和运营制度等情况；

（六）专利代理师是否符合执业条件并履行备案手续；

（七）未取得专利代理执业许可的单位或者个人是否存在擅自开展专利代理业务的违法行为。

第四十二条 省、自治区、直辖市人民政府管理专利工作的部门依法进行检查监督时，应当将检查监督的情况和处理结果予以记录，由检查监督人员签字后归档。

当事人应当配合省、自治区、直辖市人民政府管理专利工作的部门的检查监督，接受询问，如实提供有关情况和材料。

第四十三条 国家知识产权局和省、自治区、直辖市人民政府管理专利工作的部门对存在违法违规行为的机构或者人员，可以进行警示谈话、提出意见，督促及时整改。

第四十四条 国家知识产权局和省、自治区、直辖市人民政府管理专利工作的部门应当督促专利代理机构贯彻实施专利代理相关服务规范，引导专利代理机构提升服务质量。

第四十五条 国家知识产权局应当及时向社会公布专利代理机构执业许可证取得、变更、注销、撤销、吊销等相关信息，以及专利代理师的执业备案、撤销、吊销等相关信息。

国家知识产权局和省、自治区、直辖市人民政府管理专利工作的部门应当及时向社会公示专利代理机构年度报告信息，列入或者移出经营异常名录、严重违法失信名单信息，行政处罚信息，以及对专利代理执业活动的检查情况。行政处罚、检查监督结果纳入国家企业信用信息公示系统向社会公布。

律师事务所、律师受到专利代理行政处罚的，应当由国家知识产权局和省、自治区、直辖市人民政府管理专利工作的部门将信息通报相关司法行政部门。

第六章 专利代理违法行为的处理

第四十六条 任何单位或者个人认为专利代理机构、专利代理师的执业活动违反专利代理管理有关法律、行政法规、部门规章规定，或者认为存在擅自开展专利代理业务情形的，可以向省、自治区、直辖市人民政府管理专利工作的部门投诉和举报。

省、自治区、直辖市人民政府管理专利工作的部门收到投诉和举报后，应当依据市场监督管理投诉举报处理办法、行政处罚程序等有关规定进行调查处理。本办法另有规定的除外。

第四十七条 对具有重大影响的专利代理违法违规行为，国家知识产权局可以协调或者指定有关省、自治区、直辖市人民政府管理专利工作的部门进行处理。对于专利代理违法行为的处理涉及两个以上省、自治区、直辖市人民政府管理专利工作的部门的，可以报请国家知识产权局组织协调处理。

对省、自治区、直辖市人民政府管理专

利工作的部门专利代理违法行为处理工作，国家知识产权局依法进行监督。

第四十八条 省、自治区、直辖市人民政府管理专利工作的部门可以依据本地实际，要求下一级人民政府管理专利工作的部门协助处理专利代理违法违规行为；也可以依法委托有实际处理能力的管理公共事务的事业组织处理专利代理违法违规行为。

委托方应当对受托方的行为进行监督和指导，并承担法律责任。

第四十九条 省、自治区、直辖市人民政府管理专利工作的部门应当及时、全面、客观、公正地调查收集与案件有关的证据。可以通过下列方式对案件事实进行调查核实：

（一）要求当事人提交书面意见陈述；

（二）询问当事人；

（三）到当事人所在地进行现场调查，可以调阅有关业务案卷和档案材料；

（四）其他必要、合理的方式。

第五十条 案件调查终结后，省、自治区、直辖市人民政府管理专利工作的部门认为应当对专利代理机构作出责令停止承接新的专利代理业务、吊销执业许可证，或者对专利代理师作出责令停止承办新的专利代理业务、吊销专利代理师资格证行政处罚的，应当及时报送调查结果和处罚建议，提请国家知识产权局处理。

第五十一条 专利代理机构有下列情形之一的，属于《专利代理条例》第二十五条规定的“疏于管理，造成严重后果”的违法行为：

（一）因故意或者重大过失给委托人、第三人利益造成损失，或者损害社会公共利益；

（二）从事非正常专利申请行为，严重扰乱专利工作秩序；

（三）诋毁其他专利代理师、专利代理机构，以不正当手段招揽业务，存在弄虚作假行为，严重扰乱行业秩序，受到有关行政机关处罚；

（四）严重干扰专利审查工作或者专利行政执法工作正常进行；

（五）专利代理师从专利代理机构离职未妥善办理业务移交手续，造成严重后果；

（六）专利代理机构执业许可证信息与市场监督管理部门、司法行政部门的登记信息或者实际情况不一致，未按照要求整改，给社会公众造成重大误解；

（七）分支机构设立、变更、注销不符合规定的条件或者没有按照规定备案，严重损害当事人利益；

（八）默许、指派专利代理师在未经其本人撰写或者审核的专利申请等法律文件上签名，严重损害当事人利益；

（九）涂改、倒卖、出租、出借专利代理机构执业许可证，严重扰乱行业秩序。

第五十二条 有下列情形之一的，属于《专利代理条例》第二十七条规定的“擅自开展专利代理业务”的违法行为：

（一）通过租用、借用等方式利用他人资质开展专利代理业务；

（二）未取得专利代理机构执业许可证或者不符合专利代理师执业条件，擅自代理专利申请、宣告专利权无效等相关业务，或者以专利代理机构、专利代理师的名义招揽业务；

（三）专利代理机构执业许可证或者专利代理师资格证被撤销或者吊销后，擅自代理专利申请、宣告专利权无效等相关业务，或者以专利代理机构、专利代理师的名义招揽业务。

第五十三条 专利代理师对其签名办理的专利代理业务负责。对于非经本人办理的专利事务，专利代理师有权拒绝在相关法律文件上签名。

专利代理师因专利代理质量等原因给委托人、第三人利益造成损失或者损害社会公共利益的，省、自治区、直辖市人民政府管理专利工作的部门可以对签名的专利代理师予以警告。

第五十四条 国家知识产权局按照有关规定，对专利代理领域严重失信主体开展联合惩戒。

第五十五条 法律、行政法规对专利代理机构经营活动违法行为的处理另有规定的，从其规定。

第七章 附 则

第五十六条 本办法由国家市场监督管理总局负责解释。

第五十七条 本办法中二十日以内期限的规定是指工作日，不含法定节假日。

第五十八条 本办法自2019年5月1日起施行。2015年4月30日国家知识产权局令第70号发布的《专利代理管理办法》、2002年12月12日国家知识产权局令第25号发布的《专利代理惩戒规则（试行）》同时废止。

专利代理师资格考试办法

（国家市场监督管理总局令第7号）

第一章 总 则

第一条 为了规范专利代理师资格考试工作，根据《中华人民共和国专利法》和《专利代理条例》，制定本办法。

第二条 专利代理师资格考试（以下简称考试）是全国统一的专利代理师执业准入资格考试。

第三条 国家知识产权局负责考试组织工作，制定考试政策和考务管理制度，指导省、自治区、直辖市人民政府管理专利工作的部门的考务工作，负责考试命题、专利代理师资格证书颁发、组织巡考、考试安全保密、全国范围内重大突发事件的应急处理、应试人员和考试工作人员的违规违纪行为处理等工作。

国家知识产权局成立专利代理师考试委员会。考试委员会审定考试大纲和确定考试合格分数线，其成员由国家知识产权局、国务院有关部门、专利代理行业组织的有关人员和专利代理师代表组成，主任由国家知识产权局局长担任。考试委员会办公室负责考试各项具体工作。

第四条 省、自治区、直辖市人民政府管理专利工作的部门负责本行政区域内的考务工作，执行国家知识产权局制定的考试政策和考务管理制度。省、自治区、直辖市人民政府管理专利工作的部门成立考试工作领导小组，负责本行政区域内考务组织、考试安全保密、突发事件应急处理和上报、应试人员和考试工作人员违规违纪行为处理等工作。

第五条 考试每年举行一次，实行全国统一命题，命题范围以考试大纲为准。考试包括以下科目：

（一）专利法律知识；

（二）相关法律知识；

（三）专利代理实务。

第六条 考试为闭卷考试，采用计算机化考试方式。

第七条 考试实行全国统一评卷。阅卷的组织协调工作由考试委员会办公室承担。

第八条 应试人员在三年内全部科目考试合格的，经审核后由国家知识产权局颁发专利代理师资格证。

第九条 国家知识产权局和省、自治区、直辖市人民政府管理专利工作的部门应当做好考试的保密工作。保密工作应当坚持统一领导、分级管理、逐级负责、积极防范、突出重点的原则。

第十条 国家知识产权局和省、自治区、直辖市人民政府管理专利工作的部门应当及时预防和有效应对考试过程中的突发事件。突发事件应急处理工作应当遵循统一指挥、分级负责、有效控制、依法处理的原则，做到预防为主、常备不懈。

第十一条 国家知识产权局和省、自治区、直辖市人民政府管理专利工作的部门依据本办法对应试人员和考试工作人员的违规违纪行为进行处理时，应当事实清楚、证据确凿，程序规范，适用规定准确。

第十二条 国家知识产权局可以根据专利代理行业发展的需要，在符合条件的地区实施考试优惠政策。符合考试优惠政策的考生，由国家知识产权局颁发允许在本省、自治区、直辖市内执业的专利代理师资格证。

第二章 考试组织

第十三条 国家知识产权局每年在举行考试四个月前向社会发布考试有关事项公告，公布考点城市、报名程序、考试时间和资格授予等相关安排。

第十四条 省、自治区、直辖市人民政府管理专利工作的部门符合规定条件的，可以向国家知识产权局申请在本行政区域内设置考点。

第十五条 国家知识产权局可以委托计算机化考试服务方（以下简称考试服务方）执行部分考务工作。

考试服务方应当接受国家知识产权局和在本行政区域内设有考点的省、自治区、直辖市人民政府管理专利工作的部门（以下简称考点局）的监督和指导。

第十六条 国家知识产权局向考点局指派巡考人员。巡考人员监督、协调考点局和考试服务方的考务工作，发现问题及时向国家知识产权局上报。

全部科目考试结束后，巡考人员应当将考点局回收的考场情况记录表复印件、违规情况报告单和相关资料带回，交至考试委员会办公室。

第十七条 考点局监督和指导考试服务方落实本地区考站和考场，组织对本地区考站和考场情况进行检查，监督和指导考试服务方承办考务工作，并应当在考试前召开监考职责说明会。

考点局应当指派考站负责人。

第十八条 考点局应当监督和指导考试服务方按照集中、便利的原则选择考场。考场应当符合下列要求：

（一）消防设施齐全、疏散通道畅通、安静、通风良好、光线充足；

（二）硬件、软件和网络配置符合规定；

（三）具备暂时存放考生随身携带物品的区域或者设施。

第十九条 考点局应当在每个考站设置考务办公室，作为处理考试相关事务的场所，并根据需要安排、配备保卫和医务人员，协助维护考试秩序，提供医疗救助服务。

第二十条 考试工作人员应当具有较高政治素质，遵守考试纪律，熟悉考试业务，工作认真负责。有配偶或者直系亲属参加当年考试的，应当主动回避。

第三章 考试报名

第二十一条 符合以下条件的中国公民，可以报名参加考试：

（一）具有完全民事行为能力；

（二）取得国家承认的理工科大专以上学历，并获得毕业证书或者学位证书。

香港特别行政区、澳门特别行政区永久性居民中的中国公民和台湾地区居民可以报名参加考试。

第二十二条 从事专利审查等工作满七年的中国公民，可以申请免予专利代理实务科目考试。

第二十三条 有下列情形之一的，不得报名参加考试：

（一）因故意犯罪受过刑事处罚，自刑

罚执行完毕之日起未满三年；

（二）受吊销专利代理师资格证的处罚，自处罚决定之日起未满三年。

第二十四条 报名参加考试的人员，应当选择适合的考点城市之一，在规定的时间内报名。报名人员应当填写、上传下列材料，并缴纳相关费用：

（一）报名表、专利代理师资格预申请表及照片；

（二）有效身份证件扫描件；

（三）学历或者学位证书扫描件。持香港特别行政区、澳门特别行政区、台湾地区或者国外高等学校学历学位证书报名的，须上传教育部留学服务中心的学历学位认证书扫描件；

（四）专利代理师资格申请承诺书扫描件。

申请免予专利代理实务科目考试的人员报名时还应当填写、上传免试申请书，证明从事专利审查等工作情况的材料。

第二十五条 国家知识产权局考试委员会办公室统一制作准考证，并发放给符合报名条件的考试报名人员。

第四章 考场规则

第二十六条 应试人员应当持本人准考证和与报名信息一致的有效身份证件原件，在每科考试开始前的指定时间进入考场，接受身份查验后在指定位置参加考试。

第二十七条 应试人员不得携带下列物品进入考场：

（一）任何书籍、期刊、笔记以及带有文字的纸张；

（二）任何具有通讯、存储、录放等功能的电子产品。

应试人员携带前款所述物品或者其他与考试无关的物品的，应当在各科考试开始前交由监考人员代为保管。

第二十八条 应试人员在考试期间应当严格遵守考场纪律，保持考场肃静，不得相互交谈、随意站立或者走动，不得查看或者窥视他人答题，不得传递任何信息，不得在考场内喧哗、吸烟、饮食或者有其他影响考场秩序的行为。

第二十九条 考试开始30分钟后，应试人员不得进入考场。考试开始60分钟后，应试人员方可交卷离场。

第三十条 应试人员入座后，不得擅自离开座位和考场。考试结束前，应试人员有特殊情况需要暂时离开考场的，应当由监考人员陪同，返回考场时应当重新接受身份查验。

应试人员因突发疾病不能继续考试的，应当立即停止考试，离开考场。

第三十一条 考试期间出现考试机故障、网络故障或者供电故障等异常情况，导致应试人员无法正常考试的，应试人员应当听从监考人员的安排。

因前款所述客观原因导致应试人员答题时间出现损失的，应试人员可以当场向监考人员提出补时要求，由监考人员依据本办法第三十九条的规定予以处理。

第三十二条 考试结束时，应试人员应当听从监考人员指令，立即停止考试，将草稿纸整理好放在桌面上，等候监考人员清点回收。监考人员宣布退场后，应试人员方可退出考场。应试人员离开考场后不得在考场附近逗留、喧哗。

第三十三条 应试人员不得抄录、复制、传播和扩散试题内容，不得将草稿纸带出考场。

第五章 监考规则

第三十四条 监考人员由国家知识产权局委托的考试服务方选派，并报国家知识产权局和考点局备案。

第三十五条 监考人员进入考场应当佩戴统一制发的监考标志。

第三十六条 考试开始前，监考人员应当完成下列工作：

（一）考试开始前 90 分钟，进入考场，检查考场管理机、考试服务器和考试机是否正常运行；

（二）考试开始前 60 分钟，到考务办公室领取考务相关表格和草稿纸；

（三）考试开始前 40 分钟，组织应试人员进入考场，核对准考证和身份证件，查验应试人员身份，要求应试人员本人在考场情况记录表中签名并拍照。对没有同时携带准考证和身份证件的应试人员，不得允许其进入考场；

（四）考试开始前 10 分钟，向应试人员宣读或者播放应试人员考场守则；

（五）考试开始前 5 分钟，提醒应试人员登录考试界面、核对考试相关信息，并向应试人员发放草稿纸，做好考试准备；

（六）考试开始时，准时点击考场管理机上的“开始考试”按钮。

第三十七条 考试期间，监考人员应当逐一核对应试人员准考证和身份证件上的照片是否与本人一致。

发现应试人员本人与证件上照片不一致的，监考人员应当在考场管理机上与报名数据库中信息进行核对。经核对确认不一致的，监考人员应当报告考站负责人，由其决定该应试人员是否能够继续参加考试，并及时做好相应处理。

第三十八条 考试期间出现考试机故障、网络故障或者供电故障等异常情况，导致应试人员无法正常考试的，监考人员应当维持考场秩序，安抚应试人员，立即请技术支持人员排除故障。重要情况应当及时向考站负责人报告。考站负责人应当做好相应处理，必要时应当逐级上报国家知识产权局，并根据国家知识产权局指令进行相应处理。

第三十九条 因考试机故障等客观原因导致个别应试人员答题时间出现损失，应当向应试人员补时，补时应当等于应试人员实际损失时间。补时不超过 10 分钟的，经监考人员批准给予补时；补时 10 分钟以上 30 分钟以下的，报经考站负责人批准，给予补时；补时超过 30 分钟的，应当逐级上报国家知识产权局，并根据国家知识产权局指令进行相应处理。

第四十条 监考人员应当恪尽职守，不得在考场内吸烟、阅读书报、闲谈、接打电话或者有其他与监考要求无关的行为。监考人员不得对试题内容作任何解释或者暗示。应试人员对试题的正确性提出质疑的，监考人员应当及时上报，并根据国家知识产权局指令进行相应处理。

第四十一条 发现应试人员违规违纪行为的，监考人员应当及时报告考站负责人并做好以下工作：

（一）要求该应试人员立即停止答题；

（二）收缴违规物品，填写违规物品暂扣和退还表；

（三）对应试人员违规违纪行为进行认定，并在违规情况报告单中记录其违规情况和交卷时间，由两名监考人员签字确认；

（四）将记录的内容告知应试人员，并要求其签字确认。应试人员拒不签字的，监考人员应当在违规情况报告单中注明；

（五）在考场情况记录表中记录该应试人员姓名、准考证号、违规违纪情形等内容；

（六）及时向考站负责人报告应试人员违规违纪情况，并将考务相关表格及违规物品等证据材料一并上交考站负责人。确认应试人员有抄袭作弊行为的，监考人员应当提交相关证明材料。

第四十二条 考试结束后，监考人员应当清点、回收草稿纸，检查所有考试机是否交卷成功，确认成功后按照要求上传本考场考试数据。

第四十三条 考试期间监考人员应当如实填写考务相关表格。应试人员退出考场后，监考人员应当将考场情况记录表、违规情况报告单、违规物品暂扣和退还表、工作程序记录表和草稿纸交考站负责人验收。

第四十四条 每科考试结束后，监考人员应当清理考场并对考场进行封闭，考场钥匙由考站指定的专人管理。

第六章 成绩公布与资格授予

第四十五条 考试成绩及考试合格分数线由考试委员会办公室公布。考试成绩公布前，任何人不得擅自泄露分数情况。

第四十六条 应试人员认为其考试成绩有明显异常的，可以自考试成绩公布之日起十五日内向考试委员会办公室提出书面复查申请，逾期提出的复查申请不予受理。考试成绩复查仅限于重新核对各题得分之和相加是否有误。应试人员不得自行查阅本人试卷。

第四十七条 考试委员会办公室应当指定两名以上工作人员共同完成复查工作。复查结果由考试委员会办公室书面通知提出复查请求的应试人员。

复查发现分数确有错误需要予以更正的，经考试委员会办公室负责人审核同意，报考试委员会主任批准后，方可更正分数。

第四十八条 国家知识产权局在考试合格分数线公布后一个月内向通过考试并经过审核的应试人员颁发专利代理师资格证。

第七章 保密与应急处理

第四十九条 未启用的考试试题为机密级国家秘密，考试试题题库为秘密级国家秘密，按照《中华人民共和国保守国家秘密法》的规定管理。

第五十条 命审题人员信息、试题命制工作方案、参考答案、评分标准、考试合格标准、应试人员的考试成绩和其他有关数据，属于工作秘密，未经国家知识产权局批准不得公开。

第五十一条 国家知识产权局组织成立考试保密工作领导小组，负责制定考试保密管理有关工作方案，指导、检查和监督考点局的考试安全保密工作，对命审题、巡考、阅卷等相关涉密人员进行保密教育和业务培训，在发生失泄密事件时会同国家知识产权局保密委员会采取有效措施进行处置。

国家知识产权局组织成立考试突发事件应急处理领导小组，指导考点局的突发事件应急处理工作，组织处理全国范围内的重大突发事件。

第五十二条 考点局应当会同同级保密工作部门成立地方考试保密工作领导小组，负责制定本行政区域内考试保密制度的具体实施方案，监督、检查保密制度的执行情况，对参与考试工作的涉密人员进行审核并向国家知识产权局备案，对相关涉密考试工作人员进行保密教育和业务培训。

考点局应当成立考试突发事件应急处理领导小组，负责制定本行政区域内的考试突发事件应急处理预案，负责突发事件的处理和上报工作。

第五十三条 考试服务方接受国家知识产权局委托，执行相应部分考务工作时应当接受国家知识产权局的监督和检查，严格遵守保密法律法规、本办法及委托合同中的具体要求，并对涉及考试的相关人员进行严格管理。

第五十四条 考试保密工作管理具体办法和考试应急处理具体预案由国家知识产权局制定。

第八章 违规违纪行为的处理

第五十五条 应试人员有下列情形之一的，由监考人员给予其口头警告，并责令其改正；经警告仍不改正的，监考人员应当报告考站负责人，由其决定责令违规违纪人员离开考场：

（一）随身携带本办法第二十七条禁止携带的物品进入考场；

（二）有本办法第二十八条禁止的行为；

（三）故意损坏考试设备；

（四）有其他违规违纪行为。

第五十六条 应试人员有下列情形之一的，监考人员应当报告考站负责人，由其决定责令违规违纪人员离开考场，并报国家知识产权局决定给予其本场考试成绩无效的处理：

（一）夹带或者查看与考试有关资料；

（二）违规使用具有通讯、存储、录放等功能的电子产品；

（三）抄袭他人答案或者同意、默许、帮助他人抄袭；

（四）以口头、书面或者肢体语言等方式传递答题信息；

（五）协助他人作弊；

（六）将考试内容带出考场；

（七）有其他较为严重的违规违纪行为。

第五十七条 应试人员有下列情形之一的，监考人员应当报告考站负责人，由其决定责令违规违纪人员离开考场，并报国家知识产权局决定给予其当年考试成绩无效的处理：

（一）与其他考场应试人员或者考场外人员串通作弊；

（二）以打架斗殴等方式严重扰乱考场秩序；

（三）以威胁、侮辱、殴打等方式妨碍考试工作人员履行职责；

（四）有其他严重的违规违纪行为。

应试人员以及其他人员有前款规定情形，构成违反治安管理行为的，移交公安机关处理；构成犯罪的，移交司法机关处理。

第五十八条 应试人员有下列情形之一的，监考人员应当报告考站负责人，由其决定责令违规违纪人员离开考场，并报国家知识产权局决定给予其当年考试成绩无效、三年不得报名参加专利代理师资格考试的处理：

（一）由他人冒名代替或者代替他人参加考试；

（二）参与有组织作弊情节严重；

（三）有其他特别严重的违规违纪行为。

应试人员以及其他人员有前款规定情形，构成违反治安管理行为的，移交公安机关处理；构成犯罪的，移交司法机关处理。

第五十九条 通过提供虚假证明材料或者以其他违法手段获得准考证并参加考试的，由国家知识产权局决定给予其当年考试成绩无效的处理。已经取得专利代理师资格证的，由国家知识产权局决定给予撤销专利代理师资格证的处理。

第六十条 考试工作人员有下列行为之一的，由国家知识产权局或者考点局决定停止其参加当年考务工作，并视情节轻重给予或者建议其所在单位给予相应处理：

（一）有应当回避考试工作的情形而未回避；

（二）发现报名人员有提供虚假证明或者证件等行为而隐瞒不报；

（三）因资料审核、考场巡检或者发放准考证等环节工作失误，致使应试人员未能如期参加考试或者使考试工作受到重大影响；

（四）擅自变更考试时间、地点或者其他考试安排；

（五）因未认真履行职责，造成所负责的考场秩序混乱；

（六）擅自将试题等与考试有关内容带出考场或者传递给他人；

（七）命题人员在保密期内从事与专利代理师考试有关的授课、答疑、辅导等活动；

（八）阅卷人员在评卷中擅自更改评分标准，或者不按评分标准进行评卷；

（九）偷换或者涂改应试人员答卷、考试成绩或者考场原始记录材料。

第六十一条 考试工作人员有下列情

形之一的，由国家知识产权局或者考点局决定停止其参加当年考务工作，并视情节轻重给予或者建议其所在单位给予相应处分；构成犯罪的，移交司法机关处理：

（一）组织或者参与组织考试作弊；

（二）纵容、包庇或者帮助应试人员作弊；

（三）丢失、泄露、窃取未启用的考试试题、参考答案和评分标准；

（四）未按规定履行职责或者有其他违规违纪行为。

第六十二条 国家知识产权局依据本办法对应试人员给予本场考试成绩无效、当年考试成绩无效、三年不得报名参加专利代理师考试、撤销专利代理师资格证的处理的，应当以书面方式作出处理决定并通知本人，按照有关规定实施失信联合惩戒。

对考试工作人员违规违纪行为进行处理的，应当以书面方式作出处理决定并通知本人，并将有关证据材料存档备查。

第六十三条 对于应试人员或者考试工作人员因违规违纪行为受到处理的有关情况，国家知识产权局或者考点局认为必要时可以通报其所在单位。

第六十四条 应试人员对处理决定不服的，可以依法申请行政复议或者提起行政诉讼。

第九章 附 则

第六十五条 本办法中的考站是指实施考试的学校或者机构，考场是指举行考试的机房，考试机是指应试人员考试用计算机，考试工作人员是指参与考试命审题、试卷制作、监考、巡考、阅卷和考试保密管理等相关工作的人员。

第六十六条 本办法施行之前国家知识产权局颁发的专利代理人资格证书继续有效。

第六十七条 本办法自2019年6月1日起施行。2008年8月25日国家知识产权局令第47号发布的《专利代理人资格考试实施办法》、第48号发布的《专利代理人资格考试考务规则》和2008年9月26日国家知识产权局令第49号发布的《专利代理人资格考试违纪行为处理办法》同时废止。

规范商标申请注册行为若干规定

（国家市场监督管理总局令第17号公告）

第一条 为了规范商标申请注册行为，规制恶意商标申请，维护商标注册管理秩序，保护社会公共利益，根据《中华人民共和国商标法》（以下简称商标法）和《中华人民共和国商标法实施条例》（以下简称商标法实施条例），制定本规定。

第二条 申请商标注册，应当遵守法律、行政法规和部门规章的规定，具有取得商标专用权的实际需要。

第三条 申请商标注册应当遵循诚实信用原则。不得有下列行为：

（一）属于商标法第四条规定的不以使用为目的的恶意申请商标注册的；

（二）属于商标法第十三条规定，复制、摹仿或者翻译他人驰名商标的；

（三）属于商标法第十五条规定，代理人、代表人未经授权申请注册被代理人或者被代表人商标的；基于合同、业务往来关系或者其他关系明知他人在先使用的商标存在而申请注册该商标的；

（四）属于商标法第三十二条规定，损害他人现有的在先权利或者以不正当手段抢先注册他人已经使用并有一定影响的商标的；

（五）以欺骗或者其他不正当手段申请商标注册的；

（六）其他违反诚实信用原则，违背公序良俗，或者有其他不良影响的。

第四条 商标代理机构应当遵循诚实信用原则。知道或者应当知道委托人申请商标注册属于下列情形之一的，不得接受其委托：

（一）属于商标法第四条规定的不以使用为目的恶意申请商标注册的；

（二）属于商标法第十五条规定的；

（三）属于商标法第三十二条规定的。

商标代理机构除对其代理服务申请商标注册外，不得申请注册其他商标，不得以不正当手段扰乱商标代理市场秩序。

第五条 对申请注册的商标，商标注册部门发现属于违反商标法第四条规定的不以使用为目的的恶意商标注册申请，应当依法驳回，不予公告。

具体审查规程由商标注册部门根据商标法和商标法实施条例另行制定。

第六条 对初步审定公告的商标，在公告期内，因违反本规定的理由被提出异议的，商标注册部门经审查认为异议理由成立，应当依法作出不予注册决定。

对申请驳回复审和不予注册复审的商标，商标注册部门经审理认为属于违反本规定情形的，应当依法作出驳回或者不予注册的决定。

第七条 对已注册的商标，因违反本规定的理由，在法定期限内被提出宣告注册商标无效申请的，商标注册部门经审理认为宣告无效理由成立，应当依法作出宣告注册商标无效的裁定。

对已注册的商标，商标注册部门发现属于违反本规定情形的，应当依据商标法第四十四条规定，宣告该注册商标无效。

第八条 商标注册部门在判断商标注册申请是否属于违反商标法第四条规定时，可以综合考虑以下因素：

（一）申请人或者与其存在关联关系的自然人、法人、其他组织申请注册商标数量、指定使用的类别、商标交易情况等；

（二）申请人所在行业、经营状况等；

（三）申请人被已生效的行政决定或者裁定、司法判决认定曾从事商标恶意注册行为、侵犯他人注册商标专用权行为的情况；

（四）申请注册的商标与他人有一定知名度的商标相同或者近似的情况；

（五）申请注册的商标与知名人物姓名、企业字号、企业名称简称或者其他商业标识等相同或者近似的情况；

（六）商标注册部门认为应当考虑的其他因素。

第九条 商标转让情况不影响商标注册部门对违反本规定第三条情形的认定。

第十条 注册商标没有正当理由连续三年不使用的，任何单位或者个人可以向商标注册部门申请撤销该注册商标。商标注册部门受理后应当通知商标注册人，限其自收到通知之日起两个月内提交该商标在撤销申请提出前使用的证据材料或者说明不使用的正当理由；期满未提供使用的证据材料或者证据材料无效并没有正当理由的，由商标注册部门撤销其注册商标。

第十一条 商标注册部门作出本规定第五条、第六条、第七条所述决定或者裁定后，予以公布。

第十二条 对违反本规定第三条恶意申请商标注册的申请人，依据商标法第六十八条第四款的规定，由申请人所在地或者违法行为发生地县级以上市场监督管理部门根据情节给予警告、罚款等行政处罚。有违法所得的，可以处违法所得三倍最高不超过三万元的罚款；没有违法所得的，可以处一万元以下的罚款。

第十三条 对违反本规定第四条的商标代理机构，依据商标法第六十八条的规定，由行为人所在地或者违法行为发生地县级以上市场监督管理部门责令限期改正，给予警告，处一万元以上十万元以下的罚款；对直接负责的主管人员和其他直接责任人员给予警告，处五千元以上五万元以下的罚款；构成犯罪的，依法追究刑事责任。情节严重的，知识产权管理部门可以决定停止受理该商标代理机构办理商标代理业务，予以公告。

第十四条 作出行政处罚决定的政府部门应当依法将处罚信息通过国家企业信用信息公示系统向社会公示。

第十五条 对违反本规定第四条的商标代理机构，由知识产权管理部门对其负责人进行整改约谈。

第十六条 知识产权管理部门、市场监督管理部门应当积极引导申请人依法申请商标注册、商标代理机构依法从事商标代理业务，规范生产经营活动中使用注册商标的行为。

知识产权管理部门应当进一步畅通商标申请渠道、优化商标注册流程，提升商标公共服务水平，为申请人直接申请注册商标提供便利化服务。

第十七条 知识产权管理部门应当健全内部监督制度，对从事商标注册工作的国家机关工作人员执行法律、行政法规和遵守纪律的情况加强监督检查。

从事商标注册工作的国家机关工作人员玩忽职守、滥用职权、徇私舞弊，违法办理商标注册事项，收受当事人财物，牟取不正当利益的，应当依法给予处分；构成犯罪的，依法追究刑事责任。

第十八条 商标代理行业组织应当完善行业自律规范，加强行业自律，对违反行业自律规范的会员实行惩戒，并及时向社会公布。

第十九条 本规定自 2019 年 12 月 1 日起施行。

关于发布《关于商标电子申请的规定》的公告

（国家知识产权局公告第三二三号）

为便利商标注册申请，规范商标电子申请行为，根据《中华人民共和国商标法》及《中华人民共和国商标法实施条例》等有关规定，国家知识产权局制定了《关于商标电子申请的规定》。现予以发布，自 2019 年 9 月 1 日起施行。

特此公告。

国家知识产权局
2019 年 8 月 27 日

关于商标电子申请的规定

第一条 为规范商标电子申请行为，根据《中华人民共和国商标法》及《中华人民共和国商标法实施条例》，制定本规定。

第二条 本规定适用于在国家知识产权局商标网上服务系统开通的各类商标电子申请业务。

第三条 本规定所称商标电子申请是指当事人将商标申请文件以符合规定的电子文件形式通过商标网上服务系统向国家知识产权局提出的商标申请。

商标文件电子送达是指国家知识产权局通过商标网上服务系统以电子文件形式向当事人送达商标文件。

第四条 当事人提交商标电子申请或者接受商标文件电子送达的，应当依照本规定与国家知识产权局签订《商标网上服务系统用户使用协议》（以下简称用户协议），通过商标网上服务系统进行用户注册，按要求填写的用户信息应当真实有效。

第五条 当事人可以自行办理商标电子申请事宜，也可以委托依法设立的商标代理机构办理。

委托商标代理机构办理的，代理机构应当与国家知识产权局签订用户协议。

未委托商标代理机构办理共同申请注册同一商标或者办理其他共有商标事宜的，由商标法实施条例第十六条所述的代表人提交商标电子申请。

第六条 提交商标电子申请文件或者材料的，应当遵守规定的文件格式、数据标准、操作规范和传输方式。

第七条 提交商标电子申请文件或者材料的日期以国家知识产权局商标网上服务系统收到商标电子申请文件或材料的时间为准，商标网上服务系统未能正常接收的，视为未提交。

第八条 提交商标电子申请文件或者材料的内容以国家知识产权局档案、数据库记录为准，但是当事人确有证据证明记录有错误的除外。

第九条 当事人提交商标电子申请后，国家知识产权局不再接受以纸件形式提交的与本次申请相关的后续材料，但是必要时，可以要求当事人在指定期限内提交对应的纸件材料、实物证据等。

第十条 国家知识产权局电子送达商标文件的日期，以文件发出之日起满15日视为送达当事人。

第十一条 对于国家知识产权局电子送达的商标文件，当事人应当及时登录国家知识产权局商标网上服务系统查看；未登录或者未查看的，不属于商标法实施条例第十条规定的无法送达的情形，不再通过公告方式送达。

第十二条 商标法及其实施条例中关于商标申请和商标文件的所有规定，除专门针对以纸件形式提交的商标申请和商标文件的规定之外，均适用于商标电子申请。

第十三条 本规定自2019年9月1日起施行。

国家知识产权局关于印发《专利申请集中审查管理办法(试行)》的通知

国知发法字〔2019〕47号

各省、自治区、直辖市、计划单列市、副省级城市、新疆生产建设兵团知识产权局(知识产权管理部门)，局机关各部门，专利局各部门，商标局，局其他直属单位、各社会团体，各有关单位：

为落实《国务院关于新形势下加快知识产权强国建设的若干意见》，建立重点优势产业专利申请的集中审查制度，制定《专利申请集中审查管理办法(试行)》，现予印发，请遵照执行。

特此通知。

国家知识产权局

2019年8月30日

专利申请集中审查管理办法(试行)

第一条 为了落实《国务院关于新形势下加快知识产权强国建设的若干意见》(国发〔2015〕71号)要求，敁持培育核心专利，加快产业专利布局，推进国家知识产权战略实施和知识产权强国建设，服务创新驱动发展战略，制定本办法。

第二条 集中审查是指为了加强对专利申请组合整体技术的理解，提高审查意见通知书的有效性，提升审查质量和审查效率，国家知识产权局依申请人或省级知识产权管理部门等提出的请求，围绕同一项关键技术的专利申请组合集中进行审查的专利审查模式。

第三条 请求进行集中审查的专利申请应当符合以下条件：

（一）实质审查请求已生效且未开始审查的发明专利申请。对于同一申请人同日对同样的发明创造既申请实用新型专利又申请发明专利的，该发明专利申请暂不纳入集中审查范围。

（二）涉及国家重点优势产业，或对国家利益、公共利益具有重大意义。

（三）同一批次内申请数量不低于50件，且实质审查请求生效时间跨度不超过一年。

（四）未享受过优先审查等其他审查政策。

第四条 提出集中审查的请求人需向国家知识产权局专利局审查业务管理部（下称“审查业务管理部”）提交集中审查请求材料，材料中应详细说明请求集中审查的具体理由，专利申请清单以及每一件专利申请与专利申请组合的对应关系，全部专利申请人的签字或盖章以及联系人和联系方式。专利申请清单同时还应当提交一份电子件。

第五条 专利申请集中审查工作由审查业务管理部和国家知识产权局专利局审查部门单位（下称“审查部门单位”）共同组织开展。

第六条 审查业务管理部负责集中审查工作的统筹与协调，主要包括以下内容：

（一）对集中审查请求进行受理、审核。

（二）综合考虑申请人需求、案源审序和所属技术领域的审查能力等因素，集中审查的启动时间一般在实审生效已满3个月后，并在案源系统中对集中审查案件进行标记。

（三）组织相关审查部门单位实施集中审查。

（四）其他需要统筹与协调的工作。

第七条 审查部门单位负责案件的集中审查，主要包括以下内容：

（一）成立集中审查工作管理小组，组织协调本部门单位的集中审查工作。

（二）组织审查质量高、经验丰富、责任心强的优秀审查员承担集中审查工作。

（三）根据需要组织开展技术说明会、会晤、调研、巡回审查等。

（四）其他与集中审查有关工作。

第八条 经审批同意进行集中审查的，专利申请人应当积极配合集中审查实施，主要包括以下内容：

（一）根据审查部门单位的要求，提供相关技术资料。

（二）积极配合审查部门单位提出的技术说明会、会晤、调研、巡回审查等。

（三）及时对集中审查开展过程中的问题、经验、效果和价值等情况进行反馈。

（四）其他需要配合的工作。

第九条 正在实施集中审查的专利申请，有下列情形之一的，审查业务管理部或审查部门单位可以终止同批次集中审查程序：

（一）申请人提交虚假材料。

（二）申请人不履行本办法第八条相关义务。

（三）在审查过程中发现存在非正常专利申请。

（四）申请人主动提出终止集中审查程序。

（五）其他应终止集中审查程序的情形。

第十条 本办法由国家知识产权局专利局审查业务管理部负责解释。

第十一条 本办法自公布之日起施行。

关于《专利审查指南》修改的公告

（国家知识产权局公告第三二八号）

为适应新技术快速发展的需要，回应创新主体对审查规则和审查模式的新诉求，提高专利审查质量和审查效率，国家知识产权局决定对《专利审查指南》作出修改。现予以发布，自 2019 年 11 月 1 日起施行。

特此公告。

国家知识产权局
2019 年 9 月 23 日

国家知识产权局关于修改《专利审查指南》的决定

国家知识产权局决定对《专利审查指南》作如下修改：

一、第一部分第一章第 5.1.1 节的修改

将《专利审查指南》第一部分第一章第 5.1.1 节第(3)项第 5 段修改为：

但是，因审查员发出分案通知书或审查意见通知书中指出分案申请存在单一性的缺陷，申请人按照审查员的审查意见再次提出分案申请的，再次提出分案申请的递交时间应当以该存在单一性缺陷的分案申请为基础审核。不符合规定的，不得以该分案申请为基础进行分案，审查员应当发出分案申请视为未提出通知书，并作结案处理。

将《专利审查指南》第一部分第一章第 5.1.1 节第(4)项修改为：

(4)分案申请的申请人和发明人

分案申请的申请人应当与提出分案申请时原申请的申请人相同。针对分案申请提出再次分案申请的申请人应当与该分案申请的申请人相同。不符合规定的，审查员应当发出分案申请视为未提出通知书。

分案申请的发明人应当是原申请的发明人或者是其中的部分成员。针对分案申请提出的再次分案申请的发明人应当是该分案申请的发明人或者是其中的部分成员。对于不符合规定的，审查员应当发出补正通知书，通知申请人补正。期满未补正的，审查员应当发出视为撤回通知书。

本节其他内容无修改。

二、第一部分第一章第 6.7.2.2 节的修改

将《专利审查指南》第一部分第一章第 6.7.2.2 节第(2)项修改为：

(2)申请人(或专利权人)因权利的转让或者赠与发生权利转移提出变更请求的，应当提交双方签字或者盖章的转让或者赠与合同。必要时还应当提交主体资格证明，例如：有当事人对专利申请权(或专利权)转让或者赠与有异议的；当事人办理专利申请权(或专利权)转移手续，多次提交的证明文件相互矛盾的；转让或者赠与协议中申请人或专利权人的签字或者盖章与案件中记载的签字或者盖章不一致的。该合同是由单位订立的，应当加盖单位公章或者合同专用章。公民订立合同的，由本人签字或者盖章。有多个申请人(或专利权人)的，应当提交全体权利人同意转让或者赠与的证明材料。

本节其他内容无修改。

三、第一部分第三章第 4 节的修改

删除《专利审查指南》第一部分第三章

第 4.2 节第 4 段和第 4.3 节第 3 段第(7)项，并增加第 4.4 节内容如下：

4.4 涉及图形用户界面的产品外观设计

涉及图形用户界面的产品外观设计是指产品设计要点包括图形用户界面的设计。

4.4.1 产品名称

包括图形用户界面的产品外观设计名称，应表明图形用户界面的主要用途和其所应用的产品，一般要有“图形用户界面”字样的关键词，动态图形用户界面的产品名称要有“动态”字样的关键词。如：“带有温控图形用户界面的冰箱”、“手机的天气预报动态图形用户界面”、“带视频点播图形用户界面的显示屏幕面板”。

不应笼统仅以“图形用户界面”名称作为产品名称，如：“软件图形用户界面”、“操作图形用户界面”。

4.4.2 外观设计图片或照片

包括图形用户界面的产品外观设计应当满足本部分第三章第 4.2 节的规定。对于设计要点仅在于图形用户界面的，应当至少提交一幅包含该图形用户界面的显示屏幕面板的正投影视图。

如果需要清楚地显示图形用户界面设计在最终产品中的大小、位置和比例关系，需要提交图形用户界面所涉及面的一幅正投影最终产品视图。

图形用户界面为动态图案的，申请人应当至少提交一个状态的图形用户界面所涉及面的正投影视图作为主视图；其余状态可仅提交图形用户界面关键帧的视图作为变化状态图，所提交的视图应能唯一确定动态图案中动画完整的变化过程。标注变化状态图时，应根据动态变化过程的先后顺序标注。

对于用于操作投影设备的图形用户界面，除提交图形用户界面的视图之外，还应当提交至少一幅清楚显示投影设备的视图。

4.4.3 简要说明

包括图形用户界面的产品外观设计应在简要说明中清楚说明图形用户界面的用途，并与产品名称中体现的用途相对应。如果仅提交了包含该图形用户界面的显示屏幕面板的正投影视图，应当穷举该图形用户界面显示屏幕面板所应用的最终产品，例如，“该显示屏幕面板用于手机、电脑”。必要时说明图形用户界面在产品中的区域、人机交互方式以及变化过程等。

本节其他内容无修改。

四、第一部分第三章第 7.4 节的修改

将《专利审查指南》第一部分第三章第 7.4 节第(11)项修改为：

(11)游戏界面以及与人机交互无关的显示装置所显示的图案，例如，电子屏幕壁纸、开关机画面、与人机交互无关的网站网页的图文排版。

本节其他内容无修改。

五、第二部分第一章第 3.1.2 节的修改

在《专利审查指南》第二部分第一章第 3.1.2 节第 2 段之后新增一段，内容如下：

但是，如果发明创造是利用未经过体内发育的受精 14 天以内的人类胚胎分离或者获取干细胞的，则不能以“违反社会公德”为理由拒绝授予专利权。

本节其他内容无修改。

六、第二部分第四章第 3.2.1.1 节的修改

将《专利审查指南》第二部分第四章第 3.2.1.1 节第(2)项第 1 段第 2 句中的“然后根据该区别特征所能达到的技术效果确定发明实际解决的技术问题”修改为“然后根据该区别特征在要求保护的发明中所能达到的技术效果确定发明实际解决的技术问题”。同时，在第(2)项第 3 段最后增加一句话，内容如下：

对于功能上彼此相互支持、存在相互作用关系的技术特征，应整体上考虑所述技术特征和它们之间的关系在要求保护的发明中所达到的技术效果。

本节其他内容无修改。

七、第二部分第七章第2节的修改

将《专利审查指南》第二部分第七章第2节修改为：

2. 审查用检索资源

2.1 专利文献资源

发明专利申请实质审查程序中应当检索专利文献，其包括：中文专利文献和外文专利文献。

审查员主要使用计算机检索系统对专利文献数据库进行检索，专利文献数据库主要包括：专利文摘数据库、专利全文数据库、专利分类数据库等。

2.2 非专利文献资源

审查员除在专利文献中进行检索外，还应当检索非专利文献。在计算机检索系统和互联网中可获取的非专利文献主要包括：国内外科技图书、期刊、学位论文、标准/协议、索引工具及手册等。

八、第二部分第七章第5.3节的修改

将《专利审查指南》第二部分第七章第5.3节第1段修改为：

通常，审查员在申请的主题所属的技术领域中进行检索，必要时应当把检索扩展到功能类似或应用类似的技术领域。所属技术领域是根据权利要求书中限定的内容来确定的，特别是根据明确指出的那些特定的功能和用途以及相应的具体实施例来确定的。审查员确定的表示发明信息的分类号，就是申请的主题所属的技术领域。功能类似或应用类似的技术领域是根据申请文件中揭示出的申请的主题所必须具备的本质功能或者用途来确定，而不是只根据申请的主题的名称，或者申请文件中明确指出的特定功能或者特定应用来确定。

本节其他内容无修改。

九、第二部分第七章第5.4.2节的修改

将《专利审查指南》第二部分第七章第5.4.2节第2段修改为：

在确定了基本检索要素之后，应该结合检索的技术领域的特点，确定这些基本检索要素中每个要素在计算机检索系统中的表达形式。

将《专利审查指南》第二部分第七章第5.4.2节第3段删除。

本节其他内容无修改。

十、第二部分第七章第6节的修改

将《专利审查指南》第二部分第七章第6.2节至6.3节修改为：

6.2 检索过程

审查员通常根据申请的特点，按照初步检索、常规检索和扩展检索的顺序进行检索，浏览检索结果并对新颖性和创造性进行判断，直到符合本章第8节所述的中止检索的条件。

6.2.1 初步检索

审查员应利用申请人、发明人、优先权等信息检索申请的同族申请、母案/分案申请、申请人或发明人提交的与申请的主题所属相同或相近技术领域的其他申请，还可以利用语义检索，以期快速找到可以对申请的主题的新颖性、创造性有影响的对比文件。

6.2.2 常规检索

常规检索是在申请的主题的所属技术领域进行的检索。

所属技术领域是申请的主题所在的主要技术领域，在这些领域中检索，找到密切相关的对比文件的可能性最大。因此，审查员首先应当在这些领域的专利文献中进行检索。

对申请的其他应检索的主题，应当在其所属和相关的技术领域采用类似的方法进行检索。

如果通过本节中的检索，发现确定的技术领域不正确，审查员应当重新确定技术领域，并在该技术领域中进行检索。

6.2.3 扩展检索

扩展检索是在功能类似或应用类似的技术领域进行的检索。例如，一件申请的独立权利要求限定了一种使用硅基液压油的液压印刷机。发明使用硅基液压油，以解决运动部件的腐蚀问题。如果在液压印刷机所属的技术领域中检索不到对比文件，应当到功能类似的技术领域，如存在运动部件腐蚀问题的一般液压系统所属的领域，或者到应用类似的技术领域，如液压系统的特定应用技术领域，进行扩展检索。

6.3 检索策略

制定检索策略通常包括选择检索系统或数据库、表达基本检索要素、构建检索式和调整检索策略。

在检索过程中，审查员可以随时根据相关文献进行针对引用文献、被引用文献、发明人、申请人的追踪检索，以便找到进一步相关的文献。

6.3.1 选择检索系统或数据库

在选择检索系统/数据库时，审查员一般需要考虑如下因素：

(1)申请的主题的所属技术领域；

(2)预期要检索文件的国别和年代；

(3)检索时拟采用的检索字段和检索系统/数据库能够提供的功能；

(4)申请人、发明人的特点。

6.3.2 表达基本检索要素

基本检索要素的表达形式主要包括：分类号、关键词等。一般地，对于体现申请的主题的基本检索要素应当优先用分类号进行表达。

在用分类号表达时，通常需要根据申请的主题的特点和分类体系的特点，选择使用合适的分类体系。当选择了某一分类体系后，首先使用最准确、最下位的分类号进行检索，但如果同时存在多个非常相关的分类号，也可以一并进行检索。

在用关键词表达时，通常首先使用最基本、最准确的关键词，再逐步从形式上、意义上、角度上三个层次完善关键词的表达。形式上应充分考虑关键词表达的各种形式，如英文的不同词性、单复数词形、常见错误拼写形式等；意义上应充分考虑关键词的各种同义词、近义词、反义词、上下位概念等；角度上应充分考虑说明书中记载的所要解决的技术问题、技术效果等。

6.3.3 构建检索式

审查员可以将同一个基本检索要素的不同表达方式构造成块，结合申请的主题的特点和检索情况，运用逻辑运算符对块进行组合构建检索式。块的组合方式包括全要素组合检索、部分要素组合检索和单要素检索。

6.3.4 调整检索策略

审查员一般需要根据检索结果以及对新颖性和创造性评价的预期方向调整检索策略。

(1)调整基本检索要素的选择

审查员需要根据掌握的现有技术和对发明的进一步理解，改变、增加或减少基本检索要素。

(2)调整检索系统/数据库

当审查员在某一检索系统/数据库中没有获得对比文件时，需要根据可以使用的检索字段和功能，以及预期对比文件的特点重新选择检索系统/数据库。

(3)调整基本检索要素的表达

审查员需要根据检索结果随时调整基本检索要素的表达，例如，调整分类号的表达时，通常首先使用最准确的下位组，再逐步调整到上位组，直至大组，甚至小类，也可以根据检索结果，或者利用分类表内部或之间的关联性发现新的适合的分类号；调整关键词的表达时，通常首先使用最基本、最准确的关键词，再逐步在形式、意义和角度三个层次调整表达。

本节其他内容无修改。

十一、第二部分第七章第 8.1 节的修改

在《专利审查指南》第二部分第七章第 8.1 节最后增加一段，内容如下：

在这一原则下，审查员在没有获得对比文件而决定中止检索时，应当至少在最低限度数据库内进行了检索。最低限度数据库一般情况下应当包括中国专利文摘类数据库、中国专利全文类数据库、外文专利文摘类数据库、英文专利全文类数据库以及中国期刊全文数据库。对于一些特定领域的申请，还应当包括该领域专用数据库（例如，化学结构数据库）。必要时可根据领域特点，调整英文全文数据库的范围，或增加其他非专利文献数据库，如标准/协议等。

本节其他内容无修改。

十二、第二部分第七章第 10 节的修改

在《专利审查指南》第二部分第七章第 10 节最后增加一段，内容如下：

需要注意的是，对于申请的全部主题是否属于上述情形，必要时审查员仍需通过恰当方式了解相关背景技术，以站位于本领域的技术人员做出判断。

本节其他内容无修改。

十三、第二部分第七章第 12 节的修改

将《专利审查指南》第二部分第七章第 12 节第 1 段修改为：

检索报告用于记载检索的结果，特别是记载构成相关现有技术的文件，以及与检索过程有关的检索记录信息。检索报告采用专利局规定的表格。审查员应当在检索报告中清楚地记载检索到最接近的现有技术的主要检索式，包括检索的数据库以及在该数据库中执行的检索表达式（包括基本检索要素表达形式和逻辑运算符），准确列出由检索获得的对比文件以及对比文件与申请主题的相关程度，并且应当按照检索报告表格的要求完整地填写其他各项。

本节其他内容无修改。

十四、第二部分第八章第 3.4 节的修改

删除《专利审查指南》第二部分第八章第 3.4 节的内容。

十五、第二部分第八章第 4.2 节的修改

将《专利审查指南》第二部分第八章第 4.2 节修改为：

审查员在开始实质审查后，首先要仔细阅读申请文件，并充分了解背景技术整体状况，力求准确地理解发明。重点在于了解发明所要解决的技术问题，理解解决所述技术问题的技术方案和该技术方案所能带来的技术效果，并且明确该技术方案的全部必要技术特征，特别是其中区别于背景技术的特征，进而明确发明相对于背景技术所作出的改进。审查员在阅读和理解发明时，可以作必要的记录，便于进一步审查。

十六、第二部分第八章第 4.10.2.2 节的修改

将《专利审查指南》第二部分第八章第 4.10.2.2 节第（4）项最后 1 段修改为：

审查员在审查意见通知书中引用的本领域的公知常识应当是确凿的，如果申请人对审查员引用的公知常识提出异议，审查员应当能够提供相应的证据予以证明或说明理由。在审查意见通知书中，审查员将权利要求中对技术问题的解决作出贡献的技术特征认定为公知常识时，通常应当提供证据予以证明。

本节其他内容无修改。

十七、第二部分第八章第 4.11.1 节的修改

将《专利审查指南》第二部分第八章第 4.11.1 节第（1）项修改为：

（1）申请人根据审查员的意见，对申请

作了修改，消除了可能导致被驳回的缺陷，使修改后的申请有可能被授予专利权的，如果申请仍存在某些缺陷，则审查员应当再次通知申请人消除这些缺陷，必要时，还可以通过与申请人会晤、电话讨论及其他方式(参见本章第 4.12 和第 4.13 节)加速审查。但是，除审查员对明显错误进行依职权修改(参见本章第 5.2.4.2 和第 6.2.2 节)的情况外，不论采用什么方式提出修改意见，都必须以申请人正式提交的书面修改文件为依据。

本节其他内容无修改。

十八、第二部分第八章第 4.12 节的修改

将《专利审查指南》第二部分第八章第 4.12 节第 1 段修改为：

在实质审查过程中，审查员可以约请申请人会晤，以加快审查程序。申请人亦可以要求会晤，此时，只要通过会晤能达到有益的目的，有利于澄清问题、消除分歧、促进理解，审查员就应当同意申请人提出的会晤要求。某些情况下，审查员可以拒绝会晤要求，例如，通过书面方式、电话讨论等，双方意见已经表达充分、相关事实认定清楚的。

将《专利审查指南》第二部分第八章第 4.12.1 节的标题由“举行会晤的启动条件”修改为“会晤的启动”，并删除该节中的以下内容：

举行会晤的条件是：

(1)审查员已发出第一次审查意见通知书；并且

(2)申请人在答复审查意见通知书的同时或者之后提出了会晤要求，或者审查员根据案情的需要向申请人发出了约请。

本节其他内容无修改。

十九、第二部分第八章第 4.13 节的修改

将《专利审查指南》第二部分第八章第 4.13 节修改为：

4.13　电话讨论及其他方式

在实质审查过程中，审查员与申请人可以就发明和现有技术的理解、申请文件中存在的问题等进行电话讨论，也可以通过视频会议、电子邮件等其他方式与申请人进行讨论。必要时，审查员应当记录讨论的内容，并将其存入申请案卷。

对于讨论中审查员同意的修改内容，属于本章第 5.2.4.2 节和第 6.2.2 节所述的情况的，审查员可以对这些明显错误依职权进行修改。除审查员可依职权修改的内容以外，对审查员同意的修改内容均需要申请人正式提交经过该修改的书面文件，审查员应当根据该书面修改文件作出审查结论。

二十、第二部分第十章第 9.1.1 节的修改

删除《专利审查指南》第二部分第十章第 9.1.1.1 节。

将第 9.1.1.2 节修改第 9.1.1.1 节，并在段尾增加一句话，内容如下：

人类胚胎干细胞不属于处于各个形成和发育阶段的人体。

将第 9.1.1.3 节修改为第 9.1.1.2 节。

本节其他内容无修改。

二十一、第四部分第三章第 3.3 节的修改

将《专利审查指南》第四部分第三章第 3.3 节第(5)项中的第 4 句话“如果是结合对比，存在两种或者两种以上结合方式的，应当指明具体结合方式。”修改为“如果是结合对比，存在两种或者两种以上结合方式的，应当首先将最主要的结合方式进行比较分析。未明确最主要结合方式的，则默认第一组对比文件的结合方式为最主要结合方式。”

本节其他内容无修改。

二十二、第五部分第二章第7节的修改

将《专利审查指南》第五部分第二章第7节第1段中“可以在汇款当日通过传真或者电子邮件的方式补充。补充完整缴费信息的，以汇款日为缴费日。”修改为“应当在汇款当日通过专利局规定的方式及要求补充。”并删除第2段内容。

本节其他内容无修改。

二十三、第五部分第七章的修改

将《专利审查指南》第五部分第七章标题“期限、权利的恢复、中止”修改为“期限、权利的恢复、中止、审查的顺序”。

在《专利审查指南》第五部分第七章中增加第8节，内容如下：

8. 审查的顺序

8.1 一般原则

对于发明、实用新型和外观设计专利申请，一般应当按照申请提交的先后顺序启动初步审查；对于发明专利申请，在符合启动实审程序的其他条件前提下，一般应当按照提交实质审查请求书并缴纳实质审查费的先后顺序启动实质审查；另有规定的除外。

8.2 优先审查

对涉及国家、地方政府重点发展或鼓励的产业，对国家利益或者公共利益具有重大意义的申请，或者在市场活动中具有一定需求的申请等，由申请人提出请求，经批准后，可以优先审查，并在随后的审查过程中予以优先处理。按照规定由其他相关主体提出优先审查请求的，依照规定处理。适用优先审查的具体情形由《专利优先审查管理办法》规定。

但是，同一申请人同日（仅指申请日）对同样的发明创造既申请实用新型又申请发明的，对于其中的发明专利申请一般不予优先审查。

8.3 延迟审查

申请人可以对发明和外观设计专利申请提出延迟审查请求。发明专利延迟审查请求，应当由申请人在提出实质审查请求的同时提出，但发明专利申请延迟审查请求自实质审查请求生效之日起生效；外观设计延迟审查请求，应当由申请人在提交外观设计申请的同时提出。延迟期限为自提出延迟审查请求生效之日起1年、2年或3年。延迟期限届满后，该申请将按顺序待审。必要时，专利局可以自行启动审查程序并通知申请人，申请人请求的延迟审查期限终止。

8.4 专利局自行启动

对于专利局自行启动实质审查的专利申请，可以优先处理。

本章其他内容无修改。

本决定自2019年11月1日起施行。

关于修改《专利审查指南》的公告

（国家知识产权局公告第三四三号）

为全面贯彻党中央、国务院关于加强知识产权保护的决策部署，回应创新主体对进一步明确涉及人工智能等新业态新领域专利申请审查规则的需求，决定对《专利审查指南》作出修改，现予发布，自2020年2月1日起施行。

特此公告。

国家知识产权局

2019年12月31日

国家知识产权局关于修改《专利审查指南》的决定

国家知识产权局决定对《专利审查指南》作出修改。

在《专利审查指南》第二部分第九章增加第6节，内容如下：

6. 包含算法特征或商业规则和方法特征的发明专利申请审查相关规定

涉及人工智能、“互联网＋”、大数据以及区块链等的发明专利申请，一般包含算法或商业规则和方法等智力活动的规则和方法特征，本节旨在根据专利法及其实施细则，对这类申请的审查特殊性作出规定。

6.1 审查基准

审查应当针对要求保护的解决方案，即权利要求所限定的解决方案进行。在审查中，不应当简单割裂技术特征与算法特征或商业规则和方法特征等，而应将权利要求记载的所有内容作为一个整体，对其中涉及的技术手段、解决的技术问题和获得的技术效果进行分析。

6.1.1 根据专利法第二十五条第一款第(二)项的审查

如果权利要求涉及抽象的算法或者单纯的商业规则和方法，且不包含任何技术特征，则这项权利要求属于专利法第二十五条第一款第(二)项规定的智力活动的规则和方法，不应当被授予专利权。例如，一种基于抽象算法且不包含任何技术特征的数学模型建立方法，属于专利法第二十五条第一款第(二)项规定的不应当被授予专利权的情形。再如，一种根据用户的消费额度进行返利的方法，该方法中包含的特征全部是与返利规则相关的商业规则和方法特征，不包含任何技术特征，属于专利法第二十五条第一款第(二)项规定的不应当被授予专利权的情形。

如果权利要求中除了算法特征或商业规则和方法特征，还包含技术特征，该权利要求就整体而言并不是一种智力活动的规则和方法，则不应当依据专利法第二十五条第一款第(二)项排除其获得专利权的可能性。

6.1.2 根据专利法第二条第二款的审查

如果要求保护的权利要求作为一个整体不属于专利法第二十五条第一款第(二)项排除获得专利权的情形，则需要就其是否属于专利法第二条第二款所述的技术方案进行审查。

对一项包含算法特征或商业规则和方法特征的权利要求是否属于技术方案进行审查时，需要整体考虑权利要求中记载的全部特征。如果该项权利要求记载了对要解决的技术问题采用了利用自然规律的技术手段，并且由此获得符合自然规律的技术效果，则该权利要求限定的解决方案属于专利法第二条第二款所述的技术方案。例如，如果权利要求中涉及算法的各个步骤体现出与所要解决的技术问题密切相关，如算法处理的数据是技术领域中具有确切技术含义的数据，算法的执行能直接体现出利用自然规律解决某一技术问题的过程，并且获得了技术效果，则通常该权利要求限定的解决方案属于专利法第二条第二款所述的技术方案。

6.1.3 新颖性和创造性的审查

对包含算法特征或商业规则和方法特征的发明专利申请进行新颖性审查时，应当考虑权利要求记载的全部特征，所述全部特征既包括技术特征，也包括算法特征或商业规则和方法特征。

对既包含技术特征又包含算法特征或商业规则和方法特征的发明专利申请进行创造性审查时，应将与技术特征功能上彼此相互支持、存在相互作用关系的算法特征或商业规则和方法特征与所述技术特征作为一个整体考虑。“功能上彼此相互支持、存在相互作用关系”是指算法特征或商业规则和方法特征与技术特征紧密结合、共同构成了解决某一技术问题的技术手段，并且能够获得相应的技术效果。

例如，如果权利要求中的算法应用于具体的技术领域，可以解决具体技术问题，那么可以认为该算法特征与技术特征功能上彼此相互支持、存在相互作用关系，该算法特征成为所采取的技术手段的组成部分，在进行创造性审查时，应当考虑所述的算法特征对技术方案作出的贡献。

再如，如果权利要求中的商业规则和方法特征的实施需要技术手段的调整或改进，那么可以认为该商业规则和方法特征与技术特征功能上彼此相互支持、存在相互作用关系，在进行创造性审查时，应当考虑所述的商业规则和方法特征对技术方案作出的贡献。

6.2 审查示例

以下，根据上述审查基准，给出包含算法特征或商业规则和方法特征的发明专利申请的审查示例。

(1)属于专利法第二十五条第一款第(二)项范围之内的包含算法特征或商业规则和方法特征的发明专利申请，不属于专利保护的客体。

【例1】

一种建立数学模型的方法

申请内容概述

发明专利申请的解决方案是一种建立数学模型的方法，通过增加训练样本数量，提高建模的准确性。该建模方法将与第一分类任务相关的其它分类任务的训练样本也作为第一分类任务数学模型的训练样本，从而增加训练样本数量，并利用训练样本的特征值、提取特征值、标签值等对相关数学模型进行训练，并最终得到第一分类任务的数学模型，克服了由于训练样本少导致过拟合而建模准确性较差的缺陷。

申请的权利要求

一种建立数学模型的方法，其特征在于，包括以下步骤：

根据第一分类任务的训练样本中的特征值和至少一个第二分类任务的训练样本中的特征值，对初始特征提取模型进行训练，得到目标特征提取模型；其中，所述第二分类任务是与所述第一分类任务相关的其它分类任务；

根据所述目标特征提取模型，分别对所述第一分类任务的每个训练样本中的特征值进行处理，得到所述每个训练样本对应的提取特征值；

将所述每个训练样本对应的提取特征值和标签值组成提取训练样本，对初始分类模型进行训练，得到目标分类模型；

将所述目标分类模型和所述目标特征提取模型组成所述第一分类任务的数学模型。

分析及结论

该解决方案不涉及任何具体的应用领域，其中处理的训练样本的特征值、提取特征值、标签值、目标分类模型以及目标特征提取模型都是抽象的通用数据，利用训练样本的相关数据对数学模型进行训练等处理过程是一系列抽象的数学方法步骤，最后得到的结果也是抽象的通用分类数学模型。该方案是一种抽象的模型建立方法，其处理对象、过程和结果都不涉及与具体应用领域的结合，属于对抽象数学方法的优化，且整个方案并不包括任何技术特征，该发明专利申请的解决方案属于专利法第二十五条第一款第(二)项规定的智力活动的规则和方法，不属于专利保护客体。

(2)为了解决技术问题而利用技术手段并获得技术效果的包含算法特征或商业规则和方法特征的发明专利申请，属于专利法第二条第二款规定的技术方案，因而属于专利保护的客体。

【例2】

一种卷积神经网络模型的训练方法

申请内容概述

发明专利申请的解决方案是，在各级卷积层上对训练图像进行卷积操作和最大池化操作后，进一步对最大池化操作后得到的特征图像进行水平池化操作，使训练好的 CNN 模型在识别图像类别时能够识别任意尺寸的待识别图像。

申请的权利要求

一种卷积神经网络 CNN 模型的训练方法，其特征在于，所述方法包括：

获取待训练 CNN 模型的初始模型参数，所述初始模型参数包括各级卷积层的初始卷积核、所述各级卷积层的初始偏置矩阵、全连接层的初始权重矩阵和所述全连接层的初始偏置向量；

获取多个训练图像；

在所述各级卷积层上，使用所述各级卷积层上的初始卷积核和初始偏置矩阵，对每个训练图像分别进行卷积操作和最大池化操作，得到每个训练图像在所述各级卷积层上的第一特征图像；

对每个训练图像在至少一级卷积层上的第一特征图像进行水平池化操作，得到每个训练图像在各级卷积层上的第二特征图像；

根据每个训练图像在各级卷积层上的第二特征图像确定每个训练图像的特征向量；

根据所述初始权重矩阵和初始偏置向量对每个特征向量进行处理，得到每个训练图像的类别概率向量；

根据所述每个训练图像的类别概率向量及每个训练图像的初始类别，计算类别误差；

基于所述类别误差，对所述待训练 CNN 模型的模型参数进行调整；

基于调整后的模型参数和所述多个训练图像，继续进行模型参数调整的过程，直至迭代次数达到预设次数；

将迭代次数达到预设次数时所得到的模型参数作为训练好的 CNN 模型的模型参数。

分析及结论

该解决方案是一种卷积神经网络 CNN 模型的训练方法，其中明确了模型训练方法的各步骤中处理的数据均为图像数据以及各步骤如何处理图像数据，体现出神经网络训练算法与图像信息处理密切相关。该解决方案所解决的是如何克服 CNN 模型仅能识别具有固定尺寸的图像的技术问题，采用了在不同卷积层上对图像进行不同处理并训练的手段，利用的是遵循自然规律的技术手段，获得了训练好的 CNN 模型能够识别任意尺寸待识别图像的技术效果。因此，该发明专利申请的解决方案属于专利法第二条第二款规定的技术方案，属于专利保护客体。

【例 3】

一种共享单车的使用方法

申请内容概述

发明专利申请提出一种共享单车的使用方法，通过获取用户终端设备的位置信息和对应一定距离范围内的共享单车的状态信息，使用户可以根据共享单车的状态信息准确地找到可以骑行的共享单车进行骑行，并通过提示引导用户进行停车，该方法方便了共享单车的使用和管理，节约了用户的时间，提升了用户体验。

申请的权利要求

一种共享单车的使用方法，其特征在于，包括以下步骤：

步骤一，用户通过终端设备向服务器发送共享单车的使用请求；

步骤二，服务器获取用户的第一位置信息，查找与所述第一位置信息对应一定距离范围内的共享单车的第二位置信息，以及这些共享单车的状态信息，将所述共享单车的第二位置信息和状态信息发送到终端设备，其中第一位置信息和第二位置信息是通过 GPS 信号获取的；

步骤三，用户根据终端设备上显示的共享单车的位置信息，找到可以骑行的目标共享单车；

步骤四，用户通过终端设备扫描目标共享单车车身上的二维码，通过服务器认证后，获得目标共享单车的使用权限；

步骤五，服务器根据骑行情况，向用户推送停车提示，若用户将车停放在指定区域，则采用优惠资费进行计费，否则采用标准资费进行计费；

步骤六，用户根据所述提示进行选择，骑行结束后，用户进行共享单车的锁车动作，共享单车检测到锁车状态后向服务器发送骑行完毕信号。

分析及结论

该解决方案涉及一种共享单车的使用方法，所要解决的是如何准确找到可骑行共享单车位置并开启共享单车的技术问题，该方案通过执行终端设备和服务器上的计算机程序实现了对用户使用共享单车行为的控制和引导，反映的是对位置信息、认证等数据进行采集和计算的控制，利用的是遵循自然规律的技术手段，实现了准确找到可骑行共享单车位置并开启共享单车等技术效果。因此，该发明专利申请的解决方案属于专利法第二条第二款规定的技术方案，属于专利保护的客体。

【例 4】

一种区块链节点间通信方法及装置

申请内容概述

发明专利申请提出一种区块链节点通信方法和装置，区块链中的业务节点在建立通信连接之前，可以根据通信请求中携带的 CA 证书以及预先配置的 CA 信任列表，确定是否建立通信连接，从而减少了业务节点泄露隐私数据的可能性，提高了区块链中存储数据的安全性。

申请的权利要求

一种区块链节点通信方法，区块链网络中的区块链节点包括业务节点，其中，所述业务节点存储证书授权中心 CA 发送的证书，并预先配置有 CA 信任列表，所述方法包括：

第一区块链节点接收第二区块链节点发送的通信请求，其中，所述通信请求中携带有第二区块链节点的第二证书；

确定所述第二证书对应的 CA 标识；

判断确定出的所述第二证书对应的 CA 标识，是否存在于所述 CA 信任列表中；

若是，则与所述第二区块链节点建立通信连接；

若否，则不与所述第二区块链节点建立通信连接。

分析及结论

本申请要解决的问题是联盟链网络中如何防止区块链业务节点泄露用户隐私数据的问题，属于提高区块链数据安全性的技术问题，通过在通信请求中携带 CA 证书并预先配置 CA 信任列表的方式确定是否建立连接，限制了业务节点可建立连接的对象，利用的是遵循自然规律的技术手段，获得了业务节点间安全通信和减少业务节点泄露隐私数据可能性的技术效果。因此，该发明专利申请的解决方案属于专利法第二条第二款规定的技术方案，属于专利保护的客体。

(3)未解决技术问题，或者未利用技术手段，或者未获得技术效果的包含算法特征或商业规则和方法特征的发明专利申请，不属于专利法第二条第二款规定的技术方案，因而不属于专利保护的客体。

【例 5】

一种消费返利的方法

申请内容概述发明专利申请提出一种消费返利的方法，通过计算机执行设定的返利规则给予消费的用户现金券，从而提高了用户的消费意愿，为商家获得了更多的利润。

申请的权利要求

一种消费返利的方法，其特征在于，包括以下步骤：

用户在商家进行消费时，商家根据消费的金额返回一定的现金券，具体地，

商家采用计算机对用户的消费金额进行计算，将用户的消费金额 R 划分为 M 个区间，其中，M 为整数，区间 1 到区间 M 的

数值由小到大，将返回现金券的额度F也分为M个值，M个数值也由小到大进行排列；

根据计算机的计算值，判断当用户本次消费金额位于区间1时，返利额度为第1个值，当用户本次消费金额位于区间2时，返利额度为第2个值，依次类推，将相应区间的返利额度返回给用户。

分析及结论

该解决方案涉及一种消费返利的方法，该方法是由计算机执行的，其处理对象是用户的消费数据，所要解决的是如何促进用户消费的问题，不构成技术问题，所采用的手段是通过计算机执行人为设定的返利规则，但对计算机的限定只是按照指定的规则根据用户消费金额确定返利额度，不受自然规律的约束，因而未利用技术手段，该方案获得的效果仅仅是促进用户消费，不是符合自然规律的技术效果。因此，该发明专利申请不属于专利法第二条第二款规定的技术方案，不属于专利保护的客体。

【例6】

一种基于用电特征的经济景气指数分析方法

申请内容概述

发明专利申请通过统计各项经济指标和用电指标，来评估待检测地区的经济景气指数。

申请的权利要求

一种基于地区用电特征的经济景气指数分析方法，其特征在于，包括以下步骤：

根据待检测地区的经济数据和用电数据，选定待检测地区的经济景气指数的初步指标，其中，所述初步指标包括经济指标和用电指标；

通过计算机执行聚类分析方法和时差相关分析法，确定所述待检测地区的经济景气指标体系，包括先行指标、一致指标和滞后指标；

根据所述待检测地区的经济景气指标体系，采用合成指数计算方法，获取所述待检测地区的经济景气指数。

分析及结论

该解决方案是一种经济景气指数的分析和计算方法，该方法是由计算机执行的，其处理对象是各种经济指标、用电指标，解决的问题是对经济走势进行判断，不构成技术问题，所采用的手段是根据经济数据和用电数据对经济情况进行分析，仅是依照经济学规律采用经济管理手段，不受自然规律的约束，因而未利用技术手段，该方案最终可以获得用于评估经济的经济景气指数，不是符合自然规律的技术效果，因此该解决方案不属于专利法第二条第二款规定的技术方案，不属于专利保护的客体。

(4)在进行创造性审查时，应当考虑与技术特征在功能上彼此相互支持、存在相互作用关系的算法特征或商业规则和方法特征对技术方案作出的贡献。

【例7】

一种基于多传感器信息仿人机器人跌倒状态检测方法

申请内容概述

现有对仿人机器人步行时跌倒状态的判定主要利用姿态信息或ZMP点位置信息，但这样判断是不全面的。发明专利申请提出了基于多传感器检测仿人机器人跌倒状态的方法，通过实时融合机器人步态阶段信息、姿态信息和ZMP点位置信息，并利用模糊决策系统，判定机器人当前的稳定性和可控性，为机器人下一步动作提供参考。

申请的权利要求

一种基于多传感器信息仿人机器人跌倒状态检测方法，其特征在于包含如下步骤：

(1)通过对姿态传感器信息、零力矩点ZMP传感器信息和机器人步行阶段信息进行融合，建立分层结构的传感器信息融合模型；

(2)分别利用前后模糊决策系统和左右模糊决策系统来判定机器人在前后方向和左右方向的稳定性，具体步骤如下：

①根据机器人支撑脚和地面之间的接触情况与离线步态规划确定机器人步行阶段；

②利用模糊推理算法对 ZMP 点位置信息进行模糊化；

③利用模糊推理算法对机器人的俯仰角或滚动角进行模糊化；

④确定输出隶属函数；

⑤根据步骤①～步骤④确定模糊推理规则；

⑥去模糊化。

分析及结论

对比文件 1 公开了仿人机器人的步态规划与基于传感器信息的反馈控制，并根据相关融合信息对机器人稳定性进行判断，其中包括根据多个传感器信息进行仿人机器人稳定状态评价，即对比文件 1 公开了发明专利申请的解决方案中的步骤(1)，该解决方案与对比文件 1 的区别在于采用步骤(2)的具体算法的模糊决策方法。

基于申请文件可知，该解决方案有效地提高了机器人的稳定状态以及对其可能跌倒方向判读的可靠性和准确率。姿态信息、ZMP 点位置信息以及步行阶段信息作为输入参数，通过模糊算法输出判定仿人机器人稳定状态的信息，为进一步发出准确的姿势调整指令提供依据。因此，上述算法特征与技术特征在功能上彼此相互支持、存在相互作用关系，相对于对比文件 1，确定发明实际解决的技术问题为：如何判断机器人稳定状态以及准确预测其可能的跌倒方向。上述模糊决策的实现算法及将其应用于机器人稳定状态的判断均未被其它对比文件公开，也不属于本领域公知常识，现有技术整体上并不存在使本领域技术人员改进对比文件 1 以获得要求保护发明的启示，要求保护的发明技术方案相对于最接近的现有技术是非显而易见的，具备创造性。

【例 8】

基于合作协进化和多种群遗传算法的多机器人路径规划系统

申请内容概述

现有的多移动机器人运动规划控制结构通常采用集中式规划方法，该方法将多机器人系统视为一个具有多个自由度的复杂机器人，由系统中的一个规划器来统一完成对所有机器人的运动规划，其缺点在于计算时间较长，实用性不佳。发明专利申请提供了一种基于协作进化和多种群遗传算法的多机器人路径规划系统。机器人的每一条路径都采用一个染色体表示，将最短距离、平滑度、安全距离作为设计路径适应度函数的三个目标，通过 Messy 遗传算法对每个机器人的路径进行优化得到最佳路径。

申请的权利要求

一种基于合作协进化和多种群遗传算法的多机器人路径规划系统，其特征在于：

(1)机器人的一条路径采用一个染色体表示，染色体就表示成节点的链表形式，即[(x,y),time]，(x,y,time∈R)，(x,y)表示机器人的位置坐标，time 表示从前一个节点移动本节点需要的时间消耗，开始节点的 time 等于 0，每个机器人个体的染色体除了初始节点的初始位置，结束节点的目标位置固定以外，中间节点和节点个数都是可变的；

(2)每个机器人 Robot(i)的路径 path(j)的适应度函数表示成 φ(pi,j)：

$$||pi,j|| = Distance(pi,j) + ws \times smooth(pi,j) + wt \times Time(pi,j)$$

其中||pi,j||是距离、平滑度和时间消耗的线性组合，ws 是平滑加权因子，wt 是时间加权因子；Distance(pi,j)表示路径长度，smooth(pi,j)表示路径的平滑度，Time(pi,j)是路径 pi,j 的时间消耗；每个机器人采用所述适应度函数，通过 Messy 遗传算法优化得到最优路径。

分析及结论

对比文件 1 公开了一种基于合作协进化的多机器人路径规划方法，其中采用适应度函数，通过混沌遗传算法来获得最优路径。发明专利申请的解决方案与对比文件1的区别在于通过Messy遗传算法来实现多机器人路径规划。

在该解决方案中，采用Messy遗传算法优化后得到机器人的前进路径，该解决方案的算法特征与技术特征在功能上相互支持、存在相互作用关系，实现了对机器人前进路径的优化。相对于对比文件1，确定发明实际解决的技术问题为：如何基于特定的算法使机器人以最优路径前进。对比文件2已经公开了包括所述混沌遗传算法在内的多种遗传算法都可被用来进行路径优化，同时采用Messy遗传算法可以解决其他算法的弊端，从而获得更合理的优化结果。基于对比文件2给出的启示，本领域技术人员有动机将对比文件1与对比文件2结合得到发明专利申请的技术方案。因此，要求保护的发明技术方案相对于对比文件1和对比文件2的结合是显而易见的，不具备创造性。

【例9】

一种物流配送方法

申请内容概述

在货物配送过程中，如何有效提高货物配送效率以及降低配送成本，是发明专利申请所要解决的问题。在物流人员到达配送地点后，可以通过服务器向订货用户终端推送消息的形式同时通知特定配送区域的多个订货用户进行提货，达到了提高货物配送效率以及降低配送成本的目的。

申请的权利要求

一种物流配送方法，其通过批量通知用户取件的方式来提高物流配送效率，该方法包括：

当派件员需要通知用户取件时，派件员通过手持的物流终端向服务器发送货物已到达的通知；

服务器批量通知派件员派送范围内的所有订货用户；

接收到通知的订货用户根据通知信息完成取件；

其中，服务器进行批量通知具体实现方式为，服务器根据物流终端发送的到货通知中所携带的派件员ID、物流终端当前位置以及对应的配送范围，确定该派件员ID所对应的、以所述物流终端的当前位置为中心的配送距离范围内的所有目标订单信息，然后将通知信息推送给所有目标订单信息中的订货用户账号所对应的订货用户终端。

分析及结论

对比文件1公开了一种物流配送方法，其由物流终端对配送单上的条码进行扫描，并将扫描信息发送给服务器以通知服务器货物已经到达；服务器获取扫描信息中的订货用户信息，并向该订货用户发出通知；接收到通知的订货用户根据通知信息完成取件。

发明专利申请的解决方案与对比文件1的区别在于批量通知用户订货到达，为实现批量通知，方案中服务器、物流终端和用户终端之间的数据架构和数据通信方式均做出了相应调整，取件通知规则和具体的批量通知实现方式在功能上彼此相互支持、存在相互作用关系。相对于对比文件1，确定发明实际解决的技术问题是如何提高订单到达通知效率进而提高货物配送效率。从用户角度来看，用户可以更快地获知订货到达情况的信息，也提高了用户体验。由于现有技术并不存在对上述对比文件1做出改进从而获得发明专利申请的解决方案的技术启示，该解决方案具备创造性。

【例10】

一种动态观点演变的可视化方法

申请内容概述

近年来人们越来越多地通过社交平台发表他们的意见和想法，人们在社交平台上发表的带有情感的内容反映了人们观点的演变，并可以由此看出事件的发展、变化和趋势。发明专利申请通过自动采集社交平台人们发表的信息并对其中的情感进行分析，通过计算机绘制情感可视化图来帮助人们更好地理解情感在不同时间的强度变化和随时间而演变的趋势。

申请的权利要求

一种动态观点演变的可视化方法，所述方法包括：

步骤一，由计算设备确定所采集的信息集合中信息的情感隶属度和情感分类，所述信息的情感隶属度表示该信息以多大概率属于某一情感分类；

步骤二，所述情感分类为积极、中立或消极，具体分类方法为：如果点赞的数目 p 除以点踩的数目 q 的值 r 大于阈值 a，那么认为该情感分类为积极，如果值 r 小于阈值 b，那么认为该情感分类为消极，如果值 $b \leqslant r \leqslant a$，那么情感分类为中立，其中 $a > b$；

步骤三，基于所述信息的情感分类，自动建立所述信息集合的情感可视化图形的几何布局，以横轴表示信息产生的时间，以纵轴表示属于各情感分类的信息的数量；

步骤四，所述计算设备基于所述信息的情感隶属度对所建立的几何布局进行着色，按照信息颜色的渐变顺序为各情感分类层上的信息着色。

分析及结论

对比文件 1 公开了一种基于情感的可视化分析方法，其中时间被表示为一条水平轴，每条色带在不同时间的宽度代表一种情感在该时间的度量，用不同的色带代表不同的情感。

发明专利申请的解决方案与对比文件 1 的区别在于步骤二中设定的情感的具体分类规则。从申请内容中可以看出，即使情感分类规则不同，对相应数据进行着色处理的技术手段也可以是相同的，不必作出改变，即上述情感分类规则与具体的可视化手段并非功能上彼此相互支持、存在相互作用关系。与对比文件 1 相比，发明专利申请只是提出了一种新的情感分类的规则，没有实际解决任何技术问题，也没有针对现有技术作出技术贡献。因此，要求保护的发明技术方案相对于对比文件 1 不具备创造性。

6.3 说明书及权利要求书的撰写

6.3.1 说明书的撰写

包含算法特征或商业规则和方法特征的发明专利申请的说明书应当清楚、完整地描述发明为解决其技术问题所采用的解决方案。所述解决方案在包含技术特征的基础上，可以进一步包含与技术特征功能上彼此相互支持、存在相互作用关系的算法特征或商业规则和方法特征。

说明书中应当写明技术特征和与其功能上彼此相互支持、存在相互作用关系的算法特征或商业规则和方法特征如何共同作用并且产生有益效果。例如，包含算法特征时，应当将抽象的算法与具体的技术领域结合，至少一个输入参数及其相关输出结果的定义应当与技术领域中的具体数据对应关联起来；包含商业规则和方法特征时，应当对解决技术问题的整个过程进行详细描述和说明，使得所属技术领域的技术人员按照说明书记载的内容，能够实现该发明的解决方案。

说明书应当清楚、客观地写明发明与现有技术相比所具有的有益效果，例如质量、精度或效率的提高，系统内部性能的改善等。如果从用户的角度而言，客观上提升了用户体验，也可以在说明书中进行说明，此时，应当同时说明这种用户体验的提升是如何由构成发明的技术特征，以及与其功能上彼此相互支持、存在相互作用关系的算法特征或商业规则和方法特征共同带来或者产生的。

6.3.2 权利要求书的撰写

包含算法特征或商业规则和方法特征的发明专利申请的权利要求应当以说明书为依据，清楚、简要地限定要求专利保护的范围。权利要求应当记载技术特征以及与技术特征功能上彼此相互支持、存在相互作用关系的算法特征或商业规则和方法特征。

本章其他内容无修改。

本决定自 2020 年 2 月 1 日起施行。

国家版权局印发《关于依法加强对境外著作权认证机构常驻中国代表机构管理的意见》的通知

国版发[2019]3号

各省、自治区、直辖市版权局：

现将《关于依法加强对境外著作权认证机构常驻中国代表机构管理的意见》印发给你们，请认真贯彻执行。

国家版权局

2019年10月17日

关于依法加强对境外著作权认证机构常驻中国代表机构管理的意见

为加强对境外著作权认证机构及其常驻中国代表机构业务活动的管理，根据《中华人民共和国著作权法》和《中华人民共和国境外非政府组织境内活动管理法》的相关规定，提出如下意见：

一、根据《中华人民共和国境外非政府组织境内活动管理法》和《境外非政府组织在中国境内活动领域和项目目录、业务主管单位名录》（公安部公布），国家版权局是境外著作权认证机构常驻中国代表机构的业务主管单位，国务院公安部门和省级人民政府公安机关是境外著作权认证机构常驻中国代表机构的登记管理机关。

二、国家版权局负责对境外著作权认证机构设立常驻中国代表机构、变更登记事项、年度工作报告提出意见，指导、监督境外著作权认证机构及其常驻中国代表机构依法开展活动，协助公安机关等部门查处境外著作权认证机构及其常驻中国代表机构的违法行为。

三、境外著作权认证机构及其常驻中国代表机构应当严格遵守中国法律法规和国家政策，按照《中华人民共和国境外非政府组织境内活动管理法》的规定和登记管理机关确定的业务范围、活动地域开展著作权领域的相关活动。

四、境外著作权认证机构在中国境内设立代表机构，应当按照《中华人民共和国境外非政府组织境内活动管理法》和《境外非政府组织代表机构登记和临时活动备案办事指南》（公安部发布）的要求，向国家版权局提交相关申请文件和材料，经审核同意后，向拟设立代表机构所在地的省级人民政府公安机关申请登记。

五、境外著作权认证机构常驻中国代表机构变更登记事项，应当按照《中华人民共和国境外非政府组织境内活动管理法》和《境外非政府组织代表机构登记和临时活动备案办事指南》（公安部发布）的要求，向国家版权局提交相关申请材料，经审核同意后，向代表机构所在地的省级人民政府公安机关申请变更登记。

六、境外著作权认证机构常驻中国代表机构因故注销登记的，应当按照《中华人民共和国境外非政府组织境内活动管理法》和《境外非政府组织代表机构登记和临时活动备案办事指南》（公安部发布）的要求，在向代表机构所在地的省级人民政府公安机关申请注销登记前十日内，报国家版权局备案。

七、境外著作权认证机构常驻中国代表机构应当于每年12月31日前，将下一年度境外非政府组织代表机构年度活动计划备案表（一式两份）报送国家版权局，经审核同意后，于十日内报送相应的登记管理机关备案。

八、境外著作权认证机构常驻中国代表机构在年度活动计划外，新增在中国境内单独举办或与中央和国家机关有关部门及地方版权局联合举办培训班、研讨会等活动，应当提前三十日向国家版权局备案；举办交流互访活动，应当提前十五日向国家版权局备案。

九、境外著作权认证机构常驻中国代表机构应当于每年1月31日前，将上一年度境外非政府组织代表机构年度工作报告（一式两份）报送国家版权局，经国家版权局出具意见后，于3月31日前报送相应的登记管理机关，接受年度检查。年度工作报告应当包括经审计的财务会计报告、开展活动的情况以及人员和机构变动的情况等内容。

十、境外著作权认证机构常驻中国代表机构在中国境内聘用工作人员应当遵守中国法律法规，并及时将聘用的工作人员信息报送国家版权局备案。备案的信息包括聘用的工作人员姓名、性别、国籍、证件类型、证件号码、联系方式等，并加盖公章。

十一、境外著作权认证机构可以其常驻中国代表机构的名义，向中国有关部门进行著作权侵权纠纷投诉、出具侵权鉴定意见、出具法律意见书等。

十二、国家版权局于每年第一季度召开会议，听取境外著作权认证机构常驻中国代表机构上年度工作总结及本年度工作计划，通报国家版权局重点工作。代表机构应当依据其业务范围在各自领域积极参与和配合国家版权局的相关工作。

十三、境外著作权认证机构及其常驻中国代表机构违反中国法律法规和国家政策的，国家版权局可以视具体情况采取诫勉谈话、责令改正、暂缓审核相关文件、不予备案、向公安机关等部门提出处理建议等措施。

境外著作权认证机构及其常驻中国代表机构应当按照扩大交流、增进理解、凝聚共识、深化合作的原则，在中国境内依法开展各类活动，不断巩固和发挥中外著作权交流的桥梁和纽带作用。

本意见自印发之日起施行。

国家版权局关于废止1件规范性文件的决定

国版发[2019]4号

各省、自治区、直辖市版权局：

为贯彻落实《法治政府建设实施纲要（2015—2020年）》，国家版权局对现行版权领域规范性文件进行了全面清理，决定废止1件，自公布之日起生效。

附件：国家版权局决定废止的规范性文件目录

国家版权局

2019年11月15日

附件：

国家版权局决定废止的规范性文件目录

序号	发布机关	文件名称	文号	发布时间
1	国家版权局	关于不得盗版、盗映作为资料片引进的外国影片的通知	国权[1995]22号	1995-5-30

国家版权局关于公布继续有效的规范性文件目录的公告

2019年第1号

为贯彻落实《法治政府建设实施纲要(2015—2020年)》,国家版权局对现行版权领域规范性文件进行了全面清理。经清理,截至2019年11月1日,继续有效的规范性文件共48件,现将规范性文件目录予以公布。

特此公告。

附件:国家版权局继续有效的规范性文件目录

国家版权局

2019年11月15日

国家版权局继续有效的规范性文件目录

序号	发布机关	文件名称	文号	发布时间
1	国家版权局	关于报刊社声明对所发表的作品享有专有出版权的意见	[91]权字第25号	1991-8-9
2	国家版权局	关于对复制境外音像制品委托合同进行登记的通知	国权[1994]59号	1994-9-30
3	国家版权局	关于《录音法定许可付酬标准暂行规定》的补充通知	国权[1994]65号	1994-10-7
4	国家版权局	关于以IC和CD-ROM等方式使用音乐作品制作电脑卡拉OK付酬问题的通知	国权[1994]75号	1994-12-6
5	国家版权局	关于下发复制境外音像制品委托合同登记表的通知	权办[1994]65号	1994-12-12
6	国家版权局	关于对出版外国图书进行合同登记的通知	国权[1995]1号	1995-1-15
7	国家版权局	关于对出版境外音像制品合同进行登记的通知	国权[1995]2号	1995-1-15
8	国家版权局	关于不得使用非法复制的计算机软件的通知	国权[1995]30号	1995-8-23
9	国家版权局	关于对复制境外音像制品委托合同进行登记的补充通知	国权[1995]33号	1995-9-5
10	国家版权局	公告(计算机软件著作权登记工作由机械电子工业部移交给国家版权局管理)	国家版权局第3号	1995-9-11

续表

序号	发布机关	文件名称	文号	发布时间
11	国家版权局	公告(台湾居民在计算机软件著作权保护方面与祖国大陆居民享有同等权利)	国家版权局第 4 号	1995-9-11
12	国家版权局	关于对出版和复制境外电子出版物和计算机软件进行著作权授权合同登记和认证的通知	国权[1996]28 号	1996-8-8
13	国家版权局	关于作品自愿登记工作有关问题的通知	权办[1997]41 号	1997-5-4
14	国家版权局	公告(启动中华人民共和国国家版权局局长签发的"计算机软件登记证书")	国家版权局第 6 号	1998-11-25
15	国家版权局	关于出版境外音像制品著作权合同登记工作有关问题的通知	国权[1999]15 号	1999-6-8
16	国家版权局	关于复制发行境外录音制品向著作权人付酬有关问题的通知	国权[2000]38 号	2000-9-13
17	国家版权局	关于同意试行《使用音乐作品进行表演著作权许可使用费标准》和《使用音乐作品制作数字化制品著作权许可使用费标准》的批复	国权[2000]44 号	2000-9-21
18	国家版权局	关于市、县级(含县级市)著作权行政管理机关是否具有行政执法主体资格的请示的答复	国权[2000]47 号	2000-11-28
19	国家版权局	关于贯彻落实《国务院关于鼓励软件产业和集成电路产业发展的若干政策》的意见	国权[2001]1 号	2001-1-2
20	国家版权局、国家发展计划委员会、财政部、信息产业部	关于政府部门应带头使用正版软件的通知	国权联[2001]1 号	2001-8-29
21	国家版权局	公告(计算机软件著作权登记机构)	国家版权局第 9 号	2002-1-1
22	国家版权局	公告(使用新的计算机软件登记证书)	国家版权局第 10 号	2002-5-20
23	国家版权局	公告(指定中国版权保护中心为软件著作权登记和其他作品著作权质押合同登记机构)	国家版权局第 11 号	2002-8-9

续表

序号	发布机关	文件名称	文号	发布时间
24	国家版权局	关于对查处涉嫌侵权 MP3 制品有关问题的意见	国权办[2002]12 号	2002-8-21
25	国家版权局	关于制止未经批准从事集体管理活动的通知	国权办[2005]49 号	2005-12-30
26	国家版权局、信息产业部、财政部、国务院机关事务管理局	关于政府部门购置计算机办公设备必须采购已预装正版操作系统软件产品的通知	国权联[2006]1 号	2006-3-30
27	国家版权局	关于查处著作权侵权案件如何理解适用损害公共利益有关问题的复函	国权办[2006]43 号	2006-11-2
28	国家版权局	对《关于卡拉 OK 歌厅使用音乐作品和音乐电视作品涉及著作权问题的请示》的复函	国权办[2007]33 号	2007-5-14
29	国家版权局	公告(举报、查处侵权盗版行为奖励暂行办法)	2007 年第 2 号	2007-9-20
30	国家版权局	关于发布《举报、查处侵权盗版行为奖励暂行办法实施细则》的通知	国权办[2007]53 号	2007-9-20
31	国家版权局	关于认定点歌系统数字化复制影音音乐作品数量的回函	国权办[2007]69 号	2007-12-27
32	国家版权局	关于向网络服务提供者发通知有关问题的意见	国权办[2008]10 号	2008-4-25
33	国家版权局	关于互联网有关版权问题的答复	国权办[2008]18 号	2008-6-2
34	国家版权局	关于出版外国图书进行合同登记有关问题的意见	国权办[2008]22 号	2008-6-17
35	国家版权局	关于进一步规范作品登记程序等有关工作的通知	国版字[2011]14 号	2011-10-24
36	国家版权局	关于印发《全国版权示范城市、示范单位和示范园区(基地)管理办法》的通知	国版发[2013]4 号	2013-9-6
37	国家版权局	关于进一步加强互联网传播作品版权监管工作的意见	国版办字[2013]70 号	2013-12-30
38	国家版权局	关于印发《关于贯彻落实〈政府机关使用正版软件管理办法〉的实施意见》的通知	国版发[2014]6 号	2014-7-25

续表

序号	发布机关	文件名称	文号	发布时间
39	国家版权局	关于规范著作权合同备案申请表及证书的通知	国版发[2014]7号	2014-9-11
40	国家版权局	关于规范网络转载版权秩序的通知	国版办发[2015]3号	2015-4-17
41	国家版权局	关于明确涉外著作权合同登记工作性质的通知	国版办函[2015]29号	2015-6-9
42	国家版权局	关于规范网盘服务版权秩序的通知	国版函[2015]13号	2015-10-14
43	国家版权局	关于规范作品登记证书的通知	国版函[2016]1号	2016-2-15
44	国家版权局	关于印发《正版软件管理工作指南》的通知	国版办发[2016]13号	2016-7-11
45	国家版权局	关于加强网络文学作品版权管理的通知	国版办函[2016]42号	2016-11-4
46	国家版权局	关于统一启用全国版权示范城市、示范单位、示范园区(基地)申报表的通知	国版办发[2017]5号	2017-6-1
47	国家版权局	关于规范电子版作品登记证书的通知	国版函[2017]14号	2017-6-5
48	国家版权局	印发《关于依法加强对境外著作权认证机构常驻中国代表机构管理的意见》的通知	国版发[2019]3号	2019-10-17

关于2018年全国著作权登记情况的通报

2018年，各地版权行政管理部门和著作权登记机构全面贯彻落实创新型国家建设战略及版权工作“十三五”规划，高度重视著作权登记工作，采取有效措施，积极宣传、重点拓展、改善服务，促进版权成果转化，各类作品和软件的创造、创新能力极大提升，登记数量持续增长，全国著作权登记工作取得新进展新突破。现将2018年全国著作权登记情况通报如下。

一、总体情况

2018年全国著作权登记总量达3 457 338件，相比2017年的2 747 652件，同比增长25.83%。

二、作品登记情况

根据对各省、自治区、直辖市版权局和中国版权保护中心的作品登记信息统计，2018年全国共完成作品登记2 351 952件，相比2017年作品登记量(2 001 966件)增加了349 986件，增长率为17.48%。

全国作品登记量总体呈现稳步增长趋势，登记量增长较快的分别是：北京市919 543件，占登记总量的39.10%；江苏省302 175件，占登记总量的12.85%；上海市261 642件，占登记总量的11.12%；中国版权保护中心244 150件，占登记总量的10.38%；四川省170 133件，占登记总量的7.23%；福建省96 181件，占登记总量的4.09%。以上登记量占全国登记总量的 84.77%。相较于 2017 年，北京市作品登记量的增长突破了 10 万件；河北、贵州、广西、安徽、吉林等省（区）的作品登记量增长率均超过了 100%；陕西省、中国版权保护中心的作品登记量增长率均达 50%以上。

从作品类型看，登记量最多的是美术作品 992 513 件，占登记总量的 42.20%；第二是摄影作品 917 045 件，占登记总量的 38.99%；第三是文字作品 278 170 件，占登记总量的 11.83%；第四是影视作品 53 224 件，占登记总量的 2.26%。以上类型的作品登记量占登记总量的 95.28%。还有音乐作品 34 802 件，占登记总量的 1.48%；录像制品 13 406 件，占登记总量的 0.57%；图形作品 11 724 件，占登记总量的 0.50%；录音制品 8369 件，占登记总量的 0.36%；模型、戏剧、曲艺、建筑等共计 42 699 件，占登记总量的 1.82%。

三、计算机软件著作权登记情况

根据中国版权保护中心计算机软件著作权登记信息统计，2018 年全国共完成计算机软件著作权登记 1 104 839 件，同比增长 48.22%。

从登记区域分布情况看，软件著作权登记区域主要分布在东部地区，登记量约 80 万件，占登记总量的 72.78%；东北地区虽然登记量相对较少，但增长较快，高于全国整体增速约 42 个百分点，相比其他地区增长最快。

从各地登记数量情况看，软件著作权登记量较多的省（市）依次为：广东、北京、上海、江苏、浙江、山东、四川、福建、湖北、河南。上述地区共登记软件约 85 万件，占登记总量的 77.38%，其中，广东省登记软件约 28 万件，占登记总量的 24.28%。

从各类热点领域软件登记情况看，App 软件登记量增长较为明显，同比增长 76.29%，是增长较快的热点领域软件类别之一。另外，人工智能软件登记数量同比增长 104.02%，大数据软件登记数量同比增长 64.27%，增速均高于软件登记整体增速，呈现出不同程度的快速发展态势。

四、著作权质权登记情况

根据中国版权保护中心著作权质权登记信息统计，2018 年全国共完成著作权质权登记 547 件，同比增长 82.94%；涉及合同数量 380 个，同比增长 41.26%；涉及作品数量 1368 件，同比增长 29.91%；涉及主债务金额 796 142.6 万元，同比增长 167.66%；涉及担保金额 836 675.9 万元，同比增长 178.71%。

计算机软件著作权质权登记 350 件，同比增长 50.21%；涉及合同数量 350 个，同比增长 50.21%；涉及作品数量 1171 件，同比增长 18.64%；涉及主债务金额 475 282.2 万元，同比增长 123.89%；涉及担保金额 465 786 万元，同比增长 119.11%。

作品（除计算机软件外）著作权质权登记 197 件，同比增长 198.48%；涉及合同数量 30 个，同比下降 16.67%；涉及作品数量 197 件，同比增长 198.48%；涉及主债务金额 320 860.4 万元，同比增长 276.74%；涉及担保金额 370 889.9 万元，同比增长 320.42%。

望各地版权行政管理部门和著作权登记机构继续按照国家版权局颁布实施的相关法规和规章，结合本地区本部门实际，密切关注著作权登记工作的发展趋势，充分利用国家版权监管平台，进一步规范著作权登记情况报送制度，不断提升著作权登记工作规范化、标准化、信息化水平，加强著作权登记工作队伍建设，妥善解决作品登记工作中存在的普遍性问题，全面提升著作权登记工作效能，使著作权登记工作取得新突破。

国家版权局

2019 年 3 月 1 日

中国法院 2019 年度典型案例

2019 年中国法院十大知识产权案件

案例 1 “机动车刮水器”侵害发明专利权纠纷案

瓦莱奥清洗系统公司与厦门卢卡斯汽车配件有限公司、厦门富可汽车配件有限公司、陈少某侵害发明专利权纠纷案

［最高人民法院(2019)最高法知民终 2 号民事判决书］

一、案情摘要

瓦莱奥清洗系统公司(以下简称瓦莱奥公司)是名称为“机动车辆的刮水器的连接器及相应的连接装置”(以下简称涉案专利)的中国发明专利的专利权人。瓦莱奥公司于 2016 年向上海知识产权法院提起诉讼称,厦门卢卡斯汽车配件有限公司(以下简称卢卡斯公司)、厦门富可汽车配件有限公司(以下简称富可公司)以及陈少某制造、销售的雨刮器产品落入其专利权保护范围,请求判令卢卡斯公司、富可公司、陈少某停止侵权,赔偿损失及制止侵权的合理开支。瓦莱奥公司同时提出了临时行为保全(又称临时禁令)申请,请求法院裁定卢卡斯公司、富可公司、陈少某立即停止侵权行为。后上海知识产权法院作出部分判决,认定卢卡斯公司、富可公司、陈少某构成侵权,并判令其停止侵权行为。据此,未对瓦莱奥公司提出的临时行为保全申请进行处理。卢卡斯公司、富可公司等不服上述部分判决,向最高人民法院提起上诉。最高人民法院认定被诉侵权产品落入涉案专利权的保护范围,卢卡斯公司、富可公司的行为构成侵权,应当承担停止侵害的法律责任。瓦莱奥公司虽坚持其责令卢卡斯公司、富可公司停止侵害涉案专利权的诉中行为保全申请,但是其所提交的证据并不足以证明发生了给其造成损害的紧急情况,且最高人民法院已经当庭作出判决,本案判决已经发生法律效力,另行作出责令停止侵害涉案专利权的行为保全裁定已无必要。故对于瓦莱奥公司的诉中行为保全申请,不予支持。最高人民法院遂判决驳回上诉,维持原判。

二、典型意义

本案由最高人民法院依法公开开庭审理并当庭宣判,敲响了最高人民法院知识产权法庭的“第一槌”,标志着技术类案件统一上诉机制顺利启动,也是最高人民法院知识产权法庭审判职能的首次展现。本案是针对部分判决的上诉案件,允许就侵权判定问题先行作出部分判决并提起上诉,有助于节省司法资源、提高审判效率。同时,最高人民法院还在本案判决中首次探讨了判令停止侵害的部分判决制度和临时禁令制度的关系,阐明了判令停止侵害的部分判决尚未发生效力时临时禁令的价值,倡导人民法院在作出部分判决的同时,支持专利权人关于责令停止侵权行为的保全申请,通过裁判引领了提升司法保护力度和降低维权成本的良好导向。此外,功能性特征是专利案件中的热点和难点问题，本案判决对于功能性特征认定标准的详尽阐述，有助于澄清司法实践中的认识偏差。

案例2 “HONDAKIT”定牌加工侵害商标权纠纷案

本田技研工业株式会社与重庆恒胜鑫泰贸易有限公司、重庆恒胜集团有限公司侵害商标权纠纷案

［最高人民法院(2019)最高法民再138号民事判决书］

一、案情摘要

本田技研工业株式会社(以下简称本田株式会社)获准注册“HONDA”等三枚涉案商标，分别核定使用在第12类车辆、摩托车等商品上。后海关查获重庆恒胜鑫泰贸易有限公司(以下简称恒胜鑫泰公司)委托瑞丽凌云货运公司申报出口的标有“HONDAKIT”标识的摩托车整车散件220辆，申报总价118 360美元，目的地为缅甸，该批货物系由缅甸美华公司授权委托重庆恒胜集团有限公司(以下简称恒胜集团公司，与恒胜鑫泰公司系母子公司关系，法定代表人均为万某)加工生产。本田株式会社遂以恒胜鑫泰公司、恒胜集团公司侵害其商标权为由，向云南省德宏傣族景颇族自治州中级人民法院提起诉讼。经审理，一审认定构成侵权，判决恒胜鑫泰公司、恒胜集团公司立即停止侵权行为并连带赔偿本田株式会社经济损失人民币30万元。恒胜鑫泰公司及恒胜集团公司不服，提起上诉。云南省高级人民法院二审认为本案被诉行为属于涉外定牌加工行为，故不构成商标侵权，并判决撤销一审判决，驳回本田株式会社的诉讼请求。本田株式会社不服，向最高人民法院申请再审。最高人民法院裁定提审本案后，判决撤销二审判决，维持一审判决。

二、典型意义

长期以来，出口被誉为拉动中国经济增长的“三驾马车”之一，而涉外定牌加工则是重要的出口贸易模式。涉外定牌加工贸易中，商标侵权问题备受国内外关注，各地法院涉及此问题的案件较多，判决的结果及理由不尽一致。最高人民法院在本案中明确，商标使用行为是一种客观行为，通常包括许多环节，如物理贴附、市场流通等，是否构成商标法意义上的“商标的使用”应当依据商标法作出整体一致的解释，不应该割裂一个行为而只看某个环节，要防止以单一环节遮蔽行为过程，要克服以单一侧面代替行为整体。在法律适用上，要维护商标法律制度的统一性，遵循商标法中商标侵权判断的基本规则，不能把涉外定牌加工这种贸易方式简单地固化为不侵犯商标权的除外情形。同时，对于没有在中国注册的商标，即使其在外国获得注册，在中国也不享有注册商标专用权，与之相应，中国境内的民事主体所获得的所谓“商标使用授权”，也不属于我国商标法保护的商标合法权利，不能作为不侵犯商标权的抗辩事由。本案判决正确反映了“司法主导、严格保护、分类施策、比例协调”的知识产权司法政策导向，有利于营造高质量发展的知识产权法治环境，对今后类似案件的审理具有借鉴意义。

案例3 “MLGB”商标权无效宣告请求行政纠纷案

上海俊客贸易有限公司与原国家工商行政管理总局商标评审委员会、姚洪某商标权无效宣告请求行政纠纷案

［北京市高级人民法院(2018)京行终137号行政判决书］

一、案情摘要

涉案商标“MLGB”由上海俊客贸易有限公司(以下简称上海俊客公司)申请注

册。在法定期限内，姚洪某针对涉案商标，向原国家工商行政管理总局商标评审委员会（以下简称商标评审委员会）提起注册商标无效宣告申请。商标评审委员会认为，涉案商标的字母组合在网络等社交平台上广泛使用，含义消极、格调不高，用作商标有害于社会主义道德风尚，易产生不良影响。上海俊客公司虽称涉案商标指称“My life is getting better”，但并未提交证据证明该含义已为社会公众熟知，社会公众更易将“MLGB”认知为不文明用语。商标评审委员会据此裁定宣告涉案商标权无效。上海俊客公司不服，向北京知识产权法院提起行政诉讼。北京知识产权法院判决驳回上海俊客公司的诉讼请求。上海俊客公司不服一审判决，提起上诉。北京市高级人民法院认为，网络环境下已有特定群体认为“MLGB”具有不良影响的含义，应认定涉案商标含义消极、格调不高。据此判决驳回上诉，维持一审判决。

二、典型意义

近年来，人民法院坚持在知识产权司法裁判中体现正确的价值导向，增强司法的道德底蕴，提高公众对裁判的认同感，传播知识产权司法保护的正能量。商标法禁止具有不良影响的标志作为商标使用。避免具有不良影响的商标进入市场环境、在知识产权司法裁判中体现正确的价值导向，是人民法院担负的重要职责。本案终审判决的作出，对于净化网络环境、制止以“打擦边球”方式迎合“三俗”行为均具有良好的示范效应，充分发挥了司法裁判对主流文化意识传承和价值观引导的职责作用。此外，二审判决还进一步拓展了此类案件的审理思路，明确了人民法院在判断商标是否具有不良影响的过程中，应当考量的判断主体、时间节点、判断标准以及举证责任等。本案裁判对于人民法院在类似案件审理过程中准确理解和正确适用《商标法》第 10 条第 1 款第（8）项关于“其他不良影响”的规定，具有指导意义。

案例 4 《武侠 Q 传》游戏侵害改编权及不正当竞争纠纷案

明河社出版有限公司、完美世界（北京）软件有限公司与北京火谷网络科技股份有限公司、昆仑乐享网络技术有限公司、昆仑万维科技股份有限公司侵害改编权及不正当竞争纠纷案

［北京市高级人民法院（2018）京民终 226 号民事判决书］

一、案情摘要

明河社出版有限公司（以下简称明河社）是《射雕英雄传》《神雕侠侣》《倚天屠龙记》《笑傲江湖》等作品在中国境内的专有使用权人。经明河社同意，查良镛（金庸）将上述作品部分区域和期间内移动终端游戏软件改编权及后续软件的商业开发权独家授予完美世界（北京）软件有限公司（以下简称完美世界公司）。被诉侵权的《武侠 Q 传》游戏由北京火谷网络科技股份有限公司（以下简称火谷网）开发，昆仑乐享网络技术有限公司（以下简称昆仑乐享公司）经授权可在中国大陆等多个国家和地区独家运营该游戏。昆仑万维科技股份有限公司（以下简称昆仑万维公司）为涉案游戏的运营者。涉案游戏共有人物卡牌、武功卡牌、配饰卡牌和阵法卡牌四类卡牌，经比对，涉案游戏在人物描述、武功描述、配饰描述、阵法描述、关卡设定等多个方面与涉案武侠小说中的相应内容存在对应关系或相似性。火谷网认可开发时借鉴和参考了权利人作品中的元素。一审法院认为，现有证据不能证明涉案游戏软件构成对权利人任意一部作品的改编。但火谷网、昆仑乐享公司和昆仑万维公司的行为构成对明河社及完美世界公司的不正当竞争。据此判令火谷网、昆仑乐享公司和昆仑万维公司停止侵权、消除影响，并赔偿明河社等经济损失 16 319 658 元。双方当事人均不服一审判决，提起上诉。北京市高级人民法院二审认定涉案游戏构成对权利人作品的改编，火谷网构成对明河社和完美世界公司享有权利作品移动终端游戏软件改编权的侵害。火谷网作为开发者，昆仑乐享公司、昆仑万维公司作为游戏运营者，三者应共同承担侵权责任。由于已经认定涉案游戏构成对权利人改编权的侵害，故不再适用反不正当竞争法对被诉侵权行为进行评述。据此判决驳回上诉、维持一审判决。

二、典型意义

本案是涉及作品游戏改编权的典型案例。《射雕英雄传》《倚天屠龙记》《神雕侠侣》《笑傲江湖》是金庸先生创作的四部知名武侠小说。被诉侵权卡牌游戏对权利人作品的改编方式，不同于通常形式上的抄袭剽窃，侵权人在改编时并未完整使用权利人作品中的故事情节，而是对人物角色、人物特征、人物关系、武功招式以及武器、阵法、场景等创作要素进行了截取式、组合式的使用。二审法院明确，在游戏改编过程中，未经许可对他人作品中的人物角色、人物特征、人物关系、武功招式以及武器、阵法、场景等具体创作要素进行截取式、组合式使用，且由此所表现出的人物特征、人物关系以及其他要素间的组合关系与原作品中的选择、安排、设计不存在实质性差别，未形成脱离于原作品独创性表达的新表达，即构成对他人作品改编权的侵犯，进一步厘清了侵害改编权与合理借鉴的行为边界。此外，二审判决在充分考虑权利人作品市场价值的基础上，判令三被告承担1600 余万元的赔偿责任，坚持了知识产权侵权赔偿的市场价值导向，切实保障权利人获得充分赔偿。

案例 5 “MOTR”侵害商标权纠纷案

平衡身体公司与永康一恋运动器材有限公司侵害商标权纠纷案

[上海市浦东新区人民法院（2018）沪0115 民初 53351 号民事判决书]

一、案情摘要

平衡身体公司是核定使用在健身器材等商品上的“MOTR”商标（以下简称涉案商标）的注册人，也是全球从事运动器材生产销售的知名厂商，并在中国拥有多项发明专利及注册商标。永康一恋运动器材有限公司（以下简称永康一恋公司）在某展览会上推销使用了涉案商标的健身器材，并通过微信商城等多种方式进行实际销售。平衡身体公司以侵害商标权为由，对永康一恋公司提起诉讼，并主张适用惩罚性赔偿。后经法院查明，在本案被诉侵权行为发生前，永康一恋公司就曾侵犯平衡身体公司的知识产权，经平衡身体公司发送警告函后，双方签订和解协议，且永康一恋公司明确承诺不再从事侵权活动。据此，上海市浦东新区人民法院判令永康一恋公司停止侵权行为，并鉴于其重复侵权的情形，适用三倍惩罚性赔偿标准，确定永康一恋公司承担 300 万元的赔偿责任。该案判决后，双方均未上诉。

二、典型意义

本案系适用知识产权侵权惩罚性赔偿标准的典型案例，体现了人民法院严厉打击重复侵权、持续侵权等恶意侵权行为，加大侵权惩处力度的坚定信心。人民法院在判决中明确指出，被告不信守承诺、无视他人知识产权的行为，是对诚实信用原则的违背，侵权恶意极其严重。为保护商标权人的合法权益，严惩侵权行为，维护市场秩序，对权利人的诉讼请求应当予以全额支持。该案判决后，得到了社会各界的高度评价，《法制日报》更在头版显著位置以“贸易战背景下体现中国‘大国担当’”为标题载文称，此案的判决体现了中国打击知识产权违法犯罪的决心，也体现了中国营造良好营商环境的大国自信。

案例 6 “QQ 企鹅”因恶意提起知识产权诉讼损害责任纠纷案

深圳市腾讯计算机系统有限公司与谭发某因恶意提起知识产权诉讼损害责任纠纷案

［广东省高级人民法院(2019)粤民终 407 号民事判决书］

一、案情摘要

深圳市腾讯计算机系统有限公司(以下简称腾讯公司)拥有多项“QQ 企鹅”系列美术作品的著作权以及注册商标专用权。谭发某为傲为科技(深圳)有限公司(以下简称傲为公司)的股东及董事。2008 年 12 月，谭发某向国家知识产权局申请“音箱(Xzeit 迷你企鹅型)”外观设计专利，并获得授权。2011 年 3 月，腾讯公司以谭发某、傲为公司销售的 QQ 迷你音箱侵害其著作权和商标权为由提起诉讼。后双方就该两案达成和解，谭发某同意停止侵权并支付赔偿款 2.5 万元。谭发某同时承诺，将于一个月内向国家知识产权局撤回其企鹅音箱外观设计专利申请。后经法院查明，谭发某并未履行承诺，且持续缴纳该外观设计年费至 2015 年 12 月。此后，腾讯公司与深圳市中科睿成智能科技有限公司(以下简称中科公司)合作生产、销售企鹅外形音箱。2016 年 2 月，谭发某以腾讯公司及中科公司侵害其外观设计专利权为由，提起诉讼。腾讯公司随即针对谭发某的外观设计专利提出无效宣告请求，原国家知识产权局专利复审委员会经审查宣告该外观设计专利权无效。广东省深圳市中级人民法院遂裁定驳回谭发某的起诉。后腾讯公司以谭发某明知其外观设计专利不符合授权条件，仍然恶意提起侵害专利权的诉讼，并给腾讯公司造成了包括商誉损失、律师代理费、差旅费、预期可得利益等在内的一系列损失为由，向广东省深圳市中级人民法院提起本案诉讼，请求判令谭发某赔偿损失、赔礼道歉并消除影响。法院一审认定谭发某的行为构成恶意提起知识产权诉讼，判令其赔偿腾讯公司经济损失及维权合理开支共计 50 万元。广东省高级人民法院二审维持一审判决。

二、典型意义

公平有序、充满活力的竞争机制是释放各类创新主体创新活力的重要保障。在依法保障知识产权人在其权利范围内获得充分和严格保护的同时，也要坚持以诚信原则为指引，防止少数市场主体以滥用权利的方式损害公平健康的市场竞争秩序与他人的合法权益。“因恶意提起知识产权诉讼损害责任纠纷”是知识产权诉讼领域的新类型案由，在行为要件、裁判标准等方面尚待进一步明确。本案中，二审法院从权利基础、判断能力、抗辩事由等多方面，对当事人是否具有提起诉讼的主观恶意等问题进行了有益探索，对赔偿数额的确定标准也给予了充分论述。本案裁判对于合理确定法律责任边界，依法维护善意使用者的市场交易安全，降低创新者的法律风险，鼓励更多社会主体投身创新创业，均具有积极意义。

案例 7 手机游戏“换皮”侵害著作权纠纷案

苏州蜗牛数字科技股份有限公司与成都天象互动科技有限公司、北京爱奇艺科技有限公司侵害著作权纠纷案

［江苏省高级人民法院(2018)苏民终 1054 号民事判决书］

一、案情摘要

苏州蜗牛数字科技股份有限公司(以

下简称蜗牛公司）开发的手机游戏《太极熊猫》于 2014 年 10 月 31 日上线，成都天象互动科技有限公司（以下简称天象公司）、北京爱奇艺科技有限公司（以下简称爱奇艺公司）开发的手机游戏《花千骨》最早版本于 2015 年 6 月 19 日上线。蜗牛公司向江苏省苏州市中级人民法院提起诉讼，主张《花千骨》手机游戏“换皮”抄袭了《太极熊猫》游戏，即仅更换了《花千骨》游戏中的角色图片形象、配音配乐等，而在游戏的玩法规则、数值策划、技能体系、操作界面等方面与《太极熊猫》游戏完全相同或者实质性相似，侵害其著作权。一审法院确认，《花千骨》游戏与《太极熊猫》游戏相比，其中有 29 个玩法在界面布局和玩法规则上基本一致或构成实质性相似；另外，《花千骨》游戏中 47 件装备的 24 个属性数值与《太极熊猫》游戏呈现相同或者同比例微调的对应关系；《花千骨》V1.0 版游戏软件的计算机软件著作权登记存档资料中，功能模块结构图、功能流程图以及封印石系统入口等全部 26 张 UI 界面图所使用的均为《太极熊猫》游戏的元素和界面。同时，在新浪微博以及 IOS 系统《花千骨》游戏用户评论中，亦有大量游戏玩家评论两游戏非常相似。一审法院遂判令天象公司、爱奇艺公司停止侵权行为、消除影响，并赔偿蜗牛公司经济损失 3000 万元。天象公司、爱奇艺公司不服，提起上诉。江苏省高级人民法院二审判决驳回上诉、维持一审判决。

二、典型意义

“互联网＋”产业方兴未艾，新技术和新业态的发展不断对知识产权审判工作提出新的挑战。本案是网络游戏产业领域知识产权保护的典型案例。二审法院在本案中明确，网络游戏“换皮”抄袭可能构成侵害著作权的行为，并在此基础上全额支持了权利人 3000 万元的诉讼请求，体现了严格保护知识产权的裁判理念。本案裁判是“互联网＋”环境下司法裁判积极回应技术发展与产业需求的例证，在充分考虑网络游戏作品的知识产权价值、侵权手段的多样性与隐蔽性等因素的前提下，以有利于促进创新、有利于公平竞争、有利于消费者长远利益为指引，对网络游戏知识产权保护问题进行了有益探索，对保护新兴产业发展壮大、推动产业健康发展均具有重要意义。

案例 8 “奥普”侵害商标权纠纷案

杭州莫丽斯科技有限公司、奥普家居股份有限公司与浙江风尚建材股份有限公司、浙江现代新能源有限公司、云南晋美环保科技有限公司、盛林某侵害商标权及不正当竞争纠纷案

［浙江省高级人民法院（2019）浙民终 22 号民事判决书］

一、案情摘要

杭州莫丽斯科技有限公司（以下简称莫丽斯公司）是核定使用在排风一体机等商品上的“奥普”商标的权利人。经授权，奥普家居股份有限公司（以下简称奥普家居公司）可排他性使用上述商标。被诉侵权行为发生前，莫丽斯公司的“奥普”商标已有作为驰名商标被保护的记录。浙江现代新能源有限公司（以下简称现代公司）于 2006 年受让取得使用在金属建筑材料商品上的“aopu 奥普”商标后，通过许可浙江风尚建材股份有限公司（以下简称风尚公司）等在扣板商品及包装、经销店门头、厂房、杂志广告、网站上大量使用“AOPU 奥普”等标志，且辅以“正宗大品牌”“高端吊顶专家与领导者”等文字进行宣传并实现迅速扩张，在此期间还对莫丽斯公司进行了多次侵权诉讼和行政投诉。后莫丽斯公司或其关联企业对现代公司享有的“aopu 奥普”商标提出无效宣告请求，人民法院于司法审查过程中撤销了商标行政机关维持该商标权有效的决定。莫丽斯公司、奥普家居公司以风尚公司、现代公司等上述行为侵害其商标权并构成不正当竞争行为为由提起诉讼。浙江省杭州市中级人民法院一审认为，涉案商标构成驰名商标，风尚公司等在金属吊顶商品上使用“AOPU 奥普”等标志的行为构成对涉案商标的复制、摹仿，不正当利用了“奥普”商标的市场声誉，损害了驰名商标权利人的利益，且现有证据可证明，风尚公司等在本案中的侵权获利已远超法定赔偿上限。一审法院遂判令风尚公司等停止侵权并赔偿经济损失及合理费用共计 800 万元。浙江省高级人民法院二审维持一审判决。

二、典型意义

本案是加大知名品牌保护力度、遏制恶意注册行为的典型案例。二审裁判以鼓励诚实竞争、遏制仿冒“搭车”为导向，根据商标的知名度与显著性，充分利用现有法律手段，强化知名品牌保护，严厉打击不诚信的商标攀附、仿冒“搭车”行为，并对双方长达十余年的使用争议作出明确的市场划分，净化了市场竞争环境，有力规范了商标使用行为。此外，本案还充分体现了人民法院强化民事诉讼在民行交叉纠纷解决中的引导作用这一司法政策导向，充分运用诚实信用、保护在先权利、维护公平竞争、禁止权利滥用等原则作出公正裁判，对引导后续商标权行政纠纷的正确解决发挥了积极作用。

案例 9 “刀靶大捷雕塑”侵害著作权纠纷案

河北山人雕塑有限公司与河北中鼎园林雕塑有限公司、遵义市播州区三合镇人民政府、遵义众和诚农业开发有限公司、贵州慧隆建设工程有限责任公司、贵州慧隆建设工程有限责任公司遵义分公司侵害著作权纠纷案

[贵州省高级人民法院(2019)黔民终449 号民事判决书]

一、案情摘要

河北山人雕塑有限公司(以下简称山人雕塑公司)与河北中鼎园林雕塑有限公司(以下简称中鼎雕塑公司)是从事雕塑设计、制作和安装的专业机构。2017 年 12 月，山人雕塑公司与贵州省遵义市播州区三合镇人民政府(以下简称三合镇政府)商谈合作三合镇刀靶烈士陵园的雕塑工程，山人雕塑公司将创作完成的涉案作品“刀靶大捷”设计图及展板交给三合镇政府审阅，并按三合镇政府的要求进行数次修改，但双方最终未达成合意。后山人雕塑公司向贵州省遵义市中级人民法院提起诉讼，主张三合镇政府委托中鼎雕塑公司在刀靶烈士陵园设计、安装的被诉侵权雕塑侵害其著作权。贵州省遵义市中级人民法院一审判决由三合镇政府、中鼎雕塑公司共同向山人雕塑公司支付作品使用费 10 万元及合理支出费用 2 万元，并由中鼎雕塑公司赔礼道歉。山人雕塑公司、中鼎雕塑公司均不服一审判决，提起上诉。贵州省高级人民法院二审认定侵权行为成立，但同时认为，刀靶烈士陵园是进行革命传统教育和爱国主义教育的重要场所，从遵循利益平衡原则和有效利用资源的效益角度出发，被诉侵权雕塑不宜判决拆除。故在通过适当提高侵权赔偿标准对山人雕塑公司的权利予以充分救济的情况下，对山人雕塑公司主张停止侵害、拆除侵权雕塑的诉讼请求不予支持。据此，改判中鼎雕塑公司、三合镇政府等共同赔偿山人雕塑公司侵权赔偿和合理支出共 20 万元。

二、典型意义

近年来，人民法院积极将社会主义核心价值观纳入知识产权司法全过程，将社会主义核心价值观贯穿法律解释和法律适用全过程。其中，妥善审理涉及红色经典作品的著作权案件，是传播知识产权司法保护正能量的重要环节。本案是一起涉及红色经典作品的著作权纠纷，二审判决秉承尊重法律、尊重权利、尊重经典的原则，在判决不停止侵权的同时，通过提高侵权赔偿金和使用费的方式对权利人进行救济，既充分考虑了对权利的有效保护，也有力兼顾了经典传承，使裁判结果符合法律，又契合社情民意，实现了法律效果、政治效果和社会效果的有机统一。

案例10　厦门德乐盟科技有限公司等假冒注册商标罪、销售假冒注册商标的商品罪案

厦门德乐盟科技有限公司、厦门兴恒昌贸易有限公司、杨明某、杨茂某假冒注册商标罪、销售假冒注册商标的商品罪案

［福建省厦门市中级人民法院(2018)闽02刑终632号刑事判决书］

一、案情摘要

厦门德乐盟科技有限公司(以下简称德乐盟公司)、厦门兴恒昌贸易有限公司(以下简称兴恒昌公司)购入假冒“SKF”“FAG”“NSK”“NTN”“INA”“HRB”“ZWZ”“Koyo”等注册商标的轴承对外销售。两被告单位在未经前述注册商标权利人许可的情况下，使用激光打码一体机、角磨机、封口机等工具设备，擅自将与前述注册商标相同的商标标识打印在其购入的无商标标识的轴承上进行销售；还将购入的国产其他品牌轴承的商标抹除后，擅自将与前述注册商标相同的商标标识打印在轴承上进行销售。两被告单位未经注册商标权利人许可，在同一种商品上使用与其注册商标相同的商标，且假冒两种以上注册商标，非法经营数额达285万余元；还销售明知是假冒注册商标的商品，已销售金额206万余元，未销售侵权产品的价值151万余元，数额巨大。杨明某、杨茂某系两被告单位直接负责的主管人员。厦门市思明区人民法院以假冒注册商标罪、销售假冒注册商标的商品罪分别判处德乐盟公司、兴恒昌公司罚金35万元、230万元，对杨明某、杨茂某分别判处有期徒刑5年、4年并处罚金。杨明某、杨茂某不服该判决，提起上诉。厦门市中级人民法院审理本案的过程中，还受理被害单位斯凯孚公司基于同一知识产权侵权行为对杨明某、杨茂某等提起的民事诉讼。杨明某、杨茂某与被害单位达成和解协议，并履行赔偿义务，被害单位撤回对民事案件起诉，并在刑事案件中对杨明某、杨茂某的侵权行为表示谅解。针对本案，厦门市中级人民法院认为，杨茂某具有自首、立功等法定从轻或减轻情节，杨茂某实施的是侵害财产性权益的犯罪，其在二审期间积极赔偿被害单位经济损失，取得被害单位谅解，降低了犯罪行为的社会危害性，具备酌定从轻处罚情节，并结合杨茂某的具体犯罪行为及其在共同犯罪中地位、作用等因素考量，决定对杨茂某依法减轻处罚。综合考量杨茂某的具体犯罪性质、犯罪情节、到案后的认罪、悔罪表现及人身危险性、对社区的影响等具体情况，厦门市中级人民法院二审认为杨茂某具备适用缓刑的条件，决定对其宣告缓刑，改判杨茂某犯假冒注册商标罪，判处有期徒刑2年，并处罚金10万元；犯销售假冒注册商标的商品罪，判处有期徒刑2年，并处罚金10万元；数罪并罚，决定执行有期徒刑3年，缓刑5年，并处罚金20万元；维持原审其他项判决。

二、典型意义

本案充分运用知识产权案件“三合一”审判机制，就同一侵权行为的事实认定和法律适用作出统一的司法判定，妥善处理了基于相同事实的刑事案件和民事案件，是知识产权案件“三合一”审判机制的鲜活运用，凸显了审理机制创新促进知识产权司法保护发展的成果。同时，本案二审法院对犯罪事实进行全面审查，并对共同犯罪中上诉人的地位作用、立功的构成以及数罪并罚适用缓刑时应综合考量的因素等法律问题进行了充分阐述，对于同类案件的裁判具有借鉴意义。

(最高人民法院知识产权审判庭)

最高人民法院发布的第 22 批指导性案例(113—115 号)

案例 1　迈克尔·杰弗里·乔丹与国家工商行政管理总局商标评审委员会、乔丹体育股份有限公司“乔丹”商标争议行政纠纷案(指导案例 113 号)

一、裁判要点

(1)姓名权是自然人对其姓名享有的人身权,姓名权可以构成商标法规定的在先权利。外国自然人外文姓名的中文译名符合条件的,可以依法主张作为特定名称按照姓名权的有关规定予以保护。

(2)外国自然人就特定名称主张姓名权保护的,该特定名称应当符合以下三项条件:①该特定名称在我国具有一定的知名度,为相关公众所知悉;②相关公众使用该特定名称指代该自然人;③该特定名称已经与该自然人之间建立了稳定的对应关系。

(3)使用是姓名权人享有的权利内容之一,并非姓名权人主张保护其姓名权的法定前提条件。特定名称按照姓名权受法律保护的,即使自然人并未主动使用,也不影响姓名权人按照商标法关于在先权利的规定主张权利。

(4)违反诚实信用原则,恶意申请注册商标,侵犯他人现有在先权利的“商标权人”,以该商标的宣传、使用、获奖、被保护等情况形成了“市场秩序”或者“商业成功”为由,主张该注册商标合法有效的,人民法院不予支持。

二、相关法条

(1)《商标法》(2013 年修正)第 32 条。(本案适用的是 2001 年修正的《商标法》第 31 条)

(2)《民法通则》第 4 条、第 99 条第 1 款。

(3)《民法总则》第 7 条、第 110 条。

(4)《侵权责任法》第 2 条第 2 款。

三、基本案情

再审申请人迈克尔·杰弗里·乔丹(以下简称迈克尔·乔丹)与被申请人国家工商行政管理总局商标评审委员会(以下简称商标评审委员会)、一审第三人乔丹体育股份有限公司(以下简称乔丹公司)商标争议行政纠纷案中,涉及乔丹公司的第 6020569 号“乔丹”商标(以下简称涉案商标),该商标核定使用在国际分类第 28 类的体育活动器械、游泳池(娱乐用)、旱冰鞋、圣诞树装饰品(灯饰和糖果除外)上。再审申请人主张该商标含有其英文姓名的中文译名“乔丹”,属于 2001 年修正的《商标法》第 31 条规定的“损害他人现有的在先权利”的情形,故向商标评审委员会提出撤销申请。

商标评审委员会认为,涉案商标“乔丹”与“Michael Jordan”及其中文译名“迈克尔·乔丹”存在一定区别,并且“乔丹”为英美普通姓氏,难以认定这一姓氏与迈克尔·乔丹之间存在当然的对应关系,故裁定维持涉案商标。再审申请人不服,向北京市第一中级人民法院提起行政诉讼。

四、裁判结果

北京市第一中级人民法院于 2015 年 4 月 1 日作出(2014)一中行(知)初字第 9163 号行政判决,驳回迈克尔·乔丹的诉讼请求。迈克尔·乔丹不服一审判决,提起上诉。北京市高级人民法院于 2015 年 8 月 17 日作出(2015)高行(知)终字第 1915 号行政判决,驳回迈克尔·乔丹上诉,维持原判。迈克尔·乔丹仍不服,向最高人民法院申请再审。最高人民法院提审后,于 2016 年 12 月 7 日作出(2016)最高法行再 27 号行政判决:①撤销北京市第一中级人民法院(2014)一中行(知)初字第 9163 号行政判决;②撤销北京市高级人民法院(2015)高行(知)终字第 1915 号行政判决;③撤销商标评审委员会商评字〔2014〕第052058号关于第6020569号"乔丹"商标争议裁定;④商标评审委员会对第6020569号"乔丹"商标重新作出裁定。

五、裁判理由

最高人民法院认为,本案争议焦点为争议商标的注册是否损害了再审申请人就"乔丹"主张的姓名权,违反2001年修正的《商标法》第31条关于"申请商标注册不得损害他人现有的在先权利"的规定。判决主要认定如下。

(一)关于再审申请人主张保护姓名权的法律依据

《商标法》第31条规定:"申请商标注册不得损害他人现有的在先权利。"对于《商标法》已有特别规定的在先权利,应当根据《商标法》的特别规定予以保护。对于《商标法》虽无特别规定,但根据《民法通则》《侵权责任法》和其他法律的规定应予保护,并且在争议商标申请日之前已由民事主体依法享有的民事权利或者民事权益,应当根据该概括性规定给予保护。《民法通则》第99条第1款、《侵权责任法》第2条第2款均明确规定,自然人依法享有姓名权。故姓名权可以构成《商标法》第31条规定的"在先权利"。争议商标的注册损害他人在先姓名权的,应当认定该争议商标的注册违反《商标法》第31条的规定。

姓名被用于指代、称呼、区分特定的自然人,姓名权是自然人对其姓名享有的重要人身权。随着我国社会主义市场经济的不断发展,具有一定知名度的自然人将其姓名进行商业化利用,通过合同等方式为特定商品、服务代言并获得经济利益的现象已经日益普遍。在适用《商标法》第31条的规定对他人的在先姓名权予以保护时,不仅涉及对自然人人格尊严的保护,而且涉及对自然人姓名,尤其是知名人物姓名所蕴含的经济利益的保护。未经许可擅自将他人享有在先姓名权的姓名注册为商标,容易导致相关公众误认为标记有该商标的商品或者服务与该自然人存在代言、许可等特定联系的,应当认定该商标的注册损害他人的在先姓名权,违反《商标法》第31条的规定。

(二)关于再审申请人主张的姓名权所保护的具体内容

自然人依据《商标法》第31条的规定,就特定名称主张姓名权保护时,应当满足必要的条件。

其一,该特定名称应具有一定知名度、为相关公众所知悉,并用于指代该自然人。《最高人民法院关于审理不正当竞争民事案件应用法律若干问题的解释》第6条第2款是针对"擅自使用他人的姓名,引人误认为是他人的商品"的不正当竞争行为的认定作出的司法解释,该不正当竞争行为本质上也是损害他人姓名权的侵权行为。认定该行为时所涉及的"引人误认为是他人的商品",与本案中认定争议商标的注册是否容易导致相关公众误认为存在代言、许可等特定联系是密切相关的。因此,在本案中可参照适用上述司法解释的规定,确定自然人姓名权保护的条件。

其二,该特定名称应与该自然人之间已建立稳定的对应关系。在解决本案涉及的在先姓名权与注册商标权的权利冲突时,应合理确定在先姓名权的保护标准,平衡在先姓名权人与商标权人的利益。既不能由于争议商标标志中使用或包含有仅为部分人所知悉或临时性使用的自然人"姓名",即认定争议商标的注册损害该自然人的姓名权;也不能如商标评审委员会所主张的那样,以自然人主张的"姓名"与该自然人形成"唯一"对应为前提,对自然人主张姓名权的保护提出过苛的标准。自然人所主张的特定名称与该自然人已经建立稳定的对应关系时,即使该对应关系达不到"唯一"的程度,也可以依法获得姓名权的保护。综上,在适用《商标法》第31条关于"不得损害他人现有的在先权利”的规定时，自然人就特定名称主张姓名权保护的，该特定名称应当符合以下 3 项条件：一是该特定名称在我国具有一定的知名度、为相关公众所知悉；二是相关公众使用该特定名称指代该自然人；三是该特定名称已经与该自然人之间建立了稳定的对应关系。

在判断外国人能否就其外文姓名的部分中文译名主张姓名权保护时，需要考虑我国相关公众对外国人的称谓习惯。中文译名符合前述三项条件的，可以依法主张姓名权的保护。本案现有证据足以证明“乔丹”在我国具有较高的知名度、为相关公众所知悉，我国相关公众通常以“乔丹”指代再审申请人，并且“乔丹”已经与再审申请人之间形成了稳定的对应关系，故再审申请人就“乔丹”享有姓名权。

（三）关于再审申请人及其授权的耐克公司是否主动使用“乔丹”，其是否主动使用的事实对于再审申请人在本案中主张的姓名权有何影响

首先，根据《民法通则》第 99 条第 1 款的规定，“使用”是姓名权人享有的权利内容之一，并非其承担的义务，更不是姓名权人“禁止他人干涉、盗用、假冒”，主张保护其姓名权的法定前提条件。

其次，在适用《商标法》第 31 条的规定保护他人在先姓名权时，相关公众是否容易误认为标记有争议商标的商品或者服务与该自然人存在代言、许可等特定联系，是认定争议商标的注册是否损害该自然人姓名权的重要因素。因此，在符合前述有关姓名权保护的三项条件的情况下，自然人有权根据《商标法》第 31 条的规定，就其并未主动使用的特定名称获得姓名权的保护。

最后，对于在我国具有一定知名度的外国人，其本人或者利害关系人可能并未在我国境内主动使用其姓名；或者由于便于称呼、语言习惯、文化差异等原因，我国相关公众、新闻媒体所熟悉和使用的“姓名”与其主动使用的姓名并不完全相同。例如在本案中，我国相关公众、新闻媒体普遍以“乔丹”指代再审申请人，而再审申请人、耐克公司则主要使用“迈克尔·乔丹”。但不论是“迈克尔·乔丹”还是“乔丹”，在相关公众中均具有较高的知名度，均被相关公众普遍用于指代再审申请人，且再审申请人并未提出异议或者反对。故商标评审委员会、乔丹公司关于再审申请人、耐克公司未主动使用“乔丹”，再审申请人对“乔丹”不享有姓名权的主张，不予支持。

（四）关于乔丹公司对于争议商标的注册是否存在明显的主观恶意

本案中，乔丹公司申请注册争议商标时是否存在主观恶意，是认定争议商标的注册是否损害再审申请人姓名权的重要考量因素。本案证据足以证明乔丹公司是在明知再审申请人及其姓名“乔丹”具有较高知名度的情况下，并未与再审申请人协商、谈判以获得其许可或授权，而是擅自注册了包括争议商标在内的大量与再审申请人密切相关的商标，放任相关公众误认为标记有争议商标的商品与再审申请人存在特定联系的损害结果，使得乔丹公司无需付出过多成本，即可实现由再审申请人为其“代言”等效果。乔丹公司的行为有违《民法通则》第 4 条规定的诚实信用原则，其对于争议商标的注册具有明显的主观恶意。

（五）关于乔丹公司的经营状况，以及乔丹公司对其企业名称、有关商标的宣传、使用、获奖、被保护等情况，对本案具有何种影响

乔丹公司的经营状况，以及乔丹公司对其企业名称、有关商标的宣传、使用、获奖、被保护等情况，均不足以使争议商标的注册具有合法性。

其一，从权利的性质以及损害在先姓名权的构成要件来看，姓名被用于指代、称呼、区分特定的自然人，姓名权是自然人对其姓名享有的人身权。而商标的主要作用在于区分商品或者服务来源，属于财产权，与姓名权是性质不同的权利。在认定争议商标的注册是否损害他人在先姓名权时，关键在于是否容易导致相关公众误认为标记有争议商标的商品或者服务与姓名权人之间存在代言、许可等特定联系，其构成要件与侵害商标权的认定不同。因此，即使乔丹公司经过多年的经营、宣传和使用，使得乔丹公司及“乔丹”商标在特定商品类别上具有较高知名度，相关公众能够认识到标记有“乔丹”商标的商品来源于乔丹公司，也不足以据此认定相关公众不容易误认为标记有“乔丹”商标的商品与再审申请人之间存在代言、许可等特定联系。

其二，乔丹公司恶意申请注册争议商标，损害再审申请人的在先姓名权，明显有悖于诚实信用原则。商标评审委员会、乔丹公司主张的市场秩序或者商业成功并不完全是乔丹公司诚信经营的合法成果，而是一定程度上建立于相关公众误认的基础之上。维护此种市场秩序或者商业成功，不仅不利于保护姓名权人的合法权益，而且不利于保障消费者的利益，更不利于净化商标注册和使用环境。

案例 2　克里斯蒂昂迪奥尔香料公司诉国家工商行政管理总局商标评审委员会商标申请驳回复审行政纠纷案（指导案例 114 号）

一、裁判要点

（1）商标国际注册申请人完成了《商标国际注册马德里协定》及其议定书规定的申请商标的国际注册程序，申请商标国际注册信息中记载了申请商标指定的商标类型为三维立体商标的，应当视为申请人提出了申请商标为三维立体商标的声明。因国际注册商标的申请人无需在指定国家再次提出注册申请，故由世界知识产权组织国际局向中国商标局转送的申请商标信息，应当是中国商标局据以审查、决定申请商标指定中国的领土延伸保护申请能否获得支持的事实依据。

（2）在申请商标国际注册信息仅欠缺《商标法实施条例》规定的部分视图等形式要件的情况下，商标行政机关应当秉承积极履行国际公约义务的精神，给予申请人合理的补正机会。

二、相关法条

《商标法实施条例》第 13 条、第 52 条。

三、基本案情

涉案申请商标为国际注册第 1221382 号商标，申请人为克里斯蒂昂迪奥尔香料公司（以下简称迪奥尔公司）。申请商标的原属国为法国，核准注册时间为 2014 年 4 月 16 日，国际注册日期为 2014 年 8 月 8 日，国际注册所有人为迪奥尔公司，指定使用商品为香水、浓香水等。

申请商标经国际注册后，根据《商标国际注册马德里协定》《商标国际注册马德里协定有关议定书》的相关规定，迪奥尔公司通过世界知识产权组织国际局（以下简称国际局），向澳大利亚、丹麦、芬兰、英国、中国等提出领土延伸保护申请。2015 年 7 月 13 日，国家工商行政管理总局商标局向国际局发出申请商标的驳回通知书，以申请商标缺乏显著性为由，驳回全部指定商品在中国的领土延伸保护申请。在法定期限内，迪奥尔公司向国家工商行政管理总局商标评审委员会（以下简称商标评审委员会）提出复审申请。商标评审委员会认为，申请商标难以起到区别商品来源的作用，缺乏商标应有的显著性，遂以第 13584 号决定，驳回申请商标在中国的领土延伸保护申请。迪奥尔公司不服,提起行政诉讼。迪奥尔公司认为,首先,申请商标为指定颜色的三维立体商标,迪奥尔公司已经向商标评审委员会提交了申请商标的三面视图,但商标评审委员会却将申请商标作为普通商标进行审查,决定作出的事实基础有误。其次,申请商标设计独特,并通过迪奥尔公司长期的宣传推广,具有了较强的显著性,其领土延伸保护申请应当获得支持。

四、裁判结果

北京知识产权法院于 2016 年 9 月 29 日作出(2016)京 73 行初 3047 号行政判决,判决:驳回迪奥尔公司的诉讼请求。迪奥尔公司不服一审判决,提起上诉。北京市高级人民法院于 2017 年 5 月 23 日作出(2017)京行终 744 号行政判决,判决:驳回上诉,维持原判。迪奥尔公司不服二审判决,向最高人民法院提出再审申请。最高人民法院于 2017 年 12 月 29 日作出(2017)最高法行申 7969 号行政裁定,提审本案,并于 2018 年 4 月 26 日作出(2018)最高法行再 26 号判决,撤销一审、二审判决及被诉决定,并判令商标评审委员会重新作出复审决定。

五、裁判理由

最高人民法院认为,申请商标国际注册信息中明确记载,申请商标指定的商标类型为“三维立体商标”,且对三维形式进行了具体描述。在无相反证据的情况下,申请商标国际注册信息中关于商标具体类型的记载,应当视为迪奥尔公司关于申请商标为三维标志的声明形式。也可合理推定,在申请商标指定中国进行领土延伸保护的过程中,国际局向商标局转送的申请信息与之相符,商标局应知晓上述信息。因国际注册商标的申请人无需在指定国家再次提出注册申请,故由国际局向商标局转送的申请商标信息,应当是商标局据以审查、决定申请商标指定中国的领土延伸保护申请能否获得支持的事实依据。根据现有证据,申请商标请求在中国获得注册的商标类型为“三维立体商标”,而非记载于商标局档案并作为商标局、商标评审委员会审查基础的“图形商标”。迪奥尔公司已经在评审程序中明确了申请商标的具体类型为三维立体商标,并通过补充三面视图的方式提出了补正要求。对此,商标评审委员会既未在第 13584 号决定中予以如实记载,也未针对迪奥尔公司提出的上述主张,对商标局驳回决定依据的相关事实是否有误予以核实,而仍将申请商标作为“图形商标”进行审查并径行驳回迪奥尔公司复审申请的做法,违反法定程序,并可能损及行政相对人的合法利益,应当予以纠正。商标局、商标评审委员会应当根据复审程序的规定,以三维立体商标为基础,重新对申请商标是否具备显著特征等问题予以审查。

《商标国际注册马德里协定》《商标国际注册马德里协定有关议定书》制定的主要目的是通过建立国际合作机制,确立和完善商标国际注册程序,减少和简化注册手续,便利申请人以最低成本在所需国家获得商标保护。结合本案事实,申请商标作为指定中国的马德里商标国际注册申请,有关申请材料应当以国际局向商标局转送的内容为准。现有证据可以合理推定,迪奥尔公司已经在商标国际注册程序中对申请商标为三维立体商标这一事实作出声明,说明了申请商标的具体使用方式并提供了申请商标的一面视图。在申请材料仅欠缺《商标法实施条例》规定的部分视图等形式要件的情况下,商标行政机关应当秉承积极履行国际公约义务的精神,给予申请人合理的补正机会。本案中,商标局并未如实记载迪奥尔公司在国际注册程序中对商标类型作出的声明,且在未给予迪奥尔公司合理补正机会,并欠缺当事人请求与事实依据的情况下,径行将申请商标类型变更为普通商标并作出不利于迪奥尔公司的审查结论，商标评审委员会对此未予纠正的做法，均缺乏事实与法律依据，且可能损害行政相对人合理的期待利益，对此应予纠正。

综上，商标评审委员会应当基于迪奥尔公司在复审程序中提出的与商标类型有关的复审理由，纠正商标局的不当认定，并根据三维标志是否具备显著特征的评判标准，对申请商标指定中国的领土延伸保护申请是否应予准许的问题重新进行审查。商标局、商标评审委员会在重新审查认定时应重点考量如下因素：一是申请商标的显著性与经过使用取得的显著性，特别是申请商标进入中国市场的时间，在案证据能够证明的实际使用与宣传推广的情况，以及申请商标因此而产生识别商品来源功能的可能性；二是审查标准一致性的原则。商标评审及司法审查程序虽然要考虑个案情况，但审查的基本依据均为商标法及其相关行政法规规定，不能以个案审查为由忽视执法标准的统一性问题。

案例3　瓦莱奥清洗系统公司诉厦门卢卡斯汽车配件有限公司等侵害发明专利权纠纷案(指导案例115号)

一、裁判要点

(1)如果专利权利要求的某个技术特征已经限定或者隐含了特定结构、组分、步骤、条件或其相互之间的关系等，即使该技术特征同时还限定了其所实现的功能或者效果，亦不属于《最高人民法院关于审理侵犯专利权纠纷案件应用法律若干问题的解释(二)》第8条所称的功能性特征。

(2)在专利侵权诉讼程序中，责令停止被诉侵权行为的行为保全具有独立价值。当事人既申请责令停止被诉侵权行为，又申请先行判决停止侵害，人民法院认为需要作出停止侵害先行判决的，应当同时对行为保全申请予以审查；符合行为保全条件的，应当及时作出裁定。

二、相关法条

(1)《专利法》第59条。

(2)《民事诉讼法》第153条。

三、基本案情

瓦莱奥清洗系统公司(以下简称瓦莱奥公司)是涉案“机动车辆的刮水器的连接器及相应的连接装置”发明专利的专利权人，该专利仍在保护期内。瓦莱奥公司于2016年向上海知识产权法院提起诉讼称，厦门卢卡斯汽车配件有限公司(以下简称卢卡斯公司)、厦门富可汽车配件有限公司(以下简称富可公司)未经许可制造、销售、许诺销售，陈少某未经许可制造、销售的雨刮器产品落入其专利权保护范围。瓦莱奥公司请求判令卢卡斯公司、富可公司和陈少某停止侵权，赔偿损失及制止侵权的合理开支暂计600万元，并请求人民法院先行判决卢卡斯公司、富可公司和陈少某立即停止侵害涉案专利权的行为。此外，瓦莱奥公司还提出了临时行为保全申请，请求法院裁定卢卡斯公司、富可公司、陈少某立即停止侵权行为。

四、裁判结果

上海知识产权法院于2019年1月22日作出先行判决，判令卢卡斯公司、富可公司于判决生效之日起立即停止对涉案发明专利权的侵害。卢卡斯公司、富可公司不服上述判决，向最高人民法院提起上诉。最高人民法院于2019年3月27日公开开庭审理本案，作出(2019)最高法知民终2号民事判决，并当庭宣判，判决驳回上诉，维持原判。

五、裁判理由

最高人民法院的裁判理由如下。

(一)关于"在所述关闭位置,所述安全搭扣面对所述锁定元件延伸,用于防止所述锁定元件的弹性变形,并锁定所述连接器"的技术特征是否属于功能性特征以及被诉侵权产品是否具备上述特征的问题

第一,关于上述技术特征是否属于功能性特征的问题。功能性特征是指不直接限定发明技术方案的结构、组分、步骤、条件或其之间的关系等,而是通过其在发明创造中所起的功能或者效果对结构、组分、步骤、条件或其之间的关系等进行限定的技术特征。如果某个技术特征已经限定或者隐含了发明技术方案的特定结构、组分、步骤、条件或其之间的关系等,即使该技术特征还同时限定了其所实现的功能或者效果,原则上亦不属于《最高人民法院关于审理侵犯专利权纠纷案件应用法律若干问题的解释(二)》第8条所称的功能性特征,不应作为功能性特征进行侵权比对。前述技术特征实际上限定了安全搭扣与锁定元件之间的方位关系并隐含了特定结构——"安全搭扣面对所述锁定元件延伸",该方位和结构所起的作用是"防止所述锁定元件的弹性变形,并锁定所述连接器"。根据这一方位和结构关系,结合涉案专利说明书及其附图,特别是说明书第[0056]段关于"连接器的锁定由搭扣的垂直侧壁的内表面保证,内表面沿爪外侧表面延伸,因此,搭扣阻止爪向连接器外横向变形,因此连接器不能从钩形端解脱出来"的记载,本领域普通技术人员可以理解,"安全搭扣面对所述锁定元件延伸",在延伸部分与锁定元件外表面的距离足够小的情况下,就可以起到防止锁定元件弹性变形并锁定连接器的效果。可见,前述技术特征的特点是,既限定了特定的方位和结构,又限定了该方位和结构的功能,且只有将该方位和结构及其所起到的功能结合起来理解,才能清晰地确定该方位和结构的具体内容。这种"方位或者结构+功能性描述"的技术特征虽有对功能的描述,但是本质上仍是方位或者结构特征,不是《最高人民法院关于审理侵犯专利权纠纷案件应用法律若干问题的解释(二)》第8条意义上的功能性特征。

第二,关于被诉侵权产品是否具备前述技术特征的问题。涉案专利权利要求1的前述技术特征既限定了安全搭扣与锁定元件的方位和结构关系,又描述了安全搭扣所起到的功能,该功能对于确定安全搭扣与锁定元件的方位和结构关系具有限定作用。前述技术特征并非功能性特征,其方位、结构关系的限定和功能限定在侵权判定时均应予以考虑。本案中,被诉侵权产品的安全搭扣两侧壁内表面设有一对垂直于侧壁的凸起,当安全搭扣处于关闭位置时,其侧壁内的凸起朝向弹性元件的外表面,可以起到限制弹性元件变形张开、锁定弹性元件并防止刮水器臂从弹性元件中脱出的效果。被诉侵权产品在安全搭扣处于关闭位置时,安全搭扣两侧壁内表面垂直于侧壁的凸起朝向弹性元件的外表面,属于涉案专利权利要求1所称的"所述安全搭扣面对所述锁定元件延伸"的一种形式,且同样能够实现"防止所述锁定元件的弹性变形,并锁定所述连接器"的功能。因此,被诉侵权产品具备前述技术特征,落入涉案专利权利要求1的保护范围。原审法院在认定上述特征属于功能性特征的基础上,认定被诉侵权产品具有与上述特征等同的技术特征,比对方法及结论虽有偏差,但并未影响本案侵权判定结果。

(二)关于本案诉中行为保全申请的具体处理问题

本案需要考虑的特殊情况是,原审法院虽已作出关于责令停止侵害涉案专利权的先行判决,但并未生效,专利权人继续坚持其在一审程序中的行为保全申请。此时,二审法院对于停止侵害专利权的行为保全申请,可以考虑如下情况分别予以处理:如果情况紧急或者可能造成其他损害,专利权人提出行为保全申请,而二审法院无法在行为保全申请处理期限内作出终审判决的，应当对行为保全申请单独处理，依法及时作出裁定；符合行为保全条件的，应当及时采取保全措施。此时，由于原审判决已经认定侵权成立，二审法院可根据案情对该行为保全申请进行审查，且不要求必须提供担保。如果二审法院能够在行为保全申请处理期限内作出终审判决的，可以及时作出判决并驳回行为保全申请。本案中，瓦莱奥公司坚持其责令卢卡斯公司、富可公司停止侵害涉案专利权的诉中行为保全申请，但是其所提交的证据并不足以证明发生了给其造成损害的紧急情况，且最高人民法院已经当庭作出判决，本案判决已经发生法律效力，另行作出责令停止侵害涉案专利权的行为保全裁定已无必要。对于瓦莱奥公司的诉中行为保全申请，不予支持。

（最高人民法院知识产权审判庭）

2019 年度检察机关保护知识产权典型案例

案例 1　上海汪某等假冒注册商标案

一、案件事实

2018 年 5 月至 7 月，汪某在经营上海拓斛实业发展有限公司（以下简称拓斛公司）期间，指使员工余某订购假冒霍尼韦尔国际公司注册商标的包装袋，并租赁黄某某经营的上海惠安国际物流有限公司（以下简称惠安公司）仓库，在未经注册商标权利人霍尼韦尔国际公司许可和授权的情况下，将无品牌标识的大包装工业蜡由黄某某安排其员工分装改包成 25 千克装印有“Honeywell”“A－C”注册商标标识的小包装工业蜡，销售至上海、江苏、广东等多家公司，销售金额共计 100 万余元。2018 年 8 月 17 日，在惠安公司仓库内查获拓斛公司存放的“霍尼韦尔”工业蜡 464 袋（每袋 25 千克）、“霍尼韦尔”工业蜡原料 27 袋（每袋 25 千克），货值金额 11 万余元。

二、诉讼过程

上海市公安局宝山分局于 2018 年 8 月 13 日接到霍尼韦尔国际公司报案后，于 8 月 17 日会同上海市质量技术监督局至拓斛公司进行执法检查，当场发现涉案工业蜡，行政执法机关查扣后将该案移送公安机关，公安机关于当日对汪某以涉嫌销售假冒注册商标的商品罪立案侦查。9 月 14 日，提请宝山区人民检察院批准逮捕。

审查逮捕期间，检察机关就是否应当逮捕汪某进行了公开听证。其辩护律师提出对汪某批准逮捕将影响其经营企业的运转；侦查人员则提出汪某到案后供述不实，且有其他犯罪事实尚待继续侦查。检察官审查后认为，对汪某采取取保候审可能出现干扰证人作证或者串供等社会危险性，有逮捕必要；并且认为，汪某不仅销售假冒霍尼韦尔国际公司持有注册商标的工业蜡，而且将上述工业蜡分装改包成印有假冒注册商标的包装，公安机关定性不当，遂于 2018 年 9 月 21 日以假冒注册商标罪对汪某作出批准逮捕决定。进而向侦查人员制发了继续侦查取证意见书，列明需要继续侦查的事项、目的和要求，建议其调整侦查方向，以审判标准引导侦查人员完善固定证据。此外，检察官还发现余某帮助汪某联系购买假冒霍尼韦尔注册商标的包装袋用以包装工业蜡后对外销售；黄某某明知汪某实施假冒注册商标的行为仍将仓库租赁给汪某堆放涉案产品，并安排员工提供工业蜡分装服务，均应以共犯论处，随即向侦查人员制发应当逮捕犯罪嫌疑人建议书，追捕遗漏同案犯余某、黄某某。

2018 年 12 月 20 日，宝山公安分局将汪某、黄某某、余某涉嫌假冒注册商标罪一案移送起诉。审查起诉过程中，检察官发现侦查人员在接到行政执法机关移送的工业蜡后，仅查看了涉案物品，没有通过拍照、录像等记录方式予以固定，存在证据固定不规范的情况，立即向公安机关制发检察建议书建议整改。公安机关遂开展调查，落实整改措施，并通报全局各办案单位。

2019 年 5 月至 7 月，宝山区人民检察院以被告人汪某、黄某某、余某犯假冒注册商标罪向宝山区人民法院提起公诉。审理过程中，检察官发现惠安公司租赁仓库系单位整体意志支配下为单位谋取利益的行为，应评价为单位犯罪，遂对遗漏犯罪单位惠安公司及时追加起诉。

经上级法院指定，本案由上海市杨浦区人民法院审判。2019 年 10 月 31 日，杨浦区人民法院作出判决，以假冒注册商标罪判处汪某有期徒刑 3 年 3 个月，并处罚金 10 万元；判处惠安公司罚金 2 万元；判处黄某某有期徒刑 1 年 6 个月，并处罚金 8000 元；判处余某有期徒刑 1 年 3 个月，并处罚金 5000 元。该判决已生效。

三、评析意见

检察机关坚持将平等保护理念贯穿办案始终，对内资外资企业诉讼地位、诉讼权利、法律保护一视同仁，充分履行批捕、起诉、追捕、追诉、提出检察建议等各项法律监督职能，积极改进办案方式，丰富优化营商环境的手段，加大知识产权保护力度。具体表现在以下三方面。

（一）证据关口前移，充分发挥审前主导作用

为确保在庭审中能够准确有力地指控犯罪，检察官坚持以审判为中心，充分发挥检察主导作用，把证据关口前移至刑事诉讼前端的侦查阶段，从源头上提升指控证据的质量，落实庭审实质化对证据的要求。

（二）逮捕公开听证，始终坚守客观公正立场

为更好地行使批捕权，防止错误逮捕，充分保护当事人的诉讼权利，进一步深化检务公开，检察机关积极探索审查逮捕诉讼化改革。通过审查逮捕公开听证的方式将办案过程予以展示，推动审查逮捕由封闭审查向公开审查转变，使得犯罪嫌疑人及其辩护人的程序参与度得到明显提升，提高了刑事诉讼程序的透明度，让人民群众切实感受到司法的公平正义。

（三）监督多向发力，深耕诉讼监督主责主业

检察官坚持“在办案中监督、在监督中办案”的理念，通过充分行使各项监督职能，深挖犯罪全链条，有效追捕遗漏同案犯，及时追诉遗漏犯罪单位；同时加强对侦查活动的法律监督，促进执法行为规范化，取得了较好的监督成效。

案例 2　山东姚某某等假冒注册商标案

一、案件事实

自 2015 年以来，被告人姚某某（案发时为日照万能公司法定代表人）为获取高额利润，在未取得“CISCO”“HP”“华为”等注册商标所有人许可的情况下，安排被告人古某从网络平台购进制作假冒注册商标的打印机、标签纸、光纤模块等，先后租赁多处房屋伪造上述品牌的商标和包装标识，贴牌生产光纤模块等，并安排被告人庄某某、张某、魏某某联系客户销售至境外。

2015—2019 年，被告人姚某某、古某共计生产、销售假冒“CISCO”“HP”“华为”等注册商标的光纤模块 10 万余件，销售金额人民币 3162 万余元。案发时，现场扣押已生产尚未销售的假冒“CISCO”“HP”商标的光纤模块、交换机、电源、线缆 11 975

件，价值383万余元。2016—2019年，被告人庄某某销售上述光纤模块58万余美元（折合人民币352万余元），被告人张某销售71万余美元（折合人民币429万余元），被告人魏某某销售124万余美元（折合人民币745万余元）。

二、诉讼过程

2019年4月8日，山东省日照市公安局接惠普公司报案，称有客户在山东日照某公司买到假冒惠普注册商标的光纤模块，并提供了销售人员、发货地点信息。公安机关经立案侦查抓获犯罪嫌疑人，以涉嫌销售伪劣产品罪对姚某某、古某、张某、庄某某刑事拘留，以涉嫌销售假冒注册商标的商品罪对魏某某刑事拘留。5月24日，日照市人民检察院对姚某某、古某批准逮捕，对张某、庄某某、魏某某作出不批捕决定。7月19日，日照市公安局以姚某某、古某涉嫌假冒注册商标罪，庄某某、张某、魏某某涉嫌销售假冒注册商标的商品罪移送起诉。

在审查起诉过程中，鉴于侵权产品的买家多为国外客户，为解决境外取证难度大、周期长等问题，办案检察官引导公安机关及时补充惠普、思科公司的注册商标证、授权使用证书，证明被侵权商标系注册商标、被侵权方对该注册商标享有知识产权的关键事实，引导公安机关重点调取、固定买卖双方联系的电子邮件、电子合同等关键性电子证据，并强调取证规范，结合被告人之间的微信、QQ聊天记录、销售记录台账、发放工资的银行流水等资料，构建了完整的证据链条。检察官根据在案电子邮件、微信聊天记录等电子证据，结合供述、证人证言等言词证据，认为庄某某等3人明知销售的产品系假冒注册商标的商品，被告人姚某某以本人注册的公司名义招聘、雇用其从事假冒注册商标商品的贴牌、销售行为，分工明确、互相配合，共同实施的是既假冒注册商标又销售该假冒注册商标的商品的行为，遂改变定性，将全案以假冒注册商标罪提起公诉。

本案在适用认罪认罚从宽制度过程中，检察官认为5名被告人在共同犯罪中的分工、作用各不相同，各人所需要承担的法律责任也应有所区分。姚某某是犯罪的组织实施者且获取巨额利润，应对全部犯罪事实承担责任，古某及3名主要销售人员，作用相对较小、犯罪情节相对较轻，应从轻处理。检察官经多次向各被告人及其辩护人宣讲法律政策、核实沟通细节，精准提出量刑建议，体现罪责罚相适应原则，最终5名被告人全部认罪，4人签署认罪认罚具结书。

办案过程中，检察官注重告知权利人诉讼权利，认真听取被侵权企业意见、多次及时回应被侵权企业密切关注的诉讼进展、事实认定、定罪量刑等问题，确保其合法权利的行使，做到案件办理公开透明。

2019年9月6日，经上级院指定管辖，日照市东港区人民检察院对姚某某等5人提起公诉。12月12日，东港区人民法院以犯假冒注册商标罪，判处被告人姚某某有期徒刑4年，并处罚金500万元；判处被告人古某有期徒刑3年缓刑4年，并处罚金25万元；分别判处被告人张某、庄某某、魏某某有期徒刑2年4个月缓刑3年、2年2个月缓刑3年、2年8个月缓刑3年，并处罚金。同时，判决扣押在案的假冒注册商标的商品予以没收。一审判决后，上述被告人均未上诉，判决已生效。

三、评析意见

本案犯罪情节特别严重，主要体现在三个方面：一是本案侵权对象为"HP""CISCO""华为"等国内外知名注册商标；二是作案时间长达4年之久；三是涉案数额特别巨大。检察机关充分履行职责，依法严惩侵犯知识产权犯罪，维护了我国尊重和保护知识产权的国际形象。主要表现在以下几方面。

（一）改进工作方法，提高办案效率，缩短了审前羁押时间

办案检察官没有退回补充侦查，而是坚持同步审查、同步补证、同步沟通核实“三同步”工作法，在一个半月的审查起诉时限内提起公诉，显著提高了办案效率，缩短了被告人在审前被羁押的时间，切实保护了被告人的程序性利益。

（二）积极引导取证，细致审查研判，夯实起诉基础

本案检察官通过引导公安机关完善证据，补充证据材料26册，完善了证据体系；通过辨微析疑，对犯罪嫌疑人所犯罪行准确定性，审查起诉质量高。

（三）坚持平等保护中外知识产权权利主体的合法权益

检察官对所有涉及被侵权注册商标的犯罪事实，坚持同等标准审查、同等标准引导补证、同等标准起诉，有助于优化营商环境。

（四）依法适用认罪认罚制度，促使案结事了

由于前期对被告人和商标权人诉讼权利保障充分，判决后，国内外权利人对判决结果均无异议，被告人也未上诉，切实做到案结事了，节约了诉讼成本，实现了公正与效率的平衡。

案例3　重庆古某某假冒注册商标抗诉案

一、案件事实

浙江省永康市利而达刀具厂负责人施某广经原国家工商行政管理总局商标局核发，获得“阿诗玛”商标注册证，注册有效时间至2019年8月13日，注册适用范围为剪刀、镰刀、园艺工具等。2016年3月10日，施某广授权利而达刀具厂施某梦长期使用“阿诗玛”注册商标。2018年以来，被告人古某某为非法牟利，在未取得利而达刀具厂注册商标使用许可的情况下，租用重庆市大足区一处厂房，生产和销售假冒注册商标“阿诗玛”镰刀。其间，对外销售假冒的“阿诗玛”大月牙镰刀2000把、小月牙镰刀3600把，销售金额共计2.3万余元。2019年4月18日，重庆市大足区市场监督管理局会同大足区公安局，在古某某租赁的厂房内现场查获假冒注册商标“阿诗玛”的小月牙镰刀2.3万余把，价值9万余元。

二、诉讼过程

2019年4月18日，施某广向重庆市大足区市场监督管理局投诉称，在大足区辖区内有未经授权许可制造销售“阿诗玛”注册商标的产品。同日，大足区市场监督管理局调查后向大足区公安局移送线索。大足区公安局于当日对古某某以涉嫌假冒注册商标罪立案侦查，次日对其刑事拘留，后提请批准逮捕。检察机关准确把握事实证明标准和社会危险性条件，于2019年5月24日批准逮捕。6月26日，大足区公安局以古某某涉嫌假冒注册商标罪移送起诉。9月3日，大足区人民检察院经认真准备提起公诉，并针对被告人无悔罪表现的情况，建议判处有期徒刑9个月，并处罚金8万元。9月23日，大足区人民法院以假冒注册商标罪判处古某某有期徒刑9个月缓刑1年，并处罚金8万元。9月30日，大足区人民检察院以被告人未赔偿、未取得被害人谅解、无悔罪表现、造成被害人严重经济损失而适用缓刑不当为由提出抗诉。12月27日，重庆市第一中级人民法院采纳检察机关抗诉意见，对古某某改判有期徒刑9个月，并处罚金8万元。该判决已生效。

三、评析意见

本案虽属一起“小”案件，但是一起侵

犯知识产权犯罪适用缓刑不当经抗诉后予以改判的典型案例，彰显了检察机关对知识产权司法保护力度和实现精准监督的双重效果。打击侵犯知识产权犯罪，检察机关不仅要忠实履行审查逮捕、审查起诉职责，还要积极开展诉讼监督，从而有效保护权利人的合法权益，切实提升法律监督质效。本案中，检察机关依法提出抗诉，纠正了适用缓刑不当的错误判决，还立足司法办案，帮助民营企业筑牢合法诚信经营底线，促进民营经济健康发展。

（一）听取多方意见，精准提出量刑建议

在审查起诉阶段，检察官认真开展调查走访，多次讯问犯罪嫌疑人，听取辩护律师意见，查阅既往类似判例，审查全案后综合评估认为古某某有赔偿能力而拒绝赔偿，未取得被害人谅解，有继续羁押必要，后将该案提起公诉，并建议判处被告人古某某实刑。

（二）强化抗前研究，精准提出抗诉意见

一审判决后，检察院认真对照核查“三书”（公安机关起诉意见书、人民检察院起诉书、人民法院判决书），听取被害人意见，开展抗前专题研究，以被告人严重侵犯知识产权、能赔而拒赔、无悔罪表现等不应适用缓刑为由提出抗诉，获得二审法院判决支持。被害人激动地表示：“我一直追踪古某某三四年了，是检察机关给了我看得见的公平和正义，我们小企业维权太艰辛了，检察机关的抗诉就是对我们小型民营企业最大的保护，同时我也希望能通过我的案件让更多的人一起共同维护知识产权。”

（三）结合办案，精准开展“送法进民企”服务

重庆市大足区是驰名中外的五金之乡，知识产权保护显得尤为重要。针对办案中发现的一些民企法律知识缺乏、维权意识不强、维权能力欠佳问题，大足区人民检察院走访了一批民营企业，详细了解知识产权保护方面的困难和诉求，组织检察官为大足区互联网电子商务联合工会、互联网电子商务协会等民企送法上门，促使民营企业和企业家提高维权意识，掌握维权方法，筑牢合法守规经营底线。

案例4　北京张某某销售假冒注册商标的商品不起诉案

一、案件事实

北京东方雨虹防水技术股份有限公司（以下简称北京东方雨虹公司）是全国优质的建筑建材系统服务商。2018年3月至4月，被不起诉人张某某（个体工商户）从他人处低价购进带有北京东方雨虹公司注册商标的防水卷材，存储在北京市丰台区张仪村一仓库内，并在丰台区某店铺处对外销售（销售额无法查明）。2018年4月25日，公安机关从被不起诉人张某某实际使用的仓库内查获尚未销售的带有东方雨虹注册商标的两种型号的防水卷材共570卷。经鉴别，上述防水卷材均为假冒注册商标的商品。经评估，上述防水卷材的货值金额为15.9万元。

二、诉讼过程

2018年4月25日，北京市公安局丰台分局接到北京东方雨虹公司报案，称有人销售假冒其公司注册商标的商品。同日，丰台分局依法对张某某涉嫌销售假冒注册商标的商品案立案侦查，并于次日对其刑事拘留。后丰台区人民检察院准确把握犯罪情节和社会危险性条件，对其作出不批准逮捕决定，张某某被取保候审。2019年4月8日，丰台分局以张某某涉嫌销售假冒注册商标的商品罪移送起诉。

丰台区人民检察院受理案件后，依法及时向知识产权权利人送达诉讼权利义务告知书，多次听取权利人及其诉讼代理人意见。经全面审查，丰台区人民检察院于2019年5月21日召开公开听证会，听取并审查了被不起诉人、知识产权权利人诉讼代理人、值班律师、特约监督员等多方意见。张某某自愿认罪认罚后，检察机关对张某某作出相对不起诉决定，被不起诉人、知识产权权利人均未提出异议。检察机关还督促被不起诉人主动向知识产权权利人履行民事赔偿5万元，取得了权利人谅解。不起诉后，丰台区人民检察院制发检察意见书，将被不起诉人的侵权违法行为移送丰台区市场监督管理局审查处理。2019年11月18日，丰台区市场监督管理局依法对被不起诉人作出没收侵权商品，并罚款近80万元的行政处罚决定。

三、评析意见

本案中，检察机关在严格依法办案的基础上，全面保障知识产权权利人诉讼权利和被不起诉人人权，积极做好认罪认罚和教育感化工作，促使被不起诉人积极赔偿并获得权利人谅解，公开听证审查各方意见后作出不起诉决定，并移送行政机关追究其行政违法责任，为民营经济健康发展注入了信心和动力。

（一）准确认定犯罪数额，提高违法犯罪成本

对于起获物品的销售价格，张某某供述两种型号的侵权产品售价均远低于被侵权产品市场价格，由于仅有张某某供述，在缺乏相关证据印证的情况下，按照2004年最高人民法院、最高人民检察院《关于办理侵犯知识产权刑事案件具体应用法律若干问题的解释》第12条的规定，对于无法查明实际销售价格的，按照被侵权产品的市场中间价计算，最终认定被不起诉人尚未销售的假冒注册商标的商品货值金额为15.9万元，在一定程度上也体现了提高违法犯罪成本的精神。

（二）积极适用公开听证，依法作出不起诉决定

被不起诉人系依法注册登记的个体工商户，长期从事合法防水材料经营活动，因一时糊涂购进涉案商品，且未发现该商品存在明显质量问题，考虑到其系初犯、偶犯，认罪态度好，情节较轻，检察机关依法开展认罪认罚和教育感化工作，后被不起诉人自愿认罪认罚，主动赔偿权利人损失获得谅解。为保证案件效果，检察机关召开公开听证会，听取被不起诉人、知识产权权利人等多方意见，经综合全案，依法作出相对不起诉决定。

（三）实现行政执法与刑事司法无缝衔接，合力惩治侵权行为

为依法严厉打击侵权假冒行为，检察机关在作出不起诉处理决定后，及时向丰台区市场监督管理局提出检察意见，将被不起诉人的侵权违法行为移送行政机关审查处理，并全程跟踪后续办理情况，后丰台区市场监督管理局依法作出没收侵权商品并罚款的行政处罚决定，本案也成为“两法衔接”的成功案例。

案例5 江苏邓某某等销售假冒注册商标的商品案

一、案情事实

2017年5月至2019年1月初，被告人邓某某伙同张某建（在逃，另案处理）明知购入、持有的速溶咖啡为假冒“星巴克”“STARBUCKS VIA”等注册商标的商品，仍以每件（每件20盒，每盒5条）180余元的价格，将2.1万余件销售给被告单位双善食品（厦门）有限公司（以下简称双善食品公司），销售金额380万余元。

2017年12月至2019年1月初，被告人陈某某、甄某连、张某某、甄某从邓某某

处购入假冒“星巴克”速溶咖啡后以“双善食品公司”名义通过业务员推销、物流发货等方式，将 1.9 万余件假冒“星巴克”速溶咖啡销售给无锡、杭州、汕头、乌鲁木齐等全国 18 个省份 50 余家商户，销售金额共计 720 万余元。

案发后，公安机关先后在邓某某加工点、双善食品公司的仓库内查获假冒“星巴克”速溶咖啡 8500 余件，价值 116 万余元。

二、诉讼过程

2018 年 5 月 28 日，江苏省无锡市公安局新吴分局接市场监督管理部门线索后对该案立案侦查，新吴区人民检察院启动知识产权案件立案同步审查机制，提前介入侦查引导取证。后邓某某、陈某某、甄某连被批准逮捕，甄某被取保候审。2019 年 4 月 1 日，无锡市公安局新吴分局以双善食品公司、陈某某、甄某连、甄某涉嫌假冒注册商标罪、销售假冒注册商标的商品罪移送起诉；8 月 22 日又对邓某某以涉嫌相同罪名移送起诉。新吴区人民检察院及时向星巴克公司送达《知识产权刑事案件权利人诉讼权利义务告知书》。6 月 18 日，新吴区人民检察院要求公安机关补充移送起诉张某某，后张某某被取保候审。8 月 28 日公安机关将张某某补充移送起诉。检察机关审查起诉过程中，5 名被告人均表示认罪认罚，在值班律师的帮助下，签署了《认罪认罚具结书》。9 月 26 日，新吴区人民检察院以双善食品公司及邓某某、陈某某等 5 人犯销售假冒注册商标的商品罪提起公诉，其中追加认定犯罪金额邓某某 172 万元、双善食品公司 400 万元。12 月 18 日，新吴区人民法院以销售假冒注册商标的商品罪判处被告单位双善食品公司罚金 320 万元；判处被告人邓某某、陈某某、甄某连等 3 人 5 年至 4 年 6 个月不等有期徒刑，并处 300 万元至 200 万元不等罚金；判处被告人张某某有期徒刑 2 年缓刑 2 年 3 个月，并处罚金 18 万元；判处甄某有期徒刑 1 年 9 个月缓刑 2 年，并处罚金 10 万元；禁止张某某、甄某在缓刑考验期内从事生产、销售咖啡的经营活动。一审判决后，5 名被告人均未上诉，判决已生效。

三、评析意见

江苏省无锡市新吴区人民检察院提前介入引导侦查，破解跨境取证、固定证据、罪名认定等难题，依法追诉漏罪漏犯，精准指控犯罪，适用认罪认罚从宽制度，平等保护外国商标权利人合法权益，保障人民群众“舌尖上的安全”。

（一）依托机制“四”引导，筑牢证据根基

接到市场监督管理局移送线索后，检察机关立即启动知识产权案件立案同步审查机制，提前介入引导侦查，从四个方面提出继续侦查意见：一是引导侦查人员对多批次、不同口味的咖啡抽样鉴定，排除了有毒有害食品和伪劣产品的可能，从而确定涉嫌罪名是销售假冒注册商标的商品罪。二是引导侦查人员从电子数据、产品外观等客观证据查明售假人员主观明知，建议先固定公司高管陈某某、甄某连口供，避免了销售人员以商品来源手续齐备、无法辨识咖啡真伪为由否认主观明知。三是引导侦查人员查明邓某某、陈某某各自所在公司是否有合法业务，为准确认定单位犯罪做好铺垫。四是引导侦查人员通过调取海关报关单、检验检疫单等多种手段，跟踪溯源，追踪制假窝点，进而人赃俱获。

（二）强化诉讼监督，依法追诉遗漏犯罪

经检察官细致审查，虽然双善食品公司报关单、虚假授权等文件有一定迷惑性，但通过仔细查验电子数据、复核关键证人、比对供述细节，确定张某某等销售人员曾多次出面协调处置消费者举报投诉、超市销售商要求下架假货等情况，最终明确其具有知假售假的主观故意，并依法予以追

诉。结合被告人供述和证人证言，重点对汇款记录、公司账单等客观证据进行“拉网式”审查，追加认定了犯罪金额。

（三）出庭公诉准备充分，有力提升庭审效果

本案虽适用认罪认罚从宽制度，但庭审突发情况难以掌控。检察官充分做好庭前准备工作，庭审中主犯邓某某欲翻供，公诉人通过讯问、举证、释明翻供可能导致的后果，促使其最终当庭彻底认罪。

（四）树立平等保护理念，切实保障权利人合法权益

检察官介入侦查后积极引导公安机关“顺藤摸瓜”，帮助发现源头并铲除售假窝点。受理审查起诉后，检察官向星巴克公司送达中英文对照版《知识产权刑事案件权利人诉讼权利义务告知书》，认真听取权利人意见，并建议其派员出庭参加诉讼，权利人诉讼权利获得充分保障。检察官依法保护知识产权的举动，赢得星巴克公司尊重，并积极配合出具了该案所涉产品和包装系假冒商品的鉴定证明，推动案件快速办理，使商标权益获得充分保障，提高了诉讼质效。

案例 6 福建高某某等销售假冒注册商标的商品抗诉案

一、案件事实

2014 年 12 月，被告人林某某、高某某、唐某某共同出资，在福清市开设伊诺烟酒店。2015 年 4 月至 2017 年 6 月，3 名被告人为牟取非法利益，明知陆某某（另案处理）等人销售的洋酒系在高档洋酒中掺入低档洋酒（假而不劣），仍从上述人员处以明显低于市场价格大量购进假冒的芝华士、皇家礼炮等注册商标的洋酒并予以销售，销售金额达人民币 1700 余万元。2017 年 6 月 21 日，公安机关在伊诺烟酒店及仓库内扣押假冒芝华士等注册商标的洋酒 1600 余瓶。按照已查清的实际销售价格，被查扣洋酒价值 140 余万元。经鉴定，现场扣押的酒产品为假冒注册商标，但符合国家质量标准的产品。

二、诉讼过程

福建省福清市公安局在办案中发现伊诺烟酒店有销售伪劣产品行为，于 2017 年 6 月 22 日立案侦查。7 月 3 日、27 日，被告人高某某、唐某某、林某某分别投案。9 月 27 日，公安机关以被告人高某某、唐某某、林某某涉嫌销售伪劣产品罪移送福清市人民检察院审查起诉。后因管辖变更，由福州市鼓楼区人民检察院于 11 月 24 日审查起诉。

经审查，检察官认为，被告人销售的洋酒系在正品洋酒中掺入了低档次洋酒，是否属于《刑法》第 140 条规定的“以假充真、以次充好”仍需证据予以证明，遂积极引导公安机关取证，补充了 21 份检验报告，证明涉案洋酒符合行业质量标准要求。“以假充真、以次充好”本质上是以不具有某种使用性能的产品冒充具有该种使用性能的产品的行为，结合本案产品鉴定证明书等其他证据，认为涉案洋酒符合行业质量标准，不属于伪劣产品，故应当定性为销售假冒注册商标的商品罪。

2018 年 6 月 4 日，福州市鼓楼区人民检察院以被告人高某某、林某某、唐某某犯销售假冒注册商标的商品罪向鼓楼区人民法院提起公诉，指控 3 人销售金额为 1700 余万元，未销售金额为 140 余万元，对 3 名被告人均提出在 5 年 6 个月至 6 年幅度内判处有期徒刑，并处罚金的量刑建议。

经开庭审理，2018 年 12 月 20 日一审判决认定被告人高某某、林某某、唐某某犯销售假冒注册商标的商品罪，销售金额为 1800 余万元，未销售金额为 140 余万元，对被告人高某某判处有期徒刑5年8个月，并处罚金450万元；对被告人唐某某判处有期徒刑5年6个月，并处罚金350万元；对被告人林某某认定自首，判处有期徒刑5年3个月，并处罚金400万元。

一审宣判后，检察机关对判决进行全面细致的审查，发现认定犯罪数额比起诉犯罪数额高，增加认定的25万余元系一审法院认为检察机关在确定销售金额时将账本记录的未送货的货值进行了二次扣减。检察官认为，一审法院将账本记载的上家未发货商品计入库存，并将未发货值25万余元计入销售金额，属事实认定错误，应予纠正。同时认为，本案3名被告人均在公安机关传唤后主动到案，其中高某某、唐某某先投案，20余天后林某某投案，但3人到案后均未在第一时间如实供述，前几份笔录中对公安机关提出的关键问题未如实相告或者沉默不语。尤其是被告人林某某到案时，公安机关已通过前期侦查活动基本掌握了全部案件事实，在此情况下其仍然矢口否认自己知道销售的是假酒，故检察机关认为其不属于"如实供述"，一审法院认定林某某构成自首不当，应予纠正。

2018年12月28日，鼓楼区人民检察院向福州市中级人民法院提出抗诉。福州市中级人民法院于2019年5月8日作出判决，采纳检察机关抗诉意见，认定被告人高某某、林某某、唐某某销售假冒注册的商品金额为1700余万元，被告人林某某不具有自首情节，改判被告人林某某有期徒刑5年6个月，并处罚金400万元。

三、评析意见

本案涉及注册商标众多，能否准确认定和打击犯罪，考验着司法机关的办案能力。办案检察机关秉持客观公正立场，对各被告人准确适用法律，提出精准量刑建议，切实做到了公平公正、不枉不纵。主要表现在：检察官在一审阶段积极引导侦查取证，准确认定涉嫌罪名，做到了罪刑相适应，防止了轻罪重判；二审阶段，通过抗诉纠正错误事实认定，降低犯罪数额，保障了被告人的合法权利；依法排除自首认定，客观评判各被告人刑责，达到了准确适用法律的目的。

案例7 河南肖某某销售假冒注册商标的商品立案监督案

一、案件事实

2018年5月，被告人肖某某（个体工商户）明知洗护用品厂家"金源日化"（另案处理）生产的产品是假冒注册商标商品，仍从该厂以远低于市场的价格购进假冒"立白""蓝月亮""碧浪""汰渍"等注册商标的洗护用品1016件，拟销售到周边农村地区，后被行政执法机关查获。2019年7月1日，经河南兰考县价格认证中心认定，该批涉案商品价值16万余元。

二、诉讼过程

2018年5月28日，兰考县工商局将肖某某涉嫌犯罪线索移送县公安局，县公安局以涉案物品未作价格鉴定、肖某某外逃为由不予立案。7月14日，兰考县工商局将肖某某涉嫌销售假冒注册商标案件线索移送至兰考县人民检察院。7月18日，兰考县人民检察院向公安机关送达《要求说明不立案理由通知书》。7月25日，兰考县公安局立案侦查。7月29日，经检察机关、公安机关做工作，肖某某到兰考县公安局投案自首。检察官提前介入侦查，引导收集证据，并就案件定性提出意见。2019年3月25日，兰考县人民检察院向县公安局发出《立案监督案件催办函》，督促公安机关继续加快侦查。5月15日，兰考县公安局以肖某某涉嫌销售假冒注册商标的商品罪移送审查起诉。8月22日，兰考县人民检察院对肖某某提起公诉。同年11月27日，兰考县人民法院以销售假冒注册商标的商品罪判处被告人肖某某有期徒刑1年缓刑1年6个月。肖某某未上诉，判决生效。

三、评析意见

该案是一起典型的行政执法与刑事司法衔接过程中的立案监督案件。兰考县人民检察院贯彻“双赢、多赢、共赢”理念，始终坚持将监督职责贯穿办案全程，积极发挥审前主导作用，有效避免了有案不立、立而不侦、久侦不结问题，是检察官充分履行法律监督职能的生动实践。

(一)树立全程监督理念，强化主导作用

一是快速监督立案。接到行政执法机关移送线索后，检察机关迅速审查，发现涉案商品价值符合刑事立案标准，公安机关不立案于法无据，遂及时启动立案监督程序。二是提前介入引导取证。在案件定性上，检察官建议根据司法解释相关规定，适用从一重处原则，按销售假冒注册商标的商品罪认定，并与侦查人员达成共识；在犯罪嫌疑人主观明知、价值鉴定等方面明确取证方向、取证要求。三是跟踪监督不放松。为了把监督做到刚性，针对案件进展缓慢情况，依法向公安机关发出《立案监督案件催办函》，派检察官专人跟进，督促公安机关固定证据、尽快移送审查起诉。

(二)加强部门之间互动，形成打击合力

兰考县人民检察院与行政执法机关建立联络员制度，交流互通情况，掌握案件线索，及时履行监督职能。与公安、行政执法机关建立联席会议制度，商讨解决打击知识产权犯罪疑难问题。多次会同公安机关向犯罪嫌疑人家属讲解法律政策，最终促使犯罪嫌疑人投案自首。

(三)营造优质营商环境，实现双赢共赢多赢

为使被告人肖某某的销售企业尽可能不受案件影响，且考虑其投案后如实供述犯罪事实、认罪悔罪，兰考县人民检察院依法对其适用非羁押诉讼和认罪认罚从宽制度，并向人民法院提出适用缓刑的量刑建议并被采纳，保证了企业的正常经营。为实现“办理一案、治理一片”的效果，兰考县人民检察院走访企业，通过以案普法、现身说法等多种方式送法进企业，增强企业的法治意识；同时向监管部门制发依法打击农村地区假冒伪劣商品的检察建议，会同监管部门开展专项行动，坚决遏制伪劣商品向城乡接合部、农村扩散的势头。

案例8　四川徐某、李某等销售假冒注册商标的商品、假冒注册商标抗诉案

一、案件事实

2016年1月起，被告人徐某、李某(二人系夫妻关系)租用房屋，通过阿里巴巴1688网站建立账号“成都市优尼可鞋业公司”“XF18280092251”，销售贴有巴宝莉、古驰等商标的商品。2017年12月13日，公安机关现场查获大量贴有上述商标的商品，共计2.7万余件。经注册商标所有人对查获的商品进行鉴定，共有上述商标的15款商品被确认为假冒注册商标的商品。被告人徐某、李某通过两个账号销售其中12款假冒注册商标的商品金额220余万元；现场查获未销售的12款假冒注册商标的商品价值近30万元。被告人陈某负责销售账号客服工作，辅助销售假冒注册商标的商品金额70余万元；被告人林某负责库管及打包工作，辅助销售假冒注册商标的商品金额55万余元。

另查明，被告人文某某根据被告人徐某、李某提供的样图生产假冒古驰、巴宝莉商标的两款童鞋，货款金额共计5万余元；被告人张某某、刘某根据被告人徐某、李某提供的样图生产假冒古驰商标的三款童鞋，货款金额共计17万余元。

二、诉讼过程

2017年12月13日，四川省崇州市公安局接举报后在徐某、李某等人生产作坊查获、扣押大量假冒商品，并于当日立案侦查。检察官提前介入，引导侦查人员及时对生产假货、网络销售假货以及是否有“刷单”行为等证据及时收集固定。2018年1月12日，崇州市公安局以涉嫌销售假冒注册商标的商品罪对徐某提请批准逮捕。1月19日，崇州市人民检察院批准逮捕徐某，并向公安机关发出《应当逮捕犯罪嫌疑人建议书》，要求公安机关查处张某某、文某某并及时报捕。2月5日，公安机关对张某某、文某某以涉嫌销售假冒注册商标的商品罪提请批准逮捕。2月12日，张某某、文某某被检察机关批准逮捕，其余4人分别被取保候审。3月19日，崇州市公安局将该案向崇州市人民检察院移送起诉。11月5日，崇州市人民检察院以犯假冒注册商标、销售假冒注册商标的商品罪对被告人徐某、李某等7人提起公诉。2018年12月7日，崇州市人民法院作出判决，以徐某犯销售假冒注册商标的商品罪、假冒注册商标罪，判处有期徒刑4年6个月，并处罚金32万元；以相同罪名判处李某有期徒刑3年缓刑4年，并处罚金23万元；以假冒注册商标罪，判处张某某有期徒刑1年1个月，并处罚金25 000元，判处刘某有期徒刑1年1个月缓刑1年6个月，并处罚金25 000元，判处文某某有期徒刑11个月15日，并处罚金1万元；以销售假冒注册商标的商品罪，判处陈某有期徒刑10个月缓刑1年2个月，并处罚金6000元，判处林某有期徒刑8个月，缓刑1年，并处罚金5000元。

一审判决作出后，崇州市人民检察院经审查认为，判决未按照司法解释规定的标准计算罚金判罚，对徐某、李某罚金刑量刑畸轻，于2018年12月18日提出抗诉。2019年7月10日，成都市中级人民法院判决撤销一审关于徐某、李某二人的罚金刑判决，将二人原审罚金刑分别从32万元上调至57万元、从23万元上调至53万元，该判决已生效。

三、评析意见

本案涉案“山寨”作坊具备完整产业链条，假冒注册商标数量大、种类多，需要收集的证据复杂，取证难度大。检察官及时提前介入，引导公安机关收集固定证据，为全案顺利进行打牢基础，也有力保护了商标权人的合法权益，有效维护了市场经济秩序。该案的办理，不仅向社会传导出检察机关严惩侵犯知识产权犯罪的司法态度，还为国际著名商品、商标提供了良好的司法保障，用案例诠释了“法治是最好的营商环境”的理念。

（一）发挥侦查监督职能，确保全面精准打击

崇州市人民检察院立足检察职能，通过提前介入引导侦查，及时锁定案件重要证据，完善证据体系；通过纠正漏捕，成功挖掘上游犯罪人员，实行全链条打击。

（二）注重庭前会议，确保庭审质效

鉴于本案涉案人较多，检察官通过参加庭前会议，将关键性证据、争议焦点等向法官、律师全面介绍，为审判提供参考，提高了庭审质量和效率。

（三）积极开展审判监督，确保罚当其罪

本案在精准惩治犯罪的同时，以司法办案提升侵犯知识产权的犯罪成本，形成有力法律震慑。2019年以来，成都市两级检察院持续推进知识产权刑事案件审判监督专项活动，针对相关刑事案件罚金刑抗诉14件，改判12件，罚金数额由之前的168.9万元，改判增加至366.1万元，切实加大了惩罚性赔偿力度，增强监督实效，进一步推动知识产权案件量刑标准规范化建设。

案例9　江苏薛某某非法制造、销售非法制造的注册商标标识案

一、案件事实

2017年2月至2018年4月，被告人薛某某（无业）伪造洋河系列、国缘系列、双沟珍宝坊系列、泸州特曲及国窖系列、五粮液、茅台等白酒注册商标标识及外包装材料，并向张某、刘某（均另案处理）等人销售，非法经营数额1200万余元。另查明，2012年3月21日，薛某某曾因犯非法制造、销售非法制造的注册商标标识罪被判处有期徒刑6年，并处罚金20万元。2015年4月20日被假释，假释考验期自2015年4月29日至2017年6月23日。

二、诉讼过程

江苏省徐州市公安局铜山分局在办案中发现薛某某有涉嫌非法制造、销售非法制造的注册商标标识行为，遂于2018年4月19日对其立案侦查，认定被告人薛某某非法制造、销售非法制造的商标标识，非法经营44万余元，并于7月25日移送起诉。检察官经审查发现薛某某手记账目中疑似上下家近百人，经营数额远超44万元。8月25日，铜山区人民检察院将该案报送至徐州市人民检察院。徐州市人民检察院在审查起诉中，积极引导公安机关补充侦查，对相关账目进行审计。经审计，徐州市人民检察院认定薛某某非法经营958万余元，并于2019年3月12日以该数额对被告人薛某某提起公诉。开庭前，被告人提出审计报告存在重复计算问题，检察机关经重新审计，认定犯罪数额为1230万余元，并于8月16日依法变更起诉。9月29日，徐州市中级人民法院认定被告人薛某某犯非法制造、销售非法制造的注册商标标识罪，判处有期徒刑6年，并处罚金620万元；撤销浙江省台州市中级人民法院对薛某某予以假释的刑事裁定，实行并罚，决定执行有期徒刑7年，并处罚金638万元。一审判决后，被告人薛某某未上诉，判决已生效。

三、评析意见

本案检察机关全面细致审查案件，在引导公安机关侦查的同时积极开展自行侦查，追加认定巨额犯罪数额，同时查实被告人假释考验期内犯新罪的重要量刑情节，准确认定犯罪事实。同时坚持办案中释法说理，最终被告人自愿认罪认罚，服从判决不上诉，达到良好办案效果。

（一）深挖证据价值，依法追诉巨额犯罪事实

检察官根据被告人薛某某手记账目引导侦查人员继续侦查，进一步查找上下线，对相关账目进行审计。经审计，薛某某已收账款为958万余元，检察机关遂以该数额提起公诉。开庭前，检察机关结合被告人的辩解和指认，对被告人的三套账本逐笔核对，将银行卡交易记录和手写账目仔细比对，同时复核已查明的上下线，最终依法变更起诉犯罪数额为1230万余元。

（二）坚持释法说理，促使被告人认罪认罚

办案期间，检察机关充分听取被告人的供述和辩解，通过反复计算、仔细核对，及时向被告人及其辩护人告知审计结果，解释增减审计项目和金额的情况和依据，确保客观公正。虽然最终起诉金额变大了，但被告人对检察机关的扎实工作和严谨态度表示认可，完全接受新的审计报告，对变更起诉表示认同，表示自愿认罪认罚，开庭效果良好。

（三）查清前科事实，准确适用数罪并罚

有线索反映被告人薛某某系被减刑后提前释放，但没有相关证据材料支撑。是累犯还是假释考验期内犯新罪，涉及能否准确适用法律问题，需要进一步查实。检察机关通过自行查询裁判文书网，发现被告人为假释人员，遂要求公安机关对其前科情况进行补证。后查实被告人确系假释考验期内犯新罪，不构成累犯，应撤销假释，数罪并罚，从而准确适用法律。最终，徐州市中级人民法院对起诉犯罪事实全部予以认定。

案例 10 浙江陈某某非法制造、销售非法制造的注册商标标识不起诉案

一、案件事实

木制玩具产业是浙江省云和县第一支柱产业。2017 年下半年，陈某某未经注册商标所有权人浙江丹妮公司许可，接受胡某某（另案处理）委托，擅自生产印有注册商标标识 的儿童玩具蔬菜认知板覆膜贴纸、底纸、说明书各 1 万张，并收受胡某某给付的货款 7200 元。2018 年 8 月 10 日，陈某某主动归案，如实供述了自己的犯罪事实，并主动退出违法所得 7200 元。

二、诉讼过程

浙江省云和县人民检察院在对胡某某假冒注册商标案提前介入过程中，发现陈某某可能涉嫌非法制造、销售非法制造的注册商标标识罪，遂于 2018 年 8 月 6 日向云和县公安局发出《要求说明不立案理由通知书》。8 月 10 日，云和县公安局对陈某某以涉嫌非法制造、销售非法制造的注册商标标识罪立案侦查，同日取保候审。2019 年 7 月 5 日，公安机关将案件移送起诉。云和县人民检察院于 2019 年 11 月 28 日召开有当事人、行业协会、政府主管部门参加的听证会听取意见。同日，云和县人民检察院以被告人陈某某犯罪情节轻微，自愿认罪认罚，且具有自首、退赃情形，决定对陈某某不起诉，后建议行政执法机关对其行政处罚。云和县人民检察院还针对本县木玩产业知识产权保护问题向政府主管部门制发了检察建议，推动建章立制。

三、评析意见

本案检察机关坚持以证据为核心、以问题为导向，从案件证据把控到慎重作出处理决定，从案件漏洞整治到推动行业规范运行有效次第开展。案件的成功办理体现了检察机关在知识产权保护与人权保障之间不偏不倚，推动了在司法办案与服务民营经济之间无缝衔接，彰显了检察机关在积极履职与慎用刑事追诉之间恰当把握。

（一）厘清事实争议，准确认定犯罪

注册商标标识的件数认定应以“独立使用”还是“整体使用”为标准在司法实践中存在争议。根据相关司法解释，“件”是指标有完整商标图样的一份标识。本案中，被告人陈某某制造、销售的注册商标标识包括认知板覆膜贴纸、底纸和说明书各 1 万件。检察机关经审查认为，覆膜贴纸与底纸系配套使用，应整体计为 1 万件；含有注册商标标识的说明书可以单独在产品上使用，应单独计为 1 万件，故认定陈某某非法制造、销售非法制造的注册商标标识 2 万件，已构成犯罪。

（二）筑牢案件基础，审慎作出不起诉决定

第一，适用认罪认罚。检察机关在办案中注重教育感化，向陈某某全面阐释认罪认罚从宽制度，并充分听取其意见。后陈某某自愿签署认罪认罚具结书，并全额退出违法所得。第二，权利人告知。检察人员主动走访被侵权企业，告知诉讼权利，听取其合理诉求。第三，举行听证会。云和县人民检察院举行公开听证，邀请被侵权企业、木玩行业协会、政府主管部门到

场，认真听取各方意见建议，又考虑陈某某具有自首、积极退赃和认罪认罚等情节，最终决定依法对陈某某作出相对不起诉决定。

（三）立足依法办案，主动服务行业发展

为扶持木玩产业，云和县人民检察院针对该县未取得注册商标的原创木玩产品知识产权难以得到有效保护问题，开展专题调研，向政府主管部门制发检察建议，推动出台了《云和县木制玩具原创产品登记备案制度》。该县已有82家企业、590个原创木玩产品进行了备案登记。同时，云和县人民检察院依托服务非公企业联络站、微信群等平台，及时通报玩具企业原创产品及取得知识产权情况，宣传知识产权保护法律法规，及时解答企业知识产权保护中的疑难问题，有力支持了当地的木玩支柱产业发展。

案例11　广东李某某非法制造注册商标标识抗诉案

一、案件事实

2016年3月起，李某某在未取得注册商标“DANIEL WELLINGTON”“DW Daniel Wellington”（以下均简称“DW”）所有权人丹尼尔惠灵顿公司许可的情况下，将上述“DW”商标标识印制在其生产的包装盒上销售。2017年12月29日，李某某因犯非法制造注册商标标识罪被判处有期徒刑1年缓刑2年，并处罚金5万元。在缓刑考验期内，李某某仍制造并销售带有“DW”商标标识的包装盒。

2018年5月18日，深圳市公安局龙华分局办案民警根据举报抓获李某某，并在其住处、仓库以及汽车内缴获带有上述两种“DW”商标标识的白色手表包装盒3110个、黑色手表包装盒2650个、棕色皮质手表包装盒2470个、黑色首饰包装盒1573个、黑色说明书30 989本、卡片说明书5000张以及用于制造商标标识的模具。进而查明2016年3月15日至4月23日，李某某分4次向顾某销售带有“DW”商标标识的老款手表包装盒300个、新款手表包装盒300个、网带包装盒200个和首饰包装盒100个，获得销售款10 800元。

二、诉讼过程

2018年5月17日，丹尼尔惠灵顿公司报案称有人非法生产带有“DW”商标标识的手表包装盒。次日，深圳市公安局龙华分局立案，于5月19日以李某某涉嫌销售非法制造的注册商标标识罪对其刑事拘留。龙华分局提请批准逮捕后，检察机关认真审查，并考虑李某某属于在缓刑考验期内再次故意犯罪，作出批准逮捕决定。8月15日，龙华分局将该案移送起诉。审查起诉中，检察官认为在被告人李某某处查获的侵权产品涉及两种注册商标，标识数量合计约6.5万件，属于情节特别严重。9月14日，龙华区人民检察院依法提起公诉。龙华区人民法院认为，查获侵权产品商标标识数量合计4.5万余件，属于情节严重。2019年1月18日，龙华区人民法院判决被告人李某某犯非法制造注册商标标识罪，判决撤销前罪缓刑，本罪判处有期徒刑2年，并处罚金6万元；前后罪数罪并罚，决定执行有期徒刑2年6个月，合并执行罚金11万元；没收赃物。

龙华区人民检察院认为一审判决认定事实和适用法律均有错误，于2019年2月22日提出抗诉。深圳市人民检察院经审查认为，一审法院对涉案注册商标标识的数量认定及数罪并罚的法律适用确有错误，但龙华区人民检察院对于注册商标标识数量的计算方式亦不完全正确。5月24日，深圳市人民检察院变更抗诉理由后支持抗诉。

深圳市中级人民法院经开庭审理，并

经审判委员会讨论，同意深圳市人民检察院的抗诉意见和理由，于9月30日判决，判决撤销前罪缓刑；本罪判处有期徒刑4年，并处罚金6万元；前罪罚金5万元已缴纳，决定执行有期徒刑4年6个月，罚金6万元。

三、评析意见

本案争议焦点在于注册商标标识数量单位“件”的认定标准。相较于非法经营数额和违法所得数额，注册商标标识的数量往往更容易达到加重情节，而实践中数量的计算标准不同将直接影响量刑，故至关重要。办案检察机关认真履职，通过抗诉实现准确认定犯罪事实，罚当其罪。

（一）充分论证注册商标标识计算标准，消弭认识分歧

龙华区人民检察院认为，包装盒、说明书（卡）及其他包装材料中“标有完整商标图样的一个标识”即为一“件”；龙华区人民法院则认为，每套印刷完成的包装盒才具备独立的商标价值，每套包装盒及其上面印制的所有商标标识结合在一起才是刑法意义上的一“件”。深圳市人民检察院认为，可独立使用的物质载体上印制有数个相同或不同的商标标识的应认定为一“件”，一“件”商标标识应具备两个条件：一是每一件标识上都有完整的商标图样；二是每一件标识都可以独立使用。该意见论理充分、说服力强，最终推动检法达成了一致认识。

（二）获得权利人高度认可，取得良好社会效果

检察官仔细核查涉案包装实物，搜集研究大量已决案件，在准确理解适用相关法律和司法解释的基础上，论证出合理的注册商标标识数量计算标准，抗诉意见被法院采纳。该案权利人丹尼尔惠灵顿公司代表全程参加了二审庭审，认为检察官对犯罪指控全面、细致、有力，对检察官保障其合法权益的抗诉工作高度认可。

（三）严惩侵犯知识产权犯罪，保护非公企业合法权益

近年来，检察机关把服务保障非公经济健康发展作为重点工作，严惩侵犯知识产权犯罪，力争通过每一个案件的办理，将这项重任落到实处，为非公经济健康发展提供坚强的司法保障。

案例12　上海陈某等侵犯著作权案

一、案件事实

2017年7月至2019年3月，被告人陈某受境外人员聘用，在国内先后招募地域跨度大、居住地分散的被告人林某、赖某等7人，组建“鸡组工作室”QQ聊天群，更新维护盗版影视资源网站，并利用虚假身份注册资金账户，用于收取费用。陈某负责发布任务，并给群内其他成员发放报酬；林某负责招募人员、培训督促成员完成任务、统计工作量等；赖某等6人负责从人人影视、爱奇艺等网站将影视片源下载至远程服务器，再上传至云转码服务器，在云转码服务器上实现切片、转码、增加广告及水印、生成链接等功能，最后将转码生成的链接复制粘贴至相关盗版影视资源网站。经查，在此期间，陈某等人未经著作权人许可，通过信息网络传播他人影视作品2400余部，收到“野草”汇入的运营费用共计1250万余元，各被告人从中获利50万元至1.8万余元不等。

本案盗版影视作品多达2万余部，类型涵盖电影、电视剧、综艺、动漫等多个种类，著作权人分布在欧美、日韩、中国大陆和中国台湾地区等地。截至案发，由上述被告人参与更新维护的网站内固定保全到包括《流浪地球》《廉政风云》《疯狂外星人》等8部2019年春节档电影。

二、诉讼过程

2019 年 3 月，陈某等 8 人被上海市公安局以侵犯著作权罪立案侦查。4 月 16 日被上海市人民检察院第三分院批准逮捕。

审查起诉中，上海市人民检察院第三分院立足“捕诉一体”办案优势，发挥审前主导作用，围绕主要犯罪手法的固定、非经营数额认定以及未经著作权人许可的认定等关键问题，数次召开联席会议，优化收集固定证据，为顺利起诉奠定基础。2019 年 9 月 27 日，上海市人民检察院第三分院以被告人陈某等 8 人涉嫌侵犯著作权提起公诉，8 人均自愿认罪认罚。

2019 年 11 月 20 日，上海市第三中级人民法院作出判决，认定被告人陈某等 8 人犯侵犯著作权罪，分别判处有期徒刑 4 年 6 个月到 10 个月不等，并处罚金 50 万元至 2 万元不等。一审宣判后被告人未上诉，该判决已生效。

三、评析意见

本案系最高人民检察院、公安部和中宣部联合挂牌督办案件。该案由境内外人员相互勾结，租用大容量服务器，形成线下制作源头、线上传播网络的完整盗版产业链，是一起组织分工严密、作案手法隐蔽、危害性质严重的新型网络侵犯著作权案。本案涉侵权影视作品多达 2 万余部，著作权人遍布世界各地，且涉及《流浪地球》《廉政风云》等春节档热映电影，严重损害我国影视业知识产权保护，造成恶劣社会影响。为精准高效打击网络侵犯著作权犯罪，检察机关一是充分运用“捕诉一体”办案机制，加快办案节奏，实现快审快诉，一个月内完成审查起诉并获判，及时回应了社会关切。二是创造性地将抽样取证手段运用到网络环境中。引导公安机关根据案情依法抽样取证，最终抽样鉴定 460 部作品，均为侵权作品，破解了本案涉案作品数量多、类型多、权利人多的难题。三是申请鉴定人出庭助力指控犯罪。鉴定人凭借专业知识，运用多媒体手段直观展示犯罪手段，增强了指控力度，庭审取得良好效果。四是通过检察建议推动网络环境治理。上海市人民检察院第三分院及时走访市文化执法总队，针对影视盗版网站频现，就运用人工智能、大数据及区块链技术进一步加大国内版权监管执法力度，采取更有效技术措施屏蔽及关闭盗版影视网站，以及共同应对日益严重的跨境版权侵权，完善快速反应机制等提出检察建议。

案例 13　安徽许某、王某侵犯著作权案

一、案件事实

自 2014 年 5 月始，被告人许某租用服务器，采用“关关采集复制软件”“爬虫软件”，未经著作权人授权，采集复制他人文字作品上传至其个人运营的网站供读者免费阅读以增加读者点击量，并通过收取广告联盟的广告费非法获利。为扩大规模，许某于 2015 年成立合肥酷㖸咪公司，先后聘用编辑、技术人员十余名，架设了小小书屋、虎踞阁、263ZW 等 6 个盗版侵权网站，复制发行他人文字作品共 500 万余份，吸收会员 32 万余名，网站总点击量约达 18 亿次。仅 2017 年 7 月至 2018 年 1 月通过收取宣传易、洛米等广告联盟广告费 700 万余元。

被告人王某系许某聘用的首名员工，其明知许某从事侵犯著作权行为，仍长期从事侵权作品复制、编辑以及工资发放、人事管理等工作。

二、诉讼过程

本案由被害单位到安徽省合肥市公安局高新分局报案，高新分局于 2017 年 12 月 7 日对许某、王某以涉嫌侵害著作权罪立案侦查，并于 2018 年 1 月 12 日对许某刑事拘留。2018 年 2 月 14 日，合肥市高新

技术产业开发区人民检察院(以下简称高新区人民检察院,合肥市侵犯知识产权刑事案件统一由该院办理)批准逮捕许某,并列出详细继续侦查提纲。7月12日,合肥市公安局高新分局将本案移送审查起诉。审查起诉阶段,经检察官做工作,被告人家属向被害单位赔偿120万元,弥补了被害人损失,取得了被害人谅解。检察官针对被告人及其辩护人提出的问题,引导侦查人员收集、补齐证据,特别是在电子证据取证方面做足充分准备。高新区人民检察院于11月5日提起公诉。2019年4月26日,高新区人民法院以侵犯著作权罪判处被告人许某有期徒刑4年,并处罚金400万元;判处王某有期徒刑2年缓刑3年,并处罚金15万元。一审判决后,被告人提出上诉,同年9月9日合肥市中级人民法院二审裁定驳回上诉,维持原判。

三、评析意见

本案是一起利用互联网实施的重大侵犯著作权案,作案时间长达4年,侵权作品500万余份,吸收会员30万余名,网络点击量近18亿次,犯罪情节十分严重。检察机关在依法打击犯罪的同时,积极推动追赃挽损,并借力新闻媒体适度开展保护知识产权宣传,增强社会保护知识产权意识。

(一)坚持问题导向,全面收集固定证据

针对被告人以及辩护人提出的涉案网站复制的文字作品中并非全部是侵犯著作权作品,侵权作品有重复计算,网站点击量、会员人数均是网站自行修改,不能反映真实数字等问题,检察官多次与侦查人员会商研究,通过采取客观无区别的抽样方式对文字作品进行鉴定,证实抽样作品全部为侵权作品,并由此确定侵权作品数量;网站点击量、会员人数均是客观真实的反映,无法以人为方式从后台改动。最终检察机关认定的案件事实被一审、二审法院全部采纳。

(二)严格细致审查,增强抗辩针对性

本案系利用互联网实施的侵权行为,专业性、技术性、隐蔽性较强。被告人、辩护人提出被侵害网站并非著作权人、所使用的“爬虫软件”等均是公开获得、该案应该适用避风港原则等多项辩解。检察官在审查起诉期间深入研究了相关专业知识,明确被告人的行为不构成技术上的免责条款,开庭时一一作出有力反驳,精准指控犯罪。

(三)推动追赃挽损,全力挽回经济损失

审查起诉中,检察官及时要求侦查人员冻结许某账户上的违法所得数百万元,防止资产转移,并认真做好释法说理工作,积极督促被告人对被害人进行赔偿。在检察官多次劝导下,被告人家属向被害单位赔偿,取得了被害人谅解。

(四)适度宣传报道,营造保护知识产权浓厚氛围

本案的成功办理受到社会好评,引发广泛关注。中宣部、全国“扫黄打非”办公室组织多家媒体到高新区人民检察院采访,中央广播电视总台央视社会与法频道《一线》栏目作了专题报道,展示了检察机关保护知识产权工作,保护了人民大众投身创作的积极性,营造了全社会良好舆论氛围。

案例14 安徽赵某某等侵犯著作权案

一、案件事实

2015年以来,被告人赵某某未经著作权人许可,指使被告人王某扫描排版正版图书,并由被告人徐某的华东印刷厂将王某排版的书籍进行印刷、装订,同时雇用被告人王运某、王五某和王甲负责日常盗版图书的接发货,再通过物流渠道将盗版图书销往全国各地。2016年9月1日至

2017 年 3 月 4 日，被告人赵某某、王运某、王五某和王甲共计销售盗版图书 178 万余册。2017 年 3 月 16 日，公安机关在北京市通州区赵某某租用的 2 个仓库内查获盗版图书近 20 万册。被告人赵某某共计向被告人王某支付扫描排版费用 40 余万元，向被告人徐某支付印刷装订费用 180 余万元。

被告人周某、刘某某分别低价购入盗版图书后加价卖给被告人谢某。被告人谢某雇用陶阳某为其管理图书打包人员及联系上家供货，雇用陶旭某为其管理网店客服人员及管理资金，雇用汪安某、薛某、郝智某、陶严某为其从事盗版图书打包、打单等工作，将所购买盗版图书，通过在淘宝网开设的贝塔、胜雪、韵集等图书专营店对外销售近 59 万册。此外，公安机关从谢某位于合肥的多个仓库中查货盗版图书 5.5 万余册，盗版光碟 1.6 万余张。

二、诉讼过程

该案经群众举报，安徽省合肥市肥西县公安局于 2016 年 12 月 27 日对本案立案侦查，并于 2017 年 3 月 18 日对赵某某刑事拘留。案发后，合肥市高新技术产业开发区人民检察院(以下简称高新区人民检察院)检察官第一时间与侦查人员取得联系，多次会同侦查人员召开案情研判会议，并提出取证意见。2017 年 4 月 24 日，高新区人民检察院批准逮捕赵某某。7 月 24 日，合肥市肥西县公安局以赵某某等 16 人涉嫌侵犯著作权罪移送审查起诉。审查起诉阶段，检察官针对不同被告人责任划分、涉案数额等问题进行细致审查，先后两次退回公安机关补充侦查、多次讯问被告人。高新区人民检察院于 2018 年 2 月 5 日提起公诉，同年 11 月 27 日，高新区人民法院以侵犯著作权罪判处被告人赵某某有期徒刑 5 年，并处罚金 100 万元；其余各被告人均被判处有期徒刑 2 年至 5 年不等，并处罚金。一审判决后，部分被告人上诉，2019 年 6 月 10 日合肥市中级人民法院二审裁定驳回上诉，维持原判。

三、评析意见

该案是全国“扫黄打非”办公室、最高人民法院、最高人民检察院、公安部、国家版权局五部门联合挂牌督办的一起重大侵权盗版案件。盗版图书数量特别多，涉案金额特别大，涉案人员众多，并且部分图书印刷中使用的低劣油墨含有毒有害成分，给购书者特别是少年儿童的身体健康带来隐患，社会影响十分恶劣。合肥市高新区人民检察院充分履行检察职能，成功摧毁一个跨省印刷、销售盗版图书网络，净化了图书市场和阅读环境。

(一)做实提前介入，筑牢指控犯罪根基

提前介入期间，检察官对案件的法律适用定性提出意见，对众多涉案人员责任划分，对部分犯罪嫌疑人主观是否明知的判断、非法经营数额如何认定等问题提出引导取证意见，推动公安机关全面、准确收集固定证据，为该案顺利办理打下坚实基础。

(二)做足出庭准备，及时化解影响指控犯罪隐患

针对讯问中部分被告人提出销售盗版书籍中存在“刷单”情况的辩解，检察官及时要求侦查人员补充侦查，准确认定了犯罪数额。开庭审理时，检察官面向 100 多名旁听庭审的企业代表、机关代表等各界人士，当庭有力指控犯罪，有理有据反驳众多被告人及其辩护人不合理辩解及辩护意见，展示了检察官的专业素养和精神风貌。

(三)做好延伸工作，提升知识产权保护实效

该案办结后，高新区人民检察院及时总结办案经验，采取有效措施予以固化，如积极探索建立重点企业联席备案制度，定期召开公、检、法联席会议加强工作沟通，

邀请辖区企业座谈，及时掌握企业知识产权司法保护需求等。针对企业需求，高新区人民检察院积极“送法进企业”，结合典型案例以案释法，提升了企业知识产权维权意识，解决了企业干事创业后顾之忧，激发了企业开拓创新积极性，增强了企业综合竞争力。

案例 15　四川邱某侵犯著作权案

一、案件事实

2017 年 4 月 1 日，深圳圣盛网络公司取得“人人”棋牌游戏软件的著作权，并将该游戏软件的发行权和运营权授权给深圳盛大美游信息技术有限公司(以下简称盛大美游公司)。2017 年 2 月初，被告人邱某入职盛大美游公司任总经理，其通过职务上的便利获知了盛大美游公司 SVN 服务器账号、密码，并私自取得“人人”棋牌游戏源代码。2017 年 5 月至 6 月，邱某通过他人分别设立九颗星科技公司与天天乐科技公司(邱某为该两家公司的实际控制人)，在未经著作权人许可的情况下，将“人人”棋牌游戏进行“换皮”(即在全面改变原游戏外部表达基础上，保留原游戏核心资源，直接实现游戏的一种操作模式)、加工等形式修改，更名为“大赢家”棋牌游戏。2017 年 8 月，邱某从盛大美游公司正式离职后，利用九颗星科技公司负责“大赢家”棋牌游戏的技术支持，利用天天乐科技公司上线运营“大赢家”棋牌游戏。

经司法鉴定，“大赢家”棋牌游戏源代码与“人人”棋牌游戏源代码相似度达 99%，存在实质性相似。公安机关现场勘查显示，在“大赢家”棋牌游戏上线运营期间，玩家充值金额为 8200 余万元。

办案过程中，检察机关主动作为，促成邱某与盛大美游公司签订赔偿协议，邱某向盛大美游公司支付 220 万元赔偿款，并保证三年内不再从事与权利人直接或间接竞争的网络游戏的研发和经营，取得了盛大美游公司的谅解。

二、诉讼过程

2017 年 9 月 6 日，盛大美游公司就有人侵犯公司著作权向公安机关报案。同年 9 月 19 日，成都市公安局立案侦查。检察机关及时介入，以源代码相似鉴定为突破口，引导公安机关对邱某获取源代码的方式、修改游戏表达形式过程等证据进行全面收集。2017 年 12 月 27 日，成都市人民检察院以邱某涉嫌侵犯著作权罪对其批准逮捕。2018 年 1 月 25 日，成都市公安局移送起诉。次日，成都市人民检察院将该案交由成都高新技术产业开发区人民检察院(以下简称高新区人民检察院)办理。2018 年 7 月 28 日，高新区人民检察院提起公诉。审判阶段，高新区人民检察院多次与人民法院召开庭前会议，提出以“非法经营数额”作为判断刑期的基础，以“被告人违法所得数额”作为判断罚金刑的基础。2019 年 1 月 22 日，成都市高新区人民法院采纳检察机关的意见，认定邱某非法经营数额为 8200 余万元，违法所得数额为 200 余万元，以侵犯著作权罪判处邱某有期徒刑 5 年，并处罚金 400 万元。被告人未提出上诉，该判决已生效。

三、评析意见

本案属于涉计算机软件著作权、跨省域、涉案金额特别巨大的侵犯知识产权刑事案件，本案的办理既保障了被告人的合法权益，又帮助被害企业挽回了经济损失，体现了检察机关对侵犯知识产权刑事案件的重拳打击态势，强化了检察机关对企业科技创新成果的司法保护力度，对该企业乃至全国游戏产业健康发展都起到了示范作用。

(一)找准定位，发挥知识产权司法保护作用

成都是全国首个国家网络游戏动漫

产业发展基地、全国第二个国家动漫游戏产业振兴基地，是全国游戏产业的核心聚集地之一。可以说，知识产权保护状况是这个基地生命力、竞争力的重要指标。成都市人民检察院将该案交办至高新区人民检察院后，形成上下联动机制，多次组织讨论，以“精细化”促“规范化”，以“精办”案件提升知识产权保护新高度，切实为该动漫基地发挥知识产权司法保护作用。

（二）破解困局，积极探索“换皮游戏”侵权问题

本案是对游戏源代码“换皮”形成新游戏的侵犯计算机软件著作权案件。检察机关有意识建立以源代码相似鉴定为核心的证据链，证实该游戏实质上并无邱某的智力成果，而是原始游戏的智力再现。当前，游戏“换皮”侵权多发，严重制约了行业创新和可持续发展，该案的成功办理，无疑起到了强烈的震慑作用，充分展现了司法机关破解“换皮游戏”侵权困局的有益探索。

（三）客观公正，准确适用法律保障被告人权利

该案涉及人员众多、案情复杂，检察机关发现案件不仅非法经营数额特别巨大，资金转出数额也特别巨大，针对是以“违法所得数额”还是以“非法经营数额”适用刑罚的问题，认真研究并准确认定，最终得到法院判决认可。

（四）督促和解，有效弥补被害单位所受损失

知识产权侵权案件中，被害单位维权成本高，获得赔偿难。检察机关主动作为，积极督促邱某对被侵权企业履行赔偿责任，切实保障了被侵权企业的权益。

案例 16　北京田某某侵犯商业秘密案

一、案件事实

2017 年 2 月至 3 月，被告人田某某从北京精雕科技集团有限公司（以下简称北京精雕公司）离职前，利用该公司数据管理系统漏洞，从精雕科技服务器数据库下载文件共计 162 次，以网络共享传输的方式从个人办公用计算机拷贝文件到公用计算机共计 7 万余次，后用 U 盘、移动硬盘等设备将所下载文件窃走，其中涉及非田某某参与设计文件 3.3 万余个。被告人田某某到深圳创世纪机械有限公司（以下简称深圳创世纪公司）工作后，以玻璃机项目副总经理的身份使用其窃取的北京精雕公司型号为 JDLVG600 设备的图纸和技术方案，设计、生产出型号为 B-600A-B 设备并出售，给北京精雕公司造成经济损失 215 万余元。

二、诉讼经过

2018 年 6 月 12 日，北京精雕公司派员工到北京市公安局门头沟分局报案，称该公司原职工田某某违规下载公司设计图纸，非法窃取该公司商业秘密，给公司造成重大经济损失。2018 年 7 月 30 日，门头沟分局对田某某涉嫌侵犯商业秘密案立案侦查。2018 年 8 月，门头沟分局就田某某涉嫌侵犯商业秘密案邀请门头沟区人民检察院提前介入引导侦查。门头沟区人民检察院第一时间选派检察人员与侦查人员赴广东、河北调取关键证据，并启动北京市专业同步辅助审查办案机制，及时借助外脑补强专业知识。2019 年 1 月 22 日，门头沟分局以田某某涉嫌侵犯商业秘密罪提请门头沟区人民检察院批准逮捕。1 月 29 日，门头沟区人民检察院对其批准逮捕。3 月 21 日，门头沟分局以田某某涉嫌侵犯商业秘密罪移送起诉。在审查起诉阶段，为准确定性，检察机关组织召开专家论证会。检察官还通过自行侦查补充证据，并释法说理,促使田某某认罪认罚。7 月 1 日,门头沟区人民检察院以田某某犯侵犯商业秘密罪提起公诉。7 月 18 日,门头沟区人民法院采纳检察机关量刑建议并当庭宣判,判决被告人田某某犯侵犯商业秘密罪,判处有期徒刑 1 年 10 个月,并处罚金 10 万元。被告人田某某未上诉,判决已生效。

三、评析意见

本案的权利人北京精雕公司是北京市百强民营企业、国家火炬计划重点高新技术企业、中国机械工业百强企业,也是国内数控雕刻机床制造行业的龙头企业。本案中,权利人由于原内部员工侵犯商业秘密,导致遭受重大经济损失。门头沟区人民检察院立足检察职能,为高新技术企业排忧解难,对数据时代侵入计算机信息系统窃取技术信息的法律适用、权利人损失的认定等司法难题提出解决方案。同时,通过制发检察建议、开展“定制式”普法课等延伸检察职能,实现社会综合治理。

(一)发挥审前主导责任,平等保护民营企业的合法权益

一是积极引导侦查,促使案件侦查程序顺利推进。门头沟区人民检察院在案件侦查初期即应公安机关邀请介入侦查,先后列明 40 余条引导侦查意见,经过深挖细查,使全案得以突破。二是自行侦查,严密证据体系。检察官多次赴案发企业进行现场调查核实,查证窃取数据库文件路径,了解系统漏洞所在,为有力指控犯罪提供保障。三是准确认定权利人经济损失,合理确定损失计算方法。结合本案证据情况,在无法查明被侵权产品利润率,也无法确定侵权人利润时,检察官按照中国机床工具工业协会根据 105 家行业企业报的网络统计数据出具的行业平均利润率,对侵权产品的销售金额进行计算,最终认定权利人的经济损失数额,该损失计算方法得到判决认可。四是证据运用求极致,各方均感受到公平正义。检察官以扎实的证据为基础,对被告人积极开展教育感化工作,促使其认罪认罚,被告人田某某当庭表示将认真接受改造,争取早日回归社会,用自己的技术为社会创造价值。北京精雕公司对门头沟区人民检察院平等保护民营企业的做法表示认可。

(二)邀请专业人员辅助办案,解决专业难题

一方面启动北京市专业同步辅助审查办案机制。由于案件涉及大量电子数据且对定案具有关键作用,在引导侦查初期,检察官就邀请北京市人民检察院技术人员为电子数据的提取、保存等提供专业意见。另一方面借助外脑补强相关行业知识。针对机床设备的相关技术信息等专业知识,引导公安机关向该行业领域内的专家证人调取证言,邀请专家证人对案件专业知识进行详细解读,确保全面查明案情并在庭审中有力指控犯罪。

(三)厘清数据“身份”,准确适用法律

数据时代,大量的技术信息都是以数据的形式存在,本案在罪名上涉及侵犯商业秘密罪和非法获取计算机信息系统数据罪的分歧。针对该问题,检察机关组织召开专家论证会并达成共识,要从存储在计算机信息系统的数据性质、行为人主观故意内容、客观行为等方面综合判断所侵犯的法益。由于本案除了侵犯商业秘密外,并没有将数据用作其他用途,相关数据也不具有其他特殊性质,故不能认定为非法获取计算机信息系统数据罪。最终该定性意见被法院采纳。

(四)延伸检察职能,推进社会综合治理

门头沟区人民检察院针对北京精雕公司在保密等方面存在的问题制发检察建议,帮助其查疏堵漏。该企业收到建议后认真整改并回复，强化了对企业核心数据的保护工作。根据权利人需求，检察院还开展“定制式”普法课，全面提升企业和员工的风险防范意识。

案例 17　浙江金某某侵犯商业秘密案

一、案件事实

温州明发光学科技有限公司（以下简称明发公司）主要生产销售光学塑料显微镜、望远镜、太阳能聚光透镜、充电器，经多年研究掌握了菲涅尔超薄放大镜生产技术。被告人金某某在明发公司工作期间，先后担任业务员、销售部经理、副总经理，并与明发公司签订了保密协议。2011 年初，被告人金某某从明发公司离职，并成立温州菲涅尔光学有限公司（以下简称菲涅尔公司），到明发公司的供应商处购买相同类型的设备、材料等，使用相同的方法生产与明发公司同样的菲涅尔超薄放大镜进入市场销售，造成明发公司经济损失 120 万余元。经鉴定，菲涅尔公司制作菲涅尔超薄放大镜的工艺与明发公司工艺实质相同，且涉及的“三合一”塑成制作方法属于“不为公众所知悉”的技术信息。

二、诉讼过程

浙江省温州市平阳县公安局接明发公司报案，于 2016 年 10 月 27 日对金某某以涉嫌侵犯商业秘密罪立案侦查，并于 2017 年 2 月 24 日将案件移送温州市公安局。2018 年 1 月 23 日，温州市公安局将该案移送起诉，温州市人民检察院交由瑞安市人民检察院办理。瑞安市人民检察院于 2018 年 3 月 15 日、5 月 25 日两次退回公安机关补充侦查，并自行补充调取部分书证、证人证言。同年 8 月 16 日瑞安市人民检察院提起公诉，瑞安市人民法院于 2019 年 2 月 14 日作出判决，认定被告人金某某犯侵犯商业秘密罪，判处有期徒刑 1 年 6 个月，并处罚金 70 万元。被告人金某某上诉，温州市中级人民法院裁定驳回上诉，维持原判。

三、评析意见

本案属于典型的“违约使用型”侵犯商业秘密案件，且被告人不认罪，事实认定和定性难度较大。瑞安市人民检察院将引导公安机关侦查和自行侦查相结合，构建完整证据体系，合理认定犯罪数额，有力指控犯罪行为，充分保护民营企业知识产权，激发了民营企业干事创业的积极性。

（一）引导侦查和自行侦查并重，严把案件事实关、证据关

检察机关坚持“以审判为中心”的诉讼理念，严格把握起诉证据标准。针对被告人提出的辩解，多次与公安机关沟通探讨，确定取证方向并拟定详细可行的补查提纲，引导公安机关及时收集、固定关键证据。同时，本着亲历性原则，瑞安市人民检察院询问部分关键证人，调取有关书证。通过工作形成了完整的证据锁链，为指控犯罪夯实了证据基础。

（二）突破“零口供”办案难点，理顺认定犯罪证明思路

本案犯罪嫌疑人拒不认罪，检察机关认真梳理全案证据，理顺指控犯罪的证明思路，有力指控犯罪行为。检察官根据被告人与明发公司的保密协议，论证其明知具体保密的内容包括涉案技术信息和经营信息；根据被告人在明发公司从业务员到副总经理的任职经历和 2010 年年底离职的情况，结合两公司员工、客户、供应商的证人证言、菲涅尔公司 2011 年成立和变更登记的书证等，论证其具备接触并掌握涉案技术秘密和经营信息的条件且是菲涅尔公司的实际控制人；通过多份鉴定意见论证其使用的生产工艺与权利人的生产工艺实质性相同；结合审计没有发现菲涅尔公司任何研发资金投入且未发现有证明非涅尔公司工艺合法来源于他人的证据，从正反两方面综合论证侵犯商业秘密行为系由被告人实施，得到法院支持。

（三）明确损失认定方法，合理界定违法所得

在被害人无法对损失举证、无法核算研发成本的情况下，检察机关确定以侵权人违法所得，即已经获得或应得的非法收入来认定犯罪数额。同时，考虑到被告人在生产、销售中支出的合理成本，在销售金额中对该部分予以扣减，即违法所得＝销售毛利＝产品销售金额－产品销售成本（材料、工资、制造费用、电费）。而公司管理人员工资、社保、福利费、房租、固定资产折旧费等管理费用，即便没有生产侵权产品也需要支出，系公司的整体经营成本，而非因侵权行为产生的必要成本，不予扣减。

（四）制发检察建议书，做好知识产权延伸保护

瑞安市人民检察院结合办案开展调研，深入分析发案成因，针对被害单位在员工法治教育、保密意识、保密措施等方面存在的问题，及时制发检察建议书，一揽子提出完善管理的意见。被害单位采纳了检察机关的建议，及时整改堵塞公司管理漏洞，定期邀请法律人士为公司管理人员授课，弥补了自身短板，进一步增强了企业竞争力。

案例 18 江苏中国音像著作权集体管理协会与常熟市虞山镇鑫龙娱乐会所侵害作品放映权纠纷支持起诉系列案

一、案件事实

台湾索尼音乐娱乐股份有限公司（以下简称索尼台湾公司）享有对《爱如潮水》《白月光》等 282 部涉案音乐电视作品的著作权。2015 年 7 月，经原国家新闻出版广电总局批准，浙江文艺音像出版社进口索尼台湾公司出品的《索尼音乐经典金曲合辑》，以 DVD 形式发行。上述进口的音乐电视作品包括本案涉案音乐电视作品。2017 年 7 月 1 日，索尼台湾公司签署了著作权授权证明书，将其拥有著作权或通过授权享有著作权的涉案音乐电视在内的 282 部音乐电视作品的复制权、放映权以专有授权的方式授权给索尼音乐娱乐（上海）有限公司（以下简称索尼上海公司）（仅包括卡拉 OK 经营者、卡拉 OK 视频点歌设备提供商）。授权区域为中国大陆地区，后者有权以自己的名义与中国音像著作权集体管理协会（以下简称音集协）签订协议、有权许可卡拉 OK 经营者在相关的经营场所放映上述音乐电视作品、有权以被授权人的名义或委托音集协对相关侵权行为进行维权。同日索尼上海公司与音集协签订了关于著作权授权的《授权证明书》。合同约定权利人索尼上海公司将其依法享有权利的音乐电视作品的复制权、放映权等权利以专有授权的方式授权给音集协独家使用。其中，音集协对上述公司的音乐电视作品的使用者有权发放使用许可，并且有权以音集协的名义向侵权使用者提起诉讼，授权期限自 2017 年 7 月 1 日起至 2020 年 6 月 30 日止。

江苏省常熟市虞山镇鑫龙娱乐会所（以下简称鑫龙会所）未经音集协授权，在其经营场所提供设备，供他人点播、放映涉案音乐电视作品。2019 年 4 月 27 日音集协委托人员到江苏省常熟市虞山镇鑫龙娱乐会所包厢内点播了涉案音乐电视作品，并申请了证据保全。

二、诉讼过程

2019 年年初，江苏省常熟市人民检察院在梳理公益诉讼线索时，发现常熟市部分娱乐场所内存在未经授权点播音乐电视作品牟利的现象。因音乐电视作品关乎公共利益与知识产权保护，检察机关主动联系确认作品著作权的权利主体，并对其收集的相关证据进行审查。经审查，常熟市人民检察院认为鑫龙会所的行为属恶意侵犯他人著作权，遂根据《民事诉讼法》第 15 条的规定，于 2019 年 8 月 7 日向常熟市人民法院发出支持起诉书，支持音集协向常熟市人民法院提起知识产权诉讼，对被告鑫龙会所提出停止侵权、赔偿经济损失等诉讼请求。后常熟市人民检察院应常熟市人民法院征询，详细阐述了支持起诉的理由。2019 年 8 月 19 日，常熟市人民法院作出民事判决，采纳了检察机关的支持起诉意见，判令：①被告鑫龙会所立即停止侵犯《白月光》等 282 部涉案音乐电视作品放映权的行为，并从曲库中删除该作品；②被告鑫龙会所赔偿音集协经济损失人民币 98 700 元。该判决已生效。

三、评析意见

该系列案件是检察机关在著作权民事侵权领域充分运用支持起诉权的积极探索，彰显了检察机关对知识产权，特别是对境外知识产权的平等司法保护力度。基于著作权产品的公共受众对象的广泛性和权利主体的特殊性，检察机关积极行使民事法律监督职能，努力为知识产权民事保护提供优质检察产品。

（一）合理运用支持起诉权，体现公共利益代表属性

支持起诉是检察机关履行法律监督，维护公共利益职能的多种方式之一。而知识产权不同于一般的民事私权，受众对象广泛，具有公共性，检察机关在知识产权侵权案件领域开展支持起诉，能有效制约诉求滥用，更大程度地维护公共利益和个体利益均衡。

（二）突出诉中介入保护，加强诉讼活动全过程监督

有别于刑事检察对知识产权犯罪一般是在公安机关立案侦查之后介入以及传统民事行政诉讼监督的诉后救济模式，检察机关对线索进行审查评估，依职权启动支持起诉程序，主动对接权利被侵害方，根据其提供的证据线索开展调查核实，确认作品著作权的权利主体及授权情况，综合审查后以支持起诉的形式，通过提供法律意见、帮助调查取证、提交支持起诉书以及出庭发表独立的检察意见等多种方式参与诉讼活动，实现了检察机关介入保护和对诉讼活动的全过程监督。

（三）践行平等保护理念，营造企业良好营商环境

检察机关坚持诉讼地位和诉讼权利平等、法律适用和法律责任平等、法律保护和法律服务平等，当好被侵权者的“权益守护者”，积极营造良好营商环境。该案的办理获得了权利人的高度认可，对相关同行业经营者起到了教育、警示作用，增强了经营者对知识产权的保护意识，有效遏制了侵权行为。

（最高人民检察院第四检察厅）

2019 年度公安机关打击侵权假冒犯罪典型案例

案例 1　浙江台州公安机关破获罗某等制售伪劣化肥案

2019 年 8 月，浙江省台州市公安局破获一起制售伪劣化肥案，抓获犯罪嫌疑人 11 名，现场查获伪劣化肥 20 余吨、半成品 180 吨、原料 537 吨。经查，2018 年 7 月以来，犯罪嫌疑人罗某等共同出资成立江苏某生物工程有限公司，在没有取得农业部批准登记证号的前提下，冒用河北沧州某生物技术有限公司的登记证号，违反相关规定，随意添加活性菌，灌装生产有机化肥对外销售，数量达5万余吨，涉案金额达1.5亿元。该案的成功侦破，充分彰显了公安机关严厉打击制售假劣农资犯罪、维护农民群众合法权益的坚定决心和坚强战斗力。

案例2　山东烟台公安机关破获"11·27"系列制售假冒品牌葡萄酒案

2019年9月，山东省烟台市公安局破获系列制售假冒品牌葡萄酒案，捣毁制售窝点20个，抓获犯罪嫌疑人51名，现场查获假冒某知名品牌葡萄酒5.5万瓶、包材50万套。经查，2017年7月以来，犯罪嫌疑人刘某某等从天津、深圳等地购进假冒某知名品牌酒塞、酒标，在黑窝点灌装加工假冒葡萄酒进行销售。公安机关循线深挖，先后破获宋某某等销售假酒案、天津某有限公司非法制造假冒注册商标标识案、郑某某等制售假冒葡萄酒案等系列案件，总涉案金额达5.5亿余元。该案是中国公安机关积极维护国际知名酒企知识产权、全链条打击制售假酒犯罪重大典型案件。该案的侦破，彰显了公安机关对中外企业知识产权平等保护理念，有力促进了良好营商环境的营造，保障了食品安全。

案例3　天津市公安机关破获"8·02"生产销售假药案

2019年10月，天津等地公安机关分两批集中收网，成功侦破一起生产销售假药案，全链条查明肉毒素假药研发、生产、分销、零售犯罪网络，抓获犯罪嫌疑人26名，端掉假药生产、包装、储存窝点9处，查获肉毒素等美容针剂类假药5.2万余支、假药生产线3条以及发酵罐、冻干机等设备20余台，案值1亿余元。经查，犯罪嫌疑人杜某招募团队专门从事肉毒素生产技术研发，犯罪嫌疑人梁某等人建立生产车间和设备，大批量生产肉毒素冻干粉针剂，封装后将裸瓶销售给洪某等人贴标包装成多个品牌产品，利用互联网分销至全国。经鉴定，涉案的多批次肉毒素药品不含国家标准成分或成分不达标。该案的侦破，有力整治了美容药剂市场违法问题，消除了重大药品安全隐患。

案例4　黑龙江省公安机关破获"5·25"生产销售假药案

2019年12月，公安部指挥黑龙江省公安机关成功侦破一起生产销售假药案，抓获犯罪嫌疑人17名，捣毁假药生产、仓储、销售窝点12个，现场查获治疗心脑血管疾病等各类假药成品1万余盒、半成品1万余板（瓶）、散装药粒290余万粒，大量包材、辅料以及各类制假设备34台，涉案金额3.2亿余元。经查，犯罪嫌疑人孙某非法设立造假窝点生产假药，利用互联网平台将假药销往全国。该案涉案假药以淀粉、苦味剂等为原料制成，没有任何有效成分，患者使用后将严重耽误治疗。该案的侦破，成功打掉了一个涉及多省市，覆盖原材料、半成品、成品假药生产销售各个环节的犯罪全链条，消除了重大药品安全隐患。

案例5　广东佛山公安机关破获"7·02"制售假冒品牌净水器滤芯案

2019年9月，广东省佛山市公安局侦破一起特大制售假冒净水器滤芯案件，一举抓获李某等85名犯罪嫌疑人，捣毁制假售假窝点9处，查封制假生产线9条，缴获假冒品牌滤芯成品4.5万支，假冒防伪商标标识2万余张，造假设备32台（套），活性炭等滤芯组装原材料 10 余吨，案值 1.5 亿元。经查，不法分子设立多处地下窝点，购置滤芯裸机、滤管、活性炭、外壳、防伪标贴等配件和材料，大肆组装生产假冒品牌净水器滤芯，利用网店和社交平台销售。该案是近年来公安机关在假冒净水器滤芯领域侦破的抓获人数最多、案值最大的一起案件。案件的成功侦破，及时铲除了一个危害消费者用水安全的社会毒瘤，制止了大批假冒品牌滤芯流向市场，切实保障了广大群众饮水安全。

案例 6　吉林长春公安机关破获王某等人制售假冒品牌汽车配件案

2019 年 8 月，吉林省长春市公安机关经深入摸排、缜密侦查，成功破获一起制售假冒品牌汽车配件案，抓获王某等犯罪嫌疑人 14 名，在长春、杭州两地捣毁 4 处大型仓库，缴获假冒品牌刹车盘、刹车片、转向助力泵、保险杠、汽油滤清器、机油滤清器、空调滤芯、大灯等汽车配件 700 余种、10 万余件，查扣模具、打印机等制假设备 20 余台，价值 5000 余万元。经查，犯罪嫌疑人王某、张某以开办汽配公司为掩护，在上述两地租用仓库，从广东、江苏等地大量购入散装汽车配件，购买造假模具和打印设备，自行印制假冒商标标识和外包装，大肆加工制造假冒品牌汽车配件。该案是公安机关对制售假冒品牌汽配实施源头打击的典型案例。案件的成功侦破，有力打击了汽配行业领域造假犯罪活动，有力维护了品牌权利人的合法权益，切实保障了广大群众生命财产安全。

案例 7　浙江温州公安机关破获周某等制售假冒伪劣童装案

2019 年 12 月，浙江省温州市公安局成功破获一起特大制售假冒品牌儿童服装案，抓获犯罪嫌疑人 13 名，打掉假冒品牌童装生产、仓储、销售窝点 18 处，现场缴获假冒品牌儿童羽绒服等童装 3 万件，涉案金额 4200 余万元。经查，犯罪嫌疑人周某 2018 年以来在山东设立地下工厂，伙同他人生产市场畅销品牌的儿童服装，通过电商平台以正品价格的 2—3 折对外销售，至案发已累计销售各类假冒品牌童装 50 余万件。该案是公安机关在童装领域进行全链条打击制假售假犯罪的重大典型案件。案件的成功侦破，有力维护了消费者合法权益，保障了少年儿童身体健康。

案例 8　江西上饶公安机关破获李某等销售假冒品牌水杯案

2019 年 11 月，江西省上饶市横峰县公安局侦破一起制售假冒品牌水杯案，抓获犯罪嫌疑人 9 名，缴获假冒品牌水杯成品、半成品 28 万余件，查扣流水生产线 8 条、各类制假模具 9 套，涉案金额 5000 余万元。经查，犯罪嫌疑人 2018 年以来在浙江设立地下工厂生产假冒品牌塑料水杯、不锈钢保温杯，通过江西等地批发商在电商平台上进行兜售。本案中，不法分子以“开学促销”“清仓打折”等名义按正品价格的 3—5 折销售，日均产销假冒品牌水杯 1000 个左右，开学季前的高峰期可达 2000—3000 个。案件的成功侦破，有力打击了日用品行业造假犯罪，防范了校园食品安全风险。

案例 9　河南安阳公安机关破获刘某等人销售侵权复制品案

2019 年 11 月，河南省安阳市内黄县公安局根据当地版权执法部门通报的线索，立即开展调查，迅速锁定存放盗版教材和图书的仓储窝点，并经过缜密侦查和会商研判后，会同版权执法部门开展联合执法行动，成功侦破刘某等人销售侵权复制品案，查获涉及78个出版社、386种，共计29万册的盗版教材和图书。该案是公安机关与版权执法部门密切配合、联合行动，从一条权利人举报线索迅速深挖侦破的版权领域典型案件，充分体现了公安机关与版权执法部门的高效协作配合。该案的成功侦破，及时维护了相关出版社的合法权益，保障了著作权人的创新创作活力，促进了版权产业的健康繁荣发展。

案例10　上海市公安机关破获“5·09”制售假冒品牌服装箱包案

2019年7月，公安部组织上海、广东两地公安机关，联合阿联酋警方，对“5·09”制售假冒品牌服装箱包案嫌疑人同步收网，共抓获犯罪嫌疑人57名，捣毁犯罪窝点18处，查扣各类国际知名品牌服装箱包2.8万余件，涉案总价值20亿余元。其中，在阿联酋境内查扣侵权商品2.1万余件，摧毁售假窝点10处，拘捕犯罪嫌疑人20名，案值18亿元。经查，2014年以来，外籍犯罪嫌疑人在我国广州设立公司，组织生产假冒国际知名品牌服装箱包，并以“虚假报关”“真假混装”等方式运送至迪拜，再以正品促销等名义在迪拜当地销售，部分假货转口运至欧美等地，形成一条由外籍人员组织运营的跨国制假售假“产业链”。该案是我国警方积极倡导开展国际执法合作，联合摧毁整个跨国犯罪链条的典型案件，充分展现了我国坚决打击跨境知识产权犯罪的决心和能力。

（公安部食品药品犯罪侦查局）

国家版权局2019年度打击侵权盗版十大案件

案例1　北京中兴华睿公司侵犯新闻作品著作权案

一、基本案情

2019年6月，根据举报线索，北京市文化市场行政执法总队对北京中兴华睿公司侵犯新闻作品著作权案进行调查。经查，2019年3月至7月，该公司未经著作权人新华通讯社许可，通过其运营的“新华丝路网”向公众传播《“一带一路”结硕果 中哈合作再向前》等新闻作品，其中侵权文字作品140篇、摄影作品110幅。2019年7月，北京市文化市场行政执法总队对该公司作出罚款20万元的行政处罚。

二、案件评析

“剑网2019”专项行动将深化媒体融合发展版权专题保护作为重点任务，严厉打击未经授权转载新闻作品的侵权行为，严肃整治自媒体通过“标题党”“洗稿”方式侵犯新闻作品著作权的行为。该案的查办有力震慑了未经许可使用他人文字、图片作品的侵权行为，对强化媒体版权保护、推动媒体融合发展具有积极作用。

案例2　上海“补时点播影院”侵犯影视作品著作权案

一、基本案情

2019年2月，根据国家版权局关于打击院线电影侵权盗版专项工作部署，上海市文化和旅游局执法总队对上海“补时点播影院”侵犯影视作品著作权案进行调查。经查，该点播影院经营主体为上海此景文化公司徐汇分公司，通过点播系统和投影仪等放映设备向用户提供《黑豹》等263部电影作品的点播、放映服务，其中80部电影作品经美国电影协会北京代表处确认未获授权、183部电影作品无法提供授权材料。2019年12月，上海市文化和旅游局执法总队对该公司作出罚款20万元的行政处罚。

二、案件评析

该案是落实院线电影版权专项整治、加强电影作品版权保护的典型案例。涉案电影作品权利人涉及多个国家和地区，除经美国电影协会核实80部作品为侵权外，执法人员探索性运用《著作权法》第53条，对当事人无法证明获得合法授权放映的电影作品作为侵权情节予以考量，充分发挥了版权行政执法的威慑作用，对规范点播影院版权秩序作了有益探索。

案例3 江苏南京“韩剧TV”App侵犯影视作品著作权案

一、基本案情

2019年3月，根据江苏省打击网络侵权盗版集中办案周行动搜集线索，江苏省南京市文化市场综合执法总队对“韩剧TV”App侵犯影视作品著作权案进行调查。经查，南京乐酷公司未经著作权人许可，通过其运营的“韩剧TV”App，向用户提供88部影视作品的在线播放，并通过发布广告牟利。2019年9月，南京市文化市场综合执法总队对该公司作出没收违法所得2万余元、罚款83.9万余元的行政处罚。

二、案件评析

版权执法部门开展集中办案行动，发挥了版权行政执法主动监管、快捷高效的优势，成效显著。该案是集中办案行动的典型案件，罚款数额大，体现了版权执法部门加大惩治力度、提高违法成本、发挥法律震慑作用的执法导向，有利于营造不敢侵权、不愿侵权的法律氛围，有力维护了中外著作权人的合法权益。

案例4 广东珠海向荣玩具厂卡通玩具侵犯著作权案

一、基本案情

2019年1月，根据权利人投诉，广东省珠海市文化广电旅游体育局对珠海向荣玩具厂卡通玩具侵犯著作权案进行调查。经查，该玩具厂未经“宇宙英雄奥特曼”系列影视作品及人物形象美术作品著作权人许可，私自开发2套模具生产加工奥特曼系列玩具并进行销售，非法经营额4.8万余元。2019年5月，珠海市文化广电旅游体育局对该玩具厂作出没收侵权复制品、罚款20万元的行政处罚。

二、案件评析

本案系动漫卡通形象著作权侵权的典型案件。该案的查办对准确把握美术作品的复制权侵权行为、著作权行政执法中对实质性相似的认定方法等问题进行了有益探索，对加强动漫卡通领域著作权保护具有借鉴意义。

案例5 上海陈某等侵犯影视作品著作权案

一、基本案情

2019年3月，根据公安部、国家版权局关于打击院线电影侵权盗版专项工作部署，上海市公安机关对陈某等侵犯影视作品著作权案进行调查，抓获犯罪嫌疑人12名。经查，2017年7月以来，陈某等人运营子墨影视网、秋霞电影网、最快资源网等10个盗版影视资源网站，下载、传播包括《流浪地球》等春节档电影在内的影视作品2400余部，并通过添加境外赌博网站广告获利，涉案金额1250余万元。2019年11月，上海市第三中级人民法院以侵犯著作权罪，判处陈某有期徒刑4年6个月，并处罚金50万元；判处林某有期徒刑2年10个月，并处罚金17万元；其余6人分别被判处有期徒刑并处罚金。

二、案件评析

"剑网2019"专项行动严厉打击影院偷拍盗录及通过网络传播盗版影视作品行为。针对本案涉案作品数量多、类型多、权利人多的特点，司法机关准确适用相关司法解释，基于被告人非法提供网络视听服务且无法提供获得著作权人许可的证明材料，认定其"未经著作权人许可"，实现了案件的快侦快诉快判，揭露了盗版网站与影视资源站、赌博网站广告联盟的盗版黑色产业链，对加强院线电影版权保护、促进影视产业健康发展具有积极意义。

案例6　山西长治"圣城家园网"侵犯著作权案

一、基本案情

2019年1月，根据权利人投诉，山西省、长治市两级公安、版权部门成立专案组，对"圣城家园网"侵犯著作权案进行调查。经查，朱某某等以营利为目的，盗用他人身份信息进行网站备案，大量提供未经授权的电影、音乐、游戏、软件等盗版资源供会员公开下载，通过会员费与广告牟利，涉及影视作品16 700余部、音乐作品16 300余个、游戏作品4700余个、软件作品9900余件，网站注册会员达200万人次，点击量达13亿次。2019年12月，长治市壶关县人民法院以侵犯著作权罪，判处朱某某等人有期徒刑3年6个月不等，并处罚金81万元不等。

二、案件评析

本案侵权数量大、作品种类多、调查取证难，公安部门会同版权行政执法部门组成专案组，版权执法人员全程参与案件查办工作，持续加大办案力度。该案从立案到首名嫌疑人抓捕归案只用了15天时间，"两法衔接"有力有效，是加大侵权盗版打击力度、推动版权保护"两法衔接"的典型案件。

案例7　江苏徐州"5·10"侵犯图片作品著作权案

一、基本案情

2017年5月，根据举报线索，江苏省徐州市公安、版权部门成立专案组，对"5·10"侵犯图片作品著作权案进行调查。经查，2015年以来，雷某投资建设"7kk图片网"，由谢某某负责网站管理与图片编辑。2人未经著作权人许可，擅自传播他人图片作品，并植入广告牟利240万余元。网站非法传播图片累计290万余张，经抽取3798张照片鉴定，均与著作权人原版照片构成实质性相似。2019年2月，徐州市中级人民法院以侵犯著作权罪，判处雷某有期徒刑3年缓刑4年，并处罚金130万元；判处谢某某有期徒刑1年6个月缓刑2年，并处罚金10万元。

二、案件评析

"剑网2019"专项行动将规范图片市场版权秩序作为重点任务，严厉打击未经许可大量传播他人图片的违法行为。本案系侵犯图片著作权的典型案件，当事人侵权主观故意明显，涉案作品数量大，非法经营额高。该案的查办对打击网络图片侵权盗版行为有重要指导意义。

案例 8　安徽肥西谢某等侵犯著作权案

一、基本案情

2016 年 11 月，根据举报线索，安徽省、合肥市、肥西县三级版权、公安部门成立专案组，对谢某等侵犯著作权案进行调查。在北京市和通州区公安、版权部门支持配合下，专案组赶赴北京等多地调查取证。经查，谢某等人自 2016 年 1 月以来，在淘宝网先后开设三家图书专营店，共销售各类侵权盗版图书 22.12 万笔、178 万多册，销售总额 1520 余万元。2018 年 11 月，合肥高新技术产业开发区人民法院以侵犯著作权罪，分别判处 15 人有期徒刑 5 年至有期徒刑 2 年不等，并处罚金 316 万余元，没收违法所得 243 万余元。2019 年 6 月，合肥市中级人民法院对该案进行二审判决，维持原判。

二、案件评析

该案涉案图书数量多、涉案金额大、涉案人员众多，社会影响十分恶劣。版权行政执法与公安部门加强跨区域执法协作，对侵权盗版全链条进行有效打击，取得了积极成效，极大地震慑了不法分子，规范了出版物市场版权秩序。

案例 9　江西九江陆某等侵犯网络文学著作权案

一、基本案情

2018 年 11 月，根据举报线索，江西省九江市湖口县版权执法部门对陆某等侵犯网络文学著作权案进行调查，发现涉嫌构成犯罪，依法移送公安机关。经查，陆某等 5 人自 2015 年开始，先后开办乐文小说网、去看书小说网等多个网站，非法采集、发布大量未经授权的网络文学作品，并在网站内嵌入广告牟利，涉案违法所得 847 万余元。2019 年 12 月，九江市湖口县人民法院以侵犯著作权罪，判处陆某有期徒刑 4 年，并处罚金 116 万元；判处刘某阳有期徒刑 3 年 9 个月，并处罚金 89 万元；判处其余 3 人有期徒刑缓刑并处罚金，并没收全部违法所得。

二、案件评析

该案涉及多个省份，犯罪活动分工明确，网络犯罪手段隐秘，且采用多个网站“串连式”作案方式，涉及面广、社会危害大。通过省、市、县三级版权、公安部门密切协作、追根溯源、有力推进，取得了“当年立案，当年挂牌，当年判决”的突出成效，判决震慑力大，是推动“两法”衔接、提高执法效能的一起成功案例。

案例 10　山东菏泽“3・12”侵犯著作权案

一、基本案情

2018 年 3 月，根据群众举报，山东省菏泽市、定陶区两级版权、公安部门对“3・12”侵犯著作权案进行调查。经查，闫某某等委托菏泽新华贸易公司和菏泽义信印刷厂承印，通过网络平台注册账号，非法印刷、销售盗版雅思系列图书。执法部门共查处印刷、销售窝点 10 个，查获盗版书籍 25 万余册，盗版配套光盘 1.5 万余张，涉案金额达 1500 万元，抓获犯罪嫌疑人 13 人。2019 年 6 月、7 月，菏泽市定陶区人民法院以侵犯著作权罪，分别判处闫某某等 9 人 4 年至 1 年 6 个月有期徒刑不等，并处罚金 1 万元至 6 万元不等，没收违法所得共计 117 万元。

二、案件评析

该案是打击侵权团伙犯罪的典型案件，涉案盗版图书量大、侵权环节多、非法经营额高、涉案人员众多，严重侵犯权利人合法权益，社会影响恶劣。版权行政执法与公安部门密切配合，有效打击，震慑了不法分子，彰显了我国严格保护知识产权的坚定立场和鲜明态度，对维护出版物市场秩序、树立版权保护意识具有重要意义。

（中央宣传部版权管理局）

2019年中国海关知识产权保护典型案例

案例1　江门、天津、长沙、乌鲁木齐、石家庄海关查获出口至“一带一路”沿线国家侵权货物系列案

一、案情介绍

近年来，中国海关紧紧围绕建设“一带一路”创新之路，推动创新驱动发展，持续加强知识产权海关保护，查办了一系列输往“一带一路”沿线国家侵权货物典型案例，切实维护“中国制造”“中国创造”海外声誉。

江门海关持续加强对通过中欧班列输往“一带一路”沿线国家货物知识产权状况的关注度。通过风险分析布控，查获以一般贸易方式向海关申报出口至土耳其，涉嫌侵犯在海关总署备案“JIALING”商标专用权的跨骑式摩托车387辆，案值153.2万元。

天津海关积极加强知识产权保护为辖区企业出口“一带一路”沿线国家和地区的商品保驾护航。2019年4月，天津海关从权利人天津世纪五矿公司了解到，孟加拉国市场出现侵权砂轮片，影响公司品牌声誉，侵占公司市场份额。经分析研判，迅速启动区域联动执法协作机制，会同宁波海关查获诸暨市某公司申报出口的假冒“TJWELD”商标砂轮片共计280箱77 750个，价值6.6万元。

长沙海关在关注中欧班列的同时，也关注通过海运渠道输往“21世纪海上丝绸之路”沿线国家的侵权高风险货物。通过布控，查获以市场采购方式向海关申报出口至孟加拉国，涉嫌侵犯欧科蕾、雷朋、阿迪达斯、耐克、阿玛尼等15个知名品牌的眼镜29 630副、衣物640件。

乌鲁木齐海关通过重点布控，多次在输往哈萨克斯坦、乌兹别克斯坦、吉尔吉斯斯坦等国家的货物中，查获夹藏的侵犯华为、小米、潍柴等国内自主知识产权品牌的耳机、手机壳、汽车配件等侵权货物82批次，涉案货物数量79 494件。

石家庄海关通过风险分析发现市场采购贸易方式下出口的大量货物，普遍申报为无品牌商品，侵权风险较高，并据此开展风险布控，连续查获4起货物出口至越南、菲律宾等“一带一路”沿线国家的侵权案件，查获侵权货物共2380件。

二、案件点评

（一）该系列案件是海关落实“一带一路”倡议、服务国家经济发展大局的重要体现

“一带一路”沿线国家是近年来中国海关予以关注的重点。全国海关针对“丝绸之路经济带”聚焦通过中欧班列运输的铁路货物，针对“21世纪海上丝绸之路”聚焦海运货物。通过分析出口货物侵权风险特点，全国海关重点开展专项整治，连续查获多起侵权案件，出口侵权态势得到明显遏制，切实维护“中国制造”“中国创造”的国际形象。该系列案的查办彰显了海关贯彻共建“一带一路”倡议、落实国家重要战略的执行力。

（二）该系列案件是全国海关共同发力打击新兴业态重点渠道侵权行为的成功范例

中国海关知识产权保护的传统工作重心主要集中在沿海、沿边地区的传统贸易方式和传统业态。跨境电商、市场采购方式等新兴业态的拓展丰富了国际贸易方式，但同时出口货物侵权行为也呈现出向内陆海关漂移的趋势。2019年，中国海关

全面加强对内陆海关一线执法关员的岗位技能培训,全面提升关员知识产权保护执法能力水平。该系列案的查处,展示了中国海关大力扶持中欧班列这个新兴重要外贸通道发展的同时,严厉打击侵犯知识产权违法行为的决心和能力。

(三)该系列案件充分展现了海关对自主知识产权品牌在“一带一路”沿线国家和地区进行重点保护的成效

该系列案中查获的侵权货物,涉及多个自主知识产权品牌。这些品牌的产品在“一带一路”沿线国家久负盛名,但上述品牌企业近年来海外市场份额屡次遭到侵权商品的恶意抢占,对企业开发国外市场造成严重损害。该系列案的查处,对保护自主知识产权品牌、助力创新型企业顺利开发“一带一路”沿线国家和地区市场具有积极意义。

案例2　郑州、福州、沈阳、大连海关寄递渠道查获侵权邮包系列案

一、案情介绍

随着网络购物及跨境电商的快速发展,不法分子通过“化整为零”“蚂蚁搬家”等形式邮寄出境侵权商品的问题逐渐显现,给海关执法带来挑战。2019年,全国海关进一步加强对寄递渠道侵权问题的治理,充分整合一线监管资源,优化案件办理流程,严厉打击寄递渠道侵权行为,取得较好成效。

郑州海关对关区寄递渠道整体态势进行认真细致的综合分析研判,根据侵权邮包不同流向的特征及案件当事人无法查清且高频率寄递侵权物品的情势,探索通过集中并案模式办理寄递渠道侵权案件10起,涉及查获的侵权邮包2385批次。

福州海关结合关区寄递渠道物品进出口情况,依托信息化管理系统,开展专项风险分析研判,共查获涉嫌侵犯知识产权商品2320批次,查获侵犯“NIKE”“ADIDAS”“LV”“APPLE”等30多个品牌运动鞋、无线耳机、保温杯等物品5.18万件。

沈阳海关针对寄递渠道侵权货物“口岸漂移”的特点,结合“双十一”网络购物节时间节点,确定高风险商品精准施策,对进出境重点邮包实施百分之百查验,共查获侵权邮包2047批次、侵权物品2113件。

大连海关严格寄递渠道知识产权保护,通过“机检图像+人工查验”相结合方式,一举查获该关近年来最大一起出境邮包侵权系列案,查获目的地为北美、欧洲、日本等国家或地区侵权邮包1206批次,涉及大量运动鞋、箱包、手表等侵权物品。

二、案件点评

(一)该系列案件是海关“龙腾行动2019”打击寄递渠道侵权行为的重要成果

针对寄递渠道侵权高发、多发态势,海关“龙腾行动2019”将打击寄递渠道侵权列为工作重点,并召开专题会议进行部署。全国各寄递监管现场切实加强对邮包及快件的监管查验,有效堵截“化整为零”“蚂蚁搬家”等形式的侵权违法活动。行动期间,全国海关寄递渠道查获侵权案件批次增幅明显,共扣留侵权嫌疑货物4.2万批次,涉及货物数量56.49万件,分别是2018年同期的3.18倍和5.97倍。海关打击寄递渠道侵权行为取得显著成绩,具有良好示范作用。

(二)该系列案件是非口岸型海关开辟知识产权保护新战场的重要实践

全国海关在知识产权工作中牢固树立一盘棋意识,结合关区实际及侵权趋势开展专项风险分析,实施精准打击,传统口岸型海关以货运渠道为打击重点,非口岸型海关以寄递渠道为新的执法战场,成功查获大批侵权邮包,有效遏制寄递渠道侵权案件高发态势。全国共有2个海关在寄递渠道查获侵权货物批次超过5000批次;

4 个海关在寄递渠道查获侵权货物批次超过 2000 批次。郑州、福州、沈阳、大连等海关逐渐成为寄递渠道保护的中坚力量。

(三)该系列案件是海关打击互联网领域侵权新态势的典型案例

寄递渠道侵权货物，依托互联网线上交易、寄递邮包线下交付实现闭环，具有侵权链条化、碎片化、高频化、虚拟化、国际化等特点，需要依靠多方协作、推进综合治理、加强溯源打击。全国海关积极探索，不断增强与邮政部门、电商平台、公安机关的联系配合，运用大数据平台分析，探索集中并案办案模式，使寄递渠道进出口侵权行为无处遁形，寄递渠道通关环境和互联网领域生态进一步得到净化。

案例 3 汕头、青岛、厦门、南宁海关保护外商投资企业合法权益查获侵权货物系列案

一、案情介绍

2019 年，全国海关将外商投资企业纳入“龙腾行动”保护范围，针对跨国公司的知名品牌实施重点保护，有效保护外商投资企业在华合法权益，营造了良好营商环境，增强了外商长期投资经营的信心。

汕头海关与深圳海关加强跨关区执法合作，在收到深圳海关通报的侵权违法线索后，立即启动快速反应机制，通过即决式布控，查获侵犯“Colgate”商标专用权的牙膏 232 128 支。

青岛海关根据权利人提供的情报线索，结合货物的时效性、季节性等特点，对辖区出口重点商品的历史数据进行分析，锁定部分高风险企业并密切关注相关商品出口动态，连续查获出口也门的侵犯“SHIELD”商标专用权案件 4 起，涉案侵权篷布 137 722 千克，并依法将上述案件移送青岛市公安局。

厦门海关针对企业拆单申报的侵权手法，建立“风险线索关联处置机制”，关联收发货人、品名、航线、物流信息、申报手法等要素，筛选同船高风险侵权货物进行延展性风险处置。共查获 9 个企业拆单申报的系列案件共计 20 起，查扣涉嫌侵犯“NIKE”“adidas”等外商投资企业商标专用权的货物共计 65 万余件/双，案值达 260 万元。

南宁海关依托“高风险黑名单企业侵权特征模型”，针对以“边境小额”贸易方式申报出口的货物加强风险布控，在出口至越南的货物中先后查获侵犯“CHANEL”商标专用权的手提包 192 个、侵犯“ADIDAS”商标专用权的运动鞋 60 双、侵犯“NIKE”商标专用权的运动鞋 493 双。

二、案件点评

(一)该系列案件是海关对外商投资企业实施保护的重要体现

2019 年通过的《外商投资法》及其实施条例为进一步保护外商投资合法权益提供了法律保障。全国海关进一步加强对外商投资企业特别是跨国公司知名品牌知识产权合法权益的重点保护，主动回应、解决企业关切和维权需求，首次将其纳入“龙腾行动”保护范围，持续开展专项整治，坚决依法惩处侵犯外商合法权益特别是侵犯知识产权行为，不断增强和巩固外商企业在华投资信心，用高效执法彰显海关保护外商投资合法权益的重要作用。

(二)该系列案件是海关推进知识产权保护综合治理的成功范例

知识产权海关保护有赖于各方凝聚力量、共同参与、协同推进。该系列案中，海关坚持全面联防联控，健全与权利人的良性互动，在情报信息交流、货物鉴定、案件协查等方面广泛开展合作；同时健全内部协作机制，利用数据平台对掌握侵权假冒

信息进行风险研判，严密监控重点商品，有效维护了权利人的合法权益和企业商誉，对规范进出口秩序产生正面影响。

（三）该系列案件体现海关加强知识产权保护、优化营商环境的决心和努力

产权保护特别是知识产权保护是塑造良好营商环境的重要方面，《优化营商环境条例》也对加大知识产权的保护力度作出明确规定。在国际贸易摩擦频发、逆全球化愈演愈烈的背景下，中国海关始终如一、锲而不舍，不断强化知识产权海关保护执法，积极推进塑造良好营商环境，为各类市场主体投资兴业营造稳定、公平、透明、可预期的良好环境，为推动形成全面开放新格局保驾护航。

案例 4　宁波、南京海关出口环节查获侵犯著作权货物系列案

一、案情介绍

2019 年，中共中央办公厅、国务院办公厅印发《关于强化知识产权保护的意见》，要求强化制度约束，确立知识产权严保护政策导向。全国海关针对新业态新领域发展现状，加强对于侵犯著作权货物的关注度，取得了较好的效果。

2019 年 1 月宁波海关在出口货运渠道查获一批印有“Peppa Pig，George Pig，Daddy Pig，Mommy Pig”（以下简称小猪佩奇）标识的拼图，数量共有 10 箱 3200 张，按正品价值计算约 10 万元。经权利人娱乐壹英国公司确认，上述货物为侵权产品，宁波海关依法予以扣留。宁波海关开展“龙腾行动 2019”，坚持“严保护”政策导向，严厉打击侵犯著作权案件。2019 年共查获侵犯著作权案件 23 起，查获侵权商品数量 59 218 件，按正品价值计算约 400 万元，涉及包括“小猪佩奇”“汽车总动员”“小黄人”等的著作权。

2019 年 9 月 30 日，义乌某公司向杭州海关隶属义乌海关申报出口化纤腰包和塑料行李箱等货物一批。经南京海关隶属连云港海关现场查验，该批货物使用了“Supreme”标识，涉嫌侵犯权利人章节四公司在海关总署备案的“Supreme”著作权。经现场清点，实际扣留塑料行李箱 20 个，化纤腰包 3102 个，涉案货物价值约 2.3 万元。

二、案件点评

（一）该系列案件是海关贯彻落实《关于强化知识产权保护的意见》要求的重要体现

“小猪佩奇”“汽车总动员”“小黄人”等的著作权具有广泛市场认知度。侵权产品安全隐患较大，不仅会对消费者特别是儿童的人身安全带来威胁，更会对“中国制造”的声誉造成影响。全国海关坚持严保护政策导向，打击侵犯著作权违法行为，是贯彻落实《关于强化知识产权保护的意见》要求的重要体现。

（二）该系列案件是海关知识产权执法能力水平全面提升的体现

2019 年，海关组织机构进一步优化，多个直属海关均在隶属海关设置知识产权专、兼职岗位。部分海关结合关区实际，采取“分层培训法”及“分类培训法”等方法开展培训，使一线关员执法能力得到大幅提升。该系列案系机构改革以来，全国海关在出口渠道查获案值相对较大的侵犯著作权案件。

（三）该系列案件是海关知识产权保护影响力全面提升的体现

随着时代潮流的变化，海关知识产权保护执法面临的风险与挑战明显增多。过去，海关知识产权保护往往只涉及商标权，近年来，海关对于进出口货物是否侵犯著作权更加关注，查发的侵犯著作权的案件逐年增加。该系列案中，海关对认定进出口货物使用美术作品是否构成侵犯著作权

明确了一定的原则，对今后海关调查审理侵犯著作权案件具有一定的借鉴意义。

案例5 上海海关"两法衔接"打击制售假冒药品团伙案

一、案情介绍

2019年1月5日，上海海关隶属外港海关在内蒙古某公司申报出口的拼箱货物中，查获氨苄西林40桶，价值25 500美元。该批货物装箱杂乱，外包装印有的"NCPC"标识制作粗糙，具有重大侵权嫌疑。后经权利人华北制药集团确认，上述氨苄西林系侵权货物。上海海关在扣留侵权货物后，为了进一步扩大打击制售假药的战果，突破以往常规侵权案件办理模式，在初步查明出口涉嫌侵权货物制造、运输、对外销售等各个环节的基本证据后，第一时间将案件线索通报公安机关，提请公安机关提前介入，配合公安机关及时启动刑事侦查。2019年11月26日，上海市第三人民法院依法作出刑事判决，对被告单位判处罚金人民币10万元，对3名被告人分别判处有期徒刑并处罚金。

二、案件点评

(一)该案是海关加强"两法衔接"，有效震慑不法分子的典型案例

假药严重威胁消费者生命健康和安全、社会危害性大。海关在坚决予以重拳打击的同时强化"两法衔接"，对跨国制售假药行为进行全链条打击。该案中，上海海关深挖案件线索，在开展细致缜密的案件调查的同时，第一时间启动与公安机关的联系配合机制，将线索信息通报公安机关，提请公安机关提前介入，协同开展书证收集、药品鉴定等工作，为公安机关及时固定证据、快速锁定犯罪嫌疑人并最终捣毁整个犯罪团伙奠定了坚实基础。2019年全年，上海海关共向公安部门通报涉嫌刑事犯罪线索21起，该案的成功查办是海关深化"两法衔接"、提升执法威慑力的典范。

(二)该案是上海海关在民生领域破获的首起侵权抗生素案件

氨苄西林是青霉素的一种，列名于世界卫生组织基本药物标准清单，是基础公共卫生体系必备药物之一。涉案侵权氨苄西林一旦流入市场，不仅会耽误病患的正常治疗、危害其身体健康，在民生领域还可能会引起一系列的公共卫生问题。上海海关一直坚持将保护消费者健康放在行政执法的首位，对于进出口侵权药品的违法行为始终保持严厉打击态势，在上海各边境口岸积极布控，重点查缉，成功查获首例侵权抗生素案件。

(三)该案是海关有效应用大数据，提升执法效能的生动实践

上海海关积极开展案件梳理，与权利人企业和行业协会密切协作，联合开展风险信息的收集、分析和研判，并结合上海口岸的特点，积极应用大数据理念，对获取的风险信息进行大数据分析，在上海口岸实施针对性布控，精准打击进出口假药，有效提升执法效能。

案例6 深圳、拱北海关加强粤港澳海关跨境合作查获侵权货物系列案

一、案情介绍

深圳、拱北海关把加强与港澳海关合作、联合打击粤港澳三地跨境侵权行为作为关区知识产权保护工作重点，不断当好供港澳物流生命线的守护者。2019年，根据广东分署的统一部署，共开展3次粤港澳海关知识产权保护联合行动，2019年累计查获往来香港、澳门的侵权货物436批，涉及侵权货物55.8万件，案值1436万元。2019年1月1日，深圳海关查获输往香港的涉嫌侵犯“荣耀”商标专用权手机 3040 部，案值 343 万元；2019 年 1 月 7 日，拱北海关查获输往香港、最终目的地为牙买加的涉嫌侵犯“COBRA”商标专用权节能灯 11 万只，案值 29.9 万元。

二、案件点评

（一）该系列案件是粤港澳海关知识产权执法合作的成功案例

2019 年发布的《粤港澳大湾区发展规划纲要》对全面加强粤港澳大湾区在知识产权保护领域的合作提出了明确要求。该系列案是深圳、拱北海关在广东分署的牵头部署下，依托粤港澳海关知识产权合作机制，开展与香港、澳门海关在知识产权保护方面紧密合作，通过建立联合开展执法行动、侵权案件信息通报、共同宣传培训等机制，重拳打击粤港、粤澳进出境侵权违法活动，让三地居民共享粤港澳海关知识产权保护合作成果的案例。

（二）该系列案件有效阻断了通过港澳转运侵权货物的物流链条

港澳，特别是香港，经济自由度高，转口贸易较为发达，存在成为侵权货物中转地的风险。深圳、拱北海关查获的向香港、澳门出口侵权商品的案件，较大部分是借道香港、澳门输往欧洲、北美以及“一带一路”沿线国家和地区的。通过粤港、粤澳海关的联手合作，强化了对供货源头和中转渠道的打击，有效降低了香港、澳门成为侵权货物转运地的风险。

（三）该系列案件是海关打击通过粤港澳新通道出口侵权货物的案例

港珠澳大桥是粤港澳紧密合作的快速通道和重要载体。该系列案中，拱北海关认真贯彻落实习近平总书记关于“用好管好大桥”的重要指示精神，举全关之力守护这座“圆梦桥、同心桥、自信桥、复兴桥”，不断完善监管、优化服务，在“通得快”的同时确保“管得住”，有力遏制企图通过粤港澳新通道出口侵权货物动向，维护了安全、便捷、高效的通关环境。

案例 7　杭州海关出口环节查获大批量侵权香烟案

一、案情介绍

2019 年 8 月 13 日，杭州海关所属钱江海关在出口寄递渠道查获一票申报名为袜子、浴巾的邮包，经查验发现，该邮包内实为使用了“Marlboro”标识的香烟 6 条，共 1200 支。查验关员敏锐地意识到，该邮包未如实申报，且流向异常，侵权假冒的风险极高，于是提取该邮包的重要风险点信息再次组织集中布控。截至 2019 年 8 月 30 日，共查获类似邮包 191 个，均为从金华寄往澳大利亚的 e 邮宝邮包，内有同版万宝路香烟 1146 条，总计 22.92 万支。经权利人鉴定，确认上述香烟为侵权商品。杭州海关依托与电商平台的知识产权保护协作机制，联合开展先期数据分析，基本锁定案件落地地区，并将案件线索通报给当地公安机关，并与其组成专案组，协同配合推进该案侦办。

二、案件点评

（一）该案是海关对敏感商品监管的重要成果

海关在进出口监管中高度重视敏感商品的侵权假冒问题，将侵权香烟纳入高风险商品清单予以重点打击。该案中杭州海关查获的侵权香烟共计 22.92 万支，数量多、案值高，在海关寄递渠道执法中尚属首次。经媒体报道后社会反响强烈，案件查处的经验在全国海关进行了推广，是中国海关对重点敏感商品实施正面监管的重要成果，体现了海关作为进出境监督管理机关打击进出口侵权、保护公众健康安全的执法宗旨。

(二)该案是海关强化科技运用、实施精准布控的有效输出

该案中,海关在监管现场对邮包进行X光扫描作业时通过“智能识图”功能发现疑似香烟的物体,立即进行开拆查验。在确定侵权嫌疑后,迅速依托海关信息化系统调整申报品名、发件人及侵权高风险区域等信息精准实施布控,继而查获大量侵权商品,是海关“科学随机+人工精准”两轮驱动布控模式下的有效输出,大大提升了寄递渠道侵权物品拦截的效率,并为侵权案件后续扩案、并案处置提供了坚实基础。

(三)该案是关企推进知识产权保护的生动实践

海关在查获该案后,第一时间将案件情况通报给权利人,并向其发出现场鉴定通知。权利人迅速派遣鉴定专家对涉案香烟进行鉴定,当场得出侵权结论,有效固定案件基础事实。在海关将案件刑事犯罪线索通报公安机关后,权利人又积极推动案件的刑事侦办,有力地推动了该案的溯源打击。

案例8 黄埔、海口海关与国内执法机关合作查获侵权货物系列案

一、案情介绍

2019年8月,黄埔海关通过对侵权举报线索的风险查证,判断一批已进入海关监管区域拟申报出口的香皂存在较大的侵权嫌疑。在对该批货物所在的货柜进行一段时间严密监控后发现,上述货物长期滞库,无人向海关申报,黄埔海关向广州市市场监管局进行了线索通报。广州市市场监管局接海关线索后,指派广州市开发区知识产权局协同海关办理案件。经现场联合执法,一举查获侵犯“Dettol”商标专用权的香皂1.44万块。

2019年12月,海口海关通过申报前风险研判,发现一批拟从海口美兰机场转机出口至墨尔本的超细纤维玻璃清洁布存在一定风险。后通过海关与航空公司货运安检部门合作,发现该批货物实为香烟,且外包装粗糙,存在较大侵权嫌疑。海关联合烟草专卖局开展现场联合执法,共查获侵犯“Marlboro”商标专用权的卷烟49万支。经检验,上述香烟均为侵权香烟。

二、案件点评

(一)该系列案件是海关执法融入国家知识产权体系的体现

海关作为国家知识产权工作体系的重要环节,积极参与国家知识产权综合治理工作,多维度与地方市场监管、烟草等部门开展执法协作,构筑知识产权侵权立体防控网络。该系列案中,海关积极发挥进出境监管部门对监管区域内货物的物流监控优势,及时发现侵权高风险货物线索,通过知识产权工作机制主动联系地方相关主管部门开展执法合作,最终成功实现对侵权货物的拦截,有力维护口岸进出口秩序。

(二)该系列案件是海关拓展执法合作空间的有效尝试

该系列案中,侵权嫌疑货物虽然进入了海关监管区域,但并未向海关进行出口申报。海关主动靠前站位,积极改变“申报才监管,不申报不监管”的旧监管思维模式,通过部门间的执法合作和职能衔接,确保监管区域内一切货物都处于海关的有效监管之下,开创了由海关在口岸查线索、控货物、搜证据,并协助地方主管部门具体办理案件的联合执法模式,推动了打击侵权的“无缝衔接”。

(三)该系列案件有效提升海关打击侵权违法的震慑力

2019年全国多个海关与当地市场监督管理部门、人民法院、版权主管部门、烟草主管部门等签订了加强知识产权保护的相关合作协议,进一步强化了口岸执法协

作制度建设。该案的成功查发，打破了不法分子既企图利用海关监管场所逃避市场监管部门监管、又幻想通过拖延申报以混淆海关监管视线的侥幸心理，有效提升了海关口岸打击侵权执法的震慑力。

案例 9 南京、合肥海关整顿行业出口秩序查获出口侵权柴油机系列案

一、案情介绍

2019 年 5 月 28 日，盐城某公司向南京海关所属南通海关申报出口柴油机一批，申报总价 32 500 美元。经查验，发现该企业申报出口的 96 台柴油机，在空气滤清器及油箱上使用了“JD 及图形”标识，涉嫌侵犯江苏农华智慧公司在海关总署备案的商标专用权。次日，南通海关再次查获该公司申报出口的另一批柴油机，货值 48 960 美元。经查验，发现 192 台柴油机使用了“CHANGFAN”标识，涉嫌侵犯江苏常发农业装备公司在海关总署备案的“CHANGFA 及图形”商标专用权。

2019 年 11 月，马鞍山某公司向合肥海关所属马鞍山海关申报出口一批柴油机至孟加拉国，申报为“无品牌”，货值 127 680 美元。经风险布控，海关查验发现该批 192 台柴油机使用了“CHENGCHEL”标识，涉嫌侵犯常柴公司在海关总署备案的“CHANGCHAI 及图形”商标专用权。

二、案件点评

(一)该系列案件是海关保护企业创新的成功典范

江苏省是全国单缸柴油机主要生产及出口基地，该行业虽然属于传统制造业，且进入门槛较低，但是部分行业领军企业通过加大研发力度，不断用新技术、新零部件对产品进行改造升级。盐城地区“J 系列”及常州地区“C 系列”柴油机是其中的代表，但常年被一部分不法柴油机生产企业仿制并出口，严重挤压了企业在海外的市场。通过海关持续在出口环节对侵权嫌疑柴油机的查扣，常发、农华等企业在非洲的市场份额均出现了回升，企业创新的动力得到了加强。

(二)该系列案件是海关整顿行业秩序的有效尝试

海关将具有一定相似性的案件关联调查，通过进一步调研发现该系列案件事关一个行业的进出口秩序。在对当事人进行行政处罚的同时，积极约谈行业内的部分生产中低端产品的中小企业，告知企业在签订外贸加工合同时，应留意委托加工货物的知识产权状况；介绍了海关提供订单预确认服务的内容。企业承诺会在今后保持与海关的联系沟通，杜绝出口侵权货物的行为。

(三)该系列案件是海关培塑重点行动企业的积极举措

常发、常柴及农华等单缸柴油机行业领军企业，通过近年来的“龙腾行动”已经成为海关培塑的重点行动企业。海关除了帮助上述企业在口岸打击侵权嫌疑货物，同时也为上述企业“量身定做”培塑方案。上述企业生产的柴油机，主要占领海外的中高端市场，通过调研走访交流，海关也鼓励企业与当地中小企业联手，通过技术帮扶，派遣技术员工指导中小企业生产性价比较高、专攻中低端市场的同类型产品，丰富中国企业在海外的产品结构，实现对海外市场全面占有的出口格局。

案例 10 厦门、太原海关提升知识产权执法能力查获侵权货物系列案

一、案情介绍

2019 年 5 月 23 日，厦门海关隶属海沧海关在对福建某进出口贸易有限公司申报出口

的一个集装箱的卫生巾进行查验时，发现使用了“aIvvays”标识的卫生巾 137.5 万片。上述货物包装品牌标识明显，报关时却申报为“无品牌”；货物品牌标识首字母小写而第二个字母大写，大小写组合与惯例不符。查验关员初步判断上述货物涉嫌侵犯宝洁公司（美国）在海关总署备案的“always”注册商标专用权。该关启动知识产权海关保护程序后，海关调查人员通过证据开示、现场质证等多种方式，围绕是否构成近似商标、是否属于定牌加工等争议焦点进行全面、细致的调查，最终作出侵权认定。

2019 年 5 月 15 日，太原海关隶属太原机场海关在寄往美国的邮包中查获了侵犯“NIKE”商标专用权的运动鞋 31 双，当事人对侵权事实无异议。这是太原海关 2012 年以来查获的首起知识产权侵权案件。该关为进一步加大知识产权保护力度，主动邀请海关总署讲师团赴太原巡讲，同时在寄递渠道开展了为期 1 个月的知识产权海关保护集中调训，强化进出境物品风险联合分析研判。该关全年在寄递渠道共查扣侵犯“NIKE”“adidas”“LACOSTE”（鳄鱼）等 25 个知名品牌的服装、运动鞋、钱包、手提包等货物 481 批次。

二、案件点评

（一）该系列案件是全国知识产权巡讲的丰硕成果

2019 年，海关总署首次在全国层面建立知识产权海关保护巡讲制度，抽调全国海关 12 名业务专家组成讲师团，科学设置涵盖知识产权政策法规、查验要点、风险管理、办案程序等 9 个具体培训模块，根据各直属海关的具体需求进行“点菜式”个性化培训，在 3 个月内完成对 34 个直属海关的巡讲培训，受训人员达 3000 余名，培训成效突出。2019 年全国海关扣留侵权嫌疑货物数量、保护知识产权项目数量同比分别增长 86％和 96％，增幅明显。

（二）该系列案件是海关知识产权执法能力提升的体现

随着我国对外开放程度不断深化，全社会对维护贸易秩序、防范侵权风险等方面的需求不断增强；与此同时，近似侵权、定牌加工、平行进口、货标分离等问题日趋增多。上述变化对海关的知识产权保护执法能力提出了更高的要求。截至 2019 年年底，海关总署有效备案的知识产权中，仅商标权就达 4.45 万项，货物上使用的近似商标、图形商标等，增加了一线关员甄别侵权嫌疑货物的难度。该系列案的查办是对知识产权海关保护执法能力的一次重要检验。

（三）该系列案件是海关执法能力均衡发展的具体表现

中西部及内陆地区海关受限于地理位置和业务特点，知识产权海关保护工作进展较缓。近年来，海关总署注重加强中西部海关执法能力建设，加强东部沿海海关和中西部海关密切协作与对口交流，中西部海关执法效能显著提升。2019 年全国共 40 个直属海关查获侵权商品，口岸覆盖率达到 95.24％。石家庄、太原、南昌、长沙、湛江、重庆、贵阳、兰州 8 个海关在“龙腾行动 2019”中实现查发侵权案件“零”的突破。

（海关总署综合业务司）

知识产权系统 2019 年度典型案例

2019 年度专利复审无效十大案件

案例 1 “发光装置及显示装置”发明专利权无效宣告请求案

一、案情介绍

涉案专利名称为“发光装置及显示装置”，专利号为 ZL97196762.8，专利权人为日亚化学株式会社，无效宣告请求人为亿光电子公司。

本案涉及白光 LED 领域的重要技术，双方当事人均为该领域的知名企业。其中，专利权人日亚化学株式会社是 LED 发光领域的重要技术推动者之一，请求人亿光电子公司是国内领先的 LED 供应商。双方就涉案专利及其同族专利在中国、美国、德国以及中国台湾地区均有过专利权无效纠纷，各国家或地区的审理结果也不尽相同。

本案的争议焦点之一是对现有技术是否存在结合启示的判断。现有技术中分别公开了蓝光 LED 和以铈活化的钇铝石榴石荧光体（YAG：Ce），根据本案证据可知，蓝光 LED 约在 1993 年年底，即涉案专利申请日两年多以前被发现，YAG：Ce 则于 20 世纪 60 年代末被发现，是一种理化性质较为稳定的荧光材料，被用于吸收汞灯、白炽灯等光源发出的部分光线。为了证明这两种现有技术是否存在结合的启示，双方当事人均提交了多组证据，包括业内知名科学家的证人证言。

经审理，国家知识产权局作出第 33344 号无效宣告请求审查决定，维持专利权有效。

二、典型意义

技术启示的判断一直是创造性评价过程中容易引起争议的环节，易出现主观性的论断。本案诠释了准确把握技术发展脉络对创造性评价的重要影响。创造性判断中，应当在厘清并把握技术发展脉络的基础上，以所属领域技术人员的视角客观判断现有技术是否给出了如何改进的技术启示。本案审理思路对于类案的创造性审查具有指引作用。

案例 2 “吡咯取代的 2-二氢吲哚酮蛋白激酶抑制剂”发明专利权无效宣告请求案

一、案情介绍

涉案专利名称为“吡咯取代的 2-二氢吲哚酮蛋白激酶抑制剂”，专利号为 ZL01807269.0，专利权人为苏根公司、法玛西亚普强公司，无效宣告请求人为石药集团欧意公司。

本案涉及一种新型的口服多靶点抗肿瘤药物——舒尼替尼，属于该领域的核心化合物专利。舒尼替尼是小分子多靶点受体酪氨酸激酶（RTKs）抑制剂，具有抑制肿瘤细胞增殖和抗血管生成的双重作用。药品“舒尼替尼”（商品名：Sutent）于 2006 年获得美国和欧洲批准，广泛用于肾癌一线治疗，并于 2008 年在我国上市。该药品已获全球 100 多个国家批准，也是首个被美国 FDA 批准能同时治疗两种疾病的抗癌药物。舒尼替尼在国内的专利最早于 2021 年到期，国内多家企业已开始积极布局准备生产，包括石药集团欧意公司在内的多家企业均向国家食品药品监督管理局提交了药品上市注册申请。

经审理，国家知识产权局作出第 42407 号无效宣告请求审查决定，维持专利权有效。

二、典型意义

本案对于准确认定现有技术的公开内容，尤其是在现有技术公开一种通式化合物并对其制备方法作出一般性描述时，能否认定其具体公开了某种“组合出的产物化合物”，提供了可供借鉴的审查思路。同时，本案还涉及在创造性判断中，当双方当事人对有益的技术效果产生争议时举证责任应当由谁承担的问题。本案为无效程序中的举证责任分配问题提供了审理思路。

案例3 “用于传送上行链路信号的方法”发明专利权无效宣告请求案

一、案情介绍

涉案专利名称为“用于传送上行链路信号的方法”，专利号为ZL200880112278.0，专利权人为光学细胞技术公司，无效宣告请求人为华为公司。

本案涉及LTE系统中上行链路信号的传输方法。LTE技术是4G通信标准的核心技术，被广泛应用于4G产品中。其中，上行链路控制信号的传输问题一直是移动通信技术领域研究的热点。涉案专利于2008年由韩国LG电子株式会社提出申请，2014年授权后专利权人变更为光学细胞技术公司。该公司基于所持有的多项涉及4G核心技术的专利对多家通信行业巨头提起侵权指控，由此引发一系列专利纠纷，受到了业界的广泛关注，本案是其中之一。

本案审理过程中，双方的争议焦点之一是所引用的对比文件能否构成现有技术，主要涉及涉案专利的优先权是否成立。在无效宣告请求阶段，通常基于双方当事人提交的证据以及具体无效理由对专利优先权进行核实。

经审理，国家知识产权局认定涉案专利的优先权成立，请求人所引用的对比文件不构成本专利的现有技术，其提出的无效宣告理由均不足以宣告专利权无效，由此作出第39900号无效宣告请求审查决定，维持专利权有效。

二、典型意义

本案准确诠释了在优先权审查中，对“相同主题的发明或实用新型”的判断规则。在判断优先权文件与涉案专利是否属于“相同主题”时，不能仅停留在对字面内容的理解与推导中，应当更注重技术方案的整体性，基于对技术方案的实质性把握，从本领域技术人员所掌握的专业知识的角度进行深入分析，进而得出客观、准确的结论。

案例4 “用于治疗糖尿病的二肽基肽酶抑制剂”发明专利权无效宣告请求案

一、案情介绍

涉案专利名称为“用于治疗糖尿病的二肽基肽酶抑制剂”，专利号为ZL200680042417.8，专利权人为武田药品株式会社，无效宣告请求人为亚宝药业集团。

与该案相关的还有针对ZL201210399309.3号、ZL201210332271.8号发明专利权提出的系列无效宣告请求案。这些案件案情疑难复杂、涉及利益重大，受到了社会各界的广泛关注。

该系列案涉及用于治疗糖尿病的一种药物化合物——二肽基肽酶抑制剂（DPP-4抑制剂）。DPP-4抑制剂通过阻断胰高血糖素样肽-1（GLP-1）的失活，刺激葡萄糖依赖的胰岛素分泌并抑制胰高血糖素分泌，是新一代降糖药物，具有良好的安全性和耐受性。已上市的DPP-4抑制剂包括西格列汀、维格列汀、沙格列汀、利格列汀、阿格列汀等。武田药品株式会社致力于阿格列汀药物的开发，在世界范围内申请了大量相关专利，并在中国做了周密的专利布局，已获得了涉及阿格列汀化合物及其可药用盐、阿格列汀的药物组合物、治疗型糖尿病的制药用途等主题的专利权。

经审理，国家知识产权局作出第38950号、第38951号和第38952号无效宣告请求审查决定，维持ZL200680042417.8号专利权有效，宣告ZL201210332271.8号专利权部分无效，宣告ZL201210399309.3号专利权全部无效。

二、典型意义

该系列案件诠释了在核实优先权时，对用药特征以及技术效果在相同主题判断中的考量。对于制药用途类权利要求和组合物权利要求，如果用药特征仅体现在用药过程，与制药过程无关并且也没有使得组合物的组分和含量发生变化，则在相同主题的判断中，通常不会认为该用药特征为技术方案带来实质上的改变。同时，本案对于不同实验模型的验证结果能否被视为相同，也给出了具体的判断标准，对医药生物领域的优先权认定具有示范作用。

案例5 “餐馆服务系统”发明专利权无效宣告请求案

一、案情介绍

涉案专利名称为“餐馆服务系统”，专利号为ZL20068003751.8，专利权人为海妮麦克公司，无效宣告请求人为失重（北京）公司。

自2007年开始，海妮麦克公司在全球多地开设了以轨道重力送餐系统为特色的“过山车餐厅”，涉案专利是该公司的“过山车餐厅”系列专利之一，体现了其餐厅设计的理念和关键技术。近年来，请求人失重（北京）公司逐渐开设了一些“失重餐厅”，虽然名称不同，但其原理与“过山车餐厅”类似，因此专利权人指控其侵权，双方的专利纠纷在多个法院展开的同时，专利权人还向北京市知识产权局提起了专利侵权行政裁决的请求。本案即是失重（北京）公司和海妮麦克公司的多件无效宣告请求案件中的一件。

经审理，国家知识产权局作出第41958号无效宣告请求审查决定，在修改的权利要求的基础上维持该专利权有效。

二、典型意义

本案体现了发明构思在创造性审查中的重要作用。审查决定以区别特征为切入点，综合考虑了就餐模式的产生和发展历程，牢牢把握住发明构思这一核心，并将发明构思贯穿于发明所解决的技术问题的提出、技术手段的选取以及技术效果的实现之中，层层厘清，作出客观分析和判断。

同时，本案与行政机关相关侵权案件进行了联合审理，探索通过联合审理模式进一步缩短专利维权周期，实现知识产权“快保护”。

案例6 “用于移动通信设备的图形用户界面（分享）”外观设计专利无效案

一、案情介绍

涉案专利名称为“用于移动通信设备的图形用户界面（分享）”，专利号为ZL201730667916.7，专利权人为北京微播视界公司，无效宣告请求人为乔某。

抖音是北京微播视界公司运营的短视频分享平台，近年来拥有大量用户。本案涉及抖音平台分享视频的图形用户界面（GUI），由于用户群庞大并且使用广泛，社会各界对此案高度关注。截至案件审理时，我国尚未纳入对部分产品的外观设计保护，因此图形用户界面需要和有形载体结合才能获得外观设计专利的保护，如何确定其保护范围成为本案争议的焦点。此外，在本案审理中对网络证据的认定也对案件走向有着重要影响。

经审理，国家知识产权局作出第41733号无效宣告请求审查决定，宣告专利权全部无效。

二、典型意义

本案对于准确界定外观设计中图形用户界面的保护范围具有借鉴意义。审查决定中指出，涉案专利中图形用户界面的有形载体，其形状为惯常设计，对整体视觉效果不具有显著的影响。同时，涉案专利为分享图形用户界面，其分享的具体内容并非涉案专利的保护范围。

本案审理过程中还涉及对多种形式的电子证据的审查，包括软件下载平台、第三方论坛等，本案对相关证据的认定规则作了有益探索。

案例7 “多旋翼无人飞行器”实用新型专利权无效宣告请求案

一、案情介绍

涉案专利名称为“多旋翼无人飞行器”，专利号为ZL201220686731.2，专利权人为深圳市大疆公司，无效宣告请求人为深圳市道通公司。

无人机作为最近几年重点发展的技术，不论是民用还是军用，其应用的范围越来越广，生产企业的研发投入也越来越高。本案涉及多旋翼无人机的上下壳体一体化结构，是多旋翼无人机的重要技术。深圳市大疆公司与深圳市道通公司均为无人机领域的知名企业，自2015年起即在中国和美国开始了专利大战，涉及多项多旋翼无人机上下壳体一体化结构的发明专利权，二者之间的专利纠纷引发了社会的广泛关注。

经审理，国家知识产权局作出第35449号无效宣告请求审查决定，宣告专利权全部无效。

二、典型意义

本案涉及对网络证据是否能够达到证明标准的认定。一般来说，对待证事实是否得到证明的判断不是孤立的，需要把握证据之间的关联以及证据共同指向的事实。当多个来源不同的证据可以相互印证时，则可以确认这些证据的证明力。此外，本案还诠释了如何准确界定专利权利要求的保护范围，能够启发创新主体在撰写权利要求时准确反映其技术贡献，从而获得有价值的专利。

案例8 “一种旋流干煤粉气化炉”发明专利权无效宣告请求案

一、案情介绍

涉案专利名称为“一种旋流干煤粉气化炉”，专利号为ZL201310556488.1，专利权人为神华集团(后更名为国家能源投资集团)、神华宁夏煤业集团有限责任公司，无效宣告请求人为王某。

本案涉及干煤粉气化领域的一种旋流干煤粉气化炉，该气化炉能够实现大规模的干粉气化并提高碳转化率。煤炭清洁高效利用是我国能源转型发展的立足点和首要任务之一，也是当今世界能源与环境保护领域中的重大技术课题，大规模高效煤气化技术是业内公认的煤炭清洁转化的关键技术。涉案专利所涉及的方案是大型干煤粉气化装置的一项核心技术，因此该案的审理过程备受业界关注。

经审理，国家知识产权局作出第39289号无效宣告请求审查决定，维持专利权有效。

二、典型意义

本案涉及创造性判断中的诸多焦点问题，体现了在创造性审查中，不能仅着眼于某个技术特征是否被“公开”，而应当结合所属技术领域、需要解决的技术问题、整体采用的技术手段和所取得的技术效果多方面综合分析，作出准确的判断。审查决定还指出，当区别技术特征包含数值范围时，通常需要考虑现有技术中是否给出了如何进行选择的技术启示，以及该数值范围所达到的技术效果与现有技术中能预见的技术效果是否一致，进而客观判断涉案专利做出的技术贡献。

案例 9 “一种产生按压声音的键盘开关”实用新型专利权无效宣告请求案

一、案情介绍

涉案专利名称为“一种产生按压声音的键盘开关”，专利号为 ZL201621037804.X，专利权人为东莞市凯华公司，无效宣告请求人为同方（苏州）公司和伍冬某。

近年来随着电子竞技运动在国内的兴起，游戏玩家对高品质计算机外设的需求日益增长。作为计算机外设的重要组成部分，机械键盘以其手感优异、迅捷灵敏的特性得到越来越多键盘爱好者的青睐。本案涉及一种在按压时产生声音的键盘开关，应用于机械键盘中，能够使得薄型机械键盘同样具有良好的手感，并在按压时可以发出声音反馈，解决了薄型机械键盘的按压手感和发声问题，提高了用户体验。本案专利权人东莞市凯华公司针对竞争对手提起了多项侵权指控，作为抗辩手段，自 2018 年起陆续有不同请求人对涉案专利提起多次无效宣告请求。

经审理，国家知识产权局作出第 40870 号无效宣告请求审查决定，维持专利权有效。

二、典型意义

本案诠释了准确划分权利要求技术特征的基本原则，强调在创造性评判中，将发明与最接近现有技术进行对比以确定区别特征的步骤应当在充分理解发明创造的基础上完成，不应当将权利要求中相互关联的技术特征割裂开来，脱离整体技术方案孤立地考察技术特征本身，或者将具有内在关联性的技术特征作不合理的拆解。

案例 10 “一种改善接触孔插塞氧化物凹陷的工艺方法”发明专利申请复审请求案

一、案情介绍

涉案专利申请的发明名称为“一种改善接触孔插塞氧化物凹陷的工艺方法”，专利申请号为 CN201710733227.0。针对国家知识产权局实质审查部门以专利申请不具备创造性为由作出的驳回决定，复审请求人长江存储公司提出了复审请求。

本案涉及半导体芯片领域中 3D NAND 存储器制造的相关技术。在大数据需求驱动下，存储器芯片已是电子信息领域占据市场份额最大的集成电路产品。3D NAND 作为革新性的半导体存储技术，拓宽了存储技术的发展空间，但其结构的高度复杂性给工艺制造带来全新的挑战。在其制造过程中，工艺步骤对最终效果有显著影响，因而由于工艺缺陷导致最终产品性能瑕疵的涉及工艺方面的技术问题的发现尤为重要。本案审理的焦点问题在于创造性审查中所属领域技术人员的改进动机对技术启示判断的影响。

经审理，国家知识产权局作出第 185132 号复审决定书，撤销驳回决定。

二、典型意义

该案体现了在创造性审查过程中，应当基于现有技术来判断是否能够产生改进动机，避免陷入“事后诸葛亮”式的判断误区。如果现有技术披露的技术手段在现有技术中所起的作用与区别特征在发明解决技术问题的过程中所起的作用完全不同，则难以给出将区别特征应用到最接近的现有技术以解决其存在的技术问题的启示。

（国家知识产权局专利局复审和无效审理部）

2019年度商标异议、评审十大典型案例

案例1 “外研社”商标异议案

一、基本案情

异议人：外语教学与研究出版社

被异议人：深圳市小天才公司

被异议商标：外研社

异议人主要理由：在被异议商标申请注册前，异议人“外研社及图”商标已成为驰名商标，被异议商标构成对异议人驰名商标的模仿，被异议商标的注册和使用会误导相关公众。依据《商标法》第13条规定，被异议商标应不予核准注册。被异议人未在法定期限内作出答辩。

经审查，国家知识产权局认为：本案中异议人提交的证据可以证明异议人注册并使用在“书籍、印刷出版物”商品上的第4831675号“”商标经长期使用与广泛宣传具有较高知名度，为相关公众所熟知。被异议商标“外研社”与异议人商标的文字“外研社”文字组合相同，被异议商标的申请注册已构成对异议人商标的抄袭和模仿，被异议商标如予核准注册，易误导公众，致使异议人的利益可能受到损害。因此，被异议商标的申请注册已构成《商标法》第13条第3款所指之情形。依据《商标法》第13条第3款、第35条规定，“外研社”商标不予注册。

二、案件评析

本案的争议焦点为被异议商标的注册申请是否构成《商标法》第13条第3款之情形，涉及驰名商标的保护问题，该条款立法本意是为驰名商标提供一种扩大保护范围的法律手段，因此该条款的适用不能脱离保护之需要。实践中，适用该条款的要件为：一是请求保护的商标事实上具有较高知名度，达到驰名程度；二是诉争商标构成对驰名商标的复制、模仿或翻译；三是易导致消费者混淆或误导公众，致使驰名商标所有人的利益可能受到损害。本案中，异议人提交的证据材料可以证明，异议人外语教学与研究出版社由北京外国语大学于1979年创办，是一家以外语教育出版为特色的综合性文化教育出版机构。异议人“外研社 FOREIGN LANGUAGE TEACHING AND RESEARCH PRESS及图”商标中的文字“外研社”作为异议人的企业简称，使用近40年。异议人引证商标“外研社 FOREIGN LANGUAGE TEACHING AND RESEARCH PRESS及图”最早使用于1997年，已经持续使用21年。异议人受到中宣部、原新闻出版总署、教育部等有关部门表彰，获得“国家一级出版社”“全国优秀出版社”“先进高校出版社”“国家文化出口重点企业”“全国教材先进管理单位”及“全国文化企业30强”等荣誉称号。此外，异议人通过报纸、期刊、网络媒体、展会、培训及赛事等对其商标进行了多方位的大力宣传，异议人“外研社”商标在图书出版行业内具有较高的市场占有率和影响力。基于上述事实，可以认定异议人注册并使用在“书籍、印刷出版物”商品上的第4831675号“”商标经长期使用与广泛宣传具有较高知名度，为相关公众所熟知。被异议商标“外研社”与异议人商标文字“外研社”文字组合完全相同，已构成对异议人商标的抄袭和模仿。被异议商标指定使用的“游戏器具、纸牌”等商品与异议人商标主要使用的“印刷出版物”等商品同属文体用品，销售渠道、消费群体均有重合。被异议商标如予核准注册，易误导公众，致使异议人的利益可能受到损害。综合考虑以上因素，可以认定被

异议商标的申请注册已构成《商标法》第 13 条第 3 款所指之情形。

三、典型意义

本案涉及驰名商标的保护，体现了行政机关准确把握驰名商标保护的法律定位，以保护为导向，对我国高知名度商标进行强有力的保护，维护公平竞争的市场环境。驰名商标制度本质是一种对高知名度商标的法律保护制度。本案中，行政机关立足于驰名商标条款立法本意，从在先商标知名度、双方商标近似程度、相关公众混淆的可能性等角度，充分考虑“外研社”商标扩大保护范围之必要，对“外研社”商标在中国外语图书市场上的知名度在法律上予以认可，并合理扩张保护范围，依法维护驰名商标的品牌价值，助力我国品牌经济的发展。

案例 2 “洛天依 LUOTIANYI”商标异议案

一、基本案情

异议人：上海禾念公司

被异议人：喀左汇友公司（原被异议人：北京天之高公司）

被异议商标：洛天依 LUOTIANYI

异议人主要理由：被异议商标“洛天依 LUOTIANYI”与异议人在先注册的第 10666123 号“洛天依”等商标构成使用于类似商品或服务上的近似商标，违反了《商标法》第 30 条的规定；“洛天依”作为异议人独创的虚拟角色，经过大量的实际使用已经具有固定且唯一的外观形象和人物设定，在互联网上享有较高知名度，被异议商标的申请注册侵犯其著作权、二次元偶像姓名权及商品化权，违反了《商标法》第 32 条的规定。

被异议人答辩理由：异议人提供的证据材料不足以证明被异议商标侵犯其商品化权及著作权；双方商标指定使用商品和服务差异明显，不会使消费者产生混淆误认；答辩人没有主观恶意，其申请注册行为符合《商标法》的有关规定。

经审查认为：被异议商标“洛天依 LUOTIANYI”指定使用商品为第 32 类“啤酒；制啤酒用麦芽汁”等；异议人引证在先注册第 10666123 号、第 10666122 号、第 10666139 号、第 10666138 号“洛天依”商标核定使用商品和服务为第 9 类“已录制盘”、第 16 类“印刷品”、第 28 类“游戏器具”、第 41 类“音乐领域的教育”等。被异议商标指定使用商品与异议人引证商标核定使用商品及服务在功能、用途、销售渠道、服务内容、服务方式等方面区别明显，不属于类似商品及服务，并未构成使用于类似商品或服务上的近似商标。另经查，“洛天依”是上海禾念公司以雅马哈的 VOCALOID 3 语音合成引擎为基础制作的全世界第一款 VOCALOID 中文声库和虚拟形象。“洛天依”的声库于 2012 年 7 月 12 日第八届中国国际动漫游戏博览会上正式推出。“洛天依”于 2016 年 2 月登上湖南卫视小年夜春晚，成为首位登上中国主流电视媒体的虚拟歌手，随后又多次登上湖南卫视跨年晚会与多名歌手合作，获得了较高知名度，与其角色形象建立了直接明确的对应关系。该角色名称“洛天依”并非汉语中常用词组搭配，具有较强独创性和显著性。被异议商标“洛天依 LUOTIANYI”与异议人的角色名称相同，易使相关公众认为被异议商标指定使用商品来源于异议人或与其具有特定联系，进而产生混淆误认。在此情况下，被异议人申请注册“洛天依 LUOTIANYI”商标的行为不当利用了异议人创立角色的知名度及影响力，损害了异议人“洛天依”角色名称的权益，构成了《商标法》第 32 条规定的“申请商标注册不得损害他人现有的在先权利”之情形。依据《商标法》第 32 条、第 35 条规定，“洛天依 LUOTIANYI”商标不予注册。

二、案件评析

根据异议人提供证据，“洛天依”的人物设定是一个灰发、绿瞳，发饰碧玉、腰坠中国结的 15 岁少女。“洛天依”的性格设定是温柔敏感，偶尔有些天然呆。上海禾念公司于 2012 年 7 月 12 日第八届中国国际动漫游戏博览会上首次推出“洛天依”人物形象和声库。“洛天依”拥有大量的粉丝，异议人提供的“洛天依”官方宣传微博显示“洛天依”拥有 256 万名粉丝，且带有其名字的超话（超级话题）阅读量达到 4.3 亿次。“洛天依”除与众多明星艺人在晚会、盛典、栏目等平台共同合作外，还相继代言过肯德基、美年达荔枝味碳酸饮料、维他柠檬茶以及长安奔奔汽车等，享有较高的知名度。该角色名称“洛天依”并非汉语中常用的词语搭配，具有较强独创性和显著性。被异议商标的注册易使相关公众认为被异议商标指定使用商品来源于“洛天依”角色名称相关权益人的系列商品或二者具有某种特定关联。被异议人不当利用了异议人创立角色的知名度及影响力，挤占了“洛天依”角色名称相关权益人基于该角色名称所应享有的商业价值和交易机会。因此被异议商标的注册损害了异议人“洛天依”角色名称权益，构成了《商标法》第 32 条规定的“申请商标注册不得损害他人现有的在先权利”之情形。

三、典型意义

我国采取商标注册制度，按照先申请原则对商标是否准予注册进行审查。商标是区分商品或服务来源的标志，若申请人以牟取不正当商业利益为目的，恶意抄袭他人知名商标、侵犯他人在先权利，破坏标志与权利人已经建立的来源联系，显然违反诚实信用原则，妨碍诚信经营者开展正常的经营活动，背离了商标的内在价值，因此对旨在恶意侵犯他人在先权利或权益的行为，法律应当予以坚决制止。名人姓名容易吸引公众眼球，与名人姓名一样，具有较高知名度的角色名称通常具有较大的潜在商业价值，蕴含应受法律保护的利益。角色名称具有的知名度不是凭空而来，而是相关权益人付出创造性劳动所获得的，其商业价值或商业机会应由相关权益人享有。恶意商标申请人不当利用相关权益人所创立角色的知名度及影响力，挤占角色名称相关权益人基于该角色名称所应享有的商业价值和交易机会，违背了基本的商业道德和行为准则。绝大多数依据《商标法》第 32 条前半段“不得损害他人现有的在先权利”予以保护的角色名称一般为作品中的角色名称。“洛天依”并非文学或艺术等作品中的角色，而是虚拟歌手和虚拟角色，纳入角色名称予以保护，扩大了角色名称的适用范围，本案具有一定的创新性和典型性。

案例 3 “芭啰莎山谷”商标异议案

一、基本案情

异议人：澳大利亚酿酒业者联合会

被异议人：烟台蓝图酒业公司

被异议商标：芭啰莎山谷

异议人主要理由：①“BAROSSA VALLEY”（芭萝莎谷/巴罗萨谷/巴罗莎谷）是澳大利亚著名葡萄酒产区和澳大利亚官方保护的葡萄酒地理标志之一，同时也是公众知晓的外国地名。②被异议商标“芭啰莎山谷”与“BAROSSA VALLEY”（芭萝莎谷/巴罗萨谷/巴罗莎谷）的 3 个常用中文翻译均高度近似，且指定商品为“葡萄酒”等酒类商品。③被异议人作为酒类产品经营者抄袭、抢注了多个世界知名酒庄名称。被异议商标违反《商标法》第 16 条、第 10 条第 1 款第(7)项、第 10 条第 2 款等规定，被异议商标应不予核准注册。异议人提交的主要证据：①《1980 年澳大利亚葡萄酒和白兰地公司法》节选及翻译。②《葡萄酒立法修正案(澳大利亚葡萄酒管理局)》2013 法案的公证认证文件及翻译。③《澳大利亚葡萄酒法案 2013》节选及翻译。④经公证认证的澳大利亚葡萄酒管理局签署的授权书。⑤中华人民共和国商务部官网《澳大利亚葡萄酒产业与贸易投资概况》。⑥澳大利亚葡萄酒管理局官方网站打印的葡萄酒产区"BAROSSA VALLEY"介绍。⑦澳大利亚葡萄酒管理局网站所示的澳大利亚地理标志名录的公证认证文件。⑧芭萝莎谷/巴罗萨谷/巴罗莎谷的百度词条。⑨网络报道介绍。⑩澳大利亚旅游网站的介绍。

被异议人答辩理由：芭啰莎山谷具有显著性，与"BAROSSA VALLEY"（芭萝莎谷/巴罗萨谷/巴罗莎谷）未构成近似商标，不会造成消费者混淆误认，更不会产生不良影响，被异议商标应予以核准注册。被异议人提交的主要证据：①产品包装照片。②销售合同。③销货清单。

经审查，国家知识产权局认为：本案中异议人提供的证据可以证明："BAROSSA VALLEY"是澳大利亚葡萄酒产区之一，位于阿德莱德市的东北侧，是被澳大利亚政府认定的葡萄酒地理标志。被异议商标"芭啰莎山谷"是"BAROSSA VALLEY"中文翻译之一，形成了对应关系，而被异议人并非来自该标志所标示的地区，被异议商标如予核准注册并使用在"葡萄酒"等指定商品上易误导公众，致使消费者对商品的质量等特点或者产地产生误认。依据《商标法》第 10 条第 1 款第（7）项、第 16 条第 1 款、第 35 条规定，"芭啰莎山谷"商标不予注册。

二、案件评析

本案涉及的是国外地理标志保护的问题。我国《商标法》第 16 条规定，商标中有商品的地理标志，而该商品并非来源于该标志所标示的地区，误导公众的，不予注册并禁止使用。该条规定主要来源于《与贸易有关的知识产权协议》的有关规定。地理标志由于与商品建立了特定联系，反映了商品的特定产源，在公众中已形成特定质量、信誉或其他特点的认知，如果某商标中含有地理标志，而使用该商标的商品并非来源于该地理标志所指示的地区，其使用可能会使相关公众产生错误认知，因此，该条款的出发点是避免商品产源的误认，以及由此产生的对商品本身质量、信誉等特点的误解。不存在"误导公众"，是保护地理标志的必要条件。

本案中，异议人提交的证据可以证明，"BAROSSA VALLEY"是澳大利亚葡萄酒产区之一，位于阿德莱德市的东北侧，由于天然适宜的自然因素及人文因素的历史沉淀，"BAROSSA VALLEY"成为澳大利亚最著名的葡萄栽培地与酿酒区之一，是澳大利亚政府认可的葡萄酒地理标志。由于"BAROSSA VALLEY"地理标志在我国具有较高知名度，根据中文使用习惯，已形成与之对应中文音译表达，被异议商标"芭啰莎山谷"是"BAROSSA VALLEY"中文翻译之一，形成了对应关系。而被异议人并非来源于该地理标志地区，被异议商标于"葡萄酒；果酒（含酒精）；鸡尾酒"等商品上的注册使用容易误导公众，构成《商标法》第 16 条第 1 款、第 10 条第 1 款第（7）项所述情形。

三、典型意义

本案是一起对国外地理标志商标予以保护的异议案件。在经济全球化的趋势下，地理标志作为一项可以增加产品附加值、促进原产地经济和环境可持续发展的知识产权，具有显著的经济价值。各国政府高度重视培育、保护地理标志品牌价值。我国行政机关在涉外地理标志保护的商标确权案件审理中，坚持平等保护中外当事人合法利益的原则，履行国际条约义务，依法保护国内外地理标志商标，维护了公平竞争市场秩序。

案例4 “汪必昌”商标异议案

一、基本案情

异议人：彭某

被异议人：瞿某

被异议商标：**汪必昌**

异议人主要理由：被异议商标的注册和使用易使公众对商品的来源和质量产生误认，容易产生不良影响，违反了《商标法》第10条第1款第(7)项、第(8)项的规定。被异议人未在规定期限内答辩。

经审查，国家知识产权局认为：在案证据可以证明，汪必昌为清朝嘉庆年间御医，所著的《聊复集·怪症汇纂》收录偏方500余种，具有极高的收藏和中医药学研究价值。汪必昌因其医德医术及遗著《聊复集·怪症汇纂》使得其知名度和影响力延续至今，属于已故知名人物。被异议商标指定使用的“中药材；补药；膏剂”等商品所属行业为“汪必昌”姓名具有知名度和影响力的领域。除被异议商标外，被异议人还申请注册了“邓星伯”“曹存心”“张石顽”“曹沧州”等商标。前述人物均为清代名医并著书立说，例如《邓星伯医案八百例》《曹存心医学全书》《张氏医通》《曹沧州医案》等。被异议人在申请注册时明显具有攀附名医知名度、误导公众的主观恶意。被异议商标“汪必昌”易使相关公众认为是医药行业的老字号，与清代名医汪必昌或其后人存在特定关联，从而对商品质量、信誉等特点产生误认，被异议商标的注册违反了《商标法》第10条第1款第(7)项的规定。虽然“汪必昌”为清代御医，但将其作为商标注册和使用尚不致对公序良俗产生负面或消极影响，不属于《商标法》第10条第1款第(8)项规定的情形。依据《商标法》第10条第1款第(7)项、第35条规定，“汪必昌”商标不予注册。

二、案件评析

本案的焦点为被异议商标是否违反《商标法》第10条第1款第(7)项和第(8)项的规定。

(一)被异议商标是否违反《商标法》第10条第1款第(7)项的规定

《商标法》第10条第1款第(7)项规定，带有欺骗性，容易使公众对商品的质量等特点或者产地产生误认的商标禁止使用。适用该条款要满足具有“欺骗性”和产生“误认”两个要件。如果仅有欺骗性但不会误导公众则不适用该条款。商标是否属于该条款所指情形，应当以社会公众的普遍认知水平为判断依据。《商标授权确权行政案件审理指南》第8.8条规定：诉争商标标志或者其构成要素与特定行业、地域的已故知名人物姓名、肖像等相同或者近似，并由此导致公众对诉争商标指定使用的商品或者服务的质量、信誉、工艺等特点产生误认的，可以认定属于《商标法》第10条第1款第(7)项规定的情形。

具体到本案，《人民政协报》刊发的《清代御医汪必昌遗著〈聊复集·怪症汇纂〉研究成果发布》和《(汪必昌)〈聊复集·怪症汇纂〉初期研究大事记》等证据可以证明，汪必昌为清朝嘉庆年间御医，因其医德医术及遗著《聊复集·怪症汇纂》使得知名度和影响力在中医药行业延续至今，属于中医药行业已故知名人物。被异议人共申请注册了3件“汪必昌”商标，分别指定使用在第5类“中药材；医用营养品”、第30类“枇杷膏；秋梨膏”、第44类“医疗诊所服务；治疗服务”等商品和服务上，与中医药行业密切相关，均是“汪必昌”姓名最具知名度和影响力的领域。被异议人将“汪必昌”作为商标注册，暗示被异议人与御医“汪必昌”或其后人存在特定关联，具有欺骗性，并易使公众认为是中医药行业的老字号，从而对被异议人提供的商品和服务质量、信誉等特点产生误认，致使消费者利益受到损害。

在适用《商标法》第10条第1款第(7)

项时,恶意可以作为考量因素。缺乏恶意因素不妨碍对"欺骗性"和"误认"的认定,但如果存在恶意则可以佐证"欺骗性"和"误认"的存在。本案中,在《人民政协报》刊发汪必昌遗著研究成果相关报道后两天被异议人就申请注册"汪必昌"商标,从时间上看难谓巧合。被异议人多次以清代名医姓名申请注册商标,具有攀附名医知名度的主观恶意。因此可以认定,被异议商标的注册违反了《商标法》第 10 条第 1 款第(7)项的规定。

(二)被异议商标是否违反《商标法》第 10 条第 1 款第(8)项的规定

《商标法》第 10 条第 1 款第(8)项规定,有害于社会主义道德风尚或者具有其他不良影响的不得作为商标使用。该条款中的"不良影响"指对公序良俗造成不良影响。虽然"汪必昌"为清朝嘉庆年间御医,但其知名度和影响力仅限在中医药等特定领域内,将其作为商标注册和使用尚未达到扰乱社会公共秩序或损害善良风俗的程度,不属于不良影响的情形。可以认定,被异议商标的注册未违反《商标法》第 10 条第 1 款第(8)项的规定。

(三)区分适用《商标法》第 10 条第 1 款第(7)项和第(8)项对已故知名人物姓名予以保护

在商标授权确权实践中,一般援引《商标法》第 10 条第 1 款第(7)项或第(8)项对已故知名人物姓名予以保护。上述两个条款均属于禁止使用的绝对事由条款。2013 年修法前,《商标法》第 10 条第 1 款第(7)项在法律实践中较少适用,已故知名人物姓名往往通过适用《商标法》第 10 条第 1 款第(8)项获得保护。2013 年修法后上述两个条款的适用界限在一定程度上可以划清,但在有些情形下仍然存在竞合。例如,带有欺骗性导致误认的标志同时可能也对政治、经济、文化等秩序产生负面或消极的影响。厘清法条的适用边界,有利于准确适用法律,维护法律适用的一致性。

就已故知名人物姓名保护而言,应区分适用《商标法》第 10 条第 1 款第(7)项和第(8)项:一是区分领域。对经济、文化、体育、娱乐等领域的已故知名人物姓名,一般适用《商标法》第 10 条第 1 款第(7)项进行保护。对政治、军事、宗教、民族等领域的已故知名人物姓名纳入《商标法》第 10 条第 1 款第(8)项保护范畴。二是区分知名度。即对经济、文化、体育、娱乐等领域的已故知名人物进一步区分知名度。具有很高知名度和广泛社会影响力的已故知名人物姓名适用《商标法》第 10 条第 1 款第(8)项予以保护,而适用《商标法》第 10 条第 1 款第(7)项时对知名度要求不宜过高,在特定领域具有相当程度的知名度即可。

三、典型意义

中医药行业的老字号是金字招牌,具有良好的市场号召力。不少商标申请人将已故名医姓名注册为商标,使公众误认为是中医药行业的老字号,从而不当获取市场竞争优势。商标注册机关坚决遏制各类恶意注册行为,切实规范中医药等重点行业的市场竞争秩序。《商标法》第 10 条第 1 款第(7)项是规制恶意注册的隐性条款。在商标授权确权实践中,《商标法》第 10 条第 1 款第(7)项和第(8)项的适用界限并不清晰,本案就厘清《商标法》第 10 条第 1 款第(7)项和第(8)项的适用边界保护已故知名人物姓名进行了有益探索。

案例 5 "松鼠张三疯"商标异议案

一、基本案情

异议人一:三只松鼠公司

异议人二:章燎某

异议人三:厦门三风公司

被异议人:福建三五七公司

被异议商标：松鼠张三疯

异议人一、二主要理由：被异议商标是对异议人一在先注册并使用的“三只松鼠”系列知名商标的模仿，客观上造成了相关公众对被异议商标与“三只松鼠”系列商标的混淆误认。被异议商标的申请注册损害了异议人二章燎某（异议人一的法定代表人）在先使用并具有较高知名度的网络昵称“章三疯”的姓名权，被异议商标应不予核准注册。

异议人三主要理由：被异议商标与异议人三在先注册于类似商品上的第14179277号“张三疯”商标及第20496054号“张三疯 ZHANG SANFENG”商标构成相同或类似商品上的近似商标，被异议商标的申请注册违反《商标法》第7条、第44条第1款的相关规定，带有很明显的主观恶意，足以导致相关公众产生混淆误认，损害异议人的品牌权益。被异议人未在规定期限内答辩。

经审查，国家知识产权局认为：被异议商标“松鼠张三疯”指定使用在第29类“加工过的坚果；以果蔬为主的零售小吃”等商品上。被异议商标与异议人一在先注册于类似商品上的第10539236号“三只松鼠”、第19820839号“三只松鼠 Three Squirrels”商标文字构成不同，读音及整体外观区别明显，双方商标未构成使用在类似商品上的近似商标。本案中，异议人二章燎某为异议人一的法定代表人，异议人一、二提供了经公证的“章燎某”和“章三疯”的网络搜索结果、媒体报道、新浪博客部分文章、异议人一所获荣誉证书等证据。上述材料可以证明：章燎某于2012年创立了三只松鼠公司，该公司以“三只松鼠”作为核心品牌，主要经营坚果、干果、茶叶等食品的研发、分装及网络销售等业务。章燎某作为异议人一的创始人及法定代表人，以“松鼠老爹_章三疯”作为网名在新浪博客上发表文章，经过广泛的宣传使用，“松鼠老爹_章三疯”已与章燎某产生相互对应关系且在相关行业内具有一定知名度。被异议商标与该名称文字组合方式、呼叫和含义近似，且被异议商标指定使用商品与“坚果”等商品密切相关，此种情形易使相关消费者将“松鼠张三疯”商标指向异议人二（章燎某），从而可能致使异议人二的利益受到损害，因此，被异议商标的注册已构成对异议人二姓名权的侵害。异议人三引证在先注册的第14179277号“张三疯”、第20496054号“张三疯 ZHANG SANFENG”商标核定使用在第29类“肉；鱼制食品；鱼罐头；腌制水果”等类似商品上。被异议商标与异议人引证商标文字构成、读音及整体外观有一定区别，未构成使用在类似商品上的近似商标。异议人称被异议商标的申请注册违反诚实信用原则证据不足。依据《商标法》第32条、第35条规定，“松鼠张三疯”商标不予注册。

二、案件评析

本案焦点主要在于被异议商标是否构成《商标法》第32条所指“申请商标注册不得损害他人现有的在先权利”的情形，即是否造成了对他人姓名权的侵害。实践中侵害姓名权的常见情形是将他人的姓名，特别是知名人物的姓名申请注册为商标。姓名包括本名、笔名、别名、网名等。本案中，异议人二章燎某以“松鼠老爹_章三疯”作为网名进行推广和宣传，在相关领域和消费者中具有一定知名度。而且，章燎某创立了三只松鼠公司并担任法定代表人，该公司的“三只松鼠”系列商标经宣传和使用，在“坚果、干果”等相关商品上具有较高知名度。因此，虽然被异议商标与异议人二的网名“松鼠老爹_章三疯”并非完全相同，但被异议商标中“张三疯”与“章三疯”读音相同，三字中仅首字不同；“松鼠”与异议人一的企业名称和商标的核心词语“三只松鼠”构成近似。被异议商标指定使用的商品与异议人一主营商品具有较强的关联性。基于异议人一、二的特定关系，被异议商标的组合方式足以使相关公众将该商标指向异议人二，进而造成混淆并可能致使异议人一、二的利益受到损害。

三、典型意义

姓名权是指自然人享有的决定、变更和使用其姓名的权利。在后申请的商标损害在先姓名权的认定条件在《最高人民法院关于审理商标授权确权行政案件若干问题的规定》中有所体现，通过本案亦可见一斑。首先，判断是否侵害姓名权的前提应是相关公众容易将系争商标指向姓名权人或者与姓名权人建立对应联系，既包括系争商标与他人享有姓名权的特定名称完全相同，也包括虽然系争商标与该特定名称在文字构成上有所不同，但反映了其主要姓名特征，在相关公众的认知中指向该姓名权人的情形。其次，应考虑该自然人享有姓名权的特定名称的知名程度。如果该自然人享有姓名权的特定名称在我国相关公众中具有长期、广泛的知名度，相关公众熟悉并且普遍以该特定名称指代该自然人，二者之间已经建立起稳定的对应关系，那么相关公众更容易认为标记有该特定名称的商品系经过该自然人许可或者与该自然人存在特定联系。最后，还可以考虑系争商标申请注册的商品或服务与主张姓名权的自然人所从事或涉及领域的关联程度。对于姓名权的保护包括对人身权益中所蕴含经济利益的保护，其他主体基于避免混淆误认应合理避让。明知为他人的姓名却基于恶意攀附他人商誉的目的申请注册商标，应当认定为对他人姓名权的侵害。

《商标法》规定"申请商标注册不得损害他人现有的在先权利"的立法目的是解决权利冲突，维护在先权利人利益，制止商标不当注册。商标实质审查难以甄别出申请注册商标损害他人除商标权以外的其他在先权利等情形。在异议审查程序中，在先权利人可以主张其权利，陈述反对被异议商标获准注册的事实与理由，维护自身的合法权益。

案例 6 第 3746575 号"施華洛及图"商标无效宣告案

一、基本案情

第 3746575 号"施華洛及图"商标（以下简称争议商标）由杨奕某（本案原被申请人）于 2003 年 10 月 9 日申请注册，后于 2006 年 1 月 21 日获准注册，核定使用在第 41 类"婚纱摄影、婚纱录影、摄影"等服务上，经续展在专用权有效期内；2019 年被核准转让予北京雅姿妃公司，即本案被申请人。

申请人于 2018 年 4 月 27 日对争议商标提出无效宣告申请，主要理由为：①申请人在本案中提出了新的理由及新证据，并未违反一事不再理的规定。②申请人是国际知名的水晶珠宝供应商，在争议商标申请日前，申请人"施华洛世奇""SWAROVSKI"商标获得了极高知名度，为消费者熟知，争议商标是对申请人第 385013 号"施华洛世奇"商标（以下简称引证商标）的恶意抄袭和模仿，损害申请人利益。依据 2001 年《商标法》第 13 条第 2 款、第 41 条第 1 款等规定，请求宣告争议商标无效。

对此，原被申请人答辩称：争议商标经使用在婚纱摄影行业具有较高知名度，争议商标指定服务与引证商标核定使用商品不属于类似商品和服务；争议商标并无抄袭、模仿他人商标的恶意。原被申请人请求维持争议商标注册。

二、案情解析

第一，申请人在本案主张的事实和理由较之在商评字[2010]第 30947 号无效宣告裁定书中的事实和理由，增加了以下主要理由：①被申请人注册争议商标违反了

2001年《商标法》第41条第1款的规定。②增加了证明引证商标知名度及实际使用中具有攀附其商标主观故意的证据材料。故国家知识产权局在本案中适用一事不再理条款的例外，基于新的事实和理由受理本案。

第二，《商标法》第45条第1款规定，申请人以《商标法》第13条之规定宣告争议商标注册无效的期限为自商标注册之日起5年内，但对恶意注册的，驰名商标所有人不受5年的时间限制。根据申请人提交的证据以及国家知识产权局查明的事实可知，在争议商标申请注册之前申请人的"施华洛世奇""施华洛"等品牌商品有数十家国内知名报刊、网站等媒体进行宣传报道，且引证商标在人民法院相关判决书中亦被认定已为相关公众所熟知，在原商标评审委员会作出的多件无效宣告裁定中亦有此认定。故本案认定引证商标指定使用在"宝石"商品上已为相关公众所熟知，争议商标构成对引证商标的复制、模仿；争议商标核定使用的婚纱摄影等服务与引证商标核定使用的宝石等商品存在一定关联性；原被申请人在实际使用中具有攀附申请人高知名度商标的主观故意，已在法院生效判决中予以确认。争议商标使用在指定服务上易使消费者误认为其指定服务来源于申请人或与申请人之间存在密切关联，损害申请人权益。因此，本案中判定争议商标的注册违反了2001年《商标法》第13条第2款的规定。

三、典型意义

第一，关于"一事不再理"原则在评审案件中的适用。《商标法实施条例》第62条规定：商标评审委员会对商标评审申请已经作出裁定或决定的，任何人不得以相同的事实和理由再次提出评审申请。"一事不再理"原则，是行政行为既判力的体现，国家知识产权局裁决应受到该原则的限制，上述条款的适用主要基于"相同的事实和理由"，但在行政裁决中，如果出现了"新的事实和理由"，则不受该原则的限制。新的事实应该是以新证据证明的事实，新证据应该是在原裁定或决定之后新发现的证据，或者确实是在原行政程序中由于客观原因无法取得或在规定的期限内不能提供的证据。

新事实的认定，主要考虑以下两点：再次申请中提交的个案证据不同于前案证据；新提交的证据直接影响到《商标法》实体条款的适用，对案件审理结果具有实质性影响。由此可见，证据上的差异构成"不同事实"是"一事不再理"原则适用中的核心问题。具体到本案，申请人增加了证明其商标知名度的事实及原被申请人实际使用中具有攀附其商标主观故意的证据材料，对案件实体性结论的判断具有实质性影响，申请人在本案中亦提出了新的理由，故本案不受"一事不再理"原则的限制。"一事不再理"原则是对当事人权利义务影响重大的法律原则，对此评审实践中既应注意适用该原则维护行政行为的确定性，又应合理把握适用尺度，充分保障当事人在个案中的实体权利得到保护。

第二，关于超5年适用复制、模仿、翻译为相关公众所熟知商标的条款中恶意的判定。为平衡权利人的合法权益及维护注册商标的稳定性，我国《商标法》对提起无效宣告的主体资格以及提起的期间都进行了严格限制，自商标获准注册5年后在先权利人或利害关系人原则上不能依据《商标法》第13条提出无效宣告申请。上述情形亦有例外规定，即对恶意注册的，为相关公众所熟知商标的所有人不受5年的时间限制。超5年适用该条款，核心为对于恶意的认定。该种恶意应是具有以此注册商标攀附他人较高声誉商标、牟取不正当经济利益等明显恶意意图。具体到本案中，国家知识产权局充分考虑了原被申请人在实际使用中具有攀附他人高知名度商标的主观恶意以及在先商标的知名度等因素，从而对原被申请人具有恶意行为作出认定。适用该条款是对为相关公众熟知商标加大保护力度的体现，体现了商标行政主管机关对于故意攀附他人商标知名度及商誉的严格规制，对于促进市场经济健康有序发展、打击恶意注册、维护当事人权益等具有积极作用。

争议商标

施华洛世奇

引证商标

案例 7　第 31473360 号“JOY@ABLE”商标驳回复审案

一、基本案情

申请人：郑州易值公司

（一）驳回理由

该申请人短期内提交了大量注册申请，明显超出正常经营活动需要，缺乏真实使用意图，亦扰乱正常的商标注册秩序。根据《商标法》第 4 条、第 30 条的规定，国家知识产权局决定驳回上述商标注册申请。

（二）国家知识产权局裁定

经复审认为，申请人作为商标注册人，在全部 45 个商品及服务类别上共注册了 929 件商标，其中 2018 年至 2019 年不足 9 个月的时间内就申请注册了 500 余件商标。申请人短期内大量申请注册商标的行为明显超出了生产经营的正常需要。申请人关于其近期商标申请均为其实际使用商标扩展注册的复审理由与其实际申请行为及商标的构成情况不符，不能解释其注册行为具有合理性和正当性。因此，申请商标已构成《商标法》第 4 条所指情形。

依照《商标法》第 4 条、第 30 条和第 34 条的规定，国家知识产权局裁定如下：对申请商标在复审服务上的注册申请予以驳回。

二、案情解析

（一）《商标法》第 4 条的适用意义

商标的本质属性在于区分商品或服务的来源，商标权的授权基础凝结在使用积累形成的商誉上。但自 2017 年降低商标申请注册费用以来，商标售卖高收益与注册低成本之间的巨大利润率，催生某些市场主体为了牟取不正当利益，将注册商标变成一项投资工作；利用商标转让制度，囤积商标作为投资，从而收取高额的转让费用，使得商标注册制度被异化为一种新型的商业模式。该行为动摇了《商标法》的授权基础，不正当占用了社会公共资源，损害了公众利益，扰乱了正常的商标注册秩序。在审查及审理过程中，适用《商标法》第 4 条的目的就是打击商标囤积这种典型的恶意注册行为，使商标回归其本质，从而营造良好的营商环境。

（二）《商标法》第 4 条的适用要件

在案件审理过程中，第 4 条的适用要件主要把握“不以使用为目的”和“恶意”这两点，重点考虑以下几个方面。

首先，申请人的具体情况。依据申请人的复审理由和证据，审查其经营范围、实际状况、行业特点，初步判定其商标注册申请是否符合生产经营活动的实际需要、是否具有真实的使用意图，以区分商标囤积、商标储备及防御性注册。防御性注册虽缺乏使用意图，但其基于主动保护目的，应无恶意。而商标储备一般具有真实的使用意图。就本案而言，申请人是一家贸易公司，但其申请注册的商标涵盖了商品及服务区分表中所有的类别，明显超出了其正常的经营范围，也和其行业特点、公司的实际经营情况不符。这种申请注册行为不具备防御性注册或商标储备的合理性。

其次，考虑申请人的商标申请注册量及申请注册的类别跨度和时间跨度。数量只是考察因素中的基本考量因素，但并没有机械的定量要求，更应同时参考商品及服务类别的跨度以及是否涉及某些行业专业属性或资质要求较强的特定类别等其他因素综合考虑，来推定申请人商标注册在数量上是否具有合理性。就本案而言，申请人名下共有 929 件商标注册申请，注册申请涉及 45 个不同的类别，其中还包含了有较强行业属性及资质要求的特殊类别，如第 1 类工业用化学品等商品、第 36 类保险咨询等服务、第 38 类无线广播服务等。特别是其中 500 多件商标申请注册的时间段集中在 2018 年 5 月至 2019 年 1 月期间，上述注册行为在量上的合理性也难以解释。

再次，综合分析申请人名下商标的标识构成。这里主要是分析商标有没有合理的来源。目前在审理实践中，重点关注大量模仿、抢注他人驰名商标或较高知名度商标，大量抢注知名人物姓名、知名企业商号，大量囤积地名、风景区名称、山川名称等公共资源，以及针对同一企业驰名商标或其他较高知名度商标反复恶意抢注等行为。

最后，申请人的抗辩理由。申请人若能有证据证明其申请的商标具有使用的目的，有合理来源，没有主观恶意，则不构成《商标法》第 4 条的相关情形。本案中，申请人在复审理由中称，其公司的主商标为“赏目”“悦能”，均为服装品牌，申请人申请注册的商标均为上述商标的扩展注册，且申请人强调自己并没有商标售卖行为。经审理认为，第一，申请人在其所有的 900 多件商标中，“赏目”及“悦目”系列商标仅占其商标总数的一小部分，申请人在其他不同类别还大量注册了“鱼小双”“把美”“万赏”等商标，上述商标均与其自称的主商标没有直接关系。第二，申请人还大量申请注册了“V++”“J++”“Q++”等简单字母及符号组合的商标，以上商标不符合商业使用习惯，也无法解释其注册的合理性。申请人将其申请注册大量商标的行为解释为其主商标的扩展注册，与事实不符。第三，并不能以申请人有无商标售卖行为来当然推定申请人的行为系属正当。申请人的商标注册申请及对其名下商标权的处分是一个动态过程，商标售卖只是其中最直接的一种明确不以使用为目的、具有恶意的表现形式。故申请人的理由不属于合理的抗辩事由。

三、典型意义

《商标法》第 4 条的适用需要慎重把握“不以使用为目的”及“恶意”两个要件，适用时综合考量以下几点：申请人的具体情况、申请人的商标申请注册量及申请注册的类别跨度和时间跨度、申请人名下商标的标识构成及申请人是否有合理的抗辩理由。

JOY@ABLE

申请商标

案例 8　第 16676428 号“一只酸奶牛”商标无效宣告案

一、基本案情

第 16676428 号“一只酸奶牛”商标（以下简称争议商标）由成都离岸商务服务中心（即本案原被申请人）提出申请注册，指定使用在第 43 类备办宴席、咖啡馆等服务上，经初步审定并公告后，本案申请人在法定期限内提出异议申请，2017 年 9 月 28 日国家工商总局商标局裁定申请人所提异议理由不成立，争议商标准予注册，原被申请人于 2017 年 12 月 11 日向国家工商总局商标局提出争议商标转让申请，2018 年 4 月 20 日经核准转让给梁某（即本案现被申请人）。

申请人以原被申请人营业执照的经营范围中包含“知识产权代理服务”，但争议商标指定使用的服务不属于“商标代理”服务所属群组；争议商标是以不正当手段抢先注册他人在先使用并具有一定影响力的商标；争议商标的注册已经造成市场秩序的紊乱，致使真正权利人受到损害为由，根据《商标法》第 7 条、第 19 条第 4 款、第 32 条、第 45 条第 1 款的规定，提出争议商标无效宣告请求。

二、案件解析

本案中，原被申请人成立于 2007 年 11 月 7 日，经营范围包括：社会经济咨询（不含投资咨询）、知识产权代理服务、会议及展览服务（以上经营范围不含国家法律、行政法规、国务院决定禁止或限制的项目，依法须批准的项目，经相关部门批准后方可开展经营活动）。2017 年 12 月 20 日出资方式变更后，其经营范围变更为：社会经济咨询（不含投资咨询）、会议及展览服务、翻译服务、机构商务代理（以上经营范围不含国家法律、行政法规、国务院决定禁止或限制的项目，依法须批准的项目，经相关部门批准后方可开展经营活动）。原被申请人在 2015 年 4 月 9 日向商标局申请注册争议商标时，其经营范围包括“知识产权代理服务”。

申请人于 2017 年 10 月 17 日对争议商标提出无效宣告请求，原被申请人于 2017 年 12 月 11 日向商标局提出争议商标的转让申请，2017 年 12 月 20 日经成都市锦江区市场和质量监督管理局核准进行出资方式变更后，其经营范围中删除了“知识产权代理服务”。2018 年 4 月 20 日经商标局核准，争议商标由原被申请人转让至现被申请人。

根据《商标法实施条例》第 84 条的规定，《商标法》所称商标代理机构，包括经工商行政管理部门登记从事商标代理业务的服务机构和从事商标代理业务的律师事务所。具体到本案，争议商标自 2015 年 4 月 9 日申请注册之日至 2017 年 12 月 20 日变更经营范围之时一直属于原被申请人所有，原被申请人企业经营范围涉及“知识产权代理服务”，而商标代理属于知识产权代理服务。因此，原被申请人主体应属于“经工商行政管理部门登记从事商标代理业务的服务机构”的范畴。争议商标并非指定使用在知识产权代理服务上。故原被申请人申请注册争议商标的行为已构成《商标法》第 19 条第 4 款所指情形。

三、典型意义

本案涉及《商标法》第 19 条第 4 款，典型意义在于：争议商标在本案审理前由经营范围包含“知识产权代理服务”的原被申请人转让给不包含“知识产权代理服务”的本案被申请人；原商标注册人的经营范围包含的经营项目为“知识产权代理服务”，并非与《商标法》第 19 条第 4 款表述中相一致的商标代理机构，亦未在商标局备案；原商标注册人在本案审理时已经删除“知识产权代理服务”。

《商标法》第 19 条第 4 款规定“商标代理机构除对其代理服务申请商标注册外，不得申请注册其他商标”，该规定系对商标代理机构申请注册商标的限制性规定，即经合法登记从事商标代理业务的服务机构和从事商标代理业务的律师事务所均不得从事与其商标代理服务以外的其他商标的申请注册或受让服务。原被申请人在注册申请争议商标时的经营范围包括“知识产权代理服务”，“知识产权代理服务”包括了专利、商标、版权等代理服务，故其属于《商标法》第 19 条及《商标法实施条例》第 84 条第 1 款所规定的“经工商行政管理部门登记从事商标代理业务的服务机构”。商标局于 2015 年 1 月 1 日作出的《关于对商标代理机构申请商标注册的审查决定的说明》，其中涉及“如未在商标局备案的商标代理机构申请注册的商标被初步审定或被核准注册，任何人可以通过异议程序或商标注册无效程序要求不予核准注册或宣告该注册商标无效”。由此可见，是否在商标局备案并非认定商标代理机构的必要条件。虽然至本案审理时，原被申请人的经营范围已发生变更，不再包括“知识产权代理服务”，但不能改变争议商标申请时原被申请人属于商标代理机构的事实，否则将使《商标法》第 19 条第 4 款防止商标代理机构恶意抢注、维护商标注册秩序的立法目的落空。(2018)京 73 行初 11936 号北京知识产权法院行政判决书支持了商标局裁定。

一只酸奶牛

争议商标

案例 9　第 14207876 号“沪江”商标系列无效宣告案

一、基本案情

申请人：上海理工大学

被申请人：沪江教育（上海）公司

争议商标：第 14207876 号“沪江”商标、第 17656015 号“沪江网校 HJCLASS. COM 及图”商标、第 5700432 号“沪江英语”商标（以下简称争议商标一、争议商标二、争议商标三）

争议商标一、争议商标二由被申请人分别于 2014 年 3 月 19 日、2015 年 8 月 13 日申请注册，2017 年 8 月 21 日、2017 年 9 月 7 日获准注册；争议商标三由伏彩某于 2006 年 11 月 3 日申请注册，2013 年 9 月 28 日核准注册，该商标于 2015 年 8 月 21 日转让给被申请人。3 件争议商标核定使用在第 41 类“教育；培训”等服务上。之后上述 3 件争议商标被申请人提出无效宣告申请。

申请人主要理由：①“沪江”是申请人前身“沪江大学”校名的一部分，申请人合法承继沪江大学。②被申请人法定代表人伏彩某在申请人外语学院就读期间参与申请人投资建设的“沪江语林网”工作。伏彩某与申请人之间具有特定关系，争议商标违反了《商标法》第 15 条第 2 款规定。③争议商标损害了申请人“沪江”知名服务特有名称权，是对申请人在先使用并具有一定影响的商标的恶意抢注。争议商标违反了《商标法》第 32 条规定。综上，申请人请求宣告争议商标无效。

被申请人答辩主要理由：①伏彩某创建“沪江网”的前身“沪江语林”，2003 年“沪江网”正式上线，经宣传及使用，“沪江”已具有一定知名度。②沪江大学于 1952 年解散，申请人沿用的是沪江大学的原址，无继承关系。③“沪江语林网”从始至终属于伏彩某个人。伏彩某曾义务用网站为申请人外语学院设立专栏，但并不意味着该网站就是申请人的。伏彩某创办沪江网后与申请人及其外语学院保持合作关系，且伏彩某被申请人评为杰出校友。争议商标未违反《商标法》第 15 条第 2 款规定。④申请人对于“沪江”标识并无任何在先权益，沪江并非申请人字号，且争议商标不存在抢注情形。综上，请求维持争议商标的注册。

申请人质证请求对本系列案件口头审理。

二、口审处理

国家知识产权局在了解案情的基础上，考虑双方当事人均提交大量证据，且案情较为复杂，决定对“沪江”系列商标无效宣告案件进行口审。2019 年 9 月 19 日，国家知识产权局在上海商标审查协作中心对本系列案件口头审理。双方当事人就争议焦点进行充分的说明和辩论，并提供相关证据。

三、裁定结果

国家知识产权局经审理认为，沪江语林网系申请人外语学院发起建设，申请人予以资助，并指派教师指导、监督。伏彩某等学生为网站主要操作员。伏彩某以个人名义注册网站域名并运营维护，媒体进行了相关报道，申请人并未对此提出异议。申请人还将伏彩某在其校友网中进行宣传，并与被申请人之间有合作。前述事实表明在被申请人注册“沪江”商标前，申请人对伏彩某宣传“沪江语林”及使用“沪江英语”的行为持默许态度。此外，申请人与“沪江大学”具有历史渊源，“沪江”为其在教育等服务上在先使用的未注册商标。伏彩某作为申请人的学生对此知晓。故被申请人将争议商标一“沪江”注册在教育等服务上违反了 2013 年《商标法》第 15 条第 2 款的规定。争议商标二、争议商标三与“沪江”一词整体存在差异，被申请人提交的证据能够证明争议商标二、争议商标三在网络教育领域获得了一定知名度和市场声誉，并与被申请人形成对应关系。国家知识产权局认为，争议商标二、争议商标三未违反 2013 年《商标法》第 15 条第 2 款的规定。

四、典型意义

商标评审案件的口审按惯例，当事人双方须前往北京参加口审，本系列案件的口审系在京外进行商标评审案件巡回评审，也是开展商标评审案件巡回评审试点工作的一次尝试。巡回评审以便民利民为目的，节省当事人维权时间、维权成本，运用口头审理与书面审理相结合的方式，查明案件事实，保障当事人合法权益。

本系列案件重点、难点在于双方当事人特定关系的认定，以及争议商标与申请人在先使用商标近似程度的判定。

本系列案件中，国家知识产权局对 2013 年《商标法》第 15 条第 2 款的“其他关系”作出扩张解释，即是否属于本款所规定的其他关系，应限定为与合同业务往来等性质相近的关系，但不限于商业关系或者职务、身份关系。对“其他关系”作出扩张解释，是对扩大当事人维权范围的体现，可有效遏制商标抢注行为，维护市场经济秩序。

2013 年《商标法》第 15 条第 2 款的立法目的是维护诚实信用原则，制止不公平竞争。从本系列案件审理来看，恶意的判定是争议商标与申请人在先使用商标近似程度判定的重要衡量标准。国家知识产权局考虑到沪江语林网的创办，申请人与伏彩某都投入了人力物力，被申请人基于沪江语林网创办沪江网校并无恶意，且沪江英语、沪江网校已具有一定知名度和影响力，亦考虑到申请人与“沪江大学”的历史渊源和其对“沪江”商标的在先使用情况，“沪江”文字不宜为一家独占，申请人及被申请人宜在附着明显区别部分的情况下合理使用“沪江”文字，才能够起到区别服务来源的作用，不会造成公众混淆误认。综上，在涉及特定关系人的案件时，应当结合 2013 年《商标法》第 15 条第 2 款的立法目的，遵循诚实信用原则，保护在先权利，制止不公平的竞争行为。

沪江

争议商标一

沪江网校 HJCLASS.COM

争议商标二

沪江英语

争议商标三

案例10　第12055673号“TOEFL”商标无效宣告案

一、基本案情

申请人：美国教育考试服务中心

被申请人：南京筑梦堂公司

争议商标：第12055673号“TOEFL”商标

(一)当事人主张

争议商标是对申请人已在中国注册的驰名商标“TOEFL”“托福”商标(以下简称引证商标一、引证商标二)的翻译和复制。综上，依据《商标法》第13条第3款等规定，请求宣告争议商标的注册无效。

(二)国家知识产权局裁定

据查明的事实及申请人提交的证据显示，在争议商标申请注册之前，引证商标一、引证商标二已在发展管理英语语言能力测试以及关于语言熟练程序、语言技能和语言学习的考试服务上为相关公众所熟知。争议商标“TOEFL”与“TOEFL”商标及中文“托福”相同，构成对引证商标一、引证商标二的复制、模仿、翻译。被申请人将其相同的商标申请注册在饭店等服务上，易减弱申请人商标的显著性，致使申请人的合法利益可能受到损害。因此，被申请人注册争议商标的行为已构成《商标法》第13条第3款所指的情形。

依照《商标法》第13条第3款，第45条第1款、第2款和第46条的规定，国家知识产权局裁定：争议商标予以无效宣告。

二、案情解析

(一)驰名商标是指在中国为相关公众所熟知的商标

驰名商标是指在中国为相关公众所熟知的商标，相关公众包括与使用商标所标示的某类商品或服务有关的消费者、生产前述商品或者提供服务的其他经营者以及经销渠道中所涉及的销售者和相关人员等。就本案而言，申请人主张的“托福”商标的相关公众包括教育从业人员、学生、家长及其他英文学习者等，考量商标的知名度主要考察在上述相关公众中申请人商标的知名程度情况。

明确了知名度所指向的对象以后，需要审查具体案件中提交的证据能否证明商标已为公众所熟知。对知名度证据的认定，主要从以下几个方面考量：相关公众对该商标的知晓程度，商标宣传工作的持续时间、程度和地理范围，该商标作为驰名商标受保护的记录等。在审查过程中，可以根据申请人提交的上述证据进行综合判定。但如若不能满足上述全部条件，申请人提交的在案证据足以证明该商标在市场上享有较高声誉的，也可以认定该商标已为公众所熟知。本案中，依据申请人提交的相关报道及介绍可知，申请人1981年被引入中国大陆地区；申请人提交的宣传资料可以证明申请人的商标自进入中国大陆地区以来一直进行持续不断的宣传及推广；申请人提交的托福考试考点列表可以证明申请人的考试网点遍及全国大部分省市及地区，且其考试网点的不断增加及报考人数的不断增长，可以证明其影响力及知名度在持续不断提高。综合申请人全部证据可以证明，申请人的“托福”商标、“TOEFL”商标于2013年1月16日争议商标申请注册前已为相关公众所熟知。

(二)复制、模仿或者翻译他人驰名商标的判定

复制是指系争商标与他人驰名商标相同；模仿是指系争商标抄袭他人驰名商标，沿袭他人驰名商标的显著部分或者显著特征；翻译是指系争商标将他人驰名商标以不同的语言文字予以表达，且该语言文字已与他人驰名商标建立对应关系，并为相关公众广为知晓或者习惯使用。就本案而言，争议商标为纯英文商标“TOEFL”，与

申请人主张驰名的“TOEFL”商标完全相同，构成复制。

（三）依据混淆及误导的可能性判定驰名商标的保护范围

对已注册驰名商标的保护范围可以延及非类似的商品或服务上，但并不意味着可以无条件地及于全部的商品或服务类别，而应当综合考量双方商标标识之间的近似程度以及驰名商标的独创性、驰名商标的知名程度、双方商标指定使用的商品及服务之间的关联程度等因素，以容易误导公众、致使该驰名商标注册人的利益可能受到损害为前提。这里的误导是指系争商标足以使相关公众认为其商标与他人驰名商标具有相当程度的联系，而减弱驰名商标的显著性；或系争商标的注册可能贬损驰名商标的市场声誉；或系争商标的注册使用可能不正当利用驰名商标的市场声誉。就本案而言，被申请人作为教育咨询公司，其与申请人均从事教育培训服务行业，被申请人接触到申请人商标的可能性很大。被申请人在明知申请人商标的情况下，申请注册与其为相关公众所熟知商标相同的商标，具有明显的主观恶意。争议商标申请注册在饭店等服务上，易减弱申请人商标的显著性，致使申请人的合法利益可能受到损害。

三、典型意义

对驰名商标的保护，应从保护驰名商标持有人利益和维护公平竞争及消费者权益出发，对可能利用驰名商标的知名度和声誉，造成市场混淆或者公众误认，致使驰名商标持有人的利益可能受到损害的商标注册行为予以禁止。对已注册驰名商标非类似商品或服务上的保护，应综合考量双方商标标识之间的近似程度以及驰名商标的独创性、驰名商标的知名程度、双方商标指定使用的商品及服务之间的关联程度等因素，以容易误导公众，致使该驰名商标注册人的利益可能受到损害为前提。

争议商标

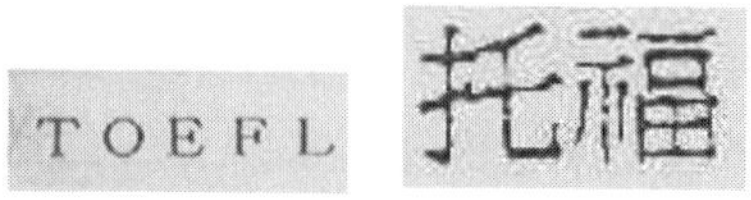

引证商标

（国家知识产权局商标局）

2019 年度反不正当竞争典型案例

案例 1　上海市普陀区查处上海满罗广告公司利用“不忘初心、牢记使命”实施混淆行为案

一、基本案情

当事人上海满罗广告公司为争取与央企开发商上海海升环盛房地产公司的广告合作机会，表达商业合作诚意，其考虑到该公司所开发的某商业楼盘项目正处于面向市场对外认筹中，即在该公司不知情的情况下，自行无偿为该公司设计制作 3 块含有楼盘名称、售楼热线等购房信息及“不忘初心、牢记使命”红色字体的广告指示牌，并于 2019 年 8 月 16 日在售楼处周边道路的路灯上予以悬挂，用于向消费者宣传、指引楼盘项目。

二、法律依据及处罚

当事人在营商活动中擅自将“不忘初心、牢记使命”的文字作为广告标识使用，易使消费者产生被宣传项目与中国共产党有特定联系的混淆情形，损害了市场竞争秩序，其行为违反了《反不正当竞争法》第 6 条第（4）项的规定，根据《反不正当竞争法》第 18 条第 1 款的规定，作出罚款 3 万元整的行政处罚。

案例2 天津市东丽区查处某餐厅市场混淆案

一、基本案情

“王牌大虾”作为企业字号，经过权利人使用和宣传，已享有一定的市场知名度，为相关公众所认可，并在该字号与天津王牌大虾公司之间建立起了稳定的关联关系。“王牌大虾”系具有一定影响力的企业字号。2017年12月22日，当事人未经权利人同意，擅自在其牌匾上突出使用“王牌大虾”字样，引人误以为当事人餐厅与王牌大虾公司存在特定联系，构成混淆。天津市东丽区市场监督管理局于2018年1月8日对当事人的违法行为立案调查。

二、法律依据及处罚

当事人上述行为违反了《反不正当竞争法》第6条第(2)项的规定，属于擅自使用他人有一定影响力的企业字号的行为。依据《反不正当竞争法》第18条第1款的规定，责令当事人停止违法行为，处50 000元罚款。

案例3 上海市浦东新区查处某酒业销售有限公司销售仿冒黄酒案

一、基本案情

当事人主营各类酒水批发，曾是浙江古越龙山绍兴酒公司在原南汇地区的经销商之一。当事人看到“清醇俊郎”黄酒比较畅销后，委托浙江湖州的一家生产商按照该酒的瓶身外观，设计制作瓶身外包装，把“俊郎”改成“晓萍”，并委托其生产“清醇晓萍”黄酒2500箱。随后，以批发方式向原南汇地区的饭店、零售店销售。

对比两种黄酒的外观，瓶身大小、标贴大小、标贴上的颜色、颜色搭配和文字基本相同。两种黄酒的商品种类、销售渠道、消费群体基本相同。两种黄酒的装潢近似，极易造成购买者误认，对商品来源发生混淆。

二、法律依据及处罚

古越龙山绍兴酒公司的“清醇俊郎”黄酒经过长期销售，具有一定影响。当事人的行为，违反了《反不正当竞争法》第6条第(1)项的规定，属于擅自使用与他人有一定影响的商品装潢近似的标识的行为。依据《反不正当竞争法》第18条第1款的规定，责令当事人停止违法行为，并没收当事人的“清醇晓萍”黄酒272箱(每箱8瓶)，罚款97 758元。

案例4 浙江嘉兴市查处张某、丁某、宋某、张某某等人侵犯商业秘密系列案

一、基本案情

2018年A公司运营副总张某找到A公司技术副总丁某，请求丁某为其参照A公司的“星悦浙江麻将”仿制一款新的手游产品。此后，丁某授权公司的技术人员使用A公司的游戏源代码制作了“新月浙江麻将”。2018年10月，丁某将游戏上传至非A公司所属的阿里云服务器上。

2018年8月，张某找到A公司离职员工陈某，让陈某使用他人身份证成立了B公司。

张某在B公司成立后，邀请A公司员工宋某和张某某成为B公司的共同合伙人。2018年11月，上述3人以B公司为平台推出手游“新月浙江麻将”，由宋某和张某某负责平台技术维护和运营。在未经A公司同意的情况下，宋某和张某某擅自将属于A公司的浙江区域两大代理商引导至B公司，并从中获利。

另查明：张某、宋某和张某某均与A公司签订过保密协议，丁某与A公司签订的劳动合同中也有保密义务的约定。

二、法律依据及处罚

张某、丁某、宋某和张某某在未经A公司授权和允许的情况下，擅自使用A公司源代码与客户资料的行为，构成了《反不正当竞争法》第9条第1款第(1)项、第(2)项、第(3)项规定的侵犯商业秘密的不正当竞争的违法行为，根据《反不正当竞争法》第21条的规定，决定责令停止违法行为并对上述4人分别罚款20万元、15万元、13万元和12万元。

案例5　浙江省台州市查处聂某侵犯商业秘密案

一、基本案情

当事人聂某于2013年入职台州百凯公司，担任金工车间主管一职。2018年3月初，当事人谎称公司授意其学习CAD制图，从百凯公司模具委托生产商处骗取了新款烧烤折叠桌模具加工图纸。2018年3月底，当事人在未办理离职手续的情况下，进入义乌泉顺公司上班，负责产品设计、模具生产，并享有公司的产值分成。当事人通过使用窃取的产品图纸，制作了三款折叠桌样品，对外销售并接到订单。执法人员在当事人办公桌上查获标有“台州百凯公司版权所有，违者必究”字样的折叠桌图纸142张，笔记本式计算机中也发现大量标有上述字样的折叠桌电子图纸。

二、法律依据及处罚

当事人的行为构成《反不正当竞争法》第9条第1款第(3)项规定的侵犯商业秘密的行为。根据《反不正当竞争法》第21条的规定，责令当事人停止违法行为，处以罚款10万元。

案例6　福建省厦门市海沧区查处厦门帆拓公司侵犯商业秘密案

一、基本案情

2012年到2018年间，洪某担任威圣公司的石材外贸业务员，威圣公司制定有《公司保密制度》，并与洪某签订有客户隔离条款的《劳动合同》。2017年9月，洪某以自然人独资的形式成立了帆拓公司。2017年12月，洪某仍凭借其作为威圣公司员工的身份，偷偷记录下了威圣公司7家长期客户的联系人、电子邮箱等信息。威圣公司长期的客户邮件往来，本身蕴含着交易习惯、意向与内容，并不能被公众所知晓。这些信息显然能带来一定的竞争优势和经济价值，属于理应受到保护的商业秘密。

同时，洪某还通过威圣公司邮箱向美国客户DINOKALLOO公司发出电子邮件，内容翻译为中文：“我即将离开威圣，新公司会给你更好的价格和质量，我相信你会对新公司满意。”这一“挖角”客户的邮件内容，足以证明洪某的主观动机。随后，洪某辞职离开了威圣公司。至案发时，洪某新成立的帆拓公司，与上述7家客户中的4家，进行了石材外贸交易，经营额共计46.96万元。

二、法律依据及处罚

洪某盗窃威圣公司客户信息时，明知自己已经是帆拓公司的法定代表人，这些客户信息也由帆拓公司在业务中使用。帆拓公司作为本案的适格当事人，其行为侵犯了商业秘密拥有者威圣公司的合法权益，构成了《反不正当竞争法》第9条第1款第(1)项、第(2)项所称的侵犯商业秘密行为。当事人符合减轻处罚的条件，罚款6.9万元。

（国家市场监督管理总局价格监督检查和反不正当竞争局）

国家知识产权局学术委员会2019年度一般课题学术研究成果

1. 课题名称：面向未来的流程管理电子审批系统全面升级改造研究（初审专业委员会）

负责人：王星跃

当前，随着我国经济科技水平的不断发展，经济发展进入新时期，从高速增长阶段转向高质量发展阶段，技术创新成为经济发展的主要动力。同时，随着大众创业、万众创新的持续深入，创新发展理念深入人心，各领域技术成果不断涌现。作为衡量科技创新能力的重要体现，专利申请数量持续快速增长。与此同时，专利审查能力与申请数量的矛盾日益突出，同时创新主体对于快速确权和审查质量的要求不断提高。专利审批系统不仅是专利审查的工具，更是专利审查的基础和环境。专利审批系统的智能化程度，成为提升专利审查质量、缩短审查周期的关键因素之一。建设面向未来，满足审查员和社会需要的以大数据、人工智能、区块链等新技术综合运用为基础的新一代审批系统成为迫切需要和必然选项。本课题深入分析目前专利审批的流程和系统功能、性能方面的主要痛点问题和制约因素，以问题为导向，以系统建设促进流程优化为路径，立足审查流程和流程管理的电子审批系统优化，以流程再造和流程重构的思路，在保证审查质量的基础上简化优化流程，为建设流程可控、柔性处理、扩展性强的审批流程提出优化思路和建议。课题组提出了构建基于内外网交互的申请提交模式，基于身份验证基础上数据一元化的关联式、批量化审查，基于数据代码化、结构化和标准化基础上的智能化审查，基于充分人机交互的模块化审查，基于智能化审查和内外网交互的即时化审查为主要手段，以实现整体框架稳定可控、高效灵活，系统互联互通、友好便利，流程简化优化、智能快捷，运行精细管理，数据标准规范的下一代流程和审批系统为目标，全面应用信息化新技术进一步实现智能审查，运用模块化、封装化的思路构造系统模块和人力管理模块，从而提出基于电子审批系统优化的下一代审批系统的系统框架和设计需求设想，以推动专利审查效率的全面提升和专利审查质量的稳步提高。

2. 课题名称：专利审批流程管理质量与效率研究（初审专业委员会）

负责人：胡泽建

课题坚持问题导向与目标导向相统一，从专利法律法规、审批流程管理和文化建设三个方面，梳理存在的问题，提出建议解决方案，旨在不断完善专利法规和专利审批流程管理，推进专利领域治理体系和治理能力现代化，为提质增效提供持续动力。提出的方案包括：超大序列表的提交要求与计费方案，简化著录项目变更手续方案，平信寄交确定申请日和递交日方案，规范发明人变更方案，防止恶意权利转移方案，国际申请进入国家阶段手续的优化方案，分案申请未填写的优先权、生物材料保藏和不丧失新颖性宽限期声明的恢复方案，未缴纳申请费期间提交的文件之分配方案，案件逆流程处理方案，案件关联分配方案，推广提高XML格式的申请的比例方案，完善通知书送达方案，优先权副本交换及审查方案，实际授权年度与办理登记手续通知书中注明的年度不一致的解决方案，无效案件状态异常解决方案，减少证明文件方案，审查表格更新修改方案，减少重复审查方案，英文信息登记管理方案，人员权限配置方案，工作量和审查周期管理方案，建议审查流程管理的指标体系方案，有关诚信体系建设的审查方案，涉及代理机构的通知书发送方案，审查文化建设方案等。

3. 课题名称：高质量高效率开展实用新型创造性审查的模式研究（实用新型专业委员会）

负责人：袁　泉

课题对实用新型创造性审查模式的研究背景及研究目的进行了探讨，比较研究世界各国现行实用新型制度状况及审查制度的特点。结合我国宏观形势、知识产权战略、法律条件，研究认为实用新型作为中国特色专利制度中的重要组成部分，实用新型审查制度的调整要兼顾权利稳定性和程序快捷性的均衡，做到审查效率和审查质量的均衡，实用新型创造性审查的审查模式应以高质量、高效率完成新型审查工作为中心目标。

课题研究了实用新型审查工作的现状，并结合实用新型初步审查部门的审查资源状况，探讨了引入明显创造性审查的可行性和有益作用，估算了引入明显创造性审查后审查周期的变化，具体推演了引入创造性审查后审查效率的变化，并论证了引入明显创造性审查的现实必要性。课题综合评估了在实用新型初步审查中引入明显创造性审查对审查质量和审查效率的影响，提出了高质高效开展明显实用新型创造性审查的审查目标、审查范围、审查程度，课题还对一些特定审查情况提出了针对性对策。

课题针对几类重点审查对象具体探讨了引入明显创造性审查后的审查情况，剖析了使用创造性条款处理当前几类典型申请的可行性及对审查质量和效率的影响。课题探讨使用“大三步法”创造性判断程序的情况，并结合无效决定、行政诉讼中的实际案例探讨了实用新型创造性审查中审查标准的把握，给出了参考性质的明显创造性审查评述逻辑及通知书语段，对创造性审查的全环节“审查程序”“审查标准”“通知书撰写”进行了研究分析。此外，结合审查智能化系统的开发工作，课题对机检系统的完善和下一代智能审查系统的规划提出了具体的需求，并为未来指南的修改提供了建议。

4. 课题名称：“一带一路”沿线国家外观设计制度及审批流程对比专项研究（外观设计专业委员会）

负责人：李　飞

本课题定位于“一带一路”沿线国家有关外观设计申请、审批实践和操作规则的信息分享，旨在创建一个关于外观设计制度及审批流程对比研究的用户参考手册，通过对比研究，巩固和加深各国家之间对外观设计制度和审批流程的理解和交流，并为广大响应号召“走出去”的创新主体提供信息服务，助力“一带一路”建设。

本课题依据“六廊六路多国多港”的建设思路，定位六大国际经济合作走廊，将“一带一路”沿线国家分成六个区域模块，分别是新亚欧大陆桥经济走廊篇、中蒙俄经济走廊篇、中国—中亚—西亚经济走廊篇、中国—中南半岛经济走廊篇、中巴经济走廊篇以及孟中印缅经济走廊篇，并对各经济走廊代表性国家进行多角度、多维度分析和研究，主要从保护客体、优先权制度、新颖性宽限期、特色制度、申请流程、申请文件及提交方式、申请费用、委托代理程序、审查模式、加快授权程序、保护期限、异议程序、无效程序、海关保护14个方面全方位解析了沿线国家外观设计制度及申请审批流程，通过比较沿线各国外观设计申请和保护情况，分析其外观设计制度及审批流程，结合中国的国家战略以及与沿线各国的国际合作需求，探索与“一带一路”沿线国家外观设计未来合作发展方向。一是信息服务，选取 15 个代表性国家，制作成对比信息列表，便于公众查询各国的外观设计制度及申请审批流程，为创新主体在相关国家进行外观设计布局提供信息服务；二是学习借鉴，通过分析相关国家的特色制度和先进制度，为我国局部外观设计、实质审查、新颖性宽限期以及保护期续展、延迟公布、外观设计单独立法等研究提供参考依据；三是合作交流，通过对比分析，找准我国的制度和政策优势，建议在优先审查制度、系统智能化以及救济程序等方面与相关“一带一路”国家开展合作，帮助其完善更加灵活高效的外观设计制度。

5. 课题名称：实用性法条在材料领域的适用研究（实审专业委员会）

负责人：王霄蕙

随着专利申请量的持续增长，实用性案例的数量以及分布领域均显著增加，材料领域涵盖了大量传统技术门类，实用性案例出现的数量、类型和案情复杂程度日渐突出，审查员对实用性法律适用问题的指导需求也越发迫切。为解决上述问题，本课题针对材料领域专利申请的特点，对该领域的实用性审查标准和审查方法进行了深入研究。

本课题收集、整理了材料领域曾经适用过实用性法条的已结案实审、复审和无效案件，从不同维度对统计数据进行了分析，归纳和总结出了具有材料领域特点的不具备实用性的典型情形；从专利法体系的视角着手，从法条设置、客体保护范围、核心判断要件等方面对美国、欧洲和日本专利法及其审查指南中对实用性的相关规定进行了国际比较；从审查的主体、客体、判断标准和举证责任四个方面对实用性进行探讨，明确了在无再现性、违背自然规律、利用独一无二的自然条件的产品、人体或动物体的非治疗目的的外科手术方法、无积极效果以及产业上无法制造或使用六种情形下的实用性审查的判断标准；提出了适合材料领域特点的从确定权利要求的保护范围、发现疑点、聚焦疑点、进行检索直至完成内心确信并撰写审查意见通知书的实用性审查方法；结合材料领域技术特点，对实用性法条与《专利法》第 5 条第 1 款、《专利法》第 26 条第 3 款及《专利法》第 22 条第 3 款进行了辨析。

课题还针对进一步完善和细化审查指南中有关实用性的规定以及加强实用性法条正确适用的相关业务指导和能力提升工作方面提出了建议，如：明确实用性审查的主体和客体；在“审查基准”部分，明确上述六种情形为常见情形，补充其他技术领域的示例；增加“易混淆法条辨析和适用指引”“审查步骤”“审查意见通知书撰写指引及示例”以及“实用性的举证责任”；以扩大“治疗”含义范围的法律解释的方式，将非治疗目的的外科手术方法相关规定纳入“关于根据《专利法》第 25 条不授予专利权的客体”中关于外科手术方法的部分；将“利用独一无二的自然条件的产品”并入“无再现性”，或者从保持我国特色的角度考虑，将标题改为“利用独一无二的自然条件的技术方案”，同时在该部分增加有关利用独一无二的自然条件的方法的规定等。

6. 课题名称：从产业应用价值看实用性在机械领域的审查标准（实审专业委员会）

负责人：孟俊娥

专利的实用性是授予专利权的三大实质性要件之一。《专利审查指南》第二部分第五章从反面列举了不具备实用性的几种主要情形。在传统技术领域，实用性标准长期以来并未得到应有的重视。然而，近年来，大量存在产业应用问题的专利申请的出现，对审查工作服务创新、保护创新都提出了挑战，有必要考虑通过进一步完善我国实用性的审查标准而有效应对上述问题。

本课题从中、美、欧、日的实用性审查标准出发，分析其与产业应用问题的关联性，欧洲、日本的实用性判断中包括产业应用性，它强调发明创造在产业上的可实施性；美国的实用性判断中包括有用性，强调发明创造必须具有具体且实际的用途。借鉴美、日、欧的实用性理念，结合我国实际情况，本课题认为对“产业的现实有用性”的判断可以置于我国实用性审查对“无积极效果”的判断中进行，在对有无积极效果的判断中，应遵从整体原则从整体上对积极效果进行判断。在对机械领域明显存在产业应用问题的典型案件进行分析的基础上，对实用性无积极效果的判断标准提出完善建议，建议通过增加“无积极效果”示例以及对“明显无益、脱离社会需要”作出解释的方式修订审查指南，以期平衡实用性条款和创造性条款的适用，为产业应用问题案件的高质量审查提供法理支撑和审查支撑。

7. 课题名称：专利法修正案中“诚实信用条款”作为驳回和无效理由的审查政策与标准研究（实审专业委员会）

负责人：朱晓琳

当前，国内专利申请量持续维持高位，但质量有待进一步提升，存在较多的违反诚实信用原则的非正常专利申请行为，其表现形式多样，方式隐蔽。为提高专利申请质量，《专利法修正案（草案）》增加了诚信相关条款。接下来，如何将这一原则性条款细化并形成审查标准及政策，有效拦截涉嫌违反诚信原则的非正常申请是本课题研究的主要目的。

本课题通过文献研究法、案例分析法、比较分析法、调查研究法及实证分析法，探讨了专利领域不诚信的定义；多维度梳理分析发明初审、实审、复审无效及法律手续审查中遇到的不诚信行为类型；多角度分析借鉴国内外专利制度及商标制度；分阶段深入研究诚信原则适用的审查标准落地方案并验证了各个研究方案的可行性。

在此基础上，提出诚实信用条款在细则及指南中的细化方案以及防止诚信原则在审查中过度使用的建议，具体包括：①增加可以适用的法条，扩大初审的审查范围；②诚实信用原则与客观法律条款结合适用的指南细化解释及规定；③新设细则层面的诚信条款，并构建一种涵盖法、细则及指南层面的全方位适用的规则体系。此外，提出防止诚信原则在审查中过度使用的建议，具体包括：避免滥用的建议，比如适用新设诚信条款时需要集中认定；在有确凿的理由和证据认定时，才能适用新设诚信条款，并在指南中细化相关条款的具体解释；在无效阶段，如果请求人提供了确凿的证据能够证明专利权人在取得专利权的过程中存在不诚信行为，可以基于该新设条款对该专利权予以无效；其他情形下以适用现有审查标准为原则，引入诚信原则结合现有条款进行说理，以增强说服力和威慑力。本课题通过明确界定专利领域不诚信行为的新含义、系统设计《专利法》第20条的细则新补充条款，以及全方位构建诚实信用条款落地的规则体系，以期助力国家知识产权局提质增效攻坚战，为优化我国的创新环境和营商环境提供更有力的保障。

8. 课题名称：基于画像、评估、规划三步走的审查效能提升研究（实审专业委员会）

负责人：陈玉华

“基于画像、评估、规划三步走的审查效能提升研究”课题针对国家知识产权局现阶段提高专利审查质量和效率的工作需求，借助于大数据和人工智能等技术，确定了三步走的提升审查效能的具体解决方案。画像阶段，全面收集和整理涵盖审查主体的业务、非业务等基础数据，建立表征审查主体个性特点的标签体系，完成对审查员的个体画像，然后通过聚类算法，引入行为学理论，将相似群体进行聚类，获得审查员的群体画像;评估阶段,针对每一类审查群体,利用超效率 DEA＋Tobit 模型评估每一类审查群体内各个审查个体的相对审查效能高低,确定影响审查群体的审查效能的关键因素;规划阶段,使用高效能审查个体的相似特点虚拟出“标准人”,以“标准人”为目标,为不同审查个体提供个性化审查效能提升方案,并引入冰山理论,通过构建课程体系、培养正向价值观等多种手段,针对不同审查群体有针对性地激发潜能。本课题能够获得鲜明、直观的审查主体个体和群体画像,有效评估审查主体的审查效能,识别影响效能的关键因素,为制定更高效、可行的提升效能方案提供科学依据,实现切实可行、短期见效、长期可持续的高效能引领低效能的审查效能提升方案。

9. 课题名称:探究专利保护和运用对营商环境的影响(复审专业委员会)

负责人:温丽萍

习近平总书记指出,产权保护特别是知识产权保护是塑造良好营商环境的重要方面。要完善知识产权保护相关法律法规,提高知识产权审查质量和审查效率。要加大知识产权侵权违法行为惩治力度,让侵权者付出沉重代价。要调动拥有知识产权的自然人和法人的积极性和主动性,提升产权意识,自觉运用法律武器依法维权。

本课题紧扣时代声音,以塑造良好的知识产权营商环境为目标,选择空调和平衡车这两个行业作为切入点,以专利确权和侵权案件作为重点研究客体,以企业调研、宏观数据统计和热点案例分析作为研究手段,从营商主体、法律法规和实施主体这三个层面来探究专利保护和运用对营商环境的影响,在研究过程中也针对社会关注度极高且对营商环境影响较深的电商平台的专利保护和运用开展了深入研究。在全面了解专利保护和运用现状的基础上,充分挖掘导致现有问题产生的原因,如法律法规、制度不完善或者实施主体工作机制不健全、营商主体自身能力不足、电商平台的恶意投诉等,深入分析了多次无效以及专利无效与侵权诉讼程序衔接不畅等对营商环境的影响,提出了多次无效的规制建议和侵权与无效程序衔接的建议,针对法律规定不明确的情况提出了反馈解决机制,对于快速维权需求提出了联合审理机制的具体解决方案,营商环境的优化还需要营商主体的积极配合,针对营商主体给出了高价值专利培育、提升专利维权能力和加强专利侵权风险防范的建议,提出协调沟通是优化营商环境的有力保障。对于电商平台的专利保护和运用,分析了新《电子商务法》颁布后带来的一些问题,提出了合理化建议。

10. 课题名称:复审、无效及司法审判视角下组合物发明的保护(复审专业委员会)

负责人:郭鹏鹏

在我国专利制度视野下,化学产品走过了一个从被排除到接纳的过程。对于化学产品发明中的组合物发明,相关法律规则也经过几个阶段的变化、发展。概因其涉及药品等社会关注度高、焦点集中的行业或产品,这一领域中创新主体对于专利法律制度、相关审查规则以及个案中法律适用与事实认定的标准,均呈现出极大的关注热情。以此为出发点,课题围绕着相关问题从五个方面递进研究。

第一,对这一命题相关、不可回避的理论与背景,从历史发展、现实需求层面予以梳理,进而从程序精确性、制度体系化的角度,结合专利制度精细化发展趋势,结合组合物特定技术领域的现实情况和制度适用需求分析相关研究内容的必要性。

第二,对相关既往研究从不同角度进行归纳,对组合物发明、组合物发明专利中的特殊技术特征等问题的司法保护实践与演进、规则变化进行梳理总结;并结合相关技术、专利及法律行业的现实需求,发现和总结需回应与解决之问题。

第三,基于对专利制度发展中之现象与现实的理论反思,在分析组合物发明技术实质的基础上，围绕组合物发明的定义拟制，结合行政程序与司法保护中的相关案例，对组合物发明的定义予以解读与重新归纳；针对定义、性质及保护等相关问题，进行分析并基于授权、保护之内在逻辑自洽的角度给出相关建议。

第四，围绕组合物专利中特殊限定的法律规制问题展开研究，对组合物专利中的特殊限定及其认定予以归纳并类型化，从特殊限定的成因分析并逻辑延伸至特殊限定在整个程序环节中的问题，进而，分析并评价了司法保护中对于特殊限定的认识与定位；基于确权与保护之间的认识差异，从构建最大合理化制度实现机制的角度进行反思并给出建议。

第五，以课题前述关于定义研究的相关内容为逻辑起点，基于技术效果在组合物发明中的重要地位与作用，围绕组合物发明技术效果的认定与证明过程展开相关分析。对若干行政案例进行归纳，并结合司法保护中的认定过程，分析事实认定与法律适用杂糅带来的问题。以技术效果在实践中的疑难成因作为逻辑分析起点，对组合物发明技术效果认定过程予以精细化分析；在将事实认定与法律适用剥离之基础上，对组合物专利效果认定过程中的证明责任、不同程序中的说服义务进行分解、认识，分析归纳了技术效果在不同程序中的认定过程与证明过程。结合不同程序的不同价值取向，考虑现实背景与需求，基于借鉴与他洽的角度对不同程序模式下的认识与机制构建给出优化建议。

11. 课题名称：专利分类与产业创新发展相互促进关系研究（文献专业委员会）

负责人：张东亮

在新工业革命蓬勃兴起及国际分类协调的大背景下，课题组采用企业技术调研、分类体系现状分析、分类实践经验总结等数据统计分析和实证研究方法，提出适合我国产业发展趋势的分类体系优化实践方法。研究成果如下：

研究总结了新兴技术领域分类体系优化工作方法。以5G通信、无人机、智能电网、高铁中心控制等技术为例开展分类体系优化实证研究，提出新兴技术领域分类体系优化工作方法。总结了五局现阶段各局分类修订工作情况，国家知识产权局参与五局新兴技术领域分类修订现状、目标及面临问题和预期解决方案。提出未来新兴技术领域分类修订工作在领域选取、工作方法、管理机制等方面的建议。

研究获取了5G通信、无人机、智能电网、高铁中心控制等技术领域的分类修订提案方案。对于5G产业，分析了5G技术国内外发展进程、5G技术现有分类体系现状，构建出5G技术框架及具体技术分支，提出各分支自动半自动标引方式及检索式分级方案，并且采用标准必要专利数据集，对各分支数据进行查全、查准及工作过程严谨性验证。以技术框架为基础提出5G技术分类体系优化的分类修订提案方案。对于智能电网技术、无人机技术、高铁中心控制等技术，根据技术的发展规划、技术发展现状、技术范畴、关键核心技术点，专利数据分布情况，以及IPC、CPC、FI/FT分类体系中关于技术的分类表现状，结合我国优势重点企业的技术发展现状及趋势，提出各技术方向的分类修订提案方案。

获得5G技术产业的技术框架结构，5G产业技术分解表、检索策略和检索式，并对检索式和检索结果进行验证，获得5G产业专利数据统计结果。

12. 课题名称：借助专利分类提升专利审查质量效率的方法研究（文献专业委员会）

负责人：张东亮

在审查提质增效的大背景下，课题组采用调查研究、数据统计分析和实证研究法，围绕分类在各领域的检索效果、分类在人工检索和智能检索中的应用方法及分类在检索中应用的改进等开展研究，取得了以下成果。

获得不同领域分类号检索效果排序。分析了各大组引文分类号相似度和引文分类号集中度，统计了各大组 CPC、FI 细分情况和不同分类体系的小组平均文献量，并据此评估各大组分类号检索效果，找出分类号检索相对高效的技术领域。统计分析中涉及的数据可以为审查员确定检索分类号、扩展检索分类号及制定分类号检索策略提供参考。

研究总结了一般分类号检索方法及利用分类号检索的注意事项。根据小组平均文献量、引文分类号相似度和引文分类号集中度对不同领域采用不同分类号检索策略。从分类的方法和规则、分类实践经验及引文分类号集合出发，分析分类号扩展方向，总结扩展检索分类号途径及利用分类号检索的注意事项。这些方法及经验总结为分类号在检索中的应用提供理论指导。

构建了融合分类体系自身特点和实践经验的主题词-多分类体系对照表。以分类表和分类定义为指引，结合分类实践经验和专利文献特点等建立关键词和不同分类体系之间的对应关系，构建主题词-多分类体系对照表，并以建筑混凝土浇筑和印制电路板两个领域为例，研究了对照表在检索中的应用。该对照表实现了以关键词为入口，快速准确查找对应分类号及扩展分类号，能有效提高检索效率。

探索了主题词-多分类体系对照表在智能检索方面的初步应用。测试结果表明相似度计算时引入对照表可以提高智能检索的准确率，但其具体应用方式还有待优化。

此外，课题组在分析了解分类在检索中的应用存在的问题和原因后，建议采取如下改进措施：长期持续开展审查员分类培训，尤其是特定领域培训；在审查员和分类员之间建立便捷高效的沟通机制；开发便利的分类表检索工具，尤其是可以智能化推荐分类号的检索工具。

13. 课题名称：专利保护期限补偿制度研究（审查相关政策专业委员会）

负责人：孟海燕

本课题的研究内容主要涉及专利期限调整（PTA）制度。PTA 制度起源于美国 1994 年通过的《乌拉圭回合协议法案》，是为了弥补因为专利局审查对专利权期限的不利影响，对于因抵触程序、保密命令、上诉审查等专利局原因造成的延迟给予专利权期限相应延长的制度。1999 年《美国发明人保护法案》生效，美国正式设立专利权期限调整制度。2012 年，《美韩自由贸易协定》生效，依据该协定，韩国引入该期限补偿制度。本课题重点介绍了美国 PTA 制度的主要内容和制度运行的主要情况，韩国 PTA 制度的程序内容设计和实体内容设计，以及世界上其他国家和地区有关专利期限调整制度的情况。最后，结合国家知识产权局审查实践，对我国建立专利期限调整制度需要考虑的因素和基本制度框架进行分析，明确可以获得专利权期限调整的情形，梳理在初审、实审、复审和行政诉讼阶段因申请人原因应予以扣除的情况，讨论重复授权以及专利权期限调整与药品专利期限补偿协调一致等复杂情形的问题，最终提出关于专利期限调整的初步立法建议和程序设计建议。

14. 课题名称：关于授权后更正的制度体系建构研究（审查相关政策专业委员会）

负责人：任荣东

本课题以落实《国务院关于新形势下加快知识产权强国建设的若干意见》文件中的“合理扩大专利确权程序依职权审查范围，完善授权后专利文件修改制度”相关精神为立足点，首先，借鉴国内外关于授权后更正的知识产权制度设计，对美国、欧洲、日本、韩国专利局的授权后程序和国内商标、著作权、集成电路布图设计、地理标志、植物新品种的授权/登记后依职权更正相关规定进行梳理；其次，系统研究了启动授权后依职权更正程序时需把握的原则、现行相关条款的情况以及初步拟作为实体标准的条款（及示例），并对相关情形作了“应当”更正和“可以”更正的初步区分；最后，按照对现行制度的影响程度大小，提出三种授权后主动纠错途径，分别为（1）细化现有无效制度，明确依职权无效宣告程序，（2）建立授权后依职权撤销授权程序，（3）明确《专利法实施细则》第 58 条规定的错误包括实体性错误，并对三种途径的程序设置、优缺点、合法性进行了辨析。期望立足中国国情，建立兼顾社会公众利益和创新主体利益，有利于改善整体营商环境，促进社会创新、创造的专利授权后依职权更正新制度，并为我国《专利法》和《专利法实施细则》等法律法规的修改提供参考依据。

（国家知识产权局学术委员会）

国家知识产权局 2019 年度软科学研究成果

1. 课题名称：SS19－A－01　知识产权产业全要素生产率测算研究

承担单位：中国统计学会

课题负责人：于　洋

课题组基于前期关于知识产权产业分类和主要指标核算的研究成果，利用经济普查资料和投入产出资料进一步完善了知识产权产业的增加值、固定资产形成总额和就业人数等指标的核算研究。在具备了一定的数据基础之后，开展了知识产权产业资本投入、劳动投入和全要素生产率的测算工作。首先，对比和分析当前国内外学者通常使用的测算方法，阐述测算中的难点问题；其次，根据现有数据资料，采用资本服务物量指数和劳动服务物量指数分别衡量资本投入和劳动投入；最后，采用 OECD 指数法测算得到知识产权产业，以及专利、版权和商标密集型这三类知识产权产业的 TFP 增长率及其对经济的贡献率，并进行分析。

课题组发现，近十余年来我国知识产权产业 TFP 增长率变化呈现周期性波动，峰值谷值之差达 12 个百分点以上，稳定性相对较差。从专利、版权和商标密集型三类知识产权产业的 TFP 增长率来看，专利密集型产业 15 年间的平均 TFP 增长率及其对经济的贡献率均高于其他两类产业。这说明，知识产权产业中专利密集型产业主要是依靠技术进步驱动经济增长，而版权密集型产业和商标密集型产业主要依靠资本和劳动力等要素驱动经济增长。

2. 课题名称：SS19－A－02　国外对我国知识产权问题的关切点与事实研究

承担单位：国家知识产权局知识产权发展研究中心

课题负责人：韩秀成

课题组提出，美国《特别 301 报告》持续多年将中国列入优先观察名单。2019 年，我国企业遭受美国“337 调查”立案数量较 2015 年增长 160%，占比由 28% 增加至 57%。对涉及芯片等领域的一些核心元器件，美国更是进行断供施压，无所不用其极地遏制我国自身发展。从更宏观一点来看，美西方国家正在将知识产权政治化、意识形态化，极力推行符合其自身利益的知识产权国际规则，对不符合其自身利益的 WTO 上诉机制予以瘫痪，并更多选择通过小多边、双边协议，谋取自身知识产权利益最大化。

课题组梳理了近期国外对我国知识产权问题的十大关切点，对美西方提出的一些问题进行分析，结合我国相关法律法规和具体做法，对国外的关切点进行事实性分析，并提出结论建议。全文力争做到客观中立，旨在推动我国知识产权相关法律制度不断完善，对于不实指责，要有理有据予以澄清，积极维护我国依法严格保护知识产权的良好国际形象，坚决维护国家利益。

3. 课题名称：SS19－A－03　我国与“一带一路”沿线国家知识产权合作机制构建研究

承担单位：厦门大学知识产权研究院

课题负责人：林秀芹

课题组提出，“一带一路”倡议涉及多个国家和地区，知识产权环境的复杂性和知识产权制度的差异性势必衍生多层次、多领域的知识产权合作需求。近年来西方知识产权大国相继联合，进行全球合作，制定的规则更加符合发达国家整体利益。而“一带一路”沿线国家发展水平差异大，知识产权制度更是千差万别，既不能照搬西方国家的知识产权合作机制，又不能仅以我国知识产权制度来要求友邻国家，有必要通过对“一带一路”背景下我国政府与企业参与国际合作的实际需求来分析“一带一路”知识产权国际合作新机制、新路径。

课题组在分析“一带一路”沿线国家知识产权法律制度和国际知识产权合作机制经验的基础上，分析我国与“一带一路”沿线国家构建知识产权国际合作机制的原则与方法，就合作机制构建的基本原则、参与主体、规则渊源、构建和具体实施思路等问题提出建议。

4. 课题名称：SS19－A－04　市场监管体制下知识产权执法体系构建及运行机制研究

承担单位：江苏省知识产权局　南京师范大学

课题负责人：黄志臻　马晓燕

课题组梳理了我国知识产权行政执法改革的背景和现状，并以省级知识产权部门作为相对独立设置模式为研究对象，依托江苏改革实践，总结了我国知识产权行政执法体系在机构设置、队伍建设、运行机制等方面存在的问题及原因，指出我国市场监管体制下的知识产权行政执法体系已初步构建，执法职能、执法机构、执法流程得到整合和优化，但还仅是发生了“物理结构”变化，还未产生“化学性质”的变化，难以实现提质增效，存在以下亟待解决的问题：一是机构职责分工不够明晰，制约了知识产权行政执法工作开展的深入推进；二是行政执法力量难以保障，导致知识产权行政执法工作呈边缘化；三是行政执法机制不完善，无法形成运转高效的运行机制。

课题组认为，知识产权行政执法置于市场监管体制下是我国行政执法体制改革的必然要求。改革过渡期产生的问题是极其正常的，完全可以通过行政执法体制改革“顶层设计”的进一步完善、法律法规的健全、相应执法机制的规范建立予以调整，从而实现行政执法体系构建的内生动力，促进改革的“化学”融合。

5. 课题名称：SS19－A－05　“十四五”国家知识产权发展规划重点任务研究

承担单位：中南财经政法大学

课题负责人：詹　映

课题组分析了知识产权“十四五”规划所面临的国内外形势，从国内来看，推动高质量发展、建设现代化经济体系已成为新时代的战略目标；就国际形势而言，新冠疫情加剧下的逆全球化兴起、中美贸易战以及新一轮科技革命对我们提出了前所未有的挑战。为此，知识产权“十四五”规划需有新思路，建议以推动高质量发展为首要目标，以实现知识产权治理现代化为基本路径，以强化知识产权保护为核心环节。其中，能否正确处理好政府与市场的关系将是规划成功与否的关键。“十四五”国家知识产权发展规划的战略目标和发展指标的设计，应当更加强调高质量发展，不宜片面追求数量和规模。

课题组提出，“十四五”国家知识产权发展规划的重点任务是：完善知识产权制度，强化知识产权保护，促进知识产权运用，创新知识产权治理，优化知识产权环境，推动知识产权国际合作。可实施以下知识产权重点工程：知识产权密集型产业推进工程，知识产权多元保护机制建设工程，知识产权富农惠农工程，知识产权高端人才培养工程，知识产权区域融合发展促进工程，知识产权国际应对协作工程。

6. 课题名称：SS19－A－06　国防科技工业重大科研项目知识产权评议制度和报告制度研究

承担单位：国家国防科技工业局信息中心

课题负责人：侯媛媛

课题组梳理了美国、日本等国家，以及我国国家知识产权局、主要省市的知识产权评议制度、发明报告制度，采用政策梳理、调查问卷、专家咨询、实地调研等方法，对国防科技工业领域现状进行分析，总结出存在以下问题：科研计划规划阶段未引入知识产权评议、项目论证阶段评议随意性较强、项目实施中缺乏技术实时跟踪、项目结束后缺乏对成果应用研判、知识产权报告多限于数量总结、评议和报告的要求及流程不明晰、没有固定明确的资金支持来源、服务机构的作用尚未发挥出来。

课题组从评议目的、对象、主体、程序、内容、工作流程等方面构建了知识产权评议制度框架，从报告主体及职责、内容、流程、保障措施等方面构建了知识产权报告制度框架，最后形成国防科技工业重大科研项目知识产权评议办法和报告办法草案。

7. 课题名称：SS19－A－07　国家科技计划知识产权评议制度研究

承担单位：科技部科技评估中心

课题负责人：邓益志　刘文鹏

课题组梳理现有科技计划管理相关的政策文件和文献资料，对我国科技计划知识产权制度的现状和存在的问题进行了全面的分析。从落实科技计划改革、完善科技管理体系、促进科技成果转化的角度充分论证了构建国家科技计划知识产权评议制度的必要性和重大意义。同时研究借鉴美国、欧盟、日本等科研计划项目知识产权评估的做法，分析具体案例和成功经验，提出了对我国科技计划知识产权评价工作的启示。结合国内现状与国外经验，本研究对我国科技计划知识产权评议评估制度的构建进行了全流程的设计。充分考虑了知识产权评议制度构建的原则，以及事前评议、中期监测和事后评估的不同阶段特征。系统思考了计划、专项、项目等不同层面知识产权评议体系的构建，并详细阐述了知识产权评议、评估的具体方法和流程。

课题组还对不同科技计划的知识产权事前评议机制和工作重点进行了阐述，提出了知识产权事后评估的设计原则和指标选择，并重点梳理了专利质量评价的指标体系和重要意义。最后，本研究对国家科技计划知识产权评议、评估工作的保障措施和试点工作开展提出了相应的政策建议。

8. 课题名称：SS19－A－08　深化知识产权领域“放管服”改革需求调查研究

承担单位：中国知识产权研究会

课题负责人：陈　燕　谢小勇

课题组立足于更加错综复杂的国内外经济发展环境和我国经济已由高速增长阶段转向高质量发展阶段的时代特征，在梳理分析“放管服”改革的意义和要求的基础上，提炼梳理出知识产权领域改革的基本要求和具体要求，并以此为指导对我国知识产权领域“放管服”改革的现状、需求和问题，特别是知识产权保护中心与发明专利审查模式的现状、需求和问题开展了深入调查和分析研判。

课题组提出了未来特别是“十四五”时期重塑知识产权领域政府和市场关系、激发市场活力和社会创造力，进一步推进知识产权领域“放管服”改革的总思路、改革任务和举措清单：进一步深化改革，建立现代知识产权治理体系；加强总体部署，强化知识产权宏观战略管理；进一步突出质量导向，建立提升创造水平的行政引导机制；

强化效益优先，进一步健全知识产权运用市场规则体系；突出严格保护，加强对创新市场的知识产权监管；坚持多元共建，进一步完善知识产权公共服务体系，为提升我国知识产权发展“软实力”和竞争力，促进我国知识产权治理体系和治理能力现代化，进而推进创新型国家建设和经济社会高质量发展提供知识产权层面的建议和参考。

9. 课题名称：SS19－A－09　我国原产地地理标志统一认定技术路线与指标体系研究

承担单位：贵州省社会科学院

课题负责人：李发耀

课题组基于地理标志的国内外现状，研究提出适合我国地理标志工作的复合模式：证明商标＋专门法＋反不正当竞争。分析关于地理标志统一认定的重要问题，探索了地理标志统一认定的技术路线与指标体系：地理标志通用名称的统一判定，地理标志产品历史人文因素的灵活性统一审查，地理标志产品地理环境因素的统一审查，地理标志产品保护范围和保护品质的统一审查，地理标志产品保护认定的“五统一”，即统一窗口受理和公示、统一地理标志保护名称、统一地理标志保护范围、统一地理标志保护审查、统一地理标志产品后续管理要求。

课题组提出了加强地理标志工作的建议：出台地理标志工作指导意见，建立统一地理标志信息化平台，实施地理标志公共品牌价值评估，引导地理标志进行标准制定，启动地理标志公共区域品牌示范性建设，发布年度国家地理标志白皮书，制定地理标志产品保护工程指标体系，研究推进国家和省级地理标志示范区建设，加大地理标志保护和品牌建设培训，全面开展农产品地理标志宣传。

10. 课题名称：SS19－A－10　地理标志保护统一框架构建研究——国际规则借鉴视角

承担单位：四川大学

课题负责人：钟　莲

课题组追踪 WTO、WIPO 平台下涉及地理标志内容的国际条约发展现状，归纳欧盟区域性地理标志保护条例的构建方式，对国际条约及域外立法的特点进行分析研究。最后扎根我国立法及实践需求，总结前述研究内容中值得我国立法借鉴的部分，提出地理标志领域的修法建议。

课题组建议，首先应借鉴欧盟专门法立法模式，对地理标志构建专门法的立法模式，以此对地理标志进行充分保护，促进相关产业以及区域经济的蓬勃发展。其次在具体进行专门立法的路径中，第一需整合复合模式下的不同地理标志概念，从外延、内涵两方面对其进行梳理，第二应统一注册要件，第三需纵向构建多层次地理标志统一保护框架，确定地理标志在同类产品上使用的绝对保护标准与在非同类产品上使用的相对保护标准，第四需横向完善专门法中的衔接规则，合理解决地理标志与商标权利冲突问题。

11. 课题名称：SS19－A－11　区域自由贸易协定中知识产权国际规则跟踪分析

承担单位：浙江工业大学

课题负责人：王黎萤

课题组研究、跟踪、分析了 TPP、CPTPP、RCEP、USMCA 等覆盖面较广的区域自贸协定文本，以及 2000—2018 年亚太区域主要经济体签订包含知识产权章节的 63 份区域自贸协定文本。首先，对不同规则文本进行结构化分析与细节比较，指出区域自贸协定知识产权国际规则正朝着强保护趋势升级发展。其次，构建知识产权国际规则保护强度评价指标体系，对 63 份协定开展保护强度评价及差异分析。构建引力模型开展区域自贸协定知识产权国际规则保护强度对我国出口贸易结构的实证影响研究，指出包含知识产权国际规则的协定签署生效显著提升知识产权密集型产品占总出口贸易的比重、优化出口贸易的结构，对发达国家出口贸易结构的优化作用更为显著。

课题组分别从政府、行业、企业视角提出完善区域自贸协定知识产权国际规则、加强知识产权密集型产业规划指导、构建企业国际知识产权保护风险预警与防范体系等相关对策建议。

12. 课题名称：SS19－A－12　西方主流媒体对我国知识产权问题关切点的分析研究

承担单位：浙江大学

课题负责人：毛一国

课题组从欧美知名报纸《纽约时报》（美国）、《卫报》（英国）、《环球邮报》（加拿大）、《澳大利亚人报》（澳大利亚）、《费加罗报》（法国）、《世界报》（德国）和《国家报》（西班牙）对中国知识产权所做的报道着手，全面分析和研究西方主流媒体对中国知识产权的报道内容和手法，从新闻线索、新闻生产和新闻效果三个方面总结其报道的特点。西方主流媒体因意识形态和思维模式的不同，尤其是受国家政治和利益集团的操纵，对我国的知识产权做不利于我国的倾向性报道。西方媒体通过扭曲和失实的报道塑造了一个不真实的中国形象，在国际社会尤其是西方社会中形成普遍的对华敌视的民意氛围。

课题组结合当前复杂的国际政治、经济和舆论环境，就我国知识产权的保护和对外传播提出具体建议，为我国在知识产权领域健全“舆论危机”应对机制，提高知识产权的国际传播效果提供参考依据。

13. 课题名称：SS19－B－13　知识产权基础性法律关键制度研究

承担单位：华东政法大学

课题负责人：黄武双　张　鹏

课题组通过分析总结《专利法》《商标法》《著作权法》等主要知识产权法律的共性，提取公因式，提出严格知识产权保护、促进知识产权运用、强化知识产权治理的具体规则。

课题组认为，知识产权基本法的三个支柱是，知识产权严格保护制度、知识产权运用促进制度和现代知识产权治理体系。就知识产权保护制度而言，结合中国特色知识产权制度发展历程，应当将“平衡高效、双轮驱动、多元保护、灵活可及”作为制度内核，发挥知识产权制度保护创新创造和维护社会公众利益的平衡作用，加强知识产权司法保护，发挥知识产权行政保护的快捷性、便利性优势。就知识产权运用法律制度而言，知识产权运用制度的本质属性是知识产权这一权利和有关权能的流转制度，其主要目标是降低知识产权流转的交易成本，提高知识产权流转的交易安全。就现代知识产权治理体系而言，更多关注市场失灵环节，充分发挥政府引导、动员和激励的优势，理顺政府与市场、政府与社会的关系，定位于经济调节、市场监管、社会治理、公共服务等方面建构现代化的国家知识产权治理体系。

14. 课题名称：SS19－B－14　知识产权滥用的法律规制研究——以禁止权利滥用原则为视角

承担单位：北京理工大学

课题负责人：郭德忠

课题组从民法的禁止权利滥用原则出发，立足我国司法现状，梳理了规制知识产权滥用的理论和实践。课题组检索分析了北大法宝、威科先行、中国裁判文书网、知产宝等数据库中所有涉及知识产权滥用的数千件案例。

课题组提出，一是在专利法或其实施细则中规定不得实施下列滥用专利权的行为：利用问题专利主张他人侵权责任，超出专利权合法范围主张权利，滥发侵犯专利权的警告，恶意放弃专利权，其他滥用专利权的行为。二是在著作权法或其实施条例中规定不得实施下列滥用著作权的行为：以著作权许可合同条款等方式，延长著作权保护期的；以独家许可的方式，重复许可他人使用作品；引诱他人侵权，意图引起著作权纠纷从中牟利的；利用问题著作权主张他人侵权责任；其他滥用著作权的行为。三是在商标法或其实施条例中规定不得实施下列滥用商标权的行为：抢注他人具有在先权利的标识作为商标，然后指控他人侵权；超出商标权合法范围主张权利；滥发侵犯商标权的警告；恶意向行政机关投诉举报侵犯商标权；其他滥用商标权的行为。

15. 课题名称：SS19－B－15　专利产业全要素生产率测算模型构建研究

承担单位：深圳德高行知识产权数据技术有限公司　北京大学经济政策研究所

课题负责人：赵亿欣　白　波

课题组首先进行文献梳理和总结，对各类测算模型做出评估，以选择适合我国全要素生产率估计的模型；然后，基于所选模型，构造测算需要的变量，进行数据分析，得出测算结果；最后，处理专利相关数据并对测算结果进行一般性分析。

本报告最后对于专利产出和全要素生产率的相关性进行了探讨，指出简单使用专利的申请和授权量的做法存在问题，并通过分析专利数据与全要素生产率的相关性进行了证实。结果表明，实用新型专利的申请和授权量与全要素生产率具有一定的关联性，但发明专利和外观设计专利数量与全要素生产率的相关性较低，即不能很好地反映全要素生产率水平。考虑到不同专利的价值不同，引用率在一定程度上可以度量专利的质量情况，故继续使用有引用的发明专利申请量和授权量进行分析，则其与全要素生产率的相关性都大大提升。

16. 课题名称：SS19－B－16　机构改革后的知识产权行政执法实务问题研究

承担单位：西南政法大学

课题负责人：李雨峰

课题组通过座谈调研等方式，深入实地了解知识产权行政执法的现状。通过统计分析、个案研究等方法，对调研过程中有关部门反映的知识产权热点问题进行类型化整理与分析，发现相关部门在个案处理中遵循的制度理念和原则，探究有关部门在知识产权行政执法中所考量的因素。

课题组提出，机构改革后的知识产权行政执法方式已基本符合营商环境法治化之要求。惟应注意，行政检查不应认定为具有独立意义的行政行为；制定行政处罚裁量基准时，应确保执法人员能够在合理的成本支出范围内识别侵权行为；并应加强知识产权行政强制的程序裁量。行政裁决与民事裁决确实存在同质化，但在民事裁决运转负担过大时，行政裁决可发挥替代性优势。知识产权行刑衔接机制应保持克制，如果对知识产权侵权行为采取行政措施便足以保护法益，就不应当将其当作犯罪处理，且应明确行刑衔接可转化的证据类型。未来，行政执法机关应正视非政府机构的作用，并积极采纳大数据技术等新技术，作为行政执法介入市场的手段和方式。

17. 课题名称：SS19－B－17　促进高校和科研院所知识产权转移转化的政策研究

承担单位：长春师范大学

课题负责人：苏春辉　宛素贤

课题组总结我国高校和科研院所促进知识产权转移转化的政策和经验，通过实地调研和查阅国内高校相关政策文件，总结发现我国高校和科研院所在知识产权转移转化方面仍存在产权制度对知识产权成果转化保障力度不够、知识产权转移转化的功能缺失与中介缺位、国有资产管理与知识产权利用的政策冲突和调整交叉、知识产权制度中利益分享机制失调、知识产权成果与市场脱节和投入资金相对不足及转化资金匮乏等方面的问题。

课题组结合国内外有关机构在知识产权转移转化方面的有益经验，提出了推动制度落实和加强法律监督、加强政府部门政策保障和发挥政策引导的职能、发挥专门机构的作用、促进激励机制实效、丰富转移转化模式、发展市场化服务六个方面的政策建议。

18. 课题名称：SS19 - B - 18　知识产权军民融合运营模式研究

承担单位：陕西省知识产权研究会

课题负责人：李扩拉

课题组以军民融合背景下知识产权运营为研究对象，采用文献分析、比较分析等方法，围绕统筹国防与经济协同发展核心理念，以知识产权为牵引，以要素整合为基础，以技术融合为目标，探索制约知识产权军民融合发展的制度原因，分析在军民融合领域中知识产权运营服务和专利技术转移转化的路径。

课题组提出，一是加强顶层设计，制定国防知识产权发展战略激励创新政策与法律制度，从国家层面制定促进和指导知识产权军民融合应用的法律和政策，推动国防专利工作运行机制不断完善。二是提出由一平台＋多点要素＋多线模式组成的知识产权军民融合运营模式，按照“整合资源，制定规则，建立围绕运营需求的多元分支服务体系，激活市场要素按需组合发挥作用”的思路，整合聚集资源要素，制定准入规则，综合质量把控，从运营规则层面和技术手段层面使知识产权运营顺畅高效。三是知识产权军民融合大数据中心作为知识产权军民融合运营的重要数据和信息支撑，整合包括知识产权大数据（国防解密专利）、标准化资源大数据、军民两用技术项目数据、行业人才大数据、金融大数据（银行及基金）、科技服务大数据（技术、政策、人才、法律、中介等信息）等大数据。

19. 课题名称：SS19 - B - 19　智慧医疗产业专利问题研究

承担单位：中南大学

课题负责人：刘　强

课题组通过文献调研和实地调研等方式，重点就专利制度对智慧医疗产业发展的影响进行了深入的分析和研究。研究表明：专利制度能够对智慧医疗产业发展发挥重要作用，也面临着诸多挑战，有必要通过专利制度变革进一步促进智慧医疗产业的发展。

课题组提出，为了更好地促进智慧医疗产业的发展，有必要对现行的专利制度进行变革，适度扩张智慧医疗可专利客体范围、提高智慧医疗专利创造性认定标准、简化智慧医疗专利授权程序、扩张适用智慧医疗专利强制许可、建立智慧医疗专利开放许可模式、合理构建智慧医疗专利侵权行为认定规则，从而激励智慧医疗发明的创造，推动智慧医疗产业的发展与繁荣。

20. 课题名称：SS19 - B - 20　专利代理师行业发展状况分析研究

承担单位：中国专利信息中心

课题负责人：陆新年

课题组通过调研我国专利代理师准入现状和执业现状，专利代理机构经营现状，专利代理机构的监管、监督与行业自律现状，分析找出我国专利代理行业发展中存在的问题与不足之处。总结行业发展经验，对照专利代理行业发展目标，借鉴美、欧、日、韩发达国家或地区的专利代理行业业态，探究行业发展的突出矛盾，破解专利代理服务瓶颈，提升专利代理服务能力和水平，对专利代理行业的发展提出有针对性的意见与建议，为促进我国专利代理行业的持续健康发展献言献策。

课题组认为，与美、欧、日、韩等发达国家或地区的专利代理行业市场相比，国内的专利代理行业市场是一个发展中的存在部分需要解决的问题，但整体上是向上向好良性发展的市场。同时，专利代理行业存在市场发展不均衡、地区发展不平衡的状况，与美、欧、日、韩等发达国家或地区相比，国内专利代理行业发展不充分。

21. 课题名称：SS19 - B - 21　知识产权信息公共服务体系和信息化建设研究

承担单位：知识产权出版社有限责任公司

课题负责人：诸敏刚　李　程

课题组采用多种研究方法，对知识产

权信息公共服务体系和信息化建设的主要内容以及存在的知识产权资源共享、开发利用和互联互通等问题进行了研究；调研包括企业、高校、科研机构等创新主体以及知识产权服务机构在内的知识产权信息公共服务对象对知识产权信息公共服务体系和信息化建设的需求。

课题组基于我国现有信息公共服务体系的现状，并借鉴国外知识产权信息公共服务体系和信息化建设的先进经验，提出了未来我国知识产权信息公共服务体系进一步发展的体系架构；在对当前国内最新的互联网＋、大数据、云计算、5G技术、人工智能和区块链等技术在知识产权信息化建设和服务的技术架构和应用模式研究的基础上，对构建便企利民、互联互通的知识产权信息公共服务体系和信息化建设提出建议，以期为我国知识产权信息公共服务的发展做出有益的探索。

22. 课题名称：SS19－B－22　知识产权技术创新支持中心建设研究

承担单位：南京理工大学

课题负责人：徐升权

课题组旨在准确界定知识产权技术创新支持中心的公共服务属性，并通过对国外知识产权技术创新支持中心发展成效的比较研究，探讨我国知识产权技术创新支持中心发展所面临的问题并为我国知识产权技术创新支持中心的更优发展提供可参考建议。

课题组提出，我国知识产权技术创新支持中心网络体系已基本形成，而且在响应疫情防控、促进经济发展、协助地方知识产权治理能力发展、提升我国知识产权国际事务参与能力以及强化区域知识产权交流合作等方面发挥了重要作用，但也还存在着知识产权技术创新支持中心的布局工作还有待进一步优化、技术成果转化工作尚待加强、服务积极性和能力尚待提高、服务项目还比较集中和单一、运行透明度有待进一步提高等问题。为此，建议我国进一步科学规划和合理布局知识产权技术创新支持中心的建设，鼓励和引导知识产权技术创新支持中心不断拓展服务领域、多形式对外交流与合作，并加强对知识产权技术创新支持中心建设发展的管理和考核。

23. 课题名称：SS19－B－23　高校知识产权技术创新支持中心建设研究

承担单位：上海交通大学

课题负责人：董　珏　潘　卫

课题组采用文献调研、网络调研、专家评审和自我检视等方法，通过对国内外技术与创新支持中心建设发展路径、管理模式和存在的问题进行深入调研，分析高校技术创新支持中心的特点，概括影响我国高校知识产权技术创新支持中心的外在和内在因素，提出从管理和服务两个维度构建能力成熟度模型。

课题组提出，对于该模型和框架的运用，主要可以考虑两个层面：一是对高校中心的评估，根据关键活动3个级别的各项指标，判定高校中心所处的发展阶段并决定给予怎样的投入和支持；二是对高校中心布局类型的考量，即将关键活动的3个级别，转换成高校中心的3种类型，有目的、有针对性地加以布局。主要根据国家知识产权公共服务体系总体战略，按照高校自身的学科与资源优势和特色，以及所处地区社会环境对技术与创新支持的需要，有计划地设立基础型、发展型（控制级和持续发展级）高校中心，并给予相应的支持。

24. 课题名称：SS19－B－24　自贸区过境货物知识产权保护的国际比较研究及政策建议

承担单位：武汉理工大学　湖北省知识产权发展中心　武汉明瑞智库咨询有限公司

课题负责人：刘介明　杨　萍

课题组主要对自由贸易区（FTZ）与自由贸易园区（FTA）概念、自贸区过境货物的概念进行了界定，并对自贸区过境货物可能涉及的知识产权问题、实施知识产权保护的必要性及合法性以及知识产权侵权的认定标准进行了研究。梳理了我国自贸区过境货物知识产权保护的法律规制、现行做法，总结了我国自贸区对过境货物知识产权保护的执法现状以及面临的问题，分析了我国自贸区对过境货物知识产权保护的国际影响。

课题组提出以下建议：一是借鉴“进入市场可能性论”，在具体执法实践中，为提高执法效率，针对不同情形的过境货物海关可以采取不同的监管措施；二是加强保护，明确海关在自贸区的知识产权执法主体地位及权限范畴，解决相关上位法与下位法之间存在的诸多矛盾；三是便利举证，主管部门可增加便利权利人取证的相关程序，建立侵权赔偿担保制度，积极适用严格的惩罚标准；四是提高效率，建立有知识产权司法鉴定资格的鉴定机构和鉴定人与海关的联合执法。

25. 课题名称：SS19 - B - 25　国际贸易谈判中的知识产权问题研究

承担单位：大连海事大学

课题负责人：徐红菊　顾荣新

课题组指出，从国际贸易与知识产权之间的联系与发展现状看，其未来可能的走势如下：首先，随着全球贸易的一体化，两者之间的联系必将日趋紧密；其次，由于各国经济发展水平的差异，在国际贸易谈判中对知识产权问题的分歧也会逐渐增大，并进一步导致国际知识产权规则的分散发展和单向强化走势；最后，在未来的国际贸易谈判中，知识产权问题一致性的难度会逐步增强。

课题组分别从国际专利法律规则、药品知识产权规则、国际商标法律规则、国际数字版权规则以及国际知识产权执法措施等角度，对国际贸易谈判中的重点知识产权问题进行了论述，并立足于我国国情进行了具体分析。针对 2018 年美国发动的中美知识产权贸易争端，对我国 FTA 的现状、问题进行了分析，并总结了相应的对策。

26. 课题名称：SS19 - B - 26　国际知识产权诉讼案例研究——以主要国家为例

承担单位：国家知识产权局专利局专利审查协作北京中心

课题负责人：赵奕磊

本课题首先梳理了中美知识产权的制度发展、中美知识产权纠纷的历史与现状以及中国创新主体在中美纠纷中表现出的特点，在此基础上，选取近 4 年美国法律体系中涉及中美实体之间的专利纠纷案件以及近 7 年中国法律体系中涉及中美实体之间的专利纠纷案件，分别围绕行政案件和诉讼案件的结案情况、领域分布、涉案专利、原被告情况、审理情况以及代理律师事务所进行了多方面的解析，以数据说话，从整体上客观展现在两个国家的中美专利纠纷现状。

课题组还从判决侵权案件、诉讼和解案件、领域产业对比、涉案重点企业以及典型案例等多个不同维度继续深入分析中美专利纠纷尤其是诉讼纠纷的特点，并对在美纠纷和在国内的纠纷的异同点进行对比，以便读者多方位全面了解中美专利纠纷全貌。同时，结合中美专利纠纷现状和案例分析结果对国内企业和专利政策分别给出相应建议。

27. 课题名称：SS19 - C - 27　强国战略背景下中小学知识产权普及教育路径研究

承担单位：中原工学院

课题负责人：王　肃　闻相俊

课题组通过文献分析、问卷调查、深度访谈等方式，重点对中小学知识产权普及教育的主体、内容、方式，以及各方协同、效果保障等进行了深入分析和研究。

课题组提出，我国中小学知识产权普及教育已开展数年，取得了较大的成绩，但也存在城乡差距大、专业师资不足、教育内容不系统、教育方式混杂等问题，政府、企业、服务机构、高校、司法机关与中小学未充分协同，保障与支持系统也有待加强，与国家的期待、社会的关切、战略的要求相比，尚有一定的距离。加强中小学知识产权普及教育根本在于施行“多元化复合型”的基本路径。根据中小学学生认知特点和教育规律，以及知识产权本身特质，结合我国中小学知识产权普及教育的现实状况与需求，探索中小学知识产权普及教育主体、教育内容、教育方式、组织协同、保障体系的“多元复合”。根据该路径构建系统的全程知识产权普及教育模式，不断优化完善，快速推广到所有地区所有学校，促进中小学知识产权普及教育的全面高效开展，以夯实知识产权强国建设的根基。

28. 课题名称:SS19－C－28　知识产权专业技术人员能力素质标准研究

承担单位:中国人事科学研究院

课题负责人:谢　晶　黄　梅

课题组梳理了经济专业资格考试的发展历史，围绕知识产权专业人才职业能力评价需求，在实地调研基础上，综合采用胜任力模型构建、任职资格标准设计、职业能力标准设计和职称标准设计的技术路径，依据职业分类大典中描述的知识产权专业人员的主要工作任务，借鉴发达国家知识产权专业人员能力素质维度，结合职称、专业资格以及专业培养的相关要求，围绕知识和技能两大显性胜任特征，以满足知识产权专业人员评价需求为导向，形成便于操作、便于考核、便于培训的知识产权通用能力素质标准框架。

课题组建议，基于能力素质标准框架设计知识产权专业资格（职称）考试内容体系，推广应用知识产权专业技术人员能力素质标准需要健全知识产权专业技术人员职业标准体系、加强考试专家委员会专家队伍建设、完善知识产权专业技术人员继续教育体系、推动知识产权专业资格考试与专业学位相衔接、培育知识产权行业组织、推动知识产权专业资格国际互认。

29. 课题名称:SS19－C－29　世界主要国家知识产权人才技能培养制度比较与我国相应制度设计研究

承担单位:中国科学院科技战略咨询研究院　西北工业大学

课题负责人:刘海波　朱喆琳

课题组综合运用比较研究、案例研究等研究方法，分别从培养理念、管理机制、课程体系、实践体系、评价体系和认证体系等方面着手，明确知识产权人才技能培养的发展目标、任务要求和评价指标。对日本、新加坡等国家知识产权人才技能培养制度进行全面、系统和深入的研究，参考借鉴其中的经验。

课题组建议，一是加强顶层设计，探索建立统一领导、分类管理的知识产权人才技能培养制度体系。强调政府、市场主体和中介服务机构共同参与的重要性。二是强调统筹规划，探索建立综合协调、权责明确的知识产权人才技能培养工作机制。三是创新培养模式，探索建立多方参与、数据共享的知识产权人才技能培养信息平台。四是明确培养内容，探索建立面向实务、专业多元的知识产权人才技能培养课程框架。五是完善考评方式，探索建立形式科学、程序合理的知识产权人才技能培养认证措施。构建规范化、动态化的培养、考核与认证机制。

30. 课题名称:SS19－C－30　知识产权专业学位研究之供需两侧视角下高校知识产权人才培养成效与社会贡献力研究

承担单位:大连理工大学　大连理工江苏研究院有限公司

课题负责人:徐雨森　梁　爽

课题组从分析高校知识产权人才培养现状入手，通过调研和数据采集，回顾和总结了我国高校知识产权人才培养发展历程中的经验与教训，指出我国知识产权人才培养的瓶颈尤其在于企事业单位知识产权经营管理人才的培养不足。并在此基础上，从供给侧视角，分析了高校知识产权人才的培养现状，通过剖析知识产权人才能力的要求、知识产权专业人才培养成效，提出了知识产权教育的关键影响因素、分析模型以及分析结论，并指出了我国高校知识产权专业社会贡献力的体现及分析模型。

课题组进而分析了需求侧视角下国内知识产权人才市场需求的现状，并在以上研究的基础上，提出知识产权专业人才培养的完善建议。在教育体系上，要坚持精英教育与通识教育相结合；在师资建设上，要坚持跨学科教学团队与兼职教师相结合；在课程设置上，要坚持理论课程与实践课程相结合；在教学方法上，要坚持课堂讲授法与案例教学法相结合。

31. 课题名称：SS19－C－31　知识产权急需紧缺人才评价机制及培养对策研究

承担单位：华智众创（北京）投资管理有限责任公司

课题负责人：于立彪

课题组通过调研域外知识产权人才培养经验和我国现有知识产权人才培养模式及其存在的问题，更新我国新形势下知识产权急需紧缺人才内涵，构建知识产权急需紧缺人才体系，并通过市场动态需求预测实证新形势下急需紧缺人才之定位。

课题组通过借鉴域外有益经验，结合我国知识产权事业发展进程，依据知识产权急需紧缺人才新内涵，构建囊括 11 项通用能力评价指标及三档能力等级、24 项专业能力评价指标及五档能力等级和不同层次人才考核方式的急需紧缺人才评价机制。并针对高级专利信息分析专业人员、知识产权运营之价值评估人才和交易谈判人才三类重点研究对象，依据其作用和职能，选取差异化的通用和专业能力指标构建其标准化评价体系。

课题组借鉴美国高校、德国企业和新加坡政府人才培养经验，从培养环境、培养主体、培养方法和培养资源四大维度构建我国市场化为导向的急需紧缺人才培养体系。

32. 课题名称：SS19－C－32　知识产权强国建设企业人才发展规划研究

承担单位：镇江市高等专科学校

课题负责人：李爱东

课题组在梳理当前我国企业知识产权人才建设状况的基础上，分析了我国企业知识产权人才建设水平，完善我国企业知识产权人才培养体系，根据企业的发展战略，通过对未来人才供给及需求状况的分析和预测，研究知识产权强国建设企业人才发展规划，并提出了相应的政策建议。

课题组围绕企业层面，提出了“十四五”人才规划研究之知识产权强国建设企业人才发展规划的指导思想、战略目标和重点任务，在建立科学合理的企业知识产权人才结构和布局、建立不同层次的企业知识产权人才培养体系、建立企业研发人员知识产权挖掘与运用能力培养体系、建立企业知识产权运营人才培养机构、建立企业知识产权人才能力素质提升体系、建立企业知识产权人才能力评价体系、加强企业集中区和园区及产业聚集区知识产权人才体系建设、推进企业国际型知识产权人才队伍建设、构建企业知识产权人才发展实验区九个方面提出了规划建议。

33. 课题名称：SS18－B－18　基于区块链的数字化知识产权保护体系研究

承担单位：暨南大学　广州联图电子科技有限公司

课题负责人：徐　瑄　王志宏

课题组基于区块链与智能合约的数字版权保护技术，构建基于区块链的版权保护产权模型，探索从安全性、易用性、效率、可追溯等问题出发的数字化知识产权保护体系，构建事前链上登记、事中安全访问、事后溯源取证的全周期的保护方案。

课题组建议，全方位梳理基于区块链的数字化知识产权保护理论及技术，形成体系，可加快推动我国全面提升数字化知识产权保护方面的创新力、竞争力、协同力。该体系将围绕数字版权保护的关键技术及应用推广，根据已有研究基础和学科发展趋势，聚焦在以下研究方向：面向移动数字版权保护的区块链技术研究、基于区块链的数字内容存储技术、基于区块链的去中心化版权登记机制、基于区块链的数字产品非法转让追责模型、基于区块链的数字版权保护法律效应研究。

34. 课题名称：SS18－B－32　合成生物的知识产权保护体系研究

承担单位：天津大学　天津市知识产权局

课题负责人：俞风雷　齐成喜

课题组认为首先应明确中国对合成生物学技术的保护政策，然后根据政策完善相应的知识产权法律法规，根据政策和法律法规制定相应的标准和规范，从合成生物种类保护、研究机构保护、研究人才保护、研究活动保护等方面对合成生物学实行监督和保护。监管保护机构需要分工协作，设立中央部门进行统一协调，形成合成生物的知识产权保护体系。

课题组建议，将一些合成生物学科技成果纳入我国专利法的保护范围，将其授予专利权保护。例如，扩大我国转基因技术专利保护的客体；在实质性条件审查方面，“实用性”应该易实践易操作，“新颖性”应该有具体标准可依，“创造性”涵盖范围应扩大；设置合成生物技术保护原则时应权衡多方利益相关者的权益，遵循平衡合成生物技术专利权人与社会整体福利的利益关系，维持专利强保护国家与专利弱保护国家的利益均衡等原则，从而形成协调、创新、开放、共享的知识产权保护体系。

（国家知识产权局办公室）

与知识产权有关的政府网站

国家知识产权局政府网

国家知识产权局政府网(www. cnipa. gov. cn)是国家知识产权局主办的官方政府网站，是对外宣传知识产权工作的窗口，主要面向社会发布知识产权工作方针政策、相关法律法规、时政要闻、教育培训等信息，提供专利、商标和地理标志相关的办事服务，并设有意见征求、热点回应、留言咨询、网上信访等互动板块。网站提供中英文版本。

中国商标网

中国商标网(http://sbj. cnipa. gov. cn/)是宣传商标注册的官方网站，主要栏目包括工作动态、重要发布、商标品牌战略、商标申请、国际注册、商标查询、商标公告、网上申请、国际交流、商标权运用、商标代理、驰名商标、公众留言、统计信息等。

国家市场监督管理总局价格监督检查和反不正当竞争局网

国家市场监督管理总局价格监督检查和反不正当竞争局网(http://www. samr. gov. cn/jjj/index. html)是宣传反不正当竞争执法成果的重要窗口，主要包括司局动态、政策法规、价格收费监管、反不正当竞争、规范直销与打击传销等栏目。

国家版权局网

国家版权局网(http://www. ncac. gov. cn/)是国家版权局主办的综合性政务官方门户网站，于2000年9月30日开通。主要功能包括宣传版权工作方针政策，发布有关版权执法监管、软件正版化、社会服务、宣传培训、产业发展、国际交流等方面的工作信息，在线接收侵权盗版举报，普及版权相关法律知识，进行版权信息公开等。

中国扫黄打非网

中国扫黄打非网(http://www. shdf. gov. cn/)是全国“扫黄打非”工作小组办公室主办的综合性政务官方门户网站，是全国“扫黄打非”工作小组办公室宣传“扫黄打非”工作的窗口。网站内容主要包括向社会公开相关政策法规、新闻资讯、市场监管、大案要案、专项行动、经验交流、地方工作等信息，还面向公众提供网上举报与在线查询等服务。

林草植物新品种保护网

林草植物新品种保护网(http://www. cnpvp. net)是国家林业和草原局植物新品种保护办公室建立的政府官方网站，网站内容主要包括相关政策法规、行业新闻、林业品种权公告、代理机构、保护名录、品种权判决等，还提供林业授权植物新品种数据检索服务。网站提供中英文2种语言版本。

中国林业知识产权网

中国林业知识产权网(http://forest. ckcest. cn:8080/43. html)是由国家林业和

草原局知识产权研究中心承办的林业知识产权信息共享平台，2012 年开通，整合了国内外林业知识产权信息资源，建设了林业专利、植物新品种权、林产品地理标志、商标、著作权等知识产权基础数据库 15 个，累计数据量 140 万条。制作了林业知识产权展示平台、试点示范、专利在线分析和知识产权宣传周等频道，图文并茂地展示林业知识产权成果和最新进展，免费提供林业知识产权信息检索和数据共享服务。

中国保护知识产权网

中国保护知识产权网（http://www.ipr.mofcom.gov.cn/）由商务部主办，设有中英文双语版。中文版立足于商务部承担的职责，全面反映商务部在知识产权方面的各项工作动态和政策法规，为社会各界遵守世界各国知识产权制度与维护自身合法权益提供指导与帮助，为中国企业“走出去”提供服务。网站现已开通“国际新闻、国内新闻、海外维权、保护指南、数据资料、案例数据库、在线咨询”等多个栏目，力图全方位多角度地为公众提供国内外最新的知识产权时事动态、海外维权预警信息等相关服务。

人民法院知识产权审判网

人民法院知识产权审判网（http://zscq.court.gov.cn）是最高人民法院网（www.court.gov.cn）下设子网站，该子网站是人民法院宣传知识产权司法保护成果的第一个官方网站。主要栏目包括工作动态、调查研究、知识产权司法政策、司法保护成果、案例分析、知识产权战略实施和域外知识产权司法等。

中华人民共和国最高人民检察院网

中华人民共和国最高人民检察院官网（http://www.spp.gov.cn）是依托国家电子政务网络建立的检务公开网站，集纳检察重要新闻、业务动态和“12309 中国检察网”检察服务平台等信息，向社会提供案件程序性信息查询、控告申诉举报、辩护与代理网上预约等服务。最高人民检察院涉保护知识产权工作的重大部署、指导性案例发布、“4·26”知识产权新闻发布会、民营企业产权保护以及地方知识产权工作动态等涉知识产权检察保护的重要内容，均可以通过该网站查询获知。